OPERA OMNIA DESIDERII ERASMI

OPERA OMNIA

DESIDERII ERASMI ROTERODAMI

RECOGNITA ET ADNOTATIONE CRITICA INSTRVCTA
NOTISQVE ILLVSTRATA

ORDINIS QVARTI   TOMVS QVINTVS A

BRILL
LEIDEN • BOSTON
2024

Sous le patronage de
L'UNION ACADÉMIQUE INTERNATIONALE
et de L'ACADÉMIE ROYALE NÉERLANDAISE DES SCIENCES
ET DES SCIENCES HUMAINES

Copyright 2024 by Koninklijke Brill BV, Leiden, The Netherlands. Koninklijke Brill BV incorporates the imprints Brill, Brill Nijhoff, Brill Schöningh, Brill Fink, Brill mentis, Brill Wageningen Academic, Vandenhoeck & Ruprecht, Böhlau and V&R unipress. All rights reserved. No part of this publication may be reproduced, translated, stored in a retrieval system, or transmitted in any form or by any means, electronic, mechanical, photocopying, recording or otherwise, without prior written permission from the publisher. Requests for re-use and/or translations must be addressed to Koninklijke Brill BV via brill.com or copyright.com.

Library of Congress Catalog Card Number: Library of
Congress Cataloging-in-Publication data are available
Library of Congress Catalog Card Number: 71 89942

ISBN: – Tomus IV-5A: 978-90-04-44831-5 (hardback)

CONSEIL INTERNATIONAL POUR L'ÉDITION DES ŒUVRES
COMPLÈTES D'ÉRASME

Mme M.E.H.N. MOUT, Warmond, *Président*; R. FABER, Waterloo, *Vice-président*; J. TRAPMAN, Oegstgeest, *Secrétaire général*; A.A. DEN HOLLANDER, Amsterdam, *Trésorier*; R. BODENMANN, Zürich; K.A.E. ENENKEL, Münster; A.H. VAN DER LAAN, Groningue; Mme M.L. VAN POLL-VAN DE LISDONK, Voorhout; E. RABBIE, La Haye; Mme S. SEIDEL-MENCHI, Florence; H. VREDEVELD, Columbus OH

COMITÉ DE RÉDACTION

A.H. VAN DER LAAN, Groningue, *Président*; Mme M.L. VAN POLL-VAN DE LISDONK, Voorhout, *Secrétaire*; G.J.M. BARTELINK, Nimègue; J. BLOEMENDAL, Amsterdam et Bochum; H.-J. VAN DAM, Ilpendam; J. DOMAŃSKI, Varsovie; Mme A.W. STEENBEEK, La Haye; L.H. WESTRA, Lollum

SECRÉTARIAT DU CONSEIL
Huygens ING - KNAW
Boîte Postale 10855, 1001 EW Amsterdam, Pays-Bas

PRINTED BY DRUKKERIJ WILCO B.V. - AMERSFOORT, THE NETHERLANDS

IN HOC VOLVMINE CONTINETVR
APOPHTHEGMATVM LIBER V

hrsg. von K.A.E. Enenkel (Münster)

VORWORT   VII
EINLEITUNG   I
APOPHTHEGMATVM LIBER QVINTVS   227

VORWORT

Die vorliegenden drei Bände erscheinen als sechsundfünfzigster, siebenundfünfzigster, und achtundfünfzigster Band der Amsterdamer *Erasmi Opera omnia* (*ASD*) und als fünfter (A und B) und sechster Band des IV. ‚ordo'.

Sie umfassen die Bücher 5–8 der *Apophthegmata*, kritisch ediert und kommentiert von Prof. Dr. Karl Enenkel (Universität Münster). Die Bücher 1–4, besorgt von Dr. Tineke L. ter Meer, waren 2010 erschienen.

Erasmus selbst hat seine Werke in neun ‚ordines' (Kategorien) gegliedert, wobei er die *Apophthegmata* im ‚ordo' IV (‚moralia continens') unterbrachte. Für eine nähere Erläuterung zu dieser Gliederung sehe man *ASD* I, 1, S. x, xvii–xviii, und Erika Rummel, *Erasmus* (London/New York, 2004), S. 12–13. Mit der Ausgabe der vorliegenden Bände IV, 5–6 konnte die Edition des ‚ordo' IV in *ASD* nunmehr – nach den bislang erschienenen Bänden IV, 1–4 und IV, 7 – komplettiert werden.

Der Tod von Prof. Dr. Henk Jan de Jonge (er verschied am 16. April 2022) erfüllt die Redaktionskommission mit Trauer. Henk Jan de Jonge war seit 1977 Mitglied der Redaktionskommission gewesen; die *ASD* hat von seinem beeindruckenden Wissen, seiner Erfahrung als Textbesorger und seinem Arbeitseifer sehr profitiert; er war zudem Herausgeber der Bände IX, 2 (*Apologia respondens ad ea quae Iacobus Lopis Stunica taxauerat in prima duntaxat Noui Testamenti aeditione*) und IX, 8 (*Apologia contra Sanctium Caranzam et quattuor apologiae contra Stunicam*). Wir gedenken seiner in Dankbarkeit und Respekt.

Das Conseil und die Redaktionskommission trauern über das Ableben von Prof. Jean-Pierre Massaut und Prof. James K. McConica. Beide waren eminente Gelehrte, die sich in der Erasmus-Forschung große Verdienste erworben haben. Massaut, der dem Conseil seit 1982 angehörte, besorgte (gemeinsam mit A. Godin) die Schrift *Exomologesis siue modus confitendi* (*ASD* V, 8, 2016). James McConica war Mitglied des Conseils in den Jahren 1983 bis 2019, seit 1998 Vizepräsident. Seit 1998 fungierte er als Bindeglied zwischen *ASD* und *The Collected Works of Erasmus*, einer Serie, in der er selbst einige Bände herausbrachte und die er bis 2018 als Vorsitzender betreute. Des Weiteren besorgte er (gemeinsam mit J. Trapman) Egbertus van Guliks *Erasmus and His Books* (2018). Das Conseil und die Redaktionskommission gedenken seiner und auch Massauts in Dankbarkeit und Anerkennung ihrer Verdienste.

Als neue Mitglieder hat die Redaktionskommission Dr. Andrea Steenbeek und Dr. Liuwe Westra gewonnen.

Die Redaktionskommission und der Herausgeber danken allen Institutionen und Personen, die am Zustandekommen der vorliegenden drei Bände beigetragen haben. Insbesondere möchten wir der Redaktion und der Leitung der *The Collected Works of Erasmus* für die gute Zusammenarbeit unseren Dank aussprechen.

Huygens Institut Die Redaktionskommission
Postfach 10855
1001 EW Amsterdam

Januar 2024

INHALTSANGABE

ASD IV, 5 A

EINLEITUNG   1

I   Die Quellen von Erasmus' *Apophthegmata*   5

    I.1   Die antike literarische Form des Apophthegmas und ihre Überschneidungen mit verwandten Kleinformen: Kurzdialog/Rede in der Historiographie, Gnome, Pamphlet/Apomnemoneuma/Enkomium   6

    I.2   Apophthegmata-Sammlungen von Philosophen, Gnomologien, Apomnemoneumata, Exempla, Chreiai, Gymnasmata und Progymnasmata   9

    I.3   Apophthegmata in den Philosophenbiographien des Diogenes Laertius und Lukians Biographie des Demonax   20

    I.4   Witzesammlungen (*urbanitas, sales, facetiae*) in Rhetorikhandbüchern und die Theorie des Witzes: Cicero und Quintilian   24

    I.5   Das Apophthegma als historisches *exemplum*: Valerius Maximus' Musterbuch für epideiktische Rhetorik   30

    I.6   Strategema und Apophthegma zwischen Kriegstechnik und Rhetorikschule: Valerius Maximus, Iulius Frontinus und der Rhetoriker Ps.Frontinus (4. Buch)   37

    I.7   Das Apophthegma als Quintessenz biographischer Charakterzeichnung: Plutarchs *Bioi paralleloi* und *Regum et imperatorum apophthegmata*   41

    I.8   Moderne *Memorabilia* und ein König als neuer Sokrates: Antonio Beccadellis *De dictis et factis Alphonsi Regis Aragonum*   49

    I.9   Ein Konkurrenzwerk von Erasmus' *Apophthegmata*: Brusonis Sammlung *Facetiarum exemplorumque libri VII* (1518)   53

II   Kompositionspläne, Zielsetzung und Genese von Erasmus' *Apophthegmata*   61

    II.1   Der erste Plan (Buch I und II): die Edition einer als Fälschung entlarvten Schrift in lateinischer Übersetzung – „Apophthegmata Laconica secundum ordinem literarum Graecum"   66

    II.2   Der zweite Plan: Die „Apophthegmata Socratica" als Fortsetzung der „Apophthegmata Laconica"   77

II.3	Der dritte Plan, erste Phase: Die drei größten Spruch-Philosophen oder „Das Beste aus Diogenes Laertius"	81
II.4	Von der Sammlung „Die drei größten Spruch-Philosophen" zu den *Virorum illustrium (selectorum) apophthegmata* (Plan 3, zweite Phase)	83
II.5	Plan 3, zweite Phase: Zwei Bücher *Illustrium Graecorum apophthegmata* (III–IV)	87
II.6	Plan 3, dritte Phase, Buch IV: *Graecorum et Romanorum illustrium apophthegmata parallela* oder das Beste aus Plutarchs *Regum et imperatorum apophthegmata*	92
II.7	Der vierte Plan: *Apophthegmata* als *Institutio principum* oder das komplette Corpus der plutarchischen *Apophthegmata* (I–II, IV—V)	96
II.8	Der fünfte Plan: die umfassende *Apophthegmata*-Sammlung „*ex optimis quibusque vtriusque linguae autoribus … excerpta*" mit dem abschliessenden Buch 6 „Apophthegmata varie mixta"	103
III	Erasmus' Begriff und Definition von „apophthegma" in der „Epistola nuncupatoria" und im Spiegel der konkreten Texterstellung	109
III.1	Die Profilierung des „apophthegma" in Richtung von *brevitas* und Witz	109
III.2	Erasmus' widersprüchliches Verhältnis zur Apophthegma-Definition Plutarchs	115
III.3	Das Problem der Dubletten und Mehrfachzuschreibungen in den *Apophthegmata*	118
III.4	Die Profilierung des Begriffs „apophthegma" in Richtung absoluter Historizität	123
III.5	Historische Personen und geschichtliche Wahrheit in Erasmus' *Apophthegmata*	128
III.6	Von Erasmus' textkritischer Ausgliederung der „strategemata" und „exempla" aus den plutarchischen *Regum et imperatorum Apophthegmata* zur Konzipierung der „ἄφωνα apophthegmata", „ἄφθογγα ἀποφθέγματα" bzw. „apophthegmata muta"	138
III.7	Der Titel als fester Bestandteil des Apophthegmas (*sententia*, Inhalt, Kategorie). Die Übernahme eines Strukturelementes aus den *Adagia* und aus Valerius Maximus	145
III.8	Die Nummerierung als fester Bestandteil des Apophthegmas: Markierung zum Zweck der Textedition und als Sammlungsobjekt	152
III.9	Kommentierende Erläuterungen als Bestandteil des Apophthegmas: (historische) Sachverhalte, Realien, altertumswissenschaftliche Philologie	158
III.10	Erasmus' philologische Leistung in den *Apophthegmata*	175

III.11 Überschneidungen von Erasmus' *Apophthegmata* und *Adagia* und die Adagisierung der *Apophthegmata*	182
III.12 *Erasmi Apophthegmata*: die Verwischung der Quellen, die autorschaftliche Zueignung der *Apophthegmata* und der Quellenkommentar der *ASD*-Ausgabe	190
Danksagung	203
Appendix 1 (zu Einleitung III.3): Liste der Dubletten in *Apophthegmata*, Bücher V–VIII	205
Appendix 2 (zu Einleitung III.11): Überschneidungen zwischen den *Apophthegmata* und den *Adagia*	211
CONSPECTVS SIGLORVM	226
LIBER V	227

ASD IV, 5 B

LIBER VI	1

ASD IV, 6

LIBER VII	1
LIBER VIII	363
ABKÜRZUNGSVERZEICHNIS	641
Konkordanz der *Apophthegmata* V–VIII *ASD* IV, 5 und 6 – *CWE* 38	671
Index der Titel (*Index sententiarum*) der *Apophthegmata* V–VIII	674
Index rerum et vocum selectarum	686
Index nominum	720

EINLEITUNG

Die *Apophthegmata* stellen ein faszinierendes Werk dar. In ihnen kommen die Personen der Antike selbst zu Wort, meist bedeutende historische Persönlichkeiten aus der Politik, Philosophie und Kunst, vom 7. Jh. v. Chr. bis zum 4. Jh. n. Chr., von den persischen Königen bis zu den Diadochen, von den frühen Griechen Ioniens bis zu den Sophisten des 2. Jh. n. Chr., von den etruskischen Königen bis zum Ende der römischen Republik, von Augustus bis zu den letzten römischen Kaisern. In dem Werk erhält der Leser den Eindruck, als ob er sich mitten in der Antike befinde. Dieser Eindruck wird zum einen dadurch erzeugt, daß die Menschen der Antike direkt und ohne Umschweife reden, was meist auch durch die Verwendung der grammatischen Figuration der direkten Rede zum Ausdruck kommt. Die Authentizität des gesprochenen Wortes ist scheinbar kaum zu überbieten.[1] Sie ist z.B. weitaus höher als jene der Reden, die traditionell in historische Werke eingeflochten waren und von denen jedermann wusste, daß die Historiker sie fingierten. Das Faszinosum des Apophthegmas geht jedoch von der Vorannahme aus, daß die betreffenden Worte von einer bestimmten historischen Person tatsächlich gesprochen wurden. Das scheint vorauszusetzen, daß die Originalsprache beibehalten wird, tatsächlich aber dehnt sich das Faszinosum auch auf Übersetzungen in andere Sprachen aus. Zur Authentizität und Lebendigkeit der Sprüche trägt weiter bei, daß sie in historische Ereignisse oder in Situationen des täglichen Lebens eingewoben sind, die die Illusion des Unmittelbaren, des hier und heute sich Zutragenden erwecken. In den *Apophthegmata* passiert die geballte Lebenswirklichkeit vor den Augen des Lesers Revue, die Mentalität, Werteskala, Gedankenwelt, Psychologie, Philosophie, Religion und nicht zuletzt auch die materielle Kultur der Antike. Die Sprüche vermitteln fesselnde Einblicke in die Lebenswelt des Altertums, vom prunkvollen Hofleben bis zur ärmlichen Existenz der Sklaven, von der hohen Politik bis zu der verächtlichen Prostitution, von hochwertiger Philosophie und Wissenschaft bis zur bloßen Nahrungsaufnahme, von berühmten Kunstwerken (Gemälden, Statuen, Tempeln) bis zum banalen Kochtopf, von wertvollen Silbergefäßen bis zum einfachen Trinkbecher des Soldaten, von den Prunkgewändern der Herrscher bis zur entstellenden Nacktheit des Kynikers. Wer

---

[1] Vorliegende Einleitung geht *eo ipso* von der „Introduction" von Tineke ter Meer zu *Apophthegmata* I–IV (*ASD* IV, 4, S. 3–34) und von Betty Knott (*CWE* 37, S. XI–XXXI) aus, auf die an dieser Stelle anerkennend hingewiesen sei; es spricht für sich, daß die dortigen Ausführungen im Untenstehenden nicht sämtlich wiederholt, sondern v.a. eigene Analysen und Beobachtungen präsentiert werden sowie zusätzliche Themenfelder und Gegenstände behandelt werden, die dort nur wenig, nur am Rande oder gar nicht zum Zuge kamen. Auch sei an dieser Stelle auf die Einleitung von H. Philips hingewiesen: *Erasmus von Rotterdam, Apophthegmata: Spruchweisheiten: Einleitung, Übersetzung, Anmerkungen*, herausgegeben von Heribert Philips, Würzburg, 2001, und: *Apophthegmata: Geistreiche Aussprüche: Einleitung, lateinische Textauswahl, Übersetzung und Kommentar*, herausgegeben von Heribert Philips, Frankfurt a.M. 2005.

ein Büchlein mit Erasmus' *Apophthegmata* (etwa im Oktavo-Format wie in *C*, das in der Folge das verbindliche Format des Werkes wurde) besitzt, hält einen überaus wertvollen Schatz in Händen: gewissermaßen die gesamte Antike, ihre Weisheit, Geschichte, Lebenswirklichkeit, Kultur und Gedankenwelt.

Damit stimmt der überragende Erfolg überein, den das Werk hatte. Schon zu einem frühen Zeitpunkt, noch bevor er den ersten Teil des Manuskripts ablieferte, sagte Erasmus seinem Verleger voraus, daß das Werk ein Verkaufserfolg werden würde.[2] Dies ist in der Tat der Fall. Nach den ersten drei Ausgaben zu Lebzeiten des Erasmus (1531, 1532 und 1535) folgten noch im sechzehnten Jahrhundert 73 weitere,[3] was bedeutet, daß durchschnittlich in jedem Jahr eine neue Ausgabe des Werkes erschien. Wenn man von Auflagen von zwischen 600 und 1200 Exemplaren ausgeht, kamen im 16. Jahrhundert mindestens zwischen 40.000 und 80.000 Exemplare auf den Büchermarkt, die sich wie warme Brötchen verkauft haben müssen, da das Werk stets wieder aufs Neue aufgelegt wurde. Die Präsenz der erasmischen *Apophthegmata* war jedoch noch größer, da sie seit 1540 auch im Rahmen der wiederholt aufgelegten *Opera-omnia*-Ausgaben des Erasmus erschienen. Dieser Befund alleine besagt bereits, daß die *Apophthegmata* des Erasmus eines der Standardwerke der Frühen Neuzeit darstellten: Im Grunde besaß jeder Intellektuelle, der in der lateinischen Sprache gebildet war, das Werk selbst oder er hatte auf irgendeine Weise Zugang dazu. Hinzu kam, daß das Werk, entweder direkt oder über Ausgabe des Basler Gelehrten und Theologen Conradus Lycosthenes (Wolffhart), der die *Apophthegmata* in einer benutzerfreundlichen Anordnung *per locos* edierte,[4] die seit 1556 oftmals gedruckt wurde,[5] Eingang in die großen Wissenssammlungen des 16. und 17. Jahrhunderts fand (Zwinger, Mirabellius, Langius, Beyerlinck usw.), die ihrerseits

---

[2] *Ep.* 1412 vom 15. Dezember 1530 an Hieronymus Froben: „Nam aut me fallit in totum animus, aut opus erit vendibile".

[3] Vgl. M. Cytowska, „"Apophthegmata" d'Érasme de Rotterdam. Manuel de moral chrétienne du XVIe siècle", in *Eos* 61 (1973), S. 123-133.

[4] Conradus Lycosthenes, *Apophthegmatum ex optimis vtriusque linguae scriptoribus per Conradum Lycosthenem Rubeaquensem collectorum LOCI communes, ad ordinem Alphabethicum redacti*, Lyon, Jean Frellon 1556 (1130 S.).

[5] Schon zwischen 1560 und 1584 in wenigstens 17 Ausgaben bei verschiedenen Verlagen; darunter mit demselben Mis-en-page und fast identischen Titeleien bei Guglielmus Iulianus, Paris 1560; Jean Frellon, Lyon 1560, 1561 und 1563; Bartholomaeus Vicentius, Lyon 1561, 1563 und 1571; H. Le Bé, Lyon 1564; Antoine de Harsy, Lyon 1573 und 1584 sowie Aegidius Gorbinus, Paris 1560 und 1574 (jeweils 1130 S.); unter dem Titel *Apophthegmatum ex optimis utriusque linguae scriptoribus quum priscis, tum recentioribus, per Conradum Lycosthenem collectorum, loci communes: denuo aucti, et ad trium exemplariorum collationem accurate recogniti inque ordinem alphabeticum redacti* bei Raullin (Radulphus) de La Motte und Michel Clopeau, Paris 1567 (ebenfalls 1130 S.) und Pierre Cavellat, Paris 1579; weiter unter dem Titel *Apophthegmatum ex optimis vtriusque linguae scriptoribus quum priscis tum recentioribus, parabolarum item seu similitudinum, per Conradum Lycosthenem Rubeaquensem collectorum loci communes, denuo aucti, ad trium exemplarium collationem accurate recogniti et in ordinem Alphabethicum digesti* bei François Le Preux, Lausanne 1573 (1050 S.) und Jean Parant, Paris 1579; unter dem Titel *Apophthegmata ex probatis Graecae Latinaeque linguae scriptoribus, a Conrado Lycosthene auctore collecta et per locos communes, iuxta ordinem alphabeticum digesta … postrema editione* bei Jacob Stoer, Genf 1594, Lazarus Zetzner, Strassburg 1603 und ders. Köln 1603 und 1618 (1035 S.).

EINLEITUNG

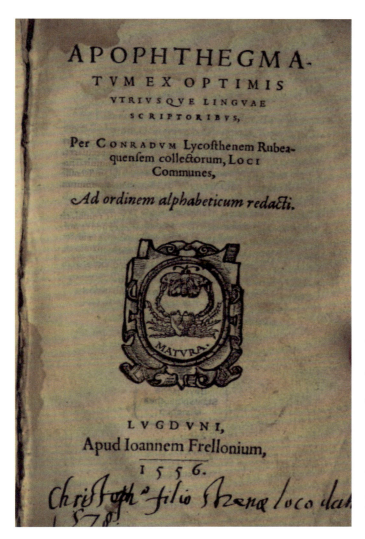

Abb. 1. Conrad Lycosthenes, *Apophthegmatum ex optimis utriusque linguae scriptoribus quum priscis, tum recentioribus, per Conradum Lycosthenem collectorum, loci communes ....*, Lyon, Jean Frellon 1556. https://www.digitale-sammlungen.de/de/view/bsb10184621?page=4,5

häufig aufgelegt wurden. Zudem erschienen die *Apophthegmata* unter dem Namen weiterer Autoren, die sich das Werk zueigneten: nicht nur des kalvinistischen Theologen Lycosthenes, sondern auch des Paulus Manutius, der im Auftrag von Papst Gregor XIII. eine katholische, zensurierte Ausgabe herstellte, die zuerst im Jahr 1577 erschien[6] und noch weitere Male aufgelegt wurde, vom Verlag Manutius (z. B. 1583),

---

[6] Paulus Manutius, *Apophthegmatum ex optimis vtriusque linguae scriptoribus libri IIX, Pauli Manutii studio atque industria, doctissimorum theologorum consilio atque ope ab omnibus mendis vindicati, quae pium et veritatis Catholicae studiosum lectorem poterant offendere ...*, Venedig: Aldus Manutius d.J. 1577. https://books.google.nl/books?id=LrVCu21jFNsC&pg=PA1&hl=de&source=gbs_selected_pages&cad=2#v=onepage&q&f=false

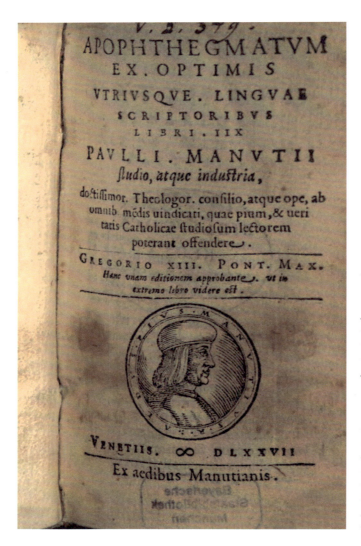

Abb. 2. Paulus Manutius, *Apophthegmatum ex optimis utriusque linguae scriptoribus libri IIX, Pauli Manutii studio atque industria, doctissimorum theologorum consilio atque ope ab omnibus mendis vindicati, quae pium et veritatis Catholicae studiosum lectorem poterant offendere …*, Venedig, Aldus Manutius d.J. 1577. https://api.digitale-sammlungen.de/iiif/image/v2/bsb10184635_00009/full/full/0/default.jpg

aber auch von anderen,[7] oder des Johannes Combesius (Jean de Combes), der das Werk 1587 in Genf herausgab,[8] welches in der Folge noch einige Male erschien, u. a. im J. 1593 und 1613. Zusammengenommen bedeutet dies nichts weniger, als daß die *Apophthegmata* in der Übertragung und Interpretation des Erasmus sich als fester Bestandteil des gemeinschaftlichen Wissensschatzes der *Respublica litteraria* des 16. und 17. Jahrhunderts etablierte.

---

[7] Z. B. Lazarus Zetzner, Köln 1596; Polycretus Turlinus, Brixen 1601; Damianus Zenarius, Venedig 1604.
[8] Johannes Combesius, *Enchiridion Apophthegmatum, philosophorum, regum, imperatorum et aliorum illustrium virorum, in locos communes distributorum*, Genf: Jakob Stoer, 1587;

I. Die Quellen von Erasmus' *Apophthegmata*

Die *Apophthegmata* stellen keine eigenständige literarische Erfindung des Erasmus dar: Sie sind in ihrem Wesen eine Sammlung von Fremdtexten, die zum überwiegenden Teil von antiken Autoren stammen. Das zentrale Sammelelement ist die antike literarische Kleinform des Apophthegmas, welche damals bereits auf eine ruhmreiche Geschichte von mehr als 900 Jahren zurückblickte (ca. 400 v. Chr.–500 n. Chr.), jedoch nicht so leicht fasslich ist, wie es auf den ersten Blick scheinen mag. Das Apophthegma ist auf komplexe Weise in unterschiedlichen Entstehungskontexten und in divergenten Erscheinungsformen zustandegekommen. Es stellt keine monolithische literarische Form dar und wird von diversen Autoren auf durchaus unterschiedliche Weise aufgefaßt. Das wirkt sich sowohl auf die erasmischen *Apophthegmata* als Sammlung aus, als auch auf Erasmus' Definition des Apophthegmas, seine Arbeitsweise als auch auf die Entstehungsgeschichte des Werkes, die unten näher beleuchtet werden wird. Von grundlegender Bedeutung ist, daß sich das Apophthegma mit einigen anderen antiken Kleinformen überschneidet, insbesondere der Gnome, dem Apomnemoneuma, der Chreia, dem Witz, der Facetie, dem Exemplum, dem Proverbium und dem Strategema. Die Überschneidungen hängen mit den jeweiligen antiken Werken zusammen, die Erasmus ausschlachtete. Es ist zunächst erforderlich, in diesem komplizierten Formengeflecht einen Durchblick zu bekommen und zu verstehen, wie die Werke gestrickt sind, denen Erasmus seine in etwa 3100 *Apophthegmata* entnommen hat. Die Verfaßtheit der antiken Werke, die der Rotterdamer Gelehrte ausschlachtete, ist entscheidend für die jeweilige Definition und Konzeption von Apophthegma, die Erasmus im Verlauf der Arbeit anwendet. Hinzu kommt, daß Erasmus seine *Apophthegmata* nicht durch beliebiges, verstreutes Sammeln zusammenbrachte, sondern – wie unten näher ausgeführt werden wird – bereits vorhandene Sammlungen plünderte bzw. der seinigen einverleibte. Diese Arbeitsweise bringt mit sich, daß die Quellen des Erasmus eine noch größere Rolle spielen: nicht nur als Herkunftsorte der einzelnen Textbausteine, sondern auch als Sammlungen. Diese Sammlungen besitzen einen unterschiedlichen Charakter und das wirkt sich wiederum auf die Verfaßtheit der Texte aus. Die Aufgabe, den notwendigen Überblick zu erstellen, ist umso dringlicher, als es zur antiken literarischen Form des Apophthegmas bisher noch relativ wenig Forschungsliteratur gibt.[9]

---

[9] Es ist nur wenig Einschlägiges vorhanden abgesehen von W. Gemoll, *Das Apophthegma. Literarhistorische Studien*, Wien-Leipzig 1924 und J. Stenger, „Apophthegma, Gnome und Chrie. Zum Verhältnis dreier literarischer Kleinformen", *Philologus* 150 (2006), S. 203–221. Am ehesten zu interessieren vermochte bisher der Apophthegmata-Hauptautor Plutarch, jedoch vor allem im Hinblick auf die Frage, wie die Verwendung von Aussprüchen in seinen historischen Biographien zu beurteilen sei; hierfür vgl. C. Pelling, „The *Apophthegmata regum et imperatorum* and Plutarch's Roman *Lives*", in: ders., *Plutarch and History. Eighteen Studies*, London 2002, S. 65–90; Ph.A. Stadter, „Plutarch's Compositional Technique: The Anecdote Collections and the Parallel Lives", *Greek, Roman and Byzantine studies* 54 (2014), S. 665–686 und M.A. Beck, *Plutarch's Use of Anecdotes in the 'Lives'*, Diss. University of California 1998. Weniger wurden die zwei umfänglichen *Apophthegmata*-Sammlungen selbst, die Plutarch vorgelegt hat, untersucht. Für die Gattungs-, Form- und Begriffsbestimmung grundlegend ist Stenger,

I.1. *Die antike literarische Form des Apophthegmas und ihre Überschneidungen mit verwandten Kleinformen: Kurzdialog/Rede in der Historiographie, Gnome, Pamphlet/Apomnemoneuma/Enkomium*

Ein Apophthegma ist zunächst ein bedeutender, pointierter oder in irgendeiner Hinsicht bemerkenswerter, jedoch kurzer Ausspruch einer historischen Person, der in literarischen Werken bestimmter Prosagattungen, z. B. Historiographie, Biographie, Enkomium, philosophischem und rhetorischem Traktat, Diatribe, Brief und Rede zitiert wird; dabei steht dem Verfasser dieser Werke vor Augen, durch den Einschub eines Ausspruchs bestimmte Effekte zu erzielen: Die Aufmerksamkeit des Lesers soll verstärkt aktiviert, ein Ausrufezeichen gesetzt werden; die geschilderten Ereignisse bzw. ihre Interpretation durch den Autor sollen prägnant auf den Punkt gebracht werden; die Darstellung soll glaubwürdiger, authentischer und plausibler gemacht, die Argumentation durch Evidenz verstärkt werden.

Als Begriff und als literarisch-rhetorisches Kunstmittel tritt das Apophthegma in der griechischen Literatur des 4. Jahrhunderts v. Chr. hervor. Nach Russo soll es schon früher vorhanden gewesen sein, in dem historiographischen Werk des Herodot (490/80–430/20), das die Perserkriege behandelt;[10] auch Erasmus benutzt für einige seiner *Apophthegmata* Herodot als Quelle.[11] Russo zitiert einige „Apophthegmata", die Herodot eingeflochten haben soll und die er für dessen Apophthegmata-Gebrauch für paradigmatisch hält (während Herodot selbst diesen Begriff nicht verwendete); z. B. soll Xerxes beim Anblick der Seeschlacht von Salamis bemerkt haben: „Meine Männer sind Frauen geworden, und meine Frauen Männer" (Hdt. VIII, 88); bei der Truppenschau am Hellespont soll derselbe Xerxes weinend gesagt haben: „Von all diesen tausenden Männern wird in hundert Jahren kein einziger mehr am Leben sein" (Hdt. VII, 46).[12] Handelt es sich dabei jedoch tatsächlich um Apophthegmata? In der so zitierten Form scheint dies der Fall zu sein: Es scheinen kurze, pointierte, prägnante Sprüche einer historischen Person vorzuliegen. Bei näherem Zusehen stellt sich jedoch heraus, daß es um ein anderes literarisches Phänomen geht: Herodot hat in die Historiographie die direkte Rede als Darstellungsmittel eingeführt, zur lebendigen und markierten Gestaltung, einerseits in der Form von Reden, andererseits von Dialogen handelnder Personen. Der kurze Satz von Hdt.

„Apophthegma, Gnome und Chrie" (obwohl in Bezug auf gewisse Aspekte seiner Definitionen diskutabel), und Gemoll, *Das Apophthegma*. Etwas einseitig, lückenhaft und auf die Perspektive der Performanz beschränkt ist J. Russo, „Prose Genres for the Performance of Traditional Wisdom in Ancient Greece: Proverb, Maxim, Apophthegma", in: L. Edmunds und R.W. Wallace (Hrsg.), *Poet, Public, and Performance in Ancient Greece*, Baltimore-London 1997, S. 49–64. Die Verfasstheit der einzelnen von Erasmus benutzten Quellen in Bezug auf die – vielgestaltige und komplizierte – literarische Form des Apophthegmas wird in der Einleitung von Tineke ter Meer (*ASD* IV, 4) nicht behandelt; Betty Knott fokussiert in ihrer „Introduction" (*CWE* 37) auf die Form der Chreiai, welche zwar eine gewisse Relevanz besitzt, jedoch nur für einen Teil der erasmischen *Apophthegmata*.

[10] Russo, „Prose Genres for the Performance of Traditional Wisdom in Ancient Greece", S. 58.
[11] Z. B. V, 6; 12; 14; 48.
[12] Erasmus brachte beide Aussprüche (VIII, 101 und V, 12).

VII, 46 ist ein Element eines umfänglichen Dialoges zwischen Xerxes d. Gr. und seinem Onkel Artabanos, in dem in mehrfacher Rede und Gegenrede das Pro und Kontra des Angriffs auf Griechenland Revue passiert (VII, 44–52). Die Diskussion endet damit, daß Xerxes den negativen Rat seines Onkels verwirft (VII, 52), diesen zurück nach Persien schickt und eine flammende Kriegsrede zu seinem Heer hält (VII, 53). Sodann überschreitet er den Hellespont. Der Spruch von VIII, 88 gehört zu einem längeren Abschnitt, in dem Herodot eine Verwirrung bei der Schlacht von Salamis beschreibt, wobei Artemisia, die Königin von Halikarnassos, durch eine Verwechslung von Freund und Feind glücklich mit dem Leben davongekommen sei (Hdt. VIII, 87–88). Auch hier liegt ein Dialog vor, zwischen Xerxes und einem seiner Offiziere, mit Rede des Offiziers, Frage des Königs, Antwort des Offiziers und Reaktion des Königs (Hdt. VIII, 88). Dieser Dialog ähnelt insofern den erst später in der Historiographie verwendeten Apophthegmata, weil er relativ kurz ist; dennoch ist das in Hdt. VIII, 88 Gesagte zu umfänglich für das, was man seit dem 4. Jh. v. Chr. unter einem Apophthegma verstand.

Der erste, der den Begriff „Apophthegma" verwendete, scheint Xenophon gewesen zu sein, in seinem Geschichtswerk *Hellenika*.[13] Die dort zitierten Apophthegmata werden von Stenger und Russo als beispielhaft für Xenophons Verwendung des Apophthegmas aufgefasst.[14] Dabei handelt es sich jedoch um ein Missverständnis: Wie wir unten zeigen werden, liegt vielmehr eine Rechtfertigung vor, mit der sich Xenophon für etwas unpassendes und unangebrachtes entschuldigt. Insgesamt ist nicht gesichert, daß Xenophon in den *Hellenika* die Verwendung von Apophthegmata als etabliertes Darstellungsmittel betrachtete.

Nachweislich wendet Xenophon das Apophthegma als Kunstmittel zum ersten Mal in seinem *Agesilaos* an, einem Enkomium auf diesen spartanischen König (reg. 398–361/0 v. Chr.). Der *Agesilaos* stellt eine Gedenkschrift dar, die, als Mischform von Biographie und schriftlicher Lobrede gestaltet, kurz nach dem Tod des Königs im Jahr 361/0 verfasst wurde. Xenophons Existenz war eng mit jener des spartanischen Königs verbunden: Der abtrünnige Athener, der sich schon früher als Söldner im Dienst des persischen Thronprätendenten Kyros verdingt hatte, schlug sich auf die Seite der Spartaner und begleitete als Truppenführer Agesilaos II. bei dessen Feldzug gegen Persien nach Kleinasien (396–394). Nach der letztenendes erfolglosen Kampagne kämpfte er weiter zusammen mit den Spartanern gegen die griechische Koalition von Athen, Argos, Theben und Korinth im Korinthischen Krieg (395–387); insbesondere in der Schlacht von Koroneia im Jahr 394 richtete sich seine militärische Aggression gegen seine Stadtgenossen, die ihn zur Strafe verbannten. Nach einem Aufenthalt in Sparta stellte ihm Agesilaos ein Haus in Skillus in der Nähe von Olympia, im Dunstkreis des spartanischen Staates, zur Verfügung. Dieser historische Kontext ist für die Verfasstheit des *Agesilaos* und jene der darin enthaltenen Apophthegmata

---

[13] Xen. *Hell.* II, 3, 56.
[14] Stenger, „Apophthegma, Gnome und Chrie", S. 208–209; Russo, „Prose Genres for the Performance of Traditional Wisdom in Ancient Greece", S. 61–62.

entscheidend. Die Schrift hat den Charakter eines Pamphlets: Xenophon versucht darin, den König, der in nicht-spartanischen Kreisen angefeindet wurde, und implizit auch seine eigene Position, mit aller Macht zu verteidigen.

Xenophons *Agesilaos* weist eine zweigliedrige Komposition auf: Der erste, kürzere Teil bietet eine chronologisch angeordnete Schilderung des Lebens und der Taten des Königs (1–3), der zweite, längere Teil eine thematische Darstellung der einzelnen Tugenden desselben (4–11). Apophthegmata werden nur in diesem zweiten Teil eingesetzt.[15] Sie dienen dabei stets als Belege gewisser Tugenden des Königs. Analysiert man Xenophons Verwendungsweise näher, so stellt sich heraus, daß er sie gerade in solchen Fällen einsetzte, in denen die Bewertung des Königs umstritten war. Paradigmatisch ist die behauptete, groß aufgebauschte Tugend des „Philhellenismus", der Liebe des Königs zu den Griechen; diese in herkömmlichen Tugendkatalogen aus dem Rahmen fallende Tugend wird gleich mit zwei Apophthegmen belegt (*Ages.* 7, 5 und 6). Nach der vernichtenden Niederlage der griechischen Koalition bei Korinth, bei der an die 10.000 Griechen gefallen sein sollen, habe der König ausgerufen:

> „Wehe dir, Hellas! Diese hier, die leblos daliegen, wären genug gewesen, die Barbaren (= Perser) zu besiegen, wenn sie nur noch am Leben wären!"

und

> „Wenn wir die irrenden Genossen unseres eigenen Volkes auslöschen, müssen wir zusehen, daß uns nicht die Leute ausgehen, um die Barbaren zu besiegen".

Tatsache ist, daß Agesilaos II. nahezu acht Jahre erbitterten Krieg gegen die Griechen geführt hat (395–387) und daß er die spartanischen Truppen befehligte, als sie bei Korinth ein Gemetzel unter den Griechen anrichteten, gnadenlos alle bis auf den letzten Mann abschlachteten. Ähnliches gilt für die Tugend der Gerechtigkeit und Unbestechlichkeit (δικαιοσύνη): Als der persische Satrap Tithraustes in Sardes dem Agesilaos einen hohen Geldbetrag dafür anbot, daß er aus seiner Provinz (Lydien) abzöge, sagte Agesilaos:

> „Unser Ehrencode gebietet, daß ein Herrscher eher sein Heer reicher macht als daß er sich selbst bereichert, und daß wir eher von den Feinden Kriegsbeute machen als daß wir von ihnen Geschenke annehmen".

Tatsache ist, daß Agesilaos die Bestechungsgelder annahm und aus Lydien abzog. Insgesamt lässt sich aus diesen Beobachtungen ableiten, daß Xenophon in seiner Lobbiographie aus dem Jahr 361/0 die Kleinform des Apophthegmas wie folgt auffasste:

1. Der Sprecher ist eine bedeutende historische, mit Namen genannte Person, die zugleich die Hauptperson, der Protagonist und Hauptgegenstand der Schrift

---

[15] Xen. *Ages.* 4, 6; 5, 7; 7, 5; 7, 6 und 8, 3.

ist; das Apophthegma ist ein wirkungsvoller Bestandteil des Instrumentariums biographisch-enkomiastischer Personendarstellung.
2. Die Authentizität und Wahrheit des Ausspruchs wird durch die bereits in der Einleitung suggerierte Augen- und Ohrenzeugenschaft des Verfassers bestätigt.
3. Das Apophthegma zeichnet sich durch möglichste Kürze und Prägnanz aus. Es unterscheidet sich durch seine Kürze von den Kunstmitteln des Dialogs und der Rede in historiographischen Werken, während es mit diesen verwandt und wohl auch aus diesen abgeleitet ist. Auch in Bezug auf die Wirkungsweise lassen sich Ähnlichkeiten feststellen. Die besondere Kürze des Apophthegmas ist funktional, weil sie die Schlagkraft des Ausspruchs als Darstellungsmittel erhöht.
4. Der Ausspruch dient zum exemplarischen Beleg und zur Beglaubigung einer bestimmten Tugend des im Enkomium Dargestellten. Der Beleg wird über die erzeugte Evidenz geliefert.
5. Die historische Kontextualisierung ist erforderlich, auch wenn das Apophthegma in einem Tugendkatalog figuriert.
6. Der Ausspruch ist argumentativ pointiert und rhetorisch scharf konturiert (z. B. durch antithetische Komposition).

Trotz der beanspruchten Augenzeugenschaft ist keineswegs gesichert, daß Xenophon in seinem Enkomium in der Tat authentische Sprüche des Agesilaos überliefert hat. Vielmehr zeigt ein Vergleich mit seinem Geschichtswerk *Hellenika*, wo dieselben Ereignisse beschrieben werden, daß er die Apophthegmata des Agesilaos wohl für den Zweck der Gedenkschrift *selbst erfunden* hat. Wie aus *Hell*. III, 4, 25–26 hervorgeht, wurde, nachdem Agesilaos mit seinem Heer in Lydien einmarschiert war, ausgiebig verhandelt, und zwar wohlgemerkt über Gesandte. In der *Hellenika* ist nicht von einem Apophthegma die Rede, sondern von einem Dialog zwischen Agesilaos und dem Gesandten. Aus diesem geht hervor, daß Agesilaos den Tithraustes erpresste und für seinen Abzug nach Phrygien aus eigener Bewegung große Geldmittel forderte. Der über den Boten benachrichtigte Tisthraustes ging auf die Bedingung ein und schickte ihm 30 Talente; Agesilaos nahm sie an und zog mit seinem Heer aus Lydien ab. Die erfundenen Apophthegmata von Xenophons *Agesilaos* flossen später in Plutarchs Biographie und Apophthegmata-Sammlungen ein: In den *Regum et imperatorum apophthegmata* erweiterte Plutarch die Sammlung auf 12 Sprüche, in den *Apophthegmata Laconica* auf 76 Lemmata (mehrheitlich Sprüche) und in der *Agesilaos*-Biographie auf über 40 Apophthegmata.

I.2. *Apophthegmata-Sammlungen von Philosophen, Gnomologien, Apomnemoneumata, Exempla, Chreiai, Gymnasmata und Progymnasmata*

Im 4. Jh. v. Chr. wurden auch bereits Apophthegmata-Sammlungen von Philosophen und Weisen angelegt. Einer der Sammler bzw. Verfasser war der athenische Peripatetiker Demetrios von Phaleron (ca. 360–280 v. Chr.), ein Schüler des Theophrast, der sowohl eine Sammlung der *Apophthegmata der Sieben Weisen*[16] als auch der Fabeln Äsops (auch Äsop wurde als Weiser gehandelt) anlegte. Die Δημητρίου Φαληρέως τῶν ἑπτὰ σοφῶν ἀποφθέγματα, die in der Anthologie des Stobaeus überliefert sind (III, 1, 172), enthalten 124 Sprüche von den Weisen Kleobulos (21), Solon (20), Chilon (19), Thales (20), Pittakos (12), Bias (17) und Periander (16).[17] Als Peripatetiker war Demetrios am systematischen Sammeln von vielerlei Arten des Wissens, u. a. Klugheitslehre sowie biographischen und philosophiegeschichtlichen Materials interessiert. Seiner Sammlung folgten noch weitere Sammlungen der Sprüche der Sieben Weisen, die später in Plutarchs *Gastmahl der Sieben Weisen* (*Septem sapientum convivium*) im 2. Jh. n. Chr. (das Erasmus in den *Apophthegmata* benutzte) oder Ausonius' *Ludus septem sapientium* im 4. Jh. n. Chr. (aus dem Erasmus ebenfalls schöpfte) verwendet werden sollten. Auch die *Apophthegmata* des skythischen Weisen Anacharsis zirkulierten (welche Erasmus ebenfalls in den *Apophthegmata* ausschlachtete).[18] Weiter wurden schon zu einem frühen Zeitpunkt die Aussprüche des Sokrates,[19] Platon und Aristoteles[20] gesammelt. Die Definition des Apophthegmas in diesen und ähnlichen Sammlungen war eng mit der Form der Gnome verbunden. Gnomen (Lebensweisheiten, Sentenzen) sind als allgemeingültige philosophische Aussagen definiert, die in irgendeiner Form die menschliche Existenz, Gefühls- und Gedankenwelt, die Ethik oder die Religion betreffen, z. B.:

— „Lerne gehorchen und du wirst imstande sein zu herrschen" (Solon)
— „Sprich nicht schlecht von deinem Freund und nicht gut von deinem Feind, denn beides ist unklug" (Pittakos)
— „Was du Gutes besitzt, das schreibe nicht dir zu, sondern den Göttern" (Bias).
— „Sei im Glück nicht übermütig, im Unglück nicht niedergeschlagen" (Kleobulos).

Auf derartige Apophthegmata trifft Aristoteles' präzisere Definition der Gnome zu: Diese dürfe nichts Spezielles oder Individuelles, keine Einzelheiten und Besonderheiten enthalten und auch nichts, was sich *nicht* auf das Handeln des Menschen und die damit verbundenen ethischen Entscheidungen bezieht.[21] Physikalische Gesetzmäßigkeiten oder mathematische Regeln etwa kommen als Inhalt von Gnomen nicht in Frage. Gnomen sind zudem prinzipiell *nicht* in bestimmte historische Situationen eingebettet. Die oben angeführten vier Verhaltensregeln sind zeitlos und gelten immer und überall. Weiter sind Gnomen nicht an bestimmte historische Personen als Spruchspender gebunden. Sie werden auch ohne Namen überliefert. Nach

---

[16] M. Tziatzi-Papagianni, *Die Sprüche der sieben Weisen. Zwei byzantinische Sammlungen; Einleitung, Text, Testimonien und Kommentar*, Stuttgart 1994; J. Althoff und D. Zeller (Hrsg.), *Die Worte der Sieben Weisen*, Griechisch/Deutsch, Darmstadt 2006.
[17] Tziatzi-Papagianni, *Die Sprüche der sieben Weisen*, S. 3.
[18] Vgl. dazu J.F. Kindstrand, *Anacharsis. The Legend and The Apophthegmata*, Uppsala 1981.
[19] Vgl. Xenophons *Apomneumata* bzw. *Memorabilia Socratis*.
[20] Vgl. D.M. Searby, *Aristotle in the Greek Gnomological Tradition*, Uppsala 1998.
[21] Aristot. *Rhet*. II, 21, 1394A 21; Stenger, „Apophthegma, Gnome und Chrie", S. 209.

Jan Stenger hört eine Gnome auf Gnome zu sein, wenn ein Sprecher namentlich angegeben wird: Dann soll es sich ab sofort um ein Apophthegma, nicht mehr um eine Gnome handeln.[22] Diese scharfe Abgrenzung scheint jedoch weder zweckdienlich noch adäquat zu sein: Wie die zahlreichen Gnomensammlungen/ Gnomologien zeigen, werden dieselben Gnomen sowohl unter dem Namen eines bestimmten Philosophen als auch anonym als auch unter dem Namen anderer Weisen überliefert.[23] Das Darbietungsschema dieser Sammlungen, die die Titel „Gnomologium", „Gnomica" (γνωμικά), „Sylloge gnomon", Γνῶμαι (z. B. Γνῶμαι τῶν Ἑπτὰ Σοφῶν, Γνῶμαι σοφῶν, Γνῶμαι διάφοροι), „Florilegium sententiarum" oder „Sententiarum collectio" tragen, ist wie folgt:

(Ordnungszahl) – Ἀριστοτέλης (nomen philosophi) … ἔφη (sive aliud verbum dicendi) …

Bei der Anführung weiterer Sprüche/ Gnomen desselben Philosophen:

(weitergezählte Ordnungszahl) – ὁ αὐτός … ἔφη (sive aliud verbum dicendi)

Z. B. im einflussreichen *Gnomologium Vaticanum* sind von den insgesamt 577 Gnomen 567 mit den Namen der Sprecher versehen.[24] Aus diesem Befund ergibt sich, daß es nicht sinnvoll ist, zwischen Gnome und Apophthegma die von Stenger postulierte scharfe Trennungslinie zu ziehen. Für die Mehrzahl der Gnomologien gilt, daß Gnome und Apophthegma deckungsgleich sind, wie z. B. für das *Gnomologium Vaticanum* und die *Gnomica Basileensia*; die in den Handschriften überlieferten Titel der letzten Gnomensammlung sind für diese Deckungsgleichheit bezeichnend: In der einen Handschrift trägt das Werk den Titel Τὰ ἀποφθέγματα τῶν φιλοσόφων, in der anderen Γνῶμαι τῶν διαφόρων ἐλλογίμων ἀνδρῶν.[25] In Gnomologien bzw. Spruchsammlungen von Philosophen wird das Apophthegma wie folgt definiert:

1. Der Spruchspender ist ein Philosoph oder Weiser, der mit Namen genannt werden, manchmal aber auch anonym bleiben kann. Die Bindung an den Spruchspender ist gegeben, jedoch ist eine gewissen Flexibilität vorhanden, da ein und derselbe Spruch mehreren Personen zugeschrieben werden kann. Man redet in diesen Fällen auch von „Wanderapophthegmen". Bei Angabe des Namens des Spruchspenders wird dieser prinzipiell als historische Person aufgefasst.

---

[22] Vgl. ebd. 208, Anm. 30: „Die Gnome ist stets anonym. Wird sie einem Urheber zugeschrieben, so entsteht ein Apophthegma".
[23] Vgl. H.A. Gärtner, „Gnome [1] Literaturgeschichtlich", *DNP* 4 (1998), Sp. 1108–1115; K. Horna, „Gnome, Gnomendichtung, Gnomologien", *RE Suppl.* VI (1935), Sp. 74–87; C. Wachsmuth, „Die Wiener Apophthegmensammlung", in: *Festschrift zur Begrüssung der in Karlsruhe vom 27.–30. Sept. tagenden 36. Philologenversammlung*, Freiburg-Tübingen, S. 1–36; ders., *Studien zu den griechischen Florilegien*, Berlin 1872 (Nachdruck Osnabrück 1971); Antonius Melissa, *Loci communes*, Migne *PG* 136, 765–1244; Arsenius, *Violetum*, ed. C. Walz, Stuttgart 1832.
[24] *Gnomologium Vaticanum e codice Vaticano Graeco 743* ed. L. Sternbach, Berlin 1963, S. X.XI; Ausnahmen bilden nur ein Hirt, ein Pfau, ein Skythe und sieben attische und lakonische Frauen (564–570).
[25] *Gnomica Basileensia* ed. J.F. Kindstrand, Uppsala 1991, S. 19.

2. Das Apophthegma wird zwar prinzipiell als gesprochene Rede konzipiert, jedoch ist dies weniger distinktiv als in anderen Sammlungen. Die Abgrenzung von gesprochenem und geschriebenem Wort ist durchlässig. Die Vorstellung, daß der Spruchspender die betreffenden Worte tatsächlich gesprochen hat, wird vom Leser *cum grano salis* verstanden.
3. Der Ausspruch wird in der Regel *nicht* im Kontext einer bestimmten historischen Situation präsentiert bzw. mit einem historischen Narrativ ausgestattet. Während die Sprüche von Herrschern und Politikern grundsätzlich eine dichotome Struktur aufweisen, da sie mit historischen Einleitungen versehen werden, gilt dies nicht für die gnomischen Apophthegmata, die sehr häufig eine einfache Gestalt haben. Dichotom sind gnomische Apophthegmata jedoch, wenn sie von einer Frage eingeleitet werden. In diesen Fällen wird der Fragesteller prinzipiell nicht mit Namen genannt. Das Schema ist wie folgt: „Auf die Frage … gab X (Name des Philosophen) zur Antwort …".
4. Der Ausspruch enthält eine allgemeingültige Lebensweisheit, ethische oder weltanschauliche Wahrheit; ausgeschlossen werden individuelle, spezielle oder auf Details gerichtete Inhalte.
5. Die allgemeingültigen Weisheiten werden in *größt*möglicher *Kürze und Prägnanz* dargeboten. Eingehende, längere Argumentationen, auch Syllogismen werden dadurch ausgeschlossen.

Daß bereits in der ersten Hälfte des 4. Jh. Sammlungen von Aussprüchen des Sokrates vorhanden waren, zeigen die *Memorabilia Socratis* des Xenophon. Erasmus führt gewisse „Opuscula" des Xenophon in seiner Liste der Hauptquellen in *C* an;[26] darunter versteht er ziemlich sicher zuvorderst die *Memorabilia Socratis*, die er für die ersten 21 Apophthegmata des dritten Buches exzerpierte.[27] Die Schrift stellt eine umfangreiche Sammlung von in direkter Rede zitierten Aussprüchen des Sokrates, Dialogfragmenten und Anekdoten zu dessen schillernder Persönlichkeit, seinem Auftreten in der Öffentlichkeit und Privatleben dar. Xenophon nimmt für seine Sammlung Authentizität und Historizität in Anspruch, indem er sich darauf beruft, Schüler des Sokrates gewesen zu sein. Jedoch war es damit nicht weit her; nach Lesky ist „Xenophon nie recht eigentlich Schüler des Sokrates gewesen".[28] In den für viele Aussprüche relevanten letzten drei Lebensjahren des Sokrates hielt sich Xenophon nicht einmal in Athen auf, sondern verdingte sich als Söldnerführer für den persischen Thronanwärter Kyros (401–399 v. Chr.). Xenophon verfaßte die *Memorabilia Socratis* auch nicht unmittelbar nach Sokrates' Hinrichtung, wie man von einem Schüler des Philosophen hätte erwarten können, sondern erst über dreißig Jahre später, in den sechziger Jahren des 4. Jh.[29] Es wird allgemein angenommen,

---

[26] Fol. ⟨α 1⟩ᵛ.
[27] *Apophthegmata* III, 1–21, *ASD* IV, 4, S. 197–202; *CWE* 37, S. 221–228.
[28] A. Lesky, *Geschichte der griechischen Literatur*, 3. Aufl., Bern 1971, S. 557.
[29] Ebd.

daß Xenophon, statt ausschließlich aus der eigenen Erinnerung, zu einem erheblichen Teil aus diversen damals zirkulierenden Sammlungen bzw. Aufzeichnungen zu Sokrates schöpfte.[30]

Eine Eigenartigkeit sokratischer Sprüche ist, daß sie selten möglichst kurz und prägnant sind; Sokrates hatte eine Vorliebe für die dialogische Form, in der er seine dialektische Meisterschaft ausspielte: Statt selbst gnomische Thesen aufzustellen oder kantige Aussagen vorzubringen stellte er seinem jeweiligen Gegenüber lieber Fragen, die immer zugleich Fangstricke sind, die er sorgfältig auslegt und schließlich, nachdem sein Gegenüber sich mit unbedachtsamen Antworten in der Falle gefangen hat, gnadenlos zusammenzieht und dem in der Aporie gefangenen Gegner zeigt, daß er von Grund auf widerlegt worden und als Unwissender entlarvt ist. Solcherart gesammelte Dialogfragmente lesen sich wie Zusammenfassungen von Schachspielen, von denen die entscheidenden Züge bzw. das Endspiel aufgezeichnet werden. Wichtig ist weiter, daß der Philosoph als eine Art Pankratist präsentiert wird, der mit Worten kämpft, und daß die Dialogfragmente gewissermaßen als Sammlung der gedenkwürdigen dialektischen Siege des Sokrates verfasst sind.

Xenophon nennt die dialogischen Aussprüche des Sokrates nicht *Apophthegmata*, sondern *Apomnemoneumata*, was zugleich der Titel der Schrift ist: Ἀπομνημονεύματα Σωκράτους. Der Titel *Apomnemoneumata* besagt nicht automatisch, daß Xenophon den Begriff des Apophthegmas für seine Sammlung abgelehnt haben würde; zu bedenken ist, daß das zu Xenophons Zeit erst im Entstehungsprozess begriffene Apophthegma für kurze Dialoge schon deshalb offen war, weil zahlreiche nicht-gnomische Apophthegmata von ihrer Anlage her von einem dialogischen Gegenüber ausgehen oder sich an einen Adressaten richten. Vielmehr sind *Apophthegma* und *Apomnemoneuma* sich überschneidende, teilweise deckungsgleiche Begriffe. So bezeichnete später Plutarch seine Sammlung der *Regum et imperatorum Apophthegmata* im Widmungsbrief an Kaiser Trajan auch als „Apomnemoneumata". Daraus ergibt sich, daß

1. *Apomnemoneuma* ein Sammelbegriff ist, der sowohl Aussprüche einer historischen Person als auch non-verbale Elemente enthält: Handlungen, Verhalten, Charaktereigenschaften und Details des Privatlebens.
2. verbale Apomnemoneumata auch als Apophthegmata bezeichnet werden.
3. non-verbale Apomnemoneumata zwar keine Apophthegmata im strikten Sinn sind, jedoch – in erweitertem Sinn – unter der Kategorie Apophthegmata subsumiert werden.
4. der Modus der *Gedenkschrift* mit dem Enkomium bzw. der *laus hominis* verwandt ist. Das bringt mit sich, daß sowohl die verbalen als auch die non-verbalen *Apomnemoneumata* immer mit expliziten oder impliziten positiven Wertungen besetzt werden: Z. B. werden Sokrates' Integrität, Gerechtigkeit, Enthaltsamkeit, Spar-

---

[30] Ebd., S. 557–558; 696.

samkeit usw. gepriesen. Diese Tugenden können sowohl durch verbales (Dialoge) als auch non-verbales Material belegt werden.
5. bei einem Teil der non-verbalen *Apomnemoneumata* die biographisch-historische Komponente überwiegt: Diese überliefern Verhalten und Eigenschaften, die die *individuelle Persönlichkeit* Sokrates charakterisieren.
6. der andere Teil der non-verbalen *Apomnemoneuma* die Funktion eines *exemplum* besitzt: Mit seiner Lebensweise gibt Sokrates ein Vorbild, wie der Leser/ Rezipient der *Apomnemoneumata* sich verhalten solle. Mit der idealisierten Sokrates-Gestalt entsteht zugleich ein multifunktionales *exemplum historicum* für ethische und rhetorische Werke jeglicher Art, einschließlich Tugendkataloge.

Die verbalen Denkwürdigkeiten im strikten Sinn, die Apophthegmata, die sich in Xenophons Ἀπομνημονεύματα Σωκράτους finden, sind wie folgt zu definieren:

1. Sie stellen meist kleinere Dialoge dar.
2. Sowohl der Hauptunterredner Sokrates als auch sein jeweiliger Dialogpartner sind als historische Personen konzipiert.
3. Vorausgesetzt wird, schon durch die Suggestion der Augen- und Ohrenzeugenschaft, daß die betreffenden Gespräche tatsächlich stattgefunden haben. Da jedoch allerlei sokratische Dialoge zirkulierten, die lange nach dem Tod des Sokrates von verschiedenen Autoren verfaßt worden waren, mag bei der Leserschaft ein gewisser Gewöhnungseffekt aufgetreten sein, der mit sich brachte, daß man die Authentizität des Gesagten *cum grano salis* auffaßte.
4. Der Hauptunterredner vermeidet es, Gnomen zum Besten zu geben; er stellt lieber eine Reihe von Fragen, die er am Ende zu einem Elenchos zusammenführt.

Eine besondere Form der xenophontischen dialogischen Apomnemoneumata stellen Miniaturdialoge dar, die in der Folge die Bezeichnung „Chreiai" (bzw. eingedeutscht „Chrie") erhielten.[31] Diese kommen der Kleinform des Apophthegmas in Bezug auf die sonst zumeist eingehaltene Kürze am nächsten. Sie führen die Widerlegung (Elenchos) eines von falschen Meinungen eingenommenen Dialogpartners *in nuce* und auf engstem Raum vor. Z. B.:

— „Als jemand seinen Diener hart züchtigte, fragte er, weshalb er dem Diener böse sei. ,Weil er', erwiderte jener, ,obwohl er der größte Fresser, doch der schlimmste Faulpelz, und obwohl er sehr habgierig, doch besonders träge ist'. ,Hast du nun schon mal drüber nachgedacht (sagte er, i.e. Sokrates), wer von euch beiden mehr Schläge verdient, du oder dein Diener?'"[32]

---

[31] Zur „Chreia" vgl. Stenger, „Apophthegma, Gnome und Chrie", S. 212–215; D.M. Searby, „The Fossilized Meaning of Chreia as Anecdote", *Mnemosyne* 72, 2 (2019), S. 197–228.
[32] Xen. *Mem.* III, 13, 4. Für die Übersetzungen siehe Xenophon, *Erinnerungen an Sokrates*. Griech.-deutsch, hrsg. von P. Jaerisch, 4. Aufl., München-Zürich 1987.

– „Ein anderer klagte, daß er ohne Appetit esse; da sagte er (sc. Sokrates): ‚Akumenos kennt ein gutes Heilmittel dafür'. Und jener fragte: ‚Welcher Art ist es?' – ‚Aufhören mit dem vielen Essen', erwiderte er; ‚Wer damit aufgehört hat, der wird auch angenehmer, billiger und gesünder leben'".[33]

Die Kapitel III, 13 und 14 von Xenophons *Apomnemoneumata* sind ausschließlich Chreiai vorbehalten. Es ist auffällig, daß Erasmus aus Xenophons Werk vorzüglich Chreiai, insbesondere die Miniaturdialoge selektierte, aus den genannten Kapiteln jedenfalls vier Miniaturdialoge.[34] Z. B. *Apophth*. III, 15:

> „Quendam acrius castigatum seruum percontabatur, quamobrem ita saeuiret. ‚Quoniam', inquit, ‚quum sit obsoniorum voracissimus, tamen ignauissimus est, quumque sit auidissimus, tamen desidiosissimus est'. Tum Socrates ‚Nunquamne', inquit, ‚considerasti, vter vestrum pluribus egeat verberibus, tune an famulus?' Vtinam sibi quisque dicat, quod illi Socrates, quoties hoc in aliis reprehendit punitque idem, quod sibi ignoscit, aut si non idem, crebro deterius".[35]

In diesen Miniaturdialogen ist die Einleitung/ *praeparatio* für den Dialog minimal; die zugrundeliegende, den Kontext bildende Situation enthält meist tadelnswertes, jedoch häufig vorkommendes und im Grunde leicht nachvollziehbares Verhalten und Denken. Diese Situation wird in kürzester Form, ohne daß ein individuelle Details miteinbeziehendes biographisches Narrativ hinzugefügt werden würde. Auch deswegen wird in den Beispielen von III, 13 und 14 der jeweilige Dialogpartner des Sokrates nicht mit Namen genannt. Der abschließende Spruch(teil) des Sokrates bildet den Elenchos.

So oder so ähnlich beschaffene Chreiai gab es in der griechischen Literatur jedenfalls seit Xenophons *Apomnemoneumata*. Weiter gab es Sammlungen von Apophthegmata, die den Titel *Χρεῖαι* trugen, vom 4. bis zum 1 Jh. v. Chr., u. a. von Aristippos (4. Jh. v. Chr., *Χρειῶν τρία*),[36] Aristoteles[37] und Demetrios von Phaleron (*Χρειῶν α'*),[38] von den Kynikern Diogenes von Sinope (ca. 413–ca. 323 v. Chr.)[39] und Metrokles (4. Jh. v. Chr., *Μετροκλῆς ἐν ταῖς Χρείαις*),[40] von den Stoikern Zenon von Kition (333/2–262/1, *Ζήνων δ' ὁ Κιτιεὺς ἐν ταῖς Χρείαις*),[41] Ariston von Chios (um 260 v. Chr., *Χρειῶν ια'*),[42] Persaios von Kition (*Χρειῶν δ'*),[43] Kleanthes[44] (ca. 331–232 v. Chr.,

---

[33] Ebd. III, 13, 13, 2.
[34] *Apophth*. III, 15–18 (*ASD* IV, 4, S. 200–201; *CWE* 37, S. 226–227).
[35] *ASD* IV, 4, S. 200–201; *CWE* 37, S. 226.
[36] Diog. Laert. II, 85 (Bibliographei).
[37] Searby, „The Fossilized Meaning of Chreia as Anecdote", S. 205.
[38] Diog. Laert. V, 81 (Bibliographie).
[39] Ebd. VI, 80: Σωτίων δ' ἐν τῷ ἑβδόμῳ ταῦτα μόνα φησὶ Διογένους εἶναι … Χρείας.
[40] Ebd. VI, 33.
[41] Ebd. VI, 91.
[42] Ebd. VII, 163.
[43] Ebd. VII, 36.
[44] Ebd. VII, 175.

Περὶ χρειῶν) und Hekaton von Rhodos (1. Jh. v. Chr., Ἑκάτων ἐν ταῖς Χρείαις),[45] dem Schüler des Panaitios.[46] Der Begriff der χρεία bezeichnet, jedenfalls nach den späteren Rhetorikleitfäden, so etwas wie „Nutzanwendung".[47] Gemeint war dabei wohl, daß man diese Art von Apophthegmata für didaktisch besonders effizient hielt. In Stobaeus' *Florilegium* findet sich ein Auszug aus den *Chreiai* des Aristoteles (Ἐκ τῶν Ἀριστοτέλους Χρειῶν). Aus dieser Sammlung geht hervor, daß sie *Apophthegmata* enthält, deren Sprecher verschiedene historische Personen sind, wobei Aristoteles als Spruchsammler und Textersteller fungiert. Welche Art Aussprüche bezeichnet der Begriff *Chreiai* in dieser Sammlung? Searby listet zehn Aussprüche auf, die zum Teil auch in Erasmus' *Apophthegmata* Aufnahme gefunden haben, z. B.: ...

1. „Gelon, der Tyrann von Sizilien, litt an Mundgeruch. Als ihn einer seiner Freunde darauf hinwies, nahm er seiner Frau übel, daß sie ihn nicht darauf aufmerksam gemacht hatte. Sie sagte jedoch: ‚Ich dachte, jeder Mann rieche so'".[48]
2. „Als der Tyrann Alexander zu dem Philosophen Anaxarchos sagte ‚Ich werde dich aufhängen lassen', antwortete er: ‚Hebe dir deine Drohungen für die Masse auf. Was mich anbetrifft: Es ist mir gleich, ob ich ober oder unter der Erde verrotte'".[49]
3. „Die Spartanerin Gorgo, die Gattin des Leonidas, überreichte ihrem Sohn, der in den Krieg zog, den Schild und sprach: ‚Mit ihm oder auf ihm'."[50]
4. „Man fragte Lasos von Hermione ‚Was ist die höchste Weisheit?'; er antwortete: ‚Erfahrung'".[51]
5. „Demosthenes wurde gefragt: ‚Auf welche Weise hast Du als Redner den Gipfel deiner Kunst erreicht?'; er antwortete: ‚Damit, daß ich mehr Geld für Lampenöl als für Wein ausgab'".[52]

Zunächst geht aus diesen Beispielen hervor,

1. daß die Sammlung der „Aristoteles"-*Chreiai* als Spruchspender stets historische Gestalten aufweist; jedoch beschränken sich die Spruchspender keineswegs auf Philosophen, sondern eröffnen ein buntes Spektrum von Personen: die Ehefrau

---

[45] Ebd. VI, 4; 32; 95, VII, 26; 172.
[46] Vgl. the list in Searby, „The Fossilized Meaning of Chreia as Anecdote", S. 205; Stenger, „Apophthegma, Gnome und Chrie", S. 212, Anm. 53. Searby bemerkt a.a.O., daß nach der hellenistischen Periode *Chreiai* nicht mehr als Buchtitel Verwendung findet.
[47] Vgl. dazu jedoch Searby, „The Fossilized Meaning of Chreia as Anecdote".
[48] Stob. III, 5, 42: Γέλων ὁ Σικελίας τύραννος σαπρόστομος ἦν. ὡς οὖν τῶν φίλων τις εἶπεν αὐτῷ, ὠργίζετο τῇ γυναικὶ ὅτι οὐκ ἐμήνυσεν αὐτῷ· ἡ δὲ ἔφη, „ᾤμην γὰρ καὶ τῶν λοιπῶν ὁμοίως ὄζειν τὸ στόμα".
[49] Stob. III, 7, 29: Ἀνάξαρχος ὁ φυσικός, εἰπόντος αὐτῷ Ἀλεξάνδρου ὅτι „κρεμῶ σε", „ἀπείλει τούτοις" ἔφη „τοῖς πολλοῖς· ἐμοὶ δὲ οὐδὲν διαφέρει ὑπὲρ γῆς ἢ κατὰ γῆς σήπεσθαι".
[50] Stob. III, 7, 30: Γοργὼ ἡ Λακεδαιμονία Λεωνίδου γυνή, τοῦ υἱοῦ αὐτῆς ἐπὶ στρατείαν πορευομένου, τὴν ἀσπίδα ἐπιδιδοῦσα εἶπεν „ἢ ταύταν ἢ ἐπὶ ταύτας".
[51] Stob. III, 29, 70: Λᾶσος ⟨ὁ⟩ Ἑρμιονεὺς ἐρωτηθεὶς τί εἴη σοφώτατον, „πεῖρα" ἔφη.
[52] Stob. III, 29, 90: Δημοσθένης ἐρωτηθεὶς „πῶς τῆς ῥητορικῆς περιεγένου;" „πλέον" ἔφη „ἔλαιον οἴνου δαπανήσας".

eines Tyrannen, einen Philosophen, die Ehefrau des Spartaners Leonidas, einen Kitharöden und einen Redner.
2. die einzelnen Chreiai-Apophthegmata jeweils sehr kurz sind, wodurch man sie gut dem Gedächtnis einprägen kann.
3. sie dialogisch strukturiert sind, als Antwort auf eine Frage oder eine Aussage.
4. Gemeinsam ist ihnen weiter, daß sie belehrend sind und vorbildliches Verhalten vermitteln. Das Apophthegma von Gelons Frau demonstriert das als vorbildlich empfundene Verhalten weiblicher Keuschheit, das Apophthegma des Anaxarchos das der philosophischen Furchtlosigkeit, das Apophthegma des Demosthenes vorbildlichen Fleiss. Weiter ist festzuhalten, daß die Art der jeweiligen Belehrung im Grund leicht zu verstehen ist. Komplizierte oder einschlägige Erläuterungen sind nicht erforderlich.

Aufgrund dieser Verfasstheit wurden derartige Chreiai im Schulunterricht angewendet; sicherlich schon im griechischen Bereich, sicherlich in der rhetorischen, sophistischen und philosophischen Propädeutik. Seneca bezieht sich auf diesen Brauch, wenn er sagt: „Pueris et sententias ediscendas damus *et has, quas Graeci chrias vocant*, quia conplecti illas puerilis animus potest, qui plus adhuc non capit".[53] Die Schüler mussten Gnomen (z. B. Solons „Lerne gehorchen und du wirst imstande sein zu herrschen") und Chreiai auswendig lernen, wie übrigens auch die Fabeln des Äsop, und das auswendig Gelernte wurde im Schulunterricht zur weiteren Ausbildung der Argumentationsfähigkeit und Gedankenbildung angewendet. Seneca rät seinem in der Philosophie schon fortgeschrittenem Schüler Lucilius davon ab, sich noch mit dem Auswendiglernen von Gnomen und Chreiai zu beschäftigen, das wäre kindisch und schülerhaft. Nunmehr, meint er, gehe es um das Ganze, d.h. um die Lektüre vollständiger philosophischer Schriften und noch mehr um die Herausbildung eigener philosophischen Gedanken.[54] Dabei ist zu berücksichtigen, daß Lucilius zu diesem Zeitpunkt bereits ein erwachsener Mann war, der das vierzigste Lebensjahr überschritten hatte. Seneca hat Grund genug, von ihm jetzt etwas „Erwachsenes" einzufordern.

Die *Chreiai* fanden Eingang in die griechischen propädeutischen Lehrgänge, welche die Schüler vom Grammatikunterricht zum Rhetorikunterricht (zwischen 12 und 14 Jahren) hinführen sollten und welche unter den Begriff der *Gymnasmata* bzw. v.a. *Progymnasmata* („Vorübungen") fallen.[55] Unter den überlieferten *Progymnas-*

---

[53] Sen. *Epist.* 33, 7.
[54] Vgl. ebd.: „Certi profectus viro captare flores turpe est et fulcire se notissimis ac paucissimis vocibus et memoria stare: sibi iam innitatur".
[55] Vgl. R. Webb, „The Progymnasmata as Practice", in: Yun Lee Too (Hrsg.), *Education in Greek and Roman antiquity*, Leiden-Boston 2001, S. 289–316; R. Cribiore, *Gymnastics of the Mind*, Princeton 2001; S. Bonner, *Education in Ancient Rome*, Berkeley-Los Angeles 1977, S. 250–276; G.A. Kennedy, *Progymnasmata. Greek Textbooks of Prose Composition and Rhetoric*. Translated with Introduction and Notes by G.A. Kennedy, Leiden-Boston 2002; R.J. Hock und E.N. O'Neil, *The Chreia in Ancient Rhetoric, Vol. 1: The Progymnasmata*, Atlanta GA 1986; iidem, *The Chreia and Ancient Rhetoric, Vol. 2: Classroom Exercises. Writings from the Greco-Roman World*, Atlanta GA 1986; L. Calboli Montefusco, *DNP* 10 (2001), Sp.

mata befinden sich jene der Rhetoriker und Sophisten Ailios Theon (1. Jh. v. Chr.),[56] Ps. Hermogenes,[57] Libanios von Antiocheia (314 – nach 393 n. Chr.),[58] Aphthonios von Antiocheia (4. Jh. n. Chr.)[59] und Nikolaos von Myra (5. Jh. n. Chr.).[60] In diesen Lehrgängen waren die Übungen sorgfältig pädagogisch aufeinander aufgebaut und kanonisch gestaffelt. Die Chreiai figurieren darin als dritte Übungsstufe nach (1) der äsopischen Fabel („mythos"), (2) der Kurzgeschichte/ Erzählung („diegema"; *narratio*), und vor (4) der Gnome, (5) der Widerlegung (*refutatio*), (6) dem positiven Erweis (*confirmatio*), (7) dem Gemeinplatz (*koinos topos*), (8) dem Lob/ Enkomium (*laus*), (9) dem Tadel (Psogos, *vituperatio*) und (10) dem Vergleich (Synkrisis, *comparatio*).

Bemerkenswert ist, daß im ersten Viererblock der *Progymnasmata*

1. die äsopische Fabel,
2. die Chreia und
3. die Gnome

zusammengefasst sind. Sie besitzen in Bezug auf ihre Strukturmerkmale und die Übungen, die mit ihnen verbunden waren, Gemeinsamkeiten: Alle drei setzen sie sich in der Regel aus dem *gesprochenen* Wort zusammen: Die Fabel aus kurzen Dialogen zwischen Menschen und Tieren; die Chreia aus kurzen Dialogen zwischen Menschen; die Gnome muß nicht, kann aber als gesprochenes Wort dargestellt werden, entweder als monologischer Spruch einer *auctoritas* oder als deren Antwort auf eine bestimmte Frage. Alle drei sind auf Ethik bzw. Lebensklugheit fokussiert. Für die Chreia und die Gnome gilt, daß vorausgesetzt wird, daß sie nicht nur zur rhetorischen, argumentativen und kognitiven philosophischen Ausbildung, sondern zugleich auch zur sittlichen Erziehung beitragen. Für alle drei gilt, daß die Schüler den Auftrag erhielten, sie zu *paraphrasieren, auszugestalten* und mit zusätzlichen Darstellungselementen anzureichern (z. B. mit einem Vergleich, einem historischen *exemplum*, einer [weiteren] *auctoritas*); nicht zuletzt: sie zu *erklären* und *auszulegen*. Die Fabel enthält an sich schon als abschließendes Element die Moral, somit eine Erklärung des Sinnes. Chreiai und Gnomen vermitteln immer einen Sinn, jedoch ist dieser meist implizit in der Aussage beschlossen: Die Schüler haben die Aufgabe, diesen *expressis verbis* zu erklären (*expositio*). Z. B. wird bei Aphthonius der Spruch (*Apophthegma*) des Redners Isokrates als Beispiel einer *Chreia* angeführt: daß die Wurzeln

---

375–376, s.v. „Progymnasmata"; M. Kraus, „Progymnasmata, Gymnasmata", in: G. Ueding (Hrsg.), *Historisches Wörterbuch der Rhetorik* 7 (2005), Sp. 159–191; M. Patillon, *Corpus Rhetoricum. Anonyme, Préambule à la rhétorique. Aphthonios, Progymnasmata. Pseudo-Hermogène, Progymnasmata*, Paris 2008.

[56] Kennedy, *Progymnasmata*, S. 1–72.
[57] Ebd. S. 73–88.
[58] Vgl. Libanius's, *Progymnasmata. Model Exercises in Greek Prose composition and Rhetoric*. Translated with Introduction and Notes by C.A. Gibson, Atlanta GA 2008.
[59] Kennedy, *Progymnasmata*, S. 89–128.
[60] Ebd. S. 129–172.

der Bildung bitter, ihre Früchte aber süß seien. In der Amsterdamer Sammelausgabe von Aphthonius' *Progymnasmata* lautet die erste Musterlösung der Aufgabe „a paraphrasi seu expositione" („durch Paraphrase oder Erklärung") wie folgt:

> Qui enim bonarum artium amore capiuntur, hi sane cum professoribus ac ducibus studiorum conuersantur, ad quod accedere vt formidolosum est, ita relinquere stultissimum. Et pueri quidem nunquam metu vacant, et cum adsunt praeceptores et cum venturos exspectant. Succedunt praeceptoribus paedagogi, visu terribiles, sed cum verberibus saeuiunt, formidabiliores. Qui etiam, priusquam verberent, timentur. Metum punitio subsequitur, dum omnia puerorum errata vindicantur, et recte facta, opera virtutis, tamquam ad ea nati sint, exactissime requiruntur. Iam vero paedagogis ipsis sunt molestiores asperioresque patres, in deambulationes atque vias inquirentes et vetantes in publicum egredi, forum ipsum habentes suspectum. Quodsi opus fuerit in filios animaduertere, ita excandescunt, vt naturae obliuiscantur nec se parentes esse meminerint. Verum huiusmodi rebus exercitatus puer, cum in virum euaserit, merita coronatur virtute.[61]

Die Erklärung ist so gestaltet, daß sie den Spruch durch die Schilderung der spätmittelalterlich-frühneuzeitlichen Lebenswirklichkeit verständlich macht. Die bitteren Wurzeln sind die Angst vor pädagogischer Gewaltanwendung, die Leibstrafen selbst, und die bedrückende Wirkung, die von übergrosser Strenge der Lehrer ausgeht.

Chreiai hatten im Übrigen nicht nur die Form von sokratischen Miniaturdialogen. Es gibt verbale Chreiai (χρεῖαι λογικαί) und non-verbale, durch eine demonstrative Handlung dargestellte (χρεῖαι πρακτικαί) sowie gemischte (χρεῖαι μικταί), wobei die verbalen Chreiai die übergroße Mehrheit bilden. χρεῖαι λογικαί sind somit:

1. grundsätzlich *Apophthegmata*, mit einem namentlich genannten Spruchspender, der eine historische Person ist und als *auctoritas* für die Gültigkeit des Spruches einsteht.
2. Der Inhalt dieser *Apophthegmata* ist auf richtiges oder verwerfliches Verhalten, im erweiterten Sinn auf die Moral, fokussiert; er stellt eine moralische Lektion dar oder ist jedenfalls so gestaltet, daß er eine dahingehende parainetische Anwendung ermöglicht.
3. In den *Progymnasmata* ist die wesentliche Übung die Erklärung des Sinns des jeweiligen Apophthegmas; diese wurde als Bestandteil der Paraphrase betrachtet.

Zusammengenommen bedeutet dies, daß die gemeinsame Schnittmenge von χρεῖαι λογικαί und Apophthegmata sehr groß ist; diese sind, sieht man von Apophthegmata ab, aus denen keine moralische Lektion abgeleitet werden kann, deckungsgleich. Die progymnastische Übung mit Gnomai ist mit jener der Chreiai eng verwandt. Das Verhältnis von Gnomen und Chreiai ist durchlässig, da Gnomen zwar ohne Namen

---

[61] Aphthonius Sophista, *Progymnasmata, a Rodolpho Agricola partim, partim a Iohanne Maria Catanaeo Latinitate donata. Cum scholiis R Lorichii …*, Amsterdam, Joannes Jansonius 1657, S. 46.

des Urhebers zitiert werden können, jedoch oft auch mit dessen Namen als *auctoritas* ausgestattet worden sind. Bezeichnend ist, daß auch bei den Gnomen die Erklärung den Kern der Übung bildet. Für Erasmus' *Apophthegmata* ist das formative Vorbild der Tradition der progymnastischen Chreiai und Gnomai von großer Bedeutung, da er *die kommentierende Erklärung* der einzelnen Sprüche zu einem konstitutiven Element der *Apophthegmata* erhoben hat. Allerdings muß diesbezüglich sogleich angemerkt werden, daß die Art der Kommentierung bei Erasmus qualitativ und inhaltlich divergent und erratisch ist und daß nicht alle Kommentierungen im Sinne chreiai-artiger Erklärungen gestaltet sind.[62] Hinzu kommt, daß bei einer erklecklichen Anzahl von *Apophthegmata* des Erasmus jegliche Erklärung fehlt.

I.3. *Apophthegmata in den Philosophenbiographien des Diogenes Laertius und Lukians Biographie des Demonax*

Von besonderer Bedeutung für Erasmus' Aufnahme der gnomischen Apophthegmata ist die Tatsache, daß sie Diogenes Laertius zu konstitutiven Bestandteilen seiner *Philosophenbiographien* erhoben hat. Denn diese stellen eine Hauptquelle von Erasmus' *Apophthegmata* dar, aus der er zwei Bücher (III und VII) fast zur Gänze und zudem einen Teil von Buch II bezogen hat. Die grundlegende Funktion der Gnomen spiegelt sich schon im Titel des Werkes des Diogenes: *ΒΙΩΝ ΚΑΙ ΓΝΩΜΩΝ ΤΩΝ ΕΝ ΦΙΛΟΣΟΦΙΑΙ ΕΥΔΟΚΙΜΗΣΑΝΤΩΝ*. Diogenes Laertius betrachtete die gnomischen Apophthegmata als Hauptmittel zur Darstellung der Lehre des jeweiligen Philosophen: Sie repräsentieren in prägnanter Form die Lehrmeinungen. Es ist bemerkenswert, daß Diogenes Laertius dazu Apophthegmata und nicht die schriftlichen Werke der Philosophen verwendet, während er deren Titel ebenfalls sammelte und in einzelnen Bibliographien auflistete. Aufgrund dieser Funktionen, die Diogenes Laertius den Apophthegmata zuschreibt, verwundert es nicht, daß sie in nahezu jeder seiner Philosophenbiographien, manchmal sogar in gehäufter Form, auftreten. Ziemlich oft finden sie sich in einem eigenen Abschnitt, nachdem der Autor die Grundzüge des jeweiligen Lebenslaufes skizzenhaft entwickelt hat: Zuweilen entsteht der Eindruck, daß der jeweilige Abschnitt mit den Aussprüchen eine eigene, kleine Apophthegmata-Sammlung darstellt. Dabei konnte Diogenes mit Sicherheit auf bereits vorhandene Spruchsammlungen zu einzelnen Philosophen (etwa Sokrates, Diogenes von Sinope, Antisthenes, Platon, Aristoteles) zurückgreifen; derartige Apophthegmata-Sammlungen sind oft gerade über Diogenes Laertius überliefert. Die enge Verbindung bzw. Überschneidung von Diogenes Laertius' Philosophenbiographien mit Gnomologien ergibt sich nicht nur aus dieser Tatsache, sondern auch daraus, daß nachfolgende Gnomensammlungen den Diogenes Laertius

---

[62] Siehe dazu unten, Abschnitt III.9 „Kommentierende Erläuterungen als Bestandteil des Apophthegmas ...".

plünderten. Eine Folge dieser Überschneidungen ist, daß es bei Diogenes Laertius eine Reihe von Dubletten gibt: Bestimmte Gnomen kommen mehr als einmal vor und werden in diesen Fällen verschiedenen Philosophen zugeschrieben. Bei Diogenes Laertius wird die Form des Apophthegmas somit wie folgt definiert:

1. Das Apophthegma ist als gesprochene Rede konzipiert; die Annahme, daß der Spruchspender die betreffenden Worte tatsächlich von sich gegeben hat, ist zwar gegeben, wird jedoch *cum grano salis* verstanden. Die Bindung an den Spruchspender ist vorhanden, jedoch nicht unbedingt starr. Dies zeigt sich an der Tatsache, daß es bei Diogenes Laertius eine Reihe von *Mehrfachzuschreibungen* einzelner Sprüche oder Gnomen gibt. Diogenes hat dies in einigen Fällen angemerkt, jedoch nicht bereinigt, in anderen Fällen blieb die Dublette unbemerkt. Im Prinzip fühlt sich Diogenes Laertius nicht verpflichtet, einen Beweis der Historizität des jeweiligen Apophthegmas zu erbringen oder eine Diskussion zu führen, ob die betreffende Person der historisch richtige Spruchspender ist.
2. Der Spruchspender ist ein mit Namen genannter, bekannter Philosoph; er zählt zu den ca. 100 berühmtesten Philosophen der Antike bis auf Diogenes Laertius' eigene Zeit. Er stellt *eo ipso* eine historische Person dar.
3. Die Aussprüche werden in einer Reihe von Fällen mit einem biographischen Narrativ ausgestattet. Jedoch gilt dies für eine noch größere Anzahl von Fällen nicht. In diesen Fällen bezog Diogenes Laertius sein Material aus Gnomologien und überträgt er einen Abschnitt einer Spruchsammlung in seine Biographie. Bei Diogenes lassen sich also zwei Strukturmodelle des Apophthegmas erkennen: Erstens ein dichotomes, das sich (a) aus biographisch-narrativer *praeparatio* und (b) dem Spruch selbst zusammensetzt, und zweitens ein einfaches, bei dem nur der gnomische Spruch in einer Liste zusammen mit anderen Apophthegmen angeführt wird.
4. Wohl die Mehrheit der Aussprüche enthält philosophische Lehrmeinungen, ethische Sentenzen, allgemeingültige Lebensweisheiten oder weltanschauliche Einsichten. Die allgemeingültigen Weisheiten werden in größtmöglicher *Kürze und Prägnanz* dargeboten, manchmal wird dazu einfach die Verbalform des Infinitivs verwendet. Der Prägnanzbedarf ist im Fall gnomischer Apophthegmata so groß, daß nicht selten eine gewisse *Obskurität* oder Dunkelheit einkalkuliert wird. Etwa die Apophthegmen des Heraklit hatten den Ruf besonderer Obskurität (z. B. „Die Ewigkeit ist ein kleines Kind, das mit Würfeln spielt"). Rhetorische Pointierung (z. B. durch Antithesen) und Witz zählen zu den Möglichkeiten, bilden aber keine Grundvoraussetzung. Mehrgliedrige Argumentationen werden jedoch prinzipiell vermieden. Das gnomische Apophthegma unterscheidet sich insofern scharf von der argumentierenden philosophischen Diatribe, obwohl in dieser Gattung Apophthegmen zu argumentativen Zwecken verwendet wurden.
5. Sprüche, die Spezielles und Individuelles behandeln, führen oft kauziges, kurioses bzw. idiosynkratisches Verhalten vor. Derartige Apophthegmata haben meistens die Funktion, die Einzelpersönlichkeit schillernd zu beleuchten und die betreffen-

den Philosophen als Exzentriker darzustellen, wobei es scheint, als ob ein Gutteil dieses Exzentrikertums ihrer Existenz als Philosoph entspricht, der dem „nomalen" Leben kritisch gegenübersteht.

Die große Bedeutung der Apophthegmata für Philosophen-Biographien lässt sich im Übrigen bereits vor Diogenes Laertius feststellen, z. B. in jener des kynischen Philosophen Demonax von Zypern (ca. 70–170 n. Chr.), die sein selbsternannter Schüler Lukian zwischen etwa 145 und 160 verfasste (Δημώνακτος βίος, „Biographie des Demonax").[63] Nach einer knappen Darstellung von Demonax' Lebenslauf (*Demonax* 1–11, 5 S.) gestaltet Lukian das Werk im Weiteren einfach als Apophthegmata-Sammlung (*Demonax* 12–67, 11 S.): Lukians Demonax-Biographie setzt sich somit zu mehr als zwei Dritteln aus Sprüchen zusammen. Erasmus hat diese Apophthegmata-Sammlung im achten Buch *in extenso* verwertet und ihr insgesamt 41 Sprüche entnommen, die er ins Lateinische übersetzte (VIII, 229; 240; 255–289). Die im *Demonax* enthaltenen *Apophthegmata* sind zum größten Teil weder Gnomen noch sind sie überhaupt der Darstellung der Lehre und Weltanschauung gewidmet, sondern des Witzes und der Gefasstheit des Demonax. Ein Witz folgt auf den anderen, wobei Demonax keine Gelegenheit auslässt, seine Gegenüber mit Grobheiten, Obszönitäten und banalen Repliken vor den Kopf zu stoßen.[64] Die ersten an die Adresse des Sophisten Favorinus gerichteten Sprüche sind paradigmatisch für diese Auffassung von Apophthegma: Demonax verspottet Favorinus dafür, daß er ein Eunuch war: Als ihn Favorinus fragte, was Demonax zur Philosophie befähige, antwortete er ihm: ὄρχεις, „Eier" (12);[65] Als ihn Favorinus fragte, welche philosophische Schule ihn am meisten anspreche, antwortete er „Wer hat dir denn erzählt, daß ich ein Philosoph sei?", wobei er einen Lachanfall bekam; als ihn Favorinus fragte, wieso er denn lache, sagte er: „Es ist doch witzig, daß du denkst, man erkenne einen Philosophen an seinem Bart, während du keinen hast" (13). Als ein junger Mann aus Makedonien dem Demonax eine logische Fangfrage stellte, antwortete er: „Eines weiß ich, mein Kind, ὅτι περαίνει", was den Doppelsinn hat „daß du den logischen Schluß ziehst" und „daß du mit Männern schläfst" (14). Als ihn der Jüngling daraufhin wutentbrannt anschrie „Ich werde dir gleich den Mann zeigen", womit er meinte „Ich werde dir gleich zeigen, daß ich ein Mann bin (nämlich indem ich dir eine auf die Birne haue)",

---

[63] Lucian, with an English Translation by A.M. Harmon (Loeb), Bd. I, London-New York 1927, S. 142–173; vgl. zu dem Werk M. Beck, „Lucian's Life of Demonax: The Socratic Paradigm, Individuality, and Personality", in: K. De Temmerman und K. Demoen (Hrsg.), *Writing Biography in Greece and Rome: Narrative Technique and Fictionalization*, Cambridge 2016, S. 80–96; P.P. Fuentes González, „Le Démonax de Lucien entre réalité et fiction", *Prometheus* 35.2 (2009), S. 139–158;

[64] Lukian charakterisiert die Sprüche, die er im Namen des Demonax auftischt, als εὐστόχως, „(das Ziel) treffend, geschickt, scharfsinnig" und ἀστείως, „städtisch-gebildet, urban, fein"; das erste kann man gelten lassen, das zweite erscheint nicht ganz zutreffend, weil Obszönitäten, Grobheiten und Unhöflichkeiten vorherrschen. Die Beurteilung der Witze ist natürlich immer auch eine Frage des Geschmacks.

[65] Diese Obszönität war dem Übersetzer zu viel – er strich sie kurzerhand, indem er mit „those (qualifications) you lack" übersetzte (a.a.O.).

fragte ihn Demonax gleichsam freudig überrascht: „Ach wirklich, du willst mir sogar deinen Mann vorstellen?". – Was hier vorliegt, ist die literarische Kleinform des Witzes. Der Witz wird dialogisch erzählt: Die Zielscheibe des Scherzes selbst gibt jeweils die Vorlage, die der Witzbold Demonax gnadenlos einschießt. In dieser Sammlung erscheint der Witz die Hauptsache,[66] zuweilen sogar Selbstzweck zu sein. Demonax agiert als der Meisterwitzeerzähler. Apophthegma wird im *Demonax* wie folgt definiert:

1. Der Spruchspender ist in allen Fällen der namentlich genannte Philosoph, Demonax. Dieser mag letzten Endes eine historische Person sein[67] (obwohl mehrfach vermutet wurde, daß er ein fiktiver, von Lukian erfundener Charakter sei),[68] jedoch steht in den *Apophthegmata* die Darstellung seiner historischen individuellen Züge keineswegs im Vordergrund.[69] Wichtiger ist seine *literarische Funktion* als *Witzeerzähler*. Sicherlich insofern gestaltet Lukian den kynischen Philosophen als literarische Gestalt. Der Schlagkraft der Witze kommt es zugute, wenn die Person des Witzeerzählers relativ flach bleibt. Sie gibt von sich selbst wenig bis gar nichts preis, während sie sich darauf konzentriert, andere zum Narren zu halten oder zu verspotten.[70] Da die Apophthegmata-Sammlung mit einer Biographie kombiniert wird, bleibt die Annahme, daß Demonax die Witze tatsächlich von sich gegeben hat, wenigstens im fiktionalen Sinn aufrecht; jedoch ist diese Annahme nicht von grundsätzlicher Bedeutung: Es ist möglich, daß Lukian den Demonax zum Sprachrohr von allerlei Witzen gemacht hat, die ursprünglich von anderen, vielleicht auch von ihm selbst stammten. Die Figuration der literarischen Darbietung ist dergestalt, daß historische Belastbarkeit der einzelnen Witze nicht vom Autor eingefordert wird (obwohl er suggeriert, selbst zugegen gewesen zu sein).

---

[66] Die große Bedeutung des Witzes für Lukians Sammlung der Demonax-Apophthegmata wurde von der Forschung erkannt; vgl. R.B. Branham, *Unruly Eloquence. Lucian and the Comedy of Traditions*, Cambridge, MA-London 1989, S. 57–63; S. Zweimüller, *Lukian Rhetorum Praeceptor: Einleitung, Text und Kommentar*, Göttingen 2008, S. 110–125; Beck, „Lucian's *Life of Demonax*", S. 87.
[67] Dafür plädieren vgl. K. Funk, „Untersuchungen über die lucianische *Vita Demonactis*", *Philologus*, Suppl. 10, S. 561–672 und Beck „Lucian's *Life of Demonax*", S. 81–83.
[68] Für eine fiktive Person hält Demonax D. Clay, „Lucian of Samosata, Four Philosophical Lives (Nigrinus, Demonax, Peregrinus, Alexander Pseudomantis)", in: *Aufstieg und Niedergang der Römischen Welt* II, 36. 5 (1992), S. 3405–3450, bsd. 3425–3426: vgl. Dazu weiter P.P. Fuentes González, „Le Démonax de Lucien entre réalité et fiction", *Prometheus* 35.2 (2009), S. 139–158.
[69] Beck, „Lucian's *Life of Demonax*", S. 87–90 möchte in der Witzesammlung eine subtile Form der biographischen Charakterzeichnung erblicken: „(87:) The capacity to be spontaneously funny or witty may also be a function of intelligence and creativity, is frequently perceived as such, and therefore properly belongs to the sphere of personality. Demonax's use of humor reflects an acute intellect and clarity of vision, and is therefore primarily a facet of his personality. ... (90:) With the shift in narrative style to the citation of Demonax's apophthegmata we discern a gradual refinement and development of Demonax's personality ...". Insgesamt vermag diese Vermutung nicht zu überzeugen. Auch Beck muss zugestehen: „I view humor as not necessarily an element of character" (S. 87).
[70] Dies stellt auch Beck, ebd. fest: „The majority of the *apophthegmata* ... in the second section of the Life (*Dem.* 12–62) consist of witty retorts that undermine the interlocutor's position".

2. Die Witze weisen eine dichotome Struktur bzw. eine dialogische Gestaltung auf: Der Witzerzähler Demonax bekommt jeweils zunächst eine Vorlage, die er dann in eine gnadenlose Pointe umsetzt. Oft erhält er die Vorlage von seinem dialogischen Gegenüber, das meistens zugleich die Zielscheibe des Witzes ist. Die Vorlage kann Entsprechungen mit der Wirklichkeit aufweisen, jedoch ist dies keine unbedingte Voraussetzung. Ein umfänglicheres historisches Narrativ wird vom Verfasser jedenfalls prinzipiell vermieden, um dem Witz optimale Wirkung zu sichern.

3. Der Gegenstand des Witzes kann sowohl Spezielles, Individuelles, Kurioses als auch Allgemeineres umfassen. Gnomische Lebensweisheiten gehören allerdings nicht dazu. Die fehlenden „Eier" des Favorinus sind ein Beispiel für Spezielles, Individuelles und Kurioses zugleich. Eine wichtige Kategorie von Demonax' Witz-Apophthegmata bilden Ambiguitäten und Doppeldeutigkeiten. Das kann dazu führen, daß der Witzverfasser auch Obskuritäten einkalkuliert.

I.4. *Witzesammlungen (urbanitas, sales, facetiae) in Rhetorikhandbüchern und die Theorie des Witzes: Cicero und Quintilian*

Die um die Mitte des 2. Jh. n. Chr. verfassten Demonax-Apophthegmata war nicht die erste Witzesammlung der Antike. Die erste erhaltene Witzesammlung (zugleich die umfangreichste der Antike) publizierte Cicero im Jahr 55 v. Chr. im Rahmen seines Rhetoriklehrbuches *De oratore* (II, 216–290). Diese Sammlung ist eine weitere Hauptquelle von Erasmus' *Apophthegmata*: Er hat ihr mehr als 40 Sprüche entnommen (Buch VI, 183–285). Die Behandlung des Witzes und die Aufnahme einer *Witzesammlung* in ein Rhetoriklehrbuch ist bemerkenswert und stellt ein Novum dar, das freilich in der modernen Forschung, ebenso wie das Apophthegma und verwandte Kleinformen, noch relativ wenig Beachtung gefunden hat.[71] Die Novität der Abhandlung in *De oratore* ist sicherlich grundsätzlich Ciceros besonderem Interesse am Witz geschuldet.[72] Es gab griechische Abhandlungen über den Witz, schon seit dem 4. Jh. v. Chr., z.B. eine Monographie des Theophrast,[73] nebenher auch Witzesammlungen, auf Griechisch und auf Lateinisch;[74] Ciceros Zeitgenosse C. Julius Caesar gab eine Sammlung seiner witzigen Aussprüche (*Apophthegmata*) in drei Bänden heraus, die jedoch in der *De-oratore*-Sammlung schon aus chronologischen Gründen keine Beachtung finden konnte. Erhalten ist davon wenig, nur

---

[71] Abgesehen von M.A. Grant, *The Ancient Rhetorical Theories of the Laughable. The Greek Rhetoricians and Cicero*, Madison 1924 und M. Tullius Cicero, *De oratore libri III. Kommentar* von A.D. Leeman, H. Pinkster, E. Rabbie, Bd. 3 Buch II, 99–290, Heidelberg 1989, S. 172–206, ist die Literatur zum Thema nicht sehr reichhaltig und zum Teil stark veraltet. Vgl. J.E.M. Arndt, *De ridiculi doctrina rhetorica*, Diss. Bonn 1904; E. Frank, *De vocis ‚urbanitas' apud Ciceronem vi atque usu*, Diss. Berlin 1932.
[72] Ebd. S. 172.
[73] Diog. Laert. V, 46; Athen. VIII, 348A.
[74] Vgl. Plaut. *Stich.* 400–401; 454–457; R. Kassel, „Reste eines hellenistischen Spaßmacherbuches auf einem Heidelberger Papyrus?", *Rheinisches Museum* 99 (1956), S. 242–245; J. Andrae und R. Dammer, *DNP* 12, 2 (2003), Sp. 559, s.v. „Witz"; G. Luck, *RAC* 16 (1994), Sp. 753–773, s.v. „Humor".

Titel und Fragmente. Das gilt auch für die Behandlungen des Witzes in Rahmen der Dichtungslehre: Aristoteles hat in seiner Poetik eine solche geliefert, die jedoch nicht erhalten ist.[75] In den überlieferten griechischen Rhetoriken findet man jedenfalls kaum etwas zum Thema des Witzes.[76]

Cicero stand im Ruf einer besonderen Inklination zum Humor, den er bei Gerichtsverhandlungen, Senatssitzungen und auch sonst im öffentlichen (Reden) und privaten Leben (Briefe) einsetzte.[77] Mit seinen Gegnern trieb er gerne seinen Spott; als der jüngere Cato einmal die Zielscheibe von Ciceros Scherz war, bemerkte er säuerlich: „Was für ein Witzbold ist doch unser Konsul!"; dieses Wort Catos wurde von Plutarch in seiner Biographie des Uticensis überliefert und Erasmus transformierte es zu einem Apophthegma Catos, das er ins fünfte Buch der *Apophthegmata* aufnahm (V, 385 „Consul ridiculus"). Erasmus nahm des Weiteren etwa 50 Witze von Cicero selbst in das dritte Buch der *Apophthegmata* auf (III, 280–350; aus Quintilian III, 315–330; *ASD* IV, 4, S. 351–366; 359–362). Als Advokat hatte Cicero festgestellt, daß schlagfertiger Humor auf dem Forum oft eine wirkungsvolle Waffe war, zumal in Fällen, wo die Sachlage für seinen Klienten ungünstig war. Der Witz ist ein Mittel, die Aufmerksamkeit auf eine andere Ebene zu verlagern, angespannte Situationen aufzulockern und die Sympathie der Richter zu gewinnen. Ein so wirkungsvolles Mittel advokatischer Kunst sollte, so meinte Cicero, in einer Rhetoriklehre nicht fehlen, obgleich er einräumt, daß die Fähigkeit zu Witz und Humor von der persönlichen Begabung („natura") des Redners abhängig, somit die *inventio* von Witzen in einem Rhetoriklehrgang schwer zu vermitteln sei.[78] Natürlich läßt sich Cicero durch diese Tatsache nicht von einer Behandlung des Witzes abhalten. Das Eingeständnis der schwierigen Vermittelbarkeit des Gegenstandes ist Vorworttopik genauso wie die obligate Positionierung des Verfassers zu seinen Vorgängern. Diesbezüglich erwähnt Cicero einige griechische theoretische Traktate mit dem Titel Περὶ γελοίου („De ridiculis"). Cicero behauptet, daß ihn diese Werke einigermaßen enttäuscht hätten und er bezeichnet ihre Autoren als „einfältig" und „witzlos" („insulsi").[79] Es ist nicht ganz klar, auf welche Werke er sich bezieht und was genau ihn daran störte. Man muß die Stellungnahme sicherlich *cum grano salis* nehmen: Indem Cicero seine Vorgänger abschätzig behandelt, erbringt er den Nachweis der Berechtigung seines eigenen Werkes.

Jedenfalls kann Cicero kaum gemeint haben, daß er die theoretische Betrachtung des Witzes an sich für lächerlich halte: Denn er selbst hat ja in *De oratore* gerade eine solche geliefert. Die Peripatetiker Aristoteles und Theophrast verfassten Abhandlungen Περὶ γελοίου, letzterer eine Monographie dieses Titels, Aristoteles

---

[75] Vgl. dazu R. Janko, *Aristotle on Comedy. Towards a Reconstruction of Poetices II*, London 1984.
[76] Komm. Leeman-Pinkster-Rabbie, Bd. 3, S. 173.
[77] W.G. Schneider, „Vom Salz Ciceros. Zum politischen Witz, Schmäh- und Sprachspiel bei Cicero", *Gymnasium* 107 (2000), S. 497–518.
[78] Cic. *De or.* II, 216.
[79] Ebd. 217: „Itaque cum quosdam Graecos inscriptos libros esse vidissem ‚De ridiculis', nonnullam in spem veneram posse me ex iis aliquid discere".

einen Abschnitt in seiner Poetik, beide sind nicht erhalten.[80] Welche griechischen Quellen Cicero tatsächlich für seine Abhandlung über den Witz verwendete, ist unklar. Leeman-Pinkster-Rabbie sind der Meinung, daß Ciceros theoretische Systematisierung der Witzarten sich auf die rhetorische Theorie gründet.[81] Daraus schließen sie, daß Cicero seine Witzetheorie *als solche* aus einem griechischen rhetorischen Werk bezogen hat. Das ist zwar nicht unmöglich, jedoch keineswegs zwingend, da man es Cicero durchaus zutrauen kann, daß er die rhetorische Terminologie selbständig auf den Witz übertragen haben könnte. Zu denken gibt, daß in keiner einzigen erhaltenen griechischen Rhetorik der Witz eine auch nur einigermaßen eingehende Behandlung erfahren hat. Somit ist auch nicht auszuschließen, daß Cicero Theophrasts Werk Περὶ γελοίου oder eine ähnliche perpatetische Schrift benutzt hat.[82] Der Sammeleifer der Peripatetiker spricht durchaus dafür, daß Werke mit diesem Titel auch Sammlungen von Witzen enthielten.

Es mag durchaus sein, daß die griechische Quelle, welche immer es war, Cicero in Bezug auf die dargebotenen bzw. analysierten Witze enttäuschte: Denn diese waren *eo ipso* griechischer Machart, sodaß man vermuten kann, daß sie dem hauptstädtisch-römischen Gefühl für Humor, das Cicero vor Augen stand, nicht recht entsprochen haben.[83] Das mag für Cicero den Ausschlag gegeben haben, die griechischen Autoren Περὶ γελοίου als „insulsi", „witzlos, dämlich" zu bezeichnen und deren Beispiele von Witzen durch römische zu ersetzen. In Ciceros Sammlung hat jeder Witz den Wert eines Vorbildes (*exemplum*), das durch die *auctoritas* eines mit Namen genannten Spruch-Spenders an Wert und Überzeugungskraft gewinnt. Mit Hilfe einer neuen, von ihm selbst zusammengestellten Sammlung römischer Witze gelingt es Cicero erstens im Einzelnen vorzuführen, was Witze sind, die dem *decorum* des römischen Redners und Politikers entsprechen, und zweitens zu analysieren, auf welche Weise sie verfasst sind, indem er die theoretische Systematisierung adäquat mit den neuen Beispielen exemplarisch unterbaut.

Cicero bereitet in *De oratore* die witzigen, pointierten *dicta* der römischen Advokaten und Politiker auf. Die weitgehende Deckungsgleichheit bzw. die große gemeinsame Schnittmenge von *dicta* und *apophthegmata* kann man auch aus der Tatsache ableiten, daß *dictum* im Lateinischen prägnant als Synonym von *apophthegma*, „Witz/ Witzwort, Bonmot" verwendet wurde.[84] Cicero war sich dieser Deckungsgleichheit der Begriffe wohl bewusst. Eine der Hauptquellen seiner Witzesammlung war die Sammlung Catos d.Ä., die dieser im Alter angelegt hatte und die Cicero in

---

80 Komm. Leeman-Pinkster-Rabbie, Bd. 3, S. 190.
81 Ebd. S. 193–199.
82 Vgl. J. Andrae und R. Dammer, *DNP* 12, 2 (2003), Sp. 559: „Anknüpfend an peripatetische Auffassungen entwickelte Cicero im zweiten Buch von *De oratore* (II, 216–289) eine Theorie des *ridiculum*".
83 Vgl. G. Vogt-Spira, „Das satirische Lachen der Römer und die Witzkultur der Oberschicht", in: S. Jäkel und A. Timonen (Hrsg.), *Laughter Down the Centuries*, Bd. 3, Turku 1997, S. 117–129.
84 Vgl. Cic. *De or.* II, 222. Für diese Bedeutung vgl. Macr. *Sat.* II, 1, 14: „Nostri, cum omnia, quae dixissemus, dicta essent, quae facete et breuiter et acute locuti essemus, ea proprio nomine appellari ‚dicta' voluerunt".

De officiis mit dem griechischen Begriff ἀποφθέγματα bezeichnet. Eine Sammlung mit „facete dicta" ist für Cicero identisch mit einer ἀποφθέγματα-Sammlung.[85] Im Unterschied zu der zitierten *De-officiis*-Stelle geht Cicero jedoch in seiner Abhandlung über den Witz in *De oratore* sehr sparsam mit griechischen Begriffen um; statt griechischer verwendet er ein Cluster typisch römischer, mit einander verwandter, teilweise deckungsgleicher Begriffe, neben den Allgemeinbegriffen *iocus* und *ridiculum* namentlich *urbanitas, lepos, venustas/ venustum, festivitas, belle dicta, facetiae/ facetum, dicacitas, sales/ salsum*.[86] Unter diesen Begriffen sticht besonders *urbanitas* hervor, das den feinen, eleganten, hauptstädtischen Witz der Römer bezeichnet. *Urbanitas* wird wiederum mit anderen Begriffen kombiniert und erklärt, v.a. *lepos, venustas/ venustum, festivitas* und *facetiae/ facetum*. *Lepos* und *venustas/ venustum* bezeichnen die Anmut und Eleganz dieser Art des Witzes, ebenso wie die ebenfalls mit *urbanitas* verbundenen Begriffe *suavitas, elegans* und *iucunditas*.[87] *Dicacitas* bezieht sich zwar spezifisch auf die „Schlagfertigkeit", mit der insbesondere „gesalzene" Sprüche erzeugt werden (*sales/ salsum*), und kann insofern den etwas agressiveren Witz bezeichnen, fällt jedoch prinzipiell nicht aus dem Rahmen der *urbanitas*.

Während also die Antike zu der Kleinform „Apophthegma" keine literarische oder rhetorische Theorie entwickelt hatte,[88] legte Cicero ein solche für den Witz vor. Cicero unterteilt die Witze zunächst in die in der Rhetorik verwendeten Kategorien „a re" und „a verbis". Die Witze „a verbis" systematisiert Cicero zunächst in den folgenden Subkategorien: (1) Doppeldeutigkeit (*ambiguum*); (2) Paronomasie; (3) *interpretatio nominis*; (4) (eingeflochtenes) Verszitat; (5) *proverbium*; (6) Wörtliches, statt dem Sinn entsprechendes Verstehen („ad verbum, non ad sententiam"); (7) Allegorie; (8) Metapher; (9) Ironie (*inversio*) und (10) *Verba relata contrarie*.[89] Die sachbezogene Kategorie („a re") erachtet Cicero jedoch als wichtiger und fruchtbarer für die *inventio* von Witzen, weswegen er sie in einer umfänglicheren, feinmaschigeren Subkategorisierung entwickelt:

1. Die Kurzgeschichte, Anekdote (*narratio, fabula – apologus;* II, 240 und 264–265). Die Kurzgeschichte oder Anekdote kann der Wahrheit entsprechen oder aber auch erfunden sein (II, 240–241). In letztem Fall gilt das Kriterium der Wahrscheinlichkeit (*verisimile*); entscheidend ist, daß der Redner *evidentia* erzeugt („ante oculos ponere"). Musterbeispiel ist die *narratio* des Licinius Crassus, der in einer Gerichtsrede die Anekdote erzählt, Memmius habe im Streit um ein Liebchen in Terracina den Largus vor Wut in den Oberarm gebissen;

---

[85] *Off*. I, 104: „iocandi genus … elegans, vrbanum, ingeniosum, facetum … Multa multorum facete dicta, vt ea, quae a sene Catone collecta sunt, quae vocant ἀποφθέγματα".
[86] Für eine Übersicht vgl. Komm. Leeman-Pinkster-Rabbie, Bd. 3, S. 183–188.
[87] Ebd. S. 184–185.
[88] Vgl. Stenger, „Apophthegma, Gnome und Chrie", S. 205.
[89] Vgl. Komm. Leeman-Pinkster-Rabbie, Bd. 3, S. 194–195 und 198.

daraufhin habe in Terracina an allen Hauswänden gestanden: L.L.L.M.M. – „Lacerat Lacertum Largi Mordax Memmius" (II, 240). Der Effekt ist, daß allen Anwesenden das Beschriebene klar vor Augen steht.

2. Vergleich (*similitudo;* II, 265), insbesondere der bildhafte (II, 266). Beim bildhaften Vergleich geht es v.a. um das Äußere des Kontrahenten wie etwa charakteristische Gesichtszüge, auffällige Merkmale des Körpers, z.B. Caesar Strabos Vergleich des Zeugen Pinarius mit einem Nüsse knackenden Eichhörnchen (II, 266).

3. Übertreibung, Untertreibung (*minuere, augere*: II, 267). Das Musterbeispiel stammt von Licinius Crassus: Memmius komme sich selbst so groß vor, daß er, wenn er das Forum betrete, den Kopf am Fabius-Bogen stoße.

4. Geistreiche Anspielung/ Andeutung (*significatio*; II, 268). Auf indirekte, aber treffende Weise wird ein noch unklarer Sachverhalt mit einem Schlage aufgedeckt.

5. *urbana dissimulatio* (hauptstädtische Ironie, II, 269–270). Der Sprecher sagt etwas anderes, als er tatsächlich meint. Griechisches Äquivalent: Sokrates.

6. Euphemismus/ ironisches Schönreden (II, 272).

7. Missverständnis (II, 273): Der Redner gibt vor, daß er das, was sein Gegenüber vorbrachte, in einem bestimmten Sinn verstanden habe; dieser weicht auf eine witzige Weise von dem ab, was der Dialogpartner des Redners eigentlich gemeint hat („cum ex alterius oratione aliud excipias atque ille volt").

8. (scheinbar) ungereimte Äußerungen, bei denen sich der Redner blöd stellt, während die scheinbar unsinnige Aussage auf einen wahren Sachverhalt hindeutet (subabsurda, II, 274). Musterbeispiel: „Solange er im Heilbad war, ist er niemals von uns gegangen".

9. Retourkutsche (II, 277). Dem Kontrahenten wird eine bestimmte Bemerkung mit gleicher Münze zurückgezahlt.

10. Verdeckte Andeutung (II, 278); nur sehr ungenau definiert, scheint 4, 5 und 7 ähnlich zu sein.

11. (Vorgeblicher) mürrischer Kommentar („stomachosa et quasi submorosa", II, 279)

12. Vorgebliche Freundlichkeit (II, 279)

13. Vorgewendete Erklärung (II, 280)

14. (vorgewendeter) innerer Widerspruch (*discrepantia*, II, 281). Musterbeispiel: „Dieser Mensch besitzt wirklich alles – außer Geld und Tugend".

15. (quasi)freundliche/ freundschaftliche Zurechtweisung (*familiaris reprehensio*, II, 281)

16. (quasi)freundlicher/ freundschaftlicher Rat (*familiaris admonitio*, II, 281). Musterbeispiel: „Granius riet einem schlechten Anwalt, der sich heiser geschrien hatte, er solle kalten Honigwein trinken, sobald er nach Hause komme. Daraufhin antwortete der Anwalt ‚Ich werde meine Stimme ruinieren, wenn ich das tue'. Da sagte Granius: ‚Es ist besser, du ruinierst deine Stimme als deinen Klienten'".

17. Äußerungen, die auf den Charakter des Kontrahenten zugeschnitten sind (II, 283).
18. Das Unerwartete (*praeter expectationem*, II, 284–285), nach Cicero überhaupt eine Hauptkategorie und -quelle des Witzes.
19. Vorgebliches Zugeständnis an die Adresse des Kontrahenten (*concessio*; II, 286).

Die exemplarischen Witze der *De-oratore*-Sammlung (II, 216b–290) sind wie folgt zu definieren:

1. Die Witzespender sind im Prinzip bekannte römische Redner, Advokaten und Politiker, die vom 3. Jh. v. Chr. an bis 91 v. Chr. (dem fingierten Dialogdatum) tätig waren.[90] Besonders bedeutend sind L. Licinius Crassus (cos. 95), Scipio Africanus d.Ä. und d.J., Cato d.Ä., Q. Fabius Maximus, C. Laelius, L. Marcius Philippus und Servilius Glaucia. Diese sind nicht zufällig dieselben Personen, die Cicero immer wieder für seine *exempla historica* heranzieht. Daraus ergibt sich, daß die dargebotenen Bonmots einen exemplarischen Wert haben. Cicero präsentiert somit eine Art Galerie von Witz-Exempla.
2. Cicero hat die Historizität streng beachtet und Anachronismen vermieden.[91] Es wird stets explizite vermeldet, daß die jeweiligen Redner die betreffenden Bonmots ausgesprochen haben, wobei auch mehrfach die Anlässe oder Kontexte skizziert werden, in denen die jeweiligen Witze vorgetragen wurden, z.B. bei in Rom stattfindenden Prozessen und Gerichtsverhandlungen.
3. Die Witze sind mehrheitlich *dialogisch* und in der Form *kurzer, pointierter Antworten* verfaßt. Cicero situiert den betreffenden Witz in seinem theoretischen System, wobei er ihn mit einer kurzen analytischen Beschreibung ausstattet, die zugleich einen Hinweis auf die *inventio* gibt. Auffällig ist, daß die meisten Witze sich um das zentrale Konzept der hauptstädtischen *urbanitas* gruppieren. Dieses Konzept definiert Cicero als Ironie: grundlegend ist das Phänomen der *simulatio* und *dissimulatio*, das *Sich-Verstellen, Vorgeben* und *Tun-Als-Ob*: Nicht weniger als 11 der insgesamt 19 Subkategorien „a re" gehören diesem zu. Cicero betrachtet dieses Phänomen als Quintessenz des feinen Humors der Hauptstadt; ihr Gegenteil ist die bäuerische Tölpelhaftigkeit (*rusticitas*), die roh, ungehobelt, ungebildet, frech und obszön ist.[92] Das *urbanitas*-Ideal entspricht zugleich dem gesellschaftlichen *decorum* der hauptstädtischen Redner und Politiker. Grobe Zoten und Obszönitäten, wie sie Demonax von sich gab, sind verpönt, ebenso wie Mimik, groteske Gesichtsausdrücke und Gebärden und maßloses, „geschwätziges" Schwelgen in der eignen Witzigkeit (wie dies ebenfalls im *Demonax* vorkommt).

---

[90] Vgl. die Liste ebd. S. 201–202.
[91] Vgl. ebd. S. 203.
[92] In *Off*. I, 104 bezeichnet Cicero dieses „iocandi genus" als „inliberale, petulans, flagitiosum, obscenum".

Quintilian hat in seinem Rhetoriklehrbuch *Institutio oratoria* (ca. 95 n. Chr.) Ciceros Abhandlung über den Witz weitergeführt und weiterverwaltet (VI, 3, 1–112). Ihm standen weitere Sammlungen von Witzen und Apophthegmata zur Verfügung: u. a. die drei Bücher mit den Witzen Ciceros, die dessen Freigelassener Tiro herausgebracht hatte,[93] oder die Bücher mit den Apophthegmata (*urbane dicta*) seines eigenen Lehrmeisters Domitius Afer, aus denen er zitiert. Quintilian hat Ciceros Subkategorien weiterverwendet und verfeinert. Da er konzeptuell jedoch gänzlich in Ciceros Fußstapfen tritt, erscheint eine detaillierte Beschreibung seiner Vorgehensweise an dieser Stelle verzichtbar.[94]

I.5. *Das Apophthegma als historisches exemplum: Valerius Maximus' Musterbuch für epideiktische Rhetorik*

Im Laufe des 1. Jh. v. Chr. änderte sich bei den römischen Intellektuellen das historische Bewusstsein im Sinne eines verstärkten Bezuges zur Vergangenheit, einerseits zu der eigenen, römischen, andererseits zu der griechischen. Der Zeitraum vom 5. Jh. bis in die 2. Hälfte des 2. Jh. v. Chr. war von den ungekannt erfolgreichen Eroberungen der republikanischen Heere gekennzeichnet, die Rom von einem kleinen Stadtstaat in Mittelitalien zur tonangebenden Macht des Mittelmeerraumes gemacht hatten. Diese lange Periode wurde im Laufe des 1. Jh. v. Chr., das von einer politischen und sozialen Krise und tiefgreifenden Veränderungen gekennzeichnet war, die zur Auflösung der Römischen Republik und zur neuen Staatsform des Prinzipats führten, zunehmend als quasi abgeschlossene Vergangenheit betrachtet. Dieses Bewusstsein führte einerseits zu einem erhöhten historischen Interesse an dieser Vergangenheit und zu einem verstärkten Bedürfnis, dieses literarisch zu gestalten; andererseits zu einer *Memorialkultur*, die darauf ausgerichtet war, trotz aller faktischen Veränderungen die Verbundenheit mit dieser Vergangenheit nicht abreißen zu lassen und dadurch eine römische Identität zu sichern, die verlorenzugehen drohte. Zugleich änderte sich im 1. Jh. der Zugang zur griechischen Geschichte und Kultur: Während im 2. Jh. v. Chr. das Verhältnis zu derselben noch durchaus ambivalent, teilweise abweisend war, die Mitglieder der römischen Oberschicht sie sowohl rezipierten als auch kritisierten, manchmal auf widersprüchliche, in ein und derselben Person gespaltene Weise (man denke an Cato d. Ä.), oder in Bausch und Bogen ablehnten (man denke an das Apophthegma von Ciceros Großvater: „Unsere Landsleute sind wie die syrischen Sklaven: Je besser sie Griechisch beherrschen, desto weniger taugen sie"),[95] nahm die große Mehrheit der Intellektuellen die griechische Sprache und Kultur begierig in sich auf, eignete sie sich zu und assimilierte sie im Sinn einer kulturellen Koine, in der das Griechische den Ton angab. Während im Jahre

---

[93] *Inst.* VI, 3, 5.
[94] Komm. Leeman-Pinkster-Rabbie, Bd. 3, S. 204–205.
[95] *De or.* II, 265.

155 v. Chr. noch eine Gesandtschaft griechischer Philosophen (unter Anführung des Akademikers Karneades) auf Betreiben Catos d.Ä. aus Rom ausgewiesen worden war, weil befürchtet wurde, sie könnten die Jugend moralisch verderben, übertrug etwa ein Jahrhundert später Cicero ein Gutteil der griechischen Moralphilosophie ins Lateinische, wodurch er bewirkte, daß die griechische Philosophie fortan ein fester Bestandteil der römischen Bildung wurde. Derselbe Prozess fand auf dem Gebiet der Rhetorik statt: Während Cato einerseits griechische Rhetoriklehren heimlich benutzte, andererseits ostentativ ablehnte (man denke an sein Apophthegma „Rem tene, verba sequentur"), assimilierte Cicero eingehend die griechische Rhetorik und übertrug sie in die lateinische Sprache, sodass sie fortan als Grundlage der lateinischen römischen Bildung nicht mehr wegzudenken war. Dazu gehört nicht zuletzt die Assimilation im Hinblick auf die griechische Geschichte. Bei Cicero lassen sich bereits ausgeprägte Erscheinungsformen dieser Erinnerungskultur beobachten, vor allem in seinen philosophischen und rhetorischen Werken; der Kern seiner philosophischen Werke stellt die zelebrierte Erinnerung an die griechische Philosophie vom 5. bis zum 2. Jh. v. Chr. sowie deren Assimilation mit der römischen kulturellen Gegenwart dar. Die Memorialkultur in seinen Reden fokussiert demgegenüber auf die römische Geschichte. Unter den Kleinformen, die er dazu einsetzt, stechen das historische *exemplum* und das historische Apophthegma hervor. Cornelius Nepos kam auf den Gedanken, in seine Biographien-Sammlung die Viten von sowohl Römern als auch Griechen aufzunehmen: Das historische Exemplum und das Apophthegma spielen darin ebenfalls eine wichtige Rolle.

In der ersten Phase des Prinzipats unter Augustus und Tiberius verstärkten sich die hier skizzierten Prozesse. Mit dem Ende der Bürgerkriege (31 v. Chr.) konnte Roms Eroberung seines Weltreiches als abgeschlossen betrachtet werden. Die politischen, sozialen, ökonomischen und kulturellen Verhältnisse hatten sich grundlegend geändert. Die Römische Republik war unter ihrer eigenen Last zusammengebrochen, die alte politische Ordnung hatte sich aufgelöst, die neue musste sich erst etablieren und war von da her einem starken Legitimationsdruck ausgesetzt. Dieser ging Hand in Hand mit dem neuen Geschichtsbewusstsein, das von dem Bedürfnis nach Legitimation gespeist wurde. Augustus hatte den genialen Gedanken, die neue Ordnung im Kleid der alten, den Prinzipat im Gewand der Römischen Republik zu präsentieren. Diese Vorgehensweise bewirkte eine historisierende Gestaltungs- und Präsentationsweise zahlreicher politischer und kultureller Institutionen. Realpolitischer Vorausblick war ins Kleid des historischen Rückblicks gehüllt, Revolution ins Kleid der Restauration, Neuorganisation in die Folie der Wiederherstellung des Altüberlieferten. Dazu gehörte auch die Wiedereinführung der guten Sitten durch den systematischen Rückgriff auf den *mos maiorum*, die alten bewährten Normen und Werte. Nicht nur die römische politische Symbolsprache, sondern auch die Bildung erhielt eine ausgesprochen historisierende Orientierung. Für die Bildung gilt, daß man auf die griechisch-römische Koine rekurrierte, die sich im 1. Jh. v. Chr. herauskristallisiert hatte. Das geht auch für die Rhetorik auf: Im Schul- und Ausbildungsbereich kam sie zu einer neuen Blüte, während sich ihre praktische Anwendung in

Politik und forensischer Advokatur änderte. Einen neuen, auffälligen Aufschwung bekam die epideiktische Rede, die *declamatio*, in der Rhetorikschule und bei festlichen Anlässen. Für die *declamatio* gilt, daß sie bevorzugt historische Gegenstände behandelte. Schon auf diese Weise war auch die Rhetorik in den allgemeinen kulturellen Prozess der Historisierung miteinbezogen.

Dies alles bildet den Hintergrund für die bis dahin umfangreichste Sammlung von historischen *exempla* und Apophthegmata, die *Factorum et dictorum memorabilium* des Valerius Maximus (verf. ca. 28–31 n. Chr.),[96] eine weitere wichtige Quelle von Erasmus' *Apophthegmata*. Das Werk ist in der Rhetorik verankert und wurde zunächst für Redner geschrieben, ganz besonders für die Verfasser von *declamationes*, im Schulbetrieb und anderwärtig.[97] Es stellt ein Grundlagenwerk für *declamationes* und verwandte epideiktische Rhetorik dar, zunächst im Sinn einer handlichen Sammlung wertvollen historischen Materials, jedoch auch – was nicht vernachlässigt werden sollte – als rhetorisches Musterbuch durch die spezifische Ausarbeitung der einzelnen Lemmata in Bezug auf ihre Struktur und ihren rhetorisch geschliffenen Stil. Das Werk wurde unter Tiberius' Regierungszeit verfasst und war auch diesem Kaiser gewidmet. Dem entspricht, daß die Normen und Werte, die das Werk vermittelt, mit jenen der politischen und kulturellen Restauration, die im frühen Prinzipat stattfand, übereinstimmen. Es ist kein Zufall, daß das Werk mit der altrömischen Religion anfängt (Buch I),[98] um sich dann den altehrwürdigen Staatseinrichtungen („De institutis antiquis") zuzuwenden (Buch II, Kap. 1). Ein weiterer, großer Teil des Werkes ist den einzelnen Tugenden gewidmet, welche die alten Römer im Überfluss besaßen (Bücher III–VI), z. B. der *fortitudo* (III, 2), *constantia* (III, 8), *abstinentia, continentia* (IV, 3–4), *severitas* und *iustitia* (VI, 7–8), und deren Gegenteil, den Untugenden und Lastern (Buch IX). Die historische Materialselektion ist in jeder Hinsicht auf die Restauration der altrömischen Normen und Werte zugeschnitten. Alle römischen *exempla* sind (abgesehen von einigen aus der Königszeit) der Republik entnommen, wobei die – als Gegenwart empfundene – Kaiserzeit (= vom Sieg des Augustus bei Actium bis auf die Zeit der Abfassung, 31 v. Chr.–32 n. Chr.) aus-

---

[96] Zu Valerius und seiner Exempelsammlung Vgl. i.a. W.M. Bloomer, *Valerius Maximus and the Rhetoric of the New Nobility*, London 1992; C.J. Carter, „Valerius Maximus", in T.A. Dorey (Hrsg.), *Empire and Aftermath, Silver Latin II*, London-Boston 1975, S. 26–56; M. Fleck, *Untersuchungen zu den Exempla des Valerius Maximus*, Diss. Marburg 1974; R. Honstetter, *Exemplum zwischen Rhetorik und Literatur. Zur gattungsgeschichtlichen Sonderstellung von Valerius Maximus und Augustinus*, Diss. Konstanz 1977; G. Maslakov, „Valerius Maximus and Roman Historiography. A Study of the Exempla Tradition", in: *Aufstieg und Niedergang der Römischen Welt* II, 32, 1 (1984), S. 437–496; C.J. Skidmore, *Teaching by Examples. Valerius Maximus and the Exempla Tradition*, Exeter 1988; U. Lucarelli, *Exemplarische Vergangenheit: Valerius Maximus und die Konstruktion des sozialen Raumes in der frühen Kaiserzeit*, Göttingen 2007.

[97] Für die Ausrichtung auf *declamatores* und die *declamatio* vgl. Bloomer, „The Proem and Valerius' Audience", in: ders., *Valerius Maximus*, S. 14–17; B.W. Sinclair, „Declamatory *Sententiae* in Valerius Maximus", *Prometheus* 10 (1984), S. 141–146.

[98] Das erste Kapitel fängt mit dem lapidarischen Satz an: „Maiores statas sollemnesque caerimonias pontificum scientia, bene gerendarum rerum auctoritates augurum obseruatione, Apollinis praedictiones vatum libris, portentorum depulsi⟨one⟩s Etrusca disciplina explicari voluerunt" (I, 1, 1).

geklammert bleibt. Durch den Rückgriff auf den *mos maiorum* trägt das Werk zur moralischen Erziehung der Römer des frühen Prinzipats bei, v.a. der jungen, die das Werk in den Rhetorikschulen benutzten.

Die Einschränkung des historischen Stoffes auf die römische Republik besagt nicht, daß Valerius Maximus ein geheimer Gegner des julisch-claudischen Prinzipats war, sondern im Gegenteil, daß er dessen politische und kulturelle Agenda vertrat. Wie sehr er mit dem julisch-claudischen Haus verbunden war, zeigt nicht nur die Widmung des Werkes an Tiberius, sondern die Tatsache, daß er den lebenden Kaiser im Widmungsvorwort als Gott, mit „tua diuinitas" („Eure Göttlichkeit") ansprach, dies mit dem vergöttlichten Status von Tiberius' Vorgängern Augustus (Stern) und Iulius Caesar (sidus Iulium, Venus) verband,[99] und daß er Caesars Mörder Brutus mit einer scharfen Verurteilung gewissermaßen in die moralische Hölle stürzte (VI, 4, 5).

Bedeutend ist weiter, daß Valerius Maximus in dem Werk die *narratio brevis*, die historische Kurzgeschichte, zu einer Kunstform *sui generis* erhoben hat. Das Narrativ, die Erzählung der Begebenheiten, steht bei Valerius Maximus im Vordergrund und nimmt einen weitaus größeren Raum in Anspruch als das gesprochene Wort der zitierten Apophthegmata. Diese werden bei Valerius häufig in ein Narrativ eingebettet, das *res-gestae*-Elemente enthält, zumal die römischen, und auf diese Weise präsentiert er die Aussprüche zumeist als *historische exempla*. Valerius bietet seine Apophthegmata (abgesehen von Ausnahmen) nicht in Kürzestfassungen dar, wie wir sie von anderen Sammlungen her kennen, sondern mit einer erörternden historischen Betrachtung, die meistens mehr leistet als lediglich eine Minimaleinleitung. Valerius gibt in seinen einzelnen Lemmata nicht nur den historischen Inhalt vor, sondern weist dem Benutzer auch für die weitere Behandlung in der *declamatio* den Weg,

1. durch eine Angabe der moralischen Kategorie bzw. Verwendungsweise im Titel, wobei er jede Kategorie mit einer eigenen Einleitung versieht;
2. durch einleitende Angaben, mit denen er den Gegenstand in das von ihm gewünschte Licht rückt und/ oder bereits einen Teil seiner Interpretation vorwegnimmt.
3. durch eine klug komponierte und stilistische geschliffene Kurzgeschichte (*narratio*).
4. durch erklärende, kommentierende, deutende und wertende Zusätze, die die jeweiligen Lemmata abschließen.

Diese Darbietungsweise kommt weitgehend mit der Übung der Chreiai in den *Progymnasmata* überein. Einige Beispiele mögen dies verdeutlichen.

---

[99] Val. Max. I, praef.: „mea paruitas eo iustius ad fauorem tuum decucurrerit, quo … diuinitas … tua praesenti fide paterno auitoque sideri par videtur, quorum eximio fulgore multum caerimoniis nostris inclutae claritatis accessit".

In VI, 4, 5 bringt Valerius die präganten, aber rätselhaften und widersprüchlich erscheinenden Worte des Brutus vor der Entscheidungsschlacht von Pharsalus: „Heute wird alles gut gehen oder es wird mir nichts ausmachen". Zunächst gibt Valerius die Kategorie an, der er diese Worte zuordnet, die „Graviter dicta aut facta" – „Ernste, würdevolle Aussprüche oder Taten", die zugleich seine Interpretation andeuten. Man hätte diese Worte ebenso Kategorien wie „Fortitudo", „Constantia", „Tranquillitas animi" oder „Providentia" zuordnen können. Für Valerius steht aber der würdevolle Ernst im Vordergrund. Zugleich begegnet er dem Problem, daß der Spruchspender gerade der Caesar-Mörder war. Aus diesem Grund schickt Valerius eine Einleitung voran, die eine moralische Verurteilung enthält. Daraus geht hervor: Die Tatsache, daß Brutus einen würdevollen Spruch von sich gegeben hat, besagt nicht, daß dies ein Beleg seiner Tugenden wäre: Diese hatte er, wie Valerius betont, schon längst verloren, noch bevor er Caesar ermordete. Dann folgt das Narrativ mit der Situation vor Pharsalus, in der man ihn davon abhalten wollte, überhaupt die Schlacht zu liefern, gefolgt vom Spruch selbst. Zum Schluss liefert Valerius eine Erklärung der etwas dunklen Worte: „Er muß sich zu der Erkenntnis durchgerungen haben, daß er weder ohne Sieg weiterleben noch ohne Seelenruhe sterben könne":

> „M. Brutus suarum prius virtutum quam patriae parentis parricida – vno enim facto et illas in profundum praecipitauit et omnem nominis sui memoriam inexpiabili detestatione perfudit – vltimum proelium initurus, negantibus quibusdam id committi oportere, ‚Fidenter', inquit, ‚in aciem descendo: hodie enim aut recte erit aut nihil curabo'. Praesumpserat videlicet neque viuere se sine victoria neque mori sine securitate posse".

Das Lemma stellt somit eine vorbildliche Chreia dar. Ganz besonders sticht die Einleitung und die Interpretation hervor. Diese wirkt – wenngleich man sich andere Deutungen vorstellen könnte – ingeniös, besonders durch die eindrucksvolle Antithese.

Ein weiteres Beispiel betrifft eine Begebenheit aus Caesars Jugend: Auf einer Reise nach Rhodos wurde er von Seeräubern gefangen genommen, die ein hohes Lösegeld erpressten; jedoch rächte sich Caesar an ihnen (VI, 9, 15). Diese Begebenheit konnte man auf verschiedene Weise interpretieren. Sueton erzählt sie, um zu zeigen, daß Caesar bereits in seiner Jugend jene Eigenschaften besaß, die ihn später groß machten: Kaltblütigkeit, Tatkraft, Furchtlosigkeit und Mut in gefährlichen Situationen,[100] Valerius jedoch, wie er im Titel angibt, um die skurrile Wechselhaftigkeit der Fortuna zu demonstrieren („De mutatione … Fortunae"). Just Caesar passierte dieses Missgeschick, merkt Valerius mit einem Ausrufezeichen an, während er doch der Mann war, dem seine Tugenden den Weg zu den Unsterblichen öffneten! Die Göttin Fortuna bestimmte, daß „dass das hellste Gestirn des Himmels" (sidus Iulium, Venus) in einem Kahn gefangen gehalten wurde, bis er für ein minimales Sümmchen freigekauft wurde! Fortuna nimmt nicht einmal auf ihre Götter-Kollegen Rücksicht:

---

[100] Suet. *Iul.* 2, 4.

Schreckt sie denn vor gar nichts zurück? Dennoch hatte der Vorfall ein versöhnliches Ende: Die Gottheit (= Caesar) rächte sich an Fortuna und ließ die Piraten kreuzigen:

> C. autem Caesar, cuius virtutes aditum sibi in caelum struxerunt, inter primae iuuentae initia priuatus Asiam petens, a maritimis praedonibus circa insulam Pharmacusam exceptus L se talentis redemit. Parua igitur summa clarissimum mundi sidus in piratico myoparone rependi fortuna voluit. Quid est ergo, quod amplius de ea queramur, si ne consortibus quidem diuinitatis suae parcit? Sed caeleste numen se ab iniuria vindicauit: continuo enim captos praedones crucibus adfixit.

Wiederum haben war eine Chreia vor uns; diese belehrt uns diesmal v.a. bezüglich der Wechselhaftigkeit der Fortuna. Zum Zweck seiner etwas forcierten Interpretation benötigt Valerius sowohl Übertreibung als auch Untertreibung: Um die Unwürdigkeit des Geschehens hervorzukehren, redet Valerius von einem „ganz geringem/ minimalen Sümmchen" Lösegeld. 50 Talente sind jedoch 1300 kg Silber, d.h. es ging um eine Riesensumme: Man kann gut nachvollziehen, daß Caesar den Piraten sofort nachjagte, um diesen ungeheuren Geldbetrag zurückzubekommen – nicht um seiner aufmüpfigen Götterkollegin Fortuna eine Lektion zu erteilen.

Ein Grieche, den Valerius besonders oft den römischen *exempla* gegenüberstellte, war Sokrates. Sokrates scheint gesagt zu haben, man solle die Götter um nichts weiter bitten als das, was sie einem von sich aus ohnehin schon geben (VII, 2, ext. 1a). Dieser Spruch bedarf keiner historischen Kontextualisierung; er lässt sich in verschiedenem Sinn anwenden: als Exemplum von Sokrates' Bescheidenheit, asketischer Lebensweise, Mäßigkeit, Selbstbeschränkung, Selbstbeherrschung, Zurückhaltung oder seines nachahmenswerten religiösen Verhaltens. Stattdessen präsentiert Valerius den Ausspruch als Quintessenz menschlicher Weisheit (im Abschnitt über „sapientia"), um deren Auslegung es ihm zu tun ist, die in eine Art Sittenpredigt bzw. Miniatur-Diatribe mündet. Nach dem zur Chreia-Übung gehörenden Lob des Spruchspenders geht Valerius zunächst der Frage nach, worauf sich Sokrates' Spruch gründet, sodann, wie irrig das Verhalten der Menschen sei und welche Verhaltensmaßregel aus dem Apophthegma abgeleitet werden müsse, v.a.: „Höre also auf, den zukünftigen Ursachen deines Elends mit aller Kraft nachzujagen, als ob sie das größte Glück darstellen würden!". Zu vermeiden sind: hohe politische Ämter ergattern, Königreiche in seinen Besitz bringen zu wollen, bei der Heirat eine glänzende Partie zu machen.[101]

Eine vergleichbare Vorgehensweise zeigt Valerius in Bezug auf einen römischen exemplarischen Weisheitsspruch, der von Scipio Africanus d.Ä. stammen soll. Der

---

[101] Val. Max. VII, 2, ext. 1a: „Socrates, humanae sapientiae quasi quoddam terrestre oraculum, nihil vltra petendum a dis inmortalibus arbitrabatur quam vt bona tribuerent, quia ii demum scirent, quid vnicuique esset vtile, nos autem plerumque id votis expeteremus, quod non inpetrasse melius foret. Etenim densissimis tenebris inuoluta mortalium mens, in quam late patentem errorem caecas precationes tuas spargis! Diuitias adpetis, quae multis exitio fuerunt; honores concupiscis, qui conplures pessum dederunt; regna tecum ipsa voluis, quorum exitus saepenumero miserabiles cernuntur; splendidis coniugiis inicis manus; at haec vt aliquando inlustrant, ita nonnumquam funditus domos euertunt. Desine igitur stulta futuris malorum tuorum causis quasi felicissimis rebus inhiare teque totam caelestium arbitrio permitte, quia qui tribuere bona ex facili solent, etiam eligere aptissime possunt".

Spruch ist nicht von einem bestimmten historischen Kontext abhängig: Ein Feldherr dürfe niemals sagen „Non putaram" („Das hätte ich nicht gedacht", VII, 2, 2). Damit meint Scipio d.Ä., daß ein Feldherr auf alle Eventualitäten vorbereitet sein müsse, daß Vorausblick seine wichtigste Eigenschaft sei. Valerius widmet dem Spruch eine ausführliche Auslegung, in der – wie dies in der Praxis der Chreiai der Fall war – ein *simile* figuriert, in diesem Fall ein ähnlicher, in die gleiche Richtung gehender Spruch Scipios d.Ä., nämlich daß die *conditio sine qua non* jeder Feldschlacht entweder die günstige Gelegenheit (*occasio*) oder absoluter Zugzwang (*necessitas*) sei:

> Scipio vero Africanus turpe esse aiebat in re militari dicere ‚non putaram', videlicet quia explorato et excusso consilio quae ferro aguntur administrari oportere arbitrabatur. summa ratione: inemendabilis est enim error, qui violentiae Martis committitur. Idem negabat aliter cum hoste confligi debere, quam aut si occasio obuenisset aut necessitas incidisset. Aeque prudenter: nam et prospere gerendae rei facultatem omittere maxima dementia est et in angustias vtique pugnandi conpulsum abstinere se proelio pestiferae ignauiae adfert exitum, eorumque, qui ista conmittunt, alter beneficio Fortunae uti, alter iniuriae nescit resistere.

Von großer Bedeutung für die Konzeption der *Factorum et dictorum memorabilium libri* war die Architektur der die römische und griechische Geschichte vereinigenden Darbietungsweise bzw. des beides umfassenden, insofern universalen Kulturgebäudes. Das Werk ist in zahlreiche thematische Kapitel gegliedert, die je einen Aspekt, eine Institution oder eine Tugend behandeln. An erster Stelle bietet Valerius Maximus jeweils die römischen exemplarischen Taten und Aussprüche an; sodann folgen die nicht-römischen *exempla* und Apophthegmata, die vornehmlich Griechen gewidmet sind. Auf diese Weise stellt Valerius stets römische Exempla-Spender griechischen gegenüber. Diese Kompositionsweise verfolgt keineswegs das Ziel, die römische von der griechischen Kultur abzugrenzen, sondern im Gegenteil jenes der Inklusion und Integration. Darin spiegelt sich die Kulturentwicklung wieder, die im 1. Jh. v. Chr. vollendet worden war: die weitgehende Assimilation an die griechische Kultur.

Valerius Maximus hat das Werk so strukturiert, daß es so benutzerfreundlich wie möglich ist. Er gliederte es in thematische Kapitel, die durch einen Titel sofort den Inhalt erkennen lassen. Der Benutzer kann auf diese Weise ohne große Mühe *exempla* bzw. Muster zu dem angepeilten Thema oder Verwendungszweck auffinden. Es gibt in dem Werk einige Sonderkategorien, die Überschneidungen mit anderen Kleinformen darstellen und deshalb vermeldenswert sind: Dazu zählen Gnomen (z. B. einige der auf das Konto griechischer Philosophen gehende Apophthegmata in dem Kapitel „Sapienter dicta aut facta", VII, 2) und die sogenannten *strategemata* (VII, 4).

I.6. *Strategema und Apophthegma zwischen Kriegstechnik und Rhetorikschule: Valerius Maximus, Iulius Frontinus und der Rhetoriker Ps.Frontinus (4. Buch)*

Der Begriff *strategemata* bezeichnet im Kern Kriegslisten: militärische Manöver, bei denen es gelang, durch kluge taktische Schachzüge, insbesondere Täuschung, den Gegner zu überwinden.[102] Der griechische Begriff war z.Z. des Hellenismus entwickelt worden: Alexander d.Gr. und seine Generäle waren Meistertaktiker, die in memorablen Feldschlachten in kurzer Zeit das Persische Reich und halb Asien überrannten. Aus Alexanders Kommandostab gingen die Herrscher der Diadochenreiche hervor, die sämtlich militärische Künstler waren. Dies bildete den Hintergrund eines lebendigen Interesses für Strategemata.[103] Die kriegstüchtigen, aber von der Mentalität geradlinigeren Römer mögen den militärischen Kunstgriffen der hellenistischen Kriegskünstler anfänglich bis zu einem gewissen Grade zurückhaltend gegenübergestanden haben, insofern „Vertrauenswürdigkeit" (*fides*), „Gerechtigkeitssinn" (*iustitia*) und „Standhaftigkeit" (*constantia*) als typisch römische Tugenden hervorgekehrt wurden; insofern mögen ihnen militärische Hinterlist, z.B. das Vortäuschen einer Flucht als taktisches Manöver oder das Legen von Hinterhalten, aus der Perspektive der Werte der Altvorderen, auf Skepsis und Ablehnung gestoßen sein. Darin mag auch der Grund gelegen haben, weshalb es für „Strategema", wie noch Valerius Maximus im 1. Jh. n. Chr. anmerkt, keinen passenden und wirklich äquivalenten lateinischen Begriff gab.[104] Das war aber sicherlich v.a. eine Frage von Normen und Werturteilen. Denn es wäre naiv anzunehmen, daß die Römer nicht schon zu einem frühen Zeitpunkt bereit waren, militärische Tricks anzuwenden. Die Blutbäder, die römische Heere anrichteten, sind ein Indiz dafür, das sie vor keinem Mittel zurückscheuten. Aus der näheren Bekanntschaft, die die Römer mit den hellenistischen Heeren machten, ging mit Sicherheit ein noch größeres Interesse an militärischen Kunstgriffen und Kriegslisten hervor, wobei sich römische Generäle zu Meistertaktikern entwickelten: Man denke an die beiden Scipiones, Fabius Maximus, Caecilius Metellus, Aemilius Paullus oder später Marius, Pompeius und Caesar. In der Folge wurden Kriegslisten in historiographischen Werken beschrieben, gesammelt und überliefert, z. B. von Livius. Die Festschreibung derselben in der Historiographie bildete den Ansatz, sie auch separat zu sammeln.

---

[102] Y. Le Bohec, *DNP* 11 (2001), Sp. 1036–1037, s.v. „Strategema"; F. Lammert, *RE*, Reihe II, 4 (1931), Sp. 174–181, s.v. „Strategemata".
[103] Zu den griechischen Kriegsschriftstellern vgl. H. Koehly und W. Rüstow, *Griechische Kriegsschriftsteller*, 3 Bde., Leipzig 1853–1856.
[104] Val. Max. VII, 4 praef.: „Illa vero pars calliditatis …, cuius opera, quia appellatione ⟨Latina⟩ vix apte exprimi possunt, Graeca pronuntiatione strategemata dicantur". E.L. Wheeler, *Stratagem and the Vocabulary of Military Trickery*, Leiden-Boston 1988, zeigt verschiedene lateinische Wörter auf, die für militärische Listen verwendet werden konnten, *dolus, fraus, consilium, insidiae* usw.; Valerius' Punkt war wohl, daß es keinen geeigneten lateinischen Sammelbegriff gab, der sowohl griffig als auch frei von negativen Assoziationen war.

Eine erste, kleinere Sammlung von Strategemata (7) findet sich, wie oben angegeben, bei Valerius Maximus (VII, 4). Schon bei Valerius ergibt sich, daß in der Darbietung der *strategemata* das Apophthegma eine wichtige Rolle spielen konnte, z. B. wenn der Ausspruch selbst die betreffende Kriegslist prägnant zusammenfasst oder wenn die Beschreibung der erfolgreichen Taktik um den Ausspruch herum gruppiert war. In den *Apophthegmata* des Erasmus finden sich eine Reihe von Strategemata, die er u. a. aus Valerius Maximus, Frontinus und Vegetius, aber auch aus seinem Lieblingsautor Plutarch bezog. Manchmal wies Erasmus auf die Form des Strategemas explizite hin, in anderen Fällen übernahm er ein solches, ohne den Strategema-Status desselben zu vermelden. Ein illustratives Beispiel der Überschneidung von Strategema und Apophthegma ist Val. Max. VII, 4, 5, wobei der General Q. Caecilius Metellus Macedonicus (190/85–115 v. Chr.) als Spruchspender fungiert, der im Jahre 143 v. Chr. die Keltiberer besiegte.[105] Dies soll ihm dadurch gelungen sein, daß er mit seinem Heer in aufwendigen, mäandernden Truppenbewegungen hin- und herzog, sodaß zu einem gewissen Zeitpunkt sowohl Feind als Freund schleierhaft war, worauf er überhaupt abzielte. Als ein Vertrauter im Generalstab bei ihm nachfragte, soll Metellus geantwortet haben: Er würde sogar sein Unterhemd, wenn es von seinem Plan wüsste, auf der Stelle verbrennen. Valerius versieht den Spruch mit einer historischen Kontextualisierung und einer Darstellung des militärischen Problems. Auf den Spruch lässt er eine nähere Erläuterung des Strategemas, einschließlich einer „Moral von der Geschicht", folgen:

> „Memorabilis etiam consilii Q. Metellus, qui, cum pro consule bellum in Hispania aduersus Celtiberos gereret vrbemque ⟨Con⟩trebiam, caput eius gentis, viribus expugnare non posset, intra pectus suum multum ac diu consiliis agitatis viam repperit, qua propositum ad exitum perduceret. Itinera magno impetu ingrediebatur, deinde alias atque alias regiones petebat: hos obsidebat montes, paulo post ad illos transgrediebatur, cum interim tam suis omnibus quam ipsis hostibus ignota erat causa inopinatae eius ac subitae fluctuationis. Interrogatus quoque a quodam amicissimo, sibi quid ita sparsum et incertum militiae genus sequeretur, ,Absiste', inquit, ,istud quaerere. Nam si huius consilii mei interiorem tunicam consciam esse sensero, continuo eam cremari iubebo'. Quorsum igitur ⟨e⟩a dissimulatio erupit aut quem finem habuit? Postquam vero et exercitum suum ignorantia et totam Celtiberiam errore implicuit, cum alio cursum direxisset, subito ad ⟨Con⟩trebiam reflexit eamque ⟨in⟩opinatam et attonitam oppressit. Ergo nisi mentem suam dolos scrutari coegisset, ad vltimam ei senectutem apud moenia ⟨Con⟩trebiae armato sedendum foret".

Wie dies auch sonst sooft in seiner Sammlung der Fall ist, hat Valerius das vorliegende Strategema als Creia für eine Rhetorikübung ausgestaltet. Die Orientierung auf diesen Verwendungszweck geht *a fortiori* daraus hervor, daß das Strategema in militärischer Hinsicht völlig unergiebig ist, während es – gerade durch das Apophthegma mit der prächtigen Metapher – rhetorisch wirkungsvoll ausgestaltet werden kann.

---

[105] Vgl. Erasmus, *Apophth*. V, 424; Erasmus benutzte als direkte Textvorlage in diesem Fall Plut. *Reg. et imp. apophth., Mor*. 202A (Caecilius Metellus, 2).

Mit der Verwendungsweise, die Valerius erstrebte, hängt auch seine moralische Bewertung der Strategemata zusammen. Wie seine Einleitung zu dieser Kategorie zeigt, war es ihm wichtig hervorzuheben, daß die Strategemata *nicht* moralisch anrüchig seien. Er behauptet, daß sie eine Art der „Schlauheit", „calliditas" darstellen würden, die „erhaben" („egregia") sei und „ferne von jeglichem Tadel" anzusiedeln sei.[106] Dabei hebt er die „calliditas" der Strategemata von der „vafritia", „Durchtriebenheit" in Wort und Tat, ab, die ihre Kraft aus Lug und Trug („fallacia") bezieht und auf „Schleichwegen" („occulto ... tramite") ihr Ziel erreicht. Dieser anrüchigen Durchtriebenheit hatte Valerius das vorhergehende Kapitel gewidmet (VII, 3). Eine solche Verteidigung zeigt einerseits, daß tatsächlich das Problem der moralischen Anrüchigkeit vorlag, andererseits, daß Valerius versuchte, durch eine moralische Aufrüstung den Wert der Strategemata für die epideiktische Rede zu erhöhen.

Die zweite, nunmehr substanzielle lateinische Sammlung hat der General Sextus Iulius Frontinus vorgelegt, die drei Bücher der *Strategemata*, die er während der Regierungszeit Domitians, wohl während der Jahre 84–88 n. Chr., verfasst hat. Dieses Werk hat anders als die Strategemata des Valerius Maximus, durchaus den Charakter eines technischen militärischen Leitfadens. Frontinus publizierte das Werk als Follow-Up zu seinen *Strategicon libri*, ein Handbuch zur *Kriegskunst* (στρατηγικά), das jedoch verlorengegangen ist. Im Vorwort zu den *Strategemata* erklärt er den Unterschied zwischen Kriegskunst als solcher (στρατηγικά) und στρατηγήματα: Die Kriegskunst umfasst das ganze Feld der Kriegsführung, die στρατηγήματα nur die ganz schlauen Listen und Manöver, das *Tricksen* und *Täuschen*. Diese militärische Fokussierung lag ihrem Verfasser am Herzen, der als Statthalter der Provinz Britannien (74/5–79/80), Kommandeur des niedergermanischen Heeres und Statthalter der Provinz Germania inferior über eine reiche militärische Erfahrung verfügte, die er auch in sein Werk einbrachte. Der Aufbau des Werkes und die Selektionierung seiner Inhalte passen zu diesem Profil. Im ersten Buch behandelt Frontinus die militärischen Maßnahmen, die im Vorfeld einer Schlacht zu treffen sind, im zweiten die taktischen Manöver in einer Feldschlacht und im dritten die Kriegslisten, die im Fall einer Belagerung anzuwenden sind. Als erfahrener General der Kaiserzeit macht Frontinus keine moralischen Vorbehalte gegen Kriegslisten (wie man sie etwa in der früheren Republik erwarten konnte). Die inhaltliche Selektionierung zeigt den General als Vollblutpragmatiker, der den realen Wert von Täuschung und Tricksen voll anerkennt. Er gibt nicht nur Hinweise, wie man den Gegner am besten ausspioniert, sondern auch, wie man Hinterhalte legt und die Gegner in die Falle lockt, um sie abzumurksen:

1. Vom Verschleiern der eigenen Pläne
2. Vom Ausspionieren der Pläne des Gegners
3. Von der Wahl der Kriegsart oder des Kriegsschauplatzes

---

[106] Val. Max. VII, 4, praef.: „Illa vero pars calliditatis egregia et ab omni reprehensione procul remota ...".

4. Von Heeresbewegungen durch feindliches Gebiet (die heimlich stattfinden sollen)
5. Von dem listigen Entkommen aus vertrackten Stellungen
6. Vom Anlegen von Hinterhalten und wie man vermeidet, in solche zu geraten
7. Vom Verbergen und Kompensieren eigener Mängel und Schwachstellen
8. Vom Ablenken des Gegners etc.

In seinem Vorwort stellt Frontinus fest, daß für die *Strategemata* Taten („facta") und Worte („dicta"), d.h. *res gestae* und Apophthegmata, in gleicher Weise relevant sind; deshalb habe er beide Kategorien in sein Werk aufgenommen: „Qua in re cum verborum quoque inlustris exstiterit effectus, vt factorum ita dictorum exempla posuimus".[107] Dieser Satz wurde in der Forschung zuweilen als Interpolation betrachtet, jedoch ohne zwingenden Grund. Denn in Frontinus' *Strategemata* finden sich in der Tat eine Reihe von Aussprüchen. Verbale Mittel sind für das Vortäuschen und Irreführen oft besonders effektiv, zumal für Kapitel wie I, 9–12. Demgegenüber ist jedoch zu berücksichtigen, daß verbale Mittel in den *Strategemata* trotzdem eine geringere Rolle spielen als Handlungen, zweitens, daß Frontinus in seinem Werk das Apophthegma nicht als eine Kunstform *sui generis* behandelt hat. Symptomatisch ist die Art, in der er die oben zitierte rhetorisch ausgefeilte Chreia des Valerius Maximus mit dem Spruch des Caecilius Metellus wiedergegeben hat: „Metellus Pius in Hispania interrogatus, quid postera die facturus esset, ,tunicam meam, si eloqui possit', inquit, ,comburerem'" (*Strat.* I, 1, 12). Das Apophthegma ist für Frontinus ein exemplarisches Belegstück, wie andere auch,[108] und für seine Zwecke kann eine kunstvolle Ausgestaltung unterbleiben.

Von besonderem Interesse ist das sogenannte vierte Buch von Frontins *Strategemata*. Dieses gehört nicht zu den drei ersten Büchern, sondern bildet ein separates Werk, das mit Sicherheit später und aller Wahrscheinlichkeit nach von einem anderen Autor, jedoch als Pseudepigraphon unter dem Namen Frontinus verfasst wurde. Das wichtigste ist, daß das Buch eine völlig andere Herangehensweise zeigt und von einem anderen Interesse her gelenkt ist. Es wurde nicht aus einer militärischen Perspektive zusammengestellt, sondern jener des Rhetorikunterrichts. Statt auf militärisches Vorgehen fokussiert es auf Tugenden, von denen es *exempla* in der Form exemplarischer Aussprüche und Handlungen erstellt, welche im Rhetorikunterricht oder in *declamationes* jeder Art als Chreiai verwendet werden konnten. Der Autor ist kein General und er hat auch keinen Bezug zur militärischen Praxis, sondern ein Rhetoriker. Aus der Inhaltsangabe, die an Valerius Maximus' Werk erinnert, lässt sich diese Neuorientierung ablesen:

---

[107] Vgl. M.B. McElwains Ausgabe, Cambridge MA 1961 (Loeb), S. 6 (Anm.).
[108] Anzumerken ist nebenbei, daß er den Spruchspender Caecilius Metellus mit Metellus Pius verwechselte, der im 1. Jh. lebte und nicht in Spanien gegen die Keltiberer kämpfte.

1. De disciplina
2. De effectu disciplinae
3. De continentia
4. De iustitia
5. De constantia
6. De affectu et moderatione
7. De variis consiliis.

Es ist kein Zufall, daß sich in jenem Buch ein viel größerer Anteil an Apophthegmata als in den Büchern I–III findet. Wie in den Creiai der *Progymnasmata* dienen sie als Vorlage zu einer rhetorischen Übung. Durch die Zuordnung zu gewissen Tugenden gewährleisten sie eine breitere Anwendung als auf rein militärische Angelegenheiten. Diese grundsätzlich andersartige Orientierung lässt sich anhand weniger Beispiele zeigen. Als man den spartanischen König Leonidas warnte, er müsse bei seinem Vorhaben, die Thermopylen zu verteidigen, auf eine Regenwolke persischer Pfeile gefasst sein, soll er geantwortet haben: „Im Schatten werden wir besser kämpfen".[109] Dies hat mit einer Kriegslist bzw. einem Strategema nichts zu tun, eher mit dem Gegenteil: naiver Beratungsresistenz, die einem Selbstmord gleichkommt. Jedoch geht es in dem Lemma gar nicht um einen militärischen Rat; vielmehr wird ein Musterbeispiel der Standhaftigkeit (*constantia*) angeführt, das im Rahmen einer Progymnasmata-Übung als Chreia dienen sollte. Ähnlich verhält es sich mit einem Ausspruch Alexanders d.Gr., der auf einem Winterfeldzug in Asien bei einer Feuerstelle ansaß und seine Truppen musterte. Als er einen Soldaten sah, der halberfroren war, soll er ihn aufgefordert haben, bei ihm am Feuer anzusitzen. Da soll Alexander zu ihm gesagt haben: „Wenn du ein Perser wärest, so müsstest du dafür, daß du auf dem Sessel des Königs sitzt, mit dem Leben bezahlen; ein geborener Makedone darf dies aber tun'".[110] Wiederum handelt es sich um ein Apophthegma, das als Kriegslist unbrauchbar ist (und im Übrigen sicherlich erfunden ist), jedoch prächtiges exemplarisches Belegmaterial für die Liebe des Königs zu seinen Untertanen und seine großherzige Leutseligkeit bildet.

I.7. *Das Apophthegma als Quintessenz biographischer Charakterzeichnung: Plutarchs* Bioi paralleloi *und* Regum et imperatorum apophthegmata

Der Großmeister des Apophthegmas war Plutarch (um 50–um 120 n. Chr.), der in den meisten seiner Schriften Apophthegmata überlieferte. Im engeren Sinn einschlägig sind seine monumentalen *Bioi paralleloi*, eine Sammlung von 46 Biographien bedeutender griechischer und römischer Staatsmänner, weiter seine Sammlung der

---

[109] *Strat.* IV, 5, 13: „Leonidas Lacedaemonius, cum dicerentur Persae sagittarum multitudine nubes esse facturi, fertur dixisse: ‚Melius in vmbra pugnabimus'".
[110] *Strat.* IV, 6, 3.

Regum et imperatorum apophthegmata und seine zwei Bücher der *Apophthegmata Laconica*. Da er die *Bioi paralleloi* vor den *Regum et imperatorum apophthegmata* verfasst hat (während Autorschaft und Status der *Apophthegmata Laconica* nicht genau feststehen), empfiehlt es sich mit den Biographien anzufangen. Die *Bioi paralleloi* stellen ein faszinierendes, innovatives und einflussreiches Werk dar.[111] Es zeugt von dem oben im Abschnitt I.5 beschriebenen neuen Geschichtsbewusstsein, das sich in der Kaiserzeit herauskristallisiert hatte. Die lange Geschichte der römischen Republik wurde als abgeschlossene Vergangenheit betrachtet, wobei eine gewisse Assimilierung der römischen an die griechische Kultur mitinbegriffen war. Faszinierend ist in diesem Fall, daß es nunmehr ein Grieche war, der zum Sprachrohr dieses Geschichtsbewusstseins wurde und der dabei eine spezifisch griechische Perspektive miteinbrachte. Plutarch bezeigte sich damit als virtuoser Architekt eines monumentalen historischen Gebäudes: das der griechisch-römischen Vergangenheit. Mit der Sammlung der 46 Biographien errichtete er eine Art *Hall of Fame* dieser Vergangenheit. Die Personen, die er darin aufnahm, waren zunächst ausschließlich Staatsmänner, Könige und Heeresführer; die römischen Helden beschränkte er auf jene der Republik.[112] Ihre griechischen Pendants stammen aus einer Periode, die Plutarch, ebenso wie jene der römischen Republik, als abgeschlossen betrachtete: Man könnte diese vielleicht am treffendsten als „die Ruhmesgeschichte Griechenlands" bezeichnen. Sie reicht von den legendären Gründern und Gesetzgebern Athens (Theseus; Solon, um 640–560 v. Chr.) und Spartas (Lykurgos, mythischer König, dem 7. Jh. v. Chr. zugeschrieben) bis zu Alexander d. Gr. (gest. 323 v. Chr.), Demetrios Poliorketes (336–283 v. Chr.), Pyrrhos von Epeiros (um 319/8–271 v. Chr.) und Philopoimen (253–283 v. Chr.), dem Führer des Achaiischen Bundes und zugleich der

---

[111] Zu den *Bioi paralleloi* ist, obwohl noch viele Fragen offen sind, eine reiche Forschungsliteratur vorhanden. Vgl. i.a. C. Chrysanthu, *Plutarch's Parallel Lives. Narrative Technique and Moral Judgement*, Berlin 2018; A. Demandt, „Plutarchs Doppelbiographien. Ein abendländischer Topos", in: M. Sabrow (Hrsg.), *Das Jahrhundert der Parallelbiographien*, Leipzig 2017, S. 13–26; R. Dubreuil, *Theatrical and Political Action in Plutarch's Parallel Lives*, Diss. University of Edinburgh 2017; J. Geiger, „The Project of the ‚Parallel Lives': Plutarch's Conception of Biography", in M. Beck, *A Companion to Plutarch*, Chirchester u.a. 2014, S. 292–303; A. Georgiadou und M.A. Lucchesi, „Plutarch's *Parallel Lives*", in: K. Temmermann (Hrsg.), *The Oxford Handbook of Ancient Biography*, Oxford 2020, S. 169–182; T. Hägg, *The Art of Biography in Antiquity*, Cambridge u.a. 2012, Kap. 6; N. Humble (Hrsg.), *Plutarch's Lives: Parallelism and Purpose*, Swansea 2010; S.G. Jacobs., *Plutarch's Pragmatic Biographies. Lessons for Statesmen and Generals in the ‚Parallel lives'*, Diss. Columbia University 2018; idem, „Heroes Imitating Heroes: Ethical and Pragmatic Intratextuality in the ‚Parallel Lives'", in: T.S. Schmidt (Hrsg.), *The Dynamics of Intertextuality in Plutarch*, Leiden 2020, S. 215–231; J.H. Lane, *The Political Life and Virtue: A Reconsideration of Plutarch's „Parallel Lives"* Diss., Boston College 1998; D.H.J. Larmour, „Statesmen and Self in the Parallel Lives", in: L. de Blois u. a. (Hrsg.), *The Statesman in Plutarch's Works, Volume II: The Statesman in Plutarch's Greek and Roman Lives*, (2005), S. 43–51; C. Leeck, *Das Bild Roms in Plutarchs Römerbiographien. Schmeichelei oder ernsthafte Völkerverständigung?*, Marburg 2010; B. Scardigli (Hrsg.), *Essays on Plutarch's Lives*, Oxford 1995; P.A. Stadter, *Plutarch and his Roman Readers*, Oxford 2015, Kap. 8.
[112] Auf diesen wichtigen Punkt hat Geiger, „The Project oft he Parallel Lives", S. 294, hingewiesen; vgl. auch ders., „Plutarch's ‚Parallel Lives': The Choice of Heroes", in: Scardigli B. (Hrsg.), *Essays on Plutarch's Lives*, Oxford 1995, S. 165–190.

letzte, dem man zutraute, daß er die Griechen vereinigen würde. Auffällig ist, daß Plutarch diese Ruhmesgeschichte weitestgehend auf Griechenland im engeren Sinn (Hellas) beschränkte, was wohl der Tatsache geschuldet ist, daß er, der aus Chaironeia in Boiotien stammte, dort seinen Wohnsitz hatte und außerdem Priester des panhellenischen Heiligtums von Delphi war, sich selbst recht eigentlich als Hellene fühlte. Die Nachfolger Alexanders d. Gr., die die mächtigen Diadochenreiche in Asien und Ägypten gründeten, die Seleukiden und Ptolemäer, übergeht er, ebenso wie alle anderen Herrscher des gräzisierten Kleinasiens. Alexander d. Gr. jedoch, der ursprünglich König der Makedonen war, in rascher Folge der Großkönig Persiens wurde und Asien eroberte, ernannte Plutarch zu einem *Ehrengriechen*. Ihm und Caesar räumte er sogar Ehrenplätze in seiner literarischen *Hall of Fame* ein: Sie stellen jeweils die Krönung der ruhmreichen Vergangenheit dar.

Wesentlich ist, daß die *Bioi paralleloi* Personen darstellen, die diese ruhmreiche Geschichte wie in einem Pantheon repräsentieren. Plutarch hat damit die Biographie auf einen neuen Plan erhoben, ihr ein neues Gewicht und Ansehen verliehen. Von besonderer Bedeutung ist, daß Plutarch für seine Art der Biographik das Apophthegma zu einem zentralen Bestandteil machte:[113] Die Apophthegmata bestimmen die Struktur der einzelnen Biographien; ihnen kommt die neue wichtige Aufgabe zu, den Charakter der beschriebenen Personen zu kennzeichnen. Stadter nimmt an, dass Plutarch bei der Vorbereitung der Biographien zunächst vor allem Apophthegmata sammelte und daß er, von dieser Grundlage ausgehend, seine Biographien konstruierte.[114] Für „Charakter" verwendete Plutarch den Begriff ἦθος, der die spezifische „Art zu handeln und zu reden, sich zu benehmen, sich auszudrücken" bezeichnet, weiter die jeweilige „Gesinnung, sittliche Beschaffenheit".[115] Plutarch faßte Charakter, den begrifflichen Vorgaben von ἦθος folgend, sowohl individuell als auch als moralische Kategorie auf: Die jeweils scharf hervorgehobenen Charakterzüge, die eine Einzelperson kennzeichnen, setzen sich in der Regel aus Eigenschaften zusammen, die einzelnen Tugenden und Lastern zuzuordnen sind (oder von Plutarch diesen explizite zugeordnet werden); „Charakter" wird auf diese Weise durch eine bestimmte Gemengelage von Tugenden und Lastern definiert. Jedoch ist das moralische Feld bei Plutarch eher weit gesteckt: Es umfaßt nicht nur die allseits bekannten Haupttugenden, sondern auch weniger klar umrissene Eigenschaften, wie Sanftheit, Gutmütigkeit, Jovialität, Umgänglichkeit, Leichtsinnigkeit, Lebenslustigkeit, Schwermütigkeit, Niedergeschlagenheit, Unfreundlichkeit, Reserviertheit, Kantigkeit oder mürrisches Wesen. Alle diese Tugenden und Laster (ἀρεταί, κακίαι), alle

---

[113] Grundlegend dafür sind P.A. Stadter, „Plutarch's Compositional Technique: The Anecdote Collections and the Parallel Lives", *Greek, Roman and Byzantine Studies* 54 (2014), S. 665–686; M.A. Beck, *Plutarch's Use of Anecdotes in the ‚Lives'*, Diss. University of California 1998 und C. Pelling, „The *Apophthegmata regum et imperatorum* and Plutarch's Roman *Lives*", in: ders., *Plutarch and History. Eighteen Studies*, London 2002, S. 65–90.
[114] Stadter, „Plutarch's Compositional Technique", und ders., *Plutarch and his Roman Readers*, Oxford 2015, Kap. 8; ähnlich Geiger, „The Project of the Parallel Lives", S. 296.
[115] Plut. *Alex*. 1, 2 (*Vit*. 665A); Passow I, 2, S. 1333, s.v. ἦθος, 2) Sitte, Gebrauch, b).

diese Eigenschaften, leitet Plutarch, wie er in der programmatischen Einleitung zu der Alexander-Biographie sagt, eher von „kleinen Dingen ab, aus „einem Wort" (ῥῆμα) und einem „Scherz, Spass" bzw. (scheinbar) „Nebensächlichem, Belanglosem" (παιδιά) als aus „Feldschlachten mit tausenden Toten" oder irgendwelchen Großtaten.[116] Damit hat Plutarch v.a. die Apophthegmata vor Augen, die er für seinen biographischen Zweck den *res gestae* bzw. *facta* vorzieht. Mit ῥῆμα ist ein charakteristischer Wortgebrauch, eine Ausdrucksweise oder Äußerung gemeint; παιδιά kann sich auf einen scherzhaften Ausspruch oder eine scheinbar belanglose Handlungsweise beziehen, die gleichwohl das tiefere Wesen der betreffenden Person offenbart. Plutarch vergleicht diese seine Vorliebe als Biograph für Apophthegmata mit Porträtmalern, die ihre Aufmerksamkeit v.a. dem Gesicht (statt des gesamten Körpers) zuwenden.[117] Insgesamt liegt Plutarchs Biographien folgende Definition des Apophthegmas zugrunde:

1. Der Spruchspender gehört zu den *Grossen der ruhmreichen griechisch-römischen Geschichte*. Der Spruchspender selbst bildet zugleich den eigentlichen Gegenstand der jeweiligen Biographie – der Gegenstand sagt gewissermaßen selbst etwas über sich aus. Diesen Selbstaussagen wird von Plutarch, implizit oder explizit, immer ein hoher Authentizitätsgrad zugeschrieben. Nebenher kommen in den Biographien auch die Aussprüche anderer Personen zum Zuge: Diese beziehen sich jedoch immer auf den in der Biographie Dargestellten, über den sie Wesentliches aussagen sollen.
2. Die Apophthegmata sind unvermindert als ursprünglich gesprochene Aussagen konzipiert; dennoch handelt es sich bei Plutarch immer um schriftlich und historisch überlieferte Rede. Dieser Umstand führt bei ihm jedoch nicht zu einer kritischen Überprüfung der Historizität des Spruches: Plutarch ist schnell und gerne bereit, Historizität anzunehmen, und dies mag nicht zuletzt der Tatsache geschuldet sein, daß er begierig nach Aussprüchen suchte, die er für seine Zwecke verwerten konnte. Belege wie Augen- und Ohrenzeugenschaft lässt Plutarch in der Regel weg. Er fühlte sich an derartige Belegmittel nicht gebunden, teils weil er Biographien längst verstorbener Könige, Staatsmänner und Feldherren verfasste, teils weil für ihn der Zweck die Darstellungsmittel heiligte.
3. Während Authentizität und Historizität von Plutarch vorausgesetzt werden, ist zu verzeichnen, daß alle Sprüche der Römer in griechischer Sprache wiedergegeben werden und daß Plutarch mit der lateinischen Literatur und Überlieferung nicht gut vertraut war. Das geht u. a. aus Helmbolds und O'Neills Untersuchung zu Plutarchs Zitaten hervor:[118] Er war äußerst belesen in der griechischen Literatur, was sich in einer Vielzahl von Anspielungen und Zitaten ausdrückt, während es aus der lateinischen so gut wie keine Reminiszenzen gibt. Insofern ein

---

[116] Plut. *Alex.* 1, 2 (Vit. 664F–665A); vgl. Geiger, „The Project of the Parallel Lives", S. 293.
[117] Plut. *Alex.* 1, 3 (Vit. 665A);
[118] W.C. Helmbold und E.N. O'Neill, *Plutarch's Quotations*, Baltimore-Oxford 1959.

Apophthegma als historisches *exemplum* oder Chreia funktioniert (wie bei Valerius Maximus), mag die Wiedergabe desselben in einer anderen Sprache relativ unproblematisch erschienen sein; bei Plutarch ist dies jedoch diffiziler, da er die Worte auf die Goldwaage legt, sogar aus „einem einzelnen Wort" oder „einer Ausdrucksweise" (ῥῆμα) auf den individuellen Charakter einer Person schließt.[119] Die individuelle Art seiner Römer, sich auf Latein auszudrücken, hat Plutarch jedoch nicht registriert. Man muss einkalkulieren, daß Sprüche von Römern gräzisiert, verquickt mit hellenischen Gedankenmustern und Werten dargeboten werden; Plutarch jedoch gab sich davon freilich keine Rechenschaft, genausowenig wie darüber, daß er – gleichsam selbstverständlich – den Charakter der Römer aus seiner griechischen Perspektive darstellt.

4. Das Apophthegma ist bei Plutarch prinzipiell ein historisches Phänomen. Die Aussprüche werden immer in historische, chronologisch bestimmbare Kontexte eingebettet. Insofern sind die Sprüche prinzipiell mit einem klaren historischen, einleitenden Narrativ ausgestaltet. Die Sprüche weisen daher meist eine dichotome Struktur auf: 1. Die historische Einleitung, 2. Der Spruch selbst.

5. Die Sprüche dienen dazu, den *Charakter des Biographierten* darzustellen. Die Verwendung des Apophthegmas zur Charakterdarstellung bewirkt u. a., daß Gnomen prinzipiell ausgeschlossen werden, jedoch der Vorzug Inhalten gegeben wird, die personenspezifisch sind.

6. Da Plutarch „Charakter" in ethischen Kategorien perspektiviert, liegen den Aussprüchen bzw. ihrer Interpretation die Konzepte der griechischen Tugenden und Laster und verwandter Begriffe zugrunde. Da diese Konzepte sämtlich hellenisch sind, fließt unweigerlich viel Griechisches in die Charaktere der Römer mit ein, die insofern hellenisiert werden. Das gilt zusätzlich für die griechische Bildung (*Paideia*), die Plutarch grundsätzlich für charakterbildend hält. Das Fehlen von griechischer Paideia führt zu einer negativen Bewertung von Personen. Positiv bewerteten Römern schreibt Plutarch stets griechische Bildung zu.[120]

7. Im biographischen Narrativ nehmen die Aussprüche jeweils eine markierte Stellung ein. Sie bilden gewissermaßen Brennpunkte, in denen historische Abläufe, persönliche Geschichte und Charakterdarstellung zusammentreffen.

8. Durch diese markierte Stellung im Narrativ scheint es, daß Plutarch den Apophthegmata auch eine mnemonische Funktion zuerkannte, d.h. daß sie dazu dienen sollen, daß der Leser das in der Biographie Dargestellte besser seinem Gedächtnis einprägt.

---

[119] Plut. *Alex.* 1, 2 (Vit. 664F–665A); vgl. Geiger, „The Project of the Parallel Lives", S. 293.
[120] Vgl. Geiger, „The Project of the Parallel Lives", S. 297: „The degree of absorption of Greek culture is for him (Plutarch) an important yardstick in evaluating Roman character, as can be demonstrated by various examples". Z. B. hat Plutarch in seiner Biographie des römischen Feldherren L. Licinius Lucullus, der Mithridates besiegte, diesem profunde griechische Bildung, einen philosophischen, ja philanthropischen, milden und friedliebenden Charakter (πρᾳότης) zugeschrieben. er figuriert als Autor einer griechischen Schrift, einer Geschichte der Marsischen Kriege (Plut. *Luc.* 1, 4, Vit. 492A); nach seinem Streit mit Pompeius soll er sein Leben bewusst der Philosophie gewidmet haben

Für Erasmus' *Apophthegmata* sind die *Regum et imperatorum apophthegmata* von grundlegender Bedeutung: Aus ihnen stellt er die Bücher IV und V zusammen. Die *Regum et imperatorum apophthegmata*, die Plutarch Kaiser Trajan (98–117) widmete, hängen eng mit den *Bioi paralleloi* zusammen. In seinem Widmungsvorwort[121] weist er auf die bereits erschienenen *Bioi paralleloi* und den Zusammenhang der beiden Werke hin.[122] Die *Regum et imperatorum apophthegmata* stellen eine Sammlung von Sprüchen vornehmlich griechischer und römischer Herrscher und Staatsmänner dar. Dabei handelt es sich um Aussprüche, die lediglich als solche, d.h. ohne den Kontext der jeweiligen Biographie, dargeboten werden. Jedoch bilden sie, wie Plutarch im Widmungsvorwort explizite betont, die Quintessenz der jeweiligen βίοι. Wir treffen dort dasselbe Argument an wie in der Einleitung zur Alexander-Biographie: Die Aussprüche (λόγοι) seien für das Verständnis der Charaktere (κατανόησιν ἠθῶν) und den Vorlieben (προαιρέσεων) der betreffenden Personen viel aussagekräftiger als deren Taten (ταῖς πράξεσιν).[123] Das Konzept der *Bioi paralleloi*, die Griechen und Römer einander gegenüberzustellen, führt Plutarch auch in der Spruchsammlung weiter. Im ersten Buch kommen die Griechen (175A–194E), im zweiten die Römer an die Reihe (194E–208A). Die griechischen Herrscher fangen mit dem sizilischen Tyrannen Gelon an und enden mit dem thebanischen Strategos Pelopidas (um 410–364 v. Chr.),[124] die römischen Staatsmänner heben mit Manius Curius Dentatus (cos. 290 v. Chr.) an und enden mit Caesar und Augustus. Die Geschichtskonzeption kommt im Wesentlichen mit jener der *Bioi paralleloi* überein: Die glorreiche griechische Vergangenheit wird jener der Römischen Republik gegenübergestellt, deren krönender Höhepunkt und Abschluss die Person des Augustus ist, der die Bürgerkriege beendete und das Reich einte. Zugleich ist die Geschichtsauffassung in der Apophthegmata-Sammlung etwas breiter: Plutarch berücksichtigt auch auswärtige Könige, jedoch nur solche, die in der glorreichen griechischen Geschichte figurierten: die persischen Großkönige (die großen Widersacher der Griechen im

---

(ἐν φιλοσοφίᾳ σχολάζειν) und sich in den βίος θεωρητικός zurückgezogen haben. Er soll sich vorgenommen haben, die ihn beherrschende Ehrsucht (τὸ φιλότιμον) zu bekämpfen (ebd.). Seine Menschenliebe soll so groß gewesen sein, daß er – gegen den Wunsch der Soldaten, die eine bestimmte Stadt in Kleinasien erobern wollten – ausgerufen habe, er wolle lieber das Leben eines einzigen Römers retten als sich alle Besitzungen der Feinde aneignen (Plut. *Luc.* 8, 4, *Vit.* 496), von Erasmus zitiert in *Apophth.* V, 436. Dieses Bild scheint mit dem erfolgreichen und skrupellosen General, der sich in Asien die Taschen füllte und der dem Luxusleben ergeben war, wenig gemein zu haben.

[121] Plut. *Mor.* 172A–E; für den Widmungsbrief vgl. M. Beck, „Plutarch to Trajan. The Dedicatory Letter and the Apophthegmata Collection", in: P.A. Stadter und L. Van der Stockt (Hrsg.), *Sage and Emperor. Plutarch, Greek Intellectuals, and Roman Power in the Time of Trajan (98–117 A.D.)*, Leuven 2002, S. 163–173.

[122] Plut. *Mor.* 172B–C.

[123] Plut. *Mor.* 172C.

[124] Allerdings ist Pelopidas (gest. 364 v. Chr.) von Plutarch nicht als absoluter chronologischer Schlusspunkt der griechischen Herrscher und Staatsmänner gemeint: Zuvor hatte er u. a. die spartanischen Könige Archidamos III. (gest. 338 v. Chr.), Agis III. (gest. 331 v. Chr.) und Kleomenes II. (gest. 309 v. Chr.) und den Statthalter Athens unter makedonischer Herrschaft, Demetrios von Phaleron (317–307 v. Chr.) behandelt.

EINLEITUNG   47

5. Jh. v. Chr.) sowie die Könige Thrakiens und Skythiens (172E–174E). Im Unterschied zu den *Bioi paralleloi* bezieht Plutarch zusätzlich die Diadochen Ptolemaios I. Soter, Antigonos I. Monophthalmos, Antigonos II. Gonatas, Lysimachos, Antipatros, Antiochos III., Antiochos Hierax (gest. um 186 v. Chr.) und König Eumenes I. von Pergamon (gest. 241 v. Chr.) mitein (181E–184B).

Im Vergleich zu den *Bioi paralleloi* ist die Gesamtanzahl der Spruchspender größer: 70 Personen, die der griechischen Geschichte zugehören, 20, welche die römische Geschichte repräsentieren, insgesamt 90 Personen. Die *Regum et imperatorum apophthegmata* stellen nicht einfach einen Auszug aus den *Bioi paralleloi* dar: Es sind fast 50 Spruchspender der griechischen Geschichte berücksichtigt, die in den *Bioi paralleloi* nicht vertreten sind. Bei den Römern ist die Anzahl ungefähr gleich (20 in den *Apophthegmata*, 23 in den *Bioi paralleloi*), wobei dennoch fast die Hälfte der Spruchspender der *Apophthegmata* in den *Bioi paralleloi* nicht vertreten ist: Manius Curius Dentatus, Cn. Domitius Ahenobarbus (cos. 192 v. Chr.), P. Licinius Crassus (cos. 171 v. Chr.), Caecilius Metellus (cos. 143 v. Chr.), Q. Lutatius Catulus (cos. 102 v. Chr.), Gaius Popillius (cos. 172 v. Chr.) und Augustus. Eine wichtige Übereinstimmung zwischen den beiden Werken ist, daß die Apophthegmata der Personen, die in beiden Sammlungen zum Zuge kommen, meist in der gleichen Reihenfolge angeordnet sind. Stadter vermutet, daß die *Regum et imperatorum apophthegmata* auf eine Sammlung von Aussprüchen zurückgehen, die Plutarch früher angelegt und die er sodann für die Abfassung der *Bioi paralleloi* benutzt hat.[125] Diese frühere Sammlung war wohl eine reine Materialsammlung, während die *Regum et imperatorum apophthegmata* ein ausgearbeitetes Werk darstellen.

In den *Regum et imperatorum apophthegmata* sind die Aussprüche in Abschnitte unterteilt, die den einzelnen Spruchspendern gewidmet und mit deren Namen übertitelt werden. Die einzelnen Aussprüche sind lemmatisch unter dem jeweiligen Titel gruppiert. Diese Struktur stimmt mit der Funktion überein, die Plutarch den Apophthegmata im Widmungsbrief an Kaiser Trajan zuschrieb: Sie bilden den Stoff, womit man den Charakter und die Eigenart einer bestimmten Person ergründen kann, somit die Quintessenz der Persönlichkeitsdarstellung. Für die Sammlung der *Regum et imperatorum apophthegmata* gilt ähnliches wie für die Aussprüche in den *Bioi paralleloi*, obgleich einige Unterschiede zu vermerken sind:

1. Der Spruchspender gehört im Prinzip *der ruhmreichen griechisch-römischen Geschichte* an, jedoch sind auch a) Herrscher inkludiert, die in dieser Geschichte figurierten, ohne Griechen oder Römer zu sein, etwa Antagonisten wie die persischen Großkönige, und b) Staatsmänner aufgenommen, die nicht unbedingt zu den Größten der griechischen Geschichte gehören.
2. Die Aussprüche sind lemmatisch unter den Namen der Apophthegmata-Spendern gruppiert. In diesen Abschnitten finden sich auch hin und wieder die Aus-

---

[125] Stadter, „Plutarch's Compositional Technique", S. 674–680.

sprüche anderer Personen: Der Inhalt dieser Apophthegmata ist dann jedoch stets auf jene Person gemünzt, der der einzelne Abschnitt gewidmet ist.

3. Nicht alle Lemmata, die unter dem Titel einer bestimmten Person gruppiert sind, stellen tatsächlich Aussprüche dar. Auch demonstrative Handlungen oder andere Maßnahmen kommen vor: z. B. Xerxes, 4 (*Mor.* 173C), Artaxerxes, 3 (173D), ägyptische Könige (174C), Hieron, 5 (175C), Dionysios, 7 (175F), Alexander, 28 (181 D).[126] Diese Handlungen oder Maßnahmen betrachtet Plutarch jedoch als ebenso charakteristisch für eine bestimmte Person wie ihre Aussprüche – darin liegt auch der Grund, weshalb er sie in die Sammlung aufgenommen hat. Es mag auch durchaus der Fall sein, daß diese Vorgehensweise die Sammelpraxis reflektiert, welche Plutarch bei der Zusammenstellung seiner Exzerpt-Bücher hantierte.

4. Bei allen Apophthegmata, obwohl sie als ursprünglich gesprochene Aussagen aufgefasst werden, handelt es sich um schriftlich und historisch überlieferte Rede. Historizität wird vorausgesetzt, deren Nachweis braucht nicht erbracht zu werden.

5. Auch in dieser Sammlung wird das Apophthegma als historisches Phänomen aufgefasst, d.h. sie hängen meist mit bestimmten historischen Situationen zusammen. Die historische Einbettung erhält in den *Regum et imperatorum apophthegmata* jedoch viel weniger Gewicht und Aufmerksamkeit; meist ist sie kürzer gehalten als in den *Bioi paralleloi*, in einigen Fällen fällt sie weg.[127]

6. Die Sprüche dienen dazu, den *Charakter* der betreffenden Person darzustellen. Ein Sonderproblem ergibt sich daraus, daß die Sprüche der Römer in griechischer Sprache wiedergegeben werden – inwiefern sind die Sprüche in Bezug auf den individuellen Charakter, der Sprachliches miteinschließt, aussagekräftig?

Eine andere Signatur besitzen die *Apophthegmata Laconica*, die Erasmus zur Gänze in seine *Apophthegmata* (Bücher I und II) übertragen hat. Dabei handelt es sich nicht um ein fertiges Werk, sondern lediglich um eine Materialsammlung zu Spartanern und spartanischer Gesinnung. Die 68 namentlich genannten Spartaner sind alphabethisch angeordnet; sodann folgen die Sprüche von 72 anonymen Spruchspendern, ein längerer Abschnitt mit spartanischen Gebräuchen und Institutionen, in 42 Punkte gegliedert, und schließlich eine Sektion von Sprüchen spartanischer Frauen, von denen die Mehrzahl (30 gegenüber 4) anonym ist.[128] Anders als bei den *Regum et imperatorum apophthegmata* steht das Individuum nicht im Vordergrund.

---

[126] Vgl. Stenger, „Apophthegma, Gnome und Chrie", S. 203.
[127] Z. B. Dareios, 1 (172F), Artaxerxes, 1 (173D), Hieron, 1 (175B), Philipp 2 (177C), Chabrias, 1 (187D); vgl. Stenger, „Apophthegma, Gnome und Chrie", S. 203.
[128] Vgl. Stadter, „Plutarch's Compositional Technique", S. 668.

EINLEITUNG 49

1. Zahlreiche Spruchspender sind anonym und besitzen keine Historizität. Ein großer Prozentsatz der Sprüche könnte von willkürlichen anderen Spartanern stammen.
2. Die meisten Sprüche sind auch nicht von einem bestimmten historischen Kontext abhängig.
3. Die Sprüche sind in der Regel sehr kurz; sie sollen den Stempel spartanischer *brevitas* tragen.
4. Der Charakter, der in dieser Sammlung Plutarchs Interesse geweckt hat, ist *kollektiver* Art. Plutarch ist es darum zu tun, die strenge, harsche und tapfere „Volksart" der Spartaner darzustellen. In dieser Beziehung erachtet Plutarch die Beschreibung der Sitten und Gebräuche für ebenso wichtig wie die Sprüche.

I.8. *Moderne Memorabilia und ein König als neuer Sokrates: Antonio Beccadellis* De dictis et factis Alphonsi Regis Aragonum

Im Jahr 1455 gab der am Königshof von Neapel tätige Humanist Antonio Beccadelli (1393–1471) die gesammelten Sprüche des Königs Alfons V. mit dem Titel *Alphonsi Regis dicta ac facta memoratu digna* heraus.[129] Beccadelli, der als *prothonotarius*, königlicher Redenschreiber, Ratgeber, Botschafter und seit 1454 als Sekretär dem König eng verbunden war, zielte von Anfang an darauf ab, Alfons noch zu Lebzeiten ein literarisches Denkmal zu setzen und seinen Ruhm möglichst weiträumig zu verbreiten, jedenfalls in ganz Italien und am liebsten darüber hinaus, was nicht zuletzt durch die Kommentare, die Enea Silvio Piccolomini (1456) und später Jakob Spiegel hinzufügten, gelang.[130] Erasmus hat diese Sammlung im achten Buch der *Apophthegmata* in einem längeren Auszug übernommen (VIII, 292–308), obwohl er behauptet hatte, sich ausschliesslich auf antike Werke und Personen als Spruchspender zu beschränken. Das hauptsächliche literarische Vorbild der *Alphonsi Regis dicta ac facta memoratu digna* sind, wie Beccadelli selbst im Vorwort angibt, Xenophons *Memorabilia Socratis*.[131] Der König, den Beccadelli als „sapientissimus" bezeichnet,

---

[129] Das Kolophon der ersten gedruckten Ausgabe der *Alfonsi V. regis dicta et facta*, Pisa, Gregorius de Gentis, 1.2. 1485, fol. 128ʳ lautet: „Antonii Panormite Alfonsi Regis dictorum ac factorum memoratu dignorum liber quartus et vltimus finit. Hec cum proderentur, LX annum agebat Alfonsus. Editi hi libri in lucem fuerunt anno Domini MCCCCLVº in Neapoli".
[130] Zu der Sammlung s. K. Enenkel, „Kommentare als multivalente Wissenssammlungen. Das „Fürstenspiegel"-Kommentarwerk Antonio Beccadellis (*De dictis et factis Alphonsi Regis Aragonum*, 1455), Enea Silvio Piccolominis (1456) und Jakob Spiegels (1537)", in: ders. und H. Nellen (Hrsg.), *Neo-Latin Commentaries and the Management of Knowledge in the Late Middle Ages and the Early Modern Period (1400–1700)*, Leuven 2013, S. 79–138.
[131] „Prooemium", ed. Spiegel, Basel 1539, fol. a 3ᵛ: „Xenophon is, quem Graeci non abs re Musam Atticam vocant, *dictorum et factorum Socratis commentarios* edidit, quicquid a sapientissimo viro diceretur efficereture memoria ac celebratione dignum existimans. Cuius ego consilium vsque adeo laudo proboque, vt mihi semper excellentissimorum hominum vestigia atramento et calamo obseruari debere visum sit, nec quicquam eorum quae dicerent aut facerent, frustra elabi permittere".

übernimmt die Rolle des Sokrates, Beccadelli jene des Xenophon, wobei er sich wie dieser prinzipiell als Augen- und Ohrenzeuge der Apophthegmata und Ereignisse präsentiert. In der Tat hat Beccadelli sogar den Titel und die Struktur von den *Memorabilia Socratis* übernommen: Er führt Xenophons Werk unter dem lateinischen Titel *Dictorum et factorum Socratis commentarii* an, wobei er auf den Titel der Übersetzung rekurrierte, welche Kardinal Bessarion im Jahre 1442 vorgelegt hatte: *Xenophontis de factis et dictis Socratis memoratu dignis Bessarione Cardinale Niceno interprete libri IV*.[132] Wie Xenophon gliederte Beccadelli seine Spruchsammlung in vier Bücher und, wie Xenophon, präsentierte er sowohl Aussprüche als auch Handlungen. Für das Werk gilt in vollem Sinn der Begriff der *Apomnemoneumata*. Das Werk gliedert sich, wie die *Memorabilia Socratis*, in relativ kurze Lemmata; Buch I und II weisen je 61, Buch III 52 und Buch IV 46 Lemmata auf.

In mancher Hinsicht gleicht Alfons V. dem Sokrates: im Hinblick auf Mäßigung, Selbstbeherrschung, Selbsterkenntnis, Frömmigkeit. Sonst jedoch übersteigt seine Persönlichkeit die des Sokrates, insofern er als politischer Führer einen weiter gesteckten Rahmen für sich in Anspruch nimmt. Alfons' Tugenden sind zum Großteil *Fürstentugenden*: Neben *sapientia, prudentia, modestia, humanitas* und *pietas* geht es dabei vor allem um *fortitudo*,[133] *iustitia*[134], *gravitas*[135], *constantia*,[136] *magnificentia*,[137] *magnanimitas*[138], *clementia*[139] und *liberalitas*.[140] Schon im Vorwort wird klar, daß die *apophthegmata* und *gesta* des Alfons einen exemplarischen Wert besitzen sollen, somit als Tugendkatalog im Sinn eines Fürstenspiegels dienen sollen. Diese Perspektivierung des Werkes geht auch aus der Widmung an den Stadtherren von Florenz, Cosimo de' Medici (gest. 1464), hervor, zugleich auch die Ambition, König Alfons bei den übrigen Mächten Italiens zu Ansehen und Ruhm zu verhelfen.

Der Verwendungszweck des moralischen Leitfadens wird durch Titel bzw. Überschriften zu den einzelnen Lemmata verstärkt: Im Erstdruck trägt das erste Lemma die Überschrift „Fortiter", das zweite „Iuste", das dritte „Moderate", das vierte „Prudenter" (Abb. 3, fol. aii^r), das fünfte „Sapienter", das sechste „Facete", das siebte „Grauiter" usw. Diese Titel, die die Apophthegmata in einzelne Kategorien einteilen, sind als Lesesteuerung gemeint, welche die Benutzung des Werkes erleichtern soll. Bei der Erstellung der einzelnen Kategorien hat sich Beccadelli von Valerius Maxi-

---

[132] Dieser Titel scheint u.a. in der Handschrift Torun, R. 40 18 cart. XV, fol. 5 und im römischen Druck (Rom, Ariotto de Trino, 1521) auf. Bessarions Widmungsbrief der Übersetzung an Kardinal Giuliano Cesarini datiert auf 1442. Auch späterhin blieb das Werk des Xenophon unter einem ähnlichen lateinischen Titel in Umlauf, so in der Edition des Johannes Caselius (1533–1613): *Xenophontis de dictis et factis memorabilibus Socratis libri quatuor*, Rostock, Stephan Möllemann [Mylander], 1585, 1599.
[133] U.a. die folgenden Lemmata den Titel „fortiter" auf: I, 1; 9; 10; 22; 28; II, 5; 8; 18; 21; 22; 24; 25; 45.
[134] Den Titel „iuste" tragen u.a. I, 2; 20; 21; 28; II, 17; 10; 31; 36; 39; 45.
[135] Den Tiel „grauiter" tragen u.a. I, 6; 19; 24; 33; 40; 41; 42; 45; 53; 55; 58; 60; II, 35; 41; 44; 47; 50; 58.
[136] Mit dem Titel „constanter" werden die folgenden Lemmata ausgestattet: I, 9; II, 3; 23.
[137] Den Titel „magnifice" tragen u.a. I, 35; 39; 61.
[138] Den Titel „magnanimiter" u.a. I, 50; II, 1.
[139] Mit „clementer" werden u.a. bezeichnet I, 57; II, 20; 21; 22; 45; 49; 57.
[140] Den Titel „liberaliter" tragen u.a. II, 2; 19; 21; 30; 35; 38; 52; 61.

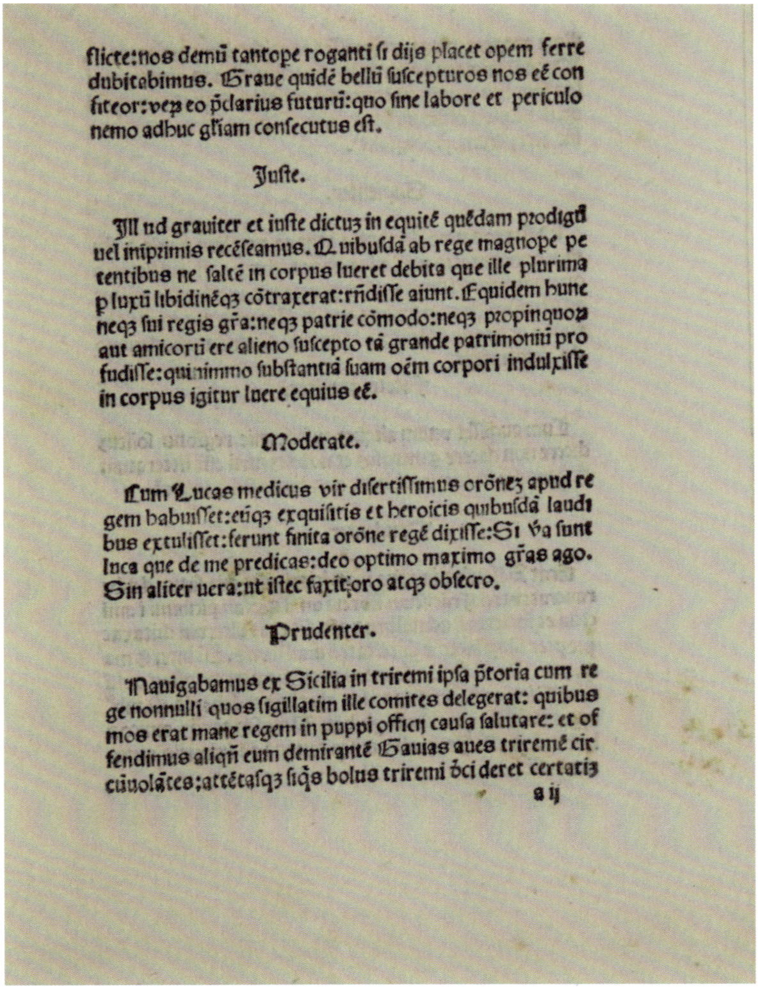

flicte:nos demū tantope roganti si dijs placet opem ferre dubitabimus. Graue quidē bellū suscepturos nos eē confiteor: vez eo pclarius futurū: quo sine labore et periculo nemo adhuc gl'iam consecutus est.

Iuste.

Illud grauiter et iuste dictuz in equitē quēdam prodigū vel inprimis recēseamus. Quibusdā ab rege magnope petentibus ne saltē in corpus lueret debita que ille plurima p luxū libidinēqz cōtraxerat: rn̄disse aiunt. Equidem hunc neqz sui regis gr̄a: neqz patrie cōmodo: neqz propinquoz aut amicorū ere alieno suscepto tā grande patrimoniū profudisse: quinimmo substantiā suam oēm corpori indulxisse in corpus igitur luere equius eē.

Moderate.

Cum Lucas medicus vir disertissimus orōnez apud regem habuisset: eūqz exquisitis et heroicis quibusdā laudibus extulisset: ferunt finita orōne regē dixisse: Si vera sunt Luca que de me predicas: deo optimo maximo gr̄as ago. Sin aliter vera: ut istec faxit oro atqz obsecro.

Prudenter.

Nauigabamus ex Sicilia in triremi ipsa ptoria cum rege nonnulli quos sigillatim ille comites delegerat: quibus mos erat mane regem in puppi officij causa salutare: et offendimus aliqn̄ eum demirantē Gauias aues triremē circūuolātes; attētasqz siqs bolus triremi ōcideret certatiz

a ij

Abb. 3.
Alphonsi regis dicta et facta, ed. pr. Florenz, Gregorio de' Gente, 1485, fol. aii[r]
https://archive.org/details/ita-bnc-in1--00000543--001/page/n23/mode/1up

mus' *Dictorum et factorum memorabilium libri* anregen lassen, ein Werk, das nicht zufällig einen ähnlichen Titel besitzt. Beccadellis Lemmata-Titel waren wiederum für Erasmus eines seiner Struktur-Vorbilder. Den Lemma-Titel „Iuste" kopierte er im Übrigen wortwörtlich in *Apophth.* VIII, 292.

Sokrates war im Übrigen für seine Ironie bekannt: eine Art der Verstellungskunst, mit der er seine Gegenspieler austrickste und irreführte; von den römischen Verfassern von Rhetoriken, die sich mit dem Witz auseinandersetzen wie Cicero und Quintilian, wurde die sokratische Ironie als *urbanitas* aufgefasst und damit im Grunde nochmals aufgewertet. Obwohl Alfons V. seine Gegenüber nicht mit den Fallstricken logischer Argumentationen zu widerlegen trachtete, besaß er eine Begabung für witzige Aussprüche, die seinem Umfeld wohlbekannt war. Beccadelli hebt nun diese Inklination stark hervor, indem er zahlreiche Witze des Königs wiedergibt und

Abb. 4. Alfons V. von Aragon, König von Neapel. Silbermedaillon von Pisanello, 1449. Luis García, CC BY-SA 3.0, https://commons.wikimedia.org/w/index.php?curid=3838712

sie durch Titel wie „facete" und „urbane" markiert. Allein schon im ersten Buch tragen 13 Lemmata den Titel „facete"[141] und eines den Titel „iocose",[142] somit etwa ein Viertel. Ein weiterer häufiger Titel, der dasselbe bezeichnet, ist „urbane".

Erasmus hat insgesamt 17 *Apophthegmata* aus Beccadellis Sammlung übernommen (VIII, 292–308), wobei er die Fürstentugenden der *iustitia* (VIII, 292), *prudentia* (VIII, 294; 299; 303; 305), *integritas* (VIII, 296), *Milde* (*lenitas* und *misericordia* VIII, 298; 305) und *modestia* (VIII, 303) exemplarisch darstellte. In einigen Fällen hat Erasmus die Apophthegmata Alfons V. missverstanden oder als Fürstenspiegel-Aussprüche dargestellt, obwohl sie als solche nicht gemeint waren. Etwa ein Drittel der Sprüche des Alfons, die Erasmus selektierte, sind Witze (VIII, 293; 295; 299, 306, 307, 308). Allerdings fällt auf, daß Erasmus bei seinen Übernahmen 5 der 6 Witze des Königs zu ernsthaften Fürstenspiegel-Apophthegmata umbildete. Zum Beispiel scheint Alfons die Meinung eines spanischen Königs, daß ein Fürst oder Edelmann kein „literatus" (Hochgebildeter bzw. Gelehrter) sein dürfe, mit dem Ausruf quittiert zu haben: „So redet ein Rindvieh daher!" (I, 6). Dabei geht es Beccadelli um die witzige Übertreibung und das komische Bild, das Alfons mit dem Rindvieh aufrief. Erasmus jedoch nimmt den Ausspruch des Alfons ernst und stattet ihn mit einer näheren Erläuterung aus, auf welchen Gebieten denn ein Fürst gebildet sein solle: „Non omnes literae conueniunt principi, sed eae, quae politicen tradunt aut

---

[141] Den Titel „facete" tragen u. a. I, 6; 8; 13; 17; 27; 30; 32; 41; 44; 47; 52; 54; 56.
[142] I, 59.

ethicen quaeque recte ac secus gestorum exempla commonstrant, id quod facit historia" (VIII, 293). Mit Sicherheit dachte der hochgebildete Alfons nicht an derartige Spezifizierungen: Er verachtete einfach ungebildete Leute und dies war Korn auf den Mühlen seiner Hofhumanisten, mit denen er gerne konversierte, wie Antonio Beccadelli und Bartolomeo Facio. Einen Höfling, der dem König damit zu schmeicheln versuchte, indem er sagte, jetzt endlich – im Gespräch mit dem König – habe er einen Weisen kennengelernt, veräppelte Alfons mit der Gegenfrage, auf welche Weise denn ein Dummkopf einen Weisen erkennen könne (III, 10). Erasmus jedoch interpretierte den Witz als ernsthaften, gewichtigen Rat des Königs, dadurch, daß er ihm den Titel „Grauiter" gab und hinzuphantasierte, daß der Gesprächspartner des Königs ein „Verrückter" („vecors") gewesen sei (VIII, 307). Ähnlich transformiert Erasmus die witzige Bemerkung des Alfons, daß es Esel besser hätten als Könige, weil sie wenigstens in Ruhe fressen könnten, zu einem ernsthaften Fürstenspiegel-Apophthegma um, das die schwere Last des Königsamtes hervorhebt, indem er ihm den Titel „Regum curae" („Die [schweren] Sorgen der Könige") verleiht (VIII, 308).

I.9. *Ein Konkurrenzwerk von Erasmus'* Apophthegmata: *Brusonis Sammlung* Facetiarum exemplorumque libri VII *(1518)*

Im Jahr 1518 erschien in Rom eine sehr umfängliche Sammlung von Apophthegmata, die der aus Salerno stammende Humanist Lucio Domizio Brusoni[143] zusammengetragen hatte, mit dem Titel *Facetiarum exemplorumque libri VII*. Der Verfasser, ein Schüler des Lorenzo Valla, gehörte dem Kreis der Humanisten und Intellektuellen um den erst im November des vorhergehenden Jahres als Kardinal von SS. Apostoli installierten Pompeo Colonna (geb. 1479; vgl. Abb. 5) an, der von Leo X. gefördert wurde.[144] Brusoni widmete dem Kardinal das Werk zunächst in der Form einer Handschrift (Biblioteca Apostolica Vaticana, *Chig.* I.V. 169),[145] sodann als gedrucktes Buch, das bei dem Verleger der Römischen Akademie, Giacomo Mazzocchi, erschien.[146] Auf der Titelseite des gedruckten Werkes prangt das Wappensymbol der Familie Colonna, die Säule (Abb. 6), d.h. die Säule, an der Christus gegeisselt worden sein soll und die aus Konstantinopel nach Rom gebracht worden war. Brusonis bis-

---

[143] Vgl. G. Ballistreri, „Brusoni, Lucio Domizio", in: *Dizionario Biografico degli Italiani* 14 (1972), https://www.treccani.it/enciclopedia/lucio-domizio-brusoni_(Dizionario-Biografico)/; G. De Crescenzio, „Brusoni, Lucio Domizio", in: *Dizionario storico-biografico degli illustri e benemeriti salernitani*, Salerno 1937, S. 16.
[144] Vgl. F. Petrucci, „Colonna, Pompeo", in: *Dizionario Biografico degli Italiani* 27 (1982); https://www.treccani.it/enciclopedia/pompeo-colonna_(Dizionario-Biografico); P. Consorti, *Il Cardinale Pompeo Colonna secondo documenti inediti*, Rom, 1902; L. von Pastor, *Geschichte der Päpste im Zeitalter der Renaissance und der Glaubensspaltung IV, 2 Von der Wahl Leos X. bis zum Tode Klemens' VII (1513–1534)*, Freiburg i. Br., 1923, passim.
[145] Vgl. T. De Marinis, *La legatura artistica in Italia*, Florenz 1960, S. 99.
[146] F. Ascarelli, *Annali tipografici di Giacomo Mazzocchi*, Florenz 1961, p. 124.

Abb. 5. Lorenzo Lotto (?), Porträt von Kardinal Pompeo Colonna (1479–1532), um 1525 Öl auf Leinwand, 116 × 86 cm, Rom, Galleria Colonna. https://en.wikipedia.org/wiki/Pompeo_Colonna#/media/File:Cardinal_Pompeo_Colonna.png

her von der Forschung noch kaum registriertes Werk,[147] das zwischen 1559 und 1658 noch weitere sechs bis sieben Auflagen und eine englische Übersetzung in Auszügen erlebte, ist an die 500 Oktavo-Seiten stark und enthält insgesamt an die 7000–8000 Apophthegmata bzw. *exempla*. Darin verarbeitete Brusoni – zum Teil integral – die folgenden Sammlungen und Werke:

1. Valerius Maximus, *Factorum et dictorum memorabilium libri*
2. Plutarch, *Regum et imperatorum apophthegmata*
3. Plutarch, *Apophthegmata Laconica*
4. Plutarch, *Bioi paralleloi*
5. Plutarch, moralische Schriften
6. Diogenes Laertius, *Philosophenbiographien*
7. Philostratus, *Vita Apollonii*
8. Cicero, Witzesammlung in *De oratore*, Buch II
9. Quintilian, Witzesammlung in *Institutio oratoria*, Buch VI

---

[147] Es ist lediglich ein knapper Artikel von E.H. Rehermann, „Brusonius Contursinus Lucanus", in: *Enzyklopädie des Märchens Online* II, Berlin-New York 2016, Sp. 956–957, vorhanden.

10. Frontinus, *Strategemata*
11. Pseudo-Frontinus, *Strategemata*
12. Gellius, *Noctes Atticae*
13. Macrobius, *Saturnalia*, Buch II
14. Suetonius, *Kaiserbiographien*
15. *Scriptores Historiae Augustae*
16. Plinius, *Naturalis Historia*
17. Livius
18. Strabon
19. Plautus, Komödien
20. Ciceros philosophische Dialoge
21. Martial, *Epigrammata*
22. Horaz
23. Vergil, *Aeneis*
24. *Vulgata*, Altes Testament

Brusoni vermeldet in seinem Widmungsvorwort, daß er die Sammlung selbst zusammengetragen habe. Er vergleicht seine Arbeitsweise mit jener von Bienen, die von überallher fleissig den Blütenstaub einsammeln, um daraus den wertvollen Honig herzustellen („ex tot authorum floribus decerpentes").[148] Brusoni beabsichtigte, in diesem seinen Werk die Quintessenz der Geschichtschreibung und Literatur der Antike zusammenzubringen und dem Benutzer komfortabel zugänglich zu machen. Was die Konzipierung des Apophthegmen-Begriffes betrifft, liess sich Brunsoni vor allem von Valerius Maximus, Plutarch, Ciceros *De oratore* und Quintilians *Institutio oratoria* anregen; Was die Architektur des Werkes betrifft, ging er von Valerius Maximus aus, dessen Formvorgabe er in ein noch handlicheres Format umwandelte.

Wie Valerius Maximus und Plutarch betrachtete Brusoni *exempla* und Apophthegmata als zusammengehörig und war er der Meinung, daß diese beiden Kleinformen im Grund das Gleiche leisten. In der Nachfolge von Cicero und Quintilian hatte er eine Vorliebe für eine besondere Kategorie des Apophthegmas, den Witz (*facetia, urbanitas, salse et lepide dictum*). Zusätzlich erweiterte Brusoni seine Sammelgegenstände um Strategemata (in der Nachfolge des Valerius Maximus und des Frontinus), *sententiae* bzw. Gnomen, proverbiale Weisheiten, sprichwörtliche Redensarten, Komödienfragmente (v.a. aus Plautus) sowie kurze und sogar längere Dichterzitate, bei denen die Einflechtung kompletter Epigramme aus Martial ins Auge sticht.

Was die Architektur des Werkes betrifft, so war es Brusonis oberstes Ziel, daß die Sammlung leicht benutzbar sein sollte, d.h. der Leser die Möglichkeit haben sollte, sich unverzüglich jenen Gegenständen zuzuwenden, die ihn im Augenblick interessierten. Diesbezüglich nahm Brusoni sich zunächst die Textorganisation des Valerius

---

[148] 1518, fol. II[v]. Zu Kardinal Pompeos Porträt P.B. Bates, „A Portrait of Cardinal Pompeo Colonna, Rival and Imitator of the Papal Caesars", *Papers of the British School at Rome* 76 (2008), S. 183–199.

Abb. 6. Brusoni 1518, Rom, Giacomo Mazzocchi. Titelseite. https://books.google.de/books?id=H_TKh4UnOFQC&printsec=frontcover&hl=de&source=gbs_ge_summary_r&cad=0#v=onepage&q&f=false

Maximus zum Vorbild, der die einzelnen Aussprüche und *exempla* in inhaltlich definierte Kapitel gegliedert hatte. Von Valerius Maximus übernahm Brusoni auch die Vorliebe für ethische Kategorien bzw. Tugenden (Val. Max. III–VI). Jeder dieser ethischen Kategorien widmete Brusoni ein Kapitel. In einer zweiseitigen Indextabelle am Ende des Werkes kann man die behandelten Gegenstände leicht überblicken (insgesamt an die 250 Kapitel/ Kategorien). Um das Auffinden dieser Kategorien weiter zu erleichtern, ordnete Brusoni sie den Buchstaben des Alphabets zu, aus denen sich die sieben Bücher zusammensetzen:

1. Buch I = Buchstaben A-B
2. Buch II = C-F
3. Buch III = G-L
4. Buch IV = M-O
5. Buch V = P-R
6. Buch VI = S-T
7. Buch VII = V

Innerhalb der Sektion eines einzelnen Buchstabens sind die einzelnen Kapitelüberschriften nicht weiter alphabetisch geordnet; z. B. ergibt sich für den Buchstaben A:

Brusoni:		Val. Max.	
I, 1	De avaritia	IX, 4	De avaritia
I, 2	De amore	IV, 6	De amore coniugali
I, 3	De amicitia et amicis	IV, 7	De amicitia
I, 4	De adulterio		
I, 5	De aulicorum officiis et vita aulica		
I, 6	De audacia et temeritate	IX, 8	De temeritate
I, 7	De adulatione et assentatione		
I, 8	De agricultura ac vita pastorali		
I, 9	De abstinentia, continentia et temperantia	IV, 3	De abstinentia
I, 10	Artem quam quisque norit, in ea se exerceat		
I, 11	De aedificandi ratione et magnificentia		
I, 12	De anu sive vetula		
I, 13	De adolescentia		
I, 14	De alienis rebus		
I, 15	De ambitione et cupiditate gloriae	VIII, 14	De cupiditate gloriae
I, 16	De accusatione, maledicentia et detractione		
I, 17	De auditu et auriculis.		

Wie man der Tabelle der Gegenstände entnehmen kann, ist die Sammlung des Brusoni reichhaltiger und umfangreicher als jene des Valerius Maximus. Innerhalb der einzelnen Kapitel finden sich Lemmata, deren Spruchspender bzw. Akteure sowohl Römer als auch Griechen sind (zuzüglich, jedoch in geringerer Anzahl, biblischer Gestalten). Die Römer und Griechen sind nicht, wie bei Valerius, säuberlich getrennt, sondern meist willkürlich aufgelistet, wobei Brusoni sich wohl nach dem *varietas*-Prinzip richtete. Während die unter einem Buchstaben rangierenden Kategorien schon überschaubar sind, hilft zusätzlich der zur Gänze alphabetisch geordnete Index am Ende des Werkes, die einzelnen ethischen Begriffe durch genaue Seitenangaben bequem nachzuschlagen. Der Suchschlüssel ist ausschliesslich inhaltsbezogen: Personennamen werden nicht berücksichtigt.

Im Unterschied zu Valerius Maximus hat Brusoni seine Sammlung nicht spezifisch als Vorlage für *declamationes* bzw. Übungsreden im rhetorischen Unterricht aufbereitet, weder inhaltlich noch stilistisch. Auch sonst zielt er nicht auf den Schulunterricht ab. Dazu wäre die Sammlung auch zu umfangreich: Die enorme Menge von 7000–8000 Lemmata wäre geeignet, den Schüler zu erdrücken. Statt auf Schüler richtet sich Brusoni an humanistisch Gebildete; er gibt an, daß er „heftig darnach verlange, daß sein Werk von den gelehrsamsten Leuten gelesen werde": „Ego vero ... mea scripta a doctissimis legi vehementer exopto".[149] Ihr Lob würde ihm mehr bedeuten als das anderer Leser. Den Gelehrten will Brusoni einen wertvollen Bildungsschatz darreichen. Sein Humanistenfreund Pietro Gravina vergleicht die Sammlung in einem Begleitgedicht mit einer orientalischen Schatztruhe voll Gemmen und Edelsteinen, in der alles Wissenswerte des „gelehrten Altertums" („docta vetustas") vereint sei. Brusoni hat durch diese Sammlung bewirkt, sagt Gravina, daß die weniger glanzreiche Gegenwart ihr *decorum* nicht verloren habe, just dadurch, daß sie über Brusonis Sprachedelsteine verfügt. Conradus Lycosthenes, der die *Facetiae exemplaque* Brusonis im Jahr 1559 aufs neue herausgab, betonte die beachtliche Leistung Brusonis als Sammler der Zitate und den Wert des Werkes als „Thesaurus":

> His accedet immensa libri vtilitas et rerum scitu dignissimarum mira varietas, quae a Brusonio, iurisconsulto omnium clarissimo, ex tam infinitis authoribus, Graecis atque Latinis, magno studio atque improbo plane labore collecta atque aptissima rerum collocatione in certos locos digesta est, vt siue publice siue priuatim dicturus quispiam, ditissimum materiarum omnium promptuarium atque incomparabilis (si Copiae cornu appellare nolis) thesaurus existat.[150]

Als Benutzer hatte Brusoni sowohl gebildete Leser als auch humanistische Schriftsteller vor Augen, Prosa-Autoren und Dichter gleichermaßen. Obwohl sein Widmungsadressat Pompeo Colonna wohl am meisten an Strategemata bzw. Kriegsführung interessiert war, bietet er ein Beispiel für beide Benutzertypen: Als Liebhaber des Humanimus und diplomatischer Konversationskünstler mag er in freien Stunden in dem Werk gelesen haben; da er selbst auch schriftstellerte, mag er es auch hin und wieder als Fundgrube benutzt haben. Z.B. verfasste er einen Traktat zur

---

[149] 1518, fol. Aii r.
[150] 1559, fol. *5 r.

Verteidigung der Frauen, *Apologia mulierum*,[151] in dem er die These verteidigte, daß sie von den Männern nicht übertroffen würden. Pompeo Colonna konnte dazu z. B. das letzte, auffällig lange Kapitel des Brusoni, „De uxoribus" (VII, 22, 20 S., über 240 Lemmata), als Materialfundgrube benutzen. Bei der Darbietung der einzelnen Lemmata fasst sich Brusoni in der Regel kürzer als Valerius Maximus. Die Einleitung (*praeparatio*) reduziert er auf ein absolutes Minimum, auf eine (standardisierte) Ausdeutung, Auswertung oder nähere Erklärung verzichtet er: Auch diese Eigenschaften deuten darauf hin, daß Brusoni ein gelehrtes Publikum vor Augen hatte, das derartige Angaben in geringerem Maße benötigte.

Da es allerlei Verbindungslinien zwischen Erasmus mit dem Humanismus in Rom bzw. der Römischen Akademie gab, würde man erwarten, daß er diese umfangreiche Sammlung kannte, zumals sie bei dem international bekannten humanistischen Drucker Giacomo Mazzocchi erschienen war. Hinzu kommt, daß die Übereinstimmungen zwischen Brusonis *Facetiae exemplaque* und Erasmus' *Apophthegmata* auffällig umfangreich sind: *Ungefähr 2 Drittel der Aussprüche der Bücher V–VIII finden sich auch in Brusonis Sammlung*! Manchmal ähnelt sich der Wortlaut der lateinischen Texte. Diese Übereinstimmungen, wo es um die Aufnahme bereits vorhandener antiker Sammlungen geht, besagen nicht ohne weiteres, daß Erasmus Brusoni als Textvorlage verwendete. Jedoch erscheinen mir Übereinstimmungen signifikant zu sein, wenn aus umfangreichen antiken Werken nur wenige Apophthegmata entnommen werden. So ein Fall ist Strabo, der eine umfassende geographisch-historische Beschreibung der Alten Welt in 17 Büchern verfasst hatte, in der kaum Apophthegmata vorhanden sind. In Erasmus' *Apophthegmata* V–VIII findet sich nur ein einziger Spruch, der in seiner ursprünglichen Gestalt auf Strabo zurückgeht, V, 221, die Anekdote von dem tauben Mann aus Iassos (einer griechischen Stadt auf einer Insel an der jonischen Küste) und dem Kitharöden:

> Apud Iassios, populum magna ex parte piscibus victitantem, citharoedus quidam in foro ostentabat artem. Verum simul atque tintinabulum crepitu signum dedit adesse pisces venales, turba subito deseruit cantorem et ad piscium mercatum aduolauit: vno excepto, qui quod surdaster esset, tintinabuli sonitum non audierat aut certe non attenderat. Huic citharoedus propius accedens gratias egit, quod et artem honorasset et ipsum non passus sit esse prorsus desertum. Tum ille: „An crepuit tintinabulum?"; vt annuit, „Valebis", inquit, „egregie magister", seseque mox ad pisces proripuit.

Dieses Apophthegma stand bereits in Brusonis Sammlung, in IV, 17 „De musicis musicaque":

> In Iasso insula mare piscosissimum est, in qua quum citharoedus quidam artem ostentaret audirentque eum Iassii omnes, quum primum tintinabulum increpuit (vendendorum piscium signum id erat), illico omnes relicto illo ad pisces confugiunt, praeter vnum surdastrum. Citharoedus itaque propius accedens, „O homo", inquit, „gratias tibi ingentis habeo cum propter musicae studium, tum propter honorem in me praestitum. Nam caeteri, quum primum tintinabulum increpuit, omnes abierunt". Ille

---

[151] *Apologiae mulierum*, hrsg. in G. Zappacosta, *Studi e ricerche sull' umanesimo italiano*, Bergamo usw. 1972, S. 159–246.

„Quid ais?", inquit, „Num tintinabulum sonuit?". Qui quum affirmaret, „At tibi bene sit!", inquit et surgens ipse etiam digreditur.

In diesem Fall spricht vieles dafür, daß Erasmus den Spruch nicht durch eine eigenständige Lektüre von Strabons Geographie, sondern durch die Benutzung von Brusonis Werk aufgelesen hat. In seiner Wiedergabe variierte bzw. paraphrasierte Erasmus, wie sonst häufig, den Text seiner Quelle. Im Unterschied zu Erasmus entnahm Brusoni, der auch *exempla* systematisch sammelte, redlich viele Lemmata Strabons Werk, u. a. in seinem Kapitel über Frauen (VII, 22).[152] Die den spätantiken Kaisern gewidmeten Teile der *Historia Augusta* hat Erasmus nur mehr sporadisch zitiert. Dabei sticht ein Spruch des Kaiser Bonosus (280 n. Chr.) hervor, VI, 182:

Bonosus imperator prodigiose bibax fuisse legitur, de quo Aurelianus saepe dicere solebat: „Non vt viuat natus est, sed vt bibat".

Dieser Spruch findet sich schon bei Brusoni, in I, 16: „Bonosus ... imperator ... tantum bibebat, quantum hominum nemo. Itaque hoc dicebat vrbane Aurelianus: ‚Non vt viuat natus est, sed vt bibat'".[153] Dasselbe gilt für VI, 168, die Anekdote mit den Narren, die sich über Galienus lustig machten und dies mit dem Leben bezahlten: Sie findet sich bereits bei Brusoni, II, 34 „De filiis ...".[154] Das Gleiche gilt für V, 389, wo Erasmus nicht nur dieselbe Anekdote wie Brusoni bringt, sondern sie zudem mit demselben Zusatz zum Quellentext (= Lapo da Castiglionchios lateinische Übersetzung) versieht, nml. „affinitate". Man kann sich des Eindrucks kaum erwehren, daß Erasmus an Stellen wie diesen Brusoni benutzte.

Erasmus selbst erwähnt Brusonis Sammlung freilich mit keinem Wort. Im Hinblick auf die einzelnen Apophthegmata hat Erasmus seinen Text vermutlich meist nicht aufgrund der Vorlage Brusonis erstellt; jedoch gibt es Fälle, in denen eine Abhängigkeit sehr wahrscheinlich ist. Abhängigkeit definiert sich in solchen Fällen nicht als direkte, integrale Übernahme eines Textes: Erasmus variierte viele Texte, die er inkorporierte, in irgendeiner Form. Im Übrigen kannte Erasmus den Widmungsempfänger von Brusonis Werk, Pompeo Colonna, persönlich: Er hatte ihn just in jener Periode, in der er zum Kardinal ernannt worden war, d.h. kurz bevor Brusonis Werk erschien war, kennengelernt: Colonna befand sich 1517 auf einer Gesandtschaftsreise in Flandern bei dem Prinzen Karl, dem Enkel Maximilians.[155] In *Ep.* 1432 teilt Erasmus mit, daß er dem Kardinal damals in Brüssel begegnet war.

Da aufgrund der obigen Überlegungen davon auszugehen ist, daß Erasmus Brusonis Werk kannte und wohl in irgendeiner Form auch benutzte, stellt seine Sammlung

---

[152] Z. B. „Ait Strabo ex Amazonibus nullae nubebant puellae, priusquam aliquem hostium interemissent".
[153] *Hist. Aug., Bon.* 14, 2–3: „Dux limitis Raetici fuit, bibit quantum hominum nemo. (3:) De hoc Aurelianus saepe dicebat, ‚Non vt viuat, natus est, sed vt bibat', quem quidem diu in honore habuit causa militiae".
[154] *Hist. Aug., Gallien.* 9, 2.
[155] D.S. Chambers, „Pompeo Colonna", *CE* I, S. 331–332;

eine der – jedenfalls potentiellen – Quellen der erasmischen *Apophthegmata* dar. Gemeinsamkeiten, Parallelen und etwaige Übernahmen werden in der vorliegenden Edition daher im Kommentar zu den einzelnen *Apophthegmata* vermerkt.

II. Kompositionspläne, Zielsetzung und Genese von Erasmus' *Apophthegmata*

Die Komposition von Erasmus' *Apophthegmata* ist durchaus erklärungsbedürftig. Denn die erfolgreichste Spruchsammlung der frühen Neuzeit weist keinen von Vorneherein feststehenden, wohldurchdachten, einheitlichen Plan auf. Vielmehr hat Erasmus seinen Plan während der Abfassung mehrfach abgeändert und adaptiert, sogar während der Zusammenstellung eines einzelnen Buches (z.B. Buch II, III, IV, VI und VIII). Es lassen sich mindestens fünf Kompositionspläne feststellen, die miteinander in Widerspruch stehen und die sich zusätzlich auf seine Definition des Apophthegmas als literarische Form auswirken. Erasmus hat freilich nichts unternommen, um die strukturellen Widersprüchlichkeiten zu beseitigen. Das mag verwundern, zumal der Arbeitsaufwand, der erforderlich gewesen wäre, um eine einigermaßen einheitliche Paßform zustandezubringen, überschaubar war.

Das Fortbestehen der Widersprüchlichkeiten in der Komposition ist zum Teil auch der konkreten Arbeitsweise des Erasmus geschuldet, der auf Tempo und Zügigkeit höchsten Wert legte. Er hatte es sich zur Gewohnheit gemacht, die Zeit, die es kostete, um ein Werk zu publizieren, auf ein Minimum zu reduzieren: Dazu reichte er einen Teil zur Drucklegung ein, während er andere Teile noch schreiben musste. Diese Vorgehensweise implizierte, daß weder Erasmus noch der Verleger darauf aus waren, viel umzuändern, sobald der Satz des bereits abgelieferten Teiles vollendet war. So ging es auch mit der Publikation der *Apophthegmata*. Dies geht aus einem autographen Brief des Erasmus an seinen Verleger Hieronymus Froben vom 15. Dezember 1530 hervor: Erasmus macht dem Verleger Mitteilung, daß sein *Apophthegmata*-Projekt sich der Drucklegung nähere: Er schlägt ihm vor, das Werk auf dieselbe Weise zu setzen wie schon *De pueris statim ac liberaliter instituendis* und er kündigt ihm an, daß er ihm an den ins Haus stehenden Weihnachtsfeiertagen (24.–25. Dez.) bereits einen Teil des Werkes senden werde (von Freiburg nach Basel). Das Werk werde insgesamt etwa 40 Quarto-Lagen umfassen.[156] Mit „Teil des Werkes" meinte Erasmus zweifellos die „Apophthegmata Laconica", da er nur diese namentlich nennt. D.h. daß Erasmus zu dem Zeitpunkt, an dem er den Brief an seinen Herausgeber richtete, mit diesem Werk beschäftigt gewesen sein muss: Wahrscheinlich hatte er bereits das erste Buch vollendet und hatte er mit der Niederschrift des zweiten angefangen, sodaß er ziemlich genau abschätzen konnte, wann er seinem

---

[156] *Ep.* 2412, Z. 8–15; zur Ankündigung der Übersendung eines Teils des Manuskriptes Z. 12–13: „His feriis nataliciis mittam operis partem, vt possitis incipere". Zur Bedeutung dieser Mitteilung für die Entstehungsgeschichte der *Apophthegmata* vgl. ter Meer, „Introduction", S. 4.

Verleger die beiden Bücher der „Apophthegmata Laconica" werde zusenden können: Er gab sich dazu nur noch 8 bis 9 Tage Zeit. Der geschätzte Gesamtumfang des Werkes auf 40 Quarto-Lagen (= ca. 320 Seiten) ist wie folgt zu verstehen: Den Umfang der beiden Bücher der „Apophthegmata Laconica" veranschlagte Erasmus auf etwa 20 Quarto-Lagen (= 160 Seiten);[157] den Rest des noch folgenden Werkes konzipierte er auf ebenso viele Quarto-Lagen. Er plante somit noch zwei weitere Bücher von ungefähr der gleichen Länge wie jene der „Apophthegmata Laconica". Was genau der Inhalt dieser Bücher sein sollte, war am 15. Dezember 1530 – wie sich herausstellen wird – noch in der Schwebe.

Seiner zügigen Arbeitsweise entsprechend hat Erasmus sicherlich Wort gehalten und die vollendeten zwei Bücher um den 24. Dezember nach Basel abgeschickt. Denn seine Mitteilungen an den Verleger waren durchaus praktisch gemeint. Er wollte durch den Brief am 15. Dezember sicherstellen, daß Hieronymus Froben für die Drucklegung bereits das benötigte Papier vorrätig hatte. Der Verleger ist zweifellos imstande gewesen, dieses in den restierenden 8 bis 9 Tagen besorgen.

Für den Erstdruck der *Apophthegmata* (1531, *A*) hat Erasmus wenigstens drei Werkteile zu verschiedenen Zeitpunkten zur Drucklegung abgeliefert: Am 24./25. Dezember die Bücher I und II; während diese gesetzt wurden, stellte er die Bücher III und IV zusammen; diese muß er dem Verleger im Laufe des Januar 1531 geschickt haben, wohl nicht früher als bis zum 10. und nicht später als bis zum 20. des Monats. Gemäß seiner Planung vom 15. Dezember, in der Erasmus 4 Bücher (auf etwa 40 Quarto-Lagen) konzipiert hatte, war das Werk nach der Vollendung von Buch IV abgeschlossen. Nicht lange nach dem Eingang des Manuskripts fing Froben mit der Drucklegung dieses zweiten und intentionell letzten Teils der *Apophthegmata* an. Was noch fehlte, war das Widmungsvorwort. Es liegt auf der Hand, daß Erasmus dieses gleich nach der Ablieferung der Bücher III–IV zu schreiben beabsichtigte. In dieser Phase, in der er sich Gedanken zurechtlegte, wie er sein Werk positionieren sollte, kam in ihm eine Unzufriedenheit auf. Er entschloß sich, seinen Plan umgehend zu ändern, dem Werk eine andere Wendung zu geben und noch zwei Bücher hinzuzusetzen: Buch V und VI. Diese Bücher, die zusammengenommen fast ebenso viele Apophthegmata (V = 474 und VI = 594, insgesamt 1060) enthalten als die Bücher I–IV (346, 193, 370 und 371, insgesamt 1280), widersprechen in Bezug auf den Komposititonsplan radikal jenem der vorhergehenden, sowohl dem des Diptichons I–II als auch jenem von III–IV. Diese Kehrtwende hätte eine neue Zusammenstellung von Buch IV erfordert, die an sich nicht allzu schwierig gewesen wäre. Da dieses bereits im Satz war, verzichtete Erasmus jedoch darauf.

Die Kehrtwende muss vor dem 30. 1. 1531 stattgefunden haben. Denn in einem Brief vom 30. 1. an Germaine de Brie berichtet Erasmus, daß die *Apophthegmata*-Sammlung unerwartet (wie er impliziert) angewachsen sei, so sehr, daß er jetzt nur

---

[157] Erasmus hat nicht schlecht geschätzt. Der tatsächliche Umfang der ersten beiden Bücher – abzüglich der „Apophthegmata Chilonis Laconis" (vgl. dazu weitere Angaben im vorliegenden Abschnitt) – beträgt etwas mehr als 22 Quarto-Lagen, im ersten Druck (*A*) fol. a ⟨1⟩ʳ-z 2ᵛ (S. 1–179).

EINLEITUNG

daran und an nichts anderem mehr arbeite. Während er noch einen Teil des Werkes verfasse („schmiede", „cudere"), „drucke" der Verleger („excudere") den anderen.[158] Erasmus arbeitete in der Tat in einem ungeheuren Tempo: Zwischen ca. dem 20. 1. und dem 25. 2. stellte er in etwa 1050 Apophthegmata zusammen. Das bedeutet, daß er in diesem Zeitraum durchschnittlich ca. 30 Apophthegmata pro Tag fertigstellen musste. Der Widmungsbrief trägt das Datum des 26. Februar. Als Erasmus nicht lange nach dem 26. 2. die Bücher V und VI nebst Widmungsbrief an den Froben-Verlag schickte, hatte dieser die Bücher I–IV bereits gedruckt. Der Verlag machte sich unverzüglich an die Arbeit, auch die neuen Bücher zu setzen; darnach mussten noch die Fahnen korrigiert werden und die Indices erstellt werden. Auch das geschah in höchstem Tempo: Bereits um den 19. 3. lag die Erstauflage der *Apophthegmata* vor.[159]

Im Übrigen hatte Erasmus auch in den Büchern V und VI nicht nach einem einheitlichen Plan gearbeitet. Jedenfalls änderte er im Laufe des sechsten Buches seinen Kompositionsplan erneut (ab VI, 184). Statt nach einzelnen, chronologisch geordneten Personen vorzugehen, kam er nunmehr auf das Kompositionsprinzip der „Apophthegmata varie mixta", also einer Art *Spruchpotpourri*, ein Durcheinander verschiedener Spruchspender, bei dem die Sprecher oft schon nach einem einzigen Apophthegma wechseln. Bezeichnend ist, daß auch das Kompositionsprinzip des Spruchpotpourri nicht auf einem vorgefassten Plan beruhte, sondern auf pragmatischem Wege, d.h. durch die Verfasstheit der benutzten Quellen, zustandekam. Mit dem sechsten Buch ist die erste Auflage der *Apophthegmata* abgeschlossen. Sie endet auf überraschende Weise mit einer Tierfabel (*apologus*), einer Kleinform, welche für Apophthegmata-Sammlungen atypisch ist, gewissermassen mit einem „Kuckucksei": Erasmus erzählt die Fabel von den kleinen Vögeln und vom Kuckuck, der sich – wie man in der Antike zuweilen irrtümlich annahm[160] – zum Habicht mausern würde (*Apophth*. VI, 594):

> „Cuculo minores auiculas percontanti, quur ipsam fugerent, ‚quoniam', inquiebant, ‚suspicamur te aliquando futurum accipitrem'. Coccyx enim specie non multum differt ab accipitre".

Diese Fabel geht auf den Äsopischen *apologus* „Cuculus et auiculae" (Halm 198) zurück:

> „Interrogabat cuculus paruulas aves, quare consuetudinis suae vsum confugerent. Respondent illae: ‚Quia te nouimus generis accipitrum esse'".

---

[158] *Ep.* 2422: „Tandem (sc. animus) in alio quodam argumento (= in apophthegmatibus) coepit vtcunque recalescere, quod *nunc pariter et a me cuditur et a typographis excuditur*. Agnoscis morem meum. Verum hoc ita creuit sub manibus, vt in eo totus esse cogar" (Kursivierung K.E.).
[159] S. Erasmus' Angabe im Brief an Mathias Kretz vom 11. 3.: „Apophthegmata iam meas exierunt manus, ex officina typographica prodibunt intra dies octo" (*Ep.* 2445, Z. 151–152).
[160] Vgl. z.B. Plin. *Nat.* X, 25: „Coccyx videtur ex accipitre fieri, tempore anni figuram mutans, quoniam tunc non apparent reliqui nisi perquam paucis diebus. Ipse quoque modico tempore aestatis visus, non cernitur postea".

Trotz ihrer Inkongruenz mit dem übrigen Angebot der Sammlung ist die Fabel in einem Punkt charakteristisch für Erasmus' *Apophthegmata*: Ihre Quelle ist Plutarch, in diesem Fall dessen Aratos-Biographie,[161] wie Erasmus selbst in seiner Erklärung der Moral der Fabel feststellt: „Cauendum ab his, qui tyrannidis specimen moribus aedunt. Hoc ad Lysiadem accommodauit Plutarchus in vita Arati" (V, 594). In seiner Erklärung gibt Erasmus im Grunde das wieder, was sich bereits bei Plutarch findet, der den *apologus* zum Besten gab, um die Abneigung des Tyrannenfeindes Aratos von Sikyon (271/0–213 v. Chr.) gegenüber seinem Konkurrenten im Strategenamt des Achaiischen Bundes, Lydiades, dem Tyrannen von Megalopolis, zu erläutern. Auch die irrige Namensform „Lysiades" ist bezeichnend für die Arbeitsweise des Erasmus in den *Apophthegmata*: Er kopierte sie aus der von ihm benutzten lateinischen Übersetzung des Lapo da Castiglionchio,[162] während er sich nicht um den griechischen Text kümmerte.

In seiner „Epistola nuncupatoria" gibt Erasmus selbst zu, daß die Komposition seiner *Apophthegmata* „verwirrter" („confusior") sei als er sie bei Plutarch angetroffen habe. Das habe daran gelegen, daß er während der Abfassung seinen Plan geändert habe: Anfänglich habe er vorgehabt, nur wenige, herausragende Spruchspender auszuwählen, jedoch, als das Werk voranschritt, sozusagen in der Hitze des Gefechtes, habe er beschlossen, weiter auszuholen und viel mehr Spruchmaterial miteinzubeziehen: „Ordo vero nobis etiam confusior est quam illic inueni, quod quum initio statuissemus paucos duntaxat eximios recensere, calor operis incitauit, vt *mutata sententia* longius proueheremur ...".[163] Schließlich habe nur seine Einsicht bewirkt, daß es „bei dieser Art Werk" „vernünftiger sei, manches wegzulassen" (als Vollständigkeit zu erstreben), daß er überhaupt einen Schlußstrich gesetzt habe: „Nam vt Quintilianus inter grammatici virtutes collocat quaedam nescire, ita in hoc argumenti genere diligentiae pars esse videtur quaedam praeterire".[164] Es scheint klar zu sein: Erasmus ist zum Schluß gekommen, daß bei Sprichwörtersammlungen weniger mehr sei und daß sich der Sprichwörter-Meister in der Beschränkung zeige. Aber auch dies geht nicht auf: Denn Erasmus machte weiter, und dazu änderte er wiederum seinen Plan.

Obwohl Erasmus in der Vorrede zum sechsten Buch dieses als „das letzte" bezeichnete („liber postremus"; wohlgemerkt blieb diese Angabe stehen, auch nachdem Erasmus nochmals zwei Bücher hinzugefügt hatte), entschied er sich nicht lange nach dem Erscheinen des ersten Druckes im März 1531 (der Widmungsbrief an den den Prinzen Wilhelm, den zukünftigen Herzog von Cleve, Jülich und Berg, trägt das Datum des 26. Februar, das Begleitschreiben zu dem Widmungsexemplar wurde um den 18. März 1531 abgesendet), die Sammlung dennoch fortzusetzen und nochmals zu erweitern. Nunmehr nahm er auch das auf, was er bisher ausgeklammert

---

[161] Plut. *Arat.* 30, 4–5.
[162] Vgl. Komm. *ad loc.*
[163] *ASD* IV, 4, S. 41, Z. 123–125.
[164] Ibidem, Z. 126–128.

hatte: zuvorderst die oftmals gnomischen Aussprüche der griechischen Philosophen aus den Biographien des Diogenes Laertius, die er nun in Buch VII darbot. Dies ging mit dem Begleitumstand Hand in Hand, daß Erasmus Zugang zu einer griechischen Handschrift des Diogenes Laertius bekam, nach der im Froben-Verlag eine neue Textausgabe vorbereitet wurde; diese erschien im Jahr 1533.[165] Erasmus arbeitete wiederum mit äußerster Geschwindigkeit: Geraume Zeit vor der Publikation des neuen griechischen Diogenes Laertius brachte er eine zweite Auflage der *Apophthegmata* in nunmehr acht Büchern heraus, im September des Jahres 1532 (*B*),[166] die er mit einer neuen Widmung an Wilhelm von Cleve ausstattete.

Sogar im letzten Abschnitt des achten Buches änderte Erasmus nochmals seinen Kompositionsplan. Bisher hatte er sich auf Apophthegmata aus der Antike beschränkt, wie er in seiner „Epistola nuncupatoria" programmatisch ausführt, nicht weil neuere Autoren nicht eine Vielzahl von Aussprüchen von feinem Witz hervorgebracht hätten, sondern weil die aus der Antike überlieferten einen Mehrwert hätten wegen der großen Autorität, die ihnen innewohne, da sie ihre antike Herkunft „geheiligt" habe:

> „In his certe, quae nos adiecimus, sedulo cauimus, ... ne quid omnino poneremus nisi ex probatissimis vtriusque linguae scriptoribus iisque vetustis decerptum; non quod nesciam a recentioribus permulta referri salse lepideque dicta, sed plus habent autoritatis, quae consecrauit antiquitas, et adhibendus erat operi modus".[167]

Im Widerspruch dazu bringt Erasmus nunmehr eine längere Selektion (*Apophth.* VIII, 292–308) aus Antonio Beccadellis *De dictis et factis Alphonsi Regis Aragonum libri quattuor*, der Sammlung der Apophthegmata des Alfons V. von Aragon, des Königs von Neapel (1396–1458), die der italienische Humanist im Jahr 1455 verfasst hatte.[168]

Bevor nun die einzelnen Kompositionspläne der Sammlung erörtert werden, sind einige allgemeine Bemerkungen angebracht. Die erste ist, daß man sich durch die komplizierte, mäanderartige Genese der *Apophthegmata* nicht zu dem Eindruck verführen lassen darf, daß die verwirrte Komposition einer ungeheuer arbeitsintensiven, schwierigen und langwierigen Sammeltätigkeit geschuldet ist. Denn Erasmus' *Apophthegmata* sind in hohem Masse und durchaus direkt von Plutarchs Apophthegmata-Sammlungen abhängig. Das zeigt schon die erste Phase des Projektes, welche Buch I und II umfasst: Diese enthalten eine komplette Wiedergabe von Plutarchs *Apophthegmata Laconica* und setzen sich, abgesehen von dem Schlußabschnitt des zweiten Buches, „Apophthegmata Chilonis Laconis" (in *A* S. 179–188), zu etwa

---

[165] Vgl. ter Meer, „Introduction", S. 16–21.
[166] Wie aus *Ep.* 2719 (Z. 13–15) vom 17. 9. 1532, worin sich Petrus Castellanus bei Erasmus für die Zusendung wohl der *Apophthegmata* bedankt, und aus *Ep.* 2720 (Z. 6–7) des Erasmus an denselben, in der er vermeldet, daß er die *Apophthegmata* vor kurzem vollendet hätte („me iam Apophthegmatum rhapsodia delassatum"), hervorgeht; vgl. ter Meer, „Introduction", *ASD* IV, 4, S. 6.
[167] *ASD* IV, 4, S. 42, Z. 138–142.
[168] Vgl. dazu die Angaben oben im Abschnitt I.8 „Moderne Memorabilia und ein König als neuer Sokrates: Antonio Beccadellis *De dictis et factis Alphonsi Regis Aragonum*".

97% aus Plutarch-Texten zusammen. Nach Abschluß des vierten Buches, das in der ursprünglichen Planung den Schlußstein der Sammlung bilden sollte, ist zu verzeichnen, daß drei der vier Bücher vornehmlich Plutarch-Texte wiedergeben (I, II und IV), Buch I zu ca. 98%, Buch II zu ca. 85% und Buch IV zu etwa 70%. In der – nochmals um zwei Bücher erweiterten – ersten Ausgabe setzen sich von den insgesamt sechs Büchern vier überwiegend aus Plutarch-Apophthegmen zusammen (I, II, IV und V), davon Buch V wiederum zu über 85%.

Die zweite Anmerkung ist, daß Erasmus zu Komposition, Zielsetzung und Arbeitsweise in den *Apophthegmata* sowohl in der „Epistola nuncupatoria" als auch zwischendurch allerlei Angaben gemacht hat, die auf durchaus unterschiedliche Weise zu beurteilen sind. Die Behauptungen des Vorworts bzw. der „Epistola nuncupatoria" sind nicht durchgehend für bare Münze zu nehmen. Ihre Grundlage bildet die gebräuchliche humanistisch-frühneuzeitliche Vorwort-Topik, die darauf ausgerichtet ist, die Abfassung eines bestimmten Werkes zu rechtfertigen, es gegen andere abzugrenzen und zu verteidigen, die eigene Leistung zu erhöhen, jene von Vorgängern zu schmälern, den Nutzen des eigenen Werkes hervorzuheben usw.[169] Diese Argumente stimmen oft nicht genau oder manchmal gar nicht mit den Tatsachen überein. Erasmus hat reichlich von derartigen Argumenten Gebrauch gemacht. Was seine tatsächliche Arbeitsweise angeht, so verschleiern seine Angaben mehr als sie enthüllen.

II.1. *Der erste Plan (Buch I und II): die Edition einer als Fälschung entlarvten Schrift in lateinischer Übersetzung – „Apophthegmata Laconica secundum ordinem literarum Graecum"*

In seiner „Epistola nuncupatoria" teilt Erasmus mit, daß es sein erster und ursprünglicher Plan gewesen sei, eine knappe Selektion mit den Apophthegmata weniger hervorragender („eximii") Spruchspender vorzulegen,[170] gewissermassen *Apophthegmata selecta clarissimorum virorum*, etwa der größten Könige der griechischen Antike, der größten römischen Staatsmänner und Feldherren, der bedeutendsten Philosophen. Zu dieser Angabe stehen Buch I und II in eklatantem Widerspruch: Die „Apophthegmata Laconica" weisen tatsächlich 184 verschiedene Personen als Spruchspender auf, worunter zahlreiche kaum bekannte spartanische Könige und Kommandanten (Buch I, mit insgesamt 68 Sprechern), und wohlgemerkt 78 tatsächlich völlig unbekannte, weil anonyme, Männer und 30 anonyme Frauen (Buch II).

---

[169] Vgl. dazu K.A.E. Enenkel, *Die Stiftung von Autorschaft in der neulateinischen Literatur (ca. 1350–ca. 1650). Zur autorisierenden und wissensvermittelnden Funktion von Widmungen, Vorworttexten, Autorporträts und Dedikationsbildern*, Leiden-Boston, 2015.
[170] *ASD* IV, 4, S. 41, Z. 123–125. Damit stimmt Erasmus' Anmerkung am Ende des dritten Buches, in dem er nur drei Spruchspender – die Philosophen Sokrates, Aristippos und Diogenes von Sinope – vorgeführt hatte, überein, daß er so vorgegangen sei, um den Leser nicht mit einer „unübersichtlichen Menge von Gegenständen zu überschütten".

Bei dieser Vielzahl unbekannter Personen verliert der Leser schnell den Faden. Das Gefühl, sich in ein ausweglosses Labyrinth verirrt zu haben, wird im zweiten Buch nochmals verstärkt, wenn der Leser auf eine lange Sektion von insgesamt 37 Lemmata (oder Paragraphen?) stößt, die mit Apophthegmata überhaupt nichts zu tun haben, sondern eine Beschreibung verschiedener spartanischer Sitten und Gebräuche enthalten, insgesamt 12 Seiten in der *ASD*-Ausgabe (IV, 4, S. 168–180). Erasmus hat diesen völlig unpassenden Teil nicht einmal mit einer Erklärung versehen. Wenn man das, was in Buch I und II angeboten wird, mit dem unter Plutarchs Namen überlieferten *Apophthegmata Laconica* vergleicht, so stellt sich heraus, daß Erasmus, entgegen seiner eigenen Behauptung, in keiner Weise selektiert hat: Er hat das gesamte Werk zu 100% übernommen.

Dies wird noch unverständlicher, wenn man die textkritischen Ausführungen miteinbezieht, die Erasmus in der „Epistola nuncupatoria" gemacht hat. Folgt man diesen, so hätte Erasmus niemals tun dürfen, was er in Buch I und II tatsächlich gemacht hat. Denn dort bezeichnet er die *Apophthegmata Laconica* als unechtes Werk, das ein dreister Dummkopf oder vielleicht sogar mehrere unwissende Griechen auf der Grundlage des Spartaner-Abschnitts in Plutarchs *Regum et imperatorum apophthegmata* (*Mor.* 189E [= Lycurgus, 1]–192C [Damonidas]) zusammengekittet hätten. Für Plutarch typisch sei, daß er Apophthegmata selektierte und die prägnante Kürze des Werkes im Auge behielt, während die überheblichen Plutarch-Verhunzer der *Apophthegmata Laconica* die gesamte Masse des Spruchmaterials über das Haupt des Lesers ausgeschüttet hätten. Insbesondere bemängelte Erasmus die alphabetische Anordnung der Sprüche, die er für unplutarchisch hielt. Als genuin plutarchisch und zugleich als die beste Anordnung von Apophthegmata überhaupt betrachtete Erasmus jene der *Regum et imperatorum apophthegmata*, die er wie folgt auffasst: 1. nach Königreichen und Regionen, in chronologischer Abfolge, sodann 2. innerhalb der einzelnen Königreiche die betreffenden Spruchspender ebenfalls in chronologischer Reihenfolge mit zusätzlicher hierarchischer Staffelung in Könige, deren Feldherren etc.[171]

Erasmus behauptet, daß die *Apophthegmata Laconica* das Machwerk von Kontaminatoren seien, die Plutarchs spartanische Apophthegmen völlig entstellt hätten. Nach Erasmus liegt sogar eine doppelte Entstellung vor: erstens durch die Anreicherung der plutarchischen *Apophthegmata regum Lacedaemoniorum* (*Mor.* 189E–192C) mit einer Menge uneigentlichen und unwichtigen Materials (= Kontaminator 1); zweitens durch die alphabethische Anordnung (= Kontaminator 2); das ganze

---

[171] Ebd., S. 41, Z. 100–106: „Eruditissimus (sc. ordo) est, quem sequutus erat Plutarchus, seriem regionum ac regnorum obseruans et in singulis aetatum ordinem, vnicuique regum suos adiungens duces et cuique ducum suos collegas. A Persis venit ad Aegyptios, ab Aegyptiis ad Thraces, a Thracibus ad Scythas, a Scythis ad Siculos, a Siculis ad Macedones, hinc ad Athenienses, ab his ad Lacedaemonios, in horum singulis temporum, non literarum ordinem sequens, a Lacedaemoniis ad Thebanos, a Thebanis ad Romanos, vt lector e paucorum dictis historiae totius agnoscat seriem". Anzumerken ist, daß diese Beschreibung der Komposition des Plutarch in den *Reg. et imp. apophth.* so nicht stimmt. Siehe unten Abschnitt II.7 „Der vierte Plan …".

habe der schlimmste dieser Verhunzer, Raffaele Regio, nochmals verschlimmert, und zwar, indem er die Sammlung nach dem *lateinischen* Alphabet ordnete:

> „Maioris erat audaciae, quod ex vno opere (i.e. *Regum et imperatorum apophthegmata*) fecerunt duo (i.e. I. *Apophthegmata Laconica;* II. *Regum et imperatorum apophthegmata*). Quoniam enim Plutarchus e Laconicis, quae plurima feruntur, ea duntaxat attigisset, quae videbantur occupatissimo Caesari futura satis (i.e. *Mor.* 189E–192C, Lycurgus – Damonidas), ille, quisquis fuit, si modo fuit vnus aliquis, Lacedaemoniorum dictis proprium volumen dedit, idque secundum ordinem literarum Graecarum, quem Raphael vertit in ordinem Latinarum: at hic (= Raphael Regius) erat e tribus omnium deterrimus".[172]

Es ist dies nicht der Ort zu zeigen, daß die textkritische „Analyse" des Erasmus, in der er die *Apophthegmata Laconica* als *Fälschung* „entlarvt", unhaltbar ist und auf reinen Behauptungen beruht.[173] Wichtiger ist, daß die Schlussfolgerung, die zu ziehen war, für Erasmus nur lauten konnte, seine Finger von dem Werk zu lassen, es keinesfalls in seine Sammlung der *Apophthegmata selecta clarissimorum virorum* aufzunehmen. Für den Fall, daß Erasmus die Aussprüche der spartanischen Könige in seine Sammlung inkorporieren wollte, hätte er jene aufnehmen müssen, die genuin plutarchisch sind und die obendrein das Kriterium der Auswahl erfüllen, nämlich die Sammlung von 42 Apophthegmen in den *Regum et imperatorum apophthegmata* (= *Mor.* 189E–192C). Dort war auch die Auswahl der Spruchspender überschaubar: 14 Könige und Kommandanten statt 184 Spruchspender (worunter 108 anonyme), wie in den *Apophthegmata Laconica*.

Jedoch das Unglaubliche geschah: Erasmus nahm die genuin plutarchische Sammlung *Mor.* 189E–192C niemals in seine *Apophthegmata* auf, hingegen verleibte er die von ihm als Fälschung hingestellten *Apophthegmata Laconica* integral ein, ja er wählte sie zum Ausgangspunkt, Aufhänger und Nabel seines Werkes. Noch kurioser ist, daß er *alles übernahm, sogar die unpassenden Werkteile* („Prisca Lacedaemoniorum instituta", *ASD* IV, 4, S. 168 ff.) und *die von ihm gerügte alphabethische Ordnung*, während es ein Leichtes gewesen wäre, das Unpassende zu tilgen und die alphabetische in eine chronologische Reihenfolge umzusetzen. Auch hätte es auf der Hand gelegen, eine Auswahl zu treffen: Statt 68 spartanischen Königen hätte sicherlich ein Drittel (22–23) oder ein Viertel (17) leicht ausgereicht, zumal in der Sammlung selbst eine Handvoll ergiebiger Spruchspender hervorsticht: Agesilaus II. (77 Sprüche; *ASD* IV, 4, S. 51–75), Agis I. (18 Sprüche, S. 78–82), Cleomenes I. (17 Sprüche, S. 113–117), Leonidas I. (15 Sprüche, S. 121–124) und Lycurgus (45 Sprüche, S. 124–138). Die

---

[172] Ebd. Z. 92–97.
[173] Während noch einiges *sub iudice* ist, steht mit Sicherheit fest, daß die *Apophthegmata Laconica* und die *Reg. et imp. apophth.* niemals ein einziges Werk gebildet haben. Mehrheitlich geht man in der modernen Forschung davon aus, daß die *Apophthegmata Laconica* authentisch plutarchisch sind, jedoch nicht zur Veröffentlichung bestimmt waren, sondern eher eine rohe Materialsammlung darstellen. Für die Möglichkeiten, die es gibt, die spezifische Komposition der *Apophthegmata Laconica* zu erklären, und die rezente diesbezügliche Diskussion vgl. Stadter, „Plutarch's Compositional Technique", S. 666–674.

anonymen Spruchspender hätten jedenfalls auf ein Mindestmaß reduziert werden müssen.[174]

Da dies alles nicht der Fall ist und klar ist, daß die integrale Aufnahme der *Apophthegmata Laconica* in keiner Weise dem von Erasmus als ursprünglichen bezeichneten Plan der *Apophthegmata selecta clarissimorum virorum* entspricht, muß er in Buch I und II einer anderen Agenda gefolgt sein. Erasmus' Vorgehensweise läßt sich eigentlich nur so deuten, daß er eine Edition der *Apophthegmata Laconica* in lateinischer Sprache mit Kommentar vorlegen wollte.[175] Aus einem Brief vom 15. Dez. 1530 an den Verleger Hieronymus Froben, in dem er diesem die Drucklegung in Aussicht stellt und ihm diesbezüglich Anweisungen gibt, geht hervor, daß Erasmus die *Apophthegmata Laconica* als *ineditum* bezeichnet und sein Vorhaben in seinem Kern als Editionsprojekt vorstellt: „Non sunt Laconica tantum, sed alia innumera *non aedita hactenus*".[176] Die Erstausgabe von *inedita* war natürlich für einen Verleger eine wunderbare Aussicht. Damit verbindet Erasmus die Voraussicht, daß sich das Werk ausgezeichnet verkaufen werde: „Nam aut me fallit in totum animus, aut opus erit vendibile".[177]

Waren aber die lateinischen *Apophthegmata Laconica* „non aedita hactenus"? Diese Frage ist doppelt negativ zu beantworten: Nicht nur eine, sondern sogar zwei lateinische Übersetzungen lagen bereits vor, die im Druck erschienen waren. Die erste stammte von dem berühmten Gräzisten und Gelehrten Francesco Filelfo (1398–1481) (Abb. 7),[178] die zweite, die 1508 in Venedig erschienen war, war von der Hand des paduaner Philologen und Universitätsprofessors Raffaele Regio.[179] Von beiden Übersetzungen waren, als Erasmus an seinen *Apophthegmata* arbeitete, bereits mindestens elf Drucke erschienen, von jener des Filelfo sechs,[180] von der des Regio fünf,[181] wovon eine unlängst, 1530, in Basel. Regio hatte die Übersetzung Filelfos

---

[174] Auf der anderen Seite sind kaum Zusätze zu verzeichnen: Der Kleomenes-Sektion fügte Erasmus nur einen einzigen Ausspruch hinzu (ebd. S. 117, Spruch [228]) und der Agesilaos-Sektion vier, die von Cornelius Nepos stammen, den Erasmus freilich, wie seine Zeitgenossen, für Aemilius Probus hielt (*ASD* IV, 4, S. 76–77, Sprüche [79]–[82]). Für Erasmus' Zuschreibung der Viten an Aemilius Probus vgl. u. a. *ASD* II, 3, S. 118–119 (*Adag.* 1094).
[175] So auch Cytowska, „„Apophthegmata" d'Érasme de Rotterdam", S. 123.
[176] *Ep.* 2412, Z. 8–9.
[177] Ebd.
[178] Francesco Filelfo, *Plutarchi Cheronensis apophthegmata ad Traianum Caesarem*, in: idem, *Orationes*, [Mailand]: [Leonard Pachel und Ulrich Scinzenzeler] [1483/4], fol. ⟨k iii⟩ᵛ ff.
[179] *Plutarchi Regum et Imperatorum Apophthegmata Raphaele Regio interprete. Plutarchi Laconica Apophthegmata, Regio interprete. Plutarchi Dialogus, in quo animalia bruta ratione vti monstrantur, Regio interprete …*, Venedig: Gregorius de Rusconibus, 1508.
[180] *Orationes Francisci Philelphi cum quibusdam aliis eiusdem operibus*, [Mailand]: [Leonard Pachel und Ulrich Scinzenzeler], [1483/4]; *Orationes et opuscula*, Brescia: A. und J. Britannicus, 1488; Venedig: B. de Zanis, 1491; Venedig: Philippus Pincius, 1492; [Basel: Johannes Amerbach, vor 1498, 1495?], fol. r4ᵛ ff.; Venedig: Philippus Pincius, 1496.
[181] *Plutarchi Cheronei opuscula argutissima et ingeniosissima*. (1) *Politica* (fol. Iʳ) …; … (11) *Apophthegmata Regum et Imperatorum* (fol. LXXIʳ—LXXXVᵛ); (12) *Apophthegmata Laconica* (fol. LXXXVᵛ–Cʳ), Paris: Josse Bade und Jean Petit, 1514 (insgesamt 16 *Moralia*); *Opuscula Plutarchi Cherọnei sedulo vndequaque collecta, et diligenter recognita, ac in vnam faciem bellatule coimpressa*, Paris: Officina Ascensiana

Abb. 7. Francesco Filelfo. Porträt des Übersetzers, Miniatur in der Handschrift (aus dem 15. Jh.) der von ihm ins Lateinische übertragenen „Apophthegmata ad Traianum", Mailand, Biblioteca Ambrosiana HS. Z 158 sup., fol. 1ʳ. http://213.21.172.25/ 0b02da82800e6303; https:// ambrosiana.comperio .it/opac/detail/view/ ambro:catalog:105912

gründlich revidiert, an vielen Stellen den Text neu formuliert. Dazu hatte er u. a. eine griechische Handschrift benutzt, die andere Lesarten aufwies als diejenige, die Filelfo vorgelegen hatte. Bereits Regio, der seine Übersetzung der *Apophthegmata Laconica* dem venezianischen Dogen Leonardo Loredan gewidmet hatte (Abb. 8) hatte, stellte im Widmungsvorwort (vom 7. Mai 1507) seine Theorie dar, daß (jedenfalls) das erste Buch mit den Sprüchen der spartanischen Könige nicht von Plutarch selbst stamme, sondern daß es verschiedene Kopisten („scriptores") aus den Werken Plutarchs zusammengestellt hätten.[182] Er, Regio, habe es als seine Aufgabe betrachtet, diese Sammlung so klar wie möglich zu übersetzen, daß sowohl der vielbeschäftigte Widmungsadressat als auch der Leser ohne Mühe in die „Laconica breuitas" (Kürze) „et sollertia" (Klugheit) Einblick nehmen könnten.[183]

Aussagekräftig für Erasmus' Anspruch auf die *editio princeps* („non hactenus aedita") der lateinischen *Apophthegmata Laconica* ist seine Behauptung, daß der schlimmste Kontaminator der *Apophthegmata Laconica* „der dritte" sei, nämlich

---

(Josse Bade), 1521; idem 1526; *Plutarchi Caeronei, philosophi historicique clarissimi Opuscula (quae quidem extant) omnia, vndequaque collecta et diligentissime quidem recognita ...*, Basel: Andreas Cratander, September 1530, *Apophthegmata* (= *A. Regum et imperatorum apophthegmata*, fol. 57A–71D; *Apophthegmata Laconica*, fol. 72A–86A).
[182] *Plutarchi Cheronei opuscula ...*, Paris: Josse Bade und Jean Petit, 1514, fol. LVᵛ.
[183] Ebd., fol. LVIʳ.

EINLEITUNG   71

Abb. 8. Giovanni Bellini, der Doge Leonardo Loredan, 1501–1502, Widmungsempfänger von Regios Übersetzung der plutarchischen *Apophthegmata*. London, National Gallery. Wikimedia commons.

Raffaele Regio. Erasmus behauptet nichts weniger, als daß Regio die *Apophthegmata Laconica* kontaminiert hätte (anstatt sie anständig herauszugeben). Dies ist eine glatte Lüge. Erasmus' Beschuldigung ist nichts anderes als ein billiges Vorwort-Argument. Derartige Vorwort-Anwürfe besagen im Klartext: Dieser Vorgänger hat seine Sache gut gemacht. Der Vorgänger Regio stand Erasmus' Vorhaben im Wege. Daraus erklärt sich, daß Erasmus versucht, ihn mit einem Rundumschlag zu vernichten.

Tatsächlich ist Erasmus' vernichtendes Urteil völlig unbegründet. Regio hat die *Apophthegmata Laconica* mitnichten kontaminiert. Was ihm Erasmus konkret vorwirft, ist eher lächerlich: daß er das Werk völlig durcheinandergebracht habe, weil er die Anordnung nach dem griechischen Alphabet in eine *nach dem lateinischen Alphabet* umgesetzt habe. Er, der Gräzist Erasmus, stellt nunmehr die „richtige", weil authetische und ursprüngliche Ordnung wieder her, indem er jene nach dem griechischen Alphabeth wiedereinführt. Aus diesem Grund gab Erasmus seiner „Edition" der *Apophthegmata Laconica* den sowohl bombastischen als auch kuriosen Titel (Erstdruck, S. 1):

APOPHTHEGMATA LACONICA SE
cundum ordinem literarum Graecum.[184]
Liber primus.

Der kritische Philologe Erasmus hat einerseits die *Apophthegmata Laconica* als Fälschung entlarvt, andererseits gibt er sie nunmehr in ihrer ursprünglichen Form heraus, indem er sie von den Kontaminationen des Regio säubert. Das Resultat dieses prätentiösen, aber in der Sache unsinnigen Eingriffes ist, daß Thearidas, Themisteas, Theopompus, Thectamenes und Therycion (*ASD* IV, S. 106–109) nach den Namen kommen, die mit „E" anfangen (Emerepes – Eurycratidas, S. 102–105) und vor den Namen mit „H" (Hippodamus und Hippocratidas, S. 110) sowie jenen, die mit „C" anfangen (S. 111–118), während sich die Namen mit „C" nach jenen mit „D" (Damonidas – Demaratus, S. 100–102), „E" (S. 102–105), „Th" und „H" (S. 110) befinden, jedoch Charillus (bzw. Charilaus) nach Telecrus kommt. Da es sich um ein Werk in lateinischer Sprache handelt, wäre es natürlich angebracht gewesen, die Anordnung nach dem lateinischen Alphabet zu gestalten, wie dies Regio bereits getan hatte.

Filelfos Ausgabe der lateinischen *Apophthegmata Laconica* erwähnt Erasmus in der „Epistola nuncupatoria" überhaupt nicht. Denn Filelfo hatte die lateinischen *Apophthegmata Laconica* nach dem griechischen Alphabet herausgegeben. Damit zerrinnt Erasmus' Ersteditionsanspruch, das Werk in der richtigen Reihenfolge, „secundum ordinem literarum Graecum", herauszugeben, wie Schnee unter der Sonne. Über Filelfo redet Erasmus nur, wenn es um Plutarchs *Apophthegmata* im Allgemeinen geht. Darunter verstand man aber zuvorderst die *Regum et imperatorum apophthegmata*. Da sich aber Erasmus schließlich dazu entschied, auch dieses Werk zur Gänze in seine *Apophthegmata* aufzunehmen, hatte er umso mehr das Bedürfnis, seine Arbeit von der des Filelfo und Regio abzugrenzen.

Diesbezüglich suggeriert er in der „Epistola nuncupatoria", daß sein Werk mit den Übersetzungen des Filelfo und Regio im Grunde nichts zu tun zu habe. Erasmus habe – wohlgemerkt – „erfahren" („comperimus"), daß Plutarchs Apophthegmata (ohne Spezifizierung des Werkes) zweimal ins Lateinische übersetzt worden seien. Man fragt sich, wann und auf welche Weise „erfahren": Im Nachhinein? Während der Arbeit? Nebenbei? Wie auch immer: Filelfo und Regio seien „nur Menschen" gewesen, hätten daher beide Fehler gemacht; v.a. aber hätten sie das Werk nur *wörtlich übersetzen* wollen („vterque nihil aliud esse voluit quam interpres"), mit der Folge, daß der von ihnen erstellte Text vom griechischen Wortlaut abhängig

---

[184] Im Übrigen ist der von Erasmus erfundene, neue Titel als Gesamttitel des Werkes nicht stimmig, da nur das erste Buch die alphabetische Anordnung aufweist. Zu Unrecht gibt ihm Erasmus den Subtitel „Liber primus", dem im Erstdruck auf S. 150 die Überschrift „Liber secundus" folgt, der jedoch nicht alphabethisch angeordnet ist.

sei. Erst er, Erasmus, habe sich darangesetzt, aus dem Text authentisches Latein zu machen, das verständlicher („dilucidior") sei und weniger in die griechischen Wörter „eingeschnürt" werden würde („minus adstricta Graecis vocibus").[185]

Was Erasmus seinen Vorgängern vorwirft, ist, abgesehen von wenigen Ausnahmen, unbegründet. Bereits Filelfo schrieb idiomatisch richtiges Latein, obwohl er sich als erster Übersetzer manchmal schwerer tat als Regio; Regio bereinigte unklare Stellen, beseitigte ungelenke Formulierungen und schliff den Stil nach der Richtlinie ciceronischer Latinität. Keineswegs läßt sich aufrechterhalten, daß Regio eine ungeschickte wörtliche Übersetzung produziert habe, die von Gräzismen wimmelt. Wie unten im vorliegenden Kommentar gezeigt werden wird, hat Erasmus die Übersetzungen des Filelfo und Regio ausgiebig benutzt und von ihnen sehr viel übernommen, sogar in dem Maße, daß er sich oft kaum um den griechischen Text kümmerte.

Mit dem Plan der Textedition ist auch das Vorhaben des Erasmus verbunden, die Texte, die er als irrig wiedergegeben und schwer verständlich hinstellt, mit einem Kommentar, wie etwa in Scholien, zu berichten und zu erklären; dazu gehört, daß der richtige Sinn des betreffenden Ausspruches umissverständlich dargestellt und zugänglich gemacht werden soll. Diesen Plan hat Erasmus wohl bereits im Januar d.J. 1530 gehegt, als er ihn seinem Freund Haio Herman eröffnete: Er möchte eine „paraphrasis" der „Apophthegmata Plutarchi" zustande bringen und dabei „die Stellen emendieren, die falsch wiedergegeben worden seien (*et emendaturus, quae perperam sunt reddita*), und die obskuren Stellen erklären (*et explanaturus, quae obscure [sc. sunt reddita]*), sowie den feinen Sinn bzw. Witz der Aussprüche (*argutiam dicti*) und deren Anwendungsweise darlegen.[186] Dabei hat Erasmus sowohl die Fehlerhaftigkeit als auch die Obskurität und Unverständlichkeit der plutarchischen *Apophthegmata* stark übertrieben. Auf das, was er in seinen Kommentierungen leistet, werden wir noch unten zu sprechen kommen. Vorweggenommen werden darf soviel, daß Erasmus das, was er in Bezug auf seinen Kommentar verspricht, nur in den seltensten Fällen eingelöst hat. Was den Plan der Textedition betrifft, hatte die Kommentierung der vermeintlich verderbten oder obskuren und kaum verständlichen Stellen die für die weitere Überlieferung äußerst nachteilige Folge, daß der Text der Apophthegmata und Erasmus' Zusätze miteinander verschmolzen, kurz, daß Erasmus mit seiner Edition genau das herstellte, was er dem Raffaele Regio vorwarf: nämlich einen durchgehend kontaminierten Text, der in die weitere Überlieferung der einzelnen Apophthegmata einging und diese beherrschte. Wenn etwa Langius später in seiner grundlegenden Wissensammlung ein bestimmtes Apophthegma zitierte, war ihm nicht mehr klar, daß sich dieses manchmal zur Hälfte aus Zusätzen des Erasmus zusammensetzte.

Im zweiten Buch schreitet Erasmus auf dem in Buch I eingeschlagenen Weg fort: Er übernimmt die übrigen Teile der *Apophthegmata Laconica*, obwohl etwa ein Drittel überhaupt keine Apophthegmata enthält, sondern eine Zusammenstellung

---
[185] *ASD* IV, 4, S. 39–40, Z. 61–66.
[186] *Ep.* 2261, Z. 45–49.

alter spartanischer Sitten und Gebräuche (*ASD* IV, 4, S. 168–180). Diesem Fremdkörper verleiht Erasmus durch eine eigene Überschrift in Kapitalen sogar größeres Gewicht:[187]

PRISCA LACEDAEMONIORVM
INSTITVTA

Es fällt auf, daß Erasmus die Sitten und Gebräuche auf dieselbe Weise wie Apophthegmata darstellt: Er gliedert sie in einzelne Lemmata, die er mit einem eigenen Titel und einer Nummer versieht, insgesamt 37 (z. B. 1 *Silentium*. „Ad publica conuiuia ingredientibus …"; 2 *Exercitatio pro condimento*. „Quoniam apud Lacedaemonios …"; 3 *Tenebris assuescere*. „Lacedaemonii postquam …": 4 *Philosophia rusticana*. „Iidem literas quidem dicebant …" … 33. *Loquacitas*. „Ctesiphontem eiecerunt …"; 34 *Pueritia dura*. „Pueri apud illos …"; 35 *Ocium liberale*. „Haec vtcunque aestimentur …").[188]

Das zweite Buch der *Apophthegmata Laconica* trägt den Untertitel:

Laconum aliquot ΑΝΩΝΥΜΩΝ apophthegmata.

Wie schon oben gesagt, hätten gerade die anonymen Aussprüche bei einem Projekt der *Apophthegmata selecta clarissimorum virorum* gestrichen werden müssen. Aus der Wiedergabe der *anonymorum* in griechischen Lettern mit ΑΝΩΝΥΜΩΝ spricht wiederum der prätentiöse Originalitätsgestus des Gräzisten. Besonders kurios ist aber, daß Erasmus – im eklatanten Widerspruch zu diesem Subtitel – vier Apophthegmen von *namentlich genannten* Spartanern hinzusetzt: Agesilaus, Demonides, Laycides und Arcesilaus (S. 167–168). Die Einfügung der Aussprüche des Agesilaos und Demonides an dieser Stelle ist in kompositorischer Hinsicht umso kurioser, als sie im ersten Buch eigene Sektionen hatten (Agesilaos 82 Apophthegmen, S. 51–77; Demonides bzw. Damonidas einen Spruch, S. 99): Es hätte auf der Hand gelegen, die betreffenden Apophthegmata dort einzufügen. Der Grund für dieses Vorgehen des Erasmus ist unklar.

Ein damit verwandtes Vorgehen ist ebenfalls kurios. Die plutarchischen *Apophthegmata Laconica* enthalten (wie man dies von einer rohen Materialsammlung vielleicht erwarten mag) eine Reihe von Dubletten. Erasmus sonderte diese nicht als irrtümliche Wiederholungen aus, sondern übernahm sie und lenkte zudem die Aufmerksamkeit auf sie, indem er in Marginalnoten auf sie hinwies. So sind gleich die ersten beiden anonymen Apophthegmata des zweiten Buches Dubletten. Zu II, 1 vermerkt Erasmus: „Habetur pag. 84. apo. 16", zu II, 2: „Habetur p. 43 apo. 99" (in *C*, S. 130, in *A* ebenfalls S. 130, jeweils obere Hälfte der Seite).[189] Die Folge dieser Anmerkung ist allerdings, daß die betreffenden Apophthegmata (II, 1 und 2) nicht

---

[187] Im Erstdruck *A* S. 153; *ASD* IV, 4, S. 168.
[188] Vgl. die Ausgabe d.J. 1535, *C*, S. 153–170.
[189] Vgl. weiter II, 23, in *C* S. 135: „Habetur ante p. 87, ap 26"; II, 37, in *C* S. 139: „Simile ante p. 134, ap. 19"; II, 42, in *C* S. 140: „Simile ante p. 51, a. 22"; II, 67, in *C* S. 149: „Habetur antea pag. 113 apoph. 98".

mehr anonym sind: Der Spruchspender von II, 1 wird dadurch als König Kleomenes I., jener von II, 2 als König Agis I. entlarvt. Kurios ist, daß Erasmus auf diese Weise weitere anonyme Apophthegmata entanonymisiert hat: II, 23 identifiziert Erasmus mit „Habetur ante pa. 87, ap. 26"; II, 67 mit „Habetur antea pag. 113 apoph. 98"; somit schreibt er II, 23 ebenfalls Kleomenes I. zu, II, 67 dem Lysandros. Diese Beobachtung zeigt, wie viele andere auch, wie erratisch Erasmus in den *Apophthegmata* vorging. Nach den „Prisca Lacedaemoniorum instituta" folgt, wie in Plutarchs *Apophthegmata Laconica*, die Sektion mit den Sprüchen der Spartanerinnen, die zum überwiegenden Teil (30 von 34) anonym sind (*ASD* IV, 4, S. 180–188). Kurios ist auch hier, daß Erasmus diese Abteilung – im Widerspruch zu der Anonymi-Selektion des zweiten Buches der *Apophthegmata Laconica* – um zwei Apophthegmata der Agesistrata, der Mutter des Königs Agis IV. (S. 187, [504] und [505]), und einen Spruch der Pythagoräerin Theano erweitert (S. 188, [507]). Dieser Zusatz des Erasmus ist noch kurioser, da Theano nicht nur nicht anonym, sondern zudem keine Spartanerin ist. In der Antike wurde sie meist als Frau des Pythagoras bzw. als Mitglied der pythagoräischen Sekte gehandelt, somit Süditalien zugeordnet.[190]

Sodann setzt Erasmus dem zweiten Buch der *Apophthegmata Laconica* einen Abschnitt hinzu, der zu dem Selektionsprinzip dieses Buches, der *Anonymität* der Spruchspender, vollends im Widerspruch steht. Darin präsentiert Erasmus 32 Aussprüche des Weisen Chilon (S. 188–195, [508]–[540]), die er zum überwiegenden Teil aus der Philosophen-Biographie des Diogenes Laertius bezogen hat. Diese Sprüche kennzeichnet er mit dem neuen Zwischentitel „APOPHTHEGMATA CHILONIS LACONIS" (in *A* S. 179). Dadurch verstößt Erasmus augenfällig gegen das *Anonymorum*-Selektionsprinzip des zweiten Buches der *Apophthegmata Laconica*; ebenso jedoch gegen seinen ursprünglichen Plan, eine vollständige Edition der lateinischen *Apophthegmata Laconica* vorzulegen, nebst, wie er im Brief an Hieronymus Froben vom 15. Dez. 1530 in Aussicht stellte, „anderer *inedita*".[191] Statt als Editor von *inedita* oder unbekannter Werke tritt Erasmus plötzlich als Sammler weithin bekannter Texte hervor. Denn der lateinische Diogenes Laertius war bei Erasmus' Zeitgenossen sattsam bekannt, zwischen 1472 und 1530 waren Dutzende Ausgaben im Druck erschienen und zudem hatte erst vor einigen Jahren Valentinus Curio eine

---

[190] Theano wird zum erstenmal um 300 v. Chr. erwähnt und von späteren, kaiserzeitlichen Quellen manchmal als Ehefrau des Pythagoras (von Diogenes Laertius), manchmal des Brontino oder Brotino (eines Pythagoreers), manchmal als Tochter des letzten bezeichnet. Theano galt in der römischen Kaiserzeit als Verkörperung weiblicher Weisheit und Tugend, der einige Schriften zugeschrieben wurden, u. a. eine Spruchsammlung (*Apophthegmata Pythagoreorum*) und eine Sammlung von Briefen, bei denen es sich ausnahmslos um Pseudepigrapha handelt. Für die jeweils an Frauen gerichteten Briefe der Theano vgl. die kritische Ausgabe von A. Städele, *Die Briefe des Pythagoras und der Pythagoreer*, Meisenheim am Glan 1980; von H. Tesleff, *The Pythagorean Texts of the Hellenistic Period*, Abo 1965, S. 193–201, und von K. Brodersen: Theano, *Briefe einer antiken Philosophin*, Stuttgart 2010 – dort finden sich auch die der Theano zugeschriebenen Aussprüche. Zur Gestalt der Theano vgl. M. Frede, *DNP* 12.1 (2002), Sp. 253–254, s.v. „Theano", Nr. 3; K. v. Fritz, *RE* V, A2 (1934), Sp. 1379–1381, s.v. „Theano", Nr. 5.
[191] *Ep.* 2412, Z. 8–9.

neue, revidierte Edition des lateinischen Textes auf den Markt gebracht (Basel, 1524), aus welchen Erasmus im Übrigen die Textstellen, die er in seine *Apophthegmata* übernahm, bezog.

Der Titel „APOPHTHEGMATA CHILONIS LACONIS" zeigt, daß Erasmus eine neue Richtung einschlug. Die „Apophthegmata Chilonis" waren ihm schon seit langem ein Begriff. Bereits in der Erstausgabe der *Adagia* (1508) hatte er aus den „Chilonis apophthegmata" bzw. „multae Chilonis sententiae" zitiert, z. B. in *Adag.* 27 (*ASD* II, 1, S. 141, Z. 908–909): „Celebratur et hoc inter Chilonis apophthegmata: μὴ κακολογεῖν τοὺς πλησίον, εἰ δὲ μή, ἐφ' οἷς λυήσεσθαι[192] oder *Adag.* 1351 (*ASD* II, 3, S. 364, Z. 931–935): „Inter multas Chilonis sententias haec praecipue placuit eruditis, autore Laertio: ,*In saxeis coticulis aurum exploratur, euidens praebens specimen. In auro vero proborum pariter et improborum ingenium deprehenditur*'".[193] Erasmus war zudem geläufig, daß die Apophthegmata Chilons eine besondere Spruch-Qualität besaßen, die man als eine spezielle Form prägnanter Kürze, *breuiloquentia*, bezeichnen könne, so speziell, daß diese Art des Apophthegmas sogar den Namen „genus Chilonium" besaß: „Laertius ... refert et Chiloni peculiarem fuisse breuiloquentiam, vnde genus hoc dicendi Chilonium appellat".[194] Während er einige der Sprüche Chilons auswendig kannte, begegnete er den beiden Büchern der „Apophthegmata Laconica" stets dieser „Chilonischen Gattung", *breuiloquentia*. Auch war ihm, wie schon die *Adagia*-Zitate zeigen, die Quelle der „Apophthegmata Chilonis" bekannt, Diog. Laert. I, 69–72. Es war für ihn somit eine leichte Aufgabe, sie hervorzuholen und einzufügen.

Erasmus mag sich die Frage gestellt haben, wie sich das mit dem Plan des Editionsprojektes reimte. Darin scheint der Grund zu liegen, daß er behauptet, die Sprüche würden an einem Überlieferungsproblem leiden: Es sei die Schuld der „scriptores", die sie verderbt hätten, daß die Apophthegmata vielleicht nicht so reizvoll sind, wie es dem Ruf des Chilon entspreche.[195] Damit suggeriert Erasmus vage, daß er durch seine Wiedergabe diese missliche „Überlieferungslage" reparieren werde. Erasmus mimt hier jedoch eher den kritischen Philologen, als daß er tatsächlich als Philologe in Aktion kommt. Denn er bezog den griechischen Text nicht mitein, sondern ging ausschließlich von der von Valentinus Curio neu edierten lateinischen Übersetzung des Diogenes Laertius aus, die er (zum Teil nur leicht) variierte und von paraphrasierenden Zusätzen versah. Obwohl Erasmus immer wieder den Gräzisten mimte, ist seine tatsächliche Arbeitsweise in den *Apophthegmata* nicht davon geprägt.[196] Meist ging er von bereits vorhandenen lateinischen Übersetzungen aus.

Als Erasmus am 15. Dezember 1530 dem Verleger Hieronymus Froben den ersten Teil der *Apophthegmata* in Aussicht stellte und den Gesamtumfang auf 40 Quarto-

---

[192] Kursivierung K.E.; die Quelle ist Diog. Laert. I, 69.
[193] Diog. Laert. I, 71.
[194] *Adag.* 1949 „Laconismus", *ASD* II, 4, S. 308, Z. 603–604. Erasmus zitiert hier Diog. Laert. I, 72.
[195] *ASD* IV, 4, S. 188, Z. 960–963.
[196] Vgl. unten, Abschnitt III.10 „Die philologische Leistung des Erasmus in den *Apophthegmata*".

EINLEITUNG

Lagen schätzte, hatte er die „Apophthegmata Laconica" für 20 Lagen veranschlagt. Das bedeutet, daß er zu diesem Zeitpunkt die „Apophthegmata Chilonis Laconis" nicht mitgerechnet haben kann. Das stimmt ziemlich sicher mit dem damaligen Zustand des Werkes überein: Erasmus war noch mit der Abfassung des zweiten Buches beschäftigt und zielte noch stets auf das Editionsprojekt ab, bei dem bis dato schwer zugängliche griechische Werke in neuen lateinischen Übersetzungen herausgegeben werden sollten.

II.2. *Der zweite Plan: Die „Apophthegmata Socratica"*
als Fortsetzung der „Apophthegmata Laconica"

Nachdem Erasmus zu Weihnachten 1530 die kompletten *Apophthegmata Laconica* (= Buch I und II) beim Froben-Verlag zur Drucklegung abgeliefert hatte, stellte sich die Frage, wie es weitergehen sollte. In seinem Brief vom 15. Dezember hatte Erasmus Hieronymus Froben in Aussicht gestellt, daß es noch „unzählige andere bisher unedierte" („innumera alia non aedita adhoc") Apophthegmata gebe, wobei er implizte ankündigte, daß er solche auch in den übrigen Teilen seines Sammelwerkes veröffentlichen werde. Was käme dafür in Frage?

Zunächst die Sprüche des Sokrates in Xenophons *Memorabilia Socratis*, *Symposium*, den Dialogen Platons, Athenaios' *Deipnosophistae* und weitere verstreute, v.a. griechische Quellen; überhaupt war das Werk des Athenaios eine reiche Quelle für die Apophthegmata von allerlei Personen, neben Philosophen, Sophisten, Rhapsoden, Dichtern und anderen Literaten auch von Parasiten, Witzbolden und Hetären; das Gleiche gilt *mutatis mutandis* für die riesige Sammlung, die Joannes Stobaios aus etwa 500 griechischen Autoren angefertigt hatte (5. Jh. n. Chr.), und die Suda aus dem 10 Jh., in deren 31 000 Lemmata sich zahlreiche Apophthegmata, Gnomen und Proverbien finden, weiter eine Reihe von handschriftlichen Spruchsammlungen, Florilegien und Gnomologien. Zudem gab es Lukians Sammlung der Sprüche des kynischen Philosophen Demonax; Philostratos' Sophistenbiographien war eine reiche Quelle für die Apophthegmata der Rhetoriker und Wanderredner der Kaiserzeit von Nero bis zum Anfang des 3. Jh. n. Chr.

Xenopohons Werke waren in griechischer Sprache im Druck zugänglich, jedoch noch nicht ins Lateinische übersetzt worden. Die Dialoge Platons lagen sowohl in griechischer als auch in lateinischer Sprache vor, jedoch war ihre Auswertung nicht leicht, da sie mit langen Geflechten dialektischer Diskussionen gefüllt waren und darin kurze, prägnante Sprüche Mangelware darstellen. Philostratos' Sophistenbiographien waren seit 1503 auf Griechisch in gedruckter Forn zugänglich, eine lateinische Übersetzung war jedoch noch nicht erschienen. Die riesige Anthologie des Stobaios war überhaupt noch ein *ineditum* (die *editio princeps* des griechischen Textes besorgte Vittore Trincavelli im Jahr 1536, die lateinische Übersetzung fertigte erst Conrad Gessner i. J. 1546 an). Von Lukians *Demonax* gab es bisher keine lateinische Übersetzung. Kurz und gut: Es gab also in der Tat noch sehr viele *apophthegmata ine-*

dita und es wäre ein Leichtes gewesen, die veranschlagten weiteren 20 Quarto-Lagen zu füllen.

Jedoch hatten die „APOPHTHEGMATA CHILONIS LACONIS" Erasmus auf eine andere Spur gebracht. Er hatte festgestellt, wie leicht es war, mit Hilfe des Diogenes Laertius Apophthegmata zusammenzustellen. Indem er in Diogenes' Viten weiterblätterte, stiess er nach dem ersten Buch mit den Sieben Weisen auf das zweite Buch, das Sokrates und seinen Schülern gewidmet ist. Dort traf er über 50 Apophthegmata des Sokrates an, die zur Übernahme bereitstanden (Diog. Laert. II, 18–47). Zugleich erblickte er eine Möglichkeit, dies mit dem vorgenommenen Editionsprojekt von *inedita* oder unbekannten Texten zu reimen, indem er sich an Xenophons *Memorabilia Socratis* erinnerte. Erasmus wählte nun, noch stets – wenigstens teilweise – dem Editionsprojekt folgend, die *Memorabilia* als Ausgangspunkt und Blickfänger, denen er 22 Apophthegmata entnahm, übersetzte und bearbeitete.[197] Dem setzte er noch zwei weitere hinzu, an die er sich durch seine Arbeit an den *Adagia* erinnerte.[198] Dann kam die Lust am eigenständigen Sammeln vorläufig zum Erliegen und zog Erasmus es vor, den Abschnitt des Diogenes Laertius mit den *Apophthegmata Socratis* zu übernehmen. Nachdem er die bei Laertius überlieferten Aussprüche des Sokrates aufgenommen hatte, ergänzte er sie noch mit solchen aus anderen Quellen, Xenophons *Symposium*, Platons *Phaedo, Phaedrus* und *Symposiun*, Senecas *De beneficiis*, Ciceros *Tusculanae disputationes*, Athenaios, Stobaeus und einigen moralphilosophischen Traktaten Plutarchs.[199] Jedoch machte er dabei die Erfahrung, daß die selbständige Spruch-Lese reichlich mühsam war, besonders aus den Werken Xenophons und Platons. Erasmus setzte also bald einen Schlußpunkt. Die Zeit drängte und er wollte das Werk zum Abschluss bringen.

Es läßt sich im Einzelnen gut nachzeichnen, wie Erasmus auf die „Socratis Apophthegmata" (so lauten die Kopftitel in *A*, S. 189–216) als Fortsetzung der „Apophthegmata Laconica" kam, nämlich über die Quelle Diogenes Laertius. Für die Bühne hat Erasmus jedoch noch einen gewissermassen ideengeschichtlichen Schulterschluß zwischen den Büchern II und III hergestellt, indem er behauptete, Sokrates wäre in seinem Herzen, seinem Wesen nach ein Spartaner gewesen. Er beruft sich dabei auf Sokrates' Sittenreinheit („integritas morum"), Lebensgrundsätze („decreta"), den Witz seiner Apophthegmata („dictorum sal") und seine Duldsamkeit („tolerantia").[200]

Die Konstruktion von Sokrates als „Spartaner im Herzen" wirkt ziemlich fadenscheinig; jedenfalls hat sie weder mit dem historischen noch dem literarisch überlieferten Sokrates etwas zu tun. Die Qualität seiner Sprüche ähnelt jener der Spartaner in keiner Weise: Sokrates war für die verzweigten dialektischen Labyrinthe bekannt,

---

[197] Socrates, 1–21 und 25, *ASD* IV, S. 197–203.
[198] Socrates, 22–23: *Adag.* 585 (*ASD* II, 2, S. 108–110); 569 (ebd. S. 96).
[199] Vgl. die betreffenden Quellenangaben *ASD* IV, 4, S. 197–220.
[200] Ebd., S. 197, Z. 3–6: „Ad Laconicam indolem mihi proxime videtur accedere Socrates, non tantum integritate morum, decretis ac dictorum sale, verumetiam tolerantia, vt dicas patria quidem Atheniensem, ingenio vero Spartanum, nisi quod Laconicam breuiloquentiam non affectauit …".

in die er seine jeweiligen Gegenspieler trieb, nicht für die Kürze und Prägnanz seiner Sprüche. Das muß auch Erasmus zugeben, jedoch beruft er sich dabei auf den ethischen Gehalt, ja die „*Heiligkeit* seiner Sprüche": „Vt autem hac parte (i.e. Laconica breuitate) vincitur a Lacedaemoniis, ita sanctitate dictorum superat illos".[201] Erasmus nahm diesen Begriff ziemlich wörtlich im Sinn der christlichen Religion. Symptomatisch dafür ist Erasmus' Kommentar zu Sokrates' erstem Spruch: „Nihil dici potest Christianius".[202]

Obwohl Erasmus immerhin 91 „Socratis Apophthegmata" zusammengetragen hatte, kämpfte er mit einem anderen Problem: Sie füllten gerade einmal 4 Quarto-Lagen; diese waren für ein ganzes Buch zu wenig und zudem würde es ihm so kaum gelingen, auf die in Aussicht gestellten 40 Quarto-Lagen zu kommen. Also entschied er sich, noch etwas hinzuzufügen.

Die Idee dazu bezog er direkt aus seiner nunmehrigen Hauptquelle Diogenes Laertius, deren zweites Buch ja nicht nur Sokrates, sondern auch seinen Schülern (II, 48–149) gewidmet war. Aus diesem Buch ging zur Genüge hervor, daß Sokrates ein bedeutender Lehrer in der Philosophie war. Am Ende der Sokrates-Biographie teilt Diogenes mit, daß er dreizehn Schüler hervorgebracht habe (II, 47). Erasmus wählte von diesen Schülern nun Aristippos von Kyrene aus (*ASD* IV, S. 220–236), den er für den ältesten und bedeutendsten Schüler des Sokrates hielt: „Arbitror conuenire, vt discipulum et aetate et autoritate primum praeceptori iungamus …".[203]

Dieses Auswahlkriterium beruht jedoch auf einem mehrfachen Irrtum des Erasmus, denn Aristippos war weder der älteste noch der bedeutendste Schüler des grossen Atheners. Älter als Aristippos (geb. zwischen 435 und 430 v. Chr.) waren Antisthenes (geb. um 445) und Eukleides von Megara (geb. um 450); die bedeutendsten Schüler des Sokrates waren natürlich Platon und Antisthenes, der Begründer der Kynischen Schule. Jedoch arbeitete Erasmus schnell und, wie aus den *Apophthegmata* immer wieder hervorgeht, *ad hoc* jeweils nach einer bestimmten Quelle, ohne sich weiter umzusehen oder sich die Zeit zu nehmen, innezuhalten, zurückzublicken oder gründlicher über ein Problem nachzudenken. Indem Erasmus im zweiten Buch der Philosophen-Viten weiterblätterte, traf er als erste substantielle Biographie jene des Aristippos an (II, 65–104), die tatsächlich ebenso lang ist wie die des Sokrates. Daraus zog er eilig den Schluss, daß dieser der älteste und bedeutendste Sokrates-Schüler gewesen sein müsse. Nicht im Blickfeld hatte er Platon und Antisthenes, freilich deshalb, weil sie im zweiten Buch des Diogenes Laertius nicht vorkamen. Der Grund lag allerdings eben in ihrer großen Bedeutung: daß sie eigene Philosophenschulen gegründet hatten, die platonische Akademie und die kynische Schule. Wenn Erasmus Diogenes Laertius genau gelesen hätte, wäre ihm eine Stelle des zweiten Buches aufgefallen, in der dieser die drei bedeutendsten Sokrates-Schüler benennt: Platon, Xenophon und Antisthenes (Diog. Laert. II, 47). Erasmus war bei seiner

---

[201] Ebd. Z. 8–9.
[202] Ebd., Z. 13.
[203] Ebd., S. 220, Z. 596.

damaligen Bearbeitung des Diogenes Laertius jedoch nur darauf aus, die Sprichwörter des Sokrates aufzulesen. Diese endeten allerdings mit dem Abschnitt II, 42; vermutlich hat Erasmus den Rest der Vita nicht mehr beachtet, nicht einmal kursorisch überflogen. Denn in der lateinischen Übersetzung des Valentinus Curio, die Erasmus benutzte, war die Stelle mit den bedeutendsten Sokrates-Schülern durch eine Marginalie hervorgehoben: „Socratici nobilissimi".[204]

Die Sammlung der Apophthegmata des Sokrates und seiner Schüler (*ASD* IV, S. 197–235) stattete Erasmus nun mit dem Titel „SOCRATICA" aus, womit gemeint war: „Die Sprüche des Sokrates und seiner Schule".[205] Allerdings bringt die Erweiterung um die Sprüche des Aristippos mit sich, daß die Angaben, die Erasmus in der Einleitung des dritten Buches gemacht hat, gerade für Aristippos nicht mehr greifen. Denn diese haben nichts Spartanisches oder Lakonisches an sich, weder in Hinsicht auf Moral und Gemüt noch auf die äussere Form (die berühmte „breviloquentia" der Spartaner). Stattdessen preist Erasmus nunmehr Aristippos'

1. Wendbarkeit bzw. Flexibilität des Geistes („nemo … ingenii dexterioris").
2. den feinen, „urbanen" und eleganten Witz seiner Aussprüche („nemo … in dictis vrbanior et festiuior")[206] und
3. deren hilarische Freizügigkeit („hilaris libertas").[207]

Auch von der Sittenreinheit und „Heiligkeit" („sanctitas") des Sokrates blieb im Aristippos-Abschnitt nichts mehr übrig. Aristippos' Sprüche waren frech, frotzelnd und provozierend und er nahm sich sogar gegenüber dem zu Gewalttätigkeit neigenden Tyrannen von Syrakus, Dionysios I., einiges heraus. Dabei war er stets auf sein Wohlergehen bedacht und versuchte, dies in allen Situationen seines Lebens zu erhalten, durch Klugheit, Cleverness und Wendbarkeit sowie durch einen Opportunismus, der durch nichts zu überbieten war. Nicht umsonst stand Aristippos als Begründer des Hedonismus zu Buche. Dies alles stand im eklatanten Widerspruch zur Starre, Sittenstrenge und Unbeugsamkeit der Spartaner.

Auch in der Aristippos-Sektion betätigte sich Erasmus als Sprüchesammler, wenngleich in geringerem Umfang als in der Sokrates-Sammlung: Nur weniger als ein Sechstel von den insgesamt 61 Apophthegmata (in *A*) hat Erasmus hinzugesammelt, v.a. aus Athenaios und aus Plutarchs moralischen Traktaten,[208] fünf Sechstel hat er direkt aus Diogenes Laertius bzw. Valentinus Curios lateinischer Ausgabe bezogen. Nach dem Zusatz der Aristippos-Sektion wies Buch III noch immer nicht viel mehr als 6 Quarto-Lagen auf, was für ein Buch noch zu wenig war. Indem er in den Viten

---

[204] Diogenes Laertius, *De vita ac moribus philosophorum libri decem, nuper ad vetusti Graeci codicis fidem accuratissime castigati …*, Basel: Valentinus Curio, 1524, S. 62.
[205] Vgl. den Titel in *CWE* 37, S. 221: „BOOK III. SOCRATES AND HIS SCHOOL".
[206] Ebd., S. 220, Z. 596–600.
[207] Ebd., S. 236, Z. 987–992.
[208] Vgl. v.a. die Sprüche Aristippus 40–46, ebd. S. 229–231, [681]–[687].

EINLEITUNG

der von Diogenes Laertius beschriebenen Sokratiker blätterte, traf Erasmus keine
überzeugenden Spruchsammlungen mehr an. Bezeichnend ist, daß er auch später, als
er sich nochmals – und dann intensiver – Diogenes Laertius zuwandte (Buch VII),
die Viten der übrigen Sokrates-Schüler überging.[209] Tatsächlich weisen diese Viten
keine nennenswerten Apophthegmata mehr auf. Das bedeutete, daß das Erasmus
mit dem Projekt „Apophthegmata Socratica" nicht weiterkam.

II.3. *Der dritte Plan, erste Phase: Die drei größten Spruch-Philosophen oder „Das Beste aus Diogenes Laertius"*

Erasmus mußte sich neu orientieren. Seine neue Hauptquelle Diogenes Laertius wies
ihm den Weg. Er wollte sich nicht mehr der mühseligen Arbeit des selbständigen
Apophthegmen-Sammelns unterziehen. Dabei faßte er den Plan, Buch III als autoritative Auswahl der größten Spruch-Philosophen zu konzipieren. Zwei hatte er ja
bereits, Sokrates und dessen „bedeutendsten und ältesten Schüler" Aristippos. Er
suchte nun nur noch nach einem dritten großen Spruch-Philosophen. Indem Erasmus in den Philosophen-Viten weiterblätterte, kam er gewissermassen von selbst
auf den Kyniker Diogenes von Sinope (Diog. Laert. VI). Mit dieser Änderung des
Planes waren mehrere Vorteile verbunden: Erstens konnte er die Bearbeitung der
Philosophen-Viten des Diogenes Laertius zu einem befriedigenden und zugleich
überschaubaren Abschluß bringen (im Sinne von „The Best of"), ohne sich durch
dessen riesiges Sammelwerk von 10 Büchern mit sämtlichen Philosophenschulen
und Philosophen der griechischen Antike hindurcharbeiten zu müssen, zweitens
konnte er damit die Inkongruenzen, die durch die Aufnahme der Apophthegmata
des Aristippos aufgetreten waren, beseitigen. Er konnte damit Buch III als eine kluge
Auswahl aus Diogenes Laertius präsentieren, in der

1. die drei größten Spruch-Philosophen und zugleich
2. drei herausragende, jedoch unterschiedliche Apophthegmata-Qualitäten vereint
   waren.

Auf das Vorhaben, *inedita* herauszubringen, verzichtete Erasmus hingegen bis auf
Weiteres.

Diese Neukonzipierung findet sich in der Einleitung zur Sektion des Diogenes von Sinope.[210] Erasmus teilt nunmehr mit, daß sein Kompositionsplan darauf
abziele, die folgenden drei Spruch-Qualitäten in Buch III zusammenzubringen:

---

[209] Dies betrifft die Biographien des Xenophon (Diog. Laert. II, 48–59), Aischines (II, 60–64), Phaidon (II, 105) Eukleides (II, 106–112), Kriton (II, 121), Simon (II, 122–123) und Glaukon (II, 123).
[210] *ASD* IV, 4, S. 236, Z. 986–992.

1. *Faceta* Socratis *sanctimonia*
2. *Hilaris* Aristippi (Socratici) *libertas*
3. Diogenis Sinopensis (Cynici) dictorum omniiugis *gratia*.[211]

Als Merkmal der Sprüche des Kynikers gibt Erasmus deren „allseitige Eleganz" („omniiugis gratia") bzw. „in jeder Hinsicht feinsinnigen Witz" an. Die Sammlung der Diogenes-Sprüche, die Erasmus aus den Philosophen-Viten *en bloc* übernahm, war sehr reichhaltig (mehr als 200 Apophthegmata, *ASD* IV, 4, S. 236–284); Erasmus brauchte daher keine umfänglichen weiteren Recherchen zu betreiben; nur etwa 5 % fügte er hinzu, vornehmlich aus Plutarchs moralischen Traktaten. Durch die Aufnahme der Diogenes-Apophthegmata hatte Buch III den stattlichen Umfang von mehr als 13 Quarto-Lagen mit insgesamt 370 Sprüchen. Am Ende des dritten Buches bestätigt Erasmus nochmals seinen Plan und verbindet ihn mit den „Apophthegmata Lacedaemonia" (Buch I und II): In der Gattung der Apophthegmata gebühre den Spartanern das höchste Lob; deshalb fällt ihnen die Ehre zuteil, am Anfang seiner *Apophthegmata* zu stehen. An zweiter Stelle stehen die Philosophen, von denen Erasmus die drei besten Spruchspender selektiert habe: „Lacedaemoniis, quibus merito prima laus debetur in apophthegmatibus, subiecimus tres philosophos, sed in hoc genere praecipuos".[212]

An der nämlichen Stelle verrät Erasmus den übrigen Kompositionsplan seines Werkes, teilt mit, was noch kommen sollte. Er wolle den drei größten Spruch-Philosophen im letzten Abschnitt des Werkes – damit meint er das geplante vierte Buch – noch die drei berühmtesten Spruch-Könige gegenüberstellen. Damit setze er den Schlußpunkt. Er gehe bewußt so selektiv vor, um den Leser nicht zu überfordern.[213] Diese programmatische Aussage macht klar, daß Erasmus das ursprüngliche Editionsprojekt, *apophthegmata inedita* herauszugeben, nunmehr aufgegeben hat. Die Sprüche der drei größten Spruch-Könige waren bereits gesammelt vorrätig, in Plutarchs *Regum et imperatorum apophthegmata*. Erasmus konnte sie aus diesem Werk *en bloc* übernehmen, ebenso wie er im dritten Buch Diogenes Laertius' Apophthegmata-Sammlungen von Sokrates, Aristippos und Diogenes von Sinope *en bloc* übernommen hatte.

---

[211] Ebd. (Kursivierung K.E.).
[212] Ebd., S. 284, Z. 143–144.
[213] Ebd., Z. 144–146: „quibus addemus totidem reges, qui ciuilium dictorum gratia prae ceteris celebrantur, ne lectorem turba rerum obruamus".

II.4. Von der Sammlung „Die drei größten Spruch-Philosophen" zu den Virorum illustrium (selectorum) apophthegmata (Plan 3, zweite Phase)

Wie erklärt sich dieser Plan im Hinblick auf den Abschluß des Werkes? In Erasmus' Gedankengängen spielten verschiedene Agenden eine Rolle. Der Zeitpunkt, an dem er diesen Plan für das abschliessende vierte Buch fasste, liegt in etwa um das Dreikönigsfest des Jahres 1531. Erasmus wollte mit der Arbeit an dem Werk zu Ende kommen. Wie es seine Gewohnheit war, arbeitete er zügig und ging ökonomisch mit seiner Zeit um. Er hatte mit der Arbeit um den 1. Dezember des vergangenen Jahres angefangen;[214] zu Weihnachten hatte er die Hälfte der geplanten vier Bücher beim Verlag abgeliefert. Für die Abfassung der zweiten Hälfte des Werkes veranschlagte er in etwa ebenso viele Wochen, d.h. drei bis dreieinhalb: Er hielt also die Zeit für gekommen, das Werk zu beenden und den Rest beim Verlag abzuliefern. Somit war Eile geboten: Die noch übrige Arbeit sollte überschaubar und in kurzer Zeit (im Klartext: in etwa 7 bis 10 Tagen) zu erledigen sein. Zudem würde er mit der nunmehr für das vierte Buch ausgewählten Portion, wie er sich ausrechnen konnte, ganz leicht die am 15. Dezember veranschlagten 40 Quarto-Lagen gefüllt haben.[215] Ein kurioser Zufall ist, daß Erasmus den Plan, das Werk mit den drei Königen abzuschliessen, in etwa zum Zeitpunkt des Dreikönigsfestes fasste. Es ist im Übrigen nicht ganz auszuschliessen, daß dieser Zufall zu dem „rettenden" Einfall beigetragen haben könnte.

Die abschliessende Phase, in der sich das Werk nunmehr befand, brachte mit sich, daß Erasmus sich konkrete Gedanken in Bezug auf die Widmung machte. Sehr wahrscheinlich hatte er sich, als er den Plan mit den drei Königen ankündigte, bereits für den jungen Prinzen Wilhelm von Kleve (Abb. 9) entschieden, dem er noch im

---

[214] Damit stimmen auch die Angaben überein, die Erasmus in seinen Briefen an Franciscus Cassander (Freiburg, 6. März 1531) und Jacopo Saldoleto (Freiburg, 7. März 1531) macht, nachdem er die sechs Bücher der *Apophthegmata* vollendet und beim Verlag Hieronymus Froben abgeliefert hatte. Erasmus berichtet, daß er im Sommer des Jahres ernstlich erkrankt war und an einem bösen Geschwür in der Nabelgegend litt, was u. a. zu einer schweren Operation führte. Er war dadurch so geschwächt, daß er den gesamten Sommer nicht arbeiten konnte und auch in den folgenden Monaten nichts zustandebrachte. Erst als es Winter wurde, war er wieder imstande zu arbeiten: Das Produkt des Winters war das Werk *Apophthegmata*. Saldoleto berichtet er, daß der Winter einigermassen fruchtbar war („Hyems fuit aliquanto fertilior"), denn dann habe er den „stattlichen Band der *Apophthegmata*" („Apophthegmatum volumen iustum") verfasst (*Ep.* 2443, Z. 8–9). Er habe sich bewusst die Apophthegmata vorgenommen, weil dieser Gegenstand besonders unterhaltend und witzig sei, und ihm deshalb geeignet schien, die angeschlagenen Kräfte seines Körpers und Geistes wiederzugewinnen (ebd. Z. 9–12: „quod eo consilio sumpsimus in manus, vt corporis ingeniique viriculas vehementer attritas quassasque paulatim argumento festiuiore ad pristinum vigorem instauraremus"). Gleichlautend teilt er Cassander mit: „Posteaque apostema ferro apertum est, paulatim reuixi, nec tamen vigor rediit nisi sub hyemem. Diu post animus a studiis abhorruit ... Nihil egi. Tandem extudi, vt sequeretur (sc. animus) ad tractationem apophthegmatum, quod hoc argumentum, praeterquam quod plurimum habet amoenitatis, videtur meo genio cognatum. In eo an aliquod fecerim operae precium, ipse iudicabis". Vgl. ter Meer, „Introduction", S. 3–4.

[215] Die Beobachtung von Tineke ter Meer, daß sich das Ende der Antigonos-Monophthalmos-Sektion in der 42. Quarto-Lage befindet, ist relevant, genauso wie ihre Vermutung, daß Erasmus das Werk zunächst mit dem Buch der drei Könige abschliessen wollte. Vgl. „Introduction", S. 4.

Abb. 9. Porträt Wilhelms V. Herzog von Kleve in jungen Jahren, nicht lange nach seinem Amtsantritt i.J. 1539. Öl auf Leinwand, 49×34 cm. Stockholm, Nationalmuseum, Inv. NMGrh 1509. Wikimedia commons.

Jahr 1529 das Werk *De pueris statim ac liberaliter instituendis* dediziert hatte. Wilhelm von Kleve, der sich damals im 13. Lebensjahr befand, erhielt eine humanistische Ausbildung. Sein Lehrer, Konrad von Heresbach, war ein Anhänger, Verehrer und Freund des Erasmus, den er bereits im Jahr 1519 in Köln kennengelernt hatte. Er war Erasmus er nach Basel gefolgt, um als Korrektor im Froben-Verlag zu arbeiten. Als Konrad von Heresbach sein Amt als Prinzenerzieher am Herzogshof in Kleve antrat (1523), war er bereits ein eingefleischter Vertreter des erasmianischen Humanismus.[216] Auf Empfehlung des Erasmus hatte ihn Johannes Froben als Erzieher seines Sohnes Erasmius, zugleich das Patenkind des Erasmus, beschäftigt (1522). In der Folge empfahl ihn Erasmus für die Stelle als Prinzenerzieher am Hof von Kleve. Es war Konrad von Heresbach, der im Vorfeld von *De pueris* Erasmus gebeten hatte, ein Werk zu verfassen, das er für den Unterricht Wilhelms benutzen konnte. Ein Hauptgedanke von *De pueris statim ac liberaliter instituendis* war, daß die Erziehung der Knaben human, spielerisch, schrittweise und didaktisch klug gestaltet werden sollte. Allzu große Strenge, zu hohe Anforderungen, riesige Stoffmengen, bestrafendes Unterrichten lehnte Erasmus ab. Zu dem spielerischen Lernen, das er vor Augen

---

[216] Grundlegend zum Humanismus des Konrad von Heresbach vgl. M. Bernhardt (Hrsg.), *Geist und Macht. Konrad Heresbach. Humanist und Diplomat am jülich-klevischen Hof*, Jülich 1999; M. Pohl (Hrsg.), *Der Niederrhein im Zeitalter des Humanismus. Konrad Heresbach und sein Kreis*, Bielefeld 1997; J. Prieur (Hrsg.), *Humanismus als Reform am Niederrhein. Konrad Heresbach 1496–1579*, Bielefeld 1996; M. Szameitat, *Konrad Heresbach. Ein niederrheinischer Humanist zwischen Politik und Gelehrsamkeit*, Bonn 2010; für das Verhältnis von Erasmus und Heresbach vgl. A.J. Gail, *CE* II, S. 183–184 und J.-C. Margolin in der Einleitung zu *De pueris* in *ASD* I, 2, S. 29–40.

Abb. 10. Konrad von Heresbach (mit Ehegattin), der Prinzenerzieher des Wilhelm von Kleve, Berg und Jülich, zur Zeit seiner Anstellung am Herzoghofes von Kleve, nach seiner Heirat (1536) und vor dem Amtsantritt Wilhelms des Reichen (1539). Anonymer Künstler, Aquarell auf Pergament. Kölnisches Stadtmuseum. https://commons.wikimedia.org/wiki/File:Konrad_heresbach.jpg

hatte, machte er in dem Traktat mehrfach konkrete Angaben. Er rät dazu, den Knaben zunächst das anzubieten, was ihnen Spass mache, sie zum Lachen einlade und die Phantasie anrege. Diesbezüglich schlägt er vor, die Knaben zunächst in der antiken Mythologie (*fabulae*) zu unterrichten und sie mit den Fabeln des Aisopos (*apologi*) vertraut zu machen. Das eigentliche Ziel sei, die (Moral)Philosophie zu erlernen. Wenn man den Knaben gleich trockene Lehrbücher oder Verhandlungen vorsetze, so werde dies nicht fruchten.

Mit Hilfe der Mythen und der *apologi* erlernen sie die Philosophie jedoch spielerisch („At hic quanta philosophiae pars per lusum discitur?").[217] Als Beispiel gibt Erasmus die mythische Erzählung von den Gefährten des Odysseus, die von Kirke in Schweine verwandelt wurden; diese wird die Knaben belustigen, die sich in ihrer Phantasie ausmalen, wie die Männer als Schweinchen herumrennen; sie werden nach Herzenslust lachen: Dennoch – und dies ist die Zauberkraft des spielerischen Lernens – werden sie durch die lustige Geschichte die Bedeutung der höchsten Weisheit

---

[217] *ASD* I, 2, S. 66–67.

der Moralphilosophie, die stoische Kontrolle der Affekte durch die Ratio erlernen: „Ridetur narratio, et tamen interim discit puer, quod in morali philosophia praecipuum est – eos, qui non gubernantur recta ratione, sed affectuum arbitrio rapiuntur, non homines esse, sed beluas. Quid Stoicus diceret grauius? Et tamen idem docet ridicula fabula".[218]

In sorgfältigem didaktischem Aufbau wird der Philosophie-Unterrricht durch die Verwendung längerer unterhaltsamer Texte weitergeführt: Dazu gehört zunächst die Bukolik und die Komödie. Den krönenden Abschluß von Erasmus' didaktischem Unterrichtsgebäude bilden kurze und witzige Weisheiten („sententiae breues et lepidae"), wozu auch Proverbien und „*illustrium virorum apophthegmata*" gehören. Die „*illustrium virorum apophthegmata*" wurden, wie Erasmus betont, schon in der Antike als das didaktische Mittel *par excellence* verwendet, um das ungebildete Volk in der Philosophie zu unterichten („quibus olim solis philosophia tradi solita est populo").[219]

Dies war nun genau der Ansatzpunkt, den Erasmus mit seiner Widmung vor Augen hatte: Die *Apophthegmata* sollten als *Unterrichtsmaterial* für die letzte Phase von Wilhelms humanistischer Erziehung dienen, die nach dem Programm verlief, das Erasmus in *De pueris* vorgelegt hatte. Der Prinz war 14 Jahre alt: Somit war es Zeit für die genannten „illustrium virorum apophthegmata".

Zu diesem Ziel passte das Vorhaben, eine *Auswahl* von Sprüchen anzubieten. Eine Auswahl war ja für den Schulunterricht nützlicher als eine riesige, unübersichtliche Textmenge. In der neuen Konzeption bot das Werk des Erasmus „illustrium virorum apophthegmata" an: der drei größten Spruch-Philosophen und dreier Könige: Philipps II., Alexanders d. Gr. und des Antigonos Monophthalmos. Auch die der spartanischen Könige und Feldherren des ersten Buches konnte man zu den „viri illustres" rechnen. Im Hinblick auf das erzieherische Ziel ließ sich der relativ hohe Anteil der spartanischen Könige in der nunmehrigen Neukonzipierung vielleicht gut durch die große sittliche Reinheit und Würdigkeit rechtfertigen, die ihre Sprüche atmen. Die Beschäftigung mit deren Apophthegmata führt nicht nur zur Tugend hin, sondern auch zur Philosophie. Insofern erschien es nunmehr nur folgerichtig, daß gleich nach den Sprüchen der Spartaner die griechischen Philosophen an die Reihe kommen. Im Unterricht durften natürlich auch nicht jene der gekrönten Häupter bzw. Staatsmänner fehlen. Nicht nur die Vertreter der *vita contemplativa* oder *theoretica*, sondern auch jene der *vita activa* sollten unbedingt zu Wort kommen. Denn die Apophthegmata hatten zugleich den Wert von Vorbildern. Nicht nur die theoretische Ethik sollte unterrichtet werden, sondern zugleich ihre praktische Anwendung: Wie liess sich dies besser zeigen, als an Hand von Beispielen des praktischen Regierens? Ein Teil der Schüler würde gerade zu den zukünftigen Regenten gehören. Dies galt nicht zuletzt für den Prinzen Wilhelm, den zukünftigen Herzog von Kleve. Er möge sich die Sprüche Philipps II., Alexanders und Antigonos Monophthalmos' zum Exempel

---

[218] Ebd., S. 66, Z. 25–28.
[219] Ebd., S. 67, Z. 4–6.

nehmen. Erasmus scheint bei seiner Ankündigung vor Augen gehabt zu haben, Beispiele herrscherlicher Gesinnung, Tugendhaftigkeit, Menschlichkeit und Weisheit zu vermitteln.

Paradigmatisch für diese Zielsetzung ist die Art, in der Erasmus seine Auswahl der drei Herrscher definiert: Es sollten jene Könige sein, „qui ciuilium dictorum gratia prae caeteris celebrantur".[220] Mit „dictorum gratia" meint Erasmus, wie schon in der Einleitung der Sektion Diogenes des Kynikers, „feinsinnigen Witz", der Intelligenz und Bildung voraussetzt. Ausgeschlossen waren dabei grobschlächtige, rustikale, unbeherrscht aggressive, unbedachtsame, emotional überquellende und einfältige Aussprüche. Auffällig ist zudem die Definition als „ciuilia dicta": Damit meint Erasmus, daß die Aussprüche der Könige einen gewissen Bürgersinn an den Tag legen sollten, eine Haltung, die die bürgerliche Ordnung respektiert, fördert und in den Sprüchen demonstrativ bestätigt. Dies steht im Einklang mit seinem Fürsten-Ideal, das er in der *Institutio principis Christiani* vorgeschrieben hatte: Der Fürst sollte sich seinen Untertanen gegenüber nicht überheblich bezeigen, sondern sie respektieren und seine Existenz ins Zeichen ihres Wohlergehens stellen.

Erst jetzt, d.h. wohlgemerkt am Ende des dritten Buches, war Erasmus auf den Plan der *ausgewählten* Apophthegmata gekommen, den er in der Einleitung zum fünften Buch als den ursprünglichen hinstellte: „Equidem statueram aliquot selectis, quos superioribus libris retuli, esse contentus". Tatsächlich war das Konzept der „apophthegmata selecta virorum illustrium" erst in der zweiten Phase des dritten Planes zustandegekommen.

II.5. *Plan 3, zweite Phase: Zwei Bücher Illustrium Graecorum apophthegmata (III–IV)*

Um seinen gerade präsentierten Kompositionsplan auszuführen, wendet sich Erasmus nunmehr den von ihm gepriesenen, als genuin plutarchisch betrachteten *Regum et imperatorum apophthegmata* zu, aus denen er nunmehr die folgenden drei Könige auswählte:

1. Philipp II. von Makedonien (geb. 382 v. Chr.; reg. bis 336; Plut. *Mor.* 177C–179D; *ASD* IV, 4, S. 285–294).
2. Alexander d. Gr., den Sohn Philipps II. (geb. 356 v. Chr.; reg. von 336–323; Plut. *Mor.* 179D–181F; *ASD* IV, 4, S. 294–309).
3. Antigonos I. Monophthalmos (geb. um 382 v. Chr.; reg. 306–301; Plut. *Mor.* 181F–183A; *ASD* IV, 4, S. 309–315).

Dabei übernimmt Erasmus jeweils deren Apophthegmata zur Gänze, aus der Philipp-Sektion 31, aus der Alexander-Sektion 33 und aus jener des Antigonos 18. Die

---

[220] *ASD* IV, 4, S. 284, Z. 145.

Philipp-Sektion ergänzte er nur geringfügig, mit 4 weiteren Sprüchen. In den beiden anderen Sektionen betätigte sich Erasmus wieder als Apophthegmata-Sammler: Er erweiterte die Alexander- und Antigonos Monophthalmos-Sammlung auf etwa den doppelten Umfang. Im Fall der hinzugesammelten Alexander-Apophthegmen ist die Verschiedenheit der Quellen bemerkenswert, unter denen aber dennoch quantitativ Plutarchs Alexander-Biographie und moralphilosophische Traktate hervorstechen. In der Antigonos Monophthalmos-Sektion tat sich Erasmus aber bereits wieder schwer: Dieser König hatte nicht das Kaliber seiner Vorgänger; das Verlangen des Erasmus, die Sammlung zu erweitern, führte zu schlimmen Fehlern: In einigen Fällen verwechselte er den Antigonos Monophthalmos (um 382–301 v. Chr.) mit dessen Enkel Antigonos Gonatas (um 319–239 v. Chr.).[221] Die Apophthegmen [1051] und [1052][222] entnahm Erasmus Plutarchs Pyrrhos-Biographie: Die Tatsache, daß König Pyrrhos I. von Epeiros (um 319–272 v. Chr.) ein Zeitgenosse des Antigonos Gonatas war und nicht des Monophthalmos, hätte Erasmus von dem Irrtum abhalten sollen.

Auffällig ist Erasmus' unterschiedliche moralische Bewertung der drei Könige, die zu einer hierarchischen Staffelung führt: 1. Philipp II., 2. Alexander, 3. Antigonos Monophthalmos. Philipp II. wird als der mit Abstand beste präsentiert. Alle seine Sprüche zeigen seine „guten Sitten" („boni mores").[223] Damit avanciert er für den Gebrauch im Schulunterricht und insbesondere in der Erziehung eines Fürsten zu einem nachahmenswerten *exemplum*. In Bezug auf die Hochwertigkeit seiner Sitten und den feinen, urbanen Witz („dictorum vrbanitas")[224] fungiert er als Pendant zu Sokrates, der das dritte Buch einleitete („faceta Socratis sanctimonia").[225] Zusätzlich schreibt ihm Erasmus jene „Wendigkeit des Geistes" („ingenii dexteritas") zu, für die er im dritten Buch Aristippos gepriesen hatte. In Bezug auf die „dictorum vrbanitas" und die Flexibilität des Geistes übertrifft Philipp, verkündet Erasmus programmatisch in der Einleitung des vierten Buches, alle anderen Könige. Philipp besitze, wie aus den Sprüchen hervorgehe, neben herrscherlicher *prudentia* sogar eine philosophische Geisteshaltung[226] und Bürgersinn,[227] ja repräsentiert Erasmus' Herrscherideal der *Institutio principis Christiani*, insofern der ideale Fürst auf das Wohl seiner Untertanen bedacht ist und seine Macht auf die Liebe und Gewogenheit seiner Untertanen anstatt auf Furcht gründe: „‚Malo', inquit, ‚diu bonus et commodus quam breui tempore dominus appellari', sentiens regnum, quod beneficiis et beneuolentia teneretur, esse perpetuum; quod vi metuque, non esse diuturnum".[228]

---

[221] Die Sprüche [1051], [1052], [1059] und [1060] sind aus der Antigonos-Monophthalmos-Sektion auszuklammern, weil sie ihm nicht zugehören, sondern seinem Enkel.
[222] *ASD* IV, 4, S. 313, Z. 726–733.
[223] Ebd., S. 294, Z. 255–256.
[224] Ebd., S. 185, Z. 3–5.
[225] Ebd., S. 236, Z. 988–989.
[226] Z. B. Philippus Macedo 2, ebd., S. 285–286, Z. 12–19.
[227] Z. B. Philippus Macedo 3 und 4, ebd., S. 286, Z. 21–30.
[228] Ebd. Z. 22–24.

Alexander d. Gr. kann, obwohl er mit Abstand der erfolgreichste und berühmteste der „drei Könige" ist, in Erasmus' Bewertung Philipp nicht das Wasser reichen. Sein Charakter sei von Rastlosigkeit, unstillbarem Ehrgeiz[229] und unersättlicher Herrschsucht gekennzeichnet. Aus dieser Perspektive beurteilt Erasmus sogar positive Eigenschaften Alexanders negativ: Als er einem Freund gegenüber große Freigebigkeit an den Tag legt, kommentiert Erasmus dies mit: „Praeclare dictum, nisi virtutis indolem ambitio vitiasset".[230] Daß Alexander das Friedensangebot Dareios' III. ausschlug, entlockt Erasmus eine ähnliche Abwertung: „Et hic animi celsitudinem probare possis, nisi dictum impotentiam quandam dominandi saperet".[231] Als Alexander eine Schmeichelei zurückwies (was in der *Institutio principis Christiani* stets positiv bewertet wird), kommentiert Erasmus: „Adulabatur illi (sc. Alexandro), sed huius animo nulla satisfaciebat adulatio".[232] Daraus geht hervor, daß Erasmus Alexander für den Unterricht eines künftigen Herrschers als Negativvorbild aufbereitete.

Weiter fällt auf, daß Erasmus – im Widerspruch zu seiner Auffassung von Plutarchs Ordnungsprinzip in den *Regum et imperatorum apophthegmata* – die makedonischen Könige als „Könige der Griechen" („Graecorum reges") bezeichnet.[233] Erasmus konzipierte das vierte Buch somit zunächst als *Regum Graecorum apophthegmata*. Dadurch wird evident, daß er nach dieser Konzipierung seinen 4 Büchern der *Apophthegmata* insgesamt eine gräzistische Signatur verleihen wollte: Die Spender aller Aussprüche sind Griechen und alle ihre Apophthegmata waren ursprünglich auf Griechisch gesprochen. Als seine Zielsetzung hatte sich herauskristallisiert, die Apophthegmata der berühmten Griechen in die lateinische Sprache zu übertragen und mit ergänzenden Anmerkungen versehen. Die Fokussierung auf die Griechen macht sowohl in Bezug auf den ins Auge gefassten Adressaten Wilhelm von Kleve als auch auf dessen Unterricht bei Konrad von Heresbach Sinn. Wie schon im Fall von *De pueris*, so war die Widmung an den Prinzen Wilhelm von Kleve genauso für dessen Erzieher und Lehrer bestimmt.

Heresbach war ein Gräzist: Die letzte Stelle, die er vor dem Prinzenerzieheramt in Kleve bekleidete, war ein Lehramt für Gräzistik an der Universität Freiburg gewesen (1521–1523), das ihm Erasmus vermittelt hatte. Daraus ging eine revidierte lateinische Übersetzung von Strabons Geographie hervor (Basel: Valentinus Curio, 1523); seine Antrittsrede trug den Titel *De laudibus literarum Graecarum*. Während seines Amtes als Prinzenerzieher in Kleve revidierte er Vallas Herodot-Übersetzung und übersetzte er eine Herodot zugeschriebene Homer-Biographie (Köln: Eucharius Cervicornus, 1526). Vermutlich war Heresbach auch der Herausgeber des Basler Gnomologiums, der *Scriptores aliquot gnomici, iis qui Graecarum literarum candidati sunt, utilissimi* … (Johannes Froben, Juni 1521).

---

[229] Ebd., S. 294, Z. 261.
[230] Ebd., S. 295, Z. 286–287.
[231] Ebd., S. 296, Z. 314–315.
[232] Ebd., S. 300, Z. 414–415.
[233] Ebd., S. 285, Z. 3.

In seinem Unterricht nahm Konrad von Heresbach sowohl die Vorschläge, die Erasmus in *De pueris* gemacht hatte, als auch die *Apophthegmata* dankbar an. Das geht klar aus dem Werk über die Prinzenerziehung, *De educandis erudiendisque principum liberis reipublicae gubernandae destinatis deque republica Christiane administranda* hervor, das Konrad von Heresbach als die Summe seiner langjährigen Erfahrung als Lehrer verfasst hat (Frankfurt, Sigmund Feyerabend, 1570). In diesem Werk zitiert Heresbach zahllose Male die *Apophthegmata* des Erasmus. Von seiner Konzeption her übernimmt er gerade Erasmus' Vorschrift des spielerischen Lernens: „Estque sic INSTITVTIO MODERANDA, VT LVDVS ESSE PVERO VIDEATVR, et per ludum delectationemque literas hauriat".[234] Die Knaben sollen zunächst mit Mythen und (äsopischen) Fabeln unterrichtet werden. Die Apophthegmata spielen eine ganz wichtige Rolle. Das zeigt schon der Stundenplan, den Heresbach entworfen hat.[235] Dort kommen sie bereits im Vormittagsprogramm des fortgeschrittenen Schülers vor: Heresbach schlägt vor, daß man mit dem Schüler Ciceros *De officiis*, die „Apophthegmata" (damit meint er wahrscheinlich Erasmus' Werk) und ausgewählte Plutarchtexte („Plutarchi selecta") lese.[236] Was der Lehrer vorliest, soll der Schüler schriftlich festhalten: „Praescribantur exempla, quae legendo scribendoque imitetur, sed quae insigne aliquid aut memorabile interim admoneant, qualia sint SPARTAM NACTVS HANC ADORNA. NON OPORTET PRINCIPEM SOLIDAM DORMIRE NOCTEM ...",[237] beides Apophthegmata, das erste zudem ein *proverbium*. Eine mindestens ebenso wichtige Rolle spielen die *Apophthegmata* im Nachmittagsprogramm. Nach dem Mittagessen räumt Heresbach Zeit für Spaziergänge, körperliche Ertüchtigung, Spiel und Spaß ein. Er fordert den Erzieher auf, wo immer möglich, auch bei Spaß und Spiel, gewissermassen zwischendurch, immer wieder ein „witziges Wort", einen „memorabelen Spruch bzw. Sentenz", ein „apophthegma" oder ein „adagium" vorzubringen, sodass sich der Schüler damit auseinandersetzt, es verstehen lernt und sich einprägt. Am Abend, vor dem Schlafengehen, soll der Erzieher die während des Tages vorgetragenen Sentenzen, Sprüche, Apophthegmen und Adagien dem Schüler nochmals in Erinnerung rufen und weiter am nächsten Tag noch einmal darauf zu sprechen kommen, sodass sich die Apophthegmen etc. im Gedächtnis festsetzen.[238] Dieses Spiel mit den Apophthegmata und verwandten Kleinformen trägt zur sittlichen und kognitiven Bildung gleichermaßen

---

234 So lautet sein programmatisches, mit Blockbuchstaben hervorgehobenes Bekenntnis in Kap. 10 „De literarum rudimentis", dem er weitere Erklärungen hinzufügt: „Ideo ludi literarii vocati, quod hic non coacti, sed quasi per lusum pueri docerentur. Debet enim a literis abesse truculentia et tristicia ... Prudens igitur institutor curabit vtile coniungere dulci, expendens, quae cuique aetati et ingenio congrua, memor aliam aetatem alia decere, puerilem autem aetatem iucundis magis capi quam subtilibus ... Quare quaecunque traduntur, iucunda reddere studeat, efficiatque blanda tradendi ratio, vt lusus videatur, non labor" (in der Ausgabe Frankfurt, Sigmund Feyerabends Erben 1592, S. 72).
235 Ebd., S. 130–139 (Kapitel 23).
236 Ebd., S. 133.
237 Ebd., S. 75 (Kap. 10).
238 Ebd., S. 133: „Inter ludendum, ambulandum, inter seria, inter iocos, semper vel vocabulum lepidum vel sententiam memorabilem proferat et instillet institutor, modo Graece modo Latine, nonnunquam

bei. Z. B., um sich gegen Schmeichler zu wappnen, muß der Schüler einerseits das Apophthegma Phokions „Non possum te simul amico et adulatore vti", anderseits die äsopische Fabel vom Menschen und dem Affen aus dem Gedächtnis abrufen.[239] Den Ausspruch Phokions bezog Heresbach aus dem vierten Buch von Erasmus' *Apophthegmata*.[240] Wie aus Heresbachs Erziehungsleitfaden weiter hervorgeht, gab er dem Prinzen auch Unterricht in der griechischen Sprache, jedoch nur rudimentären. Das Schwergewicht lag auf der Wissensvermittlung in lateinischer Sprache und der Einübung von Latein und Französisch. Gründliche Griechischkenntnisse waren demgegenüber für einen zukünftigen Fürsten Ballast.

Daraus ergibt sich, daß ein Werk wie die auf diese Weise konzipierten vier Bücher von Erasmus' *Apophthegmata* für den Unterricht am Hofe von Kleve höchst willkommen war. Statt auf Griechisch waren alle Sprüche nun in lateinischer Sprache zugänglich und zudem mit kurzen Erläuterungen versehen. Erasmus muss bekannt gewesen sein, welche Rolle *apophthegmata, adagia, sententiae* und Verwandtes in Konrad von Heresbachs Unterricht spielte. Auch wusste Erasmus, daß dieser Unterricht bereits gefruchtet hatte und Prinz Wilhelm den Spruchformen großes Interesse entgegenbrachte. In seinem (kurzen) lateinischen Dankschreiben für die Widmung von *De pueris* zitiert der dreizehnjährige Wilhelm zwei Apophthegmata und zwei *proverbia*, die er den *Adagia* des Erasmus entnommen hatte.[241] Das erste Apophthegma ist von Dionysios II. von Syrakus und stammt aus Plutarchs *Regum et imperatorum apophthegmata*,[242] das zweite, gnomische, enthält die Weisheit „der Alten", daß entweder der Staat von Philosophen gelenkt werden solle oder die Machthaber Philosophen zu ihren Ratgebern machen sollten.[243] Das erste *Adagium* „Spartam, quam nactus es, orna" zitiert Wilhelm in der von Erasmus in der Ausgabe *B* überlieferten Form „administra", wobei er zudem die Erläuterung des Erasmus auf sich selbst bezieht und in die Tat umsetzt: „Admonet adagium, vt quamcunque prouinciam erimus forte nacti, ei nos accommodemus proque huius dignitate nos geramus".[244] Das zweite Adagium war für Erasmus besonders schmeichelhaft: ἀγαθοῦ δαίμονος (*Adag.* 553, *ASD* II, 2, S. 78). Wilhelm hatte es als Inschrift in den Silberpokal ritzen lassen, den er Erasmus zum Dank für *De pueris* schenkte.[245]

---

apophthegma vel *adagium* captanda occasione proponatur. Eaque vesperi repetat, dum cubitum itur ac mane eadem exigat".
[239] Ebd., S. 51.
[240] Phocion, 16, *ASD* IV, 4, S. 349, Z. 640–641.
[241] *Ep.* 2234 vom 10. Nov. 1529.
[242] *Mor.* 176C, von Wilhelm wie folgt wiedergegeben: „Dionysius dicebat eruditos se conciliare, vt admirationi per illos mundo fieret".
[243] *Ep.* 2234, Z. 1511–1514.
[244] *Adag.* 1401, *ASD* II, 3, S. 397, Z. 4–5.
[245] *Ep.* 2234, Z. 15–18.

II.6. *Plan 3, dritte Phase, Buch IV:* Graecorum et Romanorum illustrium apophthegmata parallela *oder das Beste aus Plutarchs* Regum et imperatorum apophthegmata

Nicht lange nach dem Drei-Königs-Fest des Jahres 1531 hatte Erasmus den Plan, die Sprüche der drei „griechischen" Könige hinzuzufügen, ausgeführt, wobei die Arbeit diesmal flotter vor sich gegangen war als gedacht. Erasmus hatte zwar die ursprünglich für das gesamte Werk veranschlagten 40 Quarto-Lagen nunmehr erreicht, jedoch war die Ausbeute des vermeintlich letzten Teils seines Arbeitsvorhabens eher gering: insgesamt nur etwa 130 Aussprüche (insgesamt nicht einmal fünf Lagen). Das vierte Buch stand damit in einem augenfälligen Mißverhältnis zu Buch III mit den griechischen Philosophen, das fast dreimal so lang war: 370 Sprüche auf mehr als 13 Quarto-Lagen. Nachdem Erasmus konkret den Widmungsempfänger der *Apophthegmata* ins Auge gefasst hatte, wird er beim Abschluß des Werkes verstärkt an ihn gedacht haben. Wenn das Werk für einen Prinzen bestimmt war, so war es nicht optimal, daß unter den *viri illustres* die Philosophen eine viel größere Rolle spielten als die Könige, die ja immerhin die eigentlichen Vorbilder für den jungen Monarchen darstellen. Interessanterweise hegte Heresbach in seinem Werk über die Prinzenerziehung ganz ähnliche Gedanken. Dem Ziel, dem Prinzen als Vorbilder Herrscher vor Augen zu stellen, widmete Heresbach den Geschichtsunterricht: Die Historia ist, wie er betont, nicht nur die „magistra vitae", sondern vor allem die „*imperii administrandi magistra*". Fürsten gäben für einen Prinzen bessere Vorbilder ab als Philosophen: „In his enim licet intueri aliorum principum gubernationes et successus *morumque et gubernationis exempla hinc melius quam e philosophis petentur*".[246] Auf diese Weise läßt sich nachvollziehen, daß Erasmus das vierte Buch mit den Herrschern noch verstärken und erweitern wollte. Der Fundus der griechischen Könige in Plutarchs *Regum et imperatorum apophthegmata* gab aber nicht mehr viel her, jedenfalls nicht genug, um die Bücher III und IV einigermaßen gleichwertig zu gestalten. Da kam Erasmus der ingeniöse Einfall, Plutarchs eindrucksvolle Konzeption der *Bioi paralleloi* mit einer autoritativen Selektion aus der Spruchsammlung zu verbinden. Dazu wählte er zunächst drei römische *imperatores* aus, die jeweils Gegenstücke zu den griechischen Königen bilden sollten: 1. Augustus (S. 315–332); 2. C. Iulius Caesar (S. 332–240) und 3. Pompeius Magnus (S. 340–346). Damit entstehen drei Paare von *apophthegmata parallela*:

1. Philipp II. – Augustus
2. Alexander – Caesar
3. Antigonos Monophthalmos – Pompeius.

---

[246] *De educandis erudiendisque principum liberis...*, Frankfurt 1592, Kap. 13, S. 92; Kursivierungen K.E.

In der Überleitung von der Antigonos Monopthalmos- zur Augustus-Sektion eröffnet Erasmus den neuen Plan: „Iam vt *cum Graecis* vtcunque *paria* faciamus, Alexandro Iulium Caesarem, Philippo Augustum, Antigono M. Tullium [sic, i.e. Pompeium] obiiciemus" (S. 315, Z. 779–780). Caesar soll das Pendant zu Alexander sein – genauso wie dies in den *Bioi paralleloi* Plutarchs der Fall ist (Alexander: Plut. *Vit.* 664F–707E; Caesar: Plut. *Vit.* 707E–741C); Augustus zu Philipp II. Dieses Paar ist neu – in den *Bioi paralleloi* waren beide Herrscher nicht vertreten; dennoch war es im Sinne von Plutarchs Konzept konstruiert. Eine ironische Nebenwirkung von Erasmus' Komposition ist, daß Vater und Sohn einander kreuzweise gegenübergestellt werden: Philipp, der Vater Alexanders, Augustus, dem Adoptivsohn Caesars; Caesar, der Adoptivvater, Alexander, dem Sohn Philipps. Bei dem dritten Paar hat sich Erasmus geirrt: Gedankenverloren hatte er „Tullium" statt „Pompeium" geschrieben. Es ist auffällig, daß dieser gravierende Fehler bei der Durchsicht der Druckfahnen von immerhin drei Ausgaben zu Lebzeiten des Erasmus (1531 = *A*, 1532 = *B*, 1535 = *C*) nicht verbessert wurde; dies legt Zeugnis von der flüchtigen Arbeitsweise ab, die in den *Apophthegmata* an vielen Stellen manifest wird. Es unterliegt keinem Zweifel, daß Pompeius gemeint war (S. 340–346). Pompeius war in den *Bioi paralleloi* vertreten, fungierte dort jedoch als Pendant zu dem spartanischen König Agesilaos II. Für Erasmus war Pompeius als biographischer „Partner" jedoch noch „frei", da er Agesilaos II. in den *Apophthegmata* bereits in Buch I behandelt hatte, als zweiten spartanischen König (*ASD* IV, 4, S. 51–77). Tatsächlich passte Pompeius besser zu Antigonos Monophthalmos: Beide waren erfolgreiche hellenistische Generäle, beide hatten sich in ihrer Propaganda als „neuen Alexander" präsentiert.

Während Erasmus hier drei römische *imperatores*[247] zum paarweisen Vergleich mit den griechischen Königen aufstellte, somit *apophthegmata parallela* verfasste, schlachtet er die *Regum et imperatorum apophthegmata* weiterhin aus: In der Augustus-Sektion liefern sie 13, in der Caesar-Sektion 15 und in jener des Pompeius 16 *Apophthegmata* (insgesamt 44). Für die Caesar- und Augustus-Sektion zapfte Erasmus zusätzlich bisher noch nicht benutzte Quellen an: die *Saturnalia* des Macrobius und v.a. die Kaiserbiographien Suetons. Auf diesem Weg gelang es ihm, die Caesar-Sektion auf den doppelten, die Augustus-Sektion sogar auf den fünffachen Umfang zu erweitern. Am Ende hatte Erasmus 124 *Apophthegmata* römischer Herrscher (mehr als 5 Lagen) zusammengebracht, die er den 134 Sprüchen der Könige der Griechen (etwas weniger als 5 Lagen) gegenüberstellte.

Erasmus hätte an dieser Stelle das vierte Buch abschliessen können, da er jetzt ungefähr einen Gleichstand Philosophen (13, 5 Lagen): Herrscher (10 Lagen) und griechische Könige: römische *imperatores* (beide etwa 5 Lagen) erreicht hatte. Er war

---

[247] Die Bezeichnung „imperator" wird hier nicht nur in Hinblick auf den lateinischen Titel von Plutarchs Sammlung gewählt, sondern auch, weil sie der Sache nach den drei römischen Politikern gerecht wird: Pompeius führte den Titel „imperator" mehrfach als Oberbefehlshaber der römischen Legionen bei militärischen Großoperationen, ebenso Iulius Caesar; Augustus führte den Titel bereits als Teil der von ihm neu eingeführten Kaiser-Titulatur.

aber nun, was die letzte Adaption seines Planes betrifft, so recht auf den Geschmack gekommen, sowohl um das Konzept der *apophthegmata parallela* als auch jenes von „Das Beste aus Plutarchs *Regum et imperatorum apophthegmata*" fortzusetzen. Zu diesem Zweck fügte er noch ein weiteres Paar eines Griechen und eines Römers hinzu (Cicero – Demosthenes), das er zu einem Triptychon der besten Spruch-Redner ausbaute, sodass sich Buch IV nunmehr aus 3 Triptychen zusammensetzte:

1. Drei griechische Könige (Philipp II. – Alexander – Antiginos Monophthalmos)
2. Drei römische *imperatores* (Augustus – C. Iulius Caesar – Pompeius)
3. Drei griechische und römische Redner/ Politiker[248] (Phokion – Cicero – Demosthenes).

Dem Konzept der *Bioi paralleloi* bzw. *Apophthegmata parallela* folgend stellte Erasmus die beiden größten Redner der Antike einander gegenüber, genauso wie dies Plutarch in seinen *Viten* getan hatte: Cicero (Plut. *Vit*. 861A–886B; Erasmus *Apophth*. IV, *ASD* IV, 4, S. 351–367) und Demosthenes (Plut. *Vit*. 846A–860F; Erasmus *Apophth*. IV, *ASD* IV, 4, S. 367–372). Erasmus muss auf diese Erweiterung gekommen sein, als er in seinen *Bioi paralleloi* blätterte, in denen die von ihm selektierten Personen unmittelbar nach einander angeordnet waren, so auch in den Sammelausgaben mit den lateinischen Übersetzungen, die Erasmus, wenn er Sprüche aus den *Bioi paralleloi* exzerpierte, vorzugsweise benutzte, z. B. in der Ausgabe von Josse Bade und Jean Petit (Paris 1514):

1. *Pompei viri illustris vita* (Antonio Tudertino), fol. CCXXX^r–CCXLIII^v
2. *Alexandri Magni illustris vita* (Guarino da Verona), fol. CCXLIIII^r–CCLVII^r
3. *C. Caesaris viri illustris vita* (Jacopo Angelo da Scarparia), fol. CCLVII^r–CCLXVII^v
4. *Phocionis viri illustris vita* (Lapo da Castiglionchio), fol. CCLXVIII^r–CCLCCV^v
5. *Demosthenis viri illustris vita* (Leonardo Bruni), fol. CCCI v–CCCVI r
6. *M. Tullii Ciceronis vita* (Achille Bocchi), fol. CCCVI^r–CCCXIII^v.

Diese Anordnung bestimmte letztlich den Kompositionsplan des vierten Buches der *Apophthegmata*. Mit den Gegenüberstellungen lädt Erasmus den Benutzer der *Apophthegmata* ein, die jeweiligen *viri illustres* miteinander zu vergleichen, genauso wie Plutarch dies in seinen Synkriseis getan hatte.[249] In der Demosthenes-Sektion (S. 367–372) bilden die *Regum et imperatorum apophthegmata* ausnahmsweise nicht die Hauptquelle, da Plutarch Demosthenes dort nicht berücksichtigt hatte. Stattdessen benutzte Erasmus Plutarchs Demosthenes-Biographie, der er 13 der insgesamt 23 Apophthegmata entnahm, und diverse moralphilosophische Traktate desselben Autors. In der Cicero-Sektion hingegen ging Erasmus wieder von den *Regum et*

---

[248] „oratores" hat diese doppelte Bedeutung.
[249] Vgl. seine Synkrisis von Demosthenes und Cicero, *Vit*. 886B–888C.

imperatorum apophthegmata aus, aus der er die ersten 21 Aussprüche bezog. Jedoch hat Erasmus den Umfang der Cicero-Sektion mehr als verdreifacht; die Hauptquellen der übrigen 48 Aussprüche sind Macrobius' *Saturnalia* (14), Plutarchs Cicero-Biographie (14) und Quintilians Kapitel über den Witz in der *Institutio oratoria* (VI, 3; 16 Sprüche).

Einigermassen überraschend mag das Auftauchen des Phokion (*ASD* IV, 4, S. 346–351) sein, weil es gegen das Prinzip der *Apophthegmata parallela* zu verstossen scheint: Dem Griechen Phokion fehlt das römische Gegenstück, während ihn Plutarch in den *Bioi paralleloi* mit Cato d.J. zu einem Paar verbunden hatte. Es mag hier auf den ersten Blick scheinen, daß Erasmus in seiner Komposition nachlässig vorgegangen ist. Jedoch gab es Gründe, Phokion aufzunehmen, ihn jedoch nicht zusammen mit Cato d.J. zu präsentieren, und zwar formaler und inhaltlicher Art. Zunächst mag sich die Aufnahme des Phokion aus der seriellen Aneinanderreihung der Personen in den *Bioi paralleloi* erklären, wo die Phokion-Vita direkt auf jene Caesars folgt. Zweitens stellte Erasmus seine Spruchspender stets in Dreier-Gruppen zusammen; offensichtlich wollte er seine Triptychon-Kompositionsweise bis zum Schluss durchziehen. Hinzu kommt, daß er eine andere Parallelie ins Auge fasste, die er dem Leser zur *comparatio* anbieten wollte: jene der Philosophen (Buch III) und der Redner (Buch IV), insbesondere des Phokion und Sokrates. Durch dieses Kompositionsmittel stellt Erasmus nachträglich eine enge Verbindung des vierten Buches mit dem dritten und sogar zu den ersten beiden Büchern her, indem er die Phokion-Sektion als das Pendant zu den Sokrates-Apophthegmata des dritten Buches präsentiert: In Bezug auf die *constantia* und *sanctimonia* gleiche Phokion dem Sokrates, sagt Erasmus, in Bezug auf die *breviloquentia* übertreffe er ihn und tue es den Spartanern gleich.[250]

Der Redner Phokion bildet somit ein Paar mit dem *Philosophen* Sokrates; der Leser wird dadurch eingeladen, die Aussprüche eines berühmten Philosophen mit jenen eines sittenreinen Politikers zu vergleichen, der sich einer spartanischen Ausdrucksweise befleissigt, während er doch ein gebürtiger Athener war: Ebenso wie Sokrates betrachtet Erasmus Phokion von seinem *ingenium* her als „athenischen Spartaner". Damit erzeugte Erasmus den Eindruck einer kohärenten, von der Konzeption her gründlich durchdachten Komposition. Es scheint sogar eine Art Ringkomposition vorzuliegen. Die Arbeit an dem auf vier Bücher konzipierten Werk war nun abgeschlossen; Erasmus lieferte das Werk beim Froben-Verlag ab.

---

[250] *ASD* IV, 4, S. 346, Z. 544–547: „Primum igitur accipe Phocionem Atheniensem genere, sed Lacedaemonium et morum integritate et orationis breuiloquentia. Socratem in hoc referebat, quod nunquam visus est cuiquam neque flere neque ridere: tanta erat animi constantia".

II.7. *Der vierte Plan: Apophthegmata als Institutio principum oder das komplette Corpus der plutarchischen Apophthegmata (I–II, IV—V)*

Kurz nachdem Erasmus das Werk für beendet erklärt und die restlichen beiden Bücher in den Satz gegeben hatte, also wohl um den 20. 1. 1531, überkamen ihn wieder Zweifel bezüglich der Plausibilität und Schlagkraft des Werkes. Er mag sich an einen früheren Plan erinnert haben, den er am Anfang des Jahres 1530 gehegt hatte, nämlich eine „paraphrasis" der *gesamten Apophthegmata Plutarchs* herauszubringen.[251] Jetzt, etwa ein Jahr später, war er drauf und dran, ein Werk herauszubringen, das in etwa 65 % des plutarchischen Corpus enthielt. Davon bildeten den größten Teil, etwa 45 %, die *Apophthegmata Laconica*, die nach seiner eigenen textkritischen Analyse unecht waren. Sie konnten jedenfalls den „echten" plutarchischen Apophthegmata, den *Regum et imperatorum apophthegmata*, nicht das Wasser reichen. Wie reimt es sich, daß er das Bastardwerk zur Gänze herausgab, während er von den wertvollen *Regum et imperatorum apophthegmata* nur eine sehr beschränkte Selektion von weniger als einem Drittel darbot? Wäre der Widmungsnehmer etwa nicht imstande, die übrigen Sprüche der *Regum et imperatorum apophthegmata* zu akzeptieren, während ihm zugleich 184 größtenteils obskure, darunter obendrein 104 anonyme spartanische Spruchspender zugemutet wurden? Wäre es für den zukünftigen Herzog von Kleve nicht vorteilhafter, die *Regum et imperatorum apophthegmata* zur Gänze in Händen zu halten? Der Wert von Herrscher-Apophthegmen für die Erziehung des Fürsten war doch über jeden Zweifel erhaben. Hatte Wilhelm von Kleve nicht schon vor mehr als einem Jahr in seinem Dankschreiben für *De pueris* einen Ausspruch aus den *Regum et imperatorum apophthegmata* zitiert, der in der jetzigen Sammlung von vier Büchern nicht einmal enthalten war?[252]

Aufgrund der Zweifel, die Erasmus beschlichen, entschied er sich, noch ein fünftes Buch hinzuzufügen, in dem er alle übrigen Sprüche der *Regum et imperatorum apophthegmata* bringen würde, somit, dieses Werk komplett in seine *Apophthegmata* zu inkorporieren. Er stattete das fünfte Buch mit einer eigenen Einleitung aus, in der er seinen neuen Plan auseinandersetzt: Während er ursprünglich mit einer Auswahl von Sprüchen zufrieden gewesen sei, habe er sich nunmehr entschieden, die Sammlung auf ein Buch zu erweitern, „weil ihn dazu von allen Seiten her eine riesige Menge von erinnerungswürdigen Apophthegmen" einladen würde: „Sed quoniam inuitabat arridens *vndique* dictorum memorabilium *copia* simulque veniebat in mentem, quam auidum ac famelicum huiusmodi deliciarum conuiuam accepissem, visum est quintum missum addere".[253] Mit der kulinarischen Metapher „einen fünften Gang" meint Erasmus im Klartext „ein fünftes Buch", nach der Analogie der

---

[251] *Ep.* 2261, Z. 45–49: „Fortassis absoluam paraphrasim in Apophthegmata Plutarchi; simul et emendaturus, quae perperam sunt reddita, et explanaturus, quae obscure, et argutiam dicti indicaturus, quam non omnes sentient, et vsum commonstraturus".
[252] Von Dionysios II. von Syrakus; vgl. oben (*Ep.* 2234).
[253] Vgl. unten *ad loc.*; Kursivierung K.E.

vorhergehenden vier Gänge, die Bücher I–IV. Freilich sind seine eigenen Angaben zu dieser Änderung des Planes auch diesmal einigermassen unscharf und suggerieren etwas, das mit der Wirklichkeit nicht übereinstimmt. Es ist mitnichten der Fall, daß Erasmus jetzt plötzlich seinen Plan geändert hatte, weil die Masse der an allen Seiten auftauchenden Apophthegmata ihn dazu verführt hätte: Buch V ist mit dem Spruchmaterial gefüllt, das von allem Anfang an vorlag, dem der *Regum et imperatorum apophthegmata*. Auch behauptet Erasmus, daß sein Leser, der eine Gier nach immer mehr Apophthegmata entwickelt hätte, ihn auf den Gedanken der Neukonzipierung gebracht hätte. Auch dieses Argument ist fiktiv. Die ersten vier Bücher seiner *Apophthegmata* waren ja noch nicht im Druck erschienen. Niemand, mit Ausnahme des Setzers und des Verlegers, wusste Näheres über das Werk. Es war Erasmus selbst, der sich aufgrund seiner Zweifel zu der Kehrtwende entschied.

Interessant und problematisch zugleich ist Erasmus' Selbstaussage, daß er die *Apophthegmata* nunmehr so anordnen würde, daß er damit das Ordnungsprinzip des Plutarch übernehmen würde. Dieses Ordnungsprinzip beschrieb Erasmus in seiner „Epistola nuncupatoria" wie folgt:[254]

1. Per regiones ac regna: „a Persis venit ad Aegyptios, ab Aegyptiis ad Thraces, a Thracibus ad Scythas, a Scythis ad Siculos, a Siculis ad Macedones, hinc ad Athenienses, ab his ad Lacedaemonios, … a Lacedaemoniis ad Thebanos, a Thebanis ad Romanos". Hinzu kommt, daß Erasmus die Abfolge der (König)reiche für geographisch und chronologisch geordnet betrachtete.
2. Für jedes *regnum* gelte erstens eine hierarchische Anordnung in
    a. reges/ Könige
    b. „vnicuique regum suos adiungens duces" et
    c. „cuique ducum suos collegas …",
    zweitens eine chronologische Reihenfolge.

Diese Wiedergabe von Plutarchs Kompositionsprinzip entspricht nicht ganz den Tatsachen. Erstens bildet die Konzeption des Königreiches nicht die Grundlage für das gesamte Werk *Regum et imperatorum apophthegmata*. Zweitens entfaltet Plutarch innerhalb der Königreiche keineswegs eine Hierarchie von (a) Könige – (b) deren Generäle – (c) weitere Heeresführer. Die beiden letzten Kategorien sind tatsächlich keine konstitutiven Bausteine des Werkes. Innerhalb der „Königreiche" ist die von Erasmus behauptete chronologische Abfolge nicht das grundlegende Ordnungsprinzip (s. unten). Vielmehr geht Plutarch, wie schon der Titel des Werkes, ἀποφθέγματα βασιλέων καὶ στρατηγῶν, andeutet, nach *Staatsformen* vor, nach Staaten *mit* und *ohne* βασιλεύς, jedoch mit gewählten στρατηγοί als Staatshäupter und militärische Führer:

---

[254] Ebd., Z. 100–106.

1. ἀποφθέγματα βασιλέων: *Mor.* 172E–184F und 189B–192C
2. ἀποφθέγματα στρατηγῶν: *Mor.* 184F–189B und 192C–208A

Die στρατηγοί beziehen sich auf Staatsformen demokratischer, oligarchischer oder republikanischer Ordnung, konkret auf die Stadtstaaten Athen und Theben, den Attischen und Booiotischen Bund sowie das Römische Reich, das Plutarch auf die Römische Republik beschränkt, mit Hinzuzählung Caesars und Augustus', die Plutarch *nicht* als Monarchen (βασιλεύς oder αὐτοκράτωρ) tituliert. Καῖσαρ ist für Plutarch in den *Regum et imperatorum apophthegmata* lediglich das *cognomen* des Gaius Iulius und seines Adoptivsohnes Octavianus. Für die politischen Führer Athens, Thebens, des Attischen und Boiotischen Bundes verwendet Plutarch den Amtstitel στρατηγός, wie es den Tatsachen entsprach; im Rahmen der Römischen Republik bezeichnet στρατηγός jedoch verschiedene Ämter: *consul, praetor*, Proprätor, *legatus legionis* oder hoher militärischer Kommandant.

Das bedeutet, daß die Struktur von Plutarchs *Regum et imperatorum apophthegmata* im Grunde von der Zweiteilung in ἀποφθέγματα βασιλέων und ἀποφθέγματα στρατηγῶν bestimmt wird.

Wie schon angedeutet, stimmt nicht, daß die Abfolge der Reiche in den *Regum et imperatorum apophthegmata* chronologisch angeordnet sei: Plutarch fängt mit dem Reich der persischen Großkönige an (seit Kyros II. d. Gr., der von ca. 559–530 regierte; *Mor.* 172F–174C), während das nachgeordnete ägyptische Pharaonenreich (174C) tatsächlich viel älter ist. Ebenso den persischen Großkönigen (559 ff.) nachgeordnet sind der thrakische König Poltys, den Plutarch explizite der Zeit des Trojanischen Krieges zuordnet (174C), die assyrische Königin Semiramis (reg. 811–806 v. Chr., 173B) und die spartanischen Könige Lykurgos (9./8. Jh. v. Chr., 189E–F), Charillos (189F), Teleklos (190A) und Theopompos (alle drei aus dem 8. Jh. v. Chr., 190A). Poltys ist mehr als 700 Jahre älter als Kyros d. Gr., die übrigen Könige etwa 200–300 Jahre. Die skythischen Könige Idanthyrsos (ca. 500 v. Chr., 174E), Ateas (429–339 v. Chr., 174E–F) und Skiluros (2. H. d. 2. Jh. v. Chr., 174F) sowie die Tyrannen Siziliens (5. und 4. Jh. v. Chr., 175A–177B) rangieren vor den Athenern, Spartanern und Thebanern, obwohl sie jünger sind als diese; dasselbe gilt für die Könige Makedoniens (Philipp II., um 382–336 v. Chr. – Antigonos II. Gonatas, um 319–239 v. Chr., 177C–183D) und den thrakischen König Lysimachos (361/0–287 v. Chr., 183E), die ebenfalls jünger sind als die Athener, Spartaner und Thebaner, jedoch vor diesen behandelt werden.

Überhaupt ist anzumerken, daß Plutarch nicht den Plan hatte, die großen Reiche der Alten Geschichte sukzessive darzustellen, etwa um einen historischen Überblick zusammenzustellen. Weder das thrakische noch das skythische Königtum noch der Tyrannenstaat von Sizilien noch das Königtum von Pergamon zählt zu den großen Reichen der Antike. Unter diesen wäre der ägyptische Pharaonenstaat das bedeutendste gewesen: Da Plutarch diesem nur ein Apophthegma widmet, ist klar, daß er ihn im Grunde übergeht. Tatsächlich sammelte Plutarch fokussiert Apophthegmen zur glorreichen *Vergangenheit der Griechen*: Darin figurieren bestimmte

Könige, und darin liegt der eigentliche Grund, weswegen Plutarch ihre Sprüche aufnimmt.

Daß Erasmus Plutarchs Kompositionsweise nicht richtig verstanden hat, tut jedoch der Tatsache keinen Abbruch, daß er die Anordnung der Aussprüche in *Regum et imperatorum apophthegmata* zur Gänze kopiert. Wie sklavisch Erasmus das Werk übernahm, wird besonders dadurch ersichtlich, daß er sogar jene Lemmata, die keinen Spruch enthalten, mitübernahm.[255] Die Aussprüche aus den *Regum et imperatorum apophthegmata* ergänzt Erasmus jeweils aus anderen Werken Plutarchs, besonders aus den *Bioi paralleloi*. Zusätze aus Werken anderer Autoren streut er immer wieder ein, jedoch sind diese nicht zahlreich.

Ebenso wie Plutarch in seinen *Regum et imperatorum apophthegmata* widmet Erasmus den ersten Teil des fünften Buches den Königen, wobei er die hellenistischen Königreiche in der Nachfolge Alexanders d. Gr., insbesondere das Königreich Makedonien, miteinbezieht (V, 1–134, bis auf den Seleukiden Antiochos VII., Plut. *Mor.* 172B–184E–F), um sich dann den athenischen und thebanischen Feldherren und Staatsmännern (V, 135–262, von Themistokles bis Pelopidas, *Mor.* 184F–194E) und schließlich den römischen (V, 262–474, von Manius Curius bis auf Brutus, *Mor.* 194E–208A) zuzuwenden. Die Sektionen der makedonischen Könige Philipp d. II., Alexander d. Gr. und Antiogonos Monophthalmos (*Mor.* 177C–183A) läßt Erasmus aus, da er deren Sprüche bereits im vierten Buch gebracht hatte. Aussen vor lässt er auch die Apophthegmata der spartanischen Könige (von Lykurgos bis auf Antalkidas, *Mor.* 189E–192C), weil diese im zweiten Buch schon zu Wort gekommen waren. In der Tat weisen das erste Buch der *Apophthegmata Laconica* und *Mor.* 189E–192C zahlreiche Verdopplungen auf. Auch ist klar, daß Erasmus im fünften Buch nicht mehr die Sprüche des Pompeius Magnus (203B–204E), Cicero (204E–205F), Iulius Caesar (205F–206F) und Augustus (206F–208A) bringt, da deren Apophthegmata bereits im vierten Buch behandelt worden waren.

Jedoch hat Erasmus den plutarchischen *Regum et imperatorum apophthegmata* einige, zum Teil merkwürdige Sektionen hinzugesetzt. So ein kurioser Zusatz ist, daß Erasmus dem ägyptischen Pharao Ptolemaios I. Soter einen Bruder beigibt: Xenophanes Lagi (V, 95). Diesen Bruder hat es nie gegeben. Er beruht auf einem Übersetzungsfehler von Plutarchs *De vitioso pudore*, 5, *Mor.* 530F, ein Fehler, der auf Erasmus' Übersetzung des Jahres 1526 zurückgeht.[256] In Wirklichkeit handelt es sich um den Philosophen Xenophanes von Kolophon, der überhaupt nicht in die Sammlung der Sprüche der Könige und Staatsmänner gehört. Einen zweiten kuriosen Zusatz zu Plutarch stellt die dem athenischen Menschenfeind Timon gewidmete Sektion dar („Timon Atheniensis", V, 192–194), der ebenfalls nicht in das Buch der Könige und Staatsmänner passte, weil dieser niemals ein politisches Amt bekleidete.

---

[255] Vgl. unten, Abschnitt III.6 „Von Erasmus' textkritischer Ausgliederung der „strategemata" und „exempla" …".
[256] Vgl. Komm. ad loc.

Der dritte auffällige Zusatz betrifft die Sektion mit den Sprüchen Hannibals (V, 281–292). Erasmus ist hier abermals einem Irrtum verfallen: Er verkehrte im Glauben, daß Plutarch eine *Vita Hannibalis* verfasst habe, der er die Apophthegmata des Puniers entnahm. Der Autor dieses Werkes, dessen Text Erasmus in *Apophth.* V, 281–285 und 291 zitierte, war jedoch der florentiner Humanist Donato Acciauoli (1429–1478), der im Jahr 1467 eine lateinische Hannibal-Biographie geschrieben und Piero de'Medici gewidmet hatte. Seine Hannibal-Biographie ist kein Pseudepigraphon, sondern ein selbständiges Werk Acciauolis, das er unter eigenem Namen verfasste, wie er im Widmungsbrief angibt: „Itaque me domum recipiens constitui animo duorum prestantissimorum ducum Scipionis et Anibalis gesta, quae ex variis auctoribus tum Graecis tum Latinis collegeram, presenti volumine complecti idque sicut alias lucubrationes meas nomini tuo dicare ...". Giannantonio Campano nahm diese beiden Viten in seine Ausgabe der lateinischen Übersetzungen der Biographien Plutarchs auf, die 1470 bei Ulrich Han in Rom erschien. Auf diesem Weg gerieten Donatos Hannibal- und Scipio-Biographien bereits 1470 unter die Werke Plutarchs; Campano gab dort freilich den Widmungsbrief an Piero de' Medici mitheraus, sodaß dort Donato als Autor feststand. In späteren Ausgaben wurde dieser Brief allerdings weggelassen. In der Sammlung etwa, die Josse Bade von den ins Lateinische übersetzten Plutarch-Biographien herausgab (Paris 1514), scheinen Donatos Viten als *originale Werke Plutarchs* auf, wobei Donato nunmehr als Übersetzer zu Buche geführt wird; man sehe die Titelüberschrift in Bades Ausgabe (Paris, 1514, fol. XC r): „ANNIBALIS VIRI ILLVSTRIS VITA EX PLVTARCHO GRAECO IN LATINVM PER DONATVM ACCAIOLVM VERSA". Auf diesem Weg fand die vermeintlich plutarchische Hannibal-Biographie Eingang in Erasmus' *Apophthegmata*.

Weitere ins Auge fallende Zusätze bilden die Sektionen des Triumvirn M. Licinius Crassus Dives (V, 457–465), des aufständischen Generals Sertorius, der Spanien als selbständigen Staat regierte (V, 466–468) und die Caesar-Mörder Cassius Longinus (V, 455–456) und M. Brutus (V, 469–474). Diese Generäle und Politiker waren in Plutarchs *Regum et imperatorum apophthegmata* nicht vertreten. Es ist nachvollziehbar, daß Plutarch in dem Kaiser Trajan gewidmeten Werk die beiden Caesar-Mörder mit einer *damnatio memoriae* bestrafte. In den angegebenen vier Fällen ging Erasmus von den *Bioi paralleloi* Plutarchs aus, der von Sertorius, Crassus und Brutus Viten verfasst hatte: Sertorius bildet in der Reihenbiographie das Gegenstück zu dem thebanischen Feldherrn Eumenes, Brutus zu dem Tyrannenfeind Dion (Syrakus) und Crassus zu dem athenischen Strategos Nikias. Auffällig ist weiter, daß Brutus in Erasmus' fünftem Buch der Ehrenplatz zuteil wird, dieses abzuschliessen. Zwar ist zu berücksichtigen, daß Erasmus die Caesar- und Augustus-Sektionen bereits im vierten Buch gebracht hatte, wodurch die eigentlichen Schlußsteine Plutarchs nicht mehr vorrätig waren, jedoch auch, daß es keine Notwendigkeit gab, eine Brutus- und Cassius-Sektion überhaupt erst zu bilden.

Die Sektion der Könige leitet Erasmus – wie Plutarch – mit den Aussprüchen der persischen Könige ein (V, 1–29; Plut. *Mor.* 172B–174C), die er gegenüber seinem Vorbild um etwa ein Drittel erweitert. Alle Sektionen stammen aus Plutarchs *Regum et imperatorum apophthegmata*: Kyros' II. d.Gr., Dareios' I. d.Gr., Xerxes' I. d.Gr., Artaxerxes' I., Kyros' d.J. und Artaxerxes' II., sowie der persischen Königsmutter Parysatis (V, 30), des Orontes I. (V, 31), des Schwiegersohnes des Artaxerxes II. und der Königin Semiramis (V, 8), deren „Apophthegma" sich jedoch auf König Dareios d.Gr. bezieht. Die nächste Sektion mit den Königen Thrakiens und Skythiens ist wie bei Plutarch relativ kurz (V, 34–44; Plut. *Mor.* 174D–F); Erasmus hat ihr nur einen einzigen Ausspruch aus einer anderen Quelle hinzugesetzt.

Darauf folgt ein substantieller Abschnitt, welcher die Apophthegmata der Tyrannen Siziliens im 4. und 5. Jh. v. Chr. enthält (V, 44–86; Plut. *Mor.* 175A–177A): Gelons I. (V, 44–48), Hierons I. (V, 49–53), Dionysios' I. (V, 54–76), Dionysios' II. (V, 77–81) und Agathocles' (V, 82–84). Den Schlussstein bildet, ebenso wie bei Plutarch (*Mor.* 176F–177A), Dion (V, 85–86), der Dionysios II. im Jahr 357 v. Chr. stürzte. Im Fall von Dionysios I. hat Erasmus die Sammlung auf etwa den doppelten Umfang erweitert, v.a. mit Hilfe von Plutarchs Dion-Biographie (3 Aussprüche) und Valerius Maximus (6 Sprüche).

Auf die Tyrannen Siziliens folgte bei Plutarch ein längerer Abschnitt mit den Aussprüchen der Könige Makedoniens (*Mor.* 177A–183E): Archelaos' I. (5), Philipps II. (30, *Mor.* 177C–179D), Alexanders d.Gr. (34, *Mor.* 179D–181F), weiter der Antigoniden Antigonos' I. Monophthalmos (18, *Mor.* 182A–183A), Demetrios Poliorketes' (2, *Mor.* 183A–C) und Antigonos' II. Gonatas (5, *Mor.* 183C–F), zudem des Lysimachos (2, *Mor.* 183E), zuzüglich Alexanders Statthalter in Europa, Antipatros (2, *Mor.* 183F). Die großen drei Könige hatte Erasmus bereits im vierten Buch behandelt; jetzt blieben nur mehr die unbedeutenderen übrig: Archelaos (V, 87–91), Demetrios (V, 96–105), Antigonos Gonatas (V, 106–110), Lysimachos (111–112) und Antipatros (V, 113–114). Von diesen erweiterte Erasmus nur die Demetrios Poliorketes gewidmete Sektion in nennenswertem Umfang, auf das fünffache, indem er Apophthegmen von Plutarchs Demetrios-Vita einflocht (V, 99–105). Bei seinem Streben nach Erweiterung unterliefen Erasmus einige Irrtümer: Z.B. verwechselte er bei seiner Übernahme von Plut. *Demetr.* 38, 2–9 (*Vit.* 907) in V, 104 den dort angeführten Seleukos I. mit Demetrios Poliorketes, was doppelt kurios ist, da an der nämlichen Stelle Antiochos, der Sohn des Seleukos, eine prominente Rolle spielt, während Demetrios' Sohn Antigonos hieß.[257]

Nach Antipatros folgten bei Plutarch die Herrscher des Seleukidenreiches (Antiochos III. d. Gr. und Antiochos Hierax, *Mor.* 183F–184A; Antiochos VII., *Mor.* 184D–F), König Eumenes II. von Pergamon (*Mor.* 184A–B) und Pyrrhos von Epeiros (*Mor.* 184C–D). Erasmus geht ebenso vor und übernimmt die bei Plutarch angetroffenen Aussprüche ohne nennenswerte Zusätze, mit Ausnahme des Pyrrhos gewidmeten Abschnitts, den er mit Hilfe von Plutarchs Pyrrhos-Biographie auf mehr als das doppelte erweiterte. Dann folgen die Apophthegmata der Athener (*Mor.* 184F–189D), jedoch nicht einfach in chronologischer Reihenfolge, da in dem Abschnitt

---

[257] Vgl. unten Komm. *ad loc.*

König Peisistratos an vorletzter Stelle steht (*Mor.* 189B–D). Erasmus folgt Plutarch dabei auf dem Fuß, angefangen mit Themistokles (V, 135–159). Sogar die verwirrende inverse Chronologie mit Peisistratos hintenan kopiert er (V, 212–216). Dabei wiederholt Erasmus das bisher gezeigte Muster: Wenn von den betreffenden Personen eine Biographie des Plutarch vorhanden ist, dann erweitert er den jeweiligen Apophthegmata-Abschnitt substantiell, wenn dies nicht der Fall ist, fügt er wenig oder nichts hinzu. Erweitert wurden die Sektionen von Themistokles (um 9 Aussprüche, V, 135–159), Aristeides (auf mehr als das Doppelte, V. 160–172), Perikles (V, 174–183) und Alkibiades (V, 183–191). *Mutatis mutandis* gilt diese Arbeitsweise auch für die thebanischen Strategoi bzw. Boiotarchen (*Mor.* 192C–194E): Jedoch beschränkt sich Plutarch hierbei auf die zwei grossen, Epimeinondas (*Mor.* 192C–194C) und Pelopidas (194C–194E), denen er jeweils auch Biographien gewidmet hatte. Manche Zusätze des Erasmus sind insofern unglücklich, als sie auf der Verwechslung von Personen beruhen: Z. B. hatte Erasmus der Aristeides-Sektion einen Spruch hinzugesetzt, der in Wirklichkeit Phokion zugehört (V, 172A). Der Pelopidas-Sektion hängte er ein Apophthegma an, dessen tatsächlicher Sprecher jedoch Epameinondas ist (V, 262).[258]

Die Biographien der Römer bearbeitete Erasmus auf die nämliche Weise. In den Fällen, wo Plutarch Biographien verfasst hatte, zog Erasmus diese heran, um die betreffenden Abschnitte in den *Regum et imperatorum apophthegmata* zu ergänzen. Nebenher bezog Erasmus auch Ergänzungen aus anderen Autoren, wenngleich nicht mit einem hohen Anteil. Auch in dem Abschnitt, der den römischen Staatsmännern gewidmet ist, kommt es zu einer Reihe von Verwechslungen gerade dort, wo Erasmus Zusätze angebracht hat. Z. B. verwechselt Erasmus Scipio Africanus d.Ä. mit Scipio Africanus d.J. (V, 304–305), Cato d.J. mit Cato d.Ä. (V, 377 und 380), Paullus Fabius Maximus aus Augusteischer Zeit mit Q. Fabius Maximus, dem Cunctator (um 209 v. Chr.) oder Afranius, den Legaten des Pompeius, mit Scipio Africanus d.J. (V, 421).[259]

Mit den Aussprüchen des Brutus war das nachträglich hinzugesetzte fünfte Buch zum Abschluss gekommen, vermutlich nicht viel später als etwa eine Woche, nachdem Erasmus per Brief vom 31. 1. 1531 von dem geänderten, erweiterten Plan Meldung gemacht hatte. Damit war im Grunde sowohl das Versprechen des fünften Buches erfüllt als eine ins Auge fallende Schwachstelle auf der Ebene der Komposition ausgemerzt. Erasmus hat das Werk zu diesem Zeitpunkt ziemlich sicher als abgeschlossen betrachtet und wird mit dem stattlichen Buch, das in etwa 470 Apophthegmata enthielt und fast 17 Quarto-Lagen umfasste, zufrieden gewesen sein. Annehmlich ist, daß er das neue abschließende Buch unverzüglich zum Satz an den Verlag schickte.

---

[258] Vgl. jeweils unten Komm. *ad loc.*
[259] Für derartige Verwechslungen siehe die näheren Angaben unten, in den Abschnitten III.5 „Historische Personen und geschichtliche Wahrheit in Erasmus' *Apophthegmata*" und III.10 „Erasmus' philologische Leistung in den *Apophthegmata*".

EINLEITUNG 103

II.8. Der fünfte Plan: die umfassende Apophthegmata-Sammlung „ex optimis quibusque vtriusque linguae autoribus … excerpta" mit dem abschliessenden Buch 6 der „Apophthegmata varie mixta"

Dennoch änderte Erasmus nochmals seinen Plan. Einen zwingenden Grund dafür gab es nicht, jedoch einige nachvollziehbare. Nachdem Erasmus die Arbeit an dem umfänglichen, zahlreiche Spruchspender mit einschliessenden fünften Buch beendet hatte, sah er den Hauptwert seines Werkes in zunehmendem Maße in dem Aspekt der Sammlung. Die gesamten *Apophthegmata* Plutarchs in lateinischer Übersetzung waren auch anderwärtig zugänglich, in den Übersetzungen des Filelfo und des Regio, die bisher mindestens 11 Mal im Druck erschienen waren.[260] Außerdem hatte Erasmus im vierten Buch eine reizvolle und ergiebige Quelle angebohrt, Suetons Kaiserbiographien, deren erste und zweite Erasmus ins vierte Buch, in die Caesar- und die Augustus-Sektionen, eingearbeitet hatte. Dieses Werk versprach noch mehr; zudem mag es Erasmus im Hinblick auf den Widmungsempfänger sinnvoll erschienen sein, den Anteil der Herrscher-Apophthegmata erhöhen. Aussprüche Römischer Kaiser waren in einer Sammlung von Herrscher-Apophthegmen, die für einen Fürsten der frühen Neuzeit bestimmt war, *eo ipso* ein Desideratum. Des Weiteren hatte Erasmus in seinen Erklärungen des dritten und vierten Buches bezüglich der Auswahl der Apophthegmen die Aufmerksamkeit auf Aspekte wie *facetum, urbanitas, lepidum, hilaritas* und Verwandtes gelenkt. Jedoch spiegelte sich die starke Betonung dieser Aspekte nicht in dem Gesamteindruck, den die Sammlung von Buch I–V machte. Das im engeren Sinne Witzige bzw. der Witz als solcher verdiente es, daß ihm mehr Platz eingeräumt werde. Sowohl in römischen als auch griechischen Texten war hier noch einiges vorrätig. Diese Zielrichtung reimte sich gut mit Erasmus' pädagogischer Ideologie des spielerischen Lernens. Je mehr Unterhaltendes geboten würde, desto erfolgreicher würde der Unterricht sein.

Aufgrund solcher Gedanken entschied sich Erasmus, noch ein sechstes Buch hinzuzusetzen. Im Titel dieses neuen Buches präsentiert sich Erasmus von allem Anfang an als eifriger, fanatischer, nimmermüder Sprüche-Sammler: „APOPHTHEGMATVM VARIE MIXTORVM LIBER SEXTVS".[261]

Durch den Titel betont Erasmus, daß diesem Abschnitt gar kein Ordnungsprinzip zugrundeliegt, weder in Bezug auf den Inhalt noch auf die Art und Auswahl der Personen. Was er zu Anfang des fünften Buches suggerierte, scheint jetzt tatsächlich der Fall zu sein: daß der umtriebige Sprüche-Sammler überall fündig wird, daß sich ihm eine solche Masse neuer Sprüche anbietet, daß er gar nicht anders kann, als all diese wunderbaren Funde einzugliedern.

Jedoch sind Erasmus' Selbstaussagen zu seiner Arbeitsweise abermals trügerisch. Er mimt den unersättlichen Sammler, der ziellos alles einverleibt, was er antrifft.

---

[260] Vgl. oben Abschnitt II.1 „Der erste Plan …".
[261] Dieser Titel befindet sich vor dem neuen Vorwort, in *A* auf S. 532, in *C* auf S. 542.

Tatsächlich geht Erasmus in den ersten beiden Dritteln des neuen Buches (VI, 1–368) durchaus systematisch vor: Insbesondere für die Sprüche VI, 1–182 geht die Bezeichnung „Apophthegmata varie mixta" gar nicht auf. Diese Sprüche behandeln eine bestimmte Kategorie von Spruchspendern, die Römischen Kaiser, exakt in der chronologischen Reihenfolge ihrer Regierungsperioden, von Tiberius (Amtsantritt 14 n. Chr.) bis auf Bonosus (gest. 281).

Die Serie der Kaiser-Apophthegmen ist weder zufällig zustandegekommen noch das Resultat rastlosen Suchens. Kompositorisch setzt Erasmus *de facto* das Projekt der Herrscher-Apophthegmata fort, dem er Buch IV und V gewidmet hatte. Chronologisch stellte er zudem einen direkten Anschluß zu Buch V her, das er mit dem Ende der Römischen Republik, mit dem Caesar-Mörder Brutus,[262] abgeschlossen hatte. Auf Brutus' Tod bei Philippi (42 v. Chr.) folgt die Römische Kaiserzeit. Erasmus macht im Grunde genau dort weiter, wo er im fünften (Brutus) und vierten Buch (2. Triptychon: Augustus, *ASD* IV, 4, S. 315–332) aufgehört hatte. Dabei bearbeitet Erasmus von VI, 1–90 eine einzige Quelle, nämlich Suetons *De vita Caesarum* (III–XII), und zwar genau in derselben Reihenfolge wie der römische Gelehrte, von Tiberius bis auf Domitianus, den letzten Kaiser der Flavischen Dynastie. Von Suetons zwölf Kaisern übergeht er nur zwei des Vierkaiserjahres 69, Galba und Vitellius, weil deren Viten kein brauchbares Material enthalten. Da Erasmus Caesar und Augustus bereits im vierten Buch behandelt hatte, wird die Abteilung der *Apophthegmata Romanorum Imperatorum* nunmehr von Tiberius eingeleitet. Erasmus war mit den Kaiserviten Suetons hervorragend vertraut, unter anderem, da er 1518 eine Edition des Textes besorgt hatte, die bei Froben erschienen war.[263] Zu dem suggestiven Titel „Apophthegmatum varie mixtorum" passt, daß Erasmus seine Quelle Sueton nicht nennt, obwohl er nahezu ausschließlich nach ihm arbeitete. Im Übrigen war die Idee, Suetons Kaiserviten für eine Spruchsammlung auszuwerten, nicht neu: Diesbezüglich war Erasmus bereits Brusoni mit deiner Sammlung d.J. 1518 zuvorgekommen.

Auch nach *Apophth.* VI, 90 kann von „Apophthegmata varie mixta" keine Rede sein. Die Sammlung ist weiterhin völlig kohärent, sie präsentiert sukzessive die Aussprüche der Römischen Kaiser in chronologischer Reihenfolge von Nerva bis Bonosus. Für Nerva und Trajan benutzte Erasmus Giorgio Merulas lateinische Übersetzung der Epitome aus Cassius Dio (VI, 91–93). Von Hadrian an wendet er sich der *Historia Augusta* zu, die von VI, 94–182 seine Quelle bleibt. Dabei kam Erasmus zupaß, daß er auch diese Biographiensammlung ediert hatte (Basel, J. Froben, 1518).[264] Wie schon im Fall des Sueton, gibt Erasmus seine Quelle nicht an, wäh-

---

[262] *Apophth.* V, 472 (Brutus, 4), „Aut vincere aut mori".
[263] 1533 sollte die zweite Auflage von Erasmus-Sueton-Ausgabe erscheinen, ebenfalls bei Froben: C. Suetonius Tranquillus. Dion Cassius. Aelius Spartianus. Iulius Capitolinus. Aelius Lampridius. Vulcatius Gallicanus. Trebellius Pollio. Flauius Vopiscus. Herodianus Politiano interprete. Sex. Aurelius Victor. Pomponius Laetus. Io. Baptista Egnatius. *Omnia quam antehac emendatiora. Annotationes Des. Erasmi et Egnatii cognitu dignae*, Basel: Officina Frobeniana, 1533.
[264] C. Suetonius Tranquillus. Dion Cassius Nicaeus. Aelius Spartianus. Iulius Capitolinus. Aelius Lampridius. Vulcatius Gallicanus V.C. Trebellius Pollio. Flauius Vopiscus Syracusius. *Ex recognitione Des.*

rend er in *Apophth.* VI, 112–182 nahezu ausnahmslos aus ihr schöpft. Die *Hist. Aug.* umfasst die Kaiserbiographien von Hadrian bis Numerianus (117–285 n. Chr.), die Erasmus ausschlachtet. Dabei gibt es einige auffällige Abweichungen. Während Erasmus die Hadrian-Biographie gründlich auswertet, behandelt er die Antoninus-Pius-Biographie eher *en passent*; jedoch ist kurios, daß er die Sprüche des Mark Aurel dem Antoninus Pius zuschreibt (VI, 118–123). Die Viten des Lucius Verus (Mark Aurels Mitregenten) und des Commodus (des Sohnes des Mark Aurel) lässt Erasmus aus, ebenso jene zweier Kaiser des „Zweiten Vierkaiserjahres" (193), des Helvius Pertinax und des Didius Iulianus, während sie in der *Historia Augusta* jeweils mit eigenen Biographien vertreten sind. Die Kaiser der Severischen Dynastie hingegen hat Erasmus sehr ausführlich bearbeitet (VI, 124–162), besonders Alexander Severus, den er zu einem leuchtenden moralischen Vorbild erhebt.

Den letzten Teil der *Historia Augusta*, vom jüngeren Galienus an, arbeitete Erasmus eher flüchtig ab, mit einer vergleichsweise geringen Ausbeute von nur 11 Apophthegmen (VI, 172–182). Den jüngeren Galienus (in seiner eigenen Ausgabe, Basel 1518, S. 367–368) übergeht Erasmus. Von den „Dreissig Tyrannen", d.h. den Usurpatoren bzw. Soldatenkaisern aus der 2. H. d. 3. Jh., die in der *Hist. Aug.* in der Mehrfach-Biographie *Tyranni triginta* behandelt werden, nimmt Erasmus nur drei auf (Marius, Saturninus und Zenobia). Sodann übergeht er die folgenden Kaiser, die in der *Hist. Aug.* jeweils mit einer eigenen Biographie vertreten sind: Claudius Gothicus (in Erasmus' eigener Ausgabe, Basel 1518, S. 384–391); Florianus (vgl. ebd., S. 411–413), Proculus (ebd., S. 425–426), Carus (ebd., S. 427–429), Numerianus (ebd., S. 429–431) und Carinus (ebd., S. 431–432). Von dem bedeutenden Kaiser Aurelianus (270–275) nimmt Erasmus nur einen Ausspruch auf (VI, 175), obgleich in dessen *Vita* zahlreiche Sprüche enthalten waren, welche z. B. von Brusoni bereits als Apophthegmata gesammelt worden waren (1518).

Auch in dem Abschnitt, der den Aussprüchen der Römischen Kaiser (VI, 1–182) folgt, geht Erasmus' Sammlungs-Anspruch "APOPHTHEGMATA VARIE MIXTA" nicht ganz auf (VI, 183–368). Wiederum wendet sich Erasmus zwei bereits vorhandenen Sammlungen als Quellen zu, und abermals betrifft es Quellen, die er schon zum Teil bearbeitet hatte: die Abhandlungen über den Witz aus den Rhetorikhandbüchern Quintilians (*Institutio oratoria*, Buch VI, Kapitel 3, „De risu") und Ciceros (*De oratore*, Buch II, 216–290). Ein *de facto* passender Titel der Abschnitte VI, 183–249 und 331–367 wäre „ROMANORVM ILLVSTRIVM FACETE ET VRBANE DICTA" bzw. „ILLVSTRIVM ROMANORVM APOPHTHEGMATA RIDICVLA" gewesen. Diese Abschnitte sind der Kategorie „Witz" im engeren Sinn gewidmet, wobei die Spruchspender grundsätzlich Römer und in überwiegender Mehrheit Redner und Staatsmänner sind. In Bezug auf das letzte Kriterium schliessen die Sprüche VI, 183–249 und VI, 331–367 sogar ausgezeichnet bei dem Vorhergehenden (VI, 1–182) an: Durch die Ausschlachtung von Quintilian *Inst. Or.* VI, 2 „De risu" und Cic. *De*

Erasmi Roterodami. *Quibus adiecti sunt* Sex. Aurelius Victor. Eutropius. Paulus Diaconius. Ammianus Marcellinus. Pomponius Laetus Romanus. Io Bap. Egnatius Venetus, Basel: Johann Froben, 1518.

or. II setzt Erasmus im Grunde sein Projekt der Herrscher-Apophthegmata fort, das ihn in den Büchern IV und V beschäftigt hatte.

Die *de-facto*-Einheitlichkeit des kommenden Abschnittes verschleiert Erasmus vor VI, 183 durch einen Zwischentitel in Kapitalen: APOPHTHEGMATA VARIE MIXTA (in *A* S. 575, in *C* S. 585). Damit versucht Erasmus seinen Status als selbständiger, eifriger Sammler zu betätigen, während er doch bei Cicero und Quintilian bereits ziemlich komplette Sammlungen antraf, bei Cicero die gesammelten Witze der bekannten römischen Redner, Advokaten und Politiker vom 3. Jh. bis 91 v. Chr. (dem fingierten Dialogdatum). Quintilian ging von Ciceros Sammlung aus, vermehrte sie beträchtlich und führte sie bis auf seine Zeit (ca. 80 n. Chr.) weiter; bei ihm kommen somit etwa 170 Jahre römischer Witz von Advokaten und Rednern hinzu. Insbesondere fügte Quintilian die zahlreichen Witze Ciceros hinzu, für die er die Witzesammlung von Ciceros Freigelassenem Tiro und Ciceros überlieferte *Orationes* auswertete. Bedeutend ist weiter, daß Quintilian die Bücher mit den *Apophthegmata* (*urbane dicta*) seines Lehrmeisters Domitius Afer exzerpierte. Erasmus klammert im sechsten Buch seiner *Apophthegmata* die Witze Ciceros aus, da er sie bereits im vierten Buch gebracht hatte (*ASD* IV, 4, S. 359–362, [1243]–[1258]). Im ersten Teil der Witzesammlung, VI, 183–249, benutzte Erasmus vor allem Quintilians Kapitel „De risu", im zweiten Teil vorzüglich Ciceros *De oratore*, Buch II. Wiederum läßt Erasmus die Angabe seiner Quellen weg, sowohl im ersten als im zweiten Teil.

Den Eindruck des selbständigen, zufälligen Sammelns versucht Erasmus weiter dadurch zu erzeugen, daß er die beiden Witzesammlungen durch einen Abschnitt unterbricht, in dem er tatsächlich selbst gesammelt und eine Reihe unterschiedlicher Quellen angebohrt hat, durch einen Abschnitt (VI, 250–330), auf welchen der Titel „APOPHTHEGMATA VARIE MIXTA" im vollen Sinn passt: Darin finden sich plötzlich auch Aussprüche von Griechen (VI, 250, 255–256, 259, 262, 264), und zwar vornehmlich von anonymen Spruchspendern, ebenfalls anonymen Ägyptern (VI, 265), aber von auch namentlich genannten Römern. Die nunmehr angestrebte Zueignung der Fremdtexte vollzieht Erasmus dadurch, daß er die in den Quellen vorgefundene Anordnung zerstört oder durchbricht. Die Spruchspender dieses Abschnitts sind zum Teil keine *viri illustres* mehr, sondern unbekannte Leute (*anonymi*), zum Teil sogar Sklaven. Die Sprüche stellen auch zum größeren Teil keine Witze im eigentlichen Sinn dar. Ab VI, 278 bringt Erasmus wieder durchgehend *Apophthegmata* von Römern, jedoch ohne dies durch eine Überschrift oder ein anderes typographisches Mittel anzugeben. Trotz der vorgewendeten totalen Unordnung geht er größtenteils chronologisch vor: Er fängt mit den Römischen Königen der Frühzeit an (VI, 278 ff.) und arbeitet sich über die großen Gestalten der frühen Römischen Republik bis zum 1. Jh. v. Chr. vor. Seine Quellen sind in diesem Abschnitt v.a. Livius, Valerius Maximus und einige moralische Traktate Plutarchs. Auffällig ist, daß er meist dieselben Personen inkludiert, deren Sprüche bereits Plutarch in den *Regum et imperatorum apophthegmata* gesammelt und er selbst im fünften Buch präsentiert hatte. Warum fügte Erasmus diese Ergänzungen also nicht ins fünfte Buch ein? Wahrscheinlich, weil das fünfte Buch bereits im Druck war, bevor Erasmus sich entschied, nochmals weiterzusammeln.

In diesem Sinne seiner VARIE-MIXTA-Anordnung schiebt Erasmus, nachdem er die zweite Witzesammlung (die er aus *De oratore* bezog) beendet hatte, noch einige Sprüche verschiedener Personen ein (VI, 368–372): Darunter befindet sich ein etruskischer Haruspex (VI, 369), der bürgerrechtslose Gladiator Spartacus (VI, 370), ein obskurer Reiteranführer aus dem Dritten Mithridatischen Krieg (VI, 368) und zwei irrtümlich als Anonymi geführte Spruchspender. In dieses – im Grunde überflüssige Durcheinander – bringt Erasmus für den Leser unerwartet plötzlich durch einen erneuten Zwischentitel in Kapitalen ein ordnendes Prinzip ein: „DIVERSORVM GRAECORVM APOPHTHEGMATA" (*A* S. 620). Dieser bezieht sich nun anscheinend, da kein weiterer Zwischentitel folgt, auf den Rest des Buches (VI, 373–594).

Allerdings ist auch dieser Zwischentitel trügerisch. Zwar sind ab VI, 373 die meisten Spruchspender griechischer Herkunft, jedoch keineswegs alle. Die Spender von nicht weniger als 25 Apophthegmen sind Römer, jene von 10 weiteren entstammen verschiedenen Nationen (Perser, Ägypter, Lydier, Kelten). Hinzu kommen 45 Sprüche von Frauen (VI, 558–593), die nach dem Modell der „Apophthegmata Laconica" eine separate Titelei verdient hätten. Die Frauen sind zu etwa drei Viertel Griechinnen, jedoch zu einem Viertel anderer Herkunft, persisch, keltisch usw. (VI, 582–593). Das letzte Apophthegma verstößt sogar gegen Erasmus' Grundsatz, daß die Sprecher der *Apophthegmata* historische Personen sein müssen. Die Spruchspender von VI, 594 sind nicht einmal Menschen, sondern nicht näher spezifizierte „kleine Vögel" („auiculae"), die aus dem äsopischen Corpus der Tierfabeln stammen. Ab VI, 424 werden die „Sprüche verschiedener Griechen" von einer längeren Sektion mit römischen Spruchspendern (VI, 424–440) unterbrochen, die sowohl aus der Römischen Republik als auch aus der Kaiserzeit stammen, von Appius Claudius Caecus aus dem 3. Jh. v. Chr. bis zu Kaiser Nero (gest. 69 n. Chr.), wobei Erasmus v.a. Macrobius' *Saturnalia* als Quelle herangezogen hat. Der Bezeichnung „Apophthegmata verschiedener Griechen" entziehen sich weiter die *Apophth.* VI, 392–398, die verschiedenen orientalischen Herrschern gewidmet sind (Pharaonen, König Kroisos von Lydien, etc.), die Erasmus v.a. aus Herodot bezog, und ein Teil des Abschnitts, der die Apophthegmata von antiken Dichtern bringt (VI, 399–408), jedoch auch einen Spruch des römischen Tragikers Accius (VI, 408). Insgesamt ergibt sich, daß der Titel „DIVERSORVM GRAECORVM APOPHTHEGMATA" (in *A* S. 620, in *C* S. 632) für etwa 40% der nachfolgenden Sprüche *nicht* aufgeht.

Aus dem Rahmen der „APOPHTHEGMATA VARIE MIXTA" fällt zudem eine lange Sektion mit den Sprüchen des Kitharöden Stratonikos (insgesamt 44, VI, 442–485), die überhaupt eine der substantiellsten Sektionen einzelner Spruchspender in den *Apophthegmata* ist. Diese Sektion erhält als Überschrift den Namen des Kitharöden in Blockbuchstaben (in *C* S. 649). Diese Sektion umfasst in *C* fast zehn Oktavo-Seiten. Wiederum hat Erasmus eine schon vorhandene Spruchsammlung übernommen, diesmal eine, die Athenaios in seinen *Deipnosophistae* vorgelegt hatte (VIII, 40–

46, 347F–352D). Für die pragmatische, quellenorientierte Arbeitsweise des Erasmus spricht, daß er auch nach dem Stratonikos-Abschnitt die Quelle Athenaios weiter bearbeitete. Das führte zu einem längeren Abschnitt mit griechischen Parasiten (VI, 498–518) und einem mit Hetären („meretrices", VI, 558–582). Unterbrochen wird die Athenaios-Bearbeitung durch einen längeren Abschnitt mit den Sprüchen bildender Künstler, insgesamt 27 (VI, 519–535), in dem Erasmus das 35. Buch von Plinius' *Naturalis historia* als Quelle ausschlachtete. In den letzten beiden Abschnitten des sechsten Buches bekommen die Frauen das Sagen (VI, 558–593). Der erste und längere Teil der Frauensprüche ist Hetären gewidmet (VI, 558–581), etwa ein Viertel anderen Frauen (VI, 582–593). Anders als im zweiten Buch versieht Erasmus den substantiellen Abschnitt mit den Sprüchen von Frauen nicht mit einem eigenen Titel. Es ist unklar, ob Erasmus sie tatsächlich unter dem Zwischentitel DIVERSORVM GRAECORVM APOPHTHEGMATA (mit der maskulinen grammatischen Form) fassen wollte. Wie dem auch sei, klar ist jedenfalls, daß mindestens 10 Frauen keine Griechinnen sind, sondern persische, makedonische, römische und sogar keltische Damen. 4 der 10 Frauen sind anonym, die Namen der zwei keltischen Frauen (VI, 586–587) verderbt. Die Spruchspenderin von VI, 586 hieß Chiomara, nicht „Chiomatha", jene von VI, 587 Camma (Κάμμα), nicht „Canna".

Das Endresultat des hinzugefügten – und abschliessenden – sechsten Buches ist, daß Erasmus seine *Apophthegmata* nunmehr als *umfassende Sammlung* „aus allen besten Autoren beider Sprachen" präsentiert. Auf diese Weise richtete er auch den Titel der Erstausgabe ein:

> APOPHTHEGMATVM SIVE SCITE DICTORVM LIBRI SEX,
> ex optimis quibusque vtriusque linguae autoribus,
> Plutarcho praesertim, excerptorum, cum breui commodaque explicatione …
> per DES. ERASMVM ROTERODAMVM.
> Opus non minus bonae frugis quam voluptatis allaturum studiosis.

Zwar vermeldet Erasmus im Titel noch den relativ hohen Anteil Plutarchs, erhebt jetzt jedoch den Anspruch, überhaupt „*alle besten* griechischen und lateinischen Autoren" *exzerpiert* zu haben. Das entspricht, wie bei der Analyse der Quellen und der Textgenese gezeigt wurde, nicht den Tatsachen. Im Grunde hat Erasmus in den Büchern I–VI bereits vorhandene antike Apophthegmata-Sammlungen übernommen und diese ergänzt, meist in geringem Umfang, in einigen Ausnahmefällen jedoch auch substantiell (Sokrates, Alexander, Augustus). In Bezug auf Plutarchs *Regum et imperatorum apophthegmata* ist zu vermerken, daß Erasmus sie einigermassen systematisch mit zusätzlichen Sprüchen aus den *Bioi paralleloi* angereichert hat, sofern die betreffenden Personen dort vertreten waren.

Eine weitere merkwürdige Beobachtung ergibt sich, wenn man in Bezug auf die inhaltliche Zusammenstellung Erasmus' Werk (in sechs Büchern) mit jenem des Brusoni (in sieben Büchern) vergleicht. Die verschlungene Textgenese der *Apophthegmata*, in deren Verlauf Erasmus den Plan fünfmal änderte, führt letztenendes dazu, daß er zum größten Teil dieselben Apophthegmata präsentierte wie Brusoni:

		Brusoni	**Erasmus**
1.	Plutarch, *Regum et imperatorum apophth.*	fast vollständig	vollständig
2.	Plutarch, *Apophthegmata Laconica*	auszugsweise	vollständig
3.	Plutarch, *Bioi paralleloi*	auszugsweise	auszugsweise
4.	Plutarch, moralische Schriften	auszugsweise	auszugsweise
5.	Diogenes Laertius	fast vollständig	fast vollständig
6.	Cicero, Witzesammlung *De oratore* II	fast vollständig	fast vollständig
7.	Quintilian, *Instit. or.* VI, 3	auszugsweise	substant. Auszug
8.	Valerius Maximus	zum Gutteil	geringer Auszug
9.	Sueton	auszugsweise	vollständig
10.	Frontinus, *Strategemata*	geringfügig	geringfügig

Da manches dafürspricht, daß Erasmus über die Sammlung des Brusoni verfügte,[265] erscheint es kurios, daß er diesen verschlungenen Weg ablegen mußte, um schliesslich in etwa zu demselben Resultat zu gelangen. Jedoch ist vielleicht gerade das Vorhandensein des Werkes des Brusoni eine Mitursache der *ambages*: Es scheint, als ob sich Erasmus einigermassen krampfhaft bemühte, *etwas anderes* herzustellen als Brusoni. Wenn man Erasmus' kommentierenden Erklärungen und seiner Übersetzungsleistung einen hohen Wert zuspricht, so mag sein Versuch vielleicht gelungen sein, wenn nicht, so ist er als gescheitert zu betrachten, insbesondere, da Brusonis Sammlung den erasmischen *Apophthegmata* durch ihre systematische und analytische Textpräsentation als Nachschlagewerk weit überlegen ist.[266]

III. Erasmus' Begriff und Definition von „apophthegma" in der „Epistola nuncupatoria" und im Spiegel der konkreten Texterstellung

III.1. *Die Profilierung des „apophthegma" in Richtung von brevitas und Witz*

Erasmus' Begriff von „apophthegma" zeichnet sich sowohl durch eine bestimmte Profilierung als auch durch eine nicht geringe Widersprüchlichkeit aus. Letztere ist teils auf die Quellen, die er verwendete, zurückzuführen, teils auf die verschlungene Textgenese, bei der Erasmus den Plan seiner Sammlung wenigstens fünfmal geändert hat, zudem stets, ohne das Vorhergehende anzupassen, teils durch darüberhinausgehende Inkonsequenzen.

Aus der Genese der Sammlung geht hervor, daß Erasmus eine distinkte Vorliebe erstens für *brevitas* bzw. den Laconismus, zweitens für den Witz (*risus, ridicula, facete dicta, facetia, lepide dicta, urbanitas*) entwickelt hat. Letztes zeigt sich ganz besonders

---

[265] Vgl. oben, Abschnitt I.9 „Ein Konkurrenzwerk …".
[266] Vgl. oben ebd.

in der Zusammenstellung des sechsten Buches, jedoch teils auch im Vorhergehenden, in der Selektion der Philosophen-Apophthegmata des dritten Buches (Aristippos, zum Teil Diogenes) und der Selektion der römischen Apophthegmata-Spender des vierten Buches: Augustus, Caesar und Cicero. In der Cicero-Sektion brachte Erasmus vorzüglich jene Witze, die Quintilian in seiner Witzesammlung in der *Institutio oratoria* überliefert hatte; in der Augustus- und Caesar-Sektion plünderte Erasmus die *facete dicta* der beiden Begründer des Prinzipats, die Sueton zusammengetragen hatte.

Daß sich Erasmus dieser Profilierung bewusst war, geht daraus hervor, daß er in seinem Widmungsvorwort („Epistola nuncupatoria") darauf mit einer längeren Argumentation eingeht, die ein Plädoyer für den Witz darstellt.[267] Dazu bemerkt er: „Mit diesen Argumenten hätte ich mich rechtfertigen können, wenn ich nichts anderes als Witze gesammelt hätte" – „His rationibus me tueri poteram, si nihil collegissem nisi facetiae".[268] Die Witzesammlungen, die Erasmus im vierten und sechsten Buch präsentierte (Ciceros Witze, Quintilianus' „De risu", Ciceros *De oratore*, Stratonikos, Parasiten, Hetären), waren dergestalt, daß sie im Grunde nichts zur ethischen Erziehung beitrugen: „In his vero nostris videbuntur esse quaedam, quae nihil faciant ad bonos mores, sed risum modo commoueant".[269] Erasmus rechtfertigt sich diesbezüglich durch die Adressierung seines Werkes an Fürsten, insbesondere des Widmungsempfängers Wilhelm von Kleve. Der Wert des Witzes liege schon einmal darin, daß er den Geist des mit der hohen staatlichen Verantwortung Betrauten entspanne. Insbesondere aber eigne sich der Witz zum Unterricht des jugendlichen Fürsten: Er ermögliche das bereits oben genannte „spielerische Lernen"; zudem trage er zur Lebensfreude und Lebensart des jungen Fürsten bei und verleihe seiner Konversation Anmut („orationis iucunditas").[270] Als Musterbeispiel für den Wert des Witzes für die *oratio* führt Erasmus den größten römischen Redner, Cicero, an. Des Weiteren argumentiert Erasmus, daß es ein besonderer Vorzug des Witzes sei, ernste Inhalte auf eine leichtfüßige Weise zu vermitteln. Als Beispiele bringt er eine Facetie des Diogenes von Sinope (aus Buch IV) und eine Anekdote mit der Hure Phryne (aus Buch VI). Diogenes soll zur Mittagszeit mit einer Laterne über die überfüllte Agora spaziert sein. Auf die Frage, wozu er am hellichten Tag eine Laterne trage, antwortete er: „Ich suche einen Menschen".[271] In der Phryne-Anekdote geht es ebenfalls vornehmlich um eine von Erasmus als komisch empfundene Handlung: Bei einem Kränzchen von Hetären wurde ein Spiel abgesprochen: Jeweils eine Hetäre hat das Sagen und darf etwas vortun, das die anderen ihr nachmachen müssen. Phryne, die ein natürlich schönes Gesicht hatte, besprenkelte dieses mit Wasser. Als die ande-

---

[267] *ASD* IV, 4, S. 44–46, Z. 195–264.
[268] Ebd., S. 46, Z. 257.
[269] Ebd., S. 44, Z. 195–196.
[270] Ebd., Z. 197–198.
[271] Ebd. S. 252, [766]: „Quodam tempore lucernam accensam gestans obambulabat in foro clarissima luce quaerenti similis. Rogantibus, quid ageret, ‚Hominem', inquit, ‚quaero', notans publicos ciuitatis mores vix homine dignos".

EINLEITUNG

ren ihr das nachmachten, floss ihnen die Schminke herab und offenbarten sich die Falten und Runzeln, die eine jede im Gesicht hatte. Erasmus hielt das für ausgesprochen witzig; zudem meinte er, daß diese Szene mit „zerflossenen" weiblichen Gesichtern ebenso lehrsam sei wie die weise Sentenz des Sokrates, daß wir uns bemühen müssen, tatsächlich das zu sein, wofür wir von anderen gehalten werden wollen.[272]

Dabei verteidigt Erasmus die Verwendung antiker Witze im Schulunterricht gegenüber jener volkssprachlicher Märlein („fabulae"), die keinen tieferen Sinn haben und auch nicht zur Vermittlung der „Geheimnisse der lateinischen Sprache" beitragen würden. Wegen ihrer Betonung des Witzes und des Lachens seien die Philosophen des vierten Buches, Sokrates, Aristippos und Diogenes von Sinope, für den Schulunterricht wertvoll, wertvoller als etwa der ernste und grimmige Stoiker Zenon.[273] Die Forderung spielerischen Lernens gelte ganz besonders für den Fürsten, der ja niemals niedergeschlagen sein, sondern andere Leute freudig stimmen soll. Wenn die Sammlung Wilhelm von Kleve gefallen sollte, so ist es Erasmus genug. Mögen doch andere für in der Bildung Fortgeschrittenere schreiben, er, Erasmus, „nähre" mit seinen *Apophthegmata* „das zarte Alter des Fürsten".[274]

In seinem Plädoyer für den Witz versucht Erasmus diesem so viel antike *auctoritas* wie nur möglich zu verleihen. Deshalb vereinnahmt er diverse antike *viri illustres* als Galionsfiguren für sein Narrenschiff von Witzbolden. Auffällig ist zunächst, daß er die spartanische *brevitas* ohne Weiteres der Kategorie Witz zuordnet. Der Gesetzgeber Lykurg selbst soll der Urheber der spartanischen witzigen und freizügigen Aussprüche (*lepida et liberalia dicta*) gewesen sein. Bezeichnend sei, daß Lykurg dem Gott des personifizierten Lachens ein Standbild gestiftet habe, mit der Implikation, daß der Gott Γέλως (Risus) in Sparta religiös verehrt wurde.[275] Als große antike Vorbilder des Witzes präsentiert Erasmus die drei Philosophen Sokrates, der von dem immer ernsten Stoiker Zenon den fragwürdigen Ehrentitel „attischer Possenreisser" erhalten hatte, den weltgewandten Aristippos und den Kyniker Diogenes; bei den Römern kann Erasmus überhaupt auf die berühmtesten Gestalten rekurrieren: auf Cicero, den größten Redner Roms, auf Caesar, den größten Feldherren, und auf den besten Kaiser, Augustus. Diese *auctoritates* waren über jeden Zweifel erhaben. Noch auffälliger ist vielleicht, daß Erasmus den Spruch-Autor par excellence, Plutarch, als Zeugen und Quelle anführt, daß der Witz zu den Apophthegmata gehört; da Plutarch vielfach ἀστεῖα, εὐτράπελα bzw. γελοῖα (sämtlich Begriffe für Witziges) aufgenommen habe, sei auch Erasmus dazu berechtigt:

---

[272] Ebd., S. 45, Z. 211–212: „Sed hic risus nos docet idem, quod serio dixit Socrates, vt tales esse studeamus, quales haberi velimus".
[273] Ebd., S. 46, Z. 249–250.
[274] Ebd., Z. 260: „Scribunt alii prouectioribus, nos principis aetatem teneram lactamus".
[275] Ebd., S. 45, Z. 222–224: „Quin et signum collocauit Γέλωτι deo, id est Risui, quod vtilissimum iudicaret modestis facetiis animorum vigorem recreare et ad honestos labores alacres reddere …". Vgl. Plut. *Lyc.* 25, 5; in *Cleom.* 9, 1 teilt Plutarch mit, daß es in Sparta ein Heiligtum für Γέλως gegeben habe.

„De titulo nihil refert anxium esse, quum in his, quae collegit Plutarchus sub apophthegmatum nomine, multa sint, quae alius mallet σκώμματα, λοιδόρια, ἀστεῖα, εὐτράπελα siue γελοῖα dicere".[276]

Auch in Bezug auf andere Werke als die *Apophthegmata Laconica* und *Regum et imperatorum apophthegmata* stellt Erasmus Plutarch als Autor von Witzen dar: Die *Moralia* vergleicht er mit kunstvollen Teppichen („aulaea"), die aus den bunten Fäden von Witzen gewoben seien.[277]

Die Profilierung der *Apophthegmata* in Richtung Witz geht in besonderem Maße aus dem Benutzungsinstrumentarium hervor, das Erasmus selbst hergestellt hat: Jedes Apophthegma erhielt einen eigenen Titel, wodurch eine Lesesteuerung schon beim willkürlichen Blättern bewerkstelligt wurde; diese Titel waren weiter in einem alphabetischen Index verzeichnet, sodaß sie dem Benutzer beim Entschlüsseln des Werkes halfen.[278] Ein Teil der Titel bezeichnet die verschiedenen Kategorien von Sprüchen. Es ist bemerkenswert, daß bei Erasmus die umfänglichsten Kategorien nicht etwa „weise" („sapienter") oder „klug" („prudenter") sind,[279] sondern die Bezeichnungen für „witzig": „iocus/ iocose", „salse", „lepide", „facete/ facetum" und „irrisio", wozu auch noch „libere" („freizügig/ frech") und „vrbane" zu rechnen wären. Die Kategorie „salse" ist im „Index sententiarum" von *C* (1535) mit 72 Eintragungen vertreten, „lepide" mit 41, „facete" mit 33 (zusätzlich: „faceta exprobratio", „faceta rapacitas", „facetum iudicium"), „libere" mit 53 (zusätzlich: „libera monitio" mit 2 Instanzen), „ridicule/ ridiculum" mit 13 (zusätzlich: „ridiculis assuescere", „ridicula praeferuntur salutaribus" und „risus interimens"), „irrisio" mit 5 und „iocus" mit einer großen Anzahl verschiedener Titel:

iocari in se ipsum	340[280]
iocose	346, 587 (VI, 192), 800 (VIII, 88), 855 (VIII, 285)
iocus ab absurdo	592 (VI, 214)
iocus ab ambiguo	294, 347, 391, 590 (VI, 204)
iocus ab ironia	595
iocus e fabula	624 (VI, 345)
iocus ex addito	404
iocus ex deprauatione	544 (VI, 8)
iocus ex Homero	559 (VI, 75)
iocus ex nomine	400, 401, 549 (VI, 31), 588 (VI, 197), 549 (VI, 223), 620 (VII, 352)
iocus ex similitudine vocis	397
iocus ex specie corporis	625 (VI, 349)

---

[276] „Epistola nuncupatoria", *ASD* IV, 4, S. 42, Z. 132–134.
[277] Ebd., S. 44, Z. 200–201.
[278] Für die Titel s. unten, Abschnitt 7.
[279] Die Gütesiegel „sapienter" und „prudenter" vergibt Erasmus im „Index sententiarum" je 15 Mal.
[280] Die Seitenangaben beziehen sich auf *C* (1535); zusätzlich wurden für die Sprüche der Bücher V–VIII die numerische Angabe unserer ASD-Ausgabe hinzugefügt.

iocus ex vocabulis	303
iocus in seipsum	340
iocus in morbo	303
iocus in morbum proprium	781 (VI, 24)
iocus in morte	296, 561 (VI, 82)
iocus in mortuum	555 (VI, 57)
iocus insanus	547 (VI, 23)
iocus intempestiuus	621 (VI, 333), 622 (VI, 336), 659 (VI, 489)
iocus salubris	723 (VII, 152)
iocus submorosus	628 (VI, 359)

Aus dieser Art der Lesesteuerung geht hervor, daß Erasmus den Witzaspekt seiner *Apophthegmata* durch seine spezifische Präsentationsweise hervorkehrte. Das bedeutet nicht, daß die Mehrzahl der *Apophthegmata*, die Erasmus darbot, tatsächlich vor allem witzig waren; er übernahm ja ganze Sammlungen (wie jene des Plutarch oder Diogenes Laertius), die nicht nach diesem Muster gestrickt waren. Dazu passt auch, daß Erasmus Aussprüche als „witzig" bezeichnet, die nicht unbedingt witzig sind bzw. deren „Witz" Erasmus nicht verstanden hat. Z. B. versieht er einen Ausspruch des Bion von Borysthenes (VII, 198) mit der Etikette „salse", den er missverstanden hat. Erasmus meinte, daß es um die militärischen Taktiken einerseits des flächendeckenden Abbrennens ganzer Städte, andererseits um das (lokale) In-Brand-Stecken einzelner Häuser ging, während der Kyniker den griechischen Totenkult mit Brandbestattung und Brandopfer als widersprüchlich hinstellte, wie schon vor ihm der Skythe Anacharsis.[281]

Apophthegmen in den Philosophenbiographien des Diogenes Laertius, die dazu dienen, den Charakter eines bestimmten Philosophen zu markieren, schätzt Erasmus eher aufgrund ihrer „Witzigkeit"; z. B. bezeichnet er ein Apophthegma des Stoikers Zenon von Kition, der nicht gerade als Witzbold bekannt war, als „lepide", „witzig": Auf die Frage eines Symposionteilnehmers, wieso denn Zenon beim Gelage fröhlich sei, während er sonst ein so ernstes Wesen habe, soll er geantwortet habe: „Auch die Wolfsbohne (*lupinum*) wird, obwohl sie von Natur aus bitter ist, süß, wenn man sie im Wasser einweicht" (VII, 327).[282] Diogenes Laertius wollte damit en passant Zenon durch seine einfache Lebensweise charakterisieren, der sich mit der Nahrung der armen Leute, der Wolfsbohne, und Wasser begnügte. Auch Bemerkungen, die man eher als pedantisch, kleinkariert oder abgeschmackt bezeichnen würde, verleiht Erasmus das Gütesiegel „witzig". Z. B. soll der jonische Philosoph Xenophanes aus dem 6./5 Jh., den Erasmus im fünften Buch für einen Bruder des Ptolemaios I. Soter hielt, auf die Klage des Empedokles, es sei schwer, einen Weisen zu finden, geantwortet haben: „Es ist notwendig, daß einer, der einen Weisen erkennen will, zuerst selbst weise ist". Der in der frühen Kaiserzeit bekannte Grammatiker Q. Remmius Palae-

---

[281] Vgl. Komm. *ad loc.*
[282] Vgl. Komm. *ad loc.*

mon, der in den *Apophthegmata* unter Remnius Palemon geführt wird, war für seine homosexuellen Neigungen bekannt. Als ein zufälliger jugendlicher Passant seinem Kuß nicht ausweichen konnte, soll dieser gesagt haben: „Willst du, Magister, jedesmal, wenn du jemanden in Eile siehst, diesen abschlecken?" (VIII, 57). Obwohl Erasmus dies mit der Etikette „witzig" ausstattet, ist derartiges nicht unbedingt geeignet, die Lachmuskeln zu stimulieren.

Ein anderes Mittel des Erasmus, den Witzcharakter seiner *Apophthegmata* hervorzukehren, sind *kommentierende Erklärungen*.[283] Diese sind oft problematisch, besonders in Fällen, in denen Erasmus den betreffenden Witz missverstanden hat. Ganz allgemein gilt, daß, wenn man einen Witz im Nachhinein erklären muß, dieser nicht gezogen hat. Erasmus' Erklärungen haben *a fortiori* das Zeug in sich, Witze im Keim zu ersticken. Z.B. gibt er im vierten Buch einen Witz des Augustus wieder: Als Augustus einen moralisch anrüchigen Soldaten des Feldlagers verwies, flehte dieser ihn an bleiben zu dürfen, wobei er als Argument anführte: „Was soll ich sonst meinem Vater sagen?". „Sag ihm", gab Augustus zurück, „du warst mit mir unzufrieden".[284] Diesen Witz erklärt Erasmus wie folgt: „Weil sich der Jüngling schämte, zuzugeben, daß er selbst es war, mit dem Augustus unzufrieden war, erlaubte ihm Augustus, daß er die Aussage umkehrte und die Schuld auf ihn abwälzte". Im sechsten Buch verleiht Erasmus einer Replik des Afrikaners Iuba II., der in Rom hoch zu Ross unterwegs war, das Gütesiegel „iocose" (VI, 192).[285] Als sich ein Passant beschwerte, Iubas Pferd habe ihn mit Speichel angespritzt, sagte Iuba: „Glaubst du denn, ich sei ein Zentaur?". Während die Bemerkung an sich schon nicht gewaltig witzig ist, gibt ihr Erasmus den Todesstich, indem er erklärt, worin der Witz liege:

> „Er machte sich damit über jenen lustig, der das, was das Pferd angerichtet hatte, seinem Herrn, dem Reiter, zuschrieb, als ob das Pferd und der Reiter ein und dasselbe Lebewesen seien, so, wie man Zentauren darstellt".

In VI, 271 bringt Erasmus einen Witz, den ein Traumdeuter machte: Jemand erzählt ihm, daß er im Traum gesehen habe, wie unter seinem Bettgestell ein Ei hing. Der Traumdeuter riet ihm: Grabe dort, dort liegt ein Schatz. Die Person folgte ihm und fand einen Gold- und Silberschatz. Zum Lohn brachte sie dem Traumdeuter ein wenig von dem Silber. Darauf sagte der Traumdeuter: „Wie? Gab es denn keinen Dotter?". Erasmus versieht diesen Witz mit der Erklärung:

> „Der Träumer hatte ein versilbertes Goldei gefunden, und dies ist dem Traumdeuter nicht verborgen geblieben".

In der Erklärung des Witzes spiegelt sich ein gewisser Hang zu Spitzfindigkeit, der zugleich verkrampft und naiv wirkt. In VIII, 82 schildert Erasmus eine witzige Begebenheit („ridicule"), die sich bei einer Dichterlesung zugetragen haben soll: Als der Dichter Iavolenus, ein Verwandter des Propertius, die Rezitation seines Werkes mit

---

[283] Zum Kommentar als Bestandteil des Apophthegmas s. unten.
[284] *ASD* IV, 4, S. 320, Z. 889 ff.
[285] Vgl. Komm. *ad loc.*

den Worten „Du befiehlst, Priscus …" anfing, antwortete ihm ein zufällig anwesender Mann, der ebenfalls Priscus hieß, mit „Aber ich befehle gar nichts". Erasmus erklärte den Witz als Kritik an poetischer Fiktion: „Fingunt enim poetae suo arbitrio, quicquid libet. At Priscus non tulit poeticam fictionem". Daß diese Erklärung völlig abwegig ist, hätte Erasmus bereits seiner Quelle, den *Epistulae* Plinius' d.J., entnehmen können, der den Zwischenruf des Iavolenus als hohlköpfig einstufte.[286] Priscus, meint Plinius, „sei überhaupt nicht recht bei Sinnen gewesen".[287]

Interessant ist, daß sich dieselbe Vorliebe für den Witz in Brusonis Sammlung d.J. 1518 feststellen läßt. Sie zeigt sich schon in der Wahl des Titels „*Facetiarum* …", wird aber auch im Widmungsvorwort an Pompeo Colonna hervorgehoben. Brusoni positioniert seine Sammlung als Nachfolgewerk antiker *Facetiae*-Sammlungen: Catos d.Ä., Julius Caesars, Domitius Afers, Ciceros (in den von Tyro festgehaltenen drei Büchern) und „Plutarchs", wobei es den Anschein hat, als würde Brusoni Plutarch als Sammler von Witzen für seine Zwecke einverleiben. Im Widmungsvorwort benennt Brusoni dieselben Kategorien bzw. Begriffe für den Witz und das Witzige, welche auch Erasmus hervorhob: *facetiae, dicacitas, vrbanitas, iocus, cauillum, salsitas*. In Brusonis Verteidigung des Witzes treffen wir ein Argument an, das auch Erasmus anwendete, nämlich daß bei genauerem Zusehen in den Witzen die Quintessenz der Moralphilosophie verborgen sei: „Quamuis, si inspiciant, in hisce facetiis totam moralem philosophiam abstrusam esse cognoscent".

III.2. *Erasmus' widersprüchliches Verhältnis zur Apophthegma-Definition Plutarchs*

Erasmus' Vereinnahmung Plutarchs als *auctoritas* für die Profilierung der *Apophthegmata* in Richtung Witz ist jedoch trügerisch; jedenfalls entspricht sie nicht dem, was Plutarch tatsächlich vor Augen stand. Plutarch betrachtete die Apophthegmata als Quintessenz der biographischen Persönlichkeitsdarstellung: Sie bilden den Stoff, aus dem man den Charakter und die Eigenart einer bestimmten Person am klarsten und einprägsamsten darstellen kann. Er war der Meinung, daß sich dazu Apophthegmata besser eigneten als Feldschlachten und andere politisch-militärische Großtaten. Die *Regum et imperatorum apophthegmata* sind nach diesem Muster gestrickt. Das Werk ist nach Einzelpersönlichkeiten angeordnet: Unter dem Titel der jeweiligen Spruchspender werden die einzelnen Apophthegmata angeführt; *in summa* beschreiben sie den Charakter der jeweiligen Person. Erasmus war diese spezifisch plutarchische Anwendungs- und Interpretationsweise der Apophthegmata wohlbekannt: In seiner „Epistola nuncupatoria" zitiert er Plutarchs diesbezügliche programmatische Aussagen aus dessen Widmungsvorwort an Kaiser Trajan.[288] Da Erasmus die *Regum et*

---

[286] Plin. *Epist*. VI, 15, 1–2.
[287] Ebd. VI, 15, 3: „Est omnino Priscus dubiae sanitatis".
[288] Ebd., S. 39, Z. 41–46: „(Plutarchus) … Traiano Caesarum laudatissimo collegit insignia diuersorum

imperatorum apophthegmata zur Gänze übernommen, zudem auch die Anordnung Plutarchs beibehalten hat, müsste sich, gewissermassen automatisch, jene von Plutarch beabsichtigte Wirkung ergeben, daß die Sprüche *in summa* den Charakter der jeweiligen Person offenbaren. Da Erasmus weiter die in den *Bioi paralleloi* vorhandenen Sprüche der betreffenden Personen mehr oder weniger systematisch hinzugesammelt hat, dürfte man erwarten, daß in seinen *Apophthegmata* der Charakter der Spruchspender sogar noch stärker hervortritt als in den *Regum et imperatorum apophthegmata* der Fall ist.

Wenn man jedoch die kommentierenden Erklärungen betrachtet, die Erasmus den einzelnen Sprüchen hinzugefügt hat, so stellt sich heraus, daß sie meist nicht darauf abzielen, den Zusammenhang zwischen Spruch und Charakter näher zu erläutern, und dies, obwohl gerade dieser Zusammenhang einer näheren Erklärung bedurft hätte. Plutarch selbst hat den jeweiligen Zusammenhang zwar in den *Bioi paralleloi* häufig angegeben, jedoch nicht in den *Regum et imperatorum apophthegmata*. Vielleicht ging er davon aus, daß der Leser die *Bioi paralleloi* kannte oder jedenfalls zur Hand hatte, ihm entweder der Sinn von selbst aufging oder er diesen durch Lektüre der jeweiligen Vita eruieren konnte. Diesbezüglich war also Erklärungsbedarf durchaus vorhanden. Bemerkenswert ist auch, daß Erasmus, wenn er den *Bioi paralleloi* Apophthegmata entnahm, die dort aufgezeichneten Zusammenhänge zum Charakter der jeweiligen Person zumeist ausliess.

Z. B. leitete Plutarch die Sektion der Cicero-Sprüche mit einer Anekdote ein, in der er dessen großes Selbstvertrauen, Ambitioniertheit und Ruhmstreben, obwohl er als *homo novus* einen großen Nachteil hatte, als Charakterzug vorführte. Als Cicero am Anfang seiner politischen Karriere Freunde rieten, er möge doch sein Cognomen ändern, weil es Anlaß zu Spott geben könne (es erinnerte an „cicer", „Kichererbse"), soll er geantwortet haben, *sein Cognomen werde einst berühmter sein als jene der Catones, Catuli oder Scauri* (*Mor.* 204E). In seiner Cicero-Biographie brachte Plutarch dasselbe Apophthegma mit weiteren Erläuterungen (Plut. *Cic.* 1, 1–3, *Vit.* 861A–B). Erasmus jedoch kümmerte sich überhaupt nicht um Plutarchs Charakterisierung; stattdessen erklärte er das Apophthegma als exemplarischen Beleg seiner eigenen Lieblingsansicht, daß wahrer Adel (*vera nobilitas*) sich nicht auf Abstammung bzw. Blutsverwandtschaft, sondern auf persönliche Leistung gründe. Erasmus gibt dem Apophthegma den sentenziösen Titel „Nobilitas virtute parta" („Adel wird durch Tugend erzeugt") und erklärt es wie folgt: „Parum illustris est, qui praeter imagines et cognomen nihil habet nobilitatis; pulcherrimum autem nobilitatis genus est, quam sibi quisque propriis virtutibus conciliat".[289] Die Grosszügigkeit, Magnifizenz und Freigebigkeit des thrakischen Königs Kotys charakterisierte Plutarch durch die

---

apophthegmata, quod in his velut in certissimo speculo repraesentatur animus singulorum. Nam in factis bonam laudis partem sibi vindicat consiliarius, dux ac miles, maximam fortuna, per quam videmus interdum optima consulta pessimum habere exitum, rursus quorundam inconsultam temeritatem felicissime cedere".

[289] *ASD* IV, 4, S. 351, Z. 693–695.

EINLEITUNG

117

Anekdote, daß Kotys, als er einmal einen Leoparden zum Geschenk erhielt, dieses durch das viel größere und wertvollere Geschenk eines Löwen erwiderte (*Mor.* 174D). Erasmus sah darin jedoch keinen Charakterzug, sondern interpretierte die Tat im Sinn der sprichwörtlichen Redensart „Gleiches mit Gleichem vergelten" („Par pari"). Nach Erasmus habe Kotys „eine üble Bestie mit einer gleich üblen Bestie vergolten": „malam bestiam aeque mala repensans" (V, 36). Statt den Charakter des thrakischen Königs darzulegen, leitet Erasmus aus der Anekdote eine sprichwörtliche Weisheit ab. Die Neigung des persischen Großkönigs Dareios zu Selbstlob und Überheblichkeit charakterisiert Plutarch durch ein Apophthegma, mit dem sich der König zu loben pflegte (ἑαυτὸν ἐγκωμιάζων ἔλεγεν), „Feldschlachten und brenzlige Situationen" hätten ihn „(nur) klüger gemacht" (*Mor.* 172F). Erasmus jedoch zeigt mitnichten Interesse am Charakter des Königs. Er interpretiert den Spruch vielmehr als Fürstenspiegel-Aphorismus, der seinen eigenen Ideen, die er in seiner *Inst. princ. christ.* dargestellt hatte, widerspricht. Ein Fürst, meint Erasmus, dürfe niemals frei nach dem Motto „Aus Fehlern wird man klug" regieren, weil ein solcher Lernprozess für den Staat zu gefährlich und zu teuer sei:[290] „Atqui talis prudentia nimio constat reipublicae. Praestat principem e philosophiae praeceptis haurire sapientiam potius quam experimentis miseram, vt vocant, colligere prudentiam" (V, 5). Die Reihe dieser Beispiele liesse sich nach Belieben fortsetzen.

Es gibt andererseits auch einige Fälle, in denen Erasmus den Charakterzug, der aus einem bestimmten Apophthegma hervorging, kommentierte, z. B. in den Spruchsektionen des Demetrios Poliorketes, Pyrrhos, Alkibiades, Phokion, Alexander d. Gr. und Caesar. Jedoch hängen derartige Charakter-Kommentare des Erasmus in der Regel mit extremem Lob oder Tadel zusammen. Die Kommentare auf Alexander d. Gr. und Caesar haben eine distinkte Fürstenspiegel-Funktion: Erasmus lehnte sie als Herrschertypus ab, betrachtete sie als kapitale Verbrecher, die die Menschheit in Elend und Verderben gestürzt hätten. Bereits den ersten Spruch Alexanders kommentiert Erasmus mit den Worten: „Iam tum agnoscas scintillam indolis ambitiosae et irrequietae".[291] Unstillbarer Ehrgeiz, Geltungsdrang, Ruhmstreben und Herrschsucht, dazu Jähzorn und ein Hang zu Gewalttätigkeit sollen Alexanders Charakter kennzeichnen. Sogar positive Eigenschaften werden von Erasmus negativ umgedeutet; einen Ausspruch, aus dem Alexanders Freigebigkeit hervorgeht (Plut. *Mor.* 179F), kommentiert Erasmus wie folgt: „Praeclare dictum, nisi virtutis indolem ambitio vitiasset";[292] einen weiteren, der Alexanders Hochherzigkeit und Mut vorführt (Plut. *Mor.* 180B), deutet Erasmus als zügellose Herrschsucht um: „Et hic animi celsitudinem probare possis, nisi dictum impotentiam quandam dominandi saperet".[293] Das gleiche gilt *mutatis mutandis* für Caesar, den Plutarch als das römische

---

[290] Vgl. *Inst. princ. christ.*, Kap. 1, ASD IV, 1, S. 148–149 (403–404): „... nimio constat reipublicae ... At ista prudentia nimio emetur patriae ...".
[291] Ebd., S. 294, Z. 261.
[292] Ebd., S. 295, Z. 286–287.
[293] Ebd., S. 296, Z. 314–315.

Äquivalent zu Alexander präsentiert und daher auch mit charakterlichen Ähnlichkeiten ausgestattet hatte, z. B. unerhörter Ehrgeiz, Wagemut, Entschlossenheit, Streben nach Ruhm und Ehre. Bezeichnend ist Erasmus' Kommentar auf das von Plutarch überlieferte Apophthegma Caesars, der Alexander als Vorbild betrachtete: „Vtinam hoc ingenium ad moderati potius quam ad maximi principis aemulationem properasset!"[294] Aus diesen Anmerkungen geht hervor, daß es Erasmus weniger um den Charakter der Spruchspender als um die *moralische Bewertung ihrer Sprüche* zu tun war.

III.3. *Das Problem der Dubletten und Mehrfachzuschreibungen in den* Apophthegmata

Ein Phänomen, das sich mit Plutarchs Interpretation und Verwendung der Apophthegmata schlecht verträgt, ist der Umstand, daß gewisse Sprüche von der Überlieferung mehreren Personen zugeschrieben wurden (ganz besonders die sog. „Wander-Apophthegmen"). Damit kann man auf unterschiedliche Weise umgehen. Wenn man Plutarchs Interpretationsrichtlinie folgt, müßte man zunächst untersuchen, welche Überlieferung die beste ist und eine Entscheidung treffen; wenn daraus kein klares Resultat hervorgeht, die Frage aufwerfen, ob bzw. inwiefern es sich bei den Spendern ein und desselben Apophthegmas um charakterlich ähnliche Personen handelt.

Interessanterweise unterläßt Erasmus beides. An der Stelle im Widmungsvorwort, wo er die Mehrfachzuschreibungen anspricht, bagatellisiert er das Problem. Jeder wisse ja, daß so etwas vorkäme. Mit programmatischer Gravität poniert Erasmus die These, daß es in erster Linie nicht darum gehe, *wer* etwas sage, sondern um *was* gesagt wird:

> „Ne illud quidem quenquam movere debet, quod nonnunquam idem dictum ab hoc ascribitur huic et ab illo tribuitur alteri. Nec enim tam refert, *a quo* quid dictum sit, quam *quid* dicatur …".[295]

Es ist jedoch fraglich, ob man diese programmatisch klingende Aussage des Erasmus für bare Münze nehmen sollte. Z. B. würde sich daraus in letzter Konsequenz die Schlußfolgerung ergeben, daß nicht die Anordnung der Apophthegmata nach *Personen* die beste ist, sondern jene nach *Inhalten*. In der Tat lagen Erasmus Spruchsammlungen, die nach Inhalten geordnet waren, bereits vor: z. B. Valerius Maximus, Frontinus und Ps-Frontinus, Petrarcas *Rerum memorandarum libri* oder Brusonis Sammlung aus dem Jahr 1518. Diese Sammlungen waren viel benutzerfreundlicher als die „verwirrtere Anordnung" („ordo confusior"), die Erasmus stiftete. Klar ist zudem, daß er seine Sprüche – ebenso wie Valerius Maximus und Brusoni – ohne

---

[294] Ebd., S. 333, Z. 242–243.
[295] „Epistola nuncupatoria", *ASD* IV, 4, S. 42, Z. 143–145.

Weiteres *per locos* hätte anordnen können. Da Erasmus jedoch nicht so vorging, muß man konstatieren, daß bei ihm, genauso wie in Plutarchs *Regum et imperatorum apophthegmata*, Diogenes Laertius' *Philosophenbiographien*, Xenophons *Memorabilia Socratis*, Suetons Kaiserbiographien, den Biographien der *Historia Augusta* und Philostrats *Sophistenbiographien* – immerhin die Hauptquellen der *Apophthegmata* – die Spruchspender essentiell sind, im Vordergrund stehen und eng mit den Sprüchen verbunden sind. Aus seiner „programmatischen" Aussage wird soviel klar, daß Erasmus in seinen *Apophthegmata* an Plutarchs Methode der Charakterzeichnung durch Aussprüche nur am Rande interessiert war. Der Satz bedeutet jedoch nicht, daß Erasmus die Person des Spruchspenders tatsächlich als undeutend oder nebensächlich betrachtet hätte. Seine Aussage in der „Epistola nuncupatoria" stellt eher ein *ad hoc*-Argument dar, womit er sich für die *Dubletten* rechtfertigt, die seine *Apophthegmata* aufweisen.

Die hohe Anzahl an Dubletten, mehr als 60 (!) in den Büchern V–VIII, wovon insgesamt mehr als 120 *Apophthegmata* betroffen sind (vgl. die Liste im Appendix 1 zur vorliegenden Einleitung),[296] sind nicht einfach dem Umstand geschuldet, daß es sie nun einmal gab, sondern auch der hastigen und erratischen, oft schlampigen Arbeitsweise des Erasmus. Erasmus arbeitete seine Quellen, wie wir gesehen haben, in großer Eile ab und er nahm sich kaum je die Zeit, zurückzublicken. Meist fehlt eine Anmerkung, daß ein bestimmtes Apophthegma schon einmal vorgekommen ist.[297] Das ist in der Regel so zu verstehen, daß Erasmus die Dublette nicht aufgefallen ist. Es gibt auch Fälle, in denen Erasmus das Vorhandensein einer Dublette im Nachhinein, bei der Vorbereitung der Ausgabe letzter Hand, endlich bemerkte. Z. B. hatte er denselben Spruch zu einem Soldaten, der mit seinem schönen Schild prunkte, irrtümlich sowohl Scipio Africanus d. Ä. als auch d.J. zugeschrieben (V, 304 [= V, 415B] und 415). Der richtige Spruchspender ist Scipio Africanus d.J., wie ganz klar aus Erasmus' Quelle von V, 415, Plutarchs *Regum et imperatorum apophthegmata*, hervorgeht.[298] Die Fehlzuschreibung von V, 304 geht auf Erasmus' Konto, der die Parallelstelle in Frontins *Strategemata* fälschlich Scipio d.Ä. zugewiesen hatte.[299] Als ihm 1535 die Verdopplung auffiel, war er nicht imstande, den eigenen Fehler zu korrigieren. Er merkte lediglich an: „Quanquam hoc idem de altero Scipione narratur inferius" (V, 304 = 415B).

Diese Vorgehensweise ist bezeichnend: Wenn Erasmus überhaupt auffiel, daß eine Dublette auftrat, versuchte er nicht, die Verdopplung tunlichst zu vermeiden oder das Problem aufzuklären. Er bringt den Spruch einfach nochmals, wobei er sich mit kommentierenden Anmerkungen begnügt, die oft nicht weiter gehen als „Dieser Spruch wird auch einem anderen zugeschrieben". Meist kann sich Erasmus

---

[296] Die genaue Anzahl der Dubletten hängt davon ab, wie man einige Grenzfälle bewertet.
[297] Z. B. V, 257 (Pelopidas) = I, 248 (Leonidas), *ASD* IV, 4, S. 122, Z. 782–784; V, 264 (Manius Curius) = VI, 320 (C. Fabricius);
[298] *Mor.* 201D (Scipio Minor, 18).
[299] Frontin. *Strat.* IV, 1, 5; vgl. Komm. zu V, 415B.

nicht mehr erinnern, wer dieser andere ist (z. B. in V, 261: „Hoc et alteri *cuidam* adscribitur");[300] das gilt im Übrigen auch in manchen Fällen, in denen er den Namen des (vermeintlichen) alternativen Spruchspenders nennt. Z. B. bringt Erasmus in VIII, 77 den Spruch „satius esse ociosum esse quam nihil agere", den er aus den Briefen Plinius' d. J. exzerpiert hatte,[301] mit dem Vermerk: „Quanquam hoc dictum asscribitur Catoni seniori". Erasmus irrte sich jedoch: Es handelt sich um einen Ausspruch des Scipio Africanus d. Ä.[302] Diesen Spruch hatte Erasmus selbst bereits in V, 293 publiziert, dort mit der richtigen Zuschreibung an Scipio Africanus d. Ä.; bemerkenswert ist in diesem Fall weiter, daß die Sprüche dem Wortlaut nach nicht völlig identisch, sondern eher inhaltlich ähnlich sind.

Während eine Anmerkung wie „Quanquam hoc dictum asscribitur Catoni seniori" wie ein Querverweis wirken könnte, geht das für „Hoc et alteri *cuidam* adscribitur" auf keine Weise auf. Erasmus hatte meist keine genaue Erinnerung, wem er reduplizierte Sprüche im Vorhergehenden zugeschrieben hatte oder an welcher Stelle sie sich befanden, manchmal nicht einmal, *ob* er das betreffende Apophthegma schon gebracht hatte. In VII, 373 präsentiert er ein Apophthegma des Dichters Antiphon aus dem 4. Jh. v. Chr. (den er im Übrigen mit Antiphon dem Sophisten verwechselt),[303] das an den sizilischen Tyrannen Dionysios I. gerichtet war. Erasmus vermerkt: „Hoc (apophthegma), ni me fallit memoria, alteri *cuidam* asscribitur". Sein Gedächtnis sagte Erasmus weder, welche Person dies war, noch, daß er selbst den Spruch bereits publiziert hatte: Der Spruchspender war an der dortigen Stelle der Spruchweltmeister Diogenes von Sinope,[304] die leuchtende Vorbildgestalt des dritten Buches. Allerdings war Erasmus an der dortigen Stelle nicht aufgefallen, daß Diogenes unmöglich der richtige Spruchspender sein konnte, da er Sizilien nie besucht hatte. In VII, 126 bringt Erasmus einen Spruch des Anaxagoras von Klazomenai, der 434/0 v. Chr. ins Exil nach Lampsakos gegangen war, wo er die Nachricht vom Tod seiner Söhne erhielt.[305] Erasmus merkte an, daß dieser Spruch auch Xenophon zugeschrieben wird. Was er aber vergessen hatte, ist, daß er selbst den Spruch bereits im ersten Buch der *Apophthegmata* gebracht, jedoch dort dem Spartaner „Lochadus" zugeschrieben hatte,[306] dessen richtiger Namen im Übrigen Lochagus lautet. Die Angabe, daß der Spruch auch Xenophon zugeschrieben wurde, entnahm Erasmus seiner Quelle Diogenes Laertius, jedoch unvollständig, da dieser auch Solon als weiteren Spruchspender verzeichnet hatte.

---

[300] V, 261 (Pelopidas) = I, 325 (Paedaritus).
[301] *Epist.* I, 9, 8.
[302] Cic. *Off.* III, 1, 1: „Scipionem, Marce fili, eum, qui primus Africanus appellatus est, dicere solitum scripsit Cato, qui fuit eius fere aequalis, numquam se minus otiosum esse, quam cum otiosus, nec minus solum, quam cum solus esset".
[303] Vgl. Komm. *ad loc.*
[304] Ebd., S. 260.
[305] „Mir ist schon klar, daß ich Sterbliche gezeugt hatte".
[306] Ebd., S. 124, Z. 828–831.

Es kam auch vor, daß Erasmus eine Doppelzuschreibung zunächst bewußt war, daß er später aber vergaß, um welche Person es sich handelte. Z. B. merkte Erasmus zu dem 31. Spruch Philipps von Makedonien (IV, 31, *ASD* IV, 4, S. 293) an, daß er auch Kaiser Hadrian zugeschrieben wurde.[307] Als er im sechsten Buch die Sprüche Kaiser Hadrians zusammenstellte, hatte er vergessen, daß der andere Spruchspender Philipp war: „Hoc et alii tribuitur" (VI, 110), wobei er hinzufügte, daß es nichts ausmache, daß ein und derselbe Spruch mehreren Urhebern zugeteilt würde. Dem Lektor, der die Ausgabe der *Apophthegmata* von 1535 betreute, schien dieses Vorgehen wohl allzu nachlässig, weswegen er in einer Randnotiz festhielt: „Hoc superius tribuitur Philippo Macedoni pa. 312. apoph. 31." Erasmus hat diese Notiz offensichtlich nicht mehr verarbeitet, da sie sich nicht mit dem Hauptttext des Apophthegmas verträgt, jedoch wurde beim Satz von *C* die Notiz irrtümlich als von Erasmus vorgesehene Marginalie mitgedruckt. Ein ähnlicher Fall findet sich in VII, 113 (Anacharsis). Erasmus hat dort ein und denselben Spruch zum zweiten Mal gebracht, während er sich an die erste Vermeldung (VI, 449) nicht mehr erinnerte. Auch in diesem Fall brachte der Lektor die Randnotiz an: „Hoc idem ante tribuitur Stratonico". In diesem Fall scheint es, als ob Erasmus den Vermerk in den Apophthegmentext aufnehmen wollte, das entsprechende Einfügezeichen aber beim Satz übersehen wurde, sodaß der Vermerk in *C* als Marginalie wiedergegeben wurde (*C*, S. 713).

Daß Erasmus von seinem Gedächtnis im Stich gelassen wurde, wird besonders anhand von Dubletten ersichtlich, die nicht aufgrund von Mehrfachzuschreibungen zustandekamen. Erasmus bringt in diesen Fällen *ein und denselben Spruch mit demselben Spruchspender zweimal*, so z. B. in V, 276 und VI, 355 (beide Male Fabius Maximus Cunctator), in VI, 383 und VIII, 191 (beide Male der Dichter Simonides von Keos), VI, 387 und VIII, 148 (beide Male Lycurgus orator), VII, 65 und 70 (beide Male der Philosoph Antisthenes), V, 99 und VII, 133 (beide Male Stilpon von Megara), III, 327 und VIII 116 (beide Male Diogenes von Sinope), VI, 418 und VIII, 7 (beide Male Theodorus Atheos) oder VI, 541 und VIII, 208 (beide Male der Ringer Milon aus Kroton; in diesem Fall sogar aus ein und derselben Quelle, Ciceros *Cato maior*):[308]

VI, 541 (Milo Crotoniates):

Milo Crotoniates athleta, *iam senex quum vidisset athletas* alios *in curriculo* se se *exercentes*, fertur in*spexisse lacertos suos lachrymansque dixisse*, „*At hi iam mortui sunt*". Merito fleuit, qui felicitatem corporis viribus metiebatur. Animi vigor serius senescit, si tamen senescit vnquam.

VIII, 208 (Milo Crotoniates):

Milo Crotoniates quum iam consenuisset, videns athletas in certamine *exerceri, suos lacertos* intuitus iam senio defectos, *illacrymasse* fertur ac *dixisse: „At hi quidem iam mortui sunt"*. Corporis vigorem adimit aetas, animi vis ad extremam vsque durat aetatem.

---

[307] „Hoc idem Latini tribuunt Adriano imperatori".
[308] Größtenteils wörtliche Wiedergabe von Cic. *Cato* 27: „Quae enim vox potest esse contemptior quam Milonis Crotoniatae? Qui, cum iam senex esset athletasque se exercentes in curriculo videret, aspexisse lacertos suos dicitur inlacrimansque dixisse: ‚At hi quidem mortui iam sunt'".

VI, 418 (Theodorus ἄθεος):

„Theodorus Atheniensis [sic, i.e. Cyrenaeus], cognomento ἄθεος, dicere solitus est se doctrinam auditoribus dextra porrigere, sed illos sinistra accipere, sentiens illos benedicta in malam accommodare partem".

VIII, 7 (Theodorus ἄθεος):

Theodorus Atheniensis [sic, i.e. Cyrenaeus] *cognomento* ἄθεος obiicientibus, quod doctrina ipsius multi redderentur deteriores, respondit id aliorum vitio accidere, qui doctrinam ipsius *sinistra exciperent*, quum *ipse dextra porrigeret*.

Wie schon im Fall des Milo, kopierte Erasmus auch bei Theodoros dem Gottlosen ein und denselben Spruch zweimal aus derselben Quelle (hier Plutarchs *De tranquilitate animi*).[309] Als er das achte Buch verfasste (1532), konnte sich Erasmus nicht mehr daran erinnern, daß er den Spruch bereits im sechsten Buch (1531) publiziert hatte. Kurios ist in diesem Fall, daß Erasmus ein und dasselbe Apophthegma in VI, 418 und VIII, 7 unterschiedlich übertrug, in VI, 418 wörtlich übersetzte und mit einer angehängten Erklärung ausstattete, in VIII, 7 frei paraphrasierte und keine Erklärung hinzusetzte. Es kommt auch vor, daß bei Dubletten ein und desselben Spruches Erasmus das eine Mal einen Übersetzungsfehler begeht, das andere Mal jedoch richtig übersetzt, wie in III, 327 und VIII, 116 (Diogenes von Sinope).[310] In VII, 133 brachte Erasmus einen Spruch des Philosophen Stilpon von Megara, ohne daß ihm auffiel, daß er ihn schon im fünften Buch publiziert hatte (V, 99). Jedoch bemerkte er die Verdopplung i.J. 1535, bei der Vorbereitung der Ausgabe von letzter Hand. Man würde erwarten, daß Erasmus angesichts dieser Entdeckung eine der beiden Instanzen gestrichen hätte. Merkwürdigerweise unterläßt er dies, während er in VII, 133 anmerkt: „Idem hoc supra commemoratum est aliis verbis". Man mag sich darüber verwundern, welchen Sinn eine solche Bemerkung haben soll. Erasmus gibt zu verstehen, daß er erkannte, daß er einen Spruch schon zuvor gebracht hatte, aber wiederholt ihn dennoch.

In einigen Fällen kamen Dubletten dadurch zustande, daß Erasmus aus dem Gedächtnis zitierte. Z.B. fiel ihm bei der Abfassung von II, 45 (im zweiten Buch der *Apophthegmata Laconica*) ein, daß „ein gewisser Philosoph auf die Frage … die Gegenfrage gestellt habe …" – „Vnde philosophus quidam interrogatus, vtrum putaret maiorem esse numerum viuorum an mortuorum, vicissim rogauit, vtro loco haberet nauigantes …".[311] Der Name des Philosophen, Anacharsis, war ihm entfallen. Als Erasmus denselben Spruch im siebenten Buch in der Anacharsis-Sektion brachte, hatte er vergessen, daß er ihn schon im zweiten Buch publiziert hatte.[312]

---

[309] 5, *Mor.* 467B–C.
[310] Vgl. Komm. zu VIII, 116.
[311] *ASD* IV, 4, S. 160, Z. 221–224.
[312] VII, 115: „Roganti, vtrum arbitraretur plures esse mortuos an viuos, ‚Nauigantes', inquit, ‚in vtro numero ponis?', dubitans, an hi essent inter viuos habendi, qui vitam vndarum ac ventorum arbitrio commisissent".

Die Dubletten werden jeweils in der Titelzeile des betreffenden Apophthegmas verzeichnet und im Kommentar der Edition erläutert. Für eine einschlägige Übersicht, mit Angabe der Spruchspender, sehe man die „Liste der Dubletten" im Appendix 1 zur vorliegenden Einleitung.

III.4. *Die Profilierung des Begriffs „apophthegma"* *in Richtung absoluter Historizität*

Die Rechtfertigung seiner flüchtigen Arbeitsweise, wodurch es vielfach zu Verdopplungen und Irrtümern kam, impliziert jedoch nicht, daß Erasmus den Zusammenhang zwischen Spruch und Spruchspender lockern oder gar eliminieren wollte. Vielmehr beharrt er auf der Historizität der Apophthegmata, sowohl der Spruchspender als auch der Aussprüche als solcher. In seiner „Epistola nuncupatoria" betrachtet es als Voraussetzung des Apophthegmas, daß der Sprecher *eine historische Person ist* und *daß er die betreffenden Worte tatsächlich ausgesprochen hat*.[313] Die Sprüche müssen in dieser Beziehung unbedingt „wahr" sein bzw. „ad veri fidem" verfasst sein,[314] d.h. solcher Art, daß sich der Benutzer/ Rezipient auf ihre Wahrheit verlassen kann. Aufgrund dieses Definitionskriteriums schließt Erasmus bestimmte Kategorien von Sprüchen aus:

1. Sprüche, die von Historikern stammen, die gerne fabulieren und Aussprüche selbst erfinden. Das Musterbeispiel dafür ist Herodot.[315]
2. Sprüche, die aus Reden in historiographischen Werken stammen.[316]
3. Verse aus Komödien und Tragödien.[317]
4. Sprüche, die mythologischen Personen in den Mund gelegt werden, wie etwa dem Odysseus.[318]
5. Sprüche von Dialogpersonen.[319]

Das gemeinsame Merkmal dieser fünf Kategorien, die ausgeschlossen werden sollen, ist die fehlende historische Wahrheit der Sprüche.

Dies ist eine klare Ansage. Im Allgemeinen mag Erasmus diese Definition als Grundlage für die Zusammenstellung seiner *Apophthegmata* verwendet haben. Dennoch ergeben sich Widersprüchlichkeiten, wenn man die tatsächliche Arbeitsweise des Erasmus in den Blick nimmt.

---

[313] *ASD* IV, 4, S. 43, Z. 165–179.
[314] Ebd. Z. 168.
[315] Ebd. Z. 176–177.
[316] Ebd. Z. 177–179.
[317] Ebd., Z. 169–171.
[318] Ebd., Z. 165–167.
[319] Ebd., Z. 167–169.

Zunächst kann man die Vorbehalte nachvollziehen, die Erasmus gegenüber Herodot macht. Herodot ist ein fesselnder Erzähler, nimmt es aber mit der Wahrheit nicht so genau. Dem steht gegenüber, daß Erasmus in den Büchern V–VIII eine Reihe von *Apophthegmata* Herodots Geschichtswerk entnimmt, z. B. V, 12; 48; VI, 391, 393, 395–398, 542, 591; VIII, 100–101, 266. Aufgrund seiner Ansage würde man erwarten, daß Erasmus gerade bei Herodot vorsichtig und wählerisch gewesen ist: daß er ausschließlich Aussprüche, die den Stempel der Authentizität tragen, aufgenommen hat. Merkwürdigerweise ist dies jedoch nicht der Fall, sondern eher das Gegenteil: Erasmus bevorzugt Anekdotisches, Klischeehaftes und Topisches, bei dem im Grunde von vornherein klar sein sollte, daß es um Konstruiertes und Erfundenes geht. Z. B. übernimmt Erasmus in VIII, 100 die fabulöse Schilderung einer Befragung griechischer Überläufer durch die persischen Kommandanten, in der die Klischees vom „Wesen der Griechen" Revue passieren (Hdt. VIII, 26). Auf die Frage „Was tun die Griechen im Augenblick?" (nämlich als die Perser mit ihrem riesigen Heer in Griechenland einmarschierten), sollen die Überläufer geantwortet haben: „Sie feiern die Olympischen Spiele, mit gymnastischen Wettkämpfen und Pferderennen"; auf die Frage: „Was sind die Preise der Wettkämpfe?" sollen sie geantwortet haben: „Ein Kranz aus Olivenzweigen". Daraufhin soll ein persischer Edelmann namens „Tritantechines" (d.i. Tritantaichmes)[320] zu seinem General Mardonios gesagt haben: „Weh, Mardonios! Gegen was für Leute führtest du uns in den Krieg, die nicht um Geld Kampfspiele halten, sondern um den Preis ihrer Tüchtigkeit!".[321] Es ist von vornherein ausgeschlossen, daß Herodot von dieser Befragung authentische Information besaß. Dasselbe gilt für allerlei Gespräche, die Erasmus, obwohl sie Herodot erfunden hat, in seine *Apophthegmata* aufnahm, z. B. jenes Gespräch, das zwischen Kroisos und dem Perserkönig Kyros stattgefunden haben soll (VI, 396), während die persischen Soldaten die Hauptstadt des Kroisos, Sardes, plünderten (Hdt. I, 88, 2–89, 1). Ein solches Gespräch ist natürlich reine Fiktion; abgesehen davon, daß niemand zugegen war, der Herodot davon hätte berichten können, ist nahezu ausgeschlossen, daß es stattgefunden hat. Überhaupt rankten sich um den sprichwörtlich reichen Lydierkönig Kroisos reichlich Sagen, mit denen Herodot sein Geschichtswerk spickte und die Erasmus mehrfach in seine *Apophthegmata* aufgenommen hat. Sogar anonyme klischeehafte Anekdoten hat Erasmus Herodot entnommen (*Apophth.* VIII, 265–266), z. B. jene über den ägyptischen Mumienbrauch (VIII, 266). Ein reicher Ägypter soll seine Mumienkiste bei einem

---

[320] Die irrige Form „Tritantechines" stammt aus Lorenzo Vallas lateinischer Übersetzung, die Erasmus zur Erstellung seines Textes benutzte.
[321] VIII, 100: „Quum post cladem acceptam ad Persas *quidam ab Arcadia* transfugissent auxilia pollicentes, producti sunt *in conspectu* Xerxis. Ibi *Persis percontantibus, quid agerent Graeci,* responderunt eos celebrare Olympia ac gymnica equestriaque certamina spectare. Rursus percontantibus, *quod esset certaminis praemium,* responderunt ‚coronam oleaginam' [i.e. oleagineam]'. *Hic Tritantechines, Artabani filius,* versus ad exercitus praefectum, „*Papae*", inquit, „*Mardoni, in* cuiusmodi *viros nos* incitasti *ad pugnandum, qui non pecuniarum gratia certamina agitant, sed virtutis* ac laudis". ... Refert Herodotus in Vrania".

Trinkgelage zur Schau gestellt und zu jedem einzelnen gesagt haben: „Sie dir dies an – und dann trinke!".

Erasmus übernimmt auch andere fabulöse Angaben aus Herodot, die er durch eigene Zutaten noch unglaublicher macht. Z. B. konstruiert er in VI, 542 ein Apophthegma des Botenläufers Philippides aus Hdt. VI, 105–106 und Plut., *Bellone an pace clariores fuerint Athenienses* 3, Mor. 347C, indem er Philippides zu Unrecht mit dem Boten (dieser war kein Botenläufer, sondern ein Hoplit!) identifizierte, der die Nachricht vom Sieg bei Marathon nach Athen brachte. Der Herodot-Stelle entnahm Erasmus die ganz unglaubliche „Information", daß Philippides in einem einzigen Tag die Strecke von Athen nach Sparta bewältigt haben soll (VI, 542: „vno die mille quingenta stadia conficiens Lacedaemonem peruenit"), insgesamt ca. 220 km! Zum Vergleich: Der sattsam bekannte Marathonläufer starb, nachdem er eine Strecke von ca. 40 km zurückgelegt hatte: Erasmus präsentiert jedoch als vertrauenswürdige Information, daß Philippides mehr als das Fünffache an einem Tag geschafft haben soll, noch dazu auf einer Wegstrecke, die quer durch das anstrengende Bergland Arkadiens führte.

Zu den von Historikern erfundenen Aussprüchen zählen zweifellos auch jene, die Livius und Valerius Maximus den Gestalten der römischen Frühzeit, von der Königszeit bis etwa 350 v. Chr., in den Mund gelegt haben: Romulus, Porsenna, Tarquinius Superbus, Lucretia und Horatius (VI, 278–282). Wie z. B. hätten die letzten Worte der Lucretia, bevor sie sich den Dolch in die Brust stieß, authentisch überliefert werden sollen? Wie eine spitzfindige Bemerkung des Romulus, der ein sehr sparsamer Weintrinker gewesen sein soll? Wie die Worte des Lars Porsenna und des Tarquinius Superbus, die im Übrigen Etruskisch sprachen? Erasmus jedoch fühlt sich auf keine Weise belemmert, diese Sprüche von Livius zu übernehmen; als letzte Worte von Lucretia überliefert er: „*Quid enim salui mulieri amissa pudicitia? Vestigia alieni viri, Collatine, in lecto sunt tuo.* Sed *corpus tantum violatum est, animus insons* est. *Mors testis erit*" (V, 282).[322] Lucretia, die zu einer Zeit lebte, als Rom noch Jahrhunderte von der Rezeption der griechischen Philosophie entfernt war, soll in ihren letzten Worten die philosophische begriffliche Unterscheidung zwischen Körper und Geist appliziert haben. Ähnlich nimmt Erasmus die Worte des Herren von Clusium (Chiusi), Lars Porsenna, für bare Münze, mit denen er nach Livius den auf ihn angesetzten Mörder Mucius Scaeuola zurück nach Rom geschickt haben soll: „*Reuertere ad tuos, Muti, eisque refer te, quum vitam meam petieris, a me vita donatum*".[323] Der rohe etruskische Kriegsherr soll angesichts eines Mordanschlages, wobei er knapp dem Tod entging, eine späthellenistische philosophische Vergebungsgesinnung an den Tag gelegt haben. Dies alles gehört in den Bereich des Fabulösen, während es Erasmus in allen Fällen ohne kritischen Kommentar in seine *Apophthegmata* aufnimmt.

Es mag im Allgemeinen stimmen, daß Erasmus die antike Dialogliteratur nicht auf Apophthegmata hin durchsucht hat. Jedoch stößt auch dies im Hinblick auf

---

[322] Liv. I, 58, 7–11. Die Kursivierungen zeigen die Übernahmen aus Livius an.
[323] Val. Max. III, 3, 1.

seine tatsächliche Arbeitsweise auf Widersprüchlichkeiten. Z.B. widerspricht die Definition der Tatsache, daß Erasmus im dritten Buch eine Reihe von *Apophthegmata* bringt, die von der *Dialogperson Sokrates* aus Platons *Phaedo* und *Symposion* sowie aus Xenophons Dialog *Symposion* stammen.[324] Das läßt sich nicht dadurch rechtfertigen, daß Erasmus der Meinung gewesen wäre, daß die Dialoge Platons sämtlich die tatsächlich gesprochenen Worte des historischen Sokrates enthielten. Erasmus war ohne weiteres klar, daß es sich dabei um literarische philosophische Dialoge handelte. Das gleiche gilt für Xenophons *Symposion*. Etwas komplizierter ist die Sachlage bei Xenophons *Memorabilia Socratis*, die Gedenkschrift für Sokrates. Sie enthalten eine Potpourri bunt zusammengewürfelten Materials, worunter sich auch Authentisches, vor allem aber viel Erfundenes, Literarisches und Konstruiertes befindet, u. a. allerlei Fragmente literarischer Dialoge und Chreiai. Bezeichnend ist, daß Erasmus, der den *Memorabilia* die ersten 21 Sprüche der Sokrates-Sektion entnahm,[325] dabei gerade die *konstruierten* Chreiai aus *Mem.* III, 13 und 14 ausgewählt hat (!).

Auch in den Büchern V–VIII hat Erasmus *Apophthegmata* aus literarischen Dialogen bezogen. So ist der Spruchspender von VII, 95 nicht der historische Sokrates, sondern die Dialogperson Sokrates aus Xenophons *Symposion* und in VIII, 201 die Dialogperson aus Platons *Symposion*. In VI, 330 gibt Erasmus einen Spruch einer Dialogperson aus Ciceros *De oratore* zum Besten, wobei er sie zudem mit der richtigen verwechselte: Erasmus sagt, daß es sich um den Redner Crassus handle, während es tatsächlich die Dialogperson Iulius Caesar Strabo Vopiscus ist.[326] Erasmus war an Stellen wie VII, 95 und VIII, 201 offensichtlich nicht aufgefallen, daß er gegen seine eigenen Prinzipien verstiess, die er etwa ein Jahr zuvor aufgestellt hatte, oder er hatte diese Prinzipien mittlerweile vergessen. Daß er sich nicht von diesen Prinzipien eingeengt fühlte, geht aus der Tatsache hervor, daß er in VIII, 201 sogar seine literarische Quelle, Platons Dialog *Symposion*, angab:

> „*In conuiuio Platonis* Socrates admiratur Agathonis audaciam, qui coram tot hominum milibus praesenti animo recitasset suam tragoediam. Cui quum Agathon respondisset se citius velle coram multis hominum milibus dicere quam apud vnum Socratem, ‚Atqui in illis‘, inquit, ‚milibus et Socrates erat‘".[327]

In VII, 95 war Erasmus wohl nicht klar, daß er den Ausspruch einer Dialogperson zitierte: „Idem sensit Socrates *sexum muliebrem non minus esse docilem ad omnia virtutis munia quam virilem, si pariter instituatur*". Auch weist nichts darauf hin, daß ihm auffiel, daß er den Spruch bereits gebracht hatte.[328] In der literarischen Quelle, Xenophon, *Symp.* 2, 9–12, ist der Spruch in eine phantasievoll ausgestaltete Schilderung einer künstlerischen Darbietung bei einem Bankett eingebettet: Eine virtuose Tänze-

---

[324] *ASD* IV, 4, S. 213–216.
[325] Ebd., S. 197–202.
[326] Vgl. Komm. *ad loc.*
[327] Kursivierung K.E.
[328] III, 71 (Socrates, 71; *ASD* IV, 4, S. 214).

rin führt vor, daß sie zwölf Ringe zugleich hochwerfen und im Takt wieder auffangen konnte, sodann, wie sie Räder über einen mit Schwertern bestückten Ring schlug, ohne sich zu verletzen. In VIII, 212 gibt Erasmus einen kurzen Phantasiedialog zum Besten, den sich der Humanist Ludovico Ricchieri ausgedacht hatte: Erasmus jedoch präsentiert die Phantasiegestalten Arius und Pacuvius, als ob es sich um historische Persönlichkeiten handeln würde. Die diesbezügliche Erklärung, die er kommentierend hinzusetzte, zeigt dies: „Arius μισογυνής fortunatum existimabat ab vxore liberari". Erasmus verbindet den fälschlich als historisch eingestuften Spruch mit einem ähnlichen des Diogenes von Sinope, den er im dritten Buch gebracht und mit einer fast gleichlautenden Erklärung ausgestattet hatte: „Erat enim Diogenes μισογυνής, id est mulierum osor, eoque cupiebat omnes videre pensiles".[329] In VIII, 212 verstieß Erasmus zudem gegen seinen Grundsatz, seine *Apophthegmata* nur aus den „besten antiken Autoren" auszuwählen.[330] Ludovico Ricchieri (1469–1525) war ein Zeitgenosse. Erasmus hatte ihn beschuldigt, daß er in den *Lectiones antiquae*, die i.J. 1516 erschienen waren, Texte aus seinen *Adagia* geklaut hätte, ohne die Quelle zu vermelden.[331] In *Apophth.* VIII, 212 übernahm Erasmus im Gegenzug einen Text aus den *Lectiones antiquae*, ohne Ricchieri zu vermelden; jedoch nahm er dabei irrtümlich an, daß Ricchieri authentisches antikes Material vorgetragen habe, während dieser die Geschichte bloß erfunden hatte.

Es gibt in den *Apophthegmata* des Erasmus noch viel mehr Material, das aus literarischen Dialogen stammt, z.B. Athenaios' *Deipnosophistai* und Macrobius' *Saturnalia*. Z.B. entnahm Erasmus den Phantasiedialogen der *Deipnosophistai* die Apophthegmata griechischer Hetären (VI, 558–581) und Parasiten (VI, 498–518). Es ist kaum wahrscheinlich, daß Erasmus das im Rahmen der Phantasiedialoge Geäusserte tatsächlich sämtlich für historisch gehalten hat. Als mit allen Wassern gewaschener Literator muß ihm doch klar gewesen sein, daß er Belletristisches vor sich hatte.

Es stimmt, daß Erasmus nicht die antiken Komödien des Aristophanes, Menander, Terenz und Plautus exzerpierte, um daraus Apophthegmata zu gewinnen. Dennoch kommt auch derartiges vor. In VIII, 63 präsentiert Erasmus ein Apophthegma eines gewissen „Strathias". Hinter dem unrichtig wiedergegebenen Namen verbirgt sich Struthias, der eine Theaterperson aus Menanders Komödie *Kolax* ist. Aussprüche von Komödienpersonen des Terenz kommen sogar relativ häufig vor, jedoch meist als „Supplementsprüche" in den kommentierenden Anmerkungen des Erasmus. Auch hat sich Erasmus, wie oben schon angedeutet, nicht gescheut, Fabeltiere als sprechende Personen vorzubringen: In VI, 594 richten die kleinen Vögel ihr Wort an den Kuckuck, der sich in ihren Augen zum Habicht mausern wird. In VIII, 68 erzählt Erasmus die Fabel vom Rind und vom Kamel, wobei das Rind („bos") als Hauptsprecher auftritt:

---

[329] *ASD* IV, 4, S. 263.
[330] Vgl. „Einleitung" oben, Abschnitt „Kompositionspläne, Zielsetzung und Genese von Erasmus' *Apophthegmata*".
[331] A.G. Cavagna und Th.B. Deutscher, „Lodovico Ricchieri", in: *CE* III, S. 155.

> Bos sub onere deficiens rogauit camelum conseruum, vt se oneris parte recepta subleuaret. Cui recusanti „Imo", inquit, „et meipsum et haec omnia portabis", idque factum est mortuo boue.[332]

Kurioserweise begegnet man dem Herrn „BOS" auch im Index personarum der *Apophthegmata*.[333] Damit übereinstimmend hat Erasmus im Haupttext Herrn „BOS" durch eine Überschrift als Spruchspender gekennzeichnet.[334]

Schließlich figurieren entgegen der Ansage des Erasmus auch mythologische Personen in den *Apophthegmata* als Spruchspender: Z. B. in VIII, 211 die Amazonenfürstin Antianeira oder in VI, 340 der Waldgott Silenus, der das Wort an den mythischen König Midas richtet. In VIII, 67 tritt der mythische Heros Prometheus als Spruchspender auf, der gerade das Feuer den Himmlischen entwendet hat und, auf Erden herabgekommen, auf einen Satyr trifft:

> ⟨Prometheus⟩ quum ignem e coelis in terras deportasset eumque primum visum satyrus complecti vellet et exosculari, „Heus", inquit, „ni caues, hirce, profecto dolebit tibi mentum", admonens, etiam quae natura pulcherrima sunt maximeque necessaria, tamen fieri perniciosa, nisi recte vtaris.

III.5. *Historische Personen und geschichtliche Wahrheit in Erasmus' Apophthegmata*

Diese Beobachtungen zeigen, daß Erasmus zwar in einer erklecklichen Anzahl von Fällen von seinem Grundsatz, in seinen *Apophthegmata* Historizität als Auswahlkriterium anzwenden, abgewichen ist, jedoch nicht, daß er diesen Grundsatz in Bausch und Bogen *ad acta* gelegt hätte. In der großen Mehrzahl der *Apophthegmata* sind die Spruchspender historische Personen, wobei Erasmus davon ausgeht, daß sie die betreffenden Aussprüche auch tatsächlich von sich gegeben haben, in dieser Beziehung also historisch wahr sind. In diesem Grundsatz folgt Erasmus seinem Lieblingsautor Plutarch. Dem entspricht auch die Anordnung der *Apophthegmata*, die Erasmus von Plutarch übernahm: nach *Personen*.

In den *Regum et imperatorum apophthegmata* ist jede Sektion einer bestimmten historischen Person gewidmet, die in der Mehrzahl der Fälle auch als Spruchspender auftritt. Erasmus kopiert dieses Kompositionsprinzip und verstärkt es in fünffacher Hinsicht:

1. durch Zwischentitel in Kapitalen mit dem Namen der historischen Person, der die betreffende Sektion gewidmet ist und die in derselben als Spruchspender auftritt.[335] Die *Regum et imperatorum apophthegmata* Plutarchs wiesen demgegen-

---

[332] Vgl. Komm. *ad loc.*
[333] In *C* auf S. 794.
[334] Ebd.
[335] Die Zwischentitel funktionieren auf diese Weise in den Büchern I; II, 161–193 (ASD IV, 4, S. 188–

über keine Zwischentitel auf, weder die Handschriften noch der Aldus-Druck des griechischen Textes noch die frühen Drucke der Übersetzungen des Francesco Filelfo und des Raffaele Regio.
2. durch hinzugefügte erklärende Angaben zu dem jeweiligen Spruchspender, die seine Profession (z. B. „der Dichter", „der Maler", z. B. VIII, 95), seinen Titel bzw. sein Amt oder seine Herkunft („der Athener …") betreffen.
3. Durch Kopftitel, in denen jeweils auf den linken Seiten (bzw. auf den Verso-Blättern) der Name des maßgeblichen historischen Spruchspenders angegeben ist. Für die Kopftitel mag der Verlag zuständig gewesen sein, jedoch läßt sich das Layout-Prinzip nur mit dem Einverständnis des Erasmus denken; außerdem steht dieses Lay-Out-Prinzip im Einklang mit der sonstigen Organisation, die ohnehin auf das Konto des Erasmus geht.
4. durch Erweiterungen der einzelnen Sektionen durch hinzugesammelte Sprüche. Bei diesem Hinzusammeln ist die Fokussierung auf die Einzelpersonen grundlegend. Im vierten und fünften Buch hat Erasmus dazu v.a. die jeweiligen Biographien des Plutarch herangezogen.
5. durch einen Index der sprechenden historischen Personen (Index personarum).

Die Maßnahmen bewirken zusammengenommen, daß die historischen Personen in Erasmus' *Apophthegmata* verstärkt hervortreten. Die Maßnahmen 1 und 3 ermöglichen es dem Leser/ Benutzer, in dem Buch zu blättern und sich nach den historischen Personen zu orientieren, gewisse Sektionen zu sich zu nehmen und nach Belieben weiterzublättern. Der *Index personarum* bietet zusätzlich die Möglichkeit, nach bestimmten historischen Personen (als Spruchspender) zu suchen bzw. das Werk zielstrebig auf die Sprüche bestimmter Personen hin nachzuschlagen.

Sowohl Erasmus' Grundsatz als auch die Organisation und Präsentation der *Apophthegmata* nach historischen Personen erfordert zunächst, daß die Zuordnungen der Sprecher und Akteure stimmen und daß deren Namen richtig angegeben werden. Bei der Edition und Kommentierung der Bücher V–VIII stellte sich jedoch heraus, daß dies häufig nicht der Fall ist. Erasmus macht auffällig oft unrichtige Angaben zu den historischen Personen, sowohl Sprechern als Akteuren; nicht selten verwechselte er die beteiligten Akteure, Figuranten mit den eigentlichen Sprechern, oft auch die in den Quellen genannten historischen Personen mit anderen, die nichts mit dem jeweiligen *Apophthegma* zu tun haben. Auch wenn keine Verwechslung im eigentlichen Sinn vorliegt, hat Erasmus in vielen Fällen die Namen der

---

195); III–VI, 182; VII und VIII, 1–95 (Pauson pictor). Im zweiten Buch ließ sich dieses Prinzip aufgrund der vielen anonymen Sprecher und der langen Sektion mit den altehrwürdigen Sitten und Gebräuchen der Spartaner zum größten Teil nicht durchführen, jedoch wurde es im Anacharsis-Abschnitt wieder aufgenommen (II, 161–193), um sodann bis VI, 182 weitergeführt zu werden; im sechsten Buch wurde es im „Varie mixta"-Abschnitt vielleicht wegen der Vielzahl der verschiedenen historischen Personen zwischenzeitlich aufgegeben, jedoch im siebenten Buch wiederaufgenommen und nahezu lückenlos bis zum ersten Drittel des achten Buches fortgesetzt. Im achten Buch wurde es ab VIII, 96, wohl aus demselben Grund wie im sechsten Buch, nur teilweise angewendet.

historischen Personen durch Verlesungen, Textübernahmefehler und diverse andere Irrtümer unrichtig wiedergegeben.

U. a. verwechselte Erasmus Xerxes I. (reg. 486–465) mit Xerxes II. („Xerxes alter"), der nur kurzfristig 424–423 v. Chr. regierte (V, 8), Seleukos I. mit Demetrios Poliorketes (V, 104), Antigonos II. Gonatas mit seinem Großvater Antigonos I. Monophthalmos (V, 110B–C, VIII, 106, VIII, 175B), Antiochos Hierax (um 263–um 226 v. Chr.) mit Antiochos IV. Epiphanes (215–164 v. Chr.) (V, 134), den Staatsmann Aristeides mit Phokion (V, 172A), Kallistratos mit Iphikrates (V, 208), Pelopidas und Epameinondas (V, 262), den Paullus Fabius Maximus aus augusteischer Zeit mit Q. Fabius Maximus Cunctator, dem Kontrahenten Hannibals im Zweiten Punischen Krieg (V, 280), Scipio Africanus d.Ä. mit Scipio Africanus d.J. (V, 304–305), Scipio Nasica Serapio mit Scipio Africanus d.J. (VI, 227), Cato d.J. mit Cato d.Ä. (V, 377 und 380), Vergil und Plinius d.Ä. mit Cato d.Ä. (V, 379N), Scipio Africanus d.Ä. mit Cato d.Ä. (VIII, 77), Q. Caecilius Metellus ebenfalls mit Cato d.Ä. (VIII, 213), Cato d.Ä. mit den Athenern (V, 371), den römischen Politiker Afranius aus dem 1. Jh. v. Chr. mit Scipio Africanus d.J. aus dem 2. Jh. v. Chr. (V, 421).

L. Salvius Otho Cocceianus, den Neffen des Kaisers Otho, verwechselte Erasmus mit Kaiser Nerva (VI, 66), L. Aelius Caesar mit Lucius Verus, dem Bruder des Mark Aurel (VI, 102, 107–108, 112), Kaiser Hadrian mit L. Aelius Caesar (VI, 111), Commodus mit Antoninus Pius (VI, 113), Mark Aurel mit Antoninus Pius (VI, 117–122), Antoninus Pius, den er an der nämlichen Stelle fälschlich als „Antonius" bezeichnet, mit Hadrian (VIII, 18), den Prätorianerpräfekten Iuvenalis mit „Bassianus", d.h. mit Kaiser Caracalla (VI, 138), C. Servilius Glaucia mit C. Sextius Calvinus (VI, 208), Tytius Maximus mit Manius Curius (VI, 214), Kaiser Galba mit dem „parasitus Galba" bzw. dem augusteischen Possenreisser Gabba (VIII, 237), Marcus Lollius mit Gaius Laelius (VI, 243), die Akteure Granius und P. Scipio Nasica (VI, 303), den M. Horatius Pulvillus mit Valerius Publicola (VI, 316), Iulius Caesar Strabo mit dem Redner L. Crassus (VI, 330), Scipio Nasica Corculum, den Konsul von 162 und 155 v. Chr., mit Scipio Nasica, den Konsul d.J. 191 v. Chr. (VI, 335), den Volkstribunen Marcus Livius Drusus mit einem gewissen „Iulius Drusus Publicola", der jedoch nie existiert hat (VI, 341), Ciceros Großvater mit seinem Vater (VI, 347), Iulius Caesar Strabo mit Pinarius (VI, 348), den Atellanendichter Novius mit dem Palliata-Dichter Naevius (VI, 359), den Ringer Ion von Chios mit einem vermeintlichen „Zeus von Chios" („Chium Iouem", VI, 412), Volumnius Flamma mit Appius Claudius (VI, 437), Timotheus, den Musiker aus Milet (um 450–350 v. Chr.) mit Timotheus, dem Tyrannen von Herakleia Pontike (VI, 475–476), Melanthius den Parasiten mit Melanthius dem Dichter (VI, 492–493), Alexander II., König von Epirus mit Alexander d. Gr. (VI, 498).

Philoxenos den Dichter verwechselte Erasmus mit Philoxenos dem Parasiten (VI, 504) und mit Euripides (VI, 506), umgekehrt Philoxenos den Parasiten mit Philoxenos dem Dichter (VI, 507), Telesphoros, den General des Lysimachos, mit dem athenischen Witzbold Pantaleon (VI, 517), Ialysos, den Gründerheros der gleichnamigen Stadt auf der Insel Rhodos, mit dem Weingott Bacchus (V, 96), Apelles den

Philosophen aus Chios mit Apelles dem Maler (VI, 519), Skopas, einen Edelmann aus Thessalien aus der archaischen Zeit, mit dem Bildhauer Skopas aus dem 4. Jh. v. Chr. (VI, 531), Similis, den Präfekten Trajans, mit Turbo, den Präfekten Hadrians (VI, 540), den Arzt Herodikos von Selymbria mit dem Sophisten Prodikos (V, 551), die Hetäre Glykera mit Gnathaina (VI, 586), Philipp II. mit seinem Sohn Alexander (VI, 589), den Tragödiendichter Ion mit einem Sophisten namens Ion, der jedoch nie existierte, und den Tragödiendichter Euripides mit demselben nicht-existierenden Sophisten Ion (VIII, 4), den Redner Ktesiphon mit Demosthenes (VIII, 10), den Athener Chairephon, einen Zeitgenossen des Gorgias, mit dem Schriftsteller Xenophon (VIII, 27), Hermias, den Tyrannen von Atarneus und Assos, mit seiner Tochter (VII, 222), die in Wirklichkeit Pythias hieß und mit Aristoteles verheiratet war. Als Hermias starb, feierte Aristoteles seinen Schwiegervater in einem Hymnos: Erasmus ging jedoch davon aus, daß die Person Hermias des Hymnos die Frau des Aristoteles sei, es sich also um ein Liebeslied handle. Die Liste dieser Irrtümer ist sehr lang, jedenfalls zu lange, als daß sie hier exhaustiv aufgeführt werden könnte.[336]

Es gibt Fälle, in denen Erasmus Personen erzeugt, die es nie gegeben hat, z. B. durch Kontaminationen oder falsche Zuordnungen oder Verschmelzung zweier Personen in eine einzige oder auch durch Aufsplittung einer einzigen Person in zwei Personen. So „erfindet" Erasmus in V, 95 einen bis dato unbekannten Bruder des Ptolemaios I. Soter mit Namen „Xenophanes Lagi", der in ein Gespräch mit einem gewissen „Hermoneus" verwickelt sein soll. Beide Personen erstanden durch Übersetzungs- und Verständnisfehler des Erasmus. „Lagos" war zwar der Name des Vaters des Ptolemaios I., jedoch kommt „Lagi" als Patronymicum an der zitierten Stelle von Plutarchs *De vitioso pudore* nicht vor; „Lagi" oder eigentlich „Lasi" ist Teil der griechischen Genetivus-Absolutus-Konstruktion.[337] Gemeint ist damit der Rhapsode Lasos (geb. um 548 v. Chr.), der zu den Sieben Weisen gezählt wurde und am Hof des athenischen Tyrannen Hipparchos tätig war; eine Person namens „Hermoneus" gibt es nicht: Es handelt sich um die Angabe von Lasos' Geburtsort, die Stadt Hermione

---

[336] Zur Indikation des Umfangs seien hier noch einige willkürliche Beispiele angeführt: Erasmus verwechselt den Kyniker Diogenes von Sinope mit Sokrates (VIII, 202), Kaiser Maximinus Thrax mit Kaiser Macrinus (VIII, 128) und C. Iulius Verus Maximus, den Sohn des Maximinus Thrax, mit Diadumenus, dem Sohn des Macrinus (ebd.); den augusteischen Redner Cassius mit dem Redner und Historiographen T. Labienus (VIII, 244), den Dichter Montanus mit dem Prätorianerpräfekten Acilius Butas (VIII, 245), Dionysios I. von Syrakus mit Dionysios II. (V, 68), den Weisen Pittakos mit dem Lyriker Alkaios (VII, 30), den megarischen Philosophen Stilpon mit dem Kyniker Krates (VII, 137), Sokrates mit Platon (VII, 168), den Polykleitos mit Pheidias (VII, 274), Zenon von Kition mit Zenon dem Eleaten (VII, 330A und B), den Stoiker Ariston von Chios mit Aristoteles (VII, 330C), Kleanthes mit Zenon von Kition (VII, 332), den Sophisten Protagoras mit dem Atheisten Diagoras (VIII, 5), den peripatetischen Philosophen Timon von Phleius mit Timon dem Misanthropen (VII, 79), Antiphon, den Tragödiendichter, mit Antiphon dem Philosophen (VII, 373), Scipio Metellus Pius (100/98–46 v. Chr.) mit Scipio Africanus d.J. aus dem 2. Jh. v. Chr. (V, 422), den Prokonsul Quintus Servilius Caepio, den Kommandanten des römischen Heeres in der Schlacht bei Arausio (Orange), mit einem gewissen „Scipio" (V, 434) usw.
[337] ἀλλ' ὥσπερ Ξενοφάνης, *Λάσου τοῦ Ἑρμιονέως* μὴ βουλόμενον αὐτῷ συγκυβεύειν δειλὸν ἀποκαλοῦντος, ὡμολόγει … (Kursivierung K.E.); vgl. Komm. *ad loc.*

in der Argolis. Lasos' Gesprächspartner gehört ebenfalls nicht dem Hellenismus zu: Es ist in Wirklichkeit der Naturphilosoph und Wanderrhapsode Xenophanes aus Kolophon (ca. 570–467 v. Chr.), dem Erasmus im 7. Buch zwei Apophthegmen widmet (VII, 366–367).

In VI, 319 führt Erasmus als Spruchspender einen gewissen „Q. Fabius Minutius" an: Diese weiter unbekannte Person kam durch Kontamination der Namen des Q. Fabius Maximus, des berühmten Cunctator, und seines Gegenspielers, des *Magister equitum* M. Minucius Rufus zustande:[338] „Minutius" hätte Erasmus geläufig sein müssen: M. Minucius Rufus spielt eine wichtige Rolle in der Q. Fabius Maximus gewidmeten Spruchsektion des fünften Buches (V, 270–279), wo die beiden, wie es den Tatsachen entspricht, als Gegenspieler auftreten. In V, 262 verpaßte Erasmus dem Diadochen Lysimachos eine bis dahin unbekannte Ehefrau namens Penelope. Lysimachos war dreimal verheiratet, mit Nikaia, Amastris und Arsinoë II., jedoch nicht mit Penelope: Der Fehler geht darauf zurück, daß Erasmus beim Zitat aus Plutarchs Demetrios-Biographie nur von der lateinischen Übersetzung des Donato Acciaiuoli ausging, die an dieser Stelle fehlerhaft war.[339] Einem anderen Diadochen, Demetrios Poliorketes, schenkt Erasmus in V, 104 einen bis dato unbekannten Sohn namens Antiochos. Demetrios hatte von seinen fünf Ehefrauen fünf Kinder, worunter vier Söhne: Antigonos, Korrhagos, Alexandros und Demetrios den Schönen; ein Antiochos befand sich jedoch nicht unter diesen.[340] Erasmus hatte aus unerfindlichen Gründen Seleukos I. mit Demetrios Polyorketes verwechselt. In V, 27 taucht als Akteur ein sonst unbekannter „Aclides Iapson" auf, der ein Zeitgenosse des persischen Königs Artaxerxes II. Mnemon (404–359 v. Chr.) gewesen sein soll: Diese Person beruht auf einer Kombination von Lesefehlern des Erasmus mit einem Irrtum Plutarchs und einem Überlieferungsproblem der lateinischen Übersetzung des Lapo da Castiglionchio. In Wirklichkeit war „Iapson" überhaupt kein Name, sondern eine Angabe der Herkunft der Person, nämlich „Lacon", „der Spartaner".[341] In Lapo da Castiglionchios Übersetzung von Plutarchs Artaxerxes-Biographie stand irrtümlich „Lapson" statt „Lacon", das Erasmus fälschlich als „Iapson" wiedergab. Plutarch hatte den Namen des Spartaners Euklidas irrtümlich mit „Aklidas" wiedergegeben: Erasmus verschlimmerte die Verwirrung dadurch, daß er „Aclidas" in „Aclides" transformierte. Im Jahr 187 v. Chr. gab es in Rom zwei Volkstribune, die denselben Namen Q. Petilius besaßen; in V, 301 splittet Erasmus diesen Namen auf: Der eine Volkstribun erhält nunmehr den Namen „Quintus", der andere jenen des „Petilius". Dieses Splitting ist an sich unhaltbar: Quintus ist nur ein Vorname, kommt somit als alleiniger Name zur Angabe einer Person nicht in Frage. In VIII, 146 bringt Erasmus einen bis dato unbekannten Herrn „Telones" auf die Bühne der *Apophthegmata*, der dem Philosophen Xenokrates einen Strick um den Hals gebunden

---

[338] Vgl. Komm. *ad loc.*
[339] Vgl. Komm. *ad loc.*
[340] Vgl. unten.
[341] Vgl. Komm. *ad loc.*

EINLEITUNG

haben soll: Eine historische Person mit diesem Namen gab es aber nicht – τελώνης ist das griechische Wort für „Steuererheber". Ein ähnlicher Irrtum unterlief Erasmus in VI, 306 mit jenem *aedilis curulis*, dem er dem Namen „Sextus Albinus Curulis" gab. In Wirklichkeit handelt es sich um „Spurius Albinus" („curulis" war kein Cognomen, sondern nur die Bezeichnung des von ihm ausgeübten Amtes), der einen Freigelassenen namens „Fresinus" vor Gericht zerrt, dessen richtiger Namen jedoch „Fresimus" ist.

In V, 323 verschmolz Erasmus die beiden Söhne des Aemilius Paulus Macedonicus und der Papiria, Publius und Quintus, nämlich Publius Scipio Aemilianus und Quintus Fabius Maximus Aemilianus, zu *einer einzigen Person*, nämlich dem „berühmten und größten Scipio Aemylianus" („inclytum ac maximum Scipionem Aemylianum"). Diese Personenverschmelzung ist der Tatsache geschuldet, daß Erasmus für Plutarchs Aemilius-Paulus-Biographie ausschließlich Brunis Übersetzung als Textvorlage verwendete, diese jedoch missverstand.[342] In V, 406 verpaßte Erasmus dem aus der Verschmelzung hervorgetretenen Scipio Aemilianus einen „nepos", also Enkel oder Cousin, namens Quintus Pompeius, den er in Wirklichkeit nie hatte. Warum Erasmus dem hochadeligen Scipio Aemilianus diesen Familienzuwachs antat, ist nicht nachvollziehbar: Die Quelle, Plutarchs *Regum et imperatorum apophthegmata*, gibt dazu keinen Anlaß, während sie die niedrige Herkunft des Pompeius, dem nachgesagt wurde, der Sohn eines Flötenspielers zu sein, als Kern des Apophthegmas, d.h. des Spruches des Scipio, darbietet. In VI, 31–60 präsentiert Erasmus einen römischen Kaiser namens „Sextus Nero": Kaiser Nero hat jedoch diesen Namen nie getragen, sein ursprünglicher Vorname war Lucius. Wie Erasmus zu diesem Irrtum gekommen ist, läßt sich nicht nachvollziehen. Er ist umso kurioser, als Erasmus selbst den Text Suetons herausgegeben hat und Nero dort mit seinem richtigen Namen verzeichnet ist. Dem Kaiser Claudius wiederum verpaßt Erasmus den Vornamen „Gaius" („C."), während er Tiberius hieß (VI, 39), und behauptet zugleich, daß „C. Claudius" von Nero ermordet worden sei, was ebenfalls unrichtig ist. Die in VI, 81 angeführte Dame „Iulia Calvina" hat es nie gegeben: Dieser kontaminierte Name entstand durch eine Textänderung des Erasmus, der Suetons richtiges „Iuniam" zu „Iuliam" verschlimmbesserte. In VI, 102 kontaminierte Erasmus den designierten Nachfolger Hadrians, L. Aelius Caesar (um 103–138), der vor der Adoption durch Hadrian den Namen L. Ceionius Commodus trug, und seinen Sohn Lucius Verus (den Bruder des Mark Aurel) zu der nicht-existierenden Person „Commodus Aelius Verus". In VI, 208 verschmilzt Erasmus zwei politische Erzfeinde zu ein und derselben Person, den Volkstribunen von 101 v. Chr., C. Servilius Glaucia, mit seinem konservativen Gegenspieler C. Sextius Calvinus: Der daraus entstandenen Hybridperson verlieh Erasmus den Namen „Calvinus Glaucia".

In VI, 212 transformierte Erasmus den Römer Pedo aus augusteischer Zeit in den Philosophen „Empedocles" aus dem 5. Jh. v. Chr., was sich schon insofern kaum

---

[342] Vgl. Komm. *ad loc.*

nachvollziehen läßt, als der Text von einem römischen Gladiatorenspiel handelt: Gladiatorenspiele kamen in Rom erst seit 264 v. Chr. vor. In VI, 341 fungiert als Spruchspender eine sonst unbekannte Person namens „Iulius Drusus Publicola", deren richtiger Name M. Livius Drusus war, der Volkstribun d.J. 91 v. Chr. Das Cognomen „Publicola" geht auf einen Übersetzungs- und Verständnisfehler des Nicolao Sagundino zurück, der von ὁ δημαγωγός, das „tribunus plebis" bedeutet, falsch übersetzt hatte. In VI, 343 vermeldet Erasmus als Spruchspender einen gewissen Herrn Libo, der einen Herrn L. Scribonius vor Gericht belangt und dafür gesorgt haben soll, daß die Freunde des Servilius Galba den Libo verurteilten. Erasmus hat in diesem Fall alle Akteure verwechselt: Die vermeintlichen Kontrahenten vor Gericht waren nicht Herr „Libo" und Herr „L. Scribonius": Diese sind in Wirklichkeit eine einzige Person, nämlich L. Scribonius Libo, der Volkstribun d.J. 149 v. Chr. Des Weiteren war der Angeklagte nicht Libo, sondern der ehemalige Statthalter von Hispania citerior, Servius (Sulpicius) Galba, den Erasmus irrtümlich als „Seruilius Galba" bezeichnet. Der Spruchspender wiederum ist nicht, wie im Index personarum angegeben wird, Herr „Libo", sondern Servius Sulpicius Galba. Zuweilen gibt Erasmus ein und derselben Person zwei verschiedene Namen, wie im Fall des Schmeichlers Nikesias: In VI, 498 nennt ihn Erasmus noch richtig „Nicesias", wenig später aber verballhornt er dessen Namen zu „Cinesias" (VI, 517). Nicht „Cinesias", sondern „Nicesias" war ein Höfling des Molosserkönigs Alexander von Epirus (Ἀλέξανδρος ὁ Μολοσσός), den Erasmus in VI, 517 allerdings als Alexander den Großen bezeichnet.

Schon aus den bisherigen Beobachtungen geht hervor, daß Erasmus häufig Namen von Personen verdreht oder unrichtig wiedergibt. Das gilt sogar für allseits bekannte Personen, wie etwa die Autoren seiner Hauptquellen in den *Apophthegmata*. So verpasst Erasmus in der „Epistola nuncupatoria" seiner Hauptquelle des achten Buches, F*lav*ius Philostratus, den Namen „F*abius* Philostratus", wohlgemerkt an einer Stelle, wo er sich über Diskrepanzen in den Versionen verschiedener antiker Historiker beschwert.[343] Erasmus verwechselte hier Philostrats *Nomen gentile* mit dem des berühmten Rhetoriklehrers Quintilianus. Bei der Vorbereitung von C (1535) fiel Erasmus der Irrtum, der schon die zweite Auflage überlebt hatte, auf: Er verbesserte seinen Text jetzt zu „Fabius et Philostratus narrat …" („Fabius und Philostratus erzählten …"). Das ist allerdings abermals falsch, weil es ausschliesslich um eine Stelle aus Philostrats *Sophistenbiographien* geht und von einem Zitat aus Quintilian keine Rede ist. Seiner anderen Hauptquelle Quintilian wiederum verpasst Erasmus in VIII, 224 und 229 statt Marcus den falschen Vornamen „Quintus". Manche Verballhornungen sind kaum nachvollziehbar: Z. B. ist unklar, warum Erasmus in VII, 22 den einen der beiden berühmten mythologischen Brüder aus Argos „Bitus" statt „Biton"[344] nennt.

Es ist natürlich klar, daß Erasmus nicht dieselben Hilfsmittel zur Identifizierung historischer Personen zur Verfügung hatte wie die moderne Altertumsforschung.

---

[343] *ASD* IV, 4, S. 43, Z. 161: „Item Fabius Philostratus narrat Leonem Sophistam …".
[344] VII, 22: „Cleobin et Bitum Argiuos fratres nominauit …".

Dennoch ist die hohe Anzahl der Verwechslungen, Verdrehungen, Kontaminationen und sonstigen Irrtümer in Erasmus' *Apophthegmata* auffällig. Für die Hintergründe der Irrtümer, insofern sie eruiert werden können, sehe man jeweils den Kommentar dieser Ausgabe *ad loc*. Eine geringere Anzahl von Irrtümern ist Erasmus' Quellenautoren (Frontinus, Seneca, Plutarch) geschuldet; sicherlich gab es in einer Reihe von Fällen Probleme mit der Textüberlieferung. Dennoch ergab die Quellenanalyse der Bücher V–VIII, daß die große Mehrzahl der Verwechslungen auf das Konto des Erasmus geht. Das rührt vornehmlich nicht daher, daß Erasmus aus dem Gedächtnis arbeitete (obwohl dies einige Male vorkommt). Hauptprobleme sind die hastige Arbeitsweise des Erasmus, die immer wieder zu Schlampigkeiten und Fehlern führt und seine Vorliebe für den flüchtigen Blick mit der Vorannahme, die Texte und Sachlagen ohnehin gleich zu verstehen, verbunden mit einem Mangel an Selbstkontrolle oder einer anderen kontrollierenden Instanz. Dazu gehört auch, daß Erasmus oft ausschließlich oder vornehmlich mit schon vorhandenen lateinischen Übersetzungen arbeitete und sich kaum oder gar nicht um den griechischen Originaltext kümmerte. Das hat meist zu Folge, daß er Mängel dieser Übersetzungen kritiklos übernahm, was nicht selten zu weiteren Missverständnissen und Verdrehungen führte. Nebenher treten auch ab und zu Verbesserungsversuche auf, wobei gelungene Emendationen seltener sind als Verschlimmbesserungen.

Die Vielzahl der Verwechslungen, Verdrehungen, Kontaminationen und sonstigen Irrtümer in Bezug auf die historischen Personen stellt eine Herausforderung für die Edition dar. Es geht nicht an, alle diese Fehler einfach zu korrigieren. Das würde bedeuten, daß der historische Zustand des Textes verdeckt werden würde. Im Fall der *Apophthegmata* ist dies *a fortiori* unerwünscht, da die Texte ein reiches Nachleben gehabt haben: Zahlreiche Apophthegmen wurden im 16. und 17. Jh. immer wieder zitiert – und zwar genau in der Version, die Erasmus hergestellt hatte: Die *Apophthegmata* sind voll von Irrtümern – und zugleich wurden sie in dieser irrigen Form kanonisiert. Bei Verwechslungen der Akteure bzw. sprechenden Personen in einem Lemma sind direkte Eingriffe in den Text schon deshalb ausgeschlossen, weil man sonst bestimmte Apophthegmata von Grund auf umschreiben müsste. Ein solcher Fall wurde oben verzeichnet, VI, 343, wo Erasmus alle Akteure verwechselte, den L. Scribonius Libo in zwei Personen aufsplittete und auch noch die Sachlage falsch wiedergab, indem er den Kläger und den Angeklagten durcheinanderbrachte. Ähnlich ist es mit VII, 222, wo Erasmus Hermias, den Tyrannen von Atarneus und Assos, für die Geliebte des Aristoteles hielt und den Panegyricus auf den Tyrannen für ein Liebesgedicht an die Adresse des Mädchens ansah.

Ausgangspunkt unserer *ASD*-Edition ist daher, daß der historische Zustand des Textes mit seinen Verwechslungen, Kontaminationen und Irrtümern in Bezug auf die darin genannten Personen mit dargestellt werden soll. Eingehende Erklärungen finden sich im Kommentar; wenn damit überlieferungstechnische Probleme verbunden sind, werden diese im kritischen Apparat verzeichnet. Wenn es sich bei den Personenverwechslungen um grobe Irrtümer handelt, die die adäquate Rezeption eines Lemmas im Grunde unmöglich machen, wird in solchen Fällen der Irrtum in einem kurzen Klammerausdruck angegeben nach dem Schema: „… Scipio [sic, i.e. Pompeius] …". Z. B. erzählt Erasmus in V, 104 die rührende Geschichte von Demetrios Poliorketes, der seinem Sohn Antiochos seine Ehefrau Stratonike abgetreten habe, weil er befürchtete, daß sein Sohn, der sich in Stratonike verliebt hatte, den Liebestod sterben würde; zum Schluß soll er seinen Sohn und Stratonike noch per Edikt zum König und zur Königin ausgerufen haben: „Post haec Demetrius edixit, vt Antiochus rex, Stratonice, quam filio cessit, regina nominaretur". Dieses Lemma ist unverständlich, weil Demetrios weder einen Sohn namens Antiochos noch eine Gattin namens Stratonike hatte noch einem seiner Söhne seine Ehefrau abtrat noch einen Sohn zu Lebzeiten zum König ernannte. Erasmus hatte Demetrios Poliorketes mit Seleukos I. verwechselt. Um überhaupt Verständlichkeit zu ermöglichen, ist hier ein kurzer Hinweis im Klammerausdruck erforderlich: „… Demetrius [i.e. Seleucus] edixit …".

Besonders schwierig sind Fälle wie jener der Phantasie des Erasmus entsprungene Bruder des Ptolemaios I., „Xenophanes Lagi", den Erasmus in V, 95 neben Ptolemaios einreiht, der jedoch in Wirklichkeit der jonische Naturphilosoph Xenophanes von Kolophon ist: Da das fünfte Buch ausschließlich Königen, Feldherren und Staatsmännern vorbehalten ist, gehört Xenophanes gar nicht in dieses Buch, sondern in das Buch der Philosophen (Buch VII), in dem sich im Übrigen eine Sektion mit seinen Apophthegmata befindet (VII, 366–367). *Mutatis mutandis* gilt dies auch für die Sprüche des Sophisten P. Aelius Aristides aus dem 2. Jh. n. Chr., die im fünften Buch irrtümlich in die Sektion des athenischen Politikers Aristeides aus dem 4. Jh. v. Chr. eingegliedert worden waren (V, 172B und C): Sie gehören überhaupt nicht ins fünfte Buch, sondern ins achte, wo Erasmus die Sophisten behandelte. Erschwerend kommt im Fall von V, 172B und C hinzu, daß sich nicht mit Sicherheit feststellen läßt, ob die falsche Zuordnung auf das Konto des Erasmus geht oder nicht. Ausgangspunkt ist auch in diesen extremen Fällen, daß sowohl der historische Zustand des Textes ersichtlich bleiben als auch die tatsächliche Zugehörigkeit dargestellt werden soll.[345]

Ein weiteres Problem bezüglich der von Erasmus betonten Historizität der *Apophthegmata* ist, daß die Angaben, die er zu historischen Personen und Situationen macht, wenn er sie selbst hinzusetzt, meist für Benutzer, die mit der griechisch-römischen Geschichte nicht eingehend vertraut sind, meist unzulänglich, zudem auch oft irreführend oder schlicht falsch sind. So bringt Erasmus in V, 8 einen intentionell hilfreichen Zusatz zur Identifizierung der Semiramis an, sie sei die „Königin der Karer" („Carum regina") gewesen; allerdings verwechselte er sie diesbezüglich mit Artemisia I. von Karien, die am Griechenlandfeldzug des Xerxes teilnahm; Semiramis jedoch war die Königin der Assyrer. In VI, 168 macht Erasmus die falsche Angabe, daß der König der Perser (Schapur I.) im Triumphzug in Rom mitgeführt worden sei, während sich dieser in Wirklichkeit unversehrt in Persien befand. In VI,

---

[345] In diesen – extremen – Fällen durch Abdruck an der falschen Stelle unter Athetese und an der richtigen durch Transposition.

517 flicht Erasmus die Erklärung ein, daß der im Apophthegma genannte Alexander „Alexander Magnus" sei, während es sich tatsächlich um Alexander II. den Mollosserkönig handelte. In V, 96 klärt Erasmus den Leser darüber auf, daß der im Lemma genannte Ialysos ein Beiname des Gottes Bacchus sei, während es sich um den Heros Ktistes der gleichnamigen rhodischen Stadt handelt. In V, 521 stellt Erasmus den Perser Megabyzus, der Apelles in seinem Atelier besuchte und ein Zeitgenosse Alexanders d. Gr. war, als „König" („vor") vor, während der König der Perser zu diesem Zeitpunkt tatsächlich Dareios III. war (bevor dieser i.J. 334 v. Chr. von Alexander d. Gr. gestürzt wurde). In VIII, 7 stellt Erasmus Theodoros den Gottlosen als Bürger Athens vor, während dieser aus Kyrene in Lybien stammte und in Athen nur ein Fremder war. In VIII, 152 erklärt Erasmus näher, wer der Herrscher Nikokreon sei: der „Tyrann der Samier" („Samiorum"). Nikokreon war jedoch nicht der Tyrann von Samos, sondern der Stadt Salamis auf Zypern („Salaminiorum").

In VIII, 230 fügt Erasmus Angaben zur historischen Situation hinzu: Die Anekdote sei gegen den Hintergrund des Krieges zwischen Augustus und Antonius zu verstehen; – in Wirklichkeit ging es jedoch um den Krieg zwischen den Triumvirn und dem Senat, wobei Augustus und Antonius Seite an Seite kämpften. Ebenso grundfalsch erklärt Erasmus die historische Situation in VIII, 220 mit „Nachdem die Spartaner von den Persern unterjocht worden waren ..." – tatsächlich ging es darum, daß die Spartaner in der Schlacht von Leuktra von den Thebanern vernichtend geschlagen worden waren. In der Schlacht von Kunaxa (401 v. Chr.) soll Klearches, der Führer des griechischen Söldnerheeres, Kyros den Rat erteilt haben, sich „hinter den Makedonen" aufzustellen (V, 21): Tatsächlich aber waren in der Schlacht von Kunaxa keine „Makedonen" anwesend. Das war auch nicht möglich, da das Makedonische Königreich zu diesem Zeitpunkt die Bühne der großen Geschichte noch nicht betreten hatte. In V, 154 stellt Erasmus Themistokles als demokratischpopularen Politiker vor, während dieser in seinem tatsächlichen politischen Handeln auf elitäre Seilschaften baute. In VI, 301 erzählt Erasmus die Geschichte vom Heldentod eines gewissen „Granius praetorius quaestor" (*CWE* 38: „a quaestor in the service of the praetor"): Das Amt eines „praetorius quaestor" hat es in Rom nie gegeben; Erasmus setzte es in die Welt, weil er „Petronius" aus Jacopo d'Angelis lateinischer Plutarch-Übersetzung zu „praetorius" verdrehte.[346] In VI, 369 möbelt Erasmus das historische Wissen des Lesers mit der Mitteilung auf, daß Caesar „an den *Kalenden*" (!) des März ermordet worden sei, wohlgemerkt zweimal in demselben Lemma, während es sich bekanntlich um die sprichwörtlich gewordenen *Iden* handelte. Die Liste der historischen Irrtümer liesse sich nach Belieben fortsetzen.

Schon aufgrund der hier skizzierten Probleme ergibt sich, daß es eine dringliche, unbedingt erforderliche Aufgabe des Kommentars der vorliegenden *ASD*-Ausgabe ist, die von Erasmus angeführten historischen Personen, sowohl die Spruchspender als auch die übrigen Akteure, zu identifizieren und mit den benötigten histori-

---

[346] Vgl. Komm. *ad loc.*

schen Daten auszustatten sowie die historischen Situationen, in welche die einzelnen Apophthegmata eingebettet sind, zu erläutern: Ohne diese einschlägige Information würden viele Sprüche unverständlich bleiben. Dies haben die englischen Übersetzerinnen der *Apophthegmata* in *CWE* 37 und 38 richtig erkannt und dementsprechend auch ihren Kommentar eingerichtet, wie Betty Knott in der „Introduction" angibt: „Many sayings ... do require a context, social or historical, for the real import of the remark to be appreciated, or to be even comprehensible, especially to the modern reader who is not as familiar with the main events and main names of Greek and Roman history as the original (ancient) readership. Historical notes have therefore to be supplied throughout by the translators".[347] Man muß diesbezüglich betonen, daß es in den *Apophthegmata* V–VIII nicht nur um „main events and main names" geht, sondern um eine riesige Anzahl kaum bekannter Sprecher, die in allen möglichen historischen und sozialen Kontexten agieren. Die Identifizierung und Kommentierung derselben bildet in besonderem Maß für die Bücher V–VIII eine anspruchsvolle Aufgabe. Während in den Büchern III und IV nur wenige Spruchspender zu Wort kommen (zwölf), und zwar die „grossen" (Sokrates, Aristippos, Diogenes von Sinope, Philipp II., Alexander d.Gr., Augustus, Caesar, Demosthenes, Cicero etc.), zeichnen sich die Bücher V–VIII durch eine Vielzahl von Spruchspendern und Akteure aus, die zum Teil nur wenig bekannt (oder sogar unbekannt) sind: Hunderte Personen passieren die Revue, männlichen, aber auch weiblichen Geschlechts, deren Identität festgestellt werden muss und zu denen die erforderliche Information beizubringen ist. Diese Personen sind des Weiteren in der vorliegenden Edition im „Index nominum" verzeichnet, der mit seinen über 1500 historischen Namen ein wichtiges Instrument zur Benutzung der *Apophthegmata* V–VIII darstellt.

III.6. *Von Erasmus' textkritischer Ausgliederung der „strategemata"*
und „exempla" aus den plutarchischen Regum et imperatorum
Apophthegmata *zur Konzipierung der „ἄφωνα apophthegmata",*
„ἄφθογγα ἀποφθέγματα" bzw. „apophthegmata muta"

Ein weiteres auffälliges Merkmal von Erasmus' Definition des Apophthegmas ist, daß er es scharf von Strategema („Kriegslist", „List") unterscheidet. Bei dem, was er gesammelt hat, teilt Erasmus in der „Epistola nuncupatoria" mit, habe er Sorge getragen, daß er nicht „*apophthegmata*" mit „*strategemata*" verwechsle.[348] Es ist nicht ganz klar, weshalb Erasmus eine so scharfe Trennungslinie zieht. Möglicherweise wollte er seine Sammlung von jenen des Valerius Maximus, des Frontinus und des Brusoni abgrenzen. In Valerius' Sammlung gibt es eine eigene Kategorie mit dem Titel „Strategemata"; Frontinus war für Erasmus zunächst der Verfasser des vierten Buches der

---

[347] „Introduction", S. XXVII.
[348] *ASD* IV, 4, S. 42, Z. 138–139: „In his certe, quae nos adiecimus, sedulo cauimus, ne strategemata cum apophthegmatis confunderemus ...".

EINLEITUNG 139

Strategemata, in dem sich zahlreiche Apophthegmata (*dicta*) finden. Ein Problem, dem Erasmus bei seiner exklusivistischen Erklärung begegnete, ist, daß er gerade bei seinem Lieblingsautor Plutarch, und zwar in dem grundlegenden Werk *Regum et imperatorum apophthegmata*, zahlreiche „Strategemata" entdeckte. Erasmus erklärte dies auf „textkritische" Weise: Plutarch selbst habe in seinem Widmungsvorwort an Kaiser Trajan versprochen, daß er in den *Regum et imperatorum apophthegmata* nur Aussprüche, keine *facta*, präsentiere; tatsächlich finden sich aber in dem Werk viele Strategemata: Dabei, so schließt Erasmus, muss es sich also um Fälschungen, Kontaminationen bzw. Einschübe späterer Textüberlieferer handeln:

> „Deinde quum Plutarchus in praefatione profiteatur sese in *Vitis* dicta factaque virorum illustrium promiscue retulisse, sed in hoc opere (= *Regum et imperatorum apophthegmata*) compendii gratia *tantum apophthegmata contexuisse, permulta tamen admixta videmus, quae nihil aliud sunt quam strategemata.* Iam eodem in opere toties eadem repetita nonne palam clamitant argumentum hoc ab alio contaminatum?"[349]

In V, 231 findet sich ein Beispiel eines solchen, von Erasmus als „strategema" bezeichneten Textes. Das Textvorbild, Plut. *Mor.* 193B (Epaminondas, 12), enthält in der Tat keinen Spruch. Plutarch schildert die Vorgehensweise des Epameinondas nach der Schlacht von Leuktra: Um die Verluste der Spartaner und ihrer Bundesgenossen evident zu machen, gestattete er den Städten nur einzeln und nacheinander, ihre Toten zu bergen. Erasmus poniert, daß das Beschriebene ein „strategema" sei und vermutet, daß es sich dabei um den Einschub eines späteren Bearbeiters handelt: „Hoc strategema pro apophthegmate forsitan *adiecit aliquis*" (V, 231).[350] In Bezug auf Plut. *Mor.* 184F äußert sich Erasmus noch expliziter: „Dieses Lemma hat, ebenso wie es ein reizvolles Strategema ist, nichts von einem Apophthegma. Daher ist es plausibel, daß er von irgendeinem Studiosus dem Plutarch-Text hinzugefügt wurde" („Hoc vt bellum est strategema, ita nihil habet apophthegmatis. *Vnde probabile est a studioso quopiam adiectum in Plutarcho*",[351] V, 133). In dem Lemma steht, daß Antiochos VII. während der Belagerung Jerusalems i.J. 134/3 v. Chr. den erschöpften Juden zur Feier des Laubhüttenfestes einen Waffenstillstand gewährte, wobei er ihnen obendrein Opfertiere schenkte. Erasmus betrachtete dies als eine Kriegslist. Es mag berechnetes Vorgehen von der Seite des Antiochos VII. gewesen sein, um die Belagerten günstig zu stimmen, jedoch war es sicherlich kein Trick, den Gegner zu täuschen, zu überrumpeln oder zu besiegen. Das wäre der Fall gewesen, wenn Antiochos die das Laubhüttenfest feiernden Juden überfallen und Jerusalem eingenommen hätte. Antiochos' Vorgehensweise war nicht mit einer bestimmten militärischen Taktik verbunden. Jedoch waren die Juden von dem milden und freundlichen Verhalten des Seleukiden so angetan, daß sie bereit waren, mit ihm Frieden zu schliessen.[352] Dasselbe Urteil (Strategema, kein Apophthegma) fällte Erasmus stets auch, wenn es um im erweiterten

---

[349] Ebd., S. 40, Z. 84–88. Kursivierung K.E.
[350] Kursivierung K.E.
[351] Kursivierung K.E.
[352] Vgl. Komm. *ad loc.*

Sinn schlaues Handeln ging, ohne daß ein Ausspruch vorlag. So ging er auch bereits im vierten Buch vor: Erasmus erzählt Plutarchs Anekdote (*Mor.* 183A) von der List des Demetrios Poliorketes, der seinen Freund Mithridates (den späteren Mithridates I. Ktistes, König von Pontos) vor seinem Vater Antigonos gewarnt haben soll, wobei er am Ende den Kommentar hinzufügt: „*Hoc quum non sit apophthegma, videtur ab aliquo adiectum*".[353]

Aufgrund des klaren definitorischen Ausschlusses von Strategemata und ihrer textkritischen Ausgliederung als unplutarchische, spätere Zusätze bzw. Kontaminationen würde man erwarten, daß Erasmus diese unerwünschten Elemente von seiner Sammlung ferngehalten hat.

Überraschenderweise ist das Gegenteil der Fall: Erasmus nahm alle von ihm als Strategemata bezeichneten sowie auch die übrigen spruchlosen Lemmata auf. Zuweilen fügte er eine kommentierende Anmerkung hinzu, daß das betreffende Lemma kein Apophthegma sei, ohne damit irgendeine Konsequenz zu verbinden; häufiger jedoch brachte er spruchlose Lemmata ohne kritische Notiz. Kritiklose Übernahmen treten insbesondere dort auf, wo Erasmus das geschilderte Verhalten für vorbildlich hielt: z. B. das Vorgehen Dionysios' I. als oberster Richter von Syrakus, der, während er sonst Strenge walten ließ, gegenüber Kleiderdieben nachsichtig war, um die Syrakusaner von ihren frequenten Bankettbesuchen abzubringen (*Mor.* 175F, Dionysius maior, 7), eine Maßnahme, die Erasmus begrüßte (V, 60). Letztes gilt auch für die Maxime Aristeides' des Gerechten (*Mor.* 186A), politische Freundschaften und Allianzen grundsätzlich zu vermeiden, um Korruption auszuschliessen, was Erasmus bejubelte (V, 160),[354] genauso wie für Alkibiades' Ärger, der, als sich herausstellte, daß ein gewisser Schulmeister keinen Homer-Text besaß, ihm kurzerhand einen Faustschlag ins Gesicht versetzte, was dem Homer- und Bildungsliebhaber Erasmus willkommen war (V, 186), oder für die exemplarische Sparsamkeit Scipios d. J., der, als er auf Reisen einen Sklaven verlor, keinen neuen kaufte, sondern sich einen aus seiner *familia* in Rom nachkommen liess (V, 411).

In anderen Fällen fügte Erasmus kritische Anmerkungen hinzu. Bei der Übernahme von Plutarchs spruchloser Anekdote, daß sich der Feldherr Lutatius Catulus an die Spitze seiner vor den Kimbern fliehenden Soldaten setzte, merkte Erasmus an: „Hoc strategema est, non apophthegma" (V, 432). Das spruchlose Faktum, daß Demetrios Poliorketes, nachdem er mit den Rhodiern Frieden schloß, ihnen seine gigantische, für die Belagerung der Stadt eigens entworfene Maschine mit dem Namen Helepolis überließ, übernimmt Erasmus mit dem Kommentar: „Nec hoc inter apophthegmata recensendum erat" (V, 97). Offen bleibt in diesem Fall, wer für diese unrichtige Maßnahme verantwortlich ist: möglicherweise ein „studiosus", der die Stelle zu Unrecht Plutarchs *Regum et imperatorum apophthegmata* anflickte. Ähnlich geht Erasmus in V, 117 vor: Dort übernimmt er die rührende, aber spruchlose Geschichte, die Plutarch von Antiochos Hierax (den Erasmus allerdings mit

---

[353] *ASD* IV, 4, S. 313, Z. 713–718.
[354] Vgl. Komm. *ad loc.*

Antiochos IV. verwechselt) und seinem Bruder Seleukos erzählt,[355] mit der kritischen Anmerkung: „Quanquam non video, quur hoc debeat inter apophthegmata recenseri". Die anekdotische, spruchlose Nachricht, daß Themistokles den Epikydes bestochen habe, damit er seine Kandidatur fürs Strategenamt zurückzöge, quittiert Erasmus mit: „Ne hoc quidem video, quur inter apophthegmata debeat commemorari", während er die Stelle einfach übernahm (V, 137). So war Erasmus bereits im vierten Buch vorgegangen: Plutarchs Anekdote, daß Alexander d. Gr. einen Soldaten fortschickte, der erst in der Schlachtreihe den Riemen an seinem Wurfspeer befestigte (*Mor.* 180C–D), kommentiert Erasmus mit: „Hoc inter stratagemata magis commemorandum erat quam inter apophthegmata, quemadmodum et hoc, quod subiiciam".[356] Das Lemma, sagt Erasmus, ist eigentlich kein Apophthegma – und dennoch nimmt er es in seine *Apophthegmata* auf.

Angesichts der Beispiele, die hier die Revue passierten, fällt auf, daß Erasmus die Kleinform des Strategemas viel breiter definierte als Frontinus: Erasmus beschränkt sie nicht auf bestimmte Arten der militärischen Taktik, ja nicht einmal auf den militärischen Bereich; „strategema" bedeutet in seiner Terminologie „List, Täuschung" im Allgemeinen, manchmal sogar einfach „kluges Vorgehen".[357] So bezeichnet Erasmus die beiden (angeblichen) Grabinschriften der assyrischen Königin Semiramis, von denen die eine zum Grabraub ermutigte, die andere denselben tadelte (Plut. *Mor.* 173A–B) als „strategema".[358]

Überhaupt stellt sich die Frage, ob Erasmus' definitorische „Ächtung" spruchloser plutarchischer Lemmata den Kern der Sache trifft. Wenn man die einzelnen Lemmata näher betrachtet, so ergibt sich, daß die meisten *keine Kriegslisten* darstellen, daß Plutarch keine Vorliebe für dieselben oder andere Listen hatte und daß ihre raison d'être in den *Regum et imperatorum apophthegmata* eine andere ist. Statt Kriegslisten zu vermitteln, ging es Plutarch darum, anekdotisches Material zu sammeln, um den Charakter der betreffenden Person darzustellen. So soll die Anekdote vom Geschenk der Helepolis dazu dienen, den großherzigen und großzügigen Charakter des Demetrios, die Anekdote von der Warnung des Mithridates die unverbrüchliche Freundestreue darzustellen. Wie schon oben gezeigt, war Erasmus nicht wesentlich an der Funktion des Apophthegmas als Mittel der Charakterdarstellung interessiert: Wenn er derartiges aufgriff, so ging es ihm eher um die moralische Bewertung.

Diese Herangehensweise hat ihre Auswirkung auf einen anderen Teil spruchloser Lemmata, die Erasmus aus Plutarch übernahm: Diese gliederte er aus den eigent-

---

[355] Plut. *Mor.* 184A (Antiochus Accipiter).
[356] *ASD* IV, 4, S. 297.
[357] Andererseits ist in Erasmus' Definition von „strategema" enger gefaßt als jene des Frontinus, Ps. Frontinus (= Buch IV) oder Valerius Maximus. „Strategema" bezeichnet in Erasmus' Verwendungsweise immer eine bestimmte *Handlung* oder *Vorgehensweise*, jedoch niemals einen Ausspruch, während dies bei den oben Genannten sehr wohl der Fall ist, besonders bei Ps. Frontinus.
[358] V, 8: „Quanquam hoc aptius inter strategemata siue inter γελοῖα commemorandum erat".

lichen „apophthegmata" aus, indem er sie als *„exempla"*, *Vorbilder moralischen Verhaltens*, bezeichnete. Charakteristisch für diese Vorgehensweise ist Erasmus' Kommentierung zweier plutarchischer *Apophthegmata* (*Regum et imperatorum*), die sich in der Sektion des Artaxerxes I. finden (*Mor.* 173D, Artaxerxes 2 und 3). In beiden Fällen führt Plutarch Verhaltensweisen vor, die seiner Meinung nach den Großkönig charakterisierten: Großzügigkeit, Menschenfreundlichkeit und Milde. In Artaxerxes 2 geht es darum, daß dieser auf das Vorrecht des Königs, bei der Jagd den ersten Speer auf eine gestellte Beute zu werfen, verzichtete und großzügig an andere Jagdteilnehmer abtrat; in Artaxerxes 3 darum, daß der König als oberster Richter von Leibstrafen absah und sich stattdessen mit symbolischen Bestrafungen begnügte. Erasmus spricht beiden Lemmata den Apophthegmata-Status ab; zum ersten bemerkte er:

„Sit hoc comitatis exemplum; quid ad apophthegmata pertineat, non video" (V, 17).

zum zweiten:

„Ne hoc quidem ad apophthegmatum sodalitatem pertinet" (V, 18).

Mit „comitatis exemplum" meint Erasmus in erster Linie vorbildliches moralisches Verhalten im Sinn eines Fürstenspiegels, nicht so sehr einen individuellen Charakterzug des Artaxerxes (den jedoch Plutarch vor Augen hatte). In Bezug auf Artaxerxes' Vater Xerxes, der Griechenland zu erobern versuchte, notierte Plutarch als charakteristisches Verhalten, daß er die griechischen Spione ruhig in seinem Heereslager herumgehen liess, um sich alles genau anzugucken, und sie dann unversehrt zu den Ihren zurückschickte. Erasmus merkte an: „Sit et hoc singularis fiduciae exemplum. Quur apophthegma dici debeat non video" (V, 15). In diesem Fall scheint Erasmus verstanden zu haben, daß es um eine individuelle, weil „einzigartige" („singularis") Form des Selbstvertrauens ging; dennoch verwendet er den Begriff „exemplum", der exemplarisches Verhalten bezeichnet. Möglicherweise hat er dabei an die Exempla-Sammlung des Valerius Maximus und deren Kategorien gedacht; Val. Max. Kapitel III, 7 trägt den Titel „De fiducia sui". Das von Plutarch geschilderte Auftreten des Artaxerxes II. Memor und seiner Frau (*Mor.* 173F) kommentiert Erasmus wie folgt: „Laudo quidem affabilitatis exemplum, sed quid haec ad apophthegmata?" (V, 23). Ganz ähnlich geht er im Hinblick auf Plut. *Mor.* 176A–B (Dionysius maior, 10) vor: „Praeclarum exemplum prudentissimi principis, sed quid hoc ad apophthegmata?" (V, 63). Auch in den Fällen, wo Erasmus „exempla" aus den plutarchischen *Apophthegmata* (*Regum et imperatorum*) ausgliederte, nahm er sie dennoch in seine *Apophthegmata* auf.

Diese Vorgehensweise des Erasmus ist durchaus widersprüchlich. Ähnlich widersprüchlich war Erasmus' Verfahren schon im Hinblick auf die *Apophthegmata Laconica* gewesen: Während er sie als Fälschung, Machwerk Späterer und Kontamination „entlarvte", gab er sie dennoch sämtlich in seinen Büchern I und II wieder. Dabei nahm er auch das umfängliche Material auf, das keine Apophthegmata enthielt, v.a. den langen Abschnitt über die Sitten und Gebräuche der Spartaner im zweiten

Buch, die „Prisca Lacedaemoniorum instituta".[359] Der Grund war dort das Vorhaben einer Edition des kompletten Textes. Ein ähnlicher Grund bestimmte seine Handlungsweise im fünften Buch. Nachdem sich Erasmus nach Vollendung des vierten Buches zu einer nochmaligen Erweiterung entschlossen hatte, entschied er sich für eine komplette Aufnahme von Plutarchs *Regum et imperatorum apophthegmata*. Das betrachtete Erasmus offensichtlich – mindestens nebenher – wiederum als texteditorisches Vorhaben. Er wollte in seinen *Apophthegmata* das vollständige Corpus der plutarchischen Apophthegmata darbieten. Bei einer Textedition ist es natürlich wichtig, daß der betreffende Text komplett herausgegeben wird. Das ist wohl der Hauptgrund, weshalb Erasmus die als „strategemata" und „exempla" ausgegliederten Lemmata dennoch aufnahm. Eine mögliche Verständnisfigur wäre, daß man sich die ausgegliederten Lemmata als athetiert gedruckte Textteile vorstellt.

Als komplizierender Faktor tritt in Buch V jedoch hinzu, daß Erasmus, während er einige Male sehr dezidiert sagte, daß die „strategemata" und „exempla" von irgendwelchen Späteren den *Apophthegmata* angeflickt worden wären, sich seiner Sache nicht sicher war. Vielleicht stammten diese doch von Plutarch? Diese Vermutung geht aus einigen Stellen hervor; z. B. sagt er in V, 10: „Nec hoc inter apophthegmata commemoraturus eram, ni Plutarchus [!] recensuisset". Diese Vermutung des Erasmus geht durchaus in die richtige Richtung. Es gibt keinen Zweifel, daß Plutarch selbst unter seine *Apophthegmata* zahlreiche Verhaltensweisen und Handlungen aufgenommen hat, von denen er meinte, sie wären für eine bestimmte Person charakteristisch.

Wäre es also letztenendes doch legitim, bestimmte Handlungen, Vorgehensweisen usw. als Apophthegmata zu bezeichnen, obwohl sie keine Aussprüche enthalten?

Erasmus scheint sich, während er meist dezidiert das Gegenteil behauptete, dennoch irgendwie mit diesem Gedanken angefreundet haben. Kurios ist in dieser Beziehung zweierlei: Erstens, daß er selbst in seinen *Apophthegmata* Lemmata ohne Aussprüche *hinzu*gesammelt hat, die nicht aus Plutarchs *Apophthegmata Laconica* oder *Regum et imperatorum apophthegmata* stammen – d.h. Erasmus selbst hat sich entschieden, dieses Material aufzunehmen, obwohl es keine Aussprüche enthielt. Erasmus reihte in seine *Apophthegmata* eine Zeichnung mit Holzkohle (VIII, 198), Pinselstriche von Malern (VIII, 199), symbolische Handlungen (VIII, 190; VII, 291), Bestimmungen, Edikte, Abmachungen (IV, Alexander 35), Spitznamen (VII, 266), Entkleidungsszenen, Geschlechtsverkehr (VII, 291), das Sich-Abbeißen der eigenen Zunge, das Töten von Fliegen (VI, 88), ja sogar Furze (VII, 282) ein und er bildete Textfragmente verschiedener Machart (u. a. briefliche Mitteilungen), die keine Aussprüche enthielten, zu Apophthegmata um.

Zweitens hat Erasmus, wie sich plötzlich im achten Buch herausstellt, für diese Kategorie den Begriff der „ἄφωνα apophthegmata" (sic) und, bedeutungsgleich, der

---

[359] *ASD* IV, 4, S. 168–180, insgesamt 37 Lemmata. Vgl. „Einleitung" oben, Abschnitt „Der erste Plan (Buch I und II): die Edition einer als Fälschung entlarvten Schrift in lateinischer Übersetzung – „Apophthegmata Laconica secundum ordinem literarum Graecum"".

ἄφθογγα ἀποφθέγματα bzw. „muta apophthegmata", also der „lautlosen Aussprüche" bzw. „Aussprüche ohne Stimme" entworfen (VIII, 190; 198; 199). Erasmus wurde dazu von Plutarchs Traktat *De garrulitate* angeregt, der in einem Passus positiv bewertete Gegenbeispiele der Geschwätzigkeit vorträgt: spartanische Sprüche von äußerster Kürze, Sentenzen von Philosophen, die nur wenige Wörtern aufweisen, Mitteilungen in der Gestalt eines einzigen Wortes, Orakelsprüche (z. B. „Gnothi sauton") und schliesslich Mitteilungen überhaupt *ohne Worte, symbolische Handlungen*. Plutarch führte Autoritäten an, die man dafür bewundere, daß sie „das Notwendige ohne Stimme auf symbolische Weise zu verstehen geben" – οἱ δὲ συμβολικῶς ἄνευ φωνῆς ἃ δεῖ φράζοντες.[360] Als Musterbeispiel eines Weisen, der auf diese Art kommunizierte, nennt Plutarch a.a.O. Heraklit. Als es in seiner Heimatstadt Ephesos politische Spannungen gab, baten ihn seine Mitbürger um einen weisen Spruch (γνώμη), der Einigung (ὁμονοίη) herbeiführe. Da bestieg Heraklit die Rednerbühne und mischte sich einen Trank aus Wasser, Mehl und Poleiminze, trank ihn aus und trat wieder ab. Damit habe Heraklit zu verstehen geben wollen, daß Einheit nur dann erzielt werde, wenn sich seine Mitbürger bescheiden mit Wenigem zufriedengeben und auf Luxus verzichten:

> Heraclitus philosophus in seditione rogatus, vt apud populum sententiam diceret, quo pacto ciuitas redigi posset in concordiam, conscenso suggesto poposcit calicem aquae frigidae et paululum farinae inspersit, mox de glechone admiscuit, id est vel pulegii syluestris vel leguminis genus. Dein epoto calice discessit nec verbum addidit, hoc pacto innuens ita demum ciuitatem cariturum seditionibus, si repudiatis deliciis assuescerent paruo contenti esse. … Referatur et hoc inter ἄφωνα apophthegmata (VIII, 190).

Erasmus' Kommentar „Möge auch dieses hier unter die Aussprüche ohne Stimme aufgenommen werden" suggeriert, daß dies bereits mehrere Male der Fall war. Jedoch hatte er den Begriff „ἄφωνα apophthegmata" bisher kein einziges Mal verwendet. In dem Traktat *Lingua*, der 1525 erschienen war, hatte Erasmus dieselbe Plutarchstelle aufgenommen. Dort hatte er diesen Begriff noch nicht gebildet, sondern das Phänomen als „symbolische Handlungen (*facta*) ohne Worte" aufgefasst: „qui factis veluti mutis symbolis quam verbis indicare maluerunt, quod persuasum esse volebant".[361] In VIII, 198 und 199 scheint Erasmus gewissermassen zu bestätigen, daß die „stummen Aussprüche" eine bestimmte Kategorie von Apophthegmata darstellen; VIII, 198: „Eadem opera et artis suae et ciuilitatis suae specimen dedit. Sit et hoc, si libet, *apophthegma mutum*"; 199: „Numeretur et hoc inter *ἄφθογγα ἀποφθέγματα*". Mit dem miserablen Dichter Cherylus soll Alexander die Abmachung getroffen haben, daß er für jeden guten Vers eine Silbermünze, für jeden schlechten eine Ohrfeige bekäme.[362] Der Kyniker Krates richtete seinen Schwager Metrokles auf, indem er ihn besuchte und währenddessen ständig furzte (VII, 282: „atque interim ipse inter

---

[360] Plut. *De garrulitate* 17, *Mor.* 511B.
[361] *ASD* IV, 1A, S. 56, Z. 964–965.
[362] *ASD* IV, 4, S. 301, Z. 456–457.

colloquendum crebro crepitum ventris edidit [sc. Crates]. Hoc pacto et seruauit pusillanimem et discipulum sibi parauit").

Es gibt mehrere Fälle, in denen Erasmus Teile des Narrativs von Historikern auflas und als Apophthegma präsentierte. Ein Beispiel dafür ist der letzte Spruch der Hannibal-Sektion, welche an sich schon kurios ist, weil Erasmus irrtümlich glaubte, sie aus Plutarchs Biographie Hannibals[363] zusammengestellt zu haben, während sie tatsächlich von Donato Acciaiuoli stammte. In der zweiten Auflage der *Apophthegmata* fügte Erasmus der Hannibal-Sektion ein Fragment von Florus' Narrativ hinzu:

„Post victoriam Cannensem, si Annibal recta petisset Romam, poterat in Capitolio prandere. Sed frui quam vti victoria maluit, Campaniam ac Tarentum peragrans, vbi mox et ipse et exercitus ardor adeo elanguit, vt verissime dictum sit, Capuam Annibali fuisse Cannas. Si quidem inuictum Alpibus, indomitum armis, Campania sole et Baiae fontibus calidis tepentes subegerunt. Refert Florus" (V, 292).[364]

Erasmus wählte hier einige pointierte, sentenziöse Sätze aus, ohne daß von einem Ausspruch im eigentlichen Sinn die Rede wäre; in einem Nebensatz steht lediglich, „sodaß Capua zurecht als Hannibals Cannae bezeichnet wurde", wobei jedoch der Spruchcharakter als solcher unklar bleibt. Es könnte auch ein Historiker sein, der dies aufbrachte. Tatsächlich geht dies auf Livius zurück,[365] aus dem Florus einen Auszug machte. Das historische Narrativ von Plutarchs Demetrios-Biographie „Die Belagerungsmaschninen des Demetrios flößten durch ihre Größe sogar seinen Freunden Staunen, durch ihre Schönheit sogar seinen Feinden freudige Bewunderung ein"[366] bombardierte Erasmus durch eine simple Umsetzung zu einem Apophthegma: „Man pflegte von ihm zurecht zu sagen, daß seine Belagerungsmaschinen …" („merito de illo iactatum", V, 105).[367]

III.7. Der Titel als fester Bestandteil des Apophthegmas (sententia, Inhalt, Kategorie). Die Übernahme eines Strukturelementes aus den Adagia und aus Valerius Maximus

Anders als Plutarch und die meisten seiner Quellen hat Erasmus prinzipiell jedem einzelnen Apophthegma einen Titel beigegeben. In den Baseldrucken und in den davon abhängigen späteren Ausgaben sind diese Titel typographisch *in margine* platziert, weil sie als Orientierungs- und Suchhilfe für den Benutzer gemeint waren und die sonst leeren Ränder den Titeln die beste Entfaltungsmöglichkeit boten. Diese Titel hängen des Weiteren direkt mit dem Gesamtindex der *Apophthegmata*

---

[363] Vgl. Einleitung oben.
[364] Aus Flor. *Epit.* I, 19 und 21–22.
[365] Liv. XXIII, 45, 4: „… Capuam Hannibali Cannas fuisse: ibi virtutem bellicam, ibi militarem disciplinam, ibi praeteriti temporis famam, ibi spem futuri extinctam".
[366] Plut. *Demetr.* 20, 3 (*Vit.* 897): Μεγέθει μὲν γὰρ ἐπέπληττε καὶ τοὺς φίλους, κάλλει δὲ καὶ τοὺς πολεμίους ἔτερπε.
[367] Vgl. Komm. *ad loc.*

("Index sententiarum") zusammen, der am Ende des Werkes einen alphabethisch geordneten Zugang zu den einzelnen Sprüchen über ihren Inhalt bietet, somit neben und jenseits der Personen der Spruchspender funktioniert. Erasmus hielt diesen mehr systematischen Zugang zu den *Apophthegmata* für wichtig, nicht zuletzt, weil die Anordnung, wie wir oben dargelegt haben, ebenso verschlungen ist wie die Textgenese sich mäanderartig entwickelte. Deswegen präsentierte Erasmus diesen systematischen Zugriff über die im Index erfassten Einzeltitel der Apophthegmen als Kompensation für die vernachlässigte ordentliche Komposition: „Porro ordinis neglecti incommodum indice pensauimus".[368]

Auf genau dieselbe Weise verfuhr Erasmus in seinen *Adagia*: Jedes Adagium trägt einen eigenen Titel, der in einem alphabetisch geordneten Index verzeichnet ist. Dazu bemerkt Erasmus im (ersten) Vorwort zu den *Adagia* aus dem Jahr 1508: „Statt einer systematischen Anordnung (wenn bei dieser Art von Texten überhaupt je von einer systematischen Anordnung die Rede sein kann) haben wir einen Index zur Kompensation hergestellt, in dem ich die einzelnen Proverbien … jener Affiliation (Wahlbezirk, Stamm), der sie zugehören, zugeteilt habe" – „Ordinis vice (si modo vllus in his ordo) substituimus indicem, in quo prouerbia … in suam quaeque tribum digessimus".[369] Daraus geht hervor, daß

1. die Titel der Einzelapophthegmen für das Werk und die darin konzipierte Benutzung grundlegend sind.
2. der Verfasser der Titel Erasmus selbst ist.
3. es sich keineswegs um beliebige marginale Aufzeichnungen, beiläufige Gedanken und Bewertungen, individuelle Kommentare oder Notizen handelt.
4. Erasmus den *Apophthegmata* im Grunde dieselbe Struktur verleiht wie schon seinen *Adagia*.

Unglücklicherweise verschwanden diese Titel in den neueren Ausgaben *aus dem Text* der *Apophthegmata*, und zwar schon seit 1703. In der Leidener Gesamtausgabe *LB* wurden sie überhaupt weggelassen, wohl weil man sie für überflüssiges Beiwerk hielt.[370] Diese Ausklammerung der Titel ist grundsätzlich abzulehnen, weil sie Erasmus selbst angeordnet hatte und weil sie ein Teil des Werkes sind. In der Edition der ersten vier Bücher in *ASD* IV, 4 wurden sie als „marginalia" in den Kommentar verbannt, obwohl die Editorin, Tineke ter Meer, anerkennt, daß Erasmus selbst der Urheber des „Index sententiarum", d.h. also auch der dazugehörigen „marginalia", ist.[371] Der den Text begleitende Editionskommentar ist schon deswegen als Standort dieser Textteile ungeeignet, weil dieser Information anbietet, die grundsätzlich *nicht* zum Text von Erasmus' *Apophthegmata* gehört. Möglicherweise im Zusam-

---

[368] *ASD* IV, 4, Z. 130–131.
[369] *ASD* II, 1, S. 24, Z. 48–50.
[370] *LB* IV, Sp. 87 ff.
[371] *ASD* IV, 4, „Introduction", S. 8.

menhang mit der genannten Textdarstellung in *ASD* IV, 4 wurde in *CWE* 37 und 38 dieselbe Vorgehensweise angewendet. Die Titel blieben aus dem Text verbannt; nur im begleitenden Kommentar wurde dieser nach dem Schema „In margin: XY" vermeldet. Die Editorin, Betty Knott, scheint die „Marginalien" als Produkt (oder Nebenprodukt?) des frühneuzeitlichen Brauches anzusehen, sich Notizbücher mit Gemeinplätzen anzulegen: „Erasmus also added in the margin similar one- or two-word characterizations of the majority of his extracts, as witty, cunning, trenchant, cruel, merciful, and so on, which also links them to the contemporary practice of keeping notebooks where examples were assembled from one's reading under commonplace headings".[372] Der eigentliche Sinn der „Marginalien" erhellt aus dieser Beschreibungsweise nicht; suggeriert wird, daß es sich um Beiwerk handelt, das genauso (oder so ähnlich) gestrickt ist wie das Beiwerk von Marginalien in der Benutzungspraxis frühneuzeitlicher Leser, die auf das Anlegen von „commonplace books" versessen waren. Jedoch geht schon aus der Bezeichnung, die Erasmus selbst dem Index gab, „Index sententiarum", hervor, daß es eben um die Titel oder „headings" geht, die die einzelnen *Apophthegmata* bezeichnen.

Der „Index sententiarum" ist eine genaue Parallele zu dem „Index prouerbiorum" der *Adagia*, der in den Baseldrucken, aber auch noch richtigerweise in der rezenten *ASD*-Ausgabe gedruckt wurde.[373] Dieser „Index prouerbiorum" erfasst die Titel der einzelnen Adagien, die jeweils auch im Haupttext wiedergegeben werden (*ASD* II, 1–9). In den Baseldrucken und den davon abhängigen Ausgaben der *Adagia* brauchte man im Übrigen für die typographische Wiedergabe der Titel nicht die *margines* zu bemühen, weil die einzelnen Adagien nicht unter die Rubrik von bestimmten Spruchspendern fielen, die bereits Zwischentitel beanspruchten. Es ist kein Zufall, daß es zwischen den *Apophthegmata* und *Adagia* zahlreiche Überschneidungen gibt (vgl. die Liste im Appendix 2).

Die Titel der *Apophthegmata* hat Erasmus auf drei verschiedene Weisen erstellt. Die erste Machart betrifft die Nennung einer *sententia*, Gnome oder sprichwörtlichen Weisheit. Die Titel einer erklecklichen Anzahl von Apophthegmen stellen somit Sentenzen bzw. Gnomen dar, z. B.:

V, 1   „Princeps, qui virtute praecellit"
V, 4   „Fortuna aduersa prudentes facit"
V, 6   „Amico fido nihil preciosius"
V, 9   „Humanitas plus valet quam vis"
V, 79   „Philosophia in aduersis"
V, 96   „Honos artibus",
V, 146   „Vicinus bonus",
V, 150   „Coniunctae vires"
V, 175   „Noxia tollenda"

---

[372] *CWE* 37, „Introduction", S. XXVI.
[373] *ASD* II, 9. S. 355 ff. (M.L. van Poll-van de Lisdonk).

V, 180   „Aliena curare"
V, 188   „Periculum vitare satius"
V, 230   „Secundis moderate gaudendum"
V, 235   „Miseria multiloqua"
V, 283   „Dolus dolum vincit"
V, 326   „Venter surdus"
VI, 176   „Imperare difficile"
VI, 267   „Assuescendum optimis"
VI, 340   „Vita misera"
VI, 342   „Maledicus male audit" usw.

In einer nicht geringen Anzahl von Fällen ist sogar der Titel eines Apophthegmas mit dem eines Adagiums identisch oder diesem sehr ähnlich, z. B.:

Apophthegma		Adagium	
V, 7	„Fidus amicus"	2917	„Fidus amicus" (ASD II, 6, S.557)
V, 25	„Munus in tempore datum"	2900	„Munus exiguum, sed opportunum" (ASD II, 6, S. 550)
V, 26	„Fames condimentum"	1669	„Optimum condimentum fames" (ASD II, 9, S. 82)
V, 36	„Par pari"	35	„Par pari referre" (ASD II, 1, S. 150–151)
		3567	„ΙΣΟΝ ΙΣΩΙ. ΙΣΟΝ ΙΣΩΙ ΕΠΙΦΕΡΕΙΝ" (ASD II, 8, S. 59–60)
V, 38	„Sua cuique patria chara"	115	„Suum cuique pulchrum" (ASD II, 1, S. 228)
V, 58	„Nudus non metuit"	376	„Nudo vestimenta detrahere" (ASD II, 1, S. 460)
V, 70	„Par pari"	35	„Par pari referre. ΙΣΟΝ ΙΣΩΙ ΕΠΙΦΕΡΕΙΝ" (ASD II, 1, S. 150–151)
		3567	„ΙΣΟΝ ΙΣΩΙ" (ASD II, 8, S. 59–60)
V, 93	„Fames condimentum"	1669	„Optimum condimentum fames" (ASD II, 4, S. 130–131)
V, 121	„Victoria magno empta"	1734	„Cadmea victoria" (ASD II, 4, S. 170–171)
V, 125	„Aquila in nubibus"	820	„Aquila in nubibus" (ASD II, 2, S. 342–343)
V, 142	„Occasio neglecta"	2867	„Premenda occasio" (ASD II, 6, S. 539)
V, 176	„Vsque ad aras"	2110	„Vsque ad aras amicus" (ASD II, 5, S. 112)
V, 195	„Non licet bis peccare in bello"	2031	„Non licet bis in bello peccare" (ASD II, 5, S. 57–58)
V, 242	„Finis vitae spectandus"	237	„Finem vitae specta" (ASD II, 1, S. 350–351)
V, 252	„Vir magistratum ornat"	976	„Magistratus virum indicat" (ASD II, 2, S. 476)
V, 356	„Honos alit virtutem"	792	„Honos alit artes" (ASD II, 2, S. 314)
VI, 40	„Ars alit vbique"	633	„Artem quaeuis alit terra" (ASD II, 2, S. 158–160)
VI, 159	„Fumi venditor"	241	„Fumos vendere" (ASD II, 1, S. 354–356)
VI, 205	„Muscas abige"	3643	„Muscae" (ASD II, 8, S. 92)

EINLEITUNG   149

VI, 222	„Mortui non mordent"	2541	„Mortui non mordent" (ASD II, 6, S. 365)
VI, 458	„Ilio mala"	226	„Ilias malorum" (ASD II, 1, S. 338)
		3020	„Semper Ilio mala" (*ASD* II, 7, S. 54–55)
VI, 459	„Vltra malleum"	516	„Ne sutor vltra crepidam" (ASD II, 2, S. 40–42)
VI, 483	„Bos ad praesaepe"	1039	„Bos ad praesepe" (ASD II, 3, S. 60)
VI, 484	„Bos lyrae"	335	„Asinus ad lyram" (ASD II, 1, S. 434–436)
VII, 34	„Coniugium par"	701	„Aequalem tibi vxorem quaere" (ASD II, 2, S. 229–231)
VII, 147	„Iugulare mortuos"	154	„iugulare mortuos" (ASD II, 1, S. 268)
VII, 257	„Superciliosi"	749	„Attollere supercilium, ponere supercilium" (ASD II, 2, S. 272)
		2471	„Contrahere supercilium. Inflare buccas" (ASD II, 5, S. 332)
VII, 258	„Fortuna caeca"	740	„Caecus caeco dux" (ASD II, 2, S. 260)
VII, 260	„Indoctus Mercurius"	1910	„Mercurius infans" (ASD II, 4, S. 284)
VII, 263	„Amicus in aduersis"	1781	„Viri infortunati, procul amici" (ASD II, 4, S. 202)
VII, 297	„Par pari"	35	„Par pari referre. ΙΣΟΝ ΙΣΩΙ ΕΠΙΦΕΡΕΙΝ" (ASD II, 1, S. 150–151)
		3567	ΙΣΟΝ ΙΣΩΙ (ASD II, 8, S. 59–60)
VIII, 58	„Amicorum communia omnia"	1	„Amicorum communia omnia" (ASD II, 1, S. 84–87)
VIII, 144	„Asini umbra"	252	„De asini umbra" (ASD II, 1, S. 363)
VIII, 175	„Laruas insectari"	153	„Cum larvis luctari" (ASD II, 1, S. 268)
VIII, 222	„Crassa iudicia"	37	„Crassa Minerua, pingui Minerua, crassiore Musa" (ASD II, 1, S. 37)
VIII, 259	„Barba non facit Philosophum"	195	„Barbae tenus sapientes" (ASD II, 1, S. 298)

Eine andere Methode, einen Titel zu erstellen, ist eine prägnante Zusammenfassung des Inhalts bzw. der Weise, in der Erasmus einen bestimmten Ausspruch interpretiert, z. B. V, 8 „Auaritia delusa", V, 42 „Scytha ἄμουσος", V, 51 „Carptores alienae famae", V, 54 „Omen commode interpretatum", V, 74 „Barbati medici", V, 117 „Pietas in fratrem", V, 160 „Factiones et sodalitates", V, 174 „Imperium in liberos", V, 191 „Musica contempta", V, 204 „Scomma contemptum", V, 222 „Obesus miles", V, 239 „Trophaeum ridiculum", V, 240 „Arma indiga viri", V, 330 „Seuerus in se ipsum", V, 379A–Q „De re rustica", V, 414 „Luxus damnatus", V, 426 „Improba cura", V, 434 „Superstitionis contemptus" usw.

In einer dritten Machart stellte Erasmus die Titel nach bestimmten Kategorien von Sprüchen auf. Nach dem Vorbild des Valerius Maximus und Ps.Frontinus (d.h. das vierte Buch des Frontinus) wählte er dafür einerseits ethische Kategorien, d.h. Tugenden und Laster, oder bestimmte Qualitäten von Sprüchen aus, z. B. „witzige", „gesalzene" („salse [dicta]"), „humoristische" („facete [dicta]"), „freizügige" („libere [dicta]"), „kluge" („prudenter [dicta]") usw. Diese erweiterte Erasmus noch um weitere Kategorien wie z. B. „Retourkutschen" („retortum" oder „ex inuersione"), „Anwürfe" („scommata"), „Schmähung, die aus einer Schmähung erwächst" („calumnia ex calumnia"), „vorsichtige" Sprüche („caute") u.Ä. aus.

Es läßt sich zeigen, daß Erasmus zu dieser Art von kategorischen Titeln durch Valerius Maximus angeregt worden sein muss, da sie genaue Entsprechungen mit den Kapitel-Überschriften der *Dicta et facta memorabilia* haben:

Valerius Maximus		**Erasmus, *Apophthegmata*[374]**
III, 2	De fortitudine	fortiter 17, 28, 33, 46, 60, 61, 63, 64, 74, 88, 93, 94, 96, 109, 122, 137, 138, 142, 143, 146, 172–178, 410, 521, 539, 617, 637, 644, 715, 729, 768, 769, 796, 812, 825, 860
		fortitudo 705, 855
		fortitudo vera 514
III, 3	De patientia	patienter 198, 204, 516, 714, 831
		patientia 215, 386, 691
III, 7	De fiducia sui	fiducia 314, 417, 452
		fiducia sui 364, 416, 487, 533
		fiducia meritorum 481, 497
III, 8	De constantia	constantia 811
		constanter 14, 47, 574, 810
IV, 1	De moderatione	moderate 14, 20, 22, 25, 26, 30, 44, 51, 67, 68, 74, 79, 84, 85, 92, 100, 115, 119, 125, 128, 145, 168, 181, 184, 198, 207, 235, 261, 378, 448, 527, 557, 571, 615, 719, 724, 730, 773, 799
		moderatio 702, 735, 757, 761
IV, 3	De abstinentia et continentia	continenter 11, 13, 49, 58
		continentia 318, 712, 752, 793
IV, 8	De liberalitate	liberalitas 322, 324, 535, 732
		liberaliter 11
		liberalitas regia 335, 418, 429
V, 1	De humanitate et clementia	humaniter 12, 26, 37, 55, 74, 95, 330
		clementia 563, 849
		clementer 22, 39, 68, 303, 337, 341, 344, 349, 360, 375, 418, 497, 541, 549, 569, 575, 582, 607, 618, 695, 810, 811, 859
V, 4–6	De pietate erga parentes et fratres et patriam	pie 31, 576
		pie in patrem 127, 513
		pie in patriam 34, 147, 179, 442, 641, 643, 693
		pietas 425, 477, 610
		pietas in fratrem 445
		pietas in matrem 622
		pietas in parentes 635, 692
		pietas in rempublicam 808
		pietas mira in filium 442, 617
VI, 1	De pudicitia	pudice 79, 177, 178, 420, 445, 464, 795
		pudicitia 427, 795, 796
		pudica vxor 684
		pudicitia coniugum 54, 607, 793
VI, 2	Libere dicta aut facta	libere insg. 53 Eintragungen
VI, 3	De seueritate	seuere 21, 116, 132, 137, 139, 171, 175, 332, 334, 335, 342, 502, 514, 571, 577, 608, 610

---

[374] Seitenangaben nach dem „Index sententiarum" in C.

VI, 4	Grauiter dicta aut facta	grauiter 2, 4, 14, 16, 18, 24, 26, 27, 29, 46, 48, 52, 76, 92, 95, 127, 134, 174, 352, 411, 490, 498, 572, 690, 694, 701, 716, 735, 755, 765, 767, 806, 854, 860
VI, 5	De iustitia	iuste 5, 8, 26, 29, 30, 40, 43, 46, 50, 57, 79, 92, 94, 418, 445, 454, 517, 564, 626, 707, 822, 856
		iustitia 506
VII, 2	Sapienter dicta aut facta	sapienter 13, 14, 17, 18, 29, 30, 49, 53, 76, 95, 119, 125, 128, 156, 691

Da im modernen Layout Marginalien keine gängige Methode der Textpräsentation mehr darstellen, wurden in unserer *ASD*-Ausgabe die Titel als Teil der Überschrift des jeweiligen Apophthegmas dargestellt. Weiter wurden sie in einem „Index der Titel (*index sententiarum*)" verzeichnet, genauso wie dies von Erasmus selbst angeordnet und in den Baseldrucken (*A, B, C*) umgesetzt worden war.[375]

Zum Verständnis der Bedeutung, des Sinnes und der Anwendungsweise der Titel ist das Werk des Lycosthenes sehr aufschlußreich, der die *Apophthegmata* des Erasmus in einer neuen Anordnung, gegliedert „per locos", d.h. in inhaltsbezogene Kategorien und Kapitel, herausgab:[376]

> *Apophthegmatum ex optimis vtriusque linguae scriptoribus ... collectorum LOCI communes, ad ordinem Alphabethicum redacti.*

Von grundlegender Bedeutung ist, daß Lycosthenes seine Kapitel bzw. Kategorien, die er in alphabetischer Reihenfolge präsentierte, zum großen Teil aufgrund der Apophthegmen-Titel bildete, die Erasmus selbst entworfen hatte. Insgesamt schlüsselte Lycosthenes das riesige Corpus von Erasmus' *Apophthegmata* in ca. 550 Kapitel bzw. Kategorien auf. Die grundsätzliche Motivation für diese Darbietungsweise, die sich durch ihre Systematik von dem „ordo confusior" des Erasmus unterschied, war die Benutzerfreundlichkeit: Jedermann sollte auf einfache und zügige Weise die Sprüche finden können, die er für seinen jeweiligen Zweck suchte. Es war natürlich bereits durch die Verwendung des „Index sententiarum" möglich gewesen, in Erasmus' *Apophthegmata* einschlägiges Spruchmaterial zu finden: Jedoch waren manche Apophthegmen-Titel des Erasmus, insofern sie den konkreten Inhalt des Spruches bezeichneten oder eine bestimmte Sentenz, Gnome, *adagium* oder *proverbium* wiedergaben, durch ihren nicht selten individuellen oder okkasionalen Zuschnitt nicht in allen Fällen geeignet, um als effizientes Suchinstrumentarium zu dienen. Nichtsdestoweniger waren die Apophthegmen-Titel des Erasmus oftmals der Keim zur Herausbildung eines systematischen Kapitels in Lycosthenes' Sammlung „per locos". Im vorliegenden Kommentar wird, wenn dies der Fall ist, darauf hingewiesen und angegeben, inwiefern sich im Apophthegmen-Titel die Interpretation widerspiegelt, die Erasmus selbst dem betreffenden Spruch gab. Des Weiteren ist zu berücksichtigen, daß das Werk des Lycosthenes im Grunde eine Edition der erasmischen *Apo-*

---

[375] In der *ASD*-Ausgabe der ersten vier Bücher der *Apophthegmata* fehlt dieses Verzeichnis der Titel der Aussprüche („Index sententiarum").
[376] Lyon: Jean Frellon 1556 (1130 S.); für die weiteren Ausgaben in dieser Ordnung vgl. oben.

phthegmata darstellt, in welcher er an gewissen Stellen den Text des Erasmus verbessert hat. Obwohl Lycosthenes' Edition keine herausragende philologische Leistung darstellt, sind für die Bücher V–VIII einige seiner Emendationen zu berücksichtigen. Wenn dies der Fall ist, wird dies im kritischen Apparat angegeben.

III.8. *Die Nummerierung als fester Bestandteil des Apophthegmas: Markierung zum Zweck der Textedition und als Sammlungsobjekt*

Die einzelnen *Apophthegmata* des Erasmus wurden mit einer Nummer versehen, wodurch sich seine Sammlung von den meisten Vorgänger-Spruchsammlungen unterschied. Das gilt sowohl für griechische als auch lateinische Sammlungen. Z. B. hatte Regio in seiner lateinischen Übersetzung der *Regum et imperatorum apophthegmata* die Aussprüche eines bestimmten Spruchspenders als *uniformen Textblock* dargestellt; wenn von ein und demselben Spruchspender mehr als eine Handvoll Apophthegmen stammen, hat dies zu Folge, daß es hintereinander einige nicht weiter strukturierte Seiten mit je einem uniformen Textblock gab, der als solcher allerdings dem ästhetischen Ideal des italienischen Humanismus des 15. Jahrhunderts entsprach. Ein Nebeneffekt war wohl, daß es in manchen Fällen eines genaueren Blickes bedurfte, um die einzelnen Apophthegmata voneinander zu unterscheiden. Dennoch ist festzuhalten, daß sich bei einer aufmerksamen Lektüre diesbezüglich kaum Probleme ergeben.

Es ist nicht von vorneherein klar, warum man sich entschied, im Fall von Erasmus' *Apophthegmata* eine Zählung pro Spruch einzuführen. Aufgrund von bestimmten Marginalien, die bereits in der Erstausgabe d. J. 1531 (*A*) auftreten, kann man ableiten, daß es Erasmus *selbst* war, der die Zählung angebracht hat, und zwar im Zuge seines Editionsplanes, der, wie oben ausgeführt, am Anfang seiner *Apophthegmata* stand. Die Identifizierung des jeweiligen Apophthegmas mit einer Ziffer sollte als *Verweismittel* dienen. Erasmus selbst hat die Zählung auf diese Weise angewendet, und zwar als textkritisches Instrumentarium, um Dubletten dingfest zu machen. Z. B. findet sich in *A* auf S. 41 der der Nr. 88 (= I, 88) zugeordnete marginale Verweis, daß dieses Apophthegma bereits an einer vorhergehenden Stelle steht: „Hoc ante dictum pag. 24, apoph. 49 et 50". Die Ziffernangabe dient somit zur genauen Identifizierung des einzelnen Apophthegmas. Diese Verweismethode läßt sich auch in weiteren Marginalien beobachten, die Erasmus anbrachte. Es geht dabei stets um textkritische Anmerkungen, die Dubletten registrieren.[377] Wie oben gezeigt,

---

[377] Zu Nr. 99 auf S. 44 in *A* vermerkt Erasmus: „Simile Agesilaus pag. 27. apoph. 55" (auf S. 27 stehen auch die Apophth. 56 und 57); zu Nr. 4 auf S. 45 in *A* (= I, 104): „Et hoc ante habetur pag. 18. apoph. 36" (auf S. 18 finden sich auch die Nr. 32–35 und 37); zu Nr. 22 auf S. 52 in *A*: „Simile habetur superius pa. 18. apo. 35"; zu Nr. 28 auf S. 54 in *A*: „Est superius pa. 23. ap. 69" (dieser Verweis meinte p. 32; dort befinden sich auch die Nr. 68 und 70); zu Nr. 29 auf ders. S. 54 in *A*: „Et hoc ante pa. 17. apop. 29 et 30 et 31"; zu Nr. 35 auf S. 56 in *A*: „Et hoc habetur pag. 42 apoph. 90" (auf S. 90 stehen auch die Nr. 89 und 91–94); zu Nr. 49 auf S. 60–61 in *A*: „Hoc ante dictum pag. 17. apoph. 29" (auf S. 17 befinden sich auch die

vertrat Erasmus die Ansicht, daß die *Apophthegmata Laconica* nicht von Plutarch stammen: Die genaue Registrierung von Dubletten war für ihn ein Hauptargument, die Unechtheit des Werkes nachzuweisen.

Bei der Analyse der Textgenese stellte sich heraus, daß die *Apophthegmata* nicht nach einem einheitlichen, von vorneherein feststehenden Plan verfasst wurden, sondern daß Erasmus seine Pläne während der Texterstellung mehrfach geändert hat, was mit sich brachte, daß sich auch die Profilierung und Perspektivierung der Sammlung änderte.

Dieser Befund besitzt auch für das Verständnis der Nummerierung eine gewisse Relevanz. In den ersten beiden Büchern benutzte Erasmus die Nummerierung der einzelnen Apophthegmata als Instrument seines Editionsvorhabens, ganz konkret des Nachweises von Dubletten. Im dritten Buch folgte Erasmus mittlerweile einem anderen Plan, wobei Edition und Textkritik aus dem Blickfeld verschwanden. Der Nachweis von unechten Stellen war nun nicht mehr vorrangig. Die Fokussierung auf berühmte Einzelpersönlichkeiten, die Erasmus auswählte, trat in den Vordergrund. Dies hat Auswirkungen auf die Zählmethode. Im ersten Buch mit den „Apophthegmata Laconica" wurde die Zählung als eine Art Raster eingeführt, das eine Identifizierung über die Seitenangabe hinaus ermöglichte, d.h. die Aussprüche erhielten Nummern von 1–100; nach Nr. 100 fing man jeweils wieder mit 1 an; das Buch endet nach dem dritten Durchgang mit Nr. 47. Im zweiten Buch der „Apophthegmata Laconica" fing man mit einer neuen Zählweise an, die an sich dieselbe Genauigkeit ermöglichte, jedoch nunmehr *nach Abschnitten* durchgeführt wurde: Den Anfang machten die „anonymen Spartaner" (1–82); dann folgten die „Prisca Lacedaemoniorum instituta", die keine Sprüche, sondern Sitten und Gebräuche darstellen: Sie erhielten eine eigene Zählung, diesmal von Lemmata (1–37). Da dann wieder Aussprüche folgten, wurde für die „Apophthegmata Lacaenarum" wieder eine neue Zählung eingeführt (1–41). Unvermittelt geht Erasmus im zweiten Buch von den von ihm als pseudoplutarchisch entlarvten *Apophthegmata Laconica* zu einer Philosophengestalt (Chilon) über, deren Sprüche aus einem anderen Werk stammten (Diog. Laert.): Das führte abermals zu einer neuen Zählung (1–33). Im Übrigen muss vermerkt werden, daß Erasmus bereits in der Chilon-Sektion die Zählung nicht mehr für textkritische Anmerkungen benutzte.

Das gilt auch für das dritte und vierte Buch, welche einzelne, berühmte Personen als Spruchspender präsentieren. In diesen Büchern zählt Erasmus die einzelnen Sprüche jeweils *nach Personen*, von Sokrates (1–101) über Aristippos (1–62) im dritten Buch, bis zu Demosthenes (1–23) als Schlußabschnitt des vierten Buches. Es hat den

---

Nummern 28 und 30–32); zu Nr. 63 auf S. 65 in *A*: „Habetur antea simile pagina 5. apo. 8"; zu Nr. 77 auf S. 70 in *A*: „Habetur pag. 54. apoph. 32" usw. Es gibt im ersten Buch noch 13 gleichartige Verweise, es betrifft also insgesamt eine beträchtliche Anzahl von *Apophthegmata*. Im zweiten Buch setzen sich diese Verweise fort; z. B. vermerkt Erasmus zu Nr. 1 des zweiten Buches, auf S. 130 in *A*; „Habetur pag. 84. apo. 16" und zu Nr. 2: „Habetur p. 43 apo. 99" usw. Im zweiten Buch zählte ich insgesamt 13 solcher Verweise auf Dubletten. Nach dem zweiten Buch hört Erasmus allerdings mit dieser genauen Verweismethode auf.

Anschein, als ob jetzt ein anderer Aspekt in den Vordergrund rückt: das einzelne Apophthegma *als Sammelobjekt*. Die Abschnitte, die Sokrates, Aristippos, Diogenes von Sinope, Philipp II. von Makedonien, Alexander d.Gr., Antigonos I., Augustus, Caesar, Pompeius, Cicero und Demosthenes gewidmet sind, wirken aufgrund der Nummerierung wie 11 *Einzelsammlungen*.

Im fünften Buch ist es genau dieser Blickwinkel, der nicht durchgehalten wird. Die ersten 48 Apophthegmata haben 18 verschiedene Spruchspender, d.h. durchschnittlich werden jeder Einzelpersönlichkeit nicht ganz 3 Sprüche zugeordnet: Wahrscheinlich wird Erasmus aufgrund dessen konstatiert haben, daß es nicht überzeugend wäre, diese jeweils als einzelne Sammlungen zu präsentieren. Er mag auf den Gedanken gekommen sein, daß sich der Eindruck eines Sammlungsteils (oder einer Sammlung in der Sammlung) auch dadurch herstellen läßt, daß man die Sprüche *verschiedener* Personen durch die Zählung vereint. Einen solchen Sammlungsteil suggerierte er mit einer über die einzelnen Personen hinausgehenden Zählung (1–48). Dabei erachtete er einen systematischen Ansatz offensichtlich nicht für unbedingt erforderlich: Die darunter vereinten Apophthegmata-Spender bilden keine Einheit – die Zählung läuft durch die persischen Könige und über diese hinaus weiter über die Könige Thrakiens und Skythiens bis zu Gelon I., dem Tyrannen von Syrakus. Völlig unvermittelt fängt bei Gelons Bruder Hieron eine neue Zählung an: Während Gelon in der „Mehrere-Personen-Zählung" mitlief, erhält sein Bruder Hieron eine „Einzelzählung" (1–5), genauso wie der Tyrann Dionysios I. (1–22 = V, 54–76). Warum Erasmus gerade bei Hieron die Zählweise auf Einzelzählung umschaltete, ist unklar, ebenso, weshalb er diese bei den folgenden Herrschern beibehielt: den sizilischen Tyrannen Dionysios II., Agathokles und Archelaos sowie bei dem Tyrannenfeind Dion, weiter dem Diadochen Ptolemaios I., seinem vermeintlichen „Bruder" Xenophanes und Demetrios Poliorketes: Diese erhalten allesamt eine eigene Zählung. Das ausschlaggebende Kriterium kann kaum gewesen sein, daß es sich dabei um größere, ansehnliche Einzelsammlungen handelte: durchschnittlich liefern diese Personen nicht einmal 4, Agathokles und Ptolemaios 3 Sprüche, Dion nur 2 und Xenophanes gar nur einen einzigen Spruch.[378]

Von Antigonos II., dem Sohn des Demetrios Poliorketes, geht Erasmus wiederum unvermittelt auf eine „Mehrere-Personen-Zählung" über: Diese läuft von Demetrios bis zu Antiochos dem VII. und dem III., welche Erasmus allerdings nicht unterscheidet (1–29). Bei Themistokles fällt Erasmus erneut auf eine Nummerierung pro Einzelpersönlichkeit zurück (1–25, V, 135–159), diesmal vielleicht, weil die ihm gewidmete Sektion ein gewisses Volumen, 25 Aussprüche, aufweist. Von Aristeides an (V, 160) schaltet Erasmus wieder auf eine Mehrere-Personen-Zählung um, die Aristeides, Myronides und Perikles vereint (1–24 = V, 160–183). Wiederum ist die Ratio der Zählung unklar: Es mag ja sein, daß diese drei sämtlich athenische Politiker sind, jedoch gilt dasselbe ebenso wie für den vorhergehenden Themistokles und

---

[378] Abgesehen davon, daß Xenophanes gar nicht in die Kategorie der Monarchen gehört.

EINLEITUNG

155

die nachfolgenden: Alcibiades, Lamachus, Iphicrates, „Xenenaetus" (irrtümlich für Xenaenetus), Timotheus, „Cabrias dux", Hegesippus, Pisistratus, Demetrius Phalereus und „Nicostratus dux" (1–36 = V, 184–219). Sie alle sind athenische Politiker, jedoch mit den vorhergehenden in der Zählung nicht vereint. Mit Alkibiades fängt einfach nochmals eine neue Zählung an. Bei dem darauf folgenden Epaminondas schaltet Erasmus aber wiederum auf die Zählung pro Einzelpersönlichkeit um (1–35), um unvermittelt aufs neue zu einer Mehrere-Personen-Zählung überzugehen, die diesmal sogar über die großen Abschnitte, nämlich „GRAECORVM DVCVM APOPHTHEGMATA" und „ROMANORVM DVCVM APOPHTHEGMATA", hinweggeht: Die Zählung fängt bei Pelopidas an und endet mit Hannibal, der eigentlich gar nicht in Plutarchs *Regum et imperatorum apophthegmata* vertreten war (1–38 = V, 255–292).

In diesem Stil geht es weiter – Erasmus fluktuiert ständig zwischen den Zählmethoden. Scipio Africanus d.Ä. und d.J., Cato d.Ä. und d.J. erhalten Einzelzählungen; vorher, nachher und dazwischen finden Mehrere-Personen-Zählungen statt, ohne daß sich dafür inhaltliche Gründe erkennen lassen. Bei dem Triumvirn Marcus Antonius schaltet Erasmus aus unerfindlichen Gründen wieder auf Zählung pro Einzelpersönlichkeit um, obwohl dieser nur 6 und der folgende Cassius nur 2 Aussprüche liefert. Insgesamt ist die Zählweise des fünften Buches widersprüchlich und oft kaum nachvollziehbar: Mal werden die Apophthegmen pro Person gezählt, mal findet eine „Mehrere-Personen-Zählung" statt, ohne ein erkennbares System. Die unsystematische, widersprüchliche Nummerierungsweise wird im sechsten,[379] siebten[380] und achten[381] Buch weitergeführt.

---

[379] Für das sechste Buch ergeben sich die folgen Inkonsequenzen: Da Erasmus die bekannten „Zwölf Kaiser" Suetons abarbeitet, würde man erwarten, daß er nunmehr jeweils Zählungen pro Kaiser einführt. Das ist jedoch nur bei Tiberius, Nero, Otho und Vespasian der Fall. Das Volumen ist nicht unbedingt ausschlaggebend: Unter dem Zwischentitel „Otho" vereint Erasmus nur 4 Sprüche, während er ihm dennoch eine Einzelzählung zukommen lässt. Ähnlich divers nummeriert Erasmus die Aussprüche der römischen Kaiser, die er vornehmlich aus der *Historia Augusta* bezogen hat: Die Kaiser von Titus bis Traianus erhalten eine Mehrere-Personen-Zählung (1–9), im Übrigen, ohne daß sie zusammengehören würden, Hadrianus eine Einzelzählung (1–18), die Kaiser von „Commodus Aelius Verus" (irrtümlich für Aelius Caesar) bis Marcus Aurelius (den Erasmus mit Antoninus Pius durcheinanderwirft) eine Mehrere-Personen-Zählung (1–13), Septimius Severus wieder eine Einzelzählung (1–6) usw. Sodann folgt die umfängliche, völlig indefinit erscheinende Kategorie der „APOPHTHEGMATA VARIE MIXTA" (V, 183 ff.): Erasmus schaltet nunmehr auf „Rasterzählung" (von 1–100) um (wie schon in Buch I), jeweils mit Neuanfang nach 100 mit 1; durch Zusätze in *C* wird schließlich auch dieses System durchbrochen: Es gibt in *C* Apophthegmen mit den Nummern 101, 102, 103, worauf Nr. 1 folgt (S. 608). Nach dem zweiten Durchgang von 1–100 werden in *C* noch 57 Aussprüche gezählt. Sodann ändert Erasmus wieder die Zählmethode in jene pro Einzelperson, indem er die Stratonikos-Sammlung präsentiert (1–44 = VI, 442–485). Allerdings läßt Erasmus die Zählung bis 48 weiterlaufen, obwohl er zwei weitere Spruchspender aufführt, die mit dem Kitharöden Stratonikos nichts zu tun haben: den Komödiendichter Phoinikeides aus Megara aus dem 3. Jh. v. Chr. (VI, 486) und den Politiker und Sophisten Theokritos aus Chius aus der Zeit Alexanders d.Gr. (VI, 287–289). Ab VI, 490 setzt abermals eine Rasterzählung von 1–99 ein, die sich in *C* durch Zusätze auf 1–100 ausweitet, mit nachfolgenden Sprüchen 1 und 2. Auf diese Weise endet das sechste Buch mit Spruch 2.
[380] Im siebten Buch, in dem er die Philosophen-Viten des Diogenes Laertius bearbeitet, wendet Erasmus zunächst die Einzelzählung pro Philosophengestalt an, durchbricht diese jedoch mehrfach

Aus diesen Analysen geht hervor, daß die von Erasmus angebrachte Nummerierung durchaus divergent, widersprüchlich und unsystematisch ist. Deswegen ergibt es keinen Sinn, sie einer modernen, kritischen Ausgabe zugrundezulegen. Des Weiteren muß man ab dem dritten Buch oder vielleicht bereits ab dem letzten Abschnitt des zweiten Buches erneut die Frage stellen, welches Ziel Erasmus selbst mit der Nummerierung verfolgte. Dafür scheint mir erstens relevant zu sein, daß die textkritische Verweisfunktion, die Erasmus in den Büchern I und II benutzte, in den nachfolgenden Büchern keine Rolle mehr spielt. Des Weiteren läßt sich Folgendes beobachten: Obwohl die Nummerierung der *Apophthegmata* – insbesondere in den Büchern V–VIII – widersprüchlich und unsystematisch ist, es dennoch prinzipiell möglich gewesen wäre, die Ziffern im Zusammenspiel mit der Seitenangabe für präzise Lokalisierungen einzelner Aussprüche zu verwenden. Da umfängliche Indices zum einen der Personen (= Spruchspender), zum anderen der Titel („sententiae") angefertigt wurden, hätte es auf der Hand gelegen, die Nummerierung dafür heranzuziehen. Bemerkenswert ist jedoch, daß dies nicht geschah.

Aus welchem Grund? Zu berücksichtigen ist, daß die Indices zweifellos vom Verlag zusammengestellt wurden; daß jedoch die Tatsache, daß sie angelegt wurden, sicher auf den Wunsch des Erasmus zurückzuführen ist, der hierfür ja in der „Epistola nuncupatoria" eine plausible Begründung dafür angeführt hatte, nämlich daß die

---

durch „Mehrere-Personen-Zählungen", wie schon bei den Exzerpten aus den „Zwölfkaiser-Biographien" Suetons im sechsten Buch.

[381] Im achten Buch nummeriert Erasmus am Anfang pro Abschnitt (und Quelle): Zunächst zählt er die Sprüche durch, die er aus den Sophisten-Biographien des Philostratos bezogen hat (1–53 = VIII, 1–53), wenngleich diese natürlich verschiedenen Spruchspendern zugeordnet werden, die er auch durch Zwischentitel kenntlich macht. Sodann folgen zahlreiche andere Sprecher, sowohl Griechen als auch Römer, die Erasmus nunmehr einfach rastermäßig zählt, wobei allerdings das Raster nicht mehr von 1–100 läuft, sondern – ohne daß man den Grund erkennen könnte – von 1 bis 59. Dann folgt plötzlich ein Zwischentitel in Blockbuchstaben mit einer neuen Zählung, wodurch suggeriert wird, daß hier ein neuer Abschnitt anfängt: TRAIANVS. Dieser Abschnitt läuft von 1–24 (in *C*, S. 807–812). Der Leser vermutet, daß sich hier die Sammlung der Traianus-Sprüche befindet, die er im sechsten Buch vermisst haben mag, wo „der beste Kaiser" kuriöserweise nur mit einem einzigen Apophthegma vertreten war. Zu seiner Überraschung wird der Leser jedoch entdecken, daß in der „TRAIANVS-Sektion" nur der 1., 6. und 10. Spruch tatsächlich diesem Kaiser zugehört: Alle anderen stammen von anderen Sprechern. Mindestens ebenso irreführend ist der Zwischentitel THRASEA (VIII, 139; *C* S. 813), bei dem eine neue Zählung anfängt und der 49 Sprüche unter seiner Aegis vereint (in *C*, S. 813–830). Der Leser stellt zu seiner Überraschung fest, daß tatsächlich nur der erste Ausspruch von Thrasea Paetus stammt. Es liegt also keine Einzelzählung vor; anscheinend hatte Erasmus eine Rasterzählung von 1–50 vor Augen, die aufgrund irgendeines Versehens nur bis 49 geht. Der Spruchspender von Nr. 49 (= VIII, 187) ist der athenische Redner und Politiker Aristophon aus dem 5. und 4. Jh. v. Chr. Darnach fängt eine neue Rasterzählung an, die offensichtlich wiederum auf 50 Apophthegmata konzipiert wurde, jedoch diesmal – aus ungeklärten Gründen – nur bis Nr. 48 reicht. Auf Nr. 48 folgt eine neue Rasterzählung, diesmal jedoch von 1–55 (in *C* S. 856). Sodann scheint es, als ob wieder eine Einzelzählung folgen würde, die mit dem Zwischentitel ALPHONSVS ARAGONVM REX anfängt (VIII, 292). Erasmus plünderte nunmehr Antonio Beccadellis *De dictis et factis Alphonsi regis Aragonum libri quattuor*. Überraschenderweise läuft die Zählung aber nach dem letzten Alphonsus-Lemma einfach weiter: Statt bis zu Nr. 17 zu Nr. 32, wobei noch 16 andere Spruchspender zu Wort kommen.

Indices die mangelnde Ordnung seiner *Apophthegmata* kompensieren und das Werk besser benutzbar machen sollten. Man darf annehmen, daß die Ziffern der einzelnen *Apophthegmata*, wenn Erasmus dies gewünscht hätte, in den Indices verarbeitet worden wären. Aus der Tatsache, daß dies nicht geschah, geht hervor, daß sich Erasmus nicht darum kümmerte und wohl auch, daß er daran kein rechtes Interesse hatte.

Es hat allen Anschein, daß die Nummerierung ab dem dritten Buch (bzw. dem letzten Abschnitt des zweiten Buches) eher eine *demonstrative* Funktion hatte. Diese war wohl in erster Linie, die *Apophthegmata* als Sammlung zu präsentieren: Die einzelnen gesammelten Objekte erhalten eine Nummer; durch Nummerierungen können Teilsammlungen bezeichnet oder suggeriert werden; die hohe Anzahl der Objekte bringt den Reichtum der Sammlung und den Sammeleifer des Kollektors zum Ausdruck. Die ständig aufs Neue anfangenden Zählungen suggerieren, daß Erasmus immer wieder aufs neue Teilsammlungen zusammengetragen hat, kurz: Sie betonen Erasmus' Leistung als Sammler. Wie wir gesehen haben, verschleiert dies seine tatsächliche Leistung als Sammler, die eher gering war, da er zumeist ziemlich mechanisch bestimmte Quellentexte übernahm oder plünderte.

Für eine moderne, kritische Ausgabe ist die Nummerierung, die Erasmus anbrachte, unbrauchbar, weil sie unsystematisch und widersprüchlich ist. In der *ASD*-Ausgabe der Bücher I–IV (2010) wurde eine Durchzählung der einzelnen Sprüche von [1]–[1301] (in eckigen Klammern) eingeführt, die als Verweisnummer im Kommentar verwendet wird; im Text wurde die alte Zählung der Baseldrucke belassen, obwohl sie nicht weiter zu Lokalisierungs- und Identifizierungszwecken verwendet wurde. Betty Knott hat für die darauffolgende Ausgabe der *Apophthegmata* in *CWE* 37 und 38 (2014) das Zählsystem von *ASD* IV, 4, Buch I–IV, nicht übernommen, sondern die *Apophthegmata* pro Buch durchgezählt, m.E. zurecht. Denn Zählungen von Kapiteln, Paragraphen u. Ä. sollten niemals über Buchgrenzen hinaus vorgenommen werden. Das in der Edition von Prosawerken klassischer Autoren bewährte System ist: Buchnummer – Kapitelnummer – Paragraphennummer. Das Durchzählen einzelner Items von Anfang bis zum Ende geht für Erasmus' *Adagia* auf, jedoch deswegen, weil er sie selbst nicht nach Büchern, sondern nach *Tausendschaften* (*Chiliades*) und *Hundertschaften* (*Centuriae*) angeordnet hatte. Dieses Ordnungssystem ist für die *Adagia* distinktiv, die Erasmus häufig einfach „Chiliades" nennt. Die *Apophthegmata* hat Erasmus jedoch m.W. nie als „Chiliades" bezeichnet, obwohl ihre Gesamtzahl immerhin ca. 3100 beträgt. Stattdessen hat Erasmus die *Apophthegmata* in einzelne Bücher (I–VIII) unterteilt, wobei die Buchgrenzen jeweils genau feststehen und zudem mehrere Bücher mit separaten Vorworten oder einführenden Bemerkungen markiert wurden.

Die vorliegende *ASD*-Ausgabe übernimmt daher als Identifikations- und Lokalisierungsmethode die von *CWE* 37 und 38 eingeführte Zählung der *Apophthegmata* pro Buch. Die alte unsystematische und widersprüchliche Zählung der Baseldrucke wurde getilgt. Dies hat zu Folge, daß sich die Zählung unserer *ASD*-Ausgabe weitgehend mit jener von *CWE* 38 deckt. Im fünften Buch ist unsere Zählung identisch mit *CWE* 38; in den anderen Büchern musste sie, da Unregelmässigkeiten auftraten, leicht angepasst werden. Z.B. hatte Erasmus in *C* ein Apophthegma des sechsten Buches, „Facta dictis potiora", umgestellt, von VI, 285 (*A, B*) zu VI, 439. In *CWE* 38 wurde das Apophthegma jedoch zweimal gedruckt, einmal an der Stelle von *A/B*, das zweite Mal an der neuen Stelle in *C*. Unsere Edition geht von *C*, der erweiterten und adaptierten Ausgabe letzter Hand, aus, in der das Apophthegma an der Stelle von VI, 285 getilgt worden war. Das bedeutet, daß ab VI, 285 die Zählung korrigiert werden musste. Ab VI, 285 gilt somit: *ASD*-Zählung = *CWE* minus 1. Im siebenten Buch wurde in *CWE* 38 vergessen, das Apophthegma „Mortis locus" (in unserer Ausgabe VII, 128) mitzuzählen; daher gilt ab VII, 128: *ASD*-Zählung = *CWE*-Zählung plus 1. Ähnliche kleine Abweichungen gibt es in den Büchern VII und VIII. Sie werden an den Stellen, wo sie auftreten, im Kommentar erklärt und zudem, um jegliches Missverständnis auszuschliessen, in einer Konkordanztabelle (siehe Indices) aufgezeichnet.

Als durchgehende Verweis-, Lokalisierungs- und Identifizierungsmethode gilt für unsere *ASD*-Ausgabe somit: Buchnummer + Apophthegma-Nummer (pro Buch durchgezählt). Buch V weist 474, Buch VI 594, Buch VII 394 und Buch VIII 323 Aussprüche auf, insgesamt 1789. Da die meisten Apophthegmata nicht länger als 5–6 Zeilen sind, reicht die Identifikation des einzelnen Apophthegmas mit Buchnummer + Apophthegmanummer als Verweismittel völlig aus.

III.9. Kommentierende Erläuterungen als Bestandteil des Apophthegmas: (historische) Sachverhalte, Realien, altertumswissenschaftliche Philologie

Ein weiterer fester Bestandteil von Erasmus' *Apophthegmata*, wodurch sie sich von den Vorgänger-Spruchsammlungen unterscheiden, sind standardisiert hinzugefügte kommentierende Erklärungen („explicationes", „explanationes"). Erasmus hat diese in der Titelei der Erstausgabe (*A*) als bedeutende Leistung seines Werkes hervorgehoben:

> APOPHTHEGMATVM SIVE SCITE DICTORVM libri sex, ex optimis quibusque vtriusque linguae autoribus, Plutarcho praesertim excerptorum, *cum breui commodaque explicatione, quae tum lucem addit obscuris, tum dicti sensum argutiamque, nonnunquam et vsum indicat*, per DESIDERIVM ERASMVM ROTERODAMVM. Opus non minus bonae frugis quam voluptatis allaturum studiosis. Nunc primum excusum.[382]

Der Kommentar („explicatio") soll nach Erasmus' Angaben auf der Titelseite vor allem zweierlei leisten:

---

[382] Kursivierung K.E.

1. die unklaren und dunklen Stellen, die sich in den überlieferten Apophthegmen finden, d.h. das schwer oder kaum Verständliche, erklären.
2. Den Sinn und Witz der einzelnen Sprüche erläutern. Damit suggeriert Erasmus, daß auch dieser oft dunkel und schwer verständlich sei.

Hinzu kommt, gewissermassen als fakultative Leistung, eine Erklärung der Nutzanwendung des Spruches. In der „Epistola nuncupatoria" hat Erasmus die beiden Hauptzielsetzungen miteinander verknüpft: Um den Sinn und Witz eines Spruches „darzulegen" („indicare"), müsse er die *„überaus vielen" „sehr dunklen"* Stellen („si quod occurreret obscurius, qualia nunc sunt permulta") erklären.[383] Diese Zielsetzung besitzt eine besondere Bewandtnis im Hinblick auf den Widmungsempfänger Wilhelm von Kleve und die über diesen angesprochene Leserschaft: Schüler und Studenten, die die *Apophthegmata* auswendig lernen und im Schulunterricht bei progymnastischen Übungen oder im Artes-Unterricht an Universitäten („liberalium studiorum candidati") anwenden sollten.[384] Der dahingehende Klärungsbedarf beziehe sich, sagt Erasmus, sogar auf überdurchschnittlich Gebildete („vltra mediocritatem eruditi"). Somit beansprucht Erasmus, daß sein Kommentar grundlegend und recht eigentlich für die gesamte Leserschaft lateinischer Texte relevant sei. Dies plausibilisiert Erasmus durch den Hinweis, daß die eigenzeitliche Situation des 16. Jh. eine andere sei als jene zur Zeit Kaiser Trajans, des Widmungsempfängers der *Regum et imperatorum apophthegmata*: In der Antike seien die Apophthegmata kulturelles Gemeingut gewesen – jedermann kannte sie und man erzählte sie sich gegenseitig in den Bädern, bei Gastgelagen oder auf dem Forum.[385]

Mit seinem Hinweis auf die kulturelle Diskontinuität als Verständnishürde der Apophthegmata hat Erasmus durchaus recht. In den bei Plutarch, Diogenes Laertius, Athenaios, Cicero, Valerius Maximus, Quintilianus, Philostratos u.a. überlieferten Aussprüchen passieren die gesamte griechisch-römische Antike, ihre Geschichte, materielle und geistige Kultur, Politik, Ämter und Institutionen, Religion und Philosophie, sozialhierarchische Codes und Interaktionsmuster, demonstrative Gesten und Verhaltensweisen, Sitten und Gebräuche, öffentliche Ordnung und Kommunalpolitik, Militärwesen und Diplomatik, Selbst- und Fremdbilder, und noch vieles mehr die Revue. Es ist im Grunde völlig klar, daß ein Schüler oder Student des 16. Jh. die erforderliche Information im Einzelnen in den meisten Fällen nicht vorrätig hatte, ausgenommen vielleicht, wenn es sich um gnomische

---

[383] *ASD* IV, 4, S. 40, Z. 71–73. In ihren Grundzügen trifft man diese Zielsetzung bereits in dem Plan an, den Erasmus im Januar 1530 seinem Freund Hajo Herman eröffnete, vgl. *Ep.* 2261, Z. 45–49. Im Unterschied zu den Ausführungen in der „Epistola nuncupatoria" weist das Programm von *Ep.* 2261 eine bedeutende textkritisch-philologische Komponente auf („et emendaturus, quae perperam sunt reddita"). Vgl. oben Abschnitt „Der erste Plan (Buch I und II): die Edition einer als Fälschung entlarvten Schrift in lateinischer Übersetzung …".
[384] Ebd., Z. 68–69.
[385] Ebd., 69–71: „… illo seculo, quo dicta gestaque eiusmodi vulgi fabulis celebrantur in balneis, in conuiuiis ac circulis forensibus".

Apophthegmata, Sentenzen oder *Placita philosophorum* handelt, welche Allgemein-Menschliches ansprechen.

Es ist von da her durchaus zu begrüssen, daß Erasmus die überlieferten Apophthegmata so aufrüsten wollte, daß sie für Leser des 16. Jh. verständlich sein würden. Seine Erläuterungen hat Erasmus an verschiedenen Stellen der einzelnen Apophthegmata angebracht. Historische Erläuterungen oder einführende Angaben zu den involvierten Personen, deren Beruf, Funktion, Herkunft, Stellung, Titel oder Amt finden sich (wenn vorhanden) in einem einleitenden Satzteil vor dem eigentlichen Spruch. Wenn Details auftreten, die Erasmus für erklärungsbedürftig hält, verwendet er Zusätze und Einschübe; in vielen Fällen findet sich nach dem eigentlichen Ausspruch in einem hinzugefügten Satzteil eine Erklärung des Sinnes, nach dem Muster „…, sentiens XY" oder „…, significans XY". Ähnlich verfuhr Erasmus bereits in seinen *Adagia*. Wenn diese Art der Kommentierung korrekt und mit Fingerspitzengefühl ausgeführt wird, vermag sie durchaus zum Verständnis der einzelnen Aussprüche beizutragen. Bei den *Apophthegmata* hat sie aber auch einen gewissen Nachteil, insofern sie sehr divergent ist und die überlieferten Texte mit den Einschüben und Zusätzen des Erasmus verschmelzen. Schon den Benutzern des 16. und 17. Jh. war nicht recht klar, welche Textteile authentisch sind und welche von Erasmus stammen. Erasmus erzeugte damit hybride, im Grunde kontaminierte Texte, welche jedoch in die weitere Überlieferung der Apophthegmata eingingen und diese sogar wesentlich bestimmten.

Um die Leistung der kommentierenden Textteile näher zu bestimmten, ist es erforderlich, einzelne *Apophthegmata* in die Betrachtung miteinzubeziehen. Man darf jedoch Folgendes vorwegnehmen: Die gleichsam *basso continuo* auftretenden Erläuterungen suggerieren, daß Erasmus diesbezüglich methodisch und systematisch vorgegangen ist.[386] Dieser Eindruck ist jedoch trügerisch. Die Art des Kommentierens ist, wie fast alles Übrige in Erasmus' *Apophthegmata*, durchaus divergent und erratisch. Erasmus kommentiert sehr Unterschiedliches; manche Kommentare machen einen oberflächlichen, beiläufigen, ja gratuiten Eindruck. Mehr als einmal kann sich der Leser des Gefühles nicht erwehren, daß die kommentierenden Zusätze überflüssig sind und im Grunde nichts zum Verständnis des betreffenden Apophthegmas beitragen. Wir haben Kommentare dieser Art schon oben in Bezug auf die Erklärung von Witzen kennengelernt. Betty Knott merkte an: „Many of his comments are, however, brief and perfunctory, as if Erasmus felt that he must

---

[386] Maria Cytowska betrachtete die Kommentare des Erasmus als systematisches Mittel, die *Apophthegmata* als „Handbuch für die christliche Moral des 16. Jahrhunderts" aufzubereiten („ „Apophthegmata" d'Érasme de Rotterdam manuel de morale chrétienne du XVIe siècle", *Eos* 61 (1973), S. 123–133). Diese Erklärung ist jedoch nicht stichhaltig, da Erasmus lediglich einen kleinen Prozentsatz von Aussprüchen mit christlich-moralischen Anmerkungen versehen hat und von diesen wieder die meisten keinen didaktischen Charakter haben, sondern eher als spontan auftretende persönliche Anmerkungen zu verstehen sind. Die meisten kommentierenden Angaben des Erasmus gehen in andere, divergierende Richtungen. Dafür sehe man die weiteren Ausführungen dieses Abschnittes.

write something".387 Diese Anmerkung mag sehr kritisch klingen, ist jedoch keineswegs unberechtigt. Erasmus' Methode des Kommentierens ist, was die tatsächlichen Inhalte angeht, unsystematisch, ineffektiv und oft nicht auf das von ihm selbst angegebene Erklärungsziel hin ausgerichtet. Nach Erasmus' eigenen Angaben hätte sein Kommentar stets von diesen beiden Fragen ausgehen müssen:

1. Was genau ist an einem bestimmten Ausspruch unklar?
2. Welche Information benötigt der Leser, um ihn zu verstehen?

Tatsächlich jedoch fokussiert sein Kommentar eher selten auf diese Fragen. Wenn er überhaupt darauf eingeht, so sind seine Angaben häufig irreführend oder inhaltlich unrichtig. Unten werden wir einige Beispiele vorführen. Es gibt mehrfach kommentierende Bemerkungen, die nicht mehr sind als subjektive Lesereaktionen: Z. B. holt Erasmus in VIII, 39 in seinem Kommentar (zu einem Ausspruch des Sophisten Philager) zu einem Rundumschlag gegen das Unterrichtswesen des 16. Jh. aus, in dem „die Eltern grobe und grausame Lehrer bevorzugen, die ihre Schüler prügeln".388 Das Problem dieser Kommentierung ist, daß der betreffende Ausspruch überhaupt nicht vom Schulunterricht handelt: Jemand hatte den Sophisten Philager die Frage gestellt, wieso er denn kinderlos geblieben sei, worauf dieser antwortete: „Weil ich mir selbst missfalle".

Vorwegnehmen darf man auch, daß Erasmus in seinen kommentierenden Erklärungen dem Leser kaum je die benötigte Information in Bezug auf die historischen Ereignisse bzw. *res gestae* liefert. Diese Information wäre in vielen Fällen bitter nötig gewesen. Schüler und Studenten des 16. Jh. verfügten nun einmal nicht über dieselben geschichtlichen Kenntnisse wie Kaiser Trajan oder Intellektuelle des 2. Jh. n. Chr., gleichviel ob Griechen oder Römer. Da Plutarch von diesen Kenntnissen ausging, war er in seinen *Regum et imperatorum apophthegmata* mit historischen Angaben sehr sparsam. Meist unterläßt Erasmus es jedoch, die erforderlichen kommentierenden Zusätze anzubringen. Bezeichnend für Erasmus' Haltung gegenüber historischer Information ist, wie er vorgeht, wenn er den *Bioi paralleloi* Aussprüche entnimmt. Denn in seinen Viten hat Plutarch die Aussprüche der Biographierten meist sehr wohl historisch kontextualisiert: Erasmus jedoch streicht in seinen Einleitungen zu den betreffenden *Apophthegmata* regelmäßig die historische Situierung auf einen geringen Rest zusammen, nicht selten so radikal, daß nicht mehr klar ist, was genau Sache ist. Wenn Erasmus zusätzliche Angaben zu historischen Personen oder Ereignissen anbringt, sind diese oft mangelhaft, unstimmig, irreführend oder schlicht falsch. Wie Erasmus in dieser Beziehung verfuhr, wurde bereits oben im Abschnitt „Historische Personen und geschichtliche Wahrheit in Erasmus' *Apophthegmata*" gezeigt. Im Untenstehenden soll es aber nicht um die Ereig-

---

[387] „Introduction", *CWE* 37, S. XXVI.
[388] „quum hodie stulti parentes nullis libentius committant liberos suos quam huiusmodi truculentis et asperis".

nisgeschichte oder um Personen, sondern um strukturelle Geschichte gehen, um altertumskundlich-philologisches Wissen, das zum Verständnis der *Apophthegmata* erforderlich ist.

Politische Institutionen, Ämter, Gerichtswesen, Exekutive und Militärwesen

Häufig sind Aussprüche in bestimmte Situationen des politischen Lebens und des Gerichtswesens eingebettet: In diesen Fällen müsste im einleitenden Teil des Apophthegmas dem Schüler, Studenten oder (durchschnittlichen) Leser – jene Rezipienten, für die Erasmus das Werk seiner „Epistola nuncupatoria" entsprechend bestimmt hatte – bündig, aber klar angegeben werden, welche die relevanten Institutionen und Ämter sind, ob der Kontext durch eine Gerichtsverhandlung, Senatssitzung, Volksversammlung etc. gebildet wird, und erklärt werden, um welche Sache es geht, und weiter, wenn der Spruch selbst erläuterungsbedürftig ist, in einer nachfolgenden Kommentierung, wie er in dem skizzierten Kontext zu verstehen ist. Es fällt auf, daß Erasmus diesbezüglich immer wieder die benötigte Information schuldig bleibt, bemerkenswerterweise selbst, wenn diese in seiner Quelle vorhanden ist. Nebenher flicht Erasmus – freilich erratisch und ohne erkennbare Methode – irreführende oder fehlerhafte Erklärungen ein. Wenn es um Ämter, Institutionen oder Juridisches geht, treiben die Angaben des Erasmus den Leser immer wieder in ein Labyrinth des Unverständlichen, in dem er den Faden verliert.[389] Erasmus verwechselt immer wieder außergerichtliche Beschuldigungen mit offiziellen Anklagen und gerichtlichen Prozessen, private schiedsrichterliche Entscheidungen (V, 167) mit Gerichtsurteilen, Anklagen mit Verurteilungen; die Termini „accusatus", „delatus" und „damnatus est" oder „condemnatus est" werden durcheinandergeworfen. In VI, 218 erläutert Erasmus einen privaten Hausverweis irrtümlich als „interdictum" des Prätors, dem er eine technisch wirkende juridische Erklärung widmet,[390] mit dem der Leser in die Irre geführt wird, während im Quellentext von einem Prätor überhaupt nicht die Rede ist. In VI, 436 bezeichnet Erasmus den Akteur Lucilius kurioserweise als „Angeklagten" („reus"), während es um eine Senatssitzung geht. Auch versteht Erasmus nicht den t.t. der griechischen Gerichtssprache XY φεύγειν = „sich gegen die Anklage XY verteidigen". Dieser t.t. findet sich in VII, 50 im Zusammenhang mit einer Anklage wegen Ehebruch: Erasmus jedoch tischt dem Leser eine slapstickartige Szene als „Erklärung" auf, wie der Ehebrecher von VII, 50 vor seinen Verfolgern „flüchten" (φεύγειν) mußte, jedoch eingeholt und gestellt wird; die kuriose Szene, die keineswegs in der Quelle steht, versieht er mit dem ebenso kuriosen moralischen Kommentar: „sentiens scorti congressu libidinem sedari potuisse, quum nunc de vita periclitaretur".

---

[389] In dem gesamten Abschnitt vergleiche man dazu jeweils die Detailangaben im Komm. ad loc. zu den einzelnen Apophthegmata.
[390] Die *explicatio* des Erasmus lautet: „Nam in ius vocari solent, qui contra praetoris interdictum adeunt locum, non is, qui paret interdicto".

Die Bezeichnungen für die Ämter selbst geraten mehrfach durcheinander, sogar die bekanntesten, wie das Konsul- oder das Strategenamt: So gibt Erasmus στρατηγός irrtümlich mit „miles" wieder (z. B. V, 107, 205), statt mit „imperator" oder „dux" (oder eventuell auch „praetor"), jedoch ὕπατος mit „imperator", statt, wie es richtig gewesen wäre, mit „consul". So kommt es auch zu hybriden oder falschen Ämterbezeichnungen: z. B. bezeichnet Erasmus Aemilius Paulus als „designatus imperator" (V, 315); in Wirklichkeit war gemeint „consul designatus", d.h. der für das nächste Jahr gewählte Konsul – „imperator" war in Rom kein Amt, zu dem man gewählt wurde. In VI, 301 setzt Erasmus das bis dato unbekannte Amt eines „praetorius quaestor" in die Welt, das durch einen Lesefehler – „praetorius" für „Petronius" – zustandekam. Das griechische δημαρχός übersetzt Erasmus fälschlich mit „tribunus militum" (V, 308), während es der t.t. für „tribunus plebis" ist. Das Amt des königlichen Kämmerers, „a cubiculo", gibt Erasmus unrichtig in der Mehrzahl wieder: „a cubiculis" (V, 19). Manchmal erweckt Erasmus den Eindruck, als ob er den römischen *cursus honorum* nicht recht verstehe, indem er die Reihenfolge der Ämter verdreht oder das Prinzip der Annualität aus den Augen verliert. So befördert er durch einen erklärenden Zusatz einen Ausspruch Catos d.Ä. ins Reich des Unverständlichen: Cato adressierte seine zynische Bemerkung im griechischen Originaltext an ambitionierte „Ämterfüchse" – Leute, die sich jedes Jahr um irgendein Amt bewerben. Erasmus jedoch erklärte den Spruch durch einen kommentierenden Einschub in dem Sinn, daß Cato Leute verurteilte, „die sich oftmals um *dasselbe* Amt bewerben" („Qui magistratum *eundem* frequenter ambirent"). Erasmus scheint nicht auf dem Radar zu haben, daß es in Rom prinzipiell nicht anging, daß eine Person mehrere Male dasselbe Amt bekleidete.

Der Ausspruch von V, 384 (= [V, 377]), bei dem es um einen bestimmten Prozess ging, bedurfte zweifellos kommentierender Erklärungen. Sache war, daß Cato d.J., damals der oberste Finanzbeamte in Rom (quaestor) und Leiter des Aerariums, mit seinen Unterbeamten in Konflikt geraten war und einen der Aufmüpfigen in einem Prozess wegen fahrlässiger Amtsführung verklagte. Der Angeklagte wurde von einem Mann, der höchstes Ansehen besaß, verteidigt: von dem früheren Konsul und aktuellen Zensor Q. Lutatius Catulus. Als es diesem nicht gelang, die Richter zu überzeugen, fing er an, sie anzuflehen. Das erweckte das Ärgernis Cato d.J., der ihn maßregelte: „Es wäre doch eine Schande, wenn du als Zensor, der du unsere Lebensweise beurteilen solltest, wegen meiner Unterbeamten eine schmähliche Niederlage erleiden würdest". Plutarch erzählte diese Anekdote, um Catos Mangel an Takt sowie seine Dreistigkeit und Unbeugsamkeit als Charaktereigenschaften vorzuführen. Erasmus, der im Übrigen irrigerweise annahm, es gehe um Cato d.Ä., gibt in seiner Erklärung an, daß Cato der Richter gewesen sei, mit der weiterführenden Erläuterung: „fuit enim quaestor". Q. Lutatius habe, so erklärt Erasmus, den Richter Cato darum gebeten, einen bestimmten Angeklagten „freizulassen". Daraufhin habe Cato geantwortet: „Es wäre eine Schande, wenn wir, die wir der Jugend ein gutes Vorbild geben müssen, von unseren Liktoren verspottet werden würden". Erasmus erklärte die Quästur also fälschlich als richterliches Amt. Da er Cato d.J. mit

Cato d.Ä. verwechselte, transformierte er den Spruch in dem Sinn, daß Cato der Kollege des Lutatius Catulus im Zensoramt war, wohlgemerkt, während er diesen zuvor durch einen Zusatz als Quaestor bezeichnet hatte, als ob ein Römer zwei verschiedene Ämter zur selben Zeit hätte ausüben können. Des Weiteren gibt Erasmus an, daß der Quaestor Cato über „lictores" verfügte: In Rom tätige Quaestoren wie etwa jene des Aerariums, durften jedoch prinzipiell keine Liktoren bei sich haben. „Lictores" wiederum ist eine Fehlübersetzung von ὑπηρέται, „Beamte", womit die Beamten von Catos Finanzamt gemeint waren.[391] Der Leser verliert in diesem Sammelsurium von historischen Missverständnissen und philologischen Fehlleistungen so sehr den Faden, daß er das Apophthegma gar nicht mehr versteht.

In V, 300 ist von einem weiteren Konflikt die Rede, bei dem das Finanzamt eine Rolle spielt: Scipio d.Ä. forderte direkten Zugang zu Geldmitteln des Aerariums, obwohl ein Feiertag begangen wurde; die Beamten des Aerariums verweigerten ihm dies, wobei sie sich auf den Feiertag beriefen. Erasmus erklärt die Weigerung kurioserweise damit, daß das Aerarium so gut verschlossen gewesen sei, daß man einen ganzen Tag benötigt habe, um es aufzuschliessen. „Vorsteher" der Staatskasse (lateinisch „aerarium") – dieses Amt bekleidete auch der Athener Aristeides, den Erasmus in einer Erläuterung als „procurator fisci" bezeichnet, was wohl eigenzeitlich und salopp gemeint war, da „fiscus" in der Antike der Begriff für den Haushalt des römischen Kaisers ist (V, 168). Jedoch ist das nicht das eigentlich Kuriose dieses Lemmas, sondern die Erklärung, daß sich Aristeides für seine Tätigkeit als „procurator fisci" in einem „Repetundenprozess" verteidigen musste: Ein solcher kann für Aristeides kaum Bewandtnis haben, da die Repetundenprozesse (römischen) *Provinzstatthaltern* vorbehalten waren, die der Veruntreuung von Geldmitteln in der jeweiligen Provinz angeklagt wurden. Aristeides jedoch war einer der für die Stadt Athen selbst zuständigen Finanzadministratoren. Tatsächlich für den „fiscus", die kaiserliche Staatskasse, war der Sophist Quirinus zuständig: als „advocatus fisci" der Provinz Asia, wobei ihn lokale, aus der Provinz Asia stammende Zuträger mit belastendem Material fütterten. Die Zuträger warfen Quirinus nun vor, er setze das gelieferte Material nicht mit der gebührenden Härte in Anklagen um, Quirinus seinerseits warf den Zuträgern „Grausamkeit" („crudelitas") vor (VIII, 52). In seinem Kommentar erläutert Erasmus sinnwidrig, daß mit „crudelitas" der asianische Redestil gemeint sei,[392] mit der Implikation, daß Quirinus den attischen bevorzugt habe. Auch in VIII, 146 verstand Erasmus nicht, daß es um eine steuerliche Angelegenheit ging: Nachdem sich der Philosoph Xenokrates geweigert hatte, die fällige Metökensteuer zu bezahlen, wurde er von einem Steuereintreiber abgeführt, um die Entrichtung der Steuer zu erzwingen. Erasmus erläutert jedoch mit kommentierenden Zusätzen τὸ μετοίκιον (was nichts weiter als die „Metökensteuer" bedeutet, die eine Drachme pro Monat betrug) als „einen Ort dieses Namens in Athen, wo sich ein Gefängnis befand": „pertrahebatur in Metoecium, quo in loco carcer erat

---

[391] Für alles weitere vgl. Komm. *ad loc.*
[392] „Tumebant Asiani rhetores et immodicis delectabantur".

Athenis". Für diese archäologische Information läßt sich natürlich keine Parallele bei antiken Autoren finden; das Wort für „Steuereintreiber", τελώνης, interpretiert Erasmus dabei irrtümlich als Eigennamen, wodurch der Sinn der Anekdote verlorengeht.

In seinem Kommentar weist Erasmus auch an anderen Stellen Gefängnisse an, die es in Wirklichkeit nicht gab. Die Anekdote von V, 168 beschreibt einen der vielen Fälle, in denen die Streithähne Themistokles und Aristeides aneinandergerieten; als diesmal Aristeides den Kürzeren zog, rief er frustriert aus, daß es mit Athen nur weitergehen könne, wenn man Themistokles zusammen mit ihm in das „barathrum" (εἰς τὸ βάραθρον) würfe. In seiner kommentierenden Erklärung gibt Erasmus an, daß dies ein (athenisches) Gefängnis sei und daß Aristeides in seiner Selbstlosigkeit es vorgezogen habe, lieber freiwillig einzusitzen als dem Gemeinwohl zu schaden: „prius habens (sc. Aristides) *in carcerem ire* quam ob duorum simultatem minus recte consuli publicis commodis". Τὸ βάραθρον bedeutet jedoch „den Abgrund", konkret den Felsenschlund hinter der Akropolis, in den in früheren Zeiten die Verurteilten zur Vollstreckung der Todesstrafe geworfen wurden.

In V, 392 bezeichnet Erasmus durch erklärende Zusätze Cato d.J. als Richter, der einen schuldigen „Bürgen" zu einer Geldstrafe „verurteilt" („damnatus") hätte; das Volk hätte jedoch, in Bewunderung von Catos „Gerechtigkeit" („iustitia"), dem „Verurteilten" („damnato") die „Strafe" („poena") erlassen, wobei es gesagt habe, es sei „genug Strafe, von Cato verurteilt zu werden". Auch diese Erklärungen treiben den Leser in ein Labyrinth des Unverständlichen. In Wirklichkeit fungierte Cato nicht als Richter, sondern als Wahlbeobachter; gab es keine Verurteilung, schon gar nicht eines „Bürgen" („sponsor"); erließ das Volk niemandem eine „Strafe"; äußerte dieses auch nicht seine Bewunderung für Catos „Gerechtigkeit", sondern gab seinen Unmut über Catos präpotentes Auftreten zu verstehen.[393]

Irgendwie scheint Erasmus die beiden Catones stets als „Richter" oder „Oberrichter" eingeschätzt zu haben, die strengste Strafen vorschrieben. In V, 331 teilt Erasmus mit, Cato d.Ä. habe gefordert, daß römische Beamte, die nicht streng strafen, „gesteinigt werden müssen" („lapidandos esse"). Das müsse man so verstehen, kommentiert Erasmus, daß sie „das gesamte Volk benachteiligen, weil sie die Schurken zu Verbrechen einladen" („sentiens illos de vniuerso populo pessime mereri, quod ad scelerum licentiam inuitarent improbos"). Erasmus war offensichtlich nicht geläufig, daß die Strafe der Steinigung für Römische Bürger ausgeschlossen war, was natürlich *a fortiori* für römische Amtsträger gilt. Die grausame Strafe der Steinigung taucht auch in Erasmus' kommentierender Erklärung zu VI, 510 wieder auf: Mit dem Spruch sei gemeint, kommentiert Erasmus, daß der Kitharöde Polyktor – wegen seiner erbärmlichen Darbietungen – von den Leuten gesteinigt werde. Auf diese Weise verstand Erasmus offenbar den Brauch bei griechischen Theater- und Musikaufführungen, kleine Gegenstände auf Schauspieler zu werfen, die ihre Sache nicht gut gemacht hat-

---

[393] Die weiteren Details lese man im Komm. zu V, 392 nach.

ten. Es gibt strenge Strafen, die in Erasmus' Erklärungen eine unfreiwillig komische Note bekommen: So liess Nikokreon, der Tyrann von Zypern, den Philosophen Anaxarchos von Abdera grausam mit eisernen Stangen zu Tode stossen, wobei Erasmus die Stangen als winzige „Mörserstösselchen" („pistilli") bezeichnet und den überflüssigen Kommentar hinzufügt: „Animus autem non potest tundi" (VII, 375). König Lysimachos liess einen Mann namens Pantaleon, der seine Frau Arsinoë verspottet hatte, wie Erasmus erklärt, zur Strafe in eine Wieselfalle („mustelae cauea") einsperren und bis zu seinem Tode überall zum Exempel vorzeigen (VI, 518). Dieses Adynaton der Natur kommentierte Erasmus mit den Worten: „Für Diesem Mann brachte sein Bonmot wahrlich keinen Vorteil" („Huic certe bonum dictum male cessit"). Es handelte sich im Übrigen nicht um den Witzbold Pantaleon, sondern den General Telesphoros, und nicht um eine Wieselfalle, in welche natürlich kein Mensch paßt, sondern um einen grossen Tierzwinger.

Eine ähnlich verwirrende Auswirkung haben Kommentare und Angaben des Erasmus, welche das Militärwesen betreffen. Schon oben sahen wir, daß er militärische Listen („strategemata"), während er sie in kommentierenden Zusatzbemerkungen atheïert, dennoch in seine *Apophthegmata* aufnimmt. Z.B. in V, 303 gibt Erasmus ein *strategema* des Frontinus zum besten, nämlich, daß man „den Feind zur Flucht verleiten solle".[394] Der Sinn desselben ist natürlich militärischer Art, nämlich daß dadurch die Schlachtlinie des Feindes in Unordnung gerät: Dann kann man ihm nachsetzen und ihn auf der Flucht aufreiben. In seinem Kommentar erklärt Erasmus jedoch diese Kriegslist als moralische Vorschrift im Sinn der christlichen Ethik, daß der Feldherr, wenn der Feind flieht, Gnade walten lassen solle: „docens moderandam esse victoriam nec saeuiendum in eos, qui contra ferre arma destitissent". Dieselbe Kriegslist bringt Erasmus nochmals in VIII, 305, wobei er sich nicht mehr an V, 303 erinnert, jedoch das Apophthegma mit einer doppelten falschen Erklärung ausstattet: Alfons von Aragon habe damit entweder gemeint, es sei besser, den Feind in die Flucht zu schlagen als ihn niederzumetzeln, oder daß man den Feind bestechen soll, damit er abziehe („siue quod existimaret multo optabilius esse hostes in fugam vertere quam occidere, siue quod putaret hostes pecunia solicitandos, vt ab acie discederent"). An die Stelle der christlichen Ethik tritt in der Erklärung des achten Buches eine Art machiavellistischer Pragmatik, die dennoch mit der beabsichtigten Kriegsstrategie nichts zu tun hat.

In V, 311 versteht Erasmus die diversen Waffengattungen der makedonisch-hellenistischen Heere nicht recht. Die Folge ist, daß er die Waffengattung der „berittenen Bogenschützen" („equites sagittarii") in zwei verschiedene Heereseinheiten aufsplittet: „Bogenschützen" („sagittarii") und „Reiter" („equites"). Dabei war Erasmus entgangen, daß er die Reiterei bereits in zwei vorhergehenden Waffengattungen aufgeführt hatte: der gepanzerten Reiterei („cataphracti"), d.h. der Hetairenreiterei Alexanders d.Gr., und der Reiterei „mit der Sarissa", d.h. mit der langen makedo-

---

[394] Frontin. *Strat.* IV, 1, 5.

nischen Lanze, vor der die Feinde erzitterten. Erasmus war jedoch weder geläufig, was „cataphracti" bedeuten sollte, noch, daß die mit der Sarissa Bewaffneten eine Reitereiabteilung bildeten. In V, 241 versteht Erasmus nicht, daß es um den Schildknappen bzw. Schildträger des Epameinondas geht; er stellt ihn als einen einfachen, mit einem Schild bewaffneten Soldaten dar, wodurch das Apophthegma trübe wird. V, 222 erklärt Erasmus Hopliten ziemlich einfältig als „Soldaten, die Waffen tragen" – gäbe es Soldaten, die keine Waffen tragen? Der springende Punkt ist natürlich, daß Hopliten Soldaten mit schwerer Rüstung sind. Es kommt jedoch auch vor, daß Erasmus in seiner Erklärung Militärisches hinzuphantasiert, z. B. in der Anekdote mit der Hure Phryne, die er mit Gnathaena verwechselte (VI, 575). Einige junge Männer kamen bei einem feuchtfröhlichen Umtrunk am Haus der Hure vorbei; als sie nicht eingelassen wurden, weil sie nicht zahlen konnten, stießen sie Drohungen aus. Erasmus erläutert die Szene, indem er mitteilt, die Jünglinge hätten schwere Belagerungsgeräte aufgefahren: „ballistae", Wurfmaschinen, mit denen in der Antike bei Städtebelagerungen Steinkugeln geschleudert wurden, und „vectes", „Hebebäume". Die Reaktion der Hure auf die – in der Quelle nicht vorhandenen – Wurfmaschinen und Hebebäume erklärt Erasmus mit: „Damit meinte sie, daß man ein Hurenhaus leichter erobern könne, indem man zahlt statt Laufgräben aushebt („sentiens ita facilius expugnari meretricum aedes, dando quam fodiendo").

Materielle Kultur, Ökonomie, Alltagsleben und Archäologie

Die Zivilisation der Antike gründete sich auf Landbau. Diesbezüglich erscheint es gerechtfertigt, daß Erasmus ein langes Agglomerat von Aussprüchen Catos d.Ä. in seinem fünften Buch aufgenommen hat (V, 379A–Q). Dieses enthält nicht, wie es die Regel ist, einen einzigen Spruch, sondern in Wirklichkeit 15 Apophthegmata, die Erasmus *en bloc* Plinius' *Naturalis historia* entnommen hat. Manche dieser 15 Aussprüche sind nicht ohne weiteres verständlich. Für das geringe Interesse, das Erasmus dem Landbau entgegenbrachte, ist bezeichnend, daß er die Sprüche mit keinen erklärenden Anmerkungen versah, jedoch in der Einleitung sagte, daß diese Apophthegmata „velut oracula" seien, Unverständliches, gewissermaßen Orakelsprüche. Ein völlig falsches Bild der Landwirtschaft entsteht in V, 379N durch den Ausspruch „Catos", daß die Latifundienwirtschaft Italien *zugrundegerichtet* habe. Das geht für die Zeit Catos d.Ä. (3.–2. Jh. v. Chr.) nicht auf, in der die Landwirtschaft zunächst v.a. durch kleine und mittelgroße Betriebe bestimmt war, während die Latifundienwirtschaft erst nach dem Zweiten Punischen Krieg entstand. Kurioserweise war es gerade Cato d.Ä., der mit seinem Leitfaden für den Landbau, *De agricultura*, für die Ökonomisierung und Produktionsvergrößerung der Landbaubetriebe plädierte. Das falsche Bild kam dadurch zustande, daß Erasmus die Worte Plinius d.Ä. aus dem 1. Jh. n. Chr. irrtümlich Cato d.Ä. zuschrieb. Kuriose Kommentarerklärungen zur römischen Landwirtschaft macht Erasmus auch für die Zeit um 100 v. Chr. in VI, 344: Dem Bezwinger Iugurthas, Q. Caecilius Metellus Numidicus, wurde vorgeworfen, daß er in seinem Stadtpalast ein ebenso zahlreiches Hausgesinde („cors") habe wie die Latifundien in Italien, die damals gang und gebe waren, d.h. ungefähr 30 bis 120 Personen. In seinem Kommentar erklärt Erasmus, daß Metellus seinen Palast auf dem Palatin zu einem Landwirtschaftsbetrieb gemacht habe, in dem er eine Menge Haustiere hielt – diese habe er verwendet, um das Volk mit Speisungen an sich zu binden. Diese Erklärung ist ebenso spektakulär wie abwegig – im Quellentext ist von der Zucht von Hühnern, Enten, Schweinen und anderem Vieh auf dem Palatin keine Rede. Was dem Metellus in Wirklichkeit angekreidet worden war, war schlicht die hohe Anzahl seiner Diener.

Eines der wichtigsten Landbauprodukte der Antike war Olivenöl. Damit steht Erasmus allerdings auf Kriegsfuß, wie mit Fischen, vor denen es ihn ekelte. Erasmus betrachtete Olivenöl kurioserweise als eine Substanz, die zum Verzehr nicht geeignet sei, wie aus mehreren kommentierenden Anmerkungen hervorgeht. In VIII, 184 zitiert er eine Stelle aus Plinius' *Naturalis historia*, in der es um die lebensverlängernde Wirkung von Wein geht; das war ganz nach Erasmus' Sinn, der als Weinliebhaber gerne ein paar Gläser trank. Ein hundertjähriger Römer soll als Grund für sein hohes Alter angegeben haben, daß er „intus mulsum, foris oleum" benutzte. Öl, meint Erasmus, dürfe man also nur zur Körperpflege anwenden. Dabei polemisiert er gegen den Gebrauch seiner Zeit, zum Kochen und Braten Öl zu verwenden. Auch plädiert er für mehr Honig auf dem Speisezettel: „Mel autem ob humidam calidamque vim admodum senibus accommodum est. Nunc mel in totum a mensis submouimus, et oleum corpori infundimus". Die moralisierende Ablehnung des (Oliven)öls als Nahrungsmittel findet sich im Kommentar zu mehreren *Apophthegmata* (z.B. V, 244).

Aber auch der äusserlichen Anwendung des Olivenöls bei den Griechen stand Erasmus ablehnend gegenüber. Zustimmend zitiert er in VII, 108 einen Ausspruch des mystifizierten Skythen Anacharsis, der die sportlichen Wettkämpfe der Griechen als Wahnsinn betrachtete. In dem – sicherlich konstruierten – Spruch schreibt Anacharsis den „Wahnsinn" der Athleten dem Umstand zu, daß sie sich einölen – denn einölen mache verrückt. Interessant ist, daß Erasmus in seinen Kommentar auch einschlägige agrarökonomische Information einfliessen lässt: Der Kritik liege zugrunde, daß die Skythen kein Olivenöl gekannt hätten. Es lässt sich keine Quelle ausfindig machen, aus der Erasmus dieses spezifische Wissen bezogen hätte. Seine Formulierung deutet darauf hin, daß es sich um eine blosse Behauptung handelte: „Nec olei vsum, vt arbitror, nouerant Scythae, vt quod nec apud illos proueniret nec aliunde importaretur". Sie hätten es nicht gekannt, weil sie es selbst nicht produzierten und „weil es auch nicht importiert wurde". Diese Behauptung ist unrichtig: Die Skythen unterhielten schon im 7. und 6. Jh. v. Chr. rege Handelsbeziehungen mit den griechischen Kolonien an der nördlichen und östlichen Schwarzmeerküste, wobei sie ihre Produkte gerne gegen gerade Olivenöl, Wein, Keramik und Parfüms austauschten. Es ist klar, daß um 1530 für Intellektuelle wie Erasmus einschlägige Kenntnisse zur Ökonomie des Schwarzmeergebietes kaum vorrätig waren; desto mehr mag erstaunen, daß Erasmus in seinem Kommentar Erklärungen als Fakten präsentierte, während es um nichts weiter ging als Vermutungen oder Behauptungen.

Dennoch waren in der antiken Literatur auch wertvolle Informationen zur Ökonomie vorrätig; Erasmus hat derartiges hin und wieder aufgelesen und in einigen Fällen in kommentierende Anmerkungen einfließen lassen. So gibt es einen Spruch Catos d.Ä., in dem er den zu hohen Preis von Fisch kritisierte: Eine Gesellschaft könne nicht gesund sein, sagt Cato, in der Fisch teurer ist als Rindfleisch (V, 327). Das kommentiert Erasmus mit einer sozialökonomischen und kulturhistorischen Anmerkung: „Praecipuus luxus olim erat in piscibus, vnde legimus mullum sex millibus emptum". Die Information, die Erasmus liefert, ist grundsätzlich richtig, jedoch schert er darin das Zeitalter Catos d.Ä. mit der römischen Kaiserzeit (ca. 100 n. Chr.) und den Preis für gewöhnlichen Fisch mit jenem besonders großer und schöner Seefische über einen Kamm. Hinzu kommt, daß es Erasmus vor Fisch ekelte: Als er in VI, 487 eine ähnliche kulturhistorische Anmerkung macht, nimmt er sie zum Anlaß, um die zeitgenössische Verwendung von Fisch als Fastenspeise anzuprangern.[395] Kurios ist, daß in Erasmus' *Apophthegmata* durch philologische Irrtümer unbekannte Fischsorten auftauchen: z.B. in VI, 403 der Fisch μήτρα, versehen mit dem belehrenden Kommentar „Pisces olim erant in delitiis" oder in V, 148 „der kleine Schwertfisch" („gladiolus"), der kein Herz haben soll. Μήτρα ist jedoch keineswegs eine Fischsorte, sondern bezeichnet schlicht die Gebärmutter bzw. den Mutterkuchen, der in der Antike als Leckerbissen galt. Ebensowenig existiert die Tierart des „Kleinen Schwertfisches" bzw. „Schwertfischleins" („gladiolus"): Schwertfische sind 2,5–2,8 Meter lang. Die in der Wirklichkeit nicht vorkommende Tierart war aus einer Fehlübersetzung von τευθίδες geboren worden, das schlicht „Kalmare" bezeichnet. Kalmare standen in der Antike standardmäßig auf dem Speisezettel.

Letztes gilt auch für Speisevögel wie die Lerche; diese bezeichnet Erasmus erklärend als „winziges Vögelchen" („Nam corydus etiam auiculae nomen est", VI, 503), während die Lerche ein mittelgroßer Singvogel von etwa der Größe einer Drossel ist (18 cm). Ein anderer Leckerbissen bei Gelagen war Wildbret. Als Titus Quinctius während des Hochsommers seinen griechischen Gastfreund in Chalkis auf Euboia besuchte, wunderte er sich, wie denn der Grieche zu dieser Jahreszeit so viele Wildsorten auftischen konnte (V, 311). In einem Zusatz erläuterte Erasmus die Verwunderung des Römers, wo denn das viele Wild herkomme, mit: *„während doch zu dieser Jahreszeit alles unter einer dicken Schneedecke lag"* („quum essent omnia tecta niue"). In seiner Erklärung verwechselte Erasmus die Sommersonnenwende mit der Wintersonnenwende und behauptete zu Unecht, daß man in Griechenland im Winter nicht jage, während dieser in Griechenland gerade die Jagdsaison war. Ein anderer Leckerbissen war die getrocknete Feige („carica"): Diese bezeichnete Erasmus in einem erläuternden Zusatz als „Nuß" („nux", VII, 137). Auch andere Früchte bzw. Obstbäume veranlaßten ihn zuweilen zu Erklärungen – in V, 279 verwechselte er die wilde Birne mit dem Apfelbaum.

---

[395] „Olim vesci piscibus pro delitiis habebatur, et infami vocabulo dicebantur opsophagi; nunc ea res magna est sanctimonia".

Wenn Tiere oder Pflanzen im Spiel sind, kommt es in Erasmus' *Apophthegmata* oftmals zu Verwirrungen bzw. kuriosen Interpretationen. Z. B. trifft man in V, 147 die befremdliche Angabe an, daß die Bürger Athens die Plantanen bei gutem Wetter gewöhnlich mit „Schmähungen behelligen" würden („conuiciisque petunt"), was keinen nachvollziehbaren Sinn ergibt, jedoch das Resultat einer Fehlübersetzung ist. Im griechischen Text steht κολούουσι, was bedeutet, daß die Athener die Platanen „beschnitten" bzw. „stutzten". Erasmus erklärte die „Schmähungen der Bäume" in seinem Kommentar wie folgt: „Damit meint er, daß das gemeine Volk die Gewohnheit habe, daß es in der Gefahr des Krieges tapfere Männer zu Hilfe rufe, dieselben im Frieden jedoch verachte und schmähe" („sentiens hunc esse populi morem, vt in belli periculis implorent opem fortium virorum, in pace contemnant ac vexent eosdem"). In VIII, 27 bezeichnet Erasmus die Fledermaus (νύκτερις) als „Nachteule" („noctua"), in VI, 502 verwechselt er den Skorpion mit einer „Kröte" („rubeta"). In VII, 51 erklärt Erasmus im Kommentar, daß „Raben ausschliesslich menschliche Leichen fressen", eine kuriose Angabe. In VII, 39 erläutert Erasmus, daß „testudines" („Schildkröten") die autochthonen Tiere Attikas seien, während im griechischen Text ἀττελέβοι, „Grillen", steht. Sogar Haustiere mutieren in Erasmus' *Apophthegmata* zu rätselhaften Wesen: In VII, 68 findet sich die irrige Angabe, daß in Griechenland die Pferde für Landbauarbeiten eingesetzt wurden, nicht jedoch die Esel, während genau das umgekehrte der Fall ist und in dem Apophthegma vom Landbau gar nicht die Rede ist. In V, 185 erklärt Erasmus, daß Alkibiades, der sich einen sündhaft teuren Rassenhund zugelegt hatte, diesen zum *Strassenhund* gemacht, also aus seinem Haus gejagt habe, was sowohl unverständlich ist als auch in der Quelle nicht angegeben wird. In VI, 428 erklärt Erasmus im Kommentar, daß in Ägypten die Hunde während des Rennens trinken, was ein physiologisches Adynaton ist. Erasmus hatte missverstanden, was in seiner Quelle (Macrobius) gemeint war.

Nicht nur für Tiere, sondern auch für den Menschen zählt Wasser zu den notwendigen Bedürfnissen des Alltags. In VI, 523 figuriert die Jungfrau Lais, die zum Wasserholen sich zu der Quelle Priene in Korinth begibt. Erasmus gibt jedoch an, daß sie zum „zum Piräus" ging, dem Seehafen Athens. Offensichtlich fiel Erasmus nicht auf, daß der Seehafen zum Wasserschöpfen nicht recht geeignet war. Beim Wasserschöpfen fiel die Jungfrau dem Maler Apelles auf (der im Übrigen nicht Athen, sondern in Korinth wohnhaft war), der sich in ihre Schönheit verliebte und sie spontan zu einem Gastgelage mitnahm, das einer seiner Freunde gab. In seiner kommentierenden Erklärung gibt Erasmus jedoch an, daß Apelles das Mädchen in seinen Haushalt aufgenommen habe, um es aufzupäppeln, damit er es in der Folge als Hure benutzen könne. Diese Erklärung ist sowohl irreführend als zur Erziehung des noch zarten Wilhelm von Kleve nicht sehr geeignet.

Wasser brauchte man auch bei Gelagen zum Trinken, Mischen oder Kühlen des Weines. Kaiser Nero hatte eine neue Zubereitungsweise des Wassers erfunden, die sogenannte „aqua decocta": Durch mehrfaches Abkochen des Wassers wurde dieses weicher gemacht; sodann wurde es abgekühlt und wurden Kräuteressenzen hinzugefügt, um seinen Geschmack zu verbessern. Im Kommentar erklärt Erasmus

Abb. 11. Alexandrinische Tetradrachme (2. Jh. v. Chr. Vorderseite); auf der Rückseite: Zeus mit Adler, rechts die vertikale Aufschrift ΑΛΕΞΑΝΔΡΟΥ. Ancientcointraders – https://www.ancientcointraders.com, CC BY-SA 4.0, https://commons.wikimedia.org/w/index.php?curid=55639701

jedoch, daß das „gekochte Wasser in ein Gefäß mit Schnee gegossen" wurde (VI, 51). In diesem Falle hätte sich der meist schmutzige oder grobe Schnee mit dem Wasser vermischt, was einen konträren Effekt erzeugt hätte. Statt seine zarten Stimmbänder zu schonen, hätte sie Nero mit dem schmutzigen Getränk so gereizt, daß ihm das Singen verleidet worden wäre. In V, 414 erklärt Erasmus, daß man zum Weinkühlen „Gefässchen aus Stein" verwendet habe; damit waren Psykteres gemeint. Diese waren allerdings nicht aus Stein, sondern aus Metall gefertigt und mit Edelsteinen besetzt. Auch waren Psykteres, wie man sich denken kann, nicht „winzige Gefässchen".

Mit griechischen Gefässtypen ist Erasmus mehrfach auf Kriegsfuß. In VI, 514 erklärt er, was ein Kothon sei: „ein Kyathos aus Ton": „cothon cyathus fictilis". Diese Erklärung ist nicht stimmig: Es handelt sich um zwei unterschiedliche Gefäßtypen, die freilich beide aus Ton verfertigt wurden. Bei derartigen archäologischen Erklärungen würde man annehmen wollen, daß sich Erasmus auf einschlägige Kenntnisse stützte. Der Schein trügt jedoch: Erasmus erfand derartige Erklärungen einfach, ohne genaues Wissen. So bringt er in VI, 513 die von ihm selbst *ad hoc* erfundene archäologische Erklärung an, daß die griechischen Ölfläschchen aus Glas fabriziert worden seien: In Wirklichkeit wurden Ölfläschchen in der Regel aus Ton (Keramik) angefertigt. Gleichviel, ob es um kleinere oder grössere Gegenstände geht: Erasmus ersetzt altertumskundliches Wissen durch archäologische Phantasien, die er gleichwohl mit großem Selbstbewusstsein vorträgt, als handle es sich um Selbstverständlichkeiten. So behauptet er, daß alexandrinische Münzen eine „Umschrift" hätten (VII, 300), ohne je eine solche Münze gesehen zu haben. Tatsächlich haben sie keine Umschrift, sondern eine senkrechte Aufschrift (Abb. 11). Eine ähnliche archäologische Phantasieerklärung wendet Erasmus auf die Technik des Epilierens an: Dazu habe man in der Antike, behauptet er, eine „Zange" („forceps") verwendet. Das wäre freilich einer Art Folterung gleichgekommen. In Wirklichkeit verwendete man dazu Pech.

Nicht selten spielen in den *Apophthegmata* Architektur oder architektonische Elemente eine Rolle. In diesen Fällen verfügte Erasmus meist nicht über die entsprechenden archäologischen Kenntnisse. Zum Beispiel verwechselte er mehrfach Säulen mit Statuen und Grabsteine mit Säulen oder Statuen. In VIII, 278 zitiert Erasmus die Grabinschrift des miserablen Dichters Admetos, wobei er behauptet, dieser hätte sie auf sein Standbild („statua") setzen lassen. In Wirklichkeit sollte eine Inschrift auf den Grabstein gesetzt werden (ἐπιγραφῆναι αὐτοῦ τῇ στήλῃ). In V, 243 verwechselt Erasmus στήλη (Grabstein) mit „Säule" („columna"); auch hier ging es um eine Grabinschrift (ἐπιγράψαι τῇ στήλῃ). In IV, 85 erklärt Erasmus, daß auf dem Grab des Achill eine Porträtstatue des Helden gestanden habe, die Alexander d. Gr. bei seinem Besuch bekränzt habe.[396] Auf dem Grab des Achill stand natürlich keine Porträtstatue, sondern ein Grabstein (στήλη). Es gibt zudem auch Fälle, in denen Erasmus Statuen mit Gemälden verwechselte (VI, 479). In VI, 45 ist von ätzenden, Nero verhöhnenden Grafiti die Rede, die gleich in mehrere Säulen eines Porticos oder Tempels geritzt worden waren. Erasmus gab in seiner kommentierenden Erklärung jedoch an, daß es um Standbilder („statuae") Neros ging. In diesem Fall ist der Irrtum nicht einem Übersetzungsfehler geschuldet, da Sueton die Quelle ist – bei Sueton ist klar zu lesen, daß die Grafiti in „Säulen" („columnis") geritzt worden waren. Erasmus verschlimmbesserte den Text hier jedoch aus philologisch und archäologisch nicht nachvollziehbaren Gründen zu „columnis statuarum", „Säulen von Standbildern". Kurios ist, daß Erasmus der Meinung war, daß man in Rom Standbilder ein und desselben Kaisers in Serie aufstellt habe, was ein lächerliches Bild ergeben hätte. Des Weiteren zeigen seine Ergänzungen zu dem genannten Apophthegma, daß er meinte, daß Standbilder prinzipiell auf Säulen gesetzt wurden, was ebenfalls unrichtig ist.

Säulen waren die augenfälligen Merkmale griechischer Tempel. Jedoch darf man aufgrund mancher Zusätze und Interpretationen es als fraglich betrachten, ob Erasmus ein adäquates Bild griechischer und römischer Tempel hatte. Zum Beispiel geht aus der interpretativen Überschrift („Vacua templa") zu einem Stratonikos-Apophthegma (VI, 480) hervor, daß Erasmus der Meinung war, daß griechische Tempel genauso funktionierten wie christliche Kirchen: nämlich als Bethäuser für religiöse Zusammenkünfte der Gemeinde der Gläubigen.[397] Ein ähnliches Missverständnis kann man in Bezug auf die Standbilder der antiken Götter feststellen. In VI, 431 erklärt Erasmus, daß die antiken Götterstatuen in ihren Händen Votivgeschenke hielten („Nam diuorum imagines brachiis gestabant donaria"), was nicht der Fall ist. Wiederum beruht die Erklärung nicht auf philologischem Quellenstudium. Vielleicht hat Erasmus an Holzskulpturen (oder Bilder) von Stifterheiligen gedacht, die ihre Stiftung (z. B. eine Kirche) in ihrer Hand halten.

---

[396] *ASD* IV, 4, S. 305: „Ilium profectus (sc. Alexander) Achillis statuam coronans, ‚O te felicem', inquit, ‚Achilles, cui …'".
[397] Vgl. Komm. *ad loc.*

Auch ist fraglich, ob Erasmus ein richtiges Bild von einem griechischen Theater hatte, z. B. wenn man die kommentierenden Anmerkungen zu V, 238 betrachtet.[398] Die Kritik des Skythen Anacharsis am Wetteifer der Künstler und Kunsthandwerker Athens in VII, 104 erläuterte Erasmus mit der kommentierenden Erklärung, daß Anacharsis damit die Theateraufführungen in Athen aufs Korn genommen habe. Dieser kulturhistorische Kommentar ist anachronistisch: Zur Zeit des Anacharsis, d.h. um 590 v. Chr., gab es in Athen noch keine Theateraufführungen, die erst um 520 einsetzten. Manche Erklärungen zu antiken Architekturformen sind deswegen kurios, weil diese in den Quellen nicht einmal vermeldet werden: So erklärt Erasmus in VI, 389, daß „die Skythen keine Villen (*villae*) besessen" hätten. Das mag zwar stimmen, jedoch tauchten die Villen in seinem Text nur auf, weil er sich verlesen hatte: In seiner Quelle, Valerius Maximus, stand „vllae" (nml. „vrbes"), womit gemeint war, daß die nomadischen Skythen nicht in Städten wohnten.

Ein besonderes Interesse hatte Erasmus an Kleidung. Gewisse Kleidungsstücke deutete er immer richtig, wie den Umhang, d.h. den wetterfleckartigen Mantel zum Ausgehen, besonders bei schlechtem Wetter („penula", z. B. VI, 238) oder die „tunica". Jedoch vermittelt er in seinen Erklärungen häufig auch spezifisches Wissen, das nicht den Tatsachen entspricht. Z. B. erklärt Erasmus in VIII, 29, daß der römische Senatorenstiefel wie folgt aussehe: Der *calceus patricius* soll ein Anhängsel in der „Form eines Knöchels" („tali specie") gehabt haben. In Wirklichkeit war an dem Stiefel eine Agraffe aus Elfenbein in der Form eines Halbmondes (*lunula*) befestigt. Die unrichtige Information ist darauf zurückzuführen, daß Erasmus den Text der zitierten Quelle (Philostratos) grammatisch durcheinanderbrachte: Philostratos vermeldet richtig, daß „die Agraffe aus Elfenbein in der Form eines Halbmondes auf den Knöcheln" angebracht war. In VI, 215 verwechselt Erasmus Männerstiefel mit Frauenstiefeln. In V, 30 erklärt er den Ausspruch der persischen Königinmutter Parysatis, daß, wer mit dem König reden wolle, „Worte aus Byssos" verwenden müsse, durch die altertumskundliche Anmerkung, daß „die persischen Könige ein Gewand aus Byssos trugen" („Reges bysso vestiuntur, [s]et talem decet esse regis orationem, qualis est amictus"). Byssos war ein feines, durchscheinendes Gewebe aus Muschelseide. Tatsächlich wurde der persische Königsmantel keineswegs aus Muschelseide, sondern aus einem groben Gewebe hergestellt. In V, 28 macht Erasmus die kuriose Angabe, daß der persische Höfling Teribazus den ihm geschenkten Königsmantel mit „Frauenschmuck" behangen habe, den er ebenfalls vom König zum Geschenk erhalten haben. Als Teribazus in seinem mit Frauenschmuck behangenen Mantel bei Hofe auftrat, habe er sich lächerlich gemacht. Dazu bringt Erasmus in einer kommentierenden Bemerkung die kulturhistorische „Information" an, daß am persischen Königshof das Lachen verboten war („nam ridere nefas erat"). Im griechischen Originaltext ist weder davon die Rede, noch, daß Teribazus den Königsmantel mit Frauenschmuck behangen habe.

---

[398] „belli orchestram appellabat, veluti theatrum, vnde late pateret prospectus"; gemeint war in dem Spruch, daß die „orchestra" flach ist: Das gilt jedoch nicht für das Theater als Ganzes.

Andererseits faszinierte Erasmus auch das Ausziehen von Kleidern, besonders bei den Kynikern, denen er krasse Verhaltensweisen zuschrieb, die so nicht in den Quellen stehen. Z. B. erklärt Erasmus die Antwort des Kynikers Demonax auf die Frage, wodurch er denn für die Philosophie geeignet sei, – „Eier", etwas kurios damit, daß Demonax nackt herumlaufe: „significans se nudum accessisse" (VIII, 258). Auch in VII, 292 erklärt Erasmus, daß ein Kyniker sich nackt ausgezogen habe, und zwar vor den Augen der Eltern der Braut (Hipparchia); zuerst soll er sich in seiner Nacktheit mit seinem entstellenden Fleischhöker gezeigt haben; dann soll er auf der Stelle seinen Philosophenmantel auf dem Boden ausgebreitet und mit der Hipparchia vor den Augen der Eltern den Geschlechtsverkehr vollzogen haben. Daß sich Krates tatsächlich nackt auszog, daß die Szene vor den Augen der Eltern stattfand oder daß es Geschlechtsverkehr gab, sind Zusätze des Erasmus, die seiner Phantasie entsprangen.[399] Die erläuternd-kommentierenden Textteile machen einen abgehobenen Eindruck: „Quum accepisset conditionem puella, mox substrato pallio cum illa congressus (sic) est parentibus adstantibus (sic). Itaque consummatum est Cynicum matrimonium".

Die vielen irrigen Erklärungen des Erasmus, die sich auf die materielle Kultur, Archäologie, Ökonomie, Pflanzen und Tiere, Alltagsleben und verwandte Realien beziehen, bedingen, daß in derartigen Fällen Klärungsbedarf im Editionskommentar vorliegt. Denn ohne diesbezügliche Erläuterungen blieben zahlreiche *Apophthegmata* völlig unverständlich. Zu bedenken ist des Weiteren, daß Erasmus in solchen Fällen den Quellentext häufig fehlerhaft, inadäquat oder verworren wiedergibt: Der fällige Sachkommentar hängt insofern mit dem Quellenkommentar zusammen.

Texterklärung an der Grenze zur Charlatanerie:
„Raten" („divinatio") als Methode

Aus diesen analytischen Beobachtungen drängt sich die Schlussfolgerung auf, daß Erasmus mit seiner Kommentierung grundsätzlich nicht das leistet, was er versprochen hat, nämlich die schwer- oder unverständlichen Aspekte der *Apophthegmata* aufzuklären und dadurch dem Leser deren Sinn zu erhellen. Dort, wo Bedarf an einer näheren Erklärung gewesen wäre, sei es historisch, archäologisch oder philologisch, unterbleibt diese meistens. Wenn Erasmus historische oder altertumskundliche Bemerkungen anbringt, so treten sie beiläufig und erratisch auf, wobei sie selten hilfreich, jedoch oft irreführend oder auch schlicht falsch sind. Nach Analyse der ca. 1800 Aussprüche von Buch V–VIII festigt sich der Eindruck, daß er sich in dieser Beziehung auch nicht sonderlich angestrengt hat. Immer wieder stellt Erasmus in seinen Kommentierungen jenseits jeder Form belegbaren Wissens lose Behauptungen in den Raum, die der Charlatanerie nahekommen. Die Haltung ist jene eines sich souverän wähnenden Autors, der sich einerseits nicht an die Verpflichtung gebun-

---

[399] Vgl. Komm. *ad loc.*

den fühlt, historisch Wahres, Stichhaltiges und Belegbares zu vermitteln, andererseits den Leser so geringschätzt, daß er meint, dieser sei nicht imstande, die vielen falschen und losen Behauptungen zu ergründen. Erasmus selbst muß bewusst gewesen sein, daß er so vorging. Darauf deutet eine Kautele in seiner „Epistola nuncupatoria" hin. Nach der Behauptung, daß in den Apophthegmata so furchtbar vieles unklar sei, sagt er, daß ihm „in vielen Fällen seine *divinatio* Gewalt angetan" habe und daß „er sich nicht sicher sei, ob er sich mit seiner *divinatio* nicht irgendwo sogar geirrt habe": „Me certe in multis torsit diuinatio et haud scio, an alicubi fefellerit etiam".[400]

„Divinatio", das ist die Ahnung, Eingebung, die quasi-göttliche Gabe, das Richtige zu erkennen oder zu erraten. Erasmus versucht sich mit dieser Bemerkung für seine nachlässige Arbeitsweise zu rechtfertigen. Zur gleichen Zeit aber bestätigt er, daß er sich mit „Erraten" und „Eingebung" begnügte. Diese Angabe kann aus der Perspektive des Editors bestätigt werden. Erasmus hat in den *Apophthegmata* kaum etwas getan, um über dieses „Raten" oder „divinare" hinauszukommen. Der Grund ist nicht, daß er dazu keine Möglichkeiten hatte. Die Altertumswissenschaft hatte um 1530 im Vergleich zum frühen 14. Jh. bereits bedeutende Fortschritte gemacht. Biondo Flavios *Roma instaurata* war bereits um die Mitte des 15. Jh. erschienen und nach 1500 erlebte die Altertumswissenschaft einen veritablen Boom. Noch größere Fortschritte hatte die Philologie als Methode der kritischen Texterschliessung verbucht. Davon hat Erasmus bei seiner Herausgabe der *Apophthegmata* aber kaum Gebrauch gemacht. Aus wissenschaftlicher Perspektive ist die Tatsache, daß sich Erasmus in den *Apophthegmata* mit seinen „divinationes" begnügte, als inadäquat zu bewerten, insbesondere, da er dem Standard des lateinischen Humanismus seiner Zeit nicht entsprach und stattdessen dem Leser Sand in die Augen streute.

III.10. *Erasmus' philologische Leistung in den Apophthegmata*

Die *Apophthegmata* stellen insgesamt kein philologisches Meisterwerk dar. Wie schon aus dem Obigen erhellt, wimmelt das Werk von Fehlern, Missverständnissen, Irrtümern, falschen oder verballhornten Namensangaben, Verwechslungen von Personen und Akteuren, syntaktischen Verwirrungen, Sinnentstellungen usw. Ein Teil dieser Probleme ist der Tatsache geschuldet, daß Erasmus sich in vielen Fällen nicht mit dem griechischen Originaltext auseinandersetzte, obwohl er über diesen verfügte. Statt diesen selbst zu übersetzen, ging er von bereits vorhandenen Übersetzungen aus, von Francesco Filelfo, Raffaele Regio, Ambrogio Traversari, Valentinus Curio, Leonardo Bruni, Lapo da Castiglionchio, Donato Acciaiuoli, Guarino da Verona, Francesco Barbaro, Nicolao Sagundino, Guillaume Budé, Willibald Pirckheimer, Otmar Nachtigall und anderen. Als Folge dieser Arbeitsweise übernahm Erasmus die Textlücken, falschen Namensformen, Übersetzungsfehler und sons-

---

[400] *ASD* IV, 4, S. 40, Z. 73–74.

tige Irrtümer, die in diesen Textvorlagen aufgetreten waren. In den meisten Fällen bemerkte Erasmus diese Mängel nicht, nur selten korrigierte er die Vorgängertexte. Im Zuge seiner divergenten und erratischen Arbeitsweise, die sich in einem breiten Spektrum von wortwörtlicher Kopie, einer solchen mit leichter Variation auf Wortebene, über Paraphrase mit Änderung der Syntax bis zur eingehenden Neuformulierung der lateinischen Vorlage entfaltet, hat Erasmus zwar den Text der Vorgängerübersetzungen vielfach geändert, jedoch sind tatsächliche Korrekturen Mangelware, was *a fortiori* für solche gilt, die das Studium der griechischen Originaltexte erfordert hätten.

Anbei seien einige Beispiele – *inter multa* – angeführt, aus denen die Probleme, die aus dieser Arbeitsweise des Erasmus hervorgehen, ersichtlich werden. Z. B. findet sich in V, 21 die unsinnige Angabe, daß sich Artaxerxes d.J. in der Schlacht von „Cunax" (zu lesen wäre „Cunaxa" gewesen) „hinter den Makedonen" hätte aufstellen sollen: Das ist ein Adynaton, weil an dieser Schlacht keine Makedonen anwesend waren. Die Irrtümer kamen dadurch zustande, daß Erasmus nur von Lapo da Castiglionchios lateinischer Übersetzung von Plutarchs Artaxerxes-Biographie ausging, ohne einen Blick auf den griechischen Originaltext zu werfen. Lapo hatte sich verlesen, τῶν μαχομένων für τῶν Μακηδονῶν angesehen. Wenn Erasmus den griechischen Text hinzugezogen hätte, hätte er den Fehler korrigieren können. In V, 128 übernahm Erasmus durch die ausschliessliche Benutzung von Brunis Übersetzung der Pyrrhos-Biographie nicht weniger als fünf Auslassungen mit, wodurch sein narrativ verstümmelt daherkommt.[401] In V, 360 bezeichnet Cato d.Ä. Könige unvermittelt als „wilde Hunde", eine kuriose Metapher, die sich weder vom Kontext her erklären noch leicht nachvollziehen läßt. Im griechischen Originaltext beinhaltet der Spruch, daß „ein König ein fleischfressendes Tier" (ζῷον σαρκοφάγον), somit ein Raubtier bzw. eine reissende Bestie, sei, ein bekannter Bestandteil der Tyrannentopik. Der Irrtum geht darauf zurück, daß Erasmus Francesco Barbaros lateinische Übersetzung von Plutarchs Cato-Biographie als Vorlage benutzte, ohne den griechischen Text hinzuzuziehen. In VIII, 241 liegt ein grundlegendes Missverständnis des Apophthegmas vor, wobei Erasmus irrigerweise behauptete, Perikles habe den Schmuck der Athena Parthenos für vierzig Talente verkauft. Davon konnte keine Rede sein. Der Irrtum ist der Tatsache geschuldet, daß Erasmus Willbald Pirckheimers Fehlübersetzung von Plut. *De vitando alieno aere* 2, *Mor.* 828B übernahm. VII, 137 bietet einen verworrenen Text dar, der dadurch unverständlich ist, daß überhaupt alle partizipierenden Sprecher bzw. Akteure miteinander verwechselt wurden. Unter diesen Verwechslungen litt bereits die Diogenes-Laertius-Übersetzung Traversaris, die Erasmus kopierte,

---

[401] Im Vergleich zum griechischen Original fehlen in Brunis Übersetzung die Angaben, daß Meton ein bedeutender, angesehener Mann war (ἀνὴρ ἐπιεικὴς); daß er *tanzend* zur Volksversammlung hereinkam; daß er von einer Flötenspieler*in* (αὐλητρίδος ὑφηγουμένης αὐτῷ) begleitet wurde; daß niemand Anstalten machte, den doch offensichtlich betrunkenen Mann zurückzuhalten (ἐκώλυε δ' οὐδείς); daß ein solches Schauspiel im Grunde ganz gut auf die Demokratie passe, d.h. eine Menschenmenge ohne Gefühl für Anstand (οἷα δ' ἐν ὄχλῳ δημοκρατίας κόσμον οὐκ ἐχούσης) sowie, daß die Bürger die Flötistin aufforderten zu spielen (τὸ γύναιον αὐλεῖν ... ἐκέλευον).

EINLEITUNG   177

ohne sich um den griechischen Text zu kümmern (der ihm in Form einer Handschrift vorlag).

In VI, 412 erzählt Erasmus eine Anekdote, die Plutarch in *Quomodo quis suos in virtute sentiat profectus*, *Mor.* 79E als Beleg für die grundlegende Bedeutung des Trainings für Athleten anführte: Bei einem Boxkampf erhielt einer der Kontrahenten einen harten Treffer, wobei das Publikum laut aufschrie. „Siehst du", sagte da der anwesende Dichter Aischylos zu seinem Dichterkollegen Ion von Chios, den er mit dem Ellbogen anstieß, „was Training vermag: Er, der einen harten Treffer bekommen hat, steckt ihn ohne einen Muckser weg; das Publikum hingegen schreit laut auf". Der Übersetzer Otmar Nachtigall hatte den Text jedoch missverstanden; er verdrehte ihn in dem Sinn, daß Ion von Chios statt ein Zuschauer einer der beiden Boxer gewesen sei und schrieb, daß „… das ganze Theater ausrief ‚Du hast den Ion aus Chios zu Boden geschlagen!'". Zusätzlich hatte sich hier eine fehlerhafte Wiedergabe des Namens eingeschlichen, sodaß nunmehr ein „Zeus von Chios" hervorgezaubert worden war, ein obergöttlicher Faustkämpfer oder vielleicht der griechische Obergott selbst, der wohlgemerkt zu Boden gestreckt worden war. In der Folge der Übernahme von Nachtigalls Fehlübersetzung interpretierte Erasmus die Anekdote irrigerweise als Exempel für die verwerflichen, weil verweichlichten Sitten der Menschen. Das Resultat dieser Arbeitsweise ist ein widersinniges Narrativ, das mit einem inadäquaten Klischee verbrämt ist. In VI, 424 liefert Erasmus zum wiederholten Mal ein verzerrtes Narrativ, das in mehreren Punkten vom griechischen Originaltext, Plutarchs *Praecepta gerendae reipublicae*, *Mor.* 810A, abweicht.[402] Dies rührt daher, daß er die lateinische Übersetzung des Nicolao Sagundino wiedergab, ohne den griechischen Text hinzuzuziehen. Der Abhängigkeit von Sagundino ist auch geschuldet, daß in VI, 341 der befremdliche Name „Iulius Drusus Publicola" auftaucht: Eine Person dieses Namens gab es nicht – Sagundino hatte irrtümlicherweise die Amtsbezeichnung δημαγωγός statt mit „tribunus plebis" mit „Publicola" übersetzt. Die Folge ist nicht nur ein verballhornter Name, sondern auch, daß die für das Verständnis der Anekdote grundlegende Information, daß es um einen Volkstribunen ging, ins Wasser fiel.

In *Quomodo quis suos in virtute sentiat profectus*, *Mor.* 86A führt Plutarch eine Künstleranekdote an, in der der berühmte Bildhauer und Bronzegiesser Polykleitos doziert, daß die letzte Feinarbeit bei der Herstellung der tönernen Gussform, bei der der Künstler seine Fingernägel gebrauchen müsse, das Schwierigste sei. Plutarch bezog dies metaphorisch auf den Gegenstand seines Traktates, den schwierigen Weg zur Tugend. Er wollte damit sagen: Die letzten Schritte, die zur Vollendung führen,

---

[402] Erasmus läßt die für das Verständnis nicht unwichtigen Angaben aus, erstens, daß Nero die betreffenden Worte ausrief, kurz bevor er Thrasea zu Tode brachte (ὀλίγον ἔμπροσθεν ἢ κτεῖναι τὸν Θρασέαν), zweitens, daß Nero vor Thrasea große Angst hatte (τὸν Θρασέαν μάλιστα … φοβούμενος); jedoch behauptet Erasmus im Unterschied zum griechischen Text, daß der Kontrahent Thrasea mit einer langen Scheltrede überzog (‚cuidam multa criminose iactanti'), während es in der Anekdote nur um den Vorwurf geht, Thrasea sei ein ungerechter Richter gewesen; Er. übernahm diesen unglücklichen Zusatz („cuidam multa criminose iactanti de Thrasea …") von Sagundino.

sind die schwierigsten. Erasmus jedoch missverstand den Spruch als abschätzige Pauschalkritik an Bronzegießern und Töpfern: Er behauptete, Polykleitos hätte davon abgeraten, diese Berufe überhaupt auszuüben, weil es sich um unwürdige Schmutzarbeit handle; stattdessen wäre es besser, sich mit Philosophie zu beschäftigen. Die Interpretation des Erasmus ist nicht nur irrig, sondern in Anbetracht der Tatsache, daß Polykleitos selbst Bronzegießer war, absurd. Erasmus kam zu dieser völlig falschen Interpretation, weil er von der Fehlübersetzung des Otmar Nachtigall ausging, ohne sich um den griechischen Text zu kümmern. Nachtigall hatte übersetzt, man solle doch bedenken, „daß es keine verächtlichere Arbeit gäbe als jene, bei der man schmutzige Fingernägel bekomme".

Die Liste dieser Irrungen und Wirrungen ist viel zu lang, als daß es Sinn machen würde, sie an dieser Stelle *in extenso* aufzuführen. Im Laufe der Editionsarbeit am Quellenkommentar hatte ich für die Bücher V–VIII etwa 90 Apophthegmen notiert, die Erasmus dadurch, daß er den Text aus lateinischen Übersetzungen übernahm, ohne das Griechische zu beachten, gründlich missverstanden oder in falscher bzw. verworrener Form wiedergegeben hat. Diese Liste ist im Übrigen nicht exhaustiv, die tatsächliche Anzahl der Problemfälle ist größer. Selten auch kommt ein Fehler alleine daher, und, wie schon aus diesen wenigen Beispielen ersichtlich wurde, gibt es Fälle, in denen eine Verkettung von Irrtümern und Missverständnissen zustandegekommen war.

Es dürfte einleuchten, daß es Aufgabe des Editionskommentars ist, diese Irrtümer, Missverständnisse und Fehlangaben aufzuklären. Insgesamt gilt, daß in allen Fällen, in denen Erasmus ihm vorliegende lateinische Übersetzungen benutzte, es nicht ausreicht, lediglich die Stelle des griechischen Textes (z. B. Plut. *Mor.* 810A) anzugeben; des Weiteren reicht es nicht aus, den griechischen Text zu drucken. Wenn Erasmus nach den lateinischen Übersetzungen gearbeitet hat, interessieren diese vorrangig und müssen im Quellenkommentar diskutiert bzw. textlich dargestellt werden. Nur auf diese Weise kann adäquat gezeigt werden, welche Quellen genau Erasmus benutzte und wie er mit ihnen verfuhr. Das gilt im Übrigen nicht nur für die plutarchischen Apophthegmata, sondern genauso für das siebente Buch, das den Sprüchen der Philosophen gewidmet ist und in dem Diogenes Laertius ausgeschlachtet wurde. Darin benutzte Erasmus standardmäßig Valentinus Curios lateinische Ausgabe aus dem Jahr 1524 als Grundlage für seine Wiedergabe der Diogenes-Laertius-Apophthegmen.[403] Curios Edition bietet einen revidierten, vielfach geänderten und auch verbesserten Text von Traversaris Übersetzung; nichtsdestoweniger hatten sich in Bezug auf die früheren Ausgaben, von denen die wichtigste von Benedetto Brugnoli besorgt worden war (*ed. pr.* 1475, sodann zahlreiche Male gedruckt, u. a. 1490 in Venedig und 1509 durch Jean Petit in Paris),[404] neue Fehler eingeschlichen. Aus

---

[403] Diogenes Laertius, *De vita ac moribus philosophorum libri decem, nuper ad vetusti Graeci codicis fidem accuratissime castigati ...*, Basel: Valentinus Curio, 1524. Vgl. dazu sowie zu Traversaris Übersetzungen ter Meer, „Introduction", S. 19–20.

[404] Ed. pr. Venedig, Nicolaus Jenson, 1475.

der Tatsache, daß Erasmus sowohl Textänderungen, Korrekturen und Neuformulierungen des Curio als auch die Eigenfehler[405] dieser Edition übernahm, geht hervor, daß er grundsätzlich von der Curio-Ausgabe ausging. Im vorliegenden Editionskommentar der *ASD*-Ausgabe war es daher erforderlich, jeweils den lateinischen Text der Curio-Ausgabe hinzuzuziehen. Des Weiteren stellte sich bei der Quellenanalyse heraus, daß Erasmus neben der Curio-Ausgabe noch über einen weiteren, früheren Text von Traversaris Übersetzung verfügt haben muß. In diesen Fällen übernahm Erasmus den „alten" authentischen Text Traversaris.[406] Um die Unterschiede zwischen Curios Ausgabe und der älteren, authentischen Übersetzung Traversaris dingfest zu machen, wurde Curios Text mit jenem der Ausgaben Venedig 1490 und Paris 1509 abgeglichen.

Der Tatsache, daß übernommene lateinische Übersetzungen eine häufig auftretende Fehlerquelle darstellen, steht gegenüber, daß Erasmus diese hin und wieder zu verbessern versuchte. Was ihn diesbezüglich besonders interessierte, waren griechische Dichterzitate. In diesen Fällen konsultierte Erasmus regelmäßig den griechischen Originaltext und setzte alles daran, eine bessere lateinische Version herzustellen. So emendierte er in VII, 135 Curios metrische Übersetzung des Hexameters eines unbekannten Autors, bei der ein griechisches Wort ausgelassen worden war. Erasmus versuchte zudem das Interesse an dem Hexametervers zu erhöhen, indem er angab, daß er vermutlich von Homer stamme (was übrigens nicht richtig ist). Curios Ausgabe der lateinischen Übersetzung von Diogenes Laertius kam Erasmus in dieser Hinsicht sehr gelegen, da in ihr Gedichtzeilen standardmäßig auch auf Griechisch gedruckt worden waren:[407] Wenn Erasmus die Übertragungen von griechischen Versen verbessern wollte, brauchte er somit nicht unbedingt das griechische Manuskript zu konsultieren, zu dem er, nachdem die erste Ausgabe der *Apophthegmata* bereits erschienen war, Zugang bekommen hatte.[408] Auf diese Weise war Erasmus auch in VII, 181 vorgegangen, wo er Curios Übertragung eines Euripides-Verses aus dem *Bellerophon* verbesserte. Im Fall von VII, 338 läßt sich belegen, daß Erasmus den griechischen Text von Curio bezogen haben muß, da er dessen falsche Akzentsetzung kopiert hat. Im Übrigen übernahm Erasmus gerade von Curios Ausgabe im siebenten Buch der *Apophthegmata* die Gewohnheit, Verse sowohl auf Griechisch als auch in lateinischer Übersetzung wiederzugeben.

Das oben genannte griechische Manuskript des Diogenes Laertius führt Erasmus etwas bombastisch im Titel der zweiten Ausgabe der *Apophthegmata* (*B*, 1532) an, wo er sich zugute hält, er habe den lateinischen Text „des Übersetzers des Diogenes

---

[405] Was solche Fälle anbetrifft, vgl. ter Meer, „Introduction", S. 19, die diesbezüglich *Apophth.* [656], [705], [731] und [778] anführt.
[406] Z.B. im Fall von *Apophth.* VII, 83: Erasmus übernahm Traversaris „plurimis", während Curio „multis" geschrieben hatte.
[407] Valentinus Curio hatte den griechischen Text der Verse jeweils aus einer griechischen Handschrift kopiert, die er über den Hebraisten Matthaeus Aurogallus, der seit 1521 eine Professur in Wittenberg bekleidete, bezogen hatte. S. hierfür ter Meer, „Introduction", S. 18.
[408] Zu diesem Manuskript vgl. ter Meer, „Introduction", S. 18–21.

Laertius" (wohlgemerkt ohne Angabe seines Namens) „*anhand der/einer griechischen Handschrift*" („e Graeco codice") „*korrigiert*". In dem – in der zweiten Ausgabe neuen – siebenten Buch, dessen Sprüche in großer Mehrheit dem Diogenes Laertius entnommen sind, finden sich in der Tat diverse Spuren von der Benutzung dieser Handschrift. Im Anfangsteil von Buch VII, insbesondere in der Thales-Sektion (VII, 1–19), liefert Erasmus eine Art Demonstration der für die *Apophthegmata* jetzt neuen philologischen Sorgfalt: In VII, 1 kopierte er den griechischen Text des Thales-Spruches οὔτι τὰ πολλὰ ἔπη φρονίμην ἀπεφήνατο δόξαν, der bei Curio nicht vorhanden war, aus der Handschrift, übersetzte ihn selbst und versah ihn mit der philologischen Anmerkung, daß es sich um einen Vers handle.[409] Damit liefert Erasmus eine Korrektur Curios: Curio hatte nicht erkannt, daß hier ein Vers vorlag. Im Fall von VII, 2, 9 und 17 setzte Erasmus philologische Anmerkungen hinzu, in denen er „den Übersetzer" („interpres", wieder ohne Namen) explizite kritisierte. In VII, 9 beanstandet Erasmus, daß dieser ἄλλῳ ὑποτίθεσθαι fälschlich mit „ab alio moneri" übersetzt habe, während es „alteri dare consilium" bedeute. In VII, 2 merkt Erasmus an: „ἀπεραντολόγους quod interpres, miror quare, reddidit „*non paucorum*"". In VII, 17 legt Erasmus noch mehr Sorgfalt an den Tag, indem er den griechischen Text darbietet, obwohl es sich nicht um einen Vers handelt, des Weiteren die Übersetzung der Ausgabe Curios hinzusetzt, die er zum Schluß mit seiner eigenen Übertragung korrigiert: „Μὴ διαβαλλέτω σε λόγος πρὸς τοὺς πίστεως κεκοινωνηκότας. Id ita vertit interpres: „Ne te in ius vocet sermo contra coniunctos tibi ac socios dictus". Ego magis arbitror Thaletem admonere, ne quid amicis, quibus fidimus, committamus, quod, si effutiant, pariat nobis infamiam". *Apophth*. VII, 17 erhält auf diese Weise die Gestalt einer scholienähnlichen philologischen Diskussion.

In VII, 6 verbessert Erasmus Curios „male agens" für ἀδικῶν zu „iniuste agens", was – während es den Sinn des Spruches nicht ändert – philologisch präziser ist. Die an diesen Stellen erstrebte philologische Präzision ist auffällig im Licht der programmatisch erscheinenden Ansage in der „Epistola nuncupatoria", in der sich Erasmus gegen wortwörtliches Übersetzen wendet. Es gibt im Übrigen weitere Stellen – nicht nur im siebenten, sondern auch in den anderen Büchern, aus denen hervorgeht, daß Textänderungen des Erasmus sich nur aus dem Streben nach wortwörtlicher Übersetzung erklären lassen, konträr zu seiner programmatischen Ansage. Freilich betreffen diese hie und da auftretenden Fälle nicht die Mehrheit der *Apophthegmata*. Ein anderes Merkmal philologischer Sorgfalt in Buch VII ist die Einbringung von *Übersetzungsvarianten*: Erasmus bietet statt *einem* lateinischen Wort zwei oder drei Synonyme dar. Z. B. übernimmt Erasmus in VII, 3E Traversaris Übersetzung von ἀνάγκη, „necessitas", setzt aber „siue fatum" hinzu. Ebenso geht er in VII, 62 vor: „„Vt mecum", inquit, „loqui (siue viuere) possim"". In der Tat kann das griechische ὁμιλεῖν sowohl „sprechen mit" („colloqui", „loqui cum …") als auch „zusammenleben mit" („viuere cum …") bedeuten. Damit bietet Erasmus dem Leser jeweils die

---

[409] Diese Annahme ist richtig, es liegt ein Hexameter vor.

Möglichkeit, jene Übersetzung zu wählen, die er bevorzugt bzw. die er für plausibler erachtet.[410]

Jedoch hält Erasmus diese philologisch-kritische Arbeitsweise nicht für das gesamte siebente Buch durch. Schon nach der Thales-Sektion (VII, 1–19) nimmt die Anzahl der Korrekturen aufgrund der Hinzuziehung des griechischen Manuskripts sprunghaft ab, ebenso die Anzahl der eigenständigen Übersetzungen. Es scheint, daß sich irgendwie das Interesse am griechischen Text verringerte, vielleicht, weil Erasmus meinte, daß ihn das gründliche Studium des griechischen Textes zu viel Zeit kostete. Die Anzahl der (einigermaßen stichhaltigen) Emendationen hält sich in Grenzen: Insgesamt geht es um nicht mehr als 15 bis 18 Diogenes-Laertius-*Apophthegmata* (von insgesamt etwa 350 des siebenten Buches). Obwohl ihm nunmehr der griechische Originaltext zur Verfügung stand, hat sich Erasmus nach wie vor – wie schon im zweiten und dritten Buch der *Apophthegmata* – an die Übersetzungen Traversaris und Curios gehalten, die er nicht selten übernahm, ohne sich um den griechischen Text zu kümmern: Z. B. in VII, 51, 53, 59, 60, 68, 70, 72, 74, 90, 101, 102, 137, 141, 142, 152, 172 usw. Es gibt, wie schon im fünften und sechsten Buch, Fälle, in denen Erasmus das betreffende Apophthegma völlig missverstanden hat, weil er ausschließlich von der ihm vorliegenden lateinischen Übersetzung ausgegangen war.[411] Zu berücksichtigen ist immer, daß an den Stellen, an denen Erasmus einen griechischen Text anführt, dieser nicht notwendigerweise aus der bewußten griechischen Diogenes-Laertius-Handschrift stammt. Wie schon oben angeführt, entnahm er die Dichter-Zitate grundsätzlich Curios lateinischer Ausgabe. Außerdem hatte Curio in Marginalien immer wieder griechische Wörter und Begriffe angeführt, die ihm bemerkenswert erschienen. Dabei handelt es sich zumeist um philologische Anmerkungen, die darauf hinweisen sollten, daß bestimmte Übersetzungen problematisch oder fragwürdig waren oder besondere Aufmerksamkeit erforderten, z. B. weil es um Wortspiele ging, die sich nicht so leicht von der einen in die andere Sprache übertragen liessen.[412] Diese griechischen Marginalien hat Erasmus im siebenten Buch wiederholt aufgegriffen. Insgesamt muss festgestellt werden, daß von einer durchgehenden und systematischen Benutzung der bewußten griechischen Diogenes-Laertius-Handschrift in Buch VII nicht die Rede sein kann. Dennoch ist zu berücksichtigen, daß Erasmus sie im Laufe des siebenten Buches punktuell herangezogen hat. Das bedeutet, daß an derartigen Stellen im *ASD*-Quellenkommentar auch der griechische Text präsentiert werden muß. Diesbezüglich ist weiter folgendes von Belang: Wahrscheinlich ist die Diogenes-Laertius-Handschrift, die Erasmus vorlag, mit jener identisch, die 1532/3 für den griechischen Druck des Laertius im Froben-Verlag benutzt wurde, oder fast identisch (für den Fall einer Abschrift),[413] nämlich mit Z, der Handschrift aus

---

[410] Eine weitere Übersetzungsvariante des Erasmus findet sich in VII, 96.
[411] Z. B. in VII, 68, 72, 101, 141, 252, 332.
[412] Vgl. dazu auch ter Meers Anmerkung in „Introduction", S. 20: „Curio ... regularly ... mentions Greek key words in the margin, especially in case of wordplay".
[413] Wie mit einiger Plausibilität ter Meer, „Introduction", S. 20–21 annimmt.

der Bibliothek des Bohuslav z Lobkovic. Um die damit zusammenhängende Textkonstitution des Diogenes Laertius zu berücksichtigen, wurde für die vorliegende *Apophthegmata*-Ausgabe der moderne griechische *textus receptus* (nach der Ausgabe von Marcovich) mit der basler Edition des Jahres 1533[414] kollationiert.

Wenn Erasmus griechische Texte selbstständig übersetzte, bedeutet dies nicht, daß die betreffenden *Apophthegmata* frei von Fehlern und Irrtümern sind. Diesbezügliche Abweichungen und Probleme werden ebenfalls im Quellenkommentar unserer *ASD*-Ausgabe verzeichnet.

Bereits aus dem Obigen geht hervor, daß sich die Arbeitsweise des Erasmus in den *Apophthegmata* nicht durch große philologische Sorgfalt auszeichnet. Zu demselben Urteil kam schon die englische Übersetzerin Betty Knott, die in ihrer Einleitung zu *CWE* 37 „the whole work" als eine „in some ways superficial production" charakterisiert, in dem „hasty misreading of text, excessively truncated or muddled account, anecdote attributed to the wrong speaker"[415] Gang und Gebe sind. Dazu gehört das häufige Auftreten von Textübernahmefehlern in den Büchern V–VIII. Schon dem obigen Abschnitt über die verderbten und verballhornten Namen der aktierenden historischen Personen war zu entnehmen, welche Vielzahl von philologischen Problemen daraus resultiert. Hinzu kommt, daß sich nicht in allen Fällen mit letzter Sicherheit bestimmen läßt, wer die Textübernahmefehler verursacht hat. Jedoch legt die Art der Fehler nahe, daß sie mehrheitlich auf das Konto des Erasmus gehen; eine geringere Anzahl ist mit einiger Wahrscheinlichkeit dem Drucklegungsprozess geschuldet. Solche Fehler sind z. B. in VI, 174 „nominibus", wo „hominibus" stehen sollte, in VI, 193 in der zweiten Ausgabe „C. Crassus", während „C. Cassius" richtig in *A* stand, in VI, 215 in der dritten Ausgabe „quaerenti" statt des richtigen „querenti", in VI, 244 „Mannius" statt „Manius", in VI, 492 „coxam" statt „costam" oder in V, 297 „abnavigasset" statt des richtigen „adnauigasset". Solche Fehler mögen nicht von Erasmus verursacht worden sein. Dennoch hätten sie bei größerer philologischer Sorgfalt beseitigt werden können, da es aufgrund der Ausgaben zu Lebzeiten des Erasmus jedenfalls drei Sätze von Druckfahnen gab, die korrigiert werden konnten.

III.11. *Überschneidungen von Erasmus' Apophthegmata und Adagia und die Adagisierung der Apophthegmata*

In gewissem Sinn lassen sich die *Apophthegmata* als eine Fortsetzung der *Adagia*, des großen Sprichwörterwerkes des Erasmus, verstehen. In den „Prolegomena" zu den Adagien geht Erasmus auf die Definition des Sprichwortes und auf dessen Abgrenzung von verwandten Kleinformen, der Gnome oder *sententia*, der Fabel („apolo-

---

[414] *Diogenis Laertii De vitis, decretis, et responsis celebrium philosophorum libri decem*, Basel: Hieronymus Froben und Nicolaus Episcopius, 1533.
[415] „Introduction", S. XXIII.

gus"), dem σκῶμμα bzw. „salse dictum" und dem Apophthegma, ein.[416] Während Erasmus die Fabel klar ausgliedert, ist das Prinzip seiner sonstigen Definitionsweise, daß er *gemeinsame Schnittmengen* feststellt. Nicht alle Adagien sind Gnomen und nicht alle Gnomen Adagien, jedoch gibt es Adagien, die zugleich Gnomen sind, und Gnomen, die zugleich Adagien sind. Dasselbe gilt für Gnome und Apophthegma und für Apophthegma und Adagium.[417] Auf die σκώμματα geht er nicht näher ein, jedoch sollten die „salse dicta" offensichtlich als Teil der Apophthegmata verstanden werden.

Es gibt somit eine gewisse Menge von Apophthegmata, die zugleich Adagia sind; ja sogar Apophthegmata, die sowohl Sprichwörter als Gnomen sind. Davon hatte Erasmus schon in der Erstausgabe d.J. 1508 eine beträchtliche Anzahl in seine *Adagia* inkorporiert; in den nachfolgenden Ausgaben vergrößerte sich ihre Zahl erheblich. Das Auswahlkriterium für die Feststellung dieser gemeinsamen Schnittmenge war sowohl mit der Tradition der Sprichwörtersammlungen und Gnomologien verknüpft als auch subjektiv. Das erste will sagen, daß allerlei Apophthegmata in die von Erasmus benutzten Sprichwörtersammlungen Eingang gefunden hatten, z. B. jene des Apostolios, des Diogenianos und der Suidas. Das zweite Auswahlkriterium ist etwas diffiziler; dahinter verbirgt sich die Definition des *Sprichwortes* (*adagium, paroemium, proverbium*), das Erasmus in denselben „Prolegomena" festgelegt hat: erstens, daß dieses allgemein bekannt („berühmt") bzw. „in aller Munde" gewesen sein mußte: „Itaque peculiariter ad prouerbii rationem pertinent duo: τὸ θρυλλούμενον καὶ καινότης, hoc est vti celebratum sit vulgoque iactatum",[418] zweitens, daß es sich vom „gewöhnlichen Sprachgebrauch" („sermone communi" oder „sermone populari") unterscheiden sollte: durch figurative Rede, „eruditio" und zugleich „Altertum" („antiquitas").

Während diese Definitionskriterien des „paroemium" zwar nachvollziehbar sind, enthalten sie Elemente, die eine große Durchlässigkeit mit sich bringen. Denn es läßt sich in der Literatur der griechisch-römischen Antike in der Mehrzahl der Fälle im Grunde nicht feststellen, wie verbreitet gewisse „Sprichwörter" waren, da die Evidenz fehlt; meist sind nur einige wenige Stellen überliefert, an denen ein bestimmtes Sprichwort vermeldet wird, manchmal sogar nicht mehr als eine einzige. Eine gewisse Sicherheit ergibt sich meist nur dann, wenn ein bestimmtes Wort in der antiken Quelle selbst als „proverbium" oder „paroemium" bezeichnet wird. Alle anderen Fälle waren von subjektivem Ermessen abhängig. Erasmus selbst schrieb sich ein scharfes Gespür zu, Sprichwörter zu erkennen. Das mag man ihm sicherlich zubilligen – gleichwohl war seine Arbeitsweise subjektiv: In seiner Sprichwörterwerkstatt bastelte Erasmus aus der überlieferten griechisch-römischen Literatur viele

---

[416] Insbesondere Abschnitt IV. „Quomodo paroemia differat ab iis, quae videntur illi confinia", *ASD* II, 1, S. 50–52 (Z. 121–176).
[417] Ebd. Z. 161–162: „Iam vero apophthegmata non alio discrimine dissident a paroemiis quam sententiae".
[418] Ebd. S. 46, Z. 49–50.

dutzende Adagien, die man bei genauerer Prüfung nicht als „Sprichwörter" bezeichnen würde. Darunter befanden sich auch eine größere Anzahl von Apophthegmata. Wenn man seine Definitionskriterien des *Sprichwortes* betrachtet, so lässt sich verstehen, warum Apophthegmata dafür so anfällig waren: Apophthegmata gehören in vielen Fällen einem Spruchspender zu, der eine bekannte historische Person aus der Antike war. Von der Bekanntheit der Person ist es nur ein kleiner Schritt zu der Annahme, daß auch ihre Aussprüche bekannt waren. Hinzu kommt, daß Erasmus „Altertum", „antiquitas", in seine Definition des Sprichwortes aufgenommen hatte: Dieser Teil der Definition hat etwas tautologisches an sich, da diese Voraussetzung doch alle *Apophthegmata* erfüllen, die antiken Autoren entnommen sind bzw. aus der Antike stammen. Dennoch hat Erasmus dasselbe Kriterium in der „Epistola nuncupatoria" zur Selektion der *Apophthegmata* aufgestellt. Zudem ist die Tatsache zu berücksichtigen, daß Erasmus' *Adagia* um das Jahr 1530, nach sieben offiziellen Ausgaben, den Status eines autoritativen Standardwerkes erreicht hatte: Das bedeutet, daß der Umstand, daß ein gewisses Apophthegma in die *Adagia* aufgenommen war, seinen Status fortan mitbestimmte: Es ist davon auszugehen, daß diese Aufnahme sowohl den *Status* als auch die *Bedeutung* und zugleich auch die *Bekanntheit* des jeweiligen Apophthegmas erhöhte.

Aus diesen Gründen ist die gemeinsame Schnittmenge zwischen Apophthegma und Adagium in den *Apophthegmata* erheblich. Das geht u. a. schon aus den Titeleien von *Apophthegmata* hervor, die mit jenen der *Adagia* deckungsgleich oder diesen sehr ähnlich sind (vgl. die obige Liste in Abschnitt III.7).[419] Wenn bestimmte *Apophthegmata* den Titel von erasmischen *Adagia* bekommen, hat das die Auswirkung, daß diese in Bezug auf den *Status* und die *Interpretation* dem betreffenden Adagium angeglichen werden. In diesen Fällen ist es gerechtfertigt, von einer *Adagisierung der Apophthegmata* zu reden. Dies gilt *a fortiori*, wenn Erasmus im Kommentar ein bestimmtes Adagium anführt und dieses zur Erläuterung eines Apophthegmas anwendet.[420] Z. B. setzt sich in VIII, 213 seine kommentierende Erklärung einerseits aus dem Zitat seines *Adag.* 426 „Necessarium malum", andererseits aus einem bei Gellius überlieferten Apophthegma des Q. Caecilius Metellus zusammen, das ebenfalls schon in *Adag.* 426 vorhanden war.[421] In VIII, 145 bringt Erasmus ein Apophthegma des athenischen Redners Lykourgos, aus dem er *Adagium* 1132 gebastelt hatte; in seiner kommentierenden Erklärung von *Apophth.* VIII, 145 schließt er

---

[419] Vgl. Abschnitt III, 7 „Der Titel als fester Bestandteil des Apophthegmas …".
[420] So bemerkt er im Kommentar zu VIII, 233: „Hinc adagium *„Cillicontis exitium*"; retulimus hoc in Chiliadibus". Erasmus weist hier auf *Adag.* 1409 hin, übrigens mit dem unrichtigen Titel „Cillicontis exitium", während der richtige „Bona Cillicon" ist.
[421] „vt merito dici possit vxor *necessarium malum*"; vgl. *Adag.* 426 „Necessarium malum" (*ASD* II, 1, S. 500): „[B] Torqueri potest et in vxores, cum quibus incommode uiuitur, sed absque his respublica omnino consistere non potest". Allerdings irrte sich Erasmus in VIII, 213 in der Zuschreibung des Apophthegmas; er meinte, daß der Spruch von Cato d.Ä. stamme. Das weist darauf hin, daß er sein eigenes Adagium aus dem Gedächtnis zitierte.

EINLEITUNG

bei jener an, die er in *Adag.* 1132 gegeben hatte; Erasmus verknüpft sie sogar mit einem Verweis auf dieses *Adagium*:[422]

> „Lycurgus rhetor ob generis nobilitatem liberior erat in dicendo, quam vt populus interdum ferre posset. Itaque quum aliquando populi strepitu exploderetur e suggesto, exclamauit: „O Cercyraea scutica, quam multis talentis digna es", notans populum, a quo eiiciebatur, magnae quidem autoritatis ac nominis, sed inutilem rebus gerendis. De *Cercyraea scutica* dictum est nobis in Prouerbiis (i.e. Adagiis)".

In VIII, 283 erklärt Erasmus ein Apophthegma des Kynikers Demonax im kommentierenden Teil mit *Adagium* 1689, in welchem er selbst einem Apophthegma Solons den Status eines Sprichwortes verliehen hatte: (*ASD* II, 4, S. 140–141): „Ἄρχων ἄκουε καὶ δικαίως κἀδίκως, id est, *Princeps iniqua et aequa pariter audias*. Sumptum aiunt hoc adagium ex Solonis elegiis, etiam si hic trimeter est iambicus". In VIII, 283 stellt Erasmus dieses Adagium als die Quintessenz des Demonax-Apophthegmas dar:

> „Alteri (sc. proconsuli), cui imperator ingentem exercitum commiserat, sciscitanti, quomodo posset delegatam prouinciam quam optime gerere, „si", inquit (sc. Demonax), „ira vacaris et quam minimum loquens plurima audieris". Ira ad omnem functionem inutilis est, et prouerbio quoque *princeps iubetur, et aequa et iniqua audire*".

In VII, 258 stellt Erasmus in seiner Erklärung des Ausspruches des Demetrios von Phaleron einen komplexen Zusammenhang her, wobei er das Apophthegma mit dem anderslautenden *Adagium* 740 „Caecus caeco dux" verknüpft:

> „Aristophanes in comoedia Plutum inducit caecum. At hic (i.e. Demetrius Phalereus) dicebat non solum Plutum, id est, diuitias, esse caecum, verum etiam Fortunam Pluti ducem, vt iam sit illud prouerbii, „*Caecus caeco dux*".[423] Fortuna saepe largitur indignis sua munera".

Das Aristophanes-Zitat hatte Erasmus bereits in *Adag.* 740 angeführt.[424] In V, 225 verwendet er zur Erklärung eines Apophthegmas des Epameinondas gleich zwei sprichwörtliche Redensarten, die er in *Adag.* 1374 zusammengeführt hatte, nämlich „indulgere genio" und „genialiter viuere": „O vocem principe dignam! Tum maxime vigilandum est principi, quum populus maxime *indulget genio*. At non oportet ipsi vnquam vacare, ⟨id est⟩ *genialiter viuere*".[425] Die zweite „Redensart" ist allerdings eine Neubildung, die auf das Konto der Kreativität des Erasmus geht.[426] Zwei weitere Apophthegmata des Epameinondas (V, 241 und 242) erläutert Erasmus ebenfalls durch seine Adagien, V, 241 durch 2602 „Timidus Plutus" (V, 241: „Recte iudi-

---

[422] *Adag.* 1132 „Cercyraea scutica" (*ASD* II, 3, S. 150).
[423] *Adag.* 740 „Caecus caeco dux" (*ASD* II, 2, S. 260) und das gleichnamige *Collect.* 438 (ASD II, 9, S. 176).
[424] Aristophanes ... caecum] Aristoph. *Plut.* 11–17. Diese Stelle hatte Erasmus in *Adag.* 740 (*ASD* II, 2, S. 260) ins Lateinische übersetzt; er leitete sie dort wie folgt ein: „Apud Aristophanem in Pluto Carion seruus stomachatur in herum, quod ipse videns Plutum oculis captum sequeretur ...".
[425] *indulget genio*] *Adag.* 1374 „Indulgere genio" (*ASD* II, 3, S. 381–382) und *Collect.* 510 „Indulgere genio. Curare cutem" (*ASD* II, 9, S. 195).
[426] Vgl. Komm. ad loc.

cauit *timidum*, vt est in Prouerbiis, esse *Plutum*.[427] Magis enim metuit mortem, qui domi habet, vnde possit suauiter viuere"), und V, 242 durch *Adag*. 237 „Finem vitae specta",[428] wobei Erasmus im Kommentar zu V, 242 einen Spruch des Weisen Solon anführt („... alludens ad illud Solonis, *neminem dicendum beatum ante obitum. Quandiu viuit homo, potest et ad meliora proficere, et ad deteriora degenerare*"), mit dem er auch *Adag*. 237 eingeleitet hatte.[429] Insgesamt gibt es eine stattliche Anzahl solcher *Apophthegmata*, die Erasmus mittels seiner *Adagia* deutet (vgl. die Liste im Appendix 2).

Noch zahlreicher sind die Fälle, in denen ein Ausspruch in den *Apophthegmata* identisch oder nahezu identisch mit einem von Erasmus' *Adagien* ist. In solchen Fällen wird in der vorliegenden *ASD*-Ausgabe das jeweilige Apophthegma als „Gegenstück" eines bestimmten Adagiums angezeigt. In der Regel hat dies die folgende Auswirkung:

1. Dadurch, daß Erasmus ein bestimmtes Apophthegma in seine *Adagia* aufgenommen hat, hat er ihm bereits den Status eines Sprichwortes (*adagium, paroemium, proverbium*) verliehen. In einer Anzahl von Fällen vermeldet Erasmus den Proverbien-Status des betreffenden Apophthegmas *expressis verbis*.
2. Wenn Erasmus das nämliche Apophthegma in seinen *Apophthegmata* anführt, bringt dieses bereits seinen Adagien-Status mit. Nicht selten verwaltet Erasmus den Adagien-Status des Apophthegmas weiter, z. B. indem er den Sprichwortcharakter durch eine Textmanipulation erhärtet bzw. bestätigt (z. B. durch die Formel „*solet* dicere ...").

Ein Beispiel für diese Vorgehensweise ist VII, 9, das ein Gegenstück zu *Adag*. 568 „Facile, cum valemus, recta consilia aegrotis damus" (*ASD* II, 2, S. 94–96) darstellt. Das Apophthegma des Thales ist identisch mit dem Adagium, das zudem im *Adagia*-Titel komplett wiedergegeben wird. Weiter hatte Erasmus bereits in den *Adagia* den Proverbien-Status des Apophthegmas explizite angegeben („sententia prouerbialis"). Wenn er den Spruch in VII, 9 erneut präsentiert, bringt dieser seinen Proverbien-Status mit. Noch expliziter gestaltet Erasmus die Transformation eines Apophthegmas zu einem Adagium in *Adag*. 2110: „Vsque ad aras amicus" (*ASD* II, 5, S. 112):

„Tametsi non est huius instituti quaelibet apophthegmata colligere, tamen hoc ita commode dictum et specie vsque adeo prouerbiali, praeterea sic a magnis celebratum autoribus, vt merito videatur in hunc ordinem cooptandum. Responsum autem est a Pericle, quem cum amicus quispiam rogaret, vt in causa quadam sua gratia falsum deieraret: Δεῖ με ... συμπράττειν τοῖς φίλοις, ἀλλὰ μέχρι βωμῶν, id est *Oportet me commodare amicis, sed vsque ad aras* ...".

---

[427] *Adag*. 2602 „Timidus Plutus", *ASD* II, 6, S. 424–425 (Zenob. III, 35; Aristoph. *Plut*. 202–203).
[428] *ASD* II, 1, S. 350–351.
[429] „Extat apud Herodotum historia longe notissima, quemadmodum Solon Croeso responderit nemini competere nomen beati, nisi qui feliciter vitae cursum peregisset. Quod referens Iuuenalis, Quem vox, inquit, facunda Solonis,/ Respicere extremae iussit spatia vltima vitae".

Wenn Erasmus das *Apophthegma* in V, 176 erneut bringt, bestätigt er den Adagien-Status, indem er ihm denselben Titel verleiht wie dem *Adagium*. *Adag.* 1147 „Extra cantionem" (*ASD* II, 3, S. 164) konstruierte Erasmus aus einem Apophthegma des Themistokles: „Natum, vt videtur, ab apophthegmate Themistoclis, qui Simonidi poetae petenti quiddam a se parum aequum respondit ad hunc modum: ‚Neque tu bonus esses poeta, si praeter cantum caneres, neque ego bonus princeps, si praeter leges iudicem'"; wenn Erasmus den Ausspruch in V, 143 erneut bringt, besitzt er bereits den Adagien-Status. *Apophth.* V, 148 ist ein Gegenstück zu *Adag.* 3513 (*ASD* II, 8, S. 24), das denselben Spruch des Themistokles (und nur diesen) enthält: „Themistocles, vt in ipsius vita refert Plutarchus, Eretrieo cuidam exprobrans ignauiam dixit:... ‚Sane', inquit, ‚et vobis aliquid de bello dicendum est, qui *theuthidum in morem* gladium quidem habetis, cor autem non habetis'". Der Titel des Adagiums ist dem nämlichen Spruch entnommen („Theuthidum more"). Interessant ist in diesem Fall, daß es sich sicherlich nicht um ein Sprichwort handelt, sondern um eine *ad-hoc*-Aussage, die in der Hitze einer militärischen Diskussion gemacht wurde. Jedoch „adelte" sie Erasmus in *Adag.* 3513 zum Adagium. In V, 148 verwaltet Erasmus den Adagien-Status des Ausspruchs weiter, indem er behauptet, daß Themistokles dies zu sagen „*pflegte*" („*solet*"), obwohl es um eine einmalige Aussage ging.[430] Die Reihe dieser Apophthegmata, die ihren Sprichwortstatus aus den *Adagia* mitbringen bzw. deren Adagien-Status Erasmus in den *Apophthegmata* weiterverwaltet, ist ziemlich lang; man sehe dafür die zahlreichen Beispiele in der Liste des Appendix 2.

„Solet" (oder „solebat") ist ein für die *Apophthegmata* des Erasmus charakteristisches Wort. Es ist für die Adagisierung der *Apophthegmata* symptomatisch, da Erasmus damit den Sprichwort-Staus des jeweiligen Ausspruchs zementiert. Dabei muss man berücksichtigen, daß sich relativ viele Aussprüche iterativ auffassen lassen, ohne daß dies in der jeweiligen Quelle angegeben ist. In diese Richtung wirkt auch die häufig verwendete, semantisch mehrdeutige Form des Imperfektum. In Erasmus' *Apophthegmata* fällt auf, daß er eine gewisse Vorliebe dafür hatte, die Imperfekta seiner Quellen mit „solet" oder „solebat" zu explizitieren;[431] wenn in seinen Textvorlagen „solebat" oder ein Äquivalent bereits vorhanden ist, so übernimmt er es in seiner Textwiedergabe. Diese Vorgehensweise läßt sich auch in seinen *Adagia* beobachten. Die Betonung des Iterativen (und somit des Sprichwörtlichen) nimmt in den *Apophthegmata* zuweilen übertriebene, hypertrophe oder tautologische Formen an. Z.B. „pflegte Dareios *häufig* zu sagen" („saepenumero dicere solet"), daß ihm ein unversehrter Zopyros lieber sei als die Eroberung von hundert Städten (V, 7).[432] Zopyros hatte sich, um Babylon auszuliefern, das Gesicht durch Abschneiden der Nase und der Ohren verstümmelt. Man kann sich vorstellen, daß Dareios, als er das

---

[430] „In Eretrienses ita cauillari *solet* [sic], vt diceret eos similes piscium ..."; „solet" steht nicht in Erasmus' Quelle.
[431] Vgl. z. B. V, 4; 7; 16; 30; 67; 92; 114; 124; 151; 202; 305; 306; 329; 448; 468; VI, 86; 157; 176; 384; 551; 557; VII, 77; 39; 40; 181; 225; 225; 232; 277; 326; 328; 335; 355; 370; 386; VIII, 15; 51; 62; 102; 134; 195; 295.
[432] „Postea Darius saepenumero dicere solet se malle vnum Zopyrum integrum quam centum Babylonas capere".

häßliche Gesicht des Zopyros zum ersten Mal sah, dies gesagt hat und vielleicht, weil er so schockiert war, mehrfach hintereinander;[433] jedoch wird diese Bemerkung im Hinblick auf die weitere Zukunft bald obsolet; daß Dareios dies fortan ganz häufig und immer wieder gesagt hätte, erscheint schwer vorstellbar, es sei denn der persische König wäre nicht ganz bei Trost gewesen. In V, 7 hatte Erasmus Filelfos Übersetzung kopiert und durch den Zusatz von „solet" tautologisiert,[434] wobei eben „solet" das eigentlich Kuriose ist, weil es die ad-hoc-Reaktion des Dareios zu einem Sprichwort befördert. Demetrios von Phaleron, der i.J. 297 v. Chr. nach Ägypten reiste, riet Ptolemaios I., er möge Bücher über Staats- und Kriegsführung lesen, weil das geschriebene Wort aufrichtiger Rat gäbe als die *eo ipso* kriecherischen Höflinge (VII, 264). Erasmus' direkte Vorlage, Filelfos Übersetzung, hatte „monebat Ptolemaeum regem", der griechische Text τῷ βασιλεῖ παρῄνει; Erasmus jedoch transformierte dies zu „Ptolemaeum regem adhortari *solet*". Man kann sich unschwer die Irritation vorstellen, die Ptolemaios erfüllt haben würde, wenn ihm Demetrios das immer wieder vorgehalten hätte.

Interessant ist, daß Erasmus bei einer Reihe von *Apophthegmata* „solet" bzw. „solebat" hinzufügte, sogar wenn es sich im Grunde um *klar erkennbar einmalige* Aussprüche (wie in V, 148) oder um ein Zitat aus einem schriftlichen Werk handelt und somit gar kein Ausspruch vorliegt. Als Antigonos Gonatas die Nachricht vom Tod des Philosophen Zenon (262/1 v. Chr.) hinterbracht wurde, soll er ausgerufen haben, daß ihm damit „die Schaubühne seiner Taten entrissen worden sei". Erasmus jedoch transformiert den Ausspruch zu einem Adagium, das Antigonos nach dem Tode des Zenon immer wieder von sich zu geben pflegte: „Zenone defuncto, quem vnum ex philosophis maxime suspiciebat, *dicere solet* gestorum suorum theatrum esse sublatum" (V, 110).[435] Als Themistokles mit seiner politischen Karriere anfing, wurde ihm (von einem Unbekannten) sein früherer liederlicher Lebenswandel vorgeworfen. Da soll er gesagt haben, daß „aus wilden Füllen die besten Pferde hervorgehen". Erasmus jedoch gibt an, daß er dies *immer wieder* gesagt habe („dicere solebat", V, 152). Ein gewisser Timon, anscheinend ein Zeitgenosse des Kynikers Antisthenes (ca. 445–ca. 355 v.Chr.), soll diesen immer wieder als „universalen Schwätzer" bezeichnet haben („appellare solet", VII, 79). Es handelt sich jedoch keineswegs um einen Ausspruch, sondern um ein Zitat aus den *Silloi*, einem um 250 v. Chr. verfassten satirischen Gedicht des Philosophen Timon von Phlius. Herodes Atticus, der Lehrmeister des Hadrianus Sophista, kommentierte eine bestimmte Übungsrede sei-

---

[433] In *Adag.* 1964 „Zopyri talenta" (*ASD* II, 4, S. 317), wo Erasmus dasselbe Apophthegma zitiert, präsentiert er es noch als einmaligen Ausspruch („Vnde Darium dixisse ferunt se vnum Zopyrum integrum malle quam centum Babylonas capere").

[434] „saepe dicebat" bildete Erasmus zu „saepenumero dicere solet" um.

[435] Aufgrund des Kontextes (Reaktion auf eine Todesnachricht) hätte Erasmus ἔλεγε mit „dixit" wiederzugeben sollen. Im siebenten Buch erinnerte sich Erasmus nicht mehr daran, daß er den Ausspruch bereits im fünften Buch gebracht hatte. In der Dublette, die er nunmehr anführt, verwendet er richtig das Perfektum: „Eius (sc. Zenonis) mortem cum audisset (sc. Antigonus), ingemuit dicens ,quale theatrum perdidi'" (VII, 295).

nes Schülers mit der konstruktiv gemeinten Kritik „κολοσσοῦ μεγάλα σπαράγματα" – „riesige/ großartige Glieder eines Giganten". Erasmus transponiert diesen einmaligen Vorfall zu einem immer wiederkehrenden Spruch, mit dem er den Redestil des Hadrianus kritisiert habe (VIII, 42). Caligula bekam einmal bei Spielen einen Wutanfall, weil das Volk einen anderen Kämpfer favorisierte als er selbst; in seiner Wut schrie er: „Hätte doch das römische Volk einen einzigen Nacken, damit ich ihn breche". In Erasmus' Proverbialtransformation „pflegte" Caligula dies immer wieder zu sagen (VIII, 119).

Zu der Angleichung an die *Adagia* trägt nicht zuletzt die Struktur der *Apophthegmata* bei: Wie die *Adagia* sind diese mit einem Titel, einer Nummer und einem Kommentar ausgestattet, in dem die Bedeutung des Spruches erklärt wird; des Weiteren werden zuweilen Dichterzitate, anderes proverbiales Material, Sentenzen und Parallelstellen angeboten. Letztes ist in den *Apophthegmata* nicht mit der gleichen Frequenz und im selben Umfang wie in den *Adagia* der Fall, jedoch immerhin bemerkenswert, weil es klar über das einzelne Apophthegma hinausgeht und einen komplexeren Text erzeugt.

Hin und wieder verweist Erasmus in den *Apophthegmata* auch direkt auf das Werk *Adagia*. Bemerkenswert ist jedoch, daß dies nur selten der Fall ist,[436] während die Überschneidungen zwischen *Apophthegmata* und *Adagia* doch sehr zahlreich sind. Bezeichnenderweise haben diese expliziten Verweisungen die Funktion von *praeteritiones*: Erasmus übergeht einen bestimmten Spruch in den *Apophthegmata* oder streift ihn nur, weil er ihn bereits ausführlich in den *Adagia* behandelt hatte und er sich an der betreffenden Stelle die Arbeit ersparen will. So übergeht Erasmus die „Symbola Pythagorica", weil er sie bereits in den Adagien gebracht hat; der die Pythagoras-Sektion abschließende Satz lautet: „De Pythagorae symbolis non pauca diximus in Chiliadibus, quo minus hic libuit ea repetere" (VII, 360). In VII, 29 erspart sich Erasmus nähere Erklärungen zu einem Apophthegma des Psittakos: „Huic (sc. Psittaco) tribuitur illud decantatissimum „dimidium plus toto", de quo nobis satis dictum est in Chiliadibus",[437] ebenso wie in VII, 34 in Bezug auf die Weisheit, daß man eine Frau heiraten soll, die (sozialhierarchisch und ökonomisch) „gleichwertig" ist („Id latius explicuimus in Chiliadibus"),[438] in VI, 63 in Bezug auf ein Apophthegma des Kaisers Otho („Sed de hoc plura nobis dicta sunt in

---

[436] Z.B. in VII, 35 „Attigimus et hoc in Chiliadibus".
[437] *Adag.* 895 (*ASD* II, 2, S. 402–407): „Dimidium plus toto", S. 402: „Πλέον ἥμισυ παντός, id est Dimidium plus toto, aenigma prouerbiale, quo commendatur aurea mediocritas … . Pittacus apud Laertium, vbi se sponte abdicasset magistratu, agri sibi a Mytilenaeis relicti dimidium resecuit, autore Sosicrate, dicens dimidium praestabilius esse toto".
[438] *Adag.* 701 „Aequalem tibi vxorem quaere" (*ASD* II, 2, S.229–232): „Τὴν κατὰ σαυτὸν ἔλα, id est, *aequalem tibi vxorem ducito*. Adagium admonet, ne quis cupiditate aut ambitione allectus se potentiorem ducat vxorem; nam eiusmodi ferme connubia inauspicato cedere. Plutarchus in libello De liberis educandis parentes admonet, vt eiusmodi liberis suis vxores despondeant, quae non sint multo vel ditiores vel potentiores. Prudenter enim dici prouerbio: *Tuae sortis vxorem ducito*. Celebratur et hoc inter sapientum apophthegmata atque a nonnullis Pittaco asscribitur γάμει ἐκ τῶν ὁμοίων, id est *Vxorem ducito ex aequalibus*. Nam si duxeris ex potentioribus te prognatam, dominos tibi parabis, non affines".

Chiliadibus")[439] und in VI, 240 des Narren Gabba ("De quo plura retulimus in Chiliadibus").[440]

Insgesamt geht Erasmus in den *Apophthegmata* von der Bekanntheit seiner *Adagia* aus. Deswegen erspart er sich zumeist den Hinweis, daß ein bestimmter Spruch bereits in den *Adagia* vorkommt oder, daß er etwas anführt, das er bereits in den *Adagia* behandelt hatte. Auch hinter dieser Vorgehensweise steckt das Bewusstsein, daß er mit den *Apophthegmata* sein Lebenswerk der *Adagia* in gewisser Weise fortsetze. Im Appendix 2 zur Einleitung findet sich eine Liste der wichtigsten und explizite belegbaren Überschneidungen von *Apophthegmata* und *Adagia* für *Apophth.* V–VIII. Obwohl Vollständigkeit nicht erstrebt werden konnte, ist die Anzahl der Überschneidungen erheblich: Im Fall von 266 *Apophthegmata* (also von ca. 15 % aller Sprüche der Bücher V–VIII) liegen Überschneidungen zu einem Adagium oder mehreren Adagien vor.

III.12. *Erasmi Apophthegmata: die Verwischung der Quellen, die autorschaftliche Zueignung der Apophthegmata und der Quellenkommentar der ASD-Ausgabe*

Erasmus hat in den *Apophthegmata* Angaben zu den Quellenautoren, denen er die einzelnen Aussprüche entnahm, vermieden. Diese Vorgehensweise unterscheidet sich stark von der in den *Adagia* gebräuchlichen, wo er standardmäßig die Autoren und Werke nannte, aus denen er die einzelnen Sprichwörter und verwandten Texte bezogen hat. Aus der Titelseite der ersten Ausgabe der *Apophthegmata* (A = 1531) und der „Epistola nuncupatoria" geht zwar hervor, daß Plutarch seine Hauptquelle darstellt, jedoch bleibt unklar, welche weiteren Autoren er, und überhaupt, welche Quellen er im Einzelnen benutzt hat. Auf der Titelseite von *A* behauptet Erasmus, er habe „sämtliche beste Autoren" der griechischen und lateinischen Literatur („ex optimis quibusque vtriusque linguae autoribus") durchforstet, in einer Wiederholung des Titels am Anfang des ersten Buches, noch vager, er hätte die Sprüche „sowohl aus den griechischen als auch aus den lateinischen Autoren" ausgewählt („ex Graecis pariter ac Latinis autoribus *selecta*").[441] Diese Angaben erheben den universalen Anspruch, daß Erasmus für seine Spruchsammlung entweder die gesamte griechische und lateinische Literatur der Antike oder (jedenfalls) alle ernstzunehmenden (kanonisierten?) Autoren exzerpiert habe. Wie wir oben in der Analyse der Textgenese gezeigt haben, ist dies jedoch nicht der Fall; Erasmus hat vor allem bereits vorhandene Sammlungen ausgeschlachtet: Die Bücher I und II sind größtenteils Plutarchs *Apophthegmata Laconica* entnommen, die Bücher IV und V den *Regum et imperatorum apophthegmata* desselben Autors, die Bücher III und VII Diogenes

---

[439] *Adag.* 497 (*ASD* II, 1, S. 566).
[440] *Adag.* 504 (*ASD* II, 2, S. 28).
[441] *A* (1531), S. 1. Dieser wiederholte Titel bleibt auch in *B* und *C* bestehen.

EINLEITUNG   191

Laertius' Philosophenviten. In Buch VI plünderte Erasmus Suetons Kaiserbiographien, die *Historia Augusta*, Ciceros und Quintilians Witzesammlungen und die von Athenaios überlieferte Sammlung der Stratonikos-Aussprüche.

Bei dieser Sachlage wäre es sowohl angebracht als auch leicht machbar gewesen, die wichtigen, jeweils umfängliche Sektionen bestimmenden Quellen wenigstens in den Einleitungen zu den einzelnen Büchern oder zu Anfang der jeweiligen Sektion zu vermelden. Erasmus unterläßt dies aber. Freilich mag ein gelehrter und einschlägig kundiger Leser z. B. registriert haben, daß das fünfte Buch vornehmlich den *Regum et imperatorum apophthegmata* Plutarchs entnommen worden ist. Daß in Buch III Diogenes Laertius die relevante Quelle ist, läßt sich jedoch nur aus einer *praeteritio* am Ende des zweiten Buches ableiten. Erasmus sagt, daß er die Sprüche einiger hervorragender Philosophen hinzufügen wolle, wobei „Abwechslung" und Beschränkung den Vorzug verdiene. Wenn es aber einen Leser gäbe, der ein näheres Interesse an Aussprüchen von Philosophen habe, so möge dieser doch den Diogenes Laertius konsultieren.[442] Im dritten Buch aber, das zum größten Teil aus Diogenes Laertius stammt, vermeldet Erasmus diesen als Quellenautor nur zweimal, und zwar kurioserweise nur dort, wo Diogenes eben *nicht* seine Quelle ist bzw. wo der Spruchspender umstritten ist.[443]

Diese Vorgehensweise ist für die Bücher V–VIII ebenfalls repräsentativ. Erasmus vermeldet Quellen nur in Ausnahmefällen, wenn seine eigentliche Quelle eine andere ist als die von ihm angeführte, wenn der Spruchspender umstritten ist, wenn von verschiedenen Versionen eines Spruches die Rede ist bzw. wenn Erasmus mit einer bestimmten Version nicht einverstanden ist. Noch mehr als das dritte wurde das siebente Buch dem Diogenes Laertius entnommen (nämlich nahezu zur Gänze). Erasmus vermeldet ihn als Quellenautor jedoch nur zweimal: Einmal ganz unvermittelt als direkte Quellenangabe: „Refert Laertius", während fast alle vorhergehenden Aussprüche von VII, 1–233 von demselben Diogenes Laertius stammen. Durch eine solche Quellenvermeldung entsteht der Eindruck, daß das Vorhergehende eben nicht dem Diogenes Laertius, sondern allerlei Quellen entnommen wurde. Die zweite Vermeldung des Diogenes als Quelle ist unrichtig: Erasmus' tatsächliche Vorlage war Plutarch.[444]

Derartige Vermeldungen sind nicht dazu da, den Leser bezüglich der Quellen zu informieren, sondern bewirken eher, daß er irregeführt wird. Auch seine Hauptquellen Sueton, *Historia Augusta*, Athenaios, Ciceros *De oratore* (Buch II), Quintilians *Institutio oratoria* und Philostratos' *Sophistenbiographien* nennt Erasmus dort, wo er

---

[442] „Sit hic huius conuiuii secundus missus, si videtur; cui subiecimus philosophos, non omnes, ne nullus sit finis, sed aliquot eximios, vt varietas excludat lectionis taedium. Quod si quem huius patinae maior auiditas tenet, huic Diogenes Laertius facile stomachum explebit …" (*ASD* IV, 4, S. 195, Z. 137–140).
[443] Ebd. S. 207 (Socrates, 45) „Simile quiddam Laertius asscribit Diogeni", während Erasmus Sen. *Dial.* V, 11, 2 folgt, der den Ausspruch dem Sokrates zuschreibt; S. 282 (Diogenes, 14): „Hoc Laertius tribuit Antistheni, Plutarchus Diogeni".
[444] VII, 20.

sie ausschlachtet, *nicht*, jedoch in Zweifels- und Ausnahmefällen. Während Erasmus fast alle Ausprüche von VI, 1–90 Suetons Kaiserbiographien entnommen hat, erwähnt er seine Quelle mit keinem Wort;[445] ähnliches gilt für die *Historia Augusta*, seine Quelle für VI, 93–182: Dort sucht man vergeblich nach einem Quellenhinweis. Jedoch erwähnt Erasmus ausnahmsweise Flavius Vopiscus, den mutmaßlichen Autor der Aurelian-Biographie, in VI, 176, was jedoch weniger der Absicht, den Quellenautor anzugeben, sondern der Tatsache geschuldet ist, daß dieser Autor als Ohrenzeuge des betreffenden Spruches aufgeführt wird. In den *Apophthegmata*-Passagen, in denen Erasmus Auszüge aus Ciceros *De oratore* präsentiert, verschweigt er seine Quelle (v.a. VI, 331–367, nebenher VI, 183–249), mit einer Ausnahme: Nachdem er mit der Bearbeitung des zweiten Buches von *De oratore* fast fertig ist, sagt er: „Inter *salsa* commemorat et illud Marcus Tullius" (VI, 359). Dieser Hinweis ist zum einen ziemlich vage; zum anderen lenkt die plötzlich auftretende Quellenangabe davon ab, daß die Mehrzahl der Sprüche von VI, 331–367 aus derselben Quelle stammt. Ebenso Quintilian: Während Erasmus ihm in VI, 183–249 dutzende Sprüche entnimmt, nennt er ihn nur einmal – unvermittelt und beiläufig – als Quelle: „Refert Fabius" (VI, 244). Diese Art des „verschleiernden Zitierens" ist grundlegend für Erasmus' Arbeitsweise in den *Apophthegmata*. Gleiches gilt für Lukians *Demonax*, aus dem Erasmus die *Apophthegmata* VIII, 255–285 übertragen hatte: Erasmus nennt dort den Quellenautor mit keinem Wort, während er ihn im selben Buch einmal aufführt, jedoch in einem Fall, in dem er ein einziges Apophthegma aus dem wenig bekannten Werk *De saltatione* bezogen hat (VIII, 194).

Besonders aufschlußreich ist die Art, wie Erasmus mit seiner Hauptquelle von Buch V, Plutarchs *Regum et imperatorum apophthegmata*, verfährt. Erasmus nennt Plutarch nur einige Male, und zwar gerade dort, wo er einem Spruch den Status eines Apophthegmas aberkennt, wo er Plutarch die Autorschaft abspricht oder wo er sich in der Zuschreibung eines Spruches irrt. Beispiele für das erste sind V, 9 („Nec hoc video, quur inter apophthegmata debeat recenseri, quum Plutarchus recenseat"), V, 10 („Nec hoc inter apophthegmata commemoraturus eram, ni Plutarchus recensuisset") und V, 309 („Et hoc admiror a Plutarcho inter apophthegmata commemorari"). In V, 133 zieht Erasmus daraus, daß er ein bestimmtes Lemma nicht als Apophthegma, sondern als Strategema betrachtet, den Schluß, daß Plutarch *nicht der Autor sein* könne: „Hoc vt bellum est strategema, ita nihil habet apophthegmatis. Vnde probabile est a studioso quopiam adiectum in Plutarcho". Die zugrundeliegende Strategie dieser Art von Quellenvermeldungen scheint zu sein: Nennung eines Quellenautors = Aberkennen bzw. In-Zweifel-Ziehen seines Autorschaftsanspruches.

Die Strategie des Verschleierns von Autorschaftsansprüchen lässt sich auch in Fällen erkennen, in denen Erasmus einen bestimmten Autor nennt, während er einem anderen folgt, wie dies schon im dritten Buch der Fall war. So vermerkt Erasmus

---

[445] Jedoch nennt er ihn mit Namen nur in VI, 337 und 349, wo er jeweils lediglich ein Apophthegma von ihm bezogen hat.

in V, 6 „Herodotus libro quarto refert hoc fuisse dictum de Megabyze", während er selbst Plutarch zitiert. Die grundsätzliche Methode in den *Apophthegmata* ist – anders als in den *Adagia* –, die Quellen zu verschweigen; dies wird hin und wieder unterbrochen durch einige unvermittelte und zufällige Quellenvermeldungen.[446] In manchen dieser Fälle läßt sich kein Grund ausfindig machen, warum Erasmus dort eine Quellenangabe macht, während er dies sonst vermeidet. Kurios ist, daß einige dieser unvermittelten Quellenangaben unrichtig sind. Z. B. vermeldet Erasmus zu VIII, 117 mit scheinbarer philologischer Genauigkeit: „Refert Eutropius libro 5", während er tatsächlich Plutarchs Marius-Biographie zitiert; in VIII, 118 und 119 gibt Erasmus ebenfalls „Eutropius" als Quelle an, während er in Wirklichkeit Orosius benutzte; in VI, 528 und VIII, 95 nennt er „Plutarch" als Quelle, während er im ersten Fall Valerius Maximus, im zweiten Athnenaios zitierte. Des Weiteren hat Erasmus in *B* (1532) und *C* (1535) in den Büchern V und VI einige Zusätze in der Form von Einschüben angebracht, die er – gegen seine Gewohnheit in den *Apophthegmata* – mit Quellenangaben ausstattete.[447] Auch in diesen Fällen ist ein triftiger Grund für die Quellenangabe nicht erkennbar.

Insgesamt steht der Benutzer der älteren Ausgaben der *Apophthegmata*, der sich für die Quellen der jeweiligen Sprüche interessiert, zumeist mit leeren Händen da. Es ist im Übrigen nicht davon auszugehen, daß der frühneuzeitliche Benutzer die jeweilige Quelle ohne Weiteres erkannte. Dies läßt sich anhand von Lycosthenes' Ausgabe der *Apophthegmata* zeigen, der standardmäßig zu jedem Spruch die Angabe der *ursprünglichen* Quelle hinzusetzte. So war Lycosthenes nicht einsichtig, aus welchem Werk Erasmus die Witze des Demonax bezogen hatte: In solchen Fällen blieb ihm nichts übrig, als Erasmus als Quelle zu notieren (z. B. S. 27: „Demonax … Eras. lib. 8. Apoph."). Dasselbe gilt für die beträchtliche Anzahl von Witzen, die aus Quintilians *Institutio oratoria* (z. B. S. 213: „Domitii Afri. Longus Sulpitius … Eras. lib. 6. Apoph."; „Galba parasitus … Eras. lib. 8. Apoph.")[448] oder aus Ciceros *De oratore* stammen (S. 39–40: „M. Cincius … Eras. 6. Apoph.": „M. Scipio Maluginensis … Erasm. Rot. lib. 6. Apoph.").[449] Aus der Anwesenheit der Hannibal-Sektion in Buch V leitet Lycosthenes ab, daß Plutarch die Quelle darstelle, während dies in Wirklichkeit Donato Acciaiuolis *Vita* ist (z. B. S. 196); auch konnte Lycosthenes nicht eruieren, daß Erasmus die Anekdote von Phryne und Praxiteles in V, 576 Pausanias' Griechenlandbeschreibung entnommen hatte.[450] Dasselbe gilt für Sprüche, die Erasmus aus den *Loci communes* des Maximus Confessor bezogen hatte (z. B. S.

---

[446] Z. B. in V, 251 (Valerius Maximus), 254B, VI, 277, 494, VIII, 7, 28, 75, 76 (jeweils Plutarchus), VIII, 77, 83 und 139 (Plinius d.J.).
[447] z. B. V, 291 („vt Liuius refert"), 292 („Refert Florus"), 382 („Refert M. Tullius in oratione *Pro L. Flacco*"), VIII, 183 („Refert Titus Liuius Decadis primae libro octauo").
[448] VI, 184, aus Quint. *Inst.* VI, 3, 32, und VI, 237, *Inst.* VI, 3, 62.
[449] VI, 365, das *De or.* II, 286, und VI, 225, das *De or.* II 260 entnommen wurde.
[450] Paus. I, 20, 1–2.

671: „Timon Atheniensis ... Erasmus libro sexto Apophthegma."),[451] und jene, die den Briefen des jüngeren Plinius entnommen worden waren.[452] Bei dem Ausspruch Timons von Athen in V, 192 erkannte Lycosthenes, daß er unmöglich aus Plutarchs *Regum et imperatorum apophthegmata* herkommen konnte, wußte jedoch nicht, woher sonst.[453] Auch Aussprüche, die Erasmus aus Stobaeus' Sammlung übertrug, waren quellenmässig nicht leicht erkennbar.[454] Die Stratonikos-Sprüche erhalten von Lycosthenes gleichfalls den Vermerk „Eras. 6. Apoph.".[455] Manche *Apophthegmata*, die aus Sueton stammen, hat Lycosthenes erkannt, manche nicht.[456] Bezeichnend ist weiter, daß dort, wo Erasmus falsche Quellenangaben macht, Lycosthenes diese übernimmt, z. B. in VIII, 117–119 (jeweils fälschlich Eutropius statt einmal Plutarchs Marius-Biographie und in den anderen beiden Fällen Orosius). In summa: Lycosthenes' Angaben zeigen in aller Deutlichkeit das Resultat von Erasmus' Verschleierung der Quellen: Erasmus selbst hatte die Autorschaft der *Apophthegmata* an sich gerissen.

Damit steht seine Anmerkung in der „Epistola nuncupatoria" im Einklang, er habe durch seine Bearbeitungsmethode „*das ganze Werk gewissermassen zu seinem eigenen gemacht*" – „*Sed totum opus quodammodo meum feci*".[457]

Als Gründe für diesen Autorschaftsanspruch führt er an:

1. Er habe den griechischen Text auf eine deutlichere und erklärende Weise wiedergegeben („dum explanatius effero quae Graece referuntur"), wobei er vom wörtlichen Übersetzen seiner Vorgänger abgewichen sei und zudem statt sperrigem Halb-Griechisch idiomatisches Latein hergestellt habe.
2. Er habe seinen Apophthegmata jeweils Elemente/Textteile hinzugefügt, die er aus anderen Autoren als der jeweils benutzten Spruch-Quelle herangetragen habe.[458]
3. Überhaupt habe er sehr vieles hinzugefügt, was in „diesem Werk nicht vorhanden war".[459]
4. Er habe den einzelnen Apophthegmata jeweils gleichsam wie in Scholien eine Erklärung des Sinnes („sensus") oder der Anwendungsweise („vsus") beigegeben, jedenfalls dort, wo nähere Erläuterungen erforderlich gewesen seien.

Dieser Autorschaftsanspruch spiegelt sich in der Titelei der Erstausgabe (vgl. oben), in der der Autor DESIDERIVS ERASMVS ROTERODAMVS durch die Verwendung von Kapitalen hervorgehoben wird. Dieser stützt sich auf zwei Komponenten:

---

[451] VI, 544 aus (Ps.) Maximus Confessor, Migne *PG* 91, 76.
[452] Z.B.S. 1040: „Erasmus lib. 8. Apoph." = Plin. *Epist.* III, 5, 10 und ebd., 12–13.
[453] Dies war Plutarchs Antonius-Vita.
[454] Vgl. z. B. VIII, 64 aus Stob. *Florilegium* V, 36.
[455] Z.B.S. 418 = VI, 444.
[456] Z.B.S. 103: „Caligulae. In auctione ... Eras. Il. 6. Apoph." = Suet. *Cal.* 38, 4.
[457] *ASD* IV, 4, S. 41, Z. 117–122. Kursivierung K.E.
[458] Ebd. Z. 119: „interiectis interdum, quae apud alios auctores addita comperissem".
[459] Ebd., Z. 120–121: „additis item permultis, quae in hoc opere non habebantur".

erstens als Zusammensteller der Sammlung, zweitens als Textverfasser, d.h. der Kommentare/ Zusätze („cum breui commodaque explicatione, quae tum lucem addit obscuris, tum dicit sensum argutiamque, nonnumquam et vsum indicat").

Auf der Titelseite der Ausgabe letzter Hand scheint Erasmus letzlich als der *alleinige Autor* auf: Es ist jetzt von

DESIDERII ERASMI ROTERODAMI APOPHTHEGMATVM LIBRI OCTO

die Rede, die nunmehr aufs Neue von ihrem „autor" gründlich revidiert worden seien: „denuo vigilanter *ab ipso recogniti autore*".[460] Diese Titelei wiederholen Hieronymus Froben und Nicolaus Episcopius in den nächsten Ausgaben d.J. 1536 und 1538, ebenso Johannes Gymnicus in den Kölner Ausgaben von 1538, 1541, 1545, 1547 und 1554 und Johannes Loe in der Antwerpener Ausgabe d.J. 1543. Auch in anderen Ausgaben wird Erasmus als Autor („au(c)tor") aufgeführt, z.B. in den von Sebastianus Gryphius in Lyon gedruckten: „Apophthegmatum opus cum primis frugiferum, vigilanter ab ipso recognitum autore ... Desiderio Erasmo Roterodamo autore" (z.B. in diversen Auflagen 1539–1547).

Zum Schluß ergibt sich, daß Erasmus für die *Apophthegmata* die Autorschaft kaum anders beanspruchte als für die *Adagia*. Die Verquickungen der *Apophthegmata* mit den *Adagia* trägt weiter zur Zementierung dieses Autorschaftsanspruches bei. Wenn Erasmus bestimmten Apophthegmen den Titel eines seiner Adagien gibt, markiert er sie zugleich als intellektuelles Eigentum. Dieselbe Wirkung verbuchen Texteinschübe aus seinen *Adagia* oder Verweise auf dieselben. Wenn Erasmus beispielsweise in VII, 360 sagt: „De Pythagorae symbolis non pauca diximus in Chiliadibus, quo minus hic libuit ea repetere", dann präsentiert er sich hier wie dort als Autor. Dasselbe gilt für VII, 29, wo Erasmus auf nähere Erklärungen zu dem Spruch des Pittakos verzichtet, weil er diese bereits in den *Adagia* geliefert habe: „Huic (sc. Pittaco) tribuitur illud decantatissimum „dimidium plus toto", de quo nobis satis dictum est in Chiliadibus",[461] und auch für alle anderen Stellen, an denen er den Leser auf die *Adagia* verweist.[462]

Die vier Begründungen, die Erasmus in seiner „Epistola nuncupatoria" für seinen Autorschaftsanspruch angegeben hat, sind diskutabel und fragwürdig. Daß Erasmus insgesamt eigenständige und, was das lateinische Idiom betrifft, ansehnlich verbesserte und zugleich leichter verständliche und klarere Textwiedergaben als die ihm vorgehenden lateinischen Übersetzer von Plutarchs *Apophthegmata*-Sammlungen geschaffen hat, ergibt sich nicht aus unseren Quellenanalysen zu den einzelnen Sprüchen, welche in der vorliegenden Ausgabe jeweils im Kommentar aufgezeichnet sind. Erasmus hat, wie sich herausstellte, in unterschiedlichen Gradationen Filelfos

---

[460] Kursivierung K.E.
[461] *Adag.* 895 (*ASD* II, 2, S. 402–407): „Dimidium plus toto", S. 402: „Πλέον ἥμισυ παντός, id est Dimidium plus toto, aenigma prouerbiale, quo commendatur aurea mediocritas ... Pittacus apud Laertium, vbi se sponte abdicasset magistratu, agri sibi a Mytilenaeis relicti dimidium resecuit, autore Sosicrate, dicens dimidium praestabilius esse toto".
[462] Vgl. oben, Abschnitt III, 11.

und/oder Regios Übersetzung teils übernommen, teils variiert, jedoch vergleichsweise selten tatsächlich verbessert. Seine Abhängigkeit von den Vorgängern läßt sich für fast jedes Apophthegma aufzeigen. Die Übernahme von Übersetzungsfehlern, Textlücken, Mißverständnissen und irrigen Namensformen weist darauf hin, daß sich Erasmus in sehr vielen Fällen nicht oder höchstens marginal mit dem griechischen Text auseinandergesetzt hat. Wenn er Apophthegmata aus Plutarchs *Vitae* präsentiert, benutzte er grundsätzlich nur die jeweilige lateinische Übersetzung. Auch im Hinblick auf Diogenes Laertius spielen die Erasmus vorliegenden lateinischen Übersetzungen (von Traversari und Curio) eine weitaus größere Rolle als der griechische Originaltext, der ihm in Manuskriptform zugänglich war, obwohl er (in der Titelei der zweiten Ausgabe, 1532) seine philologische Leistung durch die Behauptung hervorkehrte, er habe den lateinischen Text „des Übersetzers des Diogenes Laertius" (wohlgemerkt ohne Namensnennung) „anhand des/eines griechischen Manuskripts" („e Graeco codice") korrigiert. Tatsächlich hat Erasmus – wie im Obigen gezeigt wurde – auch als ihm die Handschrift zugänglich war, nach wie vor die Übersetzungen Traversaris und Curios übernommen, während er eher ausnahmsweise auch den griechischen Originaltext heranzog. Jedoch ist im Hinblick auf Erasmus' Autorschaftsanspruch auch zu berücksichtigen, daß er einige griechische Texte selbst übersetzt hatte, z. B. die Apophthegmen aus Lukians *Demonax* oder Athenaios' *Deipnosophistae*. Insgesamt ist jedoch die Anzahl der selbstständig aus dem Griechischen übersetzten Texte viel geringer als die Übernahmen lateinischer Texte.

Die Behauptungen zwei und drei sind interessant, nämlich daß Erasmus seine Sprüche jeweils mit Einschüben, Zusätzen oder Ergänzungen angereichert habe, die er aus anderen Autoren als der jeweils benutzten Spruch-Quelle beigebracht habe, und daß er überhaupt „sehr vieles hinzugefügt" habe, was „in diesem Werk (damit sind wohl Plutarchs Apophthegmen gemeint) nicht vorhanden war". Dadurch verleiht Erasmus den *Apophthegmata* einen autorschaftlichen Status, der jenem der *Adagia* gleichkommt: Jedes Adagium enthält zitierte Texte, die aus mehr als einem Werk stammen, wobei Erasmus die betreffenden Stellen gesammelt und kombiniert hat; zudem hat er die zitierten Texte mit Erklärungen versehen und mit diversen eigenen Überlegungen angereichert, sodaß in nicht wenigen Fällen das jeweilige Adagium einem Essay ähnelte.

Was für die *Adagia* gilt, geht jedoch nicht für die *Apophthegmata* auf. Tatsächlich gibt es nur wenige *Apophthegmata*, die an eines seiner *Adagia* heranreichen bzw. einen essayartigen Charakter besitzen. Die meisten sind nur sehr kurz (zwischen drei und sieben Zeilen) und gehen nur von einer einzigen Quelle aus. Fälle, in denen Erasmus mehr als einen Quellentext zitiert, kommen nur eher selten vor; wenn überhaupt vorhanden, dann beschränkt sich die Anzahl der zitierten Stellen (Autoren) auf zwei. Z. B. kombiniert Erasmus einen Aristoteles-Spruch aus Diogenes Laertius mit einem Vergil-Zitat (VII, 229) und auf dieselbe Weise in der Dublette VIII, 169 ein Platon-Apophthegma mit der nämlichen Vergil-Stelle. Das Auftreten von Dubletten und Mehrfachzuschreibungen hätte Anlaß sein können, die verschiedenen Überlieferungen eines bestimmten Spruches abzugleichen, fehlende Informationselemente (einer bestimmten Überlieferung) zu ergänzen oder Irrtümer zu korrigieren. Wie im obigen Abschnitt über die Dubletten gezeigt wurde, hat Erasmus dies nicht geleistet. In den meisten Fällen ist ihm das Vorhandensein von Mehrfachversionen entgangen. Wenn es ihm auffiel, begnügt er sich in der Regel mit Bemerkungen wie „Dies wird auch einem anderen zugeschrieben". Eine kritische oder vergleichende Betrachtung sucht man vergeblich.

Die Behauptung des Erasmus, er habe den einzelnen *Apophthegmata* jeweils gleichsam Scholien beigegeben, in denen er eine Erklärung des Sinnes („sensus") oder der Anwendungsweise („vsus") liefere, scheint zunächst eine stichhaltige Begründung seines Autorschaftsanspruchs abzugeben. In der Tat hat er in den Büchern V–VIII den größeren Teil der *Apophthegmata* mit einer abschliessenden kommentierenden Anmerkung versehen. Dennoch ist anzumerken, daß – wie im obigen Abschnitt III.9 gezeigt wurde – die erläuternde Qualität der Anmerkungen nicht sehr hoch ist und daß sie in der Mehrzahl der Fälle wenig zur Klärung schwieriger Stellen oder überhaupt zum Verständnis des Apophthegmentextes beitragen. Hinzu kommt, daß die meisten kommentierenden Anmerkungen sehr kurz gehalten sind. In sehr vielen Fällen kommen sie nicht über eine minimale Paraphrase hinaus. Unter Scholien kann man natürlich Unterschiedliches verstehen. Wenn man die abschliessenden Erklärungen des Erasmus als „Scholien" bezeichnen möchte, so ist festzuhalten, daß sie jedenfalls sehr dürftig sind und nur selten philologisch oder altertumswissenschaftlich Stichhaltiges liefern. Die Behauptung, er habe im Kommentar die Anwendungsweise („vsus") der Sprüche angegeben, geht nur in ganz wenigen Fällen auf. Der hier skizzierte Befund insgesamt läßt fraglich erscheinen, ob der umfassende Autorschaftsanspruch, den Erasmus im Widmungsbrief und in der Titelei von *C* erhebt, gerechtfertigt ist.

Klar ist jedoch, daß Erasmus in den *Apophthegmata* jeweils, und zwar in unterschiedlichem Ausmaß und in varianten Formationen, *hybride* Texte hergestellt hat. Die *Apophthegmata* sind prinzipiell Fremdtexte, jedoch vermischt mit allerlei Zusätzen des Erasmus.

Diese Sachlage stellt an die Edition hohe Anforderungen. Die Quellen, die Erasmus benutzte, müssen klar dargestellt werden, sodaß nachvollziehbar sein soll, auf welche Weise Erasmus arbeitete. Dabei muß klar ersichtlich werden, was bei jedem Apophthegma Erasmus' Anteil ist und was nicht. Dafür reicht eine simple Stellenangabe wie Plut. *Mor.* 184D (vgl. *ASD* IV, 4) nicht aus, weil daraus nicht hervorgeht, welche Sätze/ Satzteile/ Wörter von Erasmus stammen und welche der jeweiligen Quelle entnommen worden sind. Dies soll in der vorliegenden *ASD*-Edition klar erkennbar dargestellt werden, indem zitierter Text von Erasmus' eigenem Text unterschieden wird. Im Haupttext der Edition wird deswegen (wie in den *ASD*-Editionen der *Adagia*) zitierter, wörtlich übernommener Text *kursiv* gedruckt, Erasmus' eigener bzw. vom Zitat abweichender Text nicht-kursiv. Im Kommentar der Edition wird jeweils kurz angegeben, wie Erasmus vorgegangen ist (wörtliche Wiedergabe, eigene Übersetzung, Übernahme einer ihm vorliegenden Übersetzung, [leichte] Variation einer solchen, paraphrasierende Wiedergabe, Textübernahmefehler, Missverständnisse, Verwechslungen und Verdrehungen). Abgesehen von Fällen, in denen dies verzichtbar ist (z. B. bei einer ganz wörtlichen Textübernahme), wurden die jeweiligen Quellentexte, die Erasmus bearbeitet hat, im Kommentar dargeboten.

Die Quellenanalyse der *Apophthegmata* stellt aufgrund der Arbeitsweise des Erasmus, die divergent und erratisch ist und stets hybride Texte hervorbringt, insgesamt eine anspruchsvolle Aufgabe dar. Das gilt im besonderen Maße gleich für das fünfte Buch, daß zum überwiegenden Teil Plutarchs *Regum et imperatorum apophthegmata* gewidmet ist. Aus der Analyse der Quellen ging hervor, daß Erasmus während der gesamten Arbeit am fünften Buch stets mehrere Textvorlagen vor sich bzw. zur Hand hatte, die er auf unterschiedliche Weise, in unterschiedlichem Ausmaß und mit unterschiedlicher Intensität benutzte bzw. bearbeitete:

1. Der griechische Text von Plutarchs *Regum et imperatorum apophthegmata* in der Ausgabe des Aldus Manutius d. J. 1509.[463]
2. Die lateinische Übersetzung des Francesco Filelfo.[464]
3. Die lateinische Übersetzung des Raffele Regio d. J. 1507, entweder in der venezianischen Erstausgabe des Jahres 1507 oder der *Moralia*-Ausgabe des Josse Bade,[465] wahrscheinlich zusätzlich auch in der rezenten revidierten *Moralia*-Ausgabe des Andreas Cratander.[466]
4. Die Version des jeweiligen Apophthegmas in den *Bioi paralleloi*, entweder auf Griechisch in der gedruckten Ausgabe des Aldus Manutius aus dem Jahr 1519[467] oder
5. in der lateinischen Übersetzung (diverser) italienischer Humanisten des 15. Jh., wahrscheinlich in der Ausgabe des Josse Bade,[468] möglicherweise auch (zusätzlich) in einem anderen frühen Druck.
6. Manchmal die Version eines bestimmten Ausspruchs in einem der moralischen Traktate Plutarchs. Dabei stand Erasmus einerseits der griechische Text des Aldus Manutius aus dem Jahr 1509 zur Verfügung,[469] oder
7. Die lateinischen Übersetzungen diverser Humanisten, einerseits in der gedruckten Ausgabe des Josse Bade aus dem Jahr 1514,[470] anderseits aus der Ausgabe des Cratander aus dem Jahr 1530.

---

[463] *Plutarchi opuscula LXXXXII*, Venedig: Aldus Manutius, 1509.
[464] Francesco Filelfo, *Plutarchi Cheronensis apophthegmata ad Traianum Caesarem*, in: idem, *Orationes*, [Mailand]: [Leonard Pachel und Ulrich Scinzenzeler], [1483/4], fol. ⟨k iii⟩ᵛ.
[465] Raffaele Regio, *Plutarchi Regum et Imperatorum Apophthegmata Raphaele Regio interprete*, Venedig: Gregorius de Rusconibus, 1508; ebenfalls in: *Plutarchi Cheronei Opuscula argutissima et ingeniosissima hac serie [...]*, Paris: Jean Petit und Josse Bade, 1514.
[466] *Plutarchi Chaeronei philosophi historiciique clarissimi Opuscula quae quidem extant omnia, undequaque collecta et diligentissime iampridem recognita [...]*, Basel: Andreas Cratander, 1530.
[467] *Plutarchi quae vocantur parallela hoc est vitae illustrium virorum [...]* Venedig: Aldus Manutius, 1519.
[468] *Vitae Plutarchi Cheronei [...]. Cum Aemilii Probi vitis*, Paris: Josse Bade und Jean Petit, 1514.
[469] *Plutarchi opuscula LXXXXII*. Venedig, Aldus Manutius, 1509.
[470] *Plutarchi Cheronei Opuscula argutissima et ingeniosissima hac serie [...]*, Paris: Jean Petit und Josse Bade, 1514 (*Politica; De virtute morum; De liberis educandis; De differentia odii et invidiae; De tranquillitate animi; De fortuna Romanorum; De virtute et fortuna Alexandri; Parallela; De claris mulieribus;*

8. Eine besondere Rolle als Quellen spielten jene moralphilosophischen Traktate Plutarchs, die Erasmus selbst im Laufe der Jahre übersetzt hatte. Hierfür lag ihm seine eigene Sammelausgabe von acht Traktaten, die er bei Froben im Jahr 1514 publiziert hatte, die *Opuscula Plutarchi nuper traducta*,[471] vor, weiter die Ausgabe von *De non irascendo* und *De curiositate* aus dem Jahr 1525[472] und *De vitiosa verecundia* aus dem Jahr 1526[473] sowie die rezente Neuausgabe aller 11 Traktate durch Andreas Cratander.[474]
9. Manchmal zusätzlich lateinische Übersetzungen bestimmter Apophthegmata, die Erasmus selbst früher entweder in den *Collectanea* (1500) oder in einer der *Adagia*-Ausgaben (seit 1508) bereits publiziert hatte. Plutarchische Apophthegmata, die bereits in den *Collectanea* oder den *Adagia* anzutreffen sind, beanspruchen zudem einen Sonderstatus, weil dabei jeweils der Fall miteinkalkuliert werden muss, daß Erasmus sie aus dem Gedächtnis zitierte.

Wenn ein bestimmter Spruch in den *Regum et imperatorum apophthegmata* vorkam, bedeutet dies, daß Erasmus meist (jedoch nicht in allen Fällen!) von diesem Werk ausging. Jedoch benutzte er nur in eher seltenen Fällen den griechischen Text als Vorlage, die dennoch vorkommen: In diesen Fällen hat Erasmus den griechischen Text selbstständig übersetzt.[475] Im Allgemeinen zog er jedoch eine der zwei lateinischen Übersetzungen oder beide als Vorlage heran, und zwar unterschiedlich und auf kaum ausrechenbare Weise. Mal bevorzugte er jene des Filelfo, mal jene des Regio, mal „mischte" er seinen Text aus beiden zusammen. Dies geschah nicht zu gleichen Teilen oder nach irgendeinem erkennbaren System. Vielleicht besitzt die Übersetzung des Regio eine gewisse Prävalenz, jedoch keine große. Wenn Erasmus eine der beiden Übersetzungen bevorzugte, bedeutet das nicht automatisch, daß dies die bessere war. Vielleicht etwas seltener hat Erasmus Filelfos Text vorgezogen. Insgesamt „mischte" Erasmus gerne: Der Anteil der „gemischten" Apophthegmata-Texte ist relativ hoch. Nebenher gibt es einige Fälle, in denen Erasmus die Version des betreffenden Spruches aus den *Viten* Plutarchs bevorzugte oder miteinfliessen liess. In diesen Fällen gilt *mutatis mutandis*, daß er ebenfalls bereits vorhandene Übersetzungen als Grundlage verwendete und nur äußerst selten den griechischen Originaltext heranzog. Wenn

---

Apophthegmata Regum et Imperatorum; Apophthegmata Laconica; An brutis insit ratio; Placita philosophorum; De musica; Problemata).

[471] *Opuscula Plutarchi nuper traducta Erasmo Roterodamo interprete*, Basel: Johann Froben, 1514 (*Quo pacto quis dignoscere possit adulatorem ab amico; Quo pacto quis efficere possit, ut capiat vtilitatem ab inimico; De tuenda bona valetudine praecepta; In principe requiri doctrinam; Cum principibus maxime philosophum debere disputare; Vtrum grauiores sint animi morbi quam corporis; Num recte dictum sit λάθε βιώσας, id est, Sic viue, vt nemo te sentiat vixisse; De cupiditate diuitiarum*).

[472] Plutarchus Chaeroneus, *Libellus perquam elegans De non irascendo. Eiusdem De curiositate. Vterque Latinus Des. Erasmo Rot. interprete*, Basel: Johann Froben, 1525.

[473] Plutarchus Chaeroneus, *De vitiosa verecundia, Erasmo Roterodamo interprete*, Basel: Johann Froben, 1526.

[474] *Plutarchi Chaeronei philosophi historicique clarissimi Opuscula quae quidem extant omnia, vndequaque collecta et diligentissime iampridem recognita* […]. Basel: Andreas Cratander, 1530. Für Erasmus' Plutarch-Übersetzungen insgesamt vgl. ASD IV, 2 (ed. A.J. Koster).

[475] Z.B. im Fall von V, 195 oder VI, 407.

Erasmus die Sprüche einer bestimmten Person aus den *Regum et imperatorum apophthegmata* bearbeitet hatte, ergänzte er in den Fällen, in denen dies möglich war, die betreffende Sektion mit Apophthegmen aus den Viten oder den übrigen moralphilosophischen Traktaten Plutarchs. Da Plutarch dieselben Apophthegmen sehr häufig in mehreren Werken verwendete, ist es unbedingt erforderlich, diese Stellen mit dem von Erasmus gebrachten Text abzugleichen. Eine Herausforderung stellt die Tatsache dar, daß sich diese Stellen oft aufs Haar gleichen. Dies wird weiter durch die Tatsache erschwert, daß Erasmus in solchen Fällen abermals von bereits vorhandenen lateinischen Übersetzungen ausging; zu berücksichtigen ist weiter, daß die nämlichen Apophthegmata oft auch bereits von Brusoni gebracht worden waren (der im Übrigen eine ähnliche Arbeitsweise angewendet hatte). Bei manchen Apophthegmata, insbesondere kurzen und/oder adagienähnlichen, läßt sich nicht eindeutig feststellen, von welcher Quelle Erasmus ausging. Z. B. kommen für V, 114 „Venter et lingua" nicht weniger als acht Stellen in Frage:

1. Plut., *Regum et imperatorum Apophthegmata*, Mor. 183F (Antipater, 2), griechischer Originaltext.
2. Filelfos Übersetzung
3. Regios Übersetzung
4. Plut. *Phocion* 1 (*Vit.* 741F), griechischer Text.
5. Die lateinische Übersetzung der Stelle von Lapo da Castiglionchio.
6. Plut., *De cupiditate diuitiarum* 5, Mor. 525C, griechischer Originaltext.
7. Von diesem Erasmus' eigene Übersetzung des Jahres 1514 (die weiter von Crassander 1530 neu ediert worden war)
8. *Adag.* 2642 „Lingua seorsum inciditur" (*ASD* II, 6, S. 447).

Mit einiger Wahrscheinlichkeit darf man annehmen, daß Erasmus hier eher nicht den griechischen Text von Plut. *Phocion* 1 (*Vit.* 741F) als Vorlage benutzt hat. Für den Spruchtext selbst könnte Erasmus jedoch eine jede der übrigen Quellen als Textvorlage verwendet haben. Aus seiner kommentierenden Erklärung läßt sich weiter ableiten, daß er diesbezüglich auf *Adag.* 2642 zurückgegriffen hat, d.h. was den Sinn betrifft (jedoch nicht den Wortlaut). Daraus folgt jedoch nicht, daß Erasmus hier *ausschließlich* von dem Adagientext ausgegangen ist und keine der anderen genannten Quellen benutzt hat. Das ist schon deswegen unwahrscheinlich, weil er die *Regum et imperatorum Apophthegmata* sukzessive bearbeitete. Des Weiteren ist die Möglichkeit gegeben, daß Erasmus den erklärenden Adagien-Text aus dem Gedächtnis zitiert hat. Auch wenn Erasmus einen moralphilosophischen Traktat des Plutarch zitiert, den er früher selbst übersetzt hatte, ist seine Arbeitsweise erratisch und divergent: Im Fall von V, 219 wiederholt Erasmus seine eigene Übersetzung von Plut., *De vitioso pudore* 16, Mor. 535A aus dem Jahr 1526 (ebenso in VI, 546 und 552 jene von idem 18, Mor. 536A–B, sowie in VI, 556 jene von *De cohibenda ira* 14, Mor. 462C–D aus dem Jahr 1525); in V, 254 benutzt Erasmus seine frühere Übersetzung von Plut., *De tuenda sanitate praecepta* 25, Mor. 136D aus dem Jahr 1514, indem er sie variierend wiedergibt (ebenso verfährt er in V, 219, diesmal in Bezug auf Plut., *Quomodo adulator ab amico internoscatur* aus dem Jahr 1514 und in VI, 557, in Bezug auf *De curiositate* 3, Mor. 516F aus dem Jahr 1525); in V, 94 jedoch übersetzt Erasmus den griechischen Text aufs Neue, und zwar allem Anschein nach, ohne sich um seine frühere Übersetzung zu kümmern. In VII, 162 wiederholt Erasmus seine frühere Übersetzung von Plut., *Quomodo adulator ab amico internoscatur* 26, Mor. 67C–E zum einen Teil wortwörtlich, zum anderen Teil variierte er sie. Im Fall von VII, 265 ging Erasmus ebenfalls divergent vor: Im einleitenden, narrativen Teil lieferte er eine stark gekürzte und paraphrasierende Bearbeitung seiner eigenen Übersetzung von Plut., *Quomodo adulator ab amico internoscatur* 28, Mor. 69C–D, im Spruchteil wiederholte er sie jedoch wortwörtlich. In VII, 390 rekurriert Erasmus auf *Adag.* 1175 „Amicus magis necessarius quam ignis et aqua" (*ASD* II, 3, S. 190), das er auf Grundlage von Plutarchs Traktat *Quo pacto sit dignoscendus assentator ab amico* 5, Mor. 51B erstellt hatte. In VII, 390 zitiert Erasmus jedoch weder *Adag.* 1175 noch die betreffende Plutarch-Stelle wörtlich, obwohl er den Traktat früher selbst übersetzt hatte. Es hat hier den Anschein, daß Erasmus das Adagium aus dem Gedächtnis referierte. Im Fall von VI, 407 übersetzte Erasmus den Text von *Regum et imperatorum apophthegmata*, Mor. 183E selbstständig aufs Neue, obwohl er das Apophthegma im Rahmen von Plutarchs *De curiositate* erst 1525 ins Lateinische übersetzt hatte, eine Übersetzung, die er an der angegebenen Stelle außen vor ließ ebenso wie die Übersetzungen des Filelfo und Regio von *Regum et imperatorum Apophthegmata*. Eine noch komplexere Vorgehensweise läßt sich im Fall von VI, 521 feststellen, wo Erasmus teils eine wörtliche, teils eine freie Wiedergabe von Plut., *De tranquillitate animi* 12, Mor. 471F–472A liefert, in der er zunächst Budés lateinischer Übersetzung auf dem Fuß folgte, dann aber das Nachfolgende nach dem griechischen Original selbstständig übersetzte, zusätzlich aber – was für die erasmischen *Apophthegmata* im Übrigen nicht den Regelfall darstellt – andere Texte damit verquickte, *in concreto* Bausteine aus seiner eigenen Übersetzung von *Quomodo adulator ab amico internoscatur* 15, einsetzte und zudem die Besuchergestalt mit jener aus Plinius *Nat.* XXXV, 85 verschnitt, wo die Anekdote ebenfalls vorkommt.

Diese komplexe Quellenlage (mehrere Instanzen von Plutarchs *Apophthegmata*, bereits vorliegende lateinische Übersetzungen, Verwendung in den *Adagia*) zusammengenommen mit der erratischen und divergenten Arbeitsweise des Erasmus stellt hohe Anforderungen an den Quellenkommentar. Sie erfordert, daß die für das jeweilige Apophthegma relevanten Textvorlagen auch *textuell* dargestellt werden müssen. Auf diesem Weg ist abzuklären und darzulegen, welche Quellen Erasmus jeweils benutzt hat und auf welche Weise, sowie, was er jeweils aus seinen Quellen bezogen hat und was er hinzugesetzt hat. Im Zuge der kritischen Edition hat sich herausgestellt, daß es diesbezüglich eine große Bandbreite gibt, wie der Benutzer der Ausgabe in den einzelnen Kommentaren zu den jeweiligen Apophthegmen ersehen kann.

Textgrundlage für die vorliegende *ASD*-Ausgabe ist Erasmus' Ausgabe von letzter Hand, *C* (1535), zuzüglich der Ausgaben *A* und *B* sowie der Errata zu *A*, welche Erasmus selbst zusammengestellt hatte, die jedoch in der Nachfolgeausgabe *B* nicht berücksichtigt worden waren.

DANKSAGUNG

Die Edition von Erasmi *Apophthegmata* V–VIII war ein umfängliches und arbeitsintensives Projekt, das sich über die Jahre 2010 bis 2022 erstreckt hat. Es hätte ohne die Mithilfe von anderen nicht ausgeführt werden können. Insbesondere sei an dieser Stelle den studentischen Hilfskräften des *Seminars für lateinische Philologie des Mittelalters und der Neuzeit* an der Universität Münster für ihre hingebungsvolle und im Grunde unverzichtbare Mitarbeit aufrichtiger Dank ausgesprochen. Namentlich gilt mein Dank – in chronologischer Reihenfolge – Olga Bode, Pia Kazmierczak, Victoria Overfeld, Tobias Enseleit, Lukas Reddemann, Sophie Vonderlind, Anna Bündgens, Patrick Teltenkötter, Hannes Amberger, Lisa Krüp, Lisa Séguélas, Bianca Niedermeier, Sebastian Platte, Stefan Kondring, Judith Gerigk, Theresa Rudolph, Nastasja Sieberg, Luca Hollenborg und Carina Schlüppmann, welche in den Jahren 2010–2022 an meinem Münsteraner Institut beschäftigt waren und an dem Editionsprojekt beteiligt waren. Für die Kontrolle der zitierten griechischen Quellentexte möchte ich insbesondere Luca Hollenborg danken, für die Mitarbeit an der Erstellung des lateinischen *Index nominum* und des *Index sententiarum* Judith Gerigk. Des Weiteren gilt mein Dank der Edition der *Collected Works of Erasmus*, welche die von Betty I. Knott und Elaine Fantham übersetzten und annotierten *Apophthegmata* während der Arbeit an *ASD* IV, 5A, 5B und 6, herausbrachten. Ich bin der Edition *CWE*, und natürlich *primo loco* Betty Knott und Elaine Fantham, sehr erkenntlich, daß uns das Manuskript noch vor dem offiziellen Erscheinen im Druck (2014) zugänglich war. Es bedarf keiner eingehenden Erläuterung, daß die vorliegende Edition von der Arbeit von Betty Knott und Elaine Fantham (*CWE* 37 und 38) sehr profitiert hat. Zum Schluß gilt mein besonderer Dank der *Stiftung Erasmi Opera Omnia*, welche das Editionsvorhaben großzügig unterstützt hat, durch die Finanzierung von zwei zusätzlichen studentischen Hilfskräften für das Jahr 2018 sowie durch die Finanzierung von Lehrveranstaltungsvertretungen für je ein Semester in den Jahren 2016 und 2020. Die Unterrichtsvertretungen ermöglichten eine Nahezu-Vollzeittätigkeit an der Edition für jeweils sechs Monate 2016 und 2020.

Leiden, im September 2022

APPENDIX 1 (ZU EINLEITUNG III.3): LISTE DER DUBLETTEN IN *APOPHTHEGMATA*, BÜCHER V–VIII

V, 99	Demetrios Polyorketes/ Stilpon	= VII, 132	Stilpon von Megara
V, 110	Antigonos Gonatas	= VII, 295	Zenon von Kition
V, 178	Perikles	= VIII, 153	Isokrates
V, 184	Alkibiades	= II, 41	Anonymer Spartaner (*ASD* IV, 4, S. 159 [388])
V, 196	Iphikrates	= V, 306	Scipio Africanus d.Ä.
V, 217	Demetrios von Phaleron von Erasmus in *C* umgestellt, blieb jedoch irrtümlich auch in V, 217 stehen	= VII, 264	Demetrios von Phaleron
V, 218	Demetrios von Phaleron von Erasmus in *C* umgestellt, blieb jedoch irrtümlich auch in V, 218 stehen	= VII, 265	Demetrios von Phaleron
V, 257	Pelopidas	= I, 248	Leonidas (*ASD* IV, 4, S. 122 [248])
V, 261	Pelopidas	= I, 325	Paedaretus (*ASD* IV, 4, S. 143 [325])
V, 264	Manius Curius Dentatus	= VI, 320	C. Fabricius Luscinus
V, 276	Q. Fabius Maximus	= VI, 355	Q. Fabius Maximus
V, 293	Scipio Africanus d.Ä.	= VIII, 77	Attilius Crescens
V, 304	Scipio Africanus maior (irrtümlich)	= V, 415	Scipio Africanus minor
V, 423	Caecilius Metellus	= VI, 319	Q. Fabius Minutius (irrtümlich für Q. Fabius Maximus)
VI, 21	Caligula	= VIII, 119	Caligula
VI, 110	Hadrianus imperator	= IV, 31	Philipp II. (*ASD* IV, 4, S. 293 [959])
VI, 194	„Publius" (?)	= VII, 212	Bion Borysthenites
VI, 229	Domitius Afer	= VIII, 319	Flavius Virginus
VI, 242	M. Lelius (irrtümlich für M. Lollius)	= IV, 152	Augustus (*ASD* IV, S. 320 [1080])
VI, 247	anonymer Römer	= VIII, 212	Arius (fiktive Person des Ludovico Ricchieri)

VI, 274	rex anonymus (irrtümlich)	= VIII, 91	Seleucus
VI, 319	Q. Fabius Maximus	= V, 423	Caecilius Metellus
VI, 320	C. Fabricius Luscinus	= V, 264	Manius Curius Dentatus
VI, 355	Q. Fabius Maximus	= V, 276	Q. Fabius Maximus
VI, 383	Simonides	= VIII, 191	Simonides
VI, 387	Lycurgus orator	= VIII, 148	Lycurgus orator
VI, 411	Python Byzantius	= VIII, 3	Leo Byzantius
VI, 413	Python Byzantius	= VIII, 1	Leo Byzantius
VI, 418	Theodoros Atheos	= VIII, 7	Theodoros Atheos
VI, 443	Stratonikos	= VI, 457	Stratonikos
VI, 448	Stratonikos	= VI, 469	Stratonikos
VI, 449	Stratonikos	= VII, 113	Anacharsis
VI, 457	Stratonikos	= VI, 443	Stratonikos
VI, 469	Stratonikos	= VI, 448	Stratonikos
VI, 526	Apelles der Maler	= VIII, 199	anonymer Maler (irrtümlich)
VI, 518	Telesphoros	= VIII, 217	Rhodius quidam
VI, 519	Apelles der Maler (irrtümlich für Apelles von Chius, den Philosophen)	= VIII, 59	Ktesibios aus Chalkis
VI, 541	Milon aus Kroton	= VIII, 208	Milon aus Kroton
VII, 22	Solon	= VII, 52	Antisthenes
VII, 24	Solon	= VII, 122	Anacharsis
VII, 28	Solon	= VII, 359	Pythagoras
VII, 44	Antisthenes	= VII, 191	Bion Borysthenites
VII, 45	Antisthenes	= IV, 67	Alexander d.Gr. (ASD IV, 4, S. 302 [995])
VII, 46	Antisthenes	= I, 238	Philippus quidam (ASD IV, 4, S. 120 [238])
VII, 51	Antisthenes	= III, 320	Diogenes der Kyniker (ASD IV, 4, S. 271 [860])
VII, 52	Antisthenes	= VII, 22	Solon
VII, 57	Antisthenes	= VII, 69	Antisthenes
VII, 59	Antisthenes	= III, 162	Aristippos (ASD IV, 4, S. 235 [702])

VII, 65	Antisthenes	= VII, 70	Antisthenes
VII, 69	Antisthenes	= VII, 57	Antisthenes
VII, 70	Antisthenes	= VII, 65	Antisthenes
VII, 95	Antisthenes	= III, 71	Sokrates (*ASD* IV, 4, S. 214 [611])
VII, 113	Anacharsis	= VI, 449	Stratonikos
VII, 115	Anacharsis	= II, 45	philosophus quidam (*ASD* IV, 4, S. 160 [392])
VII, 122	Anacharsis	= VII, 24	Solon
VII, 126	Anaxagoras	= I, 257	Lochadus (i.e. Lochagus) (*ASD* IV, 4, S. 124 [257])
VII, 133	Stilpon	= V, 99	Demetrios Polyorketes/ Stilpon
VII, 137	Krates der Kyniker (irrtümlich, es handelt sich tatsächlich um den Megariker Stilpon)	= VII, 230	Aristoteles
VII, 157	Platon	= VIII, 85 = I, 345	Archytas Charillus sive Charilaus (*ASD* IV, 4, S. 149 [345])
VII, 191	Bion Borysthenites	= VII, 44	Antisthenes
VII, 212	Bion Borysthenites	= VI, 194	„Publius" (?)
VII, 224	Aristoteles	= VII, 245	Aristoteles
VII, 229	Aristoteles und Vergilius	= VIII, 169	Platon und Vergilius
VII, 230	Aristoteles	= VII, 137	Krates der Kyniker (irrtümlich, es handelt sich tatsächlich um den Megariker Stilpon)
VII, 245	Aristoteles	= VII, 224	Aristoteles
VII, 264	Demetrios von Phaleron	= V, 217	Demetrios von Phaleron (von Erasmus in *C* umgestellt, blieb jedoch irrtümlich auch im fünften Buch stehen)
VII, 265	Demetrios von Phaleron	= V, 218	Demetrios von Phaleron (von Erasmus in *C* umgestellt, blieb jedoch irrtümlich auch im fünften Buch stehen)
VII, 284	Krates aus Theben	= III, 319	Diogenes der Kyniker (*ASD* IV, 4, S. 271 [859])
VII, 295	Zenon der Kyniker	= V, 110	Antigonos Gonatas

VII, 342	Kleanthes von Assos	= III, 342	Diogenes der Kyniker (*ASD* II, 4, S. 275 [882])
VII, 359	Pythagoras	= VII, 28	Solon
VII, 373	Antiphon der Sophist (irrtümlich, tatsächlich Antiphon der Tragiker)	= III, 264	Diogenes der Kyniker (*ASD* IV, 4, S. 260 [804])
VII, 376	Anaxarchos	= IV, 51	Alexander d. Gr. (*ASD* IV, 4, S. 297–298 [979])
VIII, 1	Leo Byzantius	= VI, 413	Python Byzantius
VIII, 3	Leo Byzantius	= VI, 411	Python Byzantius
VIII, 7	Theodoros Atheos	= VI, 418	Theodoros Atheos
VIII, 59	Ktesibios aus Chalkis	= VI, 519	Apelles der Maler (irrtümlich für Apelles von Chius, den Philosophen)
VIII, 77	Attilius Crescens	= V, 293	Cato d.Ä. (irrtümlich; tatsächlich Scipio Africanus d.Ä.)
VIII, 85	Archytas	= VII, 157 = I, 345	Plato Charillus sive Charilaus (*ASD* IV, 4, S. 149 [345])
VIII, 91	Seleukos	= VI, 274	rex anonymus (irrtümlich)
VIII, 116	Diogenes der Kyniker	= III, 327	Diogenes der Kyniker (*ASD* IV, 4, S. 272 [867])
VIII, 119	Caligula	= VI, 21	Caligula
VIII, 148	Lycurgus orator	= VI, 387	Lycurgus orator
VIII, 153	Isokrates	= V, 178	Perikles
VIII, 157	Isokrates	= III, 123	Aristippos (*ASD* IV, 4, S.S. 225–226 [663])
VIII, 169	Aristoteles und Vergilius	= VII, 229	Platon und Vergilius
VIII, 191	Simonides	= VI, 383	Simonides
VIII, 197	Apelles der Maler	= VI, 520	Apelles der Maler
VIII, 199	anonymer Maler (irrtümlich)	= VI, 526	Apelles der Maler
VIII, 205	Alexander d. Gr.	= IV, 85 = IV, 70	Alexander d. Gr. (*ASD* IV, 4, S. 305 [1013]) Alexander d. Gr. (*ASD* IV, 4, S. 302 [998])
VIII, 207	Sokrates	= III, 56	Sokrates (*ASD* IV, 4, S. 210 [596])

VIII, 208　Milon von Kroton	= VI, 541	Milon von Kroton
VIII, 212　Arius (fiktive Person des Ludovico Ricchieri)	= VI, 247	anonymer Römer
VIII, 217　Rhodius quidam	= VI, 518	Telesphoros
VIII, 223　Gorgias	= III, 272	Diogenes der Kyniker (*ASD* IV, 4, S. 281 [912])
VIII, 305　Alfons von Aragon	= VIII, 303	Scipio Africanus d.Ä.
VIII, 319　Flavius Virginus	= VI, 229	Domitius Afer

APPENDIX 2 (ZU EINLEITUNG III.11): ÜBERSCHNEIDUNGEN ZWISCHEN DEN *APOPHTHEGMATA* UND DEN *ADAGIA*

Apophthegma		*Adagium*	
Buch V:			
V, 1	„Princeps, qui virtute praecellit"	2601	„Scarabeus aquilam quaerit" (ASD II, 6, S. 402)
V, 4	„Fortuna aduersa prudentes facit"	29	„Piscator ictus sapiet" (ASD II, 1, S. 142)
		30	„Factum stultus cognoscit" (ASD II, 1, S. 142–144)
		31	„Malo accepto stultus sapit" (ASD II, 1, S. 144–146)
		238	„Posterioribus melioribus" (ASD II, 1, S. 351–352)
		299	„Post mala prudentior" (ASD II, 1, S. 404)
		3259	„Post acerba prudentior" (ASD II, 7, S. 164–165)
V, 5	„Fauor arte captatus"	1175	„Amicus magis necessarius quam ignis et aqua" (ASD II, 3, S. 190)
		1964	„Zopyri talenta" (ASD II, 4, S. 316–317)
V, 6	„Amico fido nihil preciosius"	1964	„Zopyri talenta" (ASD II, 4, S. 316–317)
V, 7	„Fidus amicus"	731	„Oculatae manus" (ASD II, 2, S. 254)
		1964	„Zopyri talenta" (ASD II, 4, S. 316–317)
		2917	„Fidus amicus" (ASD II, 6, S. 557)
V, 10	„Delitiae"	1596	„Lydus cauponatur" (ASD II, 4, S. 84)
V, 25	„Munus in tempore datum"	1605	„Munerum animus optimus" (ASD II, 4, S. 90)
		2900	„Munus exiguum, sed opportunum" (ASD II, 6, S. 550)
V, 26	„Fames condimentum"	1669	„Optimum condimentum fames" (ASD II, 9, S. 82)
V, 29	„Munus in tempore datum"	2900	„Munus exiguum, sed opportunum" (ASD II, 6, S. 550)
V, 36	„Par pari"	35	„Par pari referre" (ASD II, 1, S. 150–151)
		1366	„Pardi mortem adsimulat" (ASD II, 3, S. 374–375)
		3567	„ΙΣΟΝ ΙΣΩΙ" (ASD II, 8, S. 59–60)
V, 38	„Sua cuique patria chara"	115	„Suum cuique pulchrum" (ASD II, 1, S. 228)

V, 42	„Scytha ἄμουσος"	182	„Adactum iusiurandum" (ASD II, 5, S. 149)
V, 48		3460	„Ver ex anno tollere" (ASD II, 7, S. 274)
V, 51	„Carptores alienae famae"	1408	„Zoili" (ASD II, 3, S. 410)
V, 52	„Caste"	1310	„Siculae nugae, gerrae, persolae nugae" (ASD II, 3, S. 324–327)
V, 54	„Omen commode interpretatum"	3164	„My sortitus es" (ASD II, 7, S. 126)
V, 58	„Nudus non metuit"	376	„Nudo vestimenta detrahere" (ASD II, 1, S. 460)
		2602	„Timidus Plutus" (ASD II, 6, S. 224–225)
V, 70	„Par pari"	35	„Par pari referre. ΙΣΟΝ ΙΣΩΙ ΕΠΙΦΕΡΕΙΝ" (ASD II, 1, S. 150–151)
		3567	„ΙΣΟΝ ΙΣΩΙ" (ASD II, 8, S. 59–60)
V, 74	„Barbati medici"	1369	„Barbam vellere" (ASD II, 3, S. 378)
V, 77		1168	„Syracusana mensa" (ASD II, 3, S. 182)
V, 79	„Philosophia in aduersis"	83	„Dionysius Corinthi" (ASD II, 1, S. 192)
V, 88	„Garrulitas"	570	„Notum lippis ac tonsoribus" (ASD II, 2, S. 96–98)
V, 89	„Ciuiliter"	272	„Pulchrorum etiam autumnus pulcher est" (ASD II, 1, S. 380)
V, 93	„Fames condimentum"	1669	„Optimum condimentum fames" (ASD II, 4, S. 130–131)
V, 96	„Honos artibus"	312	„Nullam hodie lineam duxi" (ASD II, 1, S. 419–420)
V, 114	„Venter et lingua"	2642	„Lingua seorsum inciditur" (ASD II, 6, S. 447)
V, 117	„Pietas in fratrem"	150	„Fratrum inter se irae sunt acerbissimae" (ASD II, 1, S. 266)
V, 119	„Virtus succedit"	528	„Haec potior" (ASD II, 2, S. 56)
V, 121	„Victoria magno empta"	1734	„Cadmea victoria" (ASD II, 4, S. 170–171)
V, 125	„Aquila in nubibus"	820	„Aquila in nubibus" (ASD II, 2, S. 342–343)
		2601	„Scarabeus aquilam quaerit" (ASD II, 6, S. 411)
V, 129	„Consilium prudens"	2365	„Anus cothonissat" (ASD II, 5, S. 272)
		3569	„Cothonissare" (ASD II, 8, S. 60)
V, 135	„Gloriae studium"	104	„Clauum clauo pellere" (ASD, II, 1, S. 218)

V, 141	„Obscuritas"	431	„Rana Seriphia" (ASD II, 1, S. 504–506)
V, 142	„Occasio neglecta"	2867 670	„Premenda occasio" (ASD II, 6, S. 539) „Nosce tempus" (*ASD* II, 2, S. 195–198, S. 196)
V, 143	„Iuste"	1147	„Extra cantionem" (ASD II, 3, S. 162–164)
V, 146	„Vicinus bonus"	32 3401	„Aliquid mali propter vicinum malum" (ASD II, 1, S. 147–148) „Ne bos quidem pereat" (ASD II, 7, S. 235–244)
V, 148	„Armata timiditas"	3513	„Theuthidum more" (ASD II, 8, S. 24)
V, 170	„Autoritas"	3461	„Etiam si Cato dicat" (ASD II, 7, S. 274–275)
V, 175	„Noxia tollenda"	2941	„Tollenda mali occasio" (ASD II, 6, S. 564)
V, 176	„Vsque ad aras"	2110	„Vsque ad aras amicus" (ASD II, 5, S. 112)
V, 180	„Aliena curare"	1711	„Anus saltat" (ASD II, 4, S. 158–159)
V, 188	„Periculum vitare satius"	2398	„Cum licet fugere, ne quaere litem" (ASD II, 5, S. 287)
V, 189	„Diffidentia"	453 2398	„Album calculum addere" (ASD II, 1, S. 527) „Cum licet fugere, ne quaere litem" (ASD II, 5, S. 287)
V, 191	„Musica contempta"	2148	„Boeotia auris" (ASD II, 5, S. 132–134)
V, 192	„Amor ob malum"	1471	„Vbi cerui abiciunt cornua" (ASD II, 3, S. 452)
V, 193	„Inhumaniter"	Prolegomena 13	„Timone inhumanior" (ASD II, 1, S. 80)
V, 195	(„Non licet bis peccare in bello")	2031	„Non licet bis in bello peccare" (ASD II, 5, S. 57–58)
V, 204	„Scomma contemptum"	482 3004	„Dormientis rete trahit" (ASD II, 1, S. 553) „Mars rex" (ASD II, 7, S. 45–46)
V, 206	„Magnus, non fortis"	2975	„Imperator bonus et idem robustus miles" (ASD II, 6, S. 574)
V, 220	„Prouidentia"	2603	„Panicus casus" (ASD II, 6, S. 425–426)
V, 222	„Obesus miles"	2518	„Pinguis venter non gignit sensum tenuem" (ASD II, 6, S. 355–356)
V, 223	„Frugalitas"	3413	„Thymbra victitans" (ASD II, 7, S. 250)
V, 225	„Sobrius princeps"	1695 1374	„Non decet principem solidam dormire noctem" (ASD II, 4, S. 143–145) „Indulgere genio" (ASD II, 3, S. 381–382)

V, 235	„Miseria multiloqua"	1949	„Laconismus" (ASD II, 4, S. 306–308)
V, 239	„Trophaeum ridiculum"	1839	„Qui apud inferos sunt terniores" (ASD II, 4, S. 240)
		1958	„Cum Delphis sacrificaverit, ipse carnes absumit" (ASD II, 4, S. 314)
		2254	„Theagenis Hecateum" (ASD II, 5, S. 216)
V, 240	„Arma indiga viri"	1508	„Cane Tellenis cantilenas" (ASD II, 4, S. 24)
V, 241	„Miles ditatus"	2602	„Timidus Plutus" (ASD II, 6, S. 424–425)
V, 242	„Finis vitae spectandus"	237	„Finem vitae specta" (ASD II, 1, S. 350–351)
V, 252	„Vir magistratum ornat"	976	„Magistratus virum indicat" (ASD II, 2, S. 476)
		1401	„Spartam nactus es, hanc orna" (ASD II, 3, S. 397–406)
V, 271	„Temeritas"	2460	„Qui nimium properat, serius absoluit" (ASD II, 5, S. 328)
V, 283	„Dolus dolum vincit"	728	„Punica fides" (ASD II, 2, S. 250)
V, 306	„Prouidentia"	238	„Posterioribus melioribus" (ASD II, 1, S. 351)
		408	„Iterum eundem ad lapidem offendere" (ASD II, 1, S. 485)
V, 309	„Clemens victor"	1027	„Ad pileum vocare" (ASD II, 3, S. 51)
V, 323	„Calceus qua torqueat"	1446	„Ne supra pedem calceus" (ASD II, 3, S. 436)
		1818	„Ad pedem" (ASD II, 4, S. 228)
V, 326	„Venter surdus"	1784	„Venter auribus caret" (ASD II, 4, S. 204)
V, 330	„Seuerus in se ipsum"	115	„Suum cuique pulchrum" (ASD II, 1, S. 230)
		1414	„Ne mihi Suffenus essem" (ASD II, 3, S. 412)
		2297	„Tunc canent cygni, cum tacebunt graculi" (ASD, II, 5, S. 238)
V, 356	„Honos alit virtutem"	792	„Honos alit artes" (ASD II, 2, S. 314)
V, 376	„Profusio"	844	„Proteruiam fecit" (ASD II, 2, S. 362–366)
V, 379	L „De re rustica"	119	„Frons occipitio prior" (ASD II, 1, S. 235)
V, 382		3530	„Pecuniae pedibus compensantur" (ASD II, 8, S. 34)
V, 402	„Catonis testimonium"	1253	„Solus sapit" (ASD II, 3, S. 272–274)
V, 413	„Disciplina militaris"	698	„Senes mutuum fricant" (ASD II, 2, S. 226)
V, 426	„Improba cura"	145	„Fortes fortuna adiuuat" (*ASD* II, 1, S. 262)
V, 448	„Prouidentia"	2688	„Samium comatum" (ASD II, 6, S. 475)

V, 458	„Diuitiae immodicae"	574	„Croeso, Crasso ditior" (ASD II, 2, S. 100)
Buch VI:			
Einleitung		969	„Cyclopia vita" (ASD II, 2, S. 466)
		1217	„Episcythizare" (ASD II, 3, S. 229–230)
		1235	„Scytharum oratio" (ASD II, 3, S. 244)
		3885	„Scytha malus" (ASD II, 8, S. 218–219)
VI, 5	„Leniter"	303	„Fenestram aperire et similes metaphorae" (ASD II, 1, S. 410–411)
VI, 7	„Exactio moderata"	2612	„Boni pastoris est tondere pecus, non deglubere" (ASD II, 6, S. 430–432)
VI, 9	„Crudelitas tecta"	1939	„Lutum sanguine maceratum" (ASD II, 4, S. 300)
VI, 20	„Crudeliter"	751	„Bibe elleborum" (ASD II, 2, S. 274–276)
		752	„Nauiget Anticyras" (ASD II, 2, S. 276–278)
VI, 21	„Hostis populi"	1862	„Oderint dum metuant" (ASD II, 4, S. 252–253)
VI, 28	„Peculatus dissimulatus"	574	„Croeso, Crasso ditior" (ASD II, 2, S. 80–81)
VI, 35	„Crudeliter"	280	„Me mortuo terra misceatur incendio" (ASD II, 1, S. 384)
VI, 40	„Ars alit vbique"	633	„Artem quaeuis alit terra" (ASD II, 2, S. 158–160)
VI, 44	„Parricidium exprobratum"	3818	„Culleo dignus aut non vno culleo dignus" (ASD II, 8, S. 186–188)
VI, 63	„Omen exitii"	497	„Quid opus erat longis canere tibiis?" (ASD II, 1, S. 566)
VI, 72	„Auaritia in principe"	2219	„Lupus pilum mutat" (ASD II, 5, S. 200)
VI, 79	„Sordide"	2613	„Lucri bonus est odor ex re qualibet" (ASD II, 6, S. 432)
VI, 84	„Caesaris affabilitas"	1584	„Charetis pollicitationes" (ASD II, 4, S. 76)
VI, 88	„Lepide"	2084	„Ne musca quidem" (ASD II, 5, S. 87)
VI, 93	„Medicorum turba"	1607	„Multitudo imperatorum Cariam perdidit" (ASD II, 4, S. 92)
VI, 102	„Impar principatui"	1569	„In caducem parietem inclinare" (ASD II, 4, S. 68)
VI, 157	„Corruptela"	1172	„Qui multa rapuerit, pauca suffragatoribus dederit, saluus erit" (ASD II, 3, S. 186)

VI, 159	„Fumi venditor"	241	„Fumos vendere" (ASD II, 1, S. 354–356)
		3783	„Fumus" (ASD II, 8 S. 168)
VI, 170	„Poena ridicula"	89	„Termeria mala" (ASD II, 1, S. 196)
VI, 172	„Imperium breue"	51	„Suo sibi hunc gladio, suo telo" (ASD II, 1, S. 166–168)
VI, 176	„Imperare difficile"	432	„Alii sementem faciunt, alii metent" (ASD II, 1, S. 506)
VI, 205	„Muscas abige"	3643	„Muscae" (ASD II, 8, S. 92)
VI, 222	„Mortui non mordent"	2541	„Mortui non mordent" (ASD II, 6, S. 365)
VI, 240	„Dissimulatio"	504	„Non omnibus dormire" (ASD II, 2, S. 28)
VI, 250		1165	„Sybaritica mensa" (ASD II, 3, S. 180)
VI, 258		2002	„Vinum quum adsit, acetum bibit" (ASD II, 5, S. 42)
VI, 262	„Ocium"	210	„Thessalorum commentum" (ASD II, 1, S. 323–326)
		211	„Thessalorum alae" (ASD II, 1, S. 323–326)
VI, 263	„Domini praesentia"	119	„Frons occipitio prior" (ASD II, 1, S. 235–236)
VI, 269	„Curiositas"	2447	„Quos non tollerent centum Aegypti" (ASD II, 5, S. 322)
		2448	„Aegyptius latrifer" (ASD II, 5, S. 324)
VI, 277	„Auro pugnare"	1643	„Argenteis hastis pugnare/ ἀργυρέαις λόγχαις μάχου" (ASD II, 4, S. 114)
		1694	„Pecuniarum cupiditas Spartam capiet, praeterea nihil" (ASD II, 4, S. 142)
VI, 326	„Praelongi"	899	„Lacerat lacertum Largi mordax Memmius" (ASD II, 2, S. 409)
VI, 340	„Vita misera"	1249	„Optimum non nasci" (ASD II, 3, S. 264–269)
VI, 342	„Maledicus male audit"	778	„Vt sementem feceris, ita et metes" (ASD II, 2, S. 297–298)
VI, 353		286	„Omnium horarum homo" (ASD II, 1, S. 389–390)
VI, 365	„Irrisio retorta"	220	„Emere malo quam rogare" (ASD II, 1, S. 334)
VI, 381	„Lepide"	373	„Inaniter aquam consumis" (ASD II, 1, S. 458–459)
VI, 384	„Mercedis amor"	1812	„Simonidis cantilenae" (ASD II, 4, S. 224–225)

VI, 392	„Relaxandus animus"	3477	„Arcus tensus rumpitur" (ASD II, 7, S. 281–282)
VI, 404		1002	„Pedetentim" (ASD II, 3, S. 28)
VI, 409	„Fiducia artis"	2480	„Sibi canere" (ASD II, 5, S. 336–337)
VI, 411	„Recriminatio"	2121	„Loripedem rectus derideat" (ASD II, 5, S. 117–118)
VI, 423	„Priuatus affectus"	2028	„Dum clauum rectum teneam" (ASD II, 5, S. 56)
VI, 446		1633	„Phaselitarum sacrificium" (ASD II, 4, S. 108)
VI, 447	„Barbaries"	906	„Boeotica sus" (ASD II, 2, S. 418)
VI, 451	„Decorum"	516	„Ne sutor vltra crepidam" (ASD II, 2, S. 40–42)
		1182	„Quam quisque norit artem, in hac se exerceat" (ASD II, 3, S. 196–198)
		3056	„Alia res sceptrum, alia plectrum" (ASD II, 7, S. 74)
VI, 452	„Alius alio praestat"	2801	„Alia dantur, alia negantur" (ASD II, 6, S. 517)
VI, 458	„Ilio mala"	226	„Ilias malorum" (ASD II, 1, S. 338)
		3020	„Semper Ilio mala" (ASD II, 7, S. 54–55)
VI, 459	„Vltra malleum"	516	„Ne sutor vltra crepidam" (ASD II, 2, S. 40–42)
VI, 463	„Macedonia"	1098	„In Beatam" (ASD II, 3, S. 122–124)
VI, 466		516	„Ne sutor vltra crepidam" (ASD II, 2, S. 40–42)
		1182	„Quam quisque norit artem, in hac se exerceat" (ASD II, 3, S. 196–198)
VI, 470	„A nomine"	2130	„Carcini poemata" (ASD II, 5, S. 122)
VI, 477	„Ex mutata litera"	1096	„Ad coruos" (ASD II, 3, S. 120–122)
VI, 478	„Magnus stultus"	1292	„Nullus malus magnus piscis" (ASD II, 3, S. 307–308)
VI, 479	„Cum diis"	2078	„Cum deo quisque gaudet et flet" (ASD II, 5, S. 84)
VI, 481	„Praeconum turba"	1353	„Abdera pulchra Teiorum colonia" (ASD II, 3, S. 364–366)
		3528	„Abderitica mens" (ASD II, 8, S. 34)
		3950	„Vestigium ponere" (ASD II, 8, S. 248)
VI, 483	„Bos ad praesaepe"	1039	„Bos ad praesepe" (ASD II, 3, S. 60)
VI, 484	„Bos lyrae"	335	„Asinus ad lyram" (ASD II, 1, S. 434–436)

VI, 485		1869	„Sponsi vita" (ASD II, 4, S. 2)
VI, 495	„Libertas adulatrix"	1635	„Cercopum coetus" (ASD II, 4, S. 110)
VI, 498	„Muscae regum"	3643	„Muscae" (ASD II, 8, S. 92)
VI, 503	„Ex nomine"	1192	„Inter indoctos etiam corydos sonat" (ASD II, 3, S. 204)
VI, 504	„Mediocritas grata"	191	„Iucundissima nauigatio iuxta terram, ambulatio iuxta mare" (ASD II, 1, S. 296)
VI, 505	„Libere"	1031	„In lapicidinas" (ASD II, 3, S. 54)
VI, 519	„Benigne"	1602	„Verecundia invtilis viro egenti" (ASD II, 4, S. 88)
VI, 520	„Opus immortalitate dignum"	312	„Nullam hodie lineam duxi" (ASD II, 1, S. 419–420)
VI, 521	„De arte artifex"	1182	„Quam quisque norit artem, in hac se exerceat" (ASD II, 3, S. 196–198)
VI, 524	„Morosa diligentia"	219 811	„Manum de tabula" (ASD II, 1, S. 334) „Celerius elephanti pariunt" (ASD II, 2, S. 330)
VI, 525	„Artis exercitatio"	312 516	„Nullam hodie lineam duxi" (ASD II, 1, S. 419–420) „Ne sutor vltra crepidam" (ASD II, 2, S. 40–42)
VI, 526	„Iudicare de arte aliena"	516	„Ne sutor vltra crepidam" (ASD II, 2, S. 40–42)
VI, 527	„E linea iudicare"	312 4145	„Nullam hodie lineam duxi" (ASD II, 1, S. 419–420) „E neuo cognoscere" (ASD II, 8, S. 336)
VI, 541	„Animi bona"	151	„Taurum tollet qui vitulum sustulerit" (ASD II, 1, S. 266)
VI, 544		2521	„Pistillo retusis" (ASD II, 6, S. 356)
VI, 549	„Malum dissimulatum"	3821	„De reduuia queritur" (ASD II, 8, S. 188)
VI, 569	„Ex ambiguo"	301	„Non est cuiuslibet Corinthum appellere" (ASD II, 1, S. 410)
VI, 573	„Vetula amata"	376	„Lecythum habet in malis" (ASD II, 8, S. 160)

Buch VII:

Einleitung		373	„Inaniter aquam consumis" (ASD II, 1, S. 458–459)
VII, 1	„Pauciloquium"	1950	„Laconismus" (ASD II, 4, S. 308)
VII, 8	„Sapienter"	595	„Nosce teipsum" (ASD II, 2, S.118)
VII, 9	„Admonitio facilis"	568	„Facile, cum valemus, recta consilia aegrotis damus" (ASD II, 2, S. 94–96)
VII, 14	„Amicitia"	152	„Vivorum oportet meminisse" (ASD II, 1, S. 268)
VII, 16	„Lucrum damnosum"	2252	„Lucrum malum, aequale dispendio" (ASD II, 5, S. 214)
VII, 22	„Ante mortem nemo beatus"	237 605	„Finem vitae specta" (ASD II, 1, S. 350–351) „Nescis quid serus vesper vehat" (ASD II, 2, S. 130)
VII, 23	„Sumptus inutiles"	1279	„Pannus lacer" (ASD II, 3, S. 296)
VII, 24	„Leges"	347 2473 2618	„Aranearum telas texere" (ASD II, 1, S. 446) „Dat veniam corvis, vexat censura columbas" (ASD II, 5, S. 333) „Ruminare negocium" (ASD II, 6, S. 436)
VII, 26	„Grauiter"	961	„Bonae leges ex malis moribus procreantur" (ASD II, 2, S. 462)
VII, 28	„Diuitiae"	81 2653	„Foenum habet in cornu" (ASD II, 1, S. 190–191) „Satietas ferociam parit" (ASD II, 6, S.452)
VII, 29	„Modus"	895	„Dimidium plus toto" (ASD II, 2, S. 402)
VII, 33	„Victoria incruenta"	1734	„Cadmea victoria" (ASD II, 4, S. 170–172)
VII, 34	„Coniugium par"	701	„Aequalem tibi vxorem quaere" (ASD II, 2, S. 229–231)
VII, 35	„Salse"	2138	„Cepas edere aut olfacere" (ASD II, 5, S.127–128)
VII, 38	„Adulatio"	1159	„Genuino mordere" (ASD II, 3, S. 173–175)
VII, 39	„Salse"	97	„Virgula diuina" (ASD II, 1, S. 206)
VII, 45	„Generose"	1689	„Magistratum gerens audi et iuste et iniuste" (ASD II, 4, S. 140–141)
VII, 51	„Adulatio"	1096	„Ad coruos" (ASD II, 3, S. 120–122)
VII, 52	„Felicitas vera"	237 605 655	„Finem vitae specta" (ASD II, 1, S. 350–351) „Nescis quid serus vesper vehat" (ASD II, 2, S. 130) „Ante victoriam encomium canis" (ASD II, 2, S. 180)

VII, 59	„Bona animi"	633	„Artem quaeuis alit terra" (ASD II, 2, S. 158–160)
VII, 61	„Grauiter"	1029	„Lolio victitant" (ASD II, 3, S. 52)
VII, 84	„Sapiens"	1	„Amicorum communia omnia" (ASD II, 1, S. 84–87)
VII, 85	„Ocium"	1950	„Late viuens" (ASD II, 4, S. 308–309)
VII, 88	„Prouidentia"	408	„Iterum eundem ad lapidem offendere" (ASD II, 1, S. 485)
VII, 103	„Vini parcus vsus"	1701	„Seruatori tertius" (ASD II, 4, S. 152)
VII, 104	„Vulgi iudicia"	516	„Ne sutor vltra crepidam" (ASD II, 2, S. 41)
VII, 109	„Mendacium in contractibus"	3924	„In foro veritas" (ASD II, 8, S. 238)
VII, 122	„Leges"	261	„Nam leges etiam Solon aranearum textis similes esse dixit" (ASD II, 6, S. 436)
VII, 123		617	„In vino veritas" (ASD II, 2, S. 142)
VII, 129	„Grauiter"	3663	„Qui lucerna egent, infundunt oleum" (ASD II, 8, S. 104)
VII, 133	„Honos virtuti habitus"	3409	„Sapiens sua bona secum fert" (ASD II, 7, S. 246–247)
VII, 147	„Iugulare mortuos"	153 154 4094	„Cum laruis luctari" (ASD II, 1, S. 268) „iugulare mortuos" (ASD II, 1, S. 268) „Mortuos rursus occidere" (ASD II, 8, S. 311)
VII, 149	„Degenerare"	158	„Mandrabili more res succedit" (ASD II, 1, S. 172)
VII, 153	„Salse"	83	„Dionysius Corinthi" (ASD II, 1, S. 192)
VII, 164	„Exemplum ex aliis"	590 591	„Non videmus manticae quod in tergo est" (ASD II, 2, S. 112) „Festucam ex alterius oculo eiicere" (ASD II, 2, S. 112–114)
VII, 171		286	„Omnium horarum homo" (ASD II, 1, S. 390)
VII, 175	„Docilitas"	304 3639	„Ansam quaerere et consimiles metaphorae" (ASD II, 1, S. 413) „Lanam in officinam fullonis" (ASD II, 8, S. 90)
VII, 177	„Taciturnitas"	2403	„Silentii tutum praemium" (ASD II, 5, S. 298–299)
VII, 188	„Genus pudendum"	1308	„Cubito emungere" (ASD II, 3, S. 324)
VII, 203	„Correctio"	933	„Inexplebile dolium" (ASD II, 2, S. 440)

VII, 220	„Aemulatio"	1604	„Turpe silere" (ASD II, 4, S. 89–90)
VII, 221	„Libertas intempestiua"	1611	„Non est laudandus, ne in coena quidem" (ASD II, 4, S. 95)
VII, 223	„Vanitas"	675	„Tollat te, qui non nouit" (ASD II, 2, S. 202)
VII, 228	„Beneficii obliuio"	613	„Ira omnium tardissime senescit" (ASD II, 2, S. 136)
		2083	„Simul et misertum est, et interiit gratia" (ASD II, 5, S. 86)
VII, 229	„Spes"	1290	„Qui amant, ipsi sibi somnia fingunt" (ASD II, 3, S. 304–306)
		3205	„Spe inani flagrat" (ASD II, 7, S. 144)
VII, 232	„Doctrina [i.e. Sapientia]"	42	„Invita Minerva" (ASD II, 1, S. 157)
VII, 239	„Amicus"	2	„Amicitia aequalitas. Amicus alter ipse" (ASD II, 1, S. 86)
VII, 241	„Caeci percontatio"	3680	„Quod pulchrum, idem amicum" (ASD II, 8, S. 116)
VII, 248	„Amicus rara res"	217	„Amico amicus" (ASD II, 1, S. 332)
		2537	„Neque nulli sis amicus neque multis" (ASD II, 6, S. 364)
VII, 252	„Lingua"	1139	„Lingua, quo vadis?" (ASD II, 3, S. 154–156)
		2347	„Os infrene" (ASD II, 5, S. 263)
VII, 257	„Superciliosi"	749	„Attollere supercilium, ponere supercilium" (ASD II, 2, S. 272)
		2471	„Contrahere supercilium. Inflare buccas" (ASD II, 5, S. 332)
VII, 258	„Fortuna caeca"	740	„Caecus caeco dux" (ASD II, 2, S. 260)
VII, 260	„Indoctus Mercurius"	1910	„Mercurius infans" (ASD II, 4, S. 284)
VII, 263	„Amicus in aduersis"	1781	„Viri infortunati, procul amici" (ASD II, 4, S. 202)
VII, 267	„Paruo contentus"	279	„Quid distent aera lupinis" (ASD II, 1, S. 384)
VII, 273	„Nemo sine vicio"	2267	„Oportet omnibus corydalis" (ASD II, 5, S. 223–224)
VII, 283	„Seditio"	2097	„Ante lentem augere ollam" (ASD II, 5, S 98)
VII, 286	„Fucus"	2953	„Verbotenus amicus" (ASD II, 6, S. 567)
VII, 287		2, IX	„Cibum in matellam ne inmittas" (ASD II, 1, S. 100)
		1320	„Quo semel est imbuta" (ASD II, 3, S. 336)
VII, 288	„Breuiloquentia"	1613	„Sustine et abstine" (ASD II, 4, S. 96)

VII, 293	„Studium"	22	„Clematis Aegyptia" (ASD II, 1, S. 132–135)
VII, 294	„Iactura felix"	1878	„Nunc bene nauigaui, cum naufragium feci" (ASD II, 4, S. 262)
VII, 297	„Par pari"	35	„Par pari referre. ΙΣΟΝ ΙΣΩΙ ΕΠΙΦΕΡΕΙΝ" (ASD II, 1, S. 150–151)
		3567	ΙΣΟΝ ΙΣΩΙ (ASD II, 8, S. 59–60)
VII, 314	„Amicus"	2	„Amicitia aequalitas. Amicus alter ipse" (ASD II, 1, S. 86)
VII, 315	„Salse"	778	„Vt sementem feceris, ita et metes" (ASD II, 2, S. 298)
VII, 324	„Discendi auiditas"	728	„Punica fides" (ASD II, 2, S. 250)
		2456	„Phoenicum pacta" (ASD II, 5, S. 326)
VII, 326	„Correctio"	4096	„Auscultandum bene loquenti" (ASD II, 8, S. 312)
VII, 329	„Adde pusillum pusillo"	794	„Multis ictibus deiicitur quercus" (*ASD* II, 2, S. 316)
VII, 331	„Discendi auiditas"	641	„Alter Hercules" (ASD II, 2, S. 168)
VII, 343	„Physiognomon"	983	„Zenone moderatior" (ASD II, 2, S. 481–482)
VII, 358		2901	„Quo transgressus etc." (ASD II, 6, S. 551–552)
VII, 359	„Grauiter"	2653	„Satietas ferociam parit" (ASD II, 6, S. 452)
VII, 362	„Initiis obstandum"	108	„Ignem igni ne addas" (ASD II, 1, S. 220–221)
		109	„Oleum camino addere" (ASD II, 1, S. 221)
		799	„Litem parit lis, noxa item noxam parit" (ASD II, 2, S. 320)
		1941	„Lis litem serit" (ASD II, 4, S. 300)
VII, 369	„Gloria ex benefactis"	2651	„Velut vmbra sequi" (ASD II, 6, S. 452)
VII, 377	„Diuinatio"	1370	„Malis ferire" (ASD II, 3, S. 378–379)
VII, 379	„Adulanter"	520	„Nequicquam sapit, qui sibi non sapit" (ASD II, 2, S. 44)
VII, 386	„Vita fugax"	1248	„Homo bulla" (ASD II, 3, S. 256–264)
VII, 390	„Vtilitas ex inimicis"	1175	„Amicus magis necessarius quam ignis et aqua" (ASD II, 3, S. 190)

Buch VIII:

Einleitung		629	„Ab equis ad asinos" (ASD II, 2, S. 154)
VIII, 3	„Conuicium retortum"	2121	„Loripedem rectus derideat" (ASD II, 5, S. 117–118)
VIII, 6		825	„Mali corvi malum ouum" (ASD II, 2, S. 348–350)
VIII, 10	„Ciuiliter"	117	„Viua vox" (ASD II, 1, S. 234)
VIII, 12	„Pudice, sobrie"	1046	„Tantali horti" (ASD II, 3, S. 68)
VIII, 17		894	„Extremis digitis attingere" (ASD II, 2, S. 401–402)
VIII, 42	„Colossi fragmenta"	2105	„Colossi magnitudine" (ASD II, 5, S. 108)
VIII, 58	„Amicorum communia omnia"	1	„Amicorum communia omnia" (ASD II, 1, S. 84–87)
VIII, 87	„Salse"	1450	„Ne nimium callidum hoc sit modo" (ASD II, 3, S. 440)
VIII, 89	„Libere"	793	„Vel caeco appareat" (ASD II, S. 316)
VIII, 99	„Industria"	1052	„Alterum pedem in cymba Charontis habere" (ASD II, 3, S. 74)
VIII, 109	Nulli fidendum	1072	„Ama tanquam osurus, oderis tanquam amaturus" (ASD II, 3, S. 92–94)
VIII, 116	„Salse"	2227	„Arcadicum germen" (ASD II, 5, S. 202)
VIII, 128	„Crudeliter"	953	„Stultus, qui patre caeso liberis pepercit" (ASD II, 2, S. 457–458)
VIII, 138	„Fortiter"	1905	„Abominandus scarabeus" (ASD II, 4, S. 282)
VIII, 139	„Officium bene collocandum"	1	„Amicorum communia sunt omnia" (ASD II, 1, S. 86)
VIII, 144	„Asini umbra"	252	„De asini umbra" (ASD II, 1, S. 363)
VIII, 145	„Libere"	1132	„Cercyraea scutica" (ASD II, 3, S. 150)
VIII, 156	„Rumores"	100	„Oculis magis habenda fides quam auribus" (ASD II, 1, S. 210)
VIII, 169	„Spes"	1290	„Qui amant, ipsi sibi somnia fingunt" (ASD II, 3, S. 304–306)
VIII, 175	„Laruas insectari"	153	„Cum larvis luctari" (ASD II, 1, S. 268)
		2627	„Sardanapalus" (ASD II, 6, S. 439–440)
VIII, 177	„Salse"	32	„Aliquid mali propter vicinum malum" (ASD II, 1, S. 146)
		3401	„Ne bos quidem pereat" (ASD II, 7, S. 235–244)

VIII, 180	„Maledicentia"	1408	„Zoili" (ASD II, 3, S. 410)
VIII, 182	„Minaciter"	605	„Nescis, quid serus vesper vehat" (ASD II, 2, S. 130)
VIII, 191	„Piscator ictus ⟨sapiet⟩"	29	„Piscator ictus sapiet" (ASD II, 1, S. 142)
VIII, 199	„Populi iudicium"	516	„Ne sutor vltra crepidam" (ASD II, 2, S. 40–42)
VIII, 211	„Claudi salaces"	1849	„Claudus optime virum agit" (ASD II, 4, S. 244)
VIII, 213	„Coniugii molestiae"	426 1892	„Necessarium malum" (ASD II, 1, S. 500) „Neque cum malis neque sine malis" (ASD II, 4, S. 273)
VIII, 216		3585	IAMBIZEIN (ASD II, 8, S. 66)
VIII, 221	„Ventris cura prima"	2480	„Sibi canere" (ASD II, 5, S. 336)
VIII, 222	„Crassa iudicia"	37	„Crassa Minerua, pingui Minerua, crassiore Musa" (ASD II, 1, S. 37)
VIII, 225	„Philosophus miles"	1447	„Ne e quouis ligno Mercurius fiat" (ASD II, 3, S. 436–438)
VIII, 233	„Proditio"	1409 2026	„Bona Cillicon" (ASD II, 3, S. 410) „Cilix haud facile verum dicit" (ASD II, 5, S. 54)
VIII, 240	„Absurda"	251 360 1333	„Mulgere hircum" (ASD II, 1, S. 362) „Cribro aquam haurire" (ASD II, 1, S. 452) „Andabatae" (ASD II, 3, S. 348)
VIII, 259	„Barba non facit philosophum"	195	„Barbae tenus sapientes" (ASD II, 1, S. 298)
VIII, 283	„Grauiter"	1689	„Magistratum gerens audi et iuste et iniuste" (ASD II, 4, S. 140)
VIII, 301	„Profusio fundo caret"	932 [A] 933	„Largitio non habet fundum" (ASD II, 2, S. 438) „Inexplebile dolium" (ASD II, 2, S. 438)

APOPHTHEGMATVM LIBER V

CONSPECTVS SIGLORVM

A   ed. princ., Basil., Hieronymus Frobenius, Ioannes Heruagius et Nicolaus Episcopius, mense Martio 1531 (*BB* E 317, VD16 E 2035).
B   ed. Basil., Hieronymus Frobenius et Nicolaus Episcopius, 1532 (*BB* E 320, VD16 E 2036).
C   ed. Basil., Hieronymus Frobenius et Nicolaus Episcopius, 1535 (*BB* E 326, VD16 E 2037).
BAS   ed. Basil., Hieronymus Frobenius et Nicolaus Episcopius, *Opera omnia*, t. IV, 1540, pp. 80–352.
LB   ed. Lugd. Bat., Pieter van der Aa, *Opera omnia*, t. IV, 1703, pp. 85–380.

APOPHTHEGMATVM LIBER QVINTVS

Equidem statueram aliquot selectis, quos superioribus libris retuli, esse contentus. Sed quoniam inuitabat arridens vndique dictorum memorabilium copia simulque veniebat in mentem, quam auidum ac famelicum huiusmodi deliciarum conuiuam accepissem, visum est quintum missum addere, repetito ordine, quem Plutarchus sequutus est.

2–6 *Equidem ... est* Ebenso wie Plutarch in seinen *Reg. et imp. apophth.* widmet Er. den ersten Teil des fünften Buches den Königen (V, 1–134, von Kyros d.Gr. bis Antiochos VII.), um sich dann den griechischen Feldherren (V, 135–262, Themistokles bis Pelopidas) und schließlich den römischen (262–474, Manius Curius bis auf Brutus, den Caesarmörder) zuzuwenden. Die Sektion der Könige leitet Er. – wie Plutarch – mit den Aussprüchen der persischen Könige ein, die er gegenüber seinem Vorbild um etwa ein Drittel erweitert. Er. bringt die Aussprüche von Kyros II. d.Gr., Dareios I. d.Gr., Xerxes I. d.Gr., Artaxerxes I., Kyros d.J. und Artaxerxes II. (V, 1–29), sowie der persischen Königsmutter Parysatis (V, 30), des Orontes I. (V, 31), des Schwiegersohnes des Artaxerxes II. und der Königin Semiramis (V, 8), deren „Apophthegma" sich jedoch auf König Dareios d.Gr. bezieht. Wie aus seiner *Inst. princ. christ.* hervorgeht, betrachtete Er. die persischen Könige grundsätzlich als das Gegenteil guter Fürsten: als volksferne, solipsistische, megalomanische, dem Luxus und der Muße ergebene, von „barbarischer Arroganz" („fastus Barbaricus") erfüllte, prahlerische, ihren Reichtum zur Schau stellende, grausame und kriegswütige Despoten, die das wesentliche Ziel richtigen Regierens, das Wohl des Volkes, völlig aus den Augen verloren hätten. Ihre griechischen Feldzüge hätten nicht nur verheerende Folgen gezeigt, sondern wären vom Ansatz her sinnlose, tollkühne und überhebliche Unternehmungen gewesen. Immer wieder führt Er. in seiner *Inst. princ. christ.* „Cyrus" (Kyros II.), „Darius" (Dareios I.) und „Xerxes" als Musterbeispiele schlechter und despotischer Herrscher an. Das impliziert jedoch nicht, daß er sie als Apophthegmata-Spender und Exempel verachtet, oder, daß er ihnen jedweden Wert im Hinblick auf sein didaktisches Ziel der Fürstenerziehung abgesprochen hätte. Er. vertrat die Ansicht, daß schlechte Vorbilder zuweilen nützlicher seien als gute: Sie prägen sich dem Gedächtnis besser ein, gerade weil das dargestellte Verhalten „exotisch", extrem oder von christlichen Grundsätzen denkbar weit entfernt ist.

REGVM APOPHTHEGMATA

CYRVS MAIOR

V, 1   Princeps, qvi virtvte praecellit   (Cyrus maior, 1)

Persae amant homines adunco naso, quos Graeci *grypos* appellant *eosque pulcherrimos esse putant eo, quod Cyrus,* quo non alius *regum* populo fuit charior, eiusmodi specie nasum habuerit. Est autem duplex gryporum genus: vnum, *cui statim a fronte nasus insurgit,* quod Aristoteles putat esse signum *impudentis* animi et ad *coruos* refert; alterum, *cui curuatura nasi a fronte separata est,* sed circa medium intumescit et ad extremum tendens vnci speciem praebet. Id Aristoteles putat esse notam *magnanimitatis,* et ad *aquilam* pertinere.

Cyrus autem dicebat: „*Qui sibi nollent prodesse, cogi*, vt aliis sint vsui", significans seruili animo natos sibique inutiles [eos] imperio adigendos, vt aliorum commodis inseruiant. Vulgus autem putat homines aquilino naso et ad suum commodum

---

10 grypos *A-C Plut. ed. Ald.*: gryphos *BAS LB.*
12 gryporum *A-C Plut. ed. Ald.*: gryphorum *BAS LB.*

18 eos *deleuimus sec. Erasmi instructiones in err. A*: eos *A B C BAS LB.*

Kyros II. (der Große), Sohn des Kambyses, anfänglich König von Ansan, Begründer des Persischen Großreiches, regierte ca. 559–530 v. Chr.; vgl. J. Wiesehöfer, *DNP* 6 (1999), Sp. 1014–1017, s.v. „Kyros", Nr. 2. Ihm widmet Er. die ersten drei Sprüche des fünften Buches sowie VIII, 167 und 209. Er. beurteilt Kyros II. meist negativ; vgl. z.B. *Adag.* 1401 (*ASD* II, 3, S. 400): „Xerxes, Cyrus, Alexander Magnus et vixissent diutius et veriorem gloriam essent consecuti, si suas ciuitates recte administrare quam alienas armis vexare maluissent". Er. bezeichnet ihn als „Cyrus maior", um ihn von Kyros dem Jüngeren (423–401 v. Chr.), dem zweiten Sohn Dareios' II. und der Parysatis, zu unterscheiden. Diesen Kyros bezeichnet Er. als „Cyrus minor", vgl. unten V, 20–22; die Bezeichnungen „Cyrus maior" und „minor" finden sich in dieser Form auch im Index personarum.

9 *Princeps ... praecellit* Wie dieser als Sentenz formulierte Titel zeigt, leitet Er. die Sektion über die persischen Könige mit einer Grundsatzerklärung ein, die ebenso seiner *Inst. princ. christ.* zugrundeliegt. *Apophth.* V, 1 erhält dadurch einen einleitenden, programmatischen Charakter. Der Grundsatz aus der *Institutio* lautet, daß den guten Fürsten weder eine hohe Abstammung noch körperliche Vorzüge noch Reichtum noch ein gehobener, fürstlicher Lebensstil o. Ä. ausmachen, sondern einzig und allein tugendhaftes, selbstloses und auf das Wohl der Allgemeinheit ausgerichtetes Handeln.

Apophth. V, 1 enthält, ebenso wie die Quelle Plut. *Reg. et imp. apophth., Mor.* 172F, zwei unterschiedliche, nicht direkt zusammenhängende Aussprüche des Großkönigs. Der erste Spruch gibt (nach Er.' Ansicht) eine falsche, der zweite eine richtige Antwort auf die Frage „Was macht den guten Fürsten aus?". Der erste Spruch führt das solipsistische, egomane Herrschaftsprinzip vor, das Er. den persischen Königen vorwarf (Herrscher sei jener, der sein Handeln nach seinem eigenen Vorteil – „sibi prodesse" – einrichte). Für denjenigen, der zu dieser Haltung nicht im Stande ist, hat Kyros nur Verachtung übrig: Er zählt ihn den „Sklaven" zu, die ‚zu Recht' Sklaven sind, eben weil sie sich als Sklaven betragen. Diese Haltung des Kyros identifiziert Er. mit der Arroganz der ‚Adlernase' bzw. dem Volksglauben, daß Leute mit einer Adlernase sich besonders fürs Herrscheramt eignen würden. Dem wird im zweiten Spruch die von Kyros eingeforderte Höherwertigkeit des Fürsten gegenübergestellt, die Er. eigenwillig, jedoch den Grundsätzen der *Inst. princ. christ.* entsprechend, als altruistisches, auf das Gemeinwohl (*salus publica*, hier „publicis consulere commodis") bezogenes Verhalten interpretiert. Dieses stand dabei dem historischen Spruchspender Kyros sicherlich nicht vor Augen. Lycosthenes druckte V, 1 in der Kategorie „De imperio administrando" (S. 479).

10–12 *Persae amant ... nasum habuerit* In den neueren Edd. von Plutarchs *Reg. et imp. apophth.* wird der Abschnitt als Apophthegma mitgezählt (= Kyros, 1); Er. hat ihn jedoch nicht als selbständiges Apophthegma behandelt und ihm keine Nummerierung beigegeben. Anscheinend sollte der Abschnitt zur Einleitung von Apophthegma 1 dienen. Die Einleitung zur Adlernase der persischen Herrscher betrachtete Er. als Voraussetzung zum Verständnis des ersten Spruches, wie seine nachfolgende Erklärung zeigt. Aus dieser geht auch hervor, daß Kyros' ‚Adlernase' für Er. eine ideologisch aufgeladene, negative Bedeutung hat: Sie ist für ihn das Symbol des schlechten, despotischen Herrschers, der sich als gefährlicher Raubvogel beträgt, welcher seine Untertanen angreift, tötet und auffrisst. In der *Inst. princ. christ.* stellt Er. den schlechten Fürsten immer wieder als Raubvogel bzw. Raubtier dar; in der Fabel vom Adler und vom Mistkäfer in *Adag.* 2607 präsentiert er den Adler als Inbegriff des schlechten Fürsten (*ASD* II, 6, S. 394–425).

10–12 *Persae amant ... nasum habuerit* Plut. *Reg. et imp. apophth.*, Cyrus, 1, *Mor.* 172E. Der erste Satzteil („Persae ... naso") ist eine wörtliche Wiedergabe von Filelfos latein. Übers. (fol. k iii^v) und eine fast wörtliche von jener des Regio (fol. b⟨i⟩^{v}); der übrige Teil von Er.' Textwiedergabe wirkt wie eine erweiternde Variation von Regios Übers.: „Persae, adunco homines naso et amant et pulcherrimos putant, quod Cyrus, qui maxime regum omnium fuit amatus, aduncum habuit nasum" (fol. b⟨i⟩^{v}). Vgl. den griech. Text: Πέρσαι τῶν γρυπῶν ἐρῶσι (καὶ καλλίστους ὑπολαμβάνουσι ed. *Ald. 1509, p. 150*, in den rezenten Edd. athetiert) διὰ τὸ Κῦρον ἀγαπηθέντα μάλιστα τῶν βασιλέων γεγονέναι γρυπὸν (γρηπὸν ed. *Ald. 1509*) τὸ εἶδος. Vgl. Plut. *Praecepta gerendae reipublicae* 28, *Mor.* 821E, in der latein. Übers. des Nicolao Sagundino: „Persae ad hanc vsque diem homines vnco naso et amant et pulchritudine praeditos arbitrantur, in honorem Cyri, qui eiusmodi naso fuisse traditur. Quo fit, vt amor ille validissimus atque sanctissimus omnium merito habeatur, quem per virtutem quispiam a ciuibus et popularibus sibi comparat" (ed. Cratander, Basel, 1533, fol. 14^r) und Xen. *Cyr.* VIII, 4, 21.

12–16 *Est autem ... pertinere* Paraphrasierende und erweiternde Wiedergabe von Arist. *Phgn.* 6, 811A 36: οἱ ἐπίγρυπον ἀπὸ τοῦ μετώπου εὐθὺς ἀγομένην ἀναιδεῖς· ἀναφέρεται ἐπὶ τοὺς κόρακας. οἱ δὲ γρυπὴν ἔχοντες καὶ τοῦ μετώπου διηρθρωμένην μεγαλόψυχοι· ἀναφέρεται ἐπὶ τοὺς ἀετούς. Arist. geht es in den *Phgn.* um die Art der Krümmung der Nase: Wenn sie sich „direkt von der Stirne weg" sogleich nach vorne krümmt, betrachtet Arist. sie als ‚Rabennase' und interpretiert sie als Zeichen der Unverschämtheit; wenn die Nase von der Stirne weg zunächst ein Stück weit gewissermaßen normal nach unten führt, dann aber einen Haken aufweist, betrachtet sie Arist. als „Adlernase" und schreibt ihr die Charaktereigenschaft hoher, edelmütiger Gesinnung (μεγαλόψυχοι) zu. μεγαλόψυχ- überträgt Er. richtig mit „magnanimitas". Die Hakennase wird von röm. Autoren als Symbol einer geringschätzigen, herablassenden und arrogant-spöttischen Haltung aufgefasst, wie u. a. in der Redensart „aduncto naso suspendere" (Hor. *Sat.* I. 6. 5; Otto 1198) zum Ausdruck kommt, der Er. *Adag.* 722 „Naso suspendere" (*ASD* II, 2, S. 246) widmete.

12 *gryporum* Arist. verwendet an vorl. Stelle nicht γρυποί, sondern ἐπίγρυποι, das Er. übergeht.

17 *Cyrus autem ... sint vsui* Plut. *Reg. et imp. apophth.*, *Mor.* 172E (Cyrus, 2): Ἔλεγε δὲ Κῦρος ἑτέρους ἀναγκάζεσθαι τἀγαθὰ πορίζειν τοὺς αὐτοῖς μὴ θέλοντας.

19–20 *Vulgus ... natos* Er. teilte den Volksglauben, daß sich Leute mit gekrümmter Adlernase besonders gut zum Regieren eigenen würden, nicht. Schon in seiner *Inst. princ. christ.* hatte Er. immer wieder betont, daß im Hinblick auf die Auswahl, Beurteilung und Wertschätzung des Fürsten körperliche Aspekte (Schönheit, Kraft, hoher Wuchs) keine Rolle spielen dürfen. In *Adag.* 2601 überzieht er die physiognomische Deutung der „Adlernase" und anderer Adlermerkmale mit beissendem Spott (*ASD* II, 6, S. 402, Z. 126 ff.): „Age, si quis mihi iam physiognomon non omnino malus vultum ipsum et os aquilae diligentius contempletur, oculos auidos atque improbos, rictum minacem, genas truculentas, frontem toruam, denique illud, quod Cyrum Persarum

cum primis attentos et imperio magis quam seruituti natos. Vnde et poetae veteres aquilae regnum in omne auium genus tribuunt. Sed idem dicebat *neminem debere suscipere principatum, nisi ⟨sit⟩ melior his,* in quos susciperet, sentiens hoc esse principis vnicum munus, aliis prospicere et publicis consulere commodis. Id autem non potest, nisi qui sapientia, vigilantia animique integritate caeteris antecellit. Hoc vero non praestat natiuitas, sed institutio recta et rerum vsus.

V, 2   DELITIAE EMOLLIVNT   (Cyrus maior, 2)

Quum Persae, quoniam regionem habebant *montuosam asperamque,* cuperent *eam campestri ac molliore* commutare, *non passus est* Cyrus, *dicens* quemadmodum *plantas* ac *semina,* sic *hominum mores ad regionis* habitum immutari, sentiens se velle duros homines et laboribus accommodos. Nam mollis ac fertilis regio molles et ignauos gignit homines.

V, 3   CASTE   (Cyrus maior, 3)

Cyrus abstinebat a conspectu Pantheae et *Araspo* [i.e. Araspi] *dicenti mulierem esse insigni forma, digna*[m] regis oculis, „*Ob isthuc ipsum*", inquit, „magis est ab illa

---

22 nisi sit melior *scripsi*: nisi melior *A-C*, nisi esset melior *Lycosthenes p. 479*, ni sit melior *BAS LB*.
28 molliore *A-C (cf. „mollem" in versionibus Philelphi et Regii)*: meliore *BAS LB*

33 Araspo *A-C lapsu Erasmi: scribendum erat* Araspi.
34 digna *scripsi collata versione ipsius Erasmi ("mulieris formam dignam esse, quam contemplaretur")*: dignam *A-C*.

regem tantopere delectabat in principe γρυπόν, nonne plane regium quoddam simulacrum agnoscet, magnificum et maiestatis plenum? Accedit huc et color ipse funestus, teter et inauspicatus, fusco squalore nigricans. Vnde etiam quod fuscum est ac subnigrum, aquilum vocamus".
20–21 *vnde et poetae … tribuunt* Damit meint Er. in erster Linie die Fabeldichter, die den Adler als König der Vögel und Sinnbild der Mächtigen aufführten. Vgl. z.B. Phaedr. II, 6; *Romuli Nilantis fabulae* I, 13: „Aquila, rex auium […]". Er. selbst hat in *Adag.* 2601 in sehr ausführlicher Form die äsopische Fabel vom Adler und vom Mistkäfer (Scarabeus) behandelt (Aesop 3 Hausr.) und diese zu einer bissigen Satire auf die zeitgenössischen Fürsten umgebildet. Vgl. *ASD* II, 6, S. 394–425 mit Komm. Der Adler wird in *Adag.* 2601 als ein prächtiger Räuber dargestellt, der niemanden schont, sich nicht zähmen lässt und auf nichts und niemanden Rücksicht nimmt.

Er tut einfach, was ihm gefällt („quid libuit", ebd., S. 400, Z. 75–76). Er hebt seine gefährlichen Waffen (Schnabel und Klauen) hervor, die ihn als Raubtier auszeichnen, „vt vel ex ipso corporis habitu possis intelligere carniuoram esse auem, quietis ac pacis inimicam, pugnis, rapinis ac praedationibus natam" (ebd., Z. 93–95).
21–22 *neminem debere … susciperet* Plut. *Reg. et imp. apophth., Mor.* 172E: ἄρχειν δὲ μηδενὶ προσήκειν, ὃς οὐ κρείττων ἐστὶ τῶν ἀρχομένων. Vgl. Regios Übers.: „imperium nemini conuenire, qui, quibus imperat, melior non sit" (fol. b⟨i⟩ᵛ).
22–24 *hoc esse … caeteris antecellit* Vgl. *Inst. princ. christ. ASD* IV, 1, S. 136, Z. 15–19: „In nauigatione non ei committitur clauus, qui natalibus aut opibus aut forma caeteris antecellit, sed qui peritia gubernandi, qui vigilantia, qui fide superat. Ita regnum ei potissimum est committendum, qui regiis dotibus anteit reliquos, nempe sapientia, iustitia,

animi moderatione, prouidentia, studio commodi publici".

25 *institutio* Er. betont hier wie im Anfangsteil der *Inst. princ. christ.* die Bedeutung der Erziehung, vgl. das 1. Kap. „Natiuitas et educatio principis" (*ASD* IV, 1, S. 136ff.).

26 *Delitiae emolliunt* Der Titel formuliert eine topische moralische Sentenz. Vgl. dazu den Titel von V, 292 (Hannibal, 12) „Voluptas emollit indomitos".

27–29 *Quum Persae ... immutari* Plut. *Reg. et imp. apophth., Mor.* 172F (Cyrus, 3). Er. gestaltete seinen Text nach der latein. Übers. Filelfos, die er leicht variierend wiedergab: „Cum vero et montuosa Persarum regio asperaque esset vellentque propterea campestrem ac mollem capere, ne id quidem est passus [sc. Cyrus] inquiens et plantarum saemina [sic] et hominum mores atque ingenia regionum quoque similitudinem trahere" (fol. k iiii^r). Vgl. den griech. Text: Βουλομένους δὲ τοὺς Πέρσας ἀντὶ τῆς ἑαυτῶν οὔσης ὀρεινῆς καὶ τραχείας πεδιάδα καὶ μαλακὴν χώραν λαβεῖν οὐκ εἴασεν, εἰπὼν ὅτι καὶ τῶν φυτῶν τὰ σπέρματα καὶ τῶν ἀνθρώπων οἱ βίοι ταῖς χώραις συνεξομοιοῦνται.

28–29 *plantas ac semina* Im Sinn von „plantarum semina" für τῶν φυτῶν τὰ σπέρματα. Sowohl Filelfo als auch Regio übersetzen mit „plantarum semina" (Filelfo fol. k iiii^r; Regio fol. b⟨i⟩^v).

29 *mores* Im Griechischen steht ἀνθρώπων οἱ βίοι (etwa: „die Lebensweisen der Menschen"); „mores" bezog Er. von Filelfos „mores atque ingenia" (fol. k iiii^r); Regio hingegen hat „hominum vitas" (fol. b⟨i⟩^v).

32 *Caste* Wie sich aus der Diskrepanz zwischen dem Titel und der untenstehenden Auswertung ergibt, fluktuierte Er.' Interpretation des exemplarischen Apophthegmas: Nach dem Titel geht es um Keuschheit, nach der Auswertung um Er.' Herrscherideal mit völliger Hingabe an das politische Amt und Verzicht auf Privatleben. Er.' Quelle, Plut. *De curiositate* 13, führt das Apophthegma als Exempel für die philosophische Kontrolle der sinnlichen Wahrnehmung an, wodurch die haltlose „Neugierde" unterdrückt werden soll.

33–37 *Cyrus abstinebat ... negociis* Plut. *De curiositate* 13, *Mor.* 521F–522A, in Er.' eigener Übers. (1525): „At Cyrus nolebat aspicere Pantheam: verum, cum Araspus diceret mulieris formam dignam esse, quam contemplaretur, ‚Ob hoc ipsum igitur' inquit ‚magis abstinendum est ab ea. Etenim, si tuum sequutus consilium illam adiero, fortassis ipsa rursus mihi persuaserit, vt ad ipsum coneem etiam, quum non vacabit, spectemque et assideam neglectis interim multis seriis negociis'" (*ASD* IV, 2, S. 301). Er. benutzte seine frühere Übers., die er leicht variierte. Auch dort findet sich die unrichtige Namensform „Araspus". Vgl. den griech. Text: ὁ γοῦν Κῦρος οὐκ ἐβούλετο τὴν Πάνθειαν ἰδεῖν, ἀλλὰ τοῦ Ἀράσπου λέγοντος ὡς ἄξιον θέας εἴη τὸ τῆς γυναικὸς εἶδος, „οὐκοῦν", ἔφη, „διὰ τοῦτο μᾶλλον αὐτῆς ἀφεκτέον· εἰ γὰρ ὑπὸ σοῦ πεισθεὶς ἀφικοίμην πρὸς αὐτήν, ἴσως ἄν με πάλιν ἀναπείσειεν αὐτὴ καὶ μὴ σχολάζοντα φοιτᾶν καὶ θεᾶσθαί τε καὶ παρακαθῆσθαι προέμενον πολλὰ τῶν σπουδῆς ἀξίων". Zu der Geschichte vgl. weiter Plut. *De audiendis poetis* 11, *Mor.* 31C, wo die Anekdote zu einem *exemplum* ohne Ausspruch oder weitere Angaben umgebildet wurde; Xen. *Cyr.* V, 1, 8; VI, 4, 5; Lucian. *Imag.* 10; Joannes Rhetor, *Commentarium in Hermogenis librum* περὶ ἰδεῶν 6, S. 431.

33 *Pantheae* Pantheia und ihr Gemahl Abradatas/Abradates figurieren als Protagonisten einer Erzählung in Xen. *Cyr.* (V, 1–20; VI, 1, 45–52; VI, 3, 35–36; VI, 4, 2–10; VII, 1, 29–32; VII, 3, 2–14): Abradatas, König von Susa, soll anfänglich auf der Seite der Assyrer gegen Kyros gekämpft haben. Nachdem seine schöne Frau Pantheia von Kyros gefangen genommen wurde und dieser wider Erwarten ihre Ehre schützte, soll sie Abradatas überredet haben, zur persischen Seite überzutreten. Daraufhin soll dieser, auf der Seite des Kyros kämpfend, in der Schlacht gegen Kroisos den Tod gefunden haben. Nachdem sich Pantheia aus Trauer das Leben nahm, soll Kyros das Paar mit einem prächtigen Grabmal geehrt haben. Vgl. A. Kuhrt und H. Sancisi-Weerdenburg, *DNP* 1 (1999), Sp. 29, und F. Cauer, *RE* I, 1 (1893), Sp. 108–109, jeweils s.v. „Abradatas"; J. Miller, *RE* XVIII, 3 (1949), Sp. 697 s.v. „Pantheia"; C.J. Brunner, *Encyclopaedia Iranica* I, 3 (1983), S. 228, s.v. „Abradatas"; B. Kytzler, *Frauen der Antike*, Frankfurt a.M., 1997, S. 126–127.

33 *Araspo* Araspes (pers. Aryasb), Günstling und Freund des Kyros d.Gr.; ihm wurde Pantheia zur Bewachung anvertraut, in die er sich jedoch unglücklicherweise leidenschaftlich verliebte. Vgl. Xen. *Cyr.* V, 1, 1–20; VI, 1, 31–44; VI, 3, 14–20; H.A. Gärtner, *DNP* 1 (1999), Sp. 955, und W. Judeich, *RE* II, 1 (1895), Sp. 381, jeweils s.v. „Araspes".

33 *Araspo* Die Basel-Drucke überliefern einhellig das unrichtige „Araspo". Er. war von Plut. *Mor.* 521F ausgegangen, wo der Name im Genitiv steht, und hatte daraus den falschen

abstinendum. Etenim, si nunc *tuo* obtemperans *consilio illam adiero,* quum vacat, *fortassis illa mihi persuasura est, vt ad ipsam* frequenter *commeem, etiam quum non vacabit,* eique *assideam neglectis seriis negociis"*. Scite retorsit argumentum, regiae functionis memor.

DARIVS

V, 4   FORTVNA ADVERSA PRVDENTES FACIT   (Darius, 1)

Darius, Xerxis pater, in sui laudem dicere solet *sese praeliis ac rebus asperis reddi prudentiorem.* Atqui talis prudentia *nimio constat reipublicae.* Praestat principem e philosophiae praeceptis haurire sapientiam potius quam experimentis *miseram,* vt vocant, colligere *prudentiam.*

V, 5   FAVOR ARTE CAPTATVS   (Darius, 2)

Idem quum tributum indixisset subditis, accersitos prouinciarum praefectos percontatus est, quum aliis de rebus, tum *de tributis, essent ne grauia; quum illi respondissent esse mediocria, iussit, vt singuli dimidium exigerent.* Quod praefectis moderatum videbatur, regis aequitati visum est dimidio plus satis. Maluit enim suos beneficio sibi conciliare quam exarmatos subigere. Strategematis autem gratia in hoc sita est, quod

---

41 solet *A-C:* solebat *LB.*

50 strategematis *C:* stratagematis *A B.*

Schluss gezogen, daß die Nominativform „Araspus" lautet; vgl. seine oben zitierte Übers. (*ASD* IV, 2, S. 301, Z. 330: „Araspus").

37–38 *scite ... memor* Er. spricht damit ein in der *Inst. princ. christ.* oftmals wiederkehrendes Argument an: daß der gute Fürst im Grunde kein Privatleben führen dürfe, seine gesamte Zeit dem Staat zur Verfügung stellen müsse. Kyros legt hier das von Er. erwünschte, richtige Verhalten an den Tag, bezeigt sich somit in dieser Hinsicht als „regiae functionis memor".

Dareios I. (der Große), aus dem Geschlecht der Achaimeniden, Großkönig von Persien, reg. 522–486 v. Chr. Unter seiner Herrschaft gelangte das Perserreich zu seiner größten Macht und Ausdehnung, unterlag aber 490 den Athenern bei Marathon. Neben Kyros d.Gr. zählt Dareios I. zu den bedeutendsten persischen Herrschern. Wichtige Leistungen waren die Erweiterung des Herrschaftsgebietes mit Gebietsgewinnen in Indien, Ägypten, Libyen und Thrakien, die Schaffung eines Straßennetzes, eine grundlegende Wirtschafts- und Gesellschaftsreform und eine großartige Bautätigkeit. Vgl. A. Kuhrt und H. Sancisi-Weerdenburg, *DNP* 3 (1999), Sp. 322–323; O. Seeck, *RE* IV.2 (1901), Sp. 2184–2199, beide s.v. „Dareios", Nr. 1; J. Wiesehöfer, *Das antike Persien. Von 550 v. Chr. bis 650 n. Chr.*, Düsseldorf, 2005; P. Briant, *Darius. Les Perses et l'Empire*, Paris, 1992; M. Brosius, *The Persians. An introduction.* Routledge, London, 2006; W. Hinz, *Darius und die Perser. Eine Kulturgeschichte der Achämeniden*, 2 Bde., Baden-Baden, 1976.

40 *Fortuna ... facit Apophth.* V, 4 ist ein Gegenstück zu *Adag.* 29 „Piscator ictus sapiet" (*ASD* II, 1, S. 142), 30 „Factum stultus cognoscit" (ebd., S. 142–144), 31 „Malo accepto stultus sapit" (ebd. S. 144–146), 3259 „Post acerba prudentior" (*ASD* II, 7, S. 164–165), *Collect.* 132 „Sero sapient Phryges. Ictus sapiam" (*ASD* II, 9, S. 92) und *Adag.* 299 „Post mala prudentior" (*ASD* II, 1, S. 404: „Παρὰ τὰ δεινὰ φρονιμώτε-

ρος, id est, *Post acerba prudentior*. Vbi quis suo malo fit cautior, non aliter quam qui gustato veneno non prius intelligunt esse venenum, quam noxiam eius vim sentire coeperint. ... Adagium recensetur in collectaneis Apostolii ..." [= Apostol. 13, 90]). In *ASD* II, 1, S. 404 findet sich kein Hinweis darauf, daß es sich urspr. um einen Ausspruch des Dareios handelt, der von Plutarch überliefert worden ist und von Er. in die *Apophthegmata* aufgenommen worden ist). *Collect*. 132 (*ASD* II, 9, S. 92): „Conuenit in eos, quos stulte factorum sero poenitet. ... Nec dissimile Hesiodium illud *Rem factam stultus intelligit*. Nec diuersum sensum habet et hoc Homericum Παθὼν δέ νήπιος ἔγνω, id est *Passus stultus cognouit*. Haec omnia in eos dicuntur, qui non nisi magno suo malo docti sapient, quum consultius sit alienis malis cautiorem fieri".

41–42 *Darius Xerxis ... prudentiorem* Wörtliche Wiedergabe von Plut. *Reg. et imp. apophth.*, Darius 1, *Mor.* 172F: Δαρεῖος ὁ Ξέρξου πατὴρ ἑαυτὸν ἐγκωμιάζων ἔλεγεν ἐν ταῖς μάχαις καὶ παρὰ τὰ δεινὰ γίγνεσθαι φρονιμώτερος.

41 *Xerxis* Xerxes I. (der Große), Sohn des Dareios I. und persischer Großkönig (486–465 v. Chr.), unterlag den Griechen in den Schlachten von Salamis (480 v. Chr.) und Plataiai (479 v. Chr.). Vgl. D. Kienast, *RE* IX A.2 (1967), Sp. 2096–2101, s.v. „Xerxes".

42 *Atqui talis ... reipublicae* Wie Er. klar angibt, ist er mit dem Ausspruch des Dareios nicht einverstanden. In seiner *Inst. princ. christ*. äußert er mehrfach die Ansicht, daß der Fürst nicht einfach aus der Erfahrung regieren dürfe, frei nach dem Sprichwort „Aus Fehlern wird man klug", weil ein solcher Lernprozess des Fürsten für den Staat zu gefährlich und zu teuer sei. Vgl. *Inst. princ. christ*., Kap. 1, *ASD* IV, 1, S. 148–149 (S. 148, Z. 398–399 und 403–404: „... nimio constat reipublicae ... At ista prudentia nimio emetur patriae ..."). Vielmehr müsse der Fürst sinnvolle, stimmige rationale Abwägungen jenseits der persönlichen Erfahrung machen und sich dabei auf das in der Prinzenerziehung Erlernte und auf seine Ratio stützen. Anstatt des Apophthegma des Dareios d.Gr. lobt Er. das gegenteilige des Scipio Africanus d. Ä., der der Meinung war, daß der Ausspruch „Das hatte ich nicht vermutet" („Non putaram") eines Weisen unwürdig sei. Vgl. *Inst. Princ. Christ*., Kap. 1, *ASD* IV, 1, S. 148–149, Z. 397–404: „Sic recte dixit Africanus indignam viro sapiente vocem esse ‚Non putaram', quanto magis indigna videbitur principe, quae cum ipsi magno, tum nimio constat reipublicae? Semel fortasse temere susceptum bellum a iuuene belli imperito durat in annum vigesimum. Quantum hinc malorum omnium mare? Tandem resipiscens nimium sero dixit: ‚Non putaram' ...". Für diesen Ausspruch, den Er. aus Val. Max. VII, 2, 2 bezogen hat, siehe unten *Apophth*. V, 306 mit dem Titel „Prouidentia"; für die Thematik des Lernens aus der Erfahrung vgl. weiter *Adag*. 238 „Posterioribus melioribus", *ASD* II, 1, S. 351–352.

43–44 *miseram ... prudentiam* Er. gibt hier an, daß es sich bei „misera prudentia" um eine sprichwörtliche Redensart handle („vt vocant"). Er. verwendet dabei als Quelle Plin. Min. *Paneg*. 66, 4: „terror et metus et *misera illa ex periculis facta prudentia* monebat, vt a republica (erat autem omnino nulla respublica) oculos, aures, animos auerteremus". Vgl. *Adag*. 30 „Factum stultus cognoscit" (*ASD* II, 1, S. 144): „Plinius in Panegyrico, quem Traiano dixit, huiusmodi seram et infrugiferam *prudentiam miseram vocat* ...". Schon in seiner *Inst. princ. christ*. hatte Er. diese Plinius-Stelle benutzt und „misera prudentia" als sprichwörtliche Redensart präsentiert, vgl. Kap. 1 (*ASD* IV, 1, S. 148, Z. 393 ff.): „*Miseram prudentiam dixere veteres*, quae rerum experimentis comparatur, propterea quod hanc suo quisque malo consequitur. Hanc igitur oportet quam longissime abesse a principe, quae vt serius, ita non sine immensis totius populi malis contingit".

46–48 *Quum tributum ... exigerent* Plut. *Reg. et imp. apophth*., Darius 2, *Mor*. 172F: Τοὺς δὲ φόρους τοῖς ὑπηκόοις τάξας μετεπέμψατο τοὺς πρώτους τῶν ἐπαρχιῶν καὶ περὶ τῶν φόρων ἠρώτησε, μὴ βαρεῖς εἰσι· φησάντων δὲ μετρίως ἔχειν ἐκέλευσε τελεῖν τοὺς ἡμίσεις ἕκαστον. Er. hat für die Erstellung seines Textes sowohl Filelfos als auch Regios Übers. herangezogen. Vgl. Filelfo: „Idem cum tributa subditis imperasset, prouinciarum praefectos accersiuit et, an tributa grauia essent, interrogauit. Quibus respondentibus ea mediocriter habere iussit dimidium quisque solueret" (fol. k iiii^r); Regio: „Cum autem subditis sibi populis tributa statuisset, principes prouinciarum ad se accersiuit et, an grauia essent tributa, percontatus est. Cumque illi respondissent mediocriter se habere, dimidium unicuique remitti iussit" (fol. B⟨i⟩^v).

duplum imperauit eius, quod destinarat accipere. Si dimidium imperasset nec quicquam remisisset, latuisset benignitas: nunc exacta dimidians effecit, vt omnes sentirent beneficium.

V, 6   AMICO FIDO NIHIL PRECIOSIVS   (Darius, 3)

Quum aperuisset praegrande malum punicum et quidam ab eo sciscitaretur, cuius rei tantum numerum habere optaret, quantus illic inesset granorum, respondit: „Zopyrorum" (is erat vir bonus ac Dario fidus *amicus*), significans regi nihil prius aut charius esse debere probis ac fidis amicis. Tametsi Herodotus libro quarto refert hoc fuisse dictum de Megabyze.

V, 7   FIDVS AMICVS   (Darius, 4)

Is Zopyrus sibi nares et aures praecidit; itaque dissimulans, quis esset, ad Babylonios transfugit fingens se a Dario crudelissime tractatum. *Babylonii persuasi* commiserunt illi praefecturam. Ille nactus occasionem *Dario ciuitatem tradidit.* Postea *Darius saepenumero dicere solet se malle vnum Zopyrum integrum quam centum Babylonas capere.* Erat opulentissima ciuitas Babylon; tamen vnum amicum centum Babylonibus

---

58–59 Tametsi ... Megabyze C: *desunt in A B.*
59 Megabyze C, BAS, LB *(cf. Apophth. VI, 398 et 521)*: Megabize ind. nom. C, *scribendum erat* Megabyzo *(cf. Herod. versionem per Laur. Vallam).*

61 Zopyrus A B *(cf. Plut. ed. Ald.)*: Zophyrus C.
64 solet A-C: solebat LB Lycosthenes p. 56.

---

53 beneficium In der *Inst. princ. christ.* streicht Er. immer wieder die *beneficentia*, Wohltätigkeit, als grundlegende Tugend des Fürsten heraus. Bemerkenswerterweise stellt er jedoch das eigentlich exemplarische Vorgehen des Dareios nicht als Musterbeispiel dieser Fürstentugend dar, sondern beziffert es als schlauen Trick („strategema") bzw. (im Titel des Apophthegmas) als „Kunstgriff" („ars"). Damit entlarvt Er. den persischen König als Scheinwohltäter. In der *Inst. princ. christ.* riet Er. dem guten Fürsten prinzipiell von der Erhebung von Steuern ab. Der Fürst solle tunlichst „gratis" regieren. Vgl. Kap. IV „De vectigalibus et exactionibus".
54 Amico ... preciosius Für die sprichwörtliche Weisheit vgl. *Adag.* 1175 „Amicus magis necessarius quam ignis et aqua"; für den sprichwörtlichen Status, welchen Er. dem Zopyrus als treuem Freund zuschrieb, vgl. *Adag.* 1964 „Zopyri talenta" (*ASD* II, 4, S. 316–317).

55–57 aperuisset ... „Zopyrorum" Plut. *Reg. et imp. apophth., Mor.* 173A (Darius, 3): Ῥοιὰν δὲ μεγάλην ἀνοίξας, πυθομένου τινὸς τί ἂν ἔχειν βούλοιτο τοσοῦτον ὅσον ἐστὶ τῶν κόκκων τὸ πλῆθος, εἶπε, „Ζωπύρους". ἦν δὲ ἀνὴρ ἀγαθὸς καὶ φίλος ὁ Ζώπυρος; vgl. Regios Übers.: „Ingens vero malum granatum cum aperuisset, cuidam roganti, cuiusnam rei tantum habere vellet numerum, quanta granorum illorum esset multitudo, respondit: ,tot Zopyros'. Fuit autem Zopyrus vir probus et illi amicus" (fol. b⟨i⟩ᵛ). Vgl. weiter Er., *Adag.* 1964 „Zopyri talenta" (*ASD* II, 4, S. 316–317): „Hic Zopyrus Darii regis amicus erat ... *Et oblato malogranato tantum optauit sibi Zopyrorum* [sc. Darius], *quantum ibi granorum inesset,* vt narrat Herodotus libro tertio. Meminit Plutarchus in *Apophthegmatis*. Adagium recenset Zenodotus". Hdt. III, 153–160; Zenob. 4, 9 = Ald. Col. 91 (cf. Cratin. frgm. 176 Kock = frgm. 187 *PCG*). Zur Gestalt des Zopyros vgl. weiter *Adag.* 483 „Cum mula pepererit".

56–57 „*Zopyrorum*" Zopyros (6. Jh. v. Chr.), persischer Edler, Satrap, Freund des Königs Dareios I.; 522 v. Chr. soll es ihm durch die List der Selbstverstümmmelung gelungen sein, die Tore des aufständischen Babylon zu öffnen. Für seine Heldentat wurde er zum Satrapen von Babylonien ernannt. Vgl. Frontin. *Strat.* III, 3, 4; Justin. I, 10, 15 ff.; J. Wiesehöfer, *DNP* 12, 2 (2002), Sp. 834–835; K. Ziegler, *RE* XA (1972), Sp. 765–767, beide s.v. „Zopyros", Nr. 1; R. Rollinger, „Überlegungen zu Herodot, Xerxes und dessen angeblicher Zerstörung Babylons", in: *Altorientalische Forschungen* 25 (1998), S. 339–373.

58–59 *Herodotus ... Megabyzo* Einige historische Quellen schreiben die List der Selbstverstümmelung usw. Zopyros' Sohn Megabyzos zu, vgl. neben der von Er. zitierten Stelle Hdt. IV, 143 auch Ktesias, *FGrH* 688 F 13, 26. Diodorus Siculus setzte Zopyros überhaupt mit Megabyzos gleich (X, 19, 2). Zu Megabyzos (gest. um 440 v. Chr.), der als Feldherr unter Xerxes I. im Griechenlandfeldzug fungierte, vgl. J. Wiesehöfer, *DNP* 7 (1999), Sp. 1132; W. Kroll, *RE* XV, 1 (1931), Sp. 122–123, jeweils s.v. „Megabyzos", Nr. 2. Dem Megabyzos widmet Er. unten zwei weitere Sprüche: VI, 399 und 525. Den Hinweis auf die Herodot-Stelle, in der die vorliegende Ausspruch auf Megabyzos bezogen wurde, hat Er. in der Ausgabe des Jahres 1535 (*C*) hinzugesetzt. In der Parallelstelle *Adag.* 1964, „Zopyri talenta", weist Er. nicht auf die widersprüchliche Zuschreibung in den Quellen hin.

59 *Megabyze C* überliefert die irrige Namensform „Megabyze" statt des korrekten „Megabyzo"; die unrichtige Namensform ist einem Textübertragungsfehler geschuldet, der auf das Konto des Er. geht (vgl. *Apophth.* VI, 398 und VI, 524). In V, 6 verweist Er. auf Hdt. IV, 143. Für Apophthegmata-Zitate aus Herodot benutzte Er. die Übers. Vallas: Diese weist an der zitierten Stelle jedoch die richtige Form „Megabyzus" auf.

60 *Fidus amicus* Für die sprichwörtliche Weisheit als solche vgl. *Adag.* 2917, „Fidus amicus".

Die weitere Ausgestaltung der Sprichwörterweisheit bezieht sich jedoch abermals gänzlich auf Zopyrus.

61 *Zopyrus* Die Schreibweise „Zophyrus" in *C* an dieser Stelle ist wohl auf einen Druckfehler zurückzuführen. Vgl. oben (V, 6) „Zopyrorum" und unten (V, 7) „Zopyrum".

61–64 *Zopyrus sibi nares ... Babylonas capere* Plut. *Reg. et imp. apophth., Mor.* 173A (Darius, 4). Er. arbeitete in diesem Apophth. nach Filelfos Übers., ohne den griech. Text hinzuzuziehen. Das geht daraus hervor, daß er, wie Filelfo, vergaß, αὐτὸς ἑαυτὸν αἰκισάμενος zu übersetzen. Filelfos Übers.: „Qui (sc. Zopyrus) vbi sese ipse cecidisset naremque et aures obtruncasset, et ita creditus Babylonios fefellisset ac Dario tradidisset vrbem, saepe dicebat Darius longe Zopyrum malle integrum quam centum capere Babilonas" (fol. ⟨k iiii⟩ʳ). Vgl. den griech. Text: Ἐπεὶ δὲ αὐτὸς ἑαυτὸν αἰκισάμενος ὁ Ζώπυρος καὶ τὴν ῥῖνα καὶ τὰ ὦτα περικόψας ἐξηπάτησε Βαβυλωνίους καὶ πιστευθεὶς ὑπ' αὐτῶν παρέδωκε Δαρείῳ τὴν πόλιν, πολλάκις ὁ Δαρεῖος εἶπεν οὐκ ἂν ἐθέλησαι λαβεῖν ἑκατὸν Βαβυλῶνας ἐπὶ τῷ μὴ Ζώπυρον ἔχειν ὁλόκληρον. In *Adag.* 1964, „Zopyri talenta" (*ASD* II, 4, S. 316–317), das bereits in der Erstausgabe von 1508 vorhanden war, hatte Er. ebenfalls Filelfos Übers. benutzt; dort hatte er aber außerdem den griech. Text hinzugezogen, mit welchem er Filelfos Auslassung ergänzte: „Hic Zopyrus Darii regis amicus erat, qui sibi nares et aures conscidit et *omne corpus flagris cruentauit*, vt his argumentis Babyloniis fidem faceret se Dario male velle, a quo tam immaniter esset acceptus. Itaque Babyloniorum ciuitatem ingressus eam Dario prodidit. Vnde Darium dixisse ferunt se vnum Zopyrum integrum malle quam centum Babylonas capere". Vgl. weiter Hdt. III, 154–160 und Polyaen. *Strat.* VII, 13.

64 *integrum* „integrum" nach Filelfos Übers. (fol. k iiiiʳ); so bereits 1508 in *Adag.* 1964 (a.a.O.); Regio hatte „illius foeditatis expertem esse" (fol. b iiʳ).

anteposuit. Ab hoc animo quantum absunt principes quidam, qui sannionem aut equum aut canem pluris faciunt quam probum, fidelem ac doctum amicum. Huius factum damnans rex dicebat, quod turpissimo facto pulcherrimum nomen imposuisset. Videbatur enim mira fides in regem, quum illum summa afficeret tum iactura, tum molestia.

SEMIRAMIS

V, 8   AVARITIA DELVSA   (Semiramis, 1)

Semiramis Carum [i.e. Assyriorum] regina, quae Babylonem condidisse dicitur, *monumento, quod sibi pararat, inscripsit*:

„QVISQVIS REX PECVNIIS EGVERIT, APERTO MONVMENTO QVANTVM VOLVERIT CAPIAT".

Darius potitus ea ciuitate, titulo credens, saxum ingens, quo claudebatur monumentum, vix amolitus, nihil *quidem inuenit pecuniarum*, sed ex altero saxi latere hoc inscriptum reperit:

„NI VIR MALVS ESSES ET PECVNIA INEXPLEBILIS, HAVDQVAQVAM MORTVORVM LOCVLOS MOVERES".

Quanquam hoc aptius inter strategemata siue inter γελοῖα commemorandum erat.

---

66 sannionem *BAS LB*: Sannionem *A-C*.
73 Carum *A-C lapsu Erasmi*: scribendum erat Assyriorum *ut in BAS et LB*.

82 strategemata *scripsi*: strategematata *C*, stratagemata *A B*.

66 *principes quidam* Er. richtet sich, wie an vielen Stellen in der *Inst. princ. christ.*, scharf gegen die zeitgenössischen Fürsten, denen er ihr leichtsinniges und eitles, sinnlichen Genüssen verschriebenes Hofleben ankreidete. Statt wahrer Freunde seien ihre ersten Bezugspersonen Hofnarren, Pferde und Hunde.
66 *sannionem* Mit „sannio" meint Er. den Typus des zeitgenössischen Hofnarren, welcher die Fürsten erheiterte und von diesen dafür sehr geschätzt wurde. Das antike lateinische Wort bezieht sich auf vulgäre Grimassenschneider, vgl. Cic. *De or.* II, 251 („Quid enim potest esse tam ridiculum quam sannio est? Sed ore, vultu, imitandis moribus, voce, denique corpore ridetur ipso"); *Fam.* IX, 16, 10; Amm. XIV, 6, 16. Die Großschreibung in den Basel-Drucken der *Apophthegmata* suggeriert, daß das Wort als Eigenname aufgefasst wurde.

Es gab eine Komödienperson mit dem Namen Sannio, seines Zeichens ein Kuppler (*leno*), in Terenzens *Adelphoe* (Vers 221–222), von Er. zitiert in *Adag.* 731, *ASD* II, 2, S. 254. Allerdings ist nicht evident, daß Er. in *Apophth.* V, 7 Terenzens Sannio gemeint hat.
67 *ac doctum* „ac doctum" ist ein bemerkenswerter Zusatz des Er., in dem er seine persönliche Meinung offenbart. „Treue" war für Er. nicht genug, um einen guten Freund abzugeben: Dieser sollte außerdem „gelehrt" sein.
Semiramis, die sagenumwobene assyrische Königin (9./8. Jh. v. Chr.), die in zahlreichen antiken und späteren Erzählungen figuriert. Ihr wurde u. a. der Bau der berühmten Hängenden Gärten von Babylon, eines der sieben (frühneuzeitlichen) Weltwunder, zugeschrieben. Vgl. W. Eilers, *Semiramis. Entstehung und Nachhall einer altorientalischen Sage*, Wien u. a. 1973; W. Nagel, *Ninus und Semiramis in Sage*

und Geschichte. Iranische Staaten und Reiternomaden vor Darius, Berlin 1982; W. Schramm, „War Semiramis assyrische Regentin?", *Historia* 21.4 (1972), S. 513–521; S. Comploi, „Die Darstellung der Semiramis bei Diodorus Siculus", in: R. Rollinger – Ch. Ulf (Hrsg.): *Geschlechterrollen und Frauenbild in der Perspektive antiker Autoren*, Innsbruck u. a. 2000, S. 223–244; E. Frahm, *DNP* 11 (2001), Sp. 377–378 s.v. „Semiramis". Er. nahm die Anekdote auf, obwohl er ihren Apophthegma-Status in Frage stellte und der Meinung war, daß sie eher den Witzen oder Listen zuzuordnen sei.

71 *SEMIRAMIS* In den Adagien verwendete Er. die Schreibweise „Semyramis" (z. B. *Adag.* 3234 „Moenia Semyramidis", *ASD* II, 7, S. 156); in Filelfos und Regios Übers. findet sich hingegen „Semiramis", das Er. mitübernahm.

Apophth. V, 8 Brusoni hatte die Geschichte dieses *Apophth.* bereits 1518 in seiner Sammlung der *Facetiae et exempla* I, 1 (im Abschnitt „De auaritia") dargestellt, wobei er den Text größtenteils der Übers. Regios (fol. b ii^r) nachbildete: „Semiramis Assyriorum regina, quum viuens sibi sepulchrum construxisset, in eo inscripsit: QVI REGVM PECVNIIS EGVERIT, DEMOLIENS MONVMENTVM, QVOTQVOT VOLET, SVMITO: Darius scriptura allectus, quum sepulchrum aperuisset, pecunias quidem nullas inuenit, sed in alias incidit literas dicentes: NISI MALVS ET PECVNIARVM INEXPLEBILIS FORES, MORTVORVM LOCVLOS NVNQVAM MOVISSES".

73–81 *Semiramis ... MOVERES* Plut. *Reg. et imp. apophth.*, *Mor.* 173A–B (Semiramis): Σεμίραμις δὲ ἑαυτῇ κατασκευάσασα τάφον ἐπέγραψεν „ὅστις ἂν χρημάτων δεηθῇ βασιλεύς, διελὼν οὖν διελὼν χρήματα μὲν οὐχ εὗρε, γράμμασι δὲ ἑτέροις ἐνέτυχε τάδε φράζουσιν, εἰ μὴ κακὸς ἦσθ᾽ ἀνὴρ καὶ χρημάτων ἄπληστος, οὐκ ἂν νεκρῶν θήκας ἐκίνεις. Er. benutzte für seinen Text die latein. Übers. Regios (die auch Brusoni verwendet hatte), die er in den erzählenden Teilen variierte, im Bezug auf die Inschriften, bsd. die zweite, eher wörtlich wiedergab: „Nisi malus et pecuniarum inexplebilis fores, mortuorum loculos nunquam mouisses" (fol. b ii^r); vgl. Brusoni (1518) I, 1 („De auaritia").

73 *Carum regina* „Carum regina" ist ein erklärender Zusatz des Er., der im Plutarchtext keine Entsprechung hat. Er. bezeichnet an dieser Stelle Semiramis irrtümlich als „Königin der Karer" bzw. „Königin Kariens", jener Region im äußersten Südwesten der heutigen Türkei, welche an das Mittelmeer grenzt (früher zu Ionien gehörig; heute die türkischen Provinzen Aidin und Mendech-Seli), somit einer Region, die weit von Assyrien entfernt ist. Der irrtümlichen Bezeichnung von Semiramis als „Königin der Karer" mag eine Verwechslung von Semiramis von Assyrien (9./8. Jh. v. Chr.) mit Artemisia II. von Karien (reg. 353/52–351/50 als Königin von Karien) zugrundeliegen, wobei das im Apophthegma genannte Grabmal irrtümlich für das Mausoleum von Halikarnassos gehalten wird, das Artemisia für ihren verstorbenen Gatten, König Mausolos (reg. 377–353/52 v. Chr.), hatte errichten lassen. Halikarnassos, von Mausolos zur neuen Hauptstadt des Karischen Reiches erhoben, liegt in Ionien an der Mittelmeerküste (heute türkisch: Bodrum). Bei der Verwechslung mag weiter eine Rolle gespielt haben, daß beide Königinnen als Bauherrinnen von Weltwundern galten, Artemisia des Mausoleums, Semiramis der Mauern Babylons. Vgl. E. Bauer, *Die Sieben Weltwunder*, 2. Aufl., München 2001. Er. hat das als Weltwunder betrachtete Grabmal, das Artemisia II. für Mausolos errichten ließ, nach dem Vorbild des Apostolios (9, 53) zu einem Adagium erhoben: „Karisches Grabmal", „Caricum sepulchrum", *Adag.* 3203, *ASD* II, 7, S. 142–143: „Karikos taphos, id est *Caricum monumentum*. De re magnifica sumptuosaque; sumptum a Mausoli sepulchro, quod est apud Caras ..."; vgl. Plin. *Nat.* XXXVI, 4, 30–31. Die Textbesorger von *BAS* und *LB* korrigierten zu „Assyriorum Regina". Lycosthenes hat den historischen Fehler des Er., Semiramis als „Carum regina" zu bezeichnen, übernommen (S. 103), während Brusoni in I, 1 (1518) Semiramis richtig als „Assyriorum regina" vorstellte.

73 *quae Babylonem condidisse dicitur* Semiramis wird als Begründerin und Bauherrin Babylons bezeichnet, u.a. von Ktesias (in Diod. II, 7–20), Strab. XVI, 2 und Curt. V, 1, 24. Diodorus Siculus beschreibt a.a.O. den Bau der Mauern Babylons sowie der Stadt selbst. Durch die Formulierung „dicitur" gibt Er. zu verstehen, daß es bezüglich der Rolle der Semiramis als Bauherrin Babylons Zweifel gab. Er. bezog sich dabei wohl auf Curt. V, 1, 24 („Semiramis eam [sc. Babylonem] condiderat, vel, vt plerique credidere, Belus, cuius regia ostenditur") oder Hdt. I, 187, der den Bau Babylons der Königin Nikotris zuschrieb. Trotz dieser Zweifel nahm Er. „Die Mauern der Semiramis" unter seine *Adagia* als Ausdruck für besonders starke Mauern auf;

XERXES ALTER [i.e. XERXES I.]

V, 9   Hvmanitas plvs valet qvam vis   (Xerxes, 1)

85 Inter *Xerxen Darii filium et Arimenem fratrem de regno erat contentio.* Itaque quum Xerxes intellexisset *fratrem ex Bactrianorum regione descendere, misit illi munera et iis, quibus* ea mandarat *perferenda, iussit, vt* ipsius verbis illi dicerent: „His in praesentia te honorat frater tuus Xerxes; quod si rex fuerit declaratus, eris apud ipsum omnium primus". Hac humanitate delinitus Arimenes contentionem remisit *ac fratri regnum*
90 *adepto protinus adorationis honorem exhibuit eique diadema imposuit. Xerxes autem illi proximum ab se locum dedit.* Nec hoc video, quur inter apophthegmata debeat recenseri, quum Plutarchus recenseat. Simile quiddam de Iacob et Esau legitur in Hebraeorum literis. Ira contentioque melius soluitur blandis verbis et benignitate quam repugnando.

---

83 XERXES ALTER *A-C BAS LB: scribendum erat* XERXES I *sive* XERXES.
85 Arimenem *C (cf. versiones Philelphi et Regii):* Arimenen *A B,* Ariamenem *sec. Plut. edd. recentiores.*

89 Arimenes *A-C (cf. versiones Philelphi et Regii):* Ariamenes *sec. Plut. edd. recentiores.*

vgl. *Adag.* 3234 „Moenia Semyramidis", *ASD* II, 7, S. 156.
83 *XERXES ALTER* Die Baseldrucke überliefern als Lemma-Titel „Xerxes alter", der somit Xerxes II., den Sohn des Artaxerxes I., bezeichnen würde, der 424 v. Chr. kurze Zeit nach seinem Regierungsantritt von seinem Bruder Sekyndianos ermordet wurde. Die vorl. Sektion bezieht sich in Wirklichkeit auf **Xerxes I. d.Gr.** (ca. 519–465), den Sohn des Dareios und der Atossa, der als achämenidischer Großkönig 486–465 regierte. Daß an vorl. Stelle Xerxes I. gemeint sein muß, geht schon aus der Tatsache hervor, daß er in V, 9 als Sohn des Dareios bezeichnet wird. Zu Xerxes I., der 480–479 v. Chr. einen verlustreichen Feldzug gegen Griechenland unternahm, vgl. J. Wiesehöfer, *DNP* 12.2 (2002), Sp. 646–647, s.v. „Xerxes", Nr. 1, und ders., „Über Helden herrscht Xerxes I. (ca. 519–465 v. Chr.)", in: S. Förster und M. Pöhlmann (Hrsg.), *Kriegsherren der Weltgeschichte. 22 historische Portraits,* München 2006. Im Übrigen sind von „Xerxes alter" (= II.) keine Aussprüche überliefert. Es ist unklar, auf welche Weise die fehlerhafte Titelüberschrift „Xerxes alter" zustandegekommen ist. Im griech. Plut.-Text der Aldus-Ausgabe steht „Xerxes", in Regios latein. Übers. fängt das erste Lemma unmissverständlich mit „Xerxes, Darii filius" an. Bezüglich der dynastischen Verhältnisse der persischen Könige war Er. nicht sattelfest, z. B. verwechselte er in *Adag.* 1605 (*ASD* II, 4, S. 90) Artaxerxes mit Xerxes I. (vgl. Komm. ad loc.). In den Adagien bezeichnet Er. Xerxes I. in der Regel als „Xerxes", ebenso in der *Inst. princ. christ.* In Bezug auf die vorl. Sektion in den *Apophthegmata* ist anzumerken, daß im Index personarum der Spruchspender nur als „Xerxes" angegeben ist. Er. hielt Xerxes I. dezidiert für einen schlechten Herrscher, für einen überheblichen, arroganten, unvorsichtigen, ja verrückten Mann, der sich in sinnlose Kriege stürzte und trotz numerischer Übermacht stets vernichtende Niederlagen (bei Salamis und Plataeae) hinnehmen musste. *Apophth.* V, 12 und 13 führen die Massen der Soldaten vor, die Xerxes in den Tod trieb. Vgl. *Adag.* 201 „Aut regem aut fatuum nasci oportere" (*ASD* II, 1, S. 306); Xerxes figuriert dort als Verrückter: „Aut quid fingi stultius potest Xerxe, cum ad Athum montem legatos mitteret eumque contumeliosissimis ac minacissimis literis territaret …?"; *Adag.* 3001 „Dulce bellum inexpertis", *ASD* II, 7, S. 30: „Insaniebat Xerxes, cum ingentem illam multitudinem Graeciam inuasurus educeret. An tibi constitisse animo videtur, qui Atho monti minaces scripserit episto-

las, ni cederet ...?"; zugleich war für Er. Xerxes überhaupt einer der schädlichsten Herrscher der Menschheit, einer ihrer schlimmsten „Räuber", gleichzusetzen etwa mit Alexander d.Gr. und Julius Caesar (ebd., S. 313; *Adag.* 2201, *ASD* II, 5, S. 182). Dasselbe Bild ergibt sich aus der *Inst. princ. christ.* Trotzdem war Er. der Meinung, daß sich Xerxes als Exemplum zur Fürstenerziehung eigne. In *Apophth.* V, 9 und 10 wird sein Vorgehen als sinnvoll eingestuft; V, 11 und 13 hingegen führen seine Überheblichkeit vor; V, 12 seinen verwirrten Geisteszustand; V, 13 sein tyrannisches Auftreten.

85–91 *Inter ... locum dedit* V, 9 bezieht sich auf den Erbfolgestreit, der nach dem Tod Dareios' I. entstand, obwohl dieser offiziell Xerxes zum Nachfolger ernannt und Ariamenes als Satrapen in Baktrien eingesetzt hatte. Die Anhänger des Ariamenes beriefen sich darauf, daß dieser der ältere Sohn wäre, jene des Xerxes, daß dieser ein „Purpurgeborener" sei, d.h. *nach der Thronbesteigung des Vaters zur Welt gekommen sei* (vgl. Justin. II, 10). Ariamenes führte ein Heer von Baktrien nach Medien, um seinen Herrschaftsanspruch durchzusetzen. Letztlich konnte der offene Bruderkampf abgewendet werden: Xerxes sprach seinem Bruder die Würde des „Größten am (Königs)Hof" zu. Zu diesem Erbfolgestreit vgl. Plut. *De fraterno amore*, 18, *Mor.* 488D–F und Justin. II, 10. V, 9 stellt kein Apophthegma im eigentlichen Sinn dar. Obwohl Er. dies bemängelt, nimmt er das Lemma auf (vgl. Einleitung).

85–91 *Xerxen Darii ... locum dedit* Plut. *Reg. et imp. apophth., Mor.* 173B (Xerxes, 1): Ξέρξῃ τῷ Δαρείου περὶ τῆς βασιλείας ἀμφισβητῶν ὁ ἀδελφὸς Ἀριαμένης (Ἀριμένης *ed. Ald. 1509, p. 151*) κατέβαινεν ἐκ τῆς Βακτριανῆς· ἔπεμψεν οὖν αὐτῷ δῶρα, φράσαι κελεύσας τοὺς διδόντας, „τούτοις σε τιμᾷ νῦν Ξέρξης ὁ ἀδελφὸς (ἀδελφός *ed. Ald. 1509, p. 151*)· ἐὰν δὲ βασιλεὺς ἀναγορευθῇ, πάντων ἔσῃ παρ' αὐτῷ μέγιστος." ἀποδειχθέντος δὲ τοῦ Ξέρξου βασιλέως, ὁ μὲν Ἀριαμένης (Ἀριμένης *ed. Ald. 1509, p. 151*) εὐθὺς προσεκύνησε (προσεκίνησε *ed. Ald. 1509, p. 151*) καὶ τὸ διάδημα περιέθηκεν, ὁ δὲ Ξέρξης ἐκείνῳ τὴν δευτέραν μεθ' ἑαυτὸν ἔδωκε τάξιν. Er. verwendete zur Erstellung seines Textes sowohl Filelfos als auch Regios Übers. Für dieselbe Anekdote vgl. auch Plut. *De fraterno amore*, 18, *Mor.* 488D–F, eine Stelle, die Er. ebenfalls kannte, jedoch in vorl. Apophth. nicht benutzte.

85 *Arimenem* Bei Ariamenes (522–480 v. Chr.) handelt es sich um den zweiten der drei Söhne des Dareios I. aus erster Ehe. Ariamenes' leibliche Brüder waren Artobazanes (gest. vor 485) und Ariabignes; Ariamenes' jüngerer Bruder (aus der Ehe des Dareios I. mit Atossa) war Xerxes (der spätere Xerxes I). Die Königsbrüder Ariamenes und Ariabignes fanden in der Schlacht bei Salamis (480) den Tod. Zu Ariamenes vgl. F. Cauer, *RE* II, 1 (1895), Sp. 813, s.v. „Ariamenes". Die unrichtige Namensform „Arimenes" übernahm Er. entweder aus Filelfos oder Regios Übers. oder aus der Aldus-Ausgabe des griech. Plutarch-Textes (*Mor.* 173B). Er. glich die Schreibweise des Namens offensichtlich nicht mit der Parallelstelle Plut. *Mor.* 488D–F (*De fraterno amore* 18) ab, die ihm bekannt war und wo sich die richtige Form „Ariamenes" findet (so auch in Stephanus Nigers latein. Übers. der Stelle). Bei Justin II, 10 findet sich die Namensform „Artemenes", bei Hdt. VII, 68 „Arsamenes".

86 *descendere* Vgl. Regio: „Arimenem ... ex Bactriana descendisse" (fol. b ii[r]); Filelfo.: „qui [sc. Arimenes] ex agro Bactriano ... descenderat" (fol. k iiii[r]).

87–88 *his ... Xerxes* Er. gab Filelfos Übers. wieder: „‚Hisce te in praesentia honorat Xerxes frater'" (fol. k iiii[r]).

88 *si ... declaratus* Er. gibt hier wörtlich Regios Übers. (a.a.O.) wieder.

90 *eique diadema imposuit* Vgl. Regio: „et eius capiti diadema imposuit" (a.a.O.); Filelfo: „ac diadema imposuit".

92–93 *Simile ... literis Gen.* 25, 27–34; 27–28 und 33. Eine Ausnahme in den *Apophthegmata*, insofern Er. eine Anekdote aus der klassischen Antike mit einer Bibelstelle parallelisiert. Bei der Geschichte von Jakob und Esau geht es ebenfalls um den Streit zweier Brüder um das Erstgeburtsrecht und deren Versöhnung. Jakob überlistet seinen älteren Zwillingsbruder Esau, indem er ihm das Erstgeburtsrecht gegen ein Bohnengericht abkauft (*Gen.* 25, 27–34) und den blinden Vater Isaak hinters Licht führt, indem er vortäuscht, Esau zu sein, woraufhin ihn dieser segnet (27–28); für den später von der Jagd heimkehrenden Esau bleibt nur mehr der zweite Rang. Nachdem Jakob Esau reichliche Geschenke darbietet (200 Ziegen, 20 Ziegenböcke, 200 Mutterschafe, 20 Widder, 30 säugende Kamelstuten mit ihren Jungen, 40 Kühe, 10 Stiere, 20 Eselinnen, 10 Eselhengste, *Gen.* 32, 14–22), kommt es zur Aussöhnung (33).

V, 10   Delitiae   (Xerxes, 2)

Idem *iratus Babyloniis, quod a se defecissent, posteaquam* illos in potestatem suam redegerat, interdixit, *ne ferrent arma, sed psalteriis tibiisque canerent, scorta alerent, cauponas haberent ac sinuosis tunicis vterentur*, quo voluptatibus euirati non molirentur denuo defectionem. Nec hoc inter apophthegmata commemoraturus eram, ni Plutarchus recensuisset.

V, 11   *Fidvcia svi*   (Xerxes, 3)

Quum *importarentur* ad illum *Atticae caricae venales, negauit se illas esurum, donec regione potitus esset, quae illas ferret*. Tam ingens erat excelsi pectoris *fiducia sui*.

V, 12   (Xerxes, 4)

Quum vidisset vniuersum Hellespontum nauibus suis constratum, omnia littora atque Abydenorum plana hominibus referta, iactauit se beatum, moxque fudit lachrymas. Tam subitam *mutationem admiratus Artabanus regis patruus, qui dissuaserat eam expeditionem*, ausus est rogare causam. Tum Xerxes, „*Subiit*", inquit, „*animum meum cogitatio, quam breuis sit hominum vita, quando ex tam numerosa multitudine post annum centesimum nemo superfuturus est*".

V, 13   (Xerxes, 5)

Idem *Graeciae bellum indicturus* conuocatis omnibus *Asiae principibus* dixit: „*Ne viderer meo tantum consilio hoc* aggressus, *contraxi vos. Caeterum mementote* mihi *parendum magis quam suadendum*". Vox bis tyrannica, et quod principum conuentu pro fuco abuteretur et quod negocium multo periculosissimum sua vnius cupiditate verius quam consilio susciperet.

---

103 sui *C: deest in A B.*

Apophth. V, 10 Vgl. die gleichläufige Maßnahme, die Kyros d.Gr. auf Anraten des Kroisos gegen die Lyder getroffen haben soll, welche Er. zu *Adag.* 1596 „Lydus cauponatur" umbildete (*ASD* II, 4, S. 84): „Cyrus rex deuictis Lydis imperauit ex consilio Croesi, vt cauponiam exercerent neque tractarent arma, sed veste ad terram vsque demissa vterentur, quae olim molliciem indicabat, vt ad eum modum veluti in foeminas transformati ad rebellionem fierent inutiles"; für diese Tradition der Anekdote vgl. Hdt. I, 156 und Polyaenus, *Strategemata* VII, 6, 4. Inhaltlich ähnlich ist weiter *Apophth.* V, 2, „Delitiae emolliunt".

96–98 iratus … vterentur Plut. *Reg. et imp. apophth.*, Mor. 173C (Xerxes, 2). Er. hat seinen Text Filelfos Übers. nachgebildet: „Babyloniis autem, quoniam defecissent, iratus potitusque victoria imperauit, arma ne ferrent, sed psallerent, tibia vterentur, scorta alerent, cauponicae indulgerent ac sinuosis tunichis [sic] induerentur" (fol. ⟨k iiii⟩ʳ). Vgl. den griech. Text: Ὀργισθεὶς δὲ Βαβυλωνίοις ἀποστᾶσι καὶ κρατήσας προσέταξεν ὅπλα μὴ φέρειν, ἀλλὰ ψάλλειν καὶ αὐλεῖν καὶ πορνοβοσκεῖν καὶ καπηλεύειν καὶ φορεῖν κολπωτοὺς χιτῶνας.

99–100 *Nec hoc ... recensuisset* Vgl. Einleitung. *Apophth.* V, 11 datiert auf die Zeit unmittelbar vor Xerxes' Griechenlandfeldzug 480–479 v. Chr.; den Titel des Lemmas hat Er. von Val. Max. III, 7 übernommen. Lycosthenes folgte Er.' Lemmatitel, indem er ein Kapitel „De fiducia sui" einrichtete, wo er vorl. Apophth. druckte (S. 357).

102–103 *Atticae caricae ... ferret* Plut. *Reg. et imp. apophth., Mor.* 173C (Xerxes, 3): Ἀττικὰς δὲ ἰσχάδας οὐκ ἂν ἔφη φαγεῖν ὠνίους κομισθείσας, ἀλλ' ὅταν τὴν φέρουσαν κτήσηται χώραν. Er. benutzte für seine Texterstellung die – nicht sehr gelungene – Übers. des Filelfo: „Vaenalibus [sic] autem caricis, quae portarentur ex Attica, aiebat futurum, ne prius vesceretur quam, quod illas ferret, solo potitus foret" (fol. k iiii[r]). Regios Übers. ist klarer (fol. b ii[r]). Dasselbe Apophthegma hatte bereits Brusoni (1518), im Kap. II, 45 („De fiducia"), in seine Sammlung aufgenommen, wobei er Regios Übers. wiedergab; vgl. auch Athen. 652B.

102 *Caricae* „Carica", die getrocknete Feige, benannt nach der Region, in der sie in der Antike v.a. produziert wurde, in Karien, an der südwestlichen Küste Kleinasiens (heute Türkei), mit dem Hauptort Halikarnassos (vgl. Pall. I, 26, 2; I, 30, 4; Hehn-Schrader, *Kulturpflanzen und Haustiere* [1911], S. 97). Besonders berühmt waren die Feigen aus Kaunos, einer Stadt im Südosten Kariens (vgl. Cic. *Div.* II, 84; Plin. *Nat.* XV, 83; Athen. 76A). Die getrockneten Feigen, um die es im vorl. Apophth. geht, stammten jedoch aus Attika. Für die Verwendung von „caricae" für getrocknete Feigen im allgemeinen vgl. Ov. *Fast.* I, 185; Plin. *Nat.* XIII, 51; XV, 83. Für „Carica" vgl. *DNG* I, Sp. 774, s.v. „Cares". Er. bezog das Wort „Caricae" aus Filelfos latein. Übers. von ἰσχάδας (= getrocknete Feigen).

Apophth. V, 12 bezieht sich auf die Truppenschau am Hellespont am Anfang des Feldzuges gegen die Griechen (480 v. Chr.). Das Lemma besitzt keinen separaten Titel. Das von Er. anvisierte Thema scheint die Vergänglichkeit des menschlichen Lebens zu sein. Darin folgte er Valla's Übers. der Hdt.-Stelle („Reputantem ... quam breuis sit omnis humana vita, subiit horum miseratio"). Auch Lycosthenes hat die Anekdote so aufgefasst, die er seinem Kap. „De hominis miseria et fragilitate" (S. 454) zuordnete. Valerius Maximus (IX, 13, ext. 1) hatte für die melancholische Vergänglichkeitsmeditation des Königs kein Verständnis: Welcher Mensch, der bei Verstande ist, würde darüber weinen, daß das Leben nicht unendlich ist? Valerius ordnete den Spruch daher dem Kap. „De cupiditate vitae" zu, wobei er Xerxes einen maßlosen Lebenshunger unterstellte.

105–108 *Quum vidisset ... expeditionem* Hdt. VII, 45–46. Er. hat seinen Text nach Vallas Übers. zusammengestellt: „Et quum intueretur (sc. Xerxes) omnem Hellespontum nauibus obductum, omnia vero litora atque Abydenorum campos hominibus refertos, ibi se beatum esse iactauit, et post haec lacrymas fudit; (46:) sed animaduertens Artabanus eius patruus, qui primo libere sententiam protulerat dissuadens bellum Greciae inferendum hic vir considerans Xerxem lacrymantem, his verbis alloquebatur ... Et ille (sc. Xerxes) ,Reputantem me', inquit ,quam breuis sit omnis humana vita, subiit horum miseratio, quorum quum tot sint, nemo ad centesimum annum supererit'".

106 *Abydenorum plana* Die Ebene von Abydos an den Dardanellen.

107 *Artabanus* Artabanos, Bruder des Dareios I. und Onkel des Xerxes I. d.Gr.; er soll Dareios vor den Feldzügen gegen die Skythen (Hdt. IV, 83) und die Griechen (VII, 10–18) gewarnt haben. Während des Feldzuges gegen die Griechen wurde er mit der Regentschaft im Reich betraut (Hdt. VII, 46–53). Vgl. A. Kuhrt und H. Sancisi-Weerdenburg, *DNP* 2 (1999), Sp. 4; F. Cauer, *RE* II, 1 (1895), Sp. 1291–1292, beide s.v. „Artabanos", Nr. 1.

108–110 *Subiit ... superfuturus est* Hdt. VII, 46: ὁ δὲ εἶπε „ἐσῆλθε γάρ με λογισάμενον κατοικτεῖραι ὡς βραχὺς εἴη ὁ πᾶς ἀνθρώπινος βίος, εἰ τούτων γε ἐόντων τοσούτων οὐδεὶς ἐς ἑκατοστὸν ἔτος περιέσται"; vgl. weiter Val. Max. IX, 13, ext. 1.

Apophth. V, 13 datiert auf die Zeit unmittelbar vor dem Griechenfeldzug, der 480 v. Chr. anfing. In *A* ist hier wie schon im vorhergehenden Lemma keine Zählung vorhanden; in *A*, *B* und *C* fehlt dem Lemma ein zugeordneter Titel.

112–114 *Graeciae bellum ... suadendum* Val. Max. IX, 5, ext. 2 („De Xerxe rege" edd. vett.): „[...] suo iure tam insolenter vsus est, quod Graeciae indicturus bellum, adhibitis Asiae principibus, ,Ne viderer (ei *ins. ed. Badii*)', inquit, ,meo tantummodo vsus consilio, vos contraxi. Ceterum mementote parendum magis vobis esse (esse *om. ed. Badii et aliae edd. vett.*) quam suadendum'" (ed. Bade, Paris 1510, fol. CCCLXXIV[v]).

114 *parendum* Wie seine Textvorlage, eine der älteren Valerius-Ausgaben, läßt Er. „esse" aus.

V, 14   Tvrba inutilis   (Xerxes, 6)

Idem quum *a trecentis Lacedaemoniis ad Thermopylas vexatus esset,* tantam militum ducens multitudinem, *hoc se deceptum aiebat, quod multos quidem homines haberet,* milites *autem perpaucos,* sentiens non perinde referre quam multos educas, sed quam exercitatos.

V, 15   Fidvcia   (Xerxes, 7)

Graecorum exploratores in exercitu comprehensos nullo affecit malo, *quin potius iussos omnem lustrare exercitum* illaesos *dimisit.* Sit et hoc singularis fiduciae exemplum. Quur apophthegma dici debeat non video.

ARTOXERXES [i.e. ARTOXERXES I]

V, 16   Liberalitas regvm   (Artoxerxes I, 1)

Artoxerxes Xerxis filius, cognomento Longimanus, quod alteram manum haberet longiorem, dicere solet regalius esse addere quam adimere, sentiens principe dignius esse honorem et opes eorum, quibus impera[n]t, augere [potius] quam imminuere.

V, 17   Comitas in venatv   (Artoxerxes I, 2)

Idem permisit, *vt ex his, qui secum venabantur, qui possent ac vellent, ante regem iaculum emitterent.* Sit hoc comitatis exemplum; quid ad apophthegmata pertineat, non video.

---

128 Artoxerxes *A-C*: Artaxerxes sec. *Plut. ed. Ald. et versiones Philelphi ac Regii.*
129 solet *A-C*: solebat *LB.*
130 imperat *scripsi sec. instructiones Erasmi in err.* A: imperant *A-C BAS LB.*
130 potius *deleui sec. instructiones Erasmi in err.* A: potius *A-C BAS LB.*

Apophth. V, 14 datiert auf die Zeit unmittelbar nach der Schlacht an den Thermopylen, Anfang August 480 v. Chr.
117 *Turba inutilis* Zum Thema des Apophthegmas vgl. Veg. *Mil.* I, 8 („In omni conflictu non tam prodest multitudo quam virtus") und Er., *Apophth.* V, 296 (Scipio maior 4, „Miles dicto audiens").
118–119 *a trecentis … haberet* Frontin. *Strat.* IV, 2, 9: „Xerxes ab trecentis Lacedaemoniorum ad Thermopylas vexatus, cum vix eos confecisset, hoc se deceptum aiebat, quod multos quidem homines haberet, viros autem disciplinae tenaces nullos".
119–121 *quod multos … exercitatos* Vgl. Hdt. VII, 210: ὅτι πολλοὶ μὲν ἄνθρωποι εἶεν, ὀλίγοι δὲ ἄνδρες. Bei Herodot bezieht sich der Ausspruch auf mangelnde Tapferkeit der Soldaten, bei Frontin und Er. jedoch auf mangelnde Ausbildung und mangelndes Training. In seiner kommentierenden Erklärung schließt sich Er. Frontin an.
Apophth. V, 15 datiert auf die Zeit des Griechenfeldzuges, 480–479 v. Chr.
123–124 *Graecorum … dimisit* Plut. *Reg. et imp. apophth.,* Mor. 173C–D (Xerxes, 4): Ἕλληνας

δὲ κατασκόπους ἐν τῷ στρατοπέδῳ λαβὼν οὐδὲν ἠδίκησεν, ἀλλὰ τὴν στρατιὰν ἀδεῶς ἐπιδεῖν κελεύσας ἀφῆκεν (διαφῆκεν *ed. Ald. 1509, p. 151*) ...; vgl. Regios Übers.: „Idem Graecos exploratores quum in castris deprehendisset, nulla prorsus eos iniuria affecit, sed hortatus intrepide exercitum specularentur, dimisit"; etwas ausführlicher wird die Anekdote in Hdt. VII, 146–147 erzählt.

Artaxerxes I. Longimanus, Sohn des Xerxes I. d.Gr., persischer Großkönig (reg. 465–424 v. Chr.). Kam an die Macht, nachdem sein Vater von dem Gardekommandanten Artabanos ermordet worden war und er selbst den Bruder Dareios als vermeintlichen Vatermörder töten ließ. Nach zähen Kämpfen gegen die mit den Ägyptern vereinigten Griechen schloss er 449/48 v. Chr. den sog. Kalliasfrieden, der die Herrschaftsgebiete für einige Zeit festlegte. Galt als toleranter und großzügiger Herrscher. Vgl. A. Kuhrt und H. Sancisi-Weerdenburg, *DNP* 2 (1999), Sp. 47; O. Seeck, *RE* II.1 (1895), Sp. 1311–1314, beide s.v. „Artaxerxes", Nr. 1. In den *Apophthegmata* verwendet Er. durchgehend die Namensform „Artoxerxes". Verglichen mit den vorhergehenden persischen Königen erscheint Artaxerxes in den *Apophthegmata* geradezu als Lichtgestalt, der Er. zentrale Fürstentugenden wie Großzügigkeit und Freigebigkeit (*liberalitas*), Umgänglichkeit (*comitas*), Milde (*clementia*) und Gerechtigkeit (*iustitia*) zuschreibt.

126 *ARTOXERXES* In dieser Form im Index personarum *A-C*.

128–129 *Artoxerxes ... adimere* Plut. *Reg. et imp. apophth., Mor.* 173D (Artaxerxes, 1): Ἀρταξέρξης ὁ Ξέρξου, ὁ μακρόχειρ προσαγορευθεὶς διὰ τὸ τὴν ἑτέραν χεῖρα μακροτέραν ἔχειν, ἔλεγεν ὅτι τὸ προσθεῖναι τοῦ ἀφελεῖν βασιλικώτερόν ἐστι. Im ersten Satzteil wörtliche Wiedergabe der. Übers. des Filelfo („Artaxerxes Xerxis filius cognomento Longimanus, quoniam manum alteram haberet longiorem, aiebat ...", fol. ⟨k iiii⟩ʳ), im zweiten Teil jener des Regio: „... dictitabat multo regalius esse addere quam auferre" (fol. b iiᵛ).

128 *Xerxis* i.e. Xerxes I. d.Gr.; vgl. oben V, 9, wo Xerxes I. jedoch mit Xerxes II. verwechselt wird; vgl. Komm. *ad loc.*

132–133 *vt ex ... emitterent* Plut. *Reg. et imp. apophth., Mor.* 173D (Artaxerxes, 2): Πρῶτος δὲ προτοβολεῖν ἐκέλευσε τῶν συγκυνηγετούντων τοὺς δυναμένους καὶ βουλομένους. Plutarch betont, daß Artaxerxes der erste Perserkönig gewesen sei, der dies gestattet habe (πρῶτος); Er. strich diese Information, während sie in Filelfos und Regios Übersetzungen vorhanden ist („primus", Filelfo: fol. k iiiiʳ; Regio: fol. b iiᵛ). Nach Xenophon war Kyros d.Gr. derjenige, der diese Neuerung einführte, *Cyr.* I, 4, 14.

133 *comitatis exemplum Comitas*, eine Mischung aus Umgänglichkeit, Freundlichkeit, Toleranz und Herablassung eines souveränen Herrschers, der aus eigener Bewegung darauf verzichtet, seinen alles überragenden Status stets zur Geltung zu bringen. Er. hob diese Tugend in der Lemma-Überschrift hervor. Vgl. dazu auch V, 19.

133–134 *quid ... video* Es ist für Er.' enge Plutarch-Nachfolge bezeichnend, daß er – wie schon oben V, 8–10, 15 und 18 – das Lemma unter die *Apophthegmata* aufnimmt, obwohl es keinen Spruch darstellt. Vgl. Einleitung.

135   V, 18   CLEMENTER   (Artoxerxes I, 3)

At is quam in venatu fuit comis, tam erat mitis in disciplina militari. *Nam ducibus, qui deliquissent, pro eo, quod solet (flagris caedi corpora), iussit, vt pro corporibus vestes illis detractae caederentur, vtque pro eo quod solet (illis velli caput), tiara deposita velleretur.* Ne hoc quidem ad apophthegmatum sodalitatem pertinet.

140   V, 19   IVSTE ET COMITER   (Artoxerxes I, 4)

Quum Satibarzanes, Artoxerxis a cubiculis, quiddam minus iustum ab ipso peteret sentiretque rex illum hoc facere solicitatum triginta daricorum milibus, quaestori aerarii sui mandauit, vt daricorum triginta milia ad se deferret. Ea dedit Satibarzani dicens „Accipe, [inquit] *o Satibarzanes. Nam haec tibi quum dedero, non ero pauperior, inius-*
145 *tior futurus, si illa quae petebas fecissem".* Commentus est rex egregius, vt nec amicum contristaret nec a iusto deflecteret.

---

137 solet *C*: solent *A B*.
141 Artoxerxis *B C*: Artaxerxis *A*.
141 a cubiculis *A-C*: *scribendum erat* a cubiculo *ut corr. BAS LB*.

144 inquit *delevi cum BAS et LB*.
144 Satibarzanes *A-C*: Satibarzane *scribendum erat sec. versiones Philelphi et Regii*.

136–138 *Nam ducibus ... velleretur* Plut. *Reg. et imp. apophth., Mor.* 173D (Artaxerxes, 3): Πρῶτος δὲ τοῖς ἁμαρτάνουσι τῶν ἡγεμονικῶν τιμωρίαν ἔταξεν, ἀντὶ τοῦ τὸ σῶμα μαστιγοῦν καὶ τὴν κεφαλὴν ἀποτίλλεσθαι, μαστιγοῦσθαι μὲν ἀποδυσαμένων τὰ ἱμάτια τίλλεσθαι δὲ τὴν τιάραν ἀποθεμένων (Πρῶτος δὲ τοῖς ἁμαρτάνουσι τῶν ἡγεμονικῶν τιμωρίαν ἔταξεν, ἀντὶ τοῦ τὸ σῶμα μαστιγοῦν, μαστιγοῦσθαι μὲν ἀποδυσαμένων τὰ ἱμάτια, καὶ ἀντὶ τοῦ τὴν κεφαλὴν ἀποτίλλεσθαι, τὴν τιάραν ἀποθεμένων *ed. Ald. 1509, p. 151*). Wie in dem vorhergehenden Lemma streicht Er. πρῶτος. Er.' nicht leicht verständliche Textwiedergabe ist durch seine Nachbildung der Übers. Regios zustandegekommen: „Primus quoque iis ducibus, qui deliquissent, has poenas statuit, vt pro flagellandis corporibus detracta flagellarentur vestimenta et pro vellendis capillis depilandoque capite deposita tiara depilaretur" (fol. b ii^v).

141–143 *Quum ... deferret* Plut. *Reg. et imp. apophth., Mor.* 173E (Artaxerxes, 4): Σατιβαρζάνην δὲ τὸν κατακοιμιστὴν αἰτούμενόν τι παρ' αὐτοῦ μὴ δικαίων αἰσθόμενος ἐπὶ τρισμυρίοις δαρεικοῖς τοῦτο ποιοῦντα, προσέταξε τῷ ταμίᾳ τρισμυρίους δαρεικοὺς κομίσαι (νομίσαι *ed. Ald. 1509, p. 151*) Er. stellte dieses Lemma etwa hälftig aus Filelfos und Regios Übersetzungen zusammen; im ersten Titel folgt er Regio, im zweiten Filelfo. Regio: „Satibarzanem vero cubicularium quiddam minus iustum ab se petentem, quum animaduertisset illud triginta millibus Daricorum aestimare, quaestorem iussit ad se triginta milia Daricorum afferre" (fol. b iv^v).

141 *Satibarzanes* Eunuch und Kämmerer am Hof des Artaxerxes. Vgl. Plut. *Artaxerxes* 12, 4; Ktes. *FGrH* 688 F 30; J. Wiesenhöfer, *DNP* II (2001), Sp. 101, s.v. „Satibarzanes", Nr. 1. Vgl. unten V, 29 (Artoxerxes, 7), wo Er. für Satibarzanes die falsche Namensform „Peribarzanes" verwendet.

141 *a cubiculis* Er. präsentiert hier eine kuriose Wortform für das Amt des Kammerdieners, der im Lateinischen als *cubicularius* oder *a cubiculo* bezeichnet wurde. Vgl. *DNP* I (1996), Sp. 1, s.v. „A cubiculo" und Ch. Gizewski, *DNP* 3 (1999), Sp. 227, s.v. „Cubicularius"; *DNG* I, Sp. 1376, s.v. „cubicularius" und „cubiculum", I (dort auch: „minister cubiculi", „cubiculi praepositus"). Das Amt bezeichnete jenen Diener, der für das persönliche Wohlergehen von Herrschern bzw. hochgestellen Peronen zuständig war und als Vertrauensperson fungierte. Wie u.a. aus Sueton hervorgeht, handelte es sich um eines der Ämter am römischen Kaiserhof (vgl. *Iul.* 4, 1 und *Dom.* 17, 2). Die Bezeichnung leitete sich

vom privatesten Raum des herrscherlichen Privatbereiches, dem Schlafgemach (*cubiculum*), ab. Die von Er. konstruierte Mehrzahl „Von den Schlafgemächern" ist kurios und wurde deshalb in der Gesamtausgabe *BAS* korrigiert, während sie in den übrigen zahlreichen Ausgaben der *Apophthegmata* bestehen blieb. Er.' Textvorlagen, die Übers. des Filelfo und des Regio, weisen das korrekte „cubicularius" (fol. k iiii^v und b ii^v), der griech. Text den t.t. für „Kammerdiener", κατακοιμιστής (vgl. Passow, I, 2, S. 1619, s.v.), auf.

142 *daricorum* Der Dareikos (Stater), die bohnenförmige persische Goldmünze von etwa 8,42 Gramm mit einer symbolhaften Darstellung des bogenschießenden Perserkönigs im Knielaufschema, zuerst geprägt von Dareios I., war zwischen ca. 500 und 345 v. Chr. das wichtigste Zahlungsmittel im Mittelmeerraum. Vgl. C. Binder, *Plutarchs Vita des Artaxerxes. Ein historischer Kommentar*, Berlin 2008, S. 146–149; E.S.G. Robinson, „The Beginnings of Achaemenid Coinage", in: *Numismatic Chronicle* 6, 18 (1958), S. 187–193.

143–145 *Ea dedit ... fecissem* Plut. *Reg. et imp. apophth.*, *Mor.* 173E (Artaxerxes, 4). Er. bearbeitete die latein. Übers. Filelfos: „Ac quum illi traderet, ‚Accipe', inquit, ‚Satibarzane. Hos (sc. Daricos) enim quum tibi dedero, pauperior certe futurus non sum; at si tibi quae petieras fecero, iniustior'" (fol. k iiii^v). Vgl. den griech. Text: καὶ διδοὺς (διαδοὺς *ed. Ald. 1509, p. 151*) αὐτῷ, „Λάβε", εἶπεν (εἶπε *ed. Ald. 1509, p. 151*), „ὦ Σατιβαρζάνη· ταῦτα μὲν γὰρ δοὺς οὐκ ἔσομαι πενέστερος, ἐκεῖνα δὲ πράξας ἀδικώτερος".

144 *dicens ... [inquit]* Die unglückliche Verdopplung („dicens ... inquit") kam wahrscheinlich dadurch zustande, daß Er. das „inquit" aus Filelfos Übers. (fol. k iiii^v) mechanisch übernahm, während er selbst zuvor „dicens" geschrieben hatte. *BAS* athetierte zu Recht „inquit".

144 *Satibarzanes* Es könnte sich hierbei um einen Irrtum handeln, der dem Setzer unterlaufen ist. Er. hat nach den Vorlagen des Filelfo und Regio gearbeitet, in welchen sich „Satibarzane" findet. Nicht auszuschliessen ist jedoch, daß der Übertragungsfehler auf das Konto von Er. selbst geht.

CYRVS IVNIOR

V, 20 (Cyrus iunior, 1)

Cyrus iunior Lacedaemoniis, vt secum societatem inirent potius quam cum fratre, hac oratione sese commendauit: *aiebat sibi cor* longe *grauius esse quam fratri, plus* illo *meri bibere meliusque ferre* quam illum; *nam illum vix in venatu* posse *in equo sedere*, vt non excutiatur; *in rebus acerbis, ne in sella* quidem. Sciebat enim Lacedaemoniis inuisos esse molles ac timidos. *Hortabatur insuper, vt viros ad se mitteret, pollicens se peditibus daturum equos, equitibus currus; agrum possidentibus se daturum vicos; vicos qui haberent, eos se facturum vrbium dominos;* caeterum *auri argentique* vim tantam, *vt non possent numerare, sed pendere* cogerentur. Nimirum hoc erat, quod dixit Artoxerxes, *regalius esse addere quam adimere.* Si quis princeps nunc talia polliceretur, vereor ne totam Germaniam breui visuri simus vacuam.

Kyros der Jüngere (423–401 v. Chr.), achämenidischer Prinz, zweiter Sohn Dareios' II. und der Parysatis, jüngerer Bruder des Arsakes (später: Artaxerxes II.); wurde kurz nach der Thronbesteigung seines Vaters geboren und war also, im Gegensatz zu seinem älteren Bruder Arsakes, ein Purpurgeborener, woraus er und die Mutter Parysatis seinen Thronanspruch ableiteten. Seit 408 Vizekönig von Kleinasien, Satrap von Lydien, Großphrygien und Kappadokien. Nach dem Tod des Dareios 405/4 kam es zum Bruderkampf: Arsakes bestieg den Thron als Artaxerxes II., Kyros verübte einen Mordanschlag auf den Bruder, der jedoch vereitelt wurde. Von seiner Residenz Sardes aus unternahm Kyros mit einem starken, von ca. 13.000 griechischen Söldnern (meist Hopliten) und zusätzlich von 700 spartanischen Hopliten unterstützten Heer einen Feldzug gegen den überraschten Artaxerxes II. – Kyros konnte ohne Gegenwehr Babylon einnehmen. In der entscheidenden Schlacht von Kunaxa (401) starb Kyros, der seinen Bruder am liebsten selbst töten wollte, durch seinen Wagemut. Dem entbehrungsreichen Rückmarsch der Griechen durch Kleinasien widmete Xenophon seine Schrift *Anabasis*. Zu Kyros d.J. (und dem Bruderkampf) vgl. J. Wiesehöfer, *DNP* 6 (1999), Sp. 1017–1018, s.v. „Kyros"; ders., *Das antike Persien 550 v. Chr bis 650 n. Chr.*, Düsseldorf 2005; R. Schmitt, *Encyclopaedia Iranica* 6 (1993), S. 524–526, s.v. „Cyrus the Younger"; P. Briant, *From Cyrus to Alexander. A History of the Persian Empire*, Winona Lake 2002; C. Binder,

Plutarchs Vita des Artaxerxes. Ein historischer Kommentar, Berlin 2008. Für die Aussprüche Artaxerxes' II. vgl. unten V, 23–29.

147 *CYRVS IVNIOR* In dieser Form im Index personarum.

Apophth. V, 20 datiert auf die Zeit des Bruderkampfes, der nach Dareios' II. Tod 405/4 entbrannte. In den Basel-Drucken wurde ihm kein Titel beigegeben.

149–156 *Cyrus ... cogerentur* Leicht paraphrasierende Wiedergabe von Plut. *Reg. et imp. apophth., Mor.* 173E (Cyrus minor): Κῦρος ὁ νεώτερος τοὺς Λακεδαιμονίους συμμαχεῖν αὑτῷ παρακαλῶν ἔλεγε τοῦ ἀδελφοῦ καρδίαν ἔχειν βαρυτέραν καὶ πλείονα πίνειν ἄκρατον αὑτοῦ καὶ φέρειν βέλτιον· ἐκεῖνον δὲ μόλις ἐν ταῖς θήραις ἐπὶ τῶν ἵππων μένειν, ἐν δὲ τοῖς δεινοῖς μηδ' ἐπὶ τοῦ θρόνου. παρεκάλει δὲ ἀποστέλλειν πρὸς αὑτόν (αὐτὸν *ed. Ald. 1509, p. 151*), ἐπαγγελλόμενος τοῖς μὲν πεζοῖς ἵππους (ἵπποις *ed. Ald. 1509, p. 151*) δώσειν, τοῖς δὲ ἵππους ἔχουσιν (ἵπποις ἔχοισιν *ed. Ald. 1509, p. 151*) ἅρματα, τοῖς δὲ χωρία κεκτημένοις κώμας, τοὺς δὲ κώμας ἔχοντας πόλεων κυρίους ποιήσειν· ἀργυρίου δὲ καὶ χρυσίου οὐκ ἀριθμὸν ἀλλὰ σταθμὸν ἔσεσθαι. Er. bildete seinen Text, verschiedentlich variierend, der Übers. des Regio nach: „Cyrus iunior cum Lacedaemonios, vt secum societatem inirent, inuitaret, aiebat cor se grauius habere quam frater plusque meri bibere ac melius ferre; illum enim in venationibus vix in equo, at in rebus aduersis in solio difficulter sedere. Hortabatur autem viros ad se mittere, pollicens se peditibus equos daturum, equitibus currus; quibus praedia essent, vicos; qui vicos posside-

151 *nam* U.a. daraus geht hervor, daß Er. von der Übers. des Regio ausging („enim"). Ein solcher Zusammenhang wird nicht vom griech. Text angegeben.
152 *sella* Die gängige Übersetzung für Thron, θρόνος, wäre „solium" gewesen, wie sie bei Filelfo und Regio vorhanden ist; Er. bevorzugte „sella", wobei er an die „sella curulis" der römischen Amtsträger gedacht haben mag, die jedoch im Unterschied zum persischen Königsthron keine Rückenlehne besitzt.
152–153 *Sciebat ... timidos* Ein erklärender Einschub des Er.
156–157 *Nimirum ... adimere* Vgl. oben V, 16 (Artoxerxes, 1). Er. verbindet den protzigen Ausspruch Kyros' d.J. mit der von Plutarch als charakteristisch angemerkten Freigebigkeit Artaxerxes' I.

rent, eos vrbium dominos effecturum. Argenti vero et auri non numerum, sed pondus illis fore" (fol. b ii^v); vgl. die inhaltlich gleichläufige Stelle in Plut. *Artax.* 6 (*Vit.* 1013F).

248　　　　　　　　　　　　　　　　　　　　　　　　APOPHTHEGMATVM LIBER QVINTVS

V, 21　　　　　　　　　　Animose　　　　　　　　　(Cyrus iunior, 2)

160　Cyro conflicturo cum hoste *loco*, qui dicitur *Cunax Clearchus* suasit, *vt se post Macedones* [i.e. milites] *contineret nec sese in* belli discrimen *coniiceret. „Quid ais"*, inquit, *„Clearche? Iubesne, vt quum regnum appetam, regno me indignum ostendam?"*.

V, 22　　　　　　　　　　Pvdice　　　　　　　　　(Cyrus iunior, 3)

Phocais ex Ionia, parentibus honestis orta ingenueque educata, ad regis coenam cum aliis
165　*mulieribus admissa, caeteris* regios *iocos ac lusus* hilariter *excipientibus nec refugientibus ab illo tangi, sola tacite ingressa ad lectum constitit nec vocanti Cyro paruit. Cubiculariis*

---

160 Cunax *A-C BAS LB (cf. Plut. versio per Lapum Florentinum)*: scribendum erat Cunaxa.

Apophth. V, 21 bezieht sich auf die Entscheidungsschlacht bei Kunaxa im Jahr 401 v. Chr. im Bruderkampf der Achämeniden: Nach dem Tod Dareios' d.Gr. i.J. 404 wurde Artaxerxes II. zum Nachfolger ernannt. Nach seinem ersten wenig erfolgreichen Regierungsjahren erhob sich sein jüngerer Bruder Kyros (d.J.) gegen ihn. Kyros wurde von einem griech. Söldnerheer unterstützt, das mehr als 13.000 Mann stark war und von dem Spartaner Klearchos angeführt wurde. Obwohl das Heer des Kyros überlegen war und in der Schlacht den Sieg zu erringen schien, kam es zu einem dramatischen Umschwung, den Kyros d.J. selbst verursachte: Gegen den Rat des Klearchos hatte er sich im Zentrum der Schlachtlinie in den Kampf begeben, wobei er tödlich getroffen wurde. Er. bewertet den Spruch als Zeichen seiner Tapferkeit und Beherztheit („animose"), nicht als Mangel an Klugheit. Lycosthenes druckte, dem Titel und der Bewertung des Er. folgend, den Spruch im Kap. „De animose dictis" (S. 74).

160–162 *Cyro ... ostendam* Plut. *Artax.* 8, 2 (*Vit.* 1015), wobei Er. ausschließlich die latein. Übers. des Lapo da Castiglionchio als Textvorlage benutzte: „Nuncupatur autem locus Cunax, in quo instructae acies signis collatis dimicarunt; qui sexcenta stadia a Babylonia distat. Cyrum autem admonente Clearcho, vt se post Macedones contineret nec in periculum pugne immitteret, respondisse ferunt: ,Quid ais, Clearche? Iubesne regnum appetentem regno me indignum ostendere?'" (ed.

162 iubesne ... ostendam? *B C*: iubesne me regnum appetentem, regno indignum ostendere? *A Plut. versio per Lapum Florentinum*.

Bade, Paris 1514, fol. CCCXXXIX[r]). Vgl. den griech. Text: Κῦρον δὲ πρὸ τῆς μάχης Κλεάρχου παρακαλοῦντος ἐξόπισθεν τῶν μαχομένων εἶναι καὶ μὴ κινδυνεύειν αὐτόν εἰπεῖν φασι, „Τί λέγεις, ὦ Κλέαρχε; σὺ κελεύεις με τὸν βασιλείας ὀρεγόμενον ἀνάξιον εἶναι βασιλείας;". Die ursprüngliche Lesart von *A* (1531) „iubesne me regnum appetentem, regno indignum ostendere?" gibt den Text Lapos wörtlich wieder, während die Änderung des Textes in *B* (1532) zu „iubesne vt quum regnum appetam, regno me indignum ostendam?" eine stilistische Verbesserung darstellt.

160 *Cunax* Er., der in *Apophth.* V, 21 ausschließlich Lapo da Castiglionchios latein. Übers. als Textvorlage benutzte, übernahm aus derselben die fehlerhafte Namensform „Cunax", während der griech. Text die richtige Form Κούναξα darbot. Der Name der Stadt, der sich mit der berühmten Schlacht verband, war Er. offensichtlich nicht geläufig. Kunaxa lag am linken Ufer des Euphrats, unweit nördlich von Babylon.

160 *Clearchus* Klearchos von Sparta (gest. 401 v. Chr), griechischer Söldnerführer, General unter Kyros dem Jüngeren und Oberbefehlshaber über die griechischen Truppenkontingente in der Schlacht von Kunaxa. Konnte trotz seines tapferen Auftretens nicht den Tod des Kyros und damit das Scheitern des Unternehmens verhindern. Vgl. K.-W. Welwei, *DNP* 6 (1999), Sp. 500–501; Th. Lenschau, *RE* XI, 1 (1921), Sp. 575–579, jeweils s.v. „Klearchos", Nr. 2.

160–161 *post Macedones* Die Angabe des Er., daß sich Kyros d.J. in der Schlacht hinter „den Makedonen" aufstellen sollte, ist kurios: In dem griech. Söldnerheer, das Klearchos anführte, spielten Makedonen keine nennenswerte Rolle. Im griech. Text steht dann auch τῶν μαχομένων, nicht τῶν Μακηδόνων. Der Irrtum ist der Tatsache geschuldet, daß Er. die Übers. des Lapo da Castiglionchio übernahm, die diesen Fehler aufwies: „vt se post Macedones contineret".

Apophth. V, 22 Er. unterschlägt in *Apophth.* V, 22 nicht nur den Namen der eigentlichen Hauptperson, die Griechin Aspasia aus der Stadt Phokaia, sondern auch den historischen Kontext, während beides in der Quelle, Plut. *Artax.* 26, 3–5, angegeben wird: Aspasia war die Lieblingskonkubine Kyros d.J.; nachdem dieser in der Schlacht sein Leben verloren hatte (401), ging sie in den Besitz des Artaxerxes II. über, der ebenfalls den Beischlaf mit ihr genoß. Jedoch verliebte sich Artaxerxes' Sohn Dareios in sie. Bei seiner Ernennung zum Mitregenten erbat Dareios sich Aspasia zum Geschenk, worüber Artaxerxes II. nicht erfreut war, obwohl er über 360 andere Konkubinen verfügte. Er weigerte sich zunächst, sie dem Sohn zu schenken; er gab vor, nicht über sie verfügen zu können, da sie eine freie Frau wäre. Ihr obliege die Entscheidung; jedoch ging daraus hervor, daß sich Aspasia für Dareios entschied. Artaxerxes übergab sie widerwillig dem Sohn, machte dies jedoch nach einiger Zeit rückgängig, indem er Aspasia zur Artemis-Priesterin ernannte und damit zur Keuschheit verpflichtete. Dieser Kontext läßt die nachfolgende Anekdote in einem anderen Licht erscheinen.

164–170 *Phocais ... adduxisse* Plut. *Artax.* 26, 3–5 (*Vit.* 1024–1025). Auch hier gestaltete Er. seine Textwiedergabe nach der Übers. des Lapo da Castglionchio: „Erat autem ex Ionia Phocais genere et honestis parentibus orta ingenueque educata. Haec autem quum Cyro coenante ad eum intromissa esset cum aliis mulieribus assidentesque illae Cyri iocos et cauillum laeto ore exciperent ac se etiam tangi sinerent, silentio ingressa ad lectum constitit nec vocanti Cyro paruit; volentibus autem cubiculariis adducere ,Flebit', inquit, ,qui horum mihi manus admoueriť. Visa est igitur immitis praesentibus et agrestis. Cyrus laetatus et cum risu conuersus ad eum, qui mulieres adduxerat, ,num [zu lesen wäre „non"] intelligis te', inquit, ,hanc vnam ingenuam atque incorruptam adduxisse?'. Posthac ad eam conuersus animo vnam omnium maxime adamauit et sapientem nuncupauit" (Paris, Bade-Petit, 1514, fol. CCCXLII^r); vgl. den griech. Text: ἦν δὲ Φωκαῖς τὸ γένος ἀπ' Ἰωνίας, ἐλευθέρων γονέων καὶ τεθραμμένη κοσμίως. ἐπεὶ δὲ Κύρου δειπνοῦντος εἰσήχθη μεθ' ἑτέρων γυναικῶν, αἱ μὲν ἄλλαι παρακαθεζόμεναι προσπαίζοντος αὐτοῦ καὶ· ἁπτομένου καὶ σκώπτοντος οὐκ ἀηδῶς ἐνεδέχοντο τὰς φιλοφροσύνας, ἐκείνη δὲ παρὰ τὴν κλίνην εἱστήκει σιωπῇ καὶ Κύρου καλοῦντος οὐχ ὑπήκουε βουλομένων δὲ προσάγειν τῶν κατευναστῶν, „οἰμώξεται μέντοι τούτων", εἶπεν, „ὅς ἂν ἐμοὶ προσαγάγῃ τὰς χεῖρας." ἔδοξεν οὖν ἄχαρις τοῖς παροῦσιν εἶναι καὶ ἄγροικος. ὁ δὲ Κῦρος ἡσθεὶς ἐγέλασε, καὶ εἶπε πρὸς τὸν ἀγαγόντα τὰς γυναῖκας, „ἆρα ἤδη συνορᾷς ὅτι μοι μόνην ταύτην ἐλευθέραν καὶ ἀδιάφθορον ἥκεις κομίζων;" ἐκ δὲ τούτου προσεῖχεν ἀρξάμενος αὐτῇ, καὶ μάλιστα πασῶν ἔστερξε καὶ σοφὴν προσηγόρευσεν.

164 *Phocais* Er. unterschlägt etwas unglücklich den in der Quelle angegebenen Namen der Dame (Aspasia), wodurch die Bezeichnung ihrer Herkunft eine zu starke Betonung erhält („Phocais"); damit ist im Übrigen nicht vorrangig gemeint, daß sie dem – in Nordgriechenland ansässigen – Volk der Phokier zugehört, sondern daß sie aus der kleinasiatischen Stadt Phokaia (Φώκαια) stammte (heute Foça bei Izmir, Türkei), einer der bedeutendsten griech. Handelsstädte an der ionischen Küste. Für diese antike Stadt vgl. Ö. Özyigit, *DNP* 9 (2000), Sp. 940–941, s.v. „Phokaia". Mit der Angabe „Phocais" wollte Plutarch nicht suggerieren, daß Frauen, die aus der ionischen Stadt Phokaia stammten, besonders tugendhaft seien.

166 *tacite ingressa* Hier liegt ein Fehler in der grammatischen Zuordnung vor: Im griech. Text steht nicht, daß die Dame „schweigend hereingekommen" sei, sondern daß sie hinterher – anders als die anderen Frauen – schweigend an der Kline gestanden habe (δὲ παρὰ τὴν κλίνην εἱστήκει σιωπῇ). Er. übernahm den Zuordnungsfehler von Lapo da Castiglionchio („silentio ingressa").

166 *ad lectum constitit* D.h. sie weigerte sich, beim Gelage den ihr zugewiesenen Platz einzunehmen; Er. vergaß – im Gegensatz zu seiner Quelle – zu vermelden, daß die übrigen zu dem Gelage eingeladenen Frauen sich auf die ihnen zugewiesenen Klinen setzten.

autem tentantibus illam adducere „Flebit", inquit, „quisquis horum mihi manus admouerit". Ob haec quum a caeteris agrestis et incomis haberetur, Cyrus gaudens et cum risu versus ad illum, qui mulieres adduxerat, „Non intelligis", inquit, „te hanc vnam
170 *ingenuam et incorruptam adduxisse?". Postea ad hanc in primis adiecit animum vniceque adamauit, sapientem appellans.* Apud barbaros mulieres attigisse constuprasse erat.

ARTOXERXES ALTER [i.e. ARTOXERXES II MEMOR]

V, 23   AFFABILITAS   (Artoxerxes alter, 1)

175 *Artoxerxes huius Cyri frater, cognomento Memor, non solum seipsum affatim praebuit adire volentibus, verum vxorem legitimam iussit sublatis currus aulaeis vehi, vt iis, qui eam conuentam vellent, etiam in itinere pateret aditus.* Laudo quidem affabilitatis exemplum, sed quid haec ad apophthegmata?

176 aulaeis *B (cf. Apophth. V, 92)*: auleis *A C BAS LB.*

167 *tentantibus illam adducere* Kyros hatte Aspasia aufgefordert, sich zu ihm hinzubegeben, wie es von Konkubinen erwartet wurde; als sie dies verweigerte, machten die Kammerdiener Anstalt, sie gewaltsam zu ihm hinzuschleppen.

171–172 *Apud barbaros ... erat* Eine kulturgeschichtliche Erklärung des Er., die nicht sehr aufschlußreich ist. Natürlich geht es bei den Persern nicht an, daß Männer Frauen, die nicht ihr Eigentum sind, berühren. Er. hat seine Erklärung aus Plut. *Artax.* 27, 1 (*Vit.* 1025) abgeleitet, wo sie freilich anders formuliert war: Plutarch führt an dieser Stelle aus, daß die Perser so eifersüchtig seien, daß nicht nur, wer eine königliche Konkubine berühre, sondern sogar, wer lediglich mit seinem Wagen an ihr vorbeifahre, mit dem Tode bestraft werde.

Artaxerxes II. Mnemon/Arsakes (404–359 v. Chr.), ältester Sohn des Dareios II. und der Parysatis. Verteidigte 401 seinen Thron erfolgreich gegen seinen Bruder Kyros (d. J.) in der Schlacht von Cunaxa. Regierte über 45 Jahre, somit am längsten von den persischen Großkönigen; er besiegte die Spartaner, die seinen Bruder Kyros unterstützt hatten, in Ionien und paktierte gegen sie mit Athen und Theben im Korinthischen Krieg, 399–385;

er machte seinen Einfluß bei der politischen Ordnung Griechenlands geltend, indem er i.J. 387 den griechischen Städten den Königsfrieden diktierte. Vgl. A. Kuhrt und H. Sancisi-Weerdenburg, *DNP* 2 (1996), Sp. 47–48, s.v. „Artaxerxes", Nr. 2. Er. übernimmt Plutarchs Bild, der Artaxerxes II. als gerechten, milden und tapferen König preist. Wie im Fall Artaxerxes' I. verwendet Er. durchgehend die Namensform „Artoxerxes". Plutarch hat eine Biographie des Artaxerxes II. Mnemon verfasst, die Er. in der latein. Übers. des Lapo da Castiglionchio benutzt hat (vgl. unten). Zu Plutarchs Artaxerxes-Biographie vgl. C. Binder, *Plutarchs Vita des Artaxerxes. Ein historischer Kommentar*, Berlin-New York 2008.

173 *ARTOXERXES ALTER* In dieser Form im Index personarum.

Apophth. V, 23 Die Anekdote des *Apophth.* V, 23 datiert auf die erste Zeit nach Artaxerxes' II. Thronantritt, 405/4 v. Chr., und vor die Ermordung seiner legitimen Ehefrau im Jahre 400. Sie stellt kein Apophthegma im eigentlichen Sinn dar, sondern ein *exemplum*. Er. merkt dies kritisch an, nimmt die Anekdote aber dennoch auf (vgl. Einleitung). Er. hätte die Anekdote unschwer mit dem folgenden, inhaltlich verwandten *Apophth.* verbinden können.

175–177 *Artoxerxes ... aditus* Plut. *Reg. et imp. apophth.*, *Mor.* 173F (Artaxerxes Mnemon, 1): Ἀρτοξέρξης ὁ τούτου μὲν ἀδελφὸς Μνήμων δὲ καλούμενος οὐ μόνον τοῖς ἐντυγχάνουσιν ἑαυτὸν ἀνέδην παρεῖχεν, ἀλλὰ καὶ τὴν γυναῖκα (γηναῖκα ed. Ald. *1509, p. 151*) τὴν γνησίαν ἐκέλευσε τῆς ἁρμαμάξης αὐλαίας περιελεῖν, ὅπως οἱ δεόμενοι κατὰ τὴν ὁδὸν ἐντυγχάνωσι. Vgl. Filelfos Übers.: „Artaxerxes huius frater cognomento Memor ... legitimae uxori iusserat regii currus aulea vndique tolleret, quo indigentibus in itinere aditus pateret"; Regio: „Artaxerxes Cyri frater cognomento Memor ... legitimam quoque vxorem iussit currus aulaea vndique tollere, quo ii, quibus erat opus, vel in itinere se adire possent"; dieselbe Anekdote findet sich in Plut. *Artax.* 5, 3 (*Vit.* 1013D–E): ἐν δὲ τοῖς μάλιστα κεχαρισμένην ὄψιν παρεῖχε τοῖς Πέρσαις ἡ τῆς γυναικὸς Στατείρας ἁρμάμαξα γυμνὴ τῶν παραπετασμάτων ἀεὶ προφερομένη καὶ διδοῦσα ταῖς δημότισιν ἀσπάσασθαι αὐτὴν καὶ προσελθεῖν, ὅθεν ἠγαπᾶτο τοῖς πολλοῖς ἡ βασίλεια, in Lapo da Castiglionchios Übers.: „Maxime autem ex omnibus gratissimum Persis spectaculum praebuit Statirae coniugis currus, quo nudo, nullis inuolucris, nullis ornamentis regiis ferebatur; priuatisque mulieribus sui et salutandi et adeundi copiam faciebat. Ex quo regina ipsa a multitudine summo studio colebatur" (Paris, Bade-Petit, 1514, fol. CCCXXXVIIIᵛ).

176 *vxorem legitimam* Es handelt sich um die einzige bezeugte legitime Ehefrau des Artaxerxes II., **Stateira**, die ihm den Thronfolger Artaxerxes III. gebar und 400 v. Chr. von ihrer Schwiegermutter Parysatis, die sie hasste, vergiftet wurde. In der Parallelstelle Plut. *Artax.* 5, 3 (*Vit.* 1013D–E), wird sie namentlich genannt. Stateira genoss beim Volk große Popularität und unterstütze ihren Mann offen in seinem Streit gegen seinen Bruder Kyros und insofern auch gegen seine Mutter Parysatis. Für Stateira vgl. J. Wiesehöfer, *DNP* 11 (2001), Sp. 920; K. Fien, *RE* III A, 2 (1929), Sp. 2170–2171, jeweils s.v. „Stateira", Nr. 1; W. Greenwalt, „Statira I", in: *Women in World History*, Bd. 14 (2002), S. 745–746.

176–177 *vt iis ... aditus* Zu diesen hier nicht näher spezifizierten Audienzen wurden, wie aus der Parallelstelle Plut. *Artax.* 5, 3 (*Vit.* 1013D–E), hervorgeht, ausschließlich Frauen vorgelassen.

V, 24 ⟨Affabilitas⟩ (Artoxerxes alter, 2)

180 *Idem, quum pauper quispiam insigni magnitudine malum obtulisset,* hilariter *accipiens „Per Mithram", inquit,* – sic enim Persae *Solem* appellant – *„hic mihi talis videtur esse, vt, si quis ei committat ciuitatem, possit eam ex parua magnam reddere".*

V, 25 *Mvnvs in tempore datvm* (Artoxerxes alter, 3)

Rusticus quidam videns ad regem varia *deferri* donaria [i.e. munera] *nec aliud habens,*
185 *quod largiretur, vtraque caua manu haustam e* proximo *flumine aquam illi obtulit* vultu alacri. Rex *laetatus* iussit *illi* dari *phialam auream ac mille daricis donauit hominem.*

179 Affabilitas *scripsi: om. A-C.*

Apophth. V, 24 fehlt ein eigener Titel. Der Grund ist wohl, daß für V, 24 der Titel von V, 23, „Affabilitas", ebenfalls Gültigkeit besitzen sollte. In dieser Ausgabe wurde der Titel in diesem Sinn ergänzt.

180–182 *Idem ... reddere* Größtenteils wörtliche Wiedergabe von Plut. *Reg. et imp. apophth., Mor.* 174A (Artaxerxes Mnemon, 2), wobei Er. Filelfos und Regios Übers. als Vorlage verwendete; Filelfo: „Paupere autem homine malum ingentis magnitudinis ei offerente iucunde suscepit, ,Per Solem', inquiens, ,hic is mihi videtur quem vrbem quoque ex parua magnam reddere posse existimem'" (fol. k iiii^v); Regio kopierte an dieser Stelle größtenteils Filelfos Übers.: „Pauperiore autem homine pomum egregiae magnitudinis ipsi offerente cum iucunde accepisset, ,Per Solem', inquit, ,hic mihi videtur vrbem, si credatur, ex parua magnam efficere posset'" (fol. b ii^v). Vgl. den griech. Text: Πένητος δ' ἀνθρώπου μῆλον ὑπερφυὲς μεγέθει προσενέγκαντος αὐτῷ δεξάμενος ἡδέως „νὴ τὸν Μίθραν", εἶπεν, „οὗτός μοι δοκεῖ καὶ πόλιν ἂν ἐκ μικρᾶς μεγάλην πιστευθεὶς ἀπεργάσασθαι". Daß Er. von Filelfos und Regios Übers. ausging, geht daraus hervor, daß er ihr Äquivalent von νὴ τὸν Μίθραν, „Per Solem" übernahm. Dieselbe Anekdote findet sich auch in Plut. *Artax.* 4, 4 (*Vit.* 1013B): οὐδὲν γὰρ ἦν οὕτως μικρόν τι τῶν διδομένων ὃ μὴ προσεδέξατο προθύμως, ἀλλὰ καὶ ῥόαν μίαν ὑπερφυῆ μεγέθει προσενέγκαντος Ὠμίσου τινὸς αὐτῷ, „Νὴ τὸν Μίθραν," εἶπεν, „οὗτος ὁ ἀνὴρ καὶ πόλιν ἂν ἐκ μικρᾶς ταχὺ ποιήσειε μεγάλην πιστευθείς". Vgl. Lapo da Castiglionchios Übers.: „Nullum enim adeo paruum ad illum (sc. Artaxerxem) afferebatur munus, quin id prompto animo iocundeque acciperet. Cui quum malum punicum insigni magnitudine dono a paupere esset datum, ,Per Solem', inquit, ,hic vir ciuitatem ex parua magnam, si eius fidei credatur, quam celeriter reddere posset'" (ed. Bade, Paris 1514, fol. CCCXXXVIII^v). Das Apophthegma war auch bereits in Brusonis Sammlung d.J. 1518 vorhanden, Kap. III, 13, wobei dieser von Lapos Übersetzung der Artaxerxes-Vita ausgegangen war: „Idem (sc. Artaxerxes) quum sibi malum punicum insignis magnitudinis a paupere datum esset, ,Per Solem', inquit, ,ciuitatem ex parua magnam, si eius fidei credatur, hic quam celerrime redigere posset'".

181 *sic enim ... appellant* „sic enim Persae *Solem* appellant" ist ein erklärender Zusatz des Er., der jedoch unrichtig ist. Er. behauptet, daß im Reich der Achämeniden Mithras mit dem Sonnengott identifiziert wurde. In dieser Zeit war Mithras in Persien vielmehr der Gott des Rechtes, der Bündnisse und Verträge sowie der Tugend und der rechten Ordnung. Unter seinem besonderen Schutz stand der persische König. Der Gott des Lichtes hingegen war Ahura Mazda. Die Identifikation des Mithras mit dem Sonnengott fand erst in späterer Zeit statt; sie setzte sich im römischen Mithras-Kult (*Sol inuictus*) fort. Er.' Irrtum ist der Tatsache geschuldet, daß er Filelfos und Regios Übers. als Vorlage benutzte, die Μίθραν mit „Solem" wiedergaben (Filelfo, fol. k iiii^v; Regio fol. b ii^v).

Apophth. V, 25 ist ein Gegenstück zu *Adag.* 1605 „Munerum animus optimus" mit derselben Anekdote, die Er. dort jedoch fälschlich dem

Xerxes zuschrieb (*ASD* II, 4, S. 90: „… quo significatur, in amicorum muneribus non esse spectandum rei missae precium, sed mittentis potius animum"), *Adag.* 2900 „Munus exiguum, sed opportunum" (*ASD* II, 6, S. 550) sowie zu *Apophth.* V, 29, das denselben Titel wie V, 25 trägt.

184 *Rusticus quidam* Das griech. αὐτουργὸς ἄνθρωπος bedeutet „Handwerker" (vgl. Perrins Übers. in Plutarch, *Lives* [Loeb], XI, S. 135 „a labouring man"), lateinisch „opifex", „faber" oder „operarius". Er. übernahm die Übers. mit „rusticus" („Bauer", „Landmann"), die zwar nicht abwegig, jedoch auch nicht punktgenau ist, von Lapo (a.a.O.), wie auch schon in *Adag.* 1605 (*ASD* II, 4, S. 90). Als Er. *Epist.* 104 verfasste (1500), zog er anscheinend auch den griech. Text hinzu und erweiterte Lapos „rusticus" zu „rusticanus quidam operarius". Er. ließ den von Plutarch angegebenen Kontext weg: Der König reiste durch sein Reich, wobei ihm Untertanen, um ihn zu ehren, Geschenke darbrachten.

184–186 *quidam … donauit* Leicht variierende Wiedergabe Lapo da Castiglionchios Übers. von Plut. *Artax.* 5, 1 (*Vit.* 1013B): „In itinere aliis alia ad eum munera afferentibus homo rusticus, quum pro tempore nihil nactus esset, quod regi elargiri possit percurrissetque ad flumen et haustam ex eo aquam manibus illi obtulisset, laetatus Artoxerxes phiala aurea et mille Daricis donauit" (ed. Bade, Paris 1514, fol. CCCXXXVIIIᵛ); vgl. den griech. Text:

Ἐπεὶ δ' ἄλλων ἄλλα προσφερόντων καθ' ὁδὸν αὐτουργὸς ἄνθρωπος οὐδὲν ἐπὶ καιροῦ φθάσας εὑρεῖν τῷ ποταμῷ προσέδραμε, καὶ ταῖν χεροῖν ὑπολαβὼν τοῦ ὕδατος προσήνεγκεν, ἡσθεὶς ὁ Ἀρτοξέρξης φιάλην ἔπεμψεν αὐτῷ χρυσῆν καὶ χιλίους δαρεικούς. Vgl. weiter Er. *Adag.* 1605 „Munerum animus optimus", *ASD* II, 4, S. 90: „… vt Xerxes [i.e. Artaxerxes] ille aquam manibus haustam a rustico libenter accepit …"; *Epist.* 104, Z. 49–52 (1500, An den Prinzen Henry): „… memineris facito et Artarxersem [sic], regem prestantissimum [sic], aquam a rusticano quodam operario, quam ille manu vtraque haustum [i.e. haustam] obequitanti obtulerat, hilarem subridentemque accepisse […]".

184 *donaria* Er. variierte Lapos „munera" nicht glücklich zu „donaria" („Weihegeschenke"); „donaria" wird sonst nur für *Göttergaben* verwendet, die in Tempeln oder Schatzhäusern aufgestellt wurden (vgl. *DNG* I, Sp. 1765, s.v. „donarius" I). Der griech. Text läßt eine solche Interpretation nicht zu.

186 *laetatus … donauit* In diesem Satz übernahm Er. die Übers. Lapos a.a.O.

186 *phiala* Eine Trinkschale mit breitem Boden.

186 *daricis* Für den Dareikos, die bohnenförmige persische Goldmünze mit einer Darstellung des bogenschießenden Perserkönigs, vgl. oben Komm. zu V, 19. Auf den Münzen des Artaxerxes II. war er selbst im Knielaufschema und bogenschießend dargestellt.

V, 26   *FAMES CONDIMENTVM*   (Artoxerxes alter, 4)

In fuga quadam, quum direpto illius commeatu aridis *ficis et hordeaceo pane vesceretur,* „Dii boni", inquit, „cuiusmodi voluptatis hactenus inexpertus fui?".

V, 27   MALEDICERE REGI NON TVTVM   (Artoxerxes alter, 5)

Quum Aclides [i.e. Euclidas] *Iapson* [i.e. Lacon] *multa in regem licenter et contumeliose diceret,* hactenus tum vltus est maledicum, vt *per tribunum militum* denunciaret *ei licere in regem, quae vellet, dicere; sibi vero in illum licere, quae vellet, et dicere et facere.*

V, 28   FATVIS OMNIA LICENT   (Artoxerxes alter, 6)

Teribazus in venatu Persicam vestem dilaceratam *ostendit* consulens, *quid faciendum* esse. *Respondente rege aliam induendam,* „Tuam igitur", inquit, „mihi tradas oportet". Rex suam tradidit dicens „Dono do tibi hanc vestem, sed gestare prohibeo". *Teribazus vir minime quidem malus, sed leuis praecipitisque consilii, neglecta regis monitione vestem induit, muliebribus etiam ex auro donis, quae a rege exceperat, exornatam. Hoc*

---

191 non tutum *A-C*: non est tutum *BAS*.
192 Aclides *A-C BAS, LB*: Aclidas *Plut. versio per Lapum Florentinum, scribendum erat* Euclidas.
192 Iapson *A-C*: Lapson *Plut. versio per Lapum Florentinum, scribendum erat* Lacon.

193–194 ei licere in regem quae vellet dicere *A-C*: ei licere quae vellet in Regem dicere *BAS LB*.
196 faciendum *A-C*: faciundum *BAS*.

Apophth. V, 26 ist ein Gegenstück zu *Adag.* 1669 „Optimum condimentum fames" und *Collect.* 109 mit demselben Titel (*ASD* II, 9, S. 82). Der Titel von V, 26 „Fames condimentum" gibt das dem Sokrates zugeschriebene Sprichwort Otto 639 wieder, wie es bei Cic. *Fin.* II, 90 überliefert ist („Socratem … dicentem cibi condimentum esse famem"). Vgl. *Adag.* 1669, *ASD* II, 4, S. 130–132; *Apophth.* III, Socratica 6 (*ASD* IV, 4, S. 198); *Convivium religiosum, ASD* I, 3, S. 232, Z. 39ff.; *Apophth.* V, 93 (Ptolemaeus Lagi) trägt denselben Titel. Vgl. die Erklärung des Er. in *Adag.* 1669 (a.a.O.): „Optimum condimentum fames inter apophthegmata Socratica celebratur. Irridebat hoc dicto luxum Atheniensium, qui variis cupediis et operosis condituris conarentur efficere, vt cibus saperet palato, cum id optime praestet fames, condimentum vt optimum ita et vilissimum; nihil enim suauius edi quam quod editur ab esuriente. Manet hodieque vulgo tritum prouerbium, famem efficere, vt crudae etiam fabae saccarum sapiant. … Aut natum a Socrate prouerbium aut ab illo vsurpatum, quod vulgo ferebatur. M. Tullius in libro De finibus bonorum secundo (= Cic. *Fin.* II, 90) … (in der Anwendung Erweiterung auf anderwärtige Genüsse:) Et voluptates commendat rarior vsus"; weiter *Apophth.* III, Socratica 6 „Frugalitas" (*ASD* IV, 4, S. 198): „Dicebat (sc. Socrates) optimum condimentum esse famem, quod et optime edulcaret omnia et nullius esset impendii. Vnde ipse semper iucunde edebat ac bibebat, quia neutrum faciebat, nisi esuriens ac sitiens"; sowie *Collect.* 109 (*ASD* II, 9, S. 82): „Socraticum verbum est, quod hodie quoque passim vulgo in ore est. Quo significatur nihil esse non sapidum, quod esurienter atque auide capias aut facias".

189–190 *In fuga … fui* Plut. *Reg. et imp. apophth., Mor.* 174A (Artaxerxes Mnemon, 3): Ἐν δὲ φυγῇ τινι τῆς ἀποσκευῆς αὐτοῦ διαρπαγείσης ξηρὰ σῦκα φαγών (ταφαιῶν ed. Ald. *1509, p. 151*) καὶ κρίθινον ἄρτον, „οἵας", εἶπεν, „ἡδονῆς ἄπειρος ἤμην". Er. hat seinen Text kollageartig aus den Übers. Filelfos und Regios zusammengestellt; Filelfo: „Cum vero aliquando fugiens commeatu impedimentisque direptis siccis ficis vesceretur ac pane ordaceo, ‚Cuiusmodi‘, inquit, ‚voluptatis rudis eram?'" (fol. k iiii^v); Regio: „In fuga vero quadam quum sua ipsius impedimenta fuissent direpta siccisque ficubus et pane hordaceo vesceretur, ‚Qualis, inquit, ‚voluptatis inexpertus eram?'" (fol. b ii^v–⟨b iii⟩^r).

192–194 *Quum Euclides ... facere* Plut. *Artax*. 5, 1 (*Vit*. 1013). Er. ging in vorl. Apophth. ausschließlich von der latein. Übers. des Lapo da Castiglionchio aus, die von zwei Korruptelen entstellt ist: „Aclidae Lapsoni, quum is multa licenter in eum contumelioseque loqueretur, per tribunum militum respondit: ‚Licere sibi, quae vellet, in regem dicere; sibi vero dicere ac facere'" (ed. Bade, Paris 1514, fol. CCCXXXVIII^v). Das grammatisch inkorrekte „licere sibi" verbesserte Er. zu „ei licere". Die Kursivierung des Haupttextes bezieht sich auf Lapos Übers.; vgl. den griech. Text: Εὐκλείδᾳ δὲ τῷ Λάκωνι, πολλὰ παρρησιαζομένῳ πρὸς αὐτὸν αὐθαδῶς, ἐκέλευσεν εἰπεῖν τὸν χιλίαρχον ὅτι „σοὶ μὲν ἔξεστιν εἰπεῖν ἃ βούλει, ἐμοὶ δὲ καὶ λέγειν καὶ ποιεῖν".

192 *Aclides* Er. redet hier irrtümlich von einem gewissen „Aclides". Es handelt sich dabei, wie der griechische Plutarchtext zeigt (Εὐκλείδᾳ δὲ τῷ Λάκωνι), um den Spartaner Eukleidas, offensichtlich um jenen Eukleidas, der als Gesandter am Hof des Artaxerxes II. verblieb. Vgl. J. Kirchner, *RE* VI, 1 (1907), Sp. 999, s.v. „Eukleidas". Die irrtümliche Namensform „Aclidas" findet sich in Lapos latein. Übers. des *Artaxerxes* a.a.O.; Er. verschlimmbesserte „Aclidas" zu „Aclides". Aldus' Edition des griech. Textes (1519, S.305) weist die richtige Namensform auf.

192 *Iapson* Er.' „Iapson" ergibt keinen Sinn. Sie geht auf Lapo da Castiglionchios latein. Übers. zurück, die Er. hier als ausschließliche Textvorlage verwendete; allerdings steht dort „Lapson" (eine Korruptel von „Lacon"). Er. hat sich bei der Übernahme des an sich schon unrichtigen Textes weiter vertan, indem er das „L" von „Lapson" für ein „I" ansah.

196–203 *Teribazus ... concedimus* Verworrene, gründlich missverstandene Wiedergabe von Lapo da Castiglionchios latein. Übers. von Plut. *Artax*. 5, 2 (*Vit*. 1013): „In venatione ... quum Teribazus Persicam vestem scissam (sc. Artaxerxis regis) ei ostendisset ab eoque (sc. rege), quid fieri oporteret, rogatus, respondisset aliam illi (sc. regi) induendam vestem et illam sibi esse tradendam, concessit (sc. rex) statim, quod flagitarat, ‚Dono‘, inquiens, ‚do tibi atque largior hanc vestem, verum ferri prohibeo‘. Quo neglecto Teribazus – erat enim homo minime malus, sed natura leuis et in consiliis rapidus – vestem ipsam induit, muliebribus etiam ex auro donis a rege sibi traditis se ornauit. Idque quum uniuersi intuentes aegre ferrent (nam haud decebat ridere), tum rex et cachinnari incoepit et ad eum conuersus, ‚tibi‘, inquit, ‚vt mulieri aurum et vt insano regium amictum gestandi potestatem licenciamque permittimus'" (ed. Bade, Paris, 1514, fol. CCCXXXVIII^v). Anders, als Er. angibt, war es nicht Teribazus, der sich das Gewand zerriss, sondern der König Artaxerxes; es war nicht Teribazus, der den König gefragt hätte, was zu tun sei, sondern umgekehrt der König, der Teribazus nach der Meldung von seinem zerrissenen Mantel fragte, was er denn jetzt machen sollte; es war nicht der König, der antwortete, Teribazus müsse ein anderes Gewand anziehen, sondern Teribazus, der dem König riet „Du (kannst nicht in dem zerfetzten Gewand weiterreiten, sondern) musst dir ein anderes anziehen". Vgl. den griech. Text: ἐν δὲ θήρᾳ τινὶ Τηριβάζου δείξαντος αὐτῷ τὸν κάνδυν ἐσχισμένον, ἠρώτησεν ὅ τι δεῖ ποιεῖν. ἐκείνου δὲ εἰπόντος, „Ἄλλον αὐτὸς ἔνδυσαι, τοῦτον δὲ ἐμοὶ δός," οὕτως ἐποίησεν, εἰπών, „δίδωμι μέν, ὦ Τηρίβαζε, σοὶ τοῦτον, φορεῖν δὲ ἀπαγορεύω." τοῦ δὲ Τηριβάζου μὴ φροντίσαντος ἦν γὰρ οὐ πονηρός, ὑπόκουφος δὲ καὶ παράφορος, ἀλλὰ τόν τε κάνδυν εὐθὺς ἐκεῖνον ἐνδύντος καὶ δέραια χρυσᾶ καὶ γυναικεῖα τῶν βασιλικῶν περιθεμένου, πάντες μὲν ἠγανάκτουν οὐ γὰρ ἐξῆν, ὁ μέντοι βασιλεὺς κατεγέλασε καὶ εἶπε: „δίδωμί σοι καὶ τὰ χρυσία φορεῖν ὡς γυναικὶ καὶ τὴν στολὴν ὡς μαινομένῳ".

196 *Teribazos* Persischer Satrap in Armenien, rettete Artaxerxes II. bei Kunaxa (401 v. Chr.) das Leben. Vgl. J. Wiesehöfer und H. Volkmann, *DNP* 12, 1 (2002), Sp. 611; H. Schaefer, *RE* VIA.2 (1937), Sp. 1431–1437, jeweils s.v. „Tiribazos".

200 *muliebribus ... exornatam* Hier liegt ein weiteres Missverständnis vor: Natürlich hatte König Artaxerxes dem Teribazus keinen Frauenschmuck („muliebria ex auro dona") geschenkt. Im griech. Originaltext ist davon, daß der Schmuck ein Geschenk des Artaxerxes (bzw. des Königs) gewesen sei, nicht die Rede. Dort steht, daß sich Teribazus „goldene Halsketten und Schmuck" umhängte, „wie ihn die Frauen von (persischen) Königen zu tragen pflegten" (δέραια χρυσᾶ καὶ γυναικεῖα τῶν βασιλικῶν; auf Latein etwa mit „aurea monilia et ornamenta, qualia uxores regum gestant" zu

caeteris omnibus indigne ferentibus (nam ridere nefas erat) rex effuse *ridens „Tibi",* inquit, *„vt mulieri aurum, vt insano* ⟨*gestandi*⟩ *regium amictum* ius *potestatemque concedimus".*

V, 29   *MVNVS IN TEMPORE DATVM*   (Artoxerxes alter, 7)

Artoxerxi *iam siti deficienti Peribarzanes* [i.e. Satibarzanes] *eunuchus*, quum aliud non liceret, a rustico quopiam *sordidum vtrem detulit, putris aquae cotylas octo continentem.* Eam *aquam quum rex totam ebibisset, rogatus*, ecquid illi placuisset *ille potus, deos testatus est se nunquam vinum potasse iucundius nec* vllam *aquam*, quamuis *purissimam, sibi visam suauiorem.* Ac post nactus eum hominem, qui eunucho aquam dederat, e paupere diuitem fecit. Tanti refert *in tempore dare munus.*

---

202 gestandi *scripsi sec. Erasmi instructiones in err. A (cf. etiam versionem Lapi Florentini): deest in A-C BAS LB.*

202 regium amictum *A-C:* regii amictus *BAS LB.*

übersetzen; vgl. B. Perrins Übers., Loeb, *Plutarch's Lives* XI, S. 137: „Teribazus ... decked himself with golden necklaces and women's ornaments of royal splendour"). Er. übernahm das Missverständnis des vom König geschenkten Frauenschmucks aus Lapos Übers. (a.a.O.: „muliebribus etiam ex auro donis a rege sibi traditis"), verschlimmerte es jedoch weiter, indem er angab, daß Teribazus mit dem Frauenschmuck den Königsmantel (wie etwa einen Weihnachtsbaum) behängte.

201 *nam ridere nefas erat* Hier liegt erneut ein Irrtum vor; „ridere" steht nicht im griech. Originaltext; es handelt sich um einen Zusatz, der den Sinn des Textes in eine ganz falsche Richtung lenkt. Im Persischen Reich gab es kein Lachverbot, jedoch war es verboten, daß ein gewöhnlicher Mensch den Mantel des Königs trug. *CWE* 38, S. 464 bezeichnet „ridere" als Zusatz des Er. („supplied by Erasmus"), jedoch übernahm es dieser aus Lapos Fehlübersetzung von οὐ γὰρ ἐξῆν mit „nam haud decebat ridere" (a.a.O.). οὐ γὰρ ἐξῆν bezieht sich auf die Empörung der Anwesenden über die Tatsache, daß Teribazus mit dem Königsmantel aufkreuzte.

204 *Munus ... datum* Vgl. *Apophth.* V, 25, das denselben Titel trägt; *Adag.* 2900 „Munus exiguum, sed opportunum" (*ASD* II, 6, S. 550): „Cum munus indicamus precio quidem perpusillum, sed tamen accipienti pro tempore gratissimum, veluti si quis panem porrigat de vita periclitanti ...".

205 Peribarzanes *A BAS LB, Plut. vers. a Lapo:* Peribarzenes *B,* Peribarzenens *C,* Satibarzanes *scribendum erat sec. Plut. text. Graecum (ut etiam in ed. Ald.).*

205–210 *Artoxerxi ... fecit* Plut. *Artax.* 12, 3–4 (*Vit.* 1017). Er. hat seinen Text ausschließlich nach Lapos Übers. zusammengestellt: „Ipsi ob sitim iam deficienti (sc. regi) et ad moriendum vicino Peribarzanes eunuchus circumcurrens potum quaerebat. Non enim locus aquam habebat et a castris longius aberant. Tandem in vnum ex Caunis illis inopibus incidit in vtre sordido inquinatam aquam ac putridam ad octo cotylas ferentem. Hunc vtrem ille acceptum ad regem detulit eique tradidit. Quem (zu lesen ist wohl „qui") quum aquam totam ebibisset, nunquid is potus molestissimus ei fuisset, percontatus est; tum testatus est (sc. rex) deos immortalis se nunquam vinum potasse iucundius nec aquam etiam, quae leuissima ac quam purissima esset, sibi suauiorem esse visam. Quare inquit ei homini, a quo accepisset, se nunquam debitas ac meritas gratias referre posse; sed deos precari, vt eum diuitem ac beatum efficerent'" (ed. Bade, Paris 1514, fol. CCCXXXXIX^v). Vgl. den griech. Text: αὐτῷ δὲ μικρὸν ἀπολείποντι τοῦ τεθνάναι διὰ τὸ διψῆν Σατιβαρζάνης ὁ εὐνοῦχος περιθέων ἐζήτει ποτόν· οὐ γὰρ εἶχε τὸ χωρίον ὕδωρ, οὐδὲ ἦν ἐγγὺς τὸ στρατόπεδον. μόλις οὖν ἐπιτυγχάνει τῶν Καυνίων ἐκείνων τῶν κακοβίων ἑνὸς ἐν ἀσκίῳ φαύλῳ διεφθαρμένον ὕδωρ καὶ πονηρὸν ἔχοντος, ὅσον ὀκτὼ κοτύλας· καὶ λαβὼν τοῦτο καὶ κομίσας τῷ βασιλεῖ δίδωσιν. Ἐκπιόντα δ᾽ ἅπαν ἠρώτησεν, εἰ μὴ πάνυ δυσχεραίνει τὸ ποτόν. ὁ δὲ ὤμοσε τοὺς θεοὺς μήτε οἶνον ἡδέως οὕτως πώποτε πεπωκέναι μήτε ὕδωρ τὸ κουφότατον καὶ καθαρώτατον, „ὥστε", ἔφη, „τὸν δόντα σοι τοῦτο ἄνθρωπον, ἂν ἐγὼ μὴ δυνηθῶ ζητήσας ἀμείψασθαι, τοὺς θεοὺς εὔχομαι ποιῆσαι μακάριον καὶ πλούσιον".

205 *Peribarzanes* Er. führt als Akteur einen gewissen „Peribarzanes" an; eine Person dieses Namens gab es jedoch nicht. Gemeint ist Satibarzanes, ein Eunuch und Kämmerer des Artaxerxes II. Vgl. J. Wiesehöfer, *DNP* XI, Sp. 101, s.v. „Satibarzanes"; Plut. *Reg. et imp. apophth.*, *Mor.* 173E; Ktes. *FGrH* 688 F 30. „Peribarzanes" geht auf einen Überlieferungsfehler zurück, der sich in Lapos Übers. findet (a.a.O.). In *Apophth.* V, 19 scheint im Übrigen der richtige Name des Kämmerers auf.

210 *e paupere diuitem fecit* Hier verkehrte Er. durch die Aussage, der König habe den Armen zu einem reichen Mann gemacht, die Übers. Lapos in ihr Gegenteil. Dort steht gerade, daß der König deshalb, weil er dem Schmutzwasser einen unschätzbaren Wert zumaß, meinte, er könnte den Tagelöhner nicht angemessen belohnen. Deswegen gebe er ihm kein Geld oder Geschenk, sondern bete zu den Göttern, sie mögen den Mann reich machen. Im griech. Text sagt der König: „Wenn es mir nicht gelingt, den Mann für dieses (so wertvolle) Geschenk angemessen zu belohnen, so bitte ich die Götter, sie mögen ihn glücklich und reich machen".

PARYSATIS

V, 30   [DISSIDENT INTERPRETES] SEVERITAS VERBIS TEMPERATA   (Parysatis)

Parysatis, Cyri et Artoxerxis mater, praecipere solet, vt rex palam ac libere loquuturus verbis byssinis vteretur, hoc est, magnificis ac *mollibus*, quo sermonis blandicies rei mitigaret asperitatem. Reges bysso vestiuntur, [s]et talem decet esse regis orationem, qualis est amictus.

215

212 dissident *A-C*: dissidentes *BAS*.
212 Dissident interpretes*.
213 Parysatis *A-C versio Philelphi (cf. Plut. ed. Ald.)*: Parusatis *versio Regii*.

213 Artoxerxis *scripsi (cf. supra V, 23–29)*: Artaxerxis *A-C versiones Philelphi et Regii*.
213 solet *A-C*: solebat *LB, Lycostehnes p. 11*.
215 et *scripsi*: sed *A-C*, enim *Lycosthenes p. 11*.

In *Apophth*. V, 30 und 31 folgen nunmehr die Verwandten des Artaxerxes II., seine Mutter Parysatis und sein Schwiegersohn Orontes. **Parysatis**, Tochter von Artaxerxes I., Gattin Dareios' II., Mutter seiner vier Söhne, worunter Artaxerxes II. und Kyros der Jüngere. Nach den historiographischen Quellen, u.a. Plutarchs Artaxerxes-Biographie, soll sie Kyros bevorzugt haben. Vgl. J. Wiesehöfer, *DNP* 9 (2001), Sp. 381; J. Miller, *RE* XVIII, 4 (1949), Sp. 2051–2052, jeweils s.v. „Parysatis". Zu Kyros d.J. vgl. oben *Apophth*. V, 20–22. Im Index personarum irreführend mit „Parysatis Cyri" angegeben.

212 *dissident ... temperata* Die *margo* von V, 30 weist fünf Wörter auf: „Dissident interpretes Seueritas verbis temperata". Diese bilden in ihrer Gesamtheit jedoch nicht den Titel des Apophthegmas. Die Titelfunktion geht nur für die letzten drei Wörter auf; die ersten beiden stellen eine philologische Randnotiz dar. Inhaltlich richtet sie sich gegen die beiden latein. Übersetzer von Plutarchs *Apophthegmata regum et imperatorum*, Francesco Filelfo und Raffaele Regio. Regio hatte den von Parysatis eingeforderten Redestil auf die Leute bezogen, die mit dem König reden wollen (wie es sinngemäß richtig ist), Filelfo jedoch irrigerweise auf den König selbst. Er. schloss sich – philologisch nicht sehr glücklich – Filelfo an, vgl. Komm. unten. Die philologische Anmerkung „Dissident interpretes" stammt wohl von Er. selbst, der damit angeben wollte, daß in den Übersetzungen unterschiedliche Interpretationen vorlagen und daß er diese registriert hatte. Zugleich wälzt er durch die Notiz einen Teil der Verantwortung für den lateinischen Text von sich ab. Diskutabel ist, ob Er. vorhatte, daß die philologische Anmerkung im Druck in der Tat als Marginalie wiedergegeben werden sollte oder ob es sich um einen Zusatz zum Text des Apophthegmas handelte, den er in den Fahnen zum ersten Druck eingebracht hatte. In diesem Fall hätte der Setzer die Lokalisierung des Zusatzes missverstanden und ihn mechanisch als Marginalie wiedergegeben. Dies läßt sich nicht mit letzter Sicherheit klären. Zu berücksichtigen ist jedoch, daß Er. – jedenfalls in den ersten beiden Büchern der *Apophthegmata* – die *margines*, abgesehen von der Titelfunktion, wiederholt zum Zweck philologischer Anmerkungen verwendet hat. Vgl. Einleitung. In *BAS* wurde „Dissident interpretes" irrtümlicherweise als Titel des Apophthegmas aufgefasst und dementsprechend zu „Dissidentes interpretes" umgeändert. Der eigentliche Titel „Seueritas verbis temperata" wurde hingegen entweder ignoriert oder bewusst getilgt.

212 *Seueritas verbis temperata* Der Titel, den Er. dem Spruch gab, ist irreführend: In der Aussage der Parysatis ist von „seueritas" nicht die Rede. Lycosthenes ordnete das Apophthegma angemessener dem Kap. „De adulatione et assentatione" zu (S. 11); Ioannes Alexander Brassicanus konstruierte noch zu Er.' Lebzeiten aus *Apophth*. V, 30 ein Sprichwort (*Prouerbiorum symmicta*, Paris, Wechel, 1532, S. 53–54, Nr. 86), in dem er Er.' unrichtige Zuordnung der Worte (nml. zum König) korrigierte, jedoch seine irrige Interpretation von „Byssina" übernahm.

213–214 *Parysatis ... vteretur* Plut. *Reg. et imp. apophth., Mor.* 174A (Parysatis): Παρύσατις ἡ

Κύρου καὶ Ἀρτοξέρξου (Ἀρταξέρξου *Ald.*) μήτηρ ἐκέλευε τὸν βασιλεῖ (βασιλέα *Ald.*) μέλλοντα μετὰ παρρησίας διαλέγεσθαι βυσσίνοις χρῆσθαι ῥήμασι. Der Aldus-Text las βασιλέα statt βασιλεῖ (wie der neuere *textus receptus*). Er., der neben der Aldus-Ausgabe Plutarchs die Übers. Filelfos und Regios benutzte, folgte in vorl. Apophth. Filelfos Übertragung (dessen handschriftliche griech. Textvorlage ebenfalls βασιλέα aufwies): „Parysatis, Cyri et Artaxerxis mater, iubebat, quum rex apparate (gemeint ist wohl aperte) quippiam et imperiose dicturus esset, verbis grauissimis atque ornatissimis vteretur" (fol. k iiii^v). Filelfo interpretierte βυσσίνοις ... ῥήμασι, etwa „Worte von Seide", unrichtig als erhabene, gewichtige Worte, vorgetragen im Stil des *genus grande*. Ungeklärt bleibt in Filelfos Übers., warum wohlgemerkt der erhabene persische König „Redefreiheit" für sich beansprucht haben sollte. Regio las βασιλεῖ und bezog den Rat der Parysatis – wie es auf der Hand liegt – auf Leute, die „freizügig" (μετὰ παρρησίας) mit dem König reden wollen. Diesen riet Parysatis, sie sollten „Worte von Seide" verwenden, wenn sie beim König etwas erreichen wollten. Regio: „Parusatis [sic], Cyri et Artaxerxis mater, iubebat eum, qui regem allocuturus esset, byssinis et mollibus vti verbis" (fol. ⟨b iii⟩^r).

214 *byssinis* „byssinus", „aus Byssos". „Byssos" bezeichnet ein sehr feines, durchscheinendes, sich glatt und sanft anfühlendes, aus diversen pflanzlichen und tierischen Fasern hergestelltes Gewebe. Als pflanzliche Rohstoffe verwendete man dazu Leinen oder Flachs; als tierische Rohstoffe die Haftfasern aus phenolischen Proteiden der am Meeresboden festsitzenden großen Seemuscheln (z. B. der Edlen Steckmuschel bzw. Pinna nobilis), die sog. Steckmuschelwolle, Muschelseide oder Meerseide. Aus Byssos-Geweben verfertigte man Zierschleifen, Ziertücher, Handschuhe und ähnliche feine Ziergewebe. Vgl. Ch. Hünemörder, *DNP* 2 (1999), Sp. 866 und F. Olck, *RE* III, 1 (1897), Sp. 1108–1114, jeweils s.v. „Byssos"; F. Maeder u.a. (Hrsg.), *Bisso marino. Fili d'oro dal fondo del mare*, Basel 2004. Genau so angenehm, federleicht, subtil und anschmiegsam wie der aus Byssos hergestellte Stoff sollten die Worte sein, fordert Parysatis, die man gegenüber einem König zu verwenden habe.

214 *magnificis ac mollibus* „Mollibus" stammt aus Regios Übers., der es zur Erklärung des seltenen Wortes „byssinus" verwendete. Damit schwächt Er. Filelfos Interpretation, die nur das Gewichtige und Prunkvolle der Worte hervorhebt („verbis grauissimis atque ornatissimis"), zum Sanften und Angenehmen hin ab. Ioannes Alexander Brassicus folgte Er. hierin: „Byssina verba vocat, quae nitorem habeant cum grauitate mixtum, immo quae commonendi asperitatem iucundo quodam candore atque adeo niuea quadam facilitate condiant" (*Prouerbiorum symmicta*, Paris, Wechel, 1532, S. 53–54, Nr. 86).

215 *Reges bysso vestiuntur* Eine kulturgeschichtliche Erklärung des Er., die nicht auf Sachkenntnis, sondern auf seiner Fehlinterpretation der Plutarch-Stelle beruht. Er. stellte sich vor, daß der persische König in einem durchsichtigen Seidengewand erschien. Dafür stand ihm keine schlüssige Quelle zur Verfügung. Heinrich von Eppendorff spinnt die Erklärung des Er. weiter, indem er behauptet, daß „die Könige" Kleider aus dem „reinsten und hübschesten Leinen" trugen (1534, S. CCLXXVIII).

215 *[s]et* Bei „sed" muss es sich um eine Verschreibung von „et" handeln, wie dies in der handschriftlichen Textüberlieferung häufig der Fall ist: „sed" ist widersinnig, weil zwischen den beiden Teilsätzen kein Gegensatz vorhanden ist.

ORONTES

V, 31   Favor regvm temperarivs   (Orontes)

Orontes, Artoxerxis regis gener, quum ab irato rege reiectus et condemnatus esset, „Quemadmodum", inquit, „supputatorum digiti nunc infinitum numerum, nunc vnum tantum possunt ponere, sic regum amici nunc quiduis pollent nunc quam minimum". Olim digitis subducebatur ratio, quemadmodum nunc calculis.

MEMNON DVX

V, 32   Maledicentia   (Memnon)

Memnon quo tempore bellum gerebat aduersus Alexandrum pro Dario rege, militem quendam mercenarium multa conuitia petulanter iacientem in Alexandrum hasta percussit, „Ego", inquiens, „te alo, vt pugnes cum Alexandro, non vt illi maledicas".

AEGYPTII

V, 33   Ivdices incorrvpti   (Aegyptiorum reges)

Aegyptiorum reges, iuxta regionis illius consuetudinem, iudices ad iusiurandum adigebant, vt etiam, si quid rex iuberet eos iudicare, quod iustum non esset, ne iudicarent. Tanti referre putabant, vt populus iustos haberet iudices. Porro potentiae ferociaeque regiae opposita est iurisiurandi religio: quod adactum videri non poterat, quum ab ipsis regibus exigeretur. Atqui fieri potest, vt ciuitas iudices habeat incorruptos, vbi iudicandi potestatem magno vendit princeps?

---

219 Artoxerxis *A, C*: Artaxerxis *B, BAS, LB, Plut. versiones per Philelphum et Regium*.

Orontes I. (pers. Auruand), armenischer König aus der Dynastie der Orontiden, reg. 401–344 v. Chr., persischer Satrap von Armenien; Schwiegersohn des persischen Großkönigs Artaxerxes II., der ihm seine Tochter Rodogune zur Frau gab. Sowohl die Satrapie als auch die Hand der Königstochter erhielt er zum Dank für die treue Unterstützung des Artaxerxes II. im Bruderkrieg gegen Kyros d.J., bsd. in der Schlacht von Kunaxa i.J. 401 v. Chr.; vgl. M. Schottky, *DNP* 9 (2000), Sp. 49, s.v. „Orontes", Nr. 2; R.D. Wilkinson, „Orontes, Son of Artasyras", in: *Revue des Études Arméniennes*, N.S. 7 (1979), S. 445–450.

Apophth. V, 31 bezieht sich auf d.J. 381 v. Chr., als der König Zyperns, Euagoras I., gegen den Großkönig in Aufstand kam. Die Führer des persischen Heeres, Orontes (Landheer) und Tiribazos (Flotte), die Salamis belagerten, bekamen Streit; Orontes schloss eigenmächtig mit Euagoras I. einen für diesen nicht ungünstigen Frieden; Orontes klagte in der Folge Tiribazos an, verlor aber den Prozess und fiel in Ungnade. Darauf bezieht sich der „Zorn des Königs". Er.' moralische Lektion, die im Titel aufscheint („Fauor regum temperarius") wird im Lichte der historischen Fakten fadenscheinig. Orontes hatte durch sein verräterisches Auftreten das Seine dazu beigetragen, die Gunst des Großkönigs zu verspielen. Er. scheint dieser historische Hintergrund nicht geläufig gewesen zu sein.

219–221 *Orontes ... quam minimum* Plut. *Reg. et imp. apophth., Mor.* 174B (Orontes): Ὀρόντης, ὁ βασιλέως Ἀρτοξέρξου γαμβρός, ἀτιμίᾳ περιπεσὼν δι' ὀργὴν καὶ καταγνωσθεὶς ἔφη, „καθάπερ τῶν ἀριθμητικῶν δάκτυλοι νῦν μὲν μυριάδας νῦν δὲ μονάδας (μονάδα *ed. Ald. 1509, p. 151*) τιθέναι δύνανται, τὸ αὐτὸ καὶ τοὺς τῶν βασιλέων φίλους, νῦν μὲν τὸ πᾶν δύνασθαι νῦν δὲ τοὐλάχιστον".

220 *infinitum numerum* Es scheint, als ob Er. die mathematische Grundlage des Vergleichs nicht recht verstanden hat: *Ein* Finger ist kein Symbol für ‚unendlich' („infinitus numerus"), sondern kann entweder die Zahl 10.000 (= 1 Myriade) oder die Zahl 1 bedeuten. Bei Plutarch wird das Verständnis dieses Fakts allerdings dadurch erschwert, daß der Plural verwendet wird: Einzelne Finger können bei den Mathematikern entweder Zehntausende oder einige Male die Zahl eins bedeuten. Filelfo hat dies richtig verstanden, aber verschroben formuliert: „nunc decies millenarios numeros, nunc vnarios" (fol. k iiii^v).

Memnon von Rhodos (gest. 333 v. Chr.), 334 Feldherr unter Dareios III. im Krieg gegen Alexander d.Gr.; vgl. J. Scheid, *DNP* 7 (1999), Sp. 1204–1205, s.v. „Memnon".

223 *MEMNON DVX* Dieselbe Namensform findet sich auch im Index personarum.

225–227 *Memnon ... maledicas* Plut. *Reg. et imp. apophth., Mor.* 174B–C (Memnon): Μέμνων, ὁ Ἀλεξάνδρῳ πολεμῶν ὑπὲρ Δαρείου τοῦ βασιλέως, μισθοφόρον τινὰ πολλὰ βλάσφημα καὶ ἀσελγῆ περὶ Ἀλεξάνδρου λέγοντα τῇ λόγχῃ πατάξας „ἐγώ σε' εἶπε ‚τρέφω μαχούμενον, ἀλλ' οὐ λοιδορησόμενον (λοιδορουμενον *ed. Ald. 1509, p. 151*) Ἀλεξάνδρῳ". Er. hat seinen Text der Übers. Regios nachgebildet: „Memnon pro Dario rege aduersus Alexandrum bellum gerens cum militem quendam mercede conductum multa de Alexandro ipso nefar[r]ia turpiaque iactantem lancea percussisset, ‚Ego', inquit, ‚te pasco, ut pugnes contra Alexandrum, non vt illi male dicas'" (fol. ⟨b iii⟩^r).

225 *Dario* Dareios III., der letzte Persische König aus dem Haus der Achämeniden (reg. 336–330 v. Chr.), den Alexander d. Gr. in den Schlachten von Issos und von Gaugamela entscheidend besiegte. Vgl. A. Kuhrt und H. Sancisi-Weerdenburg, *DNP* 3 (1997), Sp. 324, s.v. „Dareios", Nr. 3; Dareios III. figuriert mehrere Male im vierten Buch der *Apophthegmata* (IV, 87, 89, 97 und 99) und im achten Buch werden seine Töchter erwähnt; jedoch widmet ihm Er. kein einziges Apophthegma.

226 *petulanter* „petulanter" bezog Er. aus der Übers. des Filelfo (fol. k iii^v).

230–231 *Aegyptiorum ... iudicarent* Plut. *Reg. et imp. apophth., Mor.* 174C (Aegypti regum mos): Οἱ Αἰγυπτίων βασιλεῖς κατὰ νόμον ἑαυτῶν τοὺς δικαστὰς ἐξώρκιζον ὅτι, κἂν βασιλεύς τι προστάξῃ κρῖναι τῶν μὴ δικαίων, οὐ κρινοῦσι. Er.' Übersetzung ist etwas komplizierter als jene Regios: „Aegyptiorum reges ex sua ipsorum lege iudices adiurabant, ne quid iniuste, etiam si rex imperaret, iudicarent" (fol. ⟨b iii⟩^r). Vgl. Diod. I, 71.

POLTYS

V, 34   AMOR INSANVS   (Poltys)

Poltys, Thraciae rex Troiani belli tempore, *quum Troiani* pariter *et Graeci legationem ad ipsum misissent,* auditis vtrisque pronunciauit, *vt Alexander redderet Helenam et a se pro vna duas formosas abduceret vxores.* Sapuisset Paris, si hoc fecisset. Nam vna satis fruitus habuisset duas nouas, et patriae consuluisset. Quis autem non miretur Graecorum humanitatem, quibus sat erat futurum, si tantum redderetur, quae cum adultero tam diu dormierat?

TERES

V, 35   BELLI STVDIVM   (Teres)

Teres, Sitalci [i.e. Sitalcis] *pater, dicere consueuit, quoties esset in ocio nec militia exerceretur, se nihilo* meliorem esse *equisonibus.* Haec vox quid aliud sonat quam barbaricam immanitatem? Quasi pacis tempore desit, quod agat bonus princeps.

---

246 Sitalci *A-C versiones Philelphi et Regii (cf. annotationem marg. in versione Philelphi „Sitalcus"): scribendum erat* Sitalcis.

236–291 *Poltys … ponere* Es folgt nunmehr eine Sektion mit den Aussprüchen thrakischer (Poltys, Teres, Kotys, V, 34–38) und skythischer Könige (Ateas, Skiluros, Idanthyrsos, V, 39–43). Diese Könige entsprechen insofern grundsätzlich nicht Er.' Fürstenspiegelideal, als es sich um kämpferische und gewalttätige Kriegsherren handelt, für die Kriegsführung und ihr Pferd alles bedeuteten. Ihren Hang zu Krieg und Gewalt verurteilt Er. offen als barbarischen Charakterzug (V, 35 [Teres, 1]). Dennoch sind sowohl Gehalt als auch Bedeutung der einzelnen Apophthegmata divers. Poltys und Kotys schreibt Er. Klugheit zu, letzterem sogar philosophische Selbsterkenntnis und stoische Affektbekämpfung; Idanthyrsos präsentiert Er. als Vertreter eines Freiheitsideals.

Poltys, mythischer thrakischer König, Sohn Poseidons, Herrscher der thrakischen Stadt Ainos (heute Enez in der Türkei, Provinz Edirne) und zugleich eponymer Spender ihres neuen Namens Poltyobria, dort Gastherr des Herakles (Apollod. *Bibliotheca*, II, 5, 9). Poltys' Bruder Sarpedon wurde von Herakles erschlagen. Plutarch ordnet Poltys der Zeit des trojanischen Krieges zu, obwohl dieser von Homer nicht erwähnt wird. Vgl. K. Scherling, *RE* XXI, 2 (1952), Sp. 1426, s.v. „Poltys" (nicht erwähnt in *DNP*). Er. war von der rationalistischen, klugen Vorgehensweise, die Plutarch dem Poltys zuschrieb, sehr angetan.

238–240 *Poltys … vxores* Plut. *Reg. et imp. apophth., Mor.* 174C (Poltys). Er. bildete den Text der Übers. des Regio nach: „Poltys Thracum rex, quum Troiano bello et Troiani et Graeci ad eum oratores misissent, Alexandrum et Helenam reddere et duas ab se formosas uxores accipere iussit" (fol. ⟨b iii^r⟩). Vgl. den griech. Text (Πόλτυς ὁ Θρᾳκῶν βασιλεὺς ἐν τῷ Τρωϊκῷ πολέμῳ πρεσβευσαμένων πρὸς αὐτὸν ἅμα τῶν Τρώων καὶ τῶν Ἀχαιῶν, ἐκέλευσε τὸν Ἀλέξανδρον ἀποδόντα τὴν Ἑλένην δύο παρ' αὐτοῦ λαβεῖν καλὰς γυναῖκας) und Filelfos Übertragung: „Poltis [sic] rex Thracum, cum in Troiano bello et a Troianis eum et ab Acheis legati simul adiissent, iussit, vt Helenam red-

deret duasque a se pulchras mulieres Alexander acciperet" (fol. ⟨k v⟩ʳ).
238 *Graeci* „Graeci", nach Regios Übers.; der griech. Plutarch-Text hat Ἀχαιῶν.
240 *vxores* „vxores" („legitime Ehefrauen") entnahm Er. der Übers. des Filelfo, während der griech. Text γυναῖκας und Regios Übers. folgerichtig „mulieres" aufweist.
Teres I. von Thrakien, erster König der thrakischen Odrysendynastie, vereinigte unter seiner Oberherrschaft etwa vierzig trakische Stämme; regierte als König von Thrakien in der ersten Hälfte des 5. Jh. bis etwa 445 v. Chr.; soll etwa 92 Jahre alt geworden sein; sein Nachfolger war sein Sohn Sitalkes. Vgl. U. Peter, *DNP* 12/1 (2002), Sp. 155, s.v. „Teres", Nr. 1; Ch. Webber – A. McBride, *The Thracians 700 BC–AD 46*. Men-at-Arms, 2001.
244 *TERES* In dieser Form einhellig in der Überschrift der Basel-Drucke, jedoch „Teris" im Index personarum.
Apophth. V, 35 datiert auf die Zeit von ca. 460–445 v. Chr. Er. betrachtete Teres als negatives Exemplum eines Fürsten. Er.' idealer *princeps Christianus* vermeidet, sich als Kriegsherr zu gebärden.

246–247 *Teres ... equisonibus* Plut. *Reg. et imp. apophth.*, *Mor.* 174D (Teres): Τήρης ὁ Σιτάλκου πατὴρ ἔλεγεν, ὁπότε σχολάζοι καὶ μὴ στρατεύοιτο, τῶν ἱπποκόμων οἴεσθαι μηδὲν διαφέρειν. Er.' „Teres ... consueuit" ist mit Filelfos Übersetzung identisch. Plut. schreibt dasselbe Apophthegma in *Num seni gerenda republica* 16, *Mor.* 792C dem Skythenkönig Ateas zu; vgl. auch Komm. *CWE* 38, S. 466.
246 *Sitalci* Sitalkes von Thrakien, König des thrakischen Odrysenreiches, Sohn von König Teres I. (reg. 431–424 v. Chr.); Sitalkes erweiterte durch erfolgreich geführte Kriege das vom Vater ererbte Grundgebiet beträchtlich. Sein Nachfolger war Seuthes I. Vgl. P. Schoch, *RE* IIIA.1 (1927), Sp. 377–382, s.v. „Sitalkes".
246 *Sitalci* Aufgrund der Übersetzungen des Filelfo und Regio nahm Er. an, daß der Nominativ „Sitalcus" (statt „Sitalces") lautete. Vgl. Filelfos Marginalindex: „Sitalcus".
247–248 *Haec ... princeps* Er.' schroffe Ablehnung des Ausspruchs gründet sich auf seinen Pazifismus, wie er ihn z. B. in der *Querela pacis* und in der *Institutio principis Christiani* zum Ausdruck bringt.

COTYS THRACIAE REX

250 V, 36   *Par pari*   (Cotys, 1)

Cotys ei, qui dono miserat pardalim, vicissim dono misit leonem, malam bestiam aeque mala repensans.

V, 37   Irae svbdvcenda occasio   (Cotys, 2)

Quum esset natura celer ad iram saeuusque castigator eorum, qui in ministerio deliquis-
255 *sent, hospes quidam ad illum detulit vascula fragilia tenuiaque, sed scite curioseque celte tornoque elaborata. At* is [i.e. ille] *hospiti quidem dedit munera, caeterum vascula omnia confregit.* Demirantibus, quur id faceret, „ne", inquit, „saeuiam in eos, qui fracturi erant". Prudentis est, naturae suae morbum agnoscere et vitio materiam praeripere.

Kotys, König der Odrysen und Herr über Thrakien (ca. 383–358 v. Chr.). Er eroberte den Königsthron gewaltsam, indem er seinen Vorgänger Hebryzelmis ermordete. Kotys knüpfte eine enge Allianz mit Athen, indem er dem athenischen Feldherrn Iphikrates, dem Helden des Korinthischen Krieges, seine Tochter zur Frau gab und denselben zum zweitmächtigsten Mann seines Reiches erhob (für Iphikrates vgl. unten V, 196–202 [Iphicrates, 1–7], bsd. Komm. zu V, 196). Im Gegenzug ernannten die Athener Kotys zum Ehrenbürger der Stadt (vgl. V, 38 [Cotys, 3]). I.J. 362 v. Chr., als der Satrap von Phrygien, Ariobarzanes, gegen den persischen König revoltierte, Kotys König Artaxerxes II. unterstützte, Athen jedoch den Satrapen Ariobarzanes, kam es zum Zerwürfnis. Die Athener ernannten nunmehr Ariobarzanes und drei seiner Söhne zu Ehrenbürgern der Stadt und zogen gegen Kotys zu Felde, um die thrakische Chersonesos zu erobern. Dabei zettelten sie eine Revolte in Thrakien gegen Kotys I. unter seinem Schatzmeister Miltokythes an, welche den König an den Rand des Abgrundes brachte. Sein Schwiegersohn Iphikrates jedoch zog durch Bestechung die athenischen Heeresführer auf die Seite seines Königs, welche nunmehr, statt diesen zu stürzen, die Revolte unterdrückten. 361 schloss Iphikrates' Freund Charidemos einen Friedensvertrag mit Kotys, nach dem dieser weiterhin Herr über die Chersonesos blieb. 358 wurde Kotys allerdings von zwei Schülern Platons, Python und Herakleides, ermordet (vgl. *Apophth.* VI, 415 [Python, 2]); U. Peter,

DNP 6 (1999), Sp. 783; U. Kahrstedt, *RE* XI, 2 (1922), Sp. 1551–1552, jeweils s.v. „Kotys", Nr. 1; A. Fol, „Die Politik des odrysischen Königs Kotys I.", in: E.Ch. Welskopf (Hrsg.), *Hellenische Poleis* 2 (1974), S. 993–1014; H. Archibald, *The Odrysian Kingdom of Thrace*, 1998. In den *Apophthegmata* figuriert Kotys weiter in VI, 415, wo ein Ausspruch seines Mörders Python zitiert wird, der auf die Ehrungen reagiert, die man ihm in Athen zukommen ließ. In Plutarchs *Apophthegmata regum et imperatorum* bilden die Aussprüche des Kotys nur ein einziges Lemma, das Er. jedoch in zwei separat nummerierte Apophthegmata aufsplittet. Dadurch, daß er V, 36 einen selbständigen Status verleiht, entsteht ein Lemma, das kein Apophthegma im eigentlichen Sinn ist. Verglichen mit den übrigen Königen Thrakiens zeichnet Er. ein positiv verzerrtes Bild von dem eher grobschlächtigen, blutrünstigen, an Wutanfällen leidenden Gewaltherrscher Kotys, der durch eine Bluttat an die Macht kam und diese durch Mord und Gewalt wieder verlor. Das Zerbrechen der kostbaren Gastgeschenke deutet Er. als philosophische Selbsterkenntnis und präventive Affektbekämpfung (V, 37), und zwar (anachronistisch) im Sinn der stoischen Philosophie (vgl. Senecas *De ira*); das königliche Gegengeschenk eines Leoparden deutet er irrtümlich als sich auf Klugheit und Angemessenheit stützende Handlung (V, 36), und die merkwürdige, aller Wahrscheinlichkeit nach fiktive negative Reaktion auf die ehrenvolle Verleihung des athenischen Bürgerrechtes als kulturelles Selbstbewusstsein (V, 38).

Apopth. V, 36 ist ein Gegenstück zu *Adag.* 35 „Par pari referre. ΙΣΟΝ ΙΣΩΙ ΕΠΙΦΕΡΕΙΝ" (*ASD* II, 1, S. 150–151), *Adag.* 3567 ΙΣΟΝ ΙΣΩΙ (ebd. II, 8, S. 59–60); *Collect.* 561 „Quod abs te allatum erat, id est relatum" (*ASD* II, 9, S. 208), *Apophth.* V, 70 „Par pari" (Dionysius senior), VII, 297 „Par pari" (Zeno Citticus) und III, Diogenes Cynicus, 66 „Par pari" (*ASD* IV, 4, S. 252). Er. erklärt das Sprichwort in *Adag.* 35 (*ASD* II, 1, S. 150): „[A] Qua monemur, vt tales simus in alios, quales in nos illos experimur ... simus in perfidos perfidi, parcos parci, clamosos clamosi, impudentes improbi; denique vtcunque meritum merito simili retaliemus. Idem (sc. Terentius) in prologo Phormionis: ‚Quod ab ipso allatum est, sibi id esse relatum putet' (*Phorm.* 21). Non inconcinne tum quoque vsurpauerimus, si quando verba verbis, blandicias blandiciis, promissa promissis pensamus". Vgl. Ter. *Eun.* 445; Otto 1337. *Apophth.* V, 70 (Dionysius senior) und VII, 297 (Zeno Citticus) tragen denselben Titel wie V, 36. Allerdings ist das Adagium „Par pari" im Fall von V, 36 irreführend und nur Er. mangelndem Verständnis der Anekdote geschuldet, die den Sinn hatte, die Großzügigkeit des Skythen im ehrenvollen Austausch von Geschenken zwischen Herrschern vorzuführen. In seiner Einschätzung der Bedeutung des Leoparden als „üble Bestie" irrt sich Er.: Das Geschenk eines Leoparden oder einer anderen Großraubkatze (etwa für den herrscherlichen Tierpark) galt als ein großes, wertvolles, fürstliches Geschenk. Der Sinn von Kotys' sozialer Performanz war eben nicht, „Gleiches mit Gleichem" zu vergelten, sondern mit einem noch viel wertvolleren Gegengeschenk die Großzügigkeit des ersten Schenkers zu übertreffen, durch die königliche Gabe eines Löwen. Im Übrigen stellt V, 36 kein Apophthegma im eigentlichen Sinn dar, sondern die Performanz einer symbolischen Handlung. Anzumerken ist, daß Plutarch V, 36 nicht als separates Apophthegma anführte, sondern nur als Teil eines einzigen, Cotys gewidmeten Lemmas, das einen einzigen Spruch enthielt. Er., der sonst bemängelte, wenn dieser in einem Apophthegma fehlte (vgl. z. B. V, 8–10, 15 oder 17), splittete kurioserweise Plutarchs Cotys-Lemma in zwei Apophthegmata auf, wodurch das eine keinen Spruch aufwies.

251 *Cotys ... leonem* Plut. *Reg. et imp. apophth., Mor.* 174D (Cotys): Κότυς τῷ δωρησαμένῳ πάρδαλιν ἀντεδωρήσατο λέοντα.

251 *pardalim ... malam bestiam* Er. schrieb dem Panther eine große Durchtriebenheit, Hinterlistigkeit und Mordlust zu, die er mit der Fabel von der Affentötung belegte. Vgl. *Adag.* 1366 „Pardi mortem adsimulat", *ASD* I, 3, S. 374–375.

251–252 *malam bestiam aeque mala repensans* Nicht von Plutarch stammend, sondern Komm. des Er., der vom Unverständnis des kulturellen und sozialen Wertes des Geschenks geprägt ist.

254–256 *Quum ... elaborata* Plut. *Reg. et imp. apophth., Mor.* 174D (Cotys); Er. hat hier, wie seine sorgfältige Übersetzung der Handwerksinstrumente zeigt, auch den griechischen Text herangezogen: Φύσει δὲ ὢν ὀξὺς εἰς ὀργὴν καὶ πικρὸς τῶν ἁμαρτανόντων ἐν ταῖς διακονίαις κολαστής, σκεύη ποτὲ κεραμεᾶ ξένου κομίσαντος εὔθραυστα καὶ λεπτά, πιθανῶς δὲ καὶ περιττῶς εἰργασμένα γλυφαῖς τισι καὶ τορείαις. τῷ μὲν ξένῳ ἔδωκε δῶρα, τὰ δὲ σκεύη πάντα συνέτριψεν, „ὅπως", εἰπών, „μὴ δι' ὀργὴν πικρότερον κολάζω τοὺς συντρίβοντας". Er. benennt, im Gegensatz zu Filelfo und Regio, die Werkzeuge sorgfältig und richtig: „celtis" für γλυφή (Meissel) und „tornus" für τορείη (Grabstichel).

254–255 *castigator ... deliquissent* Nach Regios Übers.: „eorum, qui in ministeriis deliquissent, castigator" (fol. ⟨b iii⟩ʳ).

256 *ille* Mit der handelnden Person ist Cotys gemeint (τῷ μὲν ξένῳ ἔδωκε δῶρα, τὰ δὲ σκεύη πάντα συνέτριψεν): Cotys erwiderte die Gastgeschenke des Ankömmlings durch nicht näher spezifizierte Geschenke seinerseits. Da Cotys gerade eine Zeile oberhalb von Er. mit „ille" bezeichnet wird, um ihn von dem Gastfreund abzuheben, muss auch an dieser Stelle „ille" verwendet werden, nicht das von den Baseldrucken überlieferte „is", das den Text unverständlich macht. Die Verwirrung geht mit ziemlicher Sicherheit auf das Konto des Er.

256 *hospiti ... munera* „munera", i.e. „dona hospitalia"; vgl. Filelfos Übers.: „peregrino quidem dedit dona" (fol. ⟨k v⟩ᵛ); Regio: „cum hospiti dona dedisset" (fol. ⟨b iii⟩ʳ).

256–257 *vascula omnia confregit* Nach Filelfos Übers.: „vasa confregit omnia" (fol. ⟨k v⟩ᵛ).

257 *Demirantibus, quur id faceret* „Demirantibus, quur id faceret" ist ein Zusatz des Er. zu Plutarchs Text, der zu einer leichten Unschärfe der Erzählung führt. Derjenige, der sich über das Auftreten des Königs am meisten gewundert haben muss, ist natürlich der seltsam behandelte Gastfreund.

| V, 38 | Sva cviqve patria chara | (Cotys, 3) |

Idem vbi *cognouit, quod Athenienses* honoris gratia ciuem ipsum suae *ciuitatis* declarassent pro auxilio, quod illis aduersus *Dorienses* impenderat, gratiam reponere studentes, „Per Iouem", inquit, „*et ego illis* vicissim *meae gentis ius dabo*", sentiens nihilo minus honorificum esse Thracem quam Atheniensem appellari.

IDATHYRSVS SCYTHA

| V, 39 | Servitvs grata | (Idathyrsus) |

Idathyrsus, Scytharum rex, in quem arma mouit Darius, suasit Ionum regibus, vt *Histrici pontis iunctura soluta fugientes sese in libertatem vindicarent. Qui quum id facere recusarent, ne violarent fidem, qua Dario erant obstricti, vocauit illos frugi mancipia et* ἄδραστα, hoc est, „qui fugere nollent". Nam haec non minima laus est seruorum, nolle fugere, si liceat; at nolle tyrannicam seruitutem commutare libertate, si detur opportunitas, animi seruilis est.

---

264 Idathyrsus *A-C versiones Philelphi et Regii Plut. ed. Ald. (*Ἰδάθυρσος*)*: Idanthyrsus *sec. Plut. edd. recentiores.*

Für *Apophth.* V, 38 vgl. *Adag.* 115 „Suum cuique pulchrum", *ASD* II, 1, S. 228: „Et quem vnquam vidimus in tam barbara regione natum, cui sua patria non vel optima videatur?".

260–262 *cognouit ... dabo* Erweiternde, variierende Wiedergabe von Val. Max. III, 7, ext. 7 (Titel „De Codro seu Cotye", *ed. Bade 1510, fol. CXXXII*ʳ): „Capax generosi spiritus illud quoque dictum regis Cotys (Cotys *text. recept. recens*: Codri *ed. Bade 1510*): vt enim ab Atheniensibus ciuitatem sibi datam cognouit, ‚Et ego', inquit, ‚illis meae gentis ius dabo'". In den älteren Ausgaben figuriert als Spender des Apophthegmas, alternativ zu Cotys, ein König von Thrakien mit dem Namen Codrus. Vgl. dazu den Komm. der Ausgabe des Badius, Paris 1510, fol. CXXXIIIʳ: „Affert dictum plenum fiduciae Codri Thracum regis, non illius Athenien., qui pro patria cecidit. Vnde quidam non ‚Codri', sed ‚Cotyis' legunt". Er. gehörte zu den letzteren.

260–262 *Athenienses ... studentes* Zur Verleihung des Bürgerrechtes vgl. Demosth. *Or.* XXIII, 118.

265 grata *A-C*: gratia *BAS.*
270–271 si detur *B C, instructiones Erasmi in err. A*: si se det *A.*

261–262 *pro auxilio ... studentes* „pro auxilio ... studentes" ist ein merkwürdiger Zusatz des Er. zum Text des Valerius Maximus. Er. hat diese historisch unrichtige Erklärung dem Valerius-Kommentar des Oliverius (ed. pr. 1487, seitdem in zahlreichen Editionen erschienen) entnommen, der zur Stelle behauptet hatte, die Athener hätten Kotys zum Anführer ihres Heeres im Kampf gegen die „Dorer" gemacht: „Cotys rex Thracum fuit, quum inter Dorienses et Athenienses veterum simultatum essent offensae et ideo bellum inter se gesturi essent, Cotyn regem accitum in auxilium suum Athenienses exercitui praefecerunt et, vt illum sibi amantiorem fidelioremque redderent, cum ciuitate donarunt ...". Mit „Dorienses" müssen die Spartaner gemeint sein. Cotys hat freilich nie ein Heer der Athener angeführt, geschweige denn gegen Sparta.

261 *Dorienses* Diese für Er. ungewöhnliche Namensform für die Dorer übernahm er wörtlich aus dem Valerius-Maximus-Kommentar des Oliverius. In den *Adagia* verwendet Er. normalerweise „Dores" (*ASD* III, S. 435; 460; 468–470; IV, 170; V, 312; VI, 451 und 474)

oder „Dorii" bzw. „Dorius" und als Adjektiv „Doricus" (*Adag.* 1445 „Dorica Musa", *ASD* III, S. 435; VIII, S. 215) oder „Dorius" (vgl. insb. *Adag.* 1493 „A Dorio ad Phrygium", *ASD* II, 3, S. 468–470), jedoch nicht „Doriensis"; „Dorienses" für „Dores" findet sich sonst bei Iustin. II, 2, 16. In Anbetracht der Tatsache, daß Oliverius mit „Dorienses" die Spartaner gemeint haben muss, erscheint die Namensform noch kurioser: Für die Spartaner verwendete Er. normalerweise die Bezeichnung „Lacedaemonii".

262–263 *sentiens ... appellari* Er. hat seine Erklärung der des Valerius Maximus a.a.O. nachgebildet: „Aequauit (sc. Cotys seu Codrus) enim Athenis Thraciam, ne vicissitudini (vicissitudine *edd. vett.*) talis beneficii imparem (imparem se *edd. vett.*) iudicando humilius de origine sua sentire existimaretur".

Idanthyrsus, Sohn des Saulius, König der Skythen ca. 500 v. Chr., zur Zeit des Skythenfeldzuges Dareios' I. Kämpfte gegen die Perser mit einer Rückzugs- und Hinhaltetaktik. Idanthyrsus hatte die Donaubrücke im Auftrag des Dareios bauen müssen, nachdem dieser den Aufstand der Ionier niedergeschlagen hatte. Vgl. u. a. Hdt. I, 15, 103–106; IV, 11; 12; 67; VII, 20.

266–269 *Idathyrsus ... ἄδραστα* Plut. *Reg. et imp. apophth.*, Mor. 174E (Idathyrsus): Ἰδάνθυρσος (Ἰδάθυρσος *ed. Ald. 1509, p. 152*) ὁ Σκυθῶν βασιλεύς, ἐφ' ὃν διέβη Δαρεῖος, ἔπειθε τοὺς Ἰώνων τυράννους τὸ τοῦ Ἴστρου ζεῦγμα λύσαντας ἀπαλλάττεσθαι· μὴ βουληθέντας δὲ διὰ τὴν πρὸς τὸν Δαρεῖον πίστιν ἀνδράποδα χρηστὰ καὶ ἄδραστα ἐκάλει. Er. hat seinen Text nach den Übers. des Filelfo und Regio zusammengestellt; Filelfo: „Idathyrsus, rex Scytharum rex ... suasit Ionum tyrannis, vt soluto Istri iugo effugerent ac sese in libertatem vendicarent. Quod cum ... noluissent, mancipia frugi mansueta ... appellabat" (fol. ⟨k v⟩ᵛ); Regio: „Idathyrsus, Scytharum rex ... suadebat Ionum principibus, vt soluto Istri ponte sese in libertatem vindicarent. Quod quidem cum ipsi ob suam in Darium fidem facere noluissent, eos mancipia frugi ... vocabat" (fol. ⟨b iii⟩ᵛ). Vgl. Hdt. IV, 142.

266 *Darius* Darius I., der Große (549–486 v. Chr.), König der Perser.

266 *regibus* Er. übersetzt hier τυράννους mit „regibus", während Filefo a.a.O. „tyrannis" verwendet, Regio „principibus".

269 *ἄδραστα* Für ἄδραστα in Bezug auf Sklaven in der Bedeutung „nicht zum Fortlaufen geneigt" vgl. Passow I, 1, S. 36, s.v. ἄδραστος, Nr. a) und Hdt. IV, 142.

ATEAS SCYTHA

V, 40   Miles dvrvs   (Ateas, 1)

Ateas hunc in modum *scripsit Philippo:* „*Tu quidem imperas Macedonibus bellandi peritis, at ego Scythis, qui et cum fame et cum siti pugnare valeant*", significans hac parte Scythas ad bellum esse magis idoneos.

V, 41   Rex eqvvm fricans   (Ateas, 2)

Idem *quum fricaret equum suum* praesentibus *Philippi legatis, percontatus est illos, num idem faceret Philippus*, sentiens se tanto meliorem bello quam esset Philippus.

V, 42   Scytha αμουσος   (Ateas, 3)

Idem *quum Ismeniam tibicinem optimum* in bello *cepisset, iussit illum canere. At caeteris admirantibus ipse iurauit* per Ventum et Acinacen *sibi iucundius esse audire hinnitum equi.*

---

274 Ateas *A-C sec. versionem Philelphi et Plut. ed. Ald.* (Ἀτέας): Atheas *BAS LB index pers. A-C,* Anteas *versio Regii (ut in Plut. edd. recentioribus).*

280 ἄμουσος *A-C: om.* BAS.
282 Ventum *scripsi:* ventum *A-C.*

Ateas, König der Skythen (429–339 v. Chr.), verlor sein Leben und sein Reich nach der Niederlage i.J. 339 v. Chr. gegen die Makedonen unter Philipp II. Vgl. U. Peter, *DNP* 2 (1996), Sp. 149, s.v. „Ateas". In Plutarchs *Apophthegmata regum et imperatorum* findet sich nur ein einziges Ateas gewidmetes Lemma, das den Charakter des barbarischen Königs offenbaren soll. Er. splittete das Lemma in drei separate *Apophthegmata* (V, 40–42) auf.
272 *ATEAS SCYTHA* Im Index personarum hingegen ATHEAS SCYTHA.
Apophth. V, 40 datiert auf die Zeit vor 339 v. Chr., als Philipp die Skythen schlug. Ab dieser Zeit hielt Philipp ganz Thrakien sicher in Händen.
274–275 *Ateas ... valeant* Plut. *Reg. et imp. apophth.*, Mor. 174E (Ateas): Ἀντέας (Ἀτέας *ed. Ald. 1509, p. 152*) ἔγραφε πρὸς τὸν Φίλιππον, „σὺ μὲν ἄρχεις Μακεδόνων ἀνθρώποις (ἀνῶν *ed. Ald. 1509, p. 152*) μεμαθηκότων πολεμεῖν· ἐγὼ (ἐγὼ δὲ *ed. Ald. 1509, p. 152*) Σκυθῶν, οἳ καὶ λιμῷ καὶ δίψει μάχεσθαι δύνανται". Er. gestaltete den Text nach Filelfos Übers.: „Ateas ad Philippum scribens ait: Tu quidem Macedonibus imperitas, hominibus iis, qui bellandi peritiam didicerunt; ego autem Scythis, qui aduersus famem et sitim pugnare possunt" (fol. ⟨k v⟩ᵛ). Regios Übers. geht von jener des Filelfo aus und ist ihr sehr ähnlich, weist jedoch die Namensform „Anteas" auf.
274 *Philippo* Philippos II. d.Gr., König der Makedonen (geb. um 382 v. Chr.; reg. 356–336).
Apophth. V, 41 Für die Datierung von *Apophth.* V, 41 s. Komm. zu V, 40.
278–279 *quum ... Philippus* Plut. *Reg. et imp. apophth.*, Mor. 174F (Ateas): Τοὺς δὲ πρέσβεις τοῦ Φιλίππου ψήχων τὸν ἵππον ἠρώτησεν ‚εἰ τοῦτο ποιεῖ Φίλιππος'. Er.' Übers. ähnelt der des Regio: „Quum autem equum fricaret, Philippi oratores interrogauit, num id Philippus faceret" (fol. ⟨b iii⟩ʳ).
279 *sentiens ... Philippus* Er.' Erklärung stützt sich auf einen im griech. Original nicht vorhandenen, jedoch von Regio hinzugesetzen Text: „Illis vero respondentibus ‚minime', ‚Et quo', inquit, ‚modo contra me bellum mouere potest?'" (fol. ⟨b iii⟩ʳ).

280 *Scytha ἄμουσος* Der Titel weist auf Plutarchs Verwendung des Apophthegmas in *De Alexandri Magni fortuna aut virtute* II, 1, *Mor.* 334B–C hin, wo er den Skythen als negatives Exempel eines unkultivierten barbarischen Herrschers präsentiert.

281–283 *quum Ismeniam ... equi* Plut. *Reg. et imp. apophth., Mor.* 174F (Ateas): Ἰσμηνίαν δὲ τὸν ἄριστον αὐλητὴν λαβὼν αἰχμάλωτον ἐκέλευσεν αὐλῆσαι· θαυμαζόντων δὲ τῶν ἄλλων αὐτὸς ὤμοσεν ἥδιον (ἴδιον *ed. Ald. 1509, p. 152*) ἀκούειν τοῦ ἵππου χρεμετίζοντος. Vgl. Regios Übers.: „Ismeniam vero tibicinem optimum quum cepisset, tibiam inflare iussit. Et cum alii admirarentur, iurauit se hinnientem equum libentius auditurum" (fol. ⟨b iii⟩ᵛ); Plutarch erzählt dieselbe Anekdote etwas ausführlicher in *De Alexandri Magni fortuna aut virtute* II, 1, *Mor.* 334B–C und nochmals in der *Disputatio qua docetur ne suauiter quidem viui posse secundum Epicuri decreta* 13, *Mor.* 1095; sie ist auch bereits in Brusonis Sammlung d.J. 1518, vorhanden, IV, 17 („De musicis musicaque"): „Antias [sic] cum Ismeniam optimum tibicinem inflare iussit, quum alii laudarent atque admirarentur, iurauit se hinnientem equum libentius auditurum".

281 *Ismeniam* Der Aulosspieler Ismenias von Theben figuriert mehrere Male in den *Apophth.*: VI, 409; VII, 100; VIII, 62, 94 und 224; zudem ist er der Spruchspender von VIII, 94 und 224. Er tritt äußerst eigenwillig und selbstbewusst auf, überzeugt von der Erhabenheit und Einzigartigkeit seiner Kunst (vgl. Val. Max. III, 7, ext. 1). Von seinem Lehrer Antigenidas hatte er anscheinend den Rat angenommen, das Urteil des gewöhnlichen Volkes zu verachten (vgl. *Apophth.* VI, 409). Für Ismenias vgl. F. Zaminer, *DNP* 5, Sp. 137, s.v. „Ismenias", Nr. 4; H. Gossen, *RE* IX, 2 (1916), Sp. 2141, s.v. „Ismenias", Nr. 6; Plut. *Demetr.* 1, 889B; *Mor.* 334B; 632C; 1095F. Der Witz des Apophthegmas liegt in dem Zusammenprall zwischen dem abgehobenen, hochgestochenen Elitekünstler Ismenias und dem ungebildeten, grobschlächtigen Pferdemann Ateas.

282 *per Ventum et Acinacen* „per Ventum et Acinacen" ist ein gelehrter Zusatz des Er. in Bezug auf den Wortlaut skythischer Schwüre; „acinaces" ist in seiner eigentlichen, antiken Bedeutung ein Mittelding von geradem Kurzschwert und langem Dolch (ca. 40 cm), welches im ersten Jahrtausend v. Chr. von den Medern, Persern, Skythen und Griechen verwendet wurde. In den literarischen Quellen vom Mittelalter bis ins 17. Jh. wusste man nicht recht, was für eine Form und Beschaffenheit der „acinaces" hatte und schrieb ihm verschiedentlich die Form zeitgenössischer orientalischer Stichwaffen, Säbel und Schwerter, oft auch von Krummsäbeln und Krummdolchen, ja sogar Wurfspiessen (Olaus Magnus, 1555) zu. Die Tatsache, daß „Acinacen" in *A, B* und *C* mit einem Großbuchstaben gedruckt wird, deutet darauf hin, daß Er. den Schwur „Beim Acinaces" auf eine Vergöttlichung des Dolches zurückführte. Die Information bez. der Vergöttlichung des Dolches, des Windes und des skythischen Schwures bezog Er. von den Sprichwörterautoren Zenodotus und Lucian. *Tox.* 38. Vgl. *Adag.* 2182 „Adactum iusiurandum" (*ASD* II, 5, S. 149: „... [*B*] vt indicat Zenodotus, [*A*] vt si quis Graecus Scythico more iuret, „Νὴ τὸν ἀκινάκην καὶ νὴ τὸν ἄνεμον", id est *„Per Ventum et Acinacem"*. Nam per suos deos unaquaeque gens iurare consueuit"); Zenob. III, 80; Lucian. *Tox.* 38; vgl. Arnob. *Adv. nat.* VI: „Ridetis temporibus priscis Persas fluuium coluisse, ... acinacem Scythiae nationes ...";

SCILVRVS SCYTHA

V, 43   Concordia fratrvm   (Scilurus)

Scilurus octoginta liberos masculos habens quum esset moriturus, fasciculum iaculorum singulis porrexit iussitque rumpere. Id quum singuli recusassent eo, quod videretur impossibile, *ipse singula iacula exemit atque ita facile confregit omnia, filios admonens* his verbis: „*Si concordes eritis, valid*i inuictique *manebitis: contra, si dissidiis* et seditione distrahemini, *imbecilles eritis* et expugnatu faciles". Non potuit Scytha magis Scythice rem ob oculos ponere.

Skiluros, König des skythisch-taurischen Krimstaates (2. H. d. 2. Jh. v. Chr.) mit der Hauptstadt Neapolis. Vgl. U. Peter, *DNP* 11 (2001), Sp. 614 s.v. „Skiluros".

286–290 *Scilurus ... faciles* Größtenteils wörtliche Wiedergabe von Plut. *Reg. et imp. apophth., Mor.* 174F (Scilurus), wobei Er. die Übers. des Filelfo und des Regio benutzte: Σκίλουρος ὀγδοήκοντα (ὀγδοήκοντα *ed. Ald. 1509, p. 152*) παῖδας ἄρρενας ἀπολιπὼν τελευτᾶν ἔμελλε, δέσμην ἀκοντίων ἑκάστῳ προτείνων ἐκέλευσε καταθραῦσαι· πάντων δ᾽ ἀπαγορευσάντων, καθ᾽ ἓν αὐτὸς ἐξελὼν ἀκόντιον ἅπαντα ῥᾳδίως συνέκλασε· διδάσκων ἐκείνους, ὅτι συνεστῶτες ἰσχυροὶ διαμενοῦσιν (διαμενοῦσι *ed. Ald. 1509, p. 152*), ἀσθενεῖς δ᾽ ἔσονται διαλυθέντες καὶ στασιάσαντες. Dieselbe Anekdote findet sich in Plut. *De garrulitate* 17, *Mor.* 511C.

287–288 *Id ... impossibile* Er.' Übers. trifft hier nicht ganz das Richtige. Die Söhne weigerten („recusassent") sich nicht, das Speerbündel zu brechen, weil sie es für unmöglich hielten, sondern sie versuchten es sehr wohl, versagten aber bzw. gaben erschöpft auf (ἀπαγορευσάντων); für diese Bedeutung von ἀπαγορεύω vgl. Passow I, 1, S. 292, s.v.; Er.' von Plut. abweichende Wiedergabe ist der Tatsache geschuldet, daß er von Filelfos und Regios Übertragungen ausging, die beide ἀπαγορεύω nicht richtig mit „negare" übersetzt hatten, woraus sich Er.' Missverständnis ergab; vgl. Regio: „Verum singulis se id posse negantibus ..." (fol. ⟨b iii⟩ᵛ); Filelfo: „Autem singulis se posse negantibus ...".

288 *ipse ... omnia* Nachbildung von Regios Übers.: „ipse cum singula iacula excepisset, facile omnia perfregit" (fol. ⟨b iii⟩ᵛ).

GELO SYRACVSANVS

V, 44   Pietas   (Gelo, 1)

Gelo Siciliae *tyrannus debellatis apud Imeram Carthaginensibus in pacis foedere compulit illos et hoc* acceptis *conditionibus adscribere, ne* posthac *filios suos* Saturno *immolarent*. Solebat enim ea gens infantes suos *aeneae Saturni statuae* cauae et intus incensae
in sinum *ponere*, qui velut in dei complexu enecabantur. Id vt Saturno gratum puta-
rent, effecit fabula, quae narrat illum omnes vxoris filios deuorare solitum. Nam et
Iouem deuoraturus erat, nisi pro puero saxum supposuissent.

295

---

294 Imeram *A-C sec. versiones Philelphi et Regii*: Himeram *sec. Plut. textum Graecum, ut etiam in ed. Ald.*

296 solebat *LB, Lycosthenes*: solet *A-C*.

Apophth. V, 44–86 Auf die Kriegsherren Thrakiens und Skythiens folgt eine längere Sektion, welche die Apophthegmata der Tyrannen Siziliens im 4. und 5. Jh. v. Chr. zusammenfasst (V, 44–86): Gelons I. (V, 44–48), Hierons I. (V, 49–53), Dionysios' I. (V, 54–76), Dionysios' II. (V, 77–81) und Agathocles' (V, 82–84). Schließlich ist dieser Sektion auch Dion zuzurechnen, der Dionysios II. 357 v. Chr. stürzte und kurzfristig die Macht in Syrakus übernahm (V, 85–86). Obwohl Er. den „tyrannus" in der *Inst. princ. christ.* als absolutes Negativbild des Herrschers zeichnet, wertet er die sizilischen Tyrannen verschiedentlich als „Könige" („reges") auf und betont deren positive Eigenschaften, die er v.a. in den Kommentaren und Titeln, die er den einzelnen Aussprüchen beigibt, als Herrschertugenden festschreibt (vgl. jeweils Komm. unten).

Gelon I. (reg. 491–478 v. Chr.). Nach dem Tod des Tyrannen Hippokrates von Gela erhob er sich durch Usurpation zum Herren der sizilischen Städte Gela, Kamarina, Kallipolis, Leontinoi und Naxos (491); 485 ergriff er die Macht über Syrakus, das er zur prächtigen Hauptstadt seines Staates ausbaute; größter Tyrann auf Sizilien vor Dionysios I.; schlug bei Himera die Karthager unter Hamilkar i.J. 480 vernichtend, wodurch er sie aus ganz Sizilien vertrieb. Vererbte seinem jüngeren Bruder Hieron einen gut organisierten, wirtschaftlich florierenden und militärisch starken Tyrannenstaat. Vgl. A. Bolz, *Gelon von Gela. Erster Herrscher Siziliens*, Lüneburg 1994; K. Meister, *DNP* 4 (1998), Sp. 898–899, s.v. „Gelon";

L. Braccesi, *I tiranni di Sicilia*, Rom-Bari 1998; H. Berve, *Die Tyrannis bei den Griechen*, 2 Bde., München 1967.

Wie aus dem ersten, Gelon gewidmeten Apophthegma hervorgeht, bezeichnet Er. ihn als „tyrannus", verleiht ihm also jenen Titel, mit dem er in der *Inst. princ. christ.* den Typus des verwerflichen Herrschers schlechthin brandmarkt: den egoistischen Wüterich, Ausbeuter des Volkes und „Räuber". Demgegenüber zeigen die fünf folgenden *Apophth.* Gelon als klugen (V, 45–46; Gelo, 2–3) und realistischen (V, 48; Gelo, 5) Herrscher, der nützliche Tätigkeiten wie den Landbau fördert (V, 45; Gelo, 2); der auch die Habenseite des Volkes respektiert, indem er zum Zweck des Kriegsführung nicht einfach Geld eintreibt, sondern dieses nur entlehnt und zurückzahlt (V, 46; Gelo, 3); der quasi-christliche Grundsätze zu respektieren scheint, indem er den Karthagern ihre grausamen Menschen- bzw. Kindesopfer verbietet. Er. interpretiert die letzte Handlung in der Tat als „Frömmigkeit" („pietas"). Religiöse „pietas" schreibt Er. in den *Apophthegmata* sonst nur selten seinen Spruch-Spendern zu (etwa dem thebanischen General Epaminondas, vgl. unten V, 220ff.). Gelon eignet sich für Er.' in der *Inst. princ. christ.* immer wieder angewendete *ex-minore-ad-maiorem*-Argumentation: Im positiven Gegensatz zu manchen christlichen, zeitgenössischen Herrschern widmet sich Gelon nicht lächerlichen Freizeitgestaltungen, sondern der seriösen Regierungskunst („Artes regiae", V, 47; Gelo, 4). Trotz allem schreibt Er. Gelon nicht jenen Altruismus zu, der in der

Inst. princ. christ. den „princeps Christianus" kennzeichnet.

Apophth. V, 44ff. In den Basler Ausgaben wurden die Apophthegmata der orientalischen Könige in einer durchgehenden Zählung zusammengefasst; bei den griechischen Tyrannen, Königen und Diadochen fangen jedoch jeweils neue Zählungen an, die sich meist auf eine bestimmte Herrschergestalt beschränken. Demnach hätte bei Gelon eine neue Zählung anfangen müssen. Wohl irrtümlich wurde Gelon jedoch den oriental. Königen zugezählt, während mit Gelons Bruder Hieron eine neue Zählung anfängt.

Apophth. V, 44 Der hier angesprochene Friedensvertrag datiert auf die unmittelbare Folgezeit der Schlacht von Himera i. J. 480 v. Chr., in der Gelon die Karthager endgültig besiegte und aus Sizilien vertrieb. In V, 44 führt Er. Gelon als eine der großen Rettergestalten des Abendlandes vor, die über eine bedrohliche fremdländische Kultur, die von barbarischen Gebräuchen wie der rituellen Ermordung von Kindern gekennzeichnet wird, triumphieren. In diesem Sinn ist auch der Titel „Pietas" zu verstehen: Er. meint damit die christliche Frömmigkeit, die Menschopfer kategorisch ablehnt. Nach antikem Denken wäre Gelons Handlungsweise eher als „impietas" einzustufen, insofern sie Verpflichtungen gegenüber den Göttern entgegenwirkt. V, 44 stellt kein Apophthegma im eigentlichen Sinn, sondern ein *exemplum* dar, das Er. freilich, wie auch in anderen Fällen, dennoch in seine Sammlung aufnimmt.

294–296 *Gelo ... immolarent* Größtenteils wörtliche Wiedergabe von Plut. *Reg. et imp. apophth., Mor.* 175A (Gelo, 1): Γέλων ὁ τύραννος, ὅτε Καρχηδονίους πρὸς Ἱμέρᾳ (Ἱμέραν ed. Ald. 1509, p. 152) κατεπολέμησεν, εἰρήνην ποιούμενος πρὸς αὐτοὺς ἠνάγκασεν ἐγγράψαι ταῖς ὁμολογίαις ὅτι καὶ τὰ τέκνα παύσονται τῷ Κρόνῳ καταθύοντες. Er. hat in V, 44 wohl auch den griech. Originaltext herangezogen. Filelfos und Regios Übers. weisen die verderbte Namensform „Selon" auf; Filelfo (fol. ⟨k V⟩ᵛ) verstand nicht, daß es um Menschenopfer ging. Dasselbe *exemplum* Gelons mit teilweise identischem Wortlaut (ὅτι παύσονται τὰ τέκνα τῷ Κρόνῳ καταθύοντες) findet sich auch in Plut. *De sera numinis vindicta* 5, *Mor.* 552A:

Γέλων δὲ καὶ προπολεμήσας ἄριστα καὶ κρατήσας μάχῃ μεγάλῃ Καρχηδονίων, οὐ πρότερον εἰρήνην ἐποιήσατο πρὸς αὐτοὺς δεομένους ἢ καὶ τοῦτο ταῖς συνθήκαις περιλαβεῖν, ὅτι παύσονται τὰ τέκνα τῷ Κρόνῳ καταθύοντες.

294 *Imeram* In der Wiedergabe des Stadtnamens übernimmt Er. die Schreibweise Regios (fol. ⟨b iii⟩ᵛ) und Filelfos (a.a.O.), während die von ihm benutzte Aldus-Ausgabe des griech. Textes „Himeram" aufwies.

295–296 *ne ... immolarent* Vgl. Regios Übers.: „quod ab imolandis [sic] Saturno filiis desisterent" (fol. ⟨b iii⟩ᵛ).

296–297 *solebat ... enecabantur* Mit Kronos, von Er. richtig mit Saturnus übersetzt, meint Plutarch den Hauptgott der karthagischen Religion, Ba'al Hammon. Von Kinderopfern für Ba'al Hammon berichten u.a. Diod. XX, 14 und Plut. an vorl. Stelle; vgl. auch Tert. *De spect.* 9 und Aug. *Civ.* VII, 19. Für Kinderopfer in der karthagischen Religion siehe S.S. Brown, *Late Carthaginian Child Sacrifice and Sacrificial Monuments in their Mediterranean Context*, Sheffield 1991; L. Stager und S.R. Wolff, „Child sacrifice in Carthage: religious rite or population control?", *Journal of Biblical Archeological Review* (1984), S. 31–46 und L. Stager, „The Rite of Child Sacrifice at Carthage", in: J.G. Pedley (Hrsg.), *New Light on Ancient Carthage*, Michigan 1980. Er. hat seine erläuternde Beschreibung der rituellen Verbrennung von Kindern in einer Bronzestatue Ba'al Hammons aus Diod. XX, 14 bezogen: Diese Bronzestatue hatte nach Diodor leicht nach oben angewinkelte, nach vorne ausgestreckte Arme; auf diese wurde der eingewickelte Kinderleib gelegt. Er rollte dann von selbst nach hinten zum Bauch der Statue, die eine große Öffnung aufwies, und fiel in diese hinein. Im hohlen Leib der Statue verbrannte das Kind.

297–299 *Saturno ... supposuissent* Seit Hesiod wurde die mythol. Erzählung überliefert, daß Kronos/Saturn aufgrund der Prophezeiung, er werde dereinst von seinem eigenen Sohn vom Thron gestürzt werden, alle seine männlichen Kinder auffraß. Seine Gattin Rhea/Ops gab ihm jedoch statt des Sohnes Zeus/Jupiter einen Stein zum Verzehr; Zeus überlebte, wurde auf Kreta von Nymphen aufgezogen und vertrieb schließlich seinen Vater.

300 V, 45 AGRICVLTVRA MILITARIS (Gelo, 2)

Idem *Syracusanos frequenter* ad agriculturam *educere solet*, sed non aliter instructos *quam si ad bellum irent, quo simul et agri meliores redderentur cultura nec ipsi deteriores fierent ocio*. Et hoc strategema dici meretur potius quam apophthegma.

V, 46 SOLERTER (Gelo, 3)

305 *Exigebat pecuniam a suis ciuibus, quos vbi videret tumultuantes, ait se petere mutuo, quippe redditurum.* Ita volentes dederunt, *atque ille peracto bello reddidit*. Hoc artificio perfecit, vt pecunia non deesset ad bellum necessaria, nec ciues haberet minus beneuolos.

V, 47 ARTES REGIAE (Gelo, 4)

310 *In conuiuio quum lyra circumferretur* caeterique ordine *canerent* (nam id apud Graecos honestum habebatur), *ipse equum iussit induci in conuiuium facileque ac leuiter* in illum *insiluit*, significans hoc esse regalius quam lyra canere.

V, 48 (Gelo, 5)

Quum Athenienses conditiones pacis a Gelone delatas recusarent multaque de suae
315 gentis antiquitate praestantiaque iactarent, *Gelo respondit* oratori: „*Hospes Atheniensis, apud vos qui praesint, habetis; qui subsint, non habetis. Proinde quando totum retinere mauultis quam partem cedere, quam ocyssime hinc abite renunciaturi Graeciae ver*

---

303 strategema *C*: stratagema *A B LB*.

312 insiluit *scripsi (cf. versionem Regii)*: insiliit *A-C*.

Apophth. V, 45 (ein „strategema") datiert auf die Zeit nach der Machtergreifung des Gelon in Syrakus i.J. 485 v. Chr.

301–303 *Syracusanos ... ocio* Plut. *Reg. et imp. apophth., Mor.* 175A (Gelo, 2): Ἐξῆγε (πολλάκις ins. ed. Ald. *1509, p. 152*) δὲ τοὺς Συρακουσίους πολλάκις ὡς ἐπὶ στρατείαν (καὶ ins. ed. Ald. *1509, p. 152*) εἰς φυτείαν, ὅπως ἥ τε χώρα βελτίων γένηται γεωργουμένη καὶ μὴ χείρονες αὐτοὶ σχολάζοντες.

302–303 *quo ... ocio* Den zweiten Satzteil gestaltete Er. nach Filelfos Übers.: „quo et ager melior cultu redderetur et ne ipsi per otium deteriores fierent" (fol. ⟨k v⟩ᵛ).

303 *strategema* Obwohl Er. dem Lemma den Apophthegma-Status abspricht, nimmt er es in seine Sammlung – wie auch in anderen Fällen – auf (vgl. Einleitung). Daß er es als „strategema" bezeichnet, hat hier einen besonderen Sinn, weil der Witz der Sache ist, daß Gelon Landbau *wie eine militärische Operation* betrieben haben soll. Letztes ist nicht leicht zu verstehen. Wie aus der *Inst. princ. christ.* hervorgeht, erachtete es Er. für wichtig, daß der Fürst die Bedeutung des Landbaus verstehe und diesen fördere. Jedoch besitzt Gelons Förderung des Landbaus extreme, radikale Züge: Er soll eine zentrale Steuerung betrieben haben, die an die landwirtschaftlichen Praktiken des Arbeitseinsatzes im Landbau kommunistischer Regimes erinnert. Gelon soll den landwirtschaftl. Arbeitseinsatz seiner Untertanen eingefordert, die Organisation auf sich genommen und sich selbst

als Anführer der jeweiligen Kampagne eingebracht haben. Es ist nicht ganz klar, wie dies mit der konkreten historischen Situation in Syrakus, 485–478, zu verbinden ist. Daß sich Gelon regelmäßig an die Spitze einer großen Gruppe von Bauern, Arbeitern oder Sklaven gestellt habe, um z. B. das Pflügen des Ackerlandes voranzutreiben, erscheint nicht plausibel. Gelon stützte sich nicht auf die unteren Klassen, sondern immer auf die Oberschicht. Möglicherweise hat Plutarch eine bestimmte historische Situation ‚moralisch' uminterpretiert: Bei seiner Machtergreifung i.J. 485 hatte Gelon Syrakusaner Bürger ‚aufs Land geführt', insofern er die Eigentümer der landwirtschaftlichen Betriebe, d.h. die oligarchischen Grundbesitzer des Staates von Syrakus (Gamoroi/ Geomoroi), die von der armen Stadtbevölkerung vertrieben worden waren, mit militärischer Gewalt auf ihre Güter zurückführte.

305–306 *Exigebat ... reddidit* Plut. *Reg. et imp. apophth.*, *Mor.* 175A (Gelo, 3): Αἰτῶν δὲ χρήματα τοὺς πολίτας, ἐπεὶ ἐθορύβησαν, αἰτεῖν εἶπεν ὡς ἀποδώσων, καὶ ἀπέδωκε μετὰ τὸν πόλεμον. Er. benutzte Regios Übers., die er variierte (fol. ⟨b iii⟩ᵛ).

306–307 *artificio* Bei *Apophth.* V, 45 handelt es sich eher um eine List (*strategema*) denn ein *apophthegma*. In diesem Sinn bezeichnet es Er. unten als „artificium" (vgl. Einleitung).

Bei *Apophth.* V, 47 handelt es sich wiederum um kein Apophthegma im eigentlichen Sinn, sondern um eine symbolische Handlung. Plutarch ging davon aus, daß seine Leser sie ohne weitere Erklärung erkennen würden, Er. jedoch nicht. Er. erklärte seinen Lesern zum einen, was das für sie kulturfremde Herumreichen der Leier, zum anderen, was das surrealistische anmutende Hereinführen eines Pferdes in den Speisesaal bedeutete. Zur Ablehnung der Musik als einer Kunst, die sich für Fürsten zieme, vgl. V, 120 (mit Komm.); der Titel von V, 47 spiegelt jenen von IV, 32 „Artes rege indignae" wieder. Dort tadelt Philipp von Makedonien seinen Sohn Alexander für seinen kunstvollen Gesang, vgl. *ASD* IV, 4, S. 293 (Philippus Macedo, 32): „Philippus quum audisset filium suum quodam loco scite cecinisse, ciuiliter obiurgauit dicens: ‚Non te tui pudet, qui noris tam belle canere?', significans alias artes esse rege digniore"; vgl. weiter die *Apophth.* der spartan. Könige in I, 142 (*ASD* IV, 2, S. 93, Archidamus, 42) und 224 (*ASD* IV, 4, S. 116, Cleomenes, 24). Die kontrastierende Gegenüberstellung von Musik und fürstlicher Reitkunst/ Pferdekultur findet sich mehrfach in den *Apophthegmata*; vgl. oben V, 42, wo der Skythenkönig Ateas sagt, daß ihm das Wiehern seines Pferdes süßer in den Ohren klinge als das Flötenspiel des weitberühmten Auleten Ismenias.

310–312 *In ... insiluit* Plut. *Reg. et imp. apophth.*, *Mor.* 175B (Gelo, 4). Er. gab im Wesentlichen Regios Übers. wieder: „in conuiuio cum lyra circumferretur et alii deinceps apte et pulsarent et canerent, ipse in equum introduci iussum facile agiliterque insiluit" (fol. ⟨b iii⟩ᵛ-⟨b iiii⟩ʳ). Vgl. den griech. Text: Ἐν δὲ συμποσίῳ λύρας περιφερομένης, ἁρμοζομένων τῶν ἄλλων ἐφεξῆς καὶ ᾀδόντων, αὐτὸς τὸν ἵππον εἰσαγαγεῖν κελεύσας ἐλαφρῶς καὶ ῥᾳδίως ἀνεπήδησεν (ἀντεπήδησεν ed. *Ald. 1509, p. 152*) ἐπ' αὐτόν.

Apophth. V, 48 Dem fünften Apophthegma Gelons fehlt in den Basler Ausgaben ein eigener Titel. Da Er. das nämliche Apophthegma auch als *Adagium* konstruiert hat (*Adag.* 3460, *ASD* II, 7, S. 274), war im Grunde schon ein Titel vorhanden: „Ver ex anno tollere". In ähnlichen Fällen hat Er. in den *Apophthegmata* den *Adagia*-Titel verwendet. Im Jahr 480 v. Chr. erbaten die Athener und andere griechische Stadtstaaten von Gelon militärische Unterstützung gegen die heranrückenden Perser. Die Griechen waren jedoch nicht bereit, Gelons Bedingung für die von ihm in Aussicht gestellte massive Unterstützung, nämlich die Übertragung des Oberbefehls, zu erfüllen und reisten unverrichteter Dinge zurück. Zu der Gesamtdarstellung der Ereignisse vgl. Hdt. VII, 158–164.

314–315 *multaque ... iactarent* Hdt. VII, 161. Dort erteilt der athenische Gesandte dem Gelon in einer Rede eine Abfuhr. Er. fasst lediglich das Resultat der Rede zusammen.

315–318 *Gelo ... exaruisse* Hdt. VII, 162: ἀμείβετο Γέλων τοῖσιδε. ‚ξεῖνε Ἀθηναῖε, ὑμεῖς οἴκατε τοὺς μὲν ἄρχοντας ἔχειν, τοὺς δὲ ἀρχομένους οὐκ ἕξειν. ἐπεὶ τοίνυν οὐδὲν ὑπιέντες ἔχειν τὸ πᾶν ἐθέλετε, οὐκ ἂν φθάνοιτε τὴν ταχίστην ὀπίσω ἀπαλλασσόμενοι καὶ ἀγγέλλοντες τῇ Ἑλλάδι ὅτι ἐκ τοῦ ἐνιαυτοῦ τὸ ἔαρ αὐτῇ ἐξαραίρηται'. Zur Erstellung seines Textes benutzte Er. Vallas Übers.: „His Gelon ista respondit: ‚Hospes Atheniensis, vos qui praesint, habere videmini; quibus praesint nequaquam; Quocirca cum nihil cedentes totum obtinere velitis, quam celerrime hinc retro abscedatis renunciaturi Graeciae ver ex anno illi exemptum esse" (ed. Gronovius, Leiden 1715, S. 433–434).

317–318 *ver illi ex anno exaruisse* Vgl. *Adag.* 3460 „Ver ex anno tollere" (*ASD* II, 7, S. 274).

illi ex anno exaruisse", significans optimam ac florentissimam copiarum partem illis defuturam. Suum enim exercitum veris nomine signauit.

HIERON

V, 49   GARRVLI   (Hieron, 1)

Hieron, qui Geloni successit in regnum, *neminem, qui libere apud se loqueretur, importunum* aut molestum *esse dicebat.* Caeterum *qui arcanum efferrent, eos existimabat etiam illos laedere, apud quos effutirent, eo quod odimus non solum eos, qui efferunt, verum etiam illos, qui audierunt, quae nollemus* illis audita esse.

V, 50   PVDICITIA   (Hieron, 2)

Quidam exprobrabat illi oris graueolentiam. At ille cum vxore expostulauit, quod id sibi nunquam indicasset. Tum illa „Putabam", inquit, „viros omnes ad eundem olere modum". Eximium pudicitiae argumentum, quae nulli viro tam vicina fuerit, vt oris halitum sentire posset, praeterquam vni marito.

---

322 libere apud se loqueretur *A-C*: apud se libere loqueretur *LB*.

324 eos *transposui*: illos *A-C*.
325 illos *transposui*: eos *A-C*.

318 *illi* i.e. Graeciae.
318–319 *significans ... signauit* Er.' Erklärung der Bedeutung des Spruches stützt sich in vorl. Fall auf die Auslegung in Hdt. VII, 162, die in den neueren Edd. als Glosse athetiert wird: „Der Sinn dieses Wortes ist aber der: Wie der Frühling offenbar die beste Jahreszeit bedeutet, so ist im Griechenheer der beste Teil sein eigenes Heer (d.h. jenes Gelons). Wenn Griechenland seine Bundeshilfe verliert, so verglich er den Verlust damit, daß der Frühling in dem nämlichen Jahr nicht stattfindet" (nach J. Feix, mit Adaptierungen). In *Adag.* 3460, *ASD* II, 7, S. 274, gibt Er. diese Erklärung wie folgt wieder: „*Ver ipsis ex anno sublatum esse*, videlicet illud subindicans suum exercitum praecipuum esse Graeciae florem ac robur, qui si deesset, defuturum illi, quod esset praecipuum. Ver enim anni praecipua pars est"; vgl. Vallas Übers. von Hdt. VII, 162, der die Glosse als authentisch von Herodot stammend auffaßte: „Cuius dicti sensus hic est, quem vult dicere: constat enim probatissimam anni partem esse ver; talem esse suum exercitum in exercitu Graecorum. Igitur si Graecia priuaretur sua societate, quasi quoddam ver ex anno sublatum esse coniectabat" (ed. Gronovius, Leiden 1715, S. 434).
Die nächste Sektion (V, 49–53) ist dem Nachfolger Gelons I., dessen jüngerem Bruder **Hieron I.**, gewidmet, dem Herrn von Syrakus und des sizilianischen Tyrannenstaates (478–467 v. Chr.). Nachdem er die Etrusker und Karthager bei Cumae (474 v. Chr.) besiegt hatte, war er Herr fast ganz Siziliens. Vgl. K. Meister, *DNP* 5 (1998), Sp. 543–544, s.v. „Hieron". Für die Hieron-Sektion gilt ähnlich wie für die Gelon-Sequenz, daß Er. aus seiner Sicht positive Züge des Herrschers betont: Hierons Zugeständnis der freien Rede (V, 49; 53), sein korrektes, nachsichtiges Verhalten gegenüber seinen Untertanen (V, 49), seinen Gerechtigkeitssinn (V, 49) sowie seine Keuschheit und jene seiner Gattin (V, 50 und 52). In diesem Fall bezeichnet Er. Hieron I. auffälligerweise niemals als „tyrannus", sondern als „König" (vgl. V, 52 „rex"). Er.' positives Hieron-Bild wird allerdings dadurch getrübt, daß dieser in V, 53 als grausamer Schlächter erscheint, der sogar die Leute aus seiner nächsten Umgebung ermor-

det, und in V, 52 als Unterdrücker der Redefreiheit, der dem Komödiendichter Epicharmos eine Strafe auferlegt, weil er sich in Anwesenheit seiner Frau allzu freizügig geäußert hatte. In V, 73 verwechselt Er. Gelon I. mit Hieron I., was jedoch auf ein Überlieferungsproblem des Valerius-Maximus-Textes zurückzuführen ist (vgl. Komm. *ad loc.*).

Apophth. V, 49 Hier fängt in *A, B* und *C* unvermittelt eine neue Zählung an. Ab Hieron I. findet in den Baselausgaben (im fünften Buch) die Zählung meist pro Herrschergestalt statt, während die Aussprüche der orientalischen Herrscher als Block durchgezählt wurden.

In *Apophth.* V, 49 hat Er. zwei Hieron-Apophthegmata des Plutarch, die nicht zusammengehören (Hieron, 1 und 2), zu einem Lemma zusammengelegt. In Hieron, 1 erscheint der Tyrann als Verfechter der Redefreiheit, während er in Hieron, 2 Leuten, die zuviel reden, den Mund schnüren möchte.

322–323 *Hieron ... esse* Plut. *Reg. et imp. apophth., Mor.* 175B (Hieron, 1): Ἱέρων ὁ μετὰ Γέλωνα τύραννος ἔλεγε μηδένα τῶν παρρησιαζομένων πρὸς αὐτὸν ἄκαιρον εἶναι. (Hieron, 2): Τοὺς δ᾽ ἀπόρρητον λόγον ἐκφέροντας ἀδικεῖν ᾤετο καὶ τοὺς πρὸς (καὶ πρὸς *ed. Ald. 1509, p. 152*) οὓς ἐκφέρουσι· μισοῦμεν γὰρ οὐ μόνον τοὺς ἐκφέροντας ἀλλὰ καὶ τοὺς ἀκούσαντας ἃ μὴ βουλόμεθα.

322 *successit in regnum* Die Thronfolge fand 478 v. Chr. statt; Er. bezeichnet Hieron I. als Nachfolger im „Königreich" („regnum"), während Filelfo (fol. ⟨k v⟩ᵛ) und Regio (fol. ⟨b iiii⟩ʳ) ihn „tyrannus" nennen (wie Plutarch a.a.O.: ὁ μετὰ Γέλωνα τύραννος).

323–325 *qui arcanum ... audita esse* Er. bearbeitete in diesem Teil die Übers. des Regio („Sed qui sermonem arcanum efferrent, iniuria afficere putabat etiam eos, quibus reuelassent. Odio nanque habemus non eos solum, qui efferunt, sed etiam eos, qui quae nolumus, audierint", fol. ⟨b iiii⟩ʳ) und des Filelfo: „Qui autem secretum verbum occultumque efferrent, iniuria afficere etiam illos existimabat, ad quos efferrent. Odimus enim non efferentis modo, verum etiam audientis, quae nolumus" (fol. k ⟨vi⟩ʳ).

324–325 *eos ... illos* Wenn der Text so bestehen bliebe wie in *A, B, C, BAS* überliefert, müsste „illis" unbedingt getilgt werden; „illis" wäre unhaltbar schon wegen des unmittelbar vorhergehenden „eis" für dieselbe Personengruppe, außerdem wegen der ebenfalls unmittelbar vorhergehenden Verwendung von „illos" für die davon abgehobene Personengruppe, nml. die Ausplauderer von Geheimnissen („illos, qui efferunt").

325 *audita esse* „audita esse" ist ein erklärender Zusatz des Er., der überflüssig ist und etwas unbeholfen wirkt. Er fehlt in Regios eleganterer Übers. ebenso wie in dem Neudruck von Er.' Apophthegma bei Lycosthenes (S. 1004–1005, „De silentio et taciturnitate"): „Odimus enim non solum eos, qui effutierint, verum eos etiam, qui quae nolumus audierint".

327–329 *Quidam ... modum* Plut. *Reg. et imp. apophth., Mor.* 175B–C (Hieron, 3): Λοιδορηθεὶς δὲ ὑπό τινος εἰς τὴν δυσωδίαν τοῦ στόματος ᾐτιᾶτο τὴν γυναῖκα μηδέποτε περὶ τούτου φράσασαν· ἡ δ᾽ εἶπεν ᾤμην γὰρ τοιοῦτον ἅπαντας τοὺς ἄνδρας ὄζειν". Dasselbe Apophthegma findet sich in Plutarchs Schrift *Quo pacto quis efficiat vt ex inimicis capiat vtilitatem* 7 (*Mor.* 86B–92F), die Er. selbst übersetzte und zuerst 1514 bei Froben herausbrachte; dort fungiert der Spruch als Beleg, daß man negative Eigenschaften bei geliebten Personen nicht wahrnimmt, jedoch um so mehr bei Feinden: „Quandoquidem pleraque magis intelligit inimicus quam amicus, propterea quod amor cecutiat in re amata, velut inquit Plato: Porro odio coniuncta est tum curiositas tum garrulitas. Cum Hieroni fetor oris ab inimico quodam opprobatus esset, domum reuersus obiurgauit vxorem, ‚Quid ais?', inquiens, ‚Hoc vicium ne tu quidem mihi indicasti?'. At illa cum esset pudica et simplex, ‚Putabam', inquit, ‚omnes viros ad eundem modum olere'" (*ASD* IV, 2, S. 180; ed. Froben 1514, fol. 25ᵛ). Das Apophthegma wird von Stobaeus V, 83 (Meineke I, 132) der Gattin von Hierons Bruder Gelon zugeschrieben; in *Apophth.* VIII, 64 schrieb Er. die Anekdote Duillius, einem römischen Feldherrn aus der Zeit des ersten Punischen Krieges, und seiner Frau zu (Hieron. *Adv. Iov.* I, 46, *PL* XXIII, 287D–288A; vgl. Komm. *CWE* 38, S. 471). In V, 83 weist Er. darauf hin, daß der Spruch auch der Gattin einer anderen Person zugeteilt wurde.

328–329 *Putabam ... modum* Er. wiederholt den Wortlaut des Spruches selbst aus seiner Übers. Plutarchs *Quo pacto quis efficiat vt ex inimicis capiat vtilitatem* 7, *Mor.* 86B–92F (*ASD* IV, 2, S. 180).

V, 51   CARPTORES ALIENAE FAMAE   (Hieron, 3)

Xenophani Colophonio de paupertate sua *querenti, quod aegre duos aleret famulos, "At Homerus"*, inquit, *"quem tu carpis, etiam mortuus alit plus quam decem hominum milia*, et tu, qui vis illo videri doctior, viuus non alis duos?".* Erant illis quoque temporibus, qui carpendis illustrium virorum operibus gloriam aucuparentur.

V, 52   CASTE   (Hieron, 4)

Idem Epicharmo comico poetae, quod praesente ipsius vxore dixisset quiddam inhonestum, mulctam dixit. Epicharmus Siculus erat – iuxta regionis naturam – plurimi ioci. At rex tantum iudicauit esse tribuendum reuerentiae coniugio, vt crimen existimaret, audiente vxore iocari lasciuius.

---

334 viuus *correxi*: vnus A-C BAS LB.

331 *Carptores alienae famae* Er. leitete den Titel aus dem erklärenden Zusatz, den er dem Apophthegma hinzufügte ("Erant illis ... aucuparentur"), ab. Das Apophthegma ist ein Gegenstück zu *Adag.* 1408 "Zoili" (*ASD* II, 3, S. 410), das von den Kritikastern der größten Dichter, Homer und Vergil, den Homeromastiges und Vergiliomastiges, handelt. Dort präsentiert Er. ein fast identisches Apophthegma, das er allerdings Ptolemaios I. Soter in den Mund legt, der den Homerkritikaster Zoilos zurechtweist: „Ibi Ptolemaeus ait se mirari, cum Homerus tot annos defunctus tot hominum millia pasceret, Zoilum egere Homero doctiorem". Vgl. Vitr. VII, praef. 8–9.

332–334 *Xenophani ... milia* Plut. *Reg. et imp. apophth., Mor.* 175C (Hieron, 4): Πρὸς δὲ Ξενοφάνην τὸν Κολοφώνιον εἰπόντα μόλις οἰκέτας δύο τρέφειν „ἀλλ' Ὅμηρος", εἶπεν, „ὃν σὺ διασύρεις, πλείονας ἢ μυρίους τρέφει τεθνηκώς". Er. benutzte für seine Textwiedergabe die Übers. des Regius, die er variierte: „Ad Xenophanem vero Colophonium conquerentem vix duos ab se famulos nutriri posse, ,At Homerus', inquit, ,cui tu detrahis, plus quam decem milia hominum alit vel mortuus'" (fol. ⟨b iiii⟩ʳ); derselbe Spruch findet sich weiter in Maximus *Serm.* 17, welche Er. allerdings in vorl. Apophth. nicht als Textvorlage benutzte.

332 *Xenophani Colophonio* Der vorsokratische Naturphilosoph **Xenophanes von Kolophon** (ca. 570–ca. 470 v. Chr.), der aus dem ionischen Kleinasien stammte, wurde in jungen Jahren aus seiner Heimatstadt vertrieben und führte seitdem das Wanderleben eines Rhapsoden, der die Epen Homers vortrug. Damit hängt zusammen, daß er seine philosophischen Gedanken stets in der Form metrischer Gedichte gestaltete. Im Rahmen seiner Homervorträge kritisierte er die traditionellen anthropomorphen Göttervorstellungen, wie sie in Homers Epen und bei Hesiod vorhanden waren, mit rationalistischen Argumenten. Von ihm stammt u. a. das Argument, daß nicht die Götter den Menschen, sondern umgekehrt die Menschen die Götter erschaffen hätten: Wenn die Pferde Götter hätten, sähen diese aus wie Pferde. Zu Xenophanes' rationalistischer Götterkritik vgl. u. a. Ch. Schäfer, *Xenophanes von Kolophon. Ein Vorsokratiker zwischen Mythos und Philosophie*, Stuttgart-Leipzig 1986 (2. Aufl. 1996); E. Heitsch, *Xenophanes und die Anfänge kritischen Denkens*, Mainz 1994; H. Westermann, „Religiöse und doppelte Poesie. Götterkritik und Gottesbegriff bei Xenophanes und im Kulturentstehungsmythos des Sisyphos (DK 88, B 25)", in: G. Löhrer – Ch. Strub-H. Westermann (Hrsg.), *Philosophische Anthropologie und Lebenskunst – Rainer Marten in der Diskussion*, München 2005, S. 81–89. Er. widmete Xenophanes eine Sektion im Buch der Philosophen, *Apophthegmata* VII, 365–366. Ein weiteres Apophthegma des Xenophanes bringt Er. im fünften Buch (V, 95), wobei er Xenophanes von Kolophon allerdings mit einem vermeintlichen Bruder des Ptolemaios I. Soter verwechselt (vgl. unten Komm. ad loc.).

332 *de paupertate sua* „de paupertate sua" ist ein Zusatz des Er., der zu einer etwas unglücklichen syntaktischen Verdopplung führt.

334–335 *et tu ... aucuparentur* Erklärende Zusätze des Er. unterschiedlicher Art. „Qui vis illo videri doctior" ist überflüssig, weil es im Grunde nur eine Verdopplung des „quem tu carpis" darstellt; das zweite Segment „et tu ... viuus non alis duos" verleiht dem Apophthegma jedoch mehr Schärfe. Bei der Übertragung von der Handschrift in den Druck hat sich allerdings ein Fehler eingeschlichen, der später von Er. (bzw. den Lektoren) nicht bemerkt wurde: „vnus" statt „viuus", wie es, als Gegensatz zu „mortuus", von Er. zweifellos beabsichtigt war. Die dritte Erklärung ist eine literatur- und kulturgeschichtliche Anmerkung, die sich auf das Phänomen der Homeromastiges und Vergiliomastiges bezieht. Vgl. dazu *Adag.* 1408 „Zoili" (*ASD* II, 3, S. 410). Der Zusatz „quoque" streut zusätzlich eine Prise erasmischer Zeitkritik hinein: Er. gibt implizit zu verstehen, daß gerade die Gegenwart unter Kritikastern als Trittbrettfahrern des Ruhmes leide.

Apophth. V, 52 stellt kein Apophthegma im eigentlichen Sinn dar, sondern ein Exemplum.

337–338 *Idem ... dixit* Plut. *Reg. et imp. apophth.*, *Mor.* 175C (Hieron, 5): Ἐπίχαρμον δὲ τὸν κωμῳδοποιόν (κωμῳδοποιὸν *ed. Ald. 1509, p. 152*), ὅτι τῆς γυναικὸς αὐτοῦ παρούσης εἶπέ τι τῶν ἀπρεπῶν, ἐζημίωσε.

337 *Epicharmo* **Epicharmos** (um 530-um 440 v. Chr.) aus Sizilien (Geburtsort unsicher, vielleicht auf Kos), frühester Dichter der dorischen (= sizilianischen) Komödie, der die Entwicklung der attischen Komödie stark beeinflusste. Epicharmos soll sich ab ca. 484 in Syrakus aufgehalten haben. Nach Aristoteles' *Ars poetica* war er gemeinsam mit Phormis der Erfinder der Komödie. Er soll etwa 50 Komödien im sizilianischen Dialekt verfasst haben, von denen jedoch nur Fragmente erhalten sind (ed. Kaibel; R. Kassel – C. Austin, in *Poetae Comici Graeci* [2001]; L. Rodríguez-Noriega Guillén, *Epicarmo de Siracusa. Testimonios y Fragmentos. Edición crítica bilingüe*, Oviedo 1996). Die Komödien des Epicharmos sind burlesk, mimenähnlich, voll von derben Witzen und satirischen Dialogen, weisen jedoch auch philosophische Sentenzen auf. Vgl. H.-G Nesselrath, *DNP* 3 (1997), Sp. 1093–1094, s.v. „Epicharmos". Er. erwähnt und zitiert Epicharmos in den *Adagia* häufig (u.a. *ASD* II, 1, S. 148, 240, 282; II, 2, S. 46, 164; II, 3, S. 40, 68, 414; II, 4, S. 54, 116, 186, 274; II, 5, S. 82, 216, 246, 335; II, 6, S. 452; II, 8, S. 65, 86, 92, 94, 253, 254). Er präsentiert ihn u.a. als Urheber von *Adag.* 33 „Manus manum fricat" (*ASD* II, 1, S. 148; *frgm.* 273 Kaibel), 1758 (*ASD* II, 4, S. 186) und *Adag.* 2077 „Cucurbita sanior" (II, 5, S. 82).

337–338 *quod ... mulctam dixit* Vgl. die fast gleichlautende Übers. Regios: „quod praesente sua uxore quiddam tacendum dixisset, mulctauit" (fol. ⟨b iiii⟩ʳ).

338 *Siculus ... plurimi ioci* Vgl. *Adag.* 1310 „Siculae nugae...", *ASD* II, 3, S. 324–327; 324: „Siculae nugae prouerbio dicuntur res leuiculae"; dort vermeldet Er. in diesem Zusammenhang den Komödiendichter Epicharmos, S. 326: „Porro Siculorum dicacitas nota est veterum literis. Nam Siculus fuit Epicharmus ...". Einen witzigen Vers des Epicharmos aus dem Ps.Platonischen Axiochos kommentiert Er. wie folgt: „Sententia digna tum homine Siculo tum ‚vafro poeta'; sic enim illum appellat Cicero" (Cic. *Att.* I, 19, 8; *Adag.* 33, *ASD* II, 1, S. 148). Weiter präsentiert Er. das Adagium „Siculissare" „Auf Sizilianisch machen" (*ASD* II, 5, S. 335), das sich entweder auf altmodisch-bäurisches oder auf freches und gewitztes Verhalten bezieht; vgl. a.a.O.: „Caeterum aliis placere magis referendum ad improbos et vafros. Non dubium, quin ab eius gentis moribus sit sumptum ...".

V, 53   Libertas stvlta   (Hieron, 5, i.e. Epicharmus)

Idem, quum aliquot e familiaribus occidisset, *paucis post diebus Epicharmum vocauit ad coenam. Cui ille* nimium libere, „At nuper", inquit, „quum immolares amicos, non me vocabas". Solent qui sacrificant, splendidum epulum apparare adque id rogare amicos. Periculosa libertas, quae plus laudis adfert ferenti quam dicenti.

Apophth. V, 53 gehört eigentlich dem Komödiendichter Epicharmos zu, nicht Hieron. Von seinem eigenen Kommentar „nimium libere" ausgehend hat Er. den Titel des Ausspruchs entworfen. Der negative Kommentar geht bereits auf Plutarch zurück (οὐκ ὀρθῶς). In Er.' Quelle, Plut. *Quomodo adulator ab amico internoscatur* 27, *Mor.* 68A, wird das richtige Verhalten von „Freunden" im Rahmen der übergeordneten Frage diskutiert, wie man wahre Freunde von Schmeichlern unterscheiden könne. So zeichnet es den wahren Freund aus, daß er kein Blatt vor den Mund nimmt und dem Freund die Wahrheit sagt. Jedoch muss dieses nach Plutarch im Prinzip richtige Verhalten von Schmähungen, Beschimpfungen, anzüglichen Witzen, überflüssiger Geschwätzigkeit und närrischen Bemerkungen unterschieden werden.

342–344 *Idem ... me vocabas* Plut. *Quomodo adulator ab amico internoscatur*, 27, *Mor.* 68A: Ἐπίχαρμος δ' οὐκ ὀρθῶς, τοῦ Ἱέρωνος ἀνελόντος ἐνίους τῶν συνήθων καὶ μεθ' ἡμέρας ὀλίγας καλέσαντος ἐπὶ δεῖπνον αὐτόν, „Ἀλλὰ πρῴην", ἔφη, „θύων τοὺς φίλους οὐκ ἐκάλεσας". Er. hatte das Werk (*Mor.* 48E–74E) selbst übersetzt und unter dem Titel *Quo pacto possis adulatorem ab amico dinoscere* 1514 bei Froben herausgebracht (*ASD* IV, 2, S. 117–163). Er. übernahm an dieser Stelle den Ausspruch des Epicharmos wörtlich aus seiner früheren Übersetzung, den einleitenden Teil formulierte er jedoch zum Teil neu; vgl. a.a.O. S. 151, Z. 911–913: „At non recte Epicharmus, qui, quum Hieron quosdam a familiaribus suis e medio sustulisset paucisque post diebus eum vocasset ad coenam, ‚At nuper', inquit, ‚quum immolares amicos, non vocabas'". In der *Apophthegmata*-Version fügte er zwischen „non" und „vocabas" „me" hinzu, um das Verständis des Ausspruchs zu erleichtern.

342 *occidisset* „occidisset" expliziter als Er.' wörtliche Übersetzung von ἀνελόντος in *Quo pacto possis adulatorem ab amico dinoscere*: „sustulisset".

342 *Epicharmum* Für Epicharmos vgl. Komm. zu V, 52.

343 *nimium libere* „nimium libere" ist ein Kommentar des Er. in Bezug auf die Bewertung von Epicharmos' Ausspruch; er ist mit dem Kommentar des Plutarch a.a.O. verwandet („non recte"). Von diesem Kommentar des Er. leitet sich der Titel des Apophthegmas („Libertas stulta") her.

344–345 *Solent ... amicos* Er. liefert eine interessante und zum Verständnis des Apophthegmas wesentliche kulturhistorische Erklärung zu dem Gebrauch griechischer Speise- bzw. Tieropfer. Bei solchen Speise- bzw. Tieropfern war es gebräuchlich, daß geringere Teile des Tieres, u.a. nicht essbare wie Knochen, Gallenblase, Schwanz, und ein Teil des Fettes als Göttergabe am Altar verbrannt wurden, während der Rest des Fleisches bei einem feierlichen Mahl verzehrt wurde. Vgl. J. Bremmer, *DNP* 8 (2000), Sp. 1241–1243 (Abschnitt „Tieropfer mit Opfermahlzeit"). In den *Apophthegmata* stieß Er. mehrere Male auf diesen Gebrauch, z.B. in V, 144 (Antipater, 2) „Venter et lingua". Dieses Apophth. versieht Er. ebenfalls mit einer kulturhistorischen Anmerkung („Nam venter ex hostia abiiciebatur, et lingua dabatur praeconi"; vgl. Komm. ad loc.).

DIONYSIVS ⟨SENIOR⟩

V, 54   OMEN COMMODE INTERPRETATVM   (Dionysius senior, 1)

Dionysius, quum magistratus *per literas sorte* crearentur *et ipsi contigisset litera* **M**, *dicenti cuidam* per iocum „Μωρολογεῖς (id est, „Morio es"), Dionysi", „Imo", inquit,

---

346 SENIOR *scripsi (cf. Plut. ed. Ald.* Διονύσιος ὁ πρεσβύτερος; *versionem Regii* Dionysius senior; *cf. etiam titulum apophth.* V, 77 DIONYSIVS IVNIOR)

349 μωρολογεῖς *A B BAS LB Plut. ed. Ald.*: μορολογεῖς *C Lycosthenes,* μωρολογήσεις *Plut. edd. recentiores.*

Dionysios I. (um 430–367, reg. seit 405 v. Chr.), einer der mächtigsten und reichsten Tyrannen seiner Zeit, Herr von Syrakus seit 405. Zu seinem Herrschaftsgebiet zählten zunächst nur Syrakus und Umgebung, später ein Großteil des östlichen Siziliens, Teile Unteritaliens und einige Gebiete an der dalmatischen Küste (Lissos, Issa). Dionysios hatte zunächst ein demokratisches Politikerprofil und gelangte über demokratische Strukturen an die Macht (vgl. Komm. unten). Nach dem Staatsstreich schaffte er die Demokratie zwar nicht offiziell ab, regierte jedoch in der Praxis als Monarch, wobei er sich auf ein starkes Söldnerheer stützte und alle Schlüsselstellen mit Verwandten und Freunden besetzte. Zudem gründete er eine Dynastie, deren Aufbau er eilig vorantrieb; seit d.J. 398 war er mit zwei Frauen zur gleichen Zeit verheiratet, was ungewöhnlich war. Aus der Ehe mit der Edelfrau Doris von Lokroi gingen sein Nachfolger Dionysios II. und Hermokritos hervor, aus der Ehe mit Aristomache die Söhne Hipparinos und Nysaios, die später ebenfalls kurze Zeit die Herrschaft über Syrakus übernahmen, sowie die Tochter Arete. Im J. 405 verlor Dionysios ansehnliche Gebiete an die Karthager, in der Folgezeit brachte ihn ein Soldatenaufstand an den Rand des Abgrundes. Seit 403 führte Dionysios einen sich lange hinziehenden Krieg gegen die Karthager; 392 schloss er mit ihnen einen Frieden, bei dem Sizilien aufgeteilt wurde. Sein Ziel, die Karthager von der Insel zu vertreiben, erreichte er nicht. Stattdessen gelang es ihm, sich in Unteritalien und sogar an der dalmatischen Küste zu festigen. Vgl. B. Caven, *Dionysius I. War-Lord of Sicily,* New Haven-London 1990; L.J. Sanders, *Dionysius I of Syracuse and Greek Tyranny,* London 1987; H. Berve, *Die Tyrannis bei den Griechen,* 2 Bde., München 1967, Bd. 1, S. 221–260, Bd. 2, S. 637–656; K.F. Stroheker, *Dionysios I. Gestalt und Geschichte des Tyrannen von Syrakus,* Wiesbaden 1958. Dionysios war für Er. trotz mancher Vorzüge ein Musterbeispiel eines schlechten und grausamen Herrschers und einer der großen Verbrecher des Menschengeschlechtes, den er in einem Atemzug mit Nero, Caligula, Tiberius, Caesar und Domitian nannte, vgl. *Adag.* 201, *ASD* II, 1, S. 306 („Vt ne commemorem interim Dionysios, Ptolemaeos, Iulios, Nerones, Tiberios, Caligulas, Heliogabalos, Commodos, Domitios, quorum alius sibi dei nomen vindicauit, cum esset hominis vocabulo indignus, alius se totum assentatoribus deridendum propinauit, alius ambitione praeceps vniuersum orbem insanissimis rerum tumultibus concussit"); *Adag.* 1793, *ASD* II, 4, S. 208 („Dionysius enim inter pestilentissimos tyrannos commemoratur"); so auch in seinem Fürstenspiegel *Inst., ASD* IV, 1, S. 154: „Execrans humano generi detestata vocabula: Phalaridis, Moezentii, Dionysii Syracusani, Neronis, Caligulae, Domitii, qui deus ac dominus dici voluerit"; mit der sprichwörtlichen Grausamkeit des Dionysius verbindet sich *Adag.* 872 „De pilo pendet. De filo pendet", *ASD* II, 2, S. 390 (*Collect.* 324; Otto 662; Cic. *Tusc.* V, 61–62); *Adag.* 1765, *ASD* II, 4, S. 190.

Dionysios I. war ein besonders ergiebiger Apophthegmata-Spender; ihm widmete Er. mehr als zwanzig Lemmata (V, 54–76). Die *Apophth.* V, 54–67 bezog Er. aus Plutarchs *Reg. et imp. apophth.;* V, 67–70 aus Plutarchs *Dion;* V, 72–76 aus Val. Max. und Cic. *Nat.* Weiter figuriert Dionysios I. in *Apophth.* III, 104; 106; 109–111; 126; 140; 149–150; VI, 505; 593; VII, 153; 179. Das Bild des Dionysios I., das in der *Apophthegmata*-Sektion V, 54–76 entsteht, ist ambivalent. Einerseits betrachtet Er. den Dionysios als König („rex"), dem er monarchische Tugenden wie Großherzigkeit (magnanimitas, V, 54), Freigebigkeit (V, 57; 65), Sittenstrenge (V, 56; 57; 59) und Beflissenheit *in politicis* (V, 62) zuschreibt, andererseits als Musterbeispiel eines Tyrannen („tyrannus") mit charakteristischen Zügen der antiken Tyrannentypologie, etwa Grausamkeit (V, 58; 63; 69; 71), Herrschsucht (V, 55) und Habgier (V, 72–76). Für Dionysios charakteristisch ist seine kalkulierende, von Zynismus durchsetzte politische Durchtriebenheit (V, 58; 60; 61; 63–65; 67; 70), welche von Er. gebilligt, zuweilen sogar positiv kommentiert wird. Den zynischen Rat, jemanden in die Regierung aufzunehmen, welchen das Volk noch mehr hasst als den Machthaber, kommentiert Er. durch ein Lob des Dionysios als Kenner der Volksseele: „Agnouit ingenium multitudinis: si sit, in quem inuidiam odiumque deriuent, mitiores sunt in principem" (V, 64). Außerdem zeichnet sich Dionysios I. als Spender philosophischer Weisheiten aus (V, 59; 66; 68; 70); einen philosophischen Ausspruch des Dionysios über das wahre Gute erklärt Er. damit, daß er ein Schüler Platons gewesen sei: „Hanc tyranni vocem si quis admiretur, cogitet illum id temporis Platonis fuisse discipulum" (V, 68).

Apophth. V, 54 bietet in anekdotischer Kürze einen Einblick in den frühen Werdegang des Dionysios I. als Politiker, der sich innerhalb der demokratischen Strukturen von Syrakus zum Strategos emporarbeitete. V, 54 zeigt Dionysios, der i.J. 406 v. Chr. als Redner vor der Volksversammlung auftritt. Der Buchstabe M bezog sich wohl auf die Reihenfolge, in der die Redner, die sich zuvor anmelden mußten, sprechen durften (Vgl. F.C. Babbit, S. 175: „D. when the speakers who were to address the people were drawing by lot the letters of the alphabet to determine their order of speaking, drew the letter M …" und Komm. in *CWE* 38, S. 472). M ist der 12. Buchstabe des griech. Alphabets, Dionysios war somit als 12. Sprecher vorgesehen. Nach der Niederlage der Syrakusaner gegen die Karthager, die i.J. 406 Akragas eroberten, beschuldigte D. vor der Volksversammlung die Strategen des Hochverrats und erwirkte ihre Absetzung. Aus der Neuwahl ging Dionysios selbst als einer der Strategen hervor. Angesichts der Strategie, die Dionysios in seinem politischen Werdegang anwendete, ist klar, daß das Apophthegma nicht historisch sein kann, sondern aus späterer Perspektive hinzuerfunden worden ist. Man darf ausschließen, daß ein Politiker, der auf der demokratischen Karriereleiter emporklettert, sich bei einer demokratischen Volksversammlung dazu bekennt, die Monarchie zu erstreben (Μοναρχήσω).

Apophth. V, 54 ist ein Gegenstück zu *Adag.* 3164 „My sortitus es" (*ASD* II, 7, S. 126): „Ἔλαχες τὸ Μ, id est *M litera tibi sorte obtigit*. Aenigma in stultos: nam Graece μωροί hanc initialem habent". Er. übernahm Ἔλαχες τὸ Μ aus der Sprichwörtersammlung des Apostolios (7, 7), der es aus Plut. *Reg. et imp. apophth., Mor.* 175D (Dionysius maior, 1) abgeleitet hatte und auch den Text des Plutarch reproduzierte. Diesen druckt Er. a.a.O., Z. 587–590. Allerdings las Er. damals in seinem Apostolios-Text Μονομαχήσω (⟨id est⟩ *Singulari proinde certamine depugnabo*, Z. 590) statt Μοναρχήσω. Erst 1528, als Er. die Ausgabe G der *Adagia* vorbereitete, entdeckte er den genannten Plutarch-Text, wodurch er den von Apostolios übernommenen Wortlaut verbessern konnte.

348–351 *Dionysius … Syracusanis* Plut. *Reg. et imp. apophth., Mor.* 175D (Dionysius maior, 1): Διονύσιος ὁ πρεσβύτερος, κληρουμένων κατὰ γράμμα τῶν δημηγορούντων, ὡς ἔλαχε τὸ Μ, πρὸς τὸν εἰπόντα „Μωρολογήσεις, Διονύσιε" „Μοναρχήσω μὲν οὖν", εἶπε, καὶ δημηγορήσας εὐθὺς ᾑρέθη στρατηγὸς ὑπὸ τῶν Συρακοσίων. Er. benutzte, wie auch seine Ausführungen in *Adag.* 3164 zeigen, Regios Übers. („Dionysius senior cum sorte secundum literarum ordinem populi principes eligerentur, M. literam sortitus est atque ad eum, qui dixerat ‚Morio es, o Dionysi', ‚Monarchae erimus', inquit. Quumque populi princeps electus concionem habuisset, a Syracusanis imperator statim fuit designatus" [fol. ⟨b iiii⟩ʳ], jedoch kritisierte und verbesserte er sie. Nach Er. sollte der griech. Text nicht als Μοναρχήσωμεν οὖν gelesen werden (wie von Regio), sondern als Μοναρχήσω μενοῦν (*Adag.* 3164, Z. 592–598); der latein. Text sollte demnach „Imo potius ero monarcha" lauten, nicht „Monarchae erimus" (Regio).

348 *magistratus per literas sorte crearentur* Er. irrt sich: Es ging nicht um die Vergabe von Ämtern durch Los.

349 *per iocum* „per iocum" nicht im griech. Textvorbild, sondern ein Zusatz des Er., wie schon in *Adag.* 3164, *ASD* II, 7, S. 126.

349 *id est, „Morio es"* Er. hat nicht verstanden, welche historische Situation gemeint ist, und deshalb verstand er auch den Witz nicht

350 „Μοναρχήσω" (⟨id est,⟩ „*Monarcha ero*"). *Et* adeptus magistratum, protinus *Imperator electus est a Syracusanis*. Magni erat animi, quod illo ioco non offenderetur, contentus omen literae secus interpretari.

V, 55   REGNANDI DVLCEDO   (Dionysius senior, 2)

Quum autem in initio regni regia ipsius *obsideretur coniuratis in illum ciuibus, et*
355 *amici* autores essent, *vt imperium deponeret, ni mallet captus interfici*, ille conspiciens bouem a coquo mactatum ilico concidere dixit, *quum mors adeo breuis sit, an non* absurdum *sit nos metu mortis tale regnum relinquere?* Quanta regnandi libido pectus illius occuparat, qui principatum morte bene emi putarit?

V, 56   ADVLTERIVM IN REGIS FILIO   (Dionysius senior, 3)

360 Quum intellexisset *filium, cui principatum relicturus erat, ingenui viri coniugem adulterasse, iratus interrogauit, an vnquam tale quicquam* in patre *comperisset*. Hic adolescens „*Tu enim*", inquit, „*non habebas patrem* regem". „*Nec tu*", inquit Dionysius, „*filium* regem *habiturus es, ni talia perpetrare desinas*". Tyrannus in filio dignum exhaeredatione crimen iudicabat adulterium, qui hodie magnatum ludus est.

350   id est *suppleui*.
357   absurdum *B C*: molestum *A*.
362   inquit *B C*: deest in *A*.
363   regem *A C*: rege *B*.

genau. Μωρολογεῖς bedeutet nicht „*Morio es*" / „Du bist ein Narr", sondern „Du redest blöd daher", „Du laberst", was sich konkret auf den Redner vor der Volksversammlung bezieht, als welcher sich Dionysios gerade anmeldete. Er.' mangelndes Verständnis geht z.T. auf seine Vorlage zurück: Regio, der Μωρολογεῖς ebenfalls mit „Morio es" übersetzt hatte. Er. verkehrte wie Regio in der irrigen Annahme, daß δημηγορέω sich auf ein Amt beziehe (vgl. oben „magistratus" und weiter „Et adeptus est magistratum"). δημηγορέω bedeutet jedoch schlicht „vor dem Volk/ der Volksversammlung reden"; vgl. Passow I, 1, S. 620, s.v.; für μωρολογέω sowie für die verwandten Wörter μωρολόγημα, μωρολογία und μωρολόγος vgl. Passow II, 1, S. 308 s.vv. Auf den irrigen Gedanken, daß „M sortitus es" eine sprichwörtliche Redensart darstelle, kam Er. durch Apost. VII, 7, mit dem nämlichen Plutarchtext.

351–352 *Magni ... interpretari* Er.' Erklärung zeigt, daß ihm die historische Situation nicht recht klar war. Er ging offensichtlich davon aus, daß Dionysios bereits seine spätere Machtfülle inne hatte, was nicht der Fall war.

Apophth. V, 55 bezieht sich auf das Jahr 404 v. Chr., als Dionysios' Söldner vor Herbessos in Aufstand kamen und sich mit den Oligarchen von Syrakus, Messana (heute: Messina) und Rhegion (heute: Reggio Calabria) verbündeten. Dionysios zog sich auf seine Festung auf der Halbinsel Ortygia, die dem Hafen von Syrakus vorgelagert war, zurück. Die aufständischen Syrakusaner und Söldner belagerten Dionysios' Festung monatelang, jedoch letzten Endes erfolglos. Durch die Anwerbung neuer Söldner in Westsizilien und ein Militärbündnis mit Sparta gelang es Dionysios, den Kopf aus der Schlinge zu ziehen; durch einen Überraschungsangriff schaffte er es, Syrakus zurückzuerobern. Den Titel des Apophth. „Regnandi dulcedo" entnahm Er. seinem Kommentar zu Dionysios' Ausspruch: „Quanta *regnandi libido* pectus illius occuparat ...?".

354–357 *Quum ... relinquere* Wörtliche Wiedergabe von Plut. Reg. et imp. apophth., Mor. 175D (Dionysius maior, 2): Ἐπεὶ δ' ἐν ἀρχῇ τῆς τυραννίδος ἐπολιορκεῖτο συστάντων ἐπ' αὐτὸν τῶν πολιτῶν, οἱ μὲν φίλοι συνεβούλευον ἀπαλλαγῆναι τῆς ἀρχῆς, εἰ μὴ βούλεται κρατηθεὶς ἀποθανεῖν· ὁ δὲ βοῦν ἰδὼν σφαττόμενον ὑπὸ μαγείρου καὶ πίπτοντα ταχέως „εἶτα οὐκ ἀηδές ἐστιν", εἶπεν, „οὕτω βραχὺν ὄντα τὸν θάνατον φοβηθέντας ἡμᾶς ἀρχὴν ἐγκαταλιπεῖν τηλικαύτην;" (fol. ⟨k vi⟩ʳ). Vgl. Ael. *Var. hist.* IV, 8; Polyaen. V, 7; Diod. XIV, 8.

354–358 *regni regia ... tale regnum ... principatum* In V, 55 präsentiert Er. Dionysios I. als „König", während ihn sowohl Plutarch (τυραννίδος) als auch die Übersetzer Filelfo und Regio als „Tyrannen" (vgl. „in tyrannidis initio") bezeichnen. Zu verzeichnen ist weiter, daß Dionysios I. nie den Königstitel angenommen hat. Er. mag in seiner Perzeption von der spätmittelalterl. Situation ausgegangen sein, in der es ein Königreich von Sizilien und Neapel gab, insb. unter Alfons d.Gr., dessen Aussprüche Er. im achten Buch der *Apophthegmata* brachte („Alphonsus rex Aragonius", VIII, 288–304, *CWE* 38, S. 958–962). Dionysios selbst führte den Titel eines „Archon" Siziliens. Die Stilisierung des Dionysios I. zum König kam Er. in einigen *Apophthegmata* gelegen (z. B. V, 56, 57, 61, 62); so mag er im vorliegenden *Apophth.* V, 55 „tyrannis" für unpassend gehalten haben, weil er sich nicht vorstellen konnte, daß man eine Tyrannenherrschaft als schönes und hohes Gut empfinden würde. Das bedeutet jedoch nicht, daß er Dionysios I. stets als König betrachtet hätte: In V, 63, 65, 67, 68, 69 und 71 bezeichnet er ihn nichtsdestoweniger als „tyrannus".

354 *regia ipsius* Daß sich auf Ortygia sich eine „Königsburg" (regia) befunden habe, beruht auf einer Erfindung des Er. In Plutarchs Text ist davon nicht die Rede; auf Ortygia gab es lediglich eine militärische Festung.

357 *absurdum* „molestum" war in *A* eine unglückliche Übers. des Er. für ἀηδές, „ekelhaft", „schändlich", „moralisch verwerflich" (vgl. Passow I, 1, S. 43, s.v.), die er in *B* zu verbessern versuchte; jedoch trifft auch „absurdum" (*B, C*) nicht hundertprozentig das Richtige. Filelfo übersetzte ebenfalls nicht sehr glücklich mit „iniucundum et triste" (fol. ⟨k vi⟩ʳ), Regio folgte ihm („iniucundum", fol. ⟨b iiii⟩ʳ). ἀηδές sollte an vorl. Stelle im Latein. richtig mit „turpe", „foedum", „inhonestum" oder „indignum" wiedergegeben werden.

Apophth. V, 56 und 57 handeln von Dionysios' I. Beziehung zu seinem ältesten Sohn Dionysios, geb. 396 v. Chr. aus der Ehe mit Doris von Lokroi; wie aus den betreffenden Apophthegmata ersichtlich wird, war Dionysios nicht davon überzeugt, daß dieser ein geeigneter Nachfolger wäre. Er präsentierte ihn nicht als Thronfolger, ja, hielt ihn überhaupt von den Staatsgeschäften fern. Dionysios II. wurde erst nach dem Tod seines Vaters vom Militär zum Herrscher von Syrakus und Sizilien erhoben. Vgl. K. Meister, *DNP* 3 (1999), Sp. 629, s.v. „Dionysios", Nr. 2. Im Titel des Apophthegmas bezeichnet Er. Dionysios II. als „Königssohn". Beide Apophthegmata datieren auf die Zeit, in der Dionysios d.J. das Mannesalter erreicht hatte, also wohl nach 378 v. Chr.

360–363 *Quum intellexisset ... desinas* Plut. *Reg. et imp. apophth., Mor.* 175D–E (Dionysius maior, 3). Er. bearbeitete hier, leicht variierend, Regios Übers.: „Filium vero, cui principatum relicturus erat, cum accepisset ingenui hominis vxori vim attulisse, iratus interrogauit, nunquid tale in se depraehendisset. Caeterum adolescens cum respondisset, ‚Tu nanque patrem tyrannum non habuisti', ‚Ne tu quidem filium', inquit, ‚es habiturus, nisi ab istorum perpetratione destiteris'" (fol. ⟨b iiii⟩ʳ⁻ᵛ). Vgl. den griech. Text: Τὸν δὲ υἱὸν αἰσθόμενος, ᾧ τὴν ἀρχὴν ἀπολιπεῖν ἔμελλεν, ἀνδρὸς ἐλευθέρου διαφθείραντα γύναικον, ἠρώτησε μετ' ὀργῆς, τί τοιοῦτον αὐτῷ σύνοιδεν. εἰπόντος δὲ τοῦ νεανίσκου „σὺ γὰρ οὐκ εἶχες πατέρα τύραννον", „οὐδὲ σύ", εἶπεν, „υἱὸν ἕξεις, ἐὰν μὴ παύσῃ ταῦτα ποιῶν". Dasselbe Apophthegma findet sich bereits in Fulgosus VII, 2: „Dionysius senior Syracusanorum tyrannus cum obiurgaret filium, quod ciuis cuiusdam Syracusani vxorem stuprasset, cum hoc tam indignum facinus a parente suo nunquam vel vidisset vel audiuisset etiam ab aliis, respondit filius ‚Verum est, pater: hoc abs te nunquam audiui; sed id accidit, quod nunquam patrem regem habuisti'. Ad quem pater: ‚Nec tu quidem, mi fili, nisi haec facere desinas, vnquam habebis filium regem', quod mox contigit. Nam cum Dionysio seniori filius successisset, haud multo post ob indigna facinora Syracusis pulsus est".

360 *principatum* In der im mittelalterl. Latein gängigen Bedeutung von „Herrschaft" (vgl. Niermeyer II, S. 1108, s.v. „principatus") für ἀρχή, so von Filelfo übersetzt („cui principatum relicturus erat", fol. ⟨k vi⟩ʳ) und von Regio und Er. übernommen; nicht beabsichtigt war eine Anbindung des Begriffs an das Amt des Römischen Kaisers.

362 *regem* In V, 56 schreibt Er. dem Dionysios I. erneut den Königstitel zu, während er in seinen Vorlagen τύραννον und „tyrannum" (Filelfo und Regio) antraf.

365   V, 57   LIBERALITAS REGIA   (Dionysius senior, 4)

Rursus quum ad filium ingressus conspexisset vasculorum *aureorum et argenteorum magnam vim, exclamans „Non est",* inquit, *„in te* regius animus, *qui his poculis, quae a me tam multa accepisti, neminem tibi amicum feceris",* sentiens absque ciuium beneuolentia regnum nec parari nec teneri. Beneuolentiam vero maxime conciliat
370   benignitas. At iuuenis rerum imperitus putabat esse felicius habere argentum et aurum quam amicos.

       V, 58   NVDVS NON METVIT   (Dionysius senior, 5)

Exegerat pecunias a Syracusanis; deinde, quum videret illos lamentantes, obsecrantes ac negantes se habere, quod darent, *indixit alteram exactionem, idque iterum ac tertio fecit.*
375   *At posteaquam, vbi maiorem summam imperasset, audiret illos in foro obambulantes ridere et scommata* in regem *iacere, iussit* praefectos *ab exigendo quiescere. „Nunc enim",* inquit, *„nihil habent, posteaquam contemnunt nos".*

       V, 59   NVPTIAE INTEMPESTIVAE   (Dionysius senior, 6)

Matri suae praeter aetatem nubere cupienti „Ciuilia", inquit, *„o mater, iura violari*
380   *possunt, naturae ius nequaquam",* significans contra naturam esse, si vetula, quae iam parere non potest, nubat. At hodie nubunt septuagenariae.

       V, 60   TEMVLENTIA CASTIGATA   (Dionysius senior, 7)

Quum in aliorum scelerum patratores seuere animaduerteret, vestium furibus parcere solebat, vt Syracusii coenare inter sese et inebriari desinerent. Solent enim *lopodytae,*
385   id est, *vestium fures,* in balneis frequentibusque conuiuiis venari. Quemadmodum autem in balneis vestes deponuntur, ita in conuiuiis summae vestes abiici solent, vt togae palliaque.

---

384 solebat *LB*: solet *A-C*.   384 solent *A-C*: solebant *LB*.

366–368 *Rursus quum … feceris* Wörtliche Wiedergabe von Plut. *Reg. et imp. apophth., Mor.* 175E (Dionysius maior, 4): Πάλιν δὲ πρὸς αὐτὸν εἰσελθὼν καὶ θεασάμενος ἐκπωμάτων χρυσῶν καὶ ἀργυρῶν πλῆθος ἀνεβόησεν „οὐκ ἔστιν ἐν σοὶ τύραννος, ὃς ἀφ' ὧν λαμβάνεις ἀπ' ἐμοῦ ποτηρίων τοσούτων φίλον οὐδένα σεαυτῷ πεποίηκας". Er. verwendete in seiner Textübertragung sowohl Filelfos als auch Regios Übers.; Filelfo: „Item cum ad eum ingressus vidisset ingentem poculorum aureorum argenteorumque multitudinem, exclamans inquit: ,Tyrannus in te non est, qui a tanta poculorum, quae a me accipis, copia amicum tibi neminem compararis'" (fol. ⟨k vi⟩ʳ); Regio: „Ad eundem vero filium in cubiculum ingressus quum vidisset poculorum et argenteorum et aureorum multitudinem, exclamauit: ,Non es principatui aptus, qui tot poculis a me acceptis neminem tibi amicum effeceris'" (fol. ⟨b iiii⟩ᵛ).

366 *ad filium ingressus* Wörtlich aus Filelfos Übers. übernommen.

366 *vasculorum* ἔκπωμα ist das griech. Wort für „Trinkgefäße", gemeint sind also edle

Trinkschalen und Becher, latein. „pocula"; Er.' „vascula" („kleine Gefäße") ist unspezifisch, eine Verschlimmbesserung des punktgenauen „pocula", das er bei Filelfo und Regio antraf. Für ἔκπωμα vgl. Passow I, 2, S. 831, s.v.

372 *Nudus non metuit* Der sentenziöse Titel, den Er. dem Apophthegma verliehen hat, ist ein Gegenstück zu *Adag.* 2602 „Timidus Plutus", *ASD* II, 6, S. 224–225 („Timidus Plutus …, cum contra paupertas secura in vtranque dormiat aurem. … In summa, in omni negocio formidolosior est diues quam pauper. … Metuit tempestates … Metuit amicos … Metuit inimicos …", nach Zenob. III, 35) und zu „Nudus nec a centum viris spoliari potest" (in *Adag.* 376 „Nudo vestimenta detrahere", *ASD* II, 1, S. 460): „[C] Adducit et diuus Chrysostomus prouerbium vulgo iactatum, quo dicebant nec a centum viris vnum nudum spoliari posse. [H] Apuleius Asinus libro primo scripsit: ,Nudum nec a decem palaestritis posse spoliari'"; vgl. zu letzterem *Collect.* 57 „Nudo vestimenta detrahere" (*ASD* II, 9, S. 70) und Otto 1249; vgl. auch *Apophth.* V, 241 (Epaminondas, 22), mit Komm. *ad loc.* Das Apophthegma muss sich auf die Zeit nach Dionysios' Staatsstreich i.J. 405 v. Chr. beziehen.

373–377 *Exegerat … contemnunt nos* Plut. *Reg. et imp. apophth., Mor.* 175E–F (Dionysius maior, 5): Χρήματα δ' εἰσπράσσων τοὺς Συρακουσίους, εἶτα ὁρῶν ὀδυρομένους καὶ δεομένους καὶ λέγοντας ὡς οὐκ ἔχουσιν, ἐκέλευσεν ἕτερα πράττειν, καὶ δὶς ἢ τρὶς τοῦτο ἐποίησεν· ἐπεὶ δὲ προστάξας πλείονα γελᾶν ἤκουσεν αὐτοὺς καὶ σκώπτειν ἐν ἀγορᾷ περιιόντας, ἐκέλευσε παύσασθαι „νῦν γὰρ οὐδὲν ἔχουσιν", εἶπεν, „ὅτε καταφρονοῦσιν ἡμῶν". Dasselbe Apophthegma findet sich bereits in Brusoni V, 10 (1518): „Dionysius senior, quum a Syracusanis pecunias saepius exigeret atque illi quererentur inopiam, alias exigi iussit, et bis terue id fecit. Sed quum post pecuniarum exactionem ludentes illos cauillantesque in foro aspiceret, exactionem quiescere iussit. ,Nunc enim nihil', inquit, ,habent, quando nos contemnant'".

376 *in regem* „in regem" ist ein Zusatz des Er.

376 *praefectos* „praefectos" ist ein Zusatz des Er. zum griech. Original, dessen Sinn verschwommen ist; anscheinend ging Er. davon aus, daß die Steuereintreibung (in welchem System?) Praefekten oblag, während man sie tatsächlich meist Steuerpächtern überließ, im Römischen Reich wie auch im klassischen Griechenland. In Rom gab es seit Augustus zwei *praefecti*, die die Staatskasse des römischen Volkes (*aerarium Saturnii*) verwalteten, jedoch waren sie nicht für die Eintreibung der Steuern verantwortlich (die im Übrigen in den Provinzen erhoben wurden). Zu den Aufgaben der diversen „praefecti" im römischen System vgl. *DNP* 10 (2001), Sp. 241–252, s.v. „Praefectus"; zu den „Praefecti aerarii Saturnii" ebd., Sp. 242, Nr. 2. Latein. Bezeichnungen für „Steuereinnehmer" wären „exactor vectigalium", „vectigalarius" oder „publicanus".

376–377 *Nunc … contemnunt* Im Spruchteil gibt Er. nahezu wörtlich Regios Übers. wieder: „,Nunc enim', inquit, ,nihil habent, quando nos contemnunt'" (fol. ⟨b iiii⟩ᵛ).

379–380 *Matri … nequaquam* Plut. *Reg. et imp. apophth., Mor.* 175F (Dionysius maior, 6): Τῆς δὲ μητρὸς αὐτοῦ παρήλικος μὲν οὔσης δοθῆναι ἀνδρὶ βουλομένης ἔφη τοὺς μὲν τῆς πόλεως βιάσασθαι νόμους δύνασθαι τοὺς δὲ τῆς φύσεως μὴ δύνασθαι. Im Spruchteil gibt Er. erneut Regios Übers. wieder: „,Ciuilia quidem iura', inquit, ,violari possunt, naturae non possunt'". Dasselbe Apophthegma findet sich bereits in Brusoni IV, 1 (1518).

383–384 *Quum … desinerent* Plut. *Reg. et imp. apophth., Mor.* 175F (Dionysius maior, 7): Πικρῶς δὲ τοὺς ἄλλους κακούργους κολάζων ἐφείδετο τῶν λωποδυτῶν, ὅπως παύσωνται οἱ Συρακόσιοι τοῦ δειπνεῖν καὶ μεθύσκεσθαι μετ' ἀλλήλων.

384 *lopodytae* Er. wiederholt hier den griech. Begriff und übersetzt ihn, Filelfos „vestium fures" (fol. ⟨k vi⟩ʳ) übernehmend, das passender ist als Regios „vestium raptatoribus" (fol. ⟨b iiii⟩ᵛ); es ging nicht um Raub (unter Anwendung von Gewalt), sondern um Diebstahl.

387 *togae* Indem er den Begriff der *toga* einbringt, überträgt Er. das Apophth. von der griechischen auf die römische Antike, während er eine Aktualisierung im Hinblick auf seine Zeit nicht für erforderlich hielt. Er. war anscheinend mit dem römischen Brauch vertraut, daß man bei der *cena* die offizielle, durch ihre Gewandfülle von ca. 10 Meter Stoff unbequeme Toga ablegte und stattdessen ein leichtes Übergewand (*synthesis* oder *vestis cenatoria*) aus Baumwolle oder Seide trug, das, im Gegensatz zur Toga, farbig war (meist lila oder grünblau). Wenn man nachhause ging, legte man wieder die Toga an. Für die „synthesis" vgl. *DNG* II, Sp. 4646–4647, s.v., III b. „ein leichtes Obergewand als Hauskleid", „Tischkleid".

V, 61   Fvcvs vtilis   (Dionysius senior, 8)

Hospes quidam aiebat se velle cum Dionysio *priuatim colloqui; demonstraturum* enim, *quomodo posset praescire, quinam ipsi molirentur insidias*. Rex admisit hominem *iussitque dicere* semotis arbitris. At ille, „Da mihi", inquit, „talentum, vt existimeris a me audisse insidiatorum indicia". Dedit ac simulauit sese audisse, admiratus hominis commentum. Nam fucus ille vehementer vtilis erat ad deterrendas insidias. Sunt qui narrent Maximilianum Caesarem simili arte simulasse magicas artes, indusia gladiosque fortunatos, genios anulis inclusos, quo facinorosis et hostibus esset formidabilior.

V, 62   Ocivm rege indignvm   (Dionysius senior, 9)

Cuidam percontanti, num esset ociosus, „Absit", inquit, „vt *hoc mihi vnquam accidat*". Sensit turpissimum esse regi vacare vnquam a reipublicae negociis. Vbi sunt igitur, qui bonam diei partem alea nugisque transigunt?

V, 63   Ebrietati condonatvr   (Dionysius senior, 10)

Quum ad eum delatum esset *duos adolescentes inter pocula multa conuitia tum in ipsum, tum in eius tyrannidem dixisse, ambos vocauit ad coenam et animaduertit alterum largius potum multa nugari, alterum raro cauteque bibere: illum dimisit, vt qui natura vinolentus per temulentiam maledicus fuisset, hunc interfecit, vt qui studio maleuolus et hostis esset*. Praeclarum exemplum prudentissimi principis, sed quid hoc ad apophthegmata?

V, 64   Invidia in alivm derivata   (Dionysius senior, 11)

Expostulantibus quibusdam, quod honore dignaretur caeterisque praeferret hominem improbum ac ciuibus inuisum, „Volo", inquit, „esse, quem me magis oderint". Agnouit ingenium multitudinis: si sit, in quem inuidiam odiumque deriuent, mitiores sunt in principem. Eoque videas nonnullos monarchas quibusdam, quos tamen ex animo non amant, plurimum dignitatis et autoritatis permittere, vt ipsi tutiores sint a furore multitudinis. Qui si extiterit, habent victimam, qua ciuium iram mitigent.

---

412 amant *scripsi sec. Erasmi instructiones in err.*
     A: ament *A-C BAS LB.*

389–393 quidam aiebat … commentum Plut. Reg. et imp. apophth., Mor. 175F–176A (Dionysius maior, 8): Ξένου δέ τινος ἰδίᾳ φράσειν φάσκοντος αὐτῷ καὶ διδάξειν, ὅπως προειδῇ τοὺς ἐπιβουλεύοντας, ἐκέλευσεν (ἐκύλευσεν ed. Ald. 1509, p. 153) εἰπεῖν· ἐπεὶ δὲ προσελθὼν „δός", εἶπε, „μοι τάλαντον, ἵνα δόξῃς ἀκηκοέναι τὰ σημεῖα τῶν ἐπιβουλευόντων", ἔδωκε προσποιούμενος ἀκηκοέναι καὶ ἐθαύμαζε τὴν μέθοδον (μέθον ed. Ald. 1509, p. 153) τοῦ ἀνθρώπου. Er. bearbeitete Regios Übers.: „Peregrinum autem quendam, qui diceret cum ipso priuatim loqui velle ac docere, quomodo insidiantes cognoscere posset, eloqui iussit. Cumque is accessisset ac dixisset ‚Da mihi talentum, vt insidiarum indicia audisse videaris', dedit, se audisse simulans hominisque commentum et artem admiratus est" (fol. ⟨b iiii⟩ᵛ). Vgl. Polyaenus V, 2, 4; Stob. *Florilegium* III, 65.

394 *Maximilianum ... artes* Maximilian I. (reg. als röm.-deut. Kaiser 1508–1519) hatte ein großes Interesse an Magie; u. a. besaß er zwei Exemplare des arabischen Zauberbuches *Picatrix*, in welchem die Verfertigung, Anwendung und Wirkungsweise von magischen Amuletten beschrieben wird. Vgl. L. Petzold, *Magie. Weltbild, Praktiken, Rituale*, München 2011, S. 48; H. Schreiber hebt in *Ritter Tod und Teufel. Kaiser Maximilian und seine Zeit* (2008) passim Maximilians Interesse an Magie und Zauberpraktiken hervor; zu Maximilians Zauberschwert vgl. u. a. Andreas Glorez, *Eröffnetes Wunderbuch von Waffensalben, Wunderkuren, ... magischer Kraft und Signatur der Erdgewächse und Kräuter, Egyptischen Geheimnissen, ..., Glücksruthen auf die in der Erde verborgenen Metalle, sympathetischen Pulvern, ... und andern merkwürdigen Geheimnissen ...*, Regensburg 1700, S. 299; magische Degen zeichneten sich durch Zaubersprüche aus, die auf der Schneide eingeritzt waren, durch eine besondere Art der Metalllegierung, die Herstellung des Schwerts unter bestimmten astrologischen Konstellationen oder durch Schlangenzungen, die in den Degenknauf eingearbeitet waren; als Gewährsmann für Maximilians Zauberdegen wird häufig auf Staricius (Böhme) verwiesen. Auf dem Prunkschwert Maximilians im Wiener Kunsthistorischen Museum (Schatzkammer, WS XIV 4) sind Sprüche eingeritzt, die die Hilfe von dem Heiligen Georg („Iorg") und der Hl. Jungfrau erbitten.

394 *indusia* „indusia", sc. „fortunata": Unterhemden, die vor Messer- und Schwertattacken magischen Schutz bieten. In der röm. Antike wurde „indusium" für die obere Tunika verwendet; vgl. *DNG* II, Sp. 2555, s.v.

396 *Ocium rege indignum* Der Titel des Apophtegmas spricht einen Kernsatz von Er.' *Inst. princ. christ.* an, der besagt, daß sich der gute Fürst stets für den Staat einsetzen solle, niemals sich seinem Privatleben hingeben oder sinnlichen Genüssen fröhnen dürfte. Bemerkenswert ist, daß Er. den Tyrannen Dionysius I. seinem Fürstenspiegelideal angleicht. Daß Dionysios I. Er.' Ideal der Uneigennützigkeit des Fürsten entsprochen habe, ist nicht evident. Dionysios mag zwar eine fieberhafte politische Tätigkeit entfaltet haben, jedoch war diese zu keiner Zeit von der Perspektive des Gemeinwohls her motiviert.

397 *Cuidam percontanti ... accidat* Wörtliche Wiedergabe von Plut. *Reg. et imp. apophth., Mor.* 176A (Dionysius maior, 9): Πρὸς δὲ τὸν πυθόμενον, εἰ σχολάζοι, „μηδέποτε", εἶπεν, „ἐμοὶ τοῦτο συμβαίη". Derselbe Ausspruch des Dionysios findet sich in Plut. *An seni sit gerenda respublica* 17, *Mor.* 792C: Διονύσιος δὲ ὁ πρεσβύτερος πρὸς τὸν πυθόμενον, εἰ σχολάζει, „Μηδέποτε", εἶπεν, „ἐμοὶ τοῦτο συμβαίη".

Apophth. V, 63 ist ein Exemplum der Klugheit (*prudentia*) des Dionysios I., kein Apophthegma. Obwohl Er. ihm den Apophthegma-Status abspricht, nimmt er es dennoch auf (vgl. Einleitung).

401–405 *duos ... hostis esset* Plut. *Reg. et imp. apophth., Mor.* 176A–B (Dionysius maior, 10): Δύο δ' ἀκούσας νεανίσκους πολλὰ βλάσφημα περὶ αὐτοῦ καὶ τῆς τυρραννίδος εἰρηκέναι παρὰ πότον, ἀμφοτέρους ἐκάλεσεν ἐπὶ δεῖπνον· ὁρῶν δὲ τὸν μὲν παροινοῦντα καὶ ληροῦντα πολλά, τὸν δὲ σπανίως καὶ μετ' εὐλαβείας ταῖς πόσεσι χρώμενον, ἐκεῖνον μὲν ἀπέλυσεν ὡς φύσει παροινήσαντα καὶ διὰ μέθην κακολογήσαντα, τοῦτον δ' ἀνεῖλεν ὡς πολέμιον ἐκ προαιρέσεως. Dieselbe Anekdote findet sich bereits in Brusonis Sammlung d.J. 1518, I, 16 („De maledicentia"): „Dionysius senior a duobus adolescentibus laceratus conuiciis vtrunque ad coenam vocari iussit et ex iis alterum vinolentum ebrietati pene obnoxium dimisit, alterum parciorem tanquam formidandum occidit".

403 *alterum ... bibere* Diesen Satzteil entnahm Er. wörtlich der Übers. des Regio: „altero autem raro et caute bibentem" (fol. ⟨b iiii⟩ᵛ).

404–405 *hunc ... hostis* Diesen Teil des Satzes gestaltete Er. nach der Übers. Regios: „hunc vero vt consulto maleuolum et hostem interfecit" (fol. ⟨b iiii⟩ᵛ–c⟨i⟩ʳ).

408–409 *Expostulantibus ... oderint* Plut. *Reg. et imp. apophth., Mor.* 176B (Dionysius maior, 11): Αἰτιωμένων δέ τινων ὅτι τιμᾷ καὶ προάγεται πονηρὸν ἄνθρωπον καὶ δυσχεραινόμενον ὑπὸ τῶν πολιτῶν „ἀλλὰ καὶ βούλομαι", εἶπεν, „εἶναι τὸν ἐμοῦ μᾶλλον μισούμενον". Vgl. Regios Übers.: „Sed quibusdam ipsum accusantibus quod hominem improbum ac ciuibus odiosum honoraret ..." (fol. ⟨k vi⟩ᵛ). Dasselbe Apophthegma findet sich bereits in Brusoni IV, 11 (1518).

V, 65   Tyrannidem mitigat liberalitas   (Dionysius senior, 12)

415 *Corinthiorum legatis* ad se missis donaria [i.e. munera], prout mos est, *obtulit. Quae quum illi negarent se accepturos, eo quod lex esset* apud ipsos *vetans, ne legatione fungentes munera acciperent a principe, „Rem"*, inquit, *„absurdam facitis, qui quod vnum bonum habet tyrannis, hoc tollitis, dum docetis etiam beneficium a tyrannis accipere periculosum esse"*. Ille grauem contumeliam iudicabat oblata recusare munera, quum hac 420 vna re tyranni se possint aliis commendare. Tyrannidem enim adeptis superest, vt potentiae inuidiam munificentia comitateque leniant.

V, 66   Avro bene vti   (Dionysius senior, 13)

Quum audisset quendam e ciuibus aurum habere domi defossum, id *ad se deferri iussit. Verum posteaquam is suffuratus auri paululum in aliam vrbem commigrasset ibique* 425 *mercatus esset agrum, reuocato Dionysius totum aurum reddidit, vt qui iam diuitiis vti coepisset desiissetque rem vtilem inutilem reddere*. Satis declarauit se non aurum alienum appetisse, sed hominis morbum sanare voluisse. Simul vsum auri legitimum demonstrauit, si in agricolationem impendas potius quam in vsuram.

V, 67   Sapientes invisi tyrannis   (Dionysius senior, 14)

430 Dionysius dicere solet *se a sapientibus amicis sibi cauere, quando* certum haberet, ne ex his quidem esse quenquam, *quin imperare mallet quam seruire*.

---

428 agricolationem *A B LB*: agriculationem *C*.

430 solet *A-C*: solebat *LB*.

415–419 *Corinthiorum … periculosum esse* Plut. Reg. et imp. apophth., Mor. 176B (Dionysius maior, 12): Ἐπεὶ δὲ Κορινθίων πρέσβεις δῶρα διδόντος αὐτοῦ παρῃτοῦντο διὰ τὸν νόμον, ὃς οὐκ εἴα δῶρα λαμβάνειν παρὰ δυνάστου πρεσβεύοντας, δεινὸν ἔφη πρᾶγμα ποιεῖν αὐτούς, ὃ μόνον αἱ τυρραννίδες ἔχουσιν ἀγαθὸν ἀναιροῦντας καὶ διδάσκοντας, ὅτι καὶ τὸ εὖ παθεῖν ὑπὸ τυράννου φοβερόν ἐστιν.

415 *donaria* Er. übersetzte die Geschenke eines Gesandten (δῶρα) mit „donaria"; „donaria" wird jedoch nur für *Göttergaben* verwendet, d.h. Weihegeschenke, die in Tempeln oder Schatzhäusern aufgestellt wurden (vgl. DNG I, Sp. 1765, s.v. „donarius" I). In Mittelalter und Früher Neuzeit bezeichnete man mit „donaria" Opfergaben und Schenkungen an die Kirche (vgl. Niermeyer I, S. 467. S.v. „donarium"). Wie schon oben V, 25 verwendet Er. jedoch „donarium" als allgemeine Bezeichnung für „Geschenk".

417 *munera acciperent a principe* Vgl. die Übers. des Filelfo: „… a principe munera capere" (fol. ⟨k vi⟩ᵛ).

417 *absurdam* Freie, jedoch gelungene Übers. des Er.; dem Sinn nach besser, da sich Dionysius ja sehr ärgerte, ist die Übers. des Regio: „indignam"; ungelenk wirkt hingegen Filelfos Übers. „grauem".

418 *docetis* Vgl. Regios Übers.: „docerentque vel beneficium a tyranno accipere formidandum esse"; Filelfo: „docerentque etiam benficium tyranni formidandum esse" (fol. ⟨k vi⟩ᵛ).

420–421 *Tyrannidem … leniant* Von Lycosthenes gestrichen (S. 763).

423–426 *Quum audisset … reddere* Plut. Reg. et imp. apophth., Mor. 176C (Dionysius maior, 13). Er. hat hier seine Textwiedergabe nach der Übers. des Regio gestaltet: „Quum … quendam e ciuibus accepisset aurum domi defossum habere, ad se deferri iussit. Sed quum is exigua parte subtracta in alienam [aliam?]

migrasset vrbem agrumque emisset, illum ad se accersiuit totumque accipere iussit, vtpote qui diuitiis vti didicisset neque vtile inutile redderet" (fol. c⟨i⟩ʳ). Vgl. den griech. Text: Ἀκούσας δέ τινα τῶν πολιτῶν χρυσίον ἔχειν οἴκοι κατορωρυγμένον ἐκέλευσεν ἀνενεγκεῖν πρὸς αὐτόν· ἐπεὶ δὲ παρακλέψας ὀλίγον ὁ ἄνθρωπος καὶ μεταστὰς εἰς ἑτέραν πόλιν ἐωνήσατο χωρίον, μεταπεμψάμενος αὐτὸν ἐκέλευσε πᾶν ἀπολαβεῖν, ἠργμένον χρῆσθαι τῷ πλούτῳ καὶ μηκέτι ποιοῦντα τὸ χρήσιμον ἄχρηστον.

423 *id* „id" ist ein verdeutlichender Zusatz des Er. zu Regios Übersetzung.

430–431 *se a sapientibus ... seruire* Etwas verdrehte Wiedergabe von Guarinos Übers. von Plut. *Dion*, 9, 6 (*Vit.* 961): „Ab amicis quoque sapientibus cauere sibi dictitabat, quando ignarus non esset eos imperare malle quam seruire" (ed. Bade, Paris 1514, fol. CCLXXXVIIʳ). Vgl. den griech. Text: Ἔλεγε δὲ τοὺς φίλους φυλάττεσθαι νοῦν ἔχοντας, εἰδὼς καὶ βουλομένους μᾶλλον τυραννεῖν ἢ τυραννεῖσθαι. Wie der griech. Text besagt Guarinos Übers., daß Dionysios spezifisch vor klugen Freunden auf der Hut war, weil er wußte, daß diese lieber herrschen als beherrscht werden wollen. Er. jedoch bildet die Begündung zu dem verschrobenen Argument um „... because he was sure that not even among them was there a man who would not rather rule than be ruled" (*CWE* 38, S. 475–476). Wenn man die doppelten Negationen auflöst, ergibt sich die Aussage, daß Dionysios sicher wüßte, daß es *sogar* unter seinen klugen Freunden *eine Person gäbe*, die lieber herrschen als beherrscht werden wollte.

V, 68   QVID OPTANDVM A DEO   (Dionysius senior, 15, i.e.
                                                            Dionysius iunior)

Idem *quum intra regiam sacrum ex more perageretur praecoque,* sicuti consueuit, *precaretur, vt per multa tempora inconcussum duraret imperium,* „Non tu desines", inquit, „abominanda *nobis imprecari?*", sentiens potius a diis *optandam* bonam *mentem* quam ea, quae nihil conferunt ad hominis felicitatem. [Hanc tyranni vocem si quis admiretur, cogitet illum id temporis Platonis fuisse discipulum].

V, 69   VXOR CASTA   (Dionysius senior, 16, i.e. Testha)

Tescha [i.e. Testha], Dionysii soror, nupta Polyxeno, posteaquam maritus *metu* tyranni *profugerat* et rex *sororem accusarat, quod conscia fugae mariti* non indicasset, „Adeo ne", inquit, „Dionysi, *me vilem abiectique animi foeminam iudicas, vt, si sensissem illum moliri fugam, non me illi nauigationis et omnium fortunarum comitem additura fuerim?*".

437–438 Hanc ... discipulum *delevit Erasmus in B C*: Hanc tyranni vocem si quis admiretur, cogitet illum id temporis Platonis fuisse discipulum *A*: Hanc tyranni vocem si quis admiretur, cogitet bono quodam genio fuisse afflatum *instructio Erasmi in err. A.*

440 Tescha *A-C BAS LB*: Testha *scribendum erat sicut in versione Guarini.*
441 accusarat *correxi*: accusaret *A-C.*

432 *Quid optandum a deo* Durch den Titel verbindet Er. *Apophth.* V, 68 mit dem Hauptthema von Juvenals 10. Satire, i.e. der Frage, was man sich von den Göttern am besten erbitten solle. In *Apophth.* V, 68 bittet der Herold um eine lange Dauer der Herrschaft; vgl. dazu Iuv. 10, 187 ff.: „‚Da spatium vitae, multos da, Iuppiter, annos'./ Hoc recto voltu, solum hoc et pallidus optas./ Sed quam continuis et quantis longa senectus/ plena malis! Deformem et taetrum ante omnia vultum/ dissimilemque sui, deformem pro cute pellem/ pendentisque genas et talis aspice rugas ...". Im Schlußteil der Satire teilt Juvenal mit, was man sich stattdessen besser erbitten sollte. Die Erklärung des Er. steht jedoch auf tönernen Füssen, da er den Spruch fälschlich dem Dionysios I. zuschreibt und dadurch den politisch-ideologischen Kontext nicht versteht.
Apophth. V, 68 Er. hat sich in der Zuschreibung des Spruches in V, 68 geirrt: Er gehört nicht Dionysios I., sondern seinem Sohn Dionysios II. (reg. 367–357) zu. Das Apophth. datiert auf die unmittelbare Folgezeit nach der Ankunft Platons in Syrakus i.J. 366; vgl. Plut. *Dion,* 13, 1–4 (*Vit.* 963): „Das war der Stand der Dinge, als Platon in Sizilien eintraf ...". Dionysios II. hatte i.J. 367 seine Herrschaft angetreten, sein Vater Dionysios I. hatte das Zeitliche gesegnet. Dion überredete Dionysios II. dazu, Platon einzuladen. Es schien, als ob sich durch die Ankunft des Philosophen der Charakter des jungen Tyrannen zum Besseren gewendet habe. Philosophie und Bildung standen plötzlich im Mittelpunkt seines Interesses, ja des gesamten Hofes. In diesem Kontext ist der untenstehende Spruch zu verstehen: Dionysios II. kehrte sich damit gewissermaßen von seiner Gewaltherrschaft ab. Da der Spruch zu den Apophthegmata Dionysios' II. gehört, wird er dort als *Apophth.* V, 81B eingegliedert und nochmals wiedergegeben. Die Fehlzuschreibung wurde nicht registriert in *CWE* 38, S. 476.
434–436 *quum intra ... imprecari* Er. bearbeitete leicht variierend Guarino da Veronas Übers. von Plut. *Dion,* 13, 5 (*Vit.* 963): „... intra regias aedes sacrificium de more fiebat: vbi praecone, vt assolet, orante, vt multa per tem-

pora inconcussum duraret imperium, Dionysius, quum adesset, ‚Num [*lege* Non] desines', inquit, ‚execranda nobis imprecari?'" (ed. Bade, Paris 1514, fol. CCLXXXVIII^r). Vgl. den griech. Text: … θυσία μὲν ἦν πάτριος ἐν τοῖς τυραννείοις· τοῦ δὲ κήρυκος ὥσπερ εἰώθει κατευξαμένου διαμένειν τὴν τυραννίδα ἀσάλευτον πολλοὺς χρόνους, ὁ Διονύσιος λέγεται παρεστὼς „οὐ παύσῃ", φάναι, „καταρώμενος ἡμῖν;".

434 *intra regiam* Wie schon oben in V, 55 ersichtlich, ging Er. davon aus, daß Dionysios Königsburgen – frei nach mittelalterlichem Usus – besaß. Der griech. Text redet nur von „Gebäuden des Tyrannen", von Guarino mit „regiae aedes" übersetzt.

436 *optandam bonam mentem* Iuv. 10, 346 ff.: „Nil ergo optabunt homines? Si consilium vis,/ permittes ipsis expendere numinibus, quid/ conueniat nobis rebusque sit vtilis nostris;/ … / vt tamen et poscas aliquid voueasque sacellis/ … / optandum (orandum) est, vt sit mens sana in corpore sano …".

437 *quae … felicitatem* Vgl. Iuv. 10, 350–353.

438 *cogitet … discipulum* Als Er. den Spruch aus der Dion-Biographie exzerpierte, war ihm noch bewußt, daß er Dionysios II. zugehörte. Dessen Vater Dionysios I. hatte zwar ebenfalls Platon eingeladen (388 v. Chr.), war aber niemals dessen Schüler geworden. Bei der Zusammenstellung der *Apophthegmata* ordnete Er. den Spruch jedoch irrtümlich Dionysios I. zu. Bei der Durchsicht der Druckfahnen fiel Er. der Widerspruch zwischen dieser Zuordnung und dem Kommentar, daß der Sprecher damals Platons Schüler gewesen sei, auf. Daraufhin strich er den Kommentar in den *Errata* zu *A*.

Apophth. V, 69 gehört eigentlich nicht Dionysios I., sondern seiner Schwester Testhe zu.

440 *Tescha* Der Name von Dionysios' Schwester war **Testhe** (Θέστη, so auch in der Aldus-Ausgabe), latinisiert „Thesta", so auch in Guarinos Übers., die Er. als Textvorlage benutzte (ed. Bade, Paris 1514, fol. CCLXXXVIII^v). Er. hat sich beim Gebrauch des lateinischen Textes offensichtlich verlesen, indem er die Ligatur von „st" für eine „sc"-Ligatur hielt.

440 *Polyxeno* Polyxenos, ein bedeutender Syrakusaner; Dionysios I. heiratete dessen Schwester Theste (vgl. H. Schaeffer, *RE* XXI, 2 [1952], Sp. 1855–1857, s.v. „Polyxenos"). Später zerstritt er sich mit seinem Schwager. Vgl. Plut. *Dion* 21, 7 (3), in der Übers. Guarinos, die Er. benutzte: „Polyxenus enim eius sororis Testae maritus inimicus factus illi esse traditur" (ed. Bade, Paris 1514, fol. CCLXXXVIII^v).

440–444 *maritus metu … additura fuerim* Plut. *Dion* 21, 7–8 (*Vit.* 966); Er. bearbeitete die Übers. Guarinos: „Quo (sc. marito) propter metum secedente et e Sicilia profugiente Dionysius accitam sororem incusare coepit, quod fugae mariti conscia nil sibi denuntiasset. Illa (sc. Testha) … ‚Adeo ne, Dionysi', ait, ‚vilis, abiecta et virilitatis indiga visa tibi sum mulier, vt, si coniugi mei fugam ipsa praesciuissem, eiusdem nauigationis comes et fortunae particeps esse noluissem!'" (ed. Bade, Paris 1514, fol. CCLXXXVIII^v). Vgl. den griech. Text: ἀποδράντος οὖν αὐτοῦ διὰ φόβον καὶ φυγόντος ἐκ Σικελίας μεταπεμψάμενος ᾐτιᾶτο τὴν ἀδελφήν, ὅτι συνειδυῖα τὴν φυγὴν τοῦ ἀνδρὸς οὐ κατεῖπε πρὸς αὐτόν. „εἶθ᾽ οὕτω σοι δοκῶ Διονύσιε, φαύλη γυνὴ γεγονέναι καὶ ἄνανδρος ὥστε προγνοῦσα τὴν φυγὴν τοῦ ἀνδρὸς οὐκ ἂν συνεκπλεῦσαι καὶ μετασχεῖν τῆς αὐτῆς τύχης;".

445 V, 70   *Par pari*   (Dionysius senior, 17)

Egregium quendam citharoedum magnificis *promissis* ad se pellexit, iubens, *vt* quam optime *caneret*. Nam quo scitius caneret, hoc plus laturum praemii. Quum ille per dies aliquot accurate cecinisset nec quicquam daret rex, coepit flagitare mercedem. Tum Dionysius asseuerat se mercedem, quam pollicitus fuerat, bona fide soluisse.
450 „Qui?", inquit ille, „Ne nummus quidem mihi datus est". „At *dedi*", inquit Dionysius, „*voluptatem* pro voluptate. Neque enim ego te minus delectaui spe quam tu me cantu".

V, 71   AMICORVM FIDES   (Dionysius senior, 18)

Idem *admiratus* egregiam fidem *Damonis et Pythiae* [i.e. Phintiae] „*Rogo*", inquit, „*vt*
455 *me quoque in vestram amicitiam recipiatis*". *Alteri* [i.e. Phintiae] *tyrannus destinarat diem necis*, quumque is *pauculos dies petisset rerum domesticarum ordinandarum* gratia, hac lege *impetrauit*, vt *alter vas* amici *fieret* ea conditione, *vt, si ille non re*diisset ad diem praescriptum, hic plecteretur. Rediit autem ad diem, mori malens quam amicum fallere. Ita seruatus est vterque ac regis amicitia decoratus. Tantum valet egregia
460 virtus etiam apud tyrannos.

447–448 per dies aliquot *B C*: certis diebus *A*.

454 Pythiae *A-C Val. Max. edd. vett. ut Paris. 1510*: Phintiae *Val. Max. text. recept.*

Apophth. V, 70 ist ein Gegenstück zu *Adag.* 35 „Par pari referre. ΙΣΟΝ ΙΣΩΙ ΕΠΙΦΕΡΕΙΝ" (*ASD* II, 1, S. 150–151), *Adag.* 35 ΙΣΟΝ ΙΣΩΙ (ebd. II, 8, S. 59–60); *Collect.* 561 „Quod abs te allatum erat, id est relatum" (*ASD* II, 9, S. 208), *Apophth.* V, 36 „Par pari" (Cotys) und VII, 297 „Par pari" (Zeno Citteus). Er. erklärt das Sprichwort in *Adag.* 35 (*ASD* II, 1, S. 150): „[A] Qua monemur, vt tales simus in alios, quales in nos illos experimur … simus in perfidos perfidi, parcos parci, clamosos clamosi, impudentes improbi; denique vtcunque meritum merito simili retaliemus. Idem (sc. Terentius) in prologo Phormionis: ‚Quod ab ipso allatum est, sibi id esse relatum putet' (*Phorm.* 21). Non inconcinne tum quoque vsurpauerimus, si quando verba verbis, blandicias blandiciis, promissa promissis pensamus". Vgl. Ter. *Eun.* 445; Otto 1337. Wie in *Apophth.* V, 70 verbindet Er. in *Adag.* 35 die sprichwörtliche Redensart „par pari" mit der Geschichte von Dionysios I. und dem Kitharöden. Vgl. *ASD* II, 1, S. 150: „Non inconcinne tum quoque vsurpauerimus, si quando verba verbis, blandicias blandiciis, promissa promissis pensamus. Huc pertinet illud non illepidum, quod refert Aristoteles libro Moralium nono. Dionysius citharoedum accersiuerat, vt sibi caneret in nuptiis, atque cum eo his pactus est legibus, vt quo doctius meliusque caneret, hoc copiosiorem ferret mercedem. Annixus est omni artificio citharoedus, vti quam scitissime caneret, sperans amplissimum praemium. At postridie pactam mercedem reposcenti musico, qui conduxerat, ait (sc. Dionysius) iam persoluisse sese, quod esset pollicitus, nempe *par pari* retulisse proque voluptate reposuisse voluptatem, spem lucri significans, quae quidem hoc maior fuerat, quo magis ex arte cantasset. Verum hoc loco negat philosophus (sc. Aristoteles) *par pari* relatum, propterea quod alter id, quod volebat, accepit, alter eo, quod expetebat, frustratus est". In diesem Fall bezieht sich Er. auf Arist. *Eth. Nic.* IX, 1164A, 15–22, wobei Aristoteles jedoch diese These ablehnte, daß in der Geschichte Gleiches mit Gleichem vergolten würde. Plutarch hat in *De Alexandri Magni fortuna aut virtute* II, 1, *Mor.* 333E–334A, wo die Anekdote ebenfalls erzählt wird, diese als Musterbeispiel für das verwerfliche, kulturfeindliche Verhalten eines knausrigen Herrschers angeprangert; insofern setzt er Dionysios I. mit dem barbarischen Skythenkönig Ateas gleich, dem das Wiehern eines Pferdes lieber war als das virtuose Flötenspiel des Aulisten Ismenias (ebd.; zu der Geschichte vgl. oben *Apophth.* V, 42). Derselbe Titel „Par pari" findet sich auch in *Apophth.* V, 36.

446–452 *Egregium ... cantu* Paraphrasierende, erzählerisch frei ausgestaltete Wiedergabe von Plut. *De recta ratione audiendi (De auditoris officio)*, 7, *Mor.* 41E; dabei ging Er. von Ottmar Nachtigalls Übers. aus: „Apte igitur in illos competit Dionysii verbum, qui dum in theatro egregium quendam citharoedum pollicitationibus in spem eximiam magnorum munerum pertrahens atque finito concentu nihil largiretur nisi voluptatem diceretque 'Quanta inter canendum me cepit oblectatio, tanta rursus te perfudit spei laetitia" (ed. Cratander, Basel 1530, fol. 240ʳ). Vgl. den griech. Text: ὥστ' αὐτοῖς συμβαίνει τὸ ὑπὸ Διονυσίου ῥηθέν. ἐκεῖνος γάρ, ὡς ἔοικεν, εὐδοκιμοῦντι κιθαρῳδῷ παρὰ τὴν θέαν ἐπαγγειλάμενος δωρεάς τινας μεγάλας ὕστερον οὐδὲν ἔδωκεν ὡς ἀποδεδωκὼς τὴν χάριν: „ὅσον γάρ", ἔφη, „χρόνον εὔφραινες ᾄδων, τοσοῦτον ἔχαιρες ἐλπίζων"; dieselbe Anekdote, jedoch etwas anders ausgestaltet, findet sich auch in Plut. *De Alexandri Magni fortuna aut virtute* II, 1, *Mor.* 333E–334A, in der sonst von Er. benutzten Übers. Budés: „Dionysius, vt fertur, tyrannus, quum quendam citharoedum primi nominis audiret, talentum ei se daturum spopondit; postero vero die hesternam sponsionem reposcenti ‚Heri', inquit, ‚oblectatus a te tantisper, dum canebas, te quoque vicissim iniecta spe oblectare volui. Proinde congruum operae precium recepisti, hilarans idem et mox redhilaratus'" (ed. Cratander, Basel 1530, fol. 134ʳ); diese Stelle war aber in *Apophth.* V, 70 nicht die Vorlage, weil darin die Höhe der Belohnung genau benannt wird; ebensowenig Arist. *Eth. Nic.* IX, 1164A, 15–22, weil dort der Name des Dionysios fehlt.

447–448 *per dies aliquot* „per dies aliquot" ist eine freie Erfindung des Er.; in Nachtigalls Übers. und im griech. Original findet sich keine diesbezügliche Angabe.

451 *voluptatem* „voluptatem" übernahm Er. aus Nachtigalls Übers.; der griech. Originaltext hat χάριν.

Apophth. V, 71 In der legendenhaften Erzählung von **Damon und Phintias**, die kein eigentliches Apophthegma darstellt, wird ein rührendes Exempel pythagoräischer Freundestreue dargeboten. Das Lemma gehört nach den älteren, griech. Quellen (Aristoxenos, Diod.), nicht Dionysios I., sondern Dionysios II. (reg. 367–357; 347–344 v. Chr.) zu. Erst Cicero und die späteren römischen Quellen, zuzüglich Plutarch, schreiben – aufgrund einer Verwechslung – die Geschichte Dionysios I. zu, was auch erhellt, warum Er. sie Letzterem zuordnet. Nach der Legende soll der Pythagoräer **Phintias aus Syrakus** nach seiner Verurteilung zum Tode um Aufschub zur Regelung seiner häuslichen Angelegenheiten gebeten, und seinen Freund, den Pythagoräer Damon, als Bürgen gestellt haben. Nach Aristoxenos beruhte das Todesurteil auf reiner Willkür, nach Diod. auf einem versuchten Attentat des Phintias. Nachdem Phintias wider Erwarten rechtzeitig zurückkehrte, habe Dionysius vergeblich versucht, in den Freundschaftsbund der Philosophen aufgenommen zu werden. Vgl. Iambl., *De vita Pythagorica* 233–236 und Porph. *Vit. Pyth.* 59–61 (beide nach Aristoxenos); Diod. X, 4, 2–6 (neue Version mit Mordanschlag); Cic. *Off*. III, 43–46 (Anbindung an Dionysios I.); Ch. Riedweg, *DNP* 3 (1997), Sp. 303, s.v. „Damon"; E. Gegenschatz, „Die ‚pythagoreische Bürgschaft' – zur Geschichte eines Motivs von Aristoxenos bis Schiller", in: P. Neukam (Hrsg.), *Begegnungen mit Altem und Neuem*, München 1981, S. 90–154; J.C. Thom, „Harmonious Equality: The Topos of Friendship in Neopythagorean Writings", in: J.T. Fitzgerald (Hrsg.), *Greco-Roman Perspectives on Friendship*, Atlanta 1997, S. 77–103.

454–455 *admiratus ... recipiatis* Val. Max. IV, 7, ext. 1 (Titel „De Damone et Pythia" in *ed. Bade 1510, fol. CLXXIXᵛ*): „Admiratus amborum animum tyrannus ... eos rogauit, vt se in societatem amicitiae tertium sodalitii gradum ... reciperent"; Cic. *Off*. III, 45: „admiratus eorum fidem tyrannus petiuit, ut se ad amicitiam tertium adscriberent". Vgl. weiter Cic. *Tusc.* V, 63; *Fin.* II, 79; Diod. X, 4, 3. Die Geschichte wird auch von diversen mittelalterl. latein. Quellen überliefert, u.a. in den *Gesta Romanorum* (108) und Vinzenz von Beauvais' *Speculum historiale* (IV, 26) und *Speculum doctrinale* (VI, 84).

454 *Pythiae* Er. übernahm die unrichtige Namensform „Pythias" aus Bades' Valerius-Maximus-Edition oder einer anderen älteren Valerius-Maximus-Ausgabe. Die in den griech. Quellen korrekt überlieferte Namensform „Phintias" war Er. nicht geläufig.

455–457 *Alteri tyrannus ... rediisset* Cic. *Off*. III, 45: „cum eorum alteri Dionysius tyrannus

V, 72   IMPIETAS FELIX   (Dionysius senior, 19)

Sacrilegia sua solet facetis *dictis* obtegere. *Locris Proserpinae* templum *spoliarat*; mox quum classis illius *secundo vento nauigaret, "Videtis", inquit, "quam* prospera *nauigatio a diis immortalibus detur sacrilegis"*, ex hoc colligens aut non esse deos aut illis non esse molesta sacrilegia.

V, 73   FACETA RAPACITAS   (Dionysius senior, 20)

Ioui Olympio detraxit magni ponderis aureum amiculum, quo eum Hiero [i.e. Gelo] *e manubiis Carthaginensium ornauerat*, proque *detracto aureo laneum illi pallium iniecit*, ita cauillans *aureum amiculum aestate graue esse, hyeme frigidum; laneum ad vtrunque anni tempus* accommodatius *esse*.

---

462 solet *A-C*: solebat *LB*.
467 Hiero *A-C sec. Valerii Max. ed. vet. ut Paris 1510*: Gelo *scribendum erat ut in Valerii Max. text. recentiore*.
468 detracto *B C*: detracta *A*.
469 esse *scripsi (cf. Val. Max. et Cic. Nat.)*: est *A-C*.
469 laneum *A B*: leneum *C*.

diem necis destinauisset et is, qui morti addictus esset, paucos sibi dies ... postulauisset, vas factus est alter ... vt si ille non reuertisset ...".
Apophth. V, 72–76 Die folgenden Sprüche (V, 72–76) stellen Dionysios I. als zynischen Religionsfrevler und Tempelräuber dar. Sie finden sich in derselben Reihenfolge in Val. Max. I, I, ext. 3 und in Cic. *Nat*. III, 83–84; vgl. Komm. *CWE* 38, S. 477.
462 *Sacrilegia ... obtegere* Er. formulierte diesen einleitenden Satz nach dem Vorbild von Val. Max. I, 1, ext. 3: „... Dionysius tot sacrilega sua ... iocosis dictis prosequi voluptatis loco duxit".
462–463 *Locris ... vento* Val. Max. I, 1, ext. 3 („De Dionysio tyranno", *ed. Bade 1510, fol. XIIII^r*): „fano enim Proserpinae spoliato Locris cum per altum secundo vento classe veheretur, ridens amicis ‚Videtisne', ait, ‚quam bona nauigatio ab ipsis dis (diis *ed. Paris 1510*) inmortalibus sacrilegis tribuatur?'"; Cic. *Nat*. III, 83: „Dionysius ... cum fanum Proserpinae Locris expilauisset, nauigabat Syracusas; isque, cum secundissimo vento cursum teneret, ridens ‚Videtisne' inquit, ‚amici, quam bona a dis inmortalibus nauigatio sacrilegis detur?'"; Lact. *Inst*. II, 4, 25–26. Persephone, Tochter von Zeus und Demeter, war die Hauptgöttin der griechischen Stadt Lokroi Epizephyrioi („das westliche Lokroi", heute Locri), einer ionischen Kolonie in Unteritalien (Prov. Reggio Calabria), unweit des heutigen Capo Zefirio. Vgl. *DNP* 7 (1999), Sp. 421–425, s.v. „Lokroi Epizephyrioi"; dort befinden sich Ausgrabungen des Persephone-Heiligtums, das aus dem 7. Jh. v. Chr. stammt. Für das Heiligtum vgl. auch E. Lattanzi et alii, „Santuari della Magna Grecia in Calabria", in: *I Greci in occidente*, 1996. Da sich Locri im Handbereich des Tyrannen von Syrakus befand, setzte die Plünderung des Persephone-Tempels im Übrigen keine heroische Seefahrt voraus.
466 *Faceta rapacitas* Dem Titel des Er. folgend brachte Lycosthenes das Apophthegma in seinem Kap. „De rapacitate" unter (S. 928).
467–470 *Ioui Olympio ... tempus* Val. Max. I, 1, ext. 3: „Detracto etiam Ioui Olympio magni ponderis aureo amiculo, quo eum tyrannus Gelo (Gelo *edd. recentes*: Hiero *ed. Bade 1510, fol. XIIII^r, et plures edd. vett*.) e manubiis Karthaginiensium (Carthaginiensium *edd. vett*.) ornauerat, iniectoque ei laneo pallio dixit aestate graue esse aureum amiculum, hieme (hyeme *edd. vett*.) frigidum, laneum autem ad vtrumque tempus anni aptius"; Cic. *Nat*. III, 83: „Qui (sc. Dionysius) cum ... in fanum venisset Iouis Olympii, aureum ei detraxit amiculum grandi pondere, quo Iouem ornarat e manubiis Carthaginiensium tyannus Gelo, atque in eo etiam cauillatus est aestate graue esse aureum amiculum, hieme frigidum, eique

laneum palleum iniecit, cum id esse aptum ad omne anni tempus diceret". Dieselbe Anekdote findet sich weiter in Ael. *Var.* I, 20; Arnob. *Adv. nat.* VI, 21; Clem. Al. *Protr.* IV, 52, 2; Lact. *Inst.* II, 4, 17; Ambr. *De virginitate* II, 36. Er. hat den Text von V, 73 va. nach Val. Max. 1,1, ext. 3 gestaltet. Bei dem Götterbild des Zeus im Tempel von Olympia handelt es sich um die mehr als 13 Meter hohe Sitzstatue aus Elfenbein und Gold, die Pheidias zwischen 438 und 430 v. Chr. angefertigt hatte und die seit dem 2. Jh. v. Chr. als eines der sieben Weltwunder galt; vgl. Paus. V, 11, 1–11; Plin. *Nat.* XXXV, 54; Hygin. *Fab.* 223, 5; Strab. VIII, 3, 30; Philo Byz. *De septem orbis spectaculis* 3; Val. Max. III, 7, ext. 4; B. Bergbach-Bitter, *Griechische Kultbilder. Archäologischer Befund und literarische Überlieferung*, Diss. Würzburg 2008, S. 11–179; G.M. Richter, „The Pheidian Zeus at Olympia", in: *Hesperia* 35 (1966), S. 166–170; J. Liegle, *Der Zeus des Phidias*, Berlin 1952; H. Schrader, „Das Zeusbild des Pheidias in Olympia", in: *Jahrbuch des Deutschen Archäologischen Instituts* 56 (1941), S. 1–71; zum Zeustempel, dem Standort der Statue, vgl. A. Hennemeyer, „Der Zeustempel von Olympia", in: W.-D. Heilmeyer et alii (Hrsg.), *Mythos Olympia. Kult und Spiele in der Antike*, München 2012, S. 121–125.

467 *aureum amiculum* Der Goldmantel zählte zu den Bestandteilen der Statue, die abmontiert werden konnten. Vgl. Plut. *Pericl.* 31, 3 (*Vit.* 169). Pheidias hatte zur Herstellung des Goldmantels in der Tat das Gold verwendet, das Gelon I. von Syrakus dem Zeustempel im Jahr 480 v. Chr. geschenkt hatte; vgl. Komm. unten.

467–468 *Hiero ... ornauerat* Es handelt sich um den Sieg der Syrakusaner gegen die Karthager bei Himera 480 v. Chr. Der Tyrann, der dem Zeus von Olympia die Votivgeschenke aus der karthagischen Kriegsbeute machte, war jedoch Gelon I. (ca. 450–478 v. Chr.), nicht Hieron. Daß es sich um Gelon handelte, geht u. a. aus dem von Er. benutzten Quellentext Cic. *Nat.* III, 83 hervor. Allerdings traf Er. in den Quellen widersprüchliche Angaben an, da der von ihm benutzte Val.-Max.-Text „Hiero" statt „Gelo" hatte. Offensichtlich war Er., der sich an dieser Stelle für „Hiero" entschied, nicht klar, daß sich „die karthagische Beute" auf Himera bezog. Denn diese Schlacht nennt Er., verbunden mit dem richtigen Feldherren, Gelon, in *Apophth.* V, 44. Der Fehler in der Val.-Max.-Überl. „Hiero" statt „Gelo" findet sich noch in den Edd. des 18. Jh. (z. B. ed. Torrenius, Leiden, 1726).

V, 74   BARBATI MEDICI   (Dionysius senior, 21)

Epidauri Aesculapio barbam auream detraxit, *quod* negaret decorum *patrem Apollinem imberbem, ipsum* vero *barbatum conspici*. Aesculapius fingitur Apollinis filius; Apollinem autem *semper imberbem* facit theologia poetica, Aesculapium barbatum, significans in medico multarum rerum vsum.

V, 75   ANATHEMATA   (Dionysius senior, 22)

Mensas aureas atque aereas *diis dicatas e phanis sustulit*. Has inscriptio *ex more Graecorum testabatur esse ‚BONORVM DEORVM'*, ne quis manum admoliretur. At ille cauillatus est se deorum *bonitate vti*. Nam boni dii dicuntur, quod omnibus bene faciant.

V, 76   LVDIBRIVM SACRILEGIO ADDITVM   (Dionysius senior, 23)

Idem Victorias aureas, pateras et coronas, quae simulacra porrectis manibus sustinebant velut offerentia, *tollebat dicens se oblata accipere, non* eripere, *addens* perabsurdum *esse, a quibus* quotidie *bona flagitamus, ab his* vltro *porrigentibus nolle* accipere.

479–480 bene faciant *C BAS LB*: benefaciant *A B*.

482 Victorias *scripsi*: victorias *A-C*.

471 *Barbati medici* Er. erstellte den Titel des *Apophth*. V, 74 aufgrund seiner (etwas weit hergeholten) Erklärung, daß der Bart bei einem Arzt Erfahrenheit bedeute (vgl. unten). U. a. aufgrund des Titels dieses Apophth. richtete Lycosthenes ein Kapitel „De barba" ein (S. 115–116), in welchem er V, 74 druckte.

472–473 *Epidauri ... conspici* Val. Max. I, 1, ext. 3: „Idem Epidauri Aesculapio barbam auream demi iussit, quod affirmaret non conuenire patrem Apollinem imberbem, ipsum vero barbatum conspici" (ed. Badius, Paris 1510); Cic. *Nat*. III, 83: „Idemque Aesculapi Epidauri barbam auream demi iussit; neque enim conuenire barbatum esse filium, cum in omnibus fanis pater imberbis esset"; die Anekdote findet sich weiter in Lact. *Inst*. II, 4, 18; Arnob., *Adu. gent*. VI, 21; Ambr. *De virginibus* II, 36. Er. hat den Text von *Apophth*. V, 74 nach Val. Max. I, 1, ext. 3 gebildet. Vgl. weiter Er., *Adag*. 1369 „Barbam vellere", *ASD* II, 3, S. 378: „Et Dionysius Siculus non dubitauit Aesculapio barbam auream detrahere"; das Sprichwort „Barbam vellere" drückt starke Verachtung aus. Vgl. Er.' Erklärung a.a.O., S. 376–377: „Est illud quoque sumptum a gestu: ‚barbam vellere', quo summum contemptum ac ludibrium significamus ...". Wie die nämliche *Adagia*-Stelle zeigt, hat Er. das Abnehmen des (goldenen) Bartes als Verspottung betrachtet, die eine ähnliche Bedeutung gehabt habe wie das antike Sprichwort „barbam vellere". Übrigens hat Er. zu *Adag*. 1369 das Exemplum des Dionysius erst in der Ausgabe des Jahres 1528 (*G*) hinzugefügt, d.h. etwa drei Jahre vor der Erstausgabe der *Apophthegmata*. Die Verwendung von „detraxit" in V, 74 deutet darauf hin, daß Er. die nämliche *Adagia*-Stelle („detrahere") vor Augen hatte.

472 *Epidauri* In Epidaurus (heute Lygourio) in der Argolis, auf einer Anhöhe, die zum Berg Kynortion gehört, befand sich ein berühmtes Heiligtum, das urspr. dem Apoll, seit dem 5. Jh. v. Chr. jedoch vornehmlich seinem Sohn Asklepios gewidmet war. Dort wurden als Heilmethoden Opfer an Apoll, Bäderkuren und der Tempelschlaf (bei dem Asklepios den Kranken im Traum erschien) angewendet. Die Berücksichtigung der beiden Götter mag Dio-

nysios I. zu seinem zynischen, vergleichenden Kommentar inspiriert haben – warum soll der Sohn einen Bart haben, während der Vater bartlos ist?

473 *Aesculapius* Vgl. *Adag.* 1522, *ASD* II, 4, S. 34: „Aesculapius, Apollinis filius, Chirone praeceptore medicam artem perdidicerat …".

474 *Apollinem autem semper imberbem* Cic. *Nat.* I, 83. Vgl. Albericus, *De deorum imaginibus*, cap. IV (ed. van Staveren): „Apollo … pingebatur in specie inberbis iuuenis, nunc facie puerili, nunc iuuenili, semper imberbis …"; Georgius Pictorius, *Theologia mythologica*, Freiburg i.Br. 1532, fol. 13ʳ: „Effigiem Apollinis fere his coloribus depinxit Albricus: nunc pueri elegantis instar … nunc iuuenis ex ephoebis excedentis …".

474 *Aesculapium barbatum* Vgl. Albericus, *De deorum imaginibus* cap. XX (ed. van Staveren): „Aesculapius dictus est filius Apollinis, qui deus medicinae et medicorum putabatur. Eius imago erat homo quidam cum barba valde prolixa, indutus habitu medici, sedens …"; Georgius Pictorius, *Theologia mythologica*, Freiburg i.Br. 1532, fol. 33ʳ: „Aesculapius filius Apollinis insigniter depictus his fuit coloribus: viri aurea statua, coronata lauro, prolixa barba …".

477–479 *Mensas aureas … bonitate vti* Val. Max. I, 1, ext. 3: „Idem mensas argenteas atque aureas e fanis sustulit, quodque in his more Graeciae (Graeciae *edd. rec.*: Graeco *edd. vett.*, e.g. ed. Bade *1510, fol. XIVᵛ*) scriptum erat bonorum deorum eas esse, vti se bonitate eorum praedicauit"; Cic. *Nat.* III, 84: „Iam mensas argenteas de omnibus delubris iussit auferri, in quibus quod more veteris Graeciae inscriptum esset ‚BONORVM DEORVM', uti se eorum bonitate velle dicebat". Er. hat den Text seines Lemmas abermals zusammengestellt, indem er beide Quellen benutzte. Unterschiede ergaben sich z.B. im Hinblick auf das Material der Tische: Valerius führt Gold und Silber, Cicero nur Silber, Er. jedoch merkwürdigerweise kein Silber, sondern Gold und Bronze an.

482–484 *Idem Victorias … porrigentibus nolle* Größtenteils wörtliche Übernahme von Val. Max. I, 1, ext. 3: „idem victorias aureas et pateras et coronas, quae simulacrorum porrectis manibus sustinebantur, tollebat et eas se accipere, non auferre dicebat, perquam stultum esse argumentando, a quibus bona precamur, ab his porrigentibus nolle sumere" (Text nach ed. Bade 1510), wobei Er., wie schon Valerius, auch Cic. *Nat.* III, 84 benutzte: „Idem Victoriolas aureas et pateras coronasque, quae simulacrorum porrectis manibus sustinebantur, sine dubitatione tollebat, eaque se accipere, non auferre dicebat; esse enim stultitiam, a quibus bona precaremur, ab iis porrigentibus et dantibus nolle sumere".

DIONYSIVS IVNIOR

V, 77 (Dionysius Iunior, 1)

Dionysius Iunior dicere solebat se multos alere sophistas, non quod illos admiraretur, sed quod per illos admirabilis esse studeret. Sciebat populum de illis tanquam de viris doctis magnifice sentire. Hac persuasione callide abutebatur ad conciliandum sibi multitudinis fauorem. Eadem arte fortasse principes quidam alunt in palatiis suis viros eruditionis et sanctitatis opinione venerabiles, vt populus arbitretur horum consiliis geri pleraque.

V, 78   RES VERBIS EFFICACIOR   (Dionysius Iunior, 2)

Quum Polyxenus dialecticus Dionysio diceret „Ego te conuinco", „nimirum verbis", inquit, „At ego te re ipsa conuinco, qui tuis relictis me meaque colas", significans illum a schola ad aulam, a philosophis ad tyrannum transisse, non facturum nisi hanc vitam illa iudicasset beatiorem.

V, 79   PHILOSOPHIA IN ADVERSIS   (Dionysius Iunior, 3)

Posteaquam regno *fuit expulsus, cuidam dicenti „Quid tibi Plato et philosophia profuit?", „vt tantam", inquit, „fortunae mutationem facile feram".* Neque enim sibi manus admouit, quod alii solent, sed Corinthi ludum literarium aperuit.

---

487 solebat *LB*: solet *A-C*.
500 tantam *BAS LB (cf. versionem Regii)*: tantum *A-C*.

501 solent *A-C*: solebant *LB*.

Dionysios II. bzw. d. Jüngere, Tyrann von Syrakus (um 396 bis um 337 v. Chr.), Sohn Dionysios des I.; war von Dion (zu diesem vgl. unten Komm. zu V, 86) in die Politik eingeführt und von Platon in der Philosophie unterrichtet worden; obwohl ihn der Vater nicht als Thronfolger aufbaute, kam Dionysios II. nach dessen Tod i.J. 367 mit Unterstützung der Soldaten an die Macht. Militärisch war er nicht sehr erfolgreich: Einen Feldzug in Unteritalien gab er bald auf, ein Feldzug gegen die Karthager verlief im Sande. Er geriet in einen erbitterten Machtkampf zwischen zwei Faktionen an seinem Hof, einerseits der reformfreudigen Partei Dions, welche den idealen Staat Platons in Syrakus verwirklichen wollte, andererseits der monarchistischen konservativen Partei des Philistos. I.J. 366 setzte die Dion-Partei die Einladung Platons nach Syrakus durch, die Gegenpartei jedoch noch im selben Jahr die Verbannung Dions, wonach auch Platon Syrakus verließ. Bei einem weiteren Syrakus-Aufenthalt i.J. 361 versuchte Platon erfolglos, Dions Rückberufung zu bewerkstelligen. I.J. 357 gelang es Dion, Syrakus mit einem Söldnerheer zu erobern und Dionysios II. zu stürzen, der sich ins süditalische Lokroi absetzte. Trotz der Ermordung Dions i.J. 354 schaffte es Dionysios II. zunächst nicht, die Macht erneut zu ergreifen. Zuerst regierte Dions Mörder Kalippos (354–353), dann Dionysios' Halbbrüder Hipparinos (353–351) und Nysaios (351–347). Erst 347 kehrte Dionysios II. wieder nach Syrakus zurück, musste seine Herrschaft jedoch schon nach drei Jahren wieder aufgeben. Seit 344 lebte er in Korinth als Schulmeister und Privatmann. Vgl. B. Niese, *RE* V, 1 (1903), Sp.

904–908, s.v. „Dionysios". Er. schätzte Dionysios II. als Herrscher nicht sehr hoch ein. Für dessen übermäßigen Alkoholgenuss vgl. *Adag.* 1168, *ASD* II, 3, S. 182; aus vorl. Sektion in den *Apophthegmata* (V, 77–81) geht nicht hervor, daß Dionysios II. die Kunst des Regierens beherrschte. Seine Aussprüche zeigen v.a. seinen Hang zur Überheblichkeit (V, 77, 78, 80) und Selbstgenügsamkeit (passim) und führen vor, daß er für sein schlechtes Abschneiden im Vergleich zu seinem Vater selbst keine Verantwortung tragen wollte. Er figuriert weiter in *Apophth.* V, 85; VI, 493; VII, 162 und 155.

487–488 *Dionysius Iunior ... studeret* Plut. *Reg. et imp. apophth., Mor.* 176C (Dionysius minor, 1): Ὁ δὲ νεώτερος Διονύσιος ἔλεγε πολλοὺς τρέφειν σοφιστάς (σοφιστὰς *ed. Ald. 1509, p. 153*), οὐ θαυμάζων ἐκείνους ἀλλὰ δι' ἐκείνων θαυμάζεσθαι βουλόμενος. Er. hat seine Textwiedergabe den Übers. des Filelfo („dicebat multos alere sophistas, non quod illos admiraretur, sed quoniam per illos admirationi esse vellet", fol. ⟨k vi⟩ᵛ) und des Regio („dicititabat se multos quidem alere ..., non quod illos admiraretur, sed quia per illos ipse aliis admirationi esse vellet", fol. c⟨i⟩ʳ) nachgebildet.

487 *sophistas* In der Nachfolge Filelfos beließ Er. den griechischen Begriff „sophistas", während ihn Regio mit „liberalium artium doctores" wiedergab.

494–495 *Quum Polyxenus ... meaque colas* Plut. *Reg. et imp. apophth., Mor.* 176C–D (Dionysius minor, 2): Πολυξένου δὲ τοῦ διαλεκτικοῦ φήσαντος αὐτὸν ἐξελέγχειν „ἀμέλει τοῖς λόγοις", εἶπεν, „ἐγὼ δέ σε τοῖς ἔργοις ἐλέγχω· τὰ γὰρ σεαυτοῦ καταλιπὼν ἐμὲ καὶ τὰ ἐμὰ θεραπεύεις". Filelfo, dessen Übers. Er. benutzte, hatte die Zuordnung der Teile der direkten Rede anders arrangiert: „Polyxeno autem dialectico affirmante eum se verbis reprobaturum, ,At ego', inquit, ,rebus te reprobo, quippe qui tuis relictis me meaque obseruas'" (fol. ⟨kvi⟩ᵛ).

494 *Polyxenus dialecticus* **Polyxenos**, Philosoph aus dem Kreis Platons und mit diesem befreundet; Platon soll ihn um 360 v. Chr. zu Dionysios II. nach Syrakus geschickt haben. Vgl. S. Heinhold-Krahmer, *DNP* 10 (2001), Sp. 85, s.v. „Polyxenos", Nr. 5; Diog. Laert. II, 67–77. Nicht identisch mit dem oben in *Apophth.* V, 69 genannten Polyxenos, dem Schwager Dionysios' I.

Apophth. V, 79 ist ein Gegenstück zu *Adag.* 83 „Dionysius Corinthi" (*ASD* II, 1, S. 192) und von *Apophth.* VII, 153. Alle drei Instanzen handeln davon, daß Dionysios II. aus seinem Königreich vertrieben wurde und fortan seinen Lebensunterhalt selbst verdienen musste: Er scheint sich in Korinth als Lehrer verdingt zu haben. Vgl. Val. Max. VI, 9 *ext.*, 6: „Dionysius autem, cum hereditatis nomine a patre Syracusanorum ac paene totius Siciliae tyrannidem accepisset, maximarum opum dominus, exercituum dux, rector classium, equitatuum potens, propter inopiam litteras puerulos Corinthi docuit eodemque tempore tanta mutatione maiores natu ne quis nimis fortunae crederet magister ludi factus ex tyranno monuit". Das Apophthegma datiert auf die Zeit, nachdem Dionysios II. aus Syrakus vertrieben worden war (was zuerst i.J. 257 v. Chr. der Fall war).

499–500 *Posteaquam regno ... facile feram* Plut. *Reg. et imp. apophth., Mor.* 176D (Dionysius minor, 3): Ἐκπεσὼν δὲ τῆς ἀρχῆς, πρὸς μὲν τὸν εἰπόντα „τί σε Πλάτων καὶ φιλοσοφία ὠφέλησε;" „τὸ τηλικαύτην", ἔφη, „τύχης μεταβολὴν ῥᾳδίως ὑπομένειν". Er. bearbeitete Regios Übers., die er im Anfangsteil variierte, im Spruchteil aber wörtlich wiedergab: „Tyrannide vero cum excidisset, interrogatus a quodam, quid sibi Plato philosophiaque profuisset, ,Vt tantam', inquit, ,fortunae mutationem aequo animo feram'" (fol. c⟨i⟩ʳ).

501 *Corinthi ... aperuit* Adag. 83 „Dionysius Corinthi", *ASD* II, 1, S. 192: „... *Dionysius Corinthi*. Prouerbialis allegoria, qua significamus aliquem e summa dignitate atque imperio ad priuatam humilemque redactum fortunam, quemadmodum Dionysius Syracusarum tyrannus expulsus imperio, Corinthi pueros, literas ac musicam mercede docuit. ... Caeterum vnde natum sit adagium, Plutarchus aperuit in libello, cui titulus ... *de futili loquacitate* ..."; die griech. Fassung des Adagiums findet sich weiter bei Cic. *Att.* IX, 9, 1 und Plut. *Mor.* 511A, die latein. in Quint. *Inst.* VIII, 6, 52.

V, 80   Prvdenter   (Dionysius Iunior, 4)

Percontanti, qui factum esset, vt, quum pater ipsius tenui fortuna ac priuatus sibi Syracusanae ciuitatis principatum parauerit, ipse regis filius et regnum haereditate acceptum amiserit, „Quoniam", inquit, *„pater rerum potitus est, quum iam in odium venisset popularis gubernatio; ego, quum inuidia laboraret tyrannis, principatum suscepi"*.

V, 81   ⟨Prvdenter⟩   (Dionysius Iunior, 5)

Alteri cuidam hoc ipsum percontanti compendio *respondit: „Pater,* [inquit] *mihi regnum suum reliquit, non fortunam"*. Non omnia omnibus aeque feliciter cedunt.

V, 81B   Qvid optandvm a deo   (Dionysius iunior, 6)

Idem *quum intra regiam sacrum ex more perageretur praecoque,* sicuti consueuit, precaretur, vt per multa tempora inconcussum duraret imperium, *„Non tu desines"*, inquit, *„abominanda nobis imprecari?"*, sentiens potius a diis *optandam* bonam *mentem* quam ea, quae nihil conferunt ad hominis felicitatem. [Hanc tyranni vocem si quis admiretur, cogitet illum id temporis Platonis fuisse discipulum].

---

507 Prudenter *scripsi*: deest *A-C*.
508 inquit *seclusi (cf. supra* respondit*)*: inquit *A-C*.
514–515 Hanc … discipulum *delevit Erasmus in B C*: Hanc tyranni vocem si quis admiretur, cogitet illum id temporis Platonis fuisse discipulum *A*: Hanc tyranni vocem si quis admiretur, cogitet bono quodam genio fuisse afflatum *instructio Erasmi in err. A*.

503–506 *Percontanti … suscepi* Plut. *Reg. et imp. apophth.*, Mor. 176D (Dionysius minor, 4): Ἐρωτηθεὶς δὲ πῶς ὁ μὲν πατὴρ αὐτοῦ πένης ὢν καὶ ἰδιώτης ἐκτήσατο τὴν Συρακοσίων ἀρχήν, αὐτὸς δὲ ἔχων καὶ τυράννου παῖς ὢν [πῶς] ἀπέβαλεν, „ὁ μὲν πατήρ", ἔφη, „μισουμένης δημοκρατίας ἐνέπεσε τοῖς πράγμασιν, ἐγὼ δὲ φθονουμένης τυραννίδος".
Apophth. V, 81 weist in *A, B, C* und *BAS* keine separate Titelangabe auf, wohl weil jene des vorhergehenden, inhaltlich gleichläufigen *Apophth*. V, 80 („Prudenter") weitergeführt werden sollte; hier ergänzt.
508–509 *Alteri cuidam … fortunam* Plut. *Reg. et imp. apophth.*, Mor. 176E (Dionysius minor, 5): Ὑπ' ἄλλου δὲ τὸ αὐτὸ τοῦτο ἐρωτηθείς „ὁ πατήρ", ἔφη, „μοι τὴν τυραννίδα τὴν ἑαυτοῦ κατέλιπεν, οὐ τὴν τύχην".
508–509 *Pater … fortunam* Nach Filelfos Übers.: „‚Pater', inquit, ‚suam mihi tyrannidam reliquit, non fortunam'" (fol. ⟨k vi⟩ᵛ).
510 *Quid optandum a deo* Durch den Titel verbindet Er. *Apophth*. V, 81B (68) mit dem Hauptthema von Juvenals 10. Satire, i.e. der Frage, was man sich von den Göttern am besten erbitten solle. In *Apophth*. V, 81B (68) bittet der Herold um eine lange Dauer der Herrschaft; vgl. dazu Iuv. 10, 187ff.: „‚Da spatium vitae, multos da, Iuppiter, annos'./ Hoc recto voltu, solum hoc et pallidus optas./ Sed quam continuis et quantis longa senectus/ plena malis! Deformem et taetrum ante omnia vultum/ dissimilemque sui, deformem pro cute pellem/ pendentisque genas et talis aspice rugas …". Im Schlußteil der Satire teilt Juvenal mit, was man sich stattdessen besser erbitten sollte. Die Erklärung des Er. steht jedoch auf tönernen Füssen, da er den Spruch fälschlich dem Dionysios I. zuschreibt und dadurch den politischen-ideologischen Kontext nicht versteht.
In *Apophth*. V, 68 hat Er. sich in der Zuschreibung des Spruches geirrt: Er gehört nicht Dionysios I., sondern seinem Sohn Dionysios II.

(reg. 367–357) zu. Das Apophth. datiert auf die unmittelbare Folgezeit nach der Ankunft Platons in Syrakus i.J. 366; vgl. Plut. *Dion*, 13, 1–4 (*Vit.* 963): „Das war der Stand der Dinge, als Platon in Sizilien eintraf ...". Dionysios II. hatte i.J. 367 seine Herrschaft angetreten, sein Vater Dionysios I. hatte das Zeitliche gesegnet. Dion überredete Dionysios II. dazu, Platon einzuladen. Es schien, als ob sich durch die Ankunft des Philosophen der Charakter des jungen Tyrannen zum Besseren gewendet habe. Philosophie und Bildung standen plötzlich im Mittelpunkt seines Interesses, ja des gesamten Hofes. In diesem Kontext ist der untenstehende Spruch zu verstehen: Dionysios II. kehrte sich damit gewissermaßen von seiner Gewaltherrschaft ab. Da der Spruch zu den Apophthegmata Dionysios' II. gehört, wird er an der ihm zugehörigen Sektion als V, 81B eingegliedert. Vgl. Anm. zu V, 68.

511–513 *quum intra ... imprecari* Er. bearbeitete leicht variierend Guarino da Veronas Übers. von Plut. *Dion*, 13, 5 (*Vit.* 963): „... intra regias aedes sacrificium de more fiebat: vbi praecone, vt assolet, orante, vt multa per tempora inconcussum duraret imperium, Dionysius, quum adesset, ‚Num [*lege* Non] desines', inquit, ‚execranda nobis imprecari?'" (ed. Bade, Paris 1514, fol. CCLXXXVIIIʳ). Vgl. den griech. Text: ... θυσία μὲν ἦν πάτριος ἐν τοῖς τυραννείοις· τοῦ δὲ κήρυκος ὥσπερ εἰώθει κατευξαμένου διαμένειν τὴν τυραννίδα ἀσάλευτον πολλοὺς χρόνους, ὁ Διονύσιος λέγεται παρεστὼς „οὐ παύσῃ", φάναι, „καταρώμενος ἡμῖν;".

511 *intra regiam* Wie schon oben in V, 55 ersichtlich, ging Er. davon aus, daß Dionysios Königsburgen – frei nach mittelalterlichem Usus – besaß. Der griech. Text redet nur von „Gebäuden des Tyrannen", von Guarino mit „regiae aedes" übersetzt.

513 *optandam bonam mentem* Iuv. 10, 346ff.: „Nil ergo optabunt homines? Si consilium vis,/ permittes ipsis expendere numinibus, quid/ conueniat nobis rebusque sit vtilis nostris;/ ... / vt tamen et poscas aliquid voueasque sacellis/ ... / optandum (orandum) est, vt sit mens sana in corpore sano ...".

514 *quae ... felicitatem* Vgl. Iuv. 10, 350–353.

515 *cogitet ... discipulum* Als Er. den Spruch aus der Dion-Biographie exzerpierte, war ihm noch bewußt, daß er Dionysios II. zugehörte. Dessen Vater Dionysios I. hatte zwar ebenfalls Platon eingeladen (388 v. Chr.), war aber niemals dessen Schüler geworden. Bei der Zusammenstellung der Apophthegmata ordnete Er. den Spruch jedoch irrtümlich Dionysios I. zu. Bei der Durchsicht des Drucks fiel der Widerspruch zwischen dieser Zuordnung und dem Kommentar, daß der Sprecher damals Platons Schüler gewesen sei, auf. Daraufhin strich Er. den Kommentar in den *Errata* zu *A*.

AGATHOCLES

V, 82   Dignitas indvstria parta   (Agathocles, 1)

Agathocles figulo patre natus fuit. Is vero quum Sicilia potitus esset rexque declaratus, solitus est in mensa *fictilia pocula iuxta aurea ponere, eaque iuuenibus ostendens dicere „Quum antea talia fecerim",* commonstratis fictilibus, *„nunc per vigilantiam ac fortitudinem talia facio",* commonstrans aurea. Non puduit pristinae fortunae, sed gloriosius existimauit regnum virtute partum, quam si haereditate obuenisset. Nam regem nasci nihil magni est, at regno dignum se praestitisse maximum est.

V, 83   Maledicentia   (Agathocles, 2)

Quum obsideret vrbem quandam, quibusdam e muro conuitia in ipsum iaculantibus dicentibusque „Figule, vnde militibus tuis persolues stipendium"?, ille placidus ac ridens respondit „quum hanc cepero". At quum vrbe vi potitus esset venderetque captiuos, „Si me", inquit, *„denuo conuitiis afficeritis, apud heros vestros querar de vobis",* ciuiliter illis exprobrans et intempestiuam maledicentiam et seruitutem maledicentiae praemium.

V, 84   Lepide   (Agathocles, 3)

Ithacensibus nautas ipsius apud eum deferentibus, quod ad insulam appellentes pecora quaedam abegissent, „At vester", inquit, *„rex, quum venisset ad nos, non modo pecudibus abreptis, verum ipso etiam pastore exoculato recessit",* alludens ad fabulam de Vlysse, qui Cyclopem Polyphemum excaecauit.

Agathokles, Tyrann von Syrakus, König von Sizilien (361–289 v. Chr.; reg. als Tyrann von Syrakus seit 316/5; als König von Sizilien seit 305). Vgl. K. Meister, *DNP* 1 (1999), Sp. 237–239, s.v. „Agathokles", Nr. 2. Betrieb in Syrakus lange Zeit eine Großmanufaktur in Keramik und beteiligte sich (als Demokrat) an der Politik erst mit ca. 58 Jahren (319/8); i.J. 316/5 stürzte er die Oligarchie der 600 in einem Staatsstreich; als Tyrann von Syrakus unterwarf er in einem verlustreichen Krieg gegen die Karthager ganz Sizilien und nahm den Titel des Königs an. Ein Versuch, Unteritalien zu erobern, scheiterte.
Apophth. V, 82 datiert auf die Zeit von Agathokles' Königsherrschaft (305–289 v. Chr.). Er. spricht in seinem Kommentar, wie auch in der *Inst. princ. christ.*, seine Bedenken gegenüber der erblichen Monarchie aus. Viel besser wäre es, wenn der Herrscher aufgrund seiner persönlichen Eignung ernannt werden würde.

518–521 *Agathocles figulo ... talia facio* Plut. *Reg. et imp. apophth., Mor.* 176E (Agathocles, 1): Ἀγαθοκλῆς υἱὸς ἦν κεραμέως· γενόμενος δὲ κύριος Σικελίας καὶ βασιλεὺς ἀναγορευθεὶς εἰώθει κεραμεᾶ ποτήρια τιθέναι παρὰ τὰ χρυσᾶ, καὶ τοῖς νέοις ἐπιδεικνύμενος λέγειν ὅτι τοιαῦτα ποιῶν πρότερον νῦν ταῦτα ποιεῖ διὰ τὴν ἐπιμέλειαν καὶ τὴν ἀνδρείαν. Er. benutzte Filelfos und Regios Übers. als Vorlagen, aus denen er seinen Text kollageartig und leicht variierend zusammensetzte; Regio: „Agathocles figuli filius, Siciliae dominus effectus rexque declaratus fictilia pocula consueuerat inter aurea collocare ac iuuenibus ostentans dictitare: ‚Ego, cum prius talia facerem, nunc ob diligentiam et fortitudinem talia facio'" (fol. c⟨i⟩ᵛ); Filelfo: „Agathocles figuli fuit filius; qui Siciliae dominatum adeptus rexque appellatus fictilia consueuit inter aurea ponere eaque iunioribus ostendens dicere: ‚Ego cum huiusmodi ... in presentia, quoniam diligentiae ac fortitudini studuerim, haec facio'" (fol. ⟨kvi⟩ᵛ). Auch die Überführung der indirekten Rede im griech. Original in direkte Rede geht auf Filelfos und Regios Übers. zurück.

520 *vigilantiam* Filelfo und Regio übersetzten ἐπιμέλεια zielgenau mit „diligentia", Er. etwas eigenwillig mit „vigilantia", vielleicht, weil die unausgesetzte *vigilantia* des Fürsten ein Kernbegriff seiner *Inst. princ. christ.* ist. *Vigilantia* wäre eher das Äquivalent für ἀγρυπνία.

525–528 *Quum obsideret ... vobis* Wörtliche Wiedergabe von Plut. *Reg. et imp. apophth.*, Mor. 176E–F (Agathocles, 2): Πολιορκοῦντος δὲ πόλιν αὐτοῦ, τῶν ἀπὸ τοῦ τείχους τινὲς ἐλοιδοροῦντο λέγοντες ὅτι „ὦ κεραμεῦ, τὸν μισθὸν πόθεν ἀποδώσεις τοῖς στρατιώταις;" ὁ δὲ πρᾴως καὶ μειδιῶν εἶπεν „αἴκα ταύταν ἕλω". λαβὼν δὲ κατὰ κράτος ἐπίπρασκε τοὺς αἰχμαλώτους λέγων „ἐάν με πάλιν λοιδορῆτε, πρὸς τοὺς κυρίους ὑμῶν ἔσται μοι ὁ λόγος"; dieselbe Anekdote erzählt Plut. *Qua quis ratione se ipse sine inuidia laudet* 14, Mor. 544B.

526 *Figule ... stipendium* Im ersten Spruchteil gibt Er. Regios Übers. wieder: „O figule, vnde stipendium militibus solues?" (fol. c⟨i⟩ᵛ).

527–528 *Si me ... de vobis* Im zweiten Spruchteil benutzte Er. Filelfos Übers. als Vorlage: „Si conuicio me rursus affeceritis, querar apud dominos vestros" (fol. ⟨k vii⟩ʳ).

532–534 *Ithacensibus ... recessit* Wörtliche Wiedergabe von Plut. *Reg. et imp. apophth.*, Mor. 176F (Agathocles, 3): Ἐγκαλούντων δὲ τοῖς ναύταις αὐτοῦ τῶν Ἰθακησίων (Ἐιθακησίων ed. Ald. *1509, p. 154*), ὅτι τῇ νήσῳ προσβαλόντες τῶν θρεμμάτων τινὰ ἀπέσπασαν, „ὁ δὲ ὑμέτερος", ἔφη, „βασιλεὺς ἐλθὼν πρὸς ἡμᾶς, οὐ μόνον τὰ πρόβατα λαβὼν ἀλλὰ καὶ τὸν ποιμένα προσεκτυφλώσας ἀπῆλθε". Dieselbe Anekdote findet sich in Plut. *De sera numinis vindicta*, Mor. 557B: Ἀγαθοκλῆς δὲ ὁ Συρακοσίων τύραννος καὶ σὺν γέλωτι χλευάζων Κερκυραίους ἐρωτῶντας διὰ τί πορθοίη τὴν νῆσον αὐτῶν, ‚ὅτι νὴ Δία,' εἶπεν, ‚οἱ πατέρες ὑμῶν ὑπεδέξαντο τὸν Ὀδυσσέα,' καὶ τῶν Ἰθακησίων ὁμοίως ἐγκαλούντων ὅτι πρόβατα λαμβάνουσιν αὐτῶν οἱ στρατιῶται, ‚ὁ δὲ ὑμέτερος,' ἔφη, ‚βασιλεὺς ἐλθὼν πρὸς ἡμᾶς καὶ τὸν ποιμένα προσεξετύφλωσεν'.

533 *vester ... rex* i.e. Ulysses.

534–535 *alludens ... excaecauit* Homer, *Od.* IX, 374–436.

DION

V, 85 (Dion, 1)

Dion, qui Dionysium regno *expulit, quum accepisset Calippum, cui et inter hospites et amicos suos fidebat maxime, sibi* moliri *insidias,* non potuit inducere animum, vt illum conuinceret, *dicens mori satius esse quam viuere, si non ab hostibus tantum, verum etiam ab amicis cauendum esset.* Dignus erat optimis amicis, qui mori prius habuerit quam amico diffidere.

V, 86   MODESTE   (Dion, 2)

Idem exul *quum Pteodoti* [i.e. Pteoodori] *Megarensis opera* opus haberet [i.e. quum a Ptoeodoro Megarensi vocatus esset] et ad aedes illius *veniens* videret *illum ob negociorum magnitudinem* aegre quenquam *admittere,* amicis ob id indignantibus dixit: „*Quid hunc incusamus? Nonne et ipsi,* quum *Syracusis* essemus, eadem *faciebamus?*".

---

543   modeste *B C*: moderate *A*.
544   Pteodoti *A-C*: *scribendum erat siue* Pteodori

Dion (409–354 v. Chr.), Schwiegersohn von Dionysios I.; seit Platons erstem Aufenthalt in Syrakus i.J. 388 sein Freund und Anhänger seiner Philosophie; Ratgeber, Minister und enger Vertrauter Dionysios' I.; er versuchte mit Platons Hilfe Dionysios II. dazu zu bewegen, Syrakus zum platonischen Idealstaat umzubilden, was jedoch misslang. Dion wurde des Hochverrats angeklagt und verbannt; er lebte neun Jahre im Exil in Athen. 357 kehrte er mit einer Truppenmacht zurück, stürzte Dionysios II. und übernahm die Herrschaft in Syrakus. Ein erneuter Versuch, Platons Idealstaat in die Wirklichkeit umzusetzen, scheiterte, Dion wurde ermordet. Vgl. oben, Komm. zu V, 77; J. Sprute, „Dions syrakusanische Politik und die politischen Ideale Platons", in: *Hermes* 100 (1972), S. 294–313; K. Meister, *DNP* 3 (1999), Sp. 619–620, s.v. „Dion", Nr. 1; B. Niese, *RE* V, 1 (1903), Sp. 834–846.
538–541   *Dion ... cauendum esset* Wörtliche Wiedergabe von Plut. *Reg. et imp. apophth., Mor.* 176F–177A (Dion), wobei Er. Regios Übers. als Vorlage benutzte: „Dion, qui Dionysium e tyrannide exegit, quum insidias sibi a Calippo, cui maxime et amicorum et hospitum fidebat, strui accepisset, illum redarguere non sustinuit, quod diceret, satius esse mori quam viuere, cui non hostes modo,

sec. versionem Guarini siue Ptoeodori *sec. Plut. textum Graec.*

verum amici quoque sint cauendi", fol. c⟨i⟩ᵛ. Vgl. den griech. Text: Δίων ὁ Διονύσιον ἐκβαλὼν ἐκ τῆς τυραννίδος, ἀκούσας ἐπιβουλεύειν αὐτῷ Κάλλιππον, ᾧ μάλιστα τῶν φίλων καὶ ξένων ἐπίστευεν, οὐχ ὑπέμεινεν ἐλέγξαι, βέλτιον εἶναι φήσας ἀποθανεῖν ἢ ζῆν μὴ μόνον τοὺς πολεμίους ἀλλὰ καὶ τοὺς φίλους φυλαττόμενον. Kursivierung nach Regios Übers. Dieselbe Anekdote findet sich in Plut. *Dio* 65 (*Vit.* 982D), Val. Max. III, 8, ext. 5 und in Brusonis Sammlung d.J. 1518 (Kap. I, 3, „De amicitia et amicis").
538   *Dionysium* d.i. Dionysius II.
Kalippos war ein aus Athen stammender Schüler Platons, der sich 357 v. Chr. einer Anklage in Athen entzog, indem er seinen Freund Dion nach Syrakus begleitete (um Dionysios II. zu stürzen). Kalippos betätigte sich dabei als Söldnerführer und Ratgeber Dions. 354 v. Chr. ließ er Dion von seinen Söldnern ermorden, riss die Macht an sich (Plut. *Dion,* 54, 3–57, 5; Nep. *Dion* 8, 1–9, 6) und ließ sich von den Syrakusanern als Tyrannentöter feiern; nachdem seine finanziellen Mittel aufgebraucht waren, wurde er jedoch von seinen eigenen Söldnern ermordet. Vgl. J. Engels, *DNP* 6 (1999), Sp. 201–202, s.v. „Kalippos", Nr. 1; K. Trampedach, *Platon, die Akademie und die zeitgenössische Politik,* Stuttgart 1994, S. 121–124.

Apophth. V, 86 datiert auf die Zeit von Dions Exil in Athen (bis 357 v. Chr.).

544 *exul* „exul", „als er im Exil lebte", ein in der Sache richtiger Zusatz des Er.

544–547 *quum ... faciebamus* Plut. *Dion,* 17, 9–10 (4) (*Vit.* 965): λέγεται δέ ποτε τὸν Δίωνα τοῦ Μεγαρέως Πτοιοδώρου δεόμενον ἐπὶ τὴν οἰκίαν ἐλθεῖν· ἦν δ᾽ ὡς ἔοικε, τῶν πλουσίων τις καὶ δυνατῶν ὁ Πτοιόδωρος· ὄχλον οὖν ἐπὶ θύραις ἰδὼν ὁ Δίων καὶ πλῆθος ἀσχολιῶν καὶ δυσέντευκτον αὐτὸν καὶ δυσπρόσοδον, ἀπιδὼν πρὸς τοὺς φίλους, δυσχεραίνοντας καὶ ἀγανακτοῦντας, „τί τοῦτον", ἔφη „μεμφόμεθα; καὶ γὰρ αὐτοὶ πάντως ἐν Συρακούσαις ὅμοια τούτοις ἐποιοῦμεν". Freie und unsorgfältige Wiedergabe der Plutarch-Stelle, jedoch nicht des griech. Originaltextes. Auffällig ist, daß Er. den zum Verständnis wichtigen (und von Plutarch im griech. Text angeführten) Umstand ausläßt, daß Dion von Ptoiodoros eingeladen worden war. Das war gerade der Grund, warum Dions Gefolge so aufgebracht war: Zuerst lädt man Dion ein und dann läßt man ihn nicht vor! Aufgrund einer Fehlübersetzung war diese Angabe in Guarinos Übertragung, nach der Er. hier ausschließlich arbeitete, weggefallen: „Ferunt aliquando Dionem *Pteodori Megarensis opera indigentem* eius domum peruenisse. Pteodorus autem, vt ferunt, diues ac potens erat. Dion igitur turbam pro foribus conspicatus eumque prae negotiorum multitudine summo cum labore colloquia et congressus admittentem, quum id socii grauiter ac moleste perferrent, ad eum respectans ‚Quid istum incusamus?', inquit, ‚Nam et ipsi Syracusis iis omnino similia faciebamus'" (ed. Bade, Paris 1514, fol. CCLXXXVIIIʳ). Guarino hatte τὸν Δίωνα τοῦ Μεγαρέως Πτοιοδώρου δεόμενον („Dion, der von Ptoiodoros aus Megara eingeladen worden war", Perrin ad loc., S. 35: „upon his invitation") irrtümlich mit „Dion, der der Hilfe des Ptoiodoros aus Megara bedurfte" übersetzt. Er. verschlimmbesserte Guarinos irriges „Dionem Pteodori Megarensis opera indigentem" zu „quum Pteodoti Megarensis opera opus haberet". Kursivierung nach Guarinos Übers.

544 *Pteodoti* Eine Person mit dem Namen „Pteodotus", wie er in den Basel-Drucken überliefert ist, gab es nicht. Es handelt sich um Ptoiodoros, einen reichen und einflussreichen Mannes aus Megara, der ca. 360 v. Chr. in Athen mit dem aus Syrakus verbannten Dion Kontakt aufnahm. Vgl. *DPN* 10 (2001), Sp. 525, s.v. „Ptoiodoros", Nr. 2. Er. arbeitete in V, 86 ausschließlich nach Guarinos latein. Übers. von Plutarchs *Dion,* wo er „Pteodori" antraf, dieses jedoch irrtümlich als „Pteodoti" übernahm (r/t-Verwechslung). Den griech. Originaltext von Plut. *Dion,* wo der Name richtig mit Πτοιοδώρου überliefert war (was latein. Ptoeodori ergeben hätte), hat Er. hier nicht eingesehen. In *CWE* 38, S. 481 findet sich die falsche Namensform „Pteodotus of Megara" ohne Berichtigung und Identifizierung der Person.

545–546 *illum ... aegre quenquam admittere* Er. gibt hier die latein. Übers. Guarinos verdreht wieder: Bei Guarino steht, daß Ptoiodoros wegen des übergroßen Andrangs nur mit größter Mühe Begrüßungen und Gespräche abwickelte („eumque prae negotiorum multitudine summo cum labore colloquia et congressus admittentem"); Er. macht daraus, daß P. „wegen der Vielzahl der Geschäfte kaum jemanden einließ".

ARCHELAVS

V, 87　　　　　Ab altero petitvm, alteri datvm　　　　　(Archelaus, 1)

550　*Ab Archelao in conuiuio quodam familiaris quidam,* sed parum humanus, *petiit sibi dari ⟨aureum⟩ poculum. Archelaus autem ilico mandauit puero, vt hoc poculum daret Euripidi.* Id factum admiranti postulatori „Tu quidem", inquit, „dignus eras, qui peteres nec acciperes, ac hic dignus erat, qui acciperet vel non petens", significans alteri hoc tribuisse regiam familiaritatem, vt auderet quiduis petere; at Euripidis boni viri
555　pudorem hoc mereri, vt vltro donaretur aliquid.

---

551 aureum *suppleui collatis versione Regii (*aureum poculum*) et Plut. Mor. 177A ed. Ald. (*ποτήριον χρυσοῦν*): deest in A-C.*

553 acciperes *C, Erasmi instructiones in err. A*: accipere *A B.*

553 ac *scripsi sec. Erasmi instructiones in err. A*: at *A-C.*

Apophth. V, 87–114 Auf die Tyrannen Siziliens folgte bei Plutarch ein längerer Abschnitt mit den Aussprüchen der Könige Makedoniens (*Mor.* 177A–183E): Archelaos I.' (5), Philipps II. (30, *Mor.* 177C–179D), Alexanders d.Gr. (34, *Mor.* 179D–181F), weiter die Antigoniden Antigonos I. Monophthalmos (18, *Mor.* 182A–183A), Demetrios Polyorketes (2, *Mor.* 183A–C) und Antigonos II. Gonatas (5, *Mor.* 183C–F), zudem Lysimachos (2, *Mor.* 183E), zuzüglich Alexanders Statthalter in Europa, Antipater (2, *Mor.* 183F). Die drei großen Könige hatte Erasmus bereits im vierten Buch behandelt (Philipp in IV, 1–35, *ASD* IV, 4, S. 285–294; *CWE* 37, S. 335–347; Alexander in IV, 36–102, *ASD* IV, 4, S. 294–308; *CWE* 37, S. 347–366; Antigonos I. Monophthalmos, 103–132, *ASD* IV, 4, S. 308–314–294; *CWE* 37, SS, 366–376). Nunmehr fügt Er. die Sprüche der übrigen hinzu: des Archelaos (V, 87–91), Demetrios Polyorketes (V, 96–105), Antigonos Gonatas (V, 106–110), Lysimachos (111–112) und Antipatros (V, 113–114).

Archelaos I., König von Makedonien (reg. 413–399 v. Chr.); führte als König grundlegende Reformen im diplomatischen, militärischen, administrativen, ökonomischen und kulturellen Bereich durch; setzte auf die Allianz mit Athen; lieferte Athen Holz für militärische Unterstützung; sorgte für Kulturimport aus Athen, indem er Dichter wie Euripides und Agathon (vgl. *Apophth.* V, 87 und 89) oder den Maler Zeuxis an seinen Hof einlud und verwandelte dadurch den makedonischen Regierungssitz zu einem kulturellen Zentrum. Euripides hielt sich von 408 bis zu seinem Lebensende (406) in Pella auf, Agathon von ca. 405–400, Zeuxis ab ca. 400. Zu den Künstlern, die Archelaos förderte, gehörten weiter der Epiker Chorilos und der Kitharöde Timotheos (vgl. *Apophth.* V, 90). Die Verwaltungsorganisation reformierte Archelaos, indem er den Regierungssitz an einen logistisch geeigneteren Ort verlegte, nach Pella (bisher Aigai). Von Pella ausgehend legte er ein Straßennetz an. Thukydides zollte ihm hohes Lob als Neugestalter seines Landes. Vgl. J. Kaerst, *RE* II, 1 (1895), Sp. 444–446, s.v. „Archelaos", Nr. 7; E. Badian, *DNP* 1 (1999), Sp. 984–985, s.v. „Archelaos", Nr. 1. Archelaos wird von Er. in der vorl. Sektion von Sprüchen sehr positiv beurteilt. Er. lobt das Kulturmäzenat des Makedonenkönigs (V, 87, 89 und 90), seine Freigebigkeit (V, 87), Milde und Nachsicht (V, 91), sein taktvolles Betragen gegenüber Freunden und den Hofkünstlern (V, 89); seinen Gerechtigkeitssinn (V, 87); seine Klugheit und Bildung (passim). Archelaos wird von Er. zudem als Spruchspender von *Adag.* 272 „Pulchrorum etiam autumnus pulcher est" (*ASD* II, 1, S. 380) eingesetzt.

Apophth. V, 87 thematisiert Archelaos' Kulturmäzenat, bsd. seine Förderung des athen. Dramatikers Euripides, und datiert auf d.J. 408–406 v. Chr., als sich dieser am Hof von Pella aufhielt. Der Spruch demonstriert die hohe Wertschätzung des Dichters und die Großzügigkeit des Königs, der ihm aus freien Stücken einen Goldpokal schenkte. Euripides, der bis zu seinem Tod in Pella blieb, verfasste dort u. a.

zwei Tragödien, die erhaltenen *Bacchae* und den verlorenen *Archelaos*. Um seinen Tod ranken sich zahlreiche Legenden, die Er. in *Adag.* 647 „Canis vindictam" (*ASD* II, 2, S. 176–177) zusammenfasste. Vgl. dazu W. Nestle, „Die Legenden vom Tode des Euripides", in: *Philologus* 57 (1898), S. 134–149; *Vita Euripidis* Z. 27–35; Val. Max. IX, 12, ext. 4; Gell. XV, 20, 9. Nach der Legende soll Euripides von den Hunden des Archelaos zerrissen worden sein. Lycosthenes druckte das Apophth. im Kap. „Freigebigkeit gegenüber würdigen Leuten" („De beneficio in dignos collato", S. 127). Der Spruch findet sich auch in Plut. *De vitioso pudore* 7, A *Mor.* 531E–F.

550–553 *Ab Archelao … acciperes* Freie, paraphrasierende Wiedergabe von Plut. *Reg. et imp. apophth.*, *Mor.* 177A (Archelaus, 1): Ἀρχέλαος αἰτηθεὶς παρὰ πότον ποτήριον χρυσοῦν ὑπό τινος τῶν συνήθων οὐ μὴν ἐπιεικῶν, ἐκέλευσεν Εὐριπίδῃ τὸν παῖδα δοῦναι· θαυμάσαντος δὲ τοῦ ἀνθρώπου, „σὺ μὲν γάρ", εἶπεν, „αἰτεῖν, οὗτος δὲ λαμβάνειν ἄξιός ἐστι καὶ μὴ αἰτῶν". Er. verwendete dabei auch die Übers. des Filelfo (fol. ⟨k vii⟩ʳ). Das im griech. Originaltext nicht vorhandene „puero" bezog Er. von Filelfo. Er. war die Anekdote auch aus seiner latein. Übers. von Plut. *De vitioso pudore*, 7, *Mor.* 531E–F, geläufig: „Archelaus Macedonum rex, quum ab ipso poculum aureum postularet quidam, qui nihil ducebat honestum praeterquam accipere, iussit ministro, vt id Euripidi daret, et hominem illum intuitus, ‚Tu, quidem', inquit, ‚dignus es, qui poscas nec accipias, hic vero dignus est, qui etiam non postulans accipiat', pulchre declarans non ex pudoris arbitrio, sed ex iudicii delectu donationem ac largitionem esse faciendam. Nos vero saepenumero modestis hominibus ac familiaribus, quum egent, contemptis aliis instanter atque improbe flagitantibus damus, non quod dare velimus, sed quod negare non valeamus" (*ASD* IV, 2, S. 314; ed. pr. Froben 1526).

551 *aureum* Er. ließ dieses für das richtige Verständnis des Plutarchtextes erforderliche Wort versehentlich aus, das er nicht nur im griech. Originaltext, sondern auch in den latein. Übersetzungen Filelfos und Regios antraf. Man vergleiche zudem Er.' eigene latein. Übers. der Anekdote in *De vitioso pudore*: „ab ipso poculum aureum postularet" (a.a.O.).

V, 88 GARRVLITAS (Archelaus, 2)

Idem tonsori garrulo subinde roganti „Quomodo te rado, o rex?", „silendo", inquit.
Alter aliud responsum expectabat, et hinc dicti lepos. Quidam [sc. tonsores] sunt in curatione morosi; Archelao satis erat, si sileret. Nobis autem interdum etiam cum ebriis pariterque loquacibus res est.

V, 89 CIVILITER (Archelaus, 3)

Quum Euripides in conuiuio formosum illum *Agathonem amplecteretur deosculareturque,* cui iam barba prouenire coeperat, Archelaus *amicis dixit „Ne miremini! Nam pulchrorum etiam autumnus pulcher est".* Ciuiliter excusauit amicum apud amicos.

Apophth. V, 88 Dieses kuriose, elegante *Apophth.* läuft durch den abschließenden Kommentar des Er. auf einen polemischen Rundumschlag gegen zeitgenössische Barbiere hinaus, die herkömmlicherweise zugleich Aderlasser, Kurpfuscher und Starstecher waren und die Er. offensichtlich nicht leiden mochte. Er. beklagt nicht nur deren Geschwätzigkeit, sondern auch Trunksucht, welche, wie sich denken läßt, lebensgefährlich sein konnte. Barbiere hatten im Spätmittelalter und in der frühen Neuzeit einen ausgesprochen schlechten Ruf. V.a. geht es dabei um einen Mangel an Vertrauenswürdigkeit, medizinischen Kenntnissen, Verantwortungsbewusstsein, Hygiene und moralischer Integrität. *Apophth.* V, 88 ist ein Gegenstück zu *Adag.* 570 „Notum lippis ac tonsoribus", *ASD* II, 2, S. 96–98. Er. schloß sich Plutarchs Erklärung der Geschwätzigkeit der Barbiere an (a.a.O., S. 97): „Vt autem tonsorum genus vsque adeo loquax sit, id existimat (sc. Plutarchus) esse in causa, quod in eorum officinas loquacissimi quique conueniant desideantque, quorum assiduo conuictu garrulitatis morbo inficiuntur et ipsi". Zu diesen Leuten zählt Er. mit Hor. *Serm.* I, 7, 2–3 die Augenkranken, die besonders gern in den Barbierstuben sitzen (ebd. S. 96).

557 *Idem tonsori ... inquit* Plut. *Reg. et imp. apophth., Mor.* 177A (Archelaus, 2): Ἀδολέσχου δὲ κουρέως ἐρωτήσαντος αὐτὸν „πῶς σε κείρω;" „σιωπῶν" ἔφη. Für dasselbe Apophthegma vgl. Plut. *De garrulitate,* 13, *Mor.* 509B: οἱ γὰρ ἀδολεσχότατοι προσρέουσι καὶ προσκαθίζουσιν, ὥστ᾽ αὐτοὺς ἀναπίμπλασθαι τῆς συνηθείας. χαριέντως γοῦν ὁ βασιλεὺς Ἀρχέλαος ἀδολέσχου κουρέως περιβαλόντος αὐτῷ τὸ ὠμόλινον καὶ πυθομένου, „πῶς σε κείρω, βασιλεῦ;" „σιωπῶν," ἔφη. Das Apophthegma findet sich bereits in Brusonis Sammlung d.J. 1518, in Kap. III, 26 („De loquacitate"): „Archelaus loquaci tonsori dicenti ‚Quomodo te tondeo, rex?ʿ, vrbane ‚silensʿ, inquit".

559–560 *cum ebriis ... loquacibus* Er.' Engführung von Geschwätzigen und Betrunkenen ist wohl auch darauf zurückzuführen, daß beide Arten von Leuten eine lose Zunge haben und dummes Zeug daherreden. In diesem Sinn zitiert Er. in *Adag.* 570 einen Ausspruch des Theophrast, der die Barbierstuben als „Betrunkenheit ohne Wein" bezeichnete, weil die Leute dort so wirr daherredeten wie die Betrunkenen; vgl. Theophr. *Fr.* 76 (aus Plut. *Mor.* 679A und 716A); *Adag.* 570, a.a.O., S. 97: „Quas ob res Theophrastus, vt idem testis est Plutarchus, ... sine vino compotationes appellauit, quod illic loquacitate ceu temulenti reddantur homines". Plutarchs Vergleich der Barbierstuben mit Trinkgelagen widmete Er. *Adag.* 203 „Citra vinum temulentia", *ASD* II, 1, S. 315: „... *Ebrietas absque vino.* Theophrastus, vt testatur in *Symphosiacis* Plutarchus, ... *tonstrinas ebrietatem absque vino vocabat.* Propterea, quod illic desidentes sermonibus ita temulenti redderentur, vt non aliter effutirent, quicquid esset in animo, quam inter pocula solent ebrii ...".

Apophth. V, 89 (Archelaus, 3) ist ein Gegenstück zu *Adag.* 272 „Pulchrorum etiam autumnus pulcher est" (*ASD* II, 1, S. 380, bereits in der Erstausgabe d.J. 1508) und dem gleichnamigen *Collect.* 548, *ASD* II, 9, S. 205, wobei Archelaos I. jeweils als Spruchspender fungiert. In *Collect.* 548, *ASD* II, 9, S. 205 erklärt

Er. den Sinn des Adagiums wie folgt: „Archelai apophthegma Euripide Agathonem iam pubescentem suauiante. In eos conuenit, qui belle aetatem portant"; vgl. seine ähnl. Erklärung in *Adag.* 272: „Metaphora prouerbialis nata ex Archelai apophthegmate, quod ab eo dictum Plutarchus refert in Euripidem, qui iam pubescentem atque exoletum Agathonem in conuiuio suauiabatur. ... Quadrat igitur in ea, quae cum natura sint egregia, ne tum quidem fastidienda videntur, cum maturuerunt. ... Dicetur non ineleganter et in hos, qui belle portant aetatem"; vgl. Apost. 17, 42 τῶν καλῶν καὶ τὸ μετόπωρον καλόν ἐστιν. *Apophth.* V, 89 zeigt, wie schon V, 87, Archelaos als Kulturmäzen und Förderer athenischer Dichter. Es datiert ebenfalls auf die Zeit von Euripides' Aufenthalt in Pella, 408–406 v. Chr. Heinrich von Eppendorff hat das Apophthegma wegen seines homosexuellen Inhaltes gestrichen (1534, S. CCXC).

562–564 *Quum Euripides ... pulcher est* Plut. *Reg. et imp. apophth., Mor.* 177A–B (Archelaus, 3), wobei Er. als Textvorlage Regios Übers. verwendete: „Cum autem Euripides pulchrum Agathonem in conuiuio amplecteretur ac iam pubescentem oscularetur, ad amicos conuersus: ‚Ne admiremini', inquit, ‚Nam pulchrorum autumnus quoque pulcher est'" (fol. C⟨i⟩ᵛ). Vgl. den griech. Text: Τοῦ δ' Εὐριπίδου τὸν καλὸν Ἀγάθωνα περιλαμβάνοντος ἐν τῷ συμποσίῳ καὶ καταφιλοῦντος ἤδη γενειῶντα, πρὸς τοὺς φίλους εἶπε „μὴ θαυμάσητε· τῶν γὰρ καλῶν καὶ τὸ μετόπωρον καλόν ἐστιν". Kursivierung oben nach der Übers. des Regio. In *Adag.* 272 und *Collect.* 548 bildete Er. den Text des Apophth. nach Filelfos Übers. („suauiante", „suauiabatur"), in *Apophth.* V, 89 nach jener Regios („oscularetur"). Das Apophth. findet sich weiter bei Plut. *Alcib.* 1, *Vit.* 192A; *Amatorius* 24, Mor. 770C und Aelian. *Var. Hist.* XIII, 4, wobei es allerdings jeweils Euripides selbst ist, der das Bonmot zum Besten gibt, während er Agathon umarmt. Da in V, 89 Archelaos der Sprecher ist, ist klar, daß Er. hier nicht auf diese Stellen als Textvorlagen rekurriert.

562 *Euripides* Vgl. oben Komm. zu *Apophth.* V, 85.

562 *Agathonem* Agathon, Tragiker (ca. 455–401 v. Chr.) aus Athen; ab ca. 406 am Königshof in Pella tätig, dort ca. 400 gestorben. Aufgrund seines guten Aussehens und seiner Eleganz wurde er von Aristophanes als ‚weibisch' verspottet (*Thesm.* 138). Vgl. B. Zimmermann, *DNP* 1 (1999), Sp. 240–241, s.v. „Agathon", Nr. 1.

563 *cui iam ... coeperat* An dieser Stelle liegt ein Missverständnis vor: Es war nicht der Fall, daß dem Agathon gerade die ersten Barthaare wuchsen; vielmehr war der attische Tragiker damals etwa 50 Jahre alt und nur wenige Jahre von seinem Tod entfernt. Nur so macht ja das Bonmot des Archelaos Sinn, daß „die Schönen auch im Herbst schön sind": Der Herbst muß sich natürlich auf das fortgeschrittene Alter des Agathon beziehen. Der griech. Text besagt lediglich, daß Agathon sich „schon im Erwachsenenalter" befand (ἤδη γενειῶντα), nicht spezifisch, daß ihm gerade die ersten Barthaare wuchsen. Er. arbeitete nach Regios Übers. „iam pubescentem" (identisch mit Filelfos Übers.), die er zu „cui iam barba prouenire coeperat" explizierend verschlimmbesserte. Die homosexuellen erotischen Gefühle des damals ungefähr fünfundsiebzigjährigen Euripides waren so stark, daß er sogar beim Anblick des erwachsenen, vollbärtigen, ca. 50 Jahre alten Mannes erregt wurde. Filelfos und Regios „iam pubescentem" bezeichnet den Jüngling, der gerade ins Erwachsenenalter eintritt. Diese Übersetzung „pubescentem" hatte Er. auch in *Adag.* 272 und *Collect.* 548 angewendet.

V, 90   APTE RETORTVM   (Archelaus, 4)

Timotheus citharoedus quum ingens praemium ab Archelao *sperasset* ac *minus* speratis *accepisset, palam illum incusabat. Proinde aliquando canens hanc ⟨versus⟩ particulam „Tu vero terrae filium, argentum, laudas"*, nutu regem *denotauit. At Archelaus succinuit: „Tu vero petis"*. In Graecis verbis plus est gratiae ob vocum affinitatem, αἰνεῖς, αἰτεῖς (id est, „laudas", „petis"). Turpiter petit, qui non probat, quod petit.

V, 91   LENITER   (Archelaus, 5)

Quum a quodam aqua conspersus esset, amicis illum aduersus eum, qui hoc fecerat, *inflammantibus „Imo", inquit, „non me conspersit, sed eum, quem me esse putauit"*. Quid hac moderatione ciuilius? Hoc exemplo facile decet ignoscere, qui licet in praepotentem, tamen imprudentes delinquunt.

PTOLEMAEVS LAGI FILIVS

V, 92   FRVGALITAS REGIA   (Ptolemaeus Lagi, 1)

Ptolemaeus Lagi filius plerunque apud amicos et coenare solet et dormire. Quod si quando illos vicissim acciperet coena, amicorum rebus vtebatur, commodato sumens ab illis pocula, aulaea et mensas. Ipse vero sibi non parabat *plura, quam* exigeret *necessitas, sed regalius esse dicebat ditare quam diuitem esse.*

V, 93   *FAMES CONDIMENTVM*   (Ptolemaeus Lagi, 2)

Idem *quum peragranti Aegyptum comitibus non consequutis cibarius in casa panis datus esset,* negauit vllum cibum vnquam sibi *visum* suauiorem. Aderat enim *optimum condimentum fames.*

---

567 versus *suppleui collata versione Regii.*

578 solet *A-C:* solebat *BAS LB.*

566 Timotheus **Timotheos** (fl. 398 v. Chr.), ein aus Milet stammender, von Euripides geförderter Kitharöde und Dichter, von dem nur Fragmente erhalten sind. Vgl. E. Robbins, *DNP* 12, 1 (2002), Sp. 596–597, s.v. „Timotheos", Nr 2. Dem Dichter Timotheus aus Milet gehören in den *Apophthegmata* zudem VI, 475 und 476 zu, die Er. dort jedoch fälschlich Timotheus, dem Tyrannen von Herakleeia zuschreibt.

566–569 *Timotheus citharoedus … petis* Plut. *Reg. et imp. apophth., Mor.* 177B (Archelaus, 4):

Ἐπεὶ δὲ Τιμόθεος ὁ κιθαρῳδὸς ἐλπίσας πλείονα, λαβὼν δ' ἐλάττονα, δῆλος ἦν ἐγκαλῶν αὐτῷ, καί ποτ' ᾄδων τουτὶ τὸ κομμάτιον „σὺ δὲ τὸν γηγενέταν ἄργυρον *αἰνεῖς*", ἀπεσήμαινεν εἰς ἐκεῖνον, ὑπέκρουσεν ὁ Ἀρχέλαος αὐτῷ ‚σὺ δέ γε *αἰτεῖς*'. Er. hat hier zwar auch den griech. Originaltext verwendet, seinen Text jedoch v.a. nach Regios Übers. gebildet: „Timotheus vero citharoedus, cum paucioribus quam sperarat acceptis illum palam accusaret atque hanc versus particulam aliquando canens ‚At tu argentum, terra genitum, laudas' … succinuit ipsi Archelaus ‚Tu vero postulas'" (fol. c⟨i⟩ᵛ–c iiʳ). Dasselbe Apophthegma findet sich weiter in Plut. *De fortuna aut virtute Alexandri* II, 1, Mor. 334B: Ἀρχελάῳ δὲ δοκοῦντι γλισχροτέρῳ περὶ τὰς δωρεὰς εἶναι Τιμόθεος ᾄδων ἐνεσήμαινε πολλάκις τουτὶ τὸ κομμάτιον σὺ δὲ τὸν γηγενέταν ἄργυρον αἰνεῖς. ὁ δ' Ἀρχέλαος οὐκ ἀμούσως ἀντεφώνησε, σὺ δέ γ' αἰτεῖς.

568 *laudas* Er. übernahm „laudas" aus Regios Übers., was jedoch den Sinn nicht adäquat ausdrückt; der Witz liegt darin, daß αἰνεῖς auch die Bedeutung „du versprichst", „du sagst zu", „du gelobst" hat (z. B. Eurip. *Or.* 1653; vgl. Passow I, 1, S. 58, s.v. αἰνέω), was genau das ist, was der Kitharöde dem König vorwirft. Er. hat in der Nachfolge Regios die Verszeile so verstanden, daß der Kitharöde dem König vorgeworfen habe, daß er „das Silber preise"; daraus hat Er. geschlossen, daß der Kitharöde das Silber verwerfe: Daher rührt Er.' etwas kurioser Kommentar, daß es „schändlich sei etwas zu erbitten, das man nicht schätzt" („Turpiter petit, qui non probat, quod petit"); die Wiedergabe dieser Erklärung in *CWE* 38, S. 482 („It is humiliating to ask for something and have your request rejected") stimmt nicht mit dem latein. Text überein.

572–573 *Quum a quodam ... putauit* Plut. *Reg. et imp. apophth.*, Mor. 177B (Archelaus, 5): Ὕδωρ δέ τινος αὐτοῦ κατασκεδάσαντος ὑπὸ τῶν φίλων παροξυνόμενος ἐπὶ τὸν ἄνθρωπον „ἀλλ' οὐκ ἐμοῦ", φησίν, „ἀλλ' ἐκείνου κατεσκέδασεν, ὃν ἔδοξεν ἐμὲ εἶναι". Vgl. Regios Übers.: „Idem aqua respersus a quodam, cum ab amicis aduersus hominem incitaretur, ‚Atqui', ait, ‚non me resperserit, sed quem esse putauit'" (fol. c iiʳ).

Apophth. V, 92 ff. Nach Archelaos folgen in Plutarchs *Reg. et imp. apophth.* die Aussprüche Philipps d.Gr. und Alexanders d.Gr.; diese hatte Er. jedoch schon im vierten Buch der *Apophthegmata* behandelt (IV, 1–35; 36–195; *CWE* 37, S. 335–366; *ASD* IV, 4, S. 285–308).

Ptolemaios I. Soter (367/66–283/82 v. Chr.), Sohn des Lagos, einer der Generäle und Freunde Alexanders d.Gr.; begründete nach dessen Tod die Dynastie der Ptolemäer in Ägypten. Vgl. W. Ameling, *DNP* 10 (2001), Sp. 531–533; H. Volkmann, *RE* XXXIII, 2 (1959) 1603–1645, jeweils s.v. „Ptolemaios", Nr. 1; W.M. Ellis, *Ptolemy of Egypt*, 1994.

Apophth. V, 92 stellt kein Apophthegma im eigentlichen Sinn dar, sondern ein Exemplum; Er. nimmt es dennoch auf, diesmal ohne Kommentar (vgl. Einleitung).

578–581 *Ptolemaeus Lagi ... diuitem esse* Plut. *Reg. et imp. apophth.*, Mor. 181F (Ptolemaeus Lagi): Πτολεμαῖος ὁ Λάγου τὰ πολλὰ παρὰ τοῖς φίλοις ἐδείπνει καὶ ἐκάθευδεν· εἰ δέ ποτε δειπνίζοι, τοῖς ἐκείνων ἐχρῆτο μεταπεμπόμενος ἐκπώματα καὶ στρώματα καὶ τραπέζας· αὐτὸς δ' οὐκ ἐκέκτητο πλείω τῶν ἀναγκαίων, ἀλλὰ τοῦ πλουτεῖν ἔλεγε τὸ πλουτίζειν εἶναι βασιλικώτερον. Er. gestaltete seinen Text weitgehend nach der Übers. des Regio: „Ptolemaeus Lagi saepenumero apud amicos et coenabat et dormiebat. Ac si quando coenam ipse praeberet, illorum vtebatur rebus, commodato accipiens pocula, lectos, mensas Nam ipse plura non possidebat quam quae necessaria forent, cum ditare quam ditescere magis regium esse dictitaret" (fol. d iiᵛ). Die Anekdote findet sich auch in Athen. *Var. hist.* XIII, 13.

580 *aulaea* Er. korrigierte Regios Fehlübersetzung von „lectos" (Betten, Klinen) für στρώματα (Tischdecken) zu dem phantasievollen „aulaea" (purpurne, durchwirkte Prunkdecken, Teppiche, Prunkvorhänge). Angemessener wäre die prosaische Übers. Filelfos („strata"), bzw. „operimenta" oder „lintea".

Apophth. V, 93 ist ein Gegenstück zu *Adag.* 1669 „Optimum condimentum fames" (*ASD* II, 4, S. 130–131), *Collect.* 109 mit demselben Titel (*ASD* II, 9, S. 82) und *Apophth.* V, 26 (Artoxerxes alter, 4) „Fames condimentum". Der Titel von V, 93 und 26 stellt eine kürzere Version des Sokrates zugeschriebenen Sprichwortes „Optimum condimentum fames" dar, wie sie in Cic. *Fin.* II, 90 überliefert ist („Socratem ... dicentem ibi condimentum esse famem"). Vgl. Otto 639; Er. *Apophth.* III, *Socratica* 6 (*ASD* IV, 4, S. 198); *Convivium religiosum* (*ASD* I, 3, S. 232, Z. 39 ff.); Xen. *Mem.* I, 3, 5. Vgl. oben Komm. zu *Apophth.* V, 26.

583–584 *peragranti ... suauiorem* Größtenteils wörtliche Wiedergabe von Cic. *Tusc.* V, 97: „cui cum peragranti Aegyptum comitibus non consecutis cibarius in casa panis datus esset, nihil visum est illo pane iucundius".

584–585 *optimum ... fames* Er. zitiert hier den Titel von *Adag.* 1669 (*ASD* II, 4, S. 130).

V, 94 LENITAS REGIA (Ptolemaeus Lagi, 3)

Quum grammaticum notasset inscitiae, quaerens ab eo, quis esset Pelei pater, vicissimque audisset „*dic tu prius, quis sit Lagi pater*", amicis inuitantibus ad tantae improbitatis vindictam, „*Si regium est*", inquit, „*non pati, vt a quoquam dicto attingatur, nec illud regium est, quenquam dicto lacessere*". Inique petit vindictam, qui prior lacessiuit, cuiuscunque dignitatis fuerit. Nec suae dignitatis meminisse debet, qui referitur, quum eius praerogatiuam lacessendo deposuerit.

XENOPHANES LAGI [i.e. XENOPHANES COLOPHONIVS]

[V, 95] TIMIDITAS LAVDATA (Xenophanes Lagi, i.e. Xenophanes Colophonius)

Xenophanes Lagi filius, *quum* ipsi Hermoneus [i.e. Lasus Hermionensis] timiditatem obiiceret, *quod nollet secum tesseris ludere,* „*Fateor*", inquit, „*me non solum meticulosum, verum etiam vehementer meticulosum, sed aduersus inhonesta*". Honesta formidolositas est, quae deterret a turpibus.]

593 LAGI *suppleui ex ind. pers. A-C et textu apophthegmatis: deest A-C.*

587–590 *grammaticum … lacessere* Plut. De cohibenda ira, 9, Mor. 458A–B: Πτολεμαῖος δὲ γραμματικὸν εἰς ἀμαθίαν ἐπισκώπτων ἠρώτησε τίς ὁ τοῦ Πηλέως πατὴρ ἦν· κἀκεῖνος „ἂν σὺ πρότερον εἴπῃς", ἔφη, „τίς ὁ τοῦ Λάγου." τὸ δὲ σκῶμμα τῆς δυσγενείας ἥπτετο τοῦ βασιλέως, καὶ πάντες ἠγανάκτησαν ὡς οὐκ ἐπιτήδειον ὄντα φέρειν· καὶ ὁ Πτολεμαῖος „εἰ τὸ φέρειν", ἔφη, „σκωπτόμενον, οὐδὲ τὸ σκώπτειν βασιλικόν ἐστιν". Es ist bemerkenswert, daß Er. seine eigene Übers., die er erst i.J. 1525 angefertigt hatte, nicht wiederholte: „Ptolemaeus vero grammaticum irridens, quod literas nesciret, rogabat, quis fuisset pater Pelei. Atque ille ,Dicam', inquit, ,si tu prius dixeris, quis fuerit Lagi pater'. Hoc dicto tetigit regis ignobilitatem, cunctique indigne ferebant velut intolerabile conuicium. Hic Ptolemaeus ,Si regium', inquit, ,non est ferre, quum (*ASD*: cum) dicto tangitur, nec illud regium est, dicteriis quenquam attingere'" (*ASD* IV, 2, S. 276).

587 *Pelei pater* Die spöttische Frage an den Grammatiker bezieht sich auf die Genealogie der Troja-Kämpfer Achilles und Ajax: Ihr Vater Peleus, der König der Myrmidonen von Phthia in Thessalien, war der Sohn des Aiakos, des Königs von Aigina, des Stammvaters der Myrmidonen. Die Eltern des Aiakos waren Zeus und Aigina. Zeus schützte Aiakos vor der Rache der Hera, indem er ihn auf der Insel Aigina versteckte. Als Aiakos unter der Einsamkeit auf der Insel litt, verwandelte Zeus die Ameisen der Insel in das Geschlecht der Myrmidonen. Nach seinem Tode wurde Aiakos zusammen mit Rhadamantys und Minos zu einem der drei Richter der Unterwelt ernannt.

588 *Lagi pater* Lagos entstammte dem niederen makedonischen Adel, während ihm manche eine noch unbedeutendere soziale Abstammung nachsagten. Zu seiner Person vgl. W. Ameling, *DNP* 6 (1999), Sp. 1064, s.v. „Lagos", Nr. 1.

590–592 *Inique … deposuerit* Vgl. den ähnlichen Kommentar des Er. in *Apophth.* VI, 68, dort in Bezug auf Vespasian.

594 *XENOPHANES, LAGI* Mit „Xenophanes, Lagi filius" schiebt Er. eine Person ein, die in Plutarchs *Reg. et imp. apophth.* nicht vorkommt: einen vermeintlichen Bruder des Ptolemaios I. Soter. Der tatsächliche Spruch-

spender ist jedoch der Naturphilosoph und Wanderrhapsode **Xenophanes aus Kolophon** (ca. 570–467 v. Chr.), der in Er.' *Apophthegmata* bereits oben, V, 51, in der Hieron-Sektion, figurierte und dem Er. in Buch VII zwei Sprüche widmet (VII, 366 und 367). Für nähere Angaben zu Xenophanes vgl. Komm. zu VII, 366. Er.' Zuschreibung beruht auf Missverständnissen bei der Lektüre des griech. Textes von Plut. *De vitioso pudore 5, Mor.* 530F. Aufgrund der falschen Annahme, daß wir hier einen Ausspruch eines Bruders von Ptolemaios I. vor uns hätten, schob Er. diesen an vorl. Stelle ein. Freilich gehört V, 95 mitnichten in die im fünften Buch präsentierten Aussprüche der Könige und Feldherren, sondern ins Buch der Philosophen (VII), und zwar in die dem tatsächlichen Spruchspender Xenophanes von Kolophon gewidmete Sektion. V, 95 wird in dieser Ausg., um die Fehlzuschreibung historisch zu dokumentieren, an vorl. Stelle zwar wiedergegeben, jedoch in athetierter Form; zudem mit berichtigter Zuschreibung in der Xenophanes-Sektion als *Apophth.* VII, 367B gedruckt (in beiden Fällen so, daß die Zählung nicht beeinflußt wird).

596–598 *Xenophanes ... inhonesta* Plut. *De vitioso pudore, 5, Mor.* 530F. Er. griff auf seine frühere Übers. d.J. 1526 zurück: „Rursum aliquis prouocat ad talos inter pocula, ne pudescas neque metuas, si petaris dicterio, sed imitare Xenophanem Lagi [sic], quem quum Hermoneus [sic] ‚meticulosum' vocaret, quod nollet cum ipso talis ludere, confessus est se non modo timidum, sed vehementer timidum et meticulosum esse aduersus inhonesta" (*ASD* IV, 2, S. 313). Vgl. den griech. Text: ἀλλ' ὥσπερ Ξενοφάνης, Λάσου τοῦ Ἑρμιονέως μὴ βουλόμενον αὐτῷ συγκυβεύειν δειλὸν ἀποκαλοῦντος, ὡμολόγει καὶ πάνυ δειλὸς εἶναι πρὸς τὰ αἰσχρὰ καὶ ἄτολμος. Er. hat in seiner Übers. von *Mor.* 530F ebenso wie in vorl. *Apophth.* den Plutarchtext mehrfach missverstanden. Λάσου (oder in seinem griech. Textzeugen: Λάγου) ist – anders, als Er. vermeinte – kein Patronymicum zu Ξενοφάνης, sondern mit ἀποκαλοῦντος zu konstruieren; Er. jedoch konstruierte ἀποκαλοῦντος mit Ἑρμιονέως, das er irrtümlich für einen Personennamen hielt. Ἑρμιονεύς bezeichnet jedoch lediglich die Herkunft des Lasos: „aus Hermione", einer Stadt an der östlichen Küste der Argolis, heute Ermioni (vgl. *DNP* 5 [1999], Sp. 437–438, s.v. „Hermion[e]"). Ἑρμιονέως ist mit Λάσου zu konstruieren, womit sich die Bedeutung ergibt: „Als Lasos aus Herminone den Xenophanes einen Feigling nannte ...". Paulus Leopardus berichtigte die fehlerhafte Plutarchübersetzung des Er. in seinen *Emendationes et miscellanea* II, 23 (S. 58–59): „Sed vt Xenophanes cum Lasus Hermionensis eum nolentem sibi tesseris colludere meticulosum vocaret, fatere tu quoque valde meticulosum esse aduersus turpia et timidum". Vgl. auch Komm. *CWE* 38, S. 483.

596 *Xenophanes Lagi filius* Nachdem Er. aufgrund mehrerer Irrtümer bei seiner Lektüre von Plut. *De vitioso pudore, 5, Mor.* 530F auf den fehlerhaften Text „Xenophanes Lagi filius" gekommen war, identifizierte er den von ihm so konstruierten „Lagus" als den makedonischen General Lagos, den Vater des Ptolemaios I. Ptolemaios hatte jedoch keinen Bruder dieses Namens; sein einziger Bruder hieß Menelaos; Ptolemaios I. machte ihn i.J. 310 v. Chr. zum König von Salamis auf Zypern. Für den Stammbaum der Ptolemäer vgl. *DNP* 10 (2001), Sp. 529–530.

596 *Hermeneus* Lasos von Hermione (geb. um 548 v. Chr.), ein bekannter Rhapsode, Hymnen- und Dithyrambendichter, der am Hof des athenischen Tyrannen Hipparchos tätig war. Nach den Aristophanes-Scholien soll Lasos der Erfinder des kreisförmig aufgestellten dithyrambischen Chores gewesen sein, nach der Suda überhaupt der Erfinder dithyrambischer Wettkämpfe. Wegen seiner Vorliebe für komplizierte Wortspiele hatte er den Ruf eines Protosophisten. Später wurde er zuweilen den Sieben Weisen des Altertums zugezählt. Vgl. E. Robbins, *DNP* 6 (1999), Sp. 1159, s.v. „Lasos", Nr. 1; G.A. Privitera, *Laso di Ermione*, Rom 1965.

DEMETRIVS ANTIGONI FILIVS

V, 96   Honos artibvs   (Demetrius Antigoni filius, 1)

Quum Rhodum obsideret Demetrius et in suburbio cepisset tabulam quandam, Protogenis clarissimi *pictoris* opus, *in qua pinxerat Ialysin* [i.e. Ialysum], *id est Bacchum,*

---

601 Honos artibus C: Honos arti habitus A B.
603 Ialysin A-C (cf. Plut. ed. Ald. Ἰάλυσι): Ialyson versio Regii, Iasylon BAS LB (cf. versionem Philelphi), scribendum erat Ialysum.

Apophth. V, 96–114 Nach Ptolemaios I. Soter bringt Plutarch die Aussprüche des Antigonos I. Monophthalmos (1–18; *Mor.* 182A–183A). Diese hatte Er. bereits im vierten Buch direkt nach jenen Alexanders d.Gr. behandelt (IV, 103–132; „Antigonus Rex Macedonum", 1–30, *ASD* IV, 4, S. 309–315; *CWE* 37, S. 366–376). Deshalb setzt er im fünften Buch nunmehr die Reihe der Diadochen mit **Demetrios I. Poliorketes** (um 336–283/2 v. Chr.) fort, dem Sohn des Antigonos I. Monophthalmos. Demetrios, König von Makedonien (reg. 294–288), wird den Diadochen zugezählt, obwohl er kein General unter Alexander d.Gr. war. Zusammen mit seinem Vater Antigonos I. nahm er als erster der Diadochen den Königstitel an, wobei er ideologisch die alleinige Nachfolge Alexanders beanspruchte. In Asien akkulturiert, verkörperte er ein orientalisches Herrscherideal. Zeit seines Lebens war er in erbitterte Territorial- und Machtkämpfe mit den anderen Diadochen verwickelt, mit einem bunten Wechsel von Siegen und Niederlagen. Zu seinen größten Erfolgen zählen die Eroberung Megaras (307), Thebens (293 v. Chr.), Athens (307 und 294) sowie der Sieg in der Doppelschlacht von Salamis (306). Die spektakuläre Belagerung von Rhodos i.J. 304/5 blieb erfolglos. Die Schlacht von Ipsos i.J. 301 endete für seinen Vater mit dem Tod, für ihn selbst mit einer vernichtenden Niederlage, durch die er sein gesamtes Herrschaftsgebiet verlor. Da er nur noch über eine starke Flotte verfügte, führte er einen Jahre andauernden Piratenkrieg auf dem Mittelmeer. Nachdem 297 v. Chr. Kassander gestorben war, gelang es Demetrios Poliorketes, sich wiederum in Griechenland festzusetzen. Nachdem er Aigina, Salamis, Eleusis und Rhamnus erobert hatte, brachte er i.J. 294 Athen erneut unter seine Gewalt. Er berief eine Volksversammlung ein, verzieh der Stadt mit großer Geste ihren Abfall, und schenkte den Bürgern 100.000 Scheffel Getreide. Nachdem Demetrios die Spartaner entscheidend geschlagen hatte, ließ er den König Makedoniens, Alexander V., töten und ernannte sich zum König Makedoniens (294), wonach er Theben und den Boiotischen Bund unterwarf. I.J. 290 verlegte er seinen Hof von Athen nach Makedonien. Sodann bereitete er einen Eroberungskrieg gegen das Seleukidenreich vor, wobei die militärischen Zurüstungen die Dimensionen des bis dato Bekannten sprengten. Der Asienfeldzug wurde für ihn trotz anfänglicher Erfolge fatal. Seine Truppen liefen zu Seleukos über und Demetrios geriet in Gefangenschaft. Trotz seines wechselnden Kriegsglücks war Demetrios ein fähiger Feldherr, der militärische Operationen in großem Stil durchführte und sich durch den Bau riesiger Kriegsschiffe und bis dato unbekannter Belagerungsmaschinen auszeichnete. Sein Beiname, „der Städtebelagerer" (*Poliorketes*), war davon abgeleitet. Vgl. K. Buraselis, *Das hellenistische Makedonien und die Ägäis. Forschungen zur Politik des Kassandros und der ersten drei Antigoniden (Antigonos Monophthalmos, Demetrios Poliorketes und Antigonos Gonatas) im Ägäischen Meer und in Westkleinasien*, München 1982; S. Diefenbach, „Demetrios I. Poliorketes (306–282 v. Chr.)", in: K. Ehling und G. Weber (Hrsg.), *Hellenistische Königreiche*, Darmstadt 2014, S. 36–41; E. Badian, *DNP* 3 (1999), Sp. 428–429, s.v. „Demetrios", Nr. 2; J. Kaerst, *RE* IV, 2 (1901), Sp. 2769–2792, s.v. „Demetrios", Nr. 33. Plutarchs Demetrios-Sektion in den *Reg. et imp. apophth.* IA enthält nur zwei Lemmata, die Er. durch andere Quellen, besd. Plutarchs Demetrios-Biographie, erweiterte (V, 96–105). Er.' Demetrios-Poliorketes-Sektion besitzt (abgesehen davon, daß er in V, 104 Demetrios mit Seleukos I. verwechselte) merkwürdige Züge. Aufgrund der Tatsache, daß Demetrios' Wirken mit unausgesetzter megalomanischer Kriegsführung verbunden ist, würde man erwarten, daß das Er. abstoßen würde; Demetrios ähnelt in vielem Alexander d.Gr., den Er. verabscheute: Er hatte seine Untertanen ausgebeutet, Unsummen für militärische Operationen vergeudet und zehntausende Soldaten in den Tod geschickt, ohne letzlich irgendetwas Bleibendes zu erreichen. Nach den Grundsätzen der *Inst. princ. christ.* hätte Er. den Demetrios als einen der großen Verbrecher der Menschheit anprangern müssen. Es überrascht, daß Er. stattdessen ausschließlich positive Züge hervorhebt: Er stellt Demetrios als uneigennützigen Wohltäter und nachsichtigen Fürsten dar (V, 98). Ja, er schreibt dem orientalischen, märchenhaften Städteeroberer sogar „Bürgersinn" („ciuilitas") zu (ebd.). Weiter stellt er ihn als kultivierten und gebildeten Fürsten dar, der Philosophen (V, 99), bildende Künstler (V, 99) und die Kulturstadt Athen (V, 98) mit schier unglaublicher Ehrerbietung behandelte und der in philosophischer Selbsterkenntnis die Unsicherheit der Fortuna darstellt (V, 103), wobei er auch noch einen Vers des großen Aischylos zum Besten gibt. Die Einseitigkeit von Er.' Interpretation geht bsd. aus V, 99 hervor: Während Er. Demetrios' Behandlung des Philosophen Stilpon als Ehrerbietung bewertet, interpretierte sie Seneca als Zynismus des Machthabers, der dem Philosophen die weltfremde Unsinnigkeit seiner philosophischen Pose vor Augen stellen will.

Apophth. V, 96 Er. widmete dem in V, 96 angesprochenen Gemälde unten *Apophth.* VI, 520. Er. irrte sich in Bezug auf den auf dem Gemälde dargestellten Gegenstand (Bacchus!), wobei er zudem fälschlich meinte, das Gemälde wäre unvollendet geblieben und hätte deswegen dem Apelles nicht gefallen; Apelles habe kritisiert, daß Protogenes in dem Gemälde die hohe Qualität seiner sonstigen Werke nicht erreicht habe (vgl. VI, 520 mit Komm. ad loc.). *Apophth.* V, 96 datiert auf die Zeit der Belagerung Rhodos', 305–304 v. Chr.

602 *Quum Rhodum obsideret* Plut. *Reg. et imp. apophth., Mor.* 183A–B (Demetrius, 1). Er. ging in seiner Textgestaltung von Filelfos Übersetzung aus, deren fehlerhafte Deutung des Bildgegenstandes er übernahm: „Demetrius cum Rhodios obsideret, cepit quodam in suburbio Protogenis pictoris tabulam, qui Iasylon pinxerat, id est imaginem Liberi patris [sic]. Postulantibus autem per caduceatorem Rhodiis et, vt tabulae parceret, precantibus respondit paternas se imagines potius quam picturam illam absumpturum" (fol. l ii^v). Vgl. den griech. Text: Ῥοδίους δὲ πολιορκῶν ὁ Δημήτριος ἔλαβεν ἔν τινι προαστείῳ πίνακα Πρωτογένους τοῦ ζωγράφου τὸν Ἰάλυσον (Ἰάλυσι *Plut. ed. Aldi*) γράφοντος· ἐπικηρυκευσαμένων δὲ τῶν Ῥοδίων καὶ φείσασθαι τοῦ πίνακος παρακαλούντων, ἔφη μᾶλλον τὰς τοῦ πατρὸς εἰκόνας ἢ τὴν γραφὴν ἐκείνην διαφθερεῖν (διαφθείρειν *Plut. ed. Aldi*).; andererseits verbesserte er Filelfos „paternas se imagines" mit Hilfe des griech. Textes. Dasselbe Apophthegma findet sich in Plut. *Demetr.* 22, 2 (*Vit.* 898E), das Er. ebenfalls kannte und unten in *Apophth.* VI, 520 zitierte; wie aus VI, 520 hervorgeht, benutzte Er. in diesem Fall ausschließlich die latein. Übers. des Donato Acciaiuoli: „Nam cum egregiam Ialysi figuram non omnino integram, mira tamen arte a Protogene Caunio depictam et in quibusdam aedibus publicis extra moenia vrbis locatam cepisset Demetrius, extemplo Rhodii praeconem ad eum miserunt multis precibus supplicantes, vt huic praeclaro operi pro sua ingenii clementia parceret, quibus respondisse Demetrium tradunt se antea permissurum parentis statuam destrui quam talem tamque egregium artis laborem iniuria vlla extingui" (ed. Bade, Paris 1514, fol. CCCXVIII^r).

602–603 *Protogenis* Protogenes aus Kaunos (ca. 330–290 v. Chr.), berühmter griech. Künstler, tätig auf der Insel Rhodos. Betätigte sich als Bronzegiesser und Maler; als Maler bekannt für seinen Wetteifer mit Apelles. Vgl. N. Hösch, *DNP* 10 (2001), Sp. 463–464, s.v. „Protogenes"; A. Rumpf, *RE* XXIII, 1 (1957), Sp. 981–983, s.v. „Protogenes", Nr. 9. Er. widmete dem Wetteifer zwischen Protogenes und Apelles *Adag.* 312 (*ASD* II, 1, S. 419–420).

603 *Ialysin* Er. ging von der Übers. des Filelfo aus, wo er die unrichtige Namensform „Iasylon" antraf; diese verbesserte er anhand des Textes von Aldus' Plutarchausgabe d.J. 1509 (Ἰάλυσι) zu „Ialysin". Ἰάλυσι und die vermeintliche Verbesserung „Ialysin" sind jedoch ebenfalls unrichtige Namensformen. Das inkorrekte „Ialysin" und die dazugehörige Fehldeutung als Dionysos finden sich unverändert in Lycosthenes' Druck des *Apophth.* (S. 874).

603 *id est Bacchum* In diesem erklärenden Einschub, der nicht Teil des Plutarch-Textes ist, wird „Ialys" als Beiname von Dionysos/Bacchus, im Hinblick auf einen spezifischen Kult, dargestellt. Er.' Identifizierung des Ialys = Dionysos ist jedoch unrichtig. Vielmehr handelt es sich um Ialysos, den Gründerheros und

Rhodiis per caduceatores obsecrantibus, *vt tabulae parceret, respondit se* citius *patris imagines quam eam picturam* aboliturum. Tantum honoris habuit arti rex.

V, 97   HELEPOLIS   (Demetrius Antigoni filius, 2)

Idem *foedere cum Rhodiis* icto *Helepolin,* id est *machinam* quandam *a capiendis vrbibus ita dictam, apud illos reliquit, quae* simul *et regis magnificentiam et illorum fortitudinem* testaretur. Nec hoc inter apophthegmata recensendum erat. Caeterum *monumentum* illud admonebat Rhodum a Demetrio magnifice oppugnatam ac Rhodios fortiter patriam defendisse.

V, 98   VICTOR BENIGNVS   (Demetrius Antigoni filius, 3)

Atheniensium, qui defecerant, vrbem quum cepisset eaque grauiter rei frumentariae penuria laboraret, protinus conuocata contione dilargitus est illis frumentum gratis. *Quumque* his de rebus loquens *apud populum barbarismum commisisset* vocem quampiam secus quam oportuit pronuncians, *et quidam e consessu, quomodo sonanda fuisset dictio, loquentem interpellans admonuisset,* „Pro hac", inquit, „correptione *altera quin-*

---

607 Helepolin *scripsi:* helepolin *A-C.*

609–610 monumentum *B C BAS LB versio Regii:* monimentum *A.*

Namensgeber der gleichnamigen Stadt an der Nordküste der Insel Rhodos. Vgl. H. Sonnabend, *DNP* 5 (1999), Sp. 847, s.v. „Ialysos". Die drei rhodischen Städte Lindos, Ialys(s)os und Kamiros sollen der Sage nach von drei jeweils gleichnamigen Brüdern, Söhnen des ältesten Heliaden, gegründet worden sein. Er. hat die Fehldeutung Filelfos Übers. entnommen: „Iasylon ..., id est imaginem Liberi patris" (fol. l ii^v). Regio hatte in seiner Bearbeitung der Übers. der *Reg. et imp. apophth.* Filelfos Fehldeutung des Bildgegenstandes als „Liber pater" bereits getilgt; Er. hat dies jedoch nicht als Korrektur verstanden und den Fehler wieder aufgenommen. Die mangelnde Kritik, die Er. der verrückten Deutung des Filelfo entgegenbrachte, ist überraschend, zumal ihm Plinius' Behandlung des Gemäldes geläufig gewesen sein musste (*Nat.* XXXV, 102–104); Er. hat die Apelles und Protogenes betreffenden Passagen in Plin. *Nat.* im sechsten Buch der *Apophthegmata* ausgeschlachtet (VI, 520–527). Bei Plinius wird der Bildgegenstand im Detail beschrieben, z. B. der Jagdhund, dessen Keuchen Protogenes auf wunderbare Weise im Bild (mit Schwammtechnik) suggerierte.

Bacchus wird natürlich nicht mit einem Jagdhund dargestellt. Daß Ialysos der Gründerheros der Stadt Ialysos war, hätte Er. z. B. in Plin. *Nat.* V, 132 finden können. In *CWE* 38, S. 484 wird Er.' irrige Deutung des Bildgegenstandes als Bacchus nicht angemerkt („Ialyson, that is Bacchus"). Heinrich von Eppendorff gibt als Bildgegenstand überhaupt nur Bacchus an (1534, S. CCXCII). Das Gemälde des Protogenes, auf dem Ialysos als Jäger mit einem keuchenden Hund dargestellt war, scheint von außerordentlicher Qualität gewesen zu sein. Cicero hat das Gemälde auf Rhodos gesehen, Plinius d.Ä. im 1. Jh. n. Chr. im Tempel der Pax in Rom (Cic. *Orat.* 2, 5; *Verr.* IV, 135; Plin., *Nat.* XXXV, 102–104). Protogenes soll an dem Gemälde ungewöhnlich lange gearbeitet haben, nach Plutarch (*Demetr.* 22, 2–3) und Aelian sieben, nach Fronto sogar elf Jahre; dabei soll er vier Farbschichten übereinander gemalt haben, um die Haltbarkeit des Bildes zu erhöhen. Nach Plinius d.Ä. soll dieses Ausnahmekunstwerk die militärischen Ereignisse entscheidend beeinflusst haben. Da sich Demetrios entschied, das Gemälde zu erhalten und die Häuser nicht abzubrennen, soll die Belagerung gescheitert sein (Plin. *Nat.* XXXV, 104). Zu dem Gemälde vgl. weiter Plut. *Demetr.* 22, 3–4 (*Vit.* 898); Aelian. *Var.* XII, 41; Gell. XV, 31; Fronto, *ad Marcum* II, 2; Er., *Apophth.* VI, 520.

604–605 *patris imagines* Er. verbesserte Filelfos missverständliche Übers. „paternas ... imagines" (fol. l ii^v), die auch Regio weiterführte (fol. ⟨d iii⟩^v), zu „patris imagines": „paternas ... imagines" erweckt den Anschein, als ob es um die für die römische Kultur der Antike so wichtigen Ahnenbilder (*imagines*) ginge, während Demetrios Poliorketes ganz spezifisch die „Porträts seines Vaters" (τὰς τοῦ πατρὸς εἰκόνας), also Antigonos' I. Monophthalmos, meinte.

605 *rex* Zur Zeit der Belagerung von Rhodos (305–304 v. Chr.) trug Demetrios bereits den Königstitel; Antigonos I. hatte sich selbst und seinen Sohn Demetrios i.J. 306 zum Basileus ausgerufen. Vgl. Badian, *DNP* 3 (1999), Sp. 428 s.v. „Demetrios", Nr. 2.

Apophth. V, 97 bezieht sich auf das Ende der Belagerung Rhodos' i.J. 304 v. Chr.

607–609 *foedere ... fortitudinem* Plut. *Reg. et imp. apophth., Mor.* 183B (Demetrius, 1). Er. legte seinem Text die Übers. des Regio zugrunde: „Cum autem foedera cum Rhodiis ipsis percussisset, machinam Helepolin, a capiendis vrbibus dictam, apud illos reliquit, quae et suae magnificentiae et illorum fortitudinis monumentum esset" (fol. ⟨d iii⟩^v). Vgl. den griech. Text: Σπεισάμενος δὲ τοῖς Ῥοδίοις τὴν ἑλέπολιν ἀπέλιπε παρ' αὐτοῖς, ὑπόδειγμα τῆς αὑτοῦ μὲν μεγαλουργίας ἐκείνων δ' ἀνδρείας ἐσομένην.

607 *Helepolin* Das Wort für die ungeheure Belagerungsmaschine, „Städteeroberer", ist als Eigenname aufzufassen, da sie ein Unikat, eine Neuerfindung darstellte; vgl. L. Burckhardt, *DNP* 5 (1999), Sp. 283, s.v. „Helepolis". Es handelt sich um einen riesigen, quadratischen (ca. 27×27 m im Grundriß) mit Metallschutzplatten versehenen Belagerungsturm, der ca. 30 m hoch und auf 9 Etagen mit Soldaten, Katapulten, Rädern und ähnlichem Gerät bestückt war. Für Beschreibungen von Demetrios' Erfindung, die der Athener Epimachos für ihn baute, vgl. Plut. *Demetr.* 21 (*Vit.* 898); Diod. XX, 91, 2–3; O. Lendle, *Texte und Untersuchungen zur antiken Poliorketik*, 1983, S. 36–106.

609 *Nec ... erat* Vgl. Einleitung und Komm. zu V, 9.

Apophth. V, 98 datiert auf die zweite Eroberung Athens i.J. 294 v. Chr. Vgl. oben Komm. zu V, 96.

613–618 *Atheniensium ... addo* Plut. *Reg. et imp. apophth., Mor.* 183B–C (Demetrius, 2): Ἀποστάντων δὲ τῶν Ἀθηναίων, ἑλὼν τὴν πόλιν ἤδη κακῶς ὑπὸ σιτοδείας ἔχουσαν, εὐθὺς ἐκκλησίας αὐτῷ συναχθείσης, ἐπέδωκε δωρεὰν σῖτον αὐτοῖς· δημηγορῶν δὲ περὶ τούτων ἐβαρβάρισε· τῶν δὲ καθημένων τινὸς ὡς ἔδει τὸ ῥῆμα λεχθῆναι παραφωνήσαντος, „οὐκοῦν", ἔφη, „καὶ τῆς ἐπανορθώσεως ταύτης ἄλλους ὑμῖν πεντακισχιλίους ἐπιδίδωμι μεδίμνους". Er. hat seine Textwiedergabe im Wesentlichen nach der Übers. des Filelfo gestaltet: „Post Atheniensium vero defectionem cum vrbem cepisset, quae rei frumentariae inopia iam male premeretur, continuo concione conuocata frumentum eis elargitus est. Qui cum hisce de rebus in concione loqueretur, barbare quiddam pronunciauit. Quare cum vnus e consessu vt verbum deciendum foret, interclamasset: 'Ergo huius quoque emendationis causa ala nobis praeterea quinque millia medimnum elargior" (fol. l iii^r).

615 *barbarismum* Den Begriff „barbarismus" übernahm Er. aus Regios Übers.: „Sed cum in concione verba faceret, in barbarismum incidit" (fol. ⟨d iii⟩^v).

617 *correptione* Er. verwendet „correptio", das mittelalt. und kirchenlatein. Wort für „Tadel", „Zurechtweisung", „Züchtigung" (vgl. Sleumer, *Kirchenlateinisches Wörterbuch*, S. 245; Niermeyer I, S. 362; *DNG* I, Sp. 1320, jeweils s.v. „correptio") statt Filelfos klassischem „emendatio" (a.a.O.), das auch Regio übernahm (fol. ⟨d iiii⟩^r).

617–618 *quinquaginta medimnorum millia* Er.' Mengenangabe ist unrichtig: Demetrios schenkte der Stadt zusätzlich nicht 50.000 Medimnoi, sondern 5000, wie der griechische Text ausweist (πεντακισχιλίους ἐπιδίδωμι μεδίμνους, πεντακισχιλίους = 5000). 50.000 Medimnoi jedoch wären in etwa zweieinhalb Millionen Liter Getreide gewesen, eine ungeheure Menge, besonders in Anbetracht der Tatsache, daß es sich dabei nur um eine Zugabe des Demetrios zu der eigentlichen Getreideschenkung handelte. Aus der parallelen Vermeldung der Getreideschenkung in Plutarchs Demetrios-Biographie geht hervor, daß sich diese auf 100.000 Scheffel belief; vgl. Plut. *Demetr.* 34, 4 (*Vit.* 914D). Dort wird allerdings die zusätzliche Gabe nicht vermeldet. Er.' falsche Angabe ist besonders kurios, da ihm die richtigen Übers. des Filelfo und Regio vorlagen („quinque milia", a.a.O.).

quaginta [i.e. quinque] *medimnorum millia vobis addo*". Vtrum in hoc potius miremur, benignitatem in eos, qui modo fuerant hostes, an ciuilitatem, qui corrigentis officium non tantum boni consuluit, verum etiam tanta mercede dignum existimauit?

V, 99   Philosopho honos habitvs   (Demetrius Antigoni
         (= Dublette von VII, 132)   filius, 4)

Demetrius quum Megaram occupasset, Stilbontem philosophum accersitum *rogauit, num quis militum aliquid rerum abstulisset*. „*Nullus*", inquit, „*Neminem enim vidi, qui scientiam raperet*", sentiens sola animi bona non esse bellorum violentiae obnoxia.

V, 100   Salse   (Demetrius Antigoni filius, 5)

Rursus quum Demetrius abductis omnium ciuium seruis Stilbonti [i.e. Stilboni] *diceret* „*Ciuitatem vestram liberam vobis relinquo*", „*Recte*", inquit Stilbon, „*Nullum enim* in ciuitate *seruum relinquis*".

---

624 Stilbontem *A-C*: *scribendum erat sive* Stilbonem *ut in versione Donati Florentini, sive* Stilponem *sec. Plut. textum Graecum.*

629 Stilbonti *A-C*: *scribendum erat sive* Stilboni *sec. versionem Donati Florentini (cf. Lycosthenem p. 615), sive* Stilponi *sec. Plut. textum Graecum.*

618 *medimnorum* Er. übernimmt die Transliteration aus Filelfos Übers. („medimnum", a.a.O.), wobei er sie zugleich korrigiert; Regio verwendete „modiorum" (fol. ⟨d iiii⟩ʳ), wobei er sich irrte: 1 modius (bzw. Modios) ist nicht das Äquivalent eines Medimnos: Ein attischer Medimnos entspricht ca. 52,8 (Döring) oder 52,5 (Hultsch) Litern (vgl. E. Döring, *Handbuch der Münz-, Wechsel-, Maß- und Gewichtskunde*, Koblenz 1862, S. 162; F. Hultsch, *Griechische und römische Metrologie*, 2. Aufl. 1882, S. 108); 1 *modius* jedoch etwa 8,6 Litern. Freilich verschlimmbesserte Er. durch die irrige Zahlenangabe beide Übers. (vgl. oben).

V, 99 bezieht sich auf d.J. 307/ 6 v. Chr., als Demetrios Megara einnahm und plünderte. Wie der Titel zeigt, fasste Er. Demetrios' Frage als Ehrbezeigung gegenüber dem Stilpon auf, in dem Sinn, daß sich der Feldherr bei dem berühmten Philosophen versichern wollte, daß er unversehrt geblieben und wohlauf sei. Diese Interpretation beruht jedoch auf einem Irrtum: Der historische Demetrios kümmerte sich nicht im Geringsten um Stilpons Wohlergehen. So wurden seine Frau und Kinder schonungslos getötet. Die Nachfrage des Feldherrn hat statt eines fürsorglichen eher einen zynischen Charakter. Er wusste, daß Stilpon gerade seine Frau und Kinder verloren hatte, und wollte dem stolzen, immerzu seine Autarkie plakativ betonenden Philosophen die Weltfremdheit seiner Haltung vor Augen stellen. Vgl. Sen. *Epist.* 9, 18: „Hic enim capta patria, amissis liberis, amissa vxore, cum ex incendio publico solus et tamen beatus exiret, interroganti Demetrio, cui cognomen ab exitio vrbium Poliorcetes fuit, num quid perdidisset, ,Omnia', inquit, ,bona mea mecum sunt'"; ebenso Sen., *De constantia sapientis* 5, 6. Der eigentliche Spruchspender war nicht Demetrios, sondern **Stilpon von Megara**; insofern wäre der Ausspruch im Buch der Philosophen besser platziert gewesen: Tatsächlich bringt Er. das Apophth. in der Stilpon-Sektion (VII, 130–138) nochmals, dort allerdings nach Diog. Laert.: VII, 133 „Honos virtuti habitus" (Stilpon Megarensis,

3 = Dublette von V, 99): „Demetrius Antigoni filius quum Megara cepisset, iussit Stilponis domum seruari indemnem. Admonitus igitur Stilpon, vt libellum daret rerum omnium, quas amisisset, ,Ego', inquit, ,nihil bonorum meorum amisi. Nam eruditio et eloquentia mihi sunt incolumes' [...]".

624 *Stilbontem* **Stilpon von Megara**, Philosoph (ca. 340–ca. 280/275 v. Chr.). Als Megariker hatte er ein großes Interesse für Logik und Dialektik; in der Ethik betonte er die Autarkie des Weisen. Vgl. K. Döring, „Stilpon", in: H. Flashar (Hrsg.), *Grundriss der Geschichte der Philosophie. Die Philosophie der Antike*, Bd. 2, 1, Basel 1998, S. 230–236; K. Döring, *DNP* 11 (2001), Sp. 1000–1001, s.v. „Stilpon"; ders., *Die Megariker. kommentierte Sammlung der Testimonien*, Amsterdam 1971; R. Muller, *Les mégariques. Fragments et témoignages*, Paris 1985.

624 *Stilbontem* Er. selbst konstruierte die inkorrekte Namensform „Stilbontem" (statt „Stilponem") aus der bei Donato angegebenen Nominativform „Stilbon"; im nächsten *Apophth.* wiederholt er diesen Fehler. Im griech. Text findet sich die Nominativform Στίλπων. In der Dublette des Spruches in VII, 133 schreibt Er. jedoch richtig „Stilponis" (nach dem Vorbild des Diog. Laert.).

624–626 *rogauit ... raperet* Plut. *Demetr.* 9, 5 (*Vit.* 893): Μεταπεμψάμενος οὖν αὐτὸν ἠρώτα, μή τις εἴληφέ τι τῶν ἐκείνου. Καὶ ὁ Στίλπων „οὐδείς", εἶπεν, „οὐδένα γὰρ εἶδον ἐπιστάμαν ἀποφέροντα". Vgl. Donato Acciaiuolis Übers.: „Hunc igitur ad se vocatum rogauit Demetrius, an aliquid suarum rerum sibi quisquam miles eripuisset. Ad hoc ,Nemo', inquit Stilbon, ,Neminem enim vidi scientiam auferentem'" (ed. Bade, Paris 1514, fol. CCCXV^v); der Ausspruch aus Plut. *Demetr.* 9 (*Vit.* 893) war bereits von Brusoni (1518) selektiert worden (III, 31): „Stilpo dum a Demetrio direpta vrbe sic rogaretur, ,Nunquid tuarum rerum tibi ablatum est?', ,Nil', inquit, ,eruditio cum supersit, vnde necessaria mihi parare facile possum'".

625 *militum* „militum" nicht in Plutarchs Text; es handelt sich um eine Explizierung, die Donato in seine Übers. eingebracht hatte („quisquam miles", a.a.O.).

Apophth. V, 100 datiert wie das vorhergehende *Apophth.* auf 307/6 v. Chr., die Einnahme und Plünderung Megaras; sein eigentlicher Witz stammt, wie in V, 99, von dem Philosophen Stilpon von Megara (zu seiner Person vgl. Komm. oben). Wie schon V, 99 wäre auch V, 100 am besten in der Stilpon-Sektion im siebenten Buch (VII, 131–139) platziert gewesen.

629–631 *Rursus quum ... relinquis* Plut. *Demetr.* 9, 6 (*Vit.* 893). Er. stellte seinen Text nach Donato Acciaiuolis Übers. zusammen: „Rursus in discessu suo seruis omnium ciuium arreptis quum benigne ad eum conuersus dixisset ,Liberam vestram, o Stilbon, ciuitatem relinquo', ,Recte', inquit ille, ,Nullum enim seruum in vrbe relinquis'" (ed. Bade, Paris 1514, fol. CCCXV^v). Vgl. den griech. Text: τῶν δὲ θεραπόντων σχεδὸν ἁπάντων διακλαπέντων, ἐπεὶ πάλιν αὐτὸν ὁ Δημήτριος ἐφιλοφρονεῖτο καὶ τέλος ἀπαλλαττόμενος εἶπεν· „ἐλευθέραν ὑμῶν, ὦ Στίλπων, ἀπολείπω τὴν πόλιν" „ὀρθῶς", ἔφη, „λέγεις· οὐδένα γὰρ ἁμῶν δοῦλον ἀπολέλοιπας".

V, 101   Lamia meretrix   (Demetrius Antigoni filius, 6)

Lysimacho Demetrium impetente *conuiciis dicenteque Lamiam sibi visam meretricem de scena tragica prodeuntem* – haec erat amica Demetrii magnifice culta – *Demetrius respondit meretricem Lamiam esse modestiorem* meliusque moratam *quam ipsius Penelopen*, coniugem illius notans.

V, 102   Lamia regis   (Demetrius Antigoni filius, 7)

Quum legatis a Demetrio ad Lysimachum missis Lysimachus per ocium narraret aliquando, quomodo coactus ab Alexandro cum ferocissimo leone colluctatus fuisset, et cicatrices ostenderet in cruribus ac brachiis e ferae vngulis relictas, legati dixerunt „Et noster rex graues ferae Lamiae morsus in collo gestat", notantes suauiorum amatoriorum vestigia, simul alludentes ad lamiam beluam.

V, 103   Fortvnae vicissitvdo   (Demetrius Antigoni filius, 8)

Nemo Demetrio fuit vtraque fortuna exercitatior. Itaque solebat *in fortunam illud Aeschyli dicere*,

„σύ τοι μ' ἔφυσας, σύ με καταθεῖν μοι δοκεῖς", id est
„*Tu me extulisti, tu ipsa rursus deiicis*".

635–636 Penelopen *A B BAS LB, versio Donati*: Penelopem *C*.

645 solebat *LB*: solet *A-C*.
647 id est *C BAS LB*: deest in *A B*.

Lamia von Athen, eine berühmte und begehrte Kurtisane, mit welcher Demetrios I. eine Beziehung hatte, aus der eine Tochter mit dem Namen Phila hervorging. Vgl. F. Geyer, *RE* XII, 1 (1924), Sp. 546–547, s.v. „Lamia". Plutarch geht in seiner Demetrios-Biographie ausführlich auf die Beziehung des Königs mit Lamia ein, *Demetr.* 27 (*Vit.* 901); Athen. XIII, 577C. Zu Lamia vgl. Er., *Apophth.* VI, 582; *Adag.* 1665, *ASD* II, 4, S. 128–129; *Adag.* 4071, *ASD* II, 8, S. 300: „Et verum est Lamiam fuisse supra modum adamatam a Demetrio rege Macedonum, quo nomine ipse quidem male audiebat vulgo …".
633 *Lysimacho* Zur Person des Diadochen Lysimachos (um 361–281 v. Chr.), einem Konkurrenten des Demetrios Poliorketes, vgl. Komm. unten zu V, 111.
633–636 *impetente … Penelopem* Plut. *Demetr.* 25, 6 (*Vit.* 900). Er. ging von der Übers. des Donato Acciaiuoli aus, die er variierte: „Quare in contumeliam ei obiciens (sc. Lysimachus) amorem Lamiae, nunc primum a se visam dixit meretricem de scaena tragica exeuntem. Ad hoc Demetrius ‚meretricem', inquit, ‚Lamiam magis esse modestam quam coniugem eius Penelopen'" (ed. Bade, Paris 1514, fol. CCCVII^v). Allerdings ging bei seinem Variationsversuch die Pointe von Lysimachos' Spruch verloren: Diese war, daß er *nun zum ersten Mal* (vgl. Donatos Übers.: „nunc primum"; νῦν πρῶτον im griech. Text) eine *meretrix* auf der tragischen Bühne gesehen hatte: Die Gestalten der Tragödie waren Heldinnen und Königinnen, keine Huren, während die letzteren zum Genus der Komödie gehörten. Er. hat den Witz nicht verstanden: Er verkehrte in der irrigen Meinung, daß sich Lysimachos' Anmerkung auf die pompöse Kleidung und Schmuck der Lamia bezog.

Von Donato übernahm Er. das Missverständnis bezüglich Penelope. Vgl. den griech. Text: ἦν δὲ καὶ πάντων ἀπεχθέστατος ὁ Λυσίμαχος αὐτῷ, καὶ λοιδορῶν εἰς τὸν ἔρωτα τῆς Λαμίας ἔλεγε νῦν πρῶτον ἑωρακέναι πόρνην προερχομένην ἐκ τραγικῆς σκηνῆς· ὁ δὲ Δημήτριος ἔφη τὴν ἑαυτοῦ πόρνην σωφρονεστέραν εἶναι τῆς ἐκείνου Πηνελόπης.

634 *Haec ... culta* „Haec ... culta" ist ein erklärender Zusatz des Er., der allerdings zeigt, daß er die Pointe des Spruches des Lysimachos nicht verstanden hat; vgl. Komm. oben.

636 *coniugem* Irrtümliche Angabe, nicht im griech. Originaltext von Plut. *Demetr.* 25, 6 (*Vit.* 900). Lysimachos war nicht mit einer Frau mit dem Namen Penelope verheiratet; seine Ehefrauen hießen Nikaia, Amastris und Arsinoë II. (die Tochter des Ptolemaios I. Soter). Penelope muß der Name einer seiner Kurtisanen gewesen sein. Der Irrtum entstand dadurch, daß Er. ohne weiteres den Text von Donato Acciaiuolis Übers. übernahm, der Penelope fälschlich als Gattin des Lysimachos angesehen hatte: „Lamiam magis esse modestam quam *coniugem eius Penelopen*'" (a.a.O.). Vgl. Komm. *CWE* 38, S. 485, wo „coniugem illius" allerdings als Zusatz bezeichnet wird, der auf das Konto des Er. gehe.

637 *Lamia* Vgl. den Komm. zu dem vorhergehenden *Apophth.* V, 100.

638–641 *legatis ... gestat* Plut. *Demetr.* 27, 3 (*Vit.* 901). Er. hat die Übers. des Donato Acciaiuoli übernommen und leicht überarbeitet: „Quum vero aliquando legatis ad Lysimachum missis ille otium agens pugnam enarraret, qua olim ab Alexandro rege coactus cum ferocissimo leone commiserat, atque cicatrices ostenderet ex vnguibus illius ferae in bracchiis cruribusque relictas, ridentes legati et suum quoque regem dixerunt graues ferae Lamiae morsus in collo gestare" (ed. Bade, Paris 1514, fol. CCCXIX[r]). Vgl. den griech. Text: ἀφίκοντο γοῦν τινες παρ' αὐτοῦ κατὰ πρεσβείαν πρὸς Λυσίμαχον, οἷς ἐκεῖνος ἄγων σχολὴν ἐπέδειξεν ἔν τε τοῖς μηροῖς καὶ τοῖς βραχίοσιν ὠτειλὰς βαθείας ὀνύχων λεοντείων, καὶ διηγεῖτο τὴν γενομένην αὐτῷ μάχην πρὸς τὸ θηρίον, ὑπ' Ἀλεξάνδρου συγκαθειρχθέντι τοῦ βασιλέως. Οἱ δὲ γελῶντες ἔφασαν καὶ τὸν αὑτῶν βασιλέα δεινοῦ θηρίου δήγματα φέρειν ἐν τῷ τραχήλῳ, Λαμίας.

638 *Lysimachum* Zu Lysimachus vgl. Komm. zu V, 111.

642 *beluam* Weibl. Vampir, Unholdin, die man sich in der Antike und später als monströses, tierähnliches Wesen vorstellte. Vgl. S.I. Johnston, *DNP* 6 [1999], Sp. 1080, s.v. „Lamia"; *DNG* II, Sp. 2805, s.v. „lamia", Nr. I.

Apophth. V, 103 Er. schreibt ein weiteres Apophthegma, das Fortuna thematisiert (VIII, 242), einem gewissen Demetrios zu. Dieser ist jedoch nicht mit Demetrios Poliorketes identisch; der Apophthegma-Spender von VIII, 242 ist der Kyniker Demetrios, der mit Seneca dem Jüngeren befreundet war. Vgl. unten Komm. *ad loc.*

645–648 *in fortunam ... deiicis* Im einleitenden Teil paraphrasierende, im Spruchteil wörtliche Wiedergabe von Plut. *Demetr.* 35, 2 (*Vit.* 905): διὸ καί φασιν αὐτὸν ἐν ταῖς χείροσι μεταβολαῖς πρὸς τὴν Τύχην ἀναφθέγγεσθαι τὸ Αἰσχύλειον· „Σύ τοί με φυσᾷς, σύ με καταίθειν μοι δοκεῖς".

646 *Aeschyli* Aeschylus, Nauck *fr.* 259.

648 *Tu ... deiicis* Vgl. Donato Acciaiuolis ähnliche Übers.: „Tu me extulisti, tu me iterum, fortuna, deponis" (ed Bade, Paris 1514, fol. CCCXXV[v]).

V, 104   Pietas mira in filivm   (Demetrius Antigoni filius, 9, i.e. Seleucus, 1)

Quum Erasistratus Demetrio [i.e. Seleuco] Antiochi filii mentem, qua mori destinarat, indicasset simulque fassus esset huius affectionis causam esse amorem, Demetrius [i.e. Seleucus], qui adolescentem vnice adamabat, per omnia multis cum lachrymis coepit obtestari, vt illius incolumitati consuleretur. Quum Erasistratus addidisset immedicabile malum esse, quod in ipsius vxorem deperiret, hoc audito Demetrius [i.e. Seleucus] multo vehementius coepit obtestari, vt ob salutem filii cederet illi suam coniugem. „Ista", inquit, „o *pater*, tibi facile dicuntur, sed aliud diceres, *si tuam coniugem Stratonicen adamaret*". *Hic quum rex deos comprecaretur, vt liceret amorem filii commutare et a medici coniuge in suam transferre; nihil se non facturum, si modo liceret seruare filium. Erasistratus patris dextram amplexus; „Nihil est"*, inquit, *„o rex, in quo iam Erasistrato indigeas. Etenim quum et pater sis et maritus et rex, optimus eris tuae familiae medicus. Non enim in coniugem meam, sed in Stratonicen tuam Antiochus deperit"*. Post haec Demetrius [i.e. Seleucus] edixit, vt Antiochus rex, Stratonice, quam filio cessit, regina nominaretur.

V, 105   (Demetrius Antigoni filius, 10)

In machinis bellicis in tantum ingenio arteque praecelluit, vt merito de illo iactatum sit Demetrii *machinas magnitudine sua etiam amicis stuporem, pulchritudine vero etiam hostibus adferre voluptatem*.

---

651 Demetrio *A-C: scribendum erat* Seleuco
659 commutare *B C (cf. uersionem Donati), instructio Erasmi in err. A*: commutari *A*.
659 transferre *B C, instructio Erasmi in err. A*: transferri *A*.
661 et *A-C BAS*: om. *LB*.

Apophth. V, 104 Die novellenhaft ausgestaltete Erzählung in von Seleukos und Antiochos bezieht sich auf 294/3 v. Chr., kurz bevor Seleukos I. seine Frau Stratonike seinem Sohn Antiochos abtrat und ihn zum König und Mitregenten ausrief. Der eigentliche Spruchspender ist der Arzt Erasistratos. Antiochos hatte sich hoffnungslos in die Frau seines Vaters, Stratonike, verliebt. Aus Scham und Gram entschied er sich, eine Krankheit vorzutäuschen und sich durch eine Art Hungerstreik das Leben zu nehmen. Der besorgte Vater konsultierte seine Ärzte und versprach demjenigen, der den jungen Mann von seiner Krankheit heilen könne, eine hohe Belohnung. Erasistratos war der Einzige, der die wahre Ursache der Auszehrung zu ermitteln vermochte. Er fand zudem heraus, wem die Liebe des Antiochos galt. Da es sich um die Frau des Vaters Seleukos handelte, verheimlichte Erasistratos zuerst diesen Umstand, beschloss aber endlich, ihn dem Vater auf schonende Weise beizubringen. Diese Geschichte gehört nicht in die Demetrios Polyorketes gewidmete Sektion von Sprüchen: Er. ordnete sie ihr fälschlich zu, weil er Seleukos mit Demetrios verwechselte (vgl. Komm. unten).

651–664 *Quum Erasistratus ... regina nominaretur* Stark gekürzte, freie, z.T. unklare und durch eine Verwechslung der Personen entstellte Wiedergabe von Plut. *Demetr*. 38, 2–9 (*Vit*. 907), wobei Er. die latein. Übers. des Donato Acciaiuoli (ed. Bade, Paris 1514, fol. CCCXXI^v–CCCXXII^r) verwendete.

651 *Erasistratus* **Erasistratos** (304–250 v. Chr.) aus Keos, griech. Arzt, Spezialist in Anatomie, Physiologie und Krankheitslehre, Sohn des Kleombrotos, einer der Leibärzte des Sel-

eukos I., vorübergehend an dessen Hof tätig. E. stand in enger Verbindung mit Chrysippos von Knidos und Aristogenes, zwei weiteren Ärzten des Seleukos. Vgl. V. Nutton, *DNP* 4 (1999), Sp. 41–43; M. Wellmann, *RE* VI, 1 (1907), Sp. 334–350, jeweils s.v. „Erasistratos"; P.M. Fraser, „The Career of Erasistratus of Ceos", in: *Rendiconti dell' Istituto Lombardo* 103 (1969), S. 518–537.

651 *Demetrio* Die Geschichte aus Plut. *Demetr.* 38 schrieb Er. irrtümlich dem Demetrios I. Poliorketes zu, während sie Seleukos I. zugehört (vgl. Komm. *CWE* 38, S. 486), wie aus Plutarchs Text – sowohl dem griech. Original als auch der latein. Übers. Donatos – unmissverständlich hervorgeht, da in der Erzählung der Name des Seleukos mehrfach genannt wird. Offensichtlich war Er. nicht klar, daß Demetrios I. nicht der Vater eines Antiochos war; bei Antiochos, dem Sohn des Seleukos I., handelt es sich um den späteren Antiochos I. Soter (vgl. W. Ameling, *DNP* 1 [1999], Sp. 767–768, s.v. „Antiochos", Nr. 2). Er. war in seinen historischen Kenntnissen bezüglich der Diadochen nicht sattelfest. Er.' Verwechslung ist schwer nachvollziehbar; vielleicht mag eine Rolle gespielt haben, daß sich die Geschichte in Plutarchs *Demetrios*-Biographie findet oder daß Demetrios Seleukos' Schwiegervater war. Die Fehlzuschreibung der Anekdote in Lycosthenes' Druck (S. 817).

652 *huius ... amorem* Plut. *Demetr.* 38, 5 (*Vit.* 907). Vgl. die Übers. des Donato: „,Aegritudinis', inquit (Erasistratus), ,o Rex, quae filium tuum ad mortem perducit, quum causam ingenti cura diligentiaque perquirerem, tandem non valitudinem malam aut vllum corporis morbum, vt a plerisque falso creditum est, sed incredibile amoris incendium causam esse inueni'" (ed. Bade, Paris 1514, fol. CCCXXII^r).

657–659 *Ista ... commutare* Plut. *Demetr.* 38, 6 (*Vit.* 907): „οὐδὲ γὰρ ἂν σύ", φάναι, „τοῦτο πατὴρ ὢν ἐποίησας, εἰ Στρατονίκης Ἀντίοχος ἐπεθύμησε" καὶ τὸν Σέλευκον „εἴθε γάρ, ἑταῖρε", εἰπεῖν, „ταχὺ μεταστρέψαι τις ἐπὶ ταῦτα καὶ μεταβάλοι θεῶν ἢ ἀνθρώπων τὸ πάθος". Vgl. die Übers. des Donato Acciaiuoli: „,Haec', inquit Erasistratus, ,facile tu pater nobis enarras; verum forte aliter sentias, si Stratonicen tuam adamaret Antiochus'. ,Vtinam, amice', inquit Seleucus, ,aut dii aut homines facultatem darent, vt hunc amorem permutare meo arbitrio possem'" (a.a.O.).

658 *Stratonicen* Stratonike, Tochter von Demetrios Poliorketes und Phila (Nr. 2), 299/8 v. Chr. mit Seleukos I. vermählt, um sein Bündnis mit Demetrios Poliorketes zu bekräftigen. Seleukos, der von ihr bereits eine Tochter hatte, trat Stratonike an seinen Sohn Antiochos ab, dem sie vier Kinder – Seleukos, Antiochos, Apama und Stratonike d.J. – gebar. Stratonike soll von außerordentlicher Schönheit gewesen sein. Sie wurde in mehreren griechischen Städten vergöttert, in denen man sie mit Aphrodite gleichsetzte. Vgl. E. Badian, *DNP* 11 (2001), Sp. 1045, s.v. „Stratonike", Nr. 3.

660–663 *Erasistratus patris ... deperit* Plut. *Demetr.* 38, 7 (*Vit.* 907). Er. übernahm Donato Acciaiuolis Übers.: „Erasistratus ... apprehensa illius (sc. Seleuci) dextera, ,Nihil est', inquit, ,o rex, cur Erasistrato amplius indigeas: nam et pater et vir et rex quum sis, medicus optimus tuae familiae eris'. Non enim coniugem meam, sed Stratonicen tuam filius Antiochus ardet" (ed. Bade, Paris 1514, fol. CCCXXII^r). Vgl. den griech. Text: ταῦτα ἐμπαθῶς σφόδρα τοῦ Σελεύκου μετὰ πολλῶν δακρύων λέγοντος, ἐμβαλόντα τὴν δεξιὰν αὐτῷ τὸν Ἐρασίστρατον εἰπεῖν ὡς οὐδὲν Ἐρασιστράτου δέοιτο· καὶ γὰρ πατὴρ καὶ ἀνὴρ ὢν καὶ βασιλεὺς αὐτὸς ἅμα καὶ ἰατρὸς εἴη τῆς οἰκίας ἄριστος.

663–664 *Post haec ... nominaretur* Plut. *Demetr.* 38, 8 (*Vit.* 907): ἐκ τούτου τὸν Σέλευκον ἐκκλησίαν ἀθροίσαντα πάνδημον εἰπεῖν ὅτι. βούλεται καὶ διέγνωκε τῶν ἄνω πάντων τόπων Ἀντίοχον ἀποδεῖξαι βασιλέα καὶ Στρατονίκην βασιλίδα, ἀλλήλοις συνοικοῦντας.

667–668 *machinas ... voluptatem* Plut. *Demetr.* 20, 3 (*Vit.* 897): Μεγέθει μὲν γὰρ ἐξέπληττε καὶ τοὺς φίλους, κάλλει δὲ καὶ τοὺς πολεμίους ἔτερπε.

ANTIGONVS SECVNDVS

670 V, 106 PIETAS IN PATREM (Antigonus Secundus, 1) [1]

Antigonus Secundus, quum Demetrius pater esset captus ipsique per amicum in hoc missum mandasset, ne curaret, si quid scriberet a Seleuco compulsus, neque ciuitates illi cederet: vltro scripsit ad Seleucum, cedens illi totam ditionem seque obsidem offerens, si Demetrius pater dimitteretur. Hic pietas certabat cum pietate: pater sui negligens
675 volebat parci filio filiique regno; filius contra patris libertatem et regno et seipso priorem habuit.

V, 107 OCVLVS DOMINI (Antigonus Secundus, 2) [2]

Quum pugnaturus esset aduersus Ptolemaei milites [sic; i.e. duces] *gubernatorque admoneret plures esse naues hostium, „Pro quot",* inquit, *„nauibus supputas, quod ego*
680 *hic praesto sum?",* sentiens ad victoriam plurimum habere momenti, si strennuus imperator praesens regat exercitum. Ptolemaeus autem tum suis non aderat.

---

670 patrem *scripsi cum A*: patriam *B C BAS*.

673 cederet *A-C, versio Regii* (cedere; *cf. infra* cedens): crederet *BAS LB*.

Antigonos II. Gonatas („der X-Beinige", um 320–239 v. Chr.), Sohn des Demetrios Poliorketes und der Phila; Strategos seines Vaters in dessen Asienfeldzug d.J. 287; führte nach dem Tod seines Vaters (283) den Titel König von Makedonien, verfügte jedoch, da Makedonien und der größte Teil Griechenlands von König Pyrrhos (vgl. Komm. *ad* V, 119) und von Lysimachos (vgl. Komm. *ad* V, 111) beherrscht wurden, tatsächlich nur über ein winziges Herrschaftsgebiet, das lediglich einige Städte umfasste; i.J. 281, als Lysimachos fiel, Seleukos I. ermordet wurde und Pyrrhos den Italienfeldzug unternahm, ergriff Antigonos die Gelegenheit, fügte Antiochos I. eine peinliche Niederlage zu und zwang ihn zu einem Frieden, wobei er dessen Halbschwester Phila (die Tochter des Seleukos und der Stratonike), heiratete und sein neuer Schwager ihn als legitimen König von Makedonien anerkennen musste. Als Pyrrhos 274 v. Chr. wieder nach Griechenland zurückkehrte, entbrannten heftige Kämpfe (vgl. dazu unten V, 110B), bis Pyrrhos bei dem Versuch Argos einzunehmen ums Leben kam. Aus dem Chremonideischen Krieg, den Antigonos II. gegen Athen, Sparta und Ptolemaios II. führte (267–262 v. Chr.) ging Antigonos als Sieger hervor, wodurch es ihm gelang, das Herrschaftsgebiet Makedoniens wieder auf denselben Umfang zu bringen, den es einst unter Philipp d.Gr. gehabt hatte. Antigonos II. interessierte sich für Philosophie, insb. die Stoa (vgl. V, 110 und 110E), und trat als Patron von Philosophen, Intellektuellen und Schriftstellern auf. Vgl. K. Buraselis, *Das hellenistische Makedonien und die Ägäis* ..., München 1982; J.J. Gabbert, *Antigonus II Gonatas. A Political Biography*, London – New York 1997; E. Badian, *DNP* (1999), Sp. 753–754, s.v. „Antigonos", Nr. 2. Zur Person seines Vaters Demetrios Poliorketes vgl. oben Komm. zu V, 96. Er. hatte von Antigonos Gonatas kein klares Bild. Nachdem er schon oben seinen Vater Demetrios Poliorketes mit Seleukos I. durcheinanderbrachte (V, 105), verwechselte er mehrere Male Antigonos II. Gonatas mit seinem Vater Antigonos I. Monophthalmos: *Apophth.* IV, 123, 124, 131, 132 (vgl. Komm. *CWE* 37, S. 373–376, und ter Meer *ASD* IV, 4, S. 313 und 315). Diese tatsächlich Antigonos II. zugehörigen Sprüche werden am Ende der nachfolgenden Sektion bei gleichbleibender Zählung nachgereicht (als V, 110B–E). In V, 106–110 zeichnet Er. von Antigonos Gonatas ein insgesamt positives Herrscherbild, dem jedoch klare Konturen fehlen. Eine Ausnahme bildet vielleicht Antigonos Gonatas' Liebe zur Philosophie bzw. seine Verehrung des Zenon von Kition. Antigonos figuriert weiter in *Apophth.* II, 27 und 35, insbesondere aber im „Buch der Philosophen": VII, 143 (Menedemus Eretriensis, 3); 188 (Bion Borysthenites, 3); 295 (Zeno Cittieus, 3, i.e. Antigonus Secundus, 10).

669 *ANTIGONVS SECVNDVS* So auch im Index personarum, während sein Vater, Antigonos I. Monophthalmos, dort als „Antigonus rex Macedonum" geführt wird.

Apophth. V, 106 ff. Hier fängt in den Basler Ausgaben eine mehrere hellenistische Herrscher umklammernde Zählung an (V, 106–134), die Antigonos II. Gonatas (V, 106–110), Lysimachos, König von Thrakien und Makedonien (V, 111–112), Antipatros I. (V, 113–114), Antiochos III. d.Gr. (V, 115–116), Antiochos Accipiter (V, 117), Eumenes II. Soter (V, 118), Pyrrhos von Epeiros (V, 119–131) und Antiochos VII. zusammenfaßt. Die Reihenfolge ist nicht strikt chronologisch (sonst hätten Antipatros' und Lysimachos' Sprüche vor jenen des Antigonos II. Gonatas rangieren müssen); nicht enthalten sind zwei Diadochen, die schon vorher behandelt worden waren: Demetrios I. Poliorketes (V, 96–105) und Ptolemaios I. Soter (V, 92–95). Die Zählung der Basler Ausgaben von Antigonos II. – Antiochos VII. wird hier in athetierter Form wiedergegeben.

Apophth. V, 106 datiert auf d.J. 286 v. Chr., als Demetrios Poliorketes bei seinem Asienfeldzug von Seleukos I. gefangen genommen wurde. Der verzweifelte Versuch seines Sohnes Antigonos Gonatas, seinen Vater dadurch freizubekommen, daß er sich selbst als Geisel anbot, half nichts. Demetrios blieb bis zu seinem Tod 283 v. Chr. in Gefangenschaft (vgl. E. Badian, *DNP* [1999], Sp. 429, s.v. „Demetrios", Nr. 2). Der richtige Titel des Lemmas muss dem Inhalt gemäß „Pietas in patrem" sein, wie er in *A* überliefert ist. Vgl. dazu Er.' Kommentar *ad loc.*: „pietas ... pater ... filius". Inhalt und Titel von V, 106 stellen eine Verbindung zu V, 104 „Pietas mira in filium" her, wobei Er. dort allerdings irrtümlich Demetrios als Akteur einsetzte. V, 106 stellt kein Apophthegma im eigentlichen Sinn dar (obwohl von Er. nicht angemerkt), sondern ein *exemplum* für familiäre *pietas*.

671–674 *Antigonus secundus ... mitteretur* Eigenständige Übertragung des Er. von Plut. *Reg. et imp. apophth., Mor.* 183C (Antigonus Secundus, 1): Ἀντίγονος ὁ δεύτερος, Δημητρίου τοῦ πατρὸς ἁλόντος καὶ πέμψαντός (πέμψαντος ed. Ald. *1509, p. 159*) τινα (τινὰ ed. Ald. *1509, p. 159*) τῶν φίλων κελεύοντα μὴ προσέχειν, ἄν τι γράφῃ βιασθεὶς ὑπὸ Σελεύκου, μηδὲ παραχωρεῖν τῶν πόλεων, αὐτὸς ἔγραψε πρὸς Σέλευκον ἐξιστάμενος αὐτῷ τῆς ἀρχῆς ἁπάσης καὶ παραδιδοὺς ὅμηρον ἑαυτὸν ἐπὶ τῷ τὸν πατέρα Δημήτριον ἀπολυθῆναι. Vgl. Plut. *Demetr.* 51, 1–2 (*Vit.* 914D).

677 *Oculus domini* Vgl. das Sprichwort „Oculus domini saginat equum" nach Aristot. *Oec.* I, 6, 1345A und Xen. *Oec.* 12, 20; „Oculus domini in agro fertilissimus" nach Plin. *Nat.* XVII, 43; Otto 1276; Walther 19711 b.

Apophth. V, 107 bezieht sich auf die Seeschlacht bei Kos gegen die Flotte des Ptolemaios II. Philadelphos im Jahre 265 v. Chr., die mit einem Sieg des Antigonos Gonatas endete.

678–680 *Quum pugnaturus ... praesto sum* Plut. *Reg. et imp. apophth., Mor.* 183C (Antigonus Secundus, 2): Μέλλων δὲ ναυμαχεῖν πρὸς τοὺς Πτολεμαίου στρατηγούς, εἰπόντος τοῦ κυβερνήτου πολὺ πλείονας εἶναι τὰς τῶν πολεμίων ναῦς, „ἐμὲ δέ," ἔφη, „αὐτὸν παρόντα πρὸς πόσας ἀντιτάττεις;". Er. hat seinen Text der Übers. des Regio nachgebildet: „Pugnaturus autem contra Ptolemaei duces, quum dixisset gubernator, multo plures hostium esse naues, ‚Me ipsum praesentem', inquit, ‚contra quot naues opponis?'" (fol. ⟨d iiii⟩ʳ). Dieselbe Anekdote findet sich in Plut. *Qua quis ratione se ipse sine inuidia laudet* 16, *Mor.* 545B: καὶ Ἀντίγονος ὁ δεύτερος τἆλλα μὲν ἦν ἄτυφος καὶ μέτριος, ἐν δὲ τῇ περὶ Κῶ ναυμαχίᾳ τῶν φίλων τινὸς εἰπόντος, „οὐχ ὁρᾷς ὅσῳ πλείους εἰσὶν αἱ πολέμιαι νῆες;" „ἐμὲ δέ γε αὐτόν," εἶπεν, „πρὸς πόσας ἀντιτάττετε;".

678 *Ptolemaei* Ptolemaios II. Philadelphos (308–246 v. Chr.), Sohn des Ptolemaios I. Soter und der Berenike, seit 285 v. Chr. zum König und Pharao gekrönt und Mitregent des Vaters, seit 282/3 Alleinherscher Ägyptens. Vgl. H. Bengtson, *Herrschergestalten des Hellenismus*, München 1975, S. 111–138; S. Müller, *Das hellenistische Königspaar in der medialen Repräsentation. Ptolemaios II. und Arsinoë II.*, Berlin-New York 2009.

678 *milites* „milites" (*A, B, C*) ist eine Fehlübersetzung von στρατηγούς; richtig wäre „duces" („Generäle", „Heerführer") gewesen (so Regio). Durch Er.' Fehlübersetzung geht der springende Punkt des Bonmots verloren, nämlich daß Ptolemaios II. nur seine Generäle geschickt hatte, während König Antigonos selbst anwesend war.

V, 108   Fvga excvsata   (Antigonus Secundus, 3) [3]

Quum aliquando cederet hostibus imminentibus, aiebat se non fugere, sed vtilitatem a tergo sitam persequi, sentiens non esse turpe fugere, quoties magis expedit hosti dare locum quam conserere manus. Dicti gratia in hoc est, quod quum fugere et persequi sint contraria, ille fugiens interpretabatur se persequi magis quam fugere. Persequimur enim hostem, et persequimur id, quod studiose expetimus.

V, 109   Sva qvisqve virtvte commendetvr   (Antigonus Secundus, 4) [4]

Adolescenti cuidam, qui patrem habuerat fortem, quanquam ipse non admodum – vt videbatur – bonus erat miles, postulanti, vt patris stipendia caperet, „At ego", inquit, *„o adolescentule, non ob patrias, sed ob proprias cuiusque viri virtutes mercedem ac munera dare soleo",* hoc sermone iuuenem extimulans, vt patris fortitudinem aequaret, si, quantum ille capere solebat, vellet accipere. Apud Graecos maior est dicti gratia ob vocum affinitatem ἀνδραγαθίας πατραγαθίας, quae vox posterior ad prioris imitationem efficta est.

V, 110   Placere bonis   (Antigonus Secundus, 5) [5]
                  (= Dublette von VII, 295)

Zenone defuncto, quem vnum *ex philosophis maxime suspiciebat, dicere solet gestorum suorum theatrum esse sublatum,* quod ad illius viri iudicium potissimum componeret suas actiones, quem *vnum pro* multis hominum *milibus* habebat.

---

686 se *A-C BAS*: sese *LB*.
694 solebat *scripsi*: solet *A-C BAS LB*.

683–684 *Quum aliquando ... persequi* Freie Wiedergabe von Plut. *Reg. et imp. apophth., Mor.* 183D (Antigonus Secundus, 3): Ὑποχωρῶν δέ ποτε τοῖς πολεμίοις ἐπερχομένοις οὐκ ἔφη φεύγειν, ἀλλὰ διώκειν τὸ συμφέρον ὀπίσω κείμενον; vgl. Filefos Übers.: „Inuadentibus vero hostibus cum aliquando cederet, ait nequaquam fugere, sed ipsum vtile, quod retro positum esset, persequi" (fol. l iii^r).
690–693 *Adolescenti ... soleo* Wörtliche Übers. von Plut. *Reg. et imp. apophth., Mor.* 183D (Antigonus Secundus, 4): Ἐπεὶ δὲ νεανίσκος ἀνδρείου πατρός, αὐτὸς δὲ μὴ πάνυ δοκῶν ἀγαθὸς εἶναι στρατιώτης ἠξίου τὰς τοῦ πατρὸς λαμβάνειν ἀποφοράς, „ἀλλ' ἐγώ", εἶπεν, „ὦ μειράκιον, ἀνδραγαθίας οὐ πατραγαθίας μισθοὺς καὶ δωρεὰς δίδωμι".

699 dicere solet *A-C BAS*: dicere solebat *LB*: scribendum erat dixit.

694 *Apud Graecos ... est* Während Er. hier das Übersetzungsproblem hervorhebt, ist seine Übertragung optimal gelungen: Mit „non ob patrias, sed ob proprias cuiusque viri virtutes" hat er es sogar geschafft, ein ähnliches lateinisches Wortspiel zu kreieren – „proprias" ... „patrias". Er übertraf damit klar Regios Übersetzung, mit der er hier wetteiferte: „propter cuiusque vtilitatem, non propter paternam fortitudinem" (fol. ⟨d iiii⟩^r).
Apophth. V, 110 datiert auf 262 oder 261 v. Chr., das Todesjahr des Zenon von Kition. Er. wiederholt das Apophth. im siebenten Buch („Buch der Philosophen"), in der Zenon-Sektion (VII, 293–330) als VII, 295. Es zeigt Antigonos als Förderer des Philosophen; vgl. dazu Diog. Laert. VII, 15.

699 *Zenone* Für Zenon von Kition (ca. 334–262/1), den Begründer der Stoischen Philosophenschule, s. unten Komm. zu VII, 293. Er. widmet ihm in B. VII eine Sektion von Sprüchen (VII, 293–331). An vorl. Stelle ließ Er. Plutarchs Zusatz Κιτιεύς („von Kition") aus, während es eine Reihe von Philosophen mit dem Namen Zenon gibt: u. a. die Stoiker Zenon von Sidon und Zenon von Tarsos, den Epikuräer Zenon von Sidon und Zenon von Elea.

699–700 *Zenone defuncto ... sublatum* Plut. *Reg. et imp. apophth.*, Mor. 183D (Antigonus Secundus, 5): Ζήνωνος δὲ τοῦ Κιτιέως (Κιτιέος ed. Ald. *1509, p. 160*) ἀποθανόντος, ὃν μάλιστα τῶν φιλοσόφων ἐθαύμασεν, ἔλεγε τὸ θέατρον αὑτοῦ τῶν πράξεων ἀνῃρῆσθαι. Er. verwendete die Übers. des Regio: „Zenone autem Citieo mortuo, quem maxime philosophorum admirabatur, theatrum suorum gestorum sublatum esse aiebat" (fol. ⟨d iiii⟩ʳ).

699 *dicere solet* „dicere solet" für ἔλεγε ist eine misslungene Übers. des Er.: Der spezifische Inhalt des Apophth. – eine Reaktion auf eine Todesnachricht – bringt mit sich, daß der Ausspruch nicht als ständig wiederholt gedacht werden kann. ἔλεγε ist hier mit „dixit" wiederzugeben. Die Einmaligkeit des Ausspruchs hat Er. selbst in der Dublette *Apophth.*VII, 295 (Zeno, 3) richtig wiedergegeben: „Eius (sc. Zenonis) mortem cum audisset (sc. Antigonus), ingemuit dicens ‚quale theatrum perdidi'".

700–701 *quod ... habebat* Für die Erklärung des Ausspruchs vgl. VII, 294: „Erat enim Zenon acerrimi iudicii et ab assentando alienissimus".

701 *unum pro ... milibus* Vgl. 2 Sam. 18.

V, 110B   Non semper pvgnandvm   (Antigonus Secundus, 6; IV, 123)

Quum *Antigonus in arduis* ac praeruptis *locis planiciei* imminentibus exercitum haberet, Pyrrhus *positis circa* Na⟨u⟩pliam castris postridie *per caduceatorem, vt in campum descendens* Martem experiretur, *prouocauit*. Antigonus vero *respondit suam militiam non magis armorum quam temporum esse; Pyrrho, si illum suae vitae taedium* cepisset, *satis multas ad interitum vias patere.*

V, 110C   (Antigonus Secundus, 7; IV, 124)

Antigonus interrogatus, quem e suae aetatis *ducibus* praestantissimum iudicaret, *respondit Pyrrhum, si senesceret.* Non pronunciauit optimum, sed optimum fore, si rerum experientiam aetas adiungeret.

705 Naupliam *scripsi sec. Leonardi Aretini versionem, quae erat Erasmi exemplar*: Napliam *A-C, ASD IV, 4, S. 313 (Nr. 1051).*

Apophth. V, 110B – V, 110C Hier folgen zwei Sprüche, die Er. in *A* versehentlich dem Antigonos I. zugeschrieben hatte, während sie Antigonos II. zugehören: *Apophth.* IV, 123 und 124 (vgl. *CWE* 37, S. 373, *ASD* IV, 4, S. 313).
Apophth. V, 110B datiert auf die Zeit des letzten Kräftemessens zwischen Antigonos Gonatas und Pyrrhos von Epeiros i.J. 272 v. Chr. Nach Erfolgen gegen Antigonos unternahm Pyrrhos einen Feldzug gegen Sparta, bei dem ihm Antigonos mit der Flotte folgte. In der Argolis, auf dem Rückzug aus Sparta, lagerte Pyrrhos in der Ebene von Argos in der Nähe von Nauplion und bemerkte, daß Antigonos ganz in der Nähe, auf den Hügelrücken lagerte. Pyrrhos versuchte, Antigonos in die Ebene herabzulocken, jedoch kam dieser der Aufforderung zur Feldschlacht nicht nach. Die Stadt Argos bat, daß die Feldherren weiterziehen möchten und daß es neutral bleiben dürfe. Pyrrhos versprach dies, brach sein Versprechen aber schnell, wobei ihm seine Anhänger halfen, indem sie die Stadttore öffneten. In den Straßenkämpfen, die sich am nächsten Tag zutrugen, verlor Pyrrhos das Leben. Plutarch tadelt aus dem Mund des Antigonos den allzu großen Wagemut des Pyrrhos. Zu Pyrrhos von Epeiros vgl. unten Komm. zu V, 119.
704–708 *Quum Antigonus … vias patere* Plut. *Pyrrh.* 31, 3–4 (*Vit.* 404). Paraphrasierende Bearbeitung von Leonardo Brunis Übers., ohne daß Er. den griech. Text hinzugezogen hätte: „Cognito autem Antigoni aduentu, qui arduis locis supra planitiem insederat, ipse circa Naupliam castra posuit. Sequente vero die per caduceatorem ad Antigonum missum, vt in campum descenderet et pugna decerneret, prouocauit. Ad haec Antigonus respondit militiam suam non magis armorum quam temporum esse; Pyrrho autem, si vitae suae taedeat, satis multas vias ad interitum patere" (ed. Bade, Paris 1514, fol. CLXXIV^v). Daß Er. ausschließlich Brunis Text bearbeitet hat, wird durch die Auslassung mehrerer – nicht unwichtiger – Angaben sichtbar, die der griech. Text bietet, Bruni jedoch vergaß: z.B. daß der Herold den Antigonos absichtlich beleidigte, ihn als Räuber beschimpfte (λυμεῶνα τε καλῶν); daß die Aufforderung so formuliert war, daß nunmehr der Kampf „um das (makedonische) Königreich" (περὶ τῆς βασιλείας) geführt werden sollte. Zudem war Bruni die zugegeben nicht leichte Übersetzung von τὴν μὲν αὑτοῦ στρατηγίαν οὐχ ὅπλων μᾶλλον ἢ καιρῶν εἶναι nicht recht gelungen. Das Resultat war das sowohl kryptische als auch ungelenke „militiam suam non magis armorum quam temporum esse", das Er. wörtlich übernahm. Antigonos wollte sagen, daß für seine Kriegstaktik das Abwarten günstiger Gelegenheiten (konkret: das Hinhalten des Gegners) nicht weniger wich-

tig war als das Austragen von Feldschlachten.

705 *Naupliam* „Napliam" ist ein Textübertragungsfehler; die Vorlage, Brunis Übers., hatte das richtige „Naupliam". Nauplia, heute Navplion, altes Hafenstädtchen am Argolischen Golf, bereits in mykenischer Zeit bekannt; soll nach dem Mythos von Nauplios, einem Sohn des Poseidon, gegründet worden sein. Das Hafenstädtchen ist, in der Form eines griechischen Theaters, an einem felsigen Hügel gelegen, der ins Meer hineinragt und befestigt war (Akronauplia). Navplion gehörte seit dem 7. Jh. v. Chr. zum Herrschaftsgebiet von Argos. Daß Pyrrhos mit seinem Heer „um Nauplion herum" sein Feldlager errichtete, war seinem Plan geschuldet, das nahe Argos zu erobern. Antigonos Gonatas befand sich mit seinem Heer anscheinend auf den Bergrücken, die sich von der See und Navplion weg nach oben hinzogen. Unterhalb dieser Bergrücken, direkt neben Navplion, befand sich in der Tat eine Ebene, in die Pyrrhos den Antigonos locken wollte.

Apophth. V, 110C weist in den Basel-Ausgaben keinen separaten Titel auf; es fällt insofern unter den Titel des vorhergehenden, als es die Diskussion um die richtige militärische Strategie fortsetzt. In V, 110C kritisiert Antigonos II. erneut Pyrrhos' Draufgängertum.

710–711 *Antigonus … senesceret* Plut. *Pyrrh*. 8, 2 (*Vit*. 387). Er. stellte seinen Text nach Brunis Übers. zusammen: „Ferunt Antigonum interrogatum, quis ducum sibi optimus videretur, respondisse Pyrrhum, si senesceret …" (ed. Bade, Paris 1514, fol. CLXX[r]).

LYSIMACHVS

V, 111 (Lysimachus, 1) [6]

715   *Lysimachus in Thracia superatus a Dromocheta, quum ob sitis* impatientiam *tum se tum exercitum dedidisset, posteaquam bibit iam factus captiuus,* „*O dii*", inquit, „*quam breuis voluptatis gratia me ex rege feci seruum?*".

De Philippide quod hic habebatur, referetur suo loco. Neque enim hoc est apophthegma Lysimachi, sed Philippidis.

---

715 Dromocheta *A-C: scribendum erat sive* Dromacheta *sec. Plut. ed. Ald. sive* Dromachaeta *sec. versionem Philelphi, sive* Dromichaita *sec. versionem Regii (cf.* Dromichaeta *sec. Plut. textum recept.).*

716 bibit *A-C (cf. versionem Regii): om.* BAS LB.
718 Philippide *A-C BAS LB*: Philippo *err. C.*
719 Philippidis *A-C BAS LB*: Philippi *err. C.*

Lysimachos (um 361–281 v. Chr.), aus dem makedon. Hochadel, seit 306/5 König von Thrakien; seit 287/6 König von Makedonien; gehörte urspr. der Leibgarde Alexanders d.Gr. an; nach dessen Tod Satrap von Thrakien, eroberte zahlreiche griech. Städte; gründete Lysimacheia als neue Hauptstadt des asiatischen Diadochenreiches; fügte i.J. 301 in der Schlacht von Ipsos Antigonos I. und Demetrios Poliorketes eine entscheidende Niederlage zu; fiel 281 in der Schlacht gegen Seleukos I.; vgl. C. Franco, *Il regno di Lisimaco*, 1993; H.S. Lund, *Lysimachus*, London 1992; E. Burckhardt, *DNP* 7 (1999), Sp. 604–607, s.v. „Lysimachos", Nr. 2; F. Geyer, *RE* XIV, 1 (1928), Sp. 1–31. Die beiden folgenden Anekdoten zeichnen kein günstiges Bild des Königs. Auch anderwärtig schreibt ihm Er. nur negative Eigenschaften zu: Leichtsinnigkeit, Überheblichkeit und Grausamkeit. Mangelnden Ernst prangert Er. in *Adag.* 2293 (*ASD* II, 5, S. 236–237) mittels eines Verdikts des Demosthenes an, der Lysimachos vorwirft, sein Königreich gleiche einem Schmierentheater, weil er sich zu sehr an Witzen erfreue. Dabei irrte Er., insofern der Vorwurf nicht von Demosthenes, sondern von Lysimachos' Konkurrenten Demetrios Poliorketes stammte. Er. war in der Chronologie des 4. Jh. v. Chr. nicht sattelfest: Als Lysimachos zum ersten Mal den Königstitel annahm (305), hatte Demosthenes bereits das Zeitliche gesegnet (322). In *Apophth.* VIII, 138 führt Er. den Lysimachos als grausamen Gewaltherrscher vor, der den scharfzüngigen Philosophen Theodoros mit dem Tode bedroht. Überheblichkeit zeigen *Apophth.* II, 20 und *Adag.* 3267 (*ASD* II, 7, S. 168).

Apophth. V, 111 datiert auf das Jahr 292 v. Chr., in dem Dromichaites den Lysimachos gefangennahm. Dem Apophthegma fehlt ein Titel, obwohl der Text einen solchen darbietet („Breuis voluptas"). Die Anekdote findet sich bereits in Brusoni (1518) VII, 6 („De voluptate").

715–717 *Lysimachus... seruum* Plut. *Reg. et imp. apophth., Mor.* 183E (Lysimachus, 1): Λυσίμαχος ἐν Θρᾴκῃ κρατηθεὶς ὑπὸ Δρομιχαίτου (Δρομαχέτου *ed. Ald. 1509, p. 160*) καὶ διὰ δίψαν ἑαυτὸν καὶ τὸ στράτευμα παραδοὺς ὡς ἔπιεν αἰχμάλωτος γενόμενος, „ὦ θεοί", εἶπεν, „ὡς μικρᾶς ἡδονῆς (ἡδονὴν *ed. Ald. 1509, p. 160*) ἕνεκα δοῦλον ἐμαυτὸν ἐκ βασιλέως πεποίηκα". Er. setzte seinen Text kollageartig aus Filelfos und Regios Übers. zusammen; vgl. Regio: „Lysimachus in Thracia a Dromichaita superatus, cum seipsum exercitumque propter sitim tradidisset, posteaquam bibit, captiuus iam effectus, ‚O dii', inquit, ‚quam paruae voluptatis causa meipsum ex rege seruum effeci?'" (fol. ⟨d iiii⟩ʳ); Filelfo: „Lysimachus in Thracia superatus a Dromachaeta, cum et sese et exercitum prae siti dedidisset, vbi bibisset, in captiuitate positus, ‚O dii', inquit, ‚vt paruae voluptatis gratia memet seruum ex rege feci?'" (fol. l iiiʳ). Die Anekdote findet sich weiter in Plut. *De sanitate tuenda* 9, *Mor.* 126E–F: ἀλλ' ὥσπερ ὁ Λυσίμαχος ἐν Γέταις συσχεθεὶς δίψῃ καὶ παραδοὺς ἑαυτὸν μετὰ τοῦ στρατεύματος αἰχμάλωτον εἶτα πιὼν ὕδωρ ψυχρόν, „ὦ θεοί," εἶπεν, „ὡς βραχείας ἡδονῆς ἕνεκα μεγάλην εὐδαιμονίαν ἀπεβαλόμην," οὕτως ἀνοιστέον ἐν ταῖς ἀρρωστίαις πρὸς αὑτοὺς ὡς διὰ ψυχροποσίαν ἢ λουτρὸν ἄκαιρον ἢ συμπεριφορὰν πολλὰς μὲν αὐτῶν διεφθείραμεν ἡδονάς, καλὰς δὲ πράξεις ἐπιτερπεῖς τε διαγωγὰς ἀπωλέσαμεν. Er. müßte diese Stelle geläufig gewesen sein, da er den Traktat selbst übersetzt hatte (1514): „Sed quemadmodum quum Lysimachus inter Scythas siti constrictus sese pariter atque exercitum hostibus dedisset ac deinde frigidam bibisset aquam, ‚Dii boni', inquit, ‚quam breuis voluptatis gratia magnam deposui felicitatem!', itidem et nobis ipsis in morbo debemus in animum reuocare, quod ob frigidum potum (frigidum potum *A, C, ASD*: frigidam potionem *B, D, ed. Cratander*) non in tempore sumptum (sumptum *A, C, ASD*: sumptam *B, D, ed. Cratander*) aut balneum intempestiuum aut compotationem complures earum rerum delectationes amiserimus …" (*ASD* IV, 2, S. 196; ed. Cratander, Basel 1530, fol. 187ᵛ); Plut. *De sera numinis vindicta* 11, 555D–E: οἷον ἱστοροῦσι δήπου Λυσίμαχον ὑπὸ δίψης ἐκβιασθέντα καὶ παραδόντα τοῖς Γέταις τὸ σῶμα καὶ τὴν δύναμιν, ὡς ἔπιεν ὑποχείριος γενόμενος, εἰπεῖν· „φεῦ τῆς ἐμῆς κακίας, ὃς δι' ἡδονὴν οὕτω βραχεῖαν ἐστέρημαι βασιλείας τηλικαύτης"; Plut. *Demetr.* 39, 3 (*Vit.* 908); Polyaenus, *Strategemata* VII, 25; Diod. XXI, 12.

715 *Dromocheta* Dromichaites, König der Geten um 300 v. Chr., Gegner des Lysimachos. Führte 297–292 v. Chr. gegen Lysimachos zwei erfolgreiche Feldzüge durch, bei denen er zuerst dessen Sohn Agathokles, dann Lysimachos selbst gefangensetzte. Vgl. U. Peter, *DNP* 3 (1999), Sp. 821; H. Willrich, *RE* V, 2 (1905), Sp. 1715, jeweils s.v. „Dromichaites"; K. Jordanov, „Getae against Lysimachus", in: *Bulgarian Historical Review* 1 (1990), S. 39–51; Lund, *Lysimachus*, S. 45–50. Zur Gefangennahme des Lysimachus vgl. Plut. *Demetr.* 39, 3 (*Vit.* 908).

717 *breuis voluptatis* Er. interpretiert μικρᾶς ἡδονῆς als kurzfristigen Genuss, während der König in Plutarchs Text die Geringfügigkeit des Genusses (μικρᾶς) – im Gegensatz zur Größe des Königreiches – hervorhob; ebenso übersetzte Er. Plut. *De sanitate tuenda* 9, *Mor.* 126E–F: „breuis voluptatis gratia"; *Mor.* 183E wurde zielgenauer von Filelfo und Regio mit „paruae voluptatis" übersetzt; so auch Brusoni (1518), Kap. VII, 6.

718 *De Philippide … referetur* Gemeint ist das bei Plut. *Reg. et imp. apophth.* als Lysimachos, 2 (*Mor.* 183 E) zitierte Apophthegma des Komödiendichters Philippides aus Athen, Sohn des Philokles, der 311 v. Chr. mit seinem Stück *Mystis* bei den Dionysien den Sieg davontrug. Vgl. Th. Hidber, *DNP* 9 (2001), Sp. 794, s.v. „Philippides", Nr. 3. Anders als in ähnlichen Fällen entschied Er., das Lemma „suo loco" zu bringen, an einer Stelle, die dem eigentlichen Spruchspender gewidmet ist. Die Anmerkung „De Philippide … referetur" ist ebenfalls seltsam. Sie erscheint reichlich überflüssig, es sei denn, dass Er. davon ausging, daß ein Leser seiner *Apophthegmata* die einzelnen Sprüche mit denjenigen Plutarchs vergleichen würde. Von einem solchen Leser kann die Anmerkung als sinnvoller philologischer Kommentar verstanden werden.

718 *Philippide* In den Errata von *C* wird das richtige „Philippide" zu „Philippo" korrigiert, ein kurioser Irrtum. Dass es tatsächlich um den Dichter Philippides geht, zeugt zur Genüge die Präsentation des Spruches in VI, 407. Da die Beschaffenheit der Errata von *C* zeigt (vgl. die ausführliche philologische Diskussion von „Plistonax … Pausaniae filius", *C*, p. 124), daß Er. selbst dafür verantwortlich ist, geht der kuriose Irrtum auf das Konto des Er., der offensichtlich vergessen hat, wer mit Philippides gemeint war. Da das plutarchische Lemma Lysimachus, König von Makedonien, gewidmet ist, mag es sein, daß Er. dachte, Philipp, der König Makedoniens, sei gemeint. Dennoch ist dieser spätere Irrtum sehr merkwürdig.

718 *suo loco* i.e. *Apophth.* VI, 407.

720 V, 112   Exilivm excvsatvm   (Lysimachus, 2, i.e.
                                                              Theodorus ἄθεος) [7]

Idem offensus *libertate Theodori dixit* illi, „*Quoniam istis eras moribus, patria te eiecit*". „*Sane*", *inquit* ⟨ille⟩, „*quod me, vt Semele Bacchum, ferre non posset*", sentiens se maiorem esse, quam vt a malis ferri posset, a quibus tamen non tam suo quam ipso
725 rum malo pulsus esset. Semele Bacchum conceperat *ex Ioue fulminante*; quumque foetum igneum ferre non posset, infans exectus est, et *Iouis foemori insutus*.

723 ille *scripsi, deest in A-C.*

Apopth. V, 112 Der eigentliche Spruchspender des *Apophth.* ist nicht Lysimachos, sondern der Philosoph Theodoros der Gottlose.

722–723 *offensus … posset* Stark verkürzte und unsorgfältige Wiedergabe eines giftigen Dialogs zwischen Lysimachos und Theodoros, der sowohl in Diog. Laert.' Aristippos-Kapitel (II, 102) als auch in Plut. *De exilio* 16, *Mor.* 606B überliefert ist. Durch einen inhaltlichen Fehler sowie durch Er.' Missverständnis der Syntax ist klar, daß er an vorl. Stelle von Plut. *De exilio* 16, *Mor.* 606B ausging: τὸ δὲ μέγιστον καὶ ἀτοπώτατον εἰ παρρησίαν τῶν φυγάδων ἀφαιρεῖται· ἥν, ὃς Λυσιμάχου τοῦ βασιλέως εἰπόντος πρὸς αὐτόν, „ἡ πατρίς σε τοιοῦτον ὄντα ἐξέβαλε;" „ναί," εἶπε, „μὴ δυναμένη φέρειν, ὥσπερ ἡ Σεμέλη τὸν Διόνυσον." ἐπιδείξαντος δὲ αὐτῷ Τελεσφόρον ἐν γαλεάγρᾳ, τοὺς ὀφθαλμοὺς ἐξορωρυγμένον καὶ περικεκομμένον τὴν ῥῖνα καὶ τὰ ὦτα καὶ τὴν γλῶτταν ἐκτετμημένον, καὶ εἰπόντος, „οὕτως ἐγὼ διατίθημι τοὺς κακῶς με ποιοῦντας „· „τί δὲ Θεοδώρῳ μέλει," ἔφη, „πότερον ὑπὲρ γῆς ἢ ὑπὸ γῆς σήπεται;". Sowohl bei Plut. als auch bei Diog. Laert. war der Ausspruch des Lysimachos als – stichelnde – Frage formuliert, dem Sinn nach: „Hat man dich nicht ins Exil geschickt?"; der Plutarch-Text ist freilich so formuliert (Ἡ πατρίς σέ τοιοῦτον ὄντα ἐξέβαλε;), daß die Frage als Aussage missverstanden werden kann; dieses Missverständnis findet sich in der Textwiedergabe des Er., der es wohl aus Carlo Valgulios latein. Übers. übernommen hat: „Admiratione profecto dignum Theodorum libertate dicendi caruisse, qui dicente ei rege Lysimacho ‚Te patria, quoniam his moribus esses, eicit'. ‚Certe', inquit (Theodorus), ‚quod me perinde ac Semele Bacchum ferre non posset'" (ed. Cratander, Basel 1530, fol. 117D). Des weiteren enthält der Plut.-Text die Angabe, daß Theodoros aus seiner *Vaterstadt* (πατρίς; in der latein. Übers. Valgulios: „patria") verbannt worden sei. Dies ist nicht korrekt: Theodoros wurde aus Athen verbannt, jedoch war seine Vaterstadt Kyrene in Afrika. Bei Diog. Laert. findet sich die richtige Angabe, daß man Theodoros aus Athen hinausgeworfen hatte. Er. jedoch nahm in der Tat fälschlicherweise an, daß Theodoros aus Athen stamme; vgl. *Apophth.* VIII, 7: „Theodorus *Atheniensis* cognomento ἄθεος", mit. Komm. ad loc. Vgl. Diog. Laert. II, 102: Διατρίβων δὲ παρὰ Πτολεμαίῳ τῷ Λάγου ἀπεστάλη ποθ' ὑπ' αὐτοῦ πρὸς Λυσίμαχον πρεσβευτής. ὅτε καὶ παρρησιαζομένῳ φησὶν ὁ Λυσίμαχος, „λέγε μοι, Θεόδωρε, οὐ σὺ εἶ ὁ ἐκπεσὼν Ἀθήνηθεν;" καὶ ὅς, „ὀρθῶς ἀκήκοας· ἡ γὰρ τῶν Ἀθηναίων πόλις οὐ δυναμένη με φέρειν, ὥσπερ ἡ Σεμέλη τὸν Διόνυσον, ἐξέβαλε." πάλιν δ' εἰπόντος τοῦ Λυσιμάχου, „[βλέπε] ὅπως μὴ παρέσῃ πρὸς ἡμᾶς ἔτι," „οὐκ ἄν," ἔφη, „ἂν μὴ Πτολεμαῖος ἀποστείλῃ".

722 *Theodori* Der Philosoph Theodoros von Kyrene (vor 335-nach 260 v. Chr.), der den Beinamen der „Gottlose" trug, war in Athen tätig, wo man ihn wegen Gottlosigkeit anklagte und verbannte; er fand eine neue Bleibe am Hof des Ptolemaios I. Soter in Alexandrien, der ihn als Gesandten zu Lysimachos schickte. Für Theodoros vgl. K. Döring, *DNP* 12, 1 (2001), Sp. 326, s.v. „Theodoros", Nr. 9. Theodoros fungiert in den *Apophthegmata* mehrere Male als Spruchspender: VI, 418; VII, 134 (mit Stilpon Megarensis, 4), 292 (mit Hipparchia Metroclis Soror, 2), VIII, 7 (Dublette von VI, 418) und 136.

725 *ex Ioue fulminante* Albricus, *Allegoriae poeticae*, Paris 1520, tract. IV, cap. 6: „(sc. Bachus) de Semele … et Ioue fulminante natus …" (fol. xlix[r]).

726 *foetum igneum* Er. bietet hier eine merkwürdige Version des Geburtsmythos des Dionysos dar: Jupiter soll den Dionysos Blitze schleudernd gezeugt haben, woraus ein *Feu-*

erfoetus („foetus igneus") hervorgegangen sein soll. Diesen Feuerfoetus konnte Semele nicht ertragen; deshalb habe sie ihn Jupiter überlassen, der ihn in seinen Oberschenkel einnähte. In der gängigen antiken Version (z. B. Ov., *Met.* III, 256–315) wird der Mythos jedoch anders überliefert: Zeus/Jupiter verführte und schwängerte Semele. Als Hera/Juno davon erfuhr, entbrannte sie in Zorn und entschloss sich, Semele durch eine List ins Verderben zu führen. Sie näherte sich ihr in Gestalt einer alten Frau, säte Zweifel, ob es in der Tat Zeus gewesen sei, mit dem sie Gemeinschaft hatte, und überredete sie dazu, ihren Liebhaber auf die Probe zu stellen. Er sollte ihr einen Wunsch erfüllen. Was dem Göttervater ein Leichtes schien, entpuppte sich als Katastrophe: Die schwangere Semele wünschte sich, daß sich Zeus ihr in derselben Gestalt nähere wie seiner Gattin Hera, d.h. als Blitz. Die Sterbliche Semele war dem nicht gewachsen und starb, vom Blitz getroffen. Jedoch rettete Zeus den Foetus dadurch, daß er sich ihn in seinen Oberschenkel einnähte und ihn auf diese Weise austrug. Vgl. Lilio Gregorio Giraldi, *De deis gentium … historia*, Basel 1548, S. 373B; Th. Heinze, *DNP* 11 (2001), Sp. 374–375, s.v. „Semele"; K. Kerényi, „Die Schenkelgeburt und das Idol mit der Maske", in: Ders., *Dionysos. Urbild des unzerstörbaren Lebens*, 2. Aufl., Stuttgart 1998, S. 170–179. Auf die kuriose Version mit dem Feuerfoetus kam Er., weil er das diesbezügliche mythologische Wissen aus den mythographischen Handbüchern des Albricus und/oder des Fulgentius bezog, deren Angaben missverständlich waren. Albricus redet von der Geburt des Bacchus aus Semele und dem „blitzeschleudernden Jupiter": „Cur [sc. Bachus] de Semele … et Ioue fulminante natus perhibeant, nichil me (quod traditu dignum iudicauerim) legisse nomini [zu lesen ist memini]" (*Allegoriae poeticae*, Paris 1520, fol. xlix^r). Albricus läßt sich dabei weder auf eine genaue Beschreibung des Herganges noch auf eine allegorische Interpretation ein. Auch die vagen Angaben bei Fulgentius ermöglichen das Missverständnis des Er.: „Iuppiter cum Semele concubuit, de qua natus est Liber pater: ad quam cum fulmine veniens, crepuit; vnde pater puerum tollens in femore suo misit (*lege* insuit)" (*Mitologiae* II, 12). Jedoch gibt bereits Boccaccio in seinem mythographischen Handbuch *Genealogia deorum gentilium* (Mitte 14. Jh.) den Mythos in seiner authentischen antiken Form wieder (V, 25, 1–2, *Genealogy oft he Pagan Gods*, ed. J. Solomon, Cambridge Mass. – London 2011, S. 702–705). Wörtliche Anklänge deuten darauf hin, daß Er. Albricus benutzte.

726 *Iouis foemori insutus* Albricus, *Allegoriae poeticae*, Paris 1520, tract. IV, cap. 6: „Iouis foemori insutus fungitur (zu lesen ist fingitur) …" (fol. xlviiiv); vgl. Ov. *Met.* III, 312 „insuitur femori".

ANTIPATER

V, 113   Amicitiae regvm   (Antipater, 1) [8]

Antipater quum didicisset Parmenionem ab Alexandro interfectum, dixit „Si Parmenio struxit insidias Alexandro, cui fidendum est? Si non struxit, quid agendum?". Erat Parmenio velut alter Alexander in rebus militaribus. Si tantus amicus fefellit, non est tutum cuiquam amico fidere; si Alexander nihil commeritum sustulit, praestat a regum negociis abstinere.

V, 114   Venter et lingva   (Antipater, 2) [9]

De Demade oratore iam grandaeuo *dicere* solet Demadis, *vt immolatae victimae,* nihil superesse praeter *linguam et ventrem.* Nam venter ex hostia abiiciebatur, et *lingua* dabatur *praeconi.* Ita senex orator tantum loquebatur. Loquacitas enim crescit

---

729 interfectum *A-C*: esse interfectum *BAS LB*.
730 struxit *A-C (cf. infra* si non struxit): struxisset *BAS LB*.

735 grandaeuo *C*: grandeuo *A B*.
735 solet *A-C*: solebat *LB*.

Antipatros (399/8–319 v. Chr.), bedeutender makedonischer Feldherr, enger Vertrauter und „rechte Hand" Alexanders d.Gr., blieb während des Asienfeldzuges mit der Hälfte des makedonischen Heeres als Statthalter von Europa zurück. Vgl. E. Badian, *DNP* I (1999), Sp. 776–777; J. Kaerst, *RE* I, 2 (1894), Sp. 2501–2508, s.v. „Antipatros", jeweils Nr. 1. Für weitere Aussprüche des Antipatros bei Er. vgl. *Apophth.* IV, 271 (*CWE* 38, S. 423; *ASD* IV, 4, S. 349, Antipater, 15) und *Adag.* 2642 (*ASD* II, 6, S. 447). In den *Apophthegmata* figuriert Antipatros mehrere Male, v.a. im vierten Buch: IV, 27; 49; 52; 91; 272; 274; 363.
Apophth. V, 113 datiert auf 330 v. Chr.; es stellt Antipatros' Reaktion auf die geheime Ermordung des Generals Parmenio auf Befehl Alexanders d.Gr. dar, welche im nämlichen Jahr stattfand. Alexander ließ seinen engen Freund und treuen Mitstreiter in Ekbatana töten, weil er ihn einer Verschwörung verdächtigte. Die Ermordung des Parmenio verursachte bei den Truppen Missstimmung und Verbitterung. Vgl. E. Badian, „The Death of Parmenio", in: *Transactions of the American Philological Association* 91 (1960), S. 324–338.
729–730 *Antipater ... agendum* Plut. *Reg. et imp. apophth., Mor.* 183F (Antipater, 1): Ἀντίπατρος ἀκούσας τὴν Παρμενίωνος ὑπ' Ἀλεξάν-

δρου τελευτήν, „εἰ μὲν ἐπεβούλευσεν Ἀλεξάνδρῳ Παρμενίων,", εἶπε, „τίνι πιστευτέον; εἰ δὲ μή, τί πρακτέον;" (Ἀντίπατρος ἀκούσας τὴν Παρμενίωνος ὑπ' Ἀλεξάνδρου τελευτήν, εἶπεν, „εἰ μὲν ἐπεβούλευσε Παρμενίων Ἀλεξάνδρῳ, τίνι πιστευτέον; εἰ δὲ μὴ, τί πρακτέον;" *ed. Ald. 1509, p. 160*). Er. bearbeitete Filelfos Übers.: „Antipater cum Parmenionem ab Alexandro enecatum accepisset, ait: ,Si quidem Parmenio Alexandro tetendit insidias, cui fidendum? Sin minus tetendit, quid agendum?'" (fol. l iiiʳ).
729 *Parmenionem* Parmenion (400–330 v. Chr.), aus dem makedonischen Hochadel, enger Freund des Alexander; Heerführer der Infanterie; rettete Alexander den Sieg in der Schlacht von Gaugamela; Parmenion führte den Großteil von Alexanders Armee aus Indien nach Persepolis zurück. Vgl. E. Badian, *DNP* 9 (2001), Sp. 341–342, s.v. „Parmenion", Nr. 1.
730 *insidias* „insidias" hat Er. von Filelfos Übers. bezogen (fol. l iiiʳ).
735–736 *De Demade ... ventrem* Plut. *Reg. et imp. apophth., Mor.* 183F (Antipater, 2): Δημάδου δὲ τοῦ ῥήτορος ἤδη πρεσβύτου γεγονότος ἔφη καθάπερ ἱερείου διαπεπραγμένου καταλείπεσθαι μόνην τὴν γαστέρα καὶ τὴν γλῶτταν. Bei Plut. findet sich der Ausspruch des Antipatros auch in *Phocion* 1 (*Vit.* 741F) und in *De*

cupiditate diuitiarum 5, *Mor.* 525C. Vgl. Er.' eigene Übers. aus d.J. 1514: „Nam ipse (sc. Demades) ventri gerebat magistratus adeo, vt, quum existimaret Athenas minus esse quam vt suo luxui suppeditare possent, e Macedonia quoque commeatum pararet. Vnde et Antipater hunc iam senem conspicatus dicebat velut e sacro peracto nihil esse reliquum praeter linguam et ventrem" (*ASD* IV, 2, S. 254; ed. Basel, Froben, 1514, fol. 23^v); Plut. *Phocion* 1, 2 (*Vit.* 741F): Δημάδης ὁ ῥήτωρ ἰσχύων μὲν ἐν ταῖς Ἀθήναις διὰ τὸ πρὸς χάριν πολιτεύεσθαι Μακεδόνων καὶ Ἀντιπάτρου, πολλὰ δὲ γράφειν καὶ λέγειν ἀναγκαζόμενος παρὰ τὸ ἀξίωμα τῆς πόλεως καὶ τὸ ἦθος, ἔλεγε συγγνώμης ἄξιος εἶναι πολιτευόμενος τὰ ναυάγια τῆς πόλεως. τοῦτο δὲ εἰ καὶ τῷ ῥήτορι θρασύτερον εἴρηται, δόξειεν ἂν ἀληθὲς εἶναι μετενεχθὲν ἐπὶ τὴν Φωκίωνος πολιτείαν. Δημάδης μὲν γὰρ αὐτὸς ἦν ναυάγιον τῆς πόλεως, οὕτως ἀσελγῶς βιώσας καὶ πολιτευσάμενος ὥστε Ἀντίπατρον εἰπεῖν ἐπ᾽ αὐτοῦ, γέροντος ἤδη γεγονότος, ὅτι καθάπερ ἱερείου διαπεπραγμένου γλῶσσα καὶ κοιλία μόνον ἀπολείπεται, in Lapo da Castiglionchios Übers.: „Nam Demadem ipsum reipublicae fuisse naufragium constat, ciuem luxu et auaritia perditum; in quem saepe, quum esset fracta aetate corporeque senecto, dicere solebat Antipater nihil ei, perinde ac caesis victimis, praeter ventrem et linguam reliqui superesse" (ed. Bade, Paris 1514, fol. CCLXVIII^r); Er., *Adag.* 2642 „Lingua seorsum inciditur" (*ASD* II, 6, S. 447): „Apud Plutarchum Antipater, quum incidisset mentio de Demade iam senio imbecilli fractoque, ,Velut', inquit, ,ex immolata victima solus venter et lingua superest'".

735 *Demade* Demades (um 380–319 v. Chr.), bedeutender Redner aus Athen, Konkurrent und politischer Gegner des Demosthenes, nach 338 führendes Mitglied der promakedonischen Partei in Athen, erreichte eine milde Behandlung Athens durch Alexander d.Gr.; vermittelte den Frieden mit Antipatros nach dem Lamischen Krieg, was u.a. zu der Verbannung des Demosthenes führte. Als Redner war Demades für seine Improvisationskunst berühmt. Vgl. M. Weissenberger, *DNP* 3 (1999), Sp. 415–416, s.v. „Demades"; M. Marzi, „Demade politico e oratore", *Atene e Roma* 36 (1991), S. 70–83. Demades figuriert mehrfach in Er.' *Apophthegmata* und *Adagia*; vgl. *Adag.* 28 (*ASD* I, 142); 40 (*ASD* II, 1, S. 156); 373 (*ASD* II, 1, S. 458); 2386 (*ASD* II, 5, S. 284); 2642 (*ASD* II, 6, S. 447); *Apophth.* I, 105; IV, 261; 271; 365; 371; im sechsten Buch der *Apophthegmata* widmet Er. den Sprüchen des Demades eine eigene Sektion (VI, 377–382). Er. beurteilt – in der Nachfolge Plutarchs – Demades jeweils sehr unvorteilhaft: Er tadelt seine Habsucht, Bestechlichkeit, Neigung zu Tafelluxus und Trunksucht (*Apophth.* VI, 381: „Demades … largius bibebat"). In *Apophth.* IV, 271 prangert Antipatros Demades' Bestechlichkeit an. Für Demades als Vertreter eines luxuriösen Lebensstils vgl. unten *Apophth.* V, 378 „Sobrietas".

735–737 *vt immolatae … praeconi* Ein kulturhistorisch anspruchsvolles Apophthegma; zum Verständnis sind genaue Kenntnisse der griech. Speise- und Tieropfer mit Opfermahlzeit erforderlich (vgl. dazu J. Bremmer, *DNP* 8 [2000], Sp. 1241–1243). Bei Tieropfern mit Opfermahlzeit wurden geringere Teile des Tieres, bsd. nicht essbare (z.B. [Oberschenkel]knochen, Gallenblase, Schwanz) und zudem ein Teil des Fettes als Göttergabe am Altar verbrannt; der Rest des Fleisches wurde bei einem rituellen Mahl verzehrt. Zu den verzehrten Teilen gehörten auch die Innereien, die an langen Spießen über dem Feuer gerötstet wurden. Innereien wurden keineswegs allgemein als unrein betrachtet. Daß der Magen und die Zunge nicht gegessen wurden, scheint kein allgemein verbreiteter Brauch gewesen zu sein. Gleichwohl geht Antipatros' Spruch davon aus, daß es (jedenfalls zu seiner Zeit) gebräuchlich war, die Zunge und den Magen von Opfertieren nicht zu verzehren (jedoch auch nicht zu verbrennen). Für das nämliche Apophthegma vgl. *Adag.* 2642, *ASD* II, 6, S. 447. Dort liefert Er. dafür, daß die Zunge übrig blieb, die Erklärung, daß sie *unrein* („prophanum") wäre: „Apparet linguam seu prophanum membrum sacris adhiberi non solere"; ebd. vermeldet Er. nach dem Aristophanes-Kommentar des Kallistratos, daß bei Tieropfern die Zunge den Herolden zukomme. Er. scheint nicht verstanden zu haben, daß daraus hervorgeht, daß die Zunge sehr wohl gegessen wurde.

737 *lingua dabatur praeconi* Vgl. *Adag.* 2642 „Lingua seorsum inciditur" (*ASD* II, 6, S. 446–447), S. 447: „Callistratus, vt citat interpres, tradit olim in sacrificiis linguam exectam praeconibus dari solitam. Nam alioqui sunt, qui dicant ex victimis Mercurio deberi linguam".

cum aetate. Tradunt autem Demadem luxui gulae⟨que⟩ fuisse deditum, vnde et
Phocionis reprehendit frugalitatem.

ANTIOCHVS TERTIVS

V, 115   IVSTE   (Antiochus Tertius, 1) [10]

*Antiochus tertius scripserat ciuitatibus, vt, si quid per literas iuberet, quod aduersaretur
legibus, ne curarent perinde, quasi ipso nescio scriptum esset.* Interdum enim principes,
dum metuunt quosdam offendere, scribunt, quae fieri nollent. Quicquid autem
pugnat cum legibus, hoc velut insciente principe tentatum haberi decet, quum ipse
nihil aliud sit quam legum minister.

V, 116   PVDICE   (Antiochus Tertius, 2) [11]

*Idem quum Dianae sacerdotem vidisset supra modum eleganti forma, continuo sol-
uit Epheso, veritus ne vis amoris aliquid ipsum facere compelleret, quod fas non esset.*
Immane quantum absunt ab huius ethnici principis religione Christiani milites, qui
deo dicatas virgines constuprare pro ludo ducunt.

---

738 gulaeque *scripsi sec. Erasmi instructiones in err. A*: gulae *A-C.*

745 decet *B C*: dicit *A.*
749 fas *LB*: phas *A-C.*

738 *luxui ... deditum* Vgl. *Apophth.* VI, 378: „Erat enim (sc. Demades) et pecuniarum auidus et luxui deditus".
738–739 *vnde ... frugalitatem* Dies bezieht sich auf ein Apophthegma, das in Plut. *De cupiditate diuitiarum,* 5, *Mor.* 525B–C überliefert ist, in Er.' eigener Übers.: „Itaque quum Demades adesset aliquando Phocioni prandenti videretque mensam illi parcam ac frugalem esse, ,Demiror te, Phocion (Phocion *om. ASD IV, 2*)', inquit, ,qui rempublicam administres, quum possis ad istum prandere modum'" (*ASD* IV, 2, S. 254; Basel 1514, fol. 23ᵛ; Basel, Cratander, 1530, fol. 197ᵛ). Vgl. den griech. Text: ὁ γοῦν Δημάδης ἐπιστὰς ἀριστῶντί ποτε Φωκίωνι καὶ θεασάμενος αὐτοῦ τὴν τράπεζαν αὐστηρὰν καὶ λιτήν, „θαυμάζω σε, ὦ Φωκίων", εἶπεν, „ὅτι οὕτως ἀριστᾶν δυνάμενος πολιτεύῃ" (ed. Ald. p. 511). Er. bringt diesen Spruch im sechsten Buch, in der Demades gewidmeten Sektion: „Prandens apud Phocionem quum apparatum admodum tenuem videret, ,Demiror', inquit, ,o Phocion, te rempublicam administrare, quum possis ad istum prandere modum", bis errans, et quod lucri tantum causa putaret adeundam rempublicam et quod luxum probaret in eo, cui maxime conueniebat sobrietas. Sed Demades alios e suis moribus aestimabat. Erat enim et pecuniarum auidus et luxui deditus" (VI, 378, mit Komm. ad loc.).

739 *Phocionis* Phokion (402/1–318 v. Chr.), bedeutender athenischer Politiker und General, 35 mal Stratego; zusammen mit Demades Anführer der Oligarchen; vertrat wie Demades eine promakedonische Politik; von den Demokraten schließlich hingerichtet. Vgl. J. Engels, *DNP* 9 (2001), Sp. 942–943, s.v. „Phokion". Er. hatte Phokions (23) Aussprüche bereits im vierten Buch der *Apophthegmata* dargeboten (IV, 257–279; *CWE* 37, S. 418–425; *ASD* IV, 4, S. 346–351). Im Gegensatz zu Demades betrachtete Er. Phokion als leuchtendes Tugendvorbild; bemerkenswerterweise widmet er ihm eine (weitere) Sektion von Sprüchen im „Buch der Philosophen" (VII, 393–394).

Antiochos III. der Große (Megas, 242–187 v. Chr.), jüngerer Sohn von Seleukos II. von Syrien, König des Seleukidenreiches (222–187) nach dem Tod seines älteren Bruders Seleukos III. i.J. 222. Ab 196 Eroberung weiter Gebiete Westkleinasiens, Thrakiens und Griechenlands, die er jedoch nach der Schlacht von Magnesia i.J. 190 (gegen Lucius Scipio Asiaticus) alle wieder an die Römer verlor; führte in seinem Reich einen zentral gesteuerten Herrscherkult ein. Vgl. W. Ameling, *DNP* 1 (1999), Sp. 768–769; M. Wellmann, *RE* I, 2 (1894), Sp. 2459–2470, jeweils s.v. „Antiochos", Nr. 5. Antiochos III. figuriert in Er.' *Apophthegmata* weiter in V, 134; 288; 299 und 311.

740 *ANTIOCHVS TERTIVS* In dieser Form auch im Index personarum.

742–743 *Antiochus … esset* Leicht erweiterte Wiedergabe von Plut. *Reg. et imp. apophth.*, *Mor.* 183F (Antiochus Tertius, 1): Ἀντίοχος ὁ τρίτος ἔγραψε ταῖς πόλεσιν, ἄν τι γράψῃ παρὰ τοὺς νόμους κελεύων γενέσθαι, μὴ προσέχειν ὡς ἠγνοηκότι. Vgl. Regios Übers.: „Antiochus tertius ad ciuitates scripsit, siquid contra leges per literas facere iusserit, ne sibi tanquam ignaro pareant" (fol. ⟨d iiii⟩ᵛ).

Apophth. V, 116 ist kein Apophthegma im eigentlichen Sinn; Er. verzichtet im Gegensatz zu anderen gleichgelagerten Fällen, das Lemma diesbezüglich zu kommentieren. Vgl. Einleitung.

748–749 *Dianae sacerdotem … esset* Plut. *Reg. et imp. apophth.*, *Mor.* 183F (Antiochus Tertius, 2): Τὴν δὲ τῆς Ἀρτέμιδος ἱέρειαν ἰδὼν ὑπερβολῇ καλὴν φανεῖσαν εὐθὺς ἀνέζευξεν ἐξ Ἐφέσου, φοβούμενος μὴ παρὰ γνώμην ἐκβιασθῇ πρᾶξαί τι τῶν οὐχ ὁσίων.

748 *Dianae sacerdotem* Es handelt sich um eine Priesterin des Artemis-Heiligtums (Artemision) von Ephesos (heute Selçuk in der Türkei) an der westl. Küste Kleinasiens. Der eindrucksvolle Marmortempel der Artemis mit 127 Säulen galt als eines der sieben Weltwunder der Antike; 356 v. Chr. abgebrannt und neuerrichtet; vgl. *DNP* 3 (1999), Sp. 1081, s.v. „Ephesos", Abschnitt „Artemision".

ANTIOCHVS [QVARTVS] ⟨ACCIPITER⟩

V, 117   Pietas in fratrem   (Antiochus Accipiter) [12]

Antiochus cognomento Accipiter cum fratre Seleuco pro regno bellum gerebat. At vbi Seleucus a Galatis victus nusquam appareret, sed interfectus in praelio crederetur, deposita Antiochus purpura pullam vestem induit; rursus paulo post, quum audisset illum esse incolumem, pro laeto nuncio diis immolauit fecitque, vt ciuitates ipsi subditae coronas gestarent. Solent *fratrum irae,* si quando inciderint, *esse acerrimae,* solet regni cupiditas nihil impium aut nepharium ducere. At hic hac moderatione regnum ambiit, vt fratrem vellet incolumem. Quanquam non video, quur hoc debeat inter apophthegmata recenseri.

EVMENES

V, 118   Hvmanitas fratrvm   (Eumenes) [13]

Eumenes insidiis petitus a Perseo credebatur extinctus. Is rumor quum Pergamum esset perlatus, Attalus eius frater imposito sibi diademate ductaque fratris vxore regnum

---

753 Antiochus Accipiter *scripsi (cf. infra „cognomento Accipiter"):* Antiochus quartus *A-C BAS LB.*

752 *ANTIOCHVS QVARTVS* In dieser Form auch im Index personarum. Die Angabe im Titel „Antiochus quartus" ist unrichtig. Möglicherweise wurde der Antiochus von V, 117 quasi mechanisch als „der vierte" bezeichnet, weil das Vorgängerlemma Antiochus III. gewidmet war. Wie dem Text von V, 117 zu entnehmen ist („Antiochus cognomento Accipiter"), meinte Er. jedoch **Antiochos Hierax/Accipiter** (gest. 226 v. Chr.), den jüngeren Sohn des Antiochos II. Theos und dessen erster Frau Laodike, nicht Antiochos IV. Epiphanes (gest. 164 v. Chr.), den jüngsten Sohn des Antiochus III., welcher mehr als 10 Jahre (189– ca. 178 v. Chr.) als Geisel in Rom verweilte (zu ihm vgl. W. Ameling, *DNP* 1 [1999], Sp. 769; M. Wellmann, *RE* I, 2 [1894], Sp. 2470–2476, jeweils s.v. „Antiochos", Nr. 4) und den Er. an anderer Stelle mit „Antiochus cognomento Illustris" bezeichnet (*Adag.* 2594, *ASD* II, 6, S. 388). Nicht Antiochos IV. Epiphanes, sondern Antiochos Hierax (Accipiter) führte gegen seinen älteren Bruder Seleukos (i.e. Seleukos II. Kallinikos, ca. 265/60–226 v. Chr.), den legitimen Nachfolger seines Vaters Antiochos II., Krieg. Die Mutter der beiden, Laodike, zwang Seleukos II., Antiochos Hierax als Mitregenten mit Sitz in Sardis zu akzeptieren. In dem Bruderkrieg siegte schließlich Antiochos Hierax, verlor jedoch sein Herrschaftsgebiet unmittelbar darauf an Attalos I. von Pergamon, sodaß es ihm nicht gelang, offiziell den Thron der Seleukiden zu besteigen (vgl. dazu A. Mehl, *DNP* 11 [2001], Sp. 362–363, s.v. „Seleukos", Nr. 4). Er. war im Hinblick auf die hellenistischen Herrscher, insb. die Seleukiden, nicht sattelfest. In *Apophth.* V, 134 verwechselt er Antiochos III. d.Gr. mit Antiochos VII. (vgl. Komm. ad loc.); in *Adag.* 2594 schreibt er Antiochos IV. Epiphanes einen Ausspruch zu, der Ptolemaios III. Euergetes (284-nach 221) zugehört. Für Antiochos Accipiter vgl. auch *Adag.* 2601, *ASD* II, 6, S. 411: „At plus apparet vidisse Pyrrhum, qui sese aquilam vocari gaudebat, quam Antiochum, qui accipitris cognomine delectabatur".

Apophth. V, 117 stellt ein Exemplum (*pietas*) dar, kein Apophthegma, wie Er. selbst am Ende des Lemmas richtig bemerkt. Dennoch nahm er es, wie auch in ähnlichen Fällen, schon aus Respekt gegenüber seinem Vorbild Plutarch auf. Eine Rolle mag auch spielen, daß Er. aus der Geschichte vom Brüderstreit zwischen Antiochos und Seleukos bereits ein *Adagium* gebastelt hatte (*Adag.* 150 „Fratrum inter se irae sunt acerbissimae", *ASD* II, 1, S. 266). Wohl nicht zufällig zitiert Er. den Titel dieses *Adag.* im Kommentar zum vorl. Lemma.

754–758 *Antiochus ... gestarent* Variierende Wiedergabe von Regios Übers. von Plut. *Reg. et imp. apophth.*, *Mor.* 184A (Antiochus Accipiter): „Antiochus cognomento Hierax aduersus Seleucum fratrem de regno bellum gerebat. Sed cum Seleucus a Gallograecis victus nusquam appareret ac trucidatus putaretur, deposita purpura Antiochus pullum sumpsit amictum. Paulo post vero audiens fratrem saluum esse et diis supplicationes fecit et sibi subditas ciuitates coronari iussit" (fol. ⟨d iiii⟩ᵛ). Vgl. den griech. Text: Ἀντίοχος ὁ ἐπικληθεὶς Ἱέραξ ἐπολέμει περὶ τῆς βασιλείας (περὶ βασιλείας ed. Ald. *1509, p. 160*) πρὸς τὸν ἀδελφὸν Σέλευκον· ἐπεὶ δὲ ὁ Σέλευκος ἡττηθεὶς ὑπὸ Γαλατῶν οὐδαμοῦ φανερὸς ἦν ἀλλ' ἐδόκει κατακεκόφθαι, θεὶς τὴν πορφύραν ὁ Ἀντίοχος φαιὸν ἱμάτιον ἀνέλαβε. μετ' ὀλίγον δὲ πυθόμενος τὸν ἀδελφὸν σῴζεσθαι, εὐαγγέλια τοῖς θεοῖς ἔθυσε καὶ τὰς πόλεις τὰς ὑφ' ἑαυτῷ (ἑαυτὸν *ed. Ald. 1509, p. 160*) στεφανηφορεῖν ἐποίησεν. Plut. wiederholt die Anekdote auf ähnliche Weise *De fraterno amore*, 18, *Mor.* 489A.

754 *Seleuco* i.e. Seleukos II. Kallinikos.

758 *fratrum ... acerrimae* Mit der Sentenz verweist Er. auf den Titel seines *Adag.* 150 „Fratrum inter se irae sunt acerbissimae" (*ASD* II, 1, S. 266). Als Belege für die Richtigkeit der Sentenz führt Er. a.a.O. die *exempla* Kain und Abel, Romulus und Remus, Jakob und Esau sowie Caracalla und Geta an.

Eumenes II. Soter (221–159 v. Chr.), ältester Sohn Attalos' I., König von Pergamon; regierte ab 197 v. Chr. als Koregent mit dem Vater, noch im selben Jahr als Alleinregent in Pergamon; Verbündeter der Römer, mit deren Hilfe er Antiochos III. bekämpfte. Gewann im Frieden von Apameia große Teile des Seleukidenreiches hinzu. Vgl. W. Ameling, *DNP* 4 (1999), Sp. 251–253; H. Willrich, *RE* VI, 1 (1907), Sp. 1091–1104, jeweils s.v. „Eumenes", Eumenes figuriert als „Feind der Demokratie" und Tyrann in *Apophth.* V, 360 (Cato Senior, 35) „Rex infensus Democratiae".

Apophth. V, 118 datiert auf 172 v. Chr., als Eumenes II. auf der Heimreise von Rom nach Kleinasien bei Kirrha von Perseus überfallen worden und tot geglaubt war, woraufhin sein Bruder Attalos dessen Frau Stratonike heiratete und den Thron bestieg. Zu der Geschichte vgl. weiter Diod. XXIX, 34, 2; Liv. XLII, 16; Plut. *De fraterno amore* 18, *Mor.* 489E.

764–773 *Eumenes ... tradidit* Weitgehend wörtliche Übertragung von Plut. *Reg. et imp. apophth.*, *Mor.* 184A–B (Eumenes): Εὐμένης ἐπιβουλευθεὶς ὑπὸ Περσέως ἔδοξε τεθνάναι· τῆς δὲ φήμης εἰς Πέργαμον κομισθείσης Ἄτταλος ὁ ἀδελφὸς αὐτοῦ περιθέμενος τὸ διάδημα καὶ τὴν γυναῖκα γήμας ἐβασίλευσε· πυθόμενος δὲ προσιόντα ζῶντα τὸν ἀδελφὸν ἀπήντησεν ὥσπερ εἰώθει μετὰ τῶν σωματοφυλάκων δοράτιον ἔχων· ὁ δ' Εὐμένης φιλοφρόνως ἀσπασάμενος αὐτὸν καὶ πρὸς τὸ οὖς εἰπών, „μὴ σπεῦδε γῆμαι πρὶν τελευτήσαντ' ἴδῃς" (= Soph., Fr. Nauck Nr. 601), οὐδὲν ἄλλο παρὰ πάντα τὸν βίον οὔτ' εἶπεν ὕποπτον οὔτ' ἐποίησεν, ἀλλὰ καὶ τελευτῶν ἐκείνῳ τὴν γυναῖκα καὶ τὴν βασιλείαν ἀπέλιπεν. ἀνθ' ὧν ἐκεῖνος οὐδὲ ἐξ ἑαυτοῦ τέκνον ἔθρεψεν, πολλῶν γενομένων, ἀλλὰ τῷ Εὐμένους υἱῷ τὴν βασιλείαν ἔτι ζῶν ἐνηλίκῳ γενομένῳ παρέδωκε. Er. zog zur Erstellung seines Textes die Übers. Regios, z.T. mit wörtlichen Übernahmen, heran: „Eumenes a Perseo insidiis petitus perisse visus est. Ea fama Pergamum perlata, Attalus eius frater sumpto diademate eiusdem accepta vxore coepit regnare. Sed cum frater aduentare audisset, deposito diademate sumptoque iaculo cum aliis satellitibus obuiam illi, vt solebat, processit. Eum vero Eumenes iucunde amplexus in aurem illi dixit: ,Ne properes meam ante vxorem ducere quam me mortuum videas'. Neque aliud per totam vitam suspectum aut dixit aut fecit. Quin etiam moriens et vxorem et regnum illi reliquit. Quapropter ille quidem ex suis ipsius liberis nullum educauit, cum multos sustulisset, sed Eumenis filio, cum ad aetatem peruenisset, regnum adhuc viuens tradit". Plut. erzählt dieselbe Geschichte in *De fraterno amore* 18, *Mor.* 489E–F, wo allerdings das Sophokles-Zitat fehlt.

764 *Perseo* Perseus, letzter König von Makedonien (reg. 179–165 v. Chr., starb in Rom in Gefangenschaft).

765 *Attalus* Attalos II. Philadelphos (220–138 v. Chr.), Sohn des Attalos I., König von Pergamon 159–138. Vor 159 unterstützte er immerzu treu seinen Bruder, König Eumenes II. Soter. Den Beinamen „Philadelphos" („bruderlie-

occupauit. Caeterum *quum audisset illum viuum, vt solebat, profectus est illi obuiam vna cum satellitibus hastam gestans. Eumenes autem amanter illum amplexus dixit in aurem:*

„*Ne festines ducere* ⟨vxorem⟩, *priusquam me mortuum videris*".

770 *Nec praeterea per omnem vitam vllam offensi animi significationem vel dicto vel facto dedit; quin etiam moriens fratri et vxorem et regnum reliquit. Cuius animi memor Attalus, quum multos ex se liberos haberet, nullum tamen* regno *educauit, sed Eumenis filio, posteaquam adoleuisset, adhuc viuens* principatum *tradidit.*

PYRRHVS

775 V, 119   Virtvs svccedit   (Pyrrhus, 1) [14]

Pyrrhus Epirotarum rex, quum a filiis etiamnum pueris interrogaretur „*Cui nostrum relinques regnum?*", „*Quicunque*", *inquit*, „*vestrum acutiorem habuerit ensem*", *significans se non aetati daturum principatus successionem, sed virtuti. Hoc stimulo liberos omnes ad certamen fortitudinis excitauit.*

---

766 solebat *scripsi (cf. versionem Regii et Lycosthenem, p. 403)*: solet *A-C.*

bend") erhielt er aufgrund seiner engen Beziehung zu seinem Bruder. Attalos kämpfte in der Schlacht von Magnesia i.J. 190 an der Seite der Römer gegen Antiochos III. Ebenso war er in der entscheidenden Schlacht gegen Perseus (bei Pydna) auf deren Seite. Vgl. A. Mehl, *DNP* 2 (1999), Sp. 228–230, s.v. „Attalos", Nr. 5; U. Wilcken, *RE* II, 2 (1896), Sp. 2168–2175, s.v. „Attalos", Nr. 10.

766–767 *profectus est … gestans* Indem Er. aus der Übers. des Regio „aliis" strich, erzeugte er einen missverständlichen Text: Es geht nicht um das Gefolge des Attalos („vna cum satellitibus"), sondern um die königliche Leibwache, die mit Lanzen ausgerüstet war (vgl. Regio, fol. ⟨d iiii⟩ᵛ: „vna cum *aliis* satellitibus"). Dadurch, daß sich Attalos unter die „anderen Lanzenträger", d.h. die königliche Leibgarde (σωματοφύλακοι), einreiht, demonstriert er seine Unterwürfigkeit gegenüber dem rechtmäßigen König Eumenes. Vgl. *De fraterno amore* 18, *Mor.* 489 F: ἐπεὶ δ᾽ ἀπηγγέλη ζῶν ὁ Εὐμένης καὶ προσῄει, θεὶς τὸ διάδημα καὶ λαβὼν ὥσπερ εἰώθει τὰ δοράτια μετὰ τῶν ἄλλων ἀπήντησεν αὐτῷ δορυφόρων.

769 vxorem *suppleui collata versione Regii (*„*ne properes … ante vxorem ducere*"*).*

769 *Ne festines … videris* Sophokles, Fr. Nauck Nr. 601 μὴ σπεῦδε γῆμαι πρὶν τελευτήσαντ᾽ ἴδῃς.

769 *ducere* ⟨uxorem⟩ Er. hat wohl bei der Übernahme von Regios („vxorem ducere", fol. ⟨d iiii⟩ᵛ) und Filelfos („ne festines ante vxorem capere", fol. l iiiᵛ) Übers. vergessen, „vxorem" mitzuübernehmen.

772 *nullum tamen regno educauit* Er. übernahm Regios Übers. „ex suis liberis nullum educauit" (fol. ⟨d iiii⟩ᵛ), die er mit dem Zusatz „regno" explizierte; bei Plut. ist mit οὐδὲν ἐξ ἑαυτοῦ τέκνον ἔθρεψε gemeint, daß Attalos II. keines seiner Kinder offiziell anerkannte. Ob Attalos, wie Plut. behauptet, in der Tat „viele Kinder" hatte, ist sonst nicht bezeugt, lediglich, daß er von einer Konkubine einen Sohn namens Aristonikos hatte, der den erfolglosen Versuch unternahm, Attalos III. Philometor Euergetes i.J. 133 v. Chr. nachzufolgen.

772–773 *Eumenis filio* Attalos II. Philadelphos bestimmte den Sohn seines Bruders, Attalos III. Philometor Euergetes zu seinem Nachfolger, der als König von Pergamon 138–133 v. Chr. regierte. Attalos III., der als Sonderling galt und sich kaum für die Staatsführung inter-

773 *Adhuc viuens* Nml. 15 Jahre vor seinem Tod.

773 *principatum* „principatum" wird von Er. hier, wie an manchen anderen Stellen in den *Apophthegmata*, nach mittelalterlichem Gebrauch im Sinn von „Herrschaft" verwendet; Regio und Filelfo hingegen übers. τὴν βασιλείαν mit dem antiken *verbum proprium* „regnum".

Pyrrhos I. (ca. 319/8–272 v. Chr.), König der Molosser, Sohn und Nachfolger des Aiakides; weiter König von Epeiros 306–302 und 297–272; angriffslustiger, findiger Feldherr, der nach dem Vorbild der Diadochen ein Reich zu errichten versuchte. Gehörte zu den Verlierern der Schlacht von Ipsos 301 v. Chr., wurde in der Folge aber von Ptolemaios I. unterstützt. 280–275 v. Chr. führte er einen zuerst erfolgreichen, jedoch auch sehr verlustreichen Krieg gegen Rom; nach den schwererkämpften Siegen von Herakleia (280 v. Chr.) und Ausculum (279 v. Chr.) erlitt er 275 v. Chr. bei Beneventum eine entscheidende Niederlage. Nach seiner Rückkehr führte er Krieg in Griechenland, bsd. gegen Antigonos Gonatas (zu Antigonos vgl. *Apophth.* V, 106–110E); bei der Einnahme von Argos starb er im Straßenkampf. Vgl. L.-M.G., *DNP* 10 (2001), Sp. 645–648; D. Kienast, *RE* XXIV (1963), Sp. 108–165, jeweils s.v. „Pyrrhos", Nr. 3. Er. widmet dem Pyrrhos die nächstfolgende Serie *Apophth.* V, 119–131, aus der sich im Übrigen kein eindeutiges Bild des Herrschers ergibt. Insgesamt passte Pyrrhos aufgrund seiner kriegerischen Einstellung nicht gut zu dem Herrscherideal der *Inst. princ. christ.* Jedoch lobt Er. Pyrrhos für seine Strenge (V, 119), militärische Zucht (V, 123) und seinen Beinamen „Aquila" (V, 125), obwohl das letzte einen bitteren Beigeschmack hat. In zwei Fällen ist Pyrrhos nicht der eigentliche Spruchspender, sondern der Tarentiner Meton (V, 128) und der königliche Ratgeber Kineas (V, 129). In den *Apophthegmata* spielt König Pyrrhus weiter eine wichtige Rolle in der Sektion, die seinem Kontrahenten Gaius Fabricius gewidmet ist (V, 265–269). Er.' Hauptquelle in der Sektion *Apophth.* V, 119–131 ist neben Plut. *Reg. et imp. apophth.* dessen Pyrrhos-Biographie. Von den in den in *Reg. et imp. apophth.* dargebotenen Sprüchen hat Er. gegen seine Gewohnheit nicht alle aufgenommen: Aus unklaren Gründen ließ er Plut. *Reg. et imp. apophth.*, Pyrrhus 6 aus; jedoch flocht er den Ausspruch in *Apophth.* VI, 183 letzlich dennoch ein, wobei er allerdings nicht Plutarch, sondern Quint. *Inst.* VI, 3, 10 und Val. Max. V, 1, ext. 3 als Quellen benutzt zu haben scheint.

776–777 *Pyrrhus ... ensem* Wörtliche Übertragung von Plut. *Reg. et imp. apophth.*, *Mor.* 184C (Pyrrhus, 1): Πύρρον οἱ υἱοὶ παῖδες ὄντες ἠρώτων, τίνι καταλείψει τὴν βασιλείαν· καὶ ὁ Πύρρος εἶπεν „ὃς ἂν ὑμῶν ὀξυτέραν ἔχῃ τὴν μάχαιραν". Dasselbe Apophthegma findet sich auch in Plut. *Pyrrh.* 9, 2 (*Vit.* 388A: καὶ πάντας ἀγαθοὺς ἐν τοῖς ὅπλοις ἐθρέψατο καὶ διαπύρους, εὐθὺς ἐκ γενετῆς ἐπὶ τοῦτο θηγομένους ὑπ' αὐτοῦ. λέγεται γὰρ ὡς ἐρωτηθεὶς ὑφ' ἑνὸς αὐτῶν ἔτι παιδὸς ὄντος, τίνι καταλείψει τὴν βασιλείαν, εἰπεῖν, „Ὃς ἂν ὑμῶν τὴν μάχαιραν ὀξυτάτην ἔχῃ"); im Spruchteil identisch mit der Wiedergabe in *Adag.* 528, *ASD* II, 2, S. 56: „Pyrrhum e liberis quidam adolescens admodum interrogabat, cuinam esset relicturus regnum. Is respondit ... *Quicunque vestrum acutiorem habet gladium*". Pyrrhos' Sohn aus der Ehe mit Antigone war Ptolemaios (geb. ca. 295 v. Chr.; L.-M. Günther., *DNP* 10 [2001], Sp. 556, s.v. „Ptolemaios", Nr. 53), aus der Ehe mit Lanassa Alexandros (geb. 294/3 v. Chr.; L.-M. Günther, *DNP* 1 [1999], Sp. 475–476, s.v. „Alexandros", Nr. 10), und Helenos, von dem unklar ist, von welcher Mutter er abstammte. Tragischerweise erübrigte sich die Frage, welcher Sohn der geeignetste Nachfolger des Pyrrhos werden sollte. Ptolemaios fiel während des Feldzuges gegen Sparta 272 v. Chr. noch vor dem Tod des Vaters (Plut. *Pyrrh.* 30, *Vit.* 403); da auch der Bastard Helenos ausschied, wurde Alexandros automatisch Pyrrhos' Nachfolger als König von Epeiros (reg. 272–ca. 250 v. Chr.).

344 APOPHTHEGMATVM LIBER QVINTVS

780 V, 120 ARS IMBELLIS (Pyrrhus, 2) [15]

Interrogatus, vter melior tibicen videretur, Python ne an Charisius [i.e. Caphisius], „Polysperches [i.e. Polyperchon]", *inquit.* Is erat egregius dux exercitus. Contempsit artem imbellem et vtrique praetulit strennuum ducem.

V, 121 VICTORIA MAGNO EMPTA (Pyrrhus, 3) [16]

785 *Bis commisso cum Romanis praelio vicerat, sed desideratis compluribus amicis ac ducibus;* hic Pyrrhus „Si vno", inquit, „adhuc praelio Romanos vicerimus, actum fuerit de nobis". Quod victi solent dicere, hoc dicebat victor, declarans victoriam magno emptam non esse victoriam, sed calamitatem.

V, 122 MAGNO PARANDA (Pyrrhus, 4) [17]

790 *Quum e Sicilia solueret frustratus eius* videlicet *potiundae spe, conuersus ad amicos,* „Cuiusmodi", *inquit,* „palaestram reliquinmus Romanis et Carthaginensibus?", significans se certamen hoc cruentum et operosum libenter aliis cedere. Interdum felicius est non assequi quam nimio mercari, quod ambis.

---

781 Charisius *A-C BAS LB*: scribendum erat Caphisius *sicut in versione Philelphi (cf. Plut. ed. Ald.* Καφείσιος*),* Schaphisius *versio Regii,* Caphisias *Plut. ed. Babbitt.*

781–782 *Interrogatus ... inquit* Plut. Reg. et imp. apophth., Mor. 184C (Pyrrhus, 2): Ἐρωτηθεὶς δὲ πότερον Πύθων ἢ Καφισίος (Καφισίας *ed. Babbitt*: Καφείσιος *ed. Ald. 1509, p. 160*) αὐλητὴς ἀμείνων, „Πολυπέρχων" (Πολυσπέρχων *ed. Loeb, S. 84*) (Πολυπέρχης *ed. Ald. 1509, p. 160*), ἔφη, „στρατηγός (ὁ στρατηγός *ed. Ald. 1509, p. 160*)". Er. scheint den Witz nicht ganz verstanden zu haben; jedenfalls wird er durch seine Übersetzung zunichte gemacht. Der Witz entsteht durch die Wortfolge, die Ambiguität zuläßt, eine Ambiguität, die sich Pyrrhos zunutze macht. Die Frage war natürlich in dem Sinn gemeint: „Wer ist ein besserer Aulos-Spieler, Python oder Chaphisios?". Αὐλητὴς konnte aber auch Καφισίος zugeordnet und von ἀμείνων abgekoppelt werden, sodaß die Frage folgenden Sinn bekam: „Wer ist ein besserer Mensch: Python oder der Aulos-Spieler Kaphisios?" – Darauf gab Pyrrhos die Antwort: „General Polyperches (bzw. Polyperchon)". Wenn

782 Polysperches *A-C BAS LB, sec. versionem Regii: scribendum erat* Polyperches *sec. Plut. ed. Ald. et versionem Philelphi.*

791 relinquimus *scripsi (cf. versiones Philelphi et Regii)*: reliquimus *A-C.*

Er. die Wortstellung von „tibicen videretur" umgekehrt hätte, hätte er die witzige Ambiguität problemlos ins Lateinische übertragen können. Dazu lag ihm bereits das Vorbild von Filelfos Übers. vor: „Interrogatus, vter, Pythonne an Caphisius tibicen melior esset, ‚Polyperches', respondit, ‚praetor'" (fol. l iiiᵛ). Unglücklicherweise folgte Er. in diesem Fall Regios Übers., der Filelfos Übers. durch die Änderung der richtigen Wortfolge verschlimmbesserte: „Rogatus autem, vtrum Python an Schaphisius melior tibicen esset, ‚Polysperches', inquit, ‚imperator'" (fol. ⟨d iiii⟩ᵛ-e⟨i⟩ʳ). Dasselbe Apophthegma findet sich in Plut. *Pyrrh.* 8, 3 (*Vit.* 387D). Auch dort ist die Wortfolge so angelegt, daß sie die erwünschte Ambiguität zuläßt: λέγεται γὰρ ὡς ἐρωτηθεὶς ἔν τινι πότῳ, πότερον αὐτῷ φαίνεται Πύθων αὐλητὴς ἀμείνων ἢ Καφισίας, εἰπεῖν ὅτι Πολυσπέρχων στρατηγός, ὡς ταῦτα τῷ βασιλεῖ ζητεῖν μόνα καὶ γινώσκειν προσῆκον.

781 *Charisius* Die irrige Namensform „Charisius" beruht auf einem Übertragungsfehler des Er., der das griech. φ offensichtlich für ein ρ ansah; der Fehler hat sich unverändert in den weiteren Ausg. erhalten, auch bei Lycosthenes (S. 90).

782 *Polysperches* Die irrige Namensform „Polysperches" übernahm Er. aus der Übers. des Regio, während sowohl Aldus' Plutarchausgabe (1509) als auch Filelfos Übers. das korrekte oder jedenfalls korrektere „Polyperches" aufweisen. Die Form „Polyperchon" findet sich in rezenteren Ausgaben von Plut. *Pyrrh*. 8, 3 (*Vit*. 387D), eine Stelle, die Er. in V, 120 jedoch nicht herangezogen hat. Polyperchon (394–ca. 305), bedeutender makedonischer General unter Philipp II., Alexander d.Gr., Krateros und Antipatros; Gegner des Perdikkas; Antipatros ernannte ihn zu seinem Nachfolger. Vgl. E. Badian, *DNP* 10 (2001), Sp. 74–75, s.v. „Polyperchon", Nr. 1.

783 *artem imbellem* Er. wertet den Ausspruch als Zeichen dafür, daß Pyrrhus von allen Künsten nur die Kriegskunst geschätzt haben soll. In den *Apophthegmata* finden sich mehrfach negative moralische Werturteile des Er. in Bezug auf die Musik, insbes. in Fürstenspiegelsprüchen. Er. vertrat dezidiert die Meinung, daß sich das Musizieren für Fürsten nicht zieme. Vgl. IV, 32 „Artes rege indignae" (*ASD* IV, 4, S. 293): „Philippus quum audisset filium suum quodam loco scite cecinisse, ciuiliter obiurgauit dicens: ,Non te tui pudet, qui noris tam belle canere?', significans alias artes esse rege digniores". In *Apophth*. I, 224 (*ASD* IV, 4, S. 116) bezeichnet Er. die Musik als „Ars inutilis".

Apophth. V, 121 ist ein Gegenstück zu *Adag*. 1734 „Cadmea victoria", *ASD* II, 4, S. 170–171. Gegenstand von V, 121 ist der berühmte „Pyrrhussieg", der sich auf die Schlachten des Königs gegen die Römer bei Herakleia i.J. 280 und vor allem bei Ausculum in Apulien (heute Ascoli Satriano) i.J. 279 v. Chr. (vgl. Plut. *Pyrrh*. 21, 7–10, *Vit*. 397B) bezieht. Das *Apophth*. datiert somit auf d.J. 279. Für den erst in neuerer Zeit sprichwörtlich gewordenen „Pyrrhussieg" wurde in der Antike der Ausdruck „Kadmeischer Sieg" verwendet (Diod. XXII, 6, 1–2), den Er. unter seine *Adagia* aufnahm: *Adag*. 1734 „Cadmea victoria". „Cadmea victoria" nimmt Bezug auf den Bruderkrieg, den die Kadmos-Söhne Eteokles und Polyneikes führten, der mit dem Tod der beiden Protagonisten und vieler Thebaner endete. Für „Cadmea victoria" vgl. Plut. *De educatione puerorum* 14, *Mor*. 10A.

785–786 *cum Romanis ... de nobis* Wörtliche Wiedergabe von Plut. *Reg. et imp. apophth*., *Mor*. 184 C (Pyrrhus, 3): Ἐπεὶ δὲ συμβαλὼν Ῥωμαίοις δὶς ἐνίκησε πολλοὺς τῶν φίλων καὶ τῶν ἡγεμόνων ἀπολέσας, „ἂν ἔτι", ἔφη, „μίαν („ἂν ἔτι μίαν", ἔφη, *ed. Ald. 1509, p. 160*) μάχην Ῥωμαίους νικήσωμεν, ἀπολώλαμεν". Im Spruchteil gab Er. die Übers. Filelfos wörtlich wieder: „... multis et amicis et ducibus interfectis, ,Si vno item (lege: iterum) praelio Romanos', ait, ,vicerimus, actum de nobis fuerit'" (fol. l iii^v). Dasselbe Apophthegma findet sich ähnlich auch in Oros. *Adv. pag*. IV, 1, 15: „Ne ego, si iterum eodem modo vicero, sine vllo milite Epirum reuertar".

Apophth. V, 122 datiert auf 275 v. Chr., als Pyrrhos nach dem Scheitern seines sizilianischen Feldzuges nach Unteritalien zurückkehrte. Die Syrakusaner hatten 278 v. Chr. Pyrrhos zu Hilfe gerufen und ihn sogar zum König Siziliens ernannt.

790–791 *Quum e Sicilia ... Carthaginensibus* Plut. *Reg. et imp. apophth*., *Mor*. 184C–D (Pyrrhus, 4). Weitgehend wörtliche Wiedergabe der Übers. Filelfos und Regios; Filelfo: „At posteaquam potiundae Siciliae spe frustratus enauigaret, retro ad amicos uersus, ,Qualem', inquit, ,Romanis atque Carthaginensibus palaestram relinquimus?'" (fol. l iii^v); Regio: „Siciliae autem potiundae spe frustratus cum illinc soluisset, ad amicos retro conuersus, ,Qualem', inquit, ,Romanis et Carthaginensibus palaestram relinquimus?'" (fol. e⟨i⟩^{r}). Vgl. den griech. Text: Ἐπεὶ δὲ Σικελίας ἀποτυχὼν ἐξέπλει, μεταστραφεὶς ὀπίσω πρὸς τοὺς φίλους, „οἵαν," ἔφη, „Ῥωμαίοις καὶ Καρχηδονίοις ἀπολείπομεν παλαίστραν". Dasselbe Apophth. findet sich in Plut. *Pyrrh*. 23, 6 (*Vit*. 398F): τοῦτο δὲ ἦν εὐπρέπεια μὴ φυγὴν εἶναι μηδὲ ἀπόγνωσιν τὸν ἀπόπλουν τῶν αὐτόθι πραγμάτων· τὸ δὲ ἀληθὲς οὐ δυνάμενος κρατεῖν Σικελίας ὥσπερ νεὼς ταραχθείσης, ἀλλ' ἔκβασιν ζητῶν, αὖθις ἔρριψεν ἑαυτὸν εἰς Ἰταλίαν, λέγεται δ' ἀπαλλαττόμενος ἤδη πρὸς τὴν νῆσον ἀπιδὼν εἰπεῖν τοῖς περὶ αὑτόν· „Οἵαν ἀπολείπομεν, ὦ φίλοι, Καρχηδονίοις καὶ Ῥωμαίοις παλαίστραν." καὶ τοῦτο μέν, ὥσπερ εἰκάσθη, μετ' οὐ πολὺν χρόνον ἐγένετο.

V, 123   INSTITVTIO   (Pyrrhus, 5) [18]

795 *Pyrrhus ei, cui delectum* militum *commiserat, dixisse fertur „Tu grandes elige, ego eos forteis reddam"*, significans institutione fieri bonum militem. Fertur autem Pyrrhus disciplinae militaris optimus fuisse magister.

V, 124   ELOQVENTIAE VIS   (Pyrrhus, 6) [19]

Idem *dicere solet plures vrbes Cineam oratione subegisse, quam ipse cepisset armis. Erat*
800 *autem Cineas Thessalus, vir magni ingenii, qui audito Demosthene ad illius aemulationem* se contulerat, sed *vim* praecipue exprimens. Confirmatum est itaque, quod dicit Euripides:

„πᾶν ἐξαιρεῖ λόγος,
ὃ καὶ σίδηρος πολεμίων δράσειεν ἄν", id est,

805 „Cuncta sermo *conficit*,
Quaecunque ferrum efficere possit hostium".

V, 125   *AQVILA IN NVBIBVS*   (Pyrrhus, 7) [20]

Quum rebus feliciter gestis *domum redisset et a suis Aquila diceretur, „Per vos"*, inquit, *„Aquila sum. Qui enim non essem, quum vestris armis veluti pennis subleuer?"*. Mo-
810 destissime gloriosi cognominis laudem in suos milites transferens, vitauit inuidiam.

---

808 Aquila *scripsi*: aquila *A-C*.
809 Aquila *scripsi*: aquila *A-C*.

810 vitauit *A C*: vitiauit *B*.

795–796 *Pyrrhus ei ... reddam* Wörtliche Wiedergabe von Frontin. *Strat.* IV, 1, 3: „Pyrrhus dilectatori suo fertur dixisse ,tu grandes elige, ego eos fortes reddam'".

799–806 *dicere solet ... hostium* Im Spruchteil wörtliche, in den übrigen Teilen gekürzte, paraphrasierende und die Reihenfolge der Sätze vertauschende Wiedergabe von Plut. *Pyrrh.* 14, 1–3 (*Vit.* 391). Aus wörtlichen Übernahmen, jedoch vor allem aus einem Missverständnis des Textes, das Er. von Bruni übernahm (die „aemulatio" des Demosthenes, vgl. Komm. unten), geht hervor, daß Er. dessen Übers. als Vorlage benutzte: „Erat quidam in Thessalia Cyneas vir magni ingenii, et vtpote qui Demosthenis auditor fuerat in imitationem eius traditus, maxime vim dicendi illius assequi videbatur. Nam apud Pyrrhum degens, quum saepe ad ciuitates transmitteretur, verum ostendit id Euripidis dictum:

,Omnia conficit oratio, quae hostile ferrum conficere non potest'. Nam Pyrrhus ipse dicere solebat plures a Cynea oratione quam a se armis vrbes esse partas" (ed. Bade, Paris 1514, fol. CLXXI[r]). Er. hat auch den griech. Text herangezogen, was sich daraus ergibt, daß er Brunis Fehlübersetzung des Euripides-Verses korrigierte. Vgl. den griech. Text: ἦν δέ τις Κινέας, Θεσσαλὸς ἀνήρ, τῷ μὲν φρονεῖν δοκῶν ἱκανὸς εἶναι, Δημοσθένους δὲ τοῦ ῥήτορος ἀκηκοὼς ἐδόκει μόνος ἐν μάλιστα τῶν τότε λεγόντων οἷον ἐν εἰκόνι τῆς ἐκείνου δυνάμεως καὶ δεινότητος ἀναμιμνήσκειν τοὺς ἀκούοντας. συνὼν δὲ τῷ Πύρρῳ καὶ πεμπόμενος ἐπὶ τὰς πόλεις ἐβεβαίου τὸ Εὐριπίδειον, ὅτι „πᾶν ἐξαιρεῖ λόγος ὃ καὶ σίδηρος πολεμίων δράσειεν ἄν." ὁ γοῦν Πύρρος ἔλεγε πλείονας πόλεις ὑπὸ Κινέου τοῖς λόγοις ἢ τοῖς ὅπλοις ὑφ' ἑαυτοῦ προσῆχθαι.

799 *Cineam* **Kineas** (um 350-nach 278 v. Chr.) aus Thessalien, Gesandter und Vertrauter von

König Pyrrhos, der ihn mit wichtigen Aufgaben betraute; Schüler des Demosthenes, ausgezeichneter Redner; Kineas soll Pyrrhos von dem sinnlosen Eroberungskrieg in Italien abgeraten haben. Diese Geschichte bringt Er. in der Form eines anekdotenhaften Zwiegesprächs unten in *Apophth.* V, 129 „Consilium prudens". Zu Kineas vgl. J.E., *DNP* 6 (1999), Sp. 470; F. Stähelin, *RE* XI, 1 (1921), Sp. 473–476, jeweils s.v. „Kineas", Nr. 2; M. Ducos, „Cinéas", in: R. Goulet (Hrsg.), *Dictionnaire des philosophes antiques*, Bd. 2, Paris 1994, S. 399.

800–801 *ad illius ... exprimens* Er.' Formulierung „sed *vim* praecipue exprimens" gibt an dieser Stelle den griech. Text (ἐδόκει μόνος ἐν μάλιστα τῶν τότε λεγόντων, οἷον ἐν εἰκόνι, τῆς ἐκείνου δυνάμεως καὶ δεινότητος ἀναμιμνῄσκειν τοὺς ἀκούοντας) nicht sinngemäß richtig wieder. Plutarch sagt, daß Kineas von den Rednern seiner Zeit der einzige gewesen sei, der im Hinblick auf die fesselnde Kraft der Rede sein Publikum an Demosthenes erinnerte, als wenn es ein Ehrenstandbild des Demosthenes betrachten würde (vgl. Jeffrey Henderson, in Plutarch, *Lives* [Loeb] IX, S. 385: „Cineas ... who ... was quite the only public speaker of his day who was thought to remind his hearers, as a statue might, of that great orator's [sc. Demosthenes] power and ability"). Er. jedoch schreibt, daß sich Kineas auf den Wetteifer mit Demosthenes zulegt, sich dabei aber auf die Kraft des Ausdrucks beschränkt habe. Der Irrtum kam dadurch zustande, daß Er. von Brunis Übers. ausging, die an dieser Stelle unvollständig und fehlerhaft ist: „Cyneas ... vtpote qui Demosthenis auditor fuerat, in imitationem eius traditus, maxime vim dicendi illius assequi videbatur" (a.a.O.).

803–806 πᾶν ... *hostium* Eur. *Phoen.* 516–517, zitiert in Plut. *Pyrrh.* 14, 2 (*Vit.* 391).

806 *Quaecunque ... hostium* Im Hinblick auf die Verse des Euripides konsultierte Er. das griech. Original und korrigierte Brunis Übers., die einen konträren Sinn darbietet: „quae hostile ferrum conficere **non** potest" (a.a.O.).

Indem Er. *Apophth.* V, 125 den Titel seines *Adag.* 820 (*ASD* II, 2, S. 342–343) verleiht, präsentiert er es als Gegenstück desselben. Zu dem Sprichwort vgl. weiter Diogen. I, 67; Zenob. 2, 50 (Ald. *Col.* 9); Apost. I, 45; Aristoph. *Equ.* 1013. Den Sinn des Sprichworts „Aquila in nubibus" erklärt Er. in *Adag.* 820 wie folgt: „plerique interpretantur de re magna quidem illa, sed quam non facile assequaris; alii de iis, qui longe reliquis praecellunt" (*ASD* II, 2, S. 342). Daraus ergibt sich, daß – nach Er. – der Beiname „Aquila" aussagen soll, daß Pyrrhos als Feldherr alle anderen überrage. Zu dem Status des Feldherren der Superlative, der Pyrrhos zuweilen zugeschrieben wurde, vgl. Plut. *Pyrrh.* 8, der überliefert, daß man Pyrrhos als zweiten Alexander bezeichnete und daß Antigonos und Hannibal ihn als größten Feldherren ihrer Zeit betrachteten (8, 4). Vgl. dazu weiter *Adag.* 2601 „Scarabeus aquilam quaerit" (*ASD* II, 6, S. 411), wo der Adler-Status des Pyrrhos von dem unterlegenen Habicht/Falken-Status des Antiochos II. abgehoben wird: „At plus apparet vidisse Pyrrhum, qui sese Aquilam vocari gaudebat, quam Antiochum, qui Accipitris cognomine delectabatur"; Plut. *De solertia animalium* 22, *Mor.* 975B: Ὥσπερ αὖ καὶ τῶν βασιλέων, ἀετὸς μὲν ὁ Πύρρος ᾔδετο καλούμενος, ἱέραξ δὲ ὁ Ἀντίοχος; ders. *Aristid.* 6, 2 (322A); Ael. *Nat. an.* VII, 45. *Apophth.* V, 125 bezieht sich auf den heroischen Zweikampf, den Pyrrhos mit dem makedonischen Feldherrn Pantauchos führte und mit seinem Sieg abschloß. Vgl. auch Komm. *CWE* 38, S. 493.

808–809 *domum redisset ... subleuer* Eigenständige, paraphrasierende Übertragung von Plut. *Pyrrh.* 10, 1–2 (*Vit.* 388): Μετὰ δὲ τὴν μάχην ταύτην ὁ Πύρρος ἐπανελθὼν οἴκαδε λαμπρὸς ὑπὸ δόξης καὶ φρονήματος ἔχαιρε, καὶ Ἀετὸς ὑπὸ τῶν Ἠπειρωτῶν προσαγορευόμενος, „δι' ὑμᾶς", ἔλεγεν, „ἀετός εἰμι· πῶς γὰρ οὐ μέλλω, τοῖς ὑμετέροις ὅπλοις ὥσπερ ὠκυπτέροις ἐπαιρόμενος;" und Plut. *Reg. et imp. apophth., Mor.* 184D (Pyrrhus, 5): Τῶν δὲ στρατιωτῶν Ἀετὸν αὐτὸν προσαγορευόντων, „τί γάρ," εἶπεν, „οὐ μέλλω, τοῖς ὑμετέροις (ἡμετέροις ed. Ald. *1509, p. 160*) ὅπλοις ὥσπερ ὠκυπτέροις αἰρόμενος;". U.a. die Tatsache, daß Er. das Lemma mit der Heimkehr des Pyrrhos (nach Epeiros) einleitet, zeigt, daß er Plutarchs Pyrrhos-Biographie als Textvorlage benutzte; der Umstand jedoch, daß er Pyrrhos' Soldaten („milites") als Urheber des Beinamens bezeichnet, daß er auch die Stelle aus den *Moralia* hinzugezogen hat.

808 *Aquila* „Aquila" ist mit einem großen Anfangsbuchstaben zu drucken, weil es sich um einen Ehrennamen handelt (Πύρρος Ἀετός), wie etwa bei Antiochos II. Hierax/Accipiter.

V, 126 MODERATE (Pyrrhus, 8) [21]

In *Ambracia* quum amici suaderent, *vt quendam maledicum* multa in ipsum blaterantem *expelleret*, „*Satius est*", inquit, „*vt hic apud paucos nobis maledicat quam apud omnes obambulans*".

V, 127 REGES NON ADMITTENDI (Pyrrhus, 9) [22]

Quum Athenas venisset et ingressus arcem Palladi[s] *rem diuinam fecisset, eodem die descendens ex arce* collaudauit quidem *Atheniensium* erga se *fiduciam; caeterum* admonuit, *si saperent, ne posthac cuiquam regum portas aperirent*, significans omnibus regibus natura inuisam populi libertatem.

V, 128 SAPIENS SVB STVLTI PERSONA (Pyrrhus, 10, i.e. Meton Tarentinus) [23]

Meton quidam, quum *in concione* Tarentini tractarent de bello suscipiendo *deque Pyrrho* asciscendo, sumpta *corona et* lucerna, *praecedente tibicine, velut ebrius* comessabundus *venit in* forum *atque, vt fit, aliis applaudentibus, aliis ridentibus*, nonnullis etiam ad canendum hominem *inuitantibus, processit in concionem ac tanquam cantaturus astitit. Silente vero* turba *dixit*, „*Recte facitis, viri Tarentini, qui iocari ludereque, dum licet, qui velint, permittitis. Atqui si sapitis, omnes hac ludendi libertate fruemini, priusquam Pyrrhus adueniat. Nam tum non nostro, sed illius arbitrio viuendum erit*".

---

811 Moderate *B C: deest in A*.

816 Palladi *scripsi collata versione Leonardi Aretini et. Plut. ed. Ald. (τῇ θεῷ)*: Palladis *A-C BAS LB*.

Apophth. V, 126 bezieht sich auf die Zeit nach 295 v. Chr.

812 *In Ambracia* Pyrrhos hatte Ambrakia (heute Arta) am Ambrakischen Golf i.J. 295 v. Chr. zur neuen Hauptstadt seines Reiches erhoben. Wenn Pyrrhos' Freunde dem König dazu rieten, den nicht namentlich genannten Verleumder hinauszuwerfen, dann meinten sie konkret: ihn vom Königshof zu entfernen. Pyrrhos jedoch betrachtete seine Anwesenheit am Königshof als das geringere Übel. Für Ambrakia vgl. G. Hischfeld, *RE* I, 2 (1894), Sp. 1805–1807, s.v. „Ambrakia", Nr. 1; D. Stauch, *DNP* I (1996), Sp. 580–581, s.v. ??

812–814 *Ambracia … obambulans* Eigenständige, frei variierende Übertragung des Er. von Plut. *Pyrrh.* 8, 5 (*Vit.* 387): ἐν δ᾽ Ἀμβρακίᾳ κακολόγον τινὰ καὶ βλάσφημον ἄνθρωπον οἰομένων δεῖν μεταστῆσαι τὸν Πύρρον, „αὑτοῦ μένων", ἔφη, „μᾶλλον ἡμᾶς ἐν ὀλίγοις ἢ περιιὼν πρὸς ἅπαντας ἀνθρώπους κακῶς λεγέτω". Aus einem Vergleich mit Leonardo Brunis Übers. geht hervor, daß Er. diese nicht berücksichtigt hat (ed. Bade, Paris 1514, fol. CLXX^r).

812–813 *Multa … blaterantem* Er.' Übers. von βλάσφημον mit „multa in ipsum blaterantem" ist nicht adäquat: βλάσφημος bezeichnet einen Menschen, der lästert und andere schmäht, „blaterare" jedoch einen, der „daherplappert", „labert" bzw. „schwafelt" (vgl. *DNG* I, Sp. 650, s.v. „blatero" und Passow I, 1, S. 506, s.v. βλάσφημος).

816–818 *ingressus … aperirent* Weitgehend wörtliche Wiedergabe von Plut. *Pyrrh.* 12, 4 (*Vit.* 389), wobei Er. von Brunis Übers. ausgeht: „Nam quum Athenas venisset et arcem ingressus deae Palladi sacra fecisset atque eadem die ex arce descenderet, gratam inquit sibi fuisse Atheniensium fiductiam, quam eos de se habere conspexerat; caeterum, si saperent, nulli posthac regum portas aperirent" (ed. Bade, Paris 1514, fol. CLXXI^r). Vgl. den griech. Text: ἀναβὰς δ' εἰς τὴν ἀκρόπολιν καὶ θύσας τῇ θεῷ καὶ καταβὰς αὐθημερὸν, ἀγαπᾶν μὲν ἔφησε τοῦ δήμου τὴν πρὸς αὐτὸν εὔνοιαν καὶ πίστιν· ἂν μέντοι σωφρονῶσι, μηδένα τῶν βασιλέων ἔτι παρήσειν αὐτοὺς εἰς τὴν πόλιν, μηδὲ τὰς πύλας ἀνοίξειν.

817 *fiduciam* Im griech. Original steht εὔνοιαν καὶ πίστιν; „fiduciam" gibt πίστιν wieder, εὔνοιαν bleibt dagegen unübersetzt (sollte „beneuolentia" sein). Die fehlende Übers. von εὔνοιαν erklärt sich daraus, daß Er. von Brunis Übertragung ausgegangen ist.

820 *Sapiens ... persona* Eine Gedankenfiguration, die Er. faszinierte und die er seiner *Laus Stultitiae* zugrundelegte. Der Spruchspender ist nicht Pyrrhos, sondern der Tarentiner Meton, der in der Volksversammlung ein Schauspiel als Betrunkener abliefert. V, 128 datiert auf d.J. 278 v. Chr., in dem die Tarentiner Pyrrhos gegen Rom zu Hilfe riefen.

822 *Meton* Zu diesem weiter unbekannten **Meton**, einem Bürger Tarents, vgl. L.-M. Günther, *DNP* 8 (2000), Sp. 108, s.v. „Meton", Nr. 3.

822–828 *Meton quidam ... erit* Unsorgfältige Übertragung von Plut. *Pyrrh.* 13, 3 (*Vit.* 390). Er. hat seinen Text an dieser Stelle nach Brunis latein. Übers. gebildet, ohne den griech. Originaltext hinzuzuziehen. Das geht aus mehreren Auslassungen des Er. hervor, die sich nur durch Brunis Auslassungen erklären, der den griech. Text in diesem Fall ziemlich nachlässig übersetzt hat: „Quo in tempore quidam Meton nomine vir vrbanus ea ipsa die, quo (*lege*: qua) decretum de Pyrrho vocando sciri per populum debebat (*lege*: deberet) et multitudo in concione sederet, accepta corona et lampade quasi ebrius, tibicine ducente ludibundus in concione peruenit, vtque fit in turba populari, aliis applaudentibus, aliis ridentibus et, vt procederet in medium, inuitantibus, processit ille et quasi cantaturus astitit. Sed vbi silentium nactus est, ‚Viri Tarentini', inquit, ‚bene facitis, qui iocari et ludere volentibus, dum licet, permittitis. Si tamen sapitis, cuncti hac ludorum libertate fruemini, antequam Pyrrhus adueniat. Nam tunc non nostro, sed ipsius arbitrio viuendum erit'" (ed. Bade, Paris 1514, fol.

CLXXI^r); vgl. den griech. Text: εἷς δέ τις ἀνὴρ ἐπιεικὴς Μέτων ὄνομα, τῆς ἡμέρας ἐκείνης ἐν ᾗ τὸ δόγμα κυροῦν ἔμελλον ἐνστάσης καὶ τοῦ δήμου καθεζομένου, λαβὼν στέφανον τῶν ἑώλων καὶ λαμπάδιον ὥσπερ οἱ μεθύοντες, αὐλητρίδος ὑφηγουμένης αὐτῷ, πρὸς τὴν ἐκκλησίαν ἐκώμαζεν. οἷα δ' ἐν ὄχλῳ δημοκρατίας κόσμον οὐκ ἐχούσης, οἱ μὲν ἐκρότουν ἰδόντες, οἱ δ' ἐγέλων, ἐκώλυε δ' οὐδείς, ἀλλὰ καὶ τὸ γύναιον αὐλεῖν κἀκεῖνον ᾄδειν ἐκέλευον εἰς μέσον προελθόντα· καὶ τοῦτο ποιήσων ἐπίδοξος ἦν. γενομένης δὲ σιωπῆς „ἄνδρες", ἔφη, „Ταραντῖνοι, καλῶς ποιεῖτε παίζειν καὶ κωμάζειν ἕως ἔξεστι τοῖς βουλομένοις μὴ φθονοῦντες. ἐὰν δὲ σωφρονῆτε, καὶ πάντες ἀπολαύσετε ἔτι τῆς ἐλευθερίας, ὡς ἕτερα πράγματα καὶ βίον καὶ δίαιταν ἕξοντες, ὅταν Πύρρος εἰς τὴν πόλιν παραγένηται". Im Vergleich zum griech. Original fehlen in Brunis Übers. die Angaben, daß Meton ein bedeutender, angesehener Mann war (ἀνὴρ ἐπιεικής); daß er *tanzend* zur Volksversammlung hereinkam; daß er von einer Flötenspieler*in* (αὐλητρίδος ὑφηγουμένης αὐτῷ) begleitet wurde; daß niemand Anstalten machte, den doch offensichtlich betrunkenen Mann zurückzuhalten (ἐκώλυε δ' οὐδείς); daß ein solches Schauspiel im Grunde ganz gut auf die Demokratie passe, d.h. eine Menschenmenge ohne Gefühl für Anstand (οἷα δ' ἐν ὄχλῳ δημοκρατίας κόσμον οὐκ ἐχούσης) sowie, daß die Bürger die Flötistin aufforderten, zu spielen (τὸ γύναιον αὐλεῖν ... ἐκέλευον). Da Er. nur von Brunis Text ausging, fehlen diese Elemente in seiner Wiedergabe ebenfalls; die Kursivierung bezieht sich demnach auf Brunis Übers.

822 *Tarentini* Vgl. unten V, 131.

823 *tibicine* Im Unterschied zum griech. Original geht aus Brunis und Er.' latein. Übertragungen nicht hervor, daß es sich bei dem Flötenspieler (*tibicen*) um ein Mädchen handelte (αὐλητρίδος ὑφηγουμένης αὐτῷ). Dieses wurde jedoch von Plutarch bewußt eingebracht, um das Lächerliche und Unerhörte der Szene hervorzuheben: Es war nicht vorgesehen, daß eine Frau, noch dazu eine aulusblasende Dirne, an einer politischen Versammlung der männlichen Bürger teilnahm. Nicht zuletzt die fröhliche Dirne forderte die Anwesenden zum Spott heraus und bewirkte, daß sie höhnend riefen, sie solle doch den Aulos blasen.

V, 129   CONSILIVM PRVDENS   (Pyrrhus, 10) [24]

Cineas vt *Pyrrhum* a bellandi studio reuocaret, sic per *ocium* cum illo colloquutus est: „*Romani feruntur bellacissimi,* sed *his superatis quid* dein *agemus, Pyrrhe?*". „*Tum Italiam*", *inquit Pyrrhus,* „*totam* occupabimus". Hic denuo *Cineas* „*Quid Italia subacta?*". „*Sicilia*", *inquit Pyrrhus,* „*proxima est*". Tum *Cineas:* „Num *hic erit militiae finis?*". „*Nequaquam*", *inquit Pyrrhus,* „*sed haec* tantum *praeludia sunt ad res maiores.* Superest *Libya et Carthago*". „*Recte*", *inquit Cineas,* „*Nam his potitus facile et Macedoniam recipies et Graeciae dominaberis.* Sed deletis *omnibus, quid tandem faciemus?*". Hic arridens *Pyrrhus,* „Tum", inquit, „*ocium agemus, o beate, et quotidie* cothon erit *mutuisque sermonibus nos inuicem delectabimus*". Tum *Cineas:* „*At quid vetat, o rex, quominus nunc iam isto ocio, isto cothone et mutuis sermonibus perfruamur?* Nunc enim citra negocium suppetit *nobis ea facultas, quam per sanguinem, per molestias, per pericula tum nostra tum aliorum* sequimur, incerti an assequuturi".

V, 130   INEXPECTATA   (Pyrrhus, 11) [25]

Quum Pyrrhus rex falsas aduentus sui causas praetexens *Laconicam inuasisset diripuissetque,* Lacedaemoniorum *legatis expostulantibus, quod non indicto bello* Laconicam *inuasisset,* „*Nec vos*", inquit, „*Spartani, quod facturi estis, prius aliis denunciatis*".

---

837 cothon *scripsi*: Cothon *A-C*.
838 at *A B BAS LB*: ad *C*.
839 cothone *scripsi*: Cothone *A-C*.

839 mutuis *A-C, versio Leonardi Aretini (cf. supra* mutuisque sermonibus*)*: multis *BAS LB*.

830 *Cineas* Zur Person des Kineas vgl. oben Komm. zu V, 124.
830–841 *Cineas ... aliorum* Plut. *Pyrrh.* 14, 2–7 (*Vit.* 391). Er. ging dabei von Brunis Übers. aus, die er stark kürzte und frei bearbeitete: „Hic igitur Cyneas Pyrrhum ad Italiam inclinatum cernens, nactus illum aliquando otiosum, in huiusmodi sermonen adduxit: ‚Egregii quidem bello Romani esse dicuntur multisque bellicosis gentibus imperare. Quodsi eos superare dii nobis dederint, quid tunc agemus, Pyrrhe?'. Ad haec Pyrrhus ‚De re haudquaquam obscura', inquit, ‚o Cynea, percontaris. Neque enim barbara nobis neque Graeca ciuitas illic resistere valeret Romanis superatis, sed haberemus confestim Italiam totam, cuius minime magnitudinem et potentiam te ignorare arbitror'. Parumper ergo commoratus Cyneas, ‚Enimuero cum Italiam ceperimus,' inquit, ‚quid tunc agemus?'. Et Pyrrhus nondum mente eius intellecta, ‚Proxima', inquit, ‚Sicilia est insula, felix ac populosa, capi vero facilis ob seditiones ac discordias ciuitatum'. ‚Recte dicis', inquit Cyneas; ‚Sed an finis militiae nobis erit Siciliam cepisse?' ‚Deus modo', inquit Pyrrhus, ‚victoriam praestet. Nam his veluti praeludiis vtemur ad res maximas conficiendas. Quis enim se Libya abstineat et Carthagine ...? His autem victis nullus nobis resisteret hostis'. ‚Ita est', inquit Cyneas, ‚Constat enim quod et Macedoniam recuperare et Graeciae dominari certissime cum hac potentia licebit. Sed victis omnibus et subactis quid faciemus tandem?'. Et Pyrrhus ridens, ‚otium', inquit, ‚agemus et quottidiana festiuitate mutuisque sermonibus laetitiaque perfruemur'. Quum ad haec Cyneas Pyrrhum adduxisset, ‚At quid vetat, o rex,', inquit, ‚quominus nunc ista laetitia et festiuitate et otio perfruamur?'. Adest quippe nobis sine labore facultas eorum, ad quae per sanguinem, molestias et pericula nostra et aliorum peruenturi sumus" (ed. Bade, Paris 1514, fol. CLXXI^(r–v)); den griech. Text konsultierte Er. nur nebenher: οὗτος οὖν τὸν Πύρρον ὡρμημένον τόθ' ὁρῶν ἐπὶ τὴν Ἰταλίαν, εἰς λόγους ἐπη-

γάγετο τοιούτους ἰδὼν σχολάζοντα· „πολεμισταὶ μὲν ὦ Πύρρε Ῥωμαῖοι λέγονται καὶ πολλῶν ἐθνῶν μαχίμων ἄρχοντες· εἰ δὲ δοίη θεὸς περιγενέσθαι τῶν ἀνδρῶν, τί χρησόμεθα τῇ νίκῃ;" καὶ ὁ Πύρρος „Ἐρωτᾷς," εἶπεν, „ὦ Κινέα, πρᾶγμα φαινόμενον· οὔτε βάρβαρος ἡμῖν ἐκεῖ πόλις οὔτε Ἑλληνὶς ἀξιόμαχος Ῥωμαίων κρατηθέντων, ἀλλ᾽ ἕξομεν εὐθὺς Ἰταλίαν ἅπασαν, ἧς μέγεθος καὶ ἀρετὴν καὶ δύναμιν ἄλλῳ πού τινι μᾶλλον ἀγνοεῖν ἢ σοὶ προσήκει.". Μικρὸν οὖν ἐπισχὼν ὁ Κινέας, ,Ἰταλίαν δὲ λαβόντες, τί ποιήσομεν;" καὶ ὁ Πύρρος οὔπω τὴν διάνοιαν αὐτοῦ καθορῶν, „ἐγγύς" εἶπεν „ἡ Σικελία χεῖρας ὀρέγει, νῆσος εὐδαίμων καὶ πολυάνθρωπος, ἁλῶναι δὲ ῥᾴστη· στάσις γάρ, ὦ Κινέα, πάντα νῦν ἐκεῖνα καὶ ἀναρχία πόλεων καὶ δημαγωγῶν ὀξύτης Ἀγαθοκλέους ἐκλελοιπότος." „εἰκότα" ἔφη „λέγεις ὁ Κινέας· ,ἀλλ᾽ ἢ τοῦτο πέρας ἡμῖν τῆς στρατείας, λαβεῖν Σικελίαν;" „θεός" ὁ Πύρρος ἔφη „νικᾶν διδῷη καὶ κατορθοῦν· τούτοις δὲ προάγωσι χρησόμεθα πραγμάτων μεγάλων. τίς γὰρ ἂν ἀπόσχοιτο Λιβύης καὶ Καρχηδόνος ἐν ἐφικτῷ γενομένης, ἣν Ἀγαθοκλῆς ἀποδρὰς ἐκ Συρακουσῶν κρύφα καὶ περάσας ναυσὶν ὀλίγαις λαβεῖν παρ᾽ οὐδὲν ἦλθεν; ὅτι δὲ τούτων κρατήσασιν ἡμῖν οὐδεὶς ἀντιστήσεται τῶν νῦν ὑβριζόντων πολεμίων, τί ἂν λέγοι τις;" „οὐδέν" ὁ Κινέας εἶπε· „δῆλον γὰρ ὅτι καὶ Μακεδονίαν ἀναλαβεῖν καὶ τῆς Ἑλλάδος ἄρχειν ὑπάρξει βεβαίως ἀπὸ τηλικαύτης δυνάμεως. γενομένων δὲ πάντων ὑφ᾽ ἡμῖν, τί ποιήσομεν;" καὶ ὁ Πύρρος ἐπιγελάσας, ,σχολήν" ἔφη ,ἄξομεν πολλήν, καὶ κώθων, ὦ μακάριε, καθημερινὸς ἔσται, καὶ διὰ λόγων συνόντες ἀλλήλους εὐφρανοῦμεν". ἐνταῦθα δὴ τῶν λόγων καταστήσας τὸν Πύρρον ὁ Κινέας, „εἶτα", ἔφη, „τί νῦν ἐμποδών ἐστιν ἡμῖν βουλομένοις κώθωνι χρῆσθαι καὶ σχολάζειν μετ᾽ ἀλλήλων, εἰ ταῦτ᾽ ἔχομεν ἤδη καὶ πάρεστιν ἀπραγμόνως, ἔφ᾽ ἃ δι᾽ αἵματος καὶ πόνων μεγάλων καὶ κινδύνων μέλλομεν ἀφίξεσθαι, πολλὰ καὶ δράσαντες ἑτέρους κακὰ καὶ παθόντες;". Er. bezog aus dem griech. Text das Wort κώθων (Trinkgelage), das er unübersetzt beließ.

837 *cothon* Für κώθων/cothon (Trinkgelage) vgl. Suda, s.v.; Athen. XI, 483B; Er. *Adag.* 2365 „Anus cothonissat", *ASD* II, 5, S. 272 und *Adag.*3569 „Cothonissare". In *Adag.* 2365 gibt Er. an, daß κώθων im *sensus proprius* ein Trinkgefäß, metaphorisch eine betrunkene Person bedeute. A.a.O. gab er das griech. Wort mehrfach in lateinischen Buchstaben wieder, i.a.: „Hesychius admonet Gaecis hominem temulentum appellari *cothonem*, quemadmodum Latini lagenam vocant aut vtrem". An vorl. Stelle freilich sollte κώθων für „Trinkgelage" stehen; vgl. Athen. XIV, 658 E. Der Kothon war urspr. ein einfaches, bauchiges Trinkgefäß für Wanderer und Krieger; vgl. I. Scheibler, „Kothon-Exaleiptron", in: *Archäologischer Anzeiger* 1968, S. 389–397.

843–845 *Laconicam ... denunciatis* Plut. *Pyrrh.* 26, 11 (*Vit.* 401). Im Spruchteil wörtliche, im einleitenden Teil paraphrasierende Wiedergabe von Brunis latein. Übers.: „Incusantibus autem legatis, quod non indicto bello eos inuassisset, ‚At nec vos', inquit, ‚Spartiatae, quid facturi estis, aliis praenuntiatis'" (ed. Bade, Paris 1514, fol. CLXXIIIʳ). Vgl. den griech. Text: ἐγκαλούντων δὲ τῶν πρέσβεων, ὅτι μὴ καταγγείλας πόλεμον ἐξενήνοχε πρὸς αὐτούς, „ἀλλ᾽ οὐδ᾽ ὑμᾶς" ἔφη „τοὺς Σπαρτιάτας ἴσμεν ὅ τι ἂν μέλλητε ποιεῖν ἑτέροις προλέγοντας".

V, 131 (Pyrrhus, 12) [26]

[B] In *victoria Tarentina* Romanorum militum virtutem ac *ducum* prudentiam *admiratus* exclamauit „O quam facile erat orbis imperium occupare aut mihi Romanis militibus aut me rege Romanis!". Ita Florus in epitomis, libro primo. [A]

ANTIOCHVS [i.e. ANTIOCHVS SEPTIMVS]

V, 132   Reges raro verum audiunt   (Antiochus, i.e. Antiochus VII, 1) [27]

Antiochus ille, *qui bis exercitum duxit aduersus* Persas [i.e. Parthos], *quum in venatu quodam feram insequitur, aberrans ab amicis ac famulis in casam pauperum quorundam, quibus ignotus erat, introiit atque inter coenam iniecta mentione regis audiuit, quod caetera quidem probus esset, sed* plerasque functiones mandaret *amicis improbis, ipse* ad eorum facta conniuens, [*tum*] *quod immodico venandi studio frequenter necessaria negligeret. Ad haec tum temporis nihil respondit nec, quis esset, prodidit; verum vbi diluculo satellites venissent ad casam iamque agnosceretur allata purpura simul cum diademate, „Age", inquit, „ex quo ⟨die⟩ vos* indui, *heri primum vera de me ipso audiui"*. Nam fere hoc studio est his, qui viuunt in aulis principum, ne quid audiant nisi blandum auribus.

847–849 In victoria … libro primo *B C*: *deest in A*.
853 Persas *A-C BAS LB*: *scribendum erat* Parthos.
856 sed *B C*: caeterum *A*.

857 tum *seclusi*.
860 die *scripsi (cf. verba ipsius Plutarchi* ἀφ' ἧς ἡμέρας *et versiones Philelphi Regiique* quo die*).*
861 audiant *B C*: audiat *A*.

Apophth. V, 131 Das Apophthegma datiert auf 280 v. Chr., unmittelbar nach der Feldschlacht des Pyrrhos gegen die Römer bei Heraclea.
847 *victoria Tarentina* „Sieg in der Schlacht von/bei Tarent": Er. hat hier durch kollageartige Montage einen verwirrenden Text zustandegebracht. Bei Tarent fand keine Schlacht statt. Es gab daher aus der Sicht des Pyrrhos auch keinen „Sieg von Tarent" zu verzeichnen. Damit ist auch nicht der Sieg des Pyrrhos in der Schlacht von Herkleia (280 v. Chr.) gemeint (so im Komm. *CWE* 38, S. 495). Wie aus der zitierten Florus-Stelle ersichtlich wird, beziehen sich die Worte des Pyrrhos nicht auf einen bestimmten Sieg, sondern auf seine Erfahrungen mit dem Kampfgeist der römischen Soldaten während seines gesamten Italien-Feldzuges. Die Worte „victoria Tarentina" kommen im selben Kap. des Florus vor, jedoch geben sie die *Perspektive der Römer* wieder; vgl. Flor. *Epitome bellorum omnium annorum DCC* I, 18: „Nec alia magis quam Tarentina victoria ostendit populi Romani fortitudinem, senatus sapientiam, ducum magnanimitatem". Mit „Victoria Tarentina" ist der Sieg in jenem Krieg gemeint, den Florus den „Tarentinischen" nennt, vgl. den Titel des Kap. I, 18: „Bellum Tarentinum et cum Pyrrho".
847–848 *admiratus … Romanis* Im einleitenden Teil paraphrasierende, im Spruchteil wörtliche Wiedergabe von Flor. *Epitome bellorum omnium annorum DCC* I, 18: „Quod adeo Pyrrhus miratus est, vt diceret ‚O quam facile erat orbis imperium occupare aut mihi Romanis militibus aut me rege Romanis!' ".
Antiochos VII. Euergetes Sidetes (ca. 159–129/8 v. Chr., reg. 138/7–129/8), König von Syrien

seit 138/7 (nach der Gefangennahme seines Bruders Demetrios II. Nicator durch die Parther); seine Regierungszeit war von Feldzügen geprägt. I.J. 134/3 eroberte er Jerusalem. I.J. 130 gelang es ihm, die Parther aus Mesopotamien und Medien zu vertreiben und den Partherkönig Mithridates I. zu töten. Im folgenden Jahr brachte der neue Partherkönig Phraates II. die medischen Städte in Aufstand. 129 wurde Antiochos VII. in einem Tal gestellt und getötet. Vgl. A. Mehl, *DNP* 1 (1999), Sp. 770, s.v. „Antiochos", Nr. 9.

850 *ANTIOCHVS* In den Baseldrucken, ebenso im griech. Plutarch-Text und in den Übers. des Filelfo und Regio ohne den Zusatz einer Ordnungszahl; von Er., der im Hinblick auf die Seleukidendynastie nicht sattelfest war (so verwechselte er in *Apophth.* V, 117 Antiochus II. Accipiter), ohne Klärung übernommen. Es handelt sich um Antiochos VII. Euergetes Sidetes; Er. war offensichtlich nicht im Bilde, um welchen Antiochos es sich handelte; das spiegelt sich u. a. in seiner Fehlannahme, daß der genannte Antiochos zweimal gegen die Perser zu Felde gezogen wäre.

Apophth. V, 132 datiert auf die Zeit vor dem Anfang des Feldzugs des Antiochos VII. gegen das Partherreich unter Phraates im März d.J. 131.

853–860 *Antiochus ille ... audiui* Plut. *Reg. et imp. apophth., Mor.* 184D–E (Antiochus, 1): Ἀντίοχος ὁ στρατεύσας δεύτερον ἐπὶ Πάρθους ἔν τινι κυνηγεσίῳ καὶ διωγμῷ τῶν φίλων καὶ θεραπόντων ἀποπλανηθεὶς εἰς ἔπαυλιν πενήτων ἀνθρώπων ἀγνοούμενος εἰσῆλθε καὶ παρὰ τὸ δεῖπνον ἐμβαλὼν λόγον περὶ τοῦ βασιλέως ἤκουσεν, ὅτι τἆλλα χρηστός ἐστι, φίλοις δὲ μοχθηροῖς ἐπιτρέπων τὰ πλεῖστα παρορᾷ καὶ πολλάκις ἀμελεῖ τῶν ἀναγκαίων διὰ τὸ λίαν φιλόθηρος εἶναι. τότε μὲν οὖν ἐσιώπησεν· ἅμα δὲ ἡμέρᾳ τῶν δορυφόρων παραγενομένων ἐπὶ τὴν ἔπαυλιν φανερὸς γενόμενος, προσφερομένης τῆς πορφύρας αὐτῷ καὶ τοῦ διαδήματος, „ἀλλ᾽ ἀφ᾽ ἧς ἡμέρας", εἶπεν, „ὑμᾶς ἀνείληφα, πρῶτον ἐχθὲς ἀληθινῶν (ἀληθινῶν *ed. Ald. 1509, p. 161*) λόγων ἤκουσα περὶ ἐμαυτοῦ". Er. benutzte sowohl den griech. Text als auch die Übers. Regios: „Antiochus, qui secundo aduersus Parthos exercitum duxit, cum in venatione quadam studio persequendi feram ab amicis et seruis aberrasset et in casam pauperiorum hominum ignotus intrauit ac inter coeandum, cum de rege sermonem iniecisset, audiuit alia quidem bonum esse, sed amicis flagitiosis vtentem plurima negligere saepeque illa, quae sint necessaria, nihil curare, quod venationis nimium esset studiosus. Ac tunc quidem tacuit. Sed posteaquam satellites simul cum die ad casam illam venerunt, cognitus allata purpure et diademate. ‚Nimirum, ex quo die vos sumpsi, heri primum vera de meipso verba audiui'" (ed. Bade, Paris 1514, fol. e⟨i⟩ʳ).

853 *Antiochus ille ... aduersus Persas* Er.' einleitende Angabe, daß es sich um „den bekannten Antiochos" handle, „der sein Heer zweimal gegen die Perser ins Feld führte", ist unrichtig und zeigt, daß er mit den historischen Gegebenheiten nicht vertraut war. Abgesehen davon, daß Antiochos nicht gegen die Perser, sondern gegen die Parther kämpfte, besagt der griech. Text (ὁ στρατεύσας δεύτερον ἐπὶ Πάρθους), daß Antiochos' zweiter bzw. nächster Feldzug sich gegen die Perser richtete (während sein erster Feldzug dem makkabäischen Reich gegolten hatte; vgl. Frank Cole Babbits Übers. *ad loc.*: „Antiochus, who made his next campaign against the Parthians"). Für einen zweiten Feldzug gegen die Parther fehlte Antiochos die Gelegenheit, da er während des nämlichen Feldzuges im Februar/März 129 v. Chr. in eine Falle gelockt wurde und den Tod fand. Die irrtümliche Annahme, daß Antiochos zweimal gegen die Parther zu Felde zog, entnahm Er. den latein. Übersetzungen des Filelfo („Antiochus is, qui secundum aduersus Parthos expeditiones duxit", fol. l iiiiʳ) und des Regio („Antiochus, qui secundo aduersus Parthos exercitum duxit", fol. e⟨i⟩ʳ).

853 *Persas* Ein Textübernahmefehler des Er.; sowohl im griech. Originaltext als auch in den latein. Übers. stand, daß es sich um die Parther handelte (ἐπὶ Πάρθους; Filelfo und Regio: „aduersus Parthos").

854–855 *in casam pauperum quorundam* Antiochos VII. hielt sich zu diesem Zeitpunkt also in seinem Reich auf. Ab März 131 v. Chr. bis zu seinem Tod im Februar/März d.J. 129 befand er sich auf dem Feldzug gegen die Parther.

857 *ad eorum facta conniuens* Er. hat hier den griech. Text missverstanden. τὰ πλεῖστα παρορᾷ bedeutet nicht, daß Antiochos die Taten seiner schlechten Minister stillschweigend hinnahm, sondern daß er die meisten Regierungsangelegenheiten vernachlässigte; hingegen sinngenmäß richtig übersetzt von Filelfo („vt res necessarias plaerunque negligeret", fol. L iiiiʳ) und Regio („plurima negligere", fol. e⟨i⟩ʳ).

860 ⟨*die*⟩ Bei der Übernahme des Textes aus den Übers. des Filelfo und des Regio vergaß Er. „die".

V, 133   BENIGNITAS IN HOSTES   (Antiochus, i.e. Antiochus
                                                                VII, 2) [28]

Idem *quum* vrbem *obsideret Hierosolymam, Iudaeis ad maximum illud festum celebrandum septem dies petentibus non solum eos concessit, verum etiam tauros auratis cornibus adornatos magnamque thymiamatum et aromatum vim vsque ad portas vrbis cum pompa solenni deduci iussit traditaque illorum sacerdotibus hostia ipse in castra rediit. Iudaei vero* regis benignitatem *admirati, protinus a festo peracto* in fidem illius *sese dediderunt*. Hoc vt bellum est strategema, ita nihil habet apophthegmatis. Vnde probabile est a studioso quopiam adiectum in Plutarcho.

⟨ANTIOCHVS TERTIVS⟩

V, 134   (Antiochus, i.e. Antiochus III, 3) [29]

Antiochus, quum a Lucio Scipione vltra Taurum montem submotis imperii finibus Asiam prouinciam vicinasque ei gentes amisisset, gratias egit populo Romano, quod magna parte curarum per eos liberatus esset. Intellexit vir prudens vnius hominis animum quamuis vigilantem non posse tot negociis parem esse.

---

865 Iudaeis *A C*: Iudeis *B*.
869–870 dederunt *A-C*: dediderunt *versiones Philelphi et Regii quae erant Erasmi exemplaria*.

870 strategema *C*: stratagema *A B*.
871 a *B C*: ab *A*.
872 ANTIOCHVS TERTIVS *scripsi*.

Apophth. V, 133 datiert auf Sept./Okt. 134/3 v. Chr., das Jahr, in dem Antiochos VII. den erschöpften Juden von Jerusalem zur Feier des Laubhüttenfestes einen Waffenstillstand gewährte.
865–870 *obsideret ... dederunt* Plut. *Reg. et imp. apophth., Mor.* 184F (Antiochus, 2). Er. bearbeitete v.a. Regios Übers.: „Hierosolyma vero obsidens cum Iudaei maximo illo festo septem dierum inducias petissent, non illas modo concessit, verum tauros quoque cornibus auratis instructos odorum et aromatum copia vsque ad portas cum pompa egit ac victimis illorum sacerdotibus traditis castra reuersus est. Quapropter Iudaei admiratione tantae liberalitatis ducti statim post festum seipsos illi dediderunt" (fol. e⟨i⟩^r–v). Vgl. den griech. Text: Τῶν δ' Ἰουδαίων, πολιορκοῦντος αὐτοῦ τὰ Ἱεροσόλυμα, πρὸς τὴν μεγίστην ἑορτὴν αἰτησαμένων ἑπτὰ ἡμερῶν ἀνοχάς (ἀνοχάς ed. Loeb., p. 86) οὐ μόνον ἔδωκε ταύτας, ἀλλὰ καὶ ταύρους χρυσοκέρως παρασκευασάμενος καὶ θυμιαμάτων καὶ ἀρωμάτων πλῆθος ἄχρι τῶν πυλῶν ἐπόμπευσε· καὶ παραδοὺς τοῖς ἐκείνων ἱερεῦσι τὴν θυσίαν αὐτὸς ἐπανῆλθεν εἰς τὸ στρατόπεδον. οἱ δ' Ἰουδαῖοι θαυμάσαντες εὐθὺς ἑαυτοὺς μετὰ τὴν ἑορτὴν ἐνεχείρισαν; vgl. Flav. Joseph. XIII, 8, 2.
865 *Hierosolymam* Filelfo und Regio verwenden für den Akkusativ die Form „Hierosolyma", Er. die heteroklitische.
865 *maximum illud festum* Es handelt sich um das Laubhüttenfest (Sukkot), das an sieben Tagen im Sept./Okt. gefeiert wurde, vom 15. bis 21. Tischri, dem ersten Monat des jüdischen Kalenders. Das Laubhüttenfest ist eine Art Erntedank- bzw. Freudenfest, vgl. *Dtn.* 16,13–17: „Wenn nicht nur die Getreide-, sondern auch die Weinernte eingebracht ist, sollt ihr sieben Tage lang das Laubhüttenfest feiern. Begeht es als Freudenfest mit euren Söhnen und Töchtern, euren Sklaven und Sklavinnen und mit den Leviten in eurer Stadt, den Fremden, die bei euch leben, den Waisen und Witwen"; es ist nachvollziehbar, daß der Waffenstillstand, den Antiochos VII. nach einjähriger Belagerung gewährte, der

ausgehungerten Stadt mehr als willkommen war.

869–870 *in fidem illius sese dederunt* Unter der Leitung des Oberpriesters Hyrkanos baten die Makkabäer, beeindruckt von der Fairness des Antiochos VII., diesen um Frieden, den ihnen dieser gegen bestimmte Auflagen gewährte: Abgabe aller Waffen, Auslieferung von Geiseln, Zahlung von 500 Talenten Silber und Abgabe von Steuern für die Städte außerhalb Judäas. Durch den Friedensschluß wurde das Makkabäerreich wieder in das Seleukidenreich eingegliedert.

870–871 *Hoc … Plutarcho* Daß Er. ein Lemma Plutarchs, dem er den Apophthegma-Status abspricht, dennoch aufnimmt, überrascht nicht; überraschend ist jedoch Er.' philologische Anmerkung, daß das Lemma aufgrund der Tatsache, daß ein eigentlicher Spruch fehle, wohl unecht sei.

872 ⟨*ANTIOCHVS TERTIVS*⟩ Bei der Zuordnung des Apophthegmas ist Er. ein Irrtum unterlaufen. V, 134 stammt nicht aus Plutarchs *Imperatorum et regum apophthegmata*, sondern wurde von Er. zusätzlich aus Val. Max. eingebracht. Jedoch kann der aus Val. Max. stammende Spruchspender nicht mit dem Antiochos von V, 132–133 (= Antiochos VII., König von Syrien 138/7–129/8 v. Chr.) identisch sein, da es um den Kampf mit den Römern unter Lucius Cornelius Scipio Asiagenes oder Asiaticus, dem Konsul d. J. 190 v. Chr., geht; dieser Feldherr, der Triumphator über Asien, hatte 138/7–129/8 längst das Zeitliche gesegnet. V, 134 gehört tatsächlich Antiochos III. Megas/d.Gr. (222–187 v. Chr.) zu, der in der Entscheidungsschlacht von Magnesia 190 v. Chr. gegen Lucius Scipio Asiagenes den größten Teil Kleinasiens bis zum Taurus-Gebirge an die Römer verlor. Die richtige Stelle für dieses Apophth. wäre die obige Sektion „Antiochus tertius" (= V, 116–117) gewesen. Er. war offensichtlich nicht klar, daß der Spruchspender von V, 134 Antiochos III. ist, während dieser Tatbestand unschwer eruierbar gewesen wäre, u. a., da Lucius Scipio Asiagenes Feldzug gegen Antiochos III. in der historiographischen Literatur gut bezeugt ist (z. B. Liv. XXXVII, 1, 7 ff. und 39–41). Zu Antiochos III. Megas vgl. oben, Komm. zu V, 116; zur Schlacht von Magnesia vgl. J.D. Grainger, *The Roman War of Antiochus the Great*, Leiden-Boston 2002; A. Hirt, „Magnesia. Entscheidung am Sipylos. Phalanx, Elefanten und Streitwagen gegen römische Legionäre", in: G. Mandl-I. Steffelbauer (Hrsg.), *Krieg in der antiken Welt*, Essen 2007, S. 215–237.

874 *Antiochus quum* Wörtliche Wiedergabe von Val. Max. IV, 1, ext. 9: „Antiochus autem a Lucio Scipione ultra Taurum montem imperii finibus submotis (submotus *ed. Bade 1510, fol. CLI r*) cum Asiam prouinciam vicinasque ei gentes amisisset, gratias agere populo Romano non dissimulanter tulit, quod nimis magna procuratione liberatus modicis regni terminis vteretur. Et sane nihil est tam praeclarum aut tam magnificum, quod non moderatione temperari desideret".

874 *Lucio Scipione* Lucius Cornelius Scipio Asiagenes (Asiaticus), Konsul 190 v. Chr. Vgl. *DNP* 3 (1999), Sp. 183, s.v. „Cornelius", Nr. I, 72.

874 *Taurum montem* Von Er. wörtlich von Val. Max. übernommen; es geht nicht um einen Berg, sondern um eine extrem lange, sich über 1500 km ausdehnende Gebirgskette (heute Toros Dağları, Türkei), die sich über fast die gesamte südliche Küste Kleinasiens erstreckt und Kleinasien von Syrien, Irak und Iran trennt.

GRAECORVM DVCVM APOPHTHEGMATA

THEMISTOCLES

880 V, 135   Gloriae stvdivm   (Themistocles, 1)

Themistocles quum esset adolescens, in compotationibus ac mulierum amoribus *volutabatur. At posteaquam Miltiades* factus *imperator* apud *Marathonem deuicisset barbaros,* iam nullus *offendit illum* quicquam *agentem* praeter decorum. Percontantibus autem, vnde sic esset repente *mutatus, „Miltiadis",* inquit, *„trophaeum non patitur me dor-*
885 *mire neque cessare".* Gloriae studium excussit amorem voluptatum, *clauum,* vt aiunt, *clauo.*

V, 136   Praecones poetae   (Themistocles, 2)

Interrogatus, vtrum Achilles esse mallet an Homerus, „Dic ipse prius", inquit, *„vtrum malles esse victor in Olympiis an praeco, qui victores pronunciat",* sentiens multo prae-
890 stantius esse res egregias gerere quam gestas celebrare, Homerum praeconi conferens.

Von *Apophth.* V, 135 an wendet sich Er. – in der Nachfolge Plutarchs – nunmehr den griechischen Feldherren und Politikern (duces = imperatores) zu (bis V, 262).

Themistokles (ca. 525–ca. 459 v. Chr.), bedeutender Politiker in Athen. Trieb den Ausbau der athenischen Flotte voran und tat sich 481–479 im Kampf gegen die Perser besonders hervor; Admiral der athenischen Flotte bei dem entscheidenden Sieg bei Salamis. Betrieb während des Perserkrieges in Bezug auf die übrigen griechischen Mächte eine Politik des Ausgleichs, schaltete danach auf eine antispartanische Politik um. Wurde 471 aus Athen verbannt und von den Spartanern zum Tode verurteilt, wonach er zum Perserkönig Xerxes I. d.Gr. überlief. Vgl. K. Kinzl, *DNP* 12/1 (2002), Sp. 306–307, s.v. „Themistokles". Themistokles figuriert in den *Apophth.* abgesehen von der nachfolgenden Sektion in V, 162; 165; 170–171 und VIII, 219. Er. betrachtet in der folgenden Sektion Themistokles als Vorbild eines guten Regenten im Hinblick auf seinen unausgesetzten, hingebungsvollen und meist uneigennützigen Einsatz für den Staat. Diesbezüglich stimmt Themistokles mit dem in der *Inst. princ. christ.* festgeschriebenen Ideal überein. Als negative Eigenschaft stellt Er. hingegen Themistokles' Ruhmsucht hin, die schon im ersten Ausspruch thematisiert wird.

Apophth. V, 135 datiert auf die Zeit nach der Schlacht von Marathon 490 v. Chr.; seine moralische Einordnung des Spruches liefert Er. im Kommentar durch den Querverweis auf *Adag.* 104 „clauum clauo pellere" (*ASD*, II, 1, S. 218). Für die Ruhmsucht, die er Themistokles zuschrieb, vgl. V, 153 „Gloria ducis" und V, 156.

881–885 *Themistocles ... cessare* Größtenteils wörtliche, leicht variierende Übers. des Er. von Plut. *Reg. et imp. apophth., Mor.* 184F (Themistocles, 1): Θεμιστοκλῆς ἔτι μειράκιον ὢν ἐν πότοις ἐκυλινδεῖτο καὶ γυναιξίν· ἐπεὶ δὲ Μιλτιάδης στρατηγῶν ἐνίκησεν ἐν Μαραθῶνι τοὺς βαρβάρους, οὐκέτι ἦν ἐντυχεῖν ἀτακτοῦντι Θεμιστοκλεῖ· πρὸς δὲ τοὺς θαυμάζοντας τὴν μεταβολὴν ἔλεγεν ὡς „οὐκ ἐᾷ με καθεύδειν οὐδὲ ῥᾳθυμεῖν τὸ Μιλτιάδου τρόπαιον". Einzelnes übernahm Er. der Übers. des Regio. Das Apophthegma findet sich weiter in Plut. *Them.* 3, 4 (*Vit.* 113B:); *De profectibus in virtute* 14, *Mor.* 84B; *De inimicorum utilitate* 9, *Mor.* 92C; *Praecepta gerendae reipublicae* 4, *Mor.* 800B; Cic. *Tusc.* IV, 44 und Val. Max. VIII, 14, ext. 1 („,... quia me tropaea Miltiadis de somno excitant' ").

882 *Miltiades* Miltiades (um 550–ca. 489 v.

Chr.), Sohn des Kimon, athen. Staatsmann, Archon, Wortführer des heldenhaften Widerstandes gegen die Perser, 490 Sieger in der Schlacht von Marathon. Vgl. K. Kinzl, *DNP* 8 (2000), Sp. 191–192; E. Obst, *RE* XV, II (1932), Sp. 1681–1705, jeweils s.v. „Miltiades", Nr. 2.

882 *apud Marathonem* Die Schlacht in der Ebene des Dorfes Marathon fand im Sept. d.J. 490 v. Chr. statt; vgl. dazu N.A. Doenges, „The Campaign and Battle of Marathon", in: *Historia* 47 (1998), S. 1–17; H.J. Gehrke, „Marathon (490 v. Chr.) als Mythos. Von Helden und Barbaren", in: G. Krumeich-S. Brandt (Hrsg.), *Schlachtenmythen. Ereignis – Erzählung-Erinnerung*, Köln-Weimar-Wien 2004, S. 19–32; N.G.L. Hammond, „The Campaign and the Battle of Marathon", in: *Journal of Hellenic Studies* 88 (1968), S. 13–57; M. Jung, *Marathon und Plataiai. Zwei Perserschlachten als „lieux de mémoire" im antiken Griechenland*, Göttingen 2006.

883 *quicquam agentem praeter decorum* „quicquam *agentem* praeter decorum" bildete Er. Regios „quicquam indecore agentem" (fol. e⟨i⟩ᵛ) nach.

884–885 *Miltiadis ... cessare* Vgl. Regios Übers.: „Non sinit me dormire torpescereue Miltiadis trophaeum" (fol. e⟨i⟩ᵛ); Filelfo: „Miltiadis trophaeum neque sinere se dormire neque otiosum aut desidem esse" (fol. l iiii').

885 *Gloriae studium ... voluptatum* Er. hat diese Erklärung wohl Plutarchs Themistokles-Biographie entnommen, wo das Apophthegma in diesem Sinn gedeutet wurde; Plut. *Them.* 3, 4 (*Vit.* 113B), in der von Er. verwendeten Übers. des Lapo da Castiglionchio: „Dicitur enim adeo inflammatus ad gloriam, adeo rerum maximarum ambitione honoris cupidus extitisse, vt quo tempore superatis in Marathone barbaris Miltiadis ducis gloria celebrata est, iuuenis adhuc ad se rediens diutius omnia volutaret animo et nocturnis vigiliis indulgeret, consuetis repudiatis conuiuiis. Rogantibus vero admirantibusque eius vitae mutationem responderet Miltiadis trophaeum sibi somnos adimere (ed. Bade, Paris 1514, fol. LIIIᵛ).

885–886 *clauum ... clauo* Bezieht sich auf das Sprichwort „clauum clauo pellere", dem Er. *Adag.* 104 (*ASD*, II, 1, S. 218) widmete. Das Sprichwort bedeutet soviel wie „Böses mit Bösem, Schlechtes mit Schlechtem, Nachteil mit Nachteil austreiben". Er.' Beschreibung der Anwendung des Sprichworts passt genau auf das vorl. Apophthegma: „Locus igitur adagio, non modo cum vitium vitio, malum malo, dolum dolo, vim vi, audaciam audacia, maledicentiam maledicentia, retundimus, verumetiam quoties rem vtcunque molestam diuersa molestia profligamus; vt cum libidinum incitamenta laboribus obruimus, curam amoris aliis maioribus curis domamus. Eusebius In Hieroclem (30): *... Daemones enim abigit alium alio, quemadmodum aiunt, daemone*, mirum, ni alludens ad hoc prouerbium". Vgl. Lucian. *Apol.* 9; Arist. *Pol.* V, 1314A.

888–889 *Interrogatus ... pronunciat* Größtenteils wörtliche Wiedergabe von Plut. *Reg. et imp. apophth., Mor.* 185A (Themistocles, 2), wobei Er. seinen Text den Übers. Filelfos und Regios nachbildete. Filelfo: „Interrogatus etiam, vtrum Achilles mallet an Homerus esse, ,Tu autem', inquit, ,vtrum victor in Olympia esse malles an victorum praeco?'" (fol. l iiii'); Regio: „Interrogatus autem, vtrum potius Achilles an Homerus esse vellet, ,Tu vero', inquit, ,vtrum esse malles victor in Olympiis an victorum praeco?'" (fol. e⟨i⟩ᵛ). Vgl. den griech. Text: Ἐρωτηθεὶς δὲ πότερον Ἀχιλλεὺς ἐβούλετ' ἂν ἢ Ὅμηρος εἶναι, „σὺ δ' αὐτός", ἔφη, „πότερον ⟨ἂν⟩ ἤθελες ὁ νικῶν Ὀλυμπίασιν (νικῶν ἐν Ὀλυμπίασιν ed. *Ald. 1509, p. 161*) ἢ ὁ κηρύσσων τοὺς νικῶντας εἶναι;".

V, 137   Corrvptela mvnervm   (Themistocles, 3)

Quum Xerxes ingenti illa classe descenderet in Graeciam, Themistocles metuens, ne Epicydes demagogus, homo turpiter lucri auidus ac formidolosus, si nactus esset imperium, perderet ciuitatem, pecunia data illi persuasit, vt a militari praefectura abstineret. Ne hoc quidem video, quur inter apophthegmata debeat commemorari.

V, 138   Retortvm crimen   (Themistocles, 4)

Adimantus abhorrens a pugna nauali ad Themistoclem, qui Graecos huc hortaretur incitaretque, ita loquutus est: „O Themistocles, qui in certaminibus ante alios prosiliunt, mos est flagris caedere". Cui Themistocles, „Sic est, Adimante, vt dicis; sed nec eos, qui se subducunt, coronat quisquam". Adimantus notauit in Themistocle praecipitem audaciam, ille vicissim illum insimulauit formidolositatis, qui quum opportunitas inuitaret, detrectaret pugnam.

V, 139   Fidvcia   (Themistocles, 5)

Quum Eurybiades baculum sustulisset in Themistoclem obstrepentem, „Percute", inquit, „sed tamen audi" – praesens animus et suo fidens consilio.

---

893 demagogus *scripsi*: Demagogus *A-C.*

Apophth. V, 137 datiert auf d.J. 480 v. Chr., vgl. Komm. unten.

892–894 *Quum Xerxes ... abstineret* Weitgehend wörtliche Übernahme von Plut. *Reg. et imp. apophth., Mor.* 185A (Themistocles, 3), wobei Er. vornehmlich der Übers. des Filelfo folgte, die er variierte: „Item cum Xerxes aduersus Graeciam magna illa classe descenderet, Epicyden Themistocles veritus hominem popularem atque factiosum, quaestus auidum ac meticulosum, ne praetor creatus rempublicam perderet, vt praetura abstineret, persuasit argento" (fol. l iiii^r). Vgl. den griech. Text: Ξέρξου δὲ καταβαίνοντος ἐπὶ τὴν Ἑλλάδα τῷ μεγάλῳ στόλῳ, φοβηθεὶς Ἐπικύδην τὸν δημαγωγὸν αἰσχροκερδῆ καὶ δειλὸν ὄντα, μὴ στρατηγὸς γενόμενος ἀπολέσῃ τὴν πόλιν, ἔπεισεν ἀργυρίῳ τῆς στρατηγίας ἀποστῆναι; Plutarch erzählt die Anekdote umfänglicher und detailreicher in *Them.* 6, 1 (*Vit.* 114D), jedoch gibt es keinen Beleg, daß Er. diese Stelle miteingearbeitet hätte.

892 *Xerxes* Zu dem pers. König Xerxes I. d.Gr. (ca. 519–465 v. Chr.) vgl. oben Komm. zu V,

9. Er. hatte ihm in V, 9–15 eine Sektion von Sprüchen gewidmet.

892 *descenderet in Graeciam* Die Angabe bezieht sich auf den Griechenlandfeldzug d.J. 480 v. Chr.

892–893 *Epicydes* Sohn des Euphemides, der 480 v. Chr. für das Strategenamt kandidierte (Plut. *Them.* 6). Vgl. L.-M. Günther, *DNP* 3 (1999), Sp. 1140, s.v. „Epikydes", Nr. 1.

893 *demagogus* Er. übernahm das griech. Wort unübersetzt ins Lateinische, obwohl es in der klass. latein. Literatur und auch später nie usuell war (nicht in *DNG, OLD,* Lewis-Short, Niermeyer); Filelfo gab das Wort sinngemäß richtig mit „homo popularis ac factiosus" wieder, Regio weniger glücklich mit „populi princeps" (a.a.O.). Plutarch verband mit der Bezeichnung δημαγωγός die Zuschreibung rhetorischen Geschicks, vgl. *Them.* 6, 1 (*Vit.* 114D): Ἐπικύδην ... δημαγωγὸν ὄντα δεινὸν ... εἰπεῖν.

894 *pecunia ... abstineret* Der Übers. des Regio nachgebildet: „argento persuasit, vt praetura abstineret" (fol. e⟨i⟩^{v}).

894 *militari praefectura* Er. übersetzte das Stra-

tegenamt hier mit „militaris praefectura", Filelfo mit „praetor" und „praetura" (a.a.O.), Regio sowohl mit „imperator" als auch „praetura" (a.a.O.).

894–895 *Ne hoc ... commemorari* Er. übernimmt (wie auch in anderen derartigen Fällen) das Lemma, obwohl er ihm den Apophthegma-Status aberkennt (vgl. Einleitung).

Apophth. V, 138 datiert auf die Beratungen vor der Seeschlacht von Salamis (29. 9. 480 v. Chr.); derselbe historische Kontext ist für *Apophth.* V, 139 und 148 relevant.

897 *Adimantus* **Adeimantos von Korinth**, einer der griech. Feldherren im Krieg gegen Xerxes I. d.Gr.; wurde von Hdt. VIII, 94 der Feigheit bezichtigt, weil er mit dem korinthischen Flottenaufgebot vor der Seeschlacht von Salamis (480 v. Chr.) geflohen sein soll; nach anderen Berichten sollte er die Westzufahrt zum Golf absperren. Vgl. E. Stein-Hölkeskamp, *DNP* 1 (1999), Sp. 106; J. Toepfer, *RE* I, 1 (1893), Sp. 354–355, jeweils s.v. „Adeimantos", Nr. 1.

897–900 *Adimantus abhorrens ... quisquam* Weitgehend wörtliche Wiedergabe von Plut. *Reg. et imp. apophth.*, Mor. 185A–B (Themistocles, 4), wobei Er. die Übers. des Filelfo bearbeitete: „Cumque Adimantus, qui nauale praelium formidaret, diceret ad Themistoclem, qui ad id Graecos hortaretur suadendosque incitaret, ,O Themistocle, eos, qui in certaminibus primi irruperint, cedunt (i.e. caedunt) semper', ,Ita est', inquit, ,Adimante. Verum eos, qui manserint, haud coronant'" (fol. e⟨1⟩ᵛ). Vgl. den griech. Text: Ἀδειμάντου (in neueren Ausgaben auch: Εὐρυβιάδου) δὲ ναυμαχεῖν μὴ τολμῶντος, εἰπόντος δ᾽ (in neueren Ausgaben wird hier Ἀδειμάντου eingefügt) πρὸς τὸν Θεμιστοκλέα τοὺς Ἕλληνας παρακαλοῦντα καὶ προτρέποντα „ὦ Θεμιστόκλεις, τοὺς ἐν τοῖς ἀγῶσι προεξανισταμένους (προεξανισταμένους *ed. Ald. 1509, p. 161*) μαστιγοῦσιν ἀεί (ἀεί wird in neueren Ausgaben athetiert)", „ναί," εἶπεν, „ὦ Ἀδείμαντε, τοὺς δὲ λειπομένους οὐ στεφανοῦσιν". Es geht dabei um eine Strafmaßnahme bei Laufwettbewerben: Der Schiedsrichter erteilte denjenigen, die vor dem Startsignal losliefen, mit einem langen Stab Schläge. Filelfo verstand dies richtig, ebenso Er. in seiner Nachfolge; nicht jedoch Regio, der meinte, daß diejenigen, die den Laufwettkampf zu schnell angingen, während des Laufes bald ihre Kräfte verlieren würden. Dasselbe Apophthegma findet sich in Plut. *Them.* 11, 2–3 (*Vit.* 117D), wo es jedoch dem Spartaner Eurybiades zugeschrieben wird: Εὐρυβιάδου δὲ τὴν μὲν ἡγεμονίαν τῶν νεῶν ἔχοντος διὰ τὸ τῆς Σπάρτης ἀξίωμα, μαλακοῦ δὲ περὶ τὸν κίνδυνον ὄντος, αἴρειν δὲ βουλομένου καὶ πλεῖν ἐπὶ τὸν Ἰσθμόν, ὅπου καὶ τὸ πεζὸν ἤθροιστο τῶν Πελοποννησίων, ὁ Θεμιστοκλῆς ἀντέλεγεν· ὅτε καὶ τὰ μνημονευόμενα λεχθῆναί φασι. τοῦ γὰρ Εὐρυβιάδου πρὸς αὐτὸν εἰπόντος· „Ὦ Θεμιστόκλεις, ἐν τοῖς ἀγῶσι τοὺς προεξανισταμένους ῥαπίζουσι," „Ναί," εἶπεν ὁ Θεμιστοκλῆς, „ἀλλὰ τοὺς ἀπολειφθέντας οὐ στεφανοῦσιν". Er. war diese Stelle geläufig, wie aus *Lingua* 955–957 (*ASD* IV, 1, S. 346) hervorgeht. Dort hat Er. das Apophthegma insofern missverstanden, als er meinte, Eurybiades' Vorwurf bezöge sich darauf, daß der Jüngling Themistokles – wie ein Kind – vorlaut gewesen sei und zu Unrecht das Wort ergriffen habe: „Audiuit olim Themistocles ab Eurybiade, quum iuuenis vltro se ingereret ad dicendum, etiam opportuna dicturus: ,Themistocles, in certaminibus qui ante tempus assurgunt, alapis caedi solent'"; aus dem Wortlaut geht hervor, daß Er. dort nach Lapos Übers. von *Them.* 11, 3 wörtlich zitierte: „Quum enim dixisset Eurybiades: ,O Themistocles, in certaminibus qui intempestiue assurgunt, alapis caedi solent' ..." (ed. Bade, Paris 1514, fol. LIIIᵛ). In V, 138 scheint sich Er. allerdings nicht an *Lingua* 955–957 erinnert zu haben.

Apophth. V, 139 datiert auf die Beratungen vor der Seeschlacht von Salamis, die am 29. 9. 480 v. Chr. stattfand; vgl. *Apophth.* V, 138 und 148.

904–905 *Quum Eurybiades ... audi* Plut. *Reg. et imp. apophth.*, Mor. 185B (Themistocles, 5): Ἐπαραμένου δὲ τοῦ Εὐρυβιάδου τὴν βακτηρίαν ὡς πατάξοντος „πάταξον μὲν οὖν", εἶπεν, „ἄκουσον δέ"; vgl. Regios Übers.: „Verum Eurybiades cum baculum sustulisset tanquam percussurus, ,,,Percute quidem', inquit, ,sed audi'" (fol. e⟨1⟩ᵛ); dasselbe Apophth. findet sich in Plut. *Them.* 11, 3 (*Vit.* 117E): ἐπαραμένου δὲ τὴν βακτηρίαν ὡς πατάξοντος, ὁ Θεμιστοκλῆς ἔφη· „Πάταξον μέν, ἄκουσον δέ". Vgl. die Übers. des Lapo da Castiglionchio: „Tum eo (sc. Eurybiade) baculum, vt caederet, attollente ,Caede', inquit Themistocles, ,Verum audias'" (ed. Bade, Paris 1514, fol. LIIIᵛ); vgl. weiter Ael. *Var.* XIII, 40; Diog. Laert. VI, 21.

904 *Eurybiades* Spartanischer Kommandant der griech. Flotte in den Seeschlachten gegen die Perser bei Artimision und Salamis 480 v. Chr.; gegen den Widerstand der übrigen griechischen Feldherren schloss er sich Themistokles' Plan an, die persische Flotte in der Bucht von Salamis zu stellen und zum Kampf zu zwingen. Vgl. K.-W. Wel., *DNP* 4 (1999), Sp. 296, s.v. „Eurybiades".

V, 140   Exvl in patriam pivs   (Themistocles, 6)

Idem quum Eurybiadi non persuaderet, vt in angustiis committeret nauale praelium, clam ad Barbarum misit, qui illum hortaretur, ne formidaret Graecos fugam adornantes. *Persuasus rex praelio superatus est,* nimirum *pugna commissa loco Graecis commodissimo. Post haec denuo misit ad illum, qui monerent, vt quam posset ocyssime fugeret ad Hellespontum; Graecos enim de soluendo ponte cogitare.* Haec callide, quo, quum hoc ageret, *vt Graecos seruaret, regis incolumitati prospicere videretur.* Hoc ingenio Graeciam a barbaris liberauit non minore gloria, quam Miltiades retulerat ex Marathonia victoria.

V, 141   Obscvritas   (Themistocles, 7)

Seriphio cuidam obiicienti, *quod non ex sese, sed ob vrbis* nobilitatem *celebris esset,* „Vera", inquit, „praedicas. Neque enim ego, si Seriphius essem, clarus essem, neque tu, si Atheniensis". Non inficiatus est vrbis celebritatem nonnihil facere ad illustre nomen, sed illum esse tam ignauum ⟨dixit⟩, vt etiam si fuisset natus Athenis, nihilominus fuisset obscurus futurus.

V, 142   Occasio neglecta   (Themistocles, 8)

Antiphates adolescens, *qui prius Themistoclem amantem fugerat ac fastidierat, vbi* vidit *illum gloria celebrem potentiaque magna pollentem, vltro adiit illum blandiens. Cui Themistocles: „O adolescens, sero quidem ambo, sed tamen sapere coepimus",* sentiens illum non arripuisse occasionem sese offerentem, sibi vero nunc non vacare per negocia talibus affectibus indulgere.

---

908 Barbarum *scripsi*: barbarum *A-C.*

905 *praesens animus* „ein gefasster Geist", ein Kommentar des Er.: Zur anakoluthen Konstruktion desselben vgl. unten V, 212 (Pisistratus, 1): „ – egregius animus, qui nollet sine amicis nec regnare nec viuere". Zur Formel „animus praesens" vgl. V, 179 (Pericles, 6).
907–912 *quum Eurybiadi ... videretur* Größtenteils wörtliche Wiedergabe von Plut. *Reg. et imp. apophth., Mor.* 185B–C (Themistocles, 6): Μὴ πείθων δὲ τὸν Εὐρυβιάδην ἐν τοῖς στενοῖς ναυμαχῆσαι κρύφα πρὸς τὸν Βάρβαρον ἔπεμψε παραινῶν μὴ διεῖναι τοὺς Ἕλληνας ἀποδιδράσκοντας· ἐπεὶ δὲ πεισθεὶς ἐκεῖνος ἡττήθη ναυμαχήσας ὅπου συνέφερε τοῖς Ἕλλησι, πάλιν ἔπεμψε πρὸς αὐτὸν κελεύων φεύγειν ἐπὶ τὸν Ἑλλήσποντον τὴν ταχίστην ὡς τῶν Ἑλλήνων διανοουμένων

919 dixit *scripsi*.

λύειν τὴν γέφυραν, ἵνα σῴζων τοὺς Ἕλληνας ἐκεῖνον δοκῇ (δοκεῖ *ed. Ald. 1509, p. 161*) σῴζειν. Er. bearbeitete im einleitenden Teil Regios Übers.: „Eurybiadi autem non persuadens, vt locorum angustiis pugnam naualem committeret, ad Barbarum clam misit monens, ne Graecos timeret fugientes ..." (fol. e⟨i⟩ᵛ). Vgl. auch Hdt. VIII, 75 und 119; Polyaenus, *Strategemata* I, 30, 3–4.
907 *Eurybiadi* Zu Eurybiades vgl. Komm. ad V, 139.
908 *Barbarum* Mit „der Barbar" ist Xerxes I. d. Gr. gemeint. zu seiner Person vgl. oben Komm. zu V, 9.
909 *rex* i.e. Xerxes I. d.Gr.
911 *Graecos ... cogitare* Er. wiederholt an dieser Stelle verbatim Regios Übers. (fol. e⟨i⟩ᵛ).

911–912 *Haec callide ... ageret* „Haec callide ... ageret" ist ein Kommentar des Er.
913 *Miltiades* Zu Miltiades vgl. oben Komm. zu V, 135.
913–914 *Marathonia victoria* Der Sieg in der Schlacht von Marathon, 490 v. Chr. Vgl. dazu oben *Apophth.* V, 135.
916–918 *Seriphio ... Atheniensis* Wörtliche Übers. von Plut. *Reg. et imp. apophth., Mor.* 185C (Themistoclis, 7): Τοῦ δὲ Σεριφίου πρὸς αὐτὸν εἰπόντος, ὡς οὐ δι᾽ αὑτὸν ἀλλὰ διὰ τὴν πόλιν ἔνδοξός ἐστιν, „ἀληθῆ λέγεις", εἶπεν, „ἀλλ᾽ οὔτ᾽ ἂν ἐγὼ Σερίφιος ὢν ἐγενόμην ἔνδοξος οὔτε σὺ Ἀθηναῖος"; dasselbe Apophthegma findet sich in Plut. *Them.* 18, 3 (*Vit.* 121B): τοῦ δὲ Σεριφίου πρὸς αὐτὸν εἰπόντος, ὡς οὐ δι᾽ αὑτὸν ἔσχηκε δόξαν, ἀλλὰ διὰ τὴν πόλιν, „Ἀληθῆ λέγεις," εἶπεν, „ἀλλ᾽ οὔτ᾽ ἂν ἐγὼ Σερίφιος ὢν ἐγενόμην ἔνδοξος, οὔτε σὺ Ἀθηναῖος; vgl. Lapos Übers.: „Seriphio cuidam in iurgio respondit, quum ille dixisset non eum sua, sed patriae gloria splendorem assequutum: ,Vera', inquit, ,Hercule, narras. Verumtamen nec si ego Seriphius, ignobilis, nec tu, si Atheniensis esses, clarus vnquam fuisses'" (ed. Bade, Paris 1514, fol. LVI^r). Mit den Akteuren Timodemus und Themisthokles wurde die Anekdote schon bei Hdt. VIII, 125 (wobei Timodemus von der Insel Belbina stammt) erzählt; mit dem „Mann von Seriphus" und Themistokles in Plato *Rep.* 329E; Cic. *Sen.* 8; Orig. *Contra Cels.* I, 29, 347E; Brusoni, VII, 2.
916 *Seriphio* Seriphos (heute Serifos, Griechenland) ist eine ökonomisch und kulturell unbedeutende Insel der westlichen Zykladen, 13 km südl. von Kithnos gelegen. Seriphos weigerte sich, Xerxes I. Tribut zu zahlen, beteiligte sich am Kampf gegen die Perser in der Schlacht von Salamis und schloss sich dem Attischen Seebund an. Auf der Insel befand sich eine gleichnamige Kleinstadt. Die Insel war in der Antike als arm und hinterweltlerisch verschrien und wurde deshalb in der röm. Kaiserzeit als Verbannungsort verwendet. Vgl. A. Kuhrt, *DNP* 11 (2001), Sp. 457, s.v. „Seriphos". Für die Unbedeutendheit von Seriphos vgl. Cic. *Nat.* I, 88; Iuv. 10, 170; Ov. *Met.* V, 242. Seriphos soll nur für seine Frösche berühmt gewesen sein, weil ihnen die Stimme gefehlt habe; Er. hat daraus das Adagium „Rana Seriphia" gebildet, vgl. *Adag.* 431, *ASD* II, 1, S. 504–506.
917–918 *Vera ... Atheniensis* Vgl. Regios Übers. („,Vera', inquit, ,narras. At neque ego Seriphius si forem, clarus euasissem, neque tu, si Atheniensis'", fol. e ii^r); Cic. *Sen.* 8: „,nec hercule', inquit (sc. Themistocles), ,si ego Seriphius essem, (ignobilis in den älteren Ausgaben) nec tu, si Atheniensis esses, clarus vmquam fuisses'".
921 *Occasio neglecta* Der Titel stellt eine Umkehrung der sprichwörtlichen Vorschrift dar, daß man die Gelegenheit beim Schopf ergreifen solle. Vgl. *Adag.* 2867 „Premenda occasio" (*ASD* II, 6, S. 539): „qui significabit modis omnibus instandum esse nec omittendam e manibus semel oblatam occasionem"; 670 „Nosce tempus" (*ASD* II, 2, S. 195–198, S. 196): „Tantam vim habet opportunitas, vt ex honesto inhonestum, ex damno lucrum, ex voluptate molestiam, ex beneficium maleficium faciat et contra breuiterque rerum omnium naturam permutet. ... apud Graecos mas est hic deus appellaturque Καιρός. Eius simulachrum ad hunc modum fingebat antiquitas: Volubili rotae pennatis insistens pedibus vertigine quam citatissima semet in orbem circumagit, priore capitis parte capillis hirsuta, posteriore glabra, vt illa facile prehendi queat, hac nequaquam. Vnde dictum est ,occasionem arripere'"; *Collect.* 483 „Occasionem arripere" (*ASD* II, 9, S. 188).
922–924 *Antiphates ... coepimus* Wörtliche Übers. von Plut. *Reg. et imp. apophth., Mor.* 185C (Themistocles, 8): Ἀντιφάτου δὲ τοῦ καλοῦ πρότερον μὲν ἐρῶντα τὸν Θεμιστοκλέα φεύγοντος καὶ καταφρονοῦντος, ἐπεὶ δὲ δόξαν ἔσχε μεγάλην καὶ δύναμιν, προσερχομένου καὶ κολακεύοντος, „ὦ μειράκιον", εἶπεν, „ὀψὲ μὲν ἀμφότεροι ἀλλ᾽ ἅμα νοῦν ἐσχήκαμεν"; Er. benutzte dabei die Übers. Filelfos und Regios; dasselbe Apophthegma findet sich in Plut. *Them.* 18, 2 (*Vit.* 121A): πρὸς δέ τινα τῶν καλῶν γεγονότων, Ἀντιφάτην, ὑπερηφάνως αὐτῷ κεχρημένον πρότερον, ὕστερον δὲ θεραπεύοντα διὰ τὴν δόξαν, „Ὦ μειράκιον," εἶπεν, „ὀψὲ μέν, ἀμφότεροι δ᾽ ἅμα νοῦν ἐσχήκαμεν"; in Lapo da Castiglionchos Übers.: „Ad Antiphanem [sic] formosum olim adolescentem, qui eum ante superbe admodum et fastidiose accepisset, sed tunc ob eius gloriam obseruaret, [,O adolescens'] dixit: ,O adolescens, sero tandem, verum ambo vna ad sanitatem reuertimus'" (ed. Bade, Paris 1514, fol. LVI^r).
924 *adolescens ... sapere* Nach den Übers. Filelfos („,Heus', inquit, ,adolescens, sero quidem ambo, verumtamen sapimus'", fol. l iiii^v) und Regios („,O adolescens', inquit, ,sero quidem vtrique, sed tamen resipimus'", fol. e ii^r).

V, 143   IVSTE   (Themistocles, 9)

Simonidi petenti, vt in negocio quodam *sententiam iniustam pronunciaret*, „Neque tu", inquit, „bonus poeta fueras, si praeter musicae modulos caneres, neque ego princeps bonus, si contra leges pronunciem".

V, 144   AFFECTVS PRIVATI   (Themistocles, 10)

Filium, quem mater adamabat atque *in deliciis habebat*, plurimum omnium Graecorum posse colligebat hunc in modum: „Athenienses", inquit, „dominantur Graecis, ego Atheniensibus, mihi mater, matri filius".

V, 145   VIR PECVNIA POTIOR   (Themistocles, 11)

Quum *ex procis filiae virum probum diuiti praetulisset,* quibusdam hoc admirantibus „Malo", inquit, „virum absque *pecunia quam pecuniam* absque *viro*". Vir strenuus facile parabit pecuniam, ignauo pecunia inutilis est.

---

929 fueras *scripsi*: fueris *A-C*.   933 ego *A BAS LB*: ergo *B C*.

Apophth. V, 143 ist ein Gegenstück zu *Adag.* 1147 „Extra cantionem", *ASD* II, 3, S. 162–164, wo der Spruch des Themistokles zitiert wird.

928 *Simonidi* Simonides aus Keos (ca. 556/3–468/ 5 v. Chr.), figuriert im alexandrinischen Kanon der neun lyrischen Dichter. Vgl. E.R., *DNP* II (2001), Sp. 573–575, s.v. „Simonides", Nr. 2. Er. widmet ihm im sechsten Buch der *Apophthegmata* eine Sektion (VI, 383–386); zu seiner Person vgl. unten Komm. zu VI, 383.

928–930 *Simonidi petenti ... pronunciem* Plut. *Reg. et imp. apophth., Mor.* 185D (Themistocles, 9): Πρὸς δὲ Σιμωνίδην ἐξαιτούμενόν τινα (ἐξαιτούμενον τινὰ ed. Ald. 1509, p. 161) κρίσιν οὐ δικαίαν ἔφη μήτ' ἂν ἐκεῖνον γενέσθαι ποιητὴν ἀγαθὸν ᾄδοντα παρὰ μέλος, μήτ' αὑτὸν ἄρχοντα χρηστὸν δικάζοντα παρὰ τὸν νόμον; vgl. Filelfos Übers.: „Ad Simonidem vero, qui iudicium quoddam iniustum ab eo contenderet, dixit neque illum bonum poetam esse posse, si praeter modulum numerumque concineret, neque se bonum principem, si praeter legem iudicaret'" (fol. l iiii^v). Der Spruch findet sich weiter bei Plut. *De vitioso pudore* 15, *Mor.* 534E: καὶ ὁ Κάτλος αἰσχυνθεὶς πρὸς ὀργὴν ἀπῆλθεν. σκόπει δὲ μὴ τὸ τοῦ Ἀγησιλάου καὶ τὸ τοῦ Θεμιστοκλέους ἐπιεικέστερόν ἐστι καὶ μετριώτερον. ὁ μὲν γὰρ Ἀγησίλαος ὑπὸ τοῦ πατρὸς κελευόμενος κρῖναί τινα δίκην παρὰ τὸν νόμον, „ἀλλ' ὑπὸ σοῦ," ἔφη, „πάτερ, πείθεσθαι τοῖς νόμοις ἐδιδασκόμην ἀπ' ἀρχῆς· διὸ καὶ νῦν σοι πείθομαι μηδὲν ποιεῖν παράνομον." ὁ δὲ Θεμιστοκλῆς πρὸς τὸν Σιμωνίδην ἀξιοῦντά τι τῶν μὴ δικαίων, „οὔτ' ἂν σὺ ποιητὴς ἀγαθὸς εἴης," ἔφη, „παρὰ μέλος ᾄδων οὔτ' ἂν ἐγὼ χρηστὸς ἄρχων παρὰ νόμον κρίνων"; *Praecepta gerendae reipublicae* 13, 807B; *Them.* 5, 4 (*Vit.* 114): τοῦτο δὲ κριτὴν ἀσφαλῆ περὶ τὰ συμβόλαια παρέχων ἑαυτόν, ὥστε που καὶ πρὸς Σιμωνίδην τὸν Κεῖον εἰπεῖν, αἰτούμενόν τι τῶν οὐ μετρίων παρ' αὐτοῦ στρατηγοῦντος, ὡς οὔτ' ἐκεῖνος ἂν γένοιτο ποιητὴς ἀγαθὸς ᾄδων παρὰ μέλος οὔτ' αὐτὸς ἀστεῖος ἄρχων παρὰ νόμον χαριζόμενος; *Adag.* 1147, *ASD* II, 3, S. 164: „Natum, vt videtur, ab apophthegmate Themistoclis, qui Simonidi poetae petenti quiddam a se parum aequum respondit ad hunc modum: ,Neque tu bonus esses poeta, si praeter cantum caneres, neque ego bonus princeps, si praeter leges iudicem'"; das Apophthegma findet sich bereits in Battista Fregoso, *Factorum Dictorumque memorabilium libri IX* (1509), VI, 4.

929 *praeter musicae modulos caneres* Er. hat aus dieser metaphorischen Ausdrucksweise ein Adagium gebildet: *Adag.* 1147 „Extra cantionem" (*ASD* II, 3, S. 162–164); dort stattet Er. das Apophthegma des Themistokles mit folgender Erklärung aus: „Sumptum est ab antiquis cantoribus, qui vocem ad lyram accom-

modabant, aut certe a concentu vocalium musicorum, vbi si quis dissonat ab harmonia, grauiter offendit aures".

Apophth. V, 144 Der Ausspruch des Themistokles, daß die mächtigste Person sein Sohn sei, war natürlich ironisch gemeint; durch die Wahl des Titels gibt Er. jedoch zu verstehen, daß er den Spruch ernstnahm und für verwerflich hielt; er bewertete „priuati affectus" als moralisches Gift. Vgl. unten V, 162 den Komm. des Er.: „Ex his (sc. priuatis affectibus) enim fere omnis humanae vitae pernicies nascitur".

932–934 *Filium ... filius* Wörtliche Wiedergabe von Plut. *Reg. et imp. apophth., Mor.* 185D (Themistocles, 10): Τὸν δὲ υἱὸν ἐντρυφῶντα (ἐκτρυφῶντα *ed. Ald. 1509, p. 161*) τῇ μητρὶ πλεῖστον Ἑλλήνων ἔλεγε δύνασθαι· τῶν γὰρ Ἑλλήνων ἄρχειν Ἀθηναίους, Ἀθηναίων δ᾿ ἑαυτόν, ἑαυτοῦ δὲ τὴν ἐκείνου μητέρα, τῆς δὲ μητρὸς ἐκεῖνον. Für das Apophthegma vgl. Plut. *Them.* 18, 5 (*Vit.* 121B: Τὸν δὲ υἱὸν ἐντρυφῶντα τῇ μητρὶ καὶ δι᾿ ἐκείνην αὐτῶι σκώπτων ἔλεγε πλεῖστον τῶν Ἑλλήνων δύνασθαι· τοῖς μὲν γὰρ Ἕλλησι ἐπιτάττειν Ἀθηναίους, Ἀθηναίοις δ᾿ αὐτόν, αὐτῶι δὲ τὴν ἐκείνου μητέρα, τῆι μητρὶ δ᾿ ἐκεῖνον. In Lapo da Castiglionchios Übers.: „Filio autem, quod matris deliciae foret, et ob id in se ipse salse vrbaneque iocatus inquit plurimum illum potentia Graecis omnibus antecellere: nam Graecis Athenienses, Atheniensibus ipsum, ipsi vero illius matrem, matri vero filium imperare", *ed. Bade 1514, fol. LVI^r*); Plut. *De educatione puerorum* 2, *Mor.* 1C; Plut. *Cato maior* 8, *Vit.* 340B.

932 *Filium ... in deliciis ... habebat* Eine gelungene idiomatische Übers. des Filelfo (fol. l iiii^v), die Regio (fol. e ii^r) und Er. übernahmen.

934 *mihi mater* Damit meint Themistokles natürlich seine Ehefrau.

936–937 *ex procis ... viro* Plut. *Reg. et imp. apophth., Mor.* 185E (Themistocles, 11): Τῶν δὲ τὴν θυγατέρα μνωμένων αὐτοῦ τὸν ἐπιεικῆ τοῦ πλουσίου προτιμήσας ἄνδρα ἔφη ζητεῖν χρημάτων δεόμενον μᾶλλον ἢ χρήματα ἀνδρός; vgl. weiter Plut. *Them.* 18, 5 (*Vit.* 121C: τῶν δὲ μνωμένων αὐτοῦ τὴν θυγατέρα τὸν ἐπιεικῆ τοῦ πλουσίου προκρίνας ἔφη ζητεῖν ἄνδρα χρημάτων δεόμενον μᾶλλον ἢ χρήματα ἀνδρός. ἐν μὲν οὖν τοῖς ἀποφθέγμασι τοιοῦτός τις ἦν); Cic. *Off.* II, 71; Val. Max. VII, 2 ext. 9: „Cui is [sc. Themistocles] ‚malo', inquit, ‚virum pecunia quam pecuniam viro indigentem' ...". Stob. *Florilegium* LXX, 17/ *Serm.* 68 schreibt den Spruch dem Perikles zu.

V, 146   VICINVS BONVS   (Themistocles, 12)

940 *Quum praedium venderet, iussit* praeconem *hoc* addere, *quod bonum haberet vicinum,*
sentiens iuxta Hesiodum ex bono vicino plurimum esse vtilitatis, vt contra *ex malo
noxae* plurimum.

V, 147   INGRATITVDO   (Themistocles, 13)

Atheniensibus ipsum contumelia afficientibus „Quid tumultuamini", inquit, *„aduersus*
945 *eos, a quibus saepenumero fuistis affecti commodis?"*. *Aiebat autem se similem platanis,
sub* quarum vmbram *accurrunt homines afflicti tempestate, et easdem simul, vt rediit*

---

946 umbram *scripsi sec. Erasmi instructiones in
err. A*: umbra *A-C BAS LB.*

Apohth. V, 146 ist ein Gegenstück zu *Adag.* 32 „Aliquid mali propter vicinum malum" (*ASD* II, 1, S. 147–148) und *Adag.* 3401 „Ne bos quidem pereat" (ASD II, 7, S. 235–244); *Adag.* 32: „Proinde scitum est illud Themistoclis apud Plutarchum, qui cum praedium quoddam venderet, hoc quoque praeconem addere iussit: ὅτι καὶ ἀγαθοὺς ἔχει γείτονας, id est *Quod vicinos etiam haberet bonos*, quasi vicini commendatione futurum esset longe vendibilius' "; *Adag.* 3401 (235–236) „Iam ante prouerbiis aliquot nobis declaratum est, quantum vtilitatis adferat bonus vicinus, quantum incommodi malus. Sed quae conducunt ad vitae felicitatem, iterum atque iterum expedit inculcare, quo penitius infigantur animis. Neque enim ea res tantum habet locum in parandis aedibus aut fundo, sed in omni pene vita, vt quod Portius Cato prodidit de commodo vicino habendo non solum ad agricolas pertineat, verum etiam ad vunumquenque nostrum … (237:) Videlicet hoc est quod praecipit Cato: *Vicinis bonus esto.* … Mox indicat, quid vtilitatis capiatur ex bonis vicinis: ‚Si te', inquit, ‚libenter vicinitas videbit, facilius tua vendes, operas facilius locabis, operarios facilius conduces. Si aedificabis, operis, iumentis, materia iuuabunt. Si quid bona salute vsus venerit, benigne defendent'. Olim igitur qui fundum proscribebant venalem, praeconem edocebant, quibus dotibus esset ager commendabilis, quam salubri coelo, quam commodo situ, quam fertili solo, quam bene aedificatis villis. Sed vir acerrimi ingenii Themistocles, quum fundum venderet, iussit huiusmodi dotibus et illud adiici, quod haberet bonum vicinum. Id factum primum risu iocoque multitudinis acceptum est, mox intellectum est hanc agri commendationem esse praecipuam. Plurimum itaque refert ad totius vitae commoditatem, qualem quisque vicinum sibi deligat, tum quo pacto, qui contigit, vtatur …"; vgl. unten V, 379 C (Cato senior): „Agrum paraturos ante omnia intueri oportet aquam, viam et vicinum. Aestimare oportet, quomodo niteant contermina". Lycosthenes hat den Spruch des Themistocles in dem eigens dafür konstruierten Kap. „De vicinis" (S. 1064) aufgenommen, jedoch benutzte er hierfür nicht *Apophth.* V, 146, sondern *Adag.* 32: „Huius dictum extat apud Plutarchum, explicaturque copiosius apud Erasmum in prouerbio ‚Aliquid mali propter vicinum malum'. Vide Plutarchum in Graeco. Apoph. Stobaeum sermo 35. Antonium in Melissa, parte 2. Sermo 83."; a.a.O. setzt Lycosthenes dem Themistokles-Spruch das Cato-Apophthegma hinzu: „Cato senior admonebat eos, qui agros empturi essent, vt ante omnia animaduerterent, ne malum haberent vicinum. Eras. Rote. lib. Apoph.".

940 *Quum praedium … uicinum* Leicht variierende Wiedergabe von Plut. *Reg. et imp. apophth., Mor.* 185E (Themistocles, 12): Χωρίον δὲ πωλῶν ἐκέλευε κηρύττειν ὅτι καὶ γείτονα χρηστὸν ἔχει. Er. benutzte für seine Textwiedergabe die Übers. Filelfos: „Praedium … cum venderet, proclamare iussit, vt etiam vicinum bonum haberet" (fol. l iii\^v). Für dasselbe Apophth. vgl. weiter Plut. *Them.* 18, 5 (*Vit.* 121C: ἴδιος δέ τις ἐν πᾶσι βουλόμενος εἶναι χωρίον μὲν πιπράσκων ἐκέλευε κηρύττειν, ὅτι καὶ γεί-

τονα χρηστὸν ἔχει); Otto 1893; Er. *Lingua* 670–673 (*ASD* IV, 1, S. 257): „Itaque Themistocles quum cuperet agrum vendere, quo redderet vendibiliorem, iussit praeconem caeteris commendationibus et illud addere, quod haberet bonum vicinum"; *Adag.* 973 „Si iuxta claudium habites, subclaudicare disces" (*ASD* II, 2, S. 470): „Notum est illud Themistoclis, qui proscripto agro iussit et hoc praeconem addere reliquis dotibus, quod bonum haberet vicinum".

941 *iuxta Hesiodum ... plurimum* Hesiod. *Erg.* 344–348: Er. zitiert die betreffende Stelle und übersetzt sie wie folgt in *Adag.* 32 (*ASD* II, 1, S. 146, Z. 32–42): „Si qua domi inciderit tibi res, tunc illico omissis/ Adsunt vicini zonis, cinguntur at ipsi/ Affines; noxa est vicinus vt improbus ingens,/ Contra ita maxima commoditas, si commodus adsit./ Deest honor huic, bona quem vicinia deficit, at nec/ Intereat bos, ni vicinus vbi improbus adsit".

941–942 *ex malo noxae* *Collect.* 221 „Aliquid ... malum [B] HESIODVS: Πῆμα κακὸς γείτων. NOXA MALVS VICINVS" (*ASD* II, 9, S. 117).

943 *Ingratitudo* Lycosthenes hat sich von Er.' Titel in seinen *Apophthegmata* zu dem Kapitel „De ingratitudine" anregen lassen (S. 496–501), worin er V, 147 aufnahm.

944–947 *Atheniensibus ... petunt* Variierende Wiedergabe von Plut. *Reg. et imp. apophth., Mor.* 185E (Themistocles, 13), wobei Er. eine Art (gemischte) Paraphrase aus den Übers. des Filelfo und Regio herstellte, denen er einzelne Wörter entnahm, ohne dem Text einer der beiden Übers. ganz zu folgen; Regio: „Atheniensibus eum vituperantibus ‚Quid tumultuamini?', inquit, ‚ab iisdem beneficio saepius affecti?'. Ac platanis quidem se similem esse dicebat, ad quas tempestate depraehensi confugiunt. Sed adueniente serenitate illas praetereuntes vellicant atque discerpunt necnon conuiciis prosequuuntur" (fol. e ii^r); Filelfo: „Praeterea cum ignominia ab Atheniensibus afficeretur, ‚Quid in eos', ait, ‚Estis molesti, qui vobis vsui saepenumero fuere?' Seque platanis assimilabat, sub quarum tegmina tempore imbrium refugiunt, dein vero in serenitate illas auellunt praetereuntes atque maledicunt (fol. l iiii^v)". Vgl. den griech. Text: Τῶν δ' Ἀθηναίων αὐτὸν προπηλακιζόντων „τί κοπιᾶτε", εἶπεν, „ὑπὸ τῶν αὐτῶν πολλάκις εὐχρηστούμενοι;" καὶ ταῖς πλατάνοις ἀπείκαζεν αὐτόν, αἷς ὑποτρέχουσι χειμαζόμενοι, γενομένης δ' εὐδίας τίλλουσι παρερχόμενοι καὶ κολούουσι (κολούσιν ed. Babbitt: λοιδοροῦσι ed. Ald. *1509, p. 162*); der nämliche Spruch findet sich auch in der kürzeren Apophthegmata-Sammlung in Plut. *Them.* 18 (*Vit.* 121A): ἔλεγε δὲ τοὺς Ἀθηναίους οὐ τιμᾶν αὐτὸν οὐδὲ θαυμάζειν, ἀλλ' ὥσπερ πλατάνῳ χειμαζομένους μὲν ὑποτρέχειν κινδυνεύοντας, εὐδίας δὲ περὶ αὐτοὺς γενομένης τίλλειν καὶ κολούειν; in Lapo da Castiglionchios Übers. (Abschnitt „Themistoclis dicta quaedam memoria digna"): „Dicere etiam solitum ferunt se neque honoribus ab Atheniensibus affici neque apud eos in admiratione esse, sed procella vexatos, imminente periculo, ad se veluti platanum subterfugere; reddita autem serenitate euellere atque deiicere" (ed. Bade, Paris 1514, fol. LVI^r). Wie die philologischen Detailbeobachtungen ausweisen, ist Er. in *Apophth.* V, 147 allerdings ausschließlich von Plut. *Reg. et imp. apophth., Mor.* 185E ausgegangen.

944 *tumultuamini* „Warum macht ihr einen Aufruhr/ Aufstand gegen ...?" („Quid tumultuamini ... aduersus ...?") steht nicht im griech. Text, sondern „Warum habt ihr genug davon (τί κοπιᾶτε), ständig Wohltaten zu empfangen?". Er. übernahm an dieser Stelle Regios Fehlübersetzung (a.a.O.), ohne sich um den griech. Text zu kümmern. Vgl. Passow, I, 2, s.v. κοπιάω. Regios irriges „Quid tumultuamini?" ist seinerseits eine Variation von Filelfos inadäquatem „Quid ... estis molesti?" (a.a.O.).

945 *Aiebat ... platanis* Er. bildete „Aiebat autem se similem platanis" Regios „Ac platanis quidem se similem esse dicebat" (a.a.O.) nach.

946 *sub quarum vmbram* „sub quarum vmbra⟨m⟩" ist eine etwas unglückliche Variation des Er. von Filelfos „sub quarum tegmina" (fol. l iiii^v), weil die athenischen Bürger, wie moniert wird, sich dann unter die Platanen Stellen, wenn es regnet, also Schutz gegen Nässe suchen, nicht gegen die Sonne.

serenitas, vellunt conuiciisque petunt, sentiens hunc esse populi morem, vt in belli periculis implorent opem fortium virorum, in pace contemnant ac vexent eosdem.

V, 148   Armata timiditas   (Themistocles, 14)

950   *In Eretrienses* ita *cauillari* solet, vt *diceret eos similes piscium,* qui *gladioli* vocantur, quippe *qui gladium quidem haberent, cor autem non haberent,* notans illorum ignauiam, quod armatis non adesset animus.

---

950 solet *A-C*: solebat *LB Lycosthenes.*

951–952 ignauiam *A B*: ignauium *C*.

947 *serenitas* „serenitas", nml. „caeli", das heitere Wetter, bezog Er. aus Filelfos (fol. l iiii^v) und Regios („adueniente serenitate", fol. e ii^r) Übers. Für „serenitas" vgl. *DNG* II, Sp. 4365, s.v., Nr. 1.

947 *conuiciisque petunt* In Er.' Text findet sich die kuriose Angabe, daß die Bürger Athens den Plantanen bei gutem Wetter gewöhnlich „Schmähungen entgegengeschleudert" hätten („conuiciisque petunt"), was keinen nachvollziehbaren Sinn ergibt. „conuiciisque petunt" ist kein sinnvolles Äquivalent von κολούουσι, das bedeutet, daß die Athenienser die Platanen „beschneiden/ stutzen/ verstümmeln". Der Irrtum beruht darauf, daß Er. die Übers. des Regio („[platanas] praetereuntes vellicant … nec non conuiciis prosequuntur", fol. e ii^r) abschrieb, der seinerseits die irrige Angabe von Filelfo („auellunt praetereuntes atque maledicunt", fol. l iiii^v) übernommen hatte. Filelfo wiederum war von einer griech. Textvorlage ausgegangen, die λοιδορούσι statt κολούουσι las. Dies ist im Übrigen auch in der Ausgabe des Aldus aus d. J. 1509 der Fall.

947–948 *populi morem … eosdem* Vgl. unten V, 170, Er.' Kommentar: „In rebus enim afflictis solet populus ad egregios viros confugere …".

Apophth. V, 148 ist ein Gegenstück zu *Adag.* 3513, „Theutidum more" („Nach der Art der Weichtiere"), *ASD* II, 8, S. 24 (zuerst in der Ausg. d.J. 1526). Wie aus der Präsentation des Ausspruchs in Plut. *Them.* 11, 5 (*Vit.* 118A) hervorgeht, gehört er dem Kontext der Beratungen vor der Schlacht von Salamis (im Sept. 480 v. Chr.) an, bei denen sich Themistokles gegen die griech. Feldherren durchsetzen musste, die gegen eine Seeschlacht waren. In diesem Kontext ist der Vorwurf der Feigheit, in dem Themistokles die Eretrier mit Weichtieren verglich, sinnvoll. Der Ausspruch besagt im Grunde nichts anderes als daß die feigen Eretrier, wenn es um die Kriegsführung geht, gefälligst den Mund halten sollen. Im Kampf gegen die Perser hatten sie bis dato nichts geleistet: 490 v. Chr. hatten sie sich den Persern ergeben, die sie zu Sklaven machten.

950–951 *In Eretrienses … haberent* Durch Irrtümer entstellte Wiedergabe von Plut. *Reg. et imp. apophth., Mor.* 185E (Themistocles, 14), wobei Er. Filelfos Übers. übernahm: „In Eretrienses vero cauillatus aiebat eos sicut gladiolos piscis habere gladium, cor autem non habere" (fol. l iiii^v). Vgl. den griech. Text: Τοὺς δ᾿ Ἐρετριεῖς ἐπισκώπτων ἔλεγεν ὥσπερ τευθίδας μάχαιραν μὲν ἔχειν καρδίαν δὲ μὴ ἔχειν. Regios Übers.: „Eretrienses autem irridens aiebat gladium quidem sicut Theudidas habere, sed non cor habere" (fol. e ii^r); vgl. für dasselbe Apophthegma Plut. *Them.* 11, 5 (*Vit.* 118A): τοῦ δ᾿ Ἐρετριέως πειρωμένου τι λέγειν πρὸς αὐτόν, „Ἦ γάρ," ἔφη, „καὶ ὑμῖν περὶ πολέμου τίς ἐστι λόγος, οἳ καθάπερ αἱ τευθίδες μάχαιραν μὲν ἔχετε, καρδίαν δὲ οὐκ ἔχετε;", in Lapos Übers.: „Ad Eretricum autem ab eo (sc. Themistocle) sententia dissidentem ‚Nunc etiam vobis', inquit, ‚de bello est sermo, qui instar Theutidum gladium quidem habetis, cor vero nullum geritis'" (ed. Bade, Paris 1514, fol. LV^r); Er., *Adag.* 3513, *ASD* II, 8, S. 24: „Themistocles, vt in ipsius vita refert Plutarchus, Eretrieo cuidam exprobrans ignauiam dixit: ‚Sane', inquit, ‚et vobis aliquid de bello dicendum est, qui *Theudidum in morem* gladium quidem habetis, cor autem non habetis'".

950 *Eretrienses* Bürger der Stadt Eretria auf Euboia. Vgl. *DNP* 4 (1999), Sp. 58–60, s.v. „Eretria", Nr. 1. In den Adagien verwendet Er. für die Bürger Eretrias die Form „Eretrieus".

950 *solet* Er. meinte zu Unrecht, Themistokles habe die Eretrier immerzu auf diese Weise

gehäkelt; „solet" ist hier verfehlt, weil der Ausspruch sich auf eine bestimmte, einmalige historische Situation bezieht. Im griech. Plut.-Text findet sich kein Äquivalent zu „solet"; Er. war der historische Kontext offensichtlich nicht klar.

950 *gladioli* Er. gibt Plut.' τευθίδες mit „gladioli" wieder. τευθίδες bezeichnet eine Art von Kalmaren (aus der Gattung *Theutida*), wohl am ehesten den im Mittelmeer weit verbreiteten und als Nahrungsmittel geschätzten Gemeinen Kalmar (*loligo vulgaris*). Der Seeheld Themistokles kannte die schwertförmigen Tiere, die als gewandte Schwimmer durchs Wasser schießen, zweifellos aus eigener Anschauung. Wenn Themistokles sagt, daß die Kalmare „ein Schwert haben", so meint er die längliche, schwertförmige chitinöse Substanz, die die Funktion eines Endoskeletts hat und somit die Körperform („Mantel') der Kalmare bestimmt. Auf dem Mantel sitzt der Kopf mit zehn Tentakeln. Die Länge des Mantels des europäischen Gemeinen Kalmars beträgt zwischen 25 und 40 cm, die Gesamtlänge zwischen 30 und 60 cm. Aristoteles lieferte in seiner *Historia animalium* eine genaue Beschreibung des Körperbaus des Kalmars (τευθίς), wobei er auch die chitinöse Substanz anspricht und mitteilt, daß man sie gemeinhin „Schwert" nenne (IV, 1, 12). Die richtige latein. Übers. von τευθίς wäre „loligo". Regio und Lapo da Castiglionchio beließen τευθίς unübersetzt und gaben sich mit einer Transliteration zufrieden. Im vorl. Apophth. findet sich etwas überraschend die Übersetzung mit „pisces, qui gladioli vocantur", die, da *Gladius* der Name des Schwertfisches ist, offenbar eine (kleinere) (Unter)art des Schwertfisches (*Xiphias gladius*) vorführt. Kalmare sind jedoch keine Fische, sondern Weichtiere. Der *Gladius* oder Schwertfisch hingegen ist ein großer, aggressiver Seefisch mit einer Körperlänge (einschließlich Schwert) von etwa 2 bis 2,8 Metern, der den Griechen und Römern als großer und gefährlicher Räuber wohl bekannt war. Plinius etwa gab an, daß Schwertfische von ihrer Länge her Delphine übertreffen (*Nat.* IX, 54). Er. kannte sich, wie auch anderenorts ersichtlich, nicht gut in der Naturgeschichte aus. Die kuriose latein. Übers. von „Kalmare" übernahm Er. von Filelfo („gladiolos piscis", fol. l iiii^v), der irrtümlich annahm, daß sich Themistokles' Angabe „sie haben ein Schwert" auf den Namen der Fischart bezöge. Es ist nicht ganz klar, welche Art von Fisch Er. bei der Übernahme von Filelfos „gladioli" vor Augen hatte. Wie aus *Adag.* 3513 hervorgeht, war er sich jedenfalls der Tatsache bewusst, daß manche die τευθίς zu den Tintenfischartigen zählen: „Quidam theutidas putant esse, quas nos vocamus sepias. Sepia autem de genere mollium est". Daß das Schwert etwas mit dem inneren Körperbau der Tiere zu tun hat, war Er. unbekannt. Andererseits vermutete er, daß die Angabe, die Tiere hätten kein Herz, wörtlich zu verstehen sei („arbitror huic generi cor non inesse"). Da die Kalmare in Griechenland auf dem gewöhnlichen Speisezettel standen, mag Themistokles bekannt gewesen sein, daß man beim Aufschneiden eines Kalmars nichts findet, was einem Herzen ähnelt. Ziemlich sicher war ihm unbekannt, daß Kalmare zwei Kiemenherzen als Pumpen aufweisen.

V, 149   EXILIVM FELIX   (Themistocles, 15)

Posteaquam Themistocles *primum Athenis, mox tota Graecia depulsus ad* Persarum
955 *regem* confugisset, admissus *iussus est dicere.* At ille respondit *orationem similem esse picturatis stragulis.* „*Nam quemadmodum*", inquit, „*illae, dum extenduntur, ostendunt imagines, dum contrahuntur, celant easdem et abolent: itidem fit in oratione*". *Petiit autem* anni spatium, *vt interim Persicam linguam suo arbitrio perdisceret,* ne regi per interpretem cogeretur ea, quae sentiret, explicare. Diffisus est interpreti, qui, dum
960 quaedam omittit, quaedam addit, quaedam aliter narrat, perdit orationis gratiam. Vbi vero *multis muneribus a rege est honoratus citoque factus diues, dixit* suis: „*O pueri, perieramus, nisi perissemus*". Perire videtur, qui cogitur exulare. At Themistocli feliciter cessit exilium.

V, 150   CONIVNCTAE VIRES   (Themistocles, 16)

965 Quum *Xerxes expugnatis Thermopylis* crudeliter tractasset *Astu*[m] et *hac fama perterriti classiarii* cogitarent de repetenda domo, idque plerique suaderent, *solus Themistocles obstitit,* dicens *eos vniuersos* hostibus *fore pares, dispersos vero perituros.* Ita Probus Aemylius [i.e. Cornelius Nepos].

957 celant *LB*: caelant *A-C*.   965 Astu *scripsi*: Astum *A-C*, astu *LB*.

Apophth. V, 149, in dem Er. drei Nummern aus Plutarchs *Reg. et imp. apophth.* zusammenfügt (Themistocles, 15–17), datiert auf das Jahr 471 v. Chr., in dem Themistokles durch Ostrakismus aus Athen verbannt und von den Spartanern wegen Hochverrates zum Tode verurteilt worden war. Daraufhin suchte er Zuflucht beim König von Persien, damals Xerxes I. d.Gr. (reg. 485–465 v. Chr.). Xerxes' Nachfolger, Artaxerxes II. Makrocheir, seit 465 v. Chr. König, ernannte Themistokles zum Satrapen von Lampsakos, Myos und Magnesia.

954–959 *Posteaquam ... explicare* Plut. *Reg. et imp. apophth., Mor.* 185E–F (Themistocles, 15–17). Er. hat hier nach der Übers. des Regio gearbeitet, was schon daraus hervorgeht, daß er Zusätze des Regio zu Plutarchs Text übernahm (Persarum; anni spatium; a rege): „Posteaquam vero Athenis primum, deinde ex Graecia quoque pulsus fuit, cum ad Persarum regem ascendisset ac loqui iussus esset, orationem variis pictisque stragulis similem esse dixit. Vt enim illa, sic hanc extentam ostentare imagines et figuras, contractam vero occultare atque delere. (16:) Itaque et annum (sic) petiit, quo Persica lingua percepta per seipsum et non per alium cum rege ipso colloqui posset. (17:) Multis autem muneribus a rege honestatus et cito locupletatus ad seruos ,O pueri', inquit, ,perditi eramus, nisi perissemus'" (fol. e ii[r–v]). Vgl. den griech. Text: Ἐπεὶ δ' ἐξέπεσε τῶν Ἀθηνῶν (Ἀθηναίων *ed. Ald. 1509, p. 162*) τὸ πρῶτον εἶτα καὶ τῆς Ἑλλάδος, ἀναβὰς πρὸς βασιλέα καὶ κελευόμενος λέγειν, ἔφη τὸν λόγον ἐοικέναι τοῖς ποικίλοις στρώμασιν· ὡς γὰρ ἐκεῖνα, καὶ τοῦτον ἐκτεινόμενον μὲν ἐπιδεικνύναι τὰ εἴδη συστελλόμενον δὲ κρύπτειν καὶ διαφθείρειν. (16:) ᾐτήσατο δὲ καὶ χρόνον, ὅπως τὴν Περσικὴν διάλεκτον καταμαθὼν δι' ἑαυτοῦ (δι' ἑαυτοῦ *text. recept.*: ὡς βούλεται *ed. Ald. 1509, p. 162*) καὶ μὴ δι' ἑτέρου ποιήσαιτο (ποιήσαι *ed. Ald. 1509, p. 162*) τὴν πρὸς αὐτὸν ἔντευξιν (ἔνδειξιν *ed. Ald. 1509, p. 162*). (17:) Πολλῶν δὲ δωρεῶν ἀξιωθεὶς καὶ ταχὺ πλούσιος γενόμενος, πρὸς τοὺς παῖδας εἶπεν, ὦ παῖδες, ἀπωλόμεθ' ἄν, εἰ μὴ ἀπωλώλειμεν (ἀπωλώλειμεν *ed. Loeb, S. 94*; ἀπωλώλειμεν *ed. Ald. 1509, p. 162*). Für den einleitenden Teil vgl. die ausführliche Erzählung in Plut. *Themist.* 29, 1–2 (126C); für den Vergleich der *oratio* mit Zierteppichen ebd. 29, 3: Ὁ δὲ Θεμιστοκλῆς ἀπεκρίνατο, τὸν λόγον ἐοικέναι τοῦ ἀνθρώπου τοῖς ποικίλοις στρώμασιν· ὡς γὰρ ἐκεῖνα καὶ τοῦτον ἐκτεινόμενον μὲν ἐπιδείκνυσθαι τὰ εἴδη, συστελλόμενον δὲ κρύπτειν καὶ διαφθείρειν· ὅθεν αὐτῷ χρόνου δεῖν. ἐπεὶ δέ, ἡσθέντος τοῦ βασιλέως τῇ εἰκασίᾳ καὶ λαμβάνειν κελεύσαντος, ἐνιαυτὸν αἰτησάμενος καὶ τὴν Περσίδα γλῶτταν ἀποχρώντως ἐκμαθὼν ἐνετύγχανε βασιλεῖ δι᾽ αὑτοῦ; Thuc. I, 137; für die Rede an seine Söhne ebd. 29, 7 (126 F: αὐτὸν δὲ τὸν Θεμιστοκλέα φασὶν ἤδη μέγαν ὄντα καὶ θεραπευόμενον ὑπὸ πολλῶν λαμπρᾶς ποτε τραπέζης αὐτῷ παρατεθείσης πρὸς τοὺς παῖδας εἰπεῖν· „Ὦ παῖδες, ἀπωλόμεθα ἄν, εἰ μὴ ἀπωλόμεθα"); Plut. *De Alexandri magni fortuna aut virtute*, I, 5 (328F); *De exilio* 7 (602A); Thuc. I, 138 und Polyb. XXXIX, 11.

954 *Persarum* „Persarum" ist ein erklärender Zusatz des Regio, den Er. übernommen hat.

954–955 *Persarum regem* Xerxes I. d.Gr.

955 *At ille respondit* „At ille respondit" ist ein Zusatz des Er.

956 *Picturatis stragulis* „stragula" bezeichnet feine, luxuriöse Teppiche (bzw. Sitz- und Liegedecken) mit eingewobenen Bildmotiven; das erlesene Wort „stragula" entnahm Er. der Übers. des Regio (fol. e ii^r); Filelfo verwendete das gewöhnliche, jedoch als Äquivalent für στρώματα adäquate Wort „strata" (fol. l V^r). Für „stragula" vgl. *DNG* II, Sp. 4512, s.v. „stragulus".

958 *anni* „anni" ist ein Zusatz des Regio, den dieser aus der parallelen Erzählung in Plut. *Themist.* 29, 3 übernommen hat. Vgl. die Übers. des Lapo da Castiglionchio: „... annuum tempus flagitauit" (ed. Bade, Paris 1514, fol. LVII^v).

958 *suo arbitrio* Er. korrigiert hier Regios Übers. anhand der Ausgabe des Aldus, die ὡς βούλεται statt δι᾽ ἑαυτοῦ las.

958–959 *ne regi ... explicare* Freie Paraphrase von Plut. *Reg. et imp. apophth., Mor.* 185F (Themistocles, 16): καὶ μὴ δι᾽ ἑτέρου ποιήσαιτο (ποιῆσαι *ed. Ald. 1509, p. 162*) τὴν πρὸς αὐτὸν ἔντευξιν (ἔνδειξιν *ed. Ald. 1509, p. 162*).

959–960 *Diffisus est ... gratiam* „Diffisus est ... gratiam" is ein erklärender Einschub des Er.

961 *a rege* Erklärender Zusatz des Regio, den Er. übernahm.

961 *suis* Sc. „filiis"; im griech. Originaltext steht παῖδας: Wie aus der parallelen, ausführlicheren Erzählung in Plut. *Themist.* 29, 6–7 hervorgeht, bezeichnet παῖδας konkret die *Söhne* des Themistokles (so auch Filelfo „filiis", fol. l V^r); Regio hatte παῖδας jedoch als „Diener"/„Sklaven" („serui", fol. e ii^v) aufgefasst; Er. war sich offensichtlich nicht sicher, was gemeint sei, da er unentschieden „suis" einsetzte.

Apophth. V, 150 datiert auf das Jahr 480 v. Chr.

965–967 *Xerxes expugnatis ... perituros* Paraphrasierende Wiedergabe von Nep. *Them.* 4: „At Xerxes Thermopylis expugnatis protinus accessit Astum (Astum *edd. vett.*: astu *text. receptus rec.*) idque nullis defendentibus, interfectis sacerdotibus, quos in arce inuenerat, incendio deleuit. Cuius fama (fama *ed. Bade 1514, textus recept.*: flamma *quaedam edd. vett.*) perterriti classiarii, cum manere non auderent et plurimi hortarentur, vt domos suas discederent moenibusque se defenderent, Themistocles vnus restitit et vniuersos pares esse posse aiebat, dispersos testabatur perituros ...".

965 *Xerxes* i.e. Xerxes I. d.Gr.

965 *expugnatis Thermopylis* Die mehrtägige Schlacht an den Thermopylen fand um den 11. August 480 v. Chr. statt.

965 *crudeliter tractasset astu* Dahinter verbirgt sich Nepos' Angabe, daß Xerxes Athen gebrandschatzt habe; nach Hdt. VIII, 53–56 soll Xerxes nur die Burg (Akropolis) abgebrannt haben, nach Diod. XI, 15 die ganze Stadt.

965 *Astu* Nach *CWE* 38, S. 501 leitet sich „Astum" von dem Eigennamen „Astus" ab („When Xerxes ... cruelly abused Astus"); es handelt sich jedoch um das aus dem Griechischen ins Lateinische übernommene Wort für „Stadt", das im Latein. ausschließlich in der Form „astu" existiert (welches exklusiv für „*die* Stadt", d.h. Athen, verwendet wurde). „Astum" ist eine Korruptel, die sich in die Überlieferung des Nepos/Probus-Textes eingeschlichen hatte und in den älteren Edd. auftritt, so auch in der von Er. verwendeten Ausgabe; von *LB* korrigiert.

967 *hostibus* „hostibus" ist ein erklärender Zusatz des Er.

968 *Aemylius* Er. schrieb die Viten griechischer Feldherren des Cornelius Nepos, wie alle älteren Ausgaben bis 1569, dem Aemilius Probus zu. Der Name „Aemilius Probus" findet sich in einer Handschrift der Viten als Verfassername in dem Widmungsepigramm, das an Kaiser Theodosius II. (408–450) gerichtet ist. Eine plausible Zuschreibung der Viten an Cornelius Nepos haben erst Hubertus Gifanius (in seiner Lukrez-Ausgabe, Antwerpen 1566) und Denys Lambin (in der Nepos-Ausgabe d.J. 1569) präsentiert. Zur Verfasserfrage vgl. u.a. W.A. Baehrens, „Zur Probus-Frage", *Hermes* 50 (1915) und L. Traube, *Vorlesungen und Abhandlungen*, Bd. 3, München 1920, S. 20–30. Die Rolle des Probus ist wohl irgendwo zwischen

V, 151   Nil medivm   (Themistocles, 17, i.e.
                                                          Themistoclis paedagogus)

Themistoclis paedagogus dicere solet "Nihil [inquit] mediocre futurus es, o puer. Nam aut magnum bonum eris reipublicae *aut magnum malum".* Generosa indoles, si accedat recta institutio, magno bono est patriae; sin ad vitia degeneret, ingens adfert malum.

V, 152   Institvtio   (Themistocles, 18)

Quoniam adolescens feroci mutabilique ingenio videbatur, mirantibus mutatos mores *dicere* solebat *asperos et indomitos pullos in optimos equos euadere, si quis illis adhibeat disciplinam rectamque institutionem.*

V, 153   Gloria dvcis   (Themistocles, 19)

Ad Olympiae celebritatem profectus quum in stadium processisset, omnes neglectis certaminibus oculos in ipsum intenderunt in eoque contemplando diem totum consumpserunt ac Themistoclem illum cum plausu et admiratione peregrinis ostenderunt. Ea re laetus vir gloriae cupidissimus *dixit amicis se eo die laborum, quos pro Graecia suscepisset, omnium fructum amplissimum reportasse.*

---

971 solet *A-C*: solebat *LB Lycosthenes.*
971 inquit *deleui (cum Lycosthene)*: inquit *A-C.*

972 aut *A-C*: om. *BAS LB.*
977 solebat *LB Lycosthenes*: solet *A-C.*

Editor (im antiken Sinn) und Bearbeiter anzusiedeln. Für Er.' Zuschreibung der Viten an Aemilius Probus vgl. u. a. *ASD* II, 3, S. 118–119 (*Adag.* 1094), mit Komm. von Szymanski; *ASD* II, S. 290; IV, S. 57; 92; V, S. 142; VIII, S. 24.

Apophth. V, 151 datiert auf die Knabenjahre des Themistokles, also ca. 519–514 v. Chr. Der Titel des Ausspruchs bezieht sich auf die Übersetzung des Er. von μικρόν mit „mediocre". Lapo da Castiglionchio übersetzte genauer mit „paruum" (ed. Bade, Paris 1514, fol. LIII^r).

971–972 *Themistoclis ... malum*
Plut. *Them.* 2, 2 (*Vit.* 112). Variierende Wiedergabe von Lapo da Castiglionchios Übers: „Vnde et magistrum dicere solitum ... ferunt: nihil equidem te paruum, o puer, sed certe magnum aliquod bonum aut malum futurum auguror" (ed. Bade, Paris 1514, fol. LIII^r). Vgl. den griech. Text: Ὅθεν εἰώθει λέγειν πρὸς αὐτὸν ὁ διδάσκαλος ὡς „οὐδὲν ἔσῃ, παῖ, σὺ μικρόν, ἀλλὰ μέγα πάντως ἀγαθὸν ἢ κακόν".

972 *reipublicae* „reipublicae" ist ein Zusatz des Er. zum Text des Plutarch, der, ebenso wie seine Erläuterung, dazu dient, den Ausspruch zu einem Fürstenspiegel-Apophthegma umzumodeln.

972–974 *Generosa ... malum* In seiner Erklärung wertet Er. den Ausspruch als Fürstenspiegel-Lemma aus, als Beleg, daß eine gute Schulbildung für die Qualität des Fürsten in jeder, so auch in moralischer Hinsicht, von herausragender Bedeutung sei; eine schlechte Schulbildung hingegen würde einen schlechten Herrscher hervorbringen. Dies gibt einen Grundgedanken von Er.' *Inst. princ. christ.* wieder, entspricht jedoch nicht recht dem Zusammenhang, in dem Plutarch den Ausspruch präsentierte: Dort geht es nicht um die Qualität der Schulbildung; jedoch hatte der Lehrer den überdurchschnittlichen Ehrgeiz beobachtet, mit dem der Knabe Themistokles sich der Rhetorik widmete; der Lehrer hatte registriert, daß Themistokles an schulfreien Tagen sich nicht, wie seine Mitschüler, Spaß und Spiel hingab, sondern immerzu Übungsreden verfaßte. Aus diesem übergrossen Ehrgeiz schloß der Lehrer, daß Themistokles später einmal ein bedeutender Mann werden würde, ob zum Vorteil oder Nachteil des Stadtstaates, ließ er offen (Plut. *Them.* 2, 1–2).

976–978 *Quoniam adolescens ... institutionem* Im einleitenden Teil stark gekürzte, frei paraphrasierende, im Spruchteil jedoch wörtliche Wiedergabe von Plut. *Them.* 2, 5 (*Vit*: 112): Ἐν δὲ ταῖς πρώταις τῆς νεότητος ὁρμαῖς ἀνώμαλος ἦν καὶ ἀστάθμητος, ἅτε τῇ φύσει καθ' αὑτὴν χρώμενος ἄνευ λόγου καὶ παιδείας ἐπ' ἀμφότερα μεγάλας ποιουμένης μεταβολὰς τῶν ἐπιτηδευμάτων καὶ πολλάκις ἐξισταμένης πρὸς τὸ χεῖρον, ὡς ὕστερον αὐτὸς ὡμολόγει, καὶ τοὺς τραχυτάτους πώλους ἀρίστους ἵππους γίνεσθαι φάσκων, ὅταν ἧς προσήκει τύχωσι παιδείας καὶ καταρτύσεως. Im Spruchteil der Stelle gab Er. größtenteils wörtlich die Übers. des Lapo da Castiglionchio wieder: „... vt ipsum in posterum fateri non puduit, asperos inquiens et immites pullos in optimos equos euadere, quum idonea illis disciplina et institutio adhibetur" (ed. Bade, Paris 1514 fol. LIII^r). Während Er. den Spruch zur Gänze zitierte, strich er Plutarchs Ausführungen zu den Gefahren, welche eine ,ungezügelte' Entwicklung des Jugendlichen in sich birgt.

976–977 *mirantibus mutatos mores* „mirantibus mutatos mores" ist ein Zusatz des Er., durch den er die zitierte Stelle Plut. *Them.* 2, 5 (*Vit*: 112) mit *Them.* 3, 4 und somit mit *Apophth.* V, 135 verknüpfte. Für die *mutatio morum* des Themistokles vgl. oben Komm. zu V, 135.

Die Anekdote von *Apophth.* V, 153 gehört in den Kontext der vielen Ehrungen, welche Themistokles für seinen Sieg gegen die Perser in Griechenland einheimste. Bei den hier vermeldeten Olympischen Spielen müßte es sich um die 76., also jene d.J. 476 v. Chr., gehandelt haben.

980–984 *Ad Olympiae... reportasse* Plut. *Them.* 17, 2 (*Vit.* 120). Er. hat hier Lapo da Castiglionchios Übers., zum Teil wörtlich, zum Teil leicht variierend wiedergegeben: „Dicitur Olympiae instante celebritate, quum eo profectus Themistocles in stadium processisset, contemptis certaminibus omnes oculis in illum esse conuersos in eoque spectando diem totum consumpsissent eum cum plausu et admiratione ostendisse peregrinis et aduenis. Quare ipse laetus ad amicos dixisse: tum suorum laborum, quod pro Graecia suscepisset, fructum se amplissimum reportare" (ed. Bade, Paris 1514, fol. LV^v).; vgl. den griech. Text: Λέγεται δ' Ὀλυμπίων τῶν ἐφεξῆς ἀγομένων καὶ παρελθόντος εἰς τὸ στάδιον τοῦ Θεμιστοκλέους, ἀμελήσαντας τῶν ἀγωνιστῶν τοὺς παρόντας ὅλην τὴν ἡμέραν ἐκεῖνον θεᾶσθαι καὶ τοῖς ξένοις ἐπιδεικνύειν ἅμα θαυμάζοντας καὶ κροτοῦντας, ὥστε καὶ αὐτὸν ἡσθέντα πρὸς τοὺς φίλους ὁμολογῆσαι τὸν καρπὸν ἀπέχειν τῶν ὑπὲρ τῆς Ἑλλάδος αὐτῷ πονηθέντων.

983 *vir gloriae cupidissimus* „vir gloriae cupidissimus" ist ein kommentierender Zusatz des Er. zu Lapos Übers.

985 V, 154   AEQVALITAS   (Themistocles, 20)

Idem *facilitate* morum multos ciuium sibi conciliarat atque hinc *popularem potentiam* adeptus. Itaque *cuidam ipsum admonenti* „Bene *principatum* geres *Athenis, si cunctis aequalis et communis esse* voles", respondit: „Nunquam ei sellae insederim, vnde nihilo plus a me ferrent amici *quam alieni*".

990 V, 155   MEMORIA   (Themistocles, 21)

Idem ludum praeteriens, in quo diceretur esse professor, rogauit, quid is profiteretur. Quum responsum esset *artem memoriae*, contempsit dicens „At ego malim artem *obliuiscendi*". Vox haec digna fuit eo, qui linguam Persicam intra annum potuit ediscere. Et sunt, quorum obliuio nobis gratior sit quam memoria. Facile meminimus,
995 quae volumus, at non licet *obliuisci, quae volumus*.

V, 156   (Themistocles, 22)

Quum aliquando *theatrum peteret, interroganti* cuidam, *cuius vocem esset* libentissime *auditu*rus, „*eius*", inquit, „*a quo artes meae* quam *optime canerentur*", ingenue fassus se magno gloriae studio teneri. Solebant autem olim musici in publico virorum
1000 illustrium laudes canere.

986 multos *A-C*: multas *BAS LB*.
991 professor *scripsi (cf. De or. II, 299*: „*quidam doctus homo*"): professio *A-C BAS LB*.

999 solebant *LB*: solent *A-C*.

986–989 *facilitate ... alieni* Im einleitenden Teil durch ein grundlegendes Missverständnis der Stelle verzerrte Wiedergabe von Plut. *Aristid.* 2, 4 (*Vit.* 319). Er. bildete seinen Text, ohne sich um das griech. Original zu kümmern, nach der Übers. des Francesco Barbaro: „Themistocles facilitatis artibus instructus adeo grandem ac popularem potentiam est assequutus, vt cuipiam eum admonenti optimo iure principem Atheniensium futurum, si cunctis aequalis et communis esset, responderit: ‚Nunquam profecto ea in sella sedere statuissem, ex qua mei studiosi nihil amplius a me quam alieni habituri essent'" (ed. Bade, Paris 1514, fol. CXIV^v). Vgl. den griech. Text: Ὁ μὲν οὖν Θεμιστοκλῆς εἰς ἑταιρείαν ἐμβαλὼν ἑαυτὸν εἶχε πρόβλημα καὶ δύναμιν οκ εὐκαταφρόνητον, ὥστε καὶ πρὸς τὸν εἰπόντα καλῶς αὐτὸν ἄρξειν Ἀθηναίων, ἄνπερ ἴσος ᾖ καὶ κοινὸς ἅπασι, „Μηδέποτε", εἰπεῖν, „εἰς τοῦτον ἐγὼ καθίσαιμι τὸν θρόνον, ἐν ᾧ πλέον οὐδὲν ἕξουσιν οἱ φίλοι παρ' ἐμοὶ τῶν ἀλλοτρίων". Barbaro hatte den einleitenden Teil völlig missverstanden: Dort steht nicht, daß Themistokles beim athenischen Volk einen großen ‚populären' Einfluß erworben hatte (wie etwa ein Demagoge), sondern daß er als Grundlage seiner politischen Macht (δύναμις) mit bestimmten (i.e. mächtigen) Personen enge politische Allianzen (ἑταιρίαι) schmiedete. Da dies den Eindruck einer dem Geiste nach undemokratischen Politik vermittelte, ermahnte ihn ein demokratisch gesinnter Athener, daß Themistokles doch lieber Gleichbehandlung und somit demokratische Gerechtigkeit zur Grundlage seiner Politik machen sollte. Im griech. Text ist von Barbaros „facilitatis artibus" und „popularis potentia" nicht die Rede. Dort steht, daß sich Themistokles „einer Seilschaft politischer Freunde anschloß und dadurch nicht unbeträchtliche Macht und Unterstützung erwarb". Er. verschlimmbesserte Barbaros Fehlübersetzung weiter, indem er das schwammige „facilitatis artibus" zu „facilitate morum" und das irrige „popularem potentiam" zu „multos ciuium sibi conciliarat" konkretisierte.

992–993 *artem memoriae ... obliuiscendi* Gekürzte, paraphrasierende Wiedergabe von entweder Cic. *De or.* II, 299–300 oder *Ac.* II, 1, 2; *De or.* II, 299–300: „vt apud Graecos fertur incredibili quadam magnitudine consilii atque ingenii Atheniensis ille fuisse Themistocles, ad quem quidam doctus homo atque in primis eruditus accessisse dicitur eique artem memoriae, quae tum primum proferebatur, pollicitus (pollicitus *text. receptus*: pollicitum *edd. vett.*) esse traditurum. Cum ille quaesisset, quidnam illa ars efficere posset, dixisse illum doctorem, vt omnia meminisset; et ei Themistoclem respondisse gratius sibi illum esse facturum, si se obliuisci, quae vellet, quam si meminisse docuisset. (300:) Videsne, quae vis in homine acerrimi ingenii, quam potens et quanta mens fuerit? Qui ita responderit, vt intellegere possemus nihil ex illius animo, quod semel esset infusum, vnquam effluere potuisse; cum quidem ei fuerit optabilius obliuisci posse potius, quod meminisse nollet, quam quod semel audisset vidissetue meminisse"; *Ac.* II, 1, 2: „quam (sc. memoriam) fuisse in Themistocle, quem facile Graeciae principem ponimus, singularem ferunt: qui quidem etiam pollicenti cuidam, se artem ei memoriae, quae tum primum proferebatur traditurum, respondisse dicitur obliuisci se malle discere, credo, quod haerebant in memoria, quaecunque audierat et viderat"; vgl. auch *Fin.* II, 104: „Themistocles quidem, cum ei Simonides an quis alius artem memoriae polliceretur, ‚obliuionis', inquit, ‚mallem; nam memini etiam, quae nolo, obliuisci non possum, quae volo"; das Apophth. findet sich bereits in Brusonis Sammlung d.J. 1518, Kap. IV, 4 („De memoria"): „Themistocles Atheniensis, pollicitante quodam se artem memoriae edocturum, doctorem rogauit, quidnam illa ars efficere posset, dicente illo, vt omnium meminisset, gratius sibi ait illum esse facturum, si se obliuisci, quae vellet, quam si meminisse docuisset".

993–994 *Vox ... ediscere* Er. verweist hier auf *Apophth.* V, 149; er bezog die Angabe, daß sich Themistokles ein Jahr ausbat, um Persisch gut zu erlernen, aus Regios Übers. von Plutarchs *Reg. et imp. apophth.*; es handelt sich dabei um einen Zusatz des Regio, den dieser Plutarchs paralleler Erzählung in *Themist.* 29, 3 entnommen hatte. Vgl. oben Komm. zu V, 149.

Apophth. V, 156 trägt in den Baseldrucken keinen separaten Titel, was in diesem Fall wohl auf ein Versehen zurückzuführen ist, da ein Titel sowohl durch die Quelle des Val. Max. (das zitierte Kapitel VIII, 14 lautet „De cupiditate gloriae") als auch durch Er.' Kommentar („gloriae studio") vorlag. V, 153 trägt den Titel „Gloria ducis", das erste Themistokles-Apophthegma V, 135 „Gloriae studium".

997–1000 *Quum ... canere* Im einleitenden Teil leicht variierende, im Spruchteil wörtliche Wiedergabe von Val. Max. VIII, 14, ext. 1: „Idem (sc. Themistocles) theatrum petens cum interrogaretur, cuius vox auditu illi futura esset gratissima, dixit ‚eius, a quo artes meae optime canerentur'"; dasselbe Apophth. findet sich auch bei Cic. *Arch.* 20 und in Brusonis Sammlung d.J. 1518, Buch III, Kap. 36.

998 *artes meae* Wie es Er. wörtlich dem Text des Val. Max. entnahm. Damit sind am ehesten Themistokles' militärische und politische Leistungen gemeint; in Valerius' Quelle, Cic. *Arch.* 20, wird das anvisierte Lob auf Themistokles' Tugend bezogen: „Themistoclem illum, summum Athenis virum, dixisse aiunt, cum ... quaereretur, quod acroama aut cuius vocem libentissime audiret, ‚eius, a quo sua virtus optime praedicaretur'".

999 *solebant* „solebant" ist an dieser Stelle wegen des unmittelbar nachfolgenden „olim" vorzuziehen.

999–1000 *Solebant autem ... laudes canere* Damit spielt Er. auf den archaischen griechischen Brauch der fahrenden Sänger an, die, wie z.B. Pindar, von Tyrannenhof zu Tyrannenhof zogen, um das Lob der Herrscher zu singen.

V, 157   Praeda contempta   (Themistocles, 23)

Quum aliquando *ad mare visendi cadauera gratia accessisset ac torques armillasque passim disiectas videret, ipse quidem praeteriit, sed amico, qui sequebatur, dixit „Collige tu tibi. Nam tu Themistocles non es".* Ne tam obuia quidem praeda commoueri potuit, vt quicquam ageret indignum egregio duce, cui gloria debet esse satis magnum virtutis praemium.

V, 158   Dii Vis et Svasio   (Themistocles, 24)

Quum apud Andrum argentum peteret, „Duos", inquit, „ad vos adduco deos, Vim ac Suasionem [i.e. Suadam]*", significans si minus impetraret suadendo, se vi erepturum. At illi responderunt apud se quoque duas magnas esse deas, Inopiam et Impossibilitatem, per quas non liceret dare, quae petebat.*

8–9 Vim ac Suasionem *scripsi*: vim ac suasionem A-C.

Apophth. V, 157 datiert auf die Zeit unmittelbar nach der Seeschlacht von Salamis am 29. 9. 480 v. Chr., in der die Griechen unter der Führung des Themistokles die persische Flotte vernichteten. Er. hat offensichtlich den historischen Zusammenhang nicht verstanden, wie aus dem Zusatz „aliquando" hervorgeht; in seiner Quelle, Plut. *Them.* 18, 2 (*Vit.* 120–121), wird dieser Zusammenhang in der Tat nicht explizit angegeben: Die Anekdote figuriert in einem Kapitel, in dem Plutarch die memorablen Sprüche des Themistokles gesammelt hat (ἀπομνημονευόμενα, *Them.* 18).

2–4 *Quum ... non es* Weitgehend wörtliche Wiedergabe von Plut. *Them.* 18, 2 (*Vit.* 120–121), wobei Er. die Übers. des Lapo da Castiglionchio leicht variierend bearbeitete: „Quum ad interfectorum cadauera ad mare visenda accessisset, vt armillas passim et torques abiectos aspexit, praeteriens ipse amico, qui eum sequebatur, ‚collige tibi', inquit, ‚Tu enim nequaquam Themistocles es'" (ed. Bade, Paris 1514, fol. LVᵛ). Vgl. den griech. Text: Τῶν δὲ νεκρῶν τοὺς ἐκπεσόντας ἐπισκοπῶν παρὰ τὴν θάλατταν, ὡς εἶδε περικείμενα (so die älteren Ausgaben, die neueren haben: περικειμένους) ψέλλια χρυσᾶ καὶ στρεπτούς, αὐτὸς μὲν παρῆλθε, τῷ δ' ἑπομένῳ φίλῳ δείξας εἶπεν· „Ἀνελοῦ σαυτῷ· σὺ γὰρ οὐκ εἶ Θεμιστοκλῆς".

2 *aliquando* „aliquando" ist ein unglücklicher Zusatz des Er.; die anekdotische Standardformel des unbestimmten „einmal" ist unangebracht, weil sich das Apophthegma auf ein einziges, konkretes, genau bestimmbares und datierbares Ereignis bezieht – die Seeschlacht gegen die Perser am 29. 9. 480 v. Chr.

2 *torques armillasque* Torques armillasque, korrekte Übers. von ψέλλια χρυσᾶ καὶ στρεπτούς, jedoch in umgekehrter Reihenfolge, wobei Er. die Angabe, daß sie von Gold waren, ausließ. Beides ist der Tatsache geschuldet, daß er hier ausschließlich von Lapos Übers. ausging. Für στρεπτός = torques vgl. Passow, II, 2, S. 1567, s.v., 1 b) „ein Halsband von zusammengedrehten, aneinandergereihten Gliedern".

5 *indignum egregio duce* Er.' Kommentar stützt sich auf die Richtlinien seiner *Institutio principis Christiani*, welche die Selbstlosigkeit des Fürsten zum Kern seines moralischen Verhaltens erhob.

7 *Dii Vis et Svasio* Der Titel bezieht sich auf die griechischen Götter Πειθώ und Βία, welche Themistokles in seinem Ausspruch nennt. Das Apophth. bezieht sich auf die Zeit vor der Seeschlacht von Salamis (29. 9. 480 v. Chr.), als Themistokles Tributzahlungen eintrieb, um die griechische Flotte aufzubauen. Vgl. Komm. *CWE* 38, S. 503. Die Insel (und Stadt) Andros ließ sich von Themistokles, wie das Apophth. zeigt, weder mit sanften Worten überreden noch mit Gewalt zwingen, Zahlungen zu leisten. Die Bewohner von Andros fuhren einen opportunistischen Kurs, wobei sie sich zunächst auf die Seite der Perser stellten,

nach deren Niederlage aber dem Athenischen Seebund beitraten.

8–11 *Quum apud Andrum ... petebat* Plut. *Themist.* 21, 1 (*Vit.* 122). Er. hat seinen Text ausschließlich nach der Übertragung des Lapo da Castiglionchio zusammengestellt, wie die seltsamen, idiosynkratischen Übersetzungen für die griech. Göttergestalten bzw. Personifikationen zeigen: „... vt constat ex iis, quae scribit Herodotus, apud Andrum quum argentum peteret, dicta ab eo et audita: ,Duos enim', inquit, ,ad vos ago deos: Vim ac Suasionem'. At ii contra duos apud se quoque permagnos esse deos responderunt, Paupertatem ac Impossibilitatem, a quibus prohiberi se illi pecunias dare" (ed. Bade, Paris 1514, fol. LVI^(r–v)). Vgl. den griech. Text: οἷα καὶ πρὸς Ἀνδρίους ἀργύριον αἰτοῦντά φησιν αὐτὸν Ἡρόδοτος εἰπεῖν τε καὶ ἀκοῦσαι. δύο γὰρ ἥκειν ἔφη θεοὺς κομίζων, Πειθὼ καὶ Βίαν· οἱ δ' ἔφασαν εἶναι καὶ παρ' αὐτοῖς θεοὺς μεγάλους δύο, Πενίαν καὶ Ἀπορίαν. Während sich Plut. *Themist.* 21, 1 auf Hdt. VIII, 111 berief, strich Er. diesen Quellenvermerk.

8 *Andrum* Andros ist die nördlichste Insel der Kykladen, etwa 55 km vom Festland Attikas entfernt.

8 *Vim* Er. übernahm mit „Vim" die wenig glückliche Übersetzung des Lapo, da das griech. Βίας eine männliche Gottheit bezeichnet, während „vis" weiblich ist. Βίας ist eine Mischung aus dem mythischen König Bias (von Argos), dem Sohn des Amythaon und der Eidomene bzw. der Aglaia, und einer von Themistokles *ad hoc* erfundenen Personifikation der männlichen, auf Rohkraft rekurrierenden Gewalt. Für den mythischen König von Argos vgl. R. Bloch, *DNP* 2 (1999), Sp. 617, s.v. „Bias", Nr. 1. Eine römische weibliche Personifikationsgottheit mit dem Namen „Vis" gab es nicht. Plutarchs Quelle, Hdt. VIII, 111, stellte Peitho allerdings nicht *Bias* gegenüber, sondern Ἀνάγκη, das sowohl der philosophische Begriff als auch die Personifikation der Notwendigkeit ist und in volkstümlichen Vorstellungen zuweilen mit den Parzen verquickt wird. Das latein. Äquivalent für Ἀνάγκη ist *Necessitas*, eine Personifikation, die in der latein. Literatur ihre Aufwartung macht, u. a. bei Horaz *Carm.* I, 35, 17 („saeua Necessitas"), III, 1, 14 und III, 24, 6 („dira Necessitas").

9 *Suasionem* Πειθώ, die weibliche Personifikation der Überredung, meist als Tochter des Hermes und der Aphrodite, von Hesiod als Tochter der Tethys und des Okeanos (*Theog.* 346–349) betrachtet, wurde im griechischen Kult als Göttin verehrt. Es gab eine Reihe ihr gewidmeter Heiligtümer, u. a. in Sikyon, Korinth und in Athen (Akropolis, gemeinsam mit Aphrodite Pandemos). In der früheren Zeit fokussierte der Kult der Peitho auf die erotische Überredung bzw. Verführung, was durch die Anbindung der Göttin an Aphrodite zum Ausdruck kam. Seit Aeschylos tritt die rhetorische Überredung zu der erotischen in ein Konkurrenzverhältnis (*Ag.* 385; *Coeph.* 726; *Eum.* passim). Vgl. L.K., *DNP* 9 (2000), Sp. 484–485, s.v. „Peitho". In dem vorliegenden Apophthegma bezieht sich Themistokles auf Peitho als Göttin der rhetorischen Überredung. Der lateinische Name der Peitho ist Suada (Enn. *Ann.* 308 bei Cic. *Brut.* 59; Cic. *Sen.* 50; Gell. XII, 2, 3) oder Suadela (Hor. *Epist.* I, 6, 38). Lapo da Castiglionchos Übersetzung „Suasio" ist eine freie, nicht ganz glückliche Neuerfindung, wobei ihm offensichtlich die bereits vorhandenen Namen der Göttin nicht geläufig waren. Er. übernahm „Suasio" von Lapo, wobei ihm ebenfalls die bereits bekannten Namen der Göttin nicht einfielen. Für die richtige Übertragung der Peitho ins Lateinische vgl. Lilio Gregorio Giraldi, *Syntagma* I, in: idem, *De deis gentium ... historia*, Basel, Joh. Oporinus, 1548, S. 61B: „Pitho, persuadendi dea ab antiquis Graeciae scriptoribus celebrata; Latini quidam Suadam et Suadelam, et quidam Leporem dixere".

10 *Inopiam* Πενία ist die griechische Personifikation der Armut; sie wurde nicht kultisch verehrt, figuriert jedoch mehrfach als Allegorie in der Literatur, u. a. bei Aristophanes, Herodot, Theokrit, Lukian und Plutarch. Vgl. S. Eiben, *DNP* 9 (2000), Sp. 520, s.v. „Penia". Ihr lateinisches Äquivalent wäre am ehesten *Paupertas*, nicht jedoch, wie Lapo übersetzt, „Inopia".

10 *Impossibilitatem* Ἀπορία ist eine allegorische, philosophische Personifikation ohne kultischen Hintergrund. Lapos „Impossibilitas" ist erneut keine geglückte Übertragung. Herodot, Plutarchs Quelle, hatte in VIII, 111, allerdings nicht die Personifikation der Aporia, sondern der Amechanie („Unvermögen") aufgeführt.

V, 159   Optimi eiiciuntur   (Themistocles, 25)

Ab Artabano, regis Persarum satrapa, rogatus, *quem Graecorum diceret aduenisse,* „Hoc", inquit, *„ante regem nemo sciet, Artabane".* Senserat Artabanus e colloquio non esse vulgarem hominem. Themistocles autem ignotus esse studuit, donec se regi suapte oratione commendaret. *Rex audito Themistocle precatus est* deum suum *Arimenium* eam *mentem* immittere pergeret *hostibus suis, vt eiusmodi viros* a se *expellerent.*

16–17 Arimenium *A-C sec. versionem Lapi Florentini*: Arimanium *LB (sec. Plut. edd. recentiores).*

In *Apophth.* V, 159 hat Er. erneut zwei Apophthegmata aus Plutarch kombiniert, *Them.* 27, 5 (*Vit.* 125) und 28, 4 (*Vit.* 126). Beide datieren auf 471 v. Chr., als Themistokles nach seiner Verbannung zu Xerxes I. überlief.

13–15 *Ab Artabano ... hominem* Leicht gekürzte Wiedergabe von Plut. *Themist.* 27, 5 (*Vit.* 125), wobei Er. die Reihenfolge der Satzteile ändert. Dazu bearbeitete Er. Lapo da Castiglionchios Übers.: „Tum Artabanus: ‚Quem te ex Graecis adesse dicemus? Nam haut priuatum quendam et obscurum haec mens esse declarat'. ‚At hoc', inquit Themistocles, ‚nemo vnquam, Artabane, ante regem audiet'" (ed. Bade, Paris 1514, fol. LVIIʳ). Vgl. den griech. Text: „τίνα δ'", εἶπεν ὁ Ἀρτάβανος, „Ἑλλήνων ἀφῖχθαί σε φῶμεν; οὐ γὰρ ἰδιώτῃ τὴν γνώμην ἔοικας". καὶ ὁ Θεμιστοκλῆς· „τοῦτ' οὐκέτ' ἄν," ἔφη, „πύθοιτό τις, Ἀρτάβανε, πρότερος βασιλέως". Die ursprüngliche Quelle dieser Anekdote ist die Chronik (*Prytaneis Eresioi*) des Historikers, Aristoteles-Schülers und peripatetischen Philosophen Phainias (oder Phanias) von Eresos (auf der Insel Lesbos), wie Plutarch selbst a.a.O. vermerkt. Er. strich, wie in ähnlichen Fällen, derartige Quellenangaben. Für die überlieferten Phainias-Fragmente vgl. J. Engels (Hrsg.), *Phaenias of Eresus. The Sources, Text and Translation,* in: O. Hellmann und David Mirhady (Hrsg.), *Phaenias of Eresus,* New Brunswick-London 2015, S. 1–99. Phanias war i.J. 332 v. Chr. mit seinem Stadtgenossen Theophrastos nach Athen gekommen, um sich dem Peripatos anzuschließen.

13 *Artabano* Artabanos, der Onkel des Xerxes I.; zu seiner Person vgl. oben Komm. zu. V, 12.

13 *regis* Xerxes I. d.Gr.; zu seiner Person vgl. oben Komm. zu. V, 9.

15 *non ... hominem* Durch „*non esse* vulgarem hominem" verbesserte Er. Lapos zwar inhaltlich nicht falsche, jedoch umständliche Übers. „haut priuatum quendam et obscurum". (a.a.O.). Artabanos vermutete aufgrund von dessen Geisteshaltung, daß der Fremdling ein bedeutender Mann, ein politischer Führer sein müsse; der ἰδιώτης ist der Gegensatz dazu: der gemeine, niedrige Mann (vgl. Passow I, 2, S. 1439, s.v., I, 1, b).

16–17 *Rex ... expellerent* Stark gekürzte Wiedergabe von Plut. *Themist.* 28, 3–4 (*Vit.* 126), wobei Er. von Lapo da Castiglionchios Übers. ausging: „Persa audita Themistoclis oratione ... conuersus ad amicos ...; tum precatus est Arimenium, vt id hostibus suis in mentem poneret, vt a se eiusmodi viros expellerent" (ed. Bade, Paris 1514, fol. LVIIᵛ). Nebenher hat Er. auch den griech. Text beachtet: Ἀκούσας δ' ὁ Πέρσης, ἐκείνῳ μὲν οὐδὲν ἀπεκρίνατο, καίπερ θαυμάσας τὸ φρόνημα καὶ τὴν τόλμαν αὐτοῦ· μακαρίσας δὲ πρὸς τοὺς φίλους ἑαυτόν, ὡς ἐπ' εὐτυχίᾳ μεγίστῃ, καὶ κατευξάμενος ἀεὶ τοῖς πολεμίοις τοιαύτας φρένας διδόναι τὸν Ἀριμάνιον, ὅπως ἐλαύνωσι τοὺς ἀρίστους ἐξ ἑαυτῶν. Das zeigt sich daran, daß er Lapos Übers. wenig glücklich mit „a se" ergänzte.

16 *deum suum* „deum suum" ist ein erklärender Zusatz des Er., der offensichtlich davon ausging, daß manche Leser der *Apophthegmata* nicht wissen würden, daß Ahriman ein persischer Gott sei.

16–17 *Arimenium* Griech. „Areimanios" oder „Arimanes" (Agathias, *Historiae* II, 25) bzw. „Areimanes" (Hesychios); latein. „Arimanius" oder „Arimanes", (mittel)persisch „Ahriman" ist in der zoroastrischen dualistischen Religion der Gegenspieler des Hauptgottes Ahura Mazda, des Gottes des Lichtes der Versinnbildlichung alles Guten. „Ahriman"/„Areimanios" (von „Angra Mainyu" = „destruktiver

Geist") fungiert dagegen als Gott der Zerstörung, des Destruktiven, des Bösen. Xerxes I. ruft ihn an, weil er will, daß er seine Feinde vernichtet: Dieser Gott soll dafür Sorge tragen, daß Xerxes' Feinde immerzu ihre besten Männer verbannen, sodaß sie sie verlieren und ihm in die Arme treiben. Plutarch behandelte Areimanios ausführlich in seinem Traktat *De Iside et Osiride* (46–47), u.a. im Zusammenhang mit dem dazugehörigen Welterschaffungsmythos (47). Er verglich dabei diesen Gott der Dunkelheit und des Bösen u.a. mit dem griech. Unterweltgott Hades. In der persischen Tradition wird er auch als dunkelhäutiger Dämon wiedergegeben. Für Areimanios vgl. A. de Jong, *Traditions of the Magi. Zoroastrianism in Greek and Latin Literature*, Leiden-Boston 1997 (bsd. S. 312–314).

17 *eiusmodi viros* übernahm Er. wörtlich aus Lapos Übertragung, während im griech. Original τοὺς ἀρίστους steht.

17 *a se* Er. versuchte Lapos Übersetzung zu vervollständigen, indem er ἐξ ἑαυτῶν mit „a se" wiedergab, schuf dadurch allerdings eine sprachliche Missbildung. Lapo hatte „expellere" im Sinn von „verbannen" verwendet (vgl. *DNG* I, Sp. 1986, s.v. „expello", Nr. 2 ββ): Man kann jemanden „ex patria", „ex vrbe", „ex Italia" oder „ex re publica" verbannen, jedoch nicht „von sich" („a se"); abgesehen davon wäre (für den Fall, daß „expellere" die unbestimmtere Bedeutung „fortjagen" bekäme) nicht „a se", sondern „ab eis" angebracht gewesen.

ARISTIDES

V, 160   Factiones et sodalitates   (Aristides, 1)

Aristides cognomento Iustus semper suo vnius praesidio *fretus rempublicam administrabat; a sodalitatibus* abhorrebat *velut ab amicorum potentia, quae ad iniuriam* aliis inferendam adderet animum. Quantum ille vir abhorruit ab omni factione, qui non ob aliud vitabat amicitias, quam ne per illas adigeretur ad aliquid faciendum, quod iustum non esset, aut cogeretur abstinere ab eo, quod iudicasset reipublicae conducere! Nunc mundus vndique plenus est sodalitatibus, sed titulis plausibilibus [B] ac religionis lenocinio commendatis. [A] Nec his fortasse dedisse nomen expedit viris insigni virtute praeditis eo, quod maior pars, quae fere deterior est, saepe cogit facere, quod nollent, aut absistere ab eo, quod erat factu optimum.

25–26 ac ... commendatis *B C: deest in A.*   28 nollent *A-C:* nollet *BAS LB.*

Aristeides (nach 550-um 467 v. Chr.) aus Athen, „der Gerechte", Politiker, Gegenspieler des Themistokles, mit gegensätzlichen innen- und außenpolitischen Zielsetzungen. Eponymer Archon 489/88; Strategos 479–477; i.J. 479 Kommandant der athen. Truppen in der Schlacht von Plataiai. War wesentlich an der Gründung des Attisch-Delischen Seebundes beteiligt (477); 480–482 aus Athen verbannt. Trotz der Rivalität mit Themistokles agierte Aristeides mehrfach mit diesem gemeinsam. Er erfreute sich des Rufes der Gerechtigkeit und Unbestechlichkeit. Das Bild des konservativen Aristokraten, der mit dem Demokraten Themistokles konkurrierte, wurde erst von späteren Quellen wie Nepos und Plut. geschaffen. Vgl. E. Stein-Hölkeskamp, *DNP* I (1999), Sp. 1094–1095; W. Judeich, *RE* II, 1 (1895), Sp. 880–885, jeweils s.v. „Aristeides", Nr. 1. In der *Inst. princ. christ.* stellt Er. Aristeides als Musterbeispiel eines vorbildlichen Fürsten dar (*ASD* IV, 1, S. 181). Diesbezüglich steht Aristeides für ihn auf einer Ebene mit Epaminondas, Augustus, Traianus und Antoninus Pius. Eigenschaften, die Er. nach dem in der *Inst. princ. christ.* entworfenen Modell besonders schätzte, waren Aristeides' völlige Hingabe an den Staatsdienst, Selbstlosigkeit, Gerechtigkeit, Uneigennützigkeit und Unbestechlichkeit. In den Prolegomena zu den *Adagia* verzeichnet Er. die Unbestechlichkeit als typische Charaktereigenschaft des Aristeides (*ASD* II, 1, S. 80 „Aristide incorruptior"; vgl. dazu weiter *Adag.* 201, ebd. S. 313), in *Adag.* 3771 und *Lingua* seine Integrität (*ASD* II, 8, S. 164 „illustrauit ... Aristidem integritas"; IV, 1, S. 355: „In Aristidem nulla orta est calumnia, tanta erat morum integritas"). In *Lingua* stellt Aristeides im Hinblick auf seine Verurteilung zum Tode trotz seiner Unschuld sogar eine Art Präfiguration von Jesus Christus dar (*ASD* IV, 1, S. 313: Socrates – Phocion – Aristides – Epaminondas – Scipio-Jesus Christus). In der nachfolgenden Sektion von Sprüchen betont Er. die genannten Charakterzüge des Aristeides, besonders stark die christusgleiche Selbstaufopferung und die Verurteilung des Unschuldigen: V, 161 (Aristides, 2) „Lenitas"; 165 (Aristides, 6); 166 (Aristides, 7) „Aequitas"; 168 (Aristides, 9) „Damnata integritas"; 169 (Aristides, 10) „Vindictae neglectus" und 172 (Aristides, 13). In V, 172 präsentiert Er. die rührende Geschichte, daß Aristeides zur Hinrichtung geführt worden sei und selbst in diesem Moment, als ihm ein Gegner ins Gesicht gespuckt habe, dem Zorn entsagt habe, ganz wie Christus. Offensichtlich glaubte Er., daß Aristeides hingerichtet worden sei (während dies auf einem Irrtum Senecas beruht, vgl. Komm. zu V, 172). Er. setzt Aristeides mit Christus gleich und schreibt ihm sogar eine „wahrhaftige Heiligkeit" („Sanctitas non ficta") zu (V, 164), die er aus dem Umstand ableitet, daß ihn die Athener im Theater mit der Sehergestalt Amphiaraos assoziiert hätten. Auch habe sich Aristeides nach Er. zum Wohl des Staates freiwillig ins Gefängnis begeben wollen (V, 165), eine

Behauptung, die sich jedoch ausschließlich auf eine Fehlinterpretation des Er. gründet (vgl. Komm. unten zu V, 165). Aristeides figuriert für Er. als Hauptvorbild seines Ideals des *princeps Christianus*.

18 *ARISTIDES* Jedoch „Aristides iustus" im Index personarum.

Apophth. V, 160 Er. hat an dieser Stelle die von Plutarchs *Reg. et imp. apophth.* vorgegebene Reihenfolge geändert, indem er Aristeides vorzog und den dem Myronides gewidmeten Abschnitt erst nach der Aristeides-Sektion anbot. Der Grund liegt wohl darin, daß er Themistokles' großen politischen Gegenspieler an diesem spiegeln und ihn kompositorisch mit diesem zusammenführen wollte.

19 *Factiones et sodalitates* Den Titel von V, 160 entwarf Er. aufgrund Regios eigenwilliger, aktualisierender Übers. von ἑταιρεῖαι. Lycosthenes ordnete den Spruch dem Kap. „De iustitia" zu. V, 160 ist kein Apophthegma im eigentlichen Sinn, sondern ein *exemplum*.

20–22 *Aristides cognomento Iustus ... animum* Plut. *Reg. et imp. apophth., Mor.* 186A (Aristides, 1). Er. stellte seinen Text kollagenartig aus den Übers. des Filelfo und Regio zusammen; Filelfo: „Aristides cognomento Iustus .... societatesque fugiebat, tamquam amicorum potentia ad iniuriam adhortaretur" (fol. ⟨l v⟩ᵛ); Regio: „Aristides cognomento Iustus opinione sua rempublicam semper administrabat sodalitatesque fugiebat, veluti potentia ex amicis parta ad inique agendum instigante" (fol. e iiᵛ). Vgl. den griech. Text: Ἀριστείδης δὲ ὁ δίκαιος ἀεὶ καθ' ἑαυτὸν (καθ' αὑτὸν ed. Babbitt, ed. Ald. *1509, p. 162*) ἐπολιτεύετο καὶ τὰς ἑταιρείας ἔφευγεν, ὡς τῆς ἀπὸ τῶν φίλων δυνάμεως ἀδικεῖν ἐπαιρούσης; sowie die Parallelstelle in Plut. *Aristid.* 2, 5 (319F): Ἀριστείδης δὲ καθ' ἑαυτὸν ὥσπερ ὁδὸν ἰδίαν ἐβάδιζε διὰ τῆς πολιτείας, πρῶτον μὲν οὐ βουλόμενος συναδικεῖν τοῖς ἑταίροις ἢ λυπηρὸς εἶναι μὴ χαριζόμενος, ἔπειτα τὴν ἀπὸ τῶν φίλων δύναμιν οὐκ ὀλίγους ἰδὼν ἐπαίρουσαν ἀδικεῖν ἐφυλάττετο, μόνῳ τῷ χρηστὰ καὶ δίκαια πράττειν καὶ λέγειν ἀξιῶν θαρρεῖν τὸν ἀγαθὸν πολίτην.

20 *cognomento* Das seltene, archaistische Wort „cognomentum", als Nebenform zu dem gebräuchlichen „cognomen" bezog Er. aus Filelfos Übers. (a.a.O.). Vgl. *DNG* I, Sp. 962, s.v. „cognomentum".

20 *cognomento Iustus* Vgl. *Adag.* 1051, *ASD* II, 3, S. 73 „Aristides ... Iusti cognomen". Der Beiname des Aristeides bildet gleich im nächstfolgenden Apophthegma den Hauptgegenstand.

25 *sodalitatibus* Angeregt durch Regios Übersetzung von ἑταιρεῖαι in *sodalitates* holt Er. zu einem polemischen Rundumschlag gegen die Orden, Genossenschaften, Bruderschaften und Vereine seiner Zeit aus, angefangen bei den mächtigsten Orden (dem vom Goldenen Vlies, dem Hosenband-, Templer- und Georgsorden) bis hin zu lokalen. Ab der zweiten Auflage der *Apophthegmata* kritisiert Er. insbesondere die Verquickung von politischer Macht mit religiösen Gestaltungen und Aufmachungen der Vereinigungen. Plutarchs ἑταιρεῖαι meint die in der Antike üblichen persönlichen Freundschaften und Allianzen (lat. *amicitiae*), die in der Politik eine wichtige Rolle spielten, jedoch im Unterschied zu den spätmittelalterl./ frühneuzeitl. *sodalitates* keinen institutionellen Charakter hatten.

V, 161   Lenitas   (Aristides, 2)

Quum Athenienses eo concitati essent, vt Aristidem *ostracismo* – id erat damnationis genus, quod testulis peragebatur – in exilium agerent, ac *rusticus quidam illiteratus testulam* ad eum deferens *iussisset, vt Aristidis nomen inscriberet, "Nosti ne"*, inquit Aristides, *"Aristidem?"*. *Quum ille negasset se nosse, moleste tamen ferre, quod Iustus cognomine diceretur, siluit Aristides et nomen suum inscripsit testulae ac reddidit.* Tam leni animo ferebat iniustam damnationem. Grauissimum autem vitae innocenter actae testimonium, e tanta multitudine neminem extitisse, qui aliud obiiceret quam Iusti cognomen, quod ipse tamen sibi non imposuerat.

V, 162   ⟨Lenitas⟩   (Aristides, 3)

Erat illi simultas cum Themistocle. Huic quum delectus esset collega ad peragendam legationem, *"Vis"*, inquit, *"Themistocles, vt in* his montibus *simultatem deponamus? Nam, si videbitur, reuersi illam resumemus"*. Priuatos affectus publicae posthabuit vtilitati. Ex his enim fere omnis humanae vitae pernicies nascitur.

V, 163   Integritas   (Aristides, 4)

Quum Graecis tributa indixisset, tanto pauperior rediit, quantum absumpserat *in peregrinatione*. Atqui in tali genere functionis solent alii messem opimam metere. Eo magis ille cauit, ne quid suspitionis eiusmodi conflaret sibi. Proinde suis impendiis rem gessit.

---

34 et *B C*: ac *A*.   45 solent *A-C*: solebant *LB*.
38 Lenitas *scripsi*: *deest in A-C*.

Apophth. V, 161 datiert auf 482 v. Chr., als Aristides aus Athen durch Ostrakismos verbannt wurde.
30–34 *Quum Athenienses ... reddidit* Im einleitenden Teil paraphrasierende, im Hauptteil wörtliche Übernahme von Plut. *Reg. et imp. apophth., Mor.* 186A (Aristides, 2), wobei Er. der Übers. Filelfos folgte: „... et illiteratus ac rudis homo, qui testam haberet, eum adiisset iussissetque Aristidis nomen inscriberet, ait ille (sc. Aristides), ,Nosti ne Aristiden?'. Quod vbi is quidem negasset, sed Iusti cognomentum moleste ferre diceret, tacens Aristides nomen id testae inscripsit et homini reddidit" (fol. ⟨l vʳ⟩). Vgl. den griech. Text: Ἐπεὶ δὲ τῶν Ἀθηναίων ὁρμωμένων ἐπὶ τὸν ἐξοστρακισμὸν ἄνθρωπος ἀγράμματος καὶ ἄγροικος ὄστρακον ἔχων προσῆλθεν αὐτῷ κελεύων ἐγγράψαι τὸ ὄνομα τοῦ Ἀριστείδου, „γινώσκεις (γινώσκεις *ed. Ald. 1509, p. 162*: γιγνώσκεις *ed. Babbitt*) γάρ", ἔφη, „τὸν Ἀριστείδην;" τοῦ δ' ἀνθρώπου γιγνώσκειν (γινώσκειν *ed. Ald. 1509, p. 162*) μὲν οὐ φήσαντος, ἄχθεσθαι δὲ τῇ τοῦ δικαίου προσηγορίᾳ, σιωπήσας ἐνέγραψε τὸ ὄνομα τῷ ὀστράκῳ καὶ ἀπέδωκεν. Dieselbe Anekdote findet sich auch in Plut. *Aristid.* 7, 5–6 (*Vit.* 323A: Γραφομένων οὖν τότε τῶν ὀστράκων λέγεταί τινα τῶν ἀγραμμάτων καὶ παντελῶς ἀγροίκων ἀναδόντα τῷ Ἀριστείδῃ τὸ ὄστρακον ὡς ἑνὶ τῶν τυχόντων παρακαλεῖν, ὅπως Ἀριστείδην ἐγγράψειε. τοῦ δὲ θαυμάσαντος καὶ πυθομένου, μή τι κακὸν αὐτὸν Ἀριστείδης πεποίηκεν, „Οὐδέν," εἶπεν, „οὐδὲ γιγνώσκω τὸν ἄνθρωπον, ἀλλ' ἐνοχλοῦμαι πανταχοῦ τὸν Δίκαιον ἀκούων." ταῦτα ἀκούσαντα τὸν Ἀριστείδην ἀποκρίνασθαι μὲν οὐδέν, ἐγγράψαι δὲ τοὔνομα τῷ ὀστράκῳ καὶ ἀποδοῦναι.) und Nep. *Aristid.* I, 3.
30 *concitati* „concitati" übernahm Er. aus Regios Übers. (fol. e iiᵛ).

30–31 *id erat ... peragebatur* „id erat ... peragebatur" ist ein erklärender Zusatz des Er., der sich für den Ostrakismus interessierte; vgl. sein *Adag.* 1051 „Testulae transmutatio", *ASD* II, 3, S. 72–74. Dort erklärt er (S. 73) die Institution wie folgt: „ostracismo, suffragiorum genere quodam, quod per calculos ac fabas [sic] ferebatur, in hoc repertum, vt per id ciues, qui vel opibus immodicis vel nobilitate vel gloria vel alia quauis insigni virtute multitudinis inuidiam in se prouocassent, in exilium decenne relegarentur. ...". Der Text in *ASD* II, 3, S. 73 kann nicht ganz stimmen; wie Szymanski vermutet, sollte man „per ⟨testulas, non per⟩ calculos ac fabas" lesen. Er. wird sicherlich die Erklärung des Ostrakismus geläufig gewesen sein, welche Plut. in *Aristid.* 7, 4–5 (*Vit.* 322F–323A) geliefert hatte: Dort legt Plut. unmissverständlich dar, daß dazu ausschließlich Scherben von Tongefäßen verwendet wurden; zusätzlich erklärt er, daß eine Minimumabgabe von 6000 Stimmen (= Scherben) für einen gültigen Ostrakismus erforderlich war und daß sich die Verbannung auf 10 Jahre erstreckte.

36–37 *neminem extitisse ... Iusti cognomen* Vgl. *Adag.* 1051, *ASD* II, 3, S. 73: „Hoc pacto fuit eiectus et Aristides, non aliam ob causam, nisi quod molestum esset populo Iusti cognomen illi vulgo tributum".

38 ⟨*Lenitas*⟩ In den Baseldrucken weist V, 162 keinen separaten Titel auf, wohl weil jener des vorhergehenden Apophthegmas („Lenitas") weitergeführt werden sollte.

39–41 *Erat illi simultas ... resumemus* Versuchte wörtliche, jedoch durch einen Übersetzungsfehler entstellte Übernahme von Plut. *Reg. et imp. apophth., Mor.* 186B (Aristides, 3): Ἐχθρὸς δ᾽ ὢν τοῦ Θεμιστοκλέους καὶ πρεσβευτὴς ἐκπεμφθεὶς σὺν αὐτῷ „βούλει", φησίν (φησὶν ed. Ald. 1509, p. 162), „ἐπὶ τῶν ὅρων, ὦ Θεμιστόκλεις, τὴν ἔχθραν ἀπολίπωμεν; ἂν γὰρ δοκῇ, πάλιν αὐτὴν ἐπανιόντες ληψόμεθα". Vgl. Polyaenus, *Strategemata* I, 31. In *Praecepta gerendae reipublicae* 14, *Mor.* 809B überliefert Plutarch, daß Aristides und Themistokles klug genug gewesen seien, um bei allen Gesandtschaften oder militärischen Operationen, die sie gemeinsam ausführen mußten, ihre persönliche Feindschaft hintanzustellen.

39 *simultas* Für Aristeides' Feindschaft mit Themistokles vgl. Plut. *Aristid.* 8, 3–6 (*Vit.* 323C–D).

40 *in his montibus* Plutarchs ἐπὶ τῶν ὅρων wurde von Filelfo und Regio richtig mit „an der Grenze" (Filelfo „in confiniis", fol. ⟨l V⟩ʳ; Regio „in finibus", fol. e iiᵛ) übersetzt, was sich auf den Brauch griechischer Botschafter bezog, in auswärtiger Mission die inneren Streitigkeiten für die Dauer derselben beizulegen. Obwohl in der Aldus-Ausgabe klar erkennbar ὅρων steht, fasste Er. den Text als ἐπὶ τῶν ὀρῶν, also „in montibus" auf, was wenig sinnvoll ist – warum sollten Themistokles und Aristeides ihre Streitigkeiten nur in den Bergen beilegen? Er. verschlimmbesserte die an sich sinnlose Mitteilung durch den Zusatz „in *diesen* Bergen". Vgl. Komm. *CWE* 38, S. 504.

41 *Nam ... resumemus* Hier hat Er. wörtlich Regios Übers. a.a.O. wiederholt.

41–42 *Priuatos ... nascitur* Er.' Kommentar bezieht sich auf einen der Grundgedanken seiner *Inst. princ. christ.*

Apophth. V, 163 Lycosthenes schreibt die Geschichte irrtümlich dem kleinasiatischen Sophisten Aristeides zu (S. 1: „Aristides Milesius philosophus...").

44–45 *Quum Graecis ... peregrinatione* Wörtliche Wiedergabe von Plut. *Reg. et imp. apophth., Mor.* 186B (Aristides, 4), wobei Er. Regios Übers. übernahm: „Cum vero tributa Graecis statuisset, tanto pauperior rediit, quantum in ipsam peregrinationem impendit" (fol. e iiᵛ). Vgl. den griech. Text: Τάξας δὲ τοὺς φόρους τοῖς Ἕλλησι τοσούτῳ (τοσοῦτον ed. Ald. 1509, p. 162) πτωχότερος ἐπανῆλθεν ὅσον εἰς τὴν ἀποδημίαν ἀνήλωσεν;

V, 164   Sanctitas non ficta   (Aristides, 5)

Quum hi versus, quos de Amphiarao scripsit *Aeschylus*, in theatro recitarentur,

οὐ γὰρ δοκεῖν ἄριστος, ἀλλ᾽ εἶναι θέλει,
βαθεῖαν αὔλακα διὰ φρενὸς καρπούμενος,
ἀφ᾽ ἧς τὰ κεδνὰ βλαστάνει βουλεύματα, id est

„*Neque enim videri, at esse studet vir optimus,*
Segetem profundam mente studiosa colens,
Consilia quando hinc germinant salubria ...",

totus populus *in Aristidem vertit oculos*, agnoscens hoc laudis in eum competere.

V, 165   Simvltas magistratvvm   (Aristides, 6)

E concione quadam, in qua *frustra* Themistocli obstiterat, *discedens clara voce testatus est res Atheniensium* incolumes *esse non posse, nisi et ipsum et Themistoclem in barathrum coniicerent*, prius habens in carcerem ire quam ob duorum simultatem minus recte consuli publicis commodis.

---

51 αὔλακα *A-C*: ἄλωκα *Plut. ed. Ald.*
53 studet vir *C*: vir studet *A B*.

57 Simultas magistratuum *om. BAS.*

Apophth. V, 164, kein Apophthegma im eigentlichen Sinn (vgl. Einleitung), datiert auf das Jahr 467 v. Chr., als Aischylos' Tragödie Ἑπτὰ ἐπὶ Θήβας, als der letzte Teil seiner Ödipus-Trilogie, in Athen aufgeführt wurde.

49 *hi versus ... salubria* Plut. *Reg. et imp. apophth., Mor.* 186B–C (Aristides, 5): Αἰσχύλου δὲ ποιήσαντος εἰς Ἀμφιάραον ... πάντες εἰς Ἀριστείδην ἀπέβλεψαν; dieselbe Anekdote findet sich auch in Plut. *Aristid.* 3, 4 (*Vit.* 320B).

49 *Amphiarao* Amphiaraos, mythischer Herrscher in der Argolis, Seher und Priester des Zeus, als Kriegsherr einer der Sieben gegen Theben, Begründer der Nemeischen Spiele, Teilnehmer an der Jagd auf den Kalydonischen Eber; er wurde u. a. in Athen kultisch verehrt (Agon der *Amphiaraia megala*). Vgl. *DNP* 1 (1999), Sp. 609, s.v. „Amphiaraos". In Aischylos' Tragödie Ἑπτὰ ἐπὶ Θήβας figuriert Amphiaraos als einer der Angreifer, in der zitierten Textpassage wird sein Charakter gezeichnet. Als Seher des Zeus wurden ihm Klugheit, Weisheit, Gedankenreichtum und moralische Integrität zugeschrieben. Von einem solchen Mann kann man erwarten, daß er weise Ratschläge gibt, imstande ist, den Willen der Götter zu deuten und die Zukunft vorherzusehen. Diese Eigenschaften treten in der Tragödie mehrfach hervor, z. B., als er im Kampf gegen Tydeus Athenes beabsichtigtes Eingreifen vorhersieht und abzuwenden vermag, oder, als er als erster erkennt, daß durch Kapaneus' Hybris gegen Zeus die Sache der Angreifer verloren ist. Das athenische Publikum hat offensichtlich die Charaktereigenschaften des Amphiaraos mit jenen des Aristeides assoziiert, der damals in hohem Alter war (geb. 550 v. Chr.), und auf diese Weise erwies es dem etwa 84-jährigen Altpolitiker noch einmal die Ehre. Die nämliche Anekdote ist das letzte Zeugnis zum Leben des Aristeides.

50–52 οὐ γὰρ ... βουλεύματα Aeschyl. *Sept.* 592–594; Plut. zitierte diese Verse mehrfach: *Aristid.* 3, 4 (*Vit.* 320B); *De audiendis poetis* 11, *Mor.* 32D; *De inimicorum vtilitate* 4, *Mor.* 88B, an den letzten beiden Stellen ohne Bezugnahme auf Aristeides.

51 αὔλακα Die älteren Plutarchausgaben haben hier ἄλωκα, so auch die Ausgabe des Aldus d.J. 1509.

53–55 *Neque ... salubria* Er. hat den Text übersetzt, ohne sich ums Metrum zu kümmern.

Vgl. dagegen Filelfos metrische Übersetzung (die Regio übernahm): „Nam vult vir esse, non videri hic optimus,/ Qui mentis altae fructifer sulcans segetem,/ Consulta callens germinat grauissima" (fol. l v^v; Regio verschlimmbesserte „fructifer" zu „fructiferam"). Auch Francesco Barbaro übersetzte die Verszeilen metrisch: „Hic esse iustus ac videri, qui nihil auet/ Magnos profundi pectoris fructus legens/ Consilia de quo germinant grauissima".

54 *Segetem ... colens* Er. hat die Verszeile missverstanden, wie seine Übers. von βαθεῖαν αὔλακα διὰ φρενὸς καρπούμενος als „Der eine tiefgegründete Saat in seinem fleißigen Geiste bearbeitet" zeigt. Der Vers besagt „Der eine tiefe Furche durch den Geist zieht", „Der den Geist tief umpflügt", was dem Sinn nach soviel bedeutet wie „Der tief in den menschlichen Geist blicken kann", woraus sich sinnvolle Ratschläge ergeben, wie die nächstfolgende Verszeile mitteilt.

56 *agnoscens ... competere* „agnoscens ... competere" ist ein erklärender Zusatz des Er.

58–60 *E concione ... coniicerent* Verzerrte, da vom richtigen Kontext entblößte, und falsch perspektivierte Wiedergabe von Plut. *Aristid.* 3, 2 (*Vit.* 320), wobei Er. ausschließlich Francesco Barbaros Übers. als Vorlage benutzte: „Denique quum Themistocle authore commodum ac necessarium quippiam deliberatum esset et Aristides frustra contradixisset, haud sibi temperauit, quin, quum ex concione discederet, clara voce testatus sit, nisi Themistoclem et seipsum in barathrum coniicerent, rem Atheniensium saluam esse non posse" (ed. Bade, Paris 1514, fol. CXIV^v); vgl. den griech. Text: Τέλος δέ ποτε τοῦ Θεμιστοκλέους πράττοντός τι τῶν δεόντων ἀντικρούσας καὶ περιγενόμενος οὐ κατέσχεν, ἀλλ᾽ εἶπεν ἀπὸ τῆς ἐκκλησίας ἀπιών, ὡς οὐκ ἔστι σωτηρία τοῖς Ἀθηναίων πράγμασιν, εἰ μὴ καὶ Θεμιστοκλέα καὶ αὐτὸν εἰς τὸ βάραθρον ἐμβάλοιεν.

58 *in qua frustra Themistocli obstiterat* Er. gibt den Kontext des Spruches sinnverkehrt wieder, das Gegenteil entspricht den Tatsachen: Plutarch gibt gerade an, daß Aristeides den Antrag des Themistokles erfolgreich zu Fall brachte (καὶ περιγενόμενος), obwohl dieser notwendige Maßnahmen enthielt. Er.' falsche Wiedergabe kam dadurch zustande, daß er von der Übers. Barbaros ausging, die hier fehlerhaft ist: „quum ... Aristides frustra contradixisset" (a.a.O.).

60–61 *prius habens ... commodis* Er. interpretierte das Apophthegma irrtümlich als selbstlose Bereitwilligkeit des Aristeides, freiwillig ins Gefängnis zu gehen. Dabei hat Er. „barathrum", das Barbaro unübersetzt ließ, irrtümlich als Gefängnis aufgefaßt („in carcerem ire"). βάραθρον bedeutet jedoch „Abgrund", „Kluft", in diesem Fall konkret den Felsenschlund hinter der Akropolis, in den die Verurteilten – in früheren Zeiten – zur Vollstreckung der Todesstrafe geworfen wurden (vgl. Passow I, 1, S. 489, s.v.). Es kann natürlich keine Rede davon sein, daß Aristeides tatsächlich bereit war, sich hinrichten zu lassen, oder daß er darin das Wohl des Staates erblickte. Der Ausspruch bringt vielmehr Aristeides' haltlose, ohnmächtige Wut, die er nicht zügeln konnte (οὐ κατέσχεν) und seinen abgründigen Haß auf Themistokles zum Ausdruck, wie Plut. klar in seiner Darstellung des Kontextes angibt. In seiner einseitigen Betonung von Aristeides' Uneigennützigkeit hat Er. bezeichnenderweise jenen Teil des Textes beiseitegelassen, der besagt, daß der Antrag des Themistokles nützlich und notwendig war („quum Themistocle authore commodum ac necessarium quippiam deliberatum esset"), woraus sich ergibt, daß im vorliegenden Fall Aristeides durch seinen Haß auf Themistokles gerade *gegen das Staatswohl* agierte. Die Fehldeutung des Er., daß Aristeides freiwillig ins Gefängnis gehen wollte, übernimmt Von Eppendorff: „Wer ym lieber gewest in kercker zuo gen" (1534, S. CCCVI).

V, 166 AEQVITAS (Aristides, 7)

Quendam reum egerat; at *quum iudices post Aristidis accusationem nollent audire reum, sed* protinus *ad suffragia, quibus eum damnarent,* properarent, *Aristides supplex* pro reo *intercessit apud iudices, vt eum iuxta legum* praescripta *diligenter audirent.* Tanta erat in viro legum aequique obseruatio.

V, 167 EXTRA CAVSAM (Aristides, 8)

Quum inter duos priuatos causam cognosceret *et alter, quo Aristidem irritaret in aduersarium, extra causam multa* commemoraret, *quibus ille laesisset eum* [i.e. Aristidem], *Aristides* interpellans hominem, „Ista nunc", inquit, „missa fac, bone vir, et, si quid te laesit, eloquere: tibi enim in praesentia, non mihi iudex sedeo".

---

62 *Aequitas* Den Titel von V, 166 bezog Er. aus Francesco Barbaros Übers. von Plut. *Aristid.* 4, 1 (*Vit.* 320): „Sic igitur institutus erat, vt ... acerrimus *aequitatis defensor* esset" (ed. Bade, Paris 1514, fol. CXIIII^v); der griech. Originaltext benannte hingegen die Tugend der Gerechtigkeit, was sich auf Aristeides' Beinamen, „der Gerechte", bezog; „Iustitia" wäre somit als Titel angemessener gewesen. Jedoch bearbeitete Er. in diesem Fall ausschließlich Barbaros Übers., wie auch aus weiteren Details seiner Textübernahme ersichtlich wird. Ebenso ging Er. im Fall von V, 167 vor.

63–65 *Quendam ... diligenter audirent* Leicht variierende Wiedergabe von Plut. *Aristid.* 4, 1 (*Vit.* 320), wobei Er. wiederum Francesco Barbaros Übers. als Vorlage benutzte: „Qua de re memoriae traditum est, quum quempiam in iudicium vocasset et ii, qui rem illam iudicabant, post Aristidis accusationem reum causam dicentem audire nollent, quin suffragia, quibus eum damnarent, extemplo postularent, assurgens Aristides supplex apud iudices intercessit, vt illum, quemadmodum legibus statutum erat, diligenter audirent" (ed. Bade, Paris 1514, fol. CXIIII^v). Vgl. den griech. Text: Λέγεται γοῦν ποτε διώκων ἐχθρὸν ἐν δικαστηρίῳ, μετὰ τὴν κατηγορίαν οὐ βουλομένων ἀκούειν τοῦ κινδυνεύοντος τῶν δικαστῶν, ἀλλὰ τὴν ψῆφον εὐθὺς αἰτούντων ἐπ' αὐτόν, ἀναπηδήσας τῷ κρινομένῳ συνικετεύειν, ὅπως ἀκουσθείη καὶ τύχοι τῶν νομίμων. Er. verschweigt, wie Barbaro, die für die Anekdote wichtige Angabe, daß Aristeides im vorl. Fall einen Feind (ἐχθρός) vor Gericht geschleppt hatte; wie Barbaro ersetzt er sie durch den vagen Hinweis, daß es sich um „irgendeinen" Mann („quendam") gehandelt habe; wie Barbaro verwendet Er. für ψῆφος („Stimmsteinchen") „suffragium" („Stimmscherbe"); zudem übernimmt Er. Barbaros Zusatz „diligenter".

67 *Extra causam* Diesen Titel hat Er. aus der Übers. des Barbaro bezogen, die im griech. Originaltext kein Äquivalent hat und irreführend ist. Vgl. Komm. unten. Aufgrund von Er.' irrtümlichen Angaben druckte Lycosthenes das Apophthegma in der Kategorie „De iudice bono et incorrupto" (S. 529).

68–71 *Quum inter duos ... iudex sedeo* Plut. *Aristid.* 4, 2 (*Vit.* 320). Er. bearbeitete Barbaros Übers.: „Rursus arbiter inter duos delectus, quum alter, vt ipsum in aduersarium magis ac magis afficeret, extra causam plaeraque (sic) illius in Aristidem maledicta recenseret, ‚Haec missa faciamus', ait, ‚Tu vero, bone vir, si quid in te commisit, explica, quoniam in praesentia tibi, non mihi iudicium exerceo'" (ed. Bade, Paris 1514, fol. CXIIII^v). Vgl. den griech. Text: πάλιν δὲ κρίνων ἰδιώταις δυσί, τοῦ ἑτέρου λέγοντος, ὡς πολλὰ τυγχάνει τὸν Ἀριστείδην ὁ ἀντίδικος λελυπηκὼς „Λέγ', ὦ 'γαθέ," φάναι, „μᾶλλον, εἴ τι σὲ κακὸν πεποίηκε· σοὶ γάρ, οὐκ ἐμαυτῷ, δικάζω".

68 *priuatos* „priuatos" ist eine Ergänzung des Er. zu Barbaros Übers., die er dem griech. Text (ἰδιώταις) entnahm.

68 *causam cognosceret* Durch die Formulierungen „causam cognosceret" und „iudex sedeo" (wobei er auf Barbaros Textwiedergabe „iudicium exerceo" rekurrierte) erzeugt Er. den irreführenden Eindruck, daß es sich um eine offizielle Gerichtsverhandlung handelte; tatsäch-

lich fungierte Aristeides lediglich als privater Schiedsrichter (vgl. Perrins Übertragung ad. loc.: „when he was serving as a private arbitrator between two men").

69 *extra causam* Ein kreativer Zusatz des Barbaro, der im griech. Text kein Äquivalent hat, jedoch zum Verständnis von Lesern beitragen sollte, die sich mit der antiken römischen Gerichtsrede und Advokatenpraxis auskannten: In römischen Gerichtsreden waren *argumenta extra causam* bzw. *de vita* erlaubt und man war davon überzeugt, daß sie eine günstige Wirkung hatten; für diese Kategorie von Argumenten vgl. Lausberg 271–271, 304 und 354. Freilich handelte es sich im vorl. Fall weder um eine offizielle Gerichtsrede, noch war für ihre Argumentation der Kontext der römischen advokatischen Praxis relevant. Vielmehr versuchte der eine Kontrahent simpel den anderen anzuschwärzen, indem er behauptete, dieser habe Aristeides beschimpft.

71 *in praesentia* „in praesentia" ist ein Zusatz des Barbaro zum griech. Text, den Er. übernahm.

71 *non mihi iudex sedeo* Irreführende Formulierung, die auf Barbaros Fehlübersetzung „iudicium exerceo" zurückgeht (a.a.O.); gemeint ist: „denn für dich, nicht für mich suche ich Gerechtigkeit" (vgl. Perrin ad. loc.).

V, 168　　　　　　　　　Damnata integritas　　　　　　　　(Aristides, 9)

Fuit et procurator fisci; quod *munus* quum sanctissime gessisset, tamen *a Themistocle* delatus *est ac repetundarum damnatus*. Sed *optimatum* fauore *non solum illi mulcta* remissa est, verum etiam *eidem* redditus est *muneri*. Quod per *simulationem* sic *administrauit*, vt omissa pristina seueritate *lenem se facilemque* praeberet iis, qui publico malo gauderent ditescere. Horum opera factum est, vt populus tertio munus summis fauoribus idem deferret Aristidi. Tum ille: „*Ob integre* gestum munus ⟨me⟩ damnastis, *nunc, quoniam praeter aequum multa concessi* ciuitatis *expilatoribus*, honore *dignum* iudicatis. *Hoc igitur honore* delato *plus mihi dedecoris afferri* puto, *quam* damnato ac *mulctato irrogastis*". Norat, quibus artibus posset fieri gratiosus apud populum, nisi maluisset iustus esse quam plausibilis. Simile quiddam apud Terentium facit Demea.

77 gauderent *scripsi*: gaudebant *LB*, gaudent *A-C*.

78 idem *A-C*: eidem *BAS LB*.
78 me *suppleui*.

73 *Fuit et procurator fisci* In „Fuit et procurator fisci" übernahm Er. wörtlich die Marginalie in Bades Ausgabe von Francesco Barbaros Übers. von Plut. *Aristid.* 4, 3–6 (ed. Bade, Paris 1514, fol. CXIIII^v): „Aristides fisci procurator fuit". Barbaros Übers. ist adäquat: Aristeides war einer der Verwalter der staatlichen Einkünfte Athens (Finanzverwalter; τῶν δὲ δημοσίων προσόδων ἐπιμελητής).

73–81 *quod munus ... irrogastis* Paraphrasierende, stark gekürzte Wiedergabe von Plut. *Aristid.* 4, 2–4 (*Vit.* 320–321A), wobei Er. von Francesco Barbaros Übers. ausging, aus der er auch die teilweise anachronistische, irreführende römische politische Terminologie übernahm, z. B. *repetundarum damnatus* und *optimatus*: „(4, 3:) Quapropter ... Aristides ab ipso (sc. Themistocle) accusatus et ... repetundarum damnatus est. Quae res cum optimatibus acerba et grauis esset, Aristides non modo illo mulctato (mulctatione *ed. Bade 1514*) argento liberatus, sed de integro huic ipsi curae refectus est. Quo in munere vniuersam mutasse administrationis rationem simulauit. Iis siquidem, qui reipublicae prouentus sibi per iniuriam vendicassent, leuis (*ed. Bade 1514, legendum videtur*: lenis) ac facilis videbatur, vt qui nec eos more suo grauiter persequeretur nec vt diligentissime rationem redderent, laboraret. Quo facto omnes, qui expilatione ciuitatis locupletabantur, Aristidem ferre in coelum laudibus et summo studio populo blandiri, vt iterum eum ad hoc munus deligeret. Qui quum non sufragiis, sed porrigenda manu magnam significationem voluntatis declaraturi forent, Aristides eos hunc in modum acriter increpuit: ..." (ed. Bade 1514, fol. CXIIII^v). τῶν δὲ δημοσίων προσόδων αἱρεθεὶς ἐπιμελητὴς οὐ μόνον τοὺς καθ᾽ αὑτόν, ἀλλὰ καὶ τοὺς πρὸ αὑτοῦ γενομένους ἄρχοντας ἀπεδείκνυε πολλὰ νενοσφισμένους, καὶ μάλιστα τὸν Θεμιστοκλέα· Σοφὸς γὰρ ἁνήρ, τῆς δὲ χειρὸς οὐ κρατῶν. Διὸ καὶ συναγαγὼν πολλοὺς ἐπὶ τὸν Ἀριστείδην ἐν ταῖς εὐθύναις διώκων κλοπῆς καταδίκῃ περιέβαλεν, ὥς φησιν Ἰδομενεύς. ἀγανακτούντων δὲ τῶν πρώτων ἐν τῇ πόλει καὶ βελτίστων, οὐ μόνον ἀφείθη τῆς ζημίας, ἀλλὰ καὶ πάλιν ἄρχων ἐπὶ τὴν αὐτὴν διοίκησιν ἀπεδείχθη. προσποιούμενος δὲ τῶν προτέρων μεταμέλειν αὐτῷ καὶ μαλακώτερον ἐνδιδοὺς ἑαυτόν, ἤρεσκε τοῖς τὰ κοινὰ κλέπτουσιν οὐκ ἐξελέγχων οὐδ᾽ ἀκριβολογούμενος, ὥστε καταπιμπλαμένους τῶν δημοσίων ὑπερεπαινεῖν τὸν Ἀριστείδην καὶ δεξιοῦσθαι τὸν δῆμον ὑπὲρ αὐτοῦ, σπουδάζοντας ἄρχοντα πάλιν αἱρεθῆναι. μελλόντων δὲ χειροτονεῖν ἐπετίμησε τοῖς Ἀθηναίοις.

73 *quod ... gessisset* „quod *munus* quum sanctissime gessisset" ist eine sehr oberflächliche Zusammenfassung von Plut. *Aristid.* 4, 2. Der springende Punkt ist, daß Aristeides während seines Amtes mehrfach Korruption und Veruntreuung öffentlicher Gelder von Seiten seiner Kollegen in der Finanzverwaltung aufgezeigt hatte, insbesondere von Seiten des Themistokles, der sich schamlos von

den öffentlichen Geldern bereicherte. Darum ist es desto skandalöser, daß gerade Themistokles den Aristeides eben jener Malversation beschuldigte.

74 *repetundarum damnatus* Mit „repetundarum damnatus" (a.a.O.) überbrachte Barbaro die politische Praktik Athens radikal in den Bereich der röm. Antike. Die Repetundenprozesse waren ein charakteristisches Phänomen der röm. Provinzverwaltung. Sie richteten sich auf das ungesetzliche Vorgehen von Provinzstatthaltern, die sich auf Kosten der Provinzbevölkerung bereichert hatten. Der Kontext, Inhalt und die Form des bei Plut. *Aristid.* 4, 2–4 Beschriebenen unterscheidet sich jedoch wesentlich von den Repetundenprozessen. Zunächst war in dem athenischen Amt von Provinzen nicht die Rede. Es handelte sich um die offizielle Rechenschaftsablegung bzw. den Amtsbericht, den der Amtinhaber nach dem Ablauf seines Amtes ablegen mußte (ἐν ταῖς εὐθύναις, vgl. Passow I, 2, s.v. εὔθυνα: „im engeren Sinn der ... Bericht jemandes über seine Amtsführung"). Aufgrund dieses Amtsberichtes beschuldigte ihn Themistokles des Diebstahls (κλοπῆς), d.h. der Veruntreuung öffentlicher Gelder. Themistokles setzte durch, daß man ihn diesbezüglich schuldig sprach.

74 *optimatum fauore* Ein erneutes Missverständnis des Er., das auf Barbaros Übersetzung zurückgeht: Gemeint sind nicht die „Optimaten", der römische Begriff für die Vertreter des alten Adels und der Normen der alten römischen Republik, der seine Macht anders als die Populären nicht auf Volksabstimmungen gründet, sondern die moralisch hervorragendsten Leute Athens.

78–81 *Ob integre ... irrogastis* Plut. *Aristid.* 4, 4–5 (*Vit.* 320). Für seine Version des Ausspruches selbst hat Er. sowohl den griech. Text als auch Barbaros Übers. herangezogen: „ὅτε μὲν γάρ", ἔφη, „πιστῶς καὶ καλῶς ὑμῖν ἦρξα, προὐπηλακίσθην· ἐπεὶ δὲ πολλὰ τῶν κοινῶν καταπροεῖμαι τοῖς κλέπτουσι θαυμαστὸς εἶναι δοκῶ πολίτης. αὐτὸς μὲν οὖν αἰσχύνομαι τῇ νῦν τιμῇ μᾶλλον ἢ τῇ πρώην καταδίκῃ"; Barbaro: „,Quum probe', inquit, ,integreque rempublicam administro, existimationem meam multis maculis aspergistis; quum autem vrbanis expilatoribus multum cum fraude concedo, me quasi summa virum et ciuem admiratione dignissimum reputatis. Quae quum ita sint, Athenienses, iis honoribus, quos mihi nunc decernere contenditis, vt ego sentio, plus mihi dedecoris et turpitudinis affertur quam prius allatum est, quum mihi repetundarum mulctam irrogastis" (ed. Bade, Paris 1514, fol. CXIIII^v—CXV^r).

79 *ciuitatis expilatoribus* Eine leicht verbesserte Übernahme von Barbaros „vrbanis expilatoribus".

82–83 *apud Terentium facit Demea* Demea ist der strenge, unbeirrbar nach moralischen Richtlinien erziehende Vater aus Terenzens Komödie *Adelphoe*. Er sieht prinzipiell davon ab, mit seinen Worten (und Maßnahmen) Gefallen und Zuneigung zu erwecken, sondern versucht ausschließlich durch strenge Maßregelung die Söhne zum Besseren zu erziehen, ebenso wie Aristeides das Volk der Athener.

V, 169   Vindictae neglectvs   (Aristides, 10)

Quum iret exulatum, sublatis in coelum manibus deos *comprecatus est*, sic prosperarent res *Atheniensium, vt illis Aristides nunquam veniret in mentem.* In rebus enim afflictis solet populus ad egregios viros confugere, id quod euenit. Siquidem *tertio post anno, quum Xerxes Atticam adoriri statuisset,* Aristides ab exilio reuocatus est.

V, 170   Avtoritas   (Aristides, 11)

Themistocles in concione dixit se reperisse consilium, quod summopere pertineret ad dignitatem Atheniensium, sed id eius esse generis, *vt proferri non expedire.* Populus censuit, *vt vni Aristidi indicaret;* si is probaret, probaturos omnes. *Quum igitur Themistocles indicasset Aristidi se de incendenda Graecorum nauali statione cogitare – sic enim fore, vt Athenienses toti Graeciae dominarentur –, Aristides ad populum prodiens dixit Themistoclis consilio nihil esse vtilius, sed eodem nihil inhonestius. Hac audita voce populus vetuit, ne super ea re in posterum verba faceret Themistocles.*

Hic certe populus quiddam philosophicum praestitit, repudians vtilitatem cum turpitudine coniunctam; simulque declarauit, quanta sit spectatae virtutis autoritas, qui non dubitarit reipublicae fortunam vnius iudicio committere.

Apophth. V, 169 datiert auf das Jahr 482 v. Chr., als Aristeides aus Athen verbannt wurde, und der Text des Lemmas bezieht sich weiter auf das Jahr 480 v. Chr., als Xerxes I. d.Gr. mit einer riesigen Truppenmacht in Griechenland einmarschierte und Aristeides aus der Verbannung zurückgerufen wurde. In *Lingua* (1525) zitierte Er. dasselbe Apophthegma als Musterbeispiel für Aristeides' Selbstaufopferung (*ASD* IV, 1, S. 357).

85–86 *Quum iret exulatum ... mentem* Er. gibt hier stark gekürzt und sehr frei Plut. *Aristid.* 7, 6 (*Vit.* 323) wieder: Τῆς δὲ πόλεως ἀπαλλαττόμενος ἤδη, τὰς χεῖρας ἀνατείνας πρὸς τὸν οὐρανόν εὔξατο τὴν ἐναντίαν, ὡς ἔοικεν, εὐχὴν τῷ Ἀχιλλεῖ, μηδένα καιρὸν Ἀθηναίους καταλαβεῖν, ὅς ἀναγκάσει τὸν δῆμον Ἀριστείδου μνησθῆναι. Bezeichnend ist, daß Er. den Vergleich des Aristeides mit Achilles streicht, den der Rotterdammer als einen der größten Verbrecher der Menschheit betrachtete. Vgl. *Lingua* (1525) a.a.O.: „Aristides quum ostracismo damnatus iret in exilium, amicis percontantibus, quid imprecaretur Atheniensium populo tam ingrato, qui virum integerrimum ac de re publica benemeritum eiiceret: ,Precor', inquit, ,illis tam perpetuam felicitatem, vt ne vnquam illis Aristidis veniat in mentem'" (*ASD* IV, 1, S. 357).

86 *vt ... mentem* In „vt illis Aristides nunquam veniret in mentem" wiederholte Er. Barbaros Übers.: „vt Aristides sibi nunquam veniret in mentem" (ed. Bade, Paris 1514, fol. CXVᵛ).

86–87 *In rebus ... confugere* Vgl. Er.' Kommentar zu *Apophth.* V, 147, in Bezug auf Themistokles' Verbannung: „sentiens (sc. Themistocles) hunc esse populi morem, vt in belli periculis implorent opem fortium virorum, in pace contemnant ac vexent eosdem"; Lycosthenes wertet V, 169 auf andere Weise aus: „Tanta fuit in viro isto pietas in patriam ..." (S. 833).

87–88 *tertio post ... statuisset* Hier fasst Er. Plut. *Aristid.* 8, 1 (*Vit.* 323) zusammen, wobei er – in gekürzter Form – Barbaros Übersetzung wörtlich repliziert: „Tertio post anno quum Xerxes per Thessaliam ac Boeotiam ductaret exercitum et Atticam adoriri statuisset, Athenienses antiqua lege exules restituere, Aristidis causa praesertim ..." (Paris, Bade und Petit, 1514, fol. CXVᵛ); vgl. den griech. Text: τρίτῳ δ᾽ ἔτει Ξέρξου διὰ Θετταλίας καὶ Βοιωτίας ἐλαύνοντος ἐπὶ τὴν Ἀττικήν, λύσαντες τὸν νόμον ἐψηφίσαντο τοῖς μεθεστῶσι κάθοδον.

Apophth. V, 170 Er. präsentiert die Anekdote von V, 170 als Beispiel für die *auctoritas*, die man Aristeides zuschrieb, jedoch den zitierten

Quellentext Plut. *Aristid.* 22, 2 (*Vit.* 332) als Exempel für die Gerechtigkeitsliebe des athenischen Volkes (οὕτω μὲν ἦν ὁ δῆμος φιλοδίκαιος) und Val. Max. VI, 5, ext. 2 für jene des Aristeides (*iustitia*); für Er.' Betonung der *auctoritas* des Aristeides vgl. *Adag.* 3461 „Etiam si Cato dicat" (*ASD* II, 7, S. 274–275), wo Aristeides (neben Cato d. Ä.) als Musterbeispiel für „autoritas" figuriert: „Similis erat autoritas Aristidis apud Athenienses ..."; *Lingua* (*ASD* IV, 1, S. 267).

90–96 *Themistocles ... faceret Themistocles* Paraphrasierende, teilweise geraffte Wiedergabe von Plut. *Aristid.* 22, 2 (*Vit.* 332), wobei Er. gegen seine Gewohnheit anscheinend nur von dem griech. Text ausging: Θεμιστοκλέους δὲ πρὸς τὸν δῆμον εἰπόντος, ὡς ἔχει τι βούλευμα καὶ γνώμην ἀπόρρητον, ὠφέλιμον δὲ τῇ πόλει καὶ σωτήριον, ἐκέλευσαν Ἀριστείδην μόνον ἀκοῦσαι καὶ συνδοκιμάσαι. Φράσαντος δὲ τῷ Ἀριστείδῃ τοῦ Θεμιστοκλέους, ὡς διανοεῖται τὸν ναύσταθμον ἐμπρῆσαι τῶν Ἑλλήνων, οὕτω γὰρ ἔσεσθαι μεγίστους καὶ κυρίους ἁπάντων τοὺς Ἀθηναίους, παρελθὼν εἰς τὸν δῆμον ὁ Ἀριστείδης ἔφη τῆς πράξεως, ἣν Θεμιστοκλῆς πράττειν διανοεῖται, μήτε λυσιτελεστέραν ἄλλην μήτ' ἀδικωτέραν εἶναι. Ταῦτ' ἀκούσαντες οἱ Ἀθηναῖοι παύσασθαι τὸν Θεμιστοκλέα προσέταξαν. Von einer Benutzung von Francesco Barbaros Übers. (ed. Bade, Paris 1514, fol. CXIX^r) findet sich an dieser Stelle keine Spur. Dasselbe Apophthegma findet sich auch in Val. Max. VI, 5, ext. 2 sowie in Brusonis Sammlung d.J. 1518, in III, 8 „De iustitia": „Themistocles post pulsum Xerxem, quum in senatu protulisset, Athenienses facile vniuersae Greciae potiri posse imperio, si classem Lacedaemoniorum comburerent, Aristides, qui ob iustitiam Iusti cognomen accepit, tanquam inhonestum consilum respuit". Jedoch ging Er. nicht von Val. Max. (oder einem Nachfolgetext) aus, da dort weniger missverständlich von der Flotte der Spartaner die Rede ist: Er.' „de incendenda Graecorum nauali statione" ist ein klarer Beleg, daß er von Plut. *Aristid.* 22, 2 (τὸν ναύσταθμον ἐμπρῆσαι τῶν Ἑλλήνων) ausging. Dies ist auch der Fall in *Lingua* (*ASD* IV, 1, S. 267): „Quum Themistocles apud populum Atheniensem diceret sese habere praeclarum consilium, sed quod tutum non esset efferri apud multitudinem, permisit populus, vt Aristidi diceret in aurem, vt eius vnius iudicio vel probaretur vel reiiceretur. Erat autem e classe Graecorum exurenda. Id quum esset factum, Aristides ad populum ,Nihil', inquit ,audiui vtilius consilio Themistoclis, sed eodem nihil iniustius'. Tanta verborum parsimonia reprobatum est hominis in Republica summi consilium".

90–91 *ad dignitatem Atheniensium* Eine irreführende Übertragung des Er.: Wenn die Athener die Flotte ihrer griechischen Bundesgenossen in Brand steckten, würde das natürlich nicht zu ihrer Würde beitragen, jedoch ihre Machtsposition erheblich verstärken, da sie dann augenblicklich die einzige griechische Macht darstellen würden, die über eine starke Flotte verfügte. In der Quelle Plut. ist dann auch von „Nutzen" und von „Staatswohl" die Rede (ὠφέλιμον δὲ τῇ πόλει καὶ σωτήριον), nicht von Würde.

93 *Graecorum* nml. der stationierten Flotten der griechischen Bundesgenossen der Athener, die sich zum Großteil aus der Flotte der Spartaner zusammensetzte.

100 V, 171　　　　　　　　　ABSTINENTIA　　　　　　　　(Aristides, 12)

Quum *Themistocles irrideret* Aristidis consilium hoc agentis, vt *census* esset in tuto, dicens eam *laudem non esse viri, sed scrinii tuto seruantis aurum*, deinde *summam boni ⟨ducis⟩ laudem definiret scire ac praesentire hostium consilia*, „Et *istuc*", inquit, „o *Themistocles*, faciendum est, *sed* in primis oportet *habere manus abstinentes*, atque haec
105　egregii ducis praecipua laus est". Hoc sermone taxauit Themistoclis rapacitatem.

V, 172　　　　　　　　　⟨PATIENTIA⟩　　　　　　　　(Aristides, 13)

Quum *Aristides duceretur ad supplicium*, quidam inimicus ex*puit illi in faciem*. Ille nihil aliud quam *abstersit faciem et subridens ait magistratui comitanti*, „*Admone istum, ne postea tam improbe oscitet*".
110　Huic simillimum est, quod ascribunt Phocioni.

---

103 ducis *suppleuerunt BAS LB (cf. infra „egregii ducis praecipua laus"): deest in A-C.*

103 istuc *B C*: isthuc *A2*, istud *LB*.
106 Patientia *scripsi (sec. duplex apophth. IV, 274)*.

100 *Abstinentia* Er. leitete den Titel aus dem Spruch des Aristeides ab, der gute Politiker müsse „habere manus abstinentes"; in Bades Ausgabe wird dieser Inhalt in einer Marginalie hervorgehoben: „Imperatoris pulcherrimum munus est manus abstinentes habere" (ed. Bade, Paris 1514, fol. CXIXᵛ).
101–105 *Themistocles irrideret ... laus est* Plut. *Aristid.* 24, 4 (*Vit.* 333). Er. hat Barbaros Übers. paraphrasierend bearbeitet und gekürzt: „Quocirca quum Aristides propter census coaptionem ingentem et admirabilem esset gloriam consequutus, magnopere Themistocles irrisisse fertur, quasi id, in quo existimationis suae fundamentum iecisset, non viri, sed scrinii tuto aurum seruantis laus esset. Quo in loco Aristidem parum apposite vlcisci visus est, qui sua loquendi libertate fraetus (sic) sic paulo ante Themistoclem increpuerat. Hic enim, quum hostium consilia scire ac praesagire summam imperatoris virtutem esse diffiniret, Aristides ‚Hoc necessarium est', inquit, ‚o Themistocle; sed manus abstinentes habere, pulcherrimum et veri imperatoris munus est'" (ed. Bade, Paris 1514, fol. CXIXᵛ). Vgl. den griech. Text: Μέγα δ᾽ οὖν ὄνομα τοῦ Ἀριστείδου καὶ θαυμαστὸν ἔσχοντες ἐπὶ τῇ διατάξει τῶν φόρων ὁ Θεμιστοκλῆς λέγεται καταγελᾶν, ὡς οὐκ ἀνδρὸς ὄντα τὸν ἔπαινον, ἀλλὰ θυλάκου χρυσοφύλακος· ἀνομοίως ἀμυνόμενος τὴν Ἀριστείδου παρρησίαν· ἐκείνῳ γὰρ εἰπόντος ποτὲ τοῦ Θεμιστοκλέους ἀρετὴν ἡγεῖσθαι μεγίστην στρατηγοῦ τὸ γινώσκειν καὶ προαισθάνεσθαι τὰ βουλεύματα τῶν πολεμίων, „Τοῦτο μέν," εἰπεῖν, „ἀναγκαῖόν ἐστιν, ὦ Θεμιστόκλεις, καλὸν δὲ καὶ στρατηγικὸν ἀληθῶς ἡ περὶ τὰς χεῖρας ἐγκράτεια.".
102 *deinde* „deinde" fehlt in Plutarchs Text; Er. verdrehte die Reihenfolge der Argumente bei Plutarch.
Apophth. V, 172 Die unter Aristides, 13 laufenden Texte gehören nicht zusammen. Unter V, 172 (Aristides, 13) wird in der vorliegenden Ausgabe nur der erste Teil der Texte, nml. „Quum Aristides ... Phocioni", verstanden. Für die anderen Textteile siehe den Komm. unten. Dem *Apophth*. V, 172 (Aristides, 13) fehlt in den Baseldrucken ein eigener Titel. Er. weist darauf hin, daß sich der Inhalt des Apophthegma mit jenem von IV, 274 (= Phocion, 18) deckt, das den Titel „Patientia" trägt. Dieser Titel würde auch für V, 172 passen. Vgl. auch Er.' kommentierende Erklärung zu IV, 274.
107–109 *Quum Aristides ... oscitet* Er. zitiert wörtlich, jedoch in stark gekürzter Form, Sen. *Dial.* (*Ad Heluiam matrem*) XII, 13, 7: „Ducebatur Athenis ad supplicium Aristides, cui quisquis occurrerat, deiiciebat oculos et ingemiscebat, non tamquam in hominem iustum, sed tamquam in ipsam iustitiam animaduerteretur; inuentus est tamen, qui in faciem eius inspueret. Poterat ob hoc moleste ferre, quod sciebat neminem id au-

surum puri oris; at ille abstersit faciem et subridens ait comitanti se magistratui: ‚Admone istum, ne postea tam improbe oscitet'". Das Apophthegma hatte bereits Brusoni (1518) in seine Sammlung aufgenommen, II, 1 „De constantia et fortitudine in rebus agendis": „Aristides, qui ob virtutem Iusti cognomentum assequutus est, quum duceretur ad supplicium apud Athenas, quicumque ei occurrebat, oculos in terram deiiciebat ingemescebatque, quod non in hominem iustum, sed tanquam in ipsam iustitiam animaduerteretur. Inuentus est tamen, qui faciem eius inspueret. Quo nihilo magis irritatus Aristides faciem abstersit ac subridens magistratui ait ‚Amoue (sic) istum, ne postea tam improbe oscitet". Den Irrtum des Seneca, der Pokion mit Aristeides verwechselte, vermerkte Lipsius in seinem Seneca-Kommentar *ad loc.*

107 *ad supplicium* Die Historizität des Ereignisses, daß Aristeides zum Tode verurteilt und hingerichtet worden wäre, ist nicht überzeugend belegt. Wie aus den Quellen von V, 164 (Aristides, 5) hervorgeht, wurde Aristeides jedenfalls etwa 84 Jahre alt. Der falsche Bericht von der Hinrichtung des Aristeides geht auf Seneca d.J. zurück, der in seiner Trostschrift *Ad Heluiam matrem* Phokion mit Aristeides verwechselte.

107 *quidam inimicus* In der zitierten Seneca-Stelle steht nicht, daß es ein „Feind des Aristides" gewesen sei, der ihm ins Gesicht spuckte. Das hat Er. hinzugesetzt, indem er die Seneca-Stelle mit der Phokion-Anekdote aus Plut., die er in *Apophth.* IV, 274 (Phocion, 18) präsentiert hatte, verquickte: „Cui (sc. Phocioni) ex inimicis quispiam ... in faciem expuit".

110 *quod adscribunt Phocioni* Plut. *Reg. et imp. apophth., Mor.* 189A (Phokion, 17); *Phoc.* 36,1–2 (*Vit.* 758); vgl. Er. *Apophth.* IV, 274 (*ASD* IV, 4, S. 350). Er. kommentiert das dort richtig dem Phokion zugeschriebene Apophthegma wie folgt: „Vir sanctissimus etiam moriturus publicae disciplinae curam habebat. De tam atroci contumelia (nml. das Ins-Gesicht-Spucken) questus non est nec flagitauit vindictam aduersus eum, qui praeter leges saeuiret in hominem damnatum; tantum cohiberi iussit exemplum bonis moribus aduersum et immane facinus non alius quam indecentes mores appellauit".

110 *Phocioni* Zur Person des Phokion vgl. oben, Komm. zu V, 114.

[V, 172B]   (Aristides, 14, i.e. Aristides sophista, 1)

[B] [Marcus imperator triduum commoratus Smyrnae, quoniam nondum viderat Aristidem, misit Quintilios, qui illum stipatum adducerent. „*Quur*", inquit Caesar, „*te sero videmus?*" „*Quoniam*", inquit, „consideratio *quaedam me impediebat*". *Tum Caesar hominis simplicitate delectatus* „*Quando*", inquit, „*audiam te?*". „*Hodie*", inquit, „*propone, et cras audi. Non enim sumus de numero vomentium, sed exacte loquentium. Licet ne, o imperator, adesse familiares dictioni?*". „*Licebit*", inquit Caesar, „*Est enim negocium publicum*". *Rursus Aristides* „*Concedatur*", inquit, „*illis tum acclamare, tum applaudere quantum possunt*". *Hic arridens Caesar* „*Istuc*", inquit, „*in te situm est*".]

[V, 172C]   (Aristides 15, i.e. Aristides sophista, 2)

[B] [Idem dixit *Arimaspos esse cognatos Philippi*, quod ea gens gignat *vnoculos*]. [A]

[A] MYRONIDES

V, 173   IGNAVI NON EXPECTANDI   (Myronides, 1) [14]

Myronides, creatus dux exercitus, aduersus Boeotos edixit, vt Athenienses exirent. Quum autem adesset congrediendi *tempus ducesque monerent nondum omnes adesse*, „*Adsunt*", inquit, „*qui pugnaturi sunt*". Hos itaque quum videret *promptos*, hostem aggressus *vicit*, sic interpretans eos, qui ob ignauiam non studuissent tempestiue adesse, ne in pugna quidem bonam operam nauaturos.

112–121 Marcus ... vnoculos *transposui ad VIII, 40A et B*.
112–119 Marcus imperator ... situm est *B C: deest in A*.
121 Arimaspos *scripsi*: Arimaspas *A-C*.
123 Ignaui non expectandi *A-C: om. BAS*.

Apophth. V, 172B vgl. *ASD* II, 4, S. 84, wo Er. Aelius Aristides als „Aristides sophista" bezeichnet.
111 *Apophth.* [172B–172C] Die nächstfolgenden Abschnitte „Marcus imperator ... situm est" und „Idem dixit ... vnoculos" gehören nicht zu V, 172 (Aristides, 13) und sie hängen damit auch in keiner Weise zusammen. Beide Abschnitte wurden 1532, in der zweiten Basler Ausgabe (*B*), eingefügt. Der Apophthegma-Spender ist in beiden Fällen kurioserweise nicht der athenische Staatsmann des 5. Jh. v. Chr. von V, 160–172, sondern der Sophist Publius Aelius Aristides aus dem 2. Jh. n. Chr.

Der erste Abschnitt gibt ein launiges Gespräch des Sophisten mit Kaiser Marcus Aurelius (reg. 161–180 n. Chr.) wieder, der zweite einen etwas plumpen Witz über König Philipp II. In *B* wurden beide Einschübe durch Einzüge links als separate Apophthegmata gekennzeichnet (was von *C* und *BAS* übernommen wurde). Jedoch vergaß man, ihnen eine separate Nummer (bzw. einen eigenen Titel) zu geben. Die Einschübe sind völlig fehl am Platz: Sie gehören einer anderen Person zu, die nicht zu den „Reges et imperatores" des 5. Buches zählt, und zerreißen zudem den von Plut. übernommenen chronologischen Aufbau. Es ist kaum vorstellbar, daß Er. den athenischen Staatsmann Aristeides tatsächlich mit dem Sophisten verwechselt hat: Er. kannte den Sophisten und seine Werke, die er, z. B. in den *Adag.*, mehrfach zitierte. Jedoch mag Er. die Stelle, wo der Einschub hingehört, nur vage angegeben haben, so daß der Irrtum dem Setzer unterlaufen sein könnte. Jedenfalls kann Er. unmöglich angegeben haben, daß die Aelius-Aristides-Apophthegmen an der Stelle von V, 172 eingefügt werden sollten. Freilich blieb der Fehler in *B* und *C* und *BAS* auch nach Durchsicht der Druckfahnen unentdeckt. In unserer Edition werden die beiden zu Unrecht eingefügten Sprüche athetiert wiedergegeben (die Wiedergabe hat den Zweck, den historischen Zustand des Textes zu zeigen), jedoch an der richtigen Stelle im achten Buch gedruckt, in jener Sektion, in der Er. die Sprüche der Sophisten darbietet, und haben dort die Nummern VIII, 40A und B. Der vollständige Kommentar zu den beiden Sprüchen findet sich ebd.

Apophth. 172B datiert auf d. J. 176 n. Chr., als Marcus Aurelius im Rahmen einer längeren Tour durch die östlichen Provinzen, am Ende der Reise, Smyrna (Izmir) besuchte und sich in dieser Stadt längere Zeit aufhielt. Dort wohnte er einer Deklamation des berühmten Redners Aelius Aristides bei, der dieses Ereignis als Höhepunkt seiner Karriere und seines Ruhmes betrachtete. Zu dem Treffen vgl. F. Gasco, „The Meeting between Aelius Aristides and Marcus Aurelius in Smyrna", in: *The American Journal of Philology* 110, 3 (1989), S. 471–478; A. Birley, *Mark Aurel. Kaiser und Philosoph*, München 1968 (urspr. *Marcus Aurelius*, London 1966), S. 351–352.

112–119 *Marcus imperator ... situm est* Philostr. *Vit. Soph.* II, 9 (Aristides), 582–583. Für den detaillierten Textbeleg vgl. Komm. unten zu VIII, 40A.

113 *Aristidem* Für den Redner, Schriftsteller, Deklamator, Philosophen (Sophist) und Vortragskünstler Publius Aelius Aristides (117–177/87 n. Chr.) vgl. Komm. zu *Apophth.* VIII, 40A.

Myronides, Sohn des Kallias, athenischer Feldherr des 5. Jh. v. Chr., am Peloponnesischen Krieg beteiligt. 456 v. Chr. landete er bei Oinophyta gegen die Thebaner einen entscheidenden Sieg, der die Voraussetzung zur Erweiterung des athenischen Machtbereiches bildete. Vgl. E.S.-H., *DNP* 8, Sp. 601–602; V. Ehrenberg, *RE*, Suppl. VII, Sp. 512–514, jeweils s.v. „Myronides", Nr. 2.

Apophth. V, 173 datiert auf d. J. 456/7 v. Chr. (vgl. Thuc. I, 108; Diod. XXXI, 31). Ein ähnlicher Ausspruch wurde dem spartanischen König Leonidas in *Plut. Mor.* 225 D und dem Timotheus in Polyaenus, *Strategemata* III, 10, 3 zugeschrieben; vgl. *Apophth.* I, 253 (*ASD* IV, 4, S. 123); Komm. *CWE* 38, S. 508.

124–127 *Myronides ... vicit* Paraphrasierende Wiedergabe von Plut. *Mor.* 185F (Myronides): Μυρωνίδης παρήγγειλεν ἔξοδον Ἀθηναίοις ἐπὶ Βοιωτοὺς στρατεύων· ἐνστάσης δὲ τῆς ὥρας καὶ τῶν λοχαγῶν λεγόντων μηδέπω πάντας παρεῖναι, „πάρεισιν", εἶπεν, „οἱ μέλλοντες μάχεσθαι" καὶ χρησάμενος αὐτοῖς προθύμοις ἐνίκησε τοὺς πολεμίους.

124 *creatus dux exercitus* „creatus dux exercitus" ist ein erklärender Zusatz des Er.

125 *ducesque* Eine etwas unglückliche Übersetzung des Er. von τῶν λοχαγῶν (Hauptleute), weil damit der Unterschied zu Myronides' Rang („dux") verwischt wird. Filelfo hingegen benutzte einen t.t. des röm. Heereswesens („primipili", fol. l v^r), Regio, dem Sinn entsprechend, „turmarum praefecti" (fol. e ii^v).

125–126 *nondum ... sunt* Er. hat hier seine Übers. jener des Filelfo („... nondum omnis adesse dicerent, ,Adsunt', inquit, ,qui pugnaturi sunt'", fol. l v^r) und des Regio („... omnes nondum adesse: ,Adsunt', inquit, ,qui sunt pugnaturi'", fol. e ii^v) nachgebildet.

127 *interpretans* Vgl. Er.' parallelen Kommentar in *Apophth.* I, 253 (*ASD* IV, 4, S. 123): „Non putauit eos expectandos, qui ad praescriptum ab imperatore tempus non adessent; reliquos, etiam si adsint, non pugnare".

PERICLES

130   V, 174   Imperivm in liberos   (Pericles, 1) [15]

Pericles, quotiescunque belli dux creatus esset, chlamydem induens apud se dicere consueuit: *"Attende, Pericles, quod gesturus es imperium in liberos, in Graecos et in Athenienses"*. His dictis se ipsum vir cordatissimus hortabatur, vt moderate gereret principatum. Magni ingenii est imperare liberis; at Graeci plusquam liberi tum erant, postremo
135   inter Graecos liberrimi Athenienses.

       V, 175   Noxia tollenda   (Pericles, 2) [16]

Suadebat *Atheniensibus, vt Aeginam tollerent veluti Pyrei pituitam*, quod inde suspicaretur bellum oriturum. E corpore malos humores tollere medicorum est.

---

133 seipsum *A*: ipsum *om. B C BAS.*
137 Pyrei *A-C BAS*: Pirei *LB, versio Philelphi (cf.*

Plut. ed. Ald. Πειρεῶς*)*, Piraei *versio Regii (cf. Plut. text. recept.* Πειραιῶς*).*

Perikles, (ca. 495–429 v. Chr.), führender athenischer Staatsmann ca. 450–429 v. Chr., Architekt des athenischen Imperialismus und Bauherr der klassischen Akropolis. Vgl. W. Will, *DNP* 9 (2000), Sp. 567–572, s.v. „Perikles", Nr. 1; F. Miltner, *RE* XIX, 1 (1937), Sp. 748–790, s.v. „Perikles", Nr. 1. Perikles sind zwei weitere Apophthegmata gewidmet: VIII, 241 und 323, welches zugleich das letzte Apophthegma überhaupt darstellt; zudem figuriert er in V, 187, VII, 129 und 140. Das Bild, das Er. in der folgenden Sektion von Perikles entwirft, ist durchaus positiv: Perikles erscheint als kluger (V, 175, 181), rational handelnder (V, 181), integrer (V, 176; 178), milder (V, 182), beherzter (V, 174; 181), tatkräftiger und zugleich gefasster Staatsmann, der auch in unerwarteten Situationen adäquat reagiert (V, 181), nie die Fassung verliert (V, 180) und sich selbst zu beherrschen weiß (V, 174). Mit dem Fürstenspiegelideal der *Institutio principis Christiani* korrespondiert Perikles vor allem im Hinblick auf drei Aspekte: 1. Er regiert über freie Bürger, was die beste und schwierigste Form des Regierens sein soll (vgl. V, 174). Dabei übt er seine Macht nicht durch Gewalt und Unterdrückung, sondern durch Überredung (V, 179) aus. 2. Selbstbeherrschung und Verzicht auf Gewalt und Rache. Sein höchster Ruhm ist, wie er sagt, niemals den Tod eines Mitbürgers verschuldet zu haben (V, 177). 3. Auftreten als kluger Ratgeber, der nie den Überblick verliert und vorausblickend agiert. In *Lingua* lobt Er. Perikles' *prudentia* und *moderatio* (*ASD* IV, 1, S. 358). Weiter hat Er. Perikles mehrere Male als Spender von Adagien verwendet, z.B. *Adag.* 2110 „Vsque ad aras amicus" (*ASD* II, 5, S. 112); *Adag.* 2181 „Ad id quod erat opus" (II, 5, 148: „natum aiunt ex oratione Periclis"); *Adag.* 2373 „Sedecim pedibus superauit" (ebd., S. 277: „… Periclem oratorem reliquos in dicendo sedecim praeterisse pedibus") und *Adag.* 3155 „Non admodum misces (*ASD* II, 7, S. 123–124).

130 *Imperium in liberos* Der Titel schließt V, 174 an einen Grundgedanken der *Inst. princ. christ.* an, nämlich daß die Herrschaft über freie Bürger die höchste und beste Form der Herrschaft sei. Vgl. Er.' Komm.: „Magni ingenii est imperare liberis".

131–132 *Pericles … Athenienses* Wiedergabe von Plut. *Reg. et imp. apophth., Mor.* 186C (Pericles, 1), wobei Er. sowohl Regios als Filelfos Übers. benutzte. Vgl. den griech. Text: Περικλῆς, ὁπότε μέλλοι στρατηγεῖν, ἀναλαμβάνων τὴν χλαμύδα πρὸς ἑαυτὸν ἔλεγε (ἔλεγεν *ed. Ald. 1509, p. 162*) „πρόσεχε, Περίκλεις, ἐλευθέρων μέλλεις ἄρχειν καὶ Ἑλλήνων (ἄρχειν Ἑλλήνων *ed. Ald. 1509, p. 162*) καὶ Ἀθηναίων". Im einleitenden Satz übernahm Er. wörtlich den Text des Regio: „Pericles quotienscunque exercitus dux creatus esset, …." (fol. e ii^v). Dies ist jedoch keine wörtliche Übers. des griech. Textes von Plut. *Mor.* 186C, wo angegeben wird „jedes Mal, wenn Perikles im Begriff war, die Führung als Feldherr anzugehen …". Jedoch hatte sich Regio wahrscheinlich zu seiner Darstellung von Plut. *Quaestiones convivales* I, 4, 2 (*Mor.* 620C) anregen lassen, wo „Pericles quotienscunque exercitus dux creatus esset" wörtlich vorhanden ist:ὁ μὲν οὖν Περικλῆς, ὁσάκις ᾑρημένος στρατηγὸς ἀναλαμβάνοι τὴν χλαμύδα, πρῶτον εἰώθει διαλέγεσθαι πρὸς αὑτὸν ὥσπερ ὑπομιμνῄσκων, ‚ὅρα, Περίκλεις· ἐλευθέρων ἄρχεις, Ἑλλήνων ἄρχεις, Ἀθηναίων ἄρχεις'; eine weitere, in der Wortwahl unterschiedliche Version des Spruchs findet sich in Plut. *Praecepta gerendae republicae* 17, Mor. 813D.

131 *chlamydem* Er. transliterierte, wie Filelfo (fol. l iiii^v), χλαμύς, das griech. Wort für den Feldherren-, Reiter- und Reisemantel, der über die linke Schulter geworfen und über der rechten Schulter mit einer Spange zusammengehalten wurde (vgl. W. Amelung, *RE* III, 2 (1899), Sp. 2342–2346, s.v. Χλαμύς), während es Regio adäquat latinisierte („paludamentum", a.a.O.). Das Anziehen der purpurroten Chlamys ist als symbolischer Akt – beim Antritt des Strategenamtes – gemeint. Das Anlegen des *paludamentum* war auch in der röm. Kultur als verbindliches Ritual vorgegeben, denn das *paludamentum*, scharlachfarben oder purpurrot, war zugleich das Rangabzeichen der Heeresführer und Feldherren. Beim Antritt des Amtes oder einer Mission wurde das *paludamentum* dem Amtsträger feierlich auf dem Kapitol in Rom umgehängt, und, so gekleidet, verließ er, von Liktoren zeremoniell begleitet, die Stadt. Die Chlamys entwickelte sich über die Schiene des Imperator-Titels auch zu einem bezeichnenden offiziellen Kleidungsstück der römischen Kaiser.

Apophth. V, 175 datiert vor d.J. 431 v. Chr., als die Athener auf Perikles' Geheiß die gesamte Bevölkerung Aiginas gewaltsam deportierten. Für den Titel von V, 175, der eine einfache Lebensklugheit verwortet, vgl. jenen des *Adag.* 2941 „Tollenda mali occasio" (*ASD* II, 6, S. 564).

137 *suadebat* Er. ersetzte Ἐκέλευσε („befahl", lat. „iubebat") aus ideologischen Gründen durch „suadebat" („er überredete"), um zu betonen, daß Perikles über freie Bürger regierte, die man überzeugen musste, ohne ihnen Befehle zu erteilen. Vgl. dagegen die Übers. Filelfos („iusserat") und Regios („iubebat").

137 *Atheniensibus … pituitam* Versuchte wörtliche Übernahme von Plut. *Reg. et imp. apophth., Mor.* 186C (Pericles, 2), wobei Er. Regios Übers. benutzte: „Iubebat autem Athenienses Aeginam tollere tanquam Piraei lippitudinem" (fol. ⟨e iii⟩^r). Vgl. den griech. Text: Ἐκέλευσε δὲ τοὺς Ἀθηναίους τὴν Αἴγιναν ὥσπερ λήμην ⟨λήμην *textus receptus, etiam ed. Ald. 1509, p. 162*; Filelfos Handschrift hatte λιμήν⟩ ἀφαιρεῖν τοῦ Πειραιῶς (πειρεῶς *ed. Ald. 1509, p. 162*). Da Filelfo λιμήν las, übersetzt er: „Iusserat autem Athenienses, Aeginam quasi Pirei portum existimarent ac tuerentur" (fol. l v^r). Plut. brachte den Ausspruch des Perikles auch in *Praecepta gerendae reipublicae* 6, Mor. 803A (καὶ Περικλῆς τὴν λήμην τοῦ Πειραιῶς ἀφελεῖν κελεύων) und *Per.* 8 (*Vit.* 156D): οἷον τὸ τὴν Αἴγιναν ὡς λήμην τοῦ Πειραιῶς ἀφελεῖν κελεῦσαι; in Lapo da Castiglionchios Übers.: „vt est illud, quo Aeginam veluti Pyraei lippedinem delendam censuit" (ed. Bade, Paris 1514, fol. LXVII^r); vgl. auch Plut. *Demosth.* 1 (*Vit.* 846C) und Arist. *Rhet.* III, 10, 7 (καὶ Περικλῆς τὴν Αἴγιναν ἀφελεῖν ἐκέλευσε τὴν λήμην τοῦ Πειραιῶς). Athenaeus 99D legte den Ausspruch dem athenischen Redner Demades in den Mund.

137 *Aegina* Insel gegenüber dem Hafen Athens, Piraeus, ca. 27km (ca. 16 Seemeilen) von diesem entfernt; insofern für Athen strategisch ungünstig gelegen, als man von Aegina aus die athenischen Schifffahrtsbewegungen beobachten bzw. kontrollieren konnte. Die Rivalität zwischen Aigina und Athen brach offen am Anfang des 5. Jh. v. Chr. aus.; sie endete mit der Niederlage Aiginas und der Deportation der gesamten Bevölkerung i.J. 431 v. Chr. Vgl. H. Kalcyk, *DNP* I (1996), Sp. 320–323, s.v. „Aigina".

137 *Pyrei* Die Baseldrucke überliefern einhellig die Schreibweise „Pyrei", obwohl Er. in Regios Übers. das richtige „Piraei", in Filelfos Übers. das fast richtige „Pirei" und in der Ausgabe des Aldus Πειρεῶς antraf. In Er.' Werken finden sich alle drei Schreibweisen. Für das richtige „Piraeus" vgl. *Adag.* 2981 (*ASD* II, 6, S. 576): „[A] Olim Piraeus insula fuit, id quod ipsum vocabulum adhuc indicat; περᾶν enim ‚transmittere' est". Diese von Er. selbst vorgetragene Ursprungsgeschichte widerspricht freilich der Schreibweise „Pyreus".

137 *pituita* Das lat. Wort „pituita" bezeichnet unspezifisch einen durch irgendeine Krankheit (Schnupfen, Bronchitis etc.) bedingten

V, 176   *Vsqve ad aras*   (Pericles, 3) [17]

Amico roganti, vt pro se falsum diceret testimonium, cui adiunctum erat iusiurandum, hoc est periurium, respondit se quidem *amicum esse,* sed *vsque ad aram,* sentiens aliquo vsque gratificandum amicis, sed citra violationem religionis.

V, 177   Potentia innoxia   (Pericles, 4) [18]

Moriturus hoc nomine sibi gratulabatur, quod ipsius causa nullus Atheniensium pullam vestem induisset, significans se nulli causam mortis fuisse nec vlli diem ab ipso capitis dictum. Pullati sunt, qui mortuum lugent; et olim capitis reum amici pullati pullatum comitabantur.

Schleimfluss (vgl. unten „malos humores"), das griech. λήμη jedoch spezifisch den *Augenkatarrh* bzw. Augen(lider)blennorrhö, dessen richtiges Äquivalent im Lat. „lippitudo" gewesen wäre (vgl. *DNG* II, Sp. 2897, s.v.), welches Regio (fol. ⟨e iii⟩ʳ) dann auch verwendete. Dadurch, daß Er. das paßgenaue „lippitudo" verschlimmbessernd durch das unspezifische „pituita" ersetzte, geht ein Teil des Witzes verloren: Perikles hatte ja den Hafen Athens mit dessen Auge (d.h. dem wertvollsten Körperteil) verglichen. Wenn Aigina nichts weiter als einen Schnupfen bedeutet, impliziert dies, daß es Athen nicht viel schaden kann.

Apophth. V, 176 ist ein Gegenstück zu *Adag.* 2110 (*ASD* II, 5, S. 112) mit dem Titel „Vsque ad aras amicus" und *Collect.* 807 „Commodandum amicis, sed vsque ad aras" (*ASD* II, 9, S. 266). Er. hatte das Adagium (in beiden Fällen) aus Perikles' Apophthegma konstruiert, wobei er – anders als im Fall von *Apophth.* V, 176 – als Quellen Gell. I, 3, 20 und Plut. *De vitioso pudore* 6, *Mor.* 531C verwendete. Er. war sich der Tatsache bewußt, daß nicht jedes Apophthegma als Adagium beansprucht werden sollte; im vorl. Fall rechtfertigte er sich, indem er ausführte, weshalb dem Apophth. der Status eines Sprichwortes zukäme, *Adag.* 2110: „Μέχρι τοῦ βωμοῦ φίλος εἰμί, id est *Vsque ad aram sum amicus*. Tametsi non est huius instituti quaelibet apophthegmata colligere, tamen hoc ita commode dictum et specie vsque adeo prouerbiali, praeterea sic a magnis celebratum autoribus, vt merito videatur in hunc ordinem coaptandum. Responsum est autem a Pericle ..." (a.a.O.).

140–141 *Amico roganti ... vsque ad aram* Wörtliche Wiedergabe von Plut. *Reg. et imp. apophth., Mor.* 186C (Pericles, 3), wobei Er. von Regios Übers. ausging: „Ad amicum vero quendam testimonium falsum, cui et iusiurandum inesset, rogantem ,Vsque ad aras', inquit, ,mihi amico esse licet'" (fol. ⟨e iii⟩ʳ). Vgl. den griech. Text: Πρὸς δὲ φίλον τινὰ ψευδοῦς μαρτυρίας (μαρτυρίας ψευδοῦς *ed. Ald. 1509, p. 162*) δεόμενον, ᾗ προσῆν καὶ ὅρκος, ἔφησε μέχρι τοῦ βωμοῦ φίλος εἶναι und Filelfos Übers: „... ad amicum quendam, qui falsum illum testimonium rogaret, ubi etiam iusiurandum interueniebat, respondit se ad aram vsque amicum esse" (fol. l vʳ); *Collect.* 807: „Pericles (vt in Noctibus refert Gellius) ab amico rogatus, vt in causa quadam falsum deierat, hunc in modum respondit: Δεῖ με συμπράττειν τοῖς φίλοις, ἀλλὰ μέχρι θεῶν. *Opus est accommodare amicis, sed vsque ad aras deorum*" (a.a.O.); *Adag.* 2110: „Responsum autem est a Pericle, quem cum amicus quispiam rogaret, vt in causa quadam sua gratia falsum deieraret: Δεῖ με ... συμπράττειν τοῖς φίλοις, ἀλλὰ μέχρι βωμῶν, id est *Oportet me accommodare amicis, sed vsque ad aras*. Ita refert Gellius. Commodius effert Plutarchus in libello Περὶ δυσωπίας: ,Μέχρι τοῦ βωμοῦ φίλος εἰμί, id est *Vsque ad aram sum amicus*'" (a.a.O.); in *Collect.* 807 benutzte Er. ausschließlich Gell. I, 3, 20, in *Adag.* 2110 sowohl die Gellius-Stelle als auch Plut. *De vitioso pudore* 6, *Mor.* 531C, wobei er die letzte Version vorzog, die ihm auch aus seiner eigenen Übers. des Traktates bekannt war: „Nam ego quidem nec Periclis illud probarim, quod respondit cuidam postulanti, vt pro se ferret falsum testimonium, cui coniunctum erat iusiurandum, *Vsque ad aram*, inquiens, *amicus sum*. Nimis enim prope iam accessit" (*ASD* IV, 2, S. 314); das Apophth. findet sich zudem in Plut. *Praecepta gerendae reipublicae* 13, *Mor.* 808A; Apost. 11, 31A; Brusoni in B. I, Kap. 3 „De amicitia et amicis" (dort der Text nach Gell., ganz ähnlich wie ihn Er. in *Collect.* 807 formuliert). Plut. überlieferte den Spruch an allen Stellen mit βωμοῦ, Gellius mit θεῶν.

141 *hoc est periurium* „hoc est periurium" ist ein erklärender Zusatz des Er.

141–142 *sentiens... religionis* Vgl. Er.' Erklärung des Apophthegmas in *Adag.* 2110 (*ASD* II, 5, S. 112): „Admonet prouerbium nonnunquam, quo consulamus amicorum commodis eorumque voluntati morem geramus, fas videri paululum a recto deflectere, verum eatenus, ne propter hominem amicum numinis reuerentiam violemus. Olim iurantes aram manu contingebant. Porro quatenus et quousque sit ab honesto deflectendum amici causa, copiose docteque disputat Aulus Gellius libro Noctium Atticarum primo, capite tertio".

142 *violationem religionis* Lycosthenes (S. 538) hat statt „violationem religionis" „iuramenti violationem".

Apophth. V, 177 datiert auf das Jahr 429 v. Chr.

144–145 *Moriturus... induisset* Plut. *Reg. et imp. apophth., Mor.* 186D (Pericles, 4): Μέλλων δ' ἀποθνῄσκειν αὐτὸς ἑαυτὸν ἐμακάριζεν ὅτι μηδεὶς Ἀθηναίων μέλαν ἱμάτιον δι' αὐτὸν ἐνεδύσατο; vgl. Regios Übers.: „moriturus quum esset, se ipsum beatum esse aiebat, quod Atheniensium nemo sua causa pullam vestem induisset" (fol. ⟨e iii⟩ʳ); derselbe Spruch findet sich in Plut. *Per.* 38,4 (*Vit.* 173C): „Οὐδεὶς γάρ," ἔφη, „δι' ἐμὲ τῶν ὄντων Ἀθηναίων μέλαν ἱμάτιον περιεβάλετο" und in Plut. *Qua quis ratione se ipse sine invidia laudet* 12, *Mor.* 543C: τὸ δὲ κάλλιστον καὶ μέγιστον καὶ ἴδιον αὐτοῦ παραλείποντας, ὅτι δι' αὐτὸν οὐδεὶς Ἀθηναίων μέλαν ἱμάτιον ἀνείληφε.

V, 178   Pvdice   (Pericles, 5) [19]
         (= Dublette von VIII, 153)

150 *Praetor collegam* sortitus est *Sophoclem* poetam; *quumque simul nauigarent ac Sophocles* conspecto *formoso puero* dixisset, „En quam speciosus puer", „*Decet*", inquit, „o Sophocles, praetorem non modo *manus, sed et* ⟨*oculos*⟩ [linguam] *habere continentes*".

V, 179   Gloriae stimvlvs   (Pericles, 6) [20]

Quum Thucydides vociferaretur apud populum aduersus Periclem, quod in picturas
155 ac statuas summorum artificum *profunderet* reipublicae census, ipse [sc. Pericles]

---

150 Praetor *A B BAS LB (cf. versionem Lapi Florentini)*: Praeter *C*, Pericles Lycosthenes *(p. 552)*.
152 oculos *inserui sec. Erasmi instructionem in err. A*: deest in *A-C BAS LB*.

152 linguam *deleui sec. Erasmi instructionem in err. A*: linguam *A-C BAS LB*, et oculos et linguam Lycosthenes *(p. 1088)*.
152 continentes *scripsi sec. Erasmi instructionem in err. A*: continentem *A-C BAS LB*.

Apophth. V, 178 bildet eine Dublette mit VIII, 153, wo derselbe Ausspruch dem Redner Isokrates in den Mund gelegt wird: „Vbi conspexit Sophoclem, tragoediarum scriptorem, sequi puerum quendam, forma illius captum, ‚Oportet', inquit, ‚o Sophocles, hominem non manus tantum apud se continere, verum et oculos' ..."; dort hatte Er. als Quelle Ps.-Plut. *Vitae decem oratorum, Mor.* IV, 38, 838F–839A benutzt: Σοφοκλέα δὲ τὸν τραγικὸν θεασάμενος ἑπόμενον ἐρωτικῶς παιδί, εἶπεν „οὐ μόνον δεῖ, Σοφόκλεις, τὰς χεῖρας ἔχειν παρ' αὐτῷ, ἀλλὰ καὶ τοὺς ὀφθαλμούς". Er. vermeldet weder hier noch in VIII, 153, daß eine Dublette vorliegt. Jedenfalls hat Er., als er das achte Buch zusammenstellte, sich nicht mehr an den Spruch im fünften erinnert. *Apophth.* V, 178 datiert auf d.J. 441–439 v. Chr., als Sophokles zusammen mit Perikles Stratege im Samischen Krieg war, ein Krieg, den Athen v.a. mit seiner Flotte führte. Daraus erklärt sich die gemeinsame Schifffahrt. Bei dem „schönen Knaben" muß es sich somit um einen Matrosen gehandelt haben, der wahrscheinlich der Flotte der Athener zugehörte.
150–152 *Praetor collegam ... continentem* Paraphrasierende Wiedergabe von Lapo da Castiglionchios latein. Übers. von Plut. *Per.* 8, 5 *(Vit. 15)*: „Et quum Sophocles collegam haberet in praetura ac simul aliquando nauigassent collaudassetque Sophocles formosum puerum, ‚Non solum', inquit, ‚o Sophocles,

praetorem decet manus, verum etiam oculos continentes habere'" (ed. Bade, Paris 1514, fol. LXVII[r]; dort scheint der Spruch auch *in margine* auf: „Praetorem non solum decet manus sed etiam oculos continentes habere"). Allerdings hat Er. bei der Übernahme des Textes „oculos" durch „linguam" ersetzt, vielleicht, weil er hervorkehren wollte, daß dem Tragödiendichter v.a. die aus christlicher Sicht obszöne Äußerung „Was für ein schöner Knabe!" anzukreiden sei. Vgl. den griech. Text: Καί ποτε τοῦ Σοφοκλέους, ὅτε συστρατηγῶν ἐξέπλευσε μετ' αὐτοῦ, παῖδα καλὸν ἐπαινέσαντος, „οὐ μόνον," ἔφη, „τὰς χεῖρας, ὦ Σοφόκλεις, δεῖ καθαρὰς ἔχειν τὸν στρατηγόν, ἀλλὰ καὶ τὰς ὄψεις." Die Anekdote findet sich ebenfalls in Cic. *Off.* I, 144: „Casu formosus puer praeteriret dixissetque Sophocles: ‚O puerum pulchrum, Pericle!' ‚At enim praetorem, Sophocle, decet non solum manus, sed etiam oculos abstinentes habere'"; Val. Max. IV, 3, ext. 1; Stob. *Serm.* 5. Vgl. weiter Lycosthenes S. 552–553 und 1087–1088.
150 *Sophoclem poetam* der bekannte Tragödiendichter (497/96–406/5 v. Chr.).
152 ⟨oculos⟩ [linguam] Er. hatte urspr. Plutarchs Angabe „die Augen" (τὰς ὄψεις, von Lapo da Castiglionchio mit „oculos" übersetzt) durch „linguam" („die Zunge") ersetzt, wobei er berücksichtigt haben wird, daß die Äußerung von Obszönitäten schlimmer sei als das bloße Hinsehen. Für einen Chris-

ten wie Er. war die Äußerung homosexueller Gefühle an sich schon eine Obszönität, ganz anders als im klassischen Griechenland, wo männliche Homosexualität weithin akzeptiert war. Dazu gehörte auch der Brauch, daß (v.a. ältere) Männer Knaben für „schön" ausriefen (nach dem Schema Ἀλέξανδρον καλὸν). Ein solches Für-Schön-Ausrufen bedeutete für einen jungen griechischen Mann etwas Ehrenvolles. Wenn Sophokles den jungen Matrosen für schön ausrief, ließ er sich also nach eigenzeitlichen Normen nichts Anstößiges zu Schulden kommen. Wohin aber zielt Perikles mit seinem warnenden Spruch? Dabei muß es m.E. um die verpflichtenden Prämissen des Strategenamtes gegangen sein, die verboten, die Befehlsgewalt der öffentl. Hand mit persönlich-privaten Belangen zu verquicken; daher war es unzulässig, daß sich ein Strategos an einem seiner Matrosen verging. Der Spruch des Perikles ist in diesem Sinn zu verstehen: Ein Strategos muss nicht nur seine Hände in Zaum halten, sondern auch seine Augen, um nicht in Versuchung geführt zu werden. Letzteres reimt sich gut mit christ.-asketischen Verhaltensgeboten, in denen das In-Zaum-Halten der Augen eingefordert wurde, um der Sünde aufgrund sinnlicher Verlockungen im Vorfeld einen Riegel vorzuschieben. Er. mag daran gedacht haben, als er sich bei der Durchsicht von *A* sich entschied, doch lieber dem ursprüngl. Text zu folgen, und in den *Errata* die Instruktion gab: „pag. 454. Vers. 12 et 13 sed et oculos habere continentes". In unserer Ed. wurde dieses *erratum* berücksichtigt, anders als in *B* und *C*, wo man die von Er. gewünschten Verbesserungen vernachlässigt hat. Lycosthenes hat in seiner Wiedergabe des Apophthegmas im Kap. „De lasciuia" (S. 553) Er.' „linguam" übernommen, jedoch das Apophthegma in seinem Kap. „De visu, aspectu et oculis" (S. 1088) um das fehlende „oculos" ergänzt, wobei er wohl die Version Ciceros in *Off*. I, 144 zur Korrektur heranzog; dadurch entstand der hybride Text: „,... non modo manus, sed et oculos et linguam habere abstinentes'". In der Dublette im achten Buch beließ Er. „die Augen" aus der Textvorlage, wobei er in seinem Kommentar die christliche Tendenz des Spruches hervorkehrte: „Vox homine Christiano non indigna". Diese Qualifikation besitzt im Grunde auch für die „Perikles"-Version in V, 178 Gültigkeit.

Apophth. V, 178 datiert auf die Zeit der Bautätigkeit des Perikles auf der Akropolis Athens i.d.J. 450–429 v. Chr., genauer 450–443 (mit der Ostrakisierung des Thukydides), vielleicht ganz konkret auf 444, als offensichtlich wurde, welche Unsummen der Parthenon-Bau verschlang.

154–159 *Quum Thucydides ... sumptibus* Plut. *Per.* 14, 1–2 (*Vit.* 160–161). Im einleitenden Teil paraphrasierende, im Spruchteil wörtliche Wiedergabe von Lapo da Castiglionchios Übers.: „Quum autem clamitaret Thucydides diceretque Periclem pecunias ac prouentus profundere, populum rogauit (sc. Pericles) in concione, nunquid videretur multa expendisse. Respondente vero plurima, ‚Sint igitur', inquit, ‚haec non vobis expensa, verum mihi, et in ipsis donis meum tamen nomen inscribam'. Haec dicente Pericle, siue admirati eius animi magnitudinem siue de operum gloria certarent, reclamarunt iubentes, publice sumptum faceret nec vlli impensae parceret" (ed. Bade, Paris 1514, fol. LXVIII^{r–v}); vgl. den griech. Text: Τῶν δὲ περὶ τὸν Θουκυδίδην ῥητόρων καταβοώντων τοῦ Περικλέους ὡς σπαθῶντος τὰ χρήματα καὶ τὰς προσόδους ἀπολλύντος, ἠρώτησεν ἐν ἐκκλησίᾳ τὸν δῆμον εἰ πολλὰ δοκεῖ δεδαπανῆσθαι· φησάντων δὲ πάμπολλα· „μὴ τοίνυν," εἶπεν, „ὑμῖν, ἀλλ᾽ ἐμοὶ δεδαπανήσθω, καὶ τῶν ἀναθημάτων ἰδίαν ἐμαυτοῦ ποιήσομαι τὴν ἐπιγραφήν". Εἰπόντος οὖν ταῦτα τοῦ Περικλέους, εἴτε τὴν μεγαλοφροσύνην αὐτοῦ θαυμάσαντες εἴτε πρὸς τὴν δόξαν ἀντιφιλοτιμούμενοι τῶν ἔργων, ἀνέκραγον κελεύοντες ἐκ τῶν δημοσίων ἀναλίσκειν καὶ χορηγεῖν μηδενὸς φειδόμενον.

154 *Thucydides* Nicht der bekannte Historiker, sondern ein älterer Namensvetter, **Thukydides, der Sohn des Melesias**, der die oligarchische Opposition gegen den Demokraten Perikles repräsentierte und ihn u. a. wegen seiner Baupolitik angriff. Dieser Thukydides wurde 443 v. Chr. auf Perikles' Betreiben ostrakisiert. Vgl. H.D. Meyer, „Thukydides Melesiou und die oligarchische Opposition gegen Perikles", in: *Historia* 16 (1967), S. 141–154; K.-W. Welwei, *DNP* 21, 1 (2001), Sp. 505–506, s.v. „Tukydides", Nr. 1.

154–155 *quod ... artificum* „quod ... artificum" ist ein erklärender Zusatz des Er., den er aus Plut. *Per.* 12–13 ableitete. Unter den Leuten, die Perikles anheuerte, befanden sich einige der berühmtesten Künstler jener Zeit, u.a. Agatharchos, Zeuxis, Pheidias und Kallikrates. 447 v. Chr. begannen die Bauarbeiten am Parthenon, 438 wurde die von Pheidias geschaffene 12 m hohe Monumentalstatue der Athena Parthenos eingeweiht; 437 wurde mit dem Bau der Propyläen begonnen. Vgl. J.M. Hurwit, *The Acropolis in the Age of Pericles*, Cambridge 2004.

assurgens *rogauit populum, videreturne multum impendisse. Quo respondente plurimum, "Age"*, inquit, *"sint igitur haec mihi impensa, non vobis, atque ipsis don*ariis deorum *meum tantum nomen inscribam"*. Haec vox subito mutauit animum populi, ⟨qui⟩ iussit[que], vt *publicis impendiis* pergeret *nec vllis parceret sumptibus*. Tantum
160 valuit animus praesens et sermo aculeatus.

V, 180   ALIENA CVRARE   (Pericles, 7) [21]

Quum deuictis Samiis *Athenas reuersus* pro concione [i.e. in funere] *laudasset eos, qui in bello ceciderant, caeterae matronae* redeuntem e concione *coronis ac vittis decorarunt, Elpinice,* Cimonis soror, *propius accedens dixit illi "Praeclara sunt ista*, quae ges-
165 sisti, *et coronis decoranda, qui nos tot fortibus viris spoliasti"*. Ad haec aliaque conuicia nihil commotus *Pericles tantum arrisit* nec *aliud respondit quam versiculum Archilochi,* Οὐκ ἂν μύροισι γραῦς ἐοῦσ᾽ ἀλείφεο, id est, *"Vnguento, anus quum sis, caueto inungier"*, significans publica negocia non esse curanda vetulae. Tam enim hoc indecorum,

---

159 qui iussit *correxi*: iussitque *A-C BAS LB.*
167 ἀλείφεο *A-C BAS LB (cf. Adag. edd. F-I)*: *scribendum erat* ἠλείφεο *(cf. Kienzle-Heinimann in Adag. 1711, ASD II, 4, p. 159).*

167 id est *A C (cf. Adag. 1711)*: om. *B.*

---

158 *deorum* „deorum" ist ein erklärender Zusatz des Er.
Apophth. V, 180 datiert auf 439 v. Chr., als Perikles nach achtmonatiger Belagerung von Samos als Sieger nach Athen zurückkehrte. Die Samier, Bundesgenossen der Athener im attischen Seebund, waren abtrünnig geworden, dadurch, daß sie eine selbständige Expansionspolitik in Kleinasien betrieben und sich verräterisch militärische Unterstützung durch den persischen König verschafften. Perikles' Feldzug war eine aufwendige Strafexpedition, mit der er die Samier niederrang, zum Gehorsam zwang und wieder in den Seebund eingliederte. Zur Strafe ließ er ihre Mauern schleifen, zog ihre Flotte ein und verurteilte sie zu hohen Reparationszahlungen. Der Titel des Apophth. geht von Er.' erster, unrichtiger Interpretation des Archilochos-Verses *frg.* 27 D (*West frg.* 205) in *A* aus. Vgl. Komm. unten. Im Hinblick auf die 1532 hinzugefügte Interpretation verträgt das Apophthegma diesen Titel nicht mehr; dieser müsste „Anus saltat" (= Titel von *Adag.* 1711, wo Er. den Archilochos-Vers ebenfalls zitiert) oder ähnlich lauten. Lycosthenes ordnete das Apophthegma nach der zweiten Interpretation des Er. den Kapiteln „De mulierum natura et moribus" (S. 751) und „De vetulis" (S. 1063) zu.

Brusoni hatte das Apophthegma bereits 1518 in der Kategorie „De anu, siue vetula" präsentiert (I, 12). Zu Perikles' Bestrafung der Samier vgl. Er., *Adag.* 3089 „Samiorum mala metuis", *ASD* II, 7, S. 90.

162–167 *Athenas reuersus ... inungier* Plut. *Per.* 28, 3–5 (*Vit.* 167). Er. hat seinen Text aus der Übers. des Lapo da Castiglionchio zusammengestellt, die er etwas kürzte; den griech. Spruch übernahm Er. hingegen aus den Adagien zusammen mit seiner eigenen, nicht ganz richtigen Übers.; vgl. Lapos latein. Übers.: „Subacta vero Samo Pericles, vt primum Athenas rediit, iis, qui in bello ceciderant, honorificentissime funus faciendum curauit. Quumque ad monumenta eos funebri oratione laudasset, summam de se admirationem praebuit descentemque e pulpito aliae quidem mulieres benigne excipientes coronis ac vittis, quemadmodum victorem athletam, exornabant. At Elpinice accedens propius ,Admiranda sunt', inquit, ,Pericles, et coronis decoranda, qui nos multis et fortibus ciuibus spoliasti; quum nec Phoenicibus nec Medis intulisses bellum, vt meus frater Cimon, sed vrbem sociam et necessitudine nobis propinquam sub imperium redacturus esses'. Haec dicente Elpinice subridens Pericles dicitur ad eam sedato animo illud Archilochi dixisse ,Haud vnguenti, vetula quum sis, oblita es'" (ed. Bade, Paris, 1514, fol. LXXᵛ). Vgl. den griech. Text: Ὁ δὲ Περικλῆς καταστρεψάμενος τὴν Σάμον ὡς ἐπανῆλθεν εἰς τὰς Ἀθήνας, ταφάς τε τῶν ἀποθανόντων κατὰ τὸν πόλεμον ἐνδόξους ἐποίησε καὶ τὸν λόγον εἰπών, ὥσπερ ἔθος ἐστίν, ἐπὶ τῶν σημάτων ἐθαυμαστώθη. καταβαίνοντα δ' αὐτὸν ἀπὸ τοῦ βήματος αἱ μὲν ἄλλαι γυναῖκες ἐδεξιοῦντο καὶ στεφάνοις ἀνέδουν καὶ ταινίαις ὥσπερ ἀθλητὴν νικηφόρον, ἡ δ' Ἐλπινίκη προσελθοῦσα πλησίον· "ταῦτ'", ἔφη, "θαυμαστά, Περίκλεις, καὶ ἄξια στεφάνων, ὃς ἡμῖν πολλοὺς καὶ ἀγαθοὺς ἀπώλεσας πολίτας οὐ Φοίνιξι πολεμῶν οὐδὲ Μήδοις, ὥσπερ οὑμὸς ἀδελφὸς Κίμων, ἀλλὰ σύμμαχον καὶ συγγενῆ πόλιν καταστρεφόμενος". Ταῦτα τῆς Ἐλπινίκης λεγούσης ὁ Περικλῆς μειδιάσας ἀτρέμα λέγεται τὸ τοῦ Ἀρχιλόχου πρὸς αὐτὴν εἰπεῖν· "οὐκ ἂν μύροισι γραῦς ἐοῦσ' ἠλείφεο". Das Apophthegma findet sich bereits in Er.' *Adag.* 1711 „Anus saltat" (*ASD* II, 4, S. 158–159): „Apud Plutarchum in vita Periclis legimus Elpinicem quandam, quum eum (S. 159:) indecoris conuiciis palam incesseret, nihil aliud responsi tulisse quam versiculum illum ex Archilocho: Οὐκ ἂν μύροισι γραῦς ἐοῦσα ἠλείφεο, id est *Vnguento, anus quum sis, caueto inungier*". Brusoni hatte die Anekdote in seine Sammlung d.J. 1518 aufgenommen, wobei er ebenfalls Lapos Übers. benutzte (I, 12).

162 *pro concione* Er. nahm irrtümlich an, daß Perikles die Rede bei einer Volksversammlung („concio") hielt; tatsächlich hielt er sie auf dem Friedhof Athens bei dem Begräbnis der Gefallenen, wie aus Lapos Übers., die Er. benutzte („Quumque ad monumenta eos funebri oratione laudasset", a.a.O.), klar hervorgeht. Der griech. Text gibt an, daß Perikles das Begräbnis organisierte und nach herkömmlicher Sitte „bei den Grabsteinen" (ἐπὶ τῶν σημάτων) seine Rede hielt. Vgl. Perrin in Plutarch, *Lives* (Loeb), III, S. 81: „the oration which he made, according to the custom, over their tombs".

163 *coronis ac vittis* Mit „coronis ac vittis" sind Siegeskränze und Siegesbinden (Kopfbinden) gemeint, die bei sportlichen Wettkämpfen verliehen wurden. Er. strich Plutarchs vergleichende Bemerkung „wie ein Athlet, der einen Sieg davongetragen hat" (in Lapos Übers.: „quemadmodum victorem athletam").

164 *Elpinice* Elpiknike, Tochter des athenischen Helden Miltiades, des Siegers von Marathon, und der thrakischen Königstochter Hegesipyle, und Stiefschwester des Aristokraten Kimon (geb. 510 v. Chr.), eines gefeierten Generals und politischen Gegners des Demokraten Perikles. Elpinike soll zu ihrem Bruder Kimon eine inzestuöse Beziehung gehabt haben oder sogar mit ihm in jungen Jahren verheiratet gewesen sein, bevor sie nach 489 den reichen Athener Kallias heiratete; i. J. 439 war sie bereits eine alte Frau. Vgl. E. Stein-Hölkeskamp, *DNP* 3 (1999), Sp. 1000, s.v. „Elipinike"; R. Just, *Women in Athenian Law and Life*, 1980, S. 109 ff. Elpinikes Halbbruder Kimon, war zum Zeitpunkt des Ausspruchs, 440, bereits etwa 10 Jahre tot, wurde von Elpinike somit als militärischer Held der Vergangenheit präsentiert. Kimon hatte schon in der Schlacht gegen die Perser bei Salamis (480) mitgekämpft und war in den Jahren nach dem Sieg gegen die Perser mehrfach zum Strategos Athens gewählt worden. Er spielte eine wichtige Rolle im Attischen Seebund und führte die Athener in der Schlacht am Eurymedon im Jahre 466 zum Sieg. Kimon wurde 462 ostrakisiert, kehrte jedoch 451 aus dem Exil zurück. Vgl. E. Stein-Hölkeskamp, *DNP* 6, Sp. 461–462, s.v. „Kimon", Nr. 2.

165 *aliaque conuicia* Sie warf Perikles vor, daß er nicht einen Krieg gegen auswärtige Feinde, wie Phönizier und Perser, geführt habe, sondern die vielen Verluste lediglich bei dem Versuch, Bundesgenossen wieder kooperativ zu machen, eingefahren habe.

167 *οὐκ ... inungier* identisch mit *Adag.* 1711, *ASD* II, 4, S. 159, Z. 205–206. Es handelt sich um Archil. *frg.* 27 D; *West frg.* 205.

167 ἀλείφεο Das fehlerhafte ἀλείφεο wurde bei der Textübertragung der Verszeilen aus den Adagien mitübernommen. In den Adagien vermeldete Er. die richtige Lesart ἠλείφεο in einer kommentierenden Zeile, wodurch der Schluß zulässig war, daß er eigentlich ἠλείφεο schreiben wollte; das gilt jedoch nicht für vorl. *Apophth.* V, 180.

167 *caueto* Die Übersetzung des Er. ist nicht ganz richtig getroffen; der vorhergehende Satz, den man mitdenken sollte, war „wenn du wüsstest, was sich gehört" (würdest du dich, ein altes Weib, wohl nicht geschminkt haben); vgl. Komm. zu *Adag.* 1711, a.a.O.

168–169 *significans ... vti* Er.' Erklärung aus der Erstausgabe (1531) ist nicht zutreffend. Es gab in Athen keine spezifische Norm, die bestimmte, daß sich insbesondere *alte* Frauen nicht mit politischen Angelegenheiten beschäftigten durften, vielmehr galt das für *alle* Frauen. Dieser Verhaltenskodex ist der Nährboden für Aristophanes' Komödie *Eccl.*, die das Adynaton einer Frauenvolksversammlung lebendig vorführt. Perikles wirft der Elpinike nicht vor, daß sie als Frau sich ungebührlich

quam turpe foret eam vnguentis vti. [*B*] Aut sensit indecorum esse iam anui mariti
desiderio teneri. [*A*]

V, 181 [*A*] Animose (Pericles, 8) [22]

Subito oborto *solis defectu* quum *Pericles videret* alios multos, sed praecipue classis
*gubernatorem, vehementer perturbatos, chlamyde sua texit gubernatoris faciem interrogauitque, nunquid hoc horrendum ostentum existimaret. Illo negante, „Quid interest",
inquit, „igitur, nisi quod chlamyde maius est id, quod nunc tenebras inducit".* Sensit vir
prudens interuentu lunae nobis abscondi solem, quemadmodum opposita chlamys
impediebat aliorum aspectum; nullum autem esse ostentum, quod natura fit.

V, 182 Civiliter (Pericles, 9) [23]

*Pericles Ariphroni volenti publico praeconio quaeri Alcibiadem, qui adolescens clam
domo egressus ad* amicum *Democratem se contulerat, obstitit dicens „Si forte nobis insciis
periit, praeconio nihil aliud agetur quam* vt vno tantum die citius *manifestum fiat
illum interisse; sin saluus, ne per omnem quidem vitam saluus esse poterit".* Ciuiliter
exclusit Pericles adolescentis infamiam, quam nunquam potuisset eluere.

169–170 aut sensit [...] desiderio teneri *B C*: deest in *A*.

173 perturbatos *B C*: conturbatos *A*.

mit politischen Angelegenheiten beschäftigte: Zu berücksichtigen ist, daß der Wortwechsel eben nicht im Kontext einer Volksversammlung stattfand, wie Er. irrig annahm (vgl. oben „e concione"), sondern bei einem Begräbnis. Der Witz des Perikles ist simpler und grobschlächtiger: Er wirft der alten Frau, deren Liebesleben in der Vergangenheit von manchen als anstößig empfunden worden war (vgl. ihren Verriss in der Komödie), vor, daß sie sich jetzt noch schminke wie ein junges Mädchen, also unanständig sei: „Wenn du gewusst hättest, was sich gehört, so hättest du dich nicht geschminkt". Damit versucht Perikles sie zu diskreditieren, ohne auf ihren Vorwurf überhaupt einzugehen. Aus dem Zusatz des Jahres 1532 („Aut ... teneri") geht hervor, daß Er. an seiner ersten Interpretation (*A*) zweifelte. In seiner zweiten Deutung ging er davon aus, daß das Gesicht der Elpinike tatsächlich geschminkt war; daraus leitete er ab, daß ihr Perikles vorgeworfen hätte, sie sei als alte Frau auf Männerfang aus, um noch einmal zu heiraten. Das Letzte ist wohl zu konkret gedacht, während die Interpretation grundsätzlich in die richtige Richtung geht.

169 *foret* Aus der Verwendung dieser Form geht hervor, daß Er. in seiner ersten Erklärung nicht davon ausging, daß Elpinike geschminkt war, sondern daß die Schminke nur als Vergleich zu anderem ungehörigen Handeln diente (der Einmischung in politische Angelegenheiten).

Apophth. V, 181 datiert auf 430 v. Chr., als Perikles im 2. Jahr des Peloponnesischen Krieges zum Zweck einer Strafexpedition gegen Sparta eine große Flotte befehligte und bei der Ausfahrt der Flotte eine Sonnenfinsternis auftrat. Nach Er.' Titel „Animose" hat Lycosthenes die Kategorie „De animose dictis" (S. 72–77) entworfen, in der er das Apophthegma präsentiert.

172–175 *solis defectu ... tenebras inducit* Im einleitenden Teil stark gekürzte und paraphrasierende, im Spruchteil wörtliche Wiedergabe von Plut. *Per.* 35, 1–2 (*Vit.* 171), wobei Er. sowohl den griech. Text als auch Lapo da Castiglionchios Übers. als Vorlage verwendete; vgl. den griech. Text: ἤδη δὲ πεπληρωμένων τῶν νεῶν καὶ τοῦ Περικλέους ἀναβεβηκότος ἐπὶ τὴν ἑαυτοῦ τριήρη τὸν μὲν ἥλιον ἐκλιπεῖν συνέβη καὶ γενέσθαι σκότος, ἐκπλαγῆναι δὲ πάντας ὡς πρὸς μέγα σημεῖον. ὁρῶν οὖν ὁ Περικλῆς περίφοβον τὸν κυβερνήτην καὶ διηπορημένον, ἀνέσχε τὴν χλαμύδα πρὸ τῶν ὄψεων αὐτοῦ, καὶ παρακαλύψας ἠρώτησε μή τι δεινὸν ἢ δεινοῦ τινος οἴεται σημεῖον· ὡς δ' οὐκ ἔφη, „Τί οὖν," εἶπεν, „ἐκεῖνο τούτου διαφέρει, πλὴν ὅτι μεῖζόν τι τῆς χλαμύδος ἐστὶ τὸ πεποιηκὸς τὴν ἐπισκότησιν"; dieselbe Anekdote findet sich auch bei Val. Max. VIII, 11, ext. 1.

172 *solis defectu* Vgl. Lapos „solis defectio" (ed. Bade, Paris 1514, fol. LXXI^v).

173–175 *Interrogauitque ... inducit* Vgl. Lapo da Castiglionchios Übers.: „rogauit, nunquid horrendum aut horridae alicuius rei signum putaret. Abnuente illo ‚Quid igitur interest', inquit, ‚aut quid distat hoc ab illo, nisi quod maius quiddam est chlamyde id, quod nunc tenebras agit?'" (a.a.O.).

175 *Sensit ... natura fit* Nach Val. Max. VIII, 11, ext. 1 soll Perikles die naturwissenschaftliche Erklärung der Sonnenfinsternis von dem Philosophen Anaxagoras bezogen haben.

Apophth. V, 182 datiert auf die Zeit um 439–434 v. Chr.; Alkibiades (geb. ca. 451 v. Chr.), Sohn des Kleinias und der Deinomache, wuchs nach dem frühen Tod seines Vaters in der Schlacht von Koroneia (447 v. Chr.) im Hause seines Onkels Perikles auf, wo er von hervorragenden Lehrern (u.a. Sokrates) unterrichtet wurde. Er. vermeldet diese Umstände nicht, die gleichwohl zum richtigen Verständnis des Apophthegmas unabkömmlich sind, da sie das Verhalten sowohl des Perikles als auch seines Bruders Ariphron erst erklärlich machen. Der noch sehr junge Alikibiades war offenbar in einer amorösen Angelegenheit ausgebüchst und über Nacht weggeblieben, ohne seinem Vogt etwas zu sagen. Der zweite Onkel des Alkibiades, Ariphron, machte sich so große Sorgen, daß er den Knaben polizeilich suchen lassen wollte; der klügere und gelassenere Perikles hingegen verbot das aus Rücksichtnahme auf den guten Ruf seines Zöglings. Alkibiades' Eskapaden als Jüngling werden in den antiken Quellen mehrfach erwähnt. Der Titel der Anekdote („Ciuiliter") zeigt an, daß Er. mit dem Kontext des Apophthegmas nicht recht vertraut war. Perikles Ausspruch belegt nicht das exemplarische Verhalten eines guten Bürgers, der seinen jungen Mitbürger nicht im Stich lässt, sondern das des weisen Ziehvaters, der für den guten Ruf seines Zöglings Sorge trägt.

179 *Ariphroni* Ariphron, der Bruder des Perikles; vermeldet neben Plut. *Alcib.* 3, 2–4 in Plat. *Prot.* 320A.

179–182 *Ariphroni volenti ... esse poterit* Leicht gekürzte Wiedergabe von Plut. *Alcib.* 3 (*Vit.* 192F–193A), wobei Er. Donato Acciaiuolis Übers. als Vorlage benutzte, diese jedoch an zwei Stellen verbesserte: „Repertum est autem in accusationibus Antiphontis: Alcibiadem aliquando, quum esset adolescens, clam domo egressum se ad amatorem Democratem contulisse; confestimque Ariphronem voluisse eum, quia non reperiretur, publico praeconio indagare; prohibuisse Periclem. ‚Si enim', inquit, ‚o Ariphron, ignorantibus nobis Alcibiades mortem oppetiit, vna saltem die eius interitum diuulgari oportet; si vero saluus atque incolumis est, cur adolescentis vitam infami praeconio notandam censes?'" (ed. Bade, Paris 1514, fol. XXXVII^r). Vgl. den griech. Text: Ἐν δὲ ταῖς Ἀντιφῶντος λοιδορίαις γέγραπται, ὅτι παῖς ὢν ἐκ τῆς οἰκίας ἀπέδρα πρὸς Δημοκράτην τινὰ τῶν ἐραστῶν, βουλομένου δ' αὐτὸν ἐπικηρύττειν Ἀρίφρονος, Περικλῆς οὐκ εἴασεν εἰπών, εἰ μὲν τέθνηκεν, ἡμέρᾳ μιᾷ διὰ τὸ κήρυγμα φανεῖσθαι πρότερον, εἰ δὲ σῶς ἐστιν, ἄσωστον αὐτῷ τὸν λοιπὸν βίον ἔσεσθαι. Er. verschweigt die ursprüngliche, von Plutarch vermeldete Quelle der Anekdote: eine unter dem Namen des Rhamnusiers Antiphon überlieferte Schmährede gegen Alkibiades (vgl. Athen. 525B). Diese Rede ist nicht erhalten, die Autorschaft Antiphons nicht erwiesen. Donatos Übers. läßt an dieser Stelle zu wünschen übrig: Erstens übersah er πρότερον, sodaß er den betreffenden Satzteil nicht richtig verstand (gemeint ist: einen Tag früher, als dies sonst der Fall wäre); zweitens ist die Übertragung des letzten Satzteiles nicht adäquat, wodurch u.a. das Wortspiel σῶς – ἄσωστον αὐτῷ τὸν λοιπὸν βίον ἔσεσθαι untergeht. Er. korrigierte beide Fehler, indem er den griech. Text dort selbst neu übersetzte.

179 *Alcibiadem* Zu Alkibiades siehe unten, Komm. zu V, 184.

180 *amicum* Er. verschleiert den homosexuellen Charakter der Beziehung des Alkibiades zu Demokrates, indem er Donato Acciaiuolis explizites „amatorem" durch das neutrale „amicum" ersetzte. Der griechische Text ist noch expliziter, insofern er suggeriert, daß der Jüngling Alkibiades mehrere homosexuelle Liebhaber hatte (ἀπέδρα πρὸς Δημοκράτην τινὰ τῶν ἐραστῶν).

180 *Democratem* Demokrates, ein weiterer unbekannter Athener des 5. Jh. v. Chr., einer der homosexuellen Liebhaber des Alkibiades.

182 *ne per ... poterit* Hier hat Er. den griech. Text selbst neu übertragen; Donatos Übers. ist an dieser Stelle sehr frei.

| V, 183 | Avtoritas | (Pericles, 10) [24] |

185 *Pericles quum a populo vocaretur* frequenter, *non auscultauit dicens „ἀσύντακτός εἰμι",* sentiens se non esse cogendum in ordinem nec pro quolibet e media plebe habendum.

ALCIBIADES

| V, 184 | Vtcvnqve vincere | (Alcibiades, 1) |
| | (= Dublette von II, 41) | |

Alcibiades etiamnum puer, quum in palaestra nexu quodam constrictus *esset, vnde se non posset explicare, manum colluctatoris* mordicus arripuit. *Illo dicente „Mordes, Alcibiades, vt foeminae* solent", „imo", inquit, „vt leones". Hoc de Lacone quodam ante commemoratum est, sed in diuersam sententiam. Iam tum agnoscere erat animum
195 cedere nescium.

Für *Apophth.* V, 183 vgl. das ähnliche *Apophth.* IV, 367, *ASD* IV, 4, S. 371 (Demosthenes, 17), ein Spruch des Demosthenes, der Perikles damit nachahmte und ablehnte, das Wort zu ergreifen, wenn er keine Rede vorbereitet hatte. Wenn Plutarchs Angaben in der Perikles-Biographie richtig sind, so hat der athenische Staatsmann seine öffentlichen Auftritte als Redner sorgfältig dosiert und registriert; er scheint sich bewußt rar gemacht zu haben und es vermieden zu haben, bei jeder Gelegenheit das Wort zu ergreifen. Über unbedeutendere Gegenstände zu reden überließ er mit Vorliebe seinen politischen Freunden. Vgl. Plut. *Per.* 7, 5–6 (*Vit.* 15E–F).

185 *quum a populo vocaretur ... εἰμι* Eigenständige Übertragung des Er. von Plut. *De lib. educ.* 9, *Mor.* 6D, wobei er Guarinos Übers. verbesserte. Vgl. den griech. Text: Ὁ Περικλῆς ὡς ἡμῖν παραδέδοται, καλούμενος ὑπὸ τοῦ δήμου, πολλάκις οὐχ ὑπήκουσε, λέγων ἀσύντακτος εἶναι; Guarinos Übers.: „Periclem, vt accepimus, ad perorandum conuocatum multoties populo nequaquam audiuisse constat, quod imparatum se esse diceret" (ed. Cratander, Basel 1530, fol. 53A).

Alkibiades (ca. 451–404 v. Chr.), bedeutender athenischer Politiker, Redner und Feldherr; bekleidete seit 420 mehrere Male das Amt des Strategos. Exzentrische und moralisch anrüchige Persönlichkeit, die eine äußerst opportunistische, wechselhafte und individualistische Politik betrieb. Wuchs nach dem frühen Tod seines Vaters Kleinias i. J. 447 im Haus seines Onkels Perikles auf (vgl. oben *Apophth.* V, 181); gehörte zu den Schülern des Sokrates; Platon widmete ihm einen Dialog. Wechselte in Athen mehrfach die Seiten zwischen der spartafreundlichen und der spartafeindlichen Partei. Nachdem er i.J. 415 zum Tode verurteilt wurde, schloss er sich den Spartanern an und führte offen gegen Athen Krieg, wobei er zudem mit den Persern gemeinsame Sache machte, u.a. mit den Satrapen Tissaphernes und Pharnabazos eine Seeoffensive gegen Athens Stützpunkte in Ionien eröffnete. In der Folge stürzte er mit Hilfe der Perser und der Oligarchen die Demokratie in Athen (411). Nachdem sich die Perser Sparta anschlossen, wechselte Alkibiades die Seite und kämpfte nun für die athenische Demokratie. Nach dem Sieg bei Kyzikos i.J. 410 zog er als Triumphator in Athen ein, wurde rehabilitiert und zum alleinigen Oberkommandanten der Stadt ernannt. Als er diese Machtstellung verlor, begab er sich, wiederum die Seite wechselnd, i.J. 404 an den Hof des persischen Satrapen Pharnabazos; dieser ließ ihn jedoch, in Absprache mit den Spartanern und Athenern, hinrichten. Vgl. W.M. Ellis, *Alcibiades*, London 1989; H. Heftner, *Alkibiades. Staatsmann und Feldherr*, Darmstadt 2011; D. Gribble, David,

Alcibiades and Athens. A Study in Literary Presentation, Oxford 1999; M.F. McGregor, „The Genius of Alkibiades", in: *Phoenix* 19 (1965), S. 27–50. Für Er.' moralische Erziehung des Fürsten eignete sich Alkibiades nur sehr bedingt als Vorbild. Im Hinblick auf die ideologischen Vorgaben der *Inst. princ. christ.* mangelte es Alcibiades an Selbstlosigkeit, Uneigennützigkeit, Hingabe an den Staat, Einsatz für das Allgemeinwohl, Hintanstellung seines Privatlebens, Zurückhaltung und Selbstbeherrschung, Vertrauenswürdigkeit und moralischer Integrität. Stattdessen strebte er nach Reichtum, Luxus, Macht, und war in seinem politischen Handeln immerzu nur auf seinen eigenen Vorteil bedacht (vgl. den ständigen politischen Seitenwechsel). Seine positiven Eigenschaften waren seine Willensstärke, Intelligenz, Klugheit und Fähigkeit zur realistischen Einschätzung politischer Gegebenheiten. Alkibiades war für Er. eine proteische und schlüpfrige, jedoch hochintelligente und dem philosophischen Denken zugeneigte Person, der freilich Vertrauenswürdigkeit und Konstanz abging. Bezeichnend ist die Art, in der Er. Alkibiades in dem machiavellistischen *Adag.* 93 „Polypi mentem obtine" (*ASD* I, 2, S. 200) beschreibt, wobei er dessen proteischen, chamäleontischen Charakter hervorhebt: „Nam in Alcibiade dubites, vitione an laudi danda sit; certe felicissima quaedam et admiranda fuit morum et ingenii dexteritas, *qui sic polypum agebat*, vt Athenis dicteriis et salibus luderet, equos aleret, comiter et eleganter viueret. Idem apud Lacedaemonios radebatur, pallium gestabat, frigida lauabat. Apud Thraces belligerabatur ac potabat. Vbi vero venisset ad Tisaphernem, deliciis, mollicie fastuque iuxta gentis morem est usus". In *Adag.* 3009 „Versatilis Artemon" tadelt Er. Alkibiades' proteischen Charakter noch offener (*ASD* II, 7, S. 48–49, ein Zusatz aus der Adagia-Ausgabe des Jahres 1528 [G]): „Quibus ex verbis apparet dictum in hominem sui dissimilem ac moribus inaequalibus praeditum, qualem perhibent fuisse Alcibiadem, qui, vt refert Satyrus (apud Athen. XII, 534B), apud Iones deliciabatur, vt illos quoque vinceret, apud Thebanos exercitamentis corporis erat quouis Boeoto Boeotior, apud Thessalos equestris rei studio superabat ipsos, apud Lacedaemonios temperans ac patiens magis ipsis Lacedaemonibus, in Thracia Thraces superabat vinolentia". Jedoch betrachtete Er. Alkibiades als klugen Kopf, nach dessen Aussprüchen er einige Adagien bildete: u.a. *Adag.* 2201 „Sileni Alcibiadis" (*ASD* II, 5, S. 159–190) und. 2398 „Cum licet fugere, ne quaere litem" (*ASD* II, 5, S. 287–288 = *Apophth.* V, 188 und 189).

Apophth. V, 184 Bei Alcibiades fängt in den Basler Editionen eine neue Zählung an, die sich über eine größere Anzahl von Personen erstreckt (bis einschließlich Nikostratos), die keinen klar erkennbaren gemeinsamen Teiler aufweisen.

Apophth. V, 184 datiert auf ca. 440 v. Chr. Die Eigenschaft des unbedingten Siegeswillens mag Er. positiv beurteilt haben. Unten charakterisiert er Alkibiades mit „cedere nescius", was dem Leibspruch des Er., „cedo nulli", ähnelt. Der Leibspruch „cedo nulli" schimmert auch in den folgenden *Apophthegmata* des Alkibiades hindurch, wobei Er. einigen Aussprüchen sogar direkt zustimmt. V, 184 stellt eine Dublette von II, 41 (*ASD* IV, 4, S. 159) dar, wobei der Spruch einem anonymen Spartaner in den Mund gelegt wird.

191–193 *Alcibiades ... leones* Plut. *Reg. et imp. apophth., Mor.* 186D (Alcibiades, 1): Ἀλκιβιάδης ἔτι παῖς ὢν ἐλήφθη λαβὴν ἐν παλαίστρᾳ· καὶ μὴ δυνάμενος διαφυγεῖν ἔδακε τὴν χεῖρα τοῦ καταπαλαίοντος· εἰπόντος δ' ἐκείνου „δάκνεις ὡς αἱ γυναῖκες", „οὐ μὲν οὖν", εἶπεν, „ἀλλ' ὡς οἱ λέοντες". Vgl. Filefos Übers. (die Regio größtenteils wiederholte): „Alcibiades adhuc puer, quum in palaestra eo captu comprehensus esset, quem nequiret euadere (effugere nesciret, *Regio*), mordebat (momordit *Regio*) colluctantis manum. Atque illo dicente (Sed quum ille dixisset *Regio*) ‚Mordes ut foeminae', ‚Minime', inquit, ‚sed ut leones'" (Filelfo, fol. l v^r; Regio, fol. ⟨e iii⟩^r); dasselbe Apophthegma findet sich in Plut. *Alcib.* 2, 3 (*Vit.* 192C).

193–194 *Hoc de Lacone ... sententiam* Vgl. *Apophth.* II, 41 (*ASD* IV, 4, S. 159): „... brachium vrgentis momordit; cumque alter diceret, ‚Mordes, o Lacon, foeminarum more', ‚Non', inquit, ‚sed more leonum'". Dort handelt es sich um einen unbekannten Spartaner, der sich an seinem Gegner, der einen irreglementären Griff angewendet hatte, auf diese Weise rächte. Vgl. Plut. *Mor.* 234E (*Apophth. Laconica*, anon. 44). Die Spartaner waren dafür bekannt, daß sie beim Ringkampf zuweilen zubissen. Er. billigte im Fall von *Apophth.* II, 41 das ‚weibische' Beißen („Iure se autem morsu liberauit ...").

V, 185   Fabvlae popvli   (Alcibiades, 2)

Habebat canem quendam insigni pulchritudine, emptum drachmarum septem milibus. Huic amputauit *caudam*, ac per vrbem obambulare passus est. Demirantibus, cur id faceret, „Vt hoc", inquit, „de me loquantur Athenienses nec alterius rei sint curiosi". Norat ingenium populi: de claris viris libenter loquitur male. Illi morbo suppeditauit materiam leuiorem.

V, 186   Lvdimagister   (Alcibiades, 3)

Puer *ludum literarium ingressus poposcit Iliadem Homeri; quumque ludimagister negasset sibi esse quicquam Homeri, impegit illi pugnum et abiit,* declarans impudenter eum docere literas, qui non semper Homerum haberet in sinu. Quid ille facturus erat, si pro Homero quis porrexisset illi Michaelem Modistam aut Floristam?

206   Michaelem *C*: Michahelem *A B*.

In *Apophth.* V, 185 erscheint Alikibiades als Tierquäler, blasierter Reicher, Zyniker und exzentrischer Bürgerschreck. Er soll eine Unsumme für einen sehr schönen Hund ausgegeben haben; dann soll er ihn verstümmelt und in der Stadt Athen ausgesetzt haben. Sein zynischer Hintergedanke soll gewesen sein, das Volk damit abzulenken. Da sich Alkibiades wahrscheinlich einen edlen Jagdhund zugelegt hatte, könnte das Kupieren des Schwanzes einen anderen, ganz banalen Sinn gehabt haben. Daß Alkibiades den Hund ausgesetzt haben soll, beruht jedenfalls auf einer Fehlübersetzung.
197–199 *Habebat canem ... curiosi* Plut. *Reg. et imp. apophth., Mor.* 186D (Alcibiades, 2): Ἔχων δὲ κύνα πάγκαλον ἐωνημένον ἑπτακισχιλίων δραχμῶν ἀπέκοψεν αὐτοῦ τὴν οὐρὰν „ὅπως", ἔφη, „τοῦτο λέγωσιν Ἀθηναῖοι περὶ ἐμοῦ καὶ μηδὲν ἄλλο πολυπραγμονῶσι". Er. hat sich von Regios Übers. anregen lassen: „Habens autem quam pulcherrimum canem, quem septem milibus drachmarum emerat, caudam illi recidit. ‚Vt Athenienses', inquit, ‚hoc de me loquantur, et aliud nihil curiosius inuestigent'" (fol. ⟨e iii⟩ʳ). Dasselbe Apophthegma findet sich in Plut. *Alcib.* 9 (*Vit.* 195D): Ὄντος δὲ κυνὸς αὐτῷ θαυμαστοῦ τὸ μέγεθος καὶ τὸ εἶδος, ὃν ἑβδομήκοντα μνῶν ἐωνημένος ἐτύγχανεν, ἀπέκοψε τὴν οὐρὰν πάγκαλον οὖσαν. ἐπιτιμώντων δὲ τῶν συνήθων καὶ λεγόντων ὅτι πάντες ἐπὶ τῷ κυνὶ δάκνονται καὶ λοιδοροῦσιν αὐτόν, ἐπιγελάσας, „Γίνεται τοίνυν," εἶπεν, „ὃ βούλομαι· βούλομαι γὰρ Ἀθηναίους τοῦτο λαλεῖν, ἵνα μή τι χεῖρον περὶ ἐμοῦ λέγωσι."; Brusoni I, 16 („De accusatione, maledicentia"). Wie das Erzähllelement, daß Alkibiades den kupierten Hund frei in der Stadt herumlaufen ließ, zeigt, benutzte Er. in V, 185 zusätzlich Donatos Übers. von Plut. *Alcib.* 9 als Vorlage.
198 *ac ... passus est* Dieses Erzähllelement, das schwerlich mit der Wirklichkeit übereinstimmen kann, hat Er. entweder aus Donato Acciaiuolis Übers. von Plut. *Alcib.* 9 (*Vit.* 195D) oder vielleicht aus Brusoni I, 16, der Donatos Übers. wiedergibt, übernommen. Es ist unwahrscheinlich, daß Alkibiades seinen teuren Hund zum Straßenhund gemacht hat; eher paradierte er mit ihm stolz und zugleich provokant in der Öffentlichkeit, so daß jedermann das schöne Tier (mit dem kupierten Schwanz) sehen konnte. Daß Alkibiades den Hund in der Stadt ausgesetzt haben soll, ist eine Erfindung des Donato, die im Plutarchtext keine Entsprechung hat. Daß Alkibiades den Schwanz des Hundes zur Gänze abgeschnitten haben soll, stimmt allerdings mit dem Plutarchtext *ad loc.* überein: „Dicunt enim Alcibiadem inusitata magnitudine canem, quem minis septuaginta emerat, abscissa cauda *per vrbem dimisisse.* Hoc quum multis stultum atque ineptum visum negotium esset, monentibus eum amicis ac sermones, qui de eo circumferebantur, enarrantibus, ridens Alicibiades, ‚Sic', inquit, ‚res, vt ego intenderam, ex voto successit. Hanc enim

Atheniensibus praebere volui loquendi materiam, vt eos a peioribus, quae de me dicere audireque soliti sunt, nouis his rebus auerterem'" (ed. Bade, Paris 1514, fol. XXXVIII^r). Der Gegenstand des Klatsches war jedoch nach Plutarch, daß Alkibiades den teuren und schönen Hund ,beschnitt', nicht, daß er ihn zum Straßenhund machte.

Apophth. V, 186 datiert auf ca. 448 v. Chr. In Er.' Textpräsentation handelt es sich um kein Apophthegma im eigentlichen Sinn. Er. übernahm die Anekdote aus Plutarchs Sammlung, diesmal ohne ihren Apophthegma-Status zu kommentieren (vgl. Einleitung). An anderen Stellen war die Anekdote allerdings im eigentlichen Sinn als Apophthegma formuliert; vgl. Aelian. *Var. Hist.* XIII; Lycosthenes, S. 565: „... inflixit (sc. Alcibiades) ei (sc. ludimagistro) pugnum satis durum, dicens ,Imperitus es praeceptor, et tibi similes discipulos facies'". Die Anekdote führt, wie schon V, 184, Alkibiades' Neigung zu Gewalt und Aggression schon in jungen Jahren vor. Er. kommentiert hier diesen Charakterzug nicht negativ, sondern leitet Alkibiades' Gewaltenergie auf seine Feinde, die spätmittelalterlichen Grammatiker, ab.

203–204 *ludum literarium ... abiit* Plut. *Reg. et imp. apophth., Mor.* 186D (Alcibiades, 3): Προσελθὼν δὲ διδασκαλείῳ ῥαψῳδίαν Ἰλιάδος ᾔτει· τοῦ δὲ διδασκάλου μηδὲν ἔχειν Ὁμήρου φήσαντος ἐντρίψας αὐτῷ κόνδυλον παρῆλθεν. Er. hat sich in seiner Textwiedergabe von Regios Übers. anregen lassen: „Idem ad literarium ludum cum accessisset, *Iliada* postulauit. At magistro se nihil Homeri habere dicente illi incusso pugno recessit" (fol. ⟨e iii⟩^r); dasselbe Apophthegma findet sich in Plut. *Alcib.* 7, 1 (*Vit.* 194D): Τὴν δὲ παιδικὴν ἡλικίαν παραλλάσσων ἐπέστη γραμματοδιδασκάλῳ καὶ βιβλίον ᾔτησεν Ὁμηρικόν. εἰπόντος δὲ τοῦ διδασκάλου μηδὲν ἔχειν Ὁμήρου, κονδύλῳ καθικόμενος αὐτοῦ παρῆλθεν; in Donato Acciaiuolis Übers.: „Ferunt enim hunc adolescentem, quum statuisset grammaticae operam dare, nactum esse magistrum quendam non satis eruditum. Ab hoc primum Homeri poemata petens, quum ille negasset se Homeri quicquam habere, non tulit ignorantiam hominis Alcibiades, sed pugno eum percutiens fugam arripuit" (ed. Bade, Paris 1514, fol. XXXVII^v); Aelian. *Var. Hist.* XIII, 38; Brusoni V, 2 (der die Faustschlaggeschichte allerdings mit einer weiteren Anekdote kontaminiert).

206 *Michaelem Modistam* „Michael Modista", Grammatiker des 13. Jh.; Anhänger der spekulativen Grammatik der Modisten, die bsd. 1270–1320 an der Pariser Universität florierte; im Laufe des 14. Jh. wurde sie vom Nominalismus abgelöst. Zu Michael Modista vgl. Komm. *CWE* 38, S. 512 und Chomarat, *Grammaire et rhéthorique* I, 215–224; für die Modisten i.a. vgl. u.a. L.G. Kelly, *The Mirror of Grammar. Theology, Philosophy, and the Modistae*, Philadelphia 2002; C. Marmo, „A Pragmatic Approach to Language in Modism", in: S. Ebbesen (Hrsg.), *Sprachtheorien in Spätantike und Mittelalter*, Tübingen 1995, S. 169–183; I. Rosier, *La grammaire spéculative des Modistes*, Lille 1983.

206 *Floristam* Ludolphus de Luco oder Lucohe (floruit ca. 1300), ein von Er. verachteter, mittelalterlicher Grammatiker, der unter dem Namen Florista bekannt war und der Verfasser einer grammatischen Lehrdichtung in etwa 1000 Hexametern in der Nachfolge des Priscianus war. Dieses Lehrgedicht fing mit dem Vers „Flores grammaticae propono scribere..." an. Für Ludolphus de Luco vgl. Silagi, *LMA* 5 (1999), Sp. 2168; Allen (ad *Ep.* 31) schlug vor, daß es sich bei dem im Brief genannten Florista entweder um den bereits angeführten handelt oder um John Garland, den Autor des *Florus*. Knott identifiziert ihn wohl zurecht mit dem genannten Ludolph, *CWE* 38, S. 512. Vgl. *Ep.* 31 (Bd. I, S. 124), wo der noch junge Er. (ca. 1489) einen Freund warnt, sich an Leuten etwas gelegen sein zu lassen, „qui ... in ineptissimis authoribus Florista, Ebrardo Graecista, Huguitione se senuisse viderunt nec tantis ambaginibus ex imperitiae labyrintho potuisse emergere ...". Statt den Florista zu studieren, rät Er. a.a.O., gründlich die Komödien des Terenz zu lesen. Der in *Ep.* 31 genannte Florista ist sicherlich mit dem Florista von *Apophth.* V, 186 identisch.

V, 187 RATIO REDDENDA POPVLO (Alcibiades, 4)

Quum aliquando *Periclem inuiseret et accepisset illi tum non esse ocium, propterea quod perpenderet, quo pacto posset Atheniensibus reddere rationem, „Nonne satius fuerit", inquit, „cogitare qui fieri possit, vt non reddat rationem?", notans ita rem gestam, vt non facile possit reddi ratio; procliuius autem esse in totum effugere rationem quam bene reddere.*

V, 188 PERICVLVM VITARE SATIVS (Alcibiades, 5)

Accitus ab Atheniensibus e Sicilia, vt diceret causam capitis, abdidit sese dicens eum esse fatuum, qui vocatus in ius quaerat elabi, quum liceat vitare, [B] ne eat, [A] sentiens consultius esse non committere se periculo quam dare operam, vt ingressus periculum temet expedias. Dictum Graecis sonat iucundius ob vocum affinitatem φυγεῖν *et* ἀποφυγεῖν. *Graecis autem* ἀποφυγεῖν δίκην *dicitur, qui iudicum sententiis absoluitur;* φυγεῖν, *qui vitat aut fugit.*

V, 189 DIFFIDENTIA (Alcibiades, 6)

Cuidam autem dicenti „Non fidis patriae de te iudicaturae?", „Ego sane", inquit, „ne matri quidem; vererer enim, ne insciens pro albo calculo nigrum immitteret".

207 reddenda *scripsi*: reddita *A-C*.
215 ne eat *B C*: deest in *A*.

216 ingressus *A-C*: ingressurus *LB*.

Apophth. V, 187 datiert um 435 v. Chr.; Perikles hatte mit dem Bau der Propyläen i. J. 437 angefangen. Alkibiades war zum Zeitpunkt des Apophthegmas etwa 16 Jahre alt.

208–210 *Periclem inuiseret ... reddat rationem* Weitgehend wörtliche Wiedergabe von Plut. *Reg. et imp. apophth., Mor.* 186E (Alcibiades, 4), wobei Er. von Regios Übers. ausging: „Ad Periclis autem fores cum venisset audiens illum non esse otiosum, sed considerare, quonam modo Atheniensibus rationes reddat, ‚Non melius erat', inquit, ‚considerare, quo modo non reddat'" (fol. ⟨e iii⟩ʳ). Vgl. den griech. Text: Ἐλθὼν δ' ἐπὶ θύρας τοῦ Περικλέους καὶ πυθόμενος αὐτὸν μὴ σχολάζειν ἀλλὰ σκοπεῖν, ὅπως ἀποδώσει λόγους (λόγοις ed. Ald. *1509, p. 163*) Ἀθηναίοις, „οὐ βέλτιον", ἔφη, „σκοπεῖν ἦν, ὅπως οὐκ (μὴ οὐκ ed. Ald. *1509, p. 162*) ἀποδώσει;". Regio hatte die Übers. Filelfos feingeschliffen: „Et cum ad Periclis fores venisset audissetque non esse otiosum; quoniam quo pacto Atheniensibus rationem esset redditurus, consyderaret, ‚Nonne melius est', inquit, ‚cogitare, quo non reddat?'" (fol. ⟨l v⟩ᵛ). Der Spruch findet sich auch bei Val. Max. III, 1, ext. 1: „... Alcibiades ille, cuius nescio vtrum bona an vitia patriae perniciosiora fuerint – illis enim ciues suos decepit, his adflixit, cum adhuc puer ad Periclen auunculum suum venisset eumque secreto tristem sedentem vidisset, interrogauit, quid ita tantam in vultu confusionem gereret. At illo dicente mandatu se ciuitatis Propylaea Mineruae, quae sunt ianuae arcis, aedificasse consumptaque in id opus ingenti pecunia non inuenire, quo pacto ministerii rationem redderet atque ideo conflictari, ‚ergo', inquit, ‚quaere potius, quemadmodum rationem non reddas'. Itaque vir amplissimus et prudentissimus suo consilio defectus puerili usus est atque id egit, ut Athenienses finitimo inplicati bello rationibus exigendis non vacarent. sed viderint Athenae, vtrum Alcibiadem lamententur an glorientur, quoniam adhuc inter execrationem hominis et admirationem dubio mentis iudicio fluctuatur".

Apophth. V, 188 datiert auf d. J. 415 v. Chr. ebenso wie die mit derselben Angelegenheit befassten, unmittelbar anschließenden *Apophth.* V, 189 und 190. V, 188 ist ein Gegenstück zu *Adag.* 2398 „Cum licet fugere, ne quaere litem" (*ASD* II, 5, S. 287: „... *Cum fugendi potestas est, ne quaere litem.* Ab Alcibiadis apophthegmate natum").

214–215 *Accitus ... eat* Eigenständige Übers. des Er. von Plut. *Reg. et imp. apophth., Mor.* 186E (Alcibiades, 5): Καλούμενος δ᾽ ἐπὶ κρίσιν θανατικὴν ὑπὸ τῶν Ἀθηναίων ἀπὸ Σικελίας ἔκρυψεν ἑαυτόν, εἰπὼν εὔηθες (εὐήθη *ed. Ald. 1509, p. 162*) εἶναι τὸ δίκην ἔχοντα ζητεῖν ἀποφυγεῖν (ἀποφυγὴν *ed. Ald. 1509, p. 162*), ἐξὸν φυγεῖν. Derselbe Spruch findet sich in Aelian. *Var. Hist.* XIII, 38. Die Anekdote wird auf ganz andere Weise in Plut. *Alcib.* 21 (*Vit.* 202C) wiedergegeben.

215–219 *sentiens ... fugit* Aus Er.' Kommentar lässt sich ableiten, daß er Alkibiades' Apophthegma positiv, als Äußerung politischer Klugheit, beurteilt; vgl. seinen ähnlich gelagerten Kommentar zu dem parallelen *Adag.* 2398 (*ASD* II, 5, S. 288): „Alcibiadis sententiae subscribet, quisquis litium expertus est".

217 *dictum Graecis* In der Ausgabe der *Adagia* von 1533 (*H*) hat Er. noch eine weitere sprachliche Erklärung des Apophthegmas hinzugesetzt: „Graecis vnico verbo dicuntur φυγοδικεῖν, qui litem detrectant".

218 ἀποφυγεῖν ἀποφυγεῖν, „bei einer Anklage freigesprochen werden", vgl. Passow, I, 1, S. 368, s.v. ἀποφεύγω.

Apophth. V, 189 schließt unmittelbar an das vorhergehende an. Er. hatte es schon 1508 in den *Adagia* herausgebracht, und zwar sowohl in *Adag.* 453 „Album calculum addere" (*ASD* II, 1, S. 527: „Huc adscribendum, quod Alcibiades nolens sese iudicum permittere sententiis ait, ne matri quidem confidere velle, sed etiam hanc in eiusmodi periculo suspectam habiturum, ne nigrum calculum pro albo subiiceret") als auch in *Adag.* 2398 „Cum licet fugere, ne quaere litem" (*ASD* II, 5, S. 288). Das Lemma weist ausnahmsweise keinen Kommentar des Er. auf; das mag dadurch begründet sein, daß Er. das Nötige bereits im Kommentar zum vorhergehenden Apophthegma gesagt hatte.

221–222 *Cuidam ... immitteret* Plut. *Reg. et imp. apophth., Mor.* 186E–F (Alcibiades, 6): Εἰπόντος δέ τινος „οὐ πιστεύεις τῇ πατρίδι τὴν περὶ σεαυτοῦ κρίσιν;", „ἐγὼ μέν", ἔφη, „οὐδὲ τῇ μητρί, μή πως ἀγνοήσασα τὴν μέλαιναν βάλῃ ψῆφον ἀντὶ τῆς λευκῆς". Er. reproduzierte in diesem Fall zum Teil den lateinischen Text, den er für seine *Adagia*-Ausgabe des Jahres 1508 erstellt hatte: *Adag.* 2398 (*ASD* II, 5, S. 288): „... ,Non igitur confidis patriae de te iudicaturae?', ,Imo', inquit, ,ne matri quidem crediderim. Metuerem enim, ne fors imprudens albi calculi loco nigrum immitteret'". Bei dieser Textwiedergabe hatte er sich von Regios Übers. anleiten lassen: „Sed quum quidam dixisset ,Non credis patriae de te ipso iudicium?', ,Ego quidem', ait, ,ne matri quidem, ne forte ignorans pro calculo albo nigrum ferat'" (fol. ⟨e iii⟩ʳ); Er., *Adag.* 453 (*ASD* II, 1, S. 527). Dasselbe Apophthegma findet sich weiter in Plut. *Alcib.* 22, 2: ἐπιγνόντος δέ τινος καὶ εἰπόντος· „Οὐ πιστεύεις, ὦ Ἀλκιβιάδη, τῇ πατρίδι;" „Τὰ μὲν ἄλλ᾽," ἔφη, „πάντα· περὶ δὲ τῆς ψυχῆς τῆς ἐμῆς οὐδὲ τῇ μητρί, μήπως ἀγνοήσασα τὴν μέλαιναν ἀντὶ τῆς λευκῆς ἐπενέγκῃ ψῆφον"; in Donatos Übers.: „At vero post haec roganti cuidam, num patriam suspectam haberet, respondisse aiunt se patriae plurimum credere, vitae autem discrimen ne matri quidem suae committendum putare; fieri enim ignorantia posse, vt nigrum pro albo ferat lapillum" (*ed. Bade 1514, fol. XLIᵛ*) und Aelian. *Var. Hist.* XIII, 38.

221 *Non ... iudicaturae* Text identisch mit *Adag.* 2398, *ASD* II, 5, S. 288, Z. 64–65.

222 *pro ... immitteret* Vgl. *Adag.* 453 „Album calculum addere" (*ASD* II, 1, S. 526–527). Er. erklärt das Sprichwort dort wie folgt: „Inde sumptum, quod antiquitus missis in vrnam calculis ita ferebantur a iudicibus sententiae, vt albis absoluerent, nigris damnarent".

V, 190   Vindicta   (Alcibiades, 7)

Nuncianti, *quod ipse cum comitibus morte damnatus esset Athenis, „At nos", inquit,*
225 *„demonstrabimus illis Alcibiadem viuere", simulque sese ad Lacedaemonios contulit ac bellum Decelicum,* ab vrbe Decelia cognominatum, *excitauit in Athenienses.*

V, 191   Mvsica contempta   (Alcibiades, 8)

Imbutus philosopiae praeceptis voluptates ac arteis indecoras aspernatus est, disciplinas liberales semper amplectebatur. Lyram hoc argumento reiiciebat, quod vocem hominis imitaretur (ex quo colligere licet olim, qui lyra canebant, simul et voce cecinisse); plectrum, quod habitum formamque liberalem immutaret in illiberalem;

---

230 imitaretur *A-C: scribendum erat* comitaretur
(*cf. Plut.* συνᾴδειν).

Apophth. V, 190, das bei den vorhergehenden anschließt, datiert ebenfalls auf 415 v. Chr.
224–226 *ipse cum comitibus … Athenienses* Plut. *Reg. et imp. apophth., Mor.* 186F (Alcibiades, 7): Ἀκούσας δὲ ὅτι θάνατος αὐτοῦ κατέγνωσται καὶ τῶν σὺν αὐτῷ (αὐτοῦ καὶ τῶν σὺν αὐτῷ κατέγνωσται *ed. Ald. 1509, p. 162*) „δείξωμεν οὖν αὐτοῖς", εἶπεν, (εἶπεν αὐτοῖς *ed. Ald. 1509, p. 162*) „ὅτι ζῶμεν" καὶ πρὸς Λακεδαιμονίους τρεψάμενος τὸν Δεκελεικὸν (Δεκελικὸν *ed. Ald. 1509, p. 162*) ἤγειρεν ἐπὶ τοὺς Ἀθηναίους πόλεμον. Vgl. Regios Übers.: „Idem cum audisset se cum sociis morti adiudicatum esse, ⟨At⟩', inquit, ,declarabimus ipsis nos viuere'. Itaque ad Lacedaemonios profectus Decelicum in Athenienses bellum excitauit" (fol. ⟨e iii⟩ʳ); dasselbe Apophthegma findet sich in Plut. *Alcib.* 22, 2 (*Vit.* 202D): ὕστερον δ᾽ ἀκούσας ὅτι θάνατον αὐτοῦ κατέγνωκεν ἡ πόλις· „Ἀλλ᾽ ἐγώ," εἶπε, „δείξω αὐτοῖς ὅτι ζῶ"; Aelian. *Var. Hist.* XIII, 38; Brusoni VII, 14.
225 *illis Alcibiadem viuere* übernahm Er. wörtlich aus Donatos Übers. von Plut. *Alcib.* 22, 3 (*Vit.* 202D).
226 *vrbe Decelia* Eine Erklärung des Er., die er dem Text von Plutarch *Reg. et imp. apophth.* hinzusetzte. Gemeint ist das Städtchen Dekeleia (heute Tatoi) nördlich von Athen, das an der Nordgrenze Attikas zu Boiotien lag und im Peloponnesischen Krieg eine große strategische Bedeutung erlangte. Alkibiades, der 415 v. Chr. zu den Spartanern überlief, beriet dieselben und überzeugte sie, daß es sinnvoll sei, Dekeleia zu besetzen und mit einer Mauer zu befestigen, was auch geschah. In dieser Feste konnten sich die Spartaner bis zum Ende des Peloponnesischen Krieges (404) in der nächsten Nähe Athens halten und die Versorgung der Stadt ständig stören bzw. unterbinden. Es ist seltsam, daß Er. das tatsächlich sehr kleine Städtchen als „vrbs" bezeichnet. Diese Fehlinterpretation übernahm Er. aus Donato Acciaiuoli Übers. von Plut. *Alcib.* 23, 2 (*Vit.* 203): „postremo vt Deceliam vrbem … moenibus circumdarent (sc. Lacedaemonii)", in der Ausgabe Bades zusätzlich hervorgehoben durch die Marginalie „Decelia vrbs" (ed. Bade, Paris 1514, fol. XLIᵛ). Zu Dekeleia vgl. H. Lohrmann, *DNP* 3 (1999), Sp. 385, s.v. „Dekeleia".

Apophth. V, 191 ist ein Gegenstück zu *Adag.* 2148 „Boeotia auris" (*ASD* II, 5, S. 132–134). Der Titel des Apophth. beruht auf einem gründlichen Missverständnis des Quellentextes Plut. *Alcib.* 2, 5–6 (*Vit.* 192). Alkibiades hatte dort nicht die Musik in Bausch und Bogen als „ars indecora" verurteilt, sondern nur das Aulos- oder Pfeifenspiel (bzw. Blasmusik). Das Leierspiel hingegen verurteilte er nicht, sondern stellte es lobend der ‚schändlichen' Blasmusik gegenüber. Z.T. mag das Missverständnis dadurch hervorgerufen worden sein, daß Er. von der hier unglücklich formulierten Übers. des Donato Acciaiuoli ausging, die suggeriert, daß Alkibiades vielerlei Musik verachtet haben mag, das Aulosspiel jedoch am meisten („Artem modulandi tantum illiberalem et ingenuo adolescente indignam fugiebat magisque tibiarum cantum quam alium sonum aspernari videbatur", *ed. Bade 1514, fol. XXXVIᵛ*). Er. lehnte in seiner *Inst. princ.*

christ. die Musik als fürstliche Tätigkeit kategorisch ab. Vgl. auch Komm. *CWE* 38, S. 511–512. Dasselbe Missverständnis des Apophthegmas findet sich in *Adag.* 2148 „Boeotia auris", in einem Zusatz d.J. 1533 (*H*) (vgl. *ASD* II, 5, S. 133): „... Alcibiade ... quod negligeret musices studium ...". Alkibiades' Attacke gegen den Aulos ist bemerkenswert, da dieser im 5. Jh. v. Chr. in Athen das beliebteste und am meisten benutzte Musikinstrument war. Der Aulos wurde bei vielen Festen und kultischen Inszenierungen, Theateraufführungen, Sportwettkämpfen und Leichenbegängnissen verwendet. Vielleicht hat das Statement des Alkibiades einen philosophischen Hintergrund. Plato, der ebenso wie Alkibiades ein Schüler des Sokrates war, meinte, daß die Musik die Jugend moralisch verderben würde und deshalb aus dem Staat verbannt werden sollte. Die Bedrohung, die von philosophischer Seite in Bezug auf den Aulos empfunden wurde, könnte mit dem aufpeitschenden, extatischen Charakter des Flötenspiels (und seiner kultischen Verwendung, z. B. im Dionysoskult) zusammenhängen. Vgl. F. Zaminer, *DNP* 8 (2000), Sp. 548–549, s.v. „Musikinstrumente". Er. jedenfalls stellt einen direkten Zusammenhang zwischen der Philosophie und Alkibiades' vermeintlicher Ablehnung der Musik insgesamt her. Vgl. *Adag.* 632, *ASD* II, 2, S. 158: Nachdem das Flötenspiel ursprünglich eine Eigenheit der aus Arabien stammenden Sklaven gewesen sei, hätten es sich in Athen die Intellektuellen zugeeignet, bis Alkibiades dem Halt gebot. Zu Aulos und Kithara in der altgriechischen Musik vgl. H. Huchzermeyer, *Aulos und Kithara in der griechischen Musik bis zum Ausgang der klassischen Zeit*, Lechte 1931; J.G. Landels, *Music in Ancient Greece and Rome*, London–New York 1999; K. Schlesinger, *The Greek Aulos. A Study of its Mechanism and of its Relation to the Modal System of Ancient Greek Music. Followed by a Survey of the Greek Harmoniai in Survival or Rebirth in Folk-Music*, London 1939 (Nachdr. Groningen 1970).

229–237 *Lyram ... tibicinem excoriauit* Freie, gekürzte, von mehreren Missverständnissen entstellte Wiedergabe von Plut. *Alcib.* 2, 4–5 (*Vit.* 192), wobei Er. zunächst von der teilweise missverständlichen und lückenhaften Übers. Donato Acciaiuolis ausging: „Artem modulandi tantum illiberalem et ingenuo adolescente indignam fugiebat magisque tibiarum cantum quam alium sonum aspernari videbatur. Lyram enim neque sermonem eius auferre dicebat, qui illa vteretur, neque vultum deturpare. Tibias vero et sodalium colloquia tollere et tantam homini deformitatem afferre, vt tibicen quandoque os canendo buccasque inflaret, vix ab his etiam dignosceretur, qui intima ei essent familiaritate coniuncti. ‚Filii igitur Thebanorum, quum disputare nesciant, egregie', inquit, ‚tibia canant. Nobis autem, vt patres nostri dicere solent: Palladem, quae fistulam fregit, et Apollinem, qui et modulatorem fistulae suffocauit, adesse sine inuidia sinant'" (ed. Bade, Paris 1514, fol. XXXVI^v—XXXVII^r). Vgl. den griech. Text: Ἐπεὶ δ' εἰς τὸ μανθάνειν ἧκε, τοῖς μὲν ἄλλοις ὑπήκουε διδασκάλοις ἐπιεικῶς, τὸ δ' αὐλεῖν ἔφευγεν ὡς ἀγεννὲς καὶ ἀνελεύθερον· πλήκτρου μὲν γὰρ καὶ λύρας χρῆσιν οὐδὲν οὔτε σχήματος οὔτε μορφῆς ἐλευθέρῳ πρεπούσης διαφθείρειν, αὐλοὺς δὲ φυσῶντος ἀνθρώπου στόματι καὶ τοὺς συνήθεις ἂν πάνυ μόλις διαγνῶναι τὸ πρόσωπον. Ἔτι δὲ τὴν μὲν λύραν τῷ χρωμένῳ τὸν δ' αὐλὸν ἐπιστομίζειν καὶ ἀποφράττειν ἕκαστον, τήν τε φωνὴν καὶ τὸν λόγον ἀφαιρούμενον. „Αὐλείτωσαν οὖν", ἔφη, „Θηβαίων παῖδες· διαλέγεσθαι γὰρ οὐκ ἴσασιν ἡμῖν δὲ τοῖς Ἀθηναίοις, ὡς οἱ πατέρες λέγουσιν, ἀρχηγέτις Ἀθηνᾶ καὶ πατρῷος Ἀπόλλων ἐστίν, ὧν ἡ μὲν ἔρριψε τὸν αὐλόν, ὁ δὲ καὶ τὸν αὐλητὴν ἐξέδειρε". Er. wiederholt seine fehlerhafte Textaufbereitung von V, 191 in *Adag.* 2148 (*ASD* II, 2, S. 133–134): „Argumento est illud, quod refertur de Alcibiade, qui mirantibus, quod negligeret musices studium, lyram hoc lemmate damnabat, quod hominis vocem imitaretur, plectrum, quod habitum formamque liberalem mutaret in illiberalem. Tibiam gemino reicit argumento, et quod sic immutaret os hominis, vt vix a familiarissimis agnosceretur, et quod homini propriam adimeret vocem loquendique facultatem eriperet. Mox adiecit: ‚Canent igitur Thebani, qui loqui nesciunt'".

230 *imitaretur* Die Basel-Ausgaben lesen einhellig „imitaretur"; im griech. Originaltext sagt Alkibiades jedoch nicht, daß die Leier die menschliche Stimme *nachahme*, sondern *begleite* (συνᾴδειν) und auf diese Weise mit ihr zusammenklinge (συμφθέγγεσθαι). Das Begleiten der menschlichen Stimme beurteilt Alkibiades positiv, nicht, wie Er. fälschlich annimmt, negativ. Die Irrtümer gehen auf das Konto des Er.: dafür, daß er „imitaretur" schrieb, vgl. die Wiederholung des Missverständnisses in *Adag.* 2148 (*ASD* II, 2, S. 133): „lyram hoc lemmate damnabat, quod hominis vocem imitaretur".

231 *plectrum ... illiberalem* In Plutarchs Text steht das genaue Gegenteil, nml. daß der Gebrauch der Lyra und des Plektrons in keiner

tibiam duplici nomine *damnabat, et quod sic mutaret oris habitum, vt vix a familiarissimis agnosceretur, qui caneret, et quod homini propriam adimeret vocem loquendique facultatem eriperet.* Nemo enim potest simul et inflare tibiam et loqui. „*Cantent igitur*", inquit, „*Thebanorum filii, qui* dicere *nesciunt. Nobis autem Atheniensibus, vt a maioribus accepimus, gentis princeps est Pallas et Apollo, quorum illa fistulam confregit, hic tibicinem excoriauit*". Proditum est priscorum fabulis Palladem *ad speculum* tibia canentem, offensam *oris deformitate*, proiectam comminuisse tibiam. Apollo Marsyam canendo victum excoriauit.

TIMON ATHENIENSIS

V, 192   AMOR OB MALVM   (Timon Atheniensis, 1) [9]

Timon Atheniensis, quem μισάνθρωπον appellat Lucianus, quum erga caeteros esset *inhumanissimis* moribus *fugeretque consuetudinem hominum, solum Alcibiadem ada-*

Weise die Form und Gestalt, die eines freien Menschen würdig sind, verunstalten (πλήκτρου μὲν γὰρ καὶ λύρας χρῆσιν οὐδὲν οὔτε σχήματος οὔτε μορφῆς ἐλευθέρῳ πρεπούσης διαφθείρειν). Er. wiederholt denselben Irrtum in *Adag.* 2148 (*ASD* II, 2, S. 133). Auf welche Weise das Plektron – nach Er. – die menschliche Gestalt verunstalten sollte, bleibt unklar; unklar bleibt auch, welches Bild Er. von einem griech. Plektron hatte. Dieses war ein Instrument zum Anzupfen der Saiten aus Holz oder ähnl. Material, mit einem blatt- bzw. herzblattförmigen Ende.

235 *Thebanorum filii* Bei seiner Attacke gegen den Aulos richtete sich Alkibiades zugleich gegen die Thebaner, denen er die Athener gegenüberstellt. Für Er.' Stereotypisierung der Thebaner, bsd. in Bezug auf ihre geistige Schwerfälligkeit und ihre Liebe zur Musik, vgl. *Adag.* 2148 „Boeiotia auris" (*ASD* II, 2, S. 132–134: „... Thebanos olim musices fuisse studiosissimos"). Für die Ausgabe d.J. 1533 hat Er. dieses Adagium stark erweitert, u.a. durch das zus. *proverbium* „Boetica cantio" (S. 132, Z. 665 ff.).

236 *confregit* Ein weiterer Irrtum: Athena zerbrach die Flöte nicht („confregit"), sondern „warf sie weg" (ἔρριψε). Der Irrtum geht auf Donato zurück, dessen latein. Übers. Er. übernahm: „Palladem, quae fistulam fregit" (a.a.O.). Donato sind an dieser Stelle noch weitere Fehler unterlaufen: So schrieb er, daß Apollo den Marsyas „erwürgte" („suffocauit"), statt, wie es richtig gewesen wäre, „enthäutete".

237–239 *Proditum est ... excoriauit* Nach dem Mythos soll Athena, die Erfinderin des Aulos, über das Spiegelbild, das sie im Wasser erblickte, als sie den Aulos blies, so erschrocken sein, daß sie das Instrument wütend wegwarf. Der Hirte Marsyas soll die von Athena weggeworfene Flöte aufgehoben und so das Flötenspiel erfunden haben. Auf seine Erfindung war er so stolz, daß er Apoll zum Wettkampf herausforderte, mit den bekannten Folgen. Diese Geschichte erzählen am vollständigsten Ov. *Fast.* VI, 695–709 und Palaephatus, *De incredibilibus historiis* 48 (= „De Marsya historia"); für das entstellte Gesicht vgl. Ov. *Fast.* VI, 699–700 (Athena erzählt selbst: „faciem liquidis referentibus vndis/ vidi virgineas intumuisse genas"); bei Ovid soll Athena die Flöte ins Schilf, bei Propert. II, 30 (B), 16–18, in den Fluss Maeander geworfen haben; vgl. weiter Pindar. XII, 19; Athen. II, 14. In *Adag.* 632 (*ASD* II, 2, S. 158) verwechselte Er. Athena mit Alkibiades, vgl. die folgende Anm.

237–238 *Palladem ... canentem* „Palladem ad speculum tibia canentem" ist ebenfalls missverständlich formuliert; es scheint, als ob Athena vor einem Spiegel sitzend Aulos gespielt habe. Daß Er. dieses Bild vor Augen hatte, geht daraus hervor, daß er in *Adag.* 632 „Arabius tibicen" (*ASD* II, 2, S. 158) denselben Vorgang dem Alkibiades zuschrieb: „... donec Alcibiades (sic) tibias abiiceret oris deformitate conspecta ad speculum".

Timon aus Athen (5. Jh. v. Chr.), legendärer Misanthrop, soll zur Zeit des Peloponnesischen Krieges (431–404 v. Chr.) gelebt haben. Timon soll sich aus Enttäuschung, Ärger und Menschenhass zurückgezogen und als eine Art Eremit vor den Toren Athens in einem turmähnlichen Haus gelebt haben. Seine Historizität wird zuweilen bezweifelt; die Tatsache, daß er von den Komödiendichtern Aristophanes (*Lys.* 805–815; *Av.* 1549) und Platon verspottet wurde, weist jedoch darauf hin, daß es sich um eine historische Person handelte. Zu Timon vgl. A.M. Armstrong, „Timon of Athens – A Legendary Figure?", in: *Greece & Rome*, 2nd Ser. 34,1 (1987), S. 7–11; D. Rohmann, *DNP* 12.1 (2002), Sp. 591–592, s.v. „Timon"; Th. Lenschau, *RE* VI, A2 (1937), Sp. 1299–1301, s.v. „Timon", Nr. 12.

Schon seit Lukian wurde der Misanthrop Timon mit dem skeptischen Philosophen Timon von Phlius (ca. 320/15–230/25 v. Chr.) verwechselt, dessen Leben Diogenes Laertius beschrieb (IX, 109). Die Verwechslung mag dadurch mitbedingt gewesen sein, daß sich Timon von Phlius später in Athen niederließ. Für Timon von Phlius vgl. D. Magnino, *DNP* 12,1 (2002), Sp. 592–593, s.v. „Timon", Nr. 2. Er. hatte Lukians Dialog *Timon* i.J. 1506 übersetzt (*ASD* I, 1, S. 489–505). Gemäß diesem Dialog ist für Er. Timon der Prototyp des Menschenhassers. Vgl. dazu unten, *Apophth.* VI, 544 (= Timon Atheniensis, 4). In den Adagien führte Er. (schon in der Ausgabe d.J. 1508) Timon als Musterbeispiel eines abseits von den Menschen lebenden Mannes an, vgl. *Adag.* 1471 „Vbi cerui abiciunt cornua" (*ASD* II, 3, S. 452): „Conueniet et in eos, qui a communi hominum coniuctu subducunt sese, Timonem illum Atheniensem ob id ipsum μισάνθρωπον appellatum imitantes". Er.' Timon-Gestalt ist dadurch verzerrt, daß er den Misanthropen mit dem skeptischen Philosophen Timon von Phlius verwechselte; u.a. schrieb er einen Ausspruch des Misanthropen (Diog. Laert. VII, 170, Timon, *frgm.* 41 Diels) dem skeptischen Philosophen zu: „Timon Misanthropus Cleanthem ob ingenii tarditatem appellat ... *pistillum* siue *mortarium ignauum*" (*Adag.* 2521 „Pistillo retusius", *ASD* II, 6, S. 356). Hinzu kommt, daß Er. den Philosophen Timon von Phlius fälschlich als Timon von Nikaia („Timon Nicaeus") bezeichnete (vgl. *Apophth.* VII, 388–390 mit Komm. unten). Ebenso verwechselte Lycosthenes den Misanthropen mit dem Philosophen Timon (vgl. S. 41; 100) und bezeichnete den Philosophen Timon als Timon Nicaeus (S. 15; 134; 348).

240 *TIMON ATHENIENSIS* Der Abschnitt, der dem Misanthropen Timon gewidmet ist, hat keine Entsprechung in Plutarchs *Reg. et imp. apophth.* Von Timons Status her passt die Sektion nicht zu dem Thema des Buches, den Aussprüchen der Könige, Feldherren und Politiker. Daß Er. auf die Timon-Sprüche stieß, ist seiner Bearbeitung von Plutarchs Biographie des Marcus Antonius für die *Apophthegmata* geschuldet (vgl. V, 449–454); dabei handelt es sich um einen Zusatz zu Plutarchs *Reg. et imp. apophth.*, in denen es keinen Marcus Antonius gewidmeten Abschnitt gab. In Plutarchs *Vita Antonii* traf Er. jedoch drei Aussprüche des athenischen Menschenfeindes Timon an (*Ant.* 70, 1–3). Der erste dieser Aussprüche bezog sich auf Alkibiades; dadurch erklärt sich der Einschub der Timon-Sektion an vorl. Stelle. Das ist freilich nur bei V, 192 der Fall, nicht bei V, 193 und 194. Die letzten beiden Apophthegmen sind ausschließlich Timon selbst gewidmet. Da Timon kein Feldherr oder Politiker ist, bleibt die Timon-Sektion im fünften Buch ein Fremdkörper. Er. hätte die Timon-Sektion an anderer Stelle einschieben können: Er widmete dem Misanthropen im sechsten Buch einen Abschnitt (VI, 544–545).

242 *Quem ... Lucianus* Vgl. Lucian. *Tim.* 35: καὶ μὴν εἰκὸς ἦν μισάνθρωπον. Der Quellenverweis für μισάνθρωπον auf Lukian ist insofern seltsam, als Plutarch selbst an der hier zitierten Stelle *Ant.* 70, 1 Timon als μισάνθρωπος bezeichnet. Der zusätzliche Quellenverweis hängt wahrscheinlich damit zusammen, daß Er. von Brunis Übersetzung von Plutarchs Marcus-Antonius-Vita ausging: Dort fehlte μισάνθρωπος, das Bruni mit „inhumanus" übersetzt hatte. Für μισάνθρωπος vgl. auch Cic. *Tusc.* IV, 25: „quod accepimus de Timone, qui μισάνθρωπος appellatur"; *Adag.* 1471 (*ASD* II, 3, S. 452): „Timonem illum Atheniensem ... μισάνθρωπον appellatum"; *Apophth.* VI, 547 „Timon Atheniensis dictus μισάνθρωπος".

243–246 *fugeretque ... Atheniensibus* Plut. *Ant.* 70, 1 (*Vit.* 948). Er. bearbeitete Leonardo Brunis Übers. der Vita des Marcus Antonius: „Describitur (sc. Timon Atheniensis) enim ... odiosus et inhumanus, fugiens hominum congressus colloquiaque omnia praeter vnius

mabat exosculabaturque. Id admiranti Apermanto causamque roganti respondit, ideo
245 *sibi charum esse adolescentem, quod perspiceret illum aliquando magno malo fore Atheniensibus.*

V, 193   INHVMANITER   (Timon Atheniensis, 2) [10]

Apud hunc *quum coenaret* Apermantus (nam *et istum ob morum similitudinem* admittebat [sc. Timon]) diceretque „*Pulcherrimum, o Timon, hoc nostrum conuiuium*",
250 *respondit Timon: „Ita sane, si tu non adesses".*

V, 194   INHVMANITER   (Timon Atheniensis, 3) [11]

Idem aliquando prodiit in *concionem factoque silentio, quum omnes magnum quiddam expectarent, quod insolens esset* Timonem concionari, *dixit: „Viri Athenienses*, post aedes meas *hortulus est in eoque ficus, vnde multi iam sese suspenderunt. Eo in loco*

244 Apermanto *A-C: scribendum erat* Apemanto *sec. versionem Leonardi Aretini sive Plut. text. Graecum (Ἀπημάντου), sicut scr.* BAS LB.
248 Apermantus *A*: Apermanus *C*, Apemanus *B, scribendum erat* Apemantus *sec. versionem Leonardi Aretini sive Plut. text. Graecum (Ἀπημάντου), sicut scr.* BAS LB.
248 istum *scripsi:* ipsum *A-C*.

Alcibiadis, qui ea tempestate adolescens erat et lingua maxime promptus. Hunc Timon quum libentissime amplecteretur osculareturque, interrogatus ab Apemanto, quid ita faceret, respondit ideo se adolescentem amare, quod intellegeret illum multorum malorum causam Atheniensibus futurum" (ed. Bade, Paris 1514, fol. CCCXXXV^v). Vgl. den griech. Text: ἐκκλίνων δὲ καὶ διωθούμενος ἅπασαν ἔντευξιν, Ἀλκιβιάδην νέον ὄντα καὶ θρασὺν ἠσπάζετο καὶ κατεφίλει προθύμως. Ἀπημάντου δὲ θαυμάσαντος καὶ πυθομένου τὴν αἰτίαν, φιλεῖν ἔφη τὸν νεανίσκον εἰδὼς ὅτι πολλοῖς Ἀθηναίοις κακῶν αἴτιος ἔσοιτο. Vgl. das inhaltlich ähnliche Apophthegma des Timon, das sich bei Plut. *Alcib*. 16, 6 (*Vit*. 199) findet. Dieses nahm, in Donato Acciaiuolis Übers., Brusoni 1518 in seine Sammlung auf (VI, 21: „Timon in Alcibiadis mores malos stomachatus redeunti a concione illi ait: ‚Macte virtute, adolescens, authoritate tua potentiam auge. Magnam enim huic Reipublicae perniciem augebis'").
244 *exosculabaturque* Mit „exosculabaturque" verbesserte Er. Brunis Übers. („osculareturque", a.a.O.) von κατεφίλει προθύμως („begierig/ inbrünstig abküssen"). Für καταφιλέω vgl. Passow I, 2, Sp. 1664, s.v.; von „begierig/ inbrünstig abküssen" ist „exosculari" das passgenaue Äquivalent. Vgl. *DNG* I, Sp. 1982, s.v. „exosculor".
244 *Apermanto* Das in den Baseldrucken einhellig überlieferte „Apermanto" stellt einen Textübertragungsfehler dar, der wohl auf Er. selbst zurückgeht. In der verwendeten Textvorlage findet sich „Apemanto". *RE* I (1903), Sp. 100, s.v. „Apemantos"; neben der Plutarch-Stelle auch Alkiphron *epist*. III, 34 und Aristoxenus *frg*. 89 (Diog. Laert. I, 107). Über diesen athenischen Griesgram ist weiter kaum etwas bekannt.
247 *Inhumaniter* Den Titel von V, 193 ebenso wie von V, 194 bildete Er. nach Brunis Übersetzung von μισάνθρωπος mit „inhumanus" (vgl. Komm. oben); in den Adagien bezeichnet Er. Timon als Prototyp der Unmenschlichkeit: „Timone inhumanior" (*Adag*., Prolegomena 13, *ASD* II, 1, S. 80).
248–250 *Apud hunc ... adesses* Plut. *Ant*. 70, 2 (*Vit*. 948), wobei Er. Leonardo Brunis Übers. folgte: „Apemantum etiam nonnunquam acceptabat vt sui similem et eosdem sectantem mores. Dicitur, quum aliquando vna coenarent diceretque Apemantus ‚Pulcherrimum, o Timon, hoc nostrum conuiuium est', respondisse illum ‚Ita, si tamen tu non adesses'" (ed. Bade, Paris 1514, fol. CCCXXXV^v).

Er. folgte Bruni, indem er μόνον („Apemantos ... als einzigen") und den Namen des Festes, an dem das Gastmahl stattfand, die Choen (τῆς τῶν Χοῶν οὔσης ἑορτῆς), ausließ. Vgl. den griech. Text: Τὸν δ' Ἀπήμαντον μόνον ὡς ὅμοιον αὐτῷ καὶ ζηλοῦντα τὴν δίαιταν ἔστιν ὅτε προσίετο· καί ποτε τῆς τῶν Χοῶν οὔσης ἑορτῆς, εἱστιῶντο καθ' αὑτοὺς οἱ δύο. Τοῦ δ' Ἀπημάντου φήσαντος „ὡς καλόν, ὦ Τίμων, τὸ συμπόσιον ἡμῶν", „εἴγε σύ", ἔφη, „μὴ παρῇς".

248 *quum coenaret* Im Gegensatz zu Plutarch verschweigt Er. den Namen des Festtages, an dem die beiden Misanthropen ein Mahl zu zweit einnahmen: Es handelt sich um die Choen, den zweiten Tag des athenischen, Dionysos gewidmeten Blumenfestes Anthesteria, das im Monat Anthesterion (Februar/März) gefeiert wurde. Der Kontext dieses Festes ist für Plutarchs Charakterisierung der Misanthropen von Bedeutung: Es handelte sich um ein fröhliches, ausgelassenes, karnevalähnliches Fest. Das gilt insbesondere für den zweiten Tag, die Choen, an dem ein karnevalesker Umzug mit dem Schiff des Dionysos auf Rädern stattfand. Die Bevölkerung Athens lief hinter diesem Schiff fröhlich einher, bekränzt mit Blumen, tanzend und singend. Auf dem Schiff befanden sich durch Schauspieler dargestellte Mänaden und Satyre, die ein wildes Treiben aufführten, tüchtig tranken und die Festteilnehmer unflätig beschimpften. Für die Misanthropen ist bezeichnend, daß sie an einem solchen fröhlichen Fest nicht teilnahmen und sich stattdessen absonderten, um ein Mahl zu zweit einzunehmen.

248 *Apermantus* Zu Apemantos vgl. Komm. zum vorhergehenden *Apophth*.

248 *et istum* „et" stellt einen Anschluß zum vorhergehenden *Apophth*. dar und bezieht sich auf Alkibiades: Timon, der im Grunde alle Menschen haßte – sagt Er. –, habe neben Alkibiades *auch* den Apemantos manchmal eingeladen. Diese Mitteilung ist jedoch nicht im vorhergehenen griech. Text enthalten: Dort ist keine Rede davon, daß Timon den Alkibiades zu sich eingeladen habe. Der irreführende Anschluß von „et" zu Alkibiades geht auf Brunis unrichtige Übers. zurück, der mitteilt, daß Timon *auch den Apemantos* manchmal eingeladen habe („Apemantum *etiam* nonnunquam acceptabat", a.a.O.): Im griech. Text steht vielmehr, daß Timon mit Apemantos *als einzigem* (μόνῳ) Kontakt hatte.

251 *Inhumaniter* Vgl. oben Komm. zum Titel von *Apophth*. V, 193.

252 *prodiit ... concionem* Mit „prodiit in concionem" („begab sich in die Volksversammlung") reproduzierte Er. Brunis „illum (sc. Timonem) ... in concionem venisse" (a.a.O.), während im griech. Text steht, daß Timon „die Rednertribüne bestiegen habe" (ἀναβὰς ἐπὶ τὸ βῆμα).

252–256 *in concionem ... arbor excidatur* Plut. *Ant*. 70, 2–3 (*Vit*. 948F–949A). Er. bearbeitete, variierend und paraphrasierend, Leonardo Brunis Übers.: „Ferunt etiam illum Athenis in concionem venisse factoque silentio et expectatione magna, vtpote ad rem insolitam, dixisse: ,Est mihi, o viri Athenienses, *post domum* [sic] parumper horti et in eo ficus quaedam coaluit, a qua permulti iam ciues suspendio vitam finiere. In eodem ego nunc loco aedificium facturus sum. Quamobrem constitui publice referre, vt siqui ex vobis, qui se velint suspendere, ante id agant quam arbor succidatur'" (ed. Bade, Paris 1514, fol. CCCXXXV^v). Vgl. den griech. Text: Λέγεται δ' Ἀθηναίων ἐκκλησιαζόντων ἀναβὰς ἐπὶ τὸ βῆμα ποιῆσαι σιωπὴν καὶ προσδοκίαν μεγάλην διὰ τὸ παράδοξον, εἶτ' εἰπεῖν· „ἔστι μοι μικρὸν οἰκόπεδον, ὦ ἄνδρες Ἀθηναῖοι, καὶ συκῆ τις ἐν αὐτῷ πέφυκεν, ἐξ ἧς ἤδη συχνοὶ τῶν πολιτῶν ἀπήγξαντο. Μέλλων οὖν οἰκοδομεῖν τὸν τόπον, ἐβουλήθην δημοσίᾳ προειπεῖν, ἵν', ἂν ἄρα τινὲς ἐθέλωσιν ὑμῶν, πρὶν ἐκκοπῆναι τὴν συκῆν ἀπάγξωνται".

252 *factoque silentio* „factoque silentio" kopierte Er. aus Brunis Übers. (a.a.O.), die hier unwillkürlich den normalen Ablauf beim Anfang einer Rede wiedergibt. Im griech. Text steht jedoch, daß das Schweigen auffällig war und dadurch erzeugt wurde, daß unerwartet ein Mann die Rednertribüne bestieg, der sonst nie in der Volksversammlung redete.

253 *Timonem concionari* „Timonem concionari" ist ein Zusatz des Er. zu Brunis Übers.

253–254 *post aedes meas hortulus* „post aedes meas hortulus" ist eine Fehlübersetzung des griech. Textes. Timon besaß ein Baugrundstück (οἰκόπεδον), auf dem noch kein Haus stand: Dieses wollte er ja erst bauen und deswegen mußte der Feigenbaum umgeschnitten werden. Von einem Garten oder gar „Gärtchen", wie Er. angibt, ist im griech. Text nicht die Rede. Der Fehler kam dadurch zustande, daß Er Brunis Übers. übernahm, die angibt, daß Timon „hinter seinem Haus einen kleinen Garten habe" („post domum parumper horti", a.a.O.). Daß Timon dort einen Garten besitze, schloß Bruni aus der Tatsache, daß dort ein Feigenbaum stand.

constitui structuram [i.e. domum] *ponere. Proinde visum est hoc publicitus denunciare, vt, si qui etiam velint se suspendere, maturent, priusquam arbor excidatur".*

LAMACHVS

V, 195 (Non licet bis peccare in bello) (Lamachus, 1) [12]

Lamachus castigauit quendam e ducibus, qui deliquerat nescio quid, *et quum ille dixisset „Non iterum isthuc committam", „Ne possis quidem", inquit, „in bello peccare bis".* Error enim in bello mors est.

IPHICRATES

V, 196 Cavtio adversvs omnia (Iphicrates, 1) [13]
(Dublette von V, 306)

Iphicrates, quod sutore patre natus existimaretur, erat contemptui. At tum primum opinionem sibi parauit, posteaquam ipse saucius hostem vna cum armis correptum viuum in triremem suam deportauit.

265 at *scripsi (cf. versionem Regii)*: ac *A–C.*

255 *structuram ponere* Timon wollte an der Stelle ein Haus bauen, wie der griech. Text angibt (Μέλλων οὖν οἰκοδομεῖν τὸν τόπον). Er. variiert Brunis „aedificium" (a.a.O.) zu dem indefiniten „structura" (irgend ein Gebäude oder irgendeine Mauer), weil seinem Dafürhalten nach Timon bereits ein Haus auf dem Grundstück hatte.

Lamachos (470–414 v. Chr.), Sohn des Xenophanes, tapferer athenischer Feldherr z. Z. des Peloponnesischen Krieges; erste Kommandos um 435. I.J. 433 befreite er im Auftrag des Perikles Sinope von dem Tyrannen Timesilaos; leitete i.J. 416 gemeinsam mit Alkibiades und Nikias die Expedition nach Sizilien, wo er 414 bei dem Angriff auf Syrakus ums Leben kam. Vgl. U. Kahrstedt, *RE* XII, 1 (1924), Sp. 537–538; W. Schmitz, *DNP* 6 (2000), Sp. 1076, jeweils s.v. „Lamachos".

Apophth. V, 195 ist ein Gegenstück zu *Adag.* 2031 „Non licet bis in bello peccare", *ASD* II, 5, S. 57–58. Das Sprichwort bezog Er. ursprünglich aus Apost. 2, 64 (1508), das er auf S. 57 wie folgt erklärte: „Nam si semel erretur, actum est de capite nec est secundo errori locus. Vel quod in bello, quia cuncta tumultu peragantur, non detur spacium reuocandi restituendique, siquid perperam sit institutum". In der Ausgabe d.J. 1526 (*F*) erweiterte Er. diese Erklärung durch ein Vegetius-Zitat: „In aliis rebus siquid erratum sit, potest postmodum corrigi; praeliorum delicta emendationem non recipiunt, quum statim poena sequatur errorem. Aut enim confestim pereunt, qui ignaue imperiteque pugnauerunt, aut in fugam versi victoribus vltra pares esse non audent" (a.a.O.; Veg. *Mil.* I, 13). In der Ausgabe d.J. 1533 machte er die Überschneidung komplett, indem er Lamachos als Urheber des Adagiums bezeichnet und das *Apophthegma* V, 195 in das *Adagia-*Lemma überträgt: „Adagium videtur natum ex apophthegmate: Cum Lamachus quendam manipuli ducem increpasset, quod perperam quiddam egisset, isque responderet se non iterum commissurum, quod comisserat, ‚In bello', inquit Lamachus, ‚ne licet quidem peccare bis', quod primus error saepe vitam adimat" (a.a.O.). In den Baseldrucken fehlt dem *Apophth.* ein eigener Titel; jener des vorhergegangenen läßt sich nicht weiterdenken; auf der Hand läge jener von *Adag.* 2031.

259–261 *Lamachus … peccare bis* Eigene Übers.

des Er. von Plut. *Reg. et imp. apophth., Mor.* 186F (Lamachus): Λάμαχος ἐπετίμα τινὶ τῶν λοχαγῶν ἁμαρτόντι· τοῦ δὲ φήσαντος μηκέτι τοῦτο ποιήσειν „οὐκ ἔστιν", εἶπεν, „ἐν πολέμῳ δὶς ἁμαρτεῖν". Er. berücksichtigte in diesem Fall die Übers. des Filelfo und des Regio nicht; Regios Übers.: „Lamachus quendam turmae decem (*lege* ducem) in errorem lapsum obiurgabat; qui cum dixisset se postea nunquam id esse facturum, ‚Atqui non est in bello', inquit, ‚bis peccare'" (fol. ⟨e iii⟩ʳ⁻ᵛ).

Iphikrates aus Athen (415–circa 353 v. Chr.), bedeutender Feldherr der ersten Hälfte des 4. Jh., der zum Schwiegersohn des Königs von Thrakien avancierte. Kämpfte zunächst für Athen, zeichnete sich im Korinthischen Krieg (395–387) aus; schrieb mit seinem Sieg bei Lechaion (390) mit leicht Bewaffneten (Peltasten) gegen das siegeswohnte spartanische Hoplitenheer Militärgeschichte. Dadurch änderte sich die Kampfweise und Bewaffnung des athenischen Heeres: Die Schilde und Rüstungen wurden leichter, die Lanzen und Schwerter länger (Polyaenus, *Strategemata* III, 9, 17; Diod. XV, 44, 2; Nepos, *Iphicrates* 1, 2–4). I.J. 386 begab sich Iphikrates an den Hof des dem Thrakerkönigs Kotys I. (zu diesem vgl. oben. Komm. zu *Apophth.* V, 36), der ihm seine Tochter zur Frau gab und ihm die Städte Drys und Antissa schenkte. Unterstützt durch seinen hohen Status und getragen von seinem militärischen Ruhm begab er sich 374/73 zu dem Perserkönig Artaxerxes II., um ihm als Söldnerführer im Kampf gegen die aufständischen Ägypter zu dienen. In der Folge wechselte Iphikrates die Seiten; zurück in Athen zog er wiederum gegen die Spartaner ins Feld; sodann begab er sich zu den Spartanern, für die er gegen die Thebaner kämpfte, mit denen er noch im Bundesgenossenkrieg gemeinsame Sache gemacht hatte. I.J. 365 zog er sich wieder in seine Städte in Thrakien zurück. In der Folge unterstützte er Eurydike, die Witwe des ermordeten Makedonenkönigs Amyntas III. und Mutter des ebenfalls ermordeten Alexander, und schützte das Leben ihres zweiten Sohnes Perdikkas, dem er zur Thronfolge verhalf. Im Bundesgenossenkrieg (357/356) wurde er in Athen zum Strategos ernannt und führte die athenische Flotte gegen die aufständischen Inseln Chios und Rhodos. Cornelius Nepos widmete ihm eine Biographie, nicht jedoch Plutarch. Seine berühmten Kriegsstrategien zeichnete Polyaenus, *Strategemata* III, 9 auf. Vgl. H. Beck, *DNP* 5 (1999), Sp. 1098–1099, s.v. „Iphikrates". Iphikrates figuriert außerdem in *Apophth.* I, 158 (nach Plut. *Mor.* 219C, *Apophthegmata Laconica*, Bias; vgl. *ASD* IV, 4, S. 97) als Sieger gegen den spartanischen Nauarchen Anaxibios i.J. 388, und V, 242 als einer der besten Feldherren seiner Zeit (nach Plut. *Mor.* 194A). In den Adagien erscheint Iphikrates als Spender des Sprichwortes *Adag.* 3755 „Mithragyrtes, non Daduchus" *ASD* II, 8, S. 156 (nach Arist. *Rhet.* III, 2, 10). In der *Apophthegmata*-Serie verkörpert Iphikrates drei Ideale der *Institutio principis christiani*: weisen, vorsichtigen Vorausblick (V, 196), Patriotismus (V, 198) und die Repräsentation des wahren Adels, d.h. des Tugendadels (V, 199).

In *Apophth.* V, 196 hat Er. zwei Lemmata von Plutarchs *Reg. et imp. apophth.* (Iphicrates, 1 und 2) zusammengelegt. Die beiden Lemmata haben gleichwohl nichts miteinander zu tun. Das erste bezieht sich auf die Anfangszeit von Iphikrates' militärischer Laufbahn, der damals noch ein einfacher Soldat war. Im zweiten ist er bereits als Feldherr, wahrscheinlich im Korinthischen Krieg (395–387 v. Chr.), tätig. Vielleicht bezieht sich dieses Apophthegma auf den Feldzug, den Iphikrates i.J. 391/90 im Auftrag Athens unternahm, um das von den Spartanern belagerte Korinth zu befreien. Dieser Feldzug war erfolgreich: Iphikrates schlug die Spartaner in der Schlacht bei Lechaion, dem Hafen Korinths, entscheidend. Das zweite Lemma von V, 196 besitzt Gegenstücke in *Apophth.* V, 306 und VII, 88. Der Apophthegma-Spender von V, 306 ist der Feldherr Scipio Africanus d.Ä., von VII, 88 der kynische Philosoph und Sokrates-Schüler Antisthenes, wobei es sich jedoch um die Wiedergabe der Lehrmeinung (*placitum*) „Für den Weisen ist nichts neu oder seltsam" handelt.

265–267 *Iphicrates ... deportauit* Plut. *Reg. et imp. apophth., Mor.* 187A (Iphicrates, 1), wobei Er. Regios Text bearbeitete: „Iphicrates cum sutoris filius esse putaretur, omnibus quidem contemptui erat. Sed in precio tunc primum esse coepit, cum vulneratus hostem simul cum armis correptum in triremem suam iuuentutem (lege: viuentem) transtulit" (fol. ⟨e iii⟩ᵛ). Vgl. den griech. Text: Ἰφικράτης δοκῶν υἱὸς εἶναι σκυτοτόμου κατεφρονεῖτο· δόξαν δὲ τότε πρῶτον ἔσχε, ὅτε τραυματίας πολέμιον ἄνδρα καὶ μετὰ τῶν ὅπλων ζῶντα συναρπάσας εἰς τὴν ἑαυτοῦ τριήρη μετήνεγκεν. Für den Spruch des Iphikrates vgl. Polyaenus, *Strategemata* III, 9, 17; Val. Max. VII, 2 legt den Spruch Scipio Africanus d.Ä. in den Mund, Seneca dem Fabius Maximus (*De ira* II, 31, 4).

265 *contemptui* Vgl. unten V, 199 mit Komm.

Is quum in amicorum ac sociorum agris haberet exercitum *ac* nihilominus *et vallum iaceret et fossam foderet accurate, cuidam dicenti „Quid metuimus?"*, ait pessimam esse ducis vocem *„haudquaquam putaram"*, significans in tranquillissimis rebus interdum existere periculum, quod nullus expectasset. Aduersus inopinatos igitur casus prospexit suis copiis, ne, si quid accidisset, dicere cogeretur „non putaram". Hoc Latini transferunt ad Scipionem.

V, 197   NOMEN HABET MOMENTVM   (Iphicrates, 2) [14]

Quum instrueret aciem aduersus barbaros, dicebat se vereri, ne hostes non nossent Iphicratem, quo nomine solebat alios hostes terrere. At alii dant operam, ne quis norit ducem.

V, 198   INTEMPESTIVA   (Iphicrates, 3) [15]

Capitis postulatus dixit calumniatori, qui litem intendebat, *„Quale est, quod facis, homo? Quum instet bellum, reipublicae persuades, vt de me consultet ac non* potius *mecum?"*, sentiens id temporis maxime opus esse ciuitati consilio operaque Iphicratis.

276   solebat *LB*: solet *A-C*.

268–270 *Is quum ... putaram* Weitgehend wörtliche Wiedergabe von Plut. *Reg. et imp. apophth., Mor.* 187A (Iphicrates, 2): Ἐν δὲ φιλίᾳ καὶ συμμάχῳ χώρᾳ στρατοπεδεύων καὶ χάρακα βαλλόμενος καὶ τάφρον ὀρύττων ἐπιμελῶς πρὸς τὸν εἰπόντα „τί γὰρ φοβούμεθα;" χειρίστην ἔφησε στρατηγοῦ φωνὴν εἶναι τὴν „οὐκ ἂν προσεδόκησα".
268 *amicorum* „amicorum ac sociorum agris" bezieht sich wohl auf das Grundgebiet der Korinther, Athens Bundesgenossen im Korinthischen Krieg; dort lagerte Iphikrates auf seinem Feldzug i.J. 391/90.
268 *haberet exercitum* Eine etwas ungelenke Übersetzung von στρατοπεδεύων („beim Aufschlagen des Feldlagers", „als er ein Lager aufschlug"), was man mit „castra ponere/ metari/ (col)locare/ facere" oder „castra constituere" hätte wiedergeben müssen. Vgl. Regios „castra ponens" (fol. ⟨e iii⟩ᵛ) und Filelfos „castramoetatus" (fol. l Vᵛ). Lycosthenes erachtete den Text als verbesserungswürdig („suum haberet exercitum", S. 803).
269–270 *Quid ... putaram* nach Filelfos Übers.: „... ‚Quid enim metuimus?' pessimam imperatoris vocem esse respondit ‚Non putassem'" (fol. l Vᵛ).
272 *Hoc Latini* Val. Max. VII, 7, 2: „Scipio uero Africanus turpe esse aiebat in re militari dicere ‚non putaram'"; vgl. unten V, 306.
273 *Scipionem* Dabei handelt es sich um P. Cornelius Scipio Africanus d.Ä. (235–183 v. Chr.); zu diesem vgl. unten V, 293–307, insbesondere Komm. zu V, 293 und 306. In der lateinischen Literatur wurde der Spruch nicht nur Scipio Africanus d.Ä. zugeschrieben, sondern auch Fabius Maximus (von Seneca, vgl. De ira II, 31, 4); weiter findet sich Spruch ohne bestimmte Zuschreibung bei Cic. *Off.* I, 81.
Apophth. V, 197 bezieht sich wahrscheinlich auf die Periode, in der Iphikrates als Söldnerführer für die Perser gegen die Ägypter kämpfte (374/73 v. Chr.); sein Vorgefühl bewahrheitete sich; in der Folge zerstritt er sich mit dem persischen Satrapen Pharnabazos und zog ab.
275–276 *Quum instrueret ... terrere* Wörtliche Wiedergabe von Plut. *Reg. et imp. apophth., Mor.* 187A (Iphicrates, 3): Παραταττόμενος δὲ τοῖς βαρβάροις ἔφη δεδιέναι, μὴ τὸν Ἰφικράτην οὐκ ἴσασιν, ᾧ καταπλήττεται τοὺς ἄλλους πολεμίους. Er. bearbeitete Regios Übers.: „Aciem vero contra barbaros instruens se vereri aiebat, ne Iphicratem ignorent, qui alios stupefaciat hostes" (fol. ⟨e iii⟩ᵛ). Derselbe Spruch des Iphikrates findet sich in Polyaenus, *Strategemata* III, 9, 25.

275 *instrueret aciem aduersus barbaros* Iphikrates stellte ein Söldnerheer gegen die Ägypter auf.

Apophth. V, 198 bezieht sich auf die Nachwehen der Seeschlacht von Embata, welche die athenische Flotte i.J. 356 v. Chr. gegen jene der Insel Chios schlug. Zurückgekehrt nach Athen, wurde Iphikrates des Hochverrates und der Bestechung angeklagt (vgl. Diod. XVI, 21, 1–4; Nep. *Iphicrates* 3). Iphikrates wurde freigesprochen, starb aber kurz danach.

278–280 *Capitis ... mecum* Wörtliche, zum Teil eigenständige Wiedergabe von Plut. *Reg. et imp. apophth., Mor.* 187B (Iphicrates, 4): Κρινόμενος δὲ θανάτου πρὸς τὸν συκοφάντην „οἷα ποιεῖς, ὦ ἄνθρωπε;", εἶπε, „πολέμου περιεστῶτος τὴν πόλιν περὶ ἐμοῦ πείθων βουλεύεσθαι καὶ μὴ μετ' ἐμοῦ;".

278 *calumniatori* Das lateinische Wort „calumniator" als Übers. von συκοφάντης hat Er. von Filelfo und/ oder Regio bezogen, während „delator" das punktgenaue Äquivalent gewesen wäre. Als Redner der Anklage fungierte Aristophon (vgl. unten V, 202, mit Komm.). Die Anklage war von Iphikrates' Kollegen im Strategenamt, Chares, einem bedeutenden athen. Feldherren, eingebracht worden (vgl. J. Kirchner, *RE* III, 2 [1899], Sp. 2125–2128, s.v. „Chares", Nr. 3). Der Hintergrund des Prozesses war der erbitterte Streit zwischen den athenischen Admiralen Iphikrates, Timotheos und Chares über das Vorgehen im Seekrieg Athens gegen die Insel Chios. Chares setzte dezidiert auf Angriff, Timotheos und Iphikrates wählten eine vorsichtige, zurückhaltende Strategie. Den Angriff auf Embata unternahm Chares gegen den Widerstand von Iphikrates und Timotheos, wobei er nur ein Drittel der athenischen Flotte zur Verfügung hatte. Nachdem er eine schwere Niederlage einstecken mußte, gab er seinen beiden Kollegen die Schuld und klagte sie des Hochverrates und der Bestechung an, mit der Folge, daß die beiden ihres Amtes enthoben wurden. Iphikrates wurde jedoch freigesprochen und rehabilitiert. Für die Seeschlacht von Embata vgl. Th. Benfield Harbottle, *Dictionary of Battles from the Earliest Date to the Present Time*, 1904, S. 85.

279 *Quum instet bellum* Es handelt sich um den sog. Bundesgenossenkrieg (357–355 v. Chr.), den der Attische Seebund gegen die Städte Rhodos, Chios, Kos und Byzantion führte, die mit Unterstützung des persischen Satrapen Mausolos von Karien in Aufstand gekommen waren. Die Anklage gegen Iphikrates (und zugleich gegen seinen Mitstrategen Timotheos) erwies sich als ungünstig. Der Bundesgenossenkrieg endete mit einer Niederlage der Athener, die aufständischen Städte erlangten die Unabhängigkeit.

280–281 *sentiens ... Iphicrates* ist ein im Grunde überflüssiger Kommentar des Er.

420   APOPHTHEGMATVM LIBER QVINTVS

V, 199   Nobilitas vera   (Iphicrates, 4) [16]

Harmodio, prisci illius Harmodii abnepoti, generis probrum *per conuitium obiicienti
„Meum",* inquit, *„genus a me habet originem, tuum vero in te desiit".* Hoc imitatus est
285   Cicero.

V, 200   Dvx bonvs   (Iphicrates, 5) [17]

Oratori cuidam in concione hunc in modum *ipsum interroganti „Quis es,* vt tam
sublimes geras spiritus? *Num eques?* Aut *sagittarius?* Aut *scutatus?* Aut *pedes?", „Nullus
horum",* inquit, *„sed qui his omnibus imperare didici",* sentiens pulchrius esse bonum
290   praestare ducem quam quemuis militem.

V, 201   Miles dives   (Iphicrates, 6) [18]

Idem censebat *militem et diuitiarum et voluptatum auidum esse oportere,* dicens *illum
audacius pericula* subiturum, *quo suis cupiditatibus suppeditaret.*

288 Nullus *scripsi collatis versionibus Philelphi et
     Regii*: Nihil *A-C.*

282 *Nobilitas vera* „Nobilitas vera" ist ein Konzept, das im Renaissance-Humanismus vielfach diskutiert wurde, u.a. von Er. in seiner *Inst. prin. Christ.* Die Berufung auf den reinen Blutadel lehnt Er. als adäquate Autorisierung des Fürsten ab; stattdessen propagiert er den Tugendadel. Iphikrates scheint in dieser Hinsicht ein hervorragendes Beispiel zu sein, da Plutarch gleich zu Anfang der Iphikrates-Sektion diesen als Selfmade-Man darstellt, dessen Vater den sozial abjekten Beruf eines Flickschusters ausübte. Vgl. oben V, 196 („sutore patre natus"). Für Iphikrates' auffällig selbstbewusstes Auftreten und die Kritik, die er damit herausforderte, vgl. auch *Apophth.* V, 200.
283–284 *Harmodio ... desiit* Plut. *Reg. et imp. apophth.,* Mor. 187B (Iphicrates, 5): Πρὸς δὲ Ἁρμόδιον, τὸν τοῦ παλαιοῦ Ἁρμοδίου ἀπόγονον, εἰς δυσγένειαν αὐτῷ λοιδορούμενον ἔφη „τὸ μὲν ἐμὸν ἀπ᾽ ἐμοῦ γένος ἄρχεται, τὸ δὲ σὸν ἐν σοὶ παύεται". Er. hat seine Textwiedergabe nach der Übers. des Regio zusammengestellt: „In Harmodium vero, Harmodii illius prisci abnepotem, in generis ignobilitatem conuicia sibi ingerentem dixit: ‚Meum quidem genus a me incipit, sed tuum in te desinit" (fol. ⟨b iii⟩ᵛ).

283 *Harmodio* Harmodios aus Athen, aus einer altehrwürdigen Familie, Enkel des Harmodios, des berühmten Tyrannentöters, der mit Aristogeiton Hipparchos bei den Panathenäen des J. 514 v. Chr. ermordete und dabei selbst das Leben ließ. Als auch der Mittyrann Hippias gestürzt wurde, ehrte man die Tyrannentöter als Freiheitskämpfer und Begründer der Demokratie mit der Aufstellung einer Statue des Antenor auf der Agora. Zu ihm vgl. J. Miller, *RE* VII, 2 (1912), Sp. 2378, s.v. „Harmodios", Nr. 1; E. Stein-Hölkeskamp, *DNP* 5 (1999), Sp. 159, s.v. „Harmodios", Nr. 1.
284–285 *Hoc imitatus est Cicero* „imitatus" mit seinem Leben und seinen Leistungen, nicht durch einen Ausspruch. Er. meint damit Ciceros Karriere, die den *homo nouus* zum Konsulat führte. Lycosthenes hat den Verweis auf Cicero im Sinne eines Ausspruchs verstanden: „Simile autem extat Ciceronis dicterium, qui dicebat se sui tam praeclari generis et nobilitatis initium esse. Haec enim reuera est nobilitas, quae non a maiorum nostrorum, sed a nostris virtutibus proficiscitur" (S. 784).
286 *Dux bonus* Gemäß Er.' Titel brachte Lycosthenes das *Apophth.* in der Kategorie „De bono belli duce" (S. 278) unter.

287–289 *Oratori ... imperare didici* Plut. *Reg. et imp. apophth., Mor.* 187B (Iphicrates, 6), wobei Er. die Übers. des Regio als Textvorlage benutzte, die er leicht variierend wiedergab: „Oratore autem quodam ipsum in concione interrogante ‚Quis tu es, qui tantopere superbis? Eques? An sagittarius? An pedes, an scutifer?', ‚Nullus horum', inquit, ‚sed qui omnibus his imperare sciam'" (fol. ⟨e iii⟩ᵛ); Regio war im zweiten Teil von der Übers. des Filelfo ausgegangen: „‚Vtrum eques an sagiptarius (*lege* Sagittarius)? Num pedes an scutatatus?', ‚Nullus sum', inquit, ‚horum, sed qui hisce omnibus imperare didicerim'" (fol. ⟨l V⟩ᵛ); von Fielfo übernahm Er. das Wort „didcerim". Vgl. den griech. Text: Ῥήτορος δέ τινος ἐπερωτῶντος αὐτὸν ἐν ἐκκλησίᾳ „τίς ὢν μέγα φρονεῖς; πότερον ἱππεὺς ἢ ὁπλίτης ἢ τοξότης ἢ πελταστής (ἢ τοξότης ἢ πελταστὴς ἢ πεζὸς ed. Ald. *1509, p. 163*);" οὐδείς", ἔφη, „τούτων, ἀλλ᾽ ὁ πᾶσι τούτοις ἐπιστάμενος ἐπιτάττειν". Dasselbe Apophthegma findet sich auch in Plut. *De fortuna* 5, *Mor.* 99E: Ἠρώτα τις Ἰφικράτην τὸν στρατηγόν, ὥσπερ ἐξελέγχων, τίς ἐστιν; „οὔτε γὰρ ὁπλίτης οὔτε τοξότης οὔτε πελταστής." κἀκεῖνος „ὁ τούτοις," ἔφη, „πᾶσιν ἐπιτάττων καὶ χρώμενος", und ders., *Virtutem doceri posse* 3, *Mor.* 440B.

287 *Oratori cuidam* Nach Plut. *Virtutem doceri posse* 3, *Mor.* 440B soll der Redner, der Iphikrates dies vorhielt, der Feldherr Chabrias gewesen sein.

288 *sagittarius? Aut scutatus? Aut pedes?* Die Rangordnung der athenischen Waffenkategorien, die Er. aufzählt, erscheint verworren. Auf den Ritter („eques"), der der höchsten Rang innehatte, folgte normalerweise der zu Fuß kämpfende Hoplit (Schwerbewaffneter, „hoplites", „loricatus"), der ein Bürger Athens sein mußte, der so gut betucht war, daß er sich die schwere Metallrüstung mit Schwert, Brustpanzer, Metallhelm, Arm- und Beinschienen und dem Großschild leisten konnte; sodann kamen die Bogenschützen und zuletzt die Leichtbewaffneten (Peltasten), die mit zwei Wurfspeeren, Schwert und Stoßlanze ausgerüstet waren. Die Bogenschützen und Peltasten waren *per definitionem* keine Bürger, sondern Söldner, die von auswärts kamen, die Peltasten besonders häufig aus Thrakien (vgl. L. Burckhardt, *DNP* 9 [2000]. Sp. 512–513, s.v. „Peltastai"). Da es sich um Fremdlinge handelte, war ihr sozialer Status niedriger. Bei Er. jedoch folgen die Bogenschützen gleich auf die Ritter, während die Fußsoldaten das Schlußlicht bilden. Die Verwirrung rührt daher, daß Er. der Übers. des Regio folgte; Regio (und auch Filelfo) lag ein korrupter griech. Text vor, der ἱππεὺς ἢ τοξότης ἢ πελταστής ἢ πεζός lautete, was Regio mit „Eques? An sagittarius? An pedes, an scutifer?" wiedergab. Er. lag derselbe korrupte Text in der Aldus-Ausgabe d.J. 1509 vor: Aufgrunddessen korrigierte er die Reihenfolge des Regio so, daß „pedes" (πεζός) an der letzten Stelle stand, was eine Verschlimmbesserung bedeutet.

Apophth. V, 201 diente als einleitendes Motto der plutarchischen Galba-Biographie, deren erstes Wort „Iphikrates" ist, um den Aufstieg und Untergang des Kaisers vorausblickend anzudeuten. In Bades Ausgabe der latein. Übers. wurde die Sentenz durch eine Marginalnote hervorgehoben: „Militem stipendiarium diuitiarum studiosum esse oportere" (ed. Bade, Paris 1514, fol. CCCLIʳ); Er. wandelte die Sentenz ab: Iphikrates bezog sie auf Söldner, Er. auf Soldaten im Allgemeinen.

292–293 *censebat ... suppeditaret* Plut. *Galba* 1 (*Vit.* 1053A): Ὁ μὲν Ἀθηναῖος Ἰφικράτης τὸν μισθοφόρον ἠξίου στρατιώτην καὶ φιλόπλουτον εἶναι καὶ φιλήδονον, ὅπως ταῖς ἐπιθυμίαις χορηγίαν ἐπιζητῶν ἀγωνίζηται παραβολώτερον. Im ersten Abschnitt gestaltete Er. seinen Text nach Filelfos Übers.: „Iphichrates (sic) Atheniensis idcirco existimabat stipendiarium militem et diuitiarum et voluptatum studiosum esse oportere, quod, dum harum gratia largius cupit acquirere, versutius se periculis audentiusque obiiciat" (ed. Bade, Paris 1514, fol. CCCLIʳ).

V, 202   ELOQVENTIA VICTRIX   (Iphicrates, 7) [19]

295 Idem in causa obrutus eloquentia patroni, qui Aristophontem defendebat, *„Aduersariorum"*, inquit, *„melior est histrio, sed mea fabula melior"*. Vt fabula nonnunquam exploditur vitio histrionis, ita saepe melior causa vincitur a peiore patroni infantia stultitiaue.

XENAENETVS

300   V, 203   PROBRVM COMMVNE   (Xenaenetus, 1) [20]

Xenaenetus dux ciuibus exprobrantibus sibi, quod imperator exercitus fugisset in bello, „At vobiscum", inquit, *„o chara capita"*, probrum cum exprobrantibus communicans. Neque enim dux persistere potest absque militibus, et turpiter obiicit alteri vitium, a quo ipse non est immunis.

---

299 Xenaenetus *A B BAS LB*: Xenenaetus *C*.
300 Probrum *A-C*: Probum *BAS*.

301 Xenaenetus *A B BAS LB*: Xenenaetus *C*.

Apophth. V, 202 hängt eng mit V, 198 (Iphicrates, 3) zusammen. Er. war nicht klar, um welchen Prozeß es ging. Aristophon war nicht der Angeklagte, wie Er. meinte, sondern der Ankläger.
295 *eloquentia … defendebat* Aus den erläuternden Zusatzangaben des Er., „obrutus eloquentia patroni, qui Aristophontem defendebat", geht hervor, daß er Plutarchs Text missverstanden hat. Aristophon war nicht der Angeklagte, der von einem Anwalt verteidigt wurde. Vielmehr war Aristophon der Ankläger des Iphikrates. Es handelt sich dabei um den Hochverratsprozeß d.J. 354 v. Chr.; Aristophon gewann den Prozeß und erreichte, daß Iphikrates seines Amtes enthoben wurde.
295 *Aristophontem* Aristophon (ca. 430–ca. 330 v. Chr.), bedeutender Politiker und Redner in Athen; erhielt bereits i. J. 403 eine Ehrung wegen seiner Verdienste im Widerstand gegen die 30 Tyrannen; bekannt für seine zahlreichen Gesetzesanträge, von denen er eine stattliche Reihe durchbrachte, die ihm aber auch 75 Anklagen einbrachten. Er verteidigte sich jedesmal selbst, wobei es ihm in allen Fällen gelang, freigesprochen zu werden. Klagte selbst andere Politiker an, u.a. Timotheus und Iphikrates. Vgl. M. Meier, *DNP 1* (1996), Sp. 133, s.v. Aristophon, Nr. 2; J. Miller, *RE* II, 1 (1895), Sp. 1005–1007, s.v. „Aristophon", Nr. 2; A. Schäfer, „Athenische Staatsmänner nach dem Peloponnesischen Kriege: Aristophon", in: *Philologus* 1 (1846), S. 187–224.
295–296 *Aristophontem … melior* Eigenständige Übers. des Er. von Plut. *Praecepta gerendae rei publicae* 5, *Mor.* 801F: ὥσπερ Ἰφικράτης ὑπὸ τῶν περὶ Ἀριστοφῶντα καταρρητορευόμενος λέγῃ „βελτίων μὲν ὁ τῶν ἀντιδίκων ὑποκριτής δρᾶμα δὲ τοὐμὸν ἄμεινον". Er. lag auch Niccolò Sagundinos Übers. vor, aus der er jedoch kaum etwas übernahm: „… neue vt Iphicrates Aristophontis superatus oratione meliorem esse dicat aduersariorum actorem, caeterum suamipsius causam longe potiorem" (ed. Cratander, Basel 1530, fol. 3ʳ). Er. verbesserte Sagundinos Übers. im Hinblick auf die Wiedergabe von δρᾶμα: Sagundino hatte „causa", Er. das überzeugendere „fabula".
Apophth. V, 203 Auf Iphikrates folgte bei Plutarch auf gleichsam natürliche Weise dessen Mitstratege im Bundesgenossenkrieg, Thimoteos. Er. unterbrach diese plausible Komposition, indem er einen Ausspruch des athen. Politikers und Feldherren Xenainetos einschob. Auch im Hinblick auf die chronologische Ordnung ist dieser Einschub nicht glücklich, weil Xenainetos um einiges älter war als der um 415 v. Chr. geborene Iphikrates. Wäh-

rend Iphikrates im Jahr 400 v. Chr. noch Ephebe war, bekleidete Xenainetos bereits das Amt des Archonten. Er.' Einschub an vorl. Stelle ist durch die Verwendung der Quelle Plut. *Praecepta gerendae rei publicae* begründet: V, 202 bezog Er. aus 801F, im Kontext (803D) stieß er auf das Xenainetos-Apophthegma.

Xenainetos, Archon v. Athen i.J. 401/400 v. Chr. Vgl. D. Kienast, *RE* IXA.2 (1967), Sp. 1419, s.v. ‚Xenainetos'.

301–302 *Xenaenetus ... capita* Plut. *Praecepta gerendae rei publicae*, 7, *Mor.* 803D, wobei Er. die Übers. des Nicolao Sagundino variierend wiedergab: „Lepidum etiam illud Xenaeneti ad ciues suos. Exprobrabant ei, quod imperator exercitus ab hostibus esset versus in fugam, ‚At vobiscum', inquit, ‚lepidissima capita, aufugi'" (ed. Cratander, Basel 1530, fol. 4ʳ). Vgl. den griech. Text: χάριεν δὲ καὶ τὸ Ξεναινέτου πρὸς τοὺς πολίτας λοιδοροῦντας αὐτόν, ὅτι στρατηγὸς ὢν πέφευγε, „μεθ' ὑμῶν γ', ὦ φίλαι κεφαλαί". Er. verbesserte Sagundinos „lepidissima capita" zu „chara capita" (ὦ φίλαι κεφαλαί).

TIMOTHEVS

V, 204   Scomma contemptvm   (Timotheus, 1) [21]

Timotheus dicebatur dux fortunatus. Huic inuidentes *nonnulli* pinxerant ciuitates vltro se reti implicare, ipso dormiente. *Hac contumelia nihil offensus Timotheus ciuiliter respondit: „Si tantas vrbes capio dormiens, quid facerem vigilans?".*

V, 205   Cavtio   (Timotheus, 2) [22]

Audace quodam milite [i.e. duce] *vulnus Atheniensibus ostentante „Et me", inquit, „puduit, quod, quum ego in Samo dux vester essem, catapultae telum prope me ceciderat",*

311 milite *A-C: scribendum erat* duce.

Timotheos (gest. 354 v. Chr.), bedeutender Politiker und Feldherr aus Athen; mehrfach Strategos; besiegte die spartanische Flotte; erweiterte den Attischen Seebund im J. 375, u. a. durch den Beiritt Korkyras (Korfu) und Zakynthos': Dafür erhielt er 374 ein Ehrenstandbild auf der Agora in Athen. Timotheos eroberte während seiner Asien-Mission (366–362) als athenischer Strategos und Flottenkommandant Samos (365) und eine Reihe von Städten in Thrakien und Makedonien. I. J. 355 wurde er für Bestechung im Bundesgenossenkrieg verurteilt, woraufhin er ins Exil nach Chalkis ging, wo er 354 starb. Nepos widmete ihm eine Vita. Vgl. W. Schmitz, *DNP* 12,1 (2002), Sp. 597–598, s.v. „Timotheos", Nr. 4.

Apophth. V, 204 ist ein Gegenstück zu *Adag.* 482 „Dormientis rete trahit" (*ASD* II, 1, S. 553) und *Collect.* 352 „Dormientis rete cepit. Εὕδοντι κύρτος αἱρεῖ" (*ASD* II, 9, S. 152): „A piscatoribus translatum, quibus et dormientibus retia pisces capiunt. Competit in eum, cui res stulte instituta bene tamen vertit cuiue citra operam boni quippiam obuenit"; vgl. Diogen. 4, 65 Εὕδοντι κύρτος αἱρεῖ; Zenob. 4, 8 Εὑδόντων ἁλιευτικῶν κύρτος; Otto 579. Das von Plutarch übernommene Apophth. ist hochinteressant, weil es belegt, daß im klassischen Athen die gemalte Karikatur auf Tafelbildern (πίναξιν) bereits als Mittel der politischen Meinungsbildung verwendet wurde. Wie die Bildbeschreibungen Plutarchs und Aelians zeigen, handelte es sich um eine allegorische Darstellung (mit den als Fischen wiedergegebenen eroberten Städten bzw. der Göttin Tyche), die mit einem Porträt des Generals Timotheos kombiniert worden war, der neben der Fischreuse schlafend zu sehen war. Nach Plut. *De Herodoti malignitate*, 7, Mor. 856B wurden von dieser allegorischen Karikatur des Timotheos sogar mehrere Exemplare (Tafelbilder) hergestellt (γράφοντες ἐν πίναξιν); wenn dies richtig ist, belegt die Stelle, daß politische Karikaturen schon damals vervielfältigt wurden. Auch nach Ael. *Var. hist.* XIII, 43 waren es mehrere Maler, die Timotheos so darstellten (καὶ οἱ ζωγράφοι δὲ καθεύδοντα ἐποίουν). Aelian gibt a.a.O. weiter an, daß auf dem Bild die Göttin Tyche zu sehen war, wie sie die Fische in die Reuse trieb. Die politische Karikatur von *Apophth.* V, 204 datiert auf die unmittelbare Folgezeit auf die Asien-Mission des Timotheos (366–362 v. Chr.), der von Athen mit einer Flotte nach Phrygien entsandt worden war, um den Satrapen Ariobarzanes bei seinem Aufstand (366–363) gegen den persischen König Artaxerxes II. zu unterstützen. Als Timotheos zu der Einsicht kam, daß dies ein ungünstiges Unterfangen war, änderte er das Ziel seiner Mission und eroberte stattdessen Samos (365) und eine Reihe von Städten in Thrakien und Makedonien, u.a. Sestos und Krithote (am Hellespont), Torone und Poteidaia (auf Chalkidike), Methone und Pydna (in Makedonien). Während Timotheos mit seinen Eroberungen zahlreicher Städte reüssierte, wurde Ariobarzanes verraten und i. J. 363 von Artaxerxes II. gekreuzigt.

307–309 *Timotheus ... vigilans* Weitgehend wörtliche, jedoch durch einen Übersetzungsfehler getrübte Wiedergabe von Plut. *Reg. et imp. apophth.*, Mor. 187B–C (Timotheus, 1), wobei Er. – wie schon in *Adag.* 482 – die Übers. Filelfos übernahm und variierte: „Timotheus putabatur fortunatus imperator atque qui ei inuidebant, pingebant urbes, quae illo dormiente ad raete (sic) vltro se implicarent. Itaque dicebat Timotheus: ‚Si huiuscemodi vrbes capio dormiens, quid me facturum arbitramini, cum vigilaro?'" (fol. ⟨l V⟩ᵛ–⟨l VI]⟩ʳ). Vgl. den griech. Text: Τιμόθεος εὐτυχής ἐνομίζετο στρατηγός εἶναι, καὶ φθονοῦντές αὐτῷ τινες (τινὲς *ed. Ald. 1509, p. 163*) ἐζωγράφουν τὰς πόλεις εἰς κύρτον αὐτομάτως ἐκείνου καθεύδοντος ἐνδυομένας· ἔλεγεν οὖν ὁ Τιμόθεος „εἰ τηλικαύτας πόλεις λαμβάνω καθεύδων, τί με οἴεσθε ποιήσειν ἐγρηγορότα;"; in *Adag.* 482 (*ASD* II, 1, S. 553) hatte Er. Filelfos Übers. im Spruchteil ganz wörtlich übernommen: „[A] Εὔδοντι κύρτος αἱρεῖ, id est *Dormienti rete capit*. In eos, quibus citra conatum obtingunt ea, quae cupiunt. Natum ex euentu, quod aliquando acciderit, vt dormientibus piscatoribus pisces forte retibus inuoluti caperentur. Quidam ad Timotheum imperatorem Atheniensium referunt, cui, quod multa feliciter obtingerent magis commoditate fortunae quam ipsius opera, εὐτυχοῦς, [B] id est felicis, [A] cognomen inditum. In huius inuidiam pingebant nonnulli Fortunam ad rete cogentem vrbes illo iuxta dormiente. Quos ille sic elusit autore Plutarcho, vt diceret: ‚*Si huiusmodi vrbes capio dormiens, quid me facturum arbitramini, si vigilaro?*‛ ". Dasselbe Apophthegma findet sich in Plut. *De Herodoti malignitate*, 7, *Mor.* 856B und Ael. *Var. hist.* XIII, 43.

307 *dux fortunatus* Für diese Charakterisierung des Timotheus vgl. *Adag.*, Prolegomena, *ASD* II, 1, S. 80 „Timotheo felicior"; *Adag.* 482 (*ASD* II, 1, S. 553).

307 *ciuitates* Er. verkehrte in der irrigen Annahme, daß Timotheos persische Städte eroberte, während es tatsächlich griechische, thrakische und makedonische waren; vgl. *Adag.* 3004 „Mars rex" (*ASD* II, 7, S. 45–46): „Zenodotus ortum putat (sc. paroemium) a Timotheo, Atheniensium imperatore, qui multa felicissime gessit aduersus Persas et Asianos …". Das beruht darauf, daß Er. Zenobios falsch verstanden hatte: Dieser redete nicht von dem athenischen Feldherrn Timotheos, sondern von dem Tragiker Timotheos, der das Schauspiel „Die Perser" verfaßte. Vgl. Komm. *ASD* II, 7, S. 45–46.

308 *reti implicare* Auf dem Karikaturgemälde war *kein Fischnetz* („rete") zu sehen, sondern, wie im griech. Text angegeben, eine aus Binsen geflochtene Fischreuse (κύρτος) bzw. ein Binsenkorb (vgl. Plut. *Mor.* 187B–C und 856B; Passow I, 2, S. 1869, s.v. κύρτός). Das lateinische Wort für die aus Binsen geflochtene Fischerreuse ist „nassa" bzw. „naxa"; vgl. *DNG* II, Sp. 3218, s.v. „nassa": „Fischreuse, ein geflochtener Korb mit engem Hals, aus dem die Fische nicht wieder entkommen können". Die Fischreuse wird des Nachts ins Wasser gelegt, wobei keine Tätigkeit des Fischers erforderlich ist – die Fische schwimmen in die Reuse, während er schläft. Dies paßt genau auf das von Plutarch beschriebene Bild, auf dem Timotheos neben der Reuse schläft. „rete" für κύρτός ist eine Fehlübersetzung des Er., die er von Filelfo übernahm, ebenso wie er es bereits in *Adag.* 482 (*ASD* II, 1, S. 553) getan hatte. Regio hatte den Übersetzungsfehler erkannt und beseitigt: „vrbes in nassam … vltro ingredientes" (fol. ⟨e iii⟩ᵛ). Jedoch schenkte Er. dieser Korrektur keine Aufmerksamkeit.

Apophth. V, 205 datiert auf die Zeit nach der Asien-Mission des Timotheos (366–362 v. Chr.), während der er 365 fast ein ganzes Jahr die Stadt Samos belagerte und schließlich eroberte. Samos, das Mitglied des Attischen Seebundes war, hatte sich i.J. 387 wieder auf die Seite der Perser geschlagen und war seitdem persischer Vasall geblieben. Das erklärt die aufwendige Belagerung der Stadt durch Timotheos und den erbitterten Widerstand der Samier. Nach der Eroberung ging Timotheos mit äußerster Härte vor: Er vertrieb die gesamte Bevölkerung aus der Stadt und besetzte sie mit attischen Kleruchen. In dem Spruch von V, 205 bezieht sich Timotheos auf die (lange) Periode der Belagerung. Weiter setzt das Apophth. die Anwesenheit des Timotheos in Athen voraus: 362 kehrte er von der Asien-Kampagne zurück, 356 ging er nach seiner Verurteilung ins Exil.

311–312 *quodam milite … ceciderat* Plut. *Reg. et imp. apophth., Mor.* 187C (Timotheus, 2): Τῶν δὲ τολμηρῶν στρατηγῶν τινος (τινὸς *ed. Ald. 1509, p. 163*) τραῦμα τοῖς Ἀθηναίοις δεικνύοντος (δεικνύοντος *ed. Ald. 1509, p. 163*: δεικνύντος *ed. Babbitt*), „ἐγὼ δέ", εἶπεν, „ἠσχύνθην ὅτι μου στρατηγοῦντος ὑμῶν ἐν Σάμῳ καταπελτικὸν βέλος ἐγγὺς ἔπεσε". Er. bearbeitete Regios Übers.: „Quodam autem ex temerariis imperatoribus vulnus Atheniensibus ostentante ‚At me', inquit, ‚quum vester essem contra Samios imperator, telum prope me cecidisse' " (fol. ⟨e iii⟩ᵛ).

311 *milite* „milite" ist eine Fehlübers. des Er.; adäquate Übersetzungen für στρατηγός

significans hoc vulnus illi non factum in praelio cominus pugnanti, sed procul. At bono duci adeo cauendum, vt ne prope quidem iaculum vllum possit accidere. Vulnus gladio factum fortitudinem arguit, telo factum catapultae, indiligentiae signum est.

V, 206   MAGNVS, NON FORTIS   (Timotheus, 3) [23]

Quum oratores Charetem commendarent censentes talem creari debere Atheniensium ducem, „Non ducem", inquit Timotheus, „sed qui duci suas stragulas portet".

CHABRIAS [DVX]

V, 207   DVCIS PERITIA   (Chabrias, 1) [24]

Chabrias dicere solet eos optime ducis munere fungi, qui res hostium quam maxime cognitas haberent.

V, 208   MISER ANTE TEMPVS   (Chabrias, 2) [25]

Idem *proditionis accusatus est vna cum Iphicrate* [i.e. Callistrato]. *Quum autem ab Iphicrate* [i.e. Callistrato] *obiurgaretur, quod, quum esset in periculo, tamen ad*

---

313 at *C BAS LB*: aut *A B*.
317 Magnus, non fortis *A-C*: Magnus non contemptus *BAS*.

320 DVX *seclusi*.
322 solet *A-C*: solebat *LB*.

(στρατηγῶν τινος) wären „dux", „imperator" (Regio, a.a.O.) oder „praetor" (Filelfo, fol. ⟨l vi⟩ʳ) gewesen. Er. ist wohl eine Verwechslung mit στρατιώτης unterlaufen; eine Zeile unterhalb gibt Er. das Amt des στρατηγός richtig mit „dux" wieder. *CWE* 38, S. 518 bietet die Übers. „a bold soldier" dar und merkt im Komm. an, daß es „an overbold fellow general" war. Lycosthenes übernahm bei seinem Abdruck des *Apophth.* den Fehler des Er. (S. 699, im Kapitel „De militum in rebus agendis ignauia"). Der Übersetzungsfehler des Er. war folgenreich, da er in die großen Wissenssammlungen des 16. und 17. Jh. einging, u. a. in Joseph Langs *Novissima polyanthea* (e.g. Frankfurt 1617, S. 892, Kap. „Miles") oder Laurens Beyerlincks *Magnum theatrum vitae humanae* (Köln 1631, Bd. V, S. 514, Kap. „De militia et militibus"). Leopardus hatte den Fehler in seinen *Emendationes* angemerkt (IX, 25), jedoch setzte sich die Fehlübers. in der weiteren Tradition des Spruches durch. Nach Plut. *Pelop.* 2, 3 (*Vit.* 278D) war der Feldherr, der seine Wunde ostentativ vorzeigte, Timotheos' Rivale Chares (vgl. V, 206 mit Komm.; *CWE* 38, S. 518).

Apophth. V, 206 datiert auf d. J. 357 v. Chr., als Chares (gemeinsam mit Timotheos und Iphikrates) zum Strategen im Bundesgenossenkrieg gewählt wurde. Vgl. dazu die ausführlichere Erzählung der Anekdote in Plut. *Num seni gerenda respublica*, 8, *Mor.* 788D, nach der in den Beratungen über das Strategenamt einige Redner dafür plädierten, daß der junge und starke Chares die beiden alten Strategen Iphikrates und Timotheos ablösen sollte. Nach diesem Bericht wird Timotheos' abschätzige Bemerkung über Chares davon motiviert, daß er durch dessen Wahl benachteiligt gewesen wäre. Er. selbst vertrat die Ansicht, daß körperliche Kraft bei der Wahl eines Feldherrn unwichtig sei, da es vornehmlich um seine Klugheit ging; vgl. *Adag.* 2975, *ASD* VI, S. 574: „Quamquam mea quidem sententia non magnum habet momentum in principe corporis robur, plurimum autem consilium et prudentia. Proinde grauiter Timotheus, cum rhetores Charetem quendam efferrent laudibus, iuuenem corporis viribus insignem, censerentque eiusmodi belli ducem Atheniensibus esse quaerendum, „‚Haudquaquam‘, inquit, ‚[Nam] ⟨Non⟩ istiusmodi quidem optarim, qui culcitras et stragulas sit exercitui deportaturus; at ducem velim, qui a fronte pariter atque a tergo sit oculatus et quem a perpendendo, quid vtile factu sit, nulla impediat animi perturbatio'". Der *Adagia*-Text ist an dieser Stelle in *ASD* fehlerhaft: zu lesen ist „Non".

318–319 *Quum oratores ... portet* Weitgehend wörtliche Wiedergabe von Plut. *Reg. et imp. apophth., Mor.* 187C (Timotheus, 3): Τῶν δὲ ῥητόρων τὸν Χάρητα προαγόντων (προσαγόντων *ed. Ald. 1509, p. 163*) καὶ τοιοῦτον ἀξιούντων εἶναι τὸν Ἀθηναίων στρατηγόν, „οὐ τὸν στρατηγόν", εἶπεν ὁ Τιμόθεος, „ἀλλὰ τὸν τῷ στρατηγῷ τὰ στρώματα κομίζοντα".

318 *Charetem* Chares, athenischer Feldherr des 4. Jh. v. Chr., i.J. 367/6 und weitere Male Strategos. Ohne seine Kollegen im Strategenamt Iphikrates und Timotheos lieferte er bei Embata eine Schlacht gegen die abtrünnigen Bundesgenossen, die mit einer schweren Niederlage endete; er wälzte die Verantwortung auf seine Mitstrategen ab und klagte sie in Athen an. 354/3 konnte er als Strategos die Einnahme Olynths durch Philipp II. nicht verhindern. Nahm weiter 337 an der verlorenen Schlacht bei Chaironeia teil; trat 333 in den Dienst Persiens und kapitulierte 332 bei Mytilene. Vgl. W. Schmitz, *DNP* 2 (1999), Sp. 1097–1098, s.v. „Chares", Nr. 1.

319 *ducem* Korrekte Übers. des Er. von στρατηγός; wie schon im oben im in V, 204 zitierten Spruch übersetzte Filelfo στρατηγός mit „praetor", Regio mit „imperator".

Chabrias (gest. 357 v. Chr.), bedeutender athenischer Feldherr, mehrere Male Strategos; nahm u. a. am Korinthischen Krieg, an der Zypern-Expedition und am Bundesgenossenkrieg teil; zeitweilig im Dienst des ägypt. Pharaos Akoris, wobei er Ägypten gegen das Persische Reich verteidigte; Schüler Platons. Vgl. W. Schmitz, *DNP* 2 (1999), Sp. 1080–1081, s.v. „Chabrias".

320 *DVX* Der Zusatz „DVX" muß auf einem Irrtum beruhen; er hat keine spezifische Relevanz und fehlt ebenso in den Quellentexten Plutarchs; bei Er. weisen die vorhergehenden Sektionen (Lamachos, Iphikrates, Xenainetos, Timotheos) nicht diese Spezifikation auf, während es sich um Strategoi handelt; im Index personarum findet sich die Namensform „Chabrias" ohne Zusatz.

322–323 *Chabrias dicere ... cognitas haberent* Plut. *Reg. et imp. apophth., Mor.* 187D (Chabrias, 1): Χαβρίας ἔλεγε κάλλιστα στρατηγεῖν τοὺς μάλιστα γινώσκοντας τὰ τῶν πολεμίων. Er. variierte die Übers. Filelfos und Regios; Filelfo: „Chabrias eos dicebat pulcherrime officio imperatoris fungi, qui res hostium maxime nossent" (fol. ⟨l VI⟩ʳ); „Chabrias eos dicitabat optimos esse imperatores, qui hostium res quam optime nossent" (fol. ⟨e iiii⟩ʳ).

Apophth. V, 208 datiert auf 366 v. Chr., als Chabrias nach Misserfolgen gegen die Thebaner des Hochverrats angeklagt wurde. Vgl. *DNP* 2 (1999), Sp. 1081; Demosth. *Or.* XXI, 64. An vorl. Stelle ist Plutarch ein Fehler unterlaufen: Der Kollege des Chabrias war nicht Iphikrates, sondern Kallistratos von Aphidnai; zu diesem vgl. unten Komm. zu V, 234; Kallistratos' Verteidigungsrede war erfolgreich (Plut. *Demosth.* 5, 1–5, *Vit.* 848; Gell. III, 13): Er und Chabrias wurden freigesprochen; in *CWE* 38, S. 518 findet sich die wohl auf einem Missverständnis beruhende Angabe, daß Chabrias aufgrund des Prozesses „was executed". Chabrias starb erst i.J. 357 v. Chr. bei dem Angriff der athenischen Flotte auf die Insel Chios.

325–329 *proditionis ... occident* Wörtliche Übertragung von Plut. *Reg. et imp. apophth., Mor.* 187D (Chabrias, 2), wobei Er. die Übers. Regios leicht variierend übernahm: „Proditionis autem vna cum Iphicrate accusatus, ab Iphicrate ipso repraehendabatur (sic), quod de vita periclitans et in gymnasium iret et hora consueta pranderet, ‚Ergo, si quid Athenienses', inquit, ‚de nobis statuerint, te quidem squallidum (sic) et ieiunum, me vero pransum et peructum necabunt'" (fol. ⟨e iiii⟩ʳ). Vgl. den griech. Text: Δίκην δὲ φεύγων προδοσίας μετ' Ἰφικράτους, ἐπιτιμῶντος αὐτῷ τοῦ Ἰφικράτους ὅτι κινδυνεύων εἰς τὸ γυμνάσιον βαδίζει καὶ τὴν εἰωθυῖαν ὥραν ἀριστᾷ, „τοιγαροῦν", εἶπεν, „ἂν ἄλλο τι (τὶ *ed. Ald. 1509, p. 163*) γνῶσι περὶ ἡμῶν Ἀθηναῖοι, σὲ μὲν αὐχμῶντα καὶ ἄσιτον, ἐμὲ δ' ἠριστηκότα καὶ ἀληλιμμένον ἀποκτενοῦσιν".

325 *Iphicrate* Für Iphikrates vgl. oben Komm. zu V, 196.

gymnasium itaret solitaque pranderet hora, „*Ergo*", *inquit,* „*si quid secus de nobis statuerint Athenienses, te squalidum ac famelicum, me vero pransum et vnctum occident*".

330   V, 209   Dvx egregivs   (Chabrias, 3) [26]

Quin et illud dicere solet formidabiliorem esse ceruorum exercitum duce leone quam leonum duce ceruo, sentiens totam belli fortunam pendere a virtute prudentiaque ducis.

HEGESIPPVS

335   V, 210   Libertas magno emenda   (Hegesippus, 1) [27]

Quum Hegesippus cognomento Crobelus, Athenienses in Philippum irritaret, quidam e concione succlamauit: „*Itane* bellum *nobis inuehis, Hegesippe?*". „*Nae per Iouem*", inquit, „*et pullas vestes et publicas exequias et orationes funebres, si* victuri *sumus liberi nec imperatis Macedonum parebimus*", significans libertatem bene emi magno nec
340   sine negocio posse seruari.

PYTHEAS

V, 211   (Pytheas, 1) [28]

Pytheas quum adhuc esset adolescens, accessit in concionem contradicturus decretis, quae tum de Alexandro condebantur. Huic quum quidam dixisset „*Tu, quum sis iuuenis, audes*
345   *de rebus tantis loqui?*", „*Atqui*", *inquit,* „*quem vos suffragiis vestris deum facitis, me iunior est*".

---

331 solet *A-C*: solebat *LB.*
336 Crobelus *A-C sec. Plut. ed. Ald.*: Crobylus *sec. versionem Philelphi (ut in Plut. text. recepto).*

341 PYTHEAS *A*: om. *B C BAS.*

330 Dux egregius Stobaeus, *Florilegium* 54, 61 (Meineke II, 330) schrieb den Spruch Philipp von Makedonien zu.
331–332 *dicere solet ... duce ceruo* Wörtliche Wiedergabe von Plut. *Reg. et imp. apophth., Mor.* 187D (Chabrias, 3), wobei Er. im Grunde Regios Übers. wiedergab: „Dictitare etiam solebat formidabiliorem esse ceruorum exercitum duce leone quam leonum ceruo imperante" (fol. ⟨e iiii⟩ʳ). Vgl. den griech. Text: Εἰώ-

θει δὲ λέγειν ὅτι φοβερώτερόν ἐστιν ἐλάφων στρατόπεδον ἡγουμένου λέοντος ἢ λεόντων ἐλάφου.
Apophth. V, 210 schrieb Regio fälschlich dem Chabrias zu, während er den bei Plutarch zweimal auftretenden Namen Hegesippos ausließ. Er., der zu seiner Texterstellung diesmal Filelfos Übers. heranzog, beging diesen Fehler nicht.
Hegesippos aus Sunion, athen. Politiker und Redner des 4. Jh. v. Chr., der der antimake-

donischen Partei angehörte; erbitterter Feind König Philipps d.Gr.; widersetzte sich einer Revision des Philokratesfriedens; 343 als Gesandter Athens am makedonischen Hof. Unternahm stets Versuche, Philipps Hegemoniebestrebungen entgegenzuwirken. Vgl. J. Engels, *DNP* 5 (1999), Sp. 238, s.v. „Hegesippos", Nr. 1.

Apophth. V, 210 datiert auf 343/2 v. Chr., als in Athen Beratungen nach der gescheiterten Mission zu Philipp stattfanden, einer Mission, die Hegesippos geleitet hatte.

336–339 *Quum Hegesippus ... parebimus* Plut. *Reg. et imp. apophth., Mor.* 187E (Hegesippus): Ἡγησίππου τοῦ Κρωβύλου (Κρωβήλου *ed. Ald. 1509, p. 163*) προσαγορευομένου παροξύνοντος τοὺς Ἀθηναίους ἐπὶ Φίλιππον, ὑπεφώνησέ τις ἐκ τῆς ἐκκλησίας „πόλεμον εἰσηγῇ"; „ναὶ μὰ Δία", εἶπε, „καὶ μέλανα ἱμάτια καὶ δημοσίας ἐκφορὰς καὶ λόγους ἐπιταφίους, εἰ μέλλομεν ἐλεύθεροι βιώσεσθαι καὶ μὴ ποιήσειν τὸ προσταττόμενον Μακεδόσι". Während Er. im Spruchteil anscheinend den griech. Text als Vorlage benutzte, wiederholte er im einleitenden Teil Filelfos Übers.: „Hegesippus cognomento Crobylus quum Athenienses in Philippum irritaret, succlamauit quidam e concione ‚bellumne suades?'. ‚Ita, per Iouem', inquit, ‚nigrosque amictus et cum publicis funerum elationibus funebris orationes, si ad libertatem niti, quam quae Macedones imperarint, factum ire maluerimus'" (fol. ⟨l VI⟩ʳ).

Pytheas, athenischer Redner und Politiker (4. Jh. v. Chr.; geb. wohl nach 350, wurde 324 noch als junger Mann betrachtet); unterstützte zunächst die makedonenfeindliche Politik des Demosthenes; verfeindete sich jedoch mit ihm und betrieb in der Folge eine makedonenfreundliche Politik; i. J. 324 sprach er sich allerdings dezidiert gegen göttliche Ehrungen für Alexander d.Gr. aus; nach dem Tod Alexanders i. J. 323 floh er wiederum nach Makedonien und trat in den Dienst des Antipatros; in der Folge agierte er gegen den Hellenenbund des Hypereides (322). Vgl. J. Engels, *DNP* 10 (2001), Sp. 660, s.v. „Pytheas", Nr. 3. Er. bezog von Pytheas das Demosthenes verspottende *Adag.* 671 „Olet lucernam" (*ASD* II, 2, S. 198–199, nach Plut. *Demosth.* 8, 4); vgl. *Apophth.* IV, 351 (*ASD* IV, 4, S. 366) (Demosthenes, 1): „Pytheas Demostheni obiecit, quod ipsius enthymemata lucernam olerent, significans illum non nisi de scripto et ad lucernam elucubrata dicere ...".

Apopth. V, 211 Nach dem Pytheas-Apophthegma folgt bei Plutarch die umfängliche Phokion-Sektion; diese hatte Er. schon im vierten Buch behandelt: IV, 257–279, *ASD* IV, 4, S. 346–351; *CWE* 37, S. 418–425. *Apophth.* V, 211 hat keinen separaten Titel; es datiert auf d.J. 324 v. Chr., in dem der Spruchspender Pytheas noch ein relativ junger Redner gewesen sein muß.

343–346 *Pytheas quum ... iunior est* Plut. *Reg. et imp. apophth., Mor.* 187E (Pytheas): Πυθέας ἔτι μειράκιον ὢν παρῆλθεν ἀντερῶν τοῖς περὶ Ἀλεξάνδρου γραφομένοις ψηφίσμασιν· εἰπόντος δέ τινος „σὺ νέος ὢν τολμᾷς λέγειν περὶ τηλικούτων (τηλικούτων *ed. Ald. 1509, p. 163*);" „καὶ μὴν Ἀλέξανδρος", εἶπεν, „ὃν ψηφίζεσθε θεόν, ἐμοῦ νεώτερός ἐστι". Er. hat seinen Text Regios Übers. nachgebildet: „Pytheas cum adhuc esset adolescens, in concionem processit iis contradicturus decretis, quae de Alexandro scribebantur. Sed quum quidam dexisset ‚Tu cum adeo iuuenis sis, de tantis rebus audes loqui?', ‚Atqui Alexander', inquit, ‚quem decernitis deum, me iunior est'" (fol. ⟨e iiii⟩ʳ). Dasselbe Apophth. findet sich in Plut. *Praecepta gerendae reipublicae* 8, *Mor.* 804B: Πυθέας δ' ὁ ῥήτωρ, ὅτε πρὸς τὰς Ἀλεξάνδρου τιμὰς ἀντέλεγεν, εἰπόντος τινὸς „οὕτω σὺ νέος ὢν περὶ πραγμάτων τολμᾷς λέγειν τηλικούτων;" „καὶ μὴν Ἀλέξανδρος" εἶπεν „ἐμοῦ νεώτερός ἐστιν, ὃν ψηφίζεσθε θεὸν εἶναι".

PISISTRATVS

V, 212   SOLERTER   (Pisistratus, 1) [29]

Pisistratus Atheniensium tyrannus, quum aliquot amici, qui ab ipso defecerant, Phylen occupassent, venit ad illos stragulas in sarcinam colligatas ipse portans. Caeterum illis, quid sibi vellet, percontantibus „Vt", inquit, „si persuasero, reducam vos; si non persuasero, maneam vobiscum. Ob hoc enim veni cum sarcinis" – egregius animus, qui nollet sine amicis nec regnare nec viuere.

V, 213   CIVILITER   (Pisistratus, 2) [30]

Quum mater apud ipsum esset delata, quod adolescentem quendam adamaret furtimque cum eo congrederetur, et quidem frequenter prae *metu* Pisistrati negante sui copiam, *adolescentem vocauit ad coenam; peracta coena rogauit, quomodo habitus esset; quum ille respondisset „Suauiter", „Haec", inquit, „tibi contingent quotidie, si matri meae placueris".* Admodum ciuiliter et maternis indulsit affectibus et adolescentem omni terrore liberauit.

Nach dem Abschnitt mit den Aussprüchen des Phokion (402/1–318 v. Chr.) durchkreuzt Plutarch sein chronologisches Ordnungsprinzip, indem er noch einmal auf das 6. Jh. v. Chr. zurückgreift und sich dem athen. Tyrannen Peisistratos zuwendet. Auf Peisistratos folgt allerdings unvermittelt Demetrios von Phaleron, der Athen am Ende des 4. Jh. v. Chr. regierte. Er., der Phokions Apophthegmata bereits im vierten Buch behandelt hatte, folgt an dieser Stelle wieder Plutarch auf dem Fuß, indem er zuerst Peisistratos' (V, 212–216), dann Demetrios' (V, 217–218) Aussprüche bringt.

Peisistratos (600–527 v. Chr.), Verwandter Solons; machte sich ca. 561 durch einen Staatsstreich zum Herren Athens, indem er die Akropolis stürmte. Konnte sich jedoch gegen seine Konkurrenten Lykurgos und Megakles nicht lange halten; wurde zweimal für längere Zeit aus Athen vertrieben; nach seiner zweiten Verbannung kehrte er i.J. 546 mit einer in Euboia zusammengestellten Söldnertruppe zurück und eroberte die Stadt; hielt sich in der Folge bis zu seinem Tode i.J. 527 als Tyrann von Athen. Peisistratos bestimmte die ökonomische und kulturelle Entwicklung Athens in der ersten Hälfte des 5. Jh. v. Chr.; er gründete die Dynastie der Peisistratiden – seine Söhne Hipparchos und Hippias regierten Athen bis ins J. 510; vgl. H. Sancisi-Weerdenburg (Hrsg.), *Peisistratos and the Tyranny*, Amsterdam 2000; K. Kinzl, *DNP* 9 (2000), Sp. 483–484, s.v. „Peisistratos", Nr. 4; ders. (Hrsg.), *Die ältere Tyrannis bis zu den Perserkriegen*, 1979; L. de Libero, *Die archaische Tyrannis*, Stuttgart 1996; H. Berve, *Die Tyrannis bei den Griechen*, 2 Bde., München 1967; F. Schachermeyr, *RE* XIX, 1 (1937), Sp. 156–191, s.v. „Peisistratos", Nr. 3. Obwohl Er. in der *Inst. princ. christ.* Tyrannen grundsätzlich verurteilte, zeichnet er von Peisistratos in der nun folgenden *Apophthegmata*-Sequenz – nach Plutarchs Vorbild – das positive Bild eines umgänglichen, milden, bürgerfreundlichen Herrschers, der sich selbst zu beherrschen wusste und nie in Zorn entbrannte, auch wenn er dazu von anderen aufgestachelt wurde. Freundlichkeit, Zugänglichkeit, Bürgernähe, Milde und Selbstbeherrschung betrachtete Er. als Haupttugenden des guten Fürsten. Peisistratos figuriert in den *Apophthegmata* weiter in zwei Aussprüchen des Solon (VII, 20 und 21; vgl. Komm. ad loc.). In den *Adagia* tritt er als Urheber von *Adag.* 187 „Faciunt et sphaceli immunitatem" (*ASD*

II, 1, S. 294) auf, wo er als Musterbeispiel der Gerechtigkeit figuriert; weiter als Urheber von *Adag.* 3165 „In Pythii templo cacare" (*ASD* II, 7, S. 126).

349–352 *Pisistratus ... cum sarcinis* Wörtliche Wiedergabe von Plut. *Reg. et imp. apophth.*, *Mor.* 189B (Pisistratus, 1), wobei Er. größtenteils Regios Übers. reproduzierte: „Pisistratus, Atheniensium tyrannus, cum ex amicis quidam ab ipso defecissent ac Phylen occupassent, ad illos venit stratum colligatum ipse portans. Sed illis interrogantibus, quid vellet, ‚Si vobis', inquit, ‚persuasero, vt abducam; sin minus, vt vobiscum maneam. Propter hoc enim cum sarcinis veni'" (fol. f⟨i⟩ᵛ). Vgl. den griech. Text: Πεισίστρατος ὁ Ἀθηναίων τύραννος, ἐπεὶ τῶν φίλων τινὲς ἀποστάντες αὐτοῦ Φυλὴν κατέλαβον, ἦλθε πρὸς αὐτοὺς στρωματόδεσμον αὐτὸς κομίζων. πυνθανομένων δ' ἐκείνων τί βούλεται, „πείσας ὑμᾶς", εἶπεν, „ἀπαγαγεῖν ἢ μὴ πείσας μένειν μεθ' ὑμῶν, ⟨καὶ⟩ (καὶ *ed. Ald., p. 164: deest in ed. Babbitt*) διὰ τοῦτο ἀφῖγμαι συνεσκευασμένος".

349 *amici* Zur Partei des Peisistratos vgl. A. French, „The Party of Peisistratos", in: *Greece & Rome* 6, 1 (1959), S. 45–57.

349 *Phylen* Phyle, Städtchen im Nordwesten Attikas, nordöstlich der Ebene von Eleusis, heute eine Vorstadt Athens (Fyli).

350 *stragulas in sarcinam colligatas* „stragulas in sarcinam colligatas", „in einen Sack eingerollte/gebündelte Decken", ist sowohl eine Verbesserung als auch Verschlimmbesserung von Regios Übers.; das griech. στρωματόδεσμος bezeichnet einen Bettsack, in dem man die Bettpolster und Bettdecken aufbewahrte (vgl. Passow II, 2, S. 1574, s.v.), d.h.: Peisistratos nahm zu Phyle einfach sein Bettzeug mit. Regio hatte dies etwas ungelenk als „gebündelte Decke" („stratum colligatum") übersetzt, was Er. übernahm, jedoch durch den Zusatz „in einen Sack" verbesserte und durch die Einbringung der Mehrzahl wieder trübte.

352 *veni cum sarcinis* „veni cum sarcinis" ist im griechischen Text nicht in dieser Form vorhanden (ἀφῖγμαι συνεσκευασμένος); Filelfo übersetzte sinngemäß richtig: „proinde paratus veni" (fol. ⟨l VII⟩ʳ); die materielle Konkretisierung hat Er. von Regio übernommen („Propter hoc enim cum sarcinis veni", fol. F⟨i⟩ᵛ).

352 *egregius animus* Für die anakoluthische Konstruktion des Kommentars vgl. oben V, 139: „ – praesens animus et suo fidens consilio" (Themistokles).

355–359 *Quum mater ... placueris* Meist wörtliche Wiedergabe von Plut. *Reg. et imp. apophth.*, *Mor.* 189B–C (Pisistratus, 2): Διαβληθείσης δὲ τῆς μητρὸς πρὸς αὐτόν, ὡς ἐρᾷ τινος νεανίσκου καὶ κρύφα σύνεστι φοβουμένῳ καὶ παραιτουμένῳ τὰ πολλά, καλέσας ἐπὶ δεῖπνον τὸν νεανίσκον ἠρώτησε δειπνήσαντα, πῶς γέγονεν· „ἡδέως" δὲ φήσαντος, „ταῦτά σοι", ἔφη, „καθ' ἡμέραν ἔσται, ἐὰν τῇ μητρί μου ἀρέσκῃς". Den längeren, erzählenden Teil bildete Er. der Übers. Regios nach: „Calumniata vero apud ipsum matre, quod adolescentem quendam adamaret, quocum timente ac multum renuente clam consuetudinem haberet, vocauit ad coenam adolescentem coenatumque interrogauit, quomodo fuisset acceptus. Illo autem opipare dicente, ‚Talia', inquit, ‚Quotidie tibi erunt, si matri meae rem gratam feceris'" (fol. f⟨i⟩ᵛ).

356 *et quidem ... Pisistrati* Erweiternde und erklärende Paraphrase des Er.; weder aus dem griech. Original noch aus den latein. Übers. geht hervor, daß der Junge spezifisch vor Peisistratos Angst hatte.

358–359 *si matri meae placueris* In dem Spruchteil reproduzierte Er. die Übers. des Filelfo (fol. ⟨l vii⟩ʳ).

V, 214   Civiliter   (Pisistratus, 3) [31]

Thrasybulus Pisistrati *filiam amabat* eamque, *quum haberet obuiam in publico, osculatus est. Ob id vxori maritum in Thrasybulum irritanti „Si illos"*, inquit Pisistratus, *„qui nos amant, habemus odio, quid faciemus iis, qui* nos *oderunt?" ac virginem* adamatam Thrasybulo dedit vxorem.

V, 215   Civilitas prvdens   (Pisistratus, 4) [32]

Commessatores quidam in Pisistrati vxorem inciderant multaque lasciue in illam *tum fecerant tum dixerant. Postero vero die* iam decocta temulentia *Pisistratum adierunt cum lachrymis* orantes veniam. *Tum Pisistratus, „Vos quidem in posterum date operam*, vt sitis sobrii. *Vxor vero mea heri nequaquam vsquam prodiit* ex aedibus". Humanitatis [B] erat, [A] quod ignouit adolescentibus, pietatis, quod vxoris honori consuluit, negans tale quicquam in illam factum esse.

V, 216   Retortvm mire   (Pisistratus, 5) [33]

Quum alteram vxorem ducere statuisset, liberis ipsum percontantibus, nunquid in ipsis haberet, de quo quereretur, „Nequaquam", inquit, *„imo ob id potius alteram duco, quod collaudem vos cupiamque mihi et alios istiusmodi liberos nasci"*.

[B] [DEMETRIVS PHALEREVS]

[V, 217]   (Demetrius Phalereus, 1) [34]

[*Demetrius Phalereus Ptolemaeum regem adhortari solebat, sibi pararet libros de regno deque militari imperio gerendo tractantes* eosque euolueret, *propterea quod ea, de quibus amici non audent admonere reges, in libris scripta habeantur*.]

---

367 Commessatores *C*: Comessatores *A B BAS LB*.
371 erat *B C*: *deest in A*.
379–387 Demetrius Phalereus Ptolemaeum … licuit cognoscere *seclusi eo loco quod Erasmus* transposuit haec duo apophthegmata in B ad VII, *264 et 265*.
379 solebat *LB*: solet *A-C*.
380 euolueret *B C*: volueret *A*.

362 *Thrasybulus* **Thrasybulos**, ein anderwärtig nicht von den literarischen Quellen erfasster Bürger aus Athen.
362–364 *Thrasybulus … oderunt* Plut. *Reg. et imp. apophth., Mor.* 189C (Pisistratus, 3): Ἐπεὶ δὲ Θρασύβουλος ἐρῶν αὐτοῦ τῆς θυγατρὸς ἐφίλησεν ἀπαντήσας, παροξυνόμενος ἐπ' αὐτὸν ὑπὸ τῆς γυναικὸς „ἂν τοὺς φιλοῦντας", εἶπε, „μισῶμεν, τί ποιήσομεν τοὺς μισοῦντας;" καὶ ἔδωκε (ἔδωκεν *ed. Ald. 1509, p. 165*) γυναῖκα τῷ Θρασυβούλῳ τὴν παρθένον. Nebenher benutzte Er. Val. Max. V, 1, ext. 2, wo sich dieselbe Anekdote findet: „Qui (sc. Pisistratus), cum adulescens quidam amore filiae eius virginis accensus *in publico* obuiam sibi factam osculatus esset, hortante vxore, vt ab eo capitale supplicium

sumeret, respondit: ‚Si eos, qui nos amant, interficiemus, quid eis faciemus, quibus odio sumus?'". Plut. führt in *De ira cohibenda*, 9, Mor. 457F die nämliche Anekdote als Exemplum für Selbstbeherrschung an, jedoch ohne das Narrativ oder den Spruch mitzuliefern.

362 *in publico* „in publico" findet sich nicht im griech. Text Plutarchs oder in den latein. Übersetzungen, ist jedoch gleichwohl ein wichtiger Bestandteil, weil es den Stein des Anstoßes auf den Punkt bringt: Er. hat diesen Bestandteil der Version des Val. Max. entnommen.

362–363 *osculatus est* „osculatus est" entnahm Er. entweder der Version des Val. Max. oder der Übers. des Regio (fol. f⟨1⟩ᵛ).

367–370 *Commessatores quidam ... prodiit* Paraphrasierende, narrative ausgeschmückte Wiedergabe von Plut. *Reg. et imp. apophth.*, Mor. 189C (Pisistratus, 4): Κωμαστῶν δέ τινων περιτυχόντων αὐτοῦ τῇ γυναικὶ καὶ πολλὰ πραξάντων ἀσελγῆ καὶ εἰπόντων, μεθ᾽ ἡμέραν δὲ τοῦ Πεισιστράτου δεομένων καὶ δακρυόντων, „ὑμεῖς μέν", ἔφη, „πειρᾶσθε σωφρονεῖν τὸ λοιπόν· ἡ δ᾽ ἐμὴ γυνὴ τὸ παράπαν ἐχθὲς οὐδαμῇ προῆλθε". Er. gestaltete den ersten Teil des Apophthegmas nach Regios Übers.: „Comessatores autem quidam in ipsius uxorem quum incidissent multaque lasciue et petulanter et fecissent et dixissent ..." (fol. f⟨1⟩ᵛ). Der übrige Teil ist mit Ausschmückungen angereichert, die keine Entsprechung im griech. Text oder in den Übers. des Filelfo und Regio haben: „iam decocta temulentia", „orantes veniam" und „vt sitis sobrii".

367 *in illam* „in illam" ist ein Zusatz des Er.

370 *ex aedibus* „ex aedibus" ist ein verdeutlichender Zusatz des Er., modelliert nach Regios Übers. „Sed vxor mea prorsus domo nusquam heri profecta est" (fol. f ii ʳ).

373 *Retortum mire* Derselbe Spruch wird von Plut. *Cato mai.* 25 (*Vit.* 351B) sowohl Peisistratos als auch Cato d.Ä. zugeschrieben.

374–376 *Quum alteram ... nasci* Plut. *Reg. et imp. apophth.*, Mor. 189D (Pisistratus, 5): Τῶν δὲ παίδων (Τῶν παίδων ed. Ald. *1509*, p. *165*), αὐτοῦ γαμεῖν ἑτέραν γυναῖκα μέλλοντος, διαπυνθανομένων μή τι μεμφόμενος αὐτοῖς εἴη, „ἥκιστα", εἶπεν, „ἀλλ᾽ ἐπαινῶν καὶ βουλόμενος καὶ ἑτέρους μοι παῖδας τοιούτους γενέσθαι". Die Übers. des Filelfo und Regio scheint Er. in diesem Fall nicht berücksichtigt zu haben. Der Ausspruch findet sich weiter in Plut. *De fraterno amore* 6, Mor. 480D, allerdings ohne den Kontext der anvisierten zweiten Heirat.

375 *ob id potius alteram duco* „ob id potius alteram duco" ist ein Zusatz des Er. zum griech. Text.

377 *DEMETRIVS* In den Baseldrucken ist an dieser Stelle als Titel nur „DEMETRIVS" ohne die nähere Spezifizierung „PHALEREVS" überliefert, die erforderlich ist, um diesen von Demetrios I. Poliorketes und von dem zynischen Philosophen Demetrios von Milet (*Apophth.* VIII, 242) zu unterscheiden. Im seit *B* massgeblichen siebentem Buch wird als Zwischentitel die Namensform DEMETRIVS PHALEREVS verwendet.

Apophth. V, 217–218 Er. hat den nunmehr folgenden Abschnitt über Demetrios von Phaleron in der 2. Auflage der *Apophthegmata* (1532 = *B*) zum Zweck der kompositorischen Glättung ins siebente Buch übertragen (= VII, 264–265). Dabei hat Er. weiter Änderungen im Text der beiden Sprüche angebracht. Jedoch wurde bei der Drucklegung von *B* offensichtlich vergessen, V, 217–218 im fünften Buch, wie das vorgesehen war, zu streichen. *Apophth.* V, 217–218 sind zu athetieren.

Zu dem Redner, Politiker und peripatetischen Philosophen **Demetrios von Phaleron** (ca. 360–280 v. Chr.) vgl. unten Komm. zu VII, 256, wo ihm Erasmus eine Sektion von Sprüchen widmet.

Apopth. V, 217 In *A* hatte Er. vergessen, dem *Apophth.* V, 217 einen Titel zu geben; in der zweiten Auflage, in Rahmen der Übertragung des Spruchs ins siebente Buch, holte er dies nach und versah es mit dem Titel „Lectio vtilis" (s. VII, 264).

379–381 *Demetrius ... habeantur* Plut. *Reg. et imp. apophth.*, Mor. 189D (Demetrius Phalareus), wobei Er. die Übers. Filelfos bearbeitete; für den Text vgl. unten Komm. zu VII, 264.

379 *Ptolemaeum* Ptolemaios I. Soter (367/6–283/2 v. Chr.). Zu seiner Person siehe oben Komm. zu V, 92 (Ptolemaeus Lagi). Er. widmete seinen Aussprüchen eine Sektion in *Apophth.* V, 92–94.

380 *eosque* Nach „eosque" setzte Er. in *B* „diligenter" hinzu; vgl. unten *Apophth.* VII, 264.

[V, 218]   [Philosophia]   (Demetrius, i.e. Demetrius Phalereus, 2) [35]

385 [*Quum exularet ac Thebis inglorius humilisque viueret* audissetque *Cratetem* philosophum, qui ipsum inuiseret, multa *placide* prudenterque *de* moderate ferendo *exilio disserentem, „Male sit", inquit, „negociis ac occupationibus, per quas* hactenus *talem virum non licuit cognoscere".*]

NICOSTRATVS DVX

V, 219   Degeneres   (Nicostratus dux, 1) [36]

390 *Nicostratus Argiuus, quum ab Archidamo solicitaretur tum ingenti promissa pecunia, tum cuiuscunque vellet Lacaenae coniugio,* vt Cromnum traderet, *respondit Archidamum non ducere genus ab Hercule; quod Hercules obiens orbem soleret improbos afficere supplicio, ipse contra ex probis faceret improbos.* Lacedaemonii vero ⟨reges⟩ hoc nomine potissimum gloriantur, quod originem ducunt ab Hercule.

---

382 Philosophia *A (cf. infra VII, 263)*: deest *B C BAS.*
389 degeneres *A-C*: degeneret *BAS.*

391 Lacaenae *C (cf. ipsius Er. versionem Plut. De vit. ver.)*: Lacenae *A B.*
392 soleret *LB*: soleat *A-C.*
393 reges *scripserunt BAS LB*: deest *in A-C.*

---

382 *Philosophia* Apophth. V, 218 hatte in *A* den Titel „Philosophia", ebenso nach der Übertragung ins siebente Buch (= VII, 265); jedoch wurde in *B* und *C* an vorl. Stelle der Titel getilgt, vielleicht als Folge der vorgesehenen Seklusion.
Apophth. V, 218 datiert auf die Zeit zwischen 307–297 v. Chr., als sich Demetrios in Theben im Exil befand. I.J. 297 treffen wir Demetrios von Phaleron in Ägypten an (vgl. vorhergehendes Lemma).
384–387 *Quum exularet ... cognoscere* Gekürzte Wiedergabe von Er.' eigener Übers. von Plut. *Quomodo adulator ab amico internoscatur, 28, Mor.* 69C–D. Für den Text vgl. unten Komm. zu VII, 265.
384 *Cratetem* Für den Kyniker und Eklektiker Krates von Theben (ca. 365–/285 v. Chr.) vgl. unten Komm. zu *Apophth.* VII, 266, wo ihm Er. eine Sektion von Sprüchen widmete (VII, 266–285).
Er. lässt auf Demetrios von Phaleron nicht, wie Plutarch, den Spartaner Lykurgos folgen (nach dem bei Plutarch Charillos, Telek-

los, Theopompos, Archidamos, Brasidas, Agis d.Ä., Lysander, Agesilaos, Archidamos d.J., Kleomenes, Paidaretos und Damonidas an die Reihe kommen), sondern den argivischen General Nikostratos (aus dem 4. Jh.). Der Grund ist, daß Er. die genannten spartanischen Könige und Feldherren bereits im ersten Buch der *Apophthegmata* behandelt hatte, im Rahmen einer Zusammenführung der *Reg. et imp. apophth.* mit den plutarchischen *Apophthegmata Laconica.* Mit Nikostratos nimmt Er. den Faden von Plutarchs *Reg. et imp. apophth.* wieder auf, geht aber in vorl. Fall ausnahmsweise nicht vom Text dieses Werkes, sondern von der parallelen Version des Spruches in Plutarchs *De vitiosa verecundia* aus.
Nikostratos, Feldherr des 4. Jh. v. Chr. aus Argos; stand als Anführer eines starken griech. Kontingents im Dienst des persischen Königs Artaxerxes III. (359–338), u.a. im Krieg der Perser gegen Ägypten unter Pharao Nektanebos II. Vgl. W. Schmitz, *DNP* 8 (2000), Sp. 940, s.v. „Nikostratos", Nr. 3; P. Briant, *From Cyrus to Alexander. A History of the Persian Empire,*

Winona Lake, S. 784–785. Die Namensform des Titels „NICOSTRATVS DVX" findet sich so auch im Index personarum.

Apophth. V, 219 datiert auf d. J. 364 v. Chr.

390–392 *Nicostratus … improbos* Das Apophthegma findet sich sowohl in Plut. *Reg. et imp. apophth., Mor.* 192A (Nicostratus) als auch Plut. *De vitioso pudore* 16, *Mor.* 535A–B, eine Schrift, die Er. selbst übersetzt und 1526 bei Froben herausgebracht hatte (*ASD* IV, 2, S. 307–322). Für die Textwiedergabe von V, 219 wiederholte Er. mit nur wenigen leichten Änderungen seine eigene Übers. von *De vitioso pudore* (die bei ihm den Titel *De vitiosa verecundia* trägt): „… Nicostratus Argiuus, quum ab Archidamo solicitaretur (solicitaretur *ed. Cratander, Basel 1530, fol. 202ʳ*: sollicitaretur *ASD*) ingenti promissa pecunia, tum coniugio cuiuscunque vellet Lacaenae, vt Cromnum (Cromnum *ed. Cratander, Basel 1530*: Cronnum *ASD*) traderet, respondit Archidamum non ducere genus ab Hercule, quod ille obambulans solitus esset improbos afficere supplicio, ipse autem ex bonis faceret improbos …" (*ASD* IV, 2, S. 320; ed. Cratander, Basel 1530, fol. 202ʳ⁻ᵛ). U. a. daraus, daß Plut. in *Mor.* 192A – anders als in *De vitiosa verecundia* – die militärische Stellung, die Archidamos dem Nikostratos abkaufen wollte, nicht namentlich nennt, geht hervor, daß Er. von *De vitiosa verecundia* ausging. *Mor.* 192A führt in Bezug auf den freien Frauenwunsch die Einschränkung „mit Ausnahme der Frauen des Königshauses" an: diese Einschränkung fehlt sowohl in *De vitiosa verecundia* als auch in *Apophth.* V, 219. Vgl. den griech. Text von *Mor.* 192A: Νικόστρατος ὁ τῶν Ἀργείων στρατηγὸς ὑπὸ Ἀρχιδάμου χωρίον τι προδοῦναι παρακαλούμενος ἐπὶ χρήμασι πολλοῖς καὶ γάμῳ Λακαίνης ἦν βούλεται δίχα τῶν βασιλικῶν, ἀπεκρίνατο μὴ εἶναι τὸν Ἀρχίδαμον ἀφ᾽ Ἡρακλέους· τὸν μὲν γὰρ Ἡρακλέα περιιόντα τοὺς κακοὺς κολάζειν, Ἀρχίδαμον δὲ τοὺς ἀγαθοὺς κακοὺς ποιεῖν. Den nämlichen Spruch hatte bereits Brusoni in seine Sammlung d. J. 1518 aufgenommen (V, 6 „De proditoribus"), wobei er im Gegensatz zu *Apophth.* V, 219 von Plut. *Mor.* 192A ausging.

390 *Archidamo* Archidamos III. (um 400–338 v. Chr.), König von Sparta 360/59 bis zu seinem Tod; Sohn von König Agesilaos II.; bei manchen seiner militärischen Operationen blieb ihm der Erfolg versagt, wie im Fall des vorl. Apophthegmas, das sich auf die Belagerung von Kromnos bezieht. Im Heiligen Krieg 355–346 unterstützte er die Phokier gegen die Thebaner. Fiel in der Schlacht bei Mandurium, auf Seiten Tarents kämpfend. Vgl. K.-W. Welwei, *DNP* 1 (1999), Sp. 991–992, s.v. „Archidamos", Nr. 2. Die Aussprüche des Archidamos III. hatte Er. im ersten Buch behandelt, *Apophth.* I, 148–156 (*CWE* 38, S. 80–83; *ASD* IV, 4, S. 94–97).

391 *Cromnum* Kromnos, Ortschaft auf der Peloponnesos, in Arkadien, ca. 11 km südlich von Megalopolis; vgl. *DNP* 6 (1999), Sp. 863, s.v. „Kromnos". König Archidamos III. belagerte Kromnos i.J. 364 v. Chr. erfolglos und wurde ebendort von den Argivern in einer Feldschlacht geschlagen. Die Verwendung von „Cromnum" zeigt an, daß Er. nach *De vitiosa verecundia* gearbeitet hat: Plut. *Mor.* 192A (Nicostratus) hat das unbestimmte χωρίον τι (vgl. Regios „quendam locum", fol. ⟨f iiii⟩ʳ, und Filelfos „cuiusdam castelli", fol. m⟨1⟩ʳ).

392 *Hercule* Daß Nikostratos die behauptete Abstammung des Spartanerkönigs von Herakles in Abrede stellte, gewinnt besondere Bedeutung im Licht der Tatsache, daß sich Nikostratos mit dem mythischen Helden persönlich identifizierte und sich in der Schlacht im Kostüm des Herakles (mit Löwenfell) präsentierte (Diod. XVI, 44).

EPAMINONDAS

V, 220   PROVIDENTIA   (Epaminondas, 1)

Sub Epaminonda Thebano duce nunquam euenit, vt exercitum inuaderet tumultus Panicus, qui subito praeter causam interdum oboriri solet. Eum quoniam a Pane deo credunt immitti, Panicum appellarunt.

V, 221   MORS IN BELLO   (Epaminondas, 2)

Dicere solebat pulcherrimum esse genus mortis in bello mori, quod haec mors primum cum laude fortitudinis coniuncta sit, modo bellum geratur *pro patria*, deinde breuis, non diu crucians hominem aut paulatim extabefaciens.

Auf Nikokrates folgen in Plutarchs *Reg. et imp. apophth.* die Sprüche des spartanischen Königs Eudamidas (reg. 331–305 v. Chr.), die Er. bereits in *Apophth.* I, 178–187 (*CWE* 38, S. 91–98; *ASD* IV, 4, S. 103–105) gebracht hatte; weiter des spartanischen Ephoren Antiochos (338/37 v. Chr.) – vgl. *Apophth.* I, 131 (*CWE* 38, S. 74; *ASD* IV, 4, S. 90) – und des spartanischen Politikers Antalcidas; dafür vgl. *Apophth.* I, 123–130 (*CWE* 38, S.71–73; *ASD* IV, 4, S. 88–89). Nachdem diese bereits im ersten Buch der *Apophthegmata* behandelt worden waren, wendet sich Er., Plutarchs Text weiter folgend, nunmehr dem thebanischen Feldherren Epameinondas zu.

Epameinondas (418–362 v. Chr.), Politiker und Feldherr Thebens, Erfinder der „Schiefen Schlachtordnung", mehrfacher Boiotarch, Bezwinger der Spartaner, Architekt der thebanischen Hegemonie. Vgl. K.-W. Welwei, *DNP* 3 (1999), Sp. 1061–1063, s.v. „Epameinondas". Er. betrachtete Epameinondas als Musterbeispiel eines tugendhaften und moralisch hochstehenden Fürsten, der völlig dem Tugendideal der *Inst. princ. christ.* entsprach; Er. zeichnet ihn als selbstlosen, immerzu auf das Staatswohl bedachten, asketischen, uneigennützigen, unbestechlichen, weitblickenden, rational denkenden, gerechten und fürsorglichen Herrscher, der bereit war, sein Leben für sein Vaterland hinzugeben und diese äußerste Selbsthingabe schließlich in der Schlacht von Mantineia i.J. 362 demonstrierte. Er. stellt ihn auf eine Stufe mit dem athenischen König Kodros und mit den römischen Helden Camillus und Fabricius, die er, wie Epameinondas, als „principes" bezeichnet (vgl. *Adag.* 1837, *ASD* II, 4, S. 240). In seiner Auffassung von Epameinondas' Charakter folgte Er. zum einen den *Reg. et imp. apophth.* Plutarchs, zum anderen der Biographie des Nepos, als deren Autor er Aemylius Probus ansah, der nicht nur Aussprüche des griechischen Feldherrn überliefert, sondern auch eine durchaus lobende Charakterskizze entworfen hat; vgl. Nepos, *Epamin.* 3, 1–6: „Erat enim modestus, prudens, grauis, temporibus sapienter utens, peritus belli, fortis manu, animo maximo, adeo veritatis diligens, vt ne ioco quidem mentiretur. Idem continens, clemens patiensque admirandum in modum, non solum populi, sed etiam amicorum ferens iniurias. … Paupertatem adeo facile perpessus est, ut de re publica nihil praeter gloriam ceperit". In den *Apophthegmata* hebt Er. insbesondere Epameinondas' Weitblick („prouidentia" V, 220; 244), asketische Lebenshaltung (V, 222–225), unausgesetzte Wachsamkeit für den Staat (V, 225), Gerechtigkeitssinn (V, 226 und 253), *pietas* (V, 229; 248), Tapferkeit und Einsatzbereitschaft (*passim*), Selbstbeherrschung (V, 230), Unbestechlichkeit (V, 232–233), Klugheit (V, 241–242; 244) und seine heroische Selbstaufopferung für das Vaterland (V, 221; 250–251) hervor. Eigenschaften, die Er. an einem Fürsten nicht ansprachen, wie eine kriegerische Grundhaltung, Streitbarkeit (beide passim), Aggression, Drohgebärden und Ruhmsucht (V, 231; 247; 249) kommen in der untenstehenden Sequenz zwar vor, werden von Er. jedoch nie mit negativen Kommentaren versehen. Epameinondas bleibt insgesamt die Lichtgestalt eines tugendsamen Herrschers. Er figuriert in den *Apophth.* weiter in I, 71–73; I, 82 und III, 218 (*ASD* IV, 4, S. 73, 77 und 250).

396 *Prouidentia* Der Titel spricht die wichtige Fürstenspiegeltugend des Vorausblicks an, welche in der *Inst. princ. christ.* mehrfach betont wird. Im fünften Buch finden sich drei weitere *Apophthegmata* mit demselben Titel: V, 306 (Scipio Africanus d.Ä.), 394 (Cato d.J.) und 448 (Sulla). Das Lemma ist kein Apophthegma im eigentlichen Sinn, da der Spruchteil fehlt; Er. nimmt es dennoch – ohne kritischen Kommentar – in seine Sammlung auf. Das Lemma spezifiziert die Tugend der *prouidentia* nicht näher, sondern widmet sich ganz dem Phänomen der Panik, der plötzlichen, oft unerklärlichen Unordnung und Fluchtneigung der Soldaten in der Schlacht; auf diesen Inhalt bezogen ist das Lemma ein Gegenstück zu *Adag.* 2603 „Panicus casus", *ASD* II, 6, S. 425–426.

397–398 *Epaminonda ... Panicus* Plut. *Reg. et imp. apophth., Mor.* 192C (Epaminondas, 1): Ἐπαμεινώνδου τοῦ Θηβαίου στρατηγοῦντος οὐδέποτε πανικὸς θόρυβος ἐνέπεσεν εἰς τὸ στρατόπεδον.

397–399 *tumultus Panicus ... appellarunt* Für Er.' Erklärung der Panik vgl. *Adag.* 2603 *ASD* II, 6, S. 425–426: „πανικὸν veteres vocabant subitum animorum tumultum, sed inanem. Veteres enim existimabant Panem deum repentinos terrores et animi consternationes immittere lymphaticis simillimas, vsque adeo impotentes, vt non ratione modo, verum et mente careant. Sicuti non rarenter vsu venit, cum in exercitu nulla comparente idonea causa viri pariter atque equi perturbantur ..."; Er. hat diese seine Erklärung aus Poliziano, *Miscell.* 28 (ed. Bas. S. 249–251) bezogen (vgl. Komm. *ASD*); für das Proverbium „Panicus casus" vgl. auch *Collect.* 779, *ASD* II, 9, S. 258; dort erklärt Er. das Sprichwort wie folgt: „A Pane deo, qui nouos et repetinos tumultus animorumque mutationes solet immittere ...".

400 *Mors in bello* Tragischerweise hat Epameinondas sein Apophthegma in die Tat umgesetzt: Er starb 362 v. Chr. in der Schlacht von Matineia, vom Speer eines Spartaners tödlich getroffen. Vgl. dafür weiter V, 244, 250 und 251.

401 *Dicere solebat ... mori* Plut. *Reg. et imp. apophth., Mor.* 192C (Epaminondas, 2): Ἔλεγε δὲ τὸν ἐν πολέμῳ θάνατον εἶναι κάλλιστον (κάλλιστον *ed. Ald. 1509, p. 167*: ἱερόθυτον *lectio varia*).

401 *pulcherrimum* Er. folgte Filelfo (fol. m⟨1⟩ᵛ) und Regio (fol. ⟨f iiii⟩ᵛ), die beide „pulcherrimum" verwendeten und von der Lesart κάλλιστον ausgingen. Die alternative Lesart ἱερόθυτον besagt lediglich, daß der Tod auf dem Schlachtfeld ein „Opfertod" (aus ἱερός und θάνατος) sei.

402 *pro patria* Vgl. Hor. *Carm.* III, 2, 13: „Dulce et decorum est pro patria mori".

V, 222   OBESVS MILES   (Epaminondas, 3)

Idem dicere solet militum, quibus arma gerenda sunt, *corpus exercitatum esse oportere non solum athletice, verum etiam militariter.* Nam athletae tantum hoc agunt, vt corpore sint robusto; at militem oportet corpus habere expeditum et agile. *Vnde et vehementer obesis infensus erat, adeo vt huiusmodi quendam expulerit ab exercitu dicens, quod vix clypei tres quatuorue tegerent ipsius ventrem, per quem nunquam vidisset sua pudenda.*

V, 223   FRVGALITAS   (Epaminondas, 4)

Ipse *tam tenui victu vtebatur, vt* aliquando *vocatus ad coenam a vicino, quum reperisset bellariorum, opsoniorum et vnguentorum apparatum, confestim abierit, dicens „Ego te sacrificare putabam,* non delitiari et illudere".

405   solet *A-C*: solebat *LB Lycosthenes (p. 698).*

404 *Obesus miles* Für Er.' negative Bewertung der Fettleibigkeit vgl. *Adag.* 2518 „Pinguis venter non gignit sensum tenuem", *ASD* II, 6, S. 355–356, nach Hier. *Epist.* 52, 11, 4. Lycosthenes nahm Er.' *Apophthegma* in das Kapitel „De obesis vel pinguitudine" (S. 797–798) auf, in dem neben Epameinondas Pythagoras, Diogenes, Phocion und Cato d.Ä. als Gegner der Fettleibigkeit figurieren.

405–410 *dicere ... pudenda* Plut. *Reg. et imp. apophth.*, Mor. 192C–D (Epaminondas, 3): Τῶν δὲ ὁπλιτῶν δεῖν ἀπέφαινεν εἶναι τὸ σῶμα γεγυμνασμένον οὐκ ἀθλητικῶς μόνον ἀλλὰ καὶ στρατιωτικῶς· καὶ στρατιωτικῶς διὸ καὶ τοῖς πολυσάρκοις ἐπολέμει, καί τινα τοιοῦτον ἀπήλασε τῆς στρατιᾶς εἰπὼν ὅτι μόλις αὐτοῦ σκέπουσι τὴν γαστέρα ἀσπίδες τρεῖς ἢ τέσσαρες, δι' ἣν οὐχ ἑώρακεν αὐτοῦ τὸ αἰδοῖον. Er. folgte im ersten Teil des Lemmas wörtlich der Übers. des Regio: „Armatorum vero corpus non solum athletice, sed etiam militariter exercitatum esse oportere censebat" (fol. ⟨f iiii⟩ᵛ). Im zweiten Teil nahm er dieselbe zum Ausgangspunkt und variierte sie: „Eoque corpulentis infensus erat ac talem quendam exercitu expulit dicens: Vix tribus quatuorue scutis ventrem illius tegi posse, propter quem ne sua quidem pudenda vnquam vidisset" (a.a.O.). Das Apophthegma findet sich bereits in Brusonis Sammlung d.J. 1518 (VII, 5 „De ventre obeso siue de pinguitudine"), der ebenfalls von Regios Übers. ausging: „Epaminundas Thebanus adeo corpulentis infensus erat, vt talem quenpiam exercitu expulerit, dicens vix tribus quatuorue scutis ventrem illius tegi posse, propter quem ne sua quidem pudenda vnquam vidisset". Für den ersten Teil des Lemmas vgl. auch Nepos, *Epamin.* 2, 3: „Postquam ephebus est factus et palaestrae dare operam coepit, non tam magnitudini virium seruiuit quam velocitati: illam enim ad athletarum usum, hanc ad belli existimabat vtilitatem pertinere".

405 *quibus ... sunt* Eine erklärende, ungelenk wirkende Umschreibung des Er. für „Hopliten"; nicht das Tragen der Waffen ist signifikant, sondern daß die griech. Hopliten schwer bewaffnete, gepanzerte Kämpfer waren. Es wäre deswegen besser gewesen, wenn Er. „arma" mit „grauiora" spezifiert hätte, wie es schon Filelfo vorexerzierte: „grauiori ... armatura peditum" (fol. m⟨1⟩ᵛ).

406–407 *Nam athletae ... agile* Erklärender Einschub des Er., der keine Entsprechung in Plut. Originaltext hat.

Die nächstfolgende Sequenz der *Apophthegmata*, V, 223–225, ist der *frugalitas* des Epameinondas gewidmet; Er. betrachtete den Thebaner als Musterbeispiel dieser Tugend; vgl. *Adag.* 3413, *ASD* II, 7, S. 250: „Fertur Epaminondas mire frugalem vitam egisse, itaque de prandio parco tenuique dixisse ... ,Tale prandium non recipit proditionem'"; vgl. dazu Plut. *Lyc.* 13, 16. Lycosthenes ordnet die *Apophthegmata* V, 223–225 sinngemäß in sein Kapitel „De frugalitate" ein (S. 414).

412–414 *tam tenui ... putabam* Plut. *Reg. et imp. apophth., Mor.* 192D (Epaminondas, 4): Οὕτω δ᾽ ἦν εὐτελὴς περὶ τὴν δίαιταν, ὥστε κληθεὶς ἐπὶ δεῖπνον ὑπὸ γείτονος εὑρὼν πεμμάτων καὶ ὄψων καὶ μύρων παρασκευὴν ἀπῆλθεν εὐθύς, εἰπών „ἐγώ σε θύειν ᾠόμην (ᾠύμην ed. Ald. *1509, p. 167*) οὐχ ὑβρίζειν". Er. setzte seinen Text kollageartig aus Filelfos uns Regios Übers. zusammen; Filelfo: „Sic etiam tenui victu ac vili erat, vt cum a vicino ad caenam (sic) inuitatus inuenisset liborum obsoniorumque et vnguentorum apparatum, abierit illico, inquiens ‚Ego te sacrificare, non contumelia vti opinabar'" (fol. m⟨1⟩ᵛ); Regio: „Sic autem frugalis in victu erat, vt a vicino ad coenam inuitatus cum bellariorum obsoniorumque ac vunguentorum apparatum inuenisset, e vestigio abierit dicens: ‚Ego te sacrificare, non lasciuire putabam'" (fol. ⟨f. iiii⟩ᵛ). Die Anekdote findet sich bereits in Brusonis Sammlung d.J. 1518 (II, 2), wobei dieser den Text nach der Übers. des Regio gestaltete: „Epaminondas a quodam ad coenam inuitatus quum bellariorum, obsoniorum et vnguentorum apparatum inuenisset, e vestigio abiit, dicens ‚Ego te sacrificare, non lasciuire putabam'". Derselbe Spruch findet sich auch in Plut. *Disputatio qua docetur ne suauiter quidem viui posse secundum Epicuri decreta* 17, *Mor.* 1099C: τί γὰρ ἂν λέγοι τις Ἐπαμεινώνδαν οὐκ ἐθελήσαντα δειπνεῖν ὡς ἑώρα πολυτελέστερον τῆς οὐσίας τὸ δεῖπνον, ἀλλ᾽ εἰπόντα πρὸς τὸν φίλον ‚ἐγώ σε ᾤμην θύειν, οὐχ ὑβρίζειν'.

412–414 *vocatus ad coenam ... sacrificare* Sowohl der griech. Originaltext (κληθεὶς ἐπὶ δεῖπνον ὑπὸ γείτονος) als auch die latein. Übers. spezifizieren zunächst nicht, um welches Mahl es ging, nämlich um ein rituelles Opfermahl, wie es im antiken Griechenland im Zusammenhang mit den an religiösen Feiertagen zu Ehren der Götter veranstalteten Tieropfern abgehalten wurde. Aus dem im Spruchteil verwendeten Wort θύειν geht hervor, daß es um ein solches rituelles Opfermahl ging; für dieses vgl. Komm. oben zu V, 114 und J. Bremmer, *DNP* 8 (2000), Sp. 1241–1243, insb. den Abschnitt „Tieropfer mit Opfermahlzeit". Ein rituelles Opfermahl war an gewisse Vorschriften gebunden: Darauf bezieht sich die ablehnende Haltung des Epameinondas. Er. hat im vorl. Fall nicht verstanden, daß es um ein solches rituelles Mahl ging, obwohl er an sich mit dem religiösen und rituellen Phänomen vertraut war (vgl. seinen Komm. zu *Apophth.* V, 53: „Solent, qui sacrificant, splendidum epulum apparare adque id rogare amicos"). Damit hängt zusammen, daß er den Spruch des Epaminondas im Sinn christlicher Askese deutete (vgl. Komm. unten). Filelfo hingegen hatte den Sinn von ὑβρίζειν richtig verstanden, den er mit „contumelia vti" wiedergab (a.a.O.).

413 *bellariorum* Das erlesene, eher seltene und gelehrte Wort „bellaria" für „Nachtisch", „Dessert" bezog Er. aus Regios Übers. a.a.O.

414 *delitiari* Für ὑβρίζειν verwendete Er. statt Regios „lasciuire" das von der christl. Religiosität her konnotierte Wort „deliciari"; „deliciari": aus christlicher Perspektive abschätzig für „der Lust frönen", „sich sinnlichen Genüssen hingeben", „im Luxus leben" (vgl. Niermeyer I, S. 416); vom religiösen Normensystem her funktioniert „deliciari" grundsätzlich anders als das im griech. Originaltext des Plutarch verwendete Wort ὑβρίζειν. ὑβρίζειν bezieht sich auf einen Regelverstoß gegen die rituellen Vorgaben des Opfermahles: Dem Ritus entsprechend sollte das Opferfleisch den Hauptteil des Opfermals bilden, nicht luxuriöse Leckerbissen wie gekochte Fische und Seefrüchte, Kuchen, Desserts und anderes Zuckerwerk. Es geht dabei nicht etwa darum, daß der sinnliche Genuß der Speise als solcher verpönt gewesen wäre. Verpönt war vielmehr der Verstoß gegen das rituelle Herkommen.

415   V, 224   FRVGALITAS   (Epaminondas, 5)

Quum coquus collegis Epaminondae de impendiis aliquot dierum rationem redderet, non alia de re indignabatur quam tantum fuisse consumptum olei. Demirantibus autem collegis negauit se offendi sumptu, sed moleste ferre tantum olei exceptum intra corpus hominum, sentiens oleum esse natum foris vngendo corpori, non intus explendo:
420   inunctum reddit corpus firmius et iniuriae patientius; infusum in viscera, reddit delicatius ac segnius.

    V, 225   SOBRIVS PRINCEPS   (Epaminondas, 6)

Quum festum diem celebraret ciuitas omnesque compotationibus et libidini indulgerent, *Epaminondas cuidam e familiaribus factus est obuiam squalidus et cogitabundus.*
425   *Admirante illo roganteque, quid tandem esset rei, quod solus, ad eum affectus modum, obambularet, „Vt vobis",* inquit, *„omnibus ebrios ac socordes esse liceat".* O vocem principe dignam! Tum maxime vigilandum est principi, quum populus maxime *indulget genio.* At non oportet ipsi vnquam vacare, ⟨id est⟩ *genialiter viuere.*

---

415 Frugalitas *A B BAS: deest in C.*
419 vngendo *A, err.* C BAS LB: vnguendo *B C.*

428 id est *suppleui.*

416–418 *Quum coquus ... intra corpus* Plut. Reg. et imp. apophth., Mor. 192D–E (Epaminondas, 5): Τοῦ δὲ μαγείρου τοῖς συνάρχουσιν ἡμερῶν τινων δαπάνην ἀπολογιζομένου πρὸς μόνον ἠγανάκτησε τὸ πλῆθος τοῦ ἐλαίου· θαυμασάντων δὲ τῶν συναρχόντων, οὐ τὸ τῆς δαπάνης ἔφη λυπεῖν αὐτόν, ἀλλ' εἰ τοσοῦτον ἔλαιον ἐντὸς παραδέδεκται τοῦ σώματος. Er. hat seinen Text kollageartig aus den Übers. des Filelfo und Regio zusammengestellt und leicht variiert; Filelfo: „Et cum coquus dierum aliquorum sumptus rationem collegis redderet, olei solum multitudinem moleste tulit. Admirantibusque collegis non sumptum inquit aegre se ferre, sed quod tantum olei intra corpus excepisset" (fol. m⟨1⟩ᵛ); Regio: „Cum vero coquus dierum quorundam impensae rationem collegis redderet, nimium olei sumptum duntaxat aegre tulit. Sed collegis admirantibus impensam quidem sibi non esse molestam dixit, sed si tantum olei intra corpus ille excepisset" (fol. ⟨f iiii⟩ᵛ).

419 *hominum* „hominum" ist ein Zusatz des Er., der den Sinn des Apophthegmas abändert; im griech. Text und in Filelfos und Regios Übers. ist Epameinondas darüber entsetzt, daß er *selbst* unwissentlich so viel Öl zu sich genommen habe; bei Er., daß *seine Soldaten* so viel Öl bekommen und deshalb wohl ihre militärische Fitness eingebüßt haben.

419–421 *sentiens ... segnius* Daß Olivenöl nur zur äußeren Anwendung bestimmt sei, ist eine kuriose Erklärung des Er., die mit der normalen Verwendung des Olivenöls in der gesamten Antike (und auch im Mittelalter) im Widerspruch steht. Die Annahme, daß Olivenöl, als Speiseöl verwendet, dem Körper schade, ihn weichlich und träge mache, ist absurd. Olivenöl wirkt im Gegenteil vorbeugend gegen Gefäß- und Stoffwechselerkrankungen. Er. bezeigt sich mit seiner Bemerkung als Batavus: Olivenöl wurde im Mittelalter in den mediterranen Ländern viel intensiver verwendet als in den nördlichen Regionen.

420 *inunctum ... patientius* Wie die Erklärung des Er. zeigt, war er mit der Praxis der griechischen sportlichen Wettkämpfe, daß Athleten mit eingeöltem Körper antraten, vertraut ebenso wie mit der zugrundliegenden magisch-religiösen Vorstellung, daß die Einölung den Athleten größere Stärke und Kraft verleihe. Dafür gibt es im Übrigen keine empirisch-biologische Erklärung. Zu dem religiösen Charakter dieser Vorstellungen gehört, daß die Öleinreibung vor dem Wettkampf im kultischen Zeremoniell

der Olympischen Spiele fest verankert war. Vgl. dazu Ch. Ulf, „Die Einreibung der griechischen Athleten mit Öl. Zweck und Ursprung", in: *Stadion. Internationale Zeitschrift für Geschichte des Sports* 5 (1979), S. 220–238. Dieselbe Erklärung gibt Er. in *Apophth.* VII, 108 ab.

Apophth. V, 225 verwendet Er. als Beleg für sein Ideal des sich selbst hintanstellenden, entsagenden, asketischen, nur auf das Gemeinwohl bedachten, immerzu tätigen und wachsamen Fürsten, das er in der *Inst. princ. christ.* zum Ausdruck bringt. V, 225 ist ein Gegenstück zu *Adag.* 1695 „Non decet principem solidam dormire noctem" (*ASD* II, 4, S. 143-145), mit Er.' Erklärung des Sprichwortes (S. 144): „Admonet paroemia vigilantiam ac solicitudinem maxime conuenire principibus, vt qui tantam negociorum sarcinam sustineant humeris. Vnde et Vergilius Aeneam suum aliis dormientibus aut voluptati indulgentibus aut vigilantem facit aut certe excitat fingitque cogitabundum, sobrium et de futuris agitantem animo ...". In demselben Adagium, bereits in der *ed. pr.* von 1508, führt Er. a.a.O. Epameinondas als Musterbeispiel dieses Fürstenideals auf, wobei er das nämliche Apophthegma (dort allerdings aus Plut. *Mor.* 781C–D) verwendet: „Siquidem cum Thebani ciues festis quibusdam diebus solutis compotationibus indulgerent licentiusque voluptatibus fruerentur, ille solus vigil ac sobrius arma lustrabat et vrbis obambulabat moenia. Rogatus, cur id faceret, respondit se ... sobrium esse ac vigilare, quo reliquis liceret temulentos esse ac dormire, quemadmodum refert Plutarchus in libello *Aduersus ducem imperitum*".

423–426 *Quum festum diem ... liceat* Weitgehend wörtliche Wiedergabe von Plut. *Reg. et imp. apophth., Mor.* 192E (Epaminondas, 6), wobei Er. die Übers. des Regio als Textvorlage benutzte: „Quum autem festum diem vrbs celebraret ac omnes compotationibus et sodalitatibus dediti essent, familiarium cuidam squalidus et cogitabundus (sc. Epaminondas) inter ambulandum occurrit; illo mirante atque percontante, curnam solus ita affectus circumiret, ,Vt vobis', inquit, ,omnibus ebrietati ac desidiae liceat indulgere'" (fol. ⟨f iiii⟩ᵛ – g⟨i⟩ʳ). Vgl. den griech. Text: Ἑορτὴν δὲ τῆς πόλεως ἀγούσης καὶ πάντων ἐν πότοις καὶ συνουσίαις ὄντων ἀπήντησέ τινι τῶν συνήθων αὐχμηρὸς καὶ σύννους βαδίζων· θαυμάζοντος δὲ καὶ πυνθανομένου τί δὴ μόνος οὕτως ἔχων περίεισιν, „ὅπως", εἶπεν, „ἐξῇ πᾶσιν ὑμῖν μεθύειν καὶ ῥαθυμεῖν". Dasselbe Apophthegma findet sich in Plut. *In principe requiri doctrinam*, 4, *Mor.* 781C–D: ὁ δ' Ἐπαμεινώνδας, εἰς ἑορτήν τινα καὶ πότον ἀνειμένως τῶν Θηβαίων ῥυέντων, μόνος ἐφώδευε τὰ ὅπλα καὶ τὰ τείχη, νήφειν λέγων καὶ ἀγρυπνεῖν ὡς ἂν ἐξῇ τοῖς ἄλλοις μεθύειν καὶ καθεύδειν. καὶ Κάτων ἐν Ἰτύκῃ τοὺς ἄλλους ἅπαντας ἀπὸ τῆς ἥττης ἐκήρυττε πέμπειν ἐπὶ θάλατταν· καὶ ἐμβιβάσας, εὔπλοιαν εὐξάμενος ὑπὲρ αὐτῶν, εἰς οἶκον ἐπανελθὼν ἑαυτὸν ἀπέσφαξε· διδάξας ὑπὲρ τίνων δεῖ τὸν ἄρχοντα τῷ φόβῳ χρῆσθαι καὶ τίνων δεῖ τὸν ἄρχοντα καταφρονεῖν; in Er.' eigener Übers.: „Epaminondas autem Thebanis in ludos quosdam festos et compotationes solutis solus adibat arma moeniaque dicens se sobrium esse ac vigilare, quo liceret aliis ebrios esse ac dormire" (*ASD* IV, 2, S. 220; ed. Froben, Basel 1514, fol. 15ʳ).

423-424 *libidini indulgerent* „libidini indulgerent" hat weder im Griechischen noch in den Übers. des Filelfo und Regio eine Entsprechung, sondern ist ein Zusatz des Er. aus der Perspektive der christlichen Weltverachtung; vgl. den gleichläufigen Zusatz des Er. in der Übers. von Plut. *Mor.* 781C–D: „licentiusque voluptatibus fruerentur".

427–428 *indulget genio* Er. verwendet hier eines seiner Adagien, vgl. *Adag.* 1374 „Indulgere genio" (*ASD* II, 3, S. 381-382) und *Collect.* 510 „Indulgere genio. Curare cutem" (*ASD* II, 9, S. 195); Polyd. Verg. fol. e Vᵛ; Pers. 5, 151. In *Collect.* 510 definiert Er. die Redewendung wie folgt: „*Indulgere genio* est animo suomet obsequi ac voluptati operam dare. Persius: *Indulge genio*. Pro eodem *curare cutem* dicimus. Voluptarii enim id curant modo, vt cutis summa niteat, et ea gratia balneis, vnguentis, sole, somno, conuiuiis vtuntur. Persius: *Et assiduo curata cuticula sole*".

428 *genialiter viuere* In den Adagien verzeichnet Er. „genialiter viuere" als sprichwörtliche Redewendung, die dieselbe Bedeutung haben soll wie „molliter et laute viuere" (*Adag.* 1374, *ASD* II, 3, S. 382, Z. 294); „genialiter viuere" ist jedoch anscheinend eine Neubildung des Er. (in der antiken latein. Literatur nicht bezeugt; dort lediglich „festum genialiter agere" [Ov. *Met.* XI, 95]; vgl. Komm. in *ASD* a.a.O.). Jedoch findet sich „genialiter viuere" als Redewendung im angegebenen Sinn ziemlich häufig in der neulatein. Literatur des 16. und 17. Jh., oft als ‚authentische' Erklärung von „viuere", was wohl durch die große Wirkung der *Adagia* des Er. zu erklären ist.

V, 226   Personae respectvs   (Epaminondas, 7)

430 *Homini contempto, qui leue quiddam admiserat, Pelopida pro eo deprecante non ignouit, sed amica pro illo rogante dedit veniam, dicens eiusmodi munera a scortillis accipi oportere, non a* militibus [i.e. ducibus]. *Paratus erat ad ignoscendum, sed quemadmodum non quaeuis damus omnibus, ita spectandum est, cui in qua causa gratificemur.*

V, 227   Oracvla a nobis pendent   (Epaminondas, 8)

435 *Quum Lacedaemonii copias* in Thebanos *educerent* variaque *Thebanis ferrentur oracula, quorum alia victoriam* illis pollicebantur, *alia* diuersa praedicabant, *iussit* bene promittentia *ad dextram tribunalis poni*, contraria *ad laeuam. Atque omnibus hunc in modum dispositis surrexit dixitque „Si volueritis parere ducibus* et conglomerati *in hostem* tendere, *haec vobis sunt oracula", ostensis melioribus; „Quod si ad conflictum*
440 *segnes timidique fueritis, haec oracula vobis* reddita *sunt", ostensis* deteriora *pollicentibus. Mire nec oraculorum contempsit autoritatem nec animos militum his deiici passus est, sed interpretatus est deum prospera polliceri strenuis, infausta timidis, quasi a nobis pendeat rerum euentus.*

V, 228   Ostentvm commode interpretatvm   (Epaminondas, 9)

445 *Rursum quum* copias *admoueret castris hostium, tonitru facto* militibus *percontantibus, quid putaret portendere deum, „Attonitos", inquit, „esse hostes, quod, quum tales*

---

432 militibus *A-C BAS LB*: scribendum erat ducibus.

436 praedicebant *A-C*: praedicabant *BAS LB*.

430–432 *Homini contempto ... non a militibus* Versuchte wörtliche, jedoch durch einen Übertragungs- und einen Verständnisfehler im Spruchteil entstellte Übers. des Er. von Plut. *Reg. et imp. apophth., Mor.* 192E–F (Epaminondas, 7): Ἄνθρωπον δὲ φαῦλον ἐξημαρτηκότα τι τῶν μετρίων τοῦ μὲν Πελοπίδου (Πελοπίδα *ed. Loeb, p. 140*; Πελοπίδου *ed. Ald. 1509, p. 167*) παρακαλοῦντος οὐκ ἀφῆκε, τῆς δ' ἐρωμένης δεηθείσης ἀφῆκεν, εἰπὼν ὅτι τοιαῦτα πρέπει λαμβάνειν ἑταιριδίοις, ἀλλὰ μὴ στρατηγοῖς. Den Übers. des Filelfo und des Regio hat Er. in diesem Fall kaum Aufmerksamkeit gezollt. Dasselbe Apophthegma findet sich bereits in Brusonis Sammlung d.J. 1518 (II, 21 „De donandi ratione atque muneribus"): „Epaminundas quum hominem nequam ob mediocre scelus in vincula coniecisset, Pelopidae efflagitanti non dimisit; sed amicae supplicanti concessit, dicens scorta decere, non imperatores, eiusmodi dona accipere". Brusoni gab dabei im Grunde Regios Übers. wieder (fol. g⟨1⟩r). Der Spruch findet sich auch in Plut. *Praecepta gerendae reipublicae* 13, *Mor.* 808E.

430 *Pelopida* Zu Pelopidas vgl. Komm. unten zu V, 255.

431 *scortillis* Er. versuchte mit „scortillis" die Übers. von ἑταιριδίοις durch Regio, „scorta" (fol. g⟨1⟩r), und Filelfo, „amicas", (fol. m⟨1⟩v) zu verbessern; ἑταίρη kann sowohl die „Freundin/ Geliebte" als auch „Hure/Kurtisane" bedeuten. Wohl Regio folgend, entschied sich Er. nicht ganz glücklich für das Letzere; denn, wie aus dem obigen Text hervorgeht, war *die Geliebte* des Kleinkriminellen (τῆς δ' ἐρωμένης) gemeint (so auch in der parallelen Präsentation der Anekdote in Plut. *Praecepta gerendae reipublicae* 13, *Mor.* 808E: τῆς ἐρωμένης). Von der Bedeutung von ἑταιριδίοις ist die Interpretation des gesamten Apophthegmas abhängig: Nach den weniger überzeugenden Übers. des Regio und des Er. bedeutet der Spruch: Klein-

verbrecher werden adäquaterweise auf die Bitte von Prostituierten hin pardonniert, was nicht sehr sinnvoll erscheint; nach der wohl richtigen Übers. des Filelfo: Kleinverbrecher sollten nicht auf die Fürsprache von Generälen, sondern auf jene ihrer Freundinnen hin pardonniert werden. D.h. der Machthaber ist gewillt, die Bitten von Leuten zu berücksichtigen, die zu dem Delinquenten eine affektive Beziehung haben, möchte jedoch den Eindruck vermeiden, daß die Nicht-Bestrafung kleiner Verbrechen durch politische Korruption zustandekommt.

432 *militibus* Er. liefert hier wiederum eine irrige Übersetzung von στρατηγοῖς: „militibus" statt „ducibus"; der Übersetzungsfehler wurde korrigiert in Leopardus, *Emendationes* IX, 25. Filelfo übers. στρατηγοῖς auf den römischen Bereich übertragen mit „praetores" (fol. m⟨i⟩ᵛ), Regio sinngemäß richtig mit „imperatores". Vgl. *Apophth.* V, 107 und 205.

434 *Oracula a nobis pendent* Der Titel von V, 227 drückt in Form einer Sentenz Er.' Interpretation des Apophthegmas aus, vgl. die Schlussworte seines Kommentars.

Apophth. V, 227–231 beziehen sich auf die Schlacht von Leuktra (in Boiotien) im Jahr 371 v. Chr., in der Epameinondas die Spartaner entscheidend schlug und damit die Hegemonie der Thebaner einleitete.

435–441 *Quum Lacedaemonii ... pollicentibus* Plut. *Reg. et imp. apophth., Mor.* 192F (Epaminondas, 8): Ἐπεὶ δὲ Λακεδαιμονίων ἐπιστρατευομένων ἀνεφέροντο χρησμοὶ τοῖς Θηβαίοις, οἱ μὲν ἧτταν οἱ δὲ νίκην φράζοντες, ἐκέλευε τοὺς μὲν ἐπὶ δεξιὰ τοῦ βήματος θεῖναι, τοὺς δ᾽ ἐπ᾽ ἀριστερά. τεθέντων δὲ πάντων ἀναστὰς εἶπεν „ἐὰν μὲν ἐθελήσητε τοῖς ἄρχουσι πείθεσθαι καὶ τοῖς πολεμίοις ὁμόσε χωρεῖν, οὗτοι ὑμῖν εἰσὶν οἱ χρησμοί" δείξας τοὺς βελτίονας· „ἐὰν δ᾽ ἀποδειλιάσητε πρὸς τὸν κίνδυνον, ἐκεῖνοι", πρὸς τοὺς χείρονας ἰδών (εἰπών ed. Ald. *1509, p. 168*). Er. stellte in diesem Fall den Text zusammen, indem er die Übers. des Filelfo und Regio kollageartig verwendete und mit Variationen ausschmückte; Filelfo: „Ad haec cum Lacedaemonii copias educerent oraculaque Thebanis referrentur, quae quidem alia victum iri, alia victores eos fore dicerent, iussit haec ad tribunalis dexteram, illa vero ad leuam (sic) poni. Quibus omnibus positis surrexit inquiens: ,Si parere imperantibus et cum hostibus congredi aduersi volueritis, haec vobis oracula sunt', melioraque ostendit. ,Quod si formido vos ceperit, illa sunt', et in deteriora orationem vertit" (fol. m⟨i⟩ᵛ); Regio: „Quum vero Lacedaemonii copias educerent oraculaque Thebanis ferrentur, alia quidem eos victum iri, alia victores fore significantia, haec ad dexteram tribunalis partem, illa ad sinistram poni iussit, omnibusque ita positis surrexit et dixit: ,Si imperatoribus quidem parere volueritis ac simul inuadere hostes, haec vobis sunt oracula', indicans meliora. ,Sin autem aduersus pericula timidi fueritis, illa', respiciens ad peiora" (fol. g⟨1⟩ʳ).

435 *in Thebanos* „in Thebanos" ist ein erklärender Zusatz des Er.

438 *conglomerati* „conglomerati" („zusammengehäuft", „gedrängt") hat keine Entsprechung im griech. Text; dort steht ὁμόσε χωρεῖν, der idiomatische Ausdruck für „gegen den Feind in den Kampf ziehen" (vgl. Passow II, 1, S. 470, s.v. ὁμόσε: ὁμόσε ἰέναι, ἔρχεσθαι, χωρεῖν „im kriegerischen Sinn dem Feind entgegengehen, mit ihm zusammenstossen"). „conglomerati" stellt einen Versuch des Er. dar, Regios unglückliche Übers. „simul inuadere" zu variieren.

Apophth. V, 228 datiert wie das vorhergehende auf d.J. 371 v. Chr.

445–447 *Rursum quum ... castra metarentur* Plut. *Reg. et imp. apophth., Mor.* 192F–193A (Epaminondas, 9): Πάλιν δὲ προσάγων τοῖς πολεμίοις, βροντῆς γενομένης καὶ τῶν περὶ αὐτὸν πυνθανομένων τί σημαίνειν οἴεται τὸν θεόν (θεὸν ed. Ald. *1509, p. 168*), ἐμβεβροντῆσθαι τοὺς πολεμίους εἶπεν, ὅτι τοιούτοις χωρίοις ἐγγὺς ὄντων ἐν τοιούτοις στρατοπεδεύουσιν. Er. folgte im Wesentlichen Filelfos und Regios Übers.: „Iterum cum in hostes agmen opportune duceret ac tonitru facto sui quaererent, quid deum portendere arbitraretur, hostes attonitos esse respondit, quod cum huiusmodi agri in proximo essent, in talibus ipsi castramoetarentur" (fol. m iiᵛ); Regio, der seinerseits auf Filelfo zurückging: „Idem (Eupaminonda) contra hostes exercitum educens tonitru facto ac iis, qui circa ipsum erant, interrogantibus, quid deum significare putaret, attonitos hostes esse dixit, quippe qui, quum talia adsint loca, in talibus castrametentur" (fol. g⟨1⟩ʳ). Für den Spruch vgl. auch Polyaenus, *Strategemata* II, 3, 3.

445 *castris* „castris" ist ein Zusatz des Er.

445 *militibus* „militibus" stellt eine irreführende Interpretation des Er. dar; im griechischen Text ist vom *Gefolge* des Epameinondas (τῶν περὶ αὐτόν) die Rede: Es handelte sich somit um seinen Kommandostab, v.a. die Unterführer, nicht um gewöhnliche Soldaten.

agros haberent in propinquo, in talibus castra metarentur". Solertia ducis non solum terrorem exemit animis militum, verum etiam commoda interpretatione addidit alacritatem.

V, 229   PIETAS   (Epaminondas, 10)

Ex omnibus, quae praeclare et honeste gessisset in vita, *illud sibi dicebat esse iucundissimum, quod* vtroque *parente viuo Leuctrica* pugna *vicisset Lacedaemonios*. Vir pius non tam sibi gratulatus est eam obtigisse gloriam quam hanc voluptatem ex se contigisse his, quibus vitam suam acceptam ferebat.

V, 230   SECVNDIS MODERATE GAVDENDVM   (Epaminondas, 11)

Quum alias solitus esset vncto corpore hilarique vultu prodire in publicum, postridie eius diei, quo feliciter pugnatum est in Leuctris, processit squalidus ac summissus. Amicis autem sciscitantibus, ecquid illi molesti accidisset, „Nihil", inquit, „sed heri sensi me plus aequo mihi placuisse: eius gaudii intemperantiam hodie castigo". Adeo metuit arrogantiam vir Boeotus ac militaris. Et nos non idem faciemus, quoties secunda fortunae aura res nobis succedunt?

V, 231   GLORIA   (Epaminondas, 12)

Quum videret hoc agere Lacedaemonios, vt eam calamitatem tegerent, Epaminondas, *vt palam faceret,* quanta fuisset illius cladis *magnitudo, non* quibuslibet [i.e. omnibus simul] *permisit cadauera tollere, sed vt quaeque ciuitas sua auferret. Ita factum est, vt appareret plusquam millenos* [i.e. mille] *Lacedaemonios interisse.* Hoc strategema pro apophthegmate forsitan adiecit aliquis.

V, 232   GLORIA POTIOR PECVNIA   (Epaminondas, 13)

Iason, Thessalorum rex, venerat Thebas, belli socius futurus. Is quum Epaminondae vehementer egenti aureorum duo milia misisset, ⟨*ille*⟩ *aurum non recepit, sed ipsum Iasonem*

---

447 castra metarentur *A C*: castrametarentur *B*.
456 esset *A B BAS versio Regii*: esse *C*.
466 millenos *A-C*: *scribendum erat* mille.

466 strategema *C*: stratagema *A B*.
470 ille *scripsi*.

Apophth. V, 229 Das wiederholt gedachte Apophthegma datiert auf die Zeit nach der Schlacht von Leuktra 371 v. Chr.
451–452 *Ex omnibus ... Lacedaemonios* Wörtliche Übers. von Plut. *Reg. et imp. apophth., Mor.* 193A (Epaminondas, 10): Ἥδιστον δὲ πάντων τῶν αὑτῷ γεγονότων καλῶν καὶ ἀγαθῶν ἔλεγε τὸ τοῦ πατρὸς ἔτι ζῶντος καὶ (*ed. Loeb p. 142*) (ἀγαθῶν εἶναι ἔλεγε τὸ τῶν γειναμένων αὐτὸν τοῦ πατρὸς ζῶντος ἔτι καὶ *ed. Ald. 1509, p. 168*) τῆς μητρὸς ἐν Λεύκτροις νικῆσαι Λακεδαιμονίους. Derselbe Spruch findet sich auch in Plut. *Disputatio qua docetur ne suauiter quidem viui posse secundum Epicuri decreta* 16, *Mor.* 1098B und ders., *An seni sit gerenda respublica* 6, *Mor.* 786D: ὁ μὲν γὰρ Ἐπαμεινώνδας ἐρωτη-

θεὶς τί ἥδιστον αὐτῷ γέγονεν, ἀπεκρίνατο τὸ τοῦ πατρὸς ἔτι ζῶντος καὶ τῆς μητρὸς νικῆσαι τὴν ἐν Λεύκτροις μάχην.

456–459 *solitus ... castigo* Plut. *Reg. et imp. apophth., Mor.* 193A (Epaminondas, 11): Εἰωθὼς δὲ φαίνεσθαι τὸν ἄλλον χρόνον ἀληλιμμένος τὸ σῶμα καὶ φαιδρὸς τῷ προσώπῳ μετὰ τὴν μάχην ἐκείνην τῇ ὑστεραίᾳ προῆλθεν αὐχμηρὸς καὶ ταπεινός (ταπεινὸς *ed. Ald. 1509, p. 168*)· τῶν δὲ φίλων ἐρωτώντων μή τι λυπηρὸν αὐτῷ συμπέπτωκεν, "οὐδέν", εἶπεν, "ἀλλ' ἐχθὲς ἠσθόμην ἐμαυτοῦ μεῖζον ἢ καλῶς ἔχει φρονήσαντος· διὸ σήμερον κολάζω τὴν ἀμετρίαν τῆς χαρᾶς". Er. hat seinen Text auf der Grundlage von Regios Übers. zusammengestellt, die er leicht variierte: „... postridie illius pugnae, quum alio tempore solitus esset vncto corpore serenoque vultu in publicum prodire, squallidus (sic) et humilis ac sordidus processit. Interrogantibus igitur amicis, nunquid sibi triste accidisset, ,Nihil', inquit, ,sed heri sensi me animo fuisse quam par sit elatiore. Quocirca hesternae laetitiae intemperantiam hodierna tristicia castigo'" (fol. g⟨i⟩ʳ); im Schlußteil war Regio im Übrigen von Filelfos Übers. ausgegangen: „... verum sentiebam me elatiore animo heri fuisse, quam par esset. Itaque immoderatam laeticiam hodie plecto" (fol. m iiʳ).

456 *in publicum* „in publicum" kopierte Er. aus Regios Übers., eine gelungene *ad sensum*-Konstruktion, die auf der Wortebene im Griechischen nicht vorhanden ist.

460 *vir Boeotus* Die Boioter galten als schwerfällig, träge und geistlos. Vgl. *Adag.* 2148 „Boeotia auris", *ASD* II, 5, S. 132–134; Komm. oben zu. V, 191 (Alcibiades, 8) und Komm. *CWE* 38, S. 525.

Apophth. V, 231 datiert auf die Zeit unmittelbar nach der Schlacht von Leuktra im Juni 371 v. Chr. Er. folgert aus der Tatsache, daß ein Ausspruch fehlt, daß das Lemma wohl nicht authentisch sei, daß es sich um eine Interpolation handle (vgl. Einleitung).

463–466 *Quum videret ... interisse* Versuchte wörtliche, jedoch nicht ganz gelungene Übers. des Er. von Plut. *Reg. et imp. apophth., Mor.* 193B (Epaminondas, 12), wobei Er. die Vorlagen des Filelfo und Regio nicht beachtete: Εἰδὼς δὲ τοὺς Σπαρτιάτας ἐπικρυπτομένους τὰ τοιαῦτα συμπτώματα καὶ βουλόμενος ἐξελέγξαι τὸ μέγεθος τῆς συμφορᾶς αὐτῶν, οὐχ ὁμοῦ πᾶσι νεκρῶν ἀναίρεσιν ἀλλ' ἑκάστοις κατὰ πόλιν ἔδωκεν, ὥστε πλείονας ἢ χιλίους ὄντας ὀφθῆναι τοὺς Λακεδαιμονίων. Für die Anekdote vgl. Pausan. IX, 13, 11–12.

463 *eam calamitatem* Damit ist die schwere Niederlage in der Schlacht von Leuktra mit mehr als 1000 gefallenen Spartanern gemeint.

464 *non quibuslibet* „non quibuslibet" ist keine richtige Übers. von οὐχ ὁμοῦ πᾶσι, „nicht allen zugleich"; gemeint ist, daß Epaminondas nicht erlaubte, daß alle im gegnerischen Heer vertretenen Städte *zugleich* ihre Toten bargen: Er ließ nur zu, daß sie dies einzeln und der Reihe nach taten (was impliziert, daß die Spartaner als letzte an die Reihe kamen). Richtig übersetzt von Filelfo und Regio; Filelfo: „non est passus, vt omnes simul, sed vt singulae potius ciuitates cadauera tollerent" (fol. m iiʳ); Regio: „non simul omnes, sed singulas ciuitates cadauera colligere permisit" (fol. g⟨i⟩ʳ⁻ᵛ). Lycosthenes korrigierte in seinem Abdruck des Apophthegmas die Fehlübersetzung des Er. nicht (S. 42).

466 *millenos* „millenos", die Distributivzahl „je tausend" (gefallene Spartaner) ergibt hier keinen brauchbaren Sinn; πλείονας ἢ χιλίους = „plures quam mille"; richtig übersetzen Filelfo („mille et amplius", fol. m iiʳ) und Regio („plura quam mille", sc. cadauera, fol. g⟨i⟩ᵛ). Lycosthenes übernahm den Übersetzungsfehler des Er. (S. 42).

469 *Iason* Tyrann von Pherai in Thessalien, reg. seit Anfang des 4. Jh. v. Chr.; ausgezeichneter Feldherr, Führer (Tagos) des Thessalischen Bundes, der ca. 20.000 Hopliten und 8.000 Reiter befehligte; war mit Makedonien und Theben verbündet; vermittelte nach der Schlacht bei Leuktra den freien Abzug des geschlagenen spartanischen Aufgebotes. Wurde i.J. 370 bei den Pythischen Spielen von Thebanern ermordet. Vgl. J. Cobet, *DNP* 5 (1998), Sp. 868–869, s.v. „Iason", Nr. 2; J. Mandel, „Jason, the Tyrant of Pherae, tagus of Thessaly", in: *Rivista storica dell'Antichità* 10 (1980), S. 47–77.

469–473 *Iason ... Peloponnesum* Weitgehend wörtliche, im Spruchteil jedoch durch einen Grammatik- und Verständnisfehler entstellte Wiedergabe von Plut. *Reg. et imp. apophth., Mor.* 193B (Epaminondas, 13), wobei Er. von Regios Übers. ausging: „Iason vero Thessalorum princeps cum socius Thebas venisset ac duo milia aureorum Epaminondae vehementer indigenti misisset, aurum quidem non accepit, sed cum primum Iasonem vidit, ,Iniustis', inquit, ,manibus imperas' ac quinquaginta drachmis a quodam ciuium acceptis exercitus viatico in Peloponnesum irrupit" (fol. g⟨i⟩ᵛ). Vgl. den griech. Text: Ἰάσονος δὲ τοῦ Θετταλῶν μονάρχου συμμάχου μὲν εἰς Θήβας παραγενομένου, δισχιλίους δὲ χρυσοῦς τῷ

intuitus „Iniustis", inquit, „imperas, ipse deterior" [i.e. „Prior", inquit, „mihi iniuriam facis"]. *Ipse vero, quinquaginta drachmis a ciue quodam acceptis mutuo pro viatico exercitus, inuasit Peloponnesum.* Sentiebat iniquas esse diuitias, quae possessorem reddunt deteriorem; at viri fortes gloria virtutis praemio contenti sunt.

475   V, 233   INTEGRE   (Epaminondas, 14)

Rursus quum Artoxerxes *Persarum rex ipsi tria daricorum milia misisset, Diomedontem* Cyzicenum *asperius increpuit, si tantam nauigationem suscepisset corrupturus Epaminondam, eumque iussit* haec [B] verba [A] *ad regem referre: „Si fauet commodis Thebanorum, habiturus est Epaminondam amicum gratis; sin minus, hostem".* Quid hoc
480   animo incorruptius, non alio spectante quam ad patriae commoda?

473 Peloponnesum *C (cf. versionem Regii)*: Peloponesum *A B*.

476 Artoxerxes *A C*: Artaxerxes *B*.
478 verba *B C: deest in A*.

Ἐπαμεινώνδα πέμψαντος ἰσχυρῶς πενομένῳ τὸ μὲν χρυσίον οὐκ ἔλαβε, τὸν δὲ Ἰάσονα θεασάμενος „ἀδίκων", ἔφη, „χειρῶν ἄρχεις·" (*sic etiam ed. Ald.*) αὐτὸς δὲ πεντήκοντα δραχμὰς δανεισάμενος παρά τινος τῶν πολιτῶν ἐφόδιον τῆς στρατείας ἐνέβαλεν εἰς Πελοπόννησον. Dasselbe Apophthegma findet sich in Plut. *De genio Socratis* 14, *Mor.* 583F: „Οὐκοῦν," ἔφη ὁ Ἐπαμεινώνδας, „Ἰάσονι μὲν τῷ Θετταλῶν ταγῷ πέμψαντι δεῦρο πολὺ χρυσίον ἔναγχος πρὸς ἡμᾶς καὶ δεομένῳ λαβεῖν ἀγροικότερος ἐφάνην ἀποκρινόμενος ἀδίκων χειρῶν αὐτὸν κατάρχειν, ὅτι μοναρχίας ὢν ἐραστὴς ἄνδρα δημότην ἐλευθέρας καὶ αὐτονόμου πόλεως ἐπείρα διὰ χρημάτων".

471 *Iniustis ... imperas ipse deterior* Mit „iniustis ... imperas ipse deterior" („Du herrscht über Ungerechte, während du selbst noch schlechter bist"; vgl. CWE 38, S. 525: „You are worse than the unjust men over whom you rule") unterlief Er. ein zweifacher Übersetzungsfehler, wodurch er den Ausspruch des Epameinondas „ἀδίκων", ἔφη, „χειρῶν ἄρχεις·" gründlich missverstand. Dabei ist zu berücksichtigen, daß die Akzente in der Aldus-Ausgabe Plutarchs genauso gesetzt waren wie im modernen *textus receptus*. χειρῶν ist der Genetiv Plural von χείρ („Hand"), nicht der Nominativ Singular der Komparativform χείρων („schlechter"); die idiomatische Redewendung ἀδίκων χειρῶν ἄρχειν bedeutet „mit dem Unrecht anfangen" bzw. „als erster (jemanden) Unrecht (an)tun". Die Verwendungsweise wird in Demosth. *Orationes* 47, 39 anschaulich: Sein Kontrahent Theophemus hat dem ins Haus eintretenden als erster einen Faustschlag ins Gesicht versetzt, somit ἦρξεν χειρῶν ἀδίκων ὁ Θεόφημος. Mit dem Vorwurf, durch das Geldgeschenk habe Jason „mit dem Unrecht angefangen", meint Epameinondas, daß Jason, der Tyrann, ihn, den Demokraten, zu bestechen versuchte. Er. jedoch verwechselte den Genetiv χειρῶν mit der Komparativform χείρων, „schlechter". Auch seine Übersetzung von ἄρχειν im Sinn von „herrschen über" ist falsch; „herrschen über" würde den Dativ erfordern, während ein Genetiv vorliegt. Filelfo hatte die idiomatische Redewendung ἀδίκων χειρῶν ἄρχειν richtig verstanden („iniuriam incipis", fol. m ii[r]), jedoch verwarf Er. seine korrekte Übers.; in Bezug auf die Fehlübersetzung von ἄρχειν folgte er Regio („imperas"), der gleichwohl χειρῶν richtig als Genetiv Plural von χείρ („Hand") identifiziert hatte und den Spruch des Epameinondas mit „Iniustis manibus ... imperas", „Du herrschst mit ungerechten Händen" (fol. g⟨i⟩[v]) wiedergab. Leopardus korrigierte die Fehlübers. des Er. in seinen *Emendationes* (X, 10 und 12) mit „prior mihi iniuriam facis" (vgl. Anm. 2 in *LB* IV, S. 251), jedoch setzte sich in der Tradition der großen Wissenssammlungen des 16. und 17. Jh. die Fehlübersetzung des Er. durch. In *CWE* 38, S. 525 werden die Übersetzungsfehler des Er. nicht angemerkt.

472 *quinquaginta drachmis* 50 Drachmen ist für die Versorgung und Proviantierung eines Heeres ein völlig unzulänglicher Betrag.

472 *mutuo* „mutuo" wie in Filelfos richtiger Übers.; Regio hatte „mutuo" irrtümlich ausgelassen.

476 *Artoxerxes* Er. fügte den Namen des persischen Königs Artaxerxes aus einer zweiten Quelle, Nepos, *Epaminondas* 4, 1–2, hinzu; dort wurde er ebenfalls ohne Spezifikation angegeben. Es handelt sich um Artaxerxes II. Memor (405/4–359 v. Chr.). Für diesen vgl. oben Komm. zu V, 23. Seine Sprüche finden sich oben V, 23–29; Er. verwendete in dieser Sektion meist die Namensform „Artoxerxes".

476–479 *Persarum rex … hostem* Plut. *Reg. et imp. apophth., Mor.* 193C (Epaminondas, 14): Αὖθις δὲ τοῦ Περσῶν βασιλέως τρισμυρίους δαρεικοὺς ἀποστείλαντος αὐτῷ, καθήψατο πικρῶς Διομέδοντος, εἰ τοσοῦτον πλοῦν πέπλευκε διαφθερῶν Ἐπαμεινώνδαν (Ἐπαμῑνώνδαν *ed. Ald. 1509, p. 168*)· πρὸς δὲ τὸν βασιλέα λέγειν ἐκέλευσεν, ὅτι τὰ συμφέροντα Θηβαίοις φρονῶν ἕξει προῖκα φίλον Ἐπαμεινώνδαν (Ἐπαμῑνώνδαν *ed. Ald. 1509, p. 168*), τὰ δὲ μὴ συμφέροντα πολέμιον. Im erzählenden Teil legte Er. seiner Textwiedergabe Regios Übers. zugrunde: „Rursus cum rex Persarum tria Daricorum milia ei misisset, Diomedontem aspere obiurgauit, quod tantam nauigationem nauigasset, vt corrumperet Epaminondam. Sed regi renunciare iussit …" (fol. g⟨i⟩ᵛ). Im Spruchteil ließ sich Er. von Filelfos Übers. anregen („… Epaminondam gratis amicum habiturus …", fol. m iiʳ). Dieselbe Anekdote findet sich in kürzerer Wiedergabe bei Ael. *Var. Hist.* XV, 4 und in einer ausführlicheren Form bei Nepos, *Epaminondas* 4, 1–2, wobei sich zeigen läßt, daß Er. auch diese Quelle benutzte: „Tentata autem eius est abstinentia a Diomedonte Cyziceno. Namque is rogatu Artaxerxis regis Epaminondam pecunia corrumpendum susceperat. Hic magno cum pondere auri Thebas venit et Micythum adulescentulum quinque talentis ad suam perduxit voluntatem, quem tum Epaminondas plurimum diligebat. Micythus Epaminondam conuenit et causam aduentus Diomedontis ostendit. At ille Diomedonti coram ‚Nihil', inquit, ‚opus pecunia est. Nam si rex ea vult, quae Thebanis sunt vtilia, gratis facere sum paratus; sin autem contraria, non habet auri atque argenti satis. Namque orbis terrarum diuitias accipere nolo pro patriae caritate'".

476 *daricorum* Für den Dareikos, die bohnenförmige persische Goldmünze mit einer Darstellung des bogenschießenden Perserkönigs vgl. oben Komm. zu V, 19.

476 *Diomedontem* Diomedon; vgl. Nepos, *Epaminondas* 4, weiter unbekannt.

477 *Cyzicenum* Die Angabe, daß der hier genannte, sonst nicht näher bekannte Diomedes aus Kyzikos stammte, ist eine Ergänzung des Er. zum Plutarch-Text, die er seiner zweiten Quelle, Nepos, *Epaminondas* 4, 1–2, entnahm. Die griech. Stadt Kyzikos (heute Baliz in der Türkei) liegt in Kleinasien in der Region Mysien, an der Südküste des Marmarameeres, auf der Landenge der Halbinsel Arktonnesos (Kapıdağ).

V, 234   Convitivm retortvm   (Epaminondas, 15)

Quum Argiui Thebanorum essent socii, Atheniensium oratores in Arcadiam missi vituperarunt *vtranque gentem et Callistratus rhetor Orestem et Oedipodem ciuitatibus exprobrabat.* Nam Orestes Argiuus fuit, Oedipus Thebanus. Interim surgens Epaminondas, „*Fatemur*", inquit, „*apud nos fuisse, qui patrem occiderit, apud Argiuos, qui matrem necarit. Sed eos, qui haec patrarunt, nos expulimus, Athenienses receperunt*". Tanto compendio conuitium retorsit in autores.

V, 235   Miseria mvltiloqva   (Epaminondas, 16)

In Spartanos, qui multa magnaque crimina Thebanis obiiciebant, „*Hi nimirum fecerunt*", inquit, „*vt breuiloquentia vti destiteritis*". Solent Lacedaemonii de breuiloquentia gloriari, sed a Thebanis multis affecti calamitatibus multa dicere coacti sunt, de illis conquerentes.

---

481 Conuitium retortum *scripsi (cf. V, 234 infra)*:
Conuicium retortum *A*, om. *B C BAS*.

Apophth. V. 234 datiert auf das Jahr 371/0 v. Chr., als Kallistratos von Aphidnai die athenische Gesandtschaft zu den Arkadiern anführte.

482 *Quum ... socii* Gemeint ist das Bündnis zwischen den Thebanern und den Argivern im Kontext der Schlacht von Leuktra.

482–486 *Quum Argiui ... receperunt* Plut. *Reg. et imp. apophth., Mor.* 193C–D (Epaminondas, 15): Ἐπεὶ δὲ Ἀργεῖοι μὲν ἐγένοντο σύμμαχοι Θηβαίων, Ἀθηναίων δὲ πρέσβεις εἰς Ἀρκαδίαν παραγενόμενοι κατηγόρουν ἀμφοτέρων καὶ Καλλίστρατος ὁ ῥήτωρ ὠνείδισε τὸν Ὀρέστην καὶ τὸν Οἰδίποδα ταῖς πόλεσιν, ἐπαναστὰς ὁ Ἐπαμεινώνδας (Ἐπαμινώνδας *ed. Ald. 1509, p. 168*) „ὁμολογοῦμεν", ἔφη, „καὶ παρ' ἡμῖν πατροκτόνον γενέσθαι καὶ παρ' Ἀργείοις μητροκτόνον· ἀλλὰ τοὺς ταῦτα δράσαντας ἡμεῖς μὲν ἐξεβάλομεν, Ἀθηναῖοι δὲ ὑπεδέξαντο". Er. verwendete im erzählenden ersten Teil Regios Übers. („Argiui autem cum Thebanorum socii essent Atheniensiumque legati in Arcadiam profecti vtrosque accusarent atque Callistratus orator Oedipum et Orestem ciuitatibus exprobraret ...", fol. g⟨i⟩ᵛ), im Spruchteil jene des Filelfo: „... vbi Epaminondas surrexisset, ,fatemur', ait, ,apud nos patricidam extitisse, et apud Argiuos matricidam: verum qui haec perpetrauit, nos quidem eiecimus, Athenineses vero excepere ...'" (fol. m iiʳ). Dieselbe Anekdote wird sehr ausführlich bei Nepos, *Epaminondas* (XV), 6, 1–4 und in Kurzform bei Plut.

Praecepta gerendae reipublicae 14, *Mor.* 810F erzählt: ὡς τὸ Ἐπαμινώνδου πρὸς Καλλίστρατον, ὀνειδίζοντα Θηβαίοις καὶ Ἀργείοις τὴν Οἰδίποδος πατροκτονίαν καὶ τὴν Ὀρέστου μητροκτονίαν, ὅτι „τοὺς ταῦτα ποιήσαντας ἡμῶν ἐκβαλόντων ὑμεῖς ἐδέξασθε".

483 *Callistratus* Kallistratos von Aphidnai (ca. 410 – wschl. 355 v. Chr.), hervorragender Redner und Feldherr in Athen; spielte eine maßgebliche Rolle bei der Errichtung des Zweiten Attischen Seebundes; Strategos Athens i. d. J. 378/77 und 373/72; 372/71 begleitete er Iphikrates bei einer Expedition ins Ionische Meer. Er war i.J. 371 Sprecher der Athener bei den Friedensverhandlungen in Sparta nach der Schlacht von Leuktra. i.J. 361 wurde er wegen Misserfolges zum Tode verurteilt und ging in die Verbannung. Als er um d.J. 355 nach Athen zurückkehrte, wurde er hingerichtet.Vgl. W. Schmitz, *DNP* 6 (1999), Sp. 205–206 s.v. „Kallistratos", Nr. 2; B. Hochschulz, *Kallistratos von Aphidnai. Untersuchungen zu seiner politischen Biographie*, München 2007; R. Sealey, „Callistratos of Aphidna and his Contemporaries", in: *Historia* 5 (1956), S. 178–203. Zu Kallistratos vgl. oben Komm. zu V, 208 (Chabrias, 2).

483 *ciuitatibus* „ciuitatibus", die Städte Argos und Theben.

484 *Nam Orestes ... Thebanus* „Nam Orestes ... Thebanus" ist ein erläuternder Einschub

des Er., den er aus seiner zweiten Quelle, Nepos, *Epaminondas* (XV), 6, 2, bezog: „animum aduertere debere Arcadas, qualis vtraque ciuitas ciuis procreasset, ex quibus de ceteris possent iudicare: Argiuos enim fuisse Orestem et Acmaeonem matricidas, Thebis Oedipum natum, qui … patrem suum interfecisset …". Der argivische Königssohn Orestes hatte bekanntlich seine Mutter Klytaimnestra getötet, um den Mord an seinem Vater Agamenon zu rächen; Oidipus wiederum ermordete seinen Vater Laios, um seine Mutter Iokaste zu ehelichen. Beide Mörder flohen aus ihren Vaterstädten und fanden in Athen willkommenes Exil.

488 *Miseria multiloqua* Zur spartanischen Bündigkeit in der Rede vgl. *Adag.* 1949 „Laconismus", *ASD* II, 4, S. 306–308; a.a.O., S. 306, Er.' Erklärung: „Λακωνισμόν veluti prouerbio breuiloquentiam vocant, siue quod Lacedaemonii factis magis quam eloquentia praecelluerunt siue quod in apophthegmatis praecipue valuerunt. Horum autem praecipua gratia, vt paucissimis verbis plurimum sententiae complectantur". Der von Er. in V, 235 benutzte Gegensatzbegriff „multiloquus" ist in der antiken latein. Literatur selten (Komödien des Plautus; vgl. *DNG* II, Sp. 3174, s.v.).

489–490 *In Spartanos … destiteritis* Wörtliche Übers. des Er. selbst von Plut. *Reg. et imp. apophth., Mor.* 193D (Epaminondas, 16): Πρὸς δὲ τοὺς Σπαρτιάτας πολλὰ καὶ μεγάλα τῶν Θηβαίων κατηγοροῦντας „οὗτοι μέντοι", εἶπεν, „ὑμᾶς βραχυλογοῦντας ἔπαυσαν". Er. hat in diesem Fall die Übers. des Filelfo und Regio nicht berücksichtigt. Filelfo gibt den Spruch auf trübe Weise wieder: „vos breui oratione gaudentis otiosos reddidit" (fol. m ii^r). Dasselbe Apophthegma findet sich auch in Plut. *Qua quis ratione se ipse sine inuidia laudet* 16, *Mor.* 545A, wobei der Spruchteil nahezu identisch ist: „Ἡμεῖς μέντοι ὑμᾶς βραχυλογοῦντας ἐπαύσαμεν". Im erzählenden Teil fehlt allerdings die zum Verständnis wichtige Angabe, daß die Spartaner eine *lange* Liste von Beschwerden vortrugen. Bereits Brusoni hatte das Apopth. in seine Sammlung d.J. 1518 aufgenommen (III, 26 „De loquacitate"): „Epaminundas Thebanus Spartiatis, qui multis magnisque in rebus Thebanos accusauerant, per iocum ‚Hi nempe vos', inquit, ‚a breuiloquio desistere coegerunt'. Brusoni gab dabei die Übers. des Regio von *Mor.* 193D wieder. Lycosthenes zog in seiner Wiedergabe des Apophthegmas (S. 617, Kap. „De lingua, garrulitate et loquacitate nimia") die Version Brusonis vor.

490 *breuiloquentia* Wie schon in *Adag.* 1949 benutzt Er. „breuiloquentia" zur Wiedergabe von βραχυλογέω/ βραχυλογία (vgl. Passow I, 1, S. 522, s. vv.), nicht „breuiloquium", wie Regio in seiner Übers. (fol. g⟨i⟩^v), der dieses wohl vorzog, weil es als Cicero-Zitat bei Gellius bezeugt ist (XII, 2, 7). Der gängige *terminus technicus* in der lateinischen Rhetorik (Cic. Quint., Rhet. Ad Her.) ist allerdings keines von beiden, sondern *breuitas*.

V, 236   Minae   (Epaminondas, 17)

Posteaquam Alexandrum Pheraeorum tyrannum, Thebanis infensum, Athenienses sibi fecissent amicum ac socium isque polliceretur illis se perfecturum, *vt minam carnium emerent semiobolo* (videlicet significans se tantum pecudum ac iumentorum adducturum e praeda), *Epaminondas* subiecit: „*At nos* [inquit] *Atheniensibus ad coquendas istas carnes ligna gratis suppeditabimus. Nam syluas ipsorum succidemus, si* se plus satis admisceant nostris negociis".

V, 237   Militia laboriosa   (Epaminondas, 18)

Quum studeret Boeotos, ocio dissolutiores, continenter in armis habere, simul vt *Boeotiae* creatus *est imperator*, his verbis illos *adhortatus est:* „Posthac [i.e. adhuc] *consultate, viri. Nam si ego militiae praefectum agam, vobis militandum est*", adimens illis spem ocii sub tali imperatore.

---

497 inquit *seclusi.*

498 sylvas *A-C*: arbores *BAS LB.*

493 *Minae* Der Titel des Er., „Minae", bezieht sich sowohl auf das Versprechen des Tyrannen Alexander von Pherai, er werde eine Mine („mina") Fleisch für nur einen halben Obolos beschaffen, als auch auf die Drohung („minae") des Epameinondas an die Adresse der Athener, die er davon abbringen wollte, mit Alexander ein Bündnis einzugehen. Das Apophthegma datiert wohl auf das Jahr 364 v. Chr., als Pherai und Theben sich im Krieg befanden und Alexander Bündnispartner suchte, um gegen die Thebaner standzuhalten. Der Krieg endete mit der Niederlage Alexanders in der Schlacht von Kynoskephalai, woraufhin er seinen Herrschaftsanspruch über Thessalien aufgeben musste.

494–498 *Posteaquam Alexandrum ... succidemus* Wörtliche Wiedergabe von Plut. *Reg. et imp. apophth., Mor.* 193D–E (Epaminondas, 17), wobei Er. leicht variierend Regios Übers. reproduzierte: „Sed posteaquam Alexandrum Pheraeorum tyrannum Thebanorum hostem Athenienses sibi amicum effecerunt et socium, qui promittebat se venalem carnis libram ipsis semiobolo praebiturum, ‚At nos', Epaminondas inquit, ‚Atheniensibus ligna gratis ad illas carnes coquendas praestabimus. Nam, nisi quieuerint, eorum agrum succidemus'" (fol. g⟨i⟩ʳ). Vgl. den griech. Text: Ἐπεὶ δὲ Ἀλέξανδρον τὸν Φεραίων τύραννον πολέμιον ὄντα Θηβαίοις Ἀθηναῖοι φίλον ἐποιήσαντο καὶ σύμμαχον ὑποσχόμενον αὐτοῖς ἡμιωβολίου (ἡμιοβολίου *ed. Ald. 1509, p. 168*) τὴν μνᾶν κρεῶν ὤνιον παρέξειν, „ἡμεῖς δέ", ἔφη ὁ Ἐπαμεινώνδας (Ἐπαμινώνδας *ed. Ald. 1509, p. 168*), „ξύλα προῖκα παρέξομεν Ἀθηναίοις ἐπὶ τὰ κρέα ταῦτα· τὴν γὰρ (δὲ *ed. Ald. 1509, p. 168*) χώραν αὐτῶν τεμοῦμεν, ἂν πολυπραγμονῶσι". Bereits Brusoni hatte das Apophthegma in seiner Sammlung d.J. 1518 präsentiert (I, 6), wobei er Regios Übers. wiedergab.

494 *Alexandrum* **Alexandros von Pherai** (reg. 369–358 v. Chr.), Tyrann in der thessalischen Stadt Pherai (in der Pagasäischen Meeresbucht) und Tagos des Thessalischen Bundes; Neffe des Tyrannen Iason von Pherai und Sohn des Tyrannen Polydoros von Pherai. Wurde von den Thebanern i. J. 364 entscheidend geschlagen, wodurch er seine Herrschaft über den größten Teil Thessaliens einbüßte und sich in die Stadt Pherai zurückziehen musste. I.J. 358 fiel er einem Komplott seiner Ehefrau Thebe zum Opfer, deren Stiefbrüder ihn ermordeten. Mit ihm endet die ambitionierte Tyrannenherrschaft von Pherai. Vgl. W. Schmitz, *DNP* 1 (1999), Sp. 476–477, s.v. „Alexandros", Nr. 15.

495 *minam carnium* Eine Mine repräsentierte ein Gewicht von ca. 430 Gramm; ca. ein Pfund Fleisch für nur einen halben Obolos (etwa einen halben Pfennig) war ein sehr guter Preis.

496 *semiobolo* Ein Obolos stellte einen geringen Geldbetrag dar (etwa für einen kleinen, eventuell nur symbolischen Beitrag, eine Spende u.Ä., nämlich 1/6 einer Drachme), ein halber Obolos war daher überhaupt ein minimaler Betrag (eine Zwölfteldrachme), während Fleisch normalerweise teuer war. Alexander von Pherai machte den Athenern also ein sehr großzügiges Versprechen. Filelfo, der „mina" als Währungseinheit auffasste, verstand den Text anders: Alexander werde soviel Fleisch, wie man für 1 Mine (= 100 Drachmen) bekam, für einen halben Obolos beschaffen („carnes, quae mina vaenumdabantur, semiobolo se praebiturum", fol. m ii^r). Fleisch für in etwa 1 Tausendstel des Marktpreises anzubieten, gehört allerdings in den Bereich der Adynata.

496–497 *videlicet … praeda* „videlicet … praeda" ist ein erläuternder Einschub des Er., aus dem hervorgeht, daß er verstand, daß das Apophthegma im Kontext eines Krieges situiert werden muß. Dennoch ist seine Erklärung nicht richtig: Alexander machte den Athenern wohl eher ein wirtschaftliches Angebot: Thessalien war das Land der Schafzucht, konnte daher Fleisch in Mengen liefern.

497 *[inquit]* Das überflüssige „inquit" kam dadurch zustande, daß Er. den Text des Regio reproduzierte und dabei „inquit" automatisch mitübernahm: „… ‚At nos', Epameinondas inquit, ‚Atheniensibus ligna gratis … praestabimus'" (fol. g⟨i⟩^r).

Apophth. V, 237 datiert auf die Zeit kurz vor 371 v. Chr., als Epameinondas zum ersten Mal zum Boiotarchen gewählt wurde und die Thebaner in den Krieg gegen die Spartaner führte. Er. hat hier ein zusammengehöriges Lemma Plutarchs in zwei separate Lemmata (V, 237 und 238) aufgesplittet. Die Klammer bildet das kriegerische Programm des Epameinondas. Diese Vorgehensweise führte u. a. zu dem Missverständnis in V, 238 „regionem quandam", während damit Theben gemeint ist.

501–503 *Quum studeret Boeotos … militandum est* Versuchte wörtliche, jedoch durch ein Missverständnis entstellte Wiedergabe von Plut. *Reg. et imp. apophth., Mor.* 193E (Epaminondas, 18): Τοὺς δὲ Βοιωτοὺς ὑπὸ σχολῆς ἐκλυομένους ἀεὶ βουλόμενος (βουλευόμενος ed. Ald. *1509, p. 168*) ἐν τοῖς ὅπλοις συνέχειν, ὁπότε βοιωτάρχης αἱρεθείη, παραινῶν ἔλεγεν (ἔλεγε ed. Ald. *1509, p. 168*) „ἔτι βουλεύσασθε, ὦ ἄνδρες· ἐὰν γὰρ ἐγὼ στρατηγῶ, στρατευτέον ἐστὶν ὑμῖν".

501 *ocio dissolutiores* In „ocio dissolutiores" kopierte Er. die Übers. Filelfos („Boetios … erant enim per otium dissolutiores", fol. m ii^v) und Regios („otio dissolutos", fol. g⟨i⟩^v).

502 *posthac* Er. scheint hier den springenden Punkt missverstanden zu haben; ἔτι = „jetzt noch": Die Boioter können *jetzt noch* darüber nachdenken, ihren Willen kundtun – wenn sie sich einmal für Epameinondas entschieden haben, werden sie nichts mehr zu entscheiden haben, werden sie als Soldaten dienen, d.h. seinen Befehlen gehorchen müssen. „posthac" = „später einmal, in Zukunft" verkehrt den Sinn ins genaue Gegenteil. Regio hatte die Stelle richtig übersetzt: „Adhuc consilio polletis, Thebani. Nam si ego sum imperator, vobis est militandum'" (fol. g ii^r). Er.' Missverständnis ist auch die Übersetzung „simul vt *Boeotiae* creatus *est imperator*" geschuldet: Epameinondas sprach die bewussten Worte nicht aus, *nachdem* man ihn bereits gekürt hatte, sondern *bevor* die Stimmen abgegeben worden waren. In dem Sinn hatte Regio richtig übersetzt: „admonens dicebat".

505 V, 238   Vigilantia   (Epaminondas, 19)

Regionem quandam [i.e. Thebanorum] *supinam et campestrem „belli orchestram"
appellabat,* veluti theatrum, vnde late pateret prospectus. *Eam dicebat obtineri non
posse, nisi manum semper scuti loro insertam haberent.* Nam quae montibus cincta
sunt, minore negocio tuemur. Campestris regio quoniam patet omnium incursio-
510 nibus, armis tuenda est.

V, 239   Trophaevm ridicvlvm   (Epaminondas, 20)

*Quum Chabrias circa Corinthum paucos Thebanos sub moenibus auidius pugnantes
prostrauisset atque* ob id *trophaeum erexisset, Epaminondas deridens* hominem *dixit:
„Hic sane decebat non trophaeum, sed Hecataeum erectum esse".* Veteres *enim ante portas*

511 Trophaeum *scripsi (cf. infra* trophaeum*)*: Tro-
pheum *A-C.*

514 Hecataeum *C*: Hecateum *A B.*

Apophth. V, 237 und 238 gehören im Plutarchtext
zusammen (= Epaminondas, 18); vgl. Komm.
zu V, 237.
506–508 *Regionem ... insertam haberent* Plut.
Reg. et imp. apophth., Mor. 193E (Epaminondas, 18): καὶ τὴν χώραν ὑπτίαν οὖσαν καὶ ἀναπε-
πταμένην „πολέμου ὀρχήστραν" προσηγόρευεν,
ὡς μὴ δυναμένους κρατεῖν αὐτῆς, ἂν μὴ τὴν
χεῖρα διὰ πόρπακος ἔχωσι. Er. hat hier seinen
Text anhand von Regios Übers. zusammengestellt: „Ac regionem supinam ac patentem
belli orchestram appellabat, quod illam opti-
nere non possent, nisi manum in scuti loro
habeant" (fol. g ii^r).
506 *Regionem quandam* Er. hat die Bezugnahme des Apophthegmas auf Theben nicht
richtig verstanden: Plutarch/Epameinondas
meinte nicht irgendein Gebiet, sondern gera-
dewegs Theben. Die Landschaft um Theben,
das im Zentrum Boiotiens liegt, ist eine Ebene,
die an den Rändern ringsum von gebirgigen
Teilen gewissermaßen umringt wird, wie die
runde Orchestra von den Sitzreihen des griechischen Theaters. Epameinondas versuchte
den Boiotern einzuprägen, daß man einen solchen Ort nur verteidigen könne, wenn man
unausgesetzt unter Waffen stehe. Er.' Unverständnis mag auch auf die Übers. des Filelfo
(„Itaque campestrem patentemque regionem
belli orchestram appellabat", fol. m ii^v) und
Regio („Ac regionem supinam ac patentem
belli orchestram appellabat", fol. g ii^r) zurückgehen.
506 *supinam* Er. gab hier ὑπτίαν unglücklich

mit „supinam" (= „leicht abfallend", „sich
nach unten wölbend", „leicht abschüssig",
„schräg hingestreckt") wieder, während ὕπτιος,
auf eine Landschaft angewendet, auch „flach"
bedeutet (vgl. z. B. Hdt. II, 7). Daß hier
ὕπτιος „flach" bedeuten muss, geht aus dem
Vergleich mit der Orchestra hervor: Diese ist
in griechischen Theatern niemals gewölbt oder
abschüssig. Die Fehlübersetzung von ὑπτίαν
mit „supinam" hat Er. von Regio (a.a.O.)
übernommen.
506 *campestrem* „campestrem", „ebenen", bezog Er. aus Filelfos Übers. (a.a.O.), der damit
richtig ὑπτίαν übertragen hatte; Er. hatte jedoch ὑπτίαν bereits mit „supinam" übersetzt.
Dadurch ergibt sich in der Wiedergabe des Er.
eine Verdopplung von ὕπτιος, während ἀναπε-
πταμένην unübersetzt bleibt.
507 *veluti theatrum ... prospectus* Ein erklärender Einschub des Er., der den Sinn des
Apophthegmas freilich verdunkelt. Der Sinn
ist nicht, daß man im Theater als Zuschauer
einen weiten Ausblick hat, wie Er. angibt,
sondern daß die Orchestra, wo der Chor
tanzt, ein flacher und nicht sehr großer Ort
ganz unten im Theater ist, an dem es ‚kein
Entrinnen' gibt. Dort kann man sich nicht
verstecken oder verschanzen, d.h. man muss
tanzen bzw., in Epameinondas' Metapher,
kämpfen. Die Rundfläche der Orchestra des
griechischen Theaters liegt direkt vor der
Bühne, in der Mitte der Theaterrundung.
Angesichts der Interpretation des Er. erscheint
es fraglich, ob er ein richtiges Bild vom

Aussehen eines antiken griechischen Theaters hatte.

508–509 *Nam quae ... tuemur* Er.' Erklärung „Nam quae montibus cincta sunt, minore negocio tuemur" zeigt an, daß er Epameinondas' Bild nicht richtig verstanden hat und daß er über die geographische Lage Thebens nicht im Bilde war. Epameinondas sagt, daß das Gebiet um Theben flach und von Bergen umgeben ist, wie die runde Orchestra im Theater, die an allen Seiten von der nach oben gezogenen Steinkonstruktion der Sitzreihen umgeben wird: d.h. das strategisch ungünstig gelegene Gebiet, das Epameinondas meinte, war gerade nicht von Bergen umgeben.

511 *Apophth.* V, 239 Das Apophthegma bezieht sich auf das Jahr 376 v. Chr., als die Thebaner mit den Spartanern gemeinsame Sache machten und Epameinondas Korinth belagerte, das von dem athenischen General Chabrias verteidigt wurde. Der Witz des Apophthegmas liegt darin, daß (eher niedrige) Hekate-Kultpfeiler mit der dreigestaltigen Göttin an Wegkreuzen weit verbreitet waren und daß in Stein gemeisselte Tropaia auch die Gestalt eines Pfeilers hatten, d.h. in gewisser Weise den Hekate-Kultpfeilern ähneln konnten. Epameinondas tut also so, als ob das von Chabrias errichtete Tropaion ein Hekate-Wegkreuz war. Zu dem Witz trug bei, daß die chthonische Hekate auch als Göttin des Todes und der Unterwelt verehrt wurde; d.h. Epameinondas tut so, als ob Chabrias den von ihm getöteten Thebanern ein Totenopfer hätte bringen wollen.

512–515 *Quum ... statuere solent* Wörtliche Wiedergabe von Plut. *Reg. et imp. apophth., Mor.* 193F (Epaminondas, 19), wobei Er. sie v.a. der Übers. Regios nachbildete, während er einige Details auch aus Filelfos Übers. übernahm; Regio: „Chabrias vero cum prope Corinthum perquam paucos Thebanorum quosdam auidius sub muris pugnantes interfecisset ac trophaeum erexisset, Epaminondas irridens ‚Hic dicebat (*lege* decebat)', inquit, ‚non trophaeum, sed Hecatesium erexisse'. Nam humilia Hecatae sacella in triuiis ante portas dedicabant" (fol. g ii^r). Vgl. den griech. Text: Τοῦ δὲ Χαβρίου περὶ Κόρινθον ὀλίγους τινὰς τῶν Θηβαίων ὑπὸ τὰ τείχη φιλομαχοῦντας καταβαλόντος καὶ στήσαντος τρόπαιον, ὁ Ἐπαμεινώνδας (Ἐπαμινώνδας *ed. Ald. 1509, p. 168*) καταγελῶν ἔφη „ἐνταῦθα δεῖ (δὴ *ed. Ald. 1509, p. 168*) οὐ τρόπαιον ἀλλὰ Ἑκατήσιον (Ἑκατήσιον *ed. Ald. 1509, p. 168*: Ἑκάταιον *ed. Babbitt*) ἑστάναι." τὴν γὰρ Ἑκάτην ἐπιεικῶς ἐν ταῖς πρὸ τῶν πυλῶν ἱδρύοντο τριόδοις. Für die historische Begebenheit vgl. Diod. XV, 69.

512 *Chabrias* Dem athenischen Feldherrn Chabrias widmete Er. eine Sektion von Sprüchen oben V, 207–209. Zu seiner Person vgl. Komm. zu V, 207.

513 *deridens* „deridens" entnahm Er. der Übers. des Filelfo (fol. m ii^v).

514 *Hecataeum* Er. übersetzte Ἑκατήσιον trefflich mit „Hecataeum", was auch den Vorteil hat, daß es das Wortspiel mit „trophaeum" besser konturiert. Er. bildete die seltene Form „Hecataeum" selbst nach Ἑκάτειον, das er in der *Suidas* (Theagenes 80) antraf. Diese Form verwendete er, und zwar schon in der Erstausgabe des Jahres 1508, als Titel des *Adag.* 2254 „Theagenis Hecateum", *ASD* II, 5, S. 216. Das Adagium handelt von einem gewissen Theagenes, der in seinem Haus ein Hekate-Heiligtum errichtet hatte und als extrem gottesfürchtig, bzw., in Er.' Perspektive, als abergläubisch galt. Er soll sein Haus nie verlassen, nie einen Weg gemacht haben, ohne der Hekate zu opfern und sie zu befragen: „Hic Theagenes legitur vsque adeo fuisse superstitiosus, vt domi haberet Hecates simulacrum nec vsquam pedem moueret nisi illo consulto". Weiter befanden sich Hekate-Kultpfeiler, wie im vorl. *Apophth.* angegeben, an Wegkreuzungen („in triuiis"). Hekate hieß auch als Göttin der Wegkreuzungen lat. „Trivia", griech. „Trioditis", oder „Göttin am Wege" („Enodia") und „Führerin" („Propolos"); als chthonische Göttin war sie die Herrin der Schwellen, Türen und Tore, Ein- und Ausgänge und Übergänge von einem Bereich in den anderen (auch von Tod und Leben). Seit dem 5. Jh. v. Chr. wurde sie in diesem Zusammenhang bsd. als dreigestaltige Frau („Triformis") dargestellt: aus einer Säule treten an den verschiedenen Seiten drei Frauen hervor. Wegkreuze bzw. Hekate-Kultpfeiler waren außerhalb der Städte und Ortschaften, „vor den Stadttoren" situiert. Daher rührt ein weiterer Name der Göttin, „Propylaia" („Torhüterin"). Der dreigestaltigen Hekate vor den Stadttoren brachte man Speiseopfer dar, an denen allerdings, anders als bei anderen Speiseopfern, Menschen nie teilnehmen durften. Zu Hekate vgl. Roscher I, 2 (1890), Sp. 1885–1910; S.I. Johnston, *DNP* 5 (1999), Sp. 267–270; dies., „Crossroads", in: *ZPE* 88 (1991), S. 217–224. Er. war mit dem Kult der Hekate als Göttin der Wegkreuzungen vertraut. Vgl. *Adag.* 1958, *ASD* II, 4, S. 314, Z. 706–708: „Contra fiebat his sacris, quae Hecatae infe-

515 *in triuiis* congruenter *Hecates imaginem statuere solebant*, vel ad indicandam viam vel in gratiam sepultorum.

V, 240   ARMA INDIGA VIRI   (Epaminondas, 21)

Cuidam nuntianti, quod Athenienses exercitum nouis instructum armis in Peloponnesum misissent, "Quid?", inquit, *"Num igitur gemit Antigenidas, si Tellis nouas habet*
520   *tibias?". Tellis autem erat tibicen pessimus, Antigenidas optimus.* Significabat Athenienses frustra nouis armis instructos, quum his nescirent vti.

V, 241   MILES DITATVS   (Epaminondas, 22)

Scutatum militem [i.e. scutiferum suum] *senserat a captiuo quodam magnam pecuniarum vim accepisse. Huic Epaminondas "Mihi"*, inquit, *"redde clypeum. Tibi vero*
525   *cauponam emito, in qua* vitam degas. *Posthac enim noles eodem modo subire periculum, quippe iam vnus de numero diuitum ac beatorum"*. Recte iudicauit *timidum*, vt est in Prouerbiis, esse *Plutum.* Magis enim metuit mortem, qui domi habet, vnde possit suauiter viuere.

---

515 solebant *LB*: solent *A-C*.
518–519 Peloponnesum *scripsi coll. versione Regii et Plut. ed. Ald. (cf. supra V, 232)*: Peloponesum *A-C*.

519 Tellis *A-C sec. Plut. ed. Ald. (Τέλλις)*: Tellen *versio Regii, Adag. 1508 et 3232 (sicut in Plut. text. recept.)*, Telles *versio Philelphi*.

rebantur, ex quibus nihil redibat ad eum, qui offerebat ..."; *Adag.* 1839, *ASD* II, 4, S. 240: „Aiunt terniones apud inferos honoratos esse vt Hecatae sacros ... et simulacrum eiusdem (i.e. Hecatae) in triuiis constitui mos erat".

515 *congruenter* „congruenter", Übertragung des Er. von ἐπιεικῶς; Regio hatte das Wort irrtümlich ausgelassen, Filelfo gab es mit „haud absurde" wieder (fol. m ii^v).

515 *Hecates imaginem statuere* Mit „Hecates imaginem statuere" korrigierte Er. den Irrtum des Regio, der annahm, daß es bei dem Hekatesion um ein (niedriges, kleines) Hekate-Heiligtum bzw. eine Hekate-Kapelle ging: „Nam humilia Hecatae sacella in triuiis ante portas dedicabant" (a.a.O.); tatsächlich war aber mit „Hekate ... aufstellte" gemeint, daß man *eine kleine Statue* der dreigestaltigen Göttin *als Kultpfeiler* aufstellte. Die richtige Erklärung des Hekatesion als Götterbild hatte freilich schon Filelfo geliefert: „hecatensium (lege hecatesium), hoc est Hecates simulachrum" (fol. m.ii^v).

518–520 *Cuidam nuntianti ... optimus* Wörtliche Wiedergabe von Plut. *Reg. et imp.*

apophth., *Mor.* 193F (Epaminondas, 20), wobei Er. die Übers. Regios, diese leicht variierend, übernahm: „Cum autem quidam nunciasset exercitum nouis ornatum armis in Peloponnesum ab Atheniensibus missum, ‚Quid igitur', inquit, ‚Antigenidas gemit, cum Tellen nouas tibias habet?'. Tellen uero pessimus quidam erat tibicen, vt Antigenidas optimus" (fol. g ii^r). Vgl. den griech. Text: Ἀπαγγείλαντος δέ τινος ὡς Ἀθηναῖοι στράτευμα καινοῖς κεκοσμημένον ὅπλοις εἰς Πελοπόννησον ἀπεστάλκασι, „τί οὖν," εἶπεν, „Ἀντιγενίδας στένει καινοὺς Τέλληνος (Τέλλινος *ed. Ald. 1509, p. 169*) αὐλοὺς ἔχοντος;" ἦν δ' αὐλητὴς ὁ μὲν Τέλλην (Τέλλις *ed. Ald. 1509, p. 169*) κάκιστος, ὁ δὲ Ἀντιγενίδας κάλλιστος. Das Apophthegma findet sich bereits in Brusonis Sammlung d.J. 1518 (VII, 2), der ebenfalls Regios Übers. bearbeitet hatte: „Epaminundas, quum esset sibi nunciatum exercitum ab Atheniensibus nouis ornatum armis in se missum, ,Quid igitur', inquit, ,Antigenidas gemit, quum Tellen nouas tibias habet?' Hic enim malus, ille optimus erat tibicen".

519 *Tellis* Dem Flötenspieler Telles hat Er. *Adag.* 1508 „Cane Tellenis cantilenas" (*ASD* II, 4,

S. 24) gewidmet: „Quidam dici putant de dicacibus mordacibusque, quidam de inepte loquaculis. Nam Tellenem hunc tibicinem quendam fuisse, poetam item carminum ineptissimorum ... Meminit huius Tellenis Diarchus Messenius apud Zenodotum, item Plutarchus in Apophthegmatis"; mit „Diarchus" ist Dikaiarchos gemeint, vgl. Dicaearch. Fr. 103 Wehrli bei Zenob. II, 15. Für Telles vgl. Crusius, *Paroemiographia*, S. 85–87 (nicht in *DNP*). Für das griech. Sprichwort vgl. *CPG* II, Zenobius 15 (*Ald.* col. 8); *CPG* I, Zenobius 45. Er. ist nicht sicher, ob sein *Adagium* 3232 „Telenica echo" nicht auch auf den Flötenspieler Telles zurückgeht, wobei ihm das vorliegende Apophthegma aus Plutarch vor Augen steht; vgl. *ASD* II, 7, S. 156: „Quamquam Plutarchus inter argute dicta Epaminondae meminit Tellenis cuiusdam pessimi tibicinis, cui dissimillimus fuerit Antigenidas. Expendat igitur lector, an ab hoc malit deductum prouerbium; etenim de „Tellenis cantilenis" alias nobis dictum est". Für die Musikbegeisterung des Epameinondas vgl. Nep. *Epamin.* (XV) 2, 1.

519 *Tellis* Er. gab den Namen des schlechten Flötenspielers nach dem griech. Text der Aldus-Ausgabe wieder (S. 169): Dort wird Τέλλις für den Nominativ und Τέλλινος für den Genetiv verwendet. Diese Formen sind allerdings unrichtig; sie kamen durch die jüngere, byzantinische Aussprache des η zustande. Richtig wären Τελλήν und Τελλῆνος, wie sie sich in Regios Übers. finden. In *Adag.* 1508 benutzte Er. die richtigen Formen, weil er Regios Übers. wiedergab, in *Apophth.* V, 240 verschlimmbesserte er sie.

520 *Antigenidas* Antigeneidas von Theben, berühmter Aulet des 4. Jh. v. Chr., Lehrmeister des Ismenias. Soll technische Neuerungen vorgenommen (neues Mundstück; Theophrast. *Hist. plant.* IV, 11, 3) und einen neuen Stil des Flötenspiels erfunden haben (Ps. Plut. *Mus.* = *Mor.* 1138). Vgl. F. Zaminer, *DNP* I (1999), Sp. 748, s.v. „Antigeneidas". Zu Antigeneidas vgl. unten VI, 409 „Fiducia artis"; VIII, 221; *Adag.* 2480 „Sibi canere", *ASD* II, 5, S. 336: „Et cantor quispiam, Antigenidas opinor, iubet discipulum, quod populo non admodum gratus esset, sibi canere et Musis"; *Adag.* 3671 „Cithara incitat ad bellum", *ASD* II, 8, S. 110: „Quum Alexander audisset Antigenidam tibi modos incinentem, qui vocantur harmatii, adeo inflammatus est, vt simul cum armis exurgens manus iniecerit in proxime assidentes"; *Adagium* 3232 „Telenica echo", *ASD* II, 7, S. 156.

522 *Miles ditatus* Hinter dem missverständlichen Titel (vgl. unten) verbirgt sich ein Gegenstück zu *Adag.* 2602 „Timidus Plutus" (*ASD* II, 6, S. 424–425).

523–526 *Scutatum ... beatorum* Versuchte wörtliche, jedoch durch einen Übersetzungsfehler entstellte Übertragung des Er. von Plut. *Reg. et imp. apophth.*, Mor. 194A (Epaminondas, 21): Τὸν δὲ ὑπασπιστὴν αἰσθόμενος εἰληφότα (ἠληφότα ed. Ald. 1509, p. 169) χρήματα πολλὰ παρ' ἀνδρὸς αἰχμαλώτου γεγονότος ,ἐμοὶ μέν", εἶπεν, ,ἀπόδος τὴν ἀσπίδα, σεαυτῷ δὲ πρίω καπηλεῖον, ἐν ᾧ καταζήσεις· οὐκέτι (οὐκ ἔτι ed. Ald. 1509, p. 169) γὰρ ἐθελήσεις (ἐθέλεις ed. Ald. 1509, p. 169) κινδυνεύειν ὁμοίως εἰς τῶν πλουσίων γεγονὼς καὶ μακαρίων". Er. verwendete zwar seine latein. Vorlagen, insbesondere Filelfo, wich aber in einem entscheidenden Punkt, diese verschlimmbessernd, von ihnen ab. Vgl. Filelfos Übers.: „Item cum didicisset armigerum permultas ab homine captiuo pecunias accepisse, ‚Mihi', ait, ‚Clipeum redde. Tibi vero faciundo quaestui tabernam emito. Non enim amplius aeque discrimen subire velis, qui vnus e diuitibus beatisque factus sis'" (fol. m ii^v). Die Anekdote findet sich auch in Ael. *Var. Hist.* XI, 9.

523 *Scutatum militem* Er. fasste τὸν δὲ ὑπασπιστὴν irrtümlich als einen beliebigen, mit einem Schild bewaffneten Soldaten auf; ὑπασπιστής bedeutet jedoch „Schildträger", auf Latein „scutifer" (Regio) oder „armiger" (Filelfo), also eine Art Knappe, womit in vorl. *Apophth.* der persönliche Schildträger des Epameinondas gemeint war (vgl. auch in Ael. *Var. Hist.* XI, 9 τὸν ὑπασπιστὴν αὐτοῦ). Wenn Epameinondas zu ihm sagt „Gib mir den Schild zurück", so bedeutet das, daß er seinen Schildträger entläßt, weil er ihm nicht mehr vertraut. Es ist etwas kurios, daß es Er. entgangen ist, daß es hier um Epameinondas' Schildträger geht, zumal er über die beiden richtigen latein. Vorlagen verfügte und es um einen weit verbreiteten, bekannten Brauch ging. Der Titel, den Er. dem *Apophth.* gab, „Miles ditatus", ist ebenfalls von diesem Verständnisfehler eingegeben. In *CWE* 38, S. 528 wird „scutatum militem" mit „one of the heavy armed soldiers" übersetzt, jedoch nicht angegeben, daß es um Epameinanondas' Schildknappen ging.

526–527 *Timidum ... Plutum* *Adag.* 2602 „Timidus Plutus", *ASD* II, 6, S. 424–425 (Zenob. III, 35; Aristoph. *Plut.* 202–203).

V, 242   *Finis vitae spectandvs*   (Epaminondas, 23)

530 *Interrogatus, quem arbitraretur ducem praestantissimum, seipsum ne an Chabriam an Iphicratem, „Id", inquit, „iudicatu perdifficile est, donec viuimus", alludens ad illud Solonis, neminem dicendum beatum ante obitum.* Quandiu viuit homo, potest et ad meliora proficere, et ad deteriora degenerare.

V, 243   Fidvcia meritorvm   (Epaminondas, 24)

535 *Quum e* Lacedaemone *reuersus cum suis* commilitonibus [i.e. ducibus collegis] *capitis postularetur, vt qui praeter legem Boeoticae praefecturae menses quatuor adiecisset, iussit, vt duces in ipsum reiicerent crimen, tanquam vi compulsi.* Ipse autem pro se *dixit se non habere sermones factis meliores,* sentiens ipsas res gestas reo patrocinari debere. „*Quod si",* inquit, *„omnino dicendum est aliquid apud iudices, peto, vt quum me occiderint,*
540 columnae [i.e. epitaphio] *damnationis titulum inscribant, quo Graeci videant, quod Epaminondas Thebanos nolentes coegerit Laconicam, quae per quingentos annos* capi non poterat ac *Messenam* incoluerat *annis CCXXX,* [i.e. *igni* ferroque *populari* et

535 commilitonibus *A-C*: collegis *BAS LB*.

529 *Finis vitae spectandus* Durch den Titel präsentiert Er. *Apophth.* V, 242 als Gegenstück zu *Adag.* 237 „Finem vitae specta" (*ASD* II, 1, S. 350–351), Lycosthenes folgte ihm nach. Aufgrund des Titels „Finis vitae spectandus" richtete er ein Kapitel „De fine vbique spectando" (S. 367) ein, in dem er vorl. *Apophthegma* als Nr. 2 druckte. Tatsächlich ist Epameinondas' Spruch kein Ausdruck dieser Lebensweisheit: Gemeint ist vielmehr, daß es schwer ist, über Personen und Ereignisse der gegenwärtigen Zeit ein gültiges Urteil zu fällen, weil erst zeitliche Distanz ein solches ermöglicht.

530–531 *Interrogatus ... viuimus* Weitgehend wörtliche Wiedergabe von Plut. *Reg. et imp. apophth.*, *Mor.* 194A (Epaminondas, 22), wobei Er. von Regios Übers. ausging, die er variierte: „Interrogatus autem, vtrum se meliorem duceret imperatorem, an Chabriam, an Iphicratem, ‚Difficile id est', inquit, ‚donec viuimus, iudicare'" (fol. g ii^r). Vgl. den griech. Text: Ἐρωτηθεὶς δὲ πότερον ἑαυτὸν ἡγεῖται βελτίονα στρατηγὸν ἢ Χαβρίαν ἢ Ἰφικράτην, „δύσκριτον," εἶπεν, „ἕως ζῶμεν".

530 *Chabriam* Für die Sprüche des Chabrias vgl. oben V, 207–209; zu seiner Person Komm. zu V, 207.

531 *Iphicratem* Für die Apophthegmata des Iphikrates vgl. oben V, 196–202; zu seiner Person Komm zu V, 196.

531–532 *illud ... obitum* Vgl. Otto 1143; Hdt. I, 29–33 (bsd. 32, 7); Plut. *Sol.* 27; Soph. *Oed. T.* 1528–1530; Soph. *Trach.* 1–3; Iuv. 10, 274–275; Ov. *Met.* III, 135–137. Er. brachte die *Apophthegmata* des Solon im Buch der Philosophen (VII, 20–28); zur Person Solons vgl. Komm. zu VII, 20. Für den an dieser Stelle vorliegenden Spruch vgl. unten *Apophth.* VII, 22 (nach Hdt. I, 30, 2–32, 5).

Apophth. V, 243 datiert auf d.J. 369 v. Chr., als Epameinondas auf seinem Feldzug gegen Sparta seine Amtszeit als Boiotarch um vier Monate überschritten hatte. Für die Anklage, die von Menekleides eingebracht wurde, vgl. Plut. *Pelop.* 25, 1–6; Nep. *Epaminondas* (XV) 7–8; Cic. *Inv.* I, 55–56, App. *Bell. Syr.* 40–41. Nach dem Freispruch ernannte man Epameinondas erneut zum Boiotarchen; in dieser Funktion stieß er noch im selben Jahr mit einem Heer erneut in den Peloponnesos vor. Vgl. *DNP* 3 (1999), Sp. 1062. Für Menekleides vgl. unten *Apophth.* V, 245.

535–546 *Quum e Lacedaemone ... colligere voluerunt* Von einer Reihe von Übersetzungs- und Verständnisfehlern entstellte Wiedergabe von Plut. *Reg. et imp. apophth.*, *Mor.* 194B-C (Epaminondas, 23): Ἐπεὶ δὲ ἐκ τῆς Λακωνικῆς ὑποστρέψας ἔφευγε θανάτου δίκην μετὰ τῶν συστρατήγων ὡς ἐπιβαλὼν τῇ βοιωταρχίᾳ παρὰ τὸν νόμον τέσσαρας μῆνας, τοὺς μὲν συνάρχοντας ἐκέλευεν εἰς ἑαυτὸν ἀναφέρειν τὴν αἰτίαν ὡς ἐκβιασθέντας, αὐτὸς δὲ οὐκ ἔφη βελτίονας ἔχειν τῶν ἔργων λόγους· εἰ δὲ δεῖ τι πάντως εἰπεῖν πρὸς τοὺς δικαστάς, ἀξιοῦν, ἂν ἀποκτείνωσιν αὐτόν, ἐπιγράψαι τῇ στήλῃ τὴν καταδίκην, ὅπως οἱ Ἕλληνες εἰδῶσιν ὅτι μὴ βουλομένους Θηβαίους Ἐπαμεινώνδας (Ἐπαμῖνώνδας ed. Ald. 1509, p. 169) ἠνάγκασε τὴν Λακωνικὴν πυρπολῆσαι, πεντακοσίοις ἐνιαυτοῖς ἀδῄωτον οὖσαν· οἰκίσαι (οἰκῆσαι ed. Ald. 1509, p. 169) δὲ Μεσσήνην (Μεσήνην ed. Ald. 1509, p. 169) δι᾽ ἐτῶν τριάκοντα καὶ διακοσίων·συντάξαι δὲ καὶ συναγαγεῖν εἰς ταὐτὸν Ἀρκάδας· ἀποδοῦναι δὲ τοῖς Ἕλλησι τὴν αὐτονομίαν. ταῦτα γὰρ ἐπράχθη κατ᾽ ἐκείνην τὴν στρατείαν. ἐξῆλθον οὖν οἱ δικασταὶ σὺν πολλῷ γέλωτι μηδὲ τὰς ψήφους ἐπ᾽ αὐτὸν ἀναλαβόντες. Dieselbe Anekdote findet sich in Cic. *Inv.* I, 55–56; Nepos, *Epamin.* 8, 2–5; Ael. *Var. hist.* XIII, 42; Pausan. IX, 14, 5–7 und Plut. *Qua quis ratione se ipse sine inuidia laudet* 4, *Mor.* 540D (in kürzerer Version). In Nepos' Wiedergabe der Anekdote fordert Epameinondas die Richter lediglich dazu auf, seine Taten im Protokoll festzuhalten.

535 *e Lacedaemone* Aus Lacedaemon, i.e. der Stadt Sparta (vgl. Passow II, 1, s.v. Λακεδαίμων; *DNG* II, Sp. 2789, s.v. „Lacedaemo/Lacedaemon"). Grammatisch unrichtige und historisch irreführende Übers. des Er.: Epameinondas kehrte nicht „aus Sparta" zurück, da er es nicht erobern konnte, sondern aus *Lakonien*, also dem Hoheitsgebiet des spartanischen Staates, wie im griech. Originaltext des Plut. klar angegeben wird (ἐκ τῆς Λακωνικῆς). Epameinondas hatte Lakonien mordend und brennend durchzogen, jedoch nicht die Stadt Sparta erobert. Filelfo und Regio übersetzten richtig „ex Laconica reuersus" (fol. m ii^v; g ii^r). Er. hätte wissen müssen, daß es Epameinondas nicht gelang, Sparta zu erobern: Aus seinen eigenen *Apophth.* I, 72 und 82 (*ASD* IV, 4, S. 72 und 77; *CWE* 37, S. 52 und 57–58) geht hervor, daß König Agesilaos standhielt.

535 *commilitonibus* „commilitonibus" ist keine adäquate Übersetzung des Er. für συστρατήγων, also Epameinondas' Kollegen im Strategenamt. Natürlich wurden nicht Epameinondas' gewöhnliche Mitstreiter im Felde angeklagt, sondern nur die Kommandanten/Strategen (wie auch aus dem griech. Originaltext hervorgeht; vgl. Babbit a.a.O.: „together with his fellow-generals"), und zwar wegen widerrechtlicher Ausübung des Amtes nach Ablauf desselben. Regio und Filelfo übersetzten richtig „cum collegis" (Regio, fol. g ii^r) bzw. mit „cum praetoribus collegis" (Filelfo, fol. m ii^v); *BAS* verbesserte Er.' Fehlübers. „commilitonibus" mit „collegis".

536 *Praeter ... adiecisset* Nach Filelfos Übers. (a.a.O.).

536 *Boeoticae praefecturae* meint das Amt des Boiotarchen.

537 *pro se* „pro se" ist ein Zusatz des Er. zum griech. Originaltext und zu Regios Übers.: „Ipse autem se dixit non habere verba rebus meliora" (a.a.O.).

538 *sentiens ... debere* „sentiens ... debere" ist eine im Grunde redundante Erläuterung des Er.

538–539 *Quod si ... est* von Er. gebildet nach Regios („sed siquid omnino apud iudices dicendum esset ...", a.a.O.) und Filelfos Übers. („quod si omnino aliquid apud iudices dicendum esset ...", a.a.O.).

540 *columnae* „columna", „Säule" („column" in *CWE* 38, S. 529), ist eine Fehlübersetzung des Er. von στήλη, „Grabstein". Mit ἐπιγράψαι τῇ στήλῃ meint Epameinondas, daß die Richter auf seinem Grabstein eine Inschrift setzen sollen, in der die Taten, die man ihm anlastete, vermeldet würden. Die Griechen stellten bei ihren Gräbern keine Säulen auf. Die Fehlübersetzung hatte Er. von Regio übernommen („vt columnae condemnationem inscribant", fol. g ii^r). Auch Filelfo unterlief diesbezüglich ein Übersetzungsfehler: Er gab στήλη irrtümlich als „statua", „Standbild", wieder (a.a.O.). Die Fehlübers. des Er. – sie ging in die großen Wissenssammlungen des 16. und 17. Jh. ein, z.B. in Stephanus Bellengardus' *Sententiarum volumen absolutissimum*, Lyon 1569, S. 238.

541–542 *quae ... capi non poterat* „das 500 Jahre nicht eingenommen werden konnte". Die Übersetzung ist etwas irreführend, weil Epameinondas weder Sparta einnahm noch Lakonien im eigentlichen Sinn eroberte, sondern es mordend und brennend durchzog. Im griech. Originaltext steht, daß Lakonien 500 Jahre lang (von Feindeshand) keinen Schaden erlitt (πεντακοσίοις ἐνιαυτοῖς ἀδῄωτον οὖσαν, so auch in der Ausgabe des Aldus). Regio hatte richtig übersetzt: „igne Laconicam deuastare, quae per quingentos annos nunquam antea fuerat depraedata" (fol. g ii^v).

542 *ac Messenam incoluerat annis CCXXX* Im griechischen *textus receptus* des Plut. steht nicht, daß die Spartaner Messene 230 Jahre lang bewohnt hätten (was auch keineswegs

Messenam iterum condere post annos CCXXX] *igni* ferroque *populari, tum Arcades inter se conciliare resque illorum componere, denique Graecos libertati restituere". Nam haec illo tum imperio gesta sunt. His auditis iudices discesserunt multum ridentes ac ne calculos quidem de illo colligere voluerunt.* Quod totius causae periculum a ducibus in se vnum recepit, dubites humanius ne factum sit an animosius; simul autem docuit, quantam fiduciam homini praestet egregiorum meritorum conscientia.

V, 244   DVCES PRAECIPVA VICTORIAE SPES   (Epaminondas, 25)

In suprema pugna apud Mantineam *sauciatus delatusque in tentorium vocauit ad se Daiphantum, post illum Iollydam; vbi audiuit eos viros interisse, iussit omitti bellum cum hostibus, quandoquidem iam* exercitus *duces non habebat. Ac verbis ipsa res testimonium praebuit, quod* Epaminondas *optime nosset ciues suos.* Et hoc videtur apophthegmatibus adiectum.

V, 245   PAX BELLO PARTA   (Epaminondas, 26)

Meneclides inuidens Epaminondae gloriae suasit populo, *vt pacem* haberent *bello* potiorem. *Cui Epaminondas, „Fallis", inquit, „ciues tuos, qui ocii nomine eos ad seruitutem vocas. Pax enim bello paritur. Nec eam tueri licet, nisi ciues sint ad bellum instructi".*

V, 246   MORSVS TECTVS   (Epaminondas, 27)

Eidem *exprobranti, quod non duxisset vxorem, „Nullius", inquit, „consilio, o Meneclida, hac in re minus vti velim quam tuo",* notans illum, quod vxorem haberet parum secundae famae.

---

551 Iollydam *A-C BAS*: Iollidam *sec. Plut. ed. Ald. (Ἰολλίδαν)*, Hyolidam *versio Regii*, Hyollidan *versio Philelphi, recte* Iolaidam *sec. Plut. textum recept.*

558 paritur *correxi coll. Corn. Nepotis loco citato „Nam paritur pax bello" (cf. ipsius apophth. titulum „Pax bello parta")*: paratur *A-C BAS LB.*

den Tatsachen entspricht), sondern daß – nachdem sie es vor 230 Jahren ausgelöscht hatten – Epameinondas es „nach 230 Jahren" (i.e. 369 v. Chr.) „aufs Neue gegründet" habe (οἰκίσαι δὲ Μεσσήνην). Die inhaltlich falsche Aussage kam dadurch zustande, daß Er. Filelfos Übers. abkupferte: „... Laconica, quae ... Messenam triginta ac ducentos annos incoluisset ..." (a.a.O.). Filelfos Übers. wiederum ist einer Korruptel des griech. Plutarchtextes geschuldet: Ihm lag ein Text vor, der nicht οἰκίσαι (von οἰκίζω, gründen, vgl. Passow II, 1, S. 415–416, s.v.) las, sondern οἰκῆσαι (von οἰκέω,

„(be)wohnen"), wie dies im Übrigen auch in der Aldus-Ausgabe der Fall ist.

544–545 *Graecos ... gesta sunt* In „Graecos ... gesta sunt" wiederholt Er. wörtlich die Übers. des Regio (a.a.O.).

Apophth. V, 244 ist kein Apophthegma im eigentlichen Sinn, da es keinen Spruchteil aufweist. Er. nimmt es, wie auch in anderen gleichartigen Fällen, dennoch auf, bezweifelt allerdings seine Echtheit (vgl. Einleitung). Das Lemma bezieht sich auf die Schlacht von Mantineia von 362 v. Chr. Vgl. dazu unten *Apophth.* V, 250–251. Das Apophthegma ist ein Gegenstück zu *Apophth.* I, 73 „Prudenter", *ASD* IV, 4, S. 72, wo es als Strategema des Spartanerkönigs Agesilaos dargestellt wird, das darauf ausgerichtet war, den feindlichen Feldherrn auszuschalten.

550–553 *In suprema pugna ... ciues suos* Plut. *Reg. et imp. apophth., Mor.* 194C (Epaminondas, 24): Ἐν δὲ τῇ τελευταίᾳ μάχῃ τρωθεὶς καὶ (δὲ καὶ *ed. Ald. 1509, p. 169*) κομισθεὶς ἐπὶ σκηνὴν ἐκάλει Δαΐφαντον, εἶτα μετ' ἐκεῖνον Ἰολαΐδαν (Ἰολλίδαν *ed. Ald. 1509, p. 169*)· τεθνάναι δὲ τοὺς ἄνδρας πυθόμενος ἐκέλευε διαλύεσθαι πρὸς τοὺς πολεμίους, ὡς οὐκ ὄντος αὐτοῖς στρατηγοῦ. καὶ τῷ λόγῳ τὸ ἔργον ἐμαρτύρησεν, ὡς εἰδότος ἄριστα τοὺς πολίτας. Dieselbe Geschichte wird in Ael. *Var. Hist.* XII, 3 erzählt. Er. berücksichtigte in diesem Fall die Übers. des Filelfo und Regio nicht. Beide hatten den Satzteil ὡς οὐκ ὄντος αὐτοῖς στρατηγοῦ irrtümlich den Feinden der Thebaner zugeordnet (Filelfo: „cum hostibus bellum soluerent, tanquam eis imperator non esset", fol. m iii[r]; Regio: „bellum cum hostibus dissolui iussit, vt quibus imperator non esset", fol. g ii[v]). Er. erkannte die kontextuelle Zuordnung richtig und verbesserte den Übersetzungsfehler: „iussit omitti bellum cum hostibus, quandoquidem iam exercitus duces non habebat".

550 *apud Mantineam* „apud Matineam" ist ein erklärender Zusatz des Er.

551 *Daiphantum* Daiphantos aus Hyampolis, Anführer der Phoker; fiel in der Schlacht bei Mantineia 362 v. Chr. Vgl. W. Judeich, *RE* IV, 2 (1901), Sp. 2013, s.v. „Daiphantos".

551 *Iollydam* Iolaidas aus Theben wurde von Epaminondas bei der Schlacht von Mantineia zu dessen Nachfolger ernannt. Vgl. J. Sundwall, *RE* IX, 2 (1916), Sp. 1843, s.v. „Iolaidas". Er. traf in Aldus' Plutarchausgabe Ἰολλίδαν an, das er zu „Iollydam" verschlimmbesserte.

555 *Pax bello parta* Als Titel wählte Er. die sprichwörtliche Sentenz „Pax bello parta" nach der von ihm benutzten Nepos-Stelle *Epamin.* 5, 4 („Nam paritur pax bello"). Für das Sprichwort vgl. Otto 245; ähnlich ist Stat. *Theb.* VII, 554 „saeuis pax quaeritur armis".

Apophth. V, 245–251 In der nächstfolgenden Sequenz von Sprüchen verwendete Er. als Quelle die Epameinondas-Biographie des Cornelius Nepos, als deren Autor er Aemilius Probus ansah.

556 *Meneclides* Menekleidas (4. Jh. v. Chr.), theban. Redner und Politiker, der gegen Epameinondas intrigierte; u. a. klagte er ihn i. J. 369 wegen widerrechtlicher Amtszueignung an. Vgl. M. Weissenberger, *DNP* 7 (1999), Sp. 1227–1228, s.v. „Menekleidas". Zu dem Prozess gegen Epameinondas aus dem Jahr 369 v. Chr. vgl. oben V, 243.

556–559 *suasit ... ad belum instructi* Paraphrasierende, im Spruchteil teilweise auch wörtliche Wiedergabe von Nepos, den Er. für Aemilius Probus hielt, Nep. *Epamin.* 5, 3–4: „Is (sc. Meneclides, Menedides *ed. Bade, Paris 1514, fol. CCCLXXXVII[r]*) ... hortari solebat Thebanos, vt pacem bello anteferrent, ne illius imperatoris opera desideraretur. Huic ille (sc. Epaminondas) ‚Fallis', inquit, ‚verbo ciuis tuos, quod hos a bello auocas (euocas *ed. Bade 1514*). Otii enim nomine seruitutem concilias. Nam paritur pax bello. Itaque qui ea diutina volunt frui, bello exercitati esse debent'".

561–562 *Eidem ... velim* Paraphrasierende und leicht gekürzte Wiedergabe von Nepos (von Er. als Aemilius Probus betrachtet) *Epamin.* 5: „Idem ille Meneclides (Menedides *ed. Bade 1514, fol. CCCLXXXVII[r]*) cum huic obiceret (obiiceret *ed. Bade 1514*), quod liberos non haberet neque vxorem duxisset, ... at illi (ille *edd. vett.*) ‚Desine' inquit, ‚Meneclida (Menedide *ed. Bade 1514*), de uxore mihi exprobrare. Nam nullius in ista re minus [quam tuo] (quam tuo *edd. vett.; i.a. ed. Bade 1514*) vti consilio volo'. Habebat enim Meneclides (Menedides *ed. Bade 1514*) suspicionem adulteri".

562 *quam tuo* Er. hat eine der Ausgaben des „Aemilius Probus" benutzt, in der der Zusatz „quam tuo" aufgenommen worden war.

V, 247   AGAMEMNONE MAIOR   (Epaminondas, 28)

Rursus eidem *obiicienti, quod Agamemnonis gloriam aemularetur, „Falleris"*, inquit, *„Nam ille totius Graeciae* praesidiis vsus *decem annis vix vnam cepit vrbem, ego vnius huius vrbis* praesidiis, *vno die* profligatis *Lacedaemoniis totam Graeciam liberaui"*.

V, 248   PIE   (Epaminondas, 29)

Ciuium suorum iniurias patientissime ferebat, dicens esse nefas irasci patriae, quemadmodum parentum iniurias vlcisci pietas vetat.

V, 249   BENEFACTA PRO LIBERIS   (Epaminondas, 30)

Pelopidae increpanti, *quod nullos* tolleret *liberos, male in* hoc *consulens patriae, „Vide"*, inquit, *„ne tu peius consulas, qui talem* patriae filium *relicturus sis"*. Habebat enim Pelopidas *filium* improbum et *infamem*. *„Mihi"*, inquit, *„Leuctrica pugna* pro liberis erit, nunquam interitura". In hoc enim suscipiuntur liberi, ne pereat nostri memoria. At hoc melius praestant egregia facinora. Nam liberi frequenter offuscant parentum gloriam.

V, 250   MORS GENEROSA   (Epaminondas, 31)

Quum sentiret vulnus esse letale, non prius *ferrum eduxit*, quam *audisset* Thebanos vicisse. Tum *„Satis"*, inquit, *„vixi: inuictus enim morior"*, et educto *ferro* protinus efflauit animam.

V, 251   ⟨MORS GENEROSA⟩   (Epaminondas, 32)

Valerius narrat illum quaesisse, *an ipsius clypeus esset saluus;* vt audiuit saluum, rogasse *an hostes essent* deuicti. Quum audisset penes Thebanos esse victoriam, ita loquutum militibus: *„Non finis, commilitones, vitae meae, sed melius et altius initium aduenit. Nunc enim vester Epaminondas nascitur, quia sic moritur"*.

582 Mors generosa *suppleui*.

564 *Agamemnone* Agamemnon, der berühmte mythische König von Argos, der in Mykenai residierte und der aus Rache für die Entführung der Helena, der Frau seines jüngeren Bruders Menealos, das Heer der Griechen in den Kampf gegen Troja führte.

565–567 *obiicienti ... liberaui* Z.T. wörtliche, leicht variierende Wiedergabe von Nep. (von Er. als Aemilius Probus betrachtet) *Epamin.* 5, 5–6: „Idem ille Meneclides (Menedides *ed. Bade 1514, fol. CCCLXXXVII^r*) cum huic (sc. Epaminondae) obiiceret, ... maxime ... insolentiam (insolentia *ed. Bade 1514*), quod sibi Agamemnonis belli (bello *ed. Bade 1514*) gloriam videretur consecutus: ... ,quod autem me Agamemnonem aemulari putas, falleris. Namque ille cum vniuersa Graecia vix decem annis vnam cepit vrbem, ego contra (ex *inseruit ed. Bade 1514*) ea vna vrbe nostra dieque uno totam Graeciam Lacedaemoniis fugatis liberaui'".

569 *Ciuium ... patriae* Wörtliche Wiedergabe von Nep. (nach Er. Aemilius Probus) *Epamin.* 7, 1: „Fuisse [autem] (autem *ed. Bade 1514, fol. CCCLXXXVII^v*) patientem suorumque iniurias ferentem ciuium, quod se patriae irasci nefas esse duceret ...".

Apophth. V, 249 setzt sich erneut mit dem Vorwurf der Kinderlosigkeit des Epameinondas auseinander; vgl. dazu oben V, 246.

572 *Pelopidae* Für die Person des thebanischen Feldherrn und Politikers Pelopidas (um 410–364 v. Chr.) vgl. unten Komm. zu V, 255. Er. behandelt seine Sprüche in der nächstfolgenden Sektion (V, 255–262).

572–575 *Pelopidae increpanti ... interitura* Paraphrasierende Wiedergabe von Nep. (nach Er. Aemilius Probus) *Epamin.* 10, 1–2: „Hic vxorem nunquam duxit. In quo cum reprehenderetur, quod liberos non relinqueret, a Pelopida, qui filium habebat infamem, maleque eum (sc. Epaminondam) in eo patriae consulere diceret (sc. Pelopidas), ,Vide', inquit, ,ne tu peius consulas, qui talem ex te natum relicturus sis. Neque vero stirps potest mihi (mihi potest *ed. Paris 1514, fol. CCCLXXXVII^v*) deesse: namque ex me natam relinquo pugnam Leuctricam, quae non modo mihi superstes, sed etiam immortalis sit necesse est'". Das Apophthegma findet sich bereits in Brusonis Sammlung d.J. 1518 (VII, 23).

574 *Leuctrica pugna* Zur Schlacht von Leuktra aus dem Jahr 371 v. Chr. vgl. oben *Apophth.* V, 229–233.

Apophth. V, 250 datiert auf die Schlacht von Mantineia von 362 v. Chr., in der Epameinondas zwar die Schlacht gewann, jedoch tödlich verwundet wurde. Vgl. dazu oben V, 244. Er. präsentiert in V, 250 nur eine stark geraffte Version des Nepos-Textes, in der u. a. die für ein richtiges Verständnis grundlegende Angabe fehlt, daß man Epameinondas mitteilte, daß er, wenn er das Geschoss aus seinem Körper herausziehe, sofort sterben müsse.

579–581 *Quum sentiret ... animam* Stark gekürzte, paraphrasierende, jedoch im Spruchteil wörtliche Wiedergabe von Nep. (von Er. als Aemilius Probus betrachtet) *Epamin.* 9, 3–4: „At Epaminondas, cum animaduerteret mortiferum se vulnus accepisse simulque, si ferrum, quod ex hastili in corpore remanserat, extraxisset, animam statim emissurum (amissurum *ed. Paris 1514, fol. CCCLXXXVII^v*), vsque eo retinuit, quoad renuntiatum est vicisse Boeotios. Id postquam audiuit, ,Satis', inquit, ,vixi. Inuictus enim morior'. Tum ferro extracto confestim exanimatus est"; Lycosthenes gibt als Quelle dieses Apophthegmas irrtümlich Valerius Maximus an (S. 388).

582 ⟨*Mors generosa*⟩ Für V, 251 ist in den Basel-Ausgaben kein eigener Titel überliefert, wohl weil dafür derselbe Titel relevant ist wie für V, 250 („Mors generosa"). Val. Max. liefert in V, 251 eine Variante der letzten Worte des Epameinondas.

583–586 *quaesisse ... moritur* Im einleitenden Teil gekürzte und paraphrasierende, im Spruchteil jedoch wörtliche Wiedergabe von Val. Max. III, 2, ext. 5 (Titel „De Epaminunda" in *ed. Bade 1510, fol. CXII^v*): „... traiectus hasta, sanguine et spiritu deficiens recreare se conantes primum, an clypeus suus saluus esset, deinde an penitus fusi hostes forent (fusi hostes penitus forent *ed. Bade 1510*), interrogauit. Quae postquam ex animi sententia conperit, ,Non finis', inquit, ,conmilitones, uitae meae (meae vitae *ed. Bade 1510*), sed melius et altius (altius *edd. veteres, i.a. ed. Bade 1510*; auctius *Halm*; lautius *Gertz*; +athius+ *Kempf*) initium aduenit. Nunc enim uester Epaminondas (Epaminundas *ed. Bade 1510*) nascitur, quia sic moritur'". Er. strich hier den einleitenden Teil von Valerius' Wiedergabe des Apophthegmas, da er V, 251 inhaltlich als direkte Fortsetzung von V, 250 betrachtete.

V, 252 Vir magistratvm ornat (Epaminondas, 33)

Quum illi per inuidiam et contumeliae gratia *sordidus quidam et contemptus magistratus* delegatus esset a populo *Thebano, non aspernatus est, dicens non solum magistratum ostendere virum, sed virum* vicissim *ostendere magistratum*; itaque gessit, vt deinceps tanquam *honestum munus* a multis ambiretur, *quum antea nihil aliud fuerit quam cura* sordes et *stercora ex angiportis eiiciendi*.

Apophth. V, 252 „Vir magistratum ornat" ist ein (inverses) Gegenstück zu *Adag*. 976 „Magistratus virum indicat" (*ASD* II, 2, S. 476); *Collect*. 148 „Magistratus virum arguit" (*ASD* II, 9. S. 96), das man ebenfalls als Apophthegma betrachtete und verschiedentlich Pittakos, Solon oder Bias zuschrieb (*Adag*. 976, a.a.O.: „Quidam Pittaci Mitylenaei putant apophthegma ..."). Zum ersten Mal in der *Adagia*-Ausgabe d.J. 1515 fügte Er. hinzu, daß Epameinondas dieses Apophthegma auf eine elegante Weise in sein Gegenteil verkehrt habe: „Eleganter inuertit Epaminondas; cui cum Thebani ... magistratum quempiam sordidum et contemptum mandassent, non contempsit ... dicens ‚Non solum magistratus virum ostendit, sed magistratum vir'. Meminit Plutarchus in *Praeceptis ciuilibus*" (a.a.O.). Vgl. Otto 965; Diog. Laert. I, 77; Zenob. *Ald. col*. 45, 1; Apostol. 4,1; Aristot. *Eth. Nic*. V, 1130A, 1–2. Mit dem vorl. *Apophth*. V, 252 ist weiter *Adag*. 1401 „Spartam nactus es, hanc orna" (*ASD* II, 3, S. 397–406) inhaltlich verwandt; nicht zufällig zitiert Er. dort Epameinondas als Musterbeispiel, S. 400: „Nihil principi pulchrius quam vt hoc, quicquid est regni, quod fortuna dedit, sua sapientia, virtute, diligentia reddat ornatius. Contigit oppidulum, imitare Epaminondam ...".

588–592 *Quum illi ... eiiciendi* Paraphrasierende, gekürzte, im Spruchteil wörtliche Übers. von Plut. *Praecepta gerendae rei publicae*, 15, *Mor*. 811B, wobei Er. vor allem seine frühere – ebenfalls gekürzte – Übers. des Apophthegmas in *Adag*. 976 als Vorlage benutzte: „cui (sc. Epaminondae) cum Thebani per contumeliam magistratum quempiam sordidum et contemptum mandassent, non contempsit, sed ea cura gessit, vt muneri prius contemptissimo dignitas et auctoritas accederet, dicens ‚Non solum magistratus virum ostendit, sed magistratum vir'" (a.a.O.); einige Details hat Er. auch Sagundinos Plutarchübersetzung entnommen: „Laudatur perinde Epaminondas, qui Thebis inuidiose et contemptim decretus Thelearchus (sic) non neglexit munus, inquiens non modo magistratu virum ostendi, verum etiam magistratum viro. Id itaque muneris amplitudine ipse euexit et clarum reddidit. Fiebat enim anthac parui et pene pro nihilo habebatur, quod angiportus et viam per urbem ita curare necesse habebat, vt per cloacas et subterraneos riuulos purgamenta quaeque extergerent, et eiuscemodi quisquiliarum illuuies" (ed. Cratander, Basel 1530, fol. 8A). Vgl. den griech. Text: καὶ τὸν Ἐπαμεινώνδαν ἐπαινοῦσιν, ὅτι φθόνῳ καὶ πρὸς ὕβριν ἀποδειχθεὶς τελέαρχος ὑπὸ τῶν Θηβαίων οὐκ ἠμέλησεν, ἀλλ' εἰπὼν ὡς οὐ μόνον ἀρχὴ ἄνδρα δείκνυσιν ἀλλὰ καὶ ἀρχὴν ἀνήρ, εἰς μέγα καὶ σεμνὸν ἀξίωμα προσήγαγε τὴν τελμαρχίαν, οὐδὲν οὖσαν πρότερον, ἀλλ' ἢ περὶ τοὺς στενωποὺς ἐκβολῆς κοπρίων καὶ ῥευμάτων ἀποτροπῆς ἐπιμελειάν τινα. Dieselbe Anekdote findet sich bei Val. Max. III, 7, ext. 5, ist dort jedoch als Exemplum, nicht als Apophthegma gestaltet; das Apophth. (nach Plut. *Mor*. 811B) präsentierte bereits Brusoni in seiner Sammlung d.J. 1518 (IV, 5): „Epaminundas dicebat non modo magistratu virum ostendi, sed magistratum viro". In *CWE* 38, S. 531 werden als Quellen sowohl Plut. *Mor*. 841 (wohl irrtümlich) als auch (nicht ganz passend) Val. Max. III, 7, ext. 5 angegeben.

588 *contumeliae gratia* In „contumeliae gratia" wiederholt Er. seine Übers. von πρὸς ὕβριν in *Adag*. 976 („per contumeliam").

588 *Sordidus quidam ... magistratus* Er. verschweigt das von Plutarch genannte Amt (τελεαρχία; auch in der Übers. des Sagundino namentlich angegeben), entweder weil er es als überflüssiges Informationselement betrachtete oder weil er sich auf das Amt keinen Reim machen konnte. Schon in *Adag*. 976 (*ASD* II, 2, S. 476) war beim Zitieren des nämlichen Apophthegmas so vorgegangen; von *Adag*. 976 übernahm Er. hier die verallgemeinernde Formulierung: „magis-

tratum quempiam sordidum et contemptum".

589 *Dicens... magistratum* In „dicens ... magistratum" wiederholt Er. wörtlich seine Übers. in *Adag.* 976: „... dicens ‚Non solum magistratus virum ostendit, sed magistratum vir'" (a.a.O.). Wahrscheinlich hatte er sich in *Adag.* 976 von Niccolò Sagundinos Übers. anregen lassen: „inquiens non modo magistratu virum ostendi, verum etiam magistratum viro" (a.a.O.).

592 *cura sordes* Es handelte sich um ein (nur durch die Plutarchstelle, sonst nicht näher bekanntes) Amt, das – vielleicht neben anderen Aufgaben – für die ordentliche Instandhaltung der öffentlichen Wege und Straßen Thebens zuständig war: Dabei ging es einerseits um die Wasserabfuhr (ῥευμάτων ἀποτροπῆς), andererseits um die Müllabfuhr (der „Müllhaufen", ἐκβολῆς κοπρίων; vgl. κοπρία, Passow I, 2, S. 1790, s.v.). Für die Instandhaltung von Wegen (insbes. Staubstraßen) ist die systematische, geordnete Wasserabfuhr wesentlich; wenn diese nicht funktioniert, werden die Straßen ausgeschwemmt und werden unbegehbar. Er. ließ diesen Aspekt aus, wohl weil er von der Übers. des Sagundino ausging: Sagundino hatte diesen Aspekt als Riolierung/ Abfuhr der Exkremente („per cloacas", a.a.O.) gedeutet. Das avancierte Abfuhrsystem über die *cloaca* besaß in der Antike zwar die Stadt Rom, jedoch nicht die griech. Stadt Theben. Weiter ist für die Wartung der Wege die Müllabfuhr essentiell. Wenn diese unterbleibt, versperren Müllhaufen den Weg. In der Wiedergabe des Er. ging es jedoch lediglich um die Beseitigung von Exkrementen und ähnlichen Unrates. Auch dieses Detail ist der Tatsache geschuldet, daß Er. von der Übers. des Sagundino ausging, der das Amt auf die Beseitigung von Exkrementen engführte.

592 *ex angiportis* Mit „ex angiportis" reduziert Er. das an sich schon unbedeutende Amt auf das Wegschaufeln von Exkrementen aus Neben- bzw. Seitengässchen (vgl. *DNG* I, Sp. 330, s.v. „angiportum/ angiportus"); das Wort bezog Er. aus Sagundinos Übers.; Sagundino war jedoch klar, daß sich das Amt nicht nur auf die Nebengässchen beziehen konnte, weitete daher den Zuständigkeitsbereich auf die Hauptstrasse („via") aus: „angiportus et viam ... curare" (a.a.O.).

V, 253   BENIGNITER   (Epaminondas, 34)

Idem cuidam egeno [i.e. amico] *mandauit, vt a* quodam ex amicis ipsius [i.e. a quodam diuite] *talentum peteret*. Petiit et accepit. Amico [i.e. Diuiti] *percontanti*, quur id iussisset, „*Quoniam*", inquit, „*ille, quum vir sit probus, inopia premitur; tu vero diues es, multa de publico depeculatus*". Epaminondas ipse pauper hac ratione subuenit egenti. Bonorum enim probrum est, virum probum egere necessariis.

V, 254   OCIVM   (Epaminondas, 35)

Tempore belli Leuctrici quum accepisset *quendam* strennuum *virum perisse morbo, per iocum dixisse* fertur „*Vnde fuit illi moriendi ocium in tantis negociis?*". Frequenter autem non minima morbi pars est imaginatio metusue morbi. Hunc languorem solet excutere negociorum ardor.

V, 254B   [*B*] ⟨FRVGALITAS⟩   (Epaminondas, 36)

⟨De eo [sc. Epaminonda] Plutarchus *Symposiacon* libro secundo refert quiddam perquam festiuum. *Conuiuium agitans cum collegis ducibus*, in fine conuiuii *bibit acetum*. *Percontantibus, num id conduceret ad sanitatem,* „*Nescio*", inquit, „*Illud scio, bonum esse ad hoc, vti* quis *meminerit* [i.e. meminerim] *domesticae dietae* [siue domesticorum negociorum], sentiens conducere aduersus crapulam et conferre sobrietati; simul indicans se domi parcissimo victu agere solitum."⟩ [*A*]

604–610 Frugalitas … agere solitum (*B C*: deest in *A*) transposui de loco inepto (V, 262) post apophth. V, 254.

606 bibit *B C*: bibebat *L B*.
608–609 siue domesticorum negociorum *deleui*.

594–597 *cuidam egeno … depeculatus* Durch Übersetzungsfehler und Missverständnisse entstellte, verworrene Wiedergabe von Plut. *Praecepta gerendae rei publicae*, 13, *Mor.* 809A, wobei Er. ausschließlich die Übers. des Sagundino als Textvorlage benutzte, was daraus hervorgeht, daß er alle Fehler und Missverständnisse derselben übernahm: „Epaminondam accepimus cuidam egeno iussisse, ab amico diuitiis affluente talentum vnum peteret. A quo petitor ille facile impetrauit. Percontanti (sc. amico) posthac, ‚Quid ita?' ‚Quia is quidem', inquit (sc. Epaminondas), ‚quum homo frugi sit, inopia rerum premitur. Tu vero diues pleraque de publico peculatus'" (ed. Cratander, Basel 1530, fol. 6D–7A). Vgl. den griech. Text: Ἐπαμεινώνδας δὲ καὶ πλουσίῳ τινὶ προσελθόντα φίλον αἰτεῖν ἐκέλευσε τάλαντον, ὡς αὐτοῦ δοῦναι κελεύσαντος· ἐπεὶ δ' ὁ αἰτηθεὶς ἐλθὼν ἐπυνθάνετο τὴν αἰτίαν, „Ὅτι χρηστός", εἶπεν, „οὗτος ὢν πένης ἐστί, σὺ δὲ πλουτεῖς πολλὰ τῆς πόλεως νενοσφισμένος". Sagundino hat das Apophthegma teilweise falsch übersetzt und missverstanden: Im griech. Originaltext ist der Freund des Epameinondas der Arme, nicht der Reiche (wie bei Sagundino); d.h. die perspektivische Zuordnung ist ganz anders. Im griech. Text „kommt ein Freund" (προσελθόντα φίλον) zu Epameinondas, der sich offensichtlich über seinen Geldmangel beklagt, und der General schickt ihn zu einem bestimmten reichen Thebaner (πλουσίῳ τινί); bei Sagundino schickt Epameinondas „irgendeinen Armen" („quidam egenus") zu einem „Freund, der an Reichtum Überfluß hatte" („amico diuitiis affluente"). Im griechischen Originaltext steht weiter, daß der Freund des Generals dem Reichen *expressis verbis* mitteilen sollte, das Ansuchen um die Geldgabe käme von Epameinondas (ὡς αὐτοῦ δοῦναι κελεύσαντος); in Sagundinos Übers. fehlt dieser Satzteil, und folglich auch bei Er. Bei Sagundino schenkte der Reiche dem Armen die erbetene – riesige – Summe von einem Talent auch tatsächlich, und zwar ohne weiteres, ohne irgendeinen Einwand („A quo petitor ille facile impetrauit"); im griech. Originaltext jedoch ist davon keine Rede. Vielmehr sucht der Reiche unverzüglich Epameinondas auf, um ihn zur Rede zu stellen und nachzufragen, was das soll (ὁ αἰτηθεὶς ἐλθὼν ἐπυνθάνετο τὴν αἰτίαν); d.h., es ist klar, daß der Reiche den Geldbetrag nicht hergegeben hat. Bei Sagundino fragt der Reiche erst später („postea") nach, *nachdem* er das Geld bereits geschenkt hatte. Die Missverständnisse und Abweichungen werden nicht angemerkt in *CWE* 38, S. 531–532.

594 *cuidam egeno* „egeno" („a poor man", *CWE* 38, S. 531) hat keine Entsprechung im griech. Text; Er. übernahm es aus Sagundinos Übers., wo es dem oben angegebenen Missverständnis geschuldet ist (a.a.O.).

594 *a quodam ex amicis ipsius* „a quodam ex amicis ipsius" bildete Er. leicht variierend Sagundinos missverständlichem „ab amico diuitiis affluente" nach.

595 *Petiit et accepit* „Petiit et accepit" hat im griech. Text keine Entsprechung und ist zudem inhaltlich irreführend; Er. kupferte es von Sagundinos kuriosem Zusatz „A quo petitor ille facile impetrauit" ab.

Apophth. V, 254 datiert auf die Schlacht von Leuktra 371 v. Chr.

600–601 *Tempore ... tantis negociis* Größtenteils wörtliche Wiedergabe von Plut. *De tuenda sanitate praecepta*, 25, Mor. 136D, wobei Er. seine eigene Übers. d.J. 1514 variierte: „... quod aiunt per iocum dixisse Epameinondam, quum vir quispiam probus tempore Leuctrici belli morbo perisset, ‚Papae, quo pacto fuit ocium (ocium *ed. Cratander, Basel 1530*; otium *ed. Froben, Basel 1514*) moriendi homini in tam multis negociis?'" (*ASD* IV, 2, S. 211, Z. 684 ff.; ed. Froben, Basel 1514, fol. 12ᵛ; ed. Cratander, Basel 1530, fol. 191ʳ). Vgl. den griech. Text: ὅπερ γάρ φασιν εἰπεῖν τὸν Ἐπαμεινώνδαν μετὰ παιδιᾶς, ἀνδρὸς ἀγαθοῦ περὶ τὰ Λευκτρικὰ νόσῳ τελευτήσαντος, „ὢ Ἡράκλεις, πῶς ἐσχόλασεν ἀνὴρ ἀποθανεῖν ἐν τοσούτοις πράγμασι".

605 *De eo* Aufgrund der irrigen Zuordnung in V, 262 wurde der Spruch Pelopidas zugeschrieben. Er gehört jedoch Epameinondas zu, wie aus dem Quellentext, Plut. *Symposiakon* 2, 1, Mor. 633E, unmissverständlich hervorgeht. Es hat den Anschein, daß der Spruch, der in A noch nicht vorhanden war und erst in B auftritt, am falschen Ort eingefügt worden ist. Sein richtiger Platz ist wohl nach dem letzten Epameinondas-Apophthegma, d.h. V, 254. Da unklar ist, wer für die irrige Einfügung verantwortlich ist, wurde das vorl. Apophthegma, um die historische Situation des Textes nicht zu verwischen, dort gedruckt, jedoch athetiert wiedergegeben. Da es eigentlich an vorliegender Stelle hätte eingesetzt werden sollen, wird es hier als Einfügung markiert gedruckt.

606 *in fine conuiuii* „in fine conuiuii" ist ein erklärender Zusatz des Er., der keine Entsprechung im griech. Originaltext hat. Er. ging wohl zu Recht davon aus, daß das Trinken von Essig der Verdauung zuträglich ist. Daraus leitete er ab, daß der Spruchspender den Essigtrank nach der Mahlzeit einnahm. Vgl. seine weitere Erklärung nach dem Spruch: „sentiens conducere aduersus crapulam et conferre sobrietati".

607–609 *Nescio ... negociorium* Versuchte wörtliche, jedoch durch ein Missverständnis getrübte Übers. des Er. von Plut. *Symposiakon* 2, 1, Mor. 633E: „Ἐπαμεινώνδας μετὰ τῶς συναρχόντων ἑστιώμενος ἐπέπινεν ὄξος καὶ πυνθανόμενων εἰ πρὸς ὑγίειαν ἀγαθόν, „Οὐκ οἶδ'", εἶπεν, „Ὅτι μέντοι πρὸς τὸ μεμνῆσθαι τῆς οἴκοι διαίτης ἀγαθόν, ἐπίσταμαι".

608 *quis meminerit* Er. hat hier den Text missverstanden; Epameinondas meinte natürlich sich selbst. Er wollte keinesfalls behaupten, daß ein jeder Essig trinken solle, um sich an seine häuslichen Eßgewohnheiten zu erinnern.

608–609 *siue domesticorum negociorium* „siue domesticorum negociorium" ist eine versuchte alternative Übers. von τῆς οἴκοι διαίτης. Im definitiven Text können „domesticae dietae siue domesticorum negociorium" nicht nebeneinander stehen bleiben. Wie seine Erklärung zeigt, hat sich Er. für „domesticae diaetae" entschieden, wie es im Übrigen auch korrekt ist.

PELOPIDAS

V, 255   PECVNIA CONTEMPTA   (Pelopidas, 1)

Pelopidas in praefectura rei militaris *Epaminondae* collega, *quum amici dicerent illi rei necessariae*, videlicet *colligendi pecunias, nullam esse curam, „Ita, per Iouem"*, inquit, *„necssariae, sed huic Nicomedi"*, ostendens hominem claudum ac mancum. Sensit fortibus viris nihil esse opus pecunia.

V, 256   DVX ALIORVM SERVATOR   (Pelopidas, 2)

Vxori, quae ipsum ad bellum proficiscentem rogabat muliebriter, *vt seruaret seipsum, „Alii"*, inquit, *„vt isthuc faciant, monendi sunt. Nam princeps ac dux hortandus est potius, vt seruet ciues"*. Vox imperatore digna, cuius est ciuium multorum salutem suae vnius incolumitati anteponere.

V, 257   ANIMOSE   (Pelopidas, 3)
                       (Dublette von I, 248)

Quum e militibus quispiam, qui viderat Lacedaemonios per angustias montium aduentare, *dixisset* Pelopidae *„Incidimus in hostes"*, *„Qui⟨d⟩ potius nos in illos"*, inquit, *„quam in nos illi?"*.

V, 258   LIBERTAS   (Pelopidas, 4)

Ab Alexandro Pheraeorum tyranno praeter foedera captus ac vinctus Pelopidas conuitia congessit in foedifragum. *Vt autem* iratus *ille dixit „Mori properas?"*, *„Admodum"*,

---

625 quid *scripsi collata versione Philelphi*: qui A-C, quin *Lycosthenes (p. 74)*.

625 inquit *B C: deest in A, in err. A Erasmus* inquit *inserendum voluit post* potius.

Pelopidas (um 410–364 v. Chr.), neben Epameinondas wichtigster theban. Politiker und General aus der Zeit der thebanischen Hegemonie; war 379 an der Neuerrichtung des Boiotischen Bundes beteiligt; wurde ab demselben Jahr jährlich zu einem der sieben Boiotarchen gewählt; führte den Oberbefehl über die Elitetruppe der „Heiligen Schar" (300 Hopliten), die bei den Siegen von Tegyra (375) und Leuktra (371) den Ausschlag gab. Begleitete 371/0 Epameinondas auf dem wichtigen Feldzug auf dem Peloponnesos und wurde zusammen mit ihm von Menekleidas angeklagt. Führte seit 369 Feldzüge gegen den Tyrannen Alexander von Pherai an, geriet in dessen Gefangenschaft, wurde aber i.J. 367 von Epameinondas befreit. I.J. 364 gelang es ihm, Alexander endgültig zurückzudrängen, der seitdem nur mehr über Pherai und Umgebung regierte, wobei Pelopidas jedoch in der Entscheidungsschlacht von Kynoskephalai fiel. Plutarch hat ihm eine Biographie gewidmet, in der er ihn als idealen Staatsmann zeichnet. Vgl. H. Beck, *DNP* 9 (2000), Sp. 499–500, s.v. „Pelopidas". Er. schließt sich dem positiven Bild, das Plutarch in den *Reg. et imp. apophth.* und in der Biographie entwirft, an. Er. betrachtet ihn als vorbildlichen Fürsten (V, 256), der die Tugenden der Selbstlosigkeit (V, 255–256), Askese (V, 255; 262), der Selbstaufopferung für seine Mitbürger (V, 256) sowie der Tapferkeit (V, 257) bis hin zur Todesverachtung („mortis contemptus" V, 258; 260 und 261) besitzt.

613–615 *Pelopidas ... mancum* Plut. *Reg. et imp. apophth.*, *Mor.* 194C–D (Pelopidas, 1): Πελοπίδας ὁ συστράτηγος Ἐπαμεινώνδᾳ (Ἐπαμεινώνδου *ed. Babbitt*: Ἐπαμινώνδου *ed. Ald. 1509, p. 169*), τῶν φίλων αὐτὸν ἀμελεῖν λεγόντων πράγματος ἀναγκαίου, χρημάτων συναγωγῆς, „ἀναγκαῖα τὰ χρήματα νὴ Δία," εἶπε, „τούτῳ Νικοδήμῳ (Νικομίδει *ed. Ald. 1509, p. 169*)", δείξας χωλὸν καὶ ἀνάπηρον ἄνθρωπον. Er. benutzte die Übersetzungen des Regio und des Filelfo, die er variierend bearbeitete; Regio: „Pelopidas Epaminondae in praetura collega dicentibus amicis pecuniae collectionem rem valde necessariam ab ipso nihil curari, ‚Per Iouem‘, inquit, ‚huic Nicomedi!‘, hominem claudum ac mutilantem indicans" (fol. g ii^v); Filelfo: „Pelopidas Epaminondae collega in praetura cum ab amicis diceretur necessarium negotium cogendae necessariae pecuniae negligere, [pecuniae] ‚Per Iouem‘, ait, ‚Necessariae huic sunt Nicomedi‘, hominem is quidem ostendens et claudum prorsus et debilem" (fol. m iii^r). Dieselbe Anekdote findet sich in Plut. *Pelop.* 3 (*Vit.* 279C) und Ael. *Var. Hist.* XI, 9.

615 *Nicomedi* Nikomedes, ein nicht näher bekannter (wohl armer) thebanischer Zeitgenosse des Pelopidas mit schweren körperlichen Gebrechen. Nach *Mor.* 194C–D und Ael. war er ein lahmer Krüppel, nach *Pelop.* 3, 4 lahm und blind.

617 *Dux aliorum seruator* Wie bereits der Titel anzeigt, hebt Er. hier eine Tugend hervor, die dem Fürstenspiegelideal seiner *Institutio principis Christiani* entspricht: die Selbstaufopferung, Selbstlosigkeit und ständige Fürsorge des Herrschers für seine Untertanen. Siehe dazu den lobenden Kommentar des Er. in vorl. *Apophthegma*. Auf ähnliche Weise präsentierte Er. Pelopidas' Kollegen Epameinondas, vgl. oben Komm. zu V, 220.

618–620 *Vxori ... ciues* Plut. *Reg. et imp. apophth.*, *Mor.* 194D (Pelopidas, 2): Τῆς δὲ γυναικός, ἐπὶ μάχην ἐξιόντος αὐτοῦ, δεομένης σῴζειν ἑαυτόν, ἄλλοις ἔφη δεῖν τοῦτο παραινεῖν, ἄρχοντι δὲ καὶ στρατηγῷ σῴζειν τοὺς πολίτας. Er. hat in diesem Fall von den Übers. des Filelfo und Regio nichts übernommen. Das Apophthegma findet sich bereits in Brusoni II, 43.

618 *muliebriter* „muliebriter" ist ein despektierlicher Zusatz des Frauenhassers Er., ohne Entsprechung im griech. Text.

619 *princeps ac dux* Die griech. Wortkombination ἄρχοντι δὲ καὶ στρατηγῷ wurde geprägt, um das Amt des Boiotarchen wiederzugeben; „princeps ac dux" folgt Filelfos nicht ganz überzeugender Übertragung mit „princeps et praetor" (fol. m iii^r); Regio brachte die tautologische Zusammenstellung „ducem et imperatorem" (fol. g ii^v).

Apophth. V, 257 vgl. das ähnliche, dem Spartanerkönig Leonidas I. (488–480 v. Chr.) zugeschriebene *Apophth.* I, 248, *CWE* 37, S. 116, *ASD* IV, 4, S. 122: „Cum alius quidam militum de hostibus dixisset ‚Sunt prope nos‘, ‚Et nos‘, inquit (sc. Leonidas), ‚prope illos‘, significans ob id non minus imminere discriminis hosti quam ipsis".

624–626 *Quum e militibus ... nos illi* Im einleitenden Teil narrativ frei ausgeschmückte, im Spruchteil wörtliche Wiedergabe von Plut. *Reg. et imp. apophth.*, *Mor.* 194D (Pelopidas, 3), wobei Er. die Übers. des Filelfo kopierte: „Item cum quidam dixisset ‚In hostes incidimus‘, ‚Quid in illos nos magis‘, inquit, ‚incidimus quam in nos illi?‘". Vgl. den griech. Text: Εἰπόντος δέ τινος τῶν στρατιωτῶν „ἐμπεπτώκαμεν εἰς τοὺς πολεμίους", „τί μᾶλλον", εἶπεν, „ἢ εἰς ἡμᾶς ἐκεῖνοι;".

Apophth. V, 258 datiert auf 368/7 v. Chr., als Pelopidas von Alexander von Pherai gefangengenommen wurde; 367/6 v. Chr. befreite ihn Epameinondas. Vgl. oben Komm. zu V, 255. Zur Gefangennahme vgl. Nepos, *Pelop.* 5, 1–2.

628–630 *Ab Alexandro ... poenas* Kollageartige Zusammenstellung des Textes aus Filelfos Übers. von Plut. *Reg. et imp. apophth.*, *Mor.* 194D (Pelopidas, 4) und von Antonio Becarias latein. Übers. von Plut. *Pelop.* 28, 3 (*Vit.* 293A); Filelfos Übers. von *Mor.* 194D: „Atque cum fractis foederibus ab Alexandro Pheraeorum tyranno et captus et vinctus esset proindeque illi malediceret tyrannusque dixisset ‚Properas mori?‘, ‚Maxime‘, inquit, ‚quo Thebani magis excandescant ac tu citius poenam des‘" (fol. m iii^r). Ἐπεὶ δὲ παρασπονδηθεὶς ὑπὸ Ἀλεξάνδρου τοῦ Φεραίων τυράννου καὶ δεθεὶς κακῶς αὐτὸν ἔλεγεν, εἰπόντος ἐκείνου „σπεύδεις ἀποθανεῖν;" „πάνυ μὲν οὖν", εἶπεν, „ἵνα μᾶλλον παροξυνθῶσι (ἐπὶ σὲ παροξυνθῶσι *ed. Ald. 1509, p. 169*) Θηβαῖοι καὶ σὺ δίκην δῷς τάχιον". Dasselbe Apophthegma findet sich in Plut. *Pelop.* 28, 2 (*Vit.* 293A), in der Übersetzung des Antonio Becaria: „Admiratus Alexander eius (sc. Pelopidae) animi magnitudinem ac loquendi licentiam, ‚Quidnam‘, inquit, ‚accelerat mortem Pelopidas?‘; cui ipse audiens respondit ‚vt tu diis et hominibus inuisus celerius oppetas‘" (ed. Bade, Paris 1514, fol. LXXXII^v). Bereits Brusoni hatte das Apophthegma in seine Sammlung d.J. 1518 aufgenommen (II, 1), wobei er für seine Version Plut. *Pelop.* 28, 3 (*Vit.* 293A) verwendete.

628 *Alexandro* Zu Alexandros, dem Tyrannen von Pherai, vgl. oben Komm. zu V, 236 (Epaminondas, 17).

630 *inquit, „quo magis in te exasperentur Thebani tuque citius des poenas* violati foederis, *diis* pariter *atque hominibus inuisus"*.

V, 259   LIBERE   (Pelopidas, 5)

Thebe, tyranni vxor, adiit *Pelopidam dixitque se mirari, quod vinctus esset tam hilaris; „At ego",* inquit, *„magis te miror, quod non alligata feras Alexandrum".*

635 V, 260   MORTIS CONTEMPTVS   (Pelopidas, 6)

Posteaquam Epaminondas Pelopidam liberum reduxisset, *aiebat* [sc. is] *se gratiam habere Alexandro, per quem experimento comperisset se non tantum ad bellum, sed etiam ad mortem bene animatum esse.*

V, 261   MORTIS CONTEMPTVS   (Pelopidas, 7)
                           (= Dublette von I, 325)

Quum Pharsali congressurus esset cum Alexandro Pheraeorum tyranno, milites admonuerunt duplo plus Thessalorum esse cum Alexandro, quam ipse Thebanos haberet. „Tanto", inquit, *„melius nobis* erit: *plures enim vincemus". Hoc et alteri cuidam adscribitur.*

---

632 Libere *A-C*: Liberi *BAS*.
635 Mortis contemptus *A B*: *quem titulum ad proximum apophthegma (V, 261) transposuit C.*

639 Mortis contemptus *C*: *deest in A B.*

631 *Diis ... inuisus* „diis pariter atque hominibus inuisus" findet sich nicht in *Mor.* 194D; Er. kopierte diese topische tyrannenfeindliche Charakterisierung aus Becarias latein. Übers. von *Pelop.* 28, 3 („,vt tu diis et hominibus inuisus celerius oppetas'", a.a.O.). Dabei handelt es sich allerdings um eine Fehlübers.: Im griech. Originaltext von *Pelop.* 28, 3 steht „damit du schneller verreckst, während du die Götter noch mehr hassen wirst als jetzt schon" (... μᾶλλον ἢ νῦν θεομισὴς γενόμενος). Die korrekte latein. Übers. der Stelle lautet: „,vt celerius oppetas, tum magis quam nunc deorum osor factus'". Von Menschen („hominibus") war im griech. Text nicht die Rede. Θεομισής kann sowohl „gottverhaßt" als auch „Gott hassend" bedeuten (Passow, I, S. 1391, s.v. θεομισής); der Kontext von *Pelop.* 28, 3 erfordert das letztere. Brusoni (1518) tilgte in seiner Wiedergabe von Plut. *Pelop.* 28, 3 das fälschlich durch Becaria hinzugesetzte „et homnibus" („,Tu autem diis inuisus, inquit ille, perquam celeriter optes [*lege* oppetes]'"). Er. berücksichte diese Korrektur nicht. Lycosthenes maß der Wiedergabe Brusonis größeres Gewicht zu, die er verschlimmbessernd im Kapitel „De libere dictis et parrhesia loquendi" druckte: „,Tu diis omnibus inuisus cum sis, cur non prius mori optas (sic)'" (S. 595).

633 *Thebe* Tochter des Iason von Pherai, Cousine und Gattin von Alexandros von Pherai. Vgl. L.-M. Günther, *DNP* 12/1 (2002), Sp. 295 s.v. „Thebe", Nr. 1. Thebe soll Pelopidas 364 v. Chr. zu einem Angriff auf Thessalien bewegt, und 359 v. Chr. ihre Brüder Teisiophonos und Lykophron zur Ermordung ihres Gatten Alexandros angestiftet haben (Plut. *Pelop.* 35).

633–634 *Thebe tyranni vxor ... Alexandrum* Wörtliche Übers. von Plut. *Reg. et imp. apophth., Mor.* 194D (Pelopidas, 5): Θήβης δὲ τῆς τοῦ τυράννου γυναικὸς ἐλθούσης πρὸς Πελοπίδαν καὶ λεγούσης θαυμάζειν ὅτι οὕτως ἱλαρός ἐστι δεδεμένος, αὐτὸς ἔφη μᾶλλον θαυμάζειν ἐκείνην, ὅτι μὴ δεδεμένη ὑπομένει Ἀλέξανδρον. Im ersten Teil des Spruches kopierte Er. die Übers. des Filelfo: „... cum Theba tyranni vxor ad eum venisset seque mirari diceret, quod vinctus ita esset hilaris, is magis illam se mirari respondit, quod non vinctum expectaret Alexandrum" (fol. m iii^r). Das nämliche *Apophth.*, jedoch ganz anders erzählt, findet sich in Plut. *Pelop.* 28, 3–4 (*Vit.* 293). Dort sagt Thebe, daß sie Pelopidas' Frau bemitleide.

636–638 *Posteaquam Epaminondas ... animatum esse* Versuchte wörtliche Wiedergabe von Plut. *Reg. et imp. apophth., Mor.* 194E (Pelopidas, 6), wobei Er. die Übers. des Regio als Textvorlage benutzte und deren Auslassung automatisch mitkopierte: „Sed ab Epaminonda liberatus dicebat se gratiam Alexandro habere: nam se ipsum expertum esse non ad bellum modo, verum ad mortem quoque audacter habere". Vgl. den griech. Text: Κομισαμένου δ' αὐτὸν τοῦ Ἐπαμεινώνδου (Ἐπαμῑνώνδου *ed. Ald. 1509, p. 169*), χάριν εἶπεν ἔχειν Ἀλεξάνδρῳ· πεπειρᾶσθαι (πεπείραται *ed. Ald. 1509, p. 169*) γὰρ ἑαυτοῦ νῦν μάλιστα οὐ μόνον (μόνον *deest in ed. Ald. 1509, p. 169*) πρὸς πόλεμον, ἀλλὰ καὶ πρὸς θάνατον εὐθαρσῶς ἔχοντος. Daß Er. hier nur Regios Text reproduzierte, zeigt sich daran, daß er die Formulierung „insbesondere jetzt" bzw. „jetzt ganz besonders" (νῦν μάλιστα) vergaß. Diese war sowohl in der Aldus-Ausgabe des griech. Textes als auch in Filelfos Übers. („in praesentia potissimum", fol. m iii^r) vorhanden.

Apophth. V, 261 hatte ursprünglich keinen eigenen Titel. C und BAS montierten hier jedoch den Titel des vorhergehenden Apophthegmas, „Mortis contemptus". Wahrscheinlich deutet die Tatsache, daß V, 261 ein eigener Titel fehlte, darauf hin, daß Er. den Titel des vorhergehenden Apophthegmas weiterführen wollte. Dies wäre auch verständlich, da Pelopidas in der darauf folgenden Schlacht von Kynoskephalai (364 v. Chr.) fiel. *Apophth.* V, 261 datiert auf die Entscheidungsschlacht bei Kynoskephalai zwischen Alexander von Pherai als Leiter des Thessalischen Bundes und den Thebanern unter Pelopidas i.J. 364 v. Chr.: Alexander wurde entscheidend geschlagen und verlor dadurch seinen Hegemonieanspruch auf Thessalien, der siegreiche Pelopidas fiel allerdings in der Schlacht.

641–643 *Quum Pharsali ... vincemus* Gekürzte und paraphrasierende Wiedergabe von Plut. *Pelop.* 32, 1 (*Vit.* 295), wobei Er. die latein. Übers. des Antonio Becaria als Textvorlage verwendete: „Vbi igitur in Pharsalum venit, paratis confestim copiis acies instruxit ac prope Alexandrum ipsum castrametatus est. Is (sc. Alexander) vero intuens perpaucos admodum ibi Thebanos esse seque duplo plures Thessalos habere, obuiam se ad Thedidium obiecit. Et quum quidam diceret Pelopidae plures esse, qui cum tyranno erant, ‚Eo melius', inquit, ‚nobis: nam plures vincemus'" (ed. Bade, Paris 1514, fol. LXXXIII^v). Vgl. den griech. Text: Ὡς οὖν εἰς Φάρσαλον ἐλθὼν ἤθροισε τὴν δύναμιν, εὐθὺς ἐβάδιζεν ἐπὶ τὸν Ἀλέξανδρον. Ὁ δὲ Θηβαίους μὲν ὀλίγους περὶ τὸν Πελοπίδαν ὁρῶν, αὐτὸς δὲ πλείους ἔχων ἢ διπλασίους ὁπλίτας τῶν Θεσσαλῶν, ἀπήντα πρὸς τὸ Θετίδειον. Εἰπόντος δέ τινος τῷ Πελοπίδᾳ πολλοὺς ἔχοντα τὸν τύραννον ἐπέρχεσθαι, „Βέλτιον", ἔφη, „πλείονας γὰρ νικήσομεν".

641 *Pharsali* Pelopidas errichtete sein Heereslager nicht „in der Stadt Pharsalus", sondern weit außerhalb, am Fuße der Hügelrücken von Kynoskephalai, in der Nähe des Städtchens Skotussa, unmittelbar neben dem Tempelgelände des Thetis-Heiligtums.

641 *Alexandro Pheraeorum tyranno* Zu Alexandros, dem Tyrannen von Pherai, vgl. oben Komm. zu V, 236 (Epaminondas, 17).

641 *milites* Er. behauptet, daß mehrere Soldaten bzw. „die Soldaten" Pelopidas gewarnt hätten, bei Plutarch (sowohl im griech. Text als auch in der Übers. des Becaria) ist jedoch von nur einem Soldaten die Rede.

643 *Hoc* Er. erinnert sich daran, daß er ein ähnliches Apophthegma schon präsentiert hatte, jedoch war ihm augenblicklich nicht geläufig, wo genau bzw. wer der Spender desselben war („Hoc et alteri cuidam adscribitur"). Es handelt sich um *Apophth.* I, 325 und den Spartaner Pedaritos; vgl. CWE 38, S. 533; 37, S. 145; ASD IV, 4, S. 144: „Paedaretus (sic, nach der Schreibweise der Aldus-Ausgabe) cuidem dicenti magnum esse numerum hostium ‚Tanto', inquit, ‚plus gloriae referemus, quoniam plures interficiemus' ...". Für Pedaritos, den Harmosten von Chios von 412 v. Chr., vgl. K.-W. Welwei, *DNP* 9 (2001), Sp. 466, s.v. „Padaritos".

[V, 262]   [*B*] [FRVGALITAS   (Pelopidas, 8, i.e.
                                     Epaminondas) = V, 254B

De eo [i.e. Epamidonda] Plutarchus *Symposiacon* libro secundo refert quiddam perquam festiuum. *Conuiuium agitans cum collegis ducibus*, in fine conuiuii *bibit acetum. Percontantibus, num id conduceret ad sanitatem, „Nescio", inquit, „Illud scio, bonum esse ad hoc, vti quis meminerit domesticae dietae* [siue domesticorum negociorium], sentiens conducere aduersus crapulam et conferre sobrietati; simul indicans se domi parcissimo victu agere solitum."]

644–651 Frugalitas ... solitum *transposui post apophth. V, 254.*
647 bibit *B C*: bibebat *LB*.
649 siue domesticorum negociorium *deleui*.

646 *De eo* Dies ist nicht richtig. Der Spruch gehört nicht Pelopidas, sondern Epameinondas zu, wie aus dem Quellentext, Plut. *Symposiakon* 2, 1, *Mor.* 633E, unmissverständlich hervorgeht. Es hat den Anschein, daß der Spruch am falschen Orte eingefügt worden ist. Sein richtiger Platz ist wohl direkt nach dem letzten Epameinondas-*Apophthegma*, i.e. V, 254. Da unklar ist, wer für die irrige Einfügung verantwortlich ist, wurde das vorl. *Apophthegma*, um die historische Situation des Textes nicht zu verwischen, an dieser Stelle gedruckt, jedoch athetiert. Außerdem wurde das *Apophthegma* an der richtigen Stelle eingefügt, d.h. nach V, 254, als V, 254B. Die falsche Zuschreibung wurde nicht angemerkt in *CWE* 38, S. 533.

648–649 *Nescio ... negociorium* Plut. *Symposiakon* 2, 1, *Mor.* 633E: „Ἐπαμεινώνδας μετὰ τῶς συναρχόντων ἑστιώμενος ἐπέπινεν ὄξος καὶ πυνθανόμενων εἰ πρὸς ὑγίειαν ἀγαθον, „Οὐκ οἶδ᾽ ", εἶπεν, „Ὅτι μέντοι πρὸς τὸ μεμνῆσθαι τῆς οἴκοι διαίτης ἀγαθόν, ἐπίσταμαι".

649 *quis meminerit* Er. hat an dieser Stelle den Text missverstanden; der Spruchspender meinte natürlich sich selbst.

⟨ROMANORVM DVCVM APOPHTHEGMATA⟩

MANIVS CVRIVS

V, 263   Agri modvs   (Manius Curius, 1) [9]

Manius Curius nonnullis arguentibus, quod ex agris bello partis partem exiguam vnicuique militum distribuisset, magnam vero reipublicae, optauit a diis, *ne quando existeret quisquam Romanus, cui ager exiguus videretur,* qui posset alere dominum, sentiens eum non esse *Romano dignum nomine,* qui plus appeteret, quam quod ad victum frugalem satis est.

V, 264   Avrvm spretvm   (Manius Curius, 2) [10]
             (= Dublette von VI, 320)

Samnites posteaquam ab illo fuerant deuicti, venerunt ad Manium Curium *ac magnam auri vim offerebant. Atque id temporis forte rapula coquebat oll*is *fictilibus. Respondit*

---

652 ROMANORVM DVCVM APOPHTHEGMATA *suppleui.*
653 MANIVS CVRIVS *A-C BAS sicut versiones Philelphi et Regii:* MANIVS CVRTIVS *ind. Person. A-C, Plut ed. Ald. (Μάνιος Κούρτιος).*
655 Manius *A-C Plut. ed. Ald.:* Marcus *versiones Philelphi et Regii.*
662 magnam *B-C:* magni *A.*

652 ⟨*ROMANORVM DVCVM APOPHTHEGMATA*⟩ Analog zu dem obigen Zwischentitel GRAECORVM DVCVM APOPHTHEGMATA (vor V, 135); der notwendige Zwischentitel ROMANORVM DVCVM APOPHTHEGMATA wurde hier ergänzt. Das Vorbild Plutarch, dem Er. im fünften Buch auf dem Fuße folgt, weist an vorl. Stelle ebenfalls einen Zwischentitel auf: ΡΩΜΑΙΩΝ ΑΠΟΦΘΕΓΜΑΤΑ (ROMANORVM APOPHTHEGMATA bei Regio, fol. ⟨g iii⟩ʳ; EXEMPLA ROMANA bei Filelfo, fol. m iiiʳ).
Manius Curius Dentatus (gest. 270 v. Chr.), aus plebejischer Familie; röm. Politiker und Feldherr, Konsul 290 und 275; Censor 272; i.J. 290 triumphierte er über die Samniten und Sabiner, bezeigte sich jedoch bei der daraus hervorgehenden Landverteilung bescheiden. I.J. 275 gelang ihm der entscheidende Sieg über König Pyrrhos bei Benevent. Als Censor ließ er die bedeutende Wasserleitung *Anio vetus* anlegen. Seine Bescheidenheit und Unbestechlichkeit wurden sprichwörtlich. Vgl. K.-L. Elvers, *DNP* 3 (1999), Sp. 242–243, s.v. „Curius", Nr. 4; G. Forni, „Manio Curio Dentato uomo democratico", in: *Athenaeum* n.s. 31 (1953), S. 170–240. Manius Curius Dentatus figuriert weiter in *Apophth.* VI, 189 als Musterbeispiel eines Römers, der noch uraltes Latein sprach.
Apophth. V, 263 bezieht sich auf die römischen Landverteilungen nach den Siegen über die Saminiten i.J. 290; vgl. Frontin. *Strat.* IV, 3, 12. Aufgrund von Er.' Erklärung „ad victum frugalem satis" druckte Lycosthenes den Spruch in der Kategorie „De frugalitate" (S. 415). Ebenso fungiert Curius bei Val. Max. IV, 3, 5 als *exemplum frugalitatis:* „Manius autem Curius, exactissima norma Romanae frugalitatis …".
655–657 Manius *... exiguus videretur* Wörtliche Übers. des Er. von Plut. *Reg. et imp. apophth., Mor.* 194E (Manius Curius, 1): Μάνιος Κούριος (Κούρτιος *ed. Ald. 1509, p. 169*), ἐγκαλούντων αὐτῷ τινων ὅτι τῆς αἰχμαλώτου χώρας ὀλίγον ἑκάστῳ μέρος διένειμε τὴν δὲ πολλήν (πόλιν *ed. Ald. 1509, p. 169*) ἐποίησε δημοσίαν, ἐπηύξατο μηδένα γενέσθαι Ῥωμαίων, ὃς ὀλίγην ἡγήσε-

ται γῆν τὴν τρέφουσαν. Er. hatte natürlich auch die Übers. des Filelfo und Reggio vor sich, verwendete sie aber, was den Wortlaut betrifft, nur in geringem Maße. Wichtig ist jedoch, daß er aus ihnen die richtige Namensform „Curius" kopierte, während der griech. Text der Aldus-Ausgabe Κούρτιος (= Curtius) aufwies. Varianten dieses Spruches finden sich bei Plin. *Nat.* XVIII, 18 („Mani quidem Curi post triumphos immensumque terrarum adiectum imperio nota concio est perniciosum intelligi ciuem, cui septem iugera non satis essent") und Frontin. *Strat.* IV, 3, 12: „Manius Curius, cum victis ab eo Sabinis ex senatus consulto ampliaretur ei modus agri, quem cosummati milites accipiebant, gregalium portione contentus fuit, malum ciuem dicens, cui non esset idem quod ceteris satis". Aus der letzten Stelle geht zugleich hervor, daß Curius bei der Landverteilung nach dem Samnitenkrieg i.J. 290 sich selbst demonstrativ zurückhaltend aufstellte, indem er sich mit derselben Fläche Landes zufriedengab, die einem gewöhnlichen Legionär zustand. In den Anekdoten erscheint Curius als der General, der selbst als Bauer nur 7 Joch Landes bearbeitete, obwohl ihm der Senat für seine großen Siege 50 Joch zuerkannt hatte (vgl. Col. I, 3, 10).

655–656 *quod ex agris ... reipublicae* In dem Abschnitt „quod ex agris ... reipublicae" folgt Er. der Übers. des Regio: „quod agri bello parti exiguam cuique partem distribuisset ac magnam publicam fecisset" (fol. ⟨g iii⟩ʳ).

656 *optauit* wie Filelfo (fol. m iiiʳ).

657 *ager ... dominum* Vgl. Hor. *Epist.* I, 16, 1–2: „Ne percontaris, fundus meus ... pascat erum ...".

658 *Romano dignum nomine* Firm. *De errore prophanarum religionum* 5, 2 „Romano nomine dignu".

Apophth. V, 264 stellt eine Dublette von VI, 320 dar. Er. legt denselben Spruch dort dem Fabricius Luscinus in den Mund: „Fabritius Cineae Epirotarum legato magnam auri vim dono offerenti recusauit accipere, dicens se malle imperare aurum habentibus quam habere aurum". Er. benutzte dort Frontin. *Strat.* IV, 3, 2, der in der Tat diese Zuschreibung vornimmt, die sich in den antiken Quellen sonst nur bei Gell. I, 14 findet. Weder in V, 264 noch in VI, 320 weist Er. darauf hin, daß es sich um eine Dublette handle bzw. daß es verschiedene Spruchspender gäbe. V, 264 datiert auf die unmittelbare Folgezeit nach dem entscheidenden Sieg über die Samniten i.J. 290 v. Chr.; vgl. unten Komm. zu VI, 320.

662–665 *Samnites ... habere* Teilweise wörtliche, teilweise variierende Wiedergabe von *Mor.* 194F (Manius Curius, 2), wobei Er. sowohl Regios als auch Filelfos Übers. benutzte: Σαυνιτῶν δὲ μετὰ τὴν ἧτταν ἀφικομένων πρὸς αὐτὸν καὶ χρυσίον διδόντων ἔτυχεν ἐν χύτραις ἕψων γογγυλίδας· ἀπεκρίνατο δὲ τοῖς Σαυνίταις μηδὲν χρυσίου δεῖσθαι τοιοῦτον δεῖπνον δειπνῶν, αὐτῷ δὲ βέλτιον εἶναι τοῦ χρυσίου ἔχειν τὸ κρατεῖν τῶν ἐχόντων. Die Anekdote findet sich auch u.a. in Cic. *Rep.* III, 40; Val. Max. IV, 3, 5: Plin. *Nat.* XIX, 87; Plut. *Cato* 2 (*Vit.* 337A); Athen. 418A; Brusoni (1518) V, 22 („Paruo contenti").

663 *forte ... ollis* In „forte ... ollis" stellte Er. seinen Text collageartig aus Regios und Filelfos Übers. zusammen; Regio: „in ola (lege: olla) forte rapula coquebat" (fol. ⟨g iii⟩ʳ); Filelfo: „rapa elyxabat in fictilibus" (fol. m iiiʳ).

663 *rapula* γογγυλίς bezeichnet die runde, große Speiserübe (Passow I, 1, S. 566, s.v. γογγυλίς, latein. „rapum", wie Filelfo a.a.O. richtig übersetzte; für „rapum, -i" vgl. *DNG* II, S. 4046, s.v.), die einen Durchmesser von 5–20 cm hat, eben nicht eine kleine Form der Rübe, „rapulum", „Rübchen" oder „Rettich" (vgl. *DNG* II, S. 4046, s.v.), wie Er. schreibt, indem er Regios diesbezüglich nicht korrekte Übers. kopierte. Vgl. auch Plin. *Nat.* XIX, 87, der angibt, daß Curius „eine Speiserübe" („rapum") röstete. Die Speiserübe (Brassica rapa) war in der römischen Antike eines der am meisten verwendeten Gemüse, insbesondere im bäuerlichen Lebensbereich und als Speise der weniger begüterten Bevölkerungsschichten; in der heutigen Zeit ist sie so sehr in Vergessenheit geraten, daß ihr Aussehen vielfach unbekannt ist.

663 *ollis fictilibus* Mit „ollis fictilibus" versuchte Er., möglichst wörtlich ἐν χύτραις, „in Tongefäßen" (vgl. Passow II, 2, S. 2541, s.v. χύτρα) zu übersetzen, indem er Regios „ola" (lege: „olla") verschlimmbesserte; wie Regio feststellte, ist die Mehrzahl von Kochgefässen, die Filelfo mit „fictilibus" angab, sachlich unangebracht. Wenn der überbescheidene Curius Rüben kochte, so brauchte er ja nicht mehr als einen Topf zugleich. In der oft zitierten Version des Val. Max. aß Curius sein Mahl aus einem Holznapf („e ligneo catillo"; Val. Max. IV, 3, 5), bei Plin. „röstete" er „eine Rübe" auf dem Feuer (a.a.O.).

autem Samnitium legatis hunc in modum: *nihil opus esse auro talem coenanti* coenam;
665 *sibi vero* potius *esse aurum possidentibus imperare quam aurum habere.*

C. FABRICIVS

V, 265   Dvx egregivs   (C. Fabricius, 1) [11]

C. Fabricius quum audisset Romanos a Pyrrho deuictos, ad Labienum [i.e. Laeuinum] *versus, „Pyrrhus", inquit, „non Epirotae, vicerunt Romanos"*, sentiens vnius ducis inge-
670 nio victoriam acceptam ferri oportere, non virtuti militum. Hoc pacto Romani nominis ignominiam eleuauit, qui, quum Epirotis essent virtute superiores, hoc solo erant inferiores, quod non haberent ducem Pyrrho similem.

---

664 esse *scripsi*: est *A-C*.
666 FABRICIVS *scripsi sicut in ind. person. A-C, versionibus Philelphi et Regii et in Plut. ed. Ald. (Φαβρίκιος)*: FABRITIVS *A-C*.

668 Fabricius *scripsi (cf. ann. ad titulum sectionis)*: Fabritius *A-C*.
668 Labienum *A-C sec. versiones Philelphi et Regii et Plut. ed. Ald. (Λαβηνίνῳ)*: Laeuinum *Plut. text. recept. (Λαιβῖνον).*

---

664 *coenam* „coenam" als Wiedergabe von δεῖπνον übernahm Er. von Filelfo (a.a.O.); „coenam" ist nicht optimal, da die Samniten bei Curius eine Audienz erbaten, was schwerlich durch ein Hereinplatzen beim Abendessen (*coena*) der Fall gewesen sein kann. Regio verbesserte daher Filelfos „caena" plausibel zu „prandium" (frühes Mittagmahl, pranzo, fol. ⟨g iii⟩ʳ), Er. beseitigte die Korrektur wieder.
Apophth. V, 265–269 In dem folgenden Abschnitt hatte Er. in der Erstausgabe *A* mehrheitlich die Namensform „Fabricius" verwendet. Dies stimmt sowohl mit den latein. Übers. des Filelfo und Regio als auch mit der griech. Vorlage (Φαβρίκιος) überein. Bei der Drucklegung von *B* wurde die Namensform jedoch verschlimmbessernd zu „Fabritius" vereinheitlicht. Dieser Eingriff wurde vermutlich von dem Setzer bzw. Redakteur vorgenommen. In der vorl. Sektion wird die ursprünglich verwendete und mit den Quellentexten übereinstimmende Form „Fabricius" gedruckt. Die Form „C. FABRICIVS" findet sich so auch im Index personarum.
C. Fabricius Luscinus, Konsul 282 und 278 v. Chr., Censor 275; im Rahmen beider Konsulate triumphierte er über die Samniten, Bruttier und Lukaner; trotz großer militärischer Erfolge behielt er einen einfachen und bescheidenen Lebensstil bei; i.J. 280/79 führte er die röm. Gesandtschaft an, welche mit Pyrrhos um Frieden verhandelte. Vgl. K.-L. Elvers, *DNP* 4 (1998), Sp. 382 s.v. „Fabricius", Nr. 3. Er. betrachtete Fabricius als vorbildlichen Staatsmann, der im Hinblick auf seine Selbstlosigkeit, Aufopferung, Hingabe, Unbestechlichkeit, Treue und moralische Integrität den Idealen der *Instit. princ. christ.* entsprach. Er. bringt noch zwei weitere Sprüche des Fabricius, in VI, 320 und 350.
Apophth. V, 265 datiert auf d.J. 280 v. Chr. und bezieht sich auf die Niederlage, die König Pyrrhos den Römern bei Herakleia zufügte. Er. gibt das Apophth. in entstellter Form wieder, weil er von Regios Übers. ausging und weil Aldus' Plutarch-Ausgabe einen Überlieferungsfehler aufwies. Zu König Pyrrhos von Epeiros vgl. oben V, 119–132. Ob der Sieg bei Herakleia in der Tat durch eine taktische Meisterleistung des Pyrrhos zustandekam, ist nicht erwiesen: Die Schlacht verlief die längste Zeit unentschieden, die Verluste waren auf beiden Seiten sehr hoch; die Entscheidung brachten die den Römern unbekannten Kampfelefanten.
668 *C. Fabritius ... Romanos* Durch die Quellen bedingte falsche Wiedergabe von Plut. *Reg. et imp. apophth., Mor.* 194F (Gaius Fabricius, 1), die wohl dadurch zustandekam, daß Er. die

latein. Übers. des Regio wiederholte, der den Spruch auf dieselbe Weise unrichtig präsentiert hatte: „C. Fabricius audiens Romanos a Pyrrho victos, ad Labienum conuersus, ‚Pyrrhus', inquit, ‚non Epirotae Romanos vicerunt'" (fol. ⟨g iii⟩ʳ). Tatsächlich sprach Fabricius die bewussten Worte nicht zu „Labienus" (bzw. „Laeuinus"); dieser Laevinus war Fabricius' Kollege im Konsulamt und jener Feldherr, der die Schlacht verloren hatte. Während Laevinus als Oberkommandant im römischen Heereslager verblieb, war Fabricius nicht vor Ort, sondern erhielt durch einen Boten Bericht von der Niederlage, auf die er säuerlich reagierte: „Pyrrhos hat den Laevinus besiegt, nicht die Epeiroten die Römer". In Regios irreführender Übersetzung lautete der Spruch jedoch: „Phyrros hat die Römer besiegt, nicht die Epeiroten die Römer". Der griech. Text der Aldus-Ausgabe weist hier einen Überlieferungsfehler auf, der wohl zu Regios Fehlinterpretation führte: Γάιος Φαβρίκιος τὴν ὑπὸ Πύρρου Ῥωμαίων ἧτταν πυθόμενος Λαβηνῷ (Λαβηνῷ *ed. Ald. 1509, p. 169*; Λαιβῖνον *Plut. text. recept.*), εἶπε (εἶπεν *ed. Ald. 1509, p. 169*), Πύρρος, οὐκ Ἠπειρῶται Ῥωμαίους νενικήκασιν. Der Spruch findet sich auch in Plut. *Pyrrh.* 18 (*Vit.* 394C): ... λέγεται Γάιον Φαβρίκιον εἰπεῖν ὡς οὐκ Ἠπειρῶται Ῥωμαίους, ἀλλὰ Πύρρος νενικήκοι Λαιβῖνον, οἰόμενον οὐ τῆς δυνάμεως, ἀλλὰ τῆς στρατηγίας γεγονέναι τὴν ἧτταν. Vgl. die latein. Übers. des Leonardo Bruni: „... quamquam dicatur Fabricius dixisse non Romanos ab Epirotis, sed Albinum a Pyrrho superatum fuisse ..." (ed. Bade, Paris 1514, fol. CLXXIIʳ). Bruni überliefert zwar den Spruch vollständig und richtig, aber zugleich die falsche Namensform „Albinus" statt „Laeuinus".

668 *Labienum* Es handelt sich nicht um „Labienus" (so auch *CWE* 38, S. 534), sondern um den Konsul **Publius Valerius Laevinus**, der Pyrrhos bei Herakleia unterlag (vgl. Plut. *Pyrrh.* 16, 3–17, 4; Dion. Hal. *Ant.* XIX, 11–12). Vgl. H. Volkmann, *RE*, 2. Reihe, VIII.A, 1 (1955), Sp. 50, s.v. „Valerius", Nr. 213; T. Schmitt, *DNP* 12, 1 (2003), Sp. 1098, s.v. „Valerius", Nr. I, 28; R.S. Broughton, *The Magistrates of the Roman Republic, 1: 509 B.C. – 100 B.C.*, Cleveland, OH 1951, S. 190–192; P. Levêque, *Pyrrhus*, 1957, S. 317–334; 351–358. Der Name Labienus ist in der frühen Römischen Republik nicht belegt, sondern tritt erst im 1. Jh. v. Chr. und zur Zeit des Augustus auf. Er. war offensichtlich mit der bei Livius richtig überlieferten Namensform Laevinus nicht vertraut.

669–672 *sentiens ... similem* Sehr ausführliche Erklärung des Er., die in die Irre geht, weil sie von der fehlerhaft überlieferten Form des Ausspruchs ausgeht. Tatsächlich entschuldigt die Reaktion des Fabricius gar nichts, sondern lastet dem Konsulkollegen die militärische Niederlage als persönliche Schuld an.

V, 266　　　　　　　　Animvs inexpvgnabilis　　　　(C. Fabricius, 2) [12]

Quum Pyrrhus pro redimendis captiuis multum auri misisset, *aurum quidem non accepit* Fabricius. *Postridie vero Pyrrhus maximum elephantum emisit, qui ignaro Fabricio a tergo subito barriens appareret. Id vbi factum est, respiciens Fabricius ac ridens, „Me", inquit, „nec aurum heri nec hodie belua fecit attonitum".* Sensit Pyrrhum hoc de industria egisse, vt, quoniam auro bonisque verbis deleniri non poterat, immani voce beluae terreretur. Sed expertus est Pyrrhus animum vndiquaque inexpugnabilem.

675

V, 267　　　　　　　　Fidvcia svi　　　　　　(C. Fabricius, 3) [13]

680

Pyrrho vero hortanti, vt Fabricius *apud se ageret imperii socius futurus, „Ne tibi quidem isthuc expedierit",* inquit, *„Nam si Epirotae nostrum vtrunque pernorint, mihi regi quam tibi parere mallent".*

675　Fabricius *scripsi cum A (cf. ann. ad titulum sectionis)*: Fabritius B C.
676　Fabricio *scripsi cum A (cf. ann. ad titulum sectionis)*: Fabritio B C.

676　Fabricius *scripsi cum A (cf. ann. ad titulum sectionis)*: Fabritius B C.
678　deleniri *scripsi*: deliniri A-C.
681　Fabricius *scripsi cum A (cf. ann. ad titulum sectionis)*: Fabritius B C.

Er. hat den Titel des *Apophth.* V, 266 aus seinem eigenen Kommentar gebildet. V, 266 schließt inhaltlich unmittelbar an V, 265 an und bezieht sich auf die Friedensverhandlungen, die nach der Schlacht bei Herakleia stattfanden. Fabricius fungierte dabei als Führer der röm. Delegation. In einigen Quellen wird behauptet, daß Pyrrhos den Fabricius zu bestechen versuchte; andere Quellen geben an, daß es gerade Pyrrhos gewesen sein soll, der den Austausch von Gefangenen für Geld abgelehnt habe, vgl. Cic. *Off.* I, 38: „Pyrrhi quidem de captiuis reddendis illa praeclara: ‚Nec mi aurum posco nec mi pretium dederitis,/ Nec cauponantes bellum sed belligerantes/ Ferro, non auro, vitam cernamus utrique …'". Für die Unbestechlichkeit des Fabricius vgl. auch Gell. I, 14; Frontin. *Strat.* IV, 3, 2 und *Apophth.* VI, 321.

674–677　*Quum Pyrrhus … attonitum* Durch Verständnisfehler mehrfach verdrehte und sachlich unrichtige Wiedergabe des Er. von Plut. *Reg. et imp. apophth., Mor.* 194F–195A (Gaius Fabricius, 2): Ἐλθὼν δὲ πρὸς Πύρρον περὶ λύσεως αἰχμαλώτων χρυσίον μὲν πολὺ διδόντος οὐκ ἔλαβε· τῇ δ' ὑστεραίᾳ τὸν μέγιστον ἐλέφαντα τοῦ Πύρρου παρασκευάσαντος (παρακελεύσαντος *ed. Ald. 1509, p. 169*) ἐξόπισθεν ἀγνοοῦντι τῷ Φαβρικίῳ ῥήξαντα φωνὴν ἐπιφανῆναι καὶ τούτου γενομένου, ἐπιστραφεὶς ὁ Φαβρίκιος καὶ μειδιάσας „ἐμέ", εἶπεν, „οὔτε τὸ χρυσίον ἐχθὲς οὔτε σήμερον τὸ θηρίον ἐξέπληξε". Nach Er.' Wiedergabe der Begebenheit soll König Pyrrhos dem Fabricius eine große Menge Gold geschickt haben („multum auri misisset"), um die von den Römern gefangengenommenen Soldaten freizukaufen („pro redimendis captiuis"); jedoch sei Fabricius auf das lukrative Angebot nicht eingegangen, sondern sei standhaft geblieben, habe seinen „unbeugsamen Geist" („animus inexpugnabilis") unter Beweis gestellt; die Boten des Königs, die die Gefangenen freikaufen sollten, seien unverrichteter Dinge, mit der negativen Antwort des Fabricius, zu Pyrrhos zurückgekehrt; daraufhin habe der König am nächsten Tag einen riesigen Kriegselefanten zum feindlichen Kommandanten entsandt („emisit"), um ihn einzuschüchtern. Tatsächlich aber schickte König Pyrrhos keinen Boten mit Berichten, Gold oder Elefanten zu Fabricius noch ging überhaupt die Initiative zu Friedensverhandlungen von dem König aus; an solchen war ja vornehmlich die unterlegene Partei, die Römer, interessiert. Tatsächlich waren es die Römer, die eine Delegation zu Pyrrhos entsandten, um einen Frieden auszuhandeln und Gefangene auszutauschen. Anführer dieser Delegation war Fabricius, der sich somit z.Z. der Anekdote stets im Heereslager des Königs aufhielt. Diese Sachverhalte gehen klar sowohl aus dem griech. Originaltext als auch aus Regios und Filelfos Übers. sowie aus Plutarchs Parallelversion in *Pyrrh.* 20 (*Vit.* 395E) hervor; Regio: „Ad redimendos autem captiuos ad Pyrrhum profectus, quum auri multum Pyrrhus ipsi daret, nihil accepit. Postridie vero maximum elephantem Pyrrhus ipse instrui iussit, qui Fabricio ignoranti post terga maximo cum stridore vocem repente emisit. Quo quidem facto conuersus Fabricius et ridens ‚Me‘, inquit, ‚neque aurum heri neque hodie bellua stupefecit‘" (fol. ⟨g iii⟩ʳ). Vgl. die etwas ausführlichere Version bei Plut. *Pyrrh.* 20 (*Vit.* 395E): Ἐκ τούτου πρέσβεις ἀφίκοντο περὶ τῶν αἰχμαλώτων οἱ περὶ Γάϊον Φαβρίκιον, οὗ πλεῖστον ἔφη Ῥωμαίους λόγον ἔχειν ὁ Κινέας ὡς ἀνδρὸς ἀγαθοῦ καὶ πολεμικοῦ, πένητος δὲ ἰσχυρῶς. τοῦτον οὖν ὁ Πύρρος ἰδίᾳ φιλοφρονούμενος ἔπειθε λαβεῖν χρυσίον, ἐπ᾽ οὐδενὶ δῆθεν αἰσχρῷ, φιλίας δέ τι καὶ ξενίας ἐπονομάζων τοῦτο σύμβολον. ἀπωσαμένου δὲ τοῦ Φαβρικίου τότε μὲν ἡσύχασε, τῇ δ᾽ ὑστεραίᾳ βουλόμενος αὐτὸν ἐκπλῆξαι μήπω θεατὴν ἐλέφαντος γεγενημένον, ἐκέλευσε τῶν θηρίων τὸ μέγιστον ἐξόπισθεν αὐτοῖς παραστῆσαι κοινολογουμένοις, αὐλαίαν παρατείναντας. ἐγένετο δὴ ταῦτα· καὶ σημείου δοθέντος ἡ μὲν αὐλαία παρήχθη, τὸ δὲ θηρίον ἄφνω τήν τε προνομαίαν ἀράμενον ὑπερέσχε τῆς κεφαλῆς τοῦ Φαβρικίου καὶ φωνὴν ἀφῆκε φοβερὰν καὶ τραχεῖαν. ὁ δὲ ἠρέμα μεταστραφεὶς καὶ διαμειδιάσας πρὸς τὸν Πύρρον εἶπεν· "Οὔτε χθές με τὸ χρυσίον ἐκίνησεν οὔτε σήμερον τὸ θηρίον"; in Leonardo Brunis Übers.: „Post haec legati ad Pyrrhum pro captiuis redimendis missi, inter quos C. Fabricius fuit … Huic igitur rex seorsum blanditus … postridie verum ipsum terrere volens … iussit, dum simul loquerentur, maximum elephantum post aulaeam iuxta se constitui; deinde subito aulaea sublata, elephas ex improuiso conspectus proboscidem supra caput Fabricii extulit ac vocem terribilem asperamque emisit …" (ed. Bade, Paris 1514, fol. CLXXIIᵛ).

675 *maximum elephantum* Die Römer kamen zum ersten Mal in den Schlachten in Lukanien mit Kampfelefanten in Berührung. Die neuartigen, zunächst Angst und Schrecken verursachenden Ungeheuer nannten sie „Lukanische Bullen" („boues Lucas", vgl. Varro *Ling. Lat.* VII, 39; Isid. *Orig.* XII, 2, 15). Nachdem Pyrrhos geschlagen worden war, wurden im Triumphzug von 275 v. Chr. die erbeuteten Elefanten mitgeführt.

Auch *Apophth.* V, 267 datiert auf die Zeit der Friedensverhandlungen mit Pyrrhus nach der Schlacht von Herakleia. Vgl. Plut. *Pyrrh.* 20 (*Vit.* 396A).

681–683 *Pyrrho … mallent* Versuchte wörtliche Wiedergabe von Plut. *Reg. et imp. apophth., Mor.* 195A (Gaius Fabricius, 3), wobei Er. sowohl Regios als auch Filelfos Übers. als Textvorlage benutzte; Filelfo: „Roganteque eum Pyrrho, vt secum esset ac proximum post se imperium haberet, ‚Neque tibi hoc‘, inquit, ‚conducit. Nam Epirotae si ambos nos norint, a me regi quam abs te malint‘" (fol. m iiiᵛ); Regio: „Sed Pyrrho ipsum rogante, vt secum esset ac post se primum locum haberet, ‚Ne hoc quidem tibi expedit‘, inquit, ‚Nam si Epirotae nostrum vtrunque nouerint, magis a me regi quam abs te volent‘" (fol. ⟨g iii⟩ʳ). Vgl. den griech. Text: Τοῦ δὲ Πύρρου παρακαλοῦντος αὐτὸν εἶναι σὺν αὐτῷ καὶ τὴν μετ᾽ αὐτὸν ἔχειν ἡγεμονίαν "οὐδὲ σοί", ἔφη, "τοῦτο λυσιτελές ἐστιν· Ἠπειρῶται γὰρ ἐὰν ἀμφοτέρους γνῶσιν ἡμᾶς, ὑπ᾽ ἐμοῦ βασιλεύεσθαι μᾶλλον ἢ σοῦ ἐθελήσουσιν". Dasselbe Apophthegma findet sich bei Plut. *Pyrrh.* 20, 4 (*Vit.* 395F–396A): Οὕτω δὴ θαυμάσας τὸ φρόνημα τοῦ ἀνδρὸς καὶ τὸ ἦθος ὁ Πύρρος ἔτι μᾶλλον ὠρέγετο φιλίαν ἀντὶ πολέμου πρὸς τὴν πόλιν αὐτῷ γενέσθαι· κἀκεῖνον ἰδίᾳ παρεκάλει ποιησάμενον τὰς διαλύσεις ἕπεσθαι καὶ συζῆν μετ᾽ αὐτοῦ, πρῶτον ὄντα πάντων τῶν ἑταίρων καὶ τῶν στρατηγῶν. ὁ δὲ ἡσυχῇ λέγεται πρὸς αὐτὸν εἰπεῖν, „Ἀλλ᾽ οὐδὲ σοὶ τοῦτο, βασιλεῦ, λυσιτελές ἐστιν· αὐτοὶ γὰρ οἱ νῦν σε τιμῶντες καὶ θαυμάζοντες, ἂν ἐμοῦ πεῖραν λάβωσιν, ὑπ᾽ ἐμοῦ μᾶλλον ἐθελήσουσιν ἢ σοῦ βασιλεύεσθαι".

V, 268   FIDES IN HOSTEM   (C. Fabritius, 4) [14]

685 Fabricio iam consuli misit epistolam Pyrrhi medicus, qua promittebat se regem *veneno necaturum, si iuberet*. At eam epistolam autore non prodito *ad Pyrrhum remisit, iubens illum* sibi cauere, *qui pessimus esset iudex tum amicorum tum hostium*, sentiens eum eos habere pro hostibus, quos amplecti debebat, si satis nouisset, et hos pro amicis ducere, qui peius illi vellent quam hostes.

690 V, 269   NIHIL GRATIS   (C. Fabricius, 5) [15]

Caeterum *vbi compertis insidiis Pyrrhus medicum* egisset in crucem, *Fabricio captiuos gratis remisit*. At Fabricius noluit eos gratis recipere, sed parem captiuorum numerum remisit, ne a Pyrrho proditi veneficii mercedem accepisse videretur, negans se hoc indicium fecisse Pyrrhi causa, sed ne Romani viderentur dolis hostem occidere, vt qui viribus
695 superare non possent.

---

685 Fabricio *scripsi cum A (cf. ann. ad titulum sectionis)*: Fabritio B C.
691 Fabricio *scripsi cum A (cf. ann. ad titulum sectionis)*: Fabritio B C.
692 Fabricius *scripsi cum A (cf. ann. ad titulum sectionis)*: Fabritius B C.

Apophth. V, 268 datiert auf 278 v. Chr., als Fabricius zum zweiten Mal das Konsulat bekleidete. V, 268 ist kein Apophthegma im eigentlichen Sinn: Es geht um eine briefliche und mittels Gesandter überbrachte Mitteilung und darauffolgende demonstrative Handlungen. V, 268 bildet eher ein *Exemplum*, das Fabricius' Integrität, Vertrauenswürdigkeit (*fides*) und Gerechtigkeit (*iustitita*) selbst gegenüber Feinden darstellt (vgl. die Präsentation der Anekdote in Cic. *Off.* I, 40: „maximum exemplum ... iustitiae in hostem" und Val. Max. VI, 5, 1 als *exemplum iustitiae*). In diesem Sinn ist auch Er.' Titel „Fides in hostem" zu verstehen, dem Lycosthenes nachfolgte, indem er V, 268 im Kapitel „De fide seruanda" (S. 356) druckte. Nach Claudius Quadrigarius (Gell. III, 8) ging es um einen Brief, den sowohl Fabricius als auch sein Mitkonsul Q. Aemilius Papus verfasst hatten; nach Valerius Antias (ebd.) und Val. Max. (a.a.O.) um einen Botenbericht im Namen des röm. Senates; nach Plut. *Mor.* 195A–195B und *Pyrrh.* 21, 1–5 (*Vit.* 396B–D) um ein Schreiben an den König, dessen alleiniger Autor Fabricius war.
685–687 *Fabritio ... hostium* Weitgehend wörtliche Wiedergabe von Plut. *Reg. et imp. apophth., Mor.* 195A–195B (Gaius Fabricius, 4), wobei Er. Regios Übers. bearbeitete („Fabricio autem consulatum gerenti Pyrrhi medicus epistolam misit, qua pollicebatur se Pyrrhum veneno – si iusserit – necaturum. Sed eam epistolam remisit ad Pyrrhum, animaduertere iubens, quam malus et amicorum esset iudex et hostium", fol. ⟨g iii⟩ʳ), die er mit einem Element aus der Darstellung des Val. Max. anreicherte. Vgl. den griech. Text: Ὑπατεύοντι δὲ τῷ Φαβρικίῳ προσέπεμψεν ἐπιστολὴν ὁ τοῦ Πύρρου ἰατρός ἐπαγγελλόμενος, ἐὰν κελεύῃ, φαρμάκοις τὸν Πύρρον ἀποκτενεῖν· ὁ δὲ Φαβρίκιος τὴν ἐπιστολὴν πρὸς τὸν Πύρρον ἔπεμψεν, αἰσθέσθαι κελεύσας δι᾽ ὅ τι καὶ φίλων κάκιστός ἐστι κριτὴς καὶ πολεμίων. Die nämliche Anekdote findet sich in Plut. *Pyrrh.* 21, 1–5 (*Vit.* 396B–D); Val. Max. VI, 5, 1; Frontin. *Strat.* IV, 4, 2; Gell. III, 8; Cic. *Off.* I, 40; III, 86.
686 *autore non prodito* „autore non prodito" ist ein Zusatz des Er., den er aus der Wiedergabe der Geschichte bei Val. Max. VI, 5, 1 bezog, wo der Name des Verräters, Timochares, genannt wird. Nach Val. Max. (und übrigens auch Gell.) soll Fabricius den Pyrrhos durch Gesandte im allgemeinen Sinn gewarnt, jedoch nicht den Namen des Verräters preisgegeben haben (Val. Max. a.a.O.: „... missis legatis Pyrrhum monuit, vt aduersus huius generis insidias cautius se gereret ... Timocharis autem nomen suppressit, quia nec hostem

malo exemplo tollere neque eum, qui bene mereri paratus fuerat, prodere noluit"). Nach Gellius III, 8 geht diese Version auf Valerius Antias zurück. In Claudius Quadrigarius' Version wurde hingegen „Nicias" als Name des Verräters überliefert (ebd.).

687–689 *sentiens ... hostes* Lycosthenes versah V, 268 mit einer Erklärung, in der er die Anekdote als für die eigenzeitlichen Fürsten beschämendes Exemplum darstellt: „Quis non admiretur Fabricii erga hostem immanissimum fidem, quem amice monuit, vt tute periculum euitaret? Secus faciunt hodie duces, qui clam insidias hostibus struunt contra iustitiam, fidem et omnem aequitatem, vt victores etiam ex coempta victoria domum gloriabundi redeant" (S. 356).

691–695 *Caeterum vbi ... possent* Leicht variierende Wiedergabe von Plut. *Reg. et imp. apophth.*, *Mor.* 195B (Gaius Fabricius, 5), wobei Er. die Übers. des Regio als Textvorlage benutzte: „Posteaquam vero Pyrrhus insidiis deprehensis medicum quidem suspendit, Fabricioque captiuos absque redemptionis precio reddidit gratis, Fabricius non accepit, sed totidem illi restituit, ne mercedem recipisse videretur. Neque enim insidias Pyrrhi gratia indicasse, sed ne viderentur Romani dolo necare perinde atque si aperte non possent" (fol. ⟨g iii⟩ʳ⁻ᵛ).: Ἐπεὶ δὲ φωράσας τὴν ἐπιβουλὴν ὁ Πύρρος τὸν μὲν ἰατρὸν ἐκρέμασε, τῷ δὲ Φαβρικίῳ τοὺς αἰχμαλώτους ἄνευ λύτρων ἀπέδωκεν, οὐκ ἐδέξατο δωρεὰν ἀλλ' ἴσους ἀντέδωκε, μὴ δόξῃ λαμβάνειν μισθόν· οὐδὲ γὰρ χάριτι Πύρρου μεμηνυκέναι τὴν ἐπιβουλήν, ἀλλ' ὅπως μὴ δοκῶσι Ῥωμαῖοι δόλῳ κτείνειν, ὡς φανερῶς νικᾶν οὐ δυνάμενοι. Dieselbe Anekdote findet sich in Plut. *Pyrrh.* 21, 3–5 (*Vit.* 396D).

FABIVS MAXIMVS

V, 270   Convitia contempta   (Fabius Maximus, 1) [16]

Fabius Maximus quoniam cum Annibale confligere detrectabat, *sed* mora *copias illius et pecuniarum et commeatus egentes attenuabat, sequens illum per aspera montuosaque* ac subinde obiter *sese opponens*, a nonnullis per ludibrium *dicebatur Annibalis paedagogus.* Hoc conuitio nihil commotus *pergebat suum institutum sequi, dicens apud amicos: qui dicteria conuitiaque metuat, eum sibi videri timidiorem his, qui fugiunt hostes.* Sensit hoc turpius esse timiditatis vitium, quo leuius est periculum. Nihil autem leuius dictis; quae qui formidat, quomodo sustinebit impetum hostium?

---

698 Annibale *B C*: Hannibale *A*.   700 Annibalis *B, C, BAS, LB*: Hannibalis *A*.

696 Nunmehr folgt ein Abschnitt mit drei Sektionen, die den drei großen Feldherren des 2. Punischen Krieges (218–201 v. Chr.) gewidmet ist: Q. Fabius Maximus (V, 270ff.), Hannibal (V, 281ff.) und P. Cornelius Scipio Africanus Maior (V, 293–307).
Quintus Fabius Maximus Verrucosus (um 275–203 v. Chr.), der sprichwörtliche Cunctator, einer der bedeutendsten Politiker und Feldherren der frühen Römischen Republik; stammte aus einer der ältesten Patrizierfamilien; zwischen 233 und 209 fünfmal Konsul und zweimal Diktator. Der Namensteil Maximus geht auf seinen Urgroßvater Q. Fabius Maximus Rullianus zurück, das Cognomen Verrucosus auf eine Warze auf der Oberlippe; „Cunctator" („der Zauderer") ist kein offizielles Cognomen, sondern ein (zunächst wohl spöttisch gemeinter) Spitzname. Fabius Maximus war insb. durch seine Rolle im 2. Punischen Krieg (218–201) im Kampf gegen Hannibal auf italischem Boden bedeutend. Der Spitzname „Cunctator" bezieht sich auf Fabius' Taktik des Hinhaltens: Fabius folgte Hannibal, stellte sich ihm jedoch nie zur offenen Schlacht. Nachdem Hannibal in der Schlacht am Trasmenischen See i.J. 217 die röm. Legionen unter Konsul Gaius Flaminius vernichtend geschlagen hatte, wurde Fabius Maximus zum Diktator und M. Minucius Rufus zum *Magister equitum* ernannt. Fortan behinderten sich der Diktator und sein *Magister equitum* ständig: Fabius setzte auf die Defensive, Munucius Rufus versuchte stets zum Angriff überzugehen. Nachdem Fabius' Diktatur zu Ende war (216), setzten die Konsuln L. Aemilius Paulus und C. Terentius Varro wieder auf Angriff, was die vernichtende Niederlage der Römer in der Schlacht bei Cannae zu Folge hatte. Vgl. F. Münzer, *RE* VI, 2 (1909), Sp. 1814–1830, s.v. „Fabius", Nr. 116; K.-L. Elvers, *DNP* 4 (1998), Sp. 372–373, s.v. „Fabius", Nr. I, 30; H. Beck, „Quintus Fabius Maximus – Musterkarriere ohne Zögern", in K.-J. Hölkeskamp – E. Stein-Hölkeskamp (Hrsg.), *Von Romulus zu Augustus. Große Gestalten der römischen Republik*, München 2000, S. 79–91; H.H. Scullard, *Roman politics: 220–150 BC*, Westport, CT 1981. Fabius Maximus figuriert in den *Apophthegmata* weiter in V, 281, 283, 288; VI, 319, 356 und 372; er fungiert als Spender von *Adag.* 929 „Romanus sedendo vincit" (*ASD* II, 2, S. 436): „Ex historia Fabii Cunctatoris natum arbitror, qui Hannibalem iuueniliter exultantem sua patientia fregit, de quo versus ille Ennianus: ‚Vnus qui nobis cunctando restituit rem'"; Fabius Maximus stellt das Leit-Exemplum von *Adag.* 1001 „Festina lente" (*ASD* II, 3, S. 10 dar: „… perpaucos autem reperias, qui prouerbium hoc secuti tempestiuam celeritatem cum prudenti tarditate recte miscuerint, nisi quod pro multis vnus sufficit, Fabius ille Maximus, …, qui cum sibi laudem peperit immortalem, tum Romano imperio *cunctando restituit rem* aliorum ducum inauspicata celeritate iam ad extrema redactam") und von *Adag.* 2460 „Qui nimium properat, serius absoluit" (*ASD* II, 5, S. 328): „Item in re bellica plus effecit Fabii cunctatio quam M. Minutii praeceps temeritas, Siquidem is vnus Hannibalem multis iam praeliis inuictum non viribus sed lentitudine

superauit"; Fabius Maximus fungiert weiter als *auctoritas* für *Adag.* 30 „Factum stultus cognoscit" (*ASD* II, 1, S. 144), *Adag.* 370 „Actum agere" (ebd. S. 456) und *Adag.* 2057 (*ASD* II, 5, S. 72): „Hanc Homeri sententiam expressisse videtur Q. Fabius Maximus apud M. Tullium libro De senectute. Is enim, cum esset augur, dicere ausus est optimis auspiciis ea geri, quae pro rei publicae salute fierent; quae contra rem publicam ferrentur, contra auspicia ferri".

698–702 *Fabius Maximus ... hostes* Teilweise wörtliche, leicht variierende, jedoch durch einen Übersetzungs- und Verständnisfehler getrübte Wiedergabe von Plut. *Reg. et imp. apophth., Mor.* 195C (Fabius Maximus, 1), wobei Er. größtenteils Regios Übers. als Vorlage benutzte: „Fabius Maximus cum Annibale pugnare nolens, sed tempore illius exercitum et pecuniarum et annonae indigentem dissoluere quaerens, per aspera et montosa loca persequebatur, sese illi subinde opponens. Quod autem vulgo derideretur Annibalisque paedagogus vocaretur, paruipendens, suis consiliis vtebatur amicisque dicebat: qui derisiones conuiciaque metuat, eum sibi timidiorem videri, quam qui hostes fugiat" (fol. ⟨g iii⟩ᵛ). Vgl. den griech. Text: Φάβιος Μάξιμος Ἀννίβᾳ μάχεσθαι μὴ βουλόμενος ἀλλὰ τρίβειν χρόνῳ τὴν δύναμιν αὐτοῦ καὶ χρημάτων ἐνδεᾶ καὶ σιτίων οὖσαν ἐπηκολούθει διὰ τῶν τραχέων καὶ ὀρεινῶν (ὀρινῶν *ed. Ald. 1509, p. 170*) ἀντιπαρεξιών· καταγελώντων δὲ τῶν πολλῶν καὶ παιδαγωγὸν Ἀννίβα καλούντων μικρὰ φροντίζων ἐχρῆτο τοῖς αὑτοῦ λογισμοῖς· καὶ πρὸς τοὺς φίλους ἔλεγεν ὅτι τὸν σκώμματα φοβούμενον καὶ λοιδορίας δειλότερον ἡγεῖται τοῦ φεύγοντος τοὺς πολεμίους. Dieselbe Anekdote findet sich auch in Plut. *Fab. Max.* 5, 2–6 (Vit. 177A), in Guarino da Veronas Übers.: „Qui in Fabium per cunctationem maledica torquebant, Annibalis paedagogum appellabant, Minutium vero magnum virum et Roma dignum imperatorem praedicabant" (ed. Bade, Paris 1514, fol. LXXIIIᵛ). Vgl. Diod. XXVI, 3, 1.

698 *Fabius ... confligere* Im ersten Satzteil folgte Er. Filelfos Übers.: „Fabius Maximus cum nollet cum Annibale acie confligere ..." (fol. m iiiᵛ).

699–700 *sequens ... opponens* Den Abschnitt „*sequens ... opponens*" kopierte Er. aus Regios Übers. (a.a.O.), die ihrerseits auf jene des Filelfo zurückgeht („per aspera et montuosa loca insequebatur et se a latere egressus opponebat", fol. m iiiᵛ).

699–700 *ac subinde ... opponens* „ac subinde obiter sese opponens" steht nicht im griech. Originaltext und liefert eine missverständliche Darstellung: Fabius stellte sich Hannibal nicht „bei Gelegenheit" („obiter") „hin und wieder" („subinde") in den Weg, sondern agierte immer nur aus der Distanz. Das hier von Plut. verwendete seltene Wort ἀντιπαρέξειμι, das „in gleicher/ paralleler Richtung (bzw. nebenher) ausziehen, um einen Feind zu beobachten" bedeutet (vgl. Passow I, 1, S. 270, s.v.; Cole Babbitt: „he [sc. Fabius] followed close after him, taking a parallel route"), wurde irrtümlich als „sich in den Weg stellen" („sese opponere") aufgefasst. Er. kopierte den Fehler aus Regios Übers.: „sese illi subinde opponens" (a.a.O.), wobei „subinde" ein unangebrachter Zusatz des italienischen Humanisten ist, und verschlimmbesserte ihn durch den weiteren Zusatz von „obiter".

700 *nonnullis* im griech. Text steht „die meisten" (τῶν πολλῶν); Er. trübte mit „nonnullis" Regios sinngemäß richtiges „vulgo" (a.a.O.).

705 V, 271   Temeritas   (Fabius Maximus, 2) [17]

Quum de Minutio illius collega, quoniam nonnullos hostes deiecerat, multus esset ortus rumor tanquam de viro nomine Romano digno, ait se magis secundam Minutii fortunam quam aduersam pertimescere, sentiens illius temeritatem periculosissimam esse reipublicae, quam si rerum successus attolleret, in extremum discrimen adducturam
710 vniuersum populum Romanum, sed aduersis casibus futuram moderatiorem.

V, 272   Facete   (Fabius Maximus, 2, i.e. Annibal, 1) [18]

Paulo post, quum Minutius hostium *insidiis septus in summo esset periculo, ne cum suis copiis periret,* Fabius e monte mouens exercitum *venit illi auxilio multisque trucidatis*
715 *hostibus* ipsum *eripuit.* Hoc facto *Annibal ad* suos *dixit: „Nonne vobis saepenumero praedixi fore, vt illa montana nubes nobis aliquando tempestatem immitteret?".* Hoc Annibalis, non Fabii dictum huc aliunde suspicor adscriptum.

706 Minutio *A-C sec. versiones Philelphi et Regii:* Minucio *sec. Plut. ed. Ald.*
707 Minutii *A-C sec. versiones Philelphi et Regii:* Minucii *sec. Plut. ed. Ald.* (Μινουκίου).

713 Minutius *A-C sicut versiones Philelphi et Regii:* Minucius *sec. Plut. ed. Ald.*

Apophth. V, 271 datiert auf d.J. 217 v. Chr., auf die Zeit, in der Fabius Maximus zu religiösen Zeremonien nach Rom zurückkehren musste und Minucius Rufus den Oberbefehl übertrug: Dieser hielt sich nicht an Fabius' Defensivtaktik, sondern griff Hannibals Lager bei Gerunium an, tötete eine Anzahl punischer Soldaten und brachte den karthagischen General zeitweilig in eine bedrängte Lage. Das Apophthegma spiegelt konkret die Situation wieder, als die Nachricht von diesem Erfolg, der übrigens von Minucius sehr aufgebauscht worden war, nach Rom gelangte und dort großen Eindruck machte. Viele hielten Minucius nunmehr für einen geeigneteren Führer als Fabius Maximus, mit dessen Defensivstrategie man generell unzufrieden war. Demzufolge wurden Minucius die Vollmachten eines Diktators zugesprochen. Für das gegenseitige Misstrauen und die Streitigkeiten zwischen Fabius und Minucius vgl. Plut. *Fab. Max.* 8–12. Das Ereignis von *Apophth.* V, 271 verwendet Er. als schlagendes Exemplum in *Adag.* 2460 „Qui nimium properat, serius absoluit" (*ASD* II, 5, S. 328): „Item in re bellica plus efficit Fabii cunctatio quam M. Minutii praeceps temeritas. Siquidem is vnus Hannibalem multis iam praeliis inuictum non viribus, sed lentitudine superauit. De quo praeclare Ennius apud M. Tullium in Catone maiore: ‚Vnus homo nobis cunctando restituit rem'" (Cic. *Cato* 10; Enn. *Ann.* XII, 370). Er. hat im vorl. Fall ein zusammenhängendes Lemma des Plut. *Mor.* 195C–195D (Fabius Maximus, 2) in zwei *Apophthegmata* (V, 271 und 272) aufgesplittet.

706–708 *Quum ... pertimescere* Plut. *Reg. et imp. apophth., Mor.* 195C–195D (Fabius Maximus, 2): Ἐπεὶ δὲ τοῦ συνάρχοντος Μινουκίου καταβαλόντος τινὰς τῶν πολεμίων πολὺς ἦν λόγος ὡς ἀνδρὸς ἀξίου τῆς Ῥώμης, μᾶλλον ἔφη τὴν εὐτυχίαν ἢ τὴν ἀτυχίαν τοῦ Μινουκίου φοβεῖσθαι. Er. gestaltete seine Textwiedergabe collageartig nach den Übers. Regios und Filelfos; Regio: „Posteaquam vero de Minutio Equitum magistro, qui hostium nonnullos debellauerat, sermo coepit esse multus, tanquam digno Roma viro, magis se dixit (sc. Fabius) secundam Minucii fortunam timere quam aduersam" (fol. ⟨g iii⟩ᵛ); Filelfo: „... cum de collega Minutio, quoniam hostes aliquos prostrasset, magnus rumor esset, quasi vir foret nomine Romano dignissimus, magis se inquit secundam Minutii fortunam quam aduersam pertimescere" (fol. m iiiᵛ).

706 *Minutio* Marcus Minucius Rufus (um 260–216 v. Chr.), als *homo nouus* Konsul 221; für d.J. 217 zum *Magister equitum* (Generaloberst der Kavallerie) mit außergewöhnlichen Vollmachten ernannt; Minucius erhielt in der Folge sogar dieselbe Befugtheit wie der Diktator Fabius Maximus und agierte als dessen *collega*; er trat im Gegensatz zu diesem stets für eine offensive Vorgehensweise gegen Hannibal ein. Nach militärischen Teilerfolgen geriet er in eine Falle, aus der ihn Fabius rettete. Schließlich fand er den Tod in der Schlacht von Cannae. Vgl. F. Münzer, *RE* XV, 2 (1932), Sp. 1957–1962, s.v. „Minucius", Nr. 52. Er. verwendet in den *Apophth.* durchgehend die Form „Minutius", während im griech. Originaltext Μινουκιος steht.

706 *collega* Er. übernahm von Filelfos dessen stimmige Übers. „collega" für griech. συνάρχων. Regio gab an der nämlichen Stelle Minucius' ursprüngliches Amt, „Magister equitum", an; tatsächlich bezieht sich das Apophthegma aber auf die neue Situation von 217 v. Chr., als Minucius die Vollmachten eines Kollegen im Diktator-Amt zuerkannt worden waren.

707 *rumor* Er. übernahm „rumor" aus Filelfos einseitiger Übers. für λόγος (fol. m iii^v), das wohl neutraler aufzufassen ist; vgl. Regios „sermo" (a.a.O.) und Cole Babbitts „there was much talk of him as a man …".

707 *viro nomine Romano digno* Er. bildete „viro nomine Romano digno" nach Filelfos „vir foret nomine Romano dignissimus" (a.a.O.); vgl. auch oben V, 263 „eum non esse *Romano dignum nomine*", dort vielleicht am ehesten nach Firm. *De errore prophanarum religionum* 5, 2 „Romano nomine dignum".

Apophth. V, 272 Nachdem Minucius Rufus den Oberbefehl über die Hälfte der Legionen erhalten hatte, ließ er sich bald auf den Kampf gegen Hannibal ein. Das *Apophthegma* bezieht sich auf die Falle, die Hannibal dem Minucius Rufus im Tal des Fortore gestellt hatte. Hannibal versteckte in Gruben und Höhlen 5000 Soldaten, die den Römern in den Rücken fielen und Minucius' Legionen fast aufgerieben hätten. Vgl. Polyb. III, 104, 1–3; 105, 11; Liv. XXII, 28, 1–22, 29, 6; Plut. *Fab. Max.* 11, 1–12, 6 (*Vit.* 180D–181C). Er. merkt an, daß das Lemma nicht in die Fabius-Sektion gehöre, weil es einen Ausspruch des Hannibal, nicht des Fabius wiedergebe, und vermutet im Übrigen (zu Unrecht), daß es sich deshalb um eine spätere Interpolation in den Plutarchtext handle. Bezeichnenderweise präsentiert Er. trotz seiner Bedenken den Spruch an der vorl. Stelle und versetzt ihn nicht in die Hannibal-Sektion: Das ist umso auffälliger, als Er. denselben Vorfall auch in der Hannibal-Sektion thematisiert (V, 281), jedoch ohne dort den Spruch aus *Mor.* 195D (Fabius Maximus, 2) zu bringen. Die Bewertung des Ausspruchs durch Er. „Facete" („witzig", „humoristisch") ist nicht evident, da im Grunde nichts weiter als eine metaphorische, bildkräftige Ausdrucksweise des Hannibal vorliegt. Er. hat diese Bewertung wohl aus Guarinos latein. Übers. der parallelen Überlieferung der Anekdote bei Plut. *Fab. Max.* 12, 4 (*Vit.* 181C) übernommen, in der wörtlich steht, daß Hannibal den Spruch „im Scherz" („iocando") geäußert habe: „Ferunt Annibalem e pugna descendentem loquentemque de Fabio ad suos *iocando* dixisse: ,Nonne ego vobis saepius praedixi hanc nubem, quae his in montibus sedebat, tempestatem et procellam nobis oblaturam?'" (ed. Bade, Paris 1514, fol. LXXIIII^v).

713–716 *Paulo post … immitteret?"* Im einleitenden und narrativen Teil paraphrasierende, im Spruchteil jedoch wörtliche Wiedergabe von Plut. *Reg. et imp. apophth.*, *Mor.* 195D (Fabius Maximus, 2): καὶ μετὰ μικρὸν ἐνέδρα (ἐνέδρα *ed. Ald. 1509, p. 170*) περιπεσόντος καὶ κινδυνεύοντος (περιπεσόντος, κινδυνεύοντος *ed. Ald. 1509, p. 170*) ἀπολέσθαι μετὰ τῆς ἑαυτοῦ δυνάμεως ἐπιβοηθήσας τῶν τε πολεμίων πολλοὺς διέφθειρε κἀκεῖνον ἔσωσεν (ἔσωσεν *ed. Loeb, S.158*; ἔσωσεν *ed. Ald. 1509, p. 170*). ὁ μὲν οὖν Ἀννίβας εἶπε πρὸς τοὺς φίλους „οὐ πολλάκις ἐγὼ προὔλεγον ὑμῖν τὴν ἀπὸ τῶν ὀρῶν νεφέλην ὅτι χειμάσει ποτὲ ἐφ' ἡμᾶς". Im Spruchteil benutzte Er. Regios Übers. als Textvorlage: „Nonne saepe vobis", inquit, „praedixi montanam illam nebulam imbrem in nos aliquando emissuram?" (fol. ⟨g iii⟩^{v}). Zudem hat Er. in vorliegendem Fall auch die parallele Überlieferung desselben Spruches bei Plut. *Fab. Max.* 12, 4 (*Vit.* 181C) berücksichtigt (vgl. Komm. oben): Λέγεται δ' αὐτὸν ἀπιόντα περὶ τοῦ Φαβίου πρὸς τοὺς φίλους εἰπεῖν τι τοιοῦτον μετὰ παιδιᾶς· „οὐκ ἐγὼ μέντοι προὔλεγον ὑμῖν πολλάκις τὴν ἐπὶ τῶν ἄκρων ταύτην καθημένην νεφέλην, ὅτι μετὰ ζάλης ποτὲ καὶ καταιγίδων ὄμβρον ἐκρήξει;".

V, 273   CONTATIO   (Fabius Maximus, 3, i.e.
                                              Annibal, 2) [19]

720 *Post calamitatem*, quam Romani acceperant *apud Cannas, creatus imperator* [i.e. consul] *cum Claudio Marcello viro audacisemperque gestienti cum Annibale confligere*, Fabius potius *sperabat futurum, vt si pugna abstineret, Annibalis exercitus ductu temporis deficeret*. Id sentiens *Annibal dixit se magis formidare Fabium a pugna quiescentem quam Marcellum pugnantem*. Nec hoc est Fabii apophthegma, sed Annibalis.

725 V, 274   ERROR MERITIS CONDONATVS   (Fabius Maximus, 4) [20]

Miles quidam Lucanus delatus erat Fabio, *quod noctu frequenter e castris* clam *excederet amore* cuiusdam *foeminae. Fabius quum audisset illum alioqui in rebus belli praeclarum esse virum, iussit clam apprehensam mulierem, quam* amabat miles, *ad se perduci. Quae simul vt adducta est, iussit accersi* virum, ad quem ita loquutus est: „Haud clam *nobis*
730 *fuit te praeter legem* militarem *abnoctare a castris; at ne id quidem prius nos latuerat te probum esse militem. Proinde errata ante bene gestis condonamus: Caeterum posthac eris nobiscum. Nam habeo fideiussorem*", et productam *mulierculam illi commendauit*.

---

721 audaci *A-C (cf. versionem Regii)*: audace BAS LB.

Apophth. V, 273 datiert auf die Zeit nach der Schlacht von Cannae (216 v. Chr.), als – i.J. 215 – Fabius Maximus zusammen mit Claudius Marcellus zu den Konsuln d.J. 214 ernannt worden waren.

720–724 *Post calamitatem ... Marcellum pugnantem* Plut. *Reg. et imp. apophth., Mor.* 195D–E (Fabius Maximus, 3): Μετὰ δὲ τὴν ἐν Κάνναις ἀτυχίαν τῆς πόλεως ἄρχων κατασταθεὶς μετὰ Κλαυδίου Μαρκέλλου, τόλμαν ἔχοντος ἀνδρὸς καὶ φιλομαχοῦντος ἀεὶ πρὸς τὸν Ἀννίβαν, αὐτὸς ἤλπιζεν, εἰ μηδεὶς μάχοιτο, ταχὺ τὴν δύναμιν τοῦ Ἀννίβα παρατεινομένην ἀπαγορεύσειν· ἔλεγεν οὖν ὁ Ἀννίβας ὅτι μᾶλλον φοβεῖται Μαρκέλλου μαχομένου Φάβιον μὴ μαχόμενον. Er. hat für seine Textwiedergabe Regios Übers. benutzt: „Post Cannensem vero cladem imperator creatus cum Claudio Marcello, audaci et forti viro et qui cum Annibale semper pugnare amaret, in eam spem ipse adductus erat: si nemo pugnaret fessum Annibalis exercitum, breui esse defecturum. Qua re dictitabat Annibal se magis Fabium non pugnantem quam Marcellum pugnantem formidare" (fol. ⟨g iii⟩ᵛ).

720 *imperator* „imperator" ist keine gelungene Übers. von τῆς πόλεως (i.e. Romae) ἄρχων, das den römischen Konsul bezeichnet. Fabius wurde (i.J. 215) gemeinsam mit M. Claudius Marcellus zu den Konsuln d.J. 214 ernannt. Er.' hat „imperator" wohl aus Filelfos und/oder Regios Übers. kopiert, wohl ohne sich weiter um den griech. Text zu kümmern.

721 *Claudio Marcello* M. Claudius Marcellus (um 268–208 v. Chr.), einer der bedeutendsten und erfolgreichsten röm. Feldherren; u. a. eroberte er während des 2. Punischen Krieges Casilinum, Leontinoi und Syrakus; fünfmal Konsul; fand in seinem 5. Konsulat i.J. 208 bei einer militärischen Operation den Tod, als er bei Venusia in einen Hinterhalt fiel. Vgl. K.-L. Elvers, *DNP* 3 (1999), Sp. 9–10, s.v. „Claudius", Nr. I, 11. Da M. Claudius Marcellus in den *Reg. et imp. apophth.* des Plutarch keine eigene Sektion erhielt, fehlt eine solche auch in Er.' *Apophthegmata*.

723–724 *Annibal ... Marcellum pugnantem* Er. bildete den Spruchteil Regios Übers. nach: „... dictitabat Annibal se magis Fabium non pugnantem quam Marcellum pugnantem formidare" (a.a.O.).

Apophth. V, 274 ist eine anekdotische Erzählung, kein Apophthegma, am ehesten ein Exemplum von Fabius Maximus' Weisheit, kluger

Nachsichtigkeit und Umsichtigkeit. Eine ähnliche Geschichte erzählt Plutarch von Alexander (*Mor.* 181A), welche Er. als *Apophth.* IV, 56 gestaltete. Vgl. Komm. *CWE* 37, S. 353.

726–732 *Miles quidam Lucanus ... commendauit* Größtenteils wörtliche, mit einigen kleineren Ergänzungen versehene Wiedergabe von Plut. *Reg. et imp. apophth., Mor.* 195E (Fabius Maximus, 4): Στρατιώτου δέ τινος Λευκανοῦ κατηγορηθέντος πρὸς αὐτόν, ὡς νύκτωρ ἀπὸ τοῦ στρατοπέδου πλανῷτο πολλάκις ἐρῶν γυναικός (γυναικὸς ed. Ald. *1509, p. 170*), τὰ δ' ἄλλα θαυμαστὸν ἐν τοῖς ὅπλοις πυνθανόμενος εἶναι τὸν ἄνδρα, συλλαβεῖν ἐκέλευσε τὴν ἐρωμένην αὐτοῦ κρύφα καὶ πρὸς αὐτὸν ἀγαγεῖν· ὡς δ' ἤχθη, μεταπεμψάμενος τὸν ἄνθρωπον ,οὐ λέληθας' ἔφη ,παρὰ τὸν νόμον ἀπονυκτερεύων· ἀλλ' οὐδὲ χρηστὸς ὢν πρότερον ἐλελήθεις· τὰ μὲν οὖν ἡμαρτημένα λελύσθω τοῖς ἠνδραγαθημένοις, τὸ δὲ λοιπὸν ἔσῃ μεθ' ἡμῶν. ἔχω γὰρ ἐγγυητήν' καὶ προαγαγὼν συνέστησεν αὐτῷ τὸ γύναιον. Im zweiten Teil seiner Textwiedergabe hat sich Er. von Filelfos Übers. und bsd. von jener Regios anregen lassen; Filelfo: „... mulierem, quam deperibat, compraehendi ... clam iussit et ad se duci. Vt autem adducta est, accersito homine ,Quod praeter legem', inquit, ,pernoctares, haud nos latuit; at ne prius quidem latuerat, quod probitati studeres. Quare fortiter tuis ac recte factis errata condonentur. Reliquum nobiscum eris. Habeo enim sponsorem', et adductam mulierculam illi commendauit ac tradidit" (fol. m iiii^r); Regio: „... illo (sc. milite) ignaro compraehendi amicam et ad se perduci iussit. Adducta igitur illa cum hominem accersisset, ,Nos', inquit, ,Non latuisti contra legem extra castra pernoctans. Sed neque antea strenuus esse nobis ignorabaris. Quare fortiter ac recte factis errata condonentur. Caeterum post hac nobiscum eris. Habeo nanque fideiussorem', adductamque mulierculam illi commendauit" (fol. ⟨g iii⟩^v–⟨giiii⟩^r). Dieselbe Anekdote findet sich, in etwas ausführlicherer Form, in Plut. *Fab. Max.* 20 (Vit. 186A–C), dort als Exemplum der Menschlichkeit und Milde des Fabius Maxius.

726 *clam* „clam" ist ein erläuternder Zusatz des Er.

729 *Haud clam* Mit „clam" versucht Er. das bei Filelfo doppelte „latere" zu variieren, was allerdings dazu führt, daß in dem kurzen Textabschnitt zum dritten Mal „clam" auftritt.

730 *militarem* „militarem" ist ein Zusatz des Er. zu Regios bzw. Filelfos Übers.

730 *abnoctare* Für das seltene „abnoctare", „auswärts übernachten" vgl. Sen. *Vit. beat.* 26, 6 (dort von dem Ehebrecher Iupiter); „abnoctare" stellt einen Versuch des Er. dar, Regios „extra castra pernoctare" bzw. Filelfos „pernoctare" durch eine möglichst wörtliche Übers. von ἀπονυκτερεύειν zu verbessern.

732 *fideiussorem* Er. übernahm Regios „fideiussorem" als Übers. von ἐγγυητήν („Bürge", vgl. Passow I, 2, S. 759, s.v. ἐγγυητής).

V, 275   FACETE   (Fabius Maximus, 5) [21]

Tarentinos Annibal praesidio imposito tenebat, arce excepta. Fabius itaque dolo quam longissime exercitum suum [i.e. Annibalem] *abduxit ab vrbe. Quam vbi cepisset diripuissetque, scribae percontanti, quid de* templorum *simulacris statuisset, "Relinquamus", inquit, "Tarentinis deos iratos".*

735

734 excepta *scripsi cum A (cf. versiones Philelphi ac Regii et Plut. ed. Ald.* πλὴν τῆς ἀκροπόλεως*):* accepta *B C.*

Apophth. V, 275 datiert auf d.J. 209, auf Fabius Maximus' Einnahme von Tarent, das durch Verrat und eine Kriegslist der Römer fiel. Die Tarentiner hatten im Jahre 212/3 die Stadt Hannibal übergeben.

734–737 *Tarentinos Annibal … iratos* Im ersten Teil missverstandene und verworrene Wiedergabe von Plut. *Reg. et imp. apophth., Mor.* 195F (Fabius Maximus, 5), die dadurch zustandekam, daß Er. die Fehlübersetzungen des Regio und Filelfo als Textvorlage benutzte; Regio: „Cum vero Annibal Tarentum praeter arcem praesidio teneret, adducto clam quam longissime exercitu Fabius vrbem cepit atque diripuit. Sed cum scriba percontaretur: ‚Quid de simulacris deorum decernimus?', ‚Relinquamus', inquit, ‚Tarentinis iratos deos'" (fol. ⟨g iiii⟩ʳ). Vgl. den griech. Text: Ταραντίνους δὲ κατέχοντα φρουρᾷ τὸν Ἀννίβαν πλὴν τῆς ἀκροπόλεως ἀπαγαγὼν πορρωτάτω δι' ἀπάτης καὶ τὴν πόλιν ἑλὼν καὶ διαρπάσας, τοῦ γραμματέως ἐπερωτήσαντος τί περὶ τῶν ἱερῶν ἔγνωκεν ἀγαλμάτων, „ἀπολίπωμεν" (ἀπολείπομεν *ed. Ald. 1509, p. 170*), ἔφη, „Ταραντίνοις τοὺς θεοὺς κεχολωμένους". Die Geschichte findet sich auch in Plut. *Fab. Max.* 22, 1–7, der Spruch selbst ebd. 7; in Guarino Veroneses Übers.: „Direptaque ab exercitu vrbe (sc. Tarentina) tria milia talentorum relata in aerarium. Vexatis igitur direptisque aliis dicitur scriba a Fabio contendisse, quidnam de diis fieri iuberet, imaginibus scilicet et statuis ita nuncupatis. Ad ea Fabius respondisse ‚Relinquamus Tarentinis infestos deos'" (Paris 1514, fol. LXXVIᵛ).

734 *arce excepta* Bei der zweiten Auflage *B* wurde an dieser Stelle der Text zu „arce accepta" verschlimmbessert, was wie ein Heilungsversuch in Richtung einer *lectio facilior* wirkt. Es ist unklar, wer dafür verantwortlich ist. Jedenfalls ist die Lesart falsch, insofern sie sowohl den Textvorlagen (griech. Plut.-Text, latein. Übers.) als auch den Tatsachen widerspricht: Hannibal war es in der Tat nicht gelungen, die Burg Tarents einzunehmen, die in den Händen des römischen Besetzers Livius Salinator blieb. Vgl. das nächstfolgende *Apophth.* V, 276.

735 *exercitum suum abduxit ab vrbe* Er.' Text ist hier nicht korrekt, da er behauptet, daß *Fabius sein Heer soweit wie möglich von Tarent abgezogen habe.* Das war jedoch keineswegs der Fall: Vielmehr wendete Fabius eine List an, dadurch daß er Hannibal (mit einem bedeutenden Teil seines in Tarent stationierten Heeres) aus Tarent weglockte, und zwar an die Spitze des Stiefels, nach Caulonia, indem er die Garnison von Rhegium beauftragte, Caulonia zu einzunehmen. Caulonia ist ca. 300 km, also in der Tat „quam longissime" von Tarent entfernt. Fabius konnte sich somit sicher sein, daß Hannibal nicht zeitnahe zurückkehren konnte, sodaß er in der Zwischenzeit die Einnahme Tarents durchführen konnte, ein Unternehmen, das dadurch noch beschleunigt wurde, daß Verräter dem Fabius die Tore öffneten. Im griech. Originaltext wird klar angegeben, daß *Fabius den Hannibal mit einer List* (aus Tarent) *weglockte*: τὸν Ἀννίβαν … ἀπαγαγὼν πορρωτάτω δι' ἀπάτης. In Wirklichkeit blieb also Fabius mit seinem Heer in der Nähe Tatrents, während es ihm gelang, Hannibal in den Süden zu locken. Daß Fabius' List gelang, geht auch aus der parallelen Überlieferung der Geschichte bei Plut. *Fab. Max.* 22, 1 (*Vit.* 186F) hervor, in der (Er. vorliegenden) Übers. des Guarino: „Fabius ad fraudem versus, qua amouere longius Annibalem posset, militibus, qui Rhegii erant, per literas mandat, Brutium agrum excursionibus vastent Cauloniumque euertant … Statim enim Annibal persequuturus eo cum exercitu discurrit" (Paris 1514, fol. LXXVIᵛ). Er.' Mißverständnis der Stelle ist

zunächst der Tatsache geschuldet, daß er die unrichtigen Übers. des Regio und des Filelfo als Textvorlagen benutzte; Regio gab an, daß Fabius Tarent einnehmen konnte, weil es ihm gelungen sei, *sein Heer von weither unbemerkt an Tarent heranzuführen*: „*adducto clam quam longissime exercitu Fabius vrbem cepit atque diripuit*" (fol. ⟨g iiii⟩ʳ). Dazu ist Voraussetzung, daß Regio entweder ἀναγαγών statt ἀπαγαγών las oder meinte, daß ἀπαγαγών zu ἀναγαγών zu korrigieren sei. Er. muß festgestellt haben, daß die Übers. des Regio nicht mit jener des Filelfo („Fabius vbi quam longissime dolo abscessisset, et cepit vrbem et in praedam vertit", fol. m iiiiʳ) übereinstimmt und daß der ihm vorliegende Text der Aldus-Ausgabe Plutarchs ἀπαγαγών las (S. 170), nicht ἀναγαγών. Nach Filelfos Übertragung zog sich Fabius sehr weit aus der Umgebung Tarents zurück, um Hannibal zu täuschen; Filelfo impliziert offensichtlich, daß Fabius dann urplötzlich und unerwartet zuschlug. Die Übers. des Filelfo ist aber sicherlich falsch, da er ἀπαγαγών las und sich dieses auf Hannibal bezog: τὸν Ἀννίβαν ... ἀπαγαγών πορρωτάτω δι' ἀπάτης. Er. bezog ἀπαγαγών auf das seiner Meinung implizit gemeinte Heer des Fabius. Aus diesem Grund verbesserte Er., indem er die Deutung Filelfos übernahm, Regios „adducto ... exercitu" zu „abducto execitu".

735 *exercitum suum* „exercitum suum" hat kein Äquivalent im griech. Text; es ist ein Zusatz von Regio, der von der Fehlübersetzung Filelfos ausging und diese expliziter gestaltete.

736 *scribae percontanti* Plut.' Text in den *Reg. et imp. apophth.* ist hier einigermaßen schwer verständlich, weil der Kontext nicht angegeben wird. Obwohl Tarent verraten wurde, veranstaltete Fabius Maximus ein grausames und äußerst hartes Strafexempel, bei dem nicht nur punische Einwohner, sondern in großer Anzahl auch Tarentiner abgeschlachtet, 30.000 Tarentiner in die Sklaverei verkauft und zudem die Stadt geplündert wurde. Die Anekdote erweckt den Eindruck, als ob Fabius Maximus großzügig davon abgesehen hätte, der Stadt ihre Götterbilder zu rauben: Tatsächlich war das genaue Gegenteil der Fall – Fabius raubte, was er irgend mitführen konnte, u.a. die berühmte, überlebensgroße Statue des Herakles, die Lysipp geschaffen hatte, die er auf dem Kapitol in Rom aufstellen ließ, und zwar programmatisch neben seiner eigenen Reiterstatue, mit der er sich als Sieger präsentierte (vgl. Plut. *Fab. Max.* 22, 6). Der Schreiber, der a.a.O. vermeldet wird, hatte die Aufgabe, die abgeführte Kriegsbeute zu registrieren. Diesbezüglich ist seine Frage an Fabius zu verstehen, was mit den vorhandenen Gegenständen (wohl in einem Tempel) zu geschehen hätte. An den in der Anekdote von V, 275 genannten Götterbildern hatte Fabius Maximus jedoch kein Interesse.

V, 276   IACTANTIA ELVSA   (Fabius Maximus, 6) [22]
              (= Dublette von VI, 355)

740 *Quum M. Liuius* sibi postularet acceptum ferri, *quod* Fabius *cepisset vrbem Tarentinam*, videlicet *quod in arce praesidium* habuisset, caeteris iactantiam hominis deridentibus, „Vera", inquit Fabius, „narras. Nam nisi tu ciuitatem amisisses, nequaquam ego recepissem".

V, 277   CONSVLATVS MAIESTAS   (Fabius Maximus, 7) [23]

745 Fabio *iam sene filius illius consul* factus est. Qui quum publicitus multis audientibus habuisset orationem, Fabius *conscenso equo procedebat*. Quum autem iuuenis lictorem

---

746 procedebat *scripsi collata versione Philelphi*: praecedebat *A-C*.

Apophth. V, 276 datiert ebenfalls auf d.J. 209 v. Chr., genauer auf die Zeit nach der Rückeroberung Tarents durch Fabius Maximus, als eine Debatte im Senat in Rom stattfand, bei der die Rolle, die der Stadtverteidiger M. Livius Macatus bei der Übergabe der Stadt an Hannibal gespielt hatte, diskutiert wurde. Viele gaben ihm die Schuld am Verlust der Stadt, während er sein tapferes Ausharren hervorkehrte und es als besonderes Verdienst darstellte, die Stadtburg bis zur Rückeroberung der Stadt gehalten zu haben. Dies veranlasste Fabius zu dem nämlichen Witz, den er in der Senatsdebatte schonungslos einbrachte. Er. wiederholte Fabius' Spruch im sechsten Buch (VI, 355), wobei ihm offensichtlich nicht geläufig war, daß er diesen bereits im fünften Buch gebracht hatte. Außerdem bezieht sich Er. auf den Spruch im Widmungsbrief zu den *Apophthegmata*, wo er auf die Tatsache hinweist, daß es für den Spruch mehrere Quellen gab, die den Namen des Stadtverteidigers unterschiedlich überlieferten: „Nonnunquam nec de re nec de nomine conuenit inter autores. Velut qui Fabio Maximo exprobrauit, quod ipsius opera recepisset Tarentum, Marco Tullio est Liuius Salinator, Tito Liuio Marcus Liuius, Plutarcho Marcus Lucius, siue, vt Graeci codices habent, ‚Μάρκιος Λεύκιος'" (*ASD* IV, 4, S. 43). In V, 276 arbeitete Er. nach Plut. *Reg. et imp. apophth., Mor.* 196A, in VI, 355 nach Cic. *De or.* II, 273. In V, 276 gibt Er. keinen Hinweis darauf, daß es mehrere Quellen (und Versionen) gibt, ebensowenig wie in VI,

355 in den ersten beiden Ausgaben (*A, B*); in *C* fügt Er. die Anmerkung hinzu, daß der Spruch auch bei Plut. *Fab. Max.* 23, 3 überliefert sei. Im Titel von V, 276 prangert Er. die Vermessenheit des M. Livius an, in jenem von VI, 355 benennt er die Kategorie des Witzes des Fabius („Ex verbis aliter exceptis"). Dem Titel von V, 276 folgend druckte Lycosthenes den Spruch in der Kategorie „De iactantia" (S. 473).

740–743 *Quum M. Liuius ... recepissem* Im einleitenden Teil paraphrasierende, im Spruchteil wörtliche Wiedergabe von Plut. *Reg. et imp. apophth., Mor.* 196A (Fabius Maximus, 6), wobei Er. von den latein. Übers. des Filelfo und Regio ausging, die er im Spruchteil wiederholte; Regio: „M. autem Liuio, qui praesidio Tarentinam arcem teneret, iactantia illum opera sua vrbem cepisse, aliis quidem ridentibus, ‚Vera', inquit Fabius, ‚narras: nam nisi tu vrbem amisisses, ego nunquam recepissem'" (fol. ⟨g iiii⟩ʳ); Filelfo: „Et cum M. Liuius, qui arcem praesidio teneret, vrbem per se captam diceret, alii hominem ridebant; at Fabius ait: ‚Vera narras. Nam nisi tu vrbem amisisses, nequaquam ego recuperassem'" (fol. m iiiiʳ); Vgl. den griech. Text: Μάρκου δὲ Λιβίου τοῦ τὴν ἀκρόπολιν φρουροῦντος δι' ἑαυτὸν ἑαλωκέναι τὴν πόλιν λέγοντος, οἱ μὲν ἄλλοι κατεγέλων, ὁ δὲ Φάβιος εἶπεν „ἀληθῆ λέγεις· εἰ γὰρ μὴ σὺ τὴν πόλιν ἀπέβαλες, οὐκ ἂν ἐγὼ ἀνέλαβον". Dieselbe Anekdote findet sich auch in Plut. *Fab. Max.* 23 (*Vit.* 187E), Cic. *De or.* II, 273, Cic. *Cato* 11 und Liv. XXVII, 25, 3; in *Apophth.* VI, 355 gibt Er. den Spruch nach Cic. *De or.*

wieder: „vt Salinatori Maximus, cum Tarento amisso arcem tamen Liuius illius retinuisset multaque ex ea proelia praeclara fecisset, cum aliquot post annis Maximus id oppidum recepisset rogaretque eum Salinator, vt meminisset opera sua Tarentum recepisse: ‚Quidni', inquit, ‚meminerim? Nunquam enim recepissem, nisi tu perdidisses'". Plut. Fab. Max. 23, 3–4: Ἦν δὲ Μᾶρκος Λίβιος (Λίβιος Perrin, Λεύκιος ed. Ald. f. 59ʳ), οὗ τὸν Τάραντα φρουροῦντος ὁ Ἀννίβας ἀπέστησεν· ὅμως δὲ τὴν ἄκραν κατέχων οὐκ ἐξεκρούσθη, καὶ διεφύλαξεν ἄχρι τοῦ πάλιν ὑπὸ Ῥωμαίοις γενέσθαι τοὺς Ταραντίνους. τοῦτον ἡνία Φάβιος τιμώμενος, καί ποτε πρὸς τὴν σύγκλητον ὑπὸ φθόνου καὶ φιλοτιμίας ἐξενεχθεὶς εἶπεν ὡς οὐ Φάβιος, ἀλλ' αὐτὸς αἴτιος γένοιτο τοῦ τὴν Ταραντίνων ἁλῶναι. γελάσας οὖν ὁ Φάβιος, ‚Ἀληθῆ λέγεις', εἶπεν, ‚εἰ μὴ γὰρ σὺ τὴν πόλιν ἀπέβαλες, οὐκ ἂν ἐγὼ παρέλαβον'". Guarino da Verona gibt in seiner Übers. von Plutarchs Fabius-Biographie als Namen statt „M. Liuius" „M. Lucius" an (ed. Bade, Paris 1514, fol. LXXVIʳ), was auf die Lesart Μᾶρκος Λεύκιος zurückgeht: „Marcus quidam Lucius Tarentum obtinebat, quo tempore ad Annibalem defecit. Qui amissa vrbe arcem retinuit, quoad Romani eam receperunt. Hic Fabii gloria vehementer augebatur (angebatur *ed. Paris. 1514 fol. LXXVIʳ*). Et semel impulsus inuidia atque ambitione in senatu dixisse dicitur (sc. M. Lucius) non Fabium, sed se recipiendi Tarenti causam extitisse. Tum ridens Fabius ‚Vera', inquit, ‚mehercle narras. Nam nisi tu amisisses, ego nunquam recepissem'"; Cic. *Cato* 11: „Cum quidem me audiente Salinatori, qui amisso oppido fuerat in arce, glorianti atque ita dicenti ‚mea opera, Q. Fabi, Tarentum recepisti', ‚Certe', inquit ridens, ‚Nam nisi tu amisisses, numquam recepissem'".

740 *M. Liuius* **M. Livius Macatus**, der Stadtkommandant von Tarent, der die Stadtburg hielt (212/3–209 v. Chr.), während die übrige Stadt in Hannibals Händen war. Vgl. P.C. Nadig, *DNP* 7 (1999), Sp. 371–372, s.v. „Livius", Nr. I, 10 und F. Münzer, *RE* XIII (1927), Sp. 885–887, s.v. „Livius", Nr. 24. Es handelt sich nicht um seinen berühmteren Verwandten Marcus Livius Salinator (*254 v. Chr.), den Bezwinger Hasdrubals, wie Cicero in *De or.* II, 273 und *Cato* 11 irrtümlich annimmt. M. Livius Salinator hatte sich zu dieser Zeit (218–210) grollend aus der Politik zurückgezogen und weigerte sich stur, noch irgend am (Zweiten) Punischen Krieg teilzunehmen. Zu Livius Salinator vgl. unten Komm. zu VI, 312 und 356, und K.-L. Elvers, *DNP* 7 (1999), Sp. 372–373, s.v. „Livius", Nr. I, 13. Er. war die Tatsache bekannt, daß der Name des Stadtkommandanten unterschiedlich überliefert wurde. In *Apophth.* V, 276 geht er darauf nicht ein; aus einem Zusatz d.J. 1535 zu *Apophth.* VI, 355 geht hervor, daß er anscheinend Marcus Livius Salinator bevorzugte: „Refert Marcus Tullius libro de Oratore secundo et Plutarchus in Vita Fabii Maximi, tametsi hic M. Lucium appellat nec addit Salinatoris cognomen".

740 *acceptum ferri* Für die Redensart *alicui acceptum ferre* (oder *referre*) *aliquid*, „jemanden etwas zu verdanken haben", vgl. *DNG* I, Sp. 47, s.v. „accipio", I.A.a., z. B. Liv. X, 19, 6: „… Appius sibi acceptum referre diceret debere, quod ex muto atque elingui facundum etiam consulem haberent".

Apophth. V, 277 datiert auf das Jahr 213 v. Chr., als Fabius Maximus die Wahl seines Sohnes zum Konsul durchgesetzt hatte, bemerkenswerterweise just zu dem Zeitpunkt, nachdem er selbst das Amt zwei Jahre lang bekleidet hatte.

745–750 *iam sene ... susceperis* Freie, paraphrasierende, jedoch durch einen Textübertragungsfehler getrübte Wiedergabe von Plut. *Reg. et imp. apophth., Mor.* 196A (Fabius Maximus, 7), wobei Er. Filelfos Übers. zugrundelegte, im Spruchteil aber auch z.T. Regios Übers. kopierte. Filelfo: „Atque cum iam senior esset ac filius consul de rebus gerendis in publico loqueretur praesentibus pluribus, ascendit equum atque procedebat. Cumque lictorem iuuenis misisset iussissetque, equo descenderet, aliis se auertentibus Fabius ipse equo exiliens praeter aetatem accurrit natumque complexus, ‚Belle', inquit, ‚sapis, o fili, qui plane intelligas, quibus imperas et cuiusmodi imperii magnitudinem susciperis'" (fol. m iiiiʳ). Vgl. den griech. Text: Ἤδη δὲ πρεσβύτερος ὤν, ὑπατεύοντος τοῦ υἱοῦ καὶ χρηματίζοντος ἐν δημοσίῳ πολλῶν παρόντων, ἀναβὰς ἐφ' ἵππου προσῄει (ἵππου προῄει *ed. Babbitt*: ἵππου προῄει *ed. Ald. 1509, p. 170*)· πέμψαντος δὲ τοῦ νεανίσκου ῥαβδοῦχον καὶ καταβῆναι κελεύσαντος, οἱ μὲν ἄλλοι διετράπησαν, αὐτὸς δὲ ὁ Φάβιος ἀποπηδήσας τοῦ ἵππου προσέδραμε παρ' ἡλικίαν καὶ περιβαλὼν τὸν υἱόν ‚εὖγε', εἶπεν, ‚ὦ παῖ, φρονεῖς, αἰσθόμενος τίνων ἄρχεις καὶ πηλίκης ἀρχῆς μέγεθος παρείληφας". Dieselbe Anekdote findet sich weiter in Plut. *Fab. Max.* 24, 1–2 (*Vit.* 187); Val. Max. II, 2, 4; Gell. II, 2 (aus Claudius Quadrigarius).

746 *procedebat* Das in den Baseldrucken einhellig überlieferte „praecedebat" ist wohl einem Übertragungsfehler aus Filelfos Übers.

490

misisset, qui patrem *iuberet equo descendere, alii quidem* factum hoc auersati sunt; at *Fabius ab equo desiliens* non habita *aetatis* ratione *accurrit ac filium complexus, „Euge", inquit, „fili, sapis, qui intelligas, quibus imperes et quam magnum magistratum susceperis".*

750

V, 278   GRAVITER   (Fabius Maximus, 9) [24]

Quum Minutius gloriaretur, ipsius opera *multum* maiestatis Fabianae ⟨et⟩ dignitatis decessisse, *„Si sapere"*, inquit Fabius, *„Minuti, reputares tibi cum Annibale certamen esse potius quam cum Fabio".*

755 V, 279   HVMANITAS CICVRAT OPTIME   (Fabius Maximus, 10) [25]

Dicebat *absurdum videri, si, quum equos et canes venaticos familiaritate ciboque* cicuremus *potius quam catenis ac verberibus,* homines *feroces animo* non *humanitate ac beneficiis nobis conciliemus, sed asperiores in illos simus quam agricolae sunt in capri-*

752 maiestatis *BAS LB*: maiestati *A-C*.

752 et *scripsi collatis versione Guarini et Plut.* text. Graec. (τῆς ἀκροτάτης καὶ μεγίστης ἀρχῆς).

„procedebat" (a.a.O.) geschuldet. Es kann natürlich keine Rede davon sein, daß der alte Fabius Maximus zu Pferd „vorausritt", da, wie Plutarch angibt, Fabius Junior statisch an einer Stelle verblieb, an der er Staatsangelegenheiten abhandelte. Wie auch aus der Parallelüberlieferung in Plut. *Fab. Max.* 24, 1–2 (*Vit.* 187) hervorgeht, handelt es sich um ein provozierendes Auftreten des alten Fabius, der auf seinem Pferd durch die Menschenmenge zu dem Konsul vorritt und es dadurch an der notwendigen Ehrbezeigung gegenüber dem höchsten Amtsträger fehlen ließ. Val. Max. II, 2, 4 gibt an, daß die Szene in Suessa stattfand, wo sich der Konsul Fabius Junior aufhielt; Fabius Senior soll als Legat vom römischen Senat zu Fabius Junior entsandt worden sein. Fabius Senior sei nach Suessa geritten; erstaunt, daß ihn dort kein Liktor aufforderte, vom Pferd zu steigen, sei er bewußt provozierend zu dem Sohn vorgeritten, bis ihn dieser über einen Liktor aufforderte, abzusteigen. Regio kontaminierte in seiner Wiedergabe von Plut. *Reg. et imp. apophth., Mor.* 196A (Fabius Maximus, 7) die Versionen des Plutarch mit jener des Valerius Maximus: „Idem a senatu iam senior legatus ad filium consulem Suessam missus, vt animaduertit neminem ex lictoribus, vt equo descen-

deret, fuisse missum, indignatus sedere perseuerauit. Sed quum iuuenis lictorem misisset ac ex equo descendere iussisset, alii quidem se auerterunt, ipse vero quum equo desiluisset, praeter aetatem accurrit et filium complexus ‚Euge', inquit, ‚fili, sapis, intelligens et quibus imperes et quanti imperii magnitudinem sustineas'" (fol. ⟨g iiii⟩ʳ).

749–750 *Euge ... susceperis* Bei der Wiedergabe des Spruches ließ sich Er. von Regios Übers. anregen (a.a.O.).

Apophth. V, 278 bezieht sich auf den Streit z. Z. von Fabius' Diktatur d.J. 217 v. Chr., als der *homo novus* Minucius Rufus selbst die Vollmachten eines Diktators bekam. Vgl. oben V, 271–272 mit Komm.

752 *Quum Minutius gloriaretur ... Fabio* Größtenteils wörtliche, leicht variierende Wiedergabe von Plut. *Fab. Max.* 10, 4 (*Vit.* 180), wobei Er. die Übers. des Guarino da Verona bearbeitete: „Quum vero gloriaretur ... Minutius, quod ... eius causa multum de suo splendore et dignitate amisisset, admonuit illum Fabius, non sibi, si saperet, cum Fabio, sed cum Annibale esse certamen arbitraretur" (ed. Bade, Paris 1514, fol. LXXIVᵛ). Vgl. den griech. Text: Σεμνυνομένου δὲ τοῦ Μινουκίου καὶ χαίροντος ἐπὶ τῷ τὸ πρόσχημα τῆς ἀκροτάτης καὶ

μεγίστης ἀρχῆς ὑφεῖσθαι καὶ προπεπηλακίσθαι δι' αὐτόν, ὑπεμίμνησκεν ὁ Φάβιος, ὡς οὐκ ὄντος μὲν αὐτῷ πρὸς Φάβιον, ἀλλ' εἰ σωφρονεῖ πρὸς Ἀννίβαν τοῦ ἀγῶνος.

752 *Minutius* Zu Minucius Rufus vgl. oben Komm. zu V, 271.

755 *Humanitas cicurat optime* Als Titel von V, 259 hat Er. diese einprägsame Sentenz entworfen.

757–760 *absurdum videri ... excidunt* Leicht gekürzte, paraphrasierende Wiedergabe von Plut. *Fab. Max.* 20, 3 (*Vit.* 186A), wobei Er. von Guarino da Veronas freier, ungenauer und auch fehlerhafter Übertragung ausging, die er z.T. wörtlich übernahm: „Absurdum enim ducebat, si equi et canes venatici propter hominum curam atque familiaritatem victumque potius quam verberibus aut catenis difficultatem et acerbitatem feritatemque deponerent, imperantes vero hominibus non gratia ac mansuetudine rebelles eorum animos sibi conciliarent, sed asperiores se in eos violentioresque prestarent quam in caprificos malosque syluestres et oleastros Appias agricolae soleant, qui hos in oleas, illas in malos, alias in ficus colendo molliendoque paulatim transferunt" (ed. Bade, Paris 1514, fol. LXXVI^r). Vgl. den griech. Text: Δεινὸν γὰρ ἡγεῖτο τοὺς μὲν ἱππικοὺς καὶ κυνηγετικοὺς ἐπιμελείᾳ καὶ συνηθείᾳ καὶ τροφῇ μᾶλλον ἢ μάστιγι καὶ κλοιοῖς τὴν χαλεπότητα τῶν ζῴων καὶ τὸ θυμούμενον καὶ τὸ δυσκολαῖνον ἐξαιρεῖν, τὸν δ' ἀνθρώπων ἄρχοντα μὴ τὸ πλεῖστον ἐν χάριτι καὶ πρᾳότητι τῆς ἐπανορθώσεως τίθεσθαι, σκληρότερον δὲ προσφέρεσθαι καὶ βιαιότερον, ᾗπερ οἱ γεωργοῦντες ἐρινεοῖς καὶ ἀχράσι καὶ κοτίνοις προσφέρονται, τὰ μὲν εἰς ἐλαίας, τὰ δ' εἰς ἀπίους, τὰ δ' εἰς συκᾶς ἐξημεροῦντες καὶ τιθασεύοντες. Daß Er. nur von Guarinos' Übers. ausging, zeigt sich durch die Übernahme ihrer zahlreichen Unregelmäßigkeiten, u.a. auch des Übersetzungsfehlers, wobei Guarino „wilde Apfelbäume", „malosque syluestres" anführte, während im griech. Text „Wildbirnen" (ἀχράδες) angegeben waren. Vgl. Komm. unten.

757 *equos et canes venaticos* Mit „equos et canes venaticos", „Pferde und Jagdhunde", kopierte Er. Guarinos Übertragung, während im griech. Originaltext von „Pferde- und Hunde*trainern*" (ἱππικοὺς καὶ κυνηγετικοὺς) die Rede ist.

757 *familiaritate ciboque* Mit „familiaritate ciboque" reproduziert Er. Guarinos sehr gelungene Übers. (bsd. „familiaritas" für συνηθεία), ließ jedoch irrtümlich „cura" aus, wodurch ἐπιμελείᾳ unübersetzt blieb.

758 *catenis ac verberibus* Mit „catenis ac verberibus", „mit Ketten und Schlägen", wiederholte Er. Guarinos Wiedergabe, während der griech. Originaltext „mit der Peitsche und eisernen Halsbändern/ Fußfesseln" (μάστιγι καὶ κλοιοῖς) hat. Für κλοιός, „eisernes Halsband, Halseisen, eiserne Fußfessel" vgl. Passow I, 2, S. 1755. Guarinos „Ketten" ist nicht adäquat, „Schläge" unspezifisch: Beim Zähmen von Pferden wurden Peitschen eingesetzt, beim Abrichten von Hunden eiserne, mit Stacheln besetzte Halsbänder. Am schönsten war natürlich, wenn der Trainer die Tiere sich durch Gewöhnung, gutes Zureden und Leckerbissen gefügig machen konnte.

758–759 *homines feroces ... conciliemus* In dem Satzteil „homines feroces ... conciliemus" lieferte Er. nur eine sehr ungenaue und schlampige Wiedergabe des Textes: Im griech. Text geht es darum, daß die Herrscher und Befehlshaber über Menschen zu deren Besserung (τῆς ἐπανορθώσεως) nicht – wie es ein sollte – vor allem Güte und Sanftmut anwenden. Davon, daß sich die Behandlung spezifisch auf Menschen beziehe, die einen „wilden und ungezügelten Geist" besitzen („homines feroces animo"), ist im griech. Text nicht die Rede. Mit „homines feroces animo" hat Er. Guarinos Zusatz „rebelles eorum animos" aufgegriffen und missverständlich weitergeführt. Für den selten verwendeten Begriff der „Besserung", ἐπανόρθωσις, vgl. Passow I, 2, S. 1010, s.v.

758–759 *humanitate ac beneficiis* Im griech. Text ist von „humanitate ac beneficiis" nicht die Rede; dies ist eine freie Variation des Er. von Guarinos' nicht ganz glücklichem „gratia ac mansuetudine". Mit χάρις ist „liebevolle Zuwendung" und mit πρᾳότης „Güte, Sanftheit" gemeint.

759–760 *caprificos* Mit „caprificus" kopierte Er. die punktgenaue Übers. des Guarino von ἐρινεός, der wilde Feigenbaum (vgl. Passow I, 2, S. 1169, s.v. ἐρινεός, *DNG* I, Sp. 762, s.v. „caprificus").

760 *ficos ac malos* [i.e. piros] *syluestres et oleastros*, qui has non protinus excidunt, sed *insitione docent* mitescere.

⟨PAVLLVS FABIVS MAXIMVS⟩

V, 280 (Fabius Maximus; i.e. Paullus Fabius Maximus, 1) [26]

765 *Fabius Maximus congiariorum exiguitatem* notans *dixit* non *esse* congiaria, sed *heminaria*. Congiaria dicuntur dona, quae dantur populo. Congius autem *mensurae* genus est, qua multo minor est hemina. Ad *mensuram* igitur alludens negauit esse congiarium, sed heminarium.

---

762 PAVLLVS FABIVS MAXIMVS *inserui*.

767–768 congiarium *A B*: congiarum *C*.

760 *malos syluestres* Mit „malos syluestres" kopierte Er. die irrige Übers. Guarinos; ἀχράς bezeichnet den wilden Birnbaum (vgl. Passow I, 1, S. 473, s.v.), nicht den wilden Apfelbaum. Die Art *malus sylvestris* ist der Name für den Holzapfel bzw. Europäischen Wildapfel mit holzigen Früchten von 2–4 cm im Durchmesser, den Guarino von Plinius' *Naturalis historia* her kannte, mit der er sich intensiv beschäftigte. Der von Plutarch angeführte ἀχράς ist jedoch die Wildbirne (*Pyrus pyraster*) oder Holzbirne, mit holzigen, zur Rotfärbung neigenden Früchten von 1–4 cm im Durchmesser und Stacheln an den Zweigen.

760 *oleaster* Mit „oleaster" kopiert Er. die präzise Übers. des Guarino von κότινος, der „wilde Ölbaum" (vgl. Passow I, 2, S. 1803).

761 *insitione docent* Er. war mit der Kulturtechnik des Aufpropfens bzw. Veredelns vertraut. Für „insitione docent" vgl. *De pueris, ASD* I, 2, S. 28: „Quid agricolae non inertes? Nonne protinus plantulas etiamnum teneras *insitione docent* exuere syluestre ingenium …?". Alle drei der in V, 279 angeführten Baumsorten wurden in der Antike durch Aufpropfen veredelt: vgl. das Lehrgedicht des Palladius, *De insitione*, für das Verdeln von Birnen Z. 55–56; Oliven, Z. 53–54: „Fecundat sterilis pingues oleaster oliuas/ Et quae non nouit munera ferre docet". Für die Obstkultur mit Aufpropfen grundlegend vgl. Plin. *Nat.* XVII, 101–121; Colum. V, 11, 1.

Apophth. V, 280 beruht auf einer Personenverwechslung von Seiten des Er. und gehört nicht in die Serie der Apophthegmata des Quintus Fabius Maximus Verrucosus; der von Quintilian angeführte „Fabius Maximus" lebte zur Zeit des Augustus und ist **Paullus Fabius Maximus** (geb. ca. 46 v. Chr.), der mit Marcia, einer Cousine des Augustus, verheiratet war und als Ratgeber des Prinzeps fungierte. Z. B. begleitete er ihn i.J. 19 v. Chr. zu einer Reise in den Osten; Paullus Fabius war Konsul i.J. 11 v. Chr., anschließend Prokonsul von Asia; er zog sich später den Zorn des Kaisers zu, was zu seinem Tod noch zu Augustus' Lebzeiten, wahrscheinlich durch Selbstmord, führte. Vgl. W.E., *DNP* 4 (1999), Sp. 377, s.v. „Fabius", Nr. II, 14. Die Schmähung von Augustus' *congiaria* für ihre Kleinlichkeit könnte aus der Zeit nach dem Zerwürfnis mit dem Kaiser stammen. Er. hat diesen Paullus Fabius Maximus mit dem Cunctator verwechselt. Das ist insofern merkwürdig, als aus der Quintilian-Ausgabe, die Er. zur Verfügung stand, hervorging, daß sich der Witz auf die *congiaria* des Augustus bezog, der Spruchspender also nicht der Cunctator aus dem 3. Jh. v. Chr. sein konnte. Jedoch ist zu berücksichtigen, daß die Stelle verderbt war: In den ältesten Quintilian-Ausgaben liest man „anguste" oder „auguste"; „Augusti" ist eine *coniectura palmaria* des Raffele Regio, die in die nachfolgenden Quintilian-Ausgaben (Aldus, Sichardus) Eingang gefunden hat. In Sichardus' Ausgabe steht „Augusti" im Text, „anguste" als *lectio varia in margine*. Er. hat entweder die Textkorrektur in Sichardus' Ausgabe ignoriert oder, wie im Fall von V, 80, eine sehr alte Ausgabe verwendet. Jedenfalls hat Er. bei seiner Textübernahme das verderbte bzw. fragliche Wort ausgelassen. Wenn man die Lesart „Augusti" nicht akzeptiert, entfällt auch der Zusammenhang der Person des Fabius Maximus mit Augustus. Er. war ganz offensichtlich überzeugt, daß der Spruchspender der Cunctator gewesen ist. Im fünften Buch der *Apophthegmata* werden prinzipiell keine Spruchspender der Kaiserzeit aufgeführt: Das Buch endet mit dem Caesar-Mörder Brutus.

765 *congiariorum ... heminaria*
Leicht variierende, sachlich nicht ganz verstandene und durch Auslassungen getrübte Wiedergabe von Quint. *Inst.* VI, 3, 52: „In metalepsin quoque cadit eadem ratio dictorum, vt Fabius Maximus, incusans Augusti (Augusti *text. recept., ed. Sichardus 1529, ed. Regius*: anguste *edd. vetustae, lectio varia marginalis in ed. Sichardi 1529*) congiariorum quae amicis dabantur exiguitatem, heminaria esse dixit. Nam congiarium cum sit commune liberalitatis atque mensurae, a mensura ducta inminutio est rerum".

766–767 *congiaria ... hemina* „congiaria ... hemina" ist eine kulturgeschichtliche Erklärung des Er., die zwar nicht prinzipiell falsch ist, jedoch erstens, da er den Verwandten des Augustus mit dem Cunctator verwechselt, schon von vornherein den erheblichen Unterschied, der zwischen den *congiaria* der römischen Republik und des Prinzipats besteht, nicht in den Blick nehmen kann, zweitens dem genauen Wortlaut von Quint. *Inst.* VI, 3, 52 widerspricht. Dort steht nämlich, daß es um Geschenke geht, die die „amici", „Freunde" des Machthabers, empfingen. Diese Bemerkung bezieht sich eben auf den Unterschied der Bedeutung von *congiaria* in der Kaiserzeit und der Republik. In der röm. Republik ging es um ein *materielles* Geschenk von Wein, Olivenöl oder Getreide, das ein römischer Magistrat *dem Volk in Rom* machte; in der Zeit des Prinzipats waren damit jedoch allerlei Geldgeschenke gemeint, die der Kaiser willkürlichen Personen zukommen ließ. Er. hat dies nicht verstanden: Seine kulturgeschichtliche Erklärung der *congiaria* und des Hohlmasses *congius* zeigt klar an, erstens daß er *congiaria* ausschließlich als materielle Geschenke aufgefasst hat, zweitens daß er meinte, daß *congiaria* immer für das Volk („populo") bestimmt waren. Wenn Paullus Augustus' Knausrigkeit anprangerte, nahm er jedoch erstens die Geschenke des Prinzeps „an seine Freunde" („quae amicis dabantur") aufs Korn und verstand er zweitens das alte Hohlmaß *congius* nur mehr metaphorisch. Vgl. P. Barceló, *DNP* 3 (1999), Sp. 125–126; M. Rostovtzeff, *RE* IV, 1 (1900), Sp. 875–880, jeweils s.v. „congiarium".

766 *Congius* „Kanne", das röm. Hohlmaß für Flüssigkeiten, entspricht ca. 3, 24 Liter. Der *congius* wurde dem griech. *chus* gleichgesetzt. Die *hemina* entspricht etwa einem viertel Liter, entspricht also nur ca. 1/13 eines *congius*. Vgl. A. Mlaskowsky, *DNP* 3 (1999), Sp. 126, s.v. „Congius"; F. Hultsch, *Griechische und römische Metrologie*, 1882; O.A.W. Dilke, *Mathematik, Masse und Gewichte in der Antike*, 1991.

ANNIBAL

770 V, 281   VICTOR ET VICTVS   (Annibal, 3) [27]

Annibal a Minutio, quem insidiis obsederat, per Fabii copias depulsus, vbi *redisset in castra, dixisse* fertur *eo praelio a se victum Minutium, se autem a Fabio fuisse superatum.*

769 *ANNIBAL* Er. weicht hier von Plutarchs Vorlage ab, indem er unter den röm. Feldherren einen Nicht-Römer eingliedert, den Punier Hannibal Barkas, den bedeutendsten Feldherrn Karthagos, der während des 2. Punischen Krieges (218–201) die Römische Republik an den Rand des Abgrundes brachte. Die Hannibal-Sektion passt jedoch chronologisch und historisch, insofern sie als Ergänzung zu den Q. Fabius Maximus und P. Cornelius Scipio Africanus maior, den Helden des 2. Punischen Krieges, gewidmeten Sektionen verstanden werden kann.

Von der Quellenbenutzung her ist die Hannibal-Sektion jedoch durchaus auffällig. In *CWE* 38, S. 539–543 werden als Quellen Livius und des Weiteren Valerius Maximus, Nepos' Hannibal-Biographie, Gellius, sowie Plutarchs Fabius-Maximus- und Marcellus-Biographie angegeben. Jedoch zeigte sich bei einer näheren Analyse, daß Er.' Hauptquelle nicht Livius, sondern Donato Acciauolis (1429–1478) lateinische Hannibal-Biographie war, die dieser im Jahre 1467 herausgegeben und zusammen mit seiner Biographie des Scipio Africanus maior Piero de'Medici gewidmet hatte. Donato hat die Hannibal-Biographie nicht als Pseudepigraphon, sondern als selbständiges historisches Werk unter seinem eigenen Namen verfasst, wie er im Widmungsbrief angibt („Itaque me domum recipiens constitui animo duorum prestantissimorum ducum Scipionis et Anibalis gesta, quae ex variis auctoribus tum Graecis tum Latinis collegeram, presenti volumine complecti idque sicut alias lucubrationes meas nomini tuo dicare …"). Der in Rom tätige Humanist und Bischof Giannantonio Campano nahm diese beiden Viten in seine Ausgabe der latein. Übersetzungen der Biographien Plutarchs auf, die 1470 bei Ulrich Han in Rom erschienen. Auf diesem Weg gerieten Donatos Hannibal- und Scipio-Biographien bereits 1470 unter die Werke Plutarchs, wobei angemerkt werden muss, daß dort noch der Widmungsbrief an Piero de' Medici gedruckt wurde, aus dem hervorgeht, daß es sich um eigenständige Werke von der Hand des Donato handelt. In späteren Ausgaben wurde dieser Brief allerdings weggelassen. In der Sammlung etwa, die Badius Ascensius von den ins Lateinische übersetzten Plutarch-Biographien herausgab (Paris 1514), scheinen Donatos Viten als originale Werke Plutarchs auf, wobei Donato nunmehr als Übersetzer gilt, der die Viten aus dem Griechischen ins Lateinische übertragen habe; vgl. die Titelüberschrift ed. Bade, Paris, 1514, fol. XC[r]: „ANNIBALIS VIRI ILLVSTRIS VITA EX PLVTARCHO GRAECO IN LATINVM PER DONATVM ACCAIOLVM VERSA". Er., der mit einer solchen Ausgabe arbeitete, fasste die *Vita Annibalis* in der Tat als originales Werk Plutarchs auf: In der nun folgenden Sektion verwendete er die vermeintliche Hannibal-Vita Plutarchs als Hauptquelle, die er Livius vorzog und nach der er seinen Text der *Apophth.* V, 281–285 und 291 zusammenstellte. Auch Lycosthenes erkannte, daß Er. die genannten Apophthegmata aus der nämlichen Hannibal-Vita bezogen hat; z.B. gibt er für V, 286 als Quelle an: „Plut. in Hannibalis vita" (S. 284) für V, 284: „Plutarchus in Hannibale" (S. 703); für V, 291: „Plut. in Annib. vita" (S. 766, recte 800). Es ist bemerkenswert, daß bereits Brusoni in seiner Sammlung Donatos Hannibal-Biographie für ein echtes Werk Plutarchs ansah und auswertete, vgl. z.B. Brusoni III, 15, wo er den Text von Acciaiuoli, *Vita Annibalis*, ed. Bade, Paris, 1514, fol. XCVIII[v], zitiert.

Hannibal Barkas (246/47–183 v. Chr.) zeichnete sich als Feldherr durch außergewöhnliche taktische Leistungen aus. Nachdem Rom aufgrund der Einnahme von Saguntum Karthago den Krieg erklärt hatte, zog Hannibal mit seinem Heer unerwartet über die Pirynäen und Alpen und fiel in Italien ein. In spektakulären Feldschlachten am Ticino (218 v. Chr.), an der Trebia (218) und am Trasimenischen See (217) schlug er die zahlenmäßig überlegenen röm. Legionen vernichtend; in der Schlacht bei Cannae (216) gelang es ihm sogar, ein zahlenmäßig stark überlegenes röm. Heer von 16 Legionen durch ein Umzingelungsmanöver völlig aufzureiben. Es ist eine bemerkenswerte Leistung, daß sich Hannibal fast 14 Jahre in Italien halten konnte, ohne eine nenneswerte Niederlage einzustecken. Trotz seiner Siege und seiner taktischen Überlegenheit sah er jedoch von einer Belagerung Roms ab, wobei er die Strategie verfolgte, das römische Bundesgenossensystem aufzulösen. Damit scheiterte er jedoch letzlich. I.J. 204 wendet sich das Blatt, als Scipio Africanus maior den Krieg nach Spanien und Afrika verlagerte; Hannibal wurde zurückgerufen und erlitt i.J. 202 bei Zama eine entscheidende Niederlage. In der Folge wendete sich Hannibal zuerst einige Jahre der karthagischen Innenpolitik zu; nachdem er i.J. 195 verbannt wurde, setzte er sich in den Osten ab und verdingte sich als militärischer Berater von Antiochos III. d. Gr., dem Herrscher des Sleukidenreiches, Artaxias I., des Königs von Armenien, und Prusias I., des Königs von Bythinien. Die Römer betrachteten Hannibal als „Staatsfeind Nr. 1", dem sie auch nach seiner Verbannung nachstellten. Als sie Prusias I. dazu zwingen konnten, Hannibal auszuliefern, nahm sich dieser das Leben. Vgl. E. MacDonald, *Hannibal. A Hellenistic Life*, New Haven 2015; R. Garland, *Hannibal. Das gescheiterte Genie*, Darmstadt 2012; P. Barceló, *Hannibal. Stratege und Staatsmann*, Stuttgart 2004; J. Seibert, *Hannibal. Feldherr und Staatsmann*, Mainz 1997; ders., *Forschungen zu Hannibal*, Darmstadt 1993.

Er. zeichnet kein günstiges Bild von Hannibal; abgesehen davon, daß er genialen Kriegsherren i.a. ablehnend gegenüberstand, übernimmt er die moralischen Vorurteile, mit welchen die röm. Historiographie Hannibal bedacht hatte. Dabei wurde Hannibal stets ein hinterlistiger, heimtückischer und barbarischer Charakter unterstellt. Ein tiefgewurzelter „Hass" (*odium pertinax*) gegen die Römer soll die Haupttriebfeder seines Handelns gewesen sein. In Er.' Annibal-Sektion tragen nicht zufällig gleich zwei Sprüche diesen Titel (V, 289 und 291). Er. betrachtete zudem seine mangelnde Vertrauenswürdigkeit, Neigung zu Wortbruch und Heimtücke als Eigenschaften, welche schon durch die ‚Volksart' des Puniers vorgegeben gewesen seien. Vgl. z.B. *Adag.* 728 „Punica fides" (*ASD* II, 2, S. 250): „Poenorum perfidia in prouerbium abiit, quod ea gens peculiariter periurii vanitatisque notata sit, quemadmodum abunde testatur T. Liuius …: ‚Has tantas viri (sc. Annibalis) virtutes ingentia vitia aequabant, inhumana crudelitas, perfidia plusquam Punica, nihil veri, nihil sancti, nullius dei metus, nullum iusiurandum, nulla religio'" (Liv. XXI, 9, 4). Er. schreibt das letztendliche Scheitern Hannibals in Italien seiner vermeintlichen jugendlichen Sprunghaftigkeit und Unbeständigkeit zu, der er die Standhaftigkeit und Ausdauer (*patientia*) des Q. Fabius Maximus Cunctator gegenüberstellt, die Hannibal „zermalmt" haben soll: „… vetus prouerbium, quod est ‚Romanus sedendo vincit', … ex historia Fabii Cunctatoris natum arbitror, qui Hannibalem iuueniliter exultantem sua patientia fregit, de quo extat versus ille Ennianus: ‚Vnus qui nobis cunctando restituit rem'" (*Adag.* 929 „Romanus sedendo vincit", *ASD* II, 2, S. 436). Statt den römischen Tugenden der Standhaftigkeit zu folgen, soll Hannibal nach seinem Sieg bei Cannae 216 v. Chr. den Verlockungen der Lust erlegen sein (V, 292); statt der Ratio und festen Zielen zu folgen, soll er ins ‚Land der Lüste', Kampanien, abgeschweift sein: Dort soll – nach Livius, Florus, Valerius Maximus und anderen – er selbst und sein Heer der Verweichlichung verfallen sein.

769 *ANNIBAL* Für Hannibal verwendet Er. in der vorl. Sektion einhellig die Schreibweise „Annibal", wie dies auch seine Hauptquelle, Donato Accaiuolis Annibal-Vita, vorgab. In der Fabius-Sektion hatte Er. im ersten Druck „Hannibal" vorgezogen, in den Ausgaben von 1532 und 1535 jedoch „Annibal".

Apophth. V, 281 ist ein Gegenstück zu V, 272, datiert auf das Jahr 217 v. Chr. und bezieht sich auf die Falle, die Hannibal dem Minucius Rufus im Tal des Fortore gestellt hatte. Für nähere Angaben vgl. Komm. oben zu V, 272. *Apophth.* V, 272 gehört dem Spruchspender Hannibal zu, während es Er. Plutarchs Sektion der Fabius-Maximus-Embleme entnahm. Obwohl Er. betonte, daß der Spruch Hannibal zugehöre, beließ er ihn in seiner Fabius-Maximus-Sektion (V, 270–280).

771 *Minutio* Für M. Minucius Rufus, den *Magister equitum* des Diktators Fabius Maximus, vgl. oben Komm. zu V, 271.

771 *Fabii* Für Q. Fabius Maximus Verrucosus, den „Cunctator", vgl. oben Komm. zu V, 270.

771–772 *redisset … superatum* Donato Acciaiuoli, *Vita Annibalis*: „… Nam et Annibalem in castra redeuntem dixisse tradunt eo praelio a se M. Minutium, se autem a Fabio esse

Videlicet ex eadem pugna victus et victor rediit. Perierat enim Minutius, ni Fabius succurrisset.

V, 282   Pertinacia vincit   (Annibal, 4) [28]

Quum Marcellus aliquot diebus continenter cum Annibale conflixisset vario Marte, *dixit Annibal sibi rem esse cum hoste, qui nec victus nec victor nosset quiescere.*

V, 283   Dolvs dolvm vincit   (Annibal, 5) [29]

Quum *Fabius simili arte recepisset Tarentum*, quali Annibal *ceperat, „Et Roma", inquit Annibal, „suum habet Annibalem".*

V, 284   Militaris ferocia   (Annibal, 6) [30]

Quum Romanorum *legati* [i.e. Carthaginensium legati] *conditiones pacis retulissent* apud *Carthaginenses et Gisgo quidam* ausus esset suadere *bellum cum Romanis* redin-

---

782 conditiones pacis *B C*: pacis conditiones *A Donati Vita Annibalis.*

783 Gisgo scripsi sec. Donati Vitam Annibalis Erasmi exemplar: Gisco *A-C*.
783 esset *B C*: est *A*.

---

superatum" (Ps.Plutarchus, *Annibal*, ed. Bade, Paris 1514, fol. XCIII^v); *CWE* 38, S. 539 gibt als Quelle Liv. XXII, 29, 6 an, jedoch zeigt der Wortlaut, daß Er. Donatos *Vita Annibalis* als Quelle benutzte.

Apophth. V, 282 bezieht sich auf die dreitägige Schlacht bei Canusium (in Apulien) im Sommer d.J. 209 v. Chr. zwischen M. Claudius Marcellus und Hannibal, bei der das Kriegsglück mehrfach wechselte und die mit außerordentlich hohen Verlusten auf beiden Seiten endete (jeweils etwa der Hälfte der eingesetzten Soldaten). Marcellus hatte am ersten und am dritten Tag die Oberhand, Hannibal am zweiten. Für den Verlauf der Schlacht vgl. Liv. XXVII; am Ende der Schlacht waren die Truppen des Marcellus so geschwächt, daß er Hannibal abziehen ließ. Die Folge der Schlacht war jedoch, daß Hannibal immer mehr in die Defensive gedrängt wurde.

776 *Marcellus* Für M. Claudius Marcellus vgl. oben Komm. zu V, 273. Bei *Apophth*. V, 273 handelt es sich, wie oben angegeben, um einen Ausspruch des Hannibal.

777 *dixit Annibal ... quiescere* Donato Acciaiuoli, *Vita Annibalis*: „Cuius ferociam admiratus Annibal dixisse traditur rem cum eo hoste sibi esse gerendam, qui nec victor nec victus quiescere posset" (Ps.Plutarchus, *Annibal*, ed. Bade, Paris 1514, fol. XCVI^r). *CWE* 38, S. 540 gibt als Quelle Plut. *Marcell.* 26, 2 an, wo der Ausspruch ähnlich überliefert wird. Wie der Wortlaut von Plut. *Marcell.* 26, 2 zeigt, hat Er. allerdings Donatos *Hannibal*-Biographie als Vorlage benutzt. Vgl. Guarinos latein. Übers. der Stelle: „‚Dii boni', inquit (sc. Annibal), ‚Quisnam hunc tractarit hominem? Qui nec secundam nec aduersam ferre fortunam sciat. Solus hic otium nec vincendo praestat nec succubendo suscipit. In hunc perpetuo videmur pugnaturi ...'" (ed. Bade, Paris 1514, fol. LXXXIX^r). Bereits Lycosthenes erkannte richtig, daß Er.' Apophthegma aus der *Vita Annibalis* stammt, die er allerdings als authentisches Werk des Plutarch betrachtete: „Plut. in Hannibalis vita" (S. 284).

Apophth. V, 283 bezieht sich auf die Rückeroberung Tarents i.J. 209 v. Chr. durch Fabius Maximus und ist ein Gegenstück zu V, 275 (Fabius Maximus, 5). Hannibals Hinterlistigkeit ist für Er. mit der sprichwörtlichen „Punica fides" verbunden (*Adag.* 728; *ASD* II, 2, S. 250: „Poenorum perfidia in prouerbium abiit …"), vgl. oben Komm. zu V, 281; zur „Punica fides" vgl. Otto 1490; Liv. XXI, 4, 9; Hist. Aug. XX, 14, 1; Sall. Iug. 108, 3; Plaut. Poen. 991.

779–780 *Fabius … Annibalem* Donato Acciaiuoli, *Vita Annibalis*: „Sub idem tempus simili prope ratione qua amissum fuerat, Fabius Maximus Tarentum recepit. Quod vbi Poeno (i.e. Annibali) nuntiatum est, dixisse eum tradunt: ‚Et Romani suum Annibalem habent'" (Ps.Plutarchus, *Annibal*, ed. Bade, Paris 1514, fol. XCVI^r). *CWE* 38, S. 540 gibt als Quelle Plut. *Fab. Max.* 23, 1 an, jedoch ist die Stelle vom Wortlaut her weniger passgenau: Ἀννίβαν δὲ λέγεται διώκοντα τεσσαράκοντα μόνοις ἀπολειφθῆναι σταδίοις, καὶ φανερῶς μὲν εἰπεῖν· „ἦν ἄρα καὶ Ῥωμαίοις Ἀννίβας τις ἕτερος". Ähnlicher ist die von Acciaiuoli benutzte Stelle Liv. XXVII, 16, 10: „Dum haec Tarenti aguntur, Hannibal iis qui Cauloniam obsidebant in deditionem acceptis, audita oppugnatione Tarenti dies noctesque cursim agmine acto cum festinans ad opem ferendam captam urbem audisset, ‚et Romani suum Hannibalem', inquit, ‚habent'; eadem, qua ceperamus arte Tarentum amisimus'". Möglicherweise hat Er. diese Stelle zusätzlich benutzt.
Apophth. V, 248 datiert auf die Schlacht von Zama i.J. 202 v. Chr., bei der Hannibal gegen Publius Cornelius Scipio eine entscheidende Niederlage erlitt.

782–788 *Quum Romanorum … consuetudines* Paraphrasierende, durch einen Verständnisfehler getrübte Wiedergabe von Donato Acciaiuoli, *Vita Annibalis*: „Missi decem legati quum pacis conditiones Carthaginem retulissent, ferunt Gisgonem quendam paci aduersantem sententiam dixisse de renouando aduersus Romanos bello; quae quum a multis audiretur, indignatus Annibal eo tempore ab imperitis viris talia iactari dicentem adhuc hominem ex superiore loco deturbauit. Et quum hoc audax negotium ac libera ciuitate indignum visum multitudini esset, suggestum ascendens, neminem, inquit, indignari oportere, si is, qui a prima pueritia a Carthagine profectus in bello et armis aetatem egisset, vrbanas consuetudines ignoraret" (Ps.Plutarchus, *Annibal*, ed. Bade, Paris 1514, fol. XCVII^r–XCVII^v); nach *CWE* 38, S. 540, war die Quelle Liv. XXX, 37,7–9: „Has conditiones legati cum domum referre iussi in concione ederent et Gisgo ad dissuadendam pacem processisset audireturque a multitudine inquieta eadem et inbelli, indignatus Annibal dici ea in tali tempore audirique, arreptum Gisgonem manu sua ex superiore loco detraxit. Quae insueta liberae ciuitati species cum fremitum populi mouisset, perturbatus militaris vir urbana libertate ‚nouem', inquit, ‚annorum a vobis profectus post sextum et tricesimum annum redii. Militares artes, quas me a puero fortuna nunc priuata nunc publica docuit, probe videor scire; vrbis ac fori iura, leges, mores vos me oportet doceatis'". Ein näherer Vergleich zeigt, daß Er., wie auch Lycosthenes feststellte („Plutarchus in Hannibale", S. 703), Donato Acciaiuolis *Vita Annibalis* als Textvorlage benutzte.

782 *Romanorum legati* Aus „Romanorum legati" geht hervor, daß Er. den Hergang der Ereignisse nicht recht verstanden hat, der, wenn man den Kontext hinzuzieht, in Acciaiuolis *Vita Hannibalis* korrekt beschrieben wird. Dort steht, daß der Senat von Karthago nach der Niederlage von Zama Hannibal, dem die Flucht gelungen war, herbeirief, um dennoch einen Sieg gegen die Römer zustandezubringen. Hannibal, der erkannt hatte, daß dies nicht mehr im Bereich des Möglichen lag, riet jedoch, Gesandte zu dem römischen General (Scipio) zu entsenden und um Frieden zu bitten. So geschah es auch: Die punischen Gesandten, zehn an der Zahl, kehrten von Scipio zurück und brachten dem Senat von Karthago Scipios Friedensbedingungen. Er. meinte irrigerweise, daß es römische Gesandte waren, die die Friedensbedingungen nach Karthago gebracht hätten. Diese Ereignisse wurden noch detaillierter von Liv. XXX, 36, 9–37, 10 beschrieben, u.a. auch die konkreten Friedensbedingungen, die Scipio aufstellte (Liv. XXX, 37, 3–6) und die die karthagischen Gesandten nach hause brachten; allerdings handelte es sich nach Liv. nicht um 10, sondern um 30 karthagische Gesandte.

783 *Gisgo* Das von den Basel-Drucken einhellig überlieferte „Gisco" kam wohl durch einen Textübertragungsfehler aus Donatos Annibal-Vita zustande, die „Gisgo" aufwies.

783 *Gisgo* **Geskon** oder **Giskon**, Karthager, der nach der Schlacht bei Zama (202 v. Chr.) gegen den Frieden plädierte. Vgl. B. Niese, *RE* VII, 1 (1910), Sp. 1323, s.v. „Geskon".

tegrandum, *Annibal indigne* ferens hominem imbellem de rebus arduis loqui, *adhuc dicentem e suggesto deturbauit*. Hoc factum tam violentum *in libera ciuitate* demirante et *indignante multitudine*, Annibal *conscenso suggesto* dixit *neminem* mirari debere, si, *qui a primis* statim *annis Carthaginem* reliquisset, interim *aetatem* omnem *in bellis et armis transegisset*, minus nosset *vrbanas consuetudines*. Hoc praefatus pacem suadere coepit et persuasit.

V, 285   LACHRYMAE SERAE   (Annibal, 7) [31]

Quum adesset *dies, quo primam pensionem* exigebant a Poenis *Romani*, totus populus *ad tributi* mentionem *ingemuit*. At *Annibal* interim *effuse risit*. Ea de re *increpatus ab Asdrubale Hedo*, negauit eum *risum fuisse* gaudentis, sed aliorum seras et *inanes lachrymas deridentis, quae* nunc *in leuiore malo manarent, quum antea* potius manare debuerint, quo tempore *Romani classes, arma et amplissimarum victoriarum spolia* Poenis *detraherent ac leges victis imponerent*.

V, 286   VTI VICTORIA   (Annibal, 8) [32]

Quum Annibal apud Cannas felicissime pugnasset, amicis suadentibus, vt fugientem hostem insequens in Vrbem irrumperet, non obtemperauit. Quam rem *Barcha Carthaginensis* adeo *indigne tulit*, vt *exclamarit*: „*Vincere scis Annibal. Victoria vti nescis*". Hoc dictum T. Liuius tribuit Maharbali.

---

793 Hedo *A-C*: Haedo *LB*, Heduo *Donati Vita Annibalis*.

791–796 *Quum adesset dies ... victis imponerent* Leicht gekürzte, variierende, jedoch zum Teil auch wörtliche Wiedergabe von Donato Acciaiuoli, *Vita Annibalis*: „Quum venisset dies, in quo prima pensio conferenda Romanis erat et ingemiscerent omnes ad vocem tributi, ferunt Annibalem commotum inutili lamentatione Poenorum risum effusisse, et, increpitum ab Asdrubale Heduo, quod in communi totius ciuitatis moestitia tam effuse laetaretur, respondisse non laetantis hominis illum esse risum, sed eorum inanes lachymas deridentis, quae eo tempore in leuiore malo ... potius manarent, quam antea, quum Romani classes, arma et amplissimarum victoriarum spolia Carthaginensibus detrahebant victisque imponebant leges" (Ps.Plutarchus, *Annibal*, ed. Bade, Paris 1514, fol. XCVII'); nach *CWE* 38, S. 540, soll Er.' Quelle Liv. XXX, 44, 4–7 gewesen sein: „Carthagini cum prima conlatio pecuniae diutino bello exhaustis diffi-

799 Barcha *A-C sec.* versionem Guarini Veron.: Barca *sec.* Plut. textum Graecum (Βάρχα).

cilis videretur maestitiaque et fletus in curia esset, ridentem Hannibalem ferunt conspectum. Cuius cum Hasdrubal Haedus risum increparet in publico fletu, cum ipse lacrimarum causa esset, ‚si, quem ad modum oris habitus cernitur oculis', inquit, ‚sic et animus intus cerni posset, facile vobis appareret non laeti, sed prope amentis malis cordis hunc, quem increpatis, risum esse; qui tamen nequaquam adeo est intempestiuus quam vestrae istae absurdae atque abhorrentes lacrimae sunt. Tunc flesse decuit, cum adempta sunt nobis arma, incensae naues, interdictum externis bellis ...'". Wie der Vergleich zeigt, benutzte Er. als Quelle Donatos *Hannibal*-Vita; dies merkt auch Lycosthenes bei seinem Druck des Apophth. an (S. 196).

793 *Hedo* **Hasdrubal Haedus** („der Bock"), mit Hanno 202 v. Chr. Friedensunterhändler der karthagischen Gesandtschaft, die sich zu P. Cornelius Scipio maior begeben hatte. Has-

drubal Haedus zählte zu den innenpolitischen Gegnern Hannibals und der Barkiden. Vgl. L.-M. Günther, *DNP* 5 (1998), Sp. 173, s.v. „Hasdrubal", Nr. 6.

Für *Apophth.* V, 286, vgl. unten V, 292; Er. entnahm den Titel „Victoria vti" dem Text des Spruches selbst.

799–800 *Quam rem Barcha ... vti nescis* Weitgehend wörtliche Wiedergabe von Plut. *Fab. Max.* 17, 1, wobei Er. die Übers. des Guarino Veronese als Vorlage benutzte: „Quare Barcham Carthaginensem ira incensum in Annibalem dixisse ferunt: ‚Vincere scis, Annibal. Victoria vti nescis'" (ed. Bade, Paris 1514, fol. LXXV^v). Vgl. den griech. Text: Διὸ καὶ Βάρκαν τὸν Καρχηδόνιον εἰπεῖν μετ' ὀργῆς πρὸς αὐτὸν λέγουσι· „σὺ νικᾶν οἶδας, νίκῃ δὲ χρῆσθαι οὐκ οἶδας".

799 *Barcha* Es ist nicht mit Sicherheit geklärt, wer der Spruchspender war. Nach Livius war sein Name Marhabal; wenn er „Barkas" hieß, könnte er ein Mitglied der Familie der Barkiden sein; da sich die Anekdote in Italien in der Anfangsphase des Krieges gegen die Römer abspielt, könnte es sich vielleicht um Mago Barkas handeln, den jüngsten Bruder des Hannibal, der diesen auf seinem Italienfeldzug begleitete.

801 *Liuius tribuit Maharbali* Liv. XXII, 51: „Tum Maharbal: ‚non omnia nimirum eidem di dedere. Vincere scis, Hannibal; victoria vti nescis'"; so übrigens auch Donato Acciaiuoli, der in seiner *Vita Annibalis* Livius folgte: „Marhabali praefecto equitum, qui subito Romam, caput belli, petendum censuit cunctantique Poeno (i.e. Annibali) illud vulgatum protulisse dicitur: ‚Vincere scis, Annibal, sed victoria vti nescis'. Verum non omnia, vt Nestor ille apud Homerum inquit, data sunt hominibus simul" (Ps.Plutarchus, *Annibal*, ed. Bade, Paris 1514, fol. XCIIII^r).

V, 287   Ridicvle   (Annibal, 9) [33]

Annibal Gisconi nuncianti *sibi admirabilem videri* Romanorum instructorum ad pugnam *numerum*, „Imo *aliud*", inquit, „*mirabilius te fugit*". Quidnam hoc esset, sciscitanti Gisconi „*quod ex tam numerosa*", inquit, „*hominum multitudine nullus appellatur Gisco*". Is ducis iocus multum timoris detraxit multumque alacritatis addidit militibus.

V, 288   Exercitvs praedae aptvs   (Annibal, 10) [34]

Idem profugiens apud Antiochum regem agebat. Is *ostendit* illi suum *exercitum* barbarico apparatu magnifice instructum, sed ad praedam magis quam ad bellum. Haec omnia quum diligenter esset *contemplatus* Annibal, rogauit Antiochus, num *haec omnia satis essent futura Romanis*. Tum Annibal: „*Plane satis* arbitror, *etiamsi auarissimi sint* Romani". Lusit Poenus ab inexpectato, *rex de* praelio sciscitabatur, iste *respondit de praeda*. Quid enim aliud est miles imbellis, auro, argento caeterisque rebus ad praedam inuitantibus instructus?

V, 289   Odivm pertinax   (Annibal, 11) [35]

Idem adhuc puer, quum quaereretur de finiendo *odio inter Romam et Carthaginem, pedem inflixit solo ac puluere suscitato tum* demum *finem belli fore dixit, quum altera pars in habitum pulueris esset redacta*. Agnoscas ingenium exitio Romanae gentis natum.

Apophth. V, 287 datiert auf den den Anfang der Schlacht von Cannae am 2. August 216 v. Chr., die in der Nähe der Mündung des Aufidus stattfand. Der anekdotische Witz wird von Plutarch im historischen Narrativ als psychologisches Movens eingesetzt, um darzustellen, wie die Punier mit der zahlenmässigen Überlegenheit der Römer umgingen: Das römische Heer hatte ein Stärke von 80.000 Fussoldaten und 6000 Reitern, das punische hatte nur halb so viele Fussoldaten, jedoch 10.000 Reiter. Die Schlacht endete mit einer vernichtenden Niederlage der Römer, die ca. 50.000–70.000 Gefallene zu beklagen hatten, wobei auch noch 10.000 Soldaten gefangen genommen wurden.

803–806 *Gisconi nuncianti … appellatur Gisco* Gekürzte, den Kontext ausblendende, jedoch sonst größtenteils wörtliche Wiedergabe von Plut. *Fab. Max.* 15, 2–3 (*Vit.* 182–183), wobei Er. ausschließlich die Übers. Guarinos als Textvorlage benutzte: „Quum autem quidam Giscon nomine ex iis, qui aderant, dixisset admirabilem sibi hostium numerum videri, contrahens frontem Annibal: ,Hoc aliud certe te admirabilius fugit'. Rogitante vero Giscone, quidnam id esset, ,quod ex hac', inquit, ,tanta vi hominum nemini Gisconi nomen sit'" (ed. Bade, Paris 1514, fol. LXXV[r]). Vgl. den griech. Text: εἰπόντος δέ τινος τῶν περὶ αὐτὸν ἀνδρὸς ἰσοτίμου, τοὔνομα Γίσκονος, ὡς θαυμαστὸν αὐτῷ φαίνεται τὸ πλῆθος τῶν πολεμίων, συναγαγὼν τὸ πρόσωπον ὁ Ἀννίβας, "ἕτερον", εἶπεν, "ὦ Γίσκων, λέληθέ σε τούτου θαυμασιώτερον". ἐρομένου δὲ τοῦ Γίσκωνος, τὸ ποῖον; "ὅτι", ἔφη, "τούτων ὄντων τοσούτων οὐδεὶς ἐν αὐτοῖς Γίσκων καλεῖται".

803 *Gisconi* Es handelt sich sicherlich nicht um denselben Giscon wie oben in V, 284. Dem Giscon von V, 284 wirft Hannibal vor, er könne nicht mitreden, weil er keine Kriegserfahrung besäße; das gilt jedoch nicht für den Giscon von V, 287, der zu Hannibals Offizieren und engsten Vertrauten auf dem Schlachtfeld von Cannae (216) während des etwa vierzehn Jahre dauernden Italienfeldzuges gehörte. Wie der Witz Hannibals zeigt,

muß Giskon (oder Geskon) bei den Puniern ein häufig vorkommender Name gewesen sein. Er. ließ die Angaben, die Plut. zu Giscon machte, aus: erstens, daß dieser zum unmittelbaren Gefolge des Feldherren Hannibal auf dem Schlachtfeld gehörte, zweitens, daß er einen hohen Rang innehatte (ἀνδρὸς ἰσοτίμου, τοὔνομα Γίσκωνος), also wohl den eines Generals. Dies ist höchstwahrscheinlich der Tatsache geschuldet, daß Er. ausschließlich von Guarino ausging, der ἰσοτίμου versehentlich ausgelassen und τινος τῶν περὶ αὐτὸν, „ein Mann aus seinem Gefolge", ungeschickt mit „ex iis, qui aderant" übersetzt hatte.

803 *nuncianti* „nuncianti" ist ein narrativer Zusatz des Er., der nicht mit der Schilderung der Schlacht in der Quelle, Plut. *Fab. Max.* 15, 1–3 (*Vit.* 182E–183A), übereinstimmt. Wie dort beschrieben wird, begab sich Hannibal mit seinen Offizieren, worunter Gisco, vor der Schlacht auf eine Anhöhe, um das Schlachtfeld zu überblicken. Die Bemerkung Giscos stellt eine emotionale Reaktion dar, keine militärische Meldung.

804 *inquit* Er. ließ – nicht ganz glücklich – die Schilderung von Hannibals Mienenspiel, das eigentlich zu dem Witz gehört, aus, nämlich daß Hannibal die Stirne runzelte, „contrahens frontem" bei Guarino (a.a.O., für συναγαγὼν τὸ πρόσωπον).

806–807 *Is ducis iocus ... militibus* Die Erklärung des Er. ist im Grunde eine Zusammenfassung jener, die Plutarch a.a.O. gibt, in Guarinos Übers.: „Idque cauillum praetor expectationem incidens omnibus risum mouit ac descendentes e tumulo omnibus exponebant, vt inter multos plurimus concitaretur risus nec ii, qui Annibali aderant, vllo modo se recipere a risu possent. Quare Carthaginienses, quum perspicerent imperatorem in periculo iocari et rem paruifacere, audaciores facti sunt" (ed. Bade, Paris 1514, fol. LXXVʳ).

Apophth. V, 288 datiert nach Hannibals Verbannung aus Karthago i.J. 195 v. Chr.

809 *Idem ... agebat* „Idem ... agebat" ist ein einleitender Satz des Er., der nicht aus der Quelle stammt.

809 *Antiochum regem* Für Antiochos III. Megas, König des Seleukidenreiches 223–187 v. Chr., vgl. Komm. oben zu *Apophth.* V, 115. Er. hatte ihm oben eine kurze Sektion von Sprüchen (V, 115–116) gewidmet. Antiochos III. figuriert in Er.' *Apophthegmata* weiter in V, 134; 288; 299 und 311.

809–814 *Is ostendit ... de praeda* Stark gekürzte, paraphrasierende, z.T. ungelenke, im Spruchteil jedoch wörtliche Wiedergabe von Gell. V, 5 („Cuiusmodi ioco cauillatus sit in Antiochum regem Poenus Annibal", Titelüberschrift in ed. Bade, Paris 1536, fol. XLIIIIᵛ): „Ostendebat ei (sc. Annibali) Antiochus in campo copias ingentes (ingenteis *ed. Bade 1536*), quas bellum populo Romano facturus comparauerat. Conuertebatque exercitum insignibus argenteis et aureis florentem. Inducebat etiam currus cum falcibus et elephantos cum turribus equitatumque frenis, ephippiis, monilibus, phaleris praefulgentem. Atque ibi rex, contemplatione tanti ac tam ornati exercitus gloriabundus, Hannibalem aspicit, et ‚Putasne', inquit, ‚conferri posse ac satis esse credis Romanis haec omnia?'. Tum Poenus, eludens ignauiam imbelliamque militum eius pretiose armatorum: ‚Satis plane', inquit, ‚satis esse credo Romanis haec omnia, etiamsi auarissimi sunt'. Nihil prorsus neque tam lepide neque tam acerbe dici potest. Rex de numero exercitus sui ac de aequiparatione aestimanda quaesierat; respondit Hannibal (Annibal *ed. Paris 1536*) de praeda".

810 *sed ad praedam ... ad bellum* „sed ad praedam magis quam ad bellum" ist ein erklärender Zusatz des Er., der unglücklich ist, weil er Hannibals ätzenden Witz schon vorwegnimmt und ungelenk den Witz als historisches Faktum präsentiert.

811 *Haec omnia ... Annibal* In „Haec omnia quum diligenter esset *contemplatus* Annibal" gibt Er. Gellius' Erzählung verdreht wieder: Nach Gellius ist es König Antiochos III., der sein Heer genau betrachtet und sich an der prunkvollen Ausstattung desselben nicht sattsehen kann.

Apophth. V, 289 trägt denselben Titel wie V, 291 und thematisiert das von Er. präsentierte Negativbild des Hannibal als haßerfüllten Barbaren.

817–819 *Idem ... esset redacta* Im einleitenden Teil paraphrasierende, sonst weitgehend wörtliche Wiedergabe von Val. Max. IX, 3, ext. 3 (Kap. „De ira et odio"): „idem (sc. Hannibal) significare cupiens, quanto inter se odio Carthago et Roma dissiderent, inflicto in terram pede suscitatoque puluere, tunc inter eas finem fore belli dixit, cum alterutra pars (pars *edd. vett., e.g. ed. Bade 1510*; del. *edd. recentiores*) in habitum pulueris esset redacta". Nach derselben Stelle bei Val. Max. soll der nur neunjährige Hannibal bei einem Götteropfer dem Vater gegenüber geschworen haben, den Römern immerzu feindlich gesonnen zu bleiben. Für letztes vgl. auch Nepos, *Hannibal* 3, 5.

817 *quum quaereretur ... Carthaginem* eine merkwürdige erzählerische Kontextualisie-

V, 290   PRAESTANTIA   (Annibal, 12) [36]

Inter Scipionem *Africanum* et *Annibalem* ortus est sermo de praestantia ducum. Quumque Scipio rogasset, *quem* primum esse censeret, *respondit Alexandrum* magnum; *quem secundum, Pyrrhum* Epirotarum regem; *quem tertium, se ipsum* nominauit. „At *quid*", inquit Scipio, „*si me vicisses?*". „*Tum*", inquit, „me neque secundum, neque tertium, sed omnium primum censuissem".

V, 291   ODIVM PERTINAX   (Annibal, 13) [37]

Annibal bibiturus *venenum*, quod in eum vsum *paratum* habebat, *dixit „Soluamus ingenti cura populum Romanum"* [C] aut, vt Liuius refert, „Soluamus *diutina cura populum Romanum, quando mortem senis expectare longum censet"*. [A] Id postremo male habebat hominem, quod Romanis iam non posset aliquo pacto molestus esse.

V, 292   [B] VOLVPTAS EMOLLIT INDOMITOS   (Annibal, 14) [38]

Post victoriam Cannensem, si Annibal recta petisset Romam, *poterat in Capitolio* prandere. Sed *frui quam vti victoria maluit, Campaniam ac Tarentum peragrans, vbi mox et ipse et exercitus ardor adeo elanguit, vt verissime dictum sit, Capuam Annibali fuisse Cannas. Si quidem inuictum Alpibus, indomitum armis, Campania sole et Baiae fontibus calidis tepentes subegerunt*. Refert Florus.

---

822 Africanum *LB*: Aphricanum *A-C BAS sec. Donati Vitam Annibalis*.
829–830 aut vt … longum censet *C*: *desunt in A B*.

832–837 Voluptas … Refert Florus *B C*: *desunt in A*.
836 Alpibus *BAS LB*: alpibus *B C*.

rung des Er., die auf freier Erfindung beruht und der von ihm benutzten Quelle Val. Max. IX, 3, ext. 3 widerspricht.

822 *Africanum* Er. hatte die kuriose Schreibweise „Aphricanum" aus Donatos Hannibal-Vita kopiert; sie wurde sowohl von der Basler *Opera omnia*-Ausgabe als auch von den späteren *Apophthegmata*-Ausgaben des 16. Jh. weitergeführt.

823–826 *Quumque Scipio … primum censuissem* Freie, paraphrasierende, stark gekürzte Wiedergabe von Liv. XXXV, 14: „Claudius secutus Graecos Acilianos libros P. Africanum in ea fuisse legatione tradit eumque Ephesi collocutum cum Annibale, et sermonem etiam vnum refert, quo quaerenti Africano, quem fuisse maximum imperatorem Annibal crederet, respondisset Alexandrum Macedonum regem …; quaerenti deinde, quem secundum poneret, Pyrrhum dixisse …; exequenti, quem tertium duceret, haud dubie semetipsum dixisse. Tum risum obortum Scipioni et subiecisse ‚Quidnam tu diceres, si me vicisses?'; ‚Tum me vero', inquit, ‚et ante Alexandrum et ante Pyrrhum et ante alios omnes imperatores esse'". Ähnlich ist Donato Acciaiuoli, *Vita Annibalis*: „Sunt qui dicunt eodem tempore P. Aphricanum … cum Poeno esse locutum et inter alia multa ab Annibale petiisse, vt ex animi sententia diceret, quem maximum imperatorum fuisse censeret; Annibalem autem respondisse primo loco sibi Alexandrum Macedonum regem, secundo Pyrrhum Epirotam, tertio seipsum collocandum videri. Ad hoc leniter arridentem Aphricanum dixisse: ‚Quid censeres, Annibal, si me vicisses?'. ‚Me proculdubio', inquit, ‚cunctis aliis imperatoribus anteferrem'. Hoc responsum placuisse Scipioni ferunt" (Ps.Plutarchus, *Annibal*, ed. Bade, Paris 1514, fol. XCVII^v).

Wie die Struktur von *Apophth.* V, 290 zeigt, hat Er. seiner Paraphrase v.a. Liv. XXXV, 14 zugrundegelegt; möglicherweise hat er jedoch nebenher Donatos *Vita Annibalis* benutzt: darauf deutet die Schreibweise des Cognomens „Aphricanus" hin, die dort auftritt.

Apophth. V, 291 trägt denselben Titel wie V, 289 und plakatiert Er.' Negativbild des Hannibal als haßerfüllten Barbaren.

828–829 *Annibal ... Romanum* Donato Acciaiuoli, *Vita Annibalis:* „... ‚Soluamus ingenti cura populum Romanum'"; Donato hat diese Version allerdings aus Livius bezogen, wie er selbst angibt: „Liuius autem locupletissimus historiae author Annibalem scribit venenum ad similes casus praeparatum poposcisse et pene mortiferam illam potionem tenentem manu dixisse ‚Soluamus ingenti cura populum Romanum'" (Ps.Plutarchus, *Annibal*, ed. Bade, Paris 1514, fol. XCVIII^v). Er. setzte bei der Überarbeitung der *Apophthegmata* für die Ausgabe d.J. 1535 (*C*) die Version des Livius hinzu, wobei er sich offensichtlich nicht mehr daran erinnerte, daß diese bereits in der *Vita Annibalis* zitiert worden war. Brusoni hatte dasselbe Apophthegma in seine Sammlung d.J. 1518 aufgenommen, wobei er seinen Text ebenfalls aus Donatos *Vita Annibalis* bezogen hatte: „Annibal, dum venenum ad vsum, si necessitas ingrueret, praeparatum ad mortem sibi inferendam adhibuisset, dixit ‚Soluamus ingenti cura populum Romanum'" (III, 15).

829–830 *diutina ... longum censet* Explizit angekündigte wörtliche Wiedergabe des Ausspruchs aus Liv. XXXIX, 51: „‚Liberemus', inquit (sc. Hannibal), ‚diuturna cura populum Romanum, quando mortem senis expectare longum censent ...'"; dennoch hat sich Er. in Bezug auf das erste Wort nicht an sein Versprechen gehalten, da er unversehens den Wortlaut der *Vita Annibalis* („soluamus" statt „liberemus") hineinmischte.

Apophth. V, 292 stellt einen Zusatz dar, den Er. im zweiten Druck (1532) anbrachte.

832 *Voluptas emollit indomitos* Vgl. den geleichläufigen Titel von *Apophth.* V, 2 (Cyrus, 2) „Deliciae emolliunt".

833–834 *Poterat ... prandere* Gekürzte Wiedergabe von Flor. *Epit.* I, 19: „Dubium deinde non erat (erit *edd. recentiores*), quin ... quintumque intra diem epulari Annibal (Hannibal *edd. recentiores*) in Capitolio potuerit, si – quod Poenum illum dixisse Adherbalem (Maharbalem *edd. recentiores*) Bomilcaris ferunt – Annibal (Hannibal *edd. recentiores*), quemadmodum sciret vincere, sic vti victoria possit (scisset *edd. recentiores*)".

834–837 *frui ... subegerunt* Wörtliche Übernahme von Flor. *Epit.* I, 21–22: „Cum victoria posset vti, frui maluit, relictaque Roma Campaniam Tarentumque peragrare, ubi mox et ipse et exercitus ardor elanguit adeo, vt vere dictum sit Capuam Annibali Cannas fuisse. (22:) Si quidem inuictum Alpibus indomitumque armis, Campaniae (Campani *edd. recentiores*) – quis crederet? – soles et tepentes fontibus Baiae subegerunt". Er. hat hier, wie er selbst angibt, seinen Text direkt aus Flor. *Epit.* gebildet, nicht aus den in *CWE* 38, S. 543 angegebenen Stellen Liv. XXII, 51, 2; XXIII, 18, 10–16; Val. Max. IX, 1, ext. 1; Seneca, *Epist.* 51, 5 und Macrob. *Sat.* I, 4, 26.

[A] SCIPIO MAIOR

V, 293   OCIVM SAPIENTIS   (Scipio maior, 1)

840   *Scipio senior, si quando vacans a negociis bellicis in literis versaretur, dicere solebat se nunquam minus esse ociosum, quam quum esset* in *ocio.* Sensit se id temporis non dare animum ocio aut voluptatibus, sed reipublicae commodis multa suo cum animo tractare.

840 bellicis *A-C*: *scribendum erat sive* bellicis ciuilibusque *sive* bellicis vrbanisque.

840 solebat *LB*: solet *A-C*.

Cornelius Scipio Africanus d.Ä. (236–183 v. Chr.); nachdem sein Vater und Onkel in der Schlacht gegen Hasdrubal gefallen waren, erhielt er i.J. 213, erst 24 Jahre alt, ein prokonsularisches *imperium* in Spanien; er entschied den 2. Punischen Krieg, indem er die Kriegstaktik auf Offensive umstellte und die Kriegsschauplätze auf karthagisches Gebiet verlagerte, zunächst nach Spanien (210–205), dann nach Afrika; er eroberte Cartagena (209), besiegte Hannibals Brüder Mago Barkas (206) und Hasdrubal Barkas (208) in Spanien, Hannibal selbst in der entscheidenden Schlacht bei Zama (202); zur Ehrung erhielt er einen Triumph und den Siegernamen Africanus. Konsul 205 und 194, Censor 199, 194; 184 angeklagt, zog er sich, ohne auf den Freispruch zu warten, auf sein Landgut bei Liternum in Kampanien zurück. Vgl. H.H. Scullard, *Scipio Africanus. Soldier and Politician*, London 1970; K.-L. Elvers, *DNP* 3 (1999), Sp. 182–183, s.v. „Cornelius", Nr. I, 71.

Obwohl die Bedeutung Scipios d. Ä. ganz auf seinen militärischen Erfolgen beruht, zeichnet Er. von ihm das Bild eines idealen Fürsten im Sinn der *Instit. princ. christ.*, welcher viel mehr auf Besonnenheit und Frieden ausgerichtet ist als auf kriegerische Leistungen. Anstatt des draufgängerischen jungen Generals, der sich gegen die Defensivstrategie des Fabius Maximus durchsetzte, charakterisiert ihn Er. als philosophischen Weisen, der sich durch Selbstdisziplin, Selbstlosigkeit, Askese, Menschlichkeit, Milde und kluge Zurückhaltung auszeichnete. Schon die ersten beiden Sprüche (V, 293 und 294) sind bezeichnend für diese Darstellung. Im Sinn der *Instit. princ. christ.* verzichtet Er.' Scipio Africanus auf Privatleben und Freizeit (seine gesamte Zeit ist dem Staatsdienst gewidmet) und zudem auf jegliche Art sinnlichen Genusses, wie Er. im Kommentar behauptet („non dare … voluptatibus"); diese vermeintliche asketische Grundeinstellung wird u.a. in V, 294 hervorgehoben, wo Scipio sich durch die sinnlichen Reize, welche eine schöne junge Frau verbreitet, nicht verführen bzw. „verderben" („corrumpi") lässt. Auf diese Weise verleiht Er. dem Scipio Africanus die Züge eines spätmittelalterlichen christlichen Intellektuellen, der sich durch asketische Übungen vom Weltlichen loslöst, um das Heil seiner Seele sicherzustellen. Dieser – vermeintliche – philosophisch-asketische Charakterzug des Scipio Africanus wird durch eine Fehlzuschreibung verstärkt: Er. schreibt ihm ein Apophthegma des Scipio Africanus des Jüngeren zu (V, 305), worin dieser als Anhänger der stoischen Philosophie, mit ihrer Betonung von Ratio, Selbstdisziplinierung und Bekämpfung der Affekte, erscheint. Es hat Er. überraschender Weise nicht gestört, das dieser Ausspruch vom Hausphilosophen Scipios des Jüngeren, Panaitios, aufgezeichnet worden war. Mit dem älteren Scipio, dem Haudegen, der die Karthager vernichtete, haben die stoischen *Exercitia* des Panaitios nichts gemein. In einem weiteren Spruch, den Er. im 6. Buch Scipio d.Ä. in den Mund legt, charakterisiert er ihn als Friedensfürsten: In dieser Rolle soll er dem Antoninus Pius, dem Architekten der *Pax Romana*, ein Vorbild gewesen sein; nach diesem Ausspruch, dessen Zuschreibung unsicher ist, soll Scipio d.Ä. lieber das Leben eines einzelnen römischen Bürgers gerettet als 1000 Feinde getötet haben (VI, 114). Dies ist angesichts der Schlachtungen, die Scipio d.Ä. angerichtet hat, nicht glaubwürdig. Scipio d.Ä. erscheint bei Er. als Lichtgestalt und Präfiguration des idealen *princeps Christianus*. Scipio beträgt sich immer als wahrer „Imperator", der behauptet, daß er zum Herrscher geboren sei, nicht zum „Krieger" („bellator") (V, 302). Das harsche, geradezu monarchische Auftreten, das Scipio d.Ä. charakterisierte, verzeiht ihm Er. ohne negativen Kommentar (vgl. V, 300 und 301). Er. rechtfertig dies durch das selbstbewußte Wissen um seine „Verdienste" (vgl. den Titel beider Sprüche: „Fiducia meritorum"). Abgesehen von der vorl. Sektion (V, 293–307) bringt Er. weitere Aussprüche des Scipio Africanus d. Ä. in *Apophth*. VI, 114, 223, 225 und 228. In seinen historischen und philologischen Zuordnungen ist Er. nicht immer sattelfest: u. a. verwechselt er zweimal Scipio Africanus d. Ä. mit d. J. (V, 304 und 305).

Apophth. V, 293 ist dem wohl bekanntesten Ausspruch Scipio Africanus' d.Ä. gewidmet, mit dem Cicero das dritte Buch von *De officiis* und Petrarca seine *Rerum memorandarum libri* einleiteten. Der Spruch kennzeichnet in Er.' Interpretation Scipio als idealen Staatsmann im Sinn der *Instit. princ. christ.*, der seine gesamte Existenz dem Staatsdienst widmet. Sogar im *otium* beschäftigt er sich gedanklich mit dem Staat. Vgl. Er.' Erklärung: „Sensit se id temporis non dare animum ocio aut voluptatibus, sed reipublicae commodis multa suo cum animo tractare", die er aus der allgemeineren Deutung in Cic. *Off*. III, 1, 1 entwickelte: „Magnifica vero vox ..., quae declarat illum (sc. Scipionem) in otio de negotiis cogitare ... Itaque duae res, quae languorem afferunt ceteris, illum acuebant, otium et solitudo. Vellem nobis hoc idem vere dicere liceret ...". Cato, Cicero (a.a.O.), Petrarca (*Rerum memorandarum* I, 2) u. a. gaben dem Spruch einen Sinn, der in eine andere Richtung zielt, nml. als Rechtfertigungsargument für die Abfassung gelehrter und philosophischer Werke in

der Freizeit; vgl. dazu Cic. *Planc*. 66; Cato, *Frgm*. Jordan 2. Diese Interpretation des Spruches kann jedoch nicht mit der Intention Scipios d.Ä. übereinstimmen, da dieser keine schriftstellerischen Werke verfaßte. Den Titel „Ocium sapientis" leitete Er. aus Ciceros Kommentar zu *Off*. III, 1, 1 ab: „Magnifica vero vox, et magno viro ac sapiente digna".

840 *Scipio ... versaretur* Im einleitenden Teil wörtliche, jedoch durch eine Auslassung entstellte Wiedergabe von Plut. *Reg. et imp. apophth.*, *Mor*. 196B (Scipio maior, 1): Σκιπίων δὲ ὁ πρεσβύτερος τὴν ἀπὸ τῶν στρατειῶν (στρατιγῶν *ed. Ald. 1509, p. 171*) καὶ τῆς πολιτείας σχολὴν ἐν γράμμασι διατριβὴν ποιούμενος, ἔλεγεν ὁπότε σχολάζοι, πλείονα πράττειν. Den Spruchteil bildete Er. aus Cic. *Off*. III, 1, 1; in Plutarchs Version fehlt das Wortspiel „Nunquam minus otiosus quam cum otiosus /in otio".

840 *a negociis bellicis* Er. ließ an dieser Stelle den Hauptbestandteil, d.h. die normale, innenpolitische Tätigkeit (ἀπὸ ... τῆς πολιτείας σχολὴν) aus; dabei muß es sich um ein Versehen gehandelt haben, da Er. sich bemühte, Scipio nicht als Kriegsherren, sondern als Friedensfürsten darzustellen. Er. hatte wahrscheinlich „ciuilibusque", „vrbanisque" o.Ä. in Gedanken, das jedoch bei der Niederschrift vergessen wurde. Die latein. Übersetzungen, die Er. benutzte, litten nicht an dieser Auslassung; vgl. Filelfo: „a re militari atque vrbana" (fol. m iiii^r); Regio: „ab re militari et reipublicae administratione" (fol. ⟨g iiii⟩^{r}).

840–841 *Dicere ... ocio* Im Spruchteil wörtliche, jedoch gekürzte Wiedergabe von Cic. *Off*. III, 1, 1: „P. Scipionem, Marce fili, eum, qui primus Africanus appellatus est, dicere solitum scripsit Cato, qui fuit eius fere aequalis, numquam se minus otiosum esse, quam cum otiosus, nec minus solum, quam cum solus esset". Er. strich im Spruchteil den Aspekt der Einsamkeit.

V, 294   IMPERATOR CASTVS   (Scipio maior, 2)

Posteaquam Carthaginem [C] Nouam, quae erat Hispanorum, [A] armis ceperat, milites quidam virginem eleganti forma captam adduxerunt eique tradiderunt. Hic ille, „Libenter acciperem", inquit, „si priuatus essem, non imperator". Iuuenis insigni [B] puellae [A] forma corrumpi non potuit, quo minus meminisset, quid deceret imperatorem. At multi sunt hodie, qui ob hoc ipsum sibi credunt tum licere tum decora esse omnia, quod sunt imperatores.

V, 295   FIDVCIA EVENTVS   (Scipio maior, 3)

Rursus quum obsideret oppidum humili loco situm [i.e. Bathiam], *prominente illic Veneris templo, iussit illuc profiteri vadimonia, tanquam tertio post die ius ibi*

---

845 Nouam ... Hispanorum *C: desunt in A B.*
846 eleganti *B C:* elegante *A.*
848 puellae *B C: deest in A.*
852 rursus *A-C:* rursum *BAS LB versio Philelphi.*

852 humili loco situm *A-C lapsu Erasmi: scribendum erat* Bathiam.
853 illic *C:* illinc *A B Lycosthenes (p. 357).*
853 illuc *A-C :* illic *versiones Philelphi et Regii (cf. Plut. textum Graecum* ἐκεῖ*).*

Apophth. V, 294 bezieht sich auf den Zeitabschnitt, in dem Scipio Spanien eroberte (210–205 v. Chr.). Vgl. L.A. Curchin, *Roman Spain. Conquest and Assimilation*, London 1991.

845–847 *Posteaquam Carthaginem ... imperator* Weitgehend wörtliche Wiedergabe von Regios Übers. von Plut. *Reg. et imp. apophth., Mor.* 196B (Scipio maior, 2): „Posteaquam autem vi Carthaginem cepit, quum quidam milites virginem formosam de multis selectam captiuis adduxissent illi tradituri, ‚Libenter', inquit, ‚Accepissem, si priuatus et imperator essem'" (fol. ⟨g iiii⟩ʳ). Vgl. den griech. Text: Ἐπεὶ δὲ Καρχηδόνα κατὰ κράτος εἷλε καὶ τῶν στρατιωτῶν τινες αἰχμάλωτον λαβόντες εὐπρεπῆ παρθένον ἧκον κομίζοντες αὐτῷ τ' (δὲ *ed. Babbitt:* τε *ed. Ald. 1509, p. 171*) ἐδίδοσαν, „ἡδέως ἄν", ἔφη, „ἔλαβον, εἴπερ ἦν ἰδιώτης καὶ μὴ ἄρχων". Die Anekdote findet sich auch bei Polyb. X, 19; Polyaenus, *Strategemata* VIII, 16, 6; Liv. XXVI, 50; Val. Max. IV, 3, 1; Frontin. *Strat.* II, 11, 5; Gell. VII (VI), 8. In diesen Quellen wird die Anekdote meist als Exemplum ohne Spruch wiedergegeben. Nach *CWE* 38, S. 544 soll sich Er. ursprünglich geirrt haben: „(he) mistakenly referred to Carthago itself in 1531 und 1532". Dies ist möglich, jedoch nicht sicher, da er den Plutarchtext übernahm, wo das spanische, neue Karthago lediglich als Καρχηδών bezeichnet wird, was folgerichtig auch in den Übers. der Fall ist (Regio a.a.O.; Filelfo, fol. m iiiiʳ). Da die Anekdote so frequent überliefert wird und jeweils mit der einschlägigen Information ausgestattet wird, ist nicht auszuschliessen, daß Er. schon z.Z. der Erstausgabe *A* wußte, daß es um das spanische Karthago ging. Jedenfalls hat er in der Ausgabe letzter Hand die Angabe, daß das spanische Karthago gemeint war, hinzugesetzt, wobei er eine der folgenden Quellen benutzt haben muß: Val. Max. IV, 3, 1: „... Scipio, cum, in Hispania Carthagine Noua (Noua *edd. vett., deest in edd. recentioribus*) oppressa ..."; Frontin. *Strat.* II, 11, 5: „Scipio Africanus in Hispania ..."; Gell. VII (VI), 8: „... Publiumne Africanum superiorem, qui Karthagine ampla ciuitate in Hispania expugnata ..."; nach dem Wortlaut zu schließen, hat Er. für seinen Zusatz d.J. 1535 am ehesten Val. Max. als Quelle benutzt.

845 *Carthaginem* Er. faßte in seinem Zusatz d.J. 1535 „Nouam" in der Tat als Eigennamen auf. Es handelt um das von Hasdrubal um 228 v. Chr. in Spanien gegründete Karthago (*Qart-ḥadašt*; heute Cartagena), das Scipio d.Ä. i.J. 210/9 eroberte. In Scipios Zeit hieß die Stadt allerdings noch nicht „Carthago Noua". Diesen Namen erhielt es erst durch die röm. Neugründung im 2. Jh. v. Chr.; unter Augustus wurde „Carthago Noua" zu „Colo-

nia Victrix Iulia Nova Carthago" umbenannt. Vgl. S.F. Ramallo Asensio, „Carthago Nova: urbs opulentissima omnium in Hispania", in: A. Casal, S. Keay und S. Ramallo Asensio (Hrsg.), *Early Roman Towns in Hispania Tarraconensis*, Porthmouth 2006.

847 *Iuuenis* Scipio war damals erst 24 Jahre alt, wie Val. Max. IV, 3, 1 angibt.

851 *Fiducia euentus* Er. hat den Titel von V, 295 vielleicht aus der Kategorie abgeleitet, in welcher Valerius Maximus die Anekdote präsentierte: „De fiducia sui" (= III, 6).

852–854 *Rursus ... capta* Durch einen Verständnis- und Übersetzungsfehler getrübte Wiedergabe von Plut. *Reg. et imp. apophth., Mor.* 196B (Scipio maior, 3), wobei Er. von der Übers. des Filelfo ausging, die er zu korrigieren versuchte: „Rursum cum in alto positam vrbem obsideret, vbi templum Veneris eminentius apparebat, iussit, illic vadimonia consentirent perinde, vt ad tertium diem in Veneris phano disceptantium causas auditurus; id, quod sicuti praedixerat, factum dedit vrbe capta" (fol. m iiii^v). Vgl. den griech. Text: Πολιορκῶν δὲ πόλιν Βαθεῖαν, ἧς ὑπερεφαίνετο ναὸς Ἀφροδίτης, ἐκέλευσεν (ἐκέλσεν *ed. Ald. 1509, p. 171*) ἐκεῖ τὰς ἐγγύας ὁμολογεῖν, ὡς εἰς τρίτην ἐν τῷ ἱερῷ τῆς Ἀφροδίτης ἀκουσόμενος τῶν ἀδικούντων· καὶ τοῦτ' ἐποίησεν, ὡς προεῖπε, τῆς πόλεως ἁλούσης. Die Anekdote findet sich auch bei Gell. VI, 1, 8–12 und Val. Max. III, 6, 1: „Eadem (sc. fiducia) in ipsa Hispania vsus est (sc. Scipio Africanus maior): Nam cum oppidum Badium (Badium *ed. Badius, Paris. 1510, fol. CXXV^v*: Badiam *ed. Kempf, lectio altera in commento Badii, Paris. 1510*) circumsederet, tribunal suum adeuntis (adeuntes *ed. Bade, Paris. 1510*) in aedem, quae intra moenia hostium erat, in posterum diem facere iussit continuoque vrbe potitus (potitus *ed. Kempf*: potitus est *ed. Bade, Paris. 1510*) et tempore et loco, quo praedixerat, sella posita ius eis dixit. Nihil hac fiducia generosius, nihil praedictione verius, nihil celeritate efficacius, nihil etiam dignitate dignius".

852 *oppidum humili loco situm* „oppidum humili loco situm" ist eine Fehlübersetzung des Er.; in der Aldus-Ausgabe, die Er. vorlag, ist das Städtchen mit dem Namen Bathia, überliefert (πόλιν Βαθεῖαν *ed. Ald. 1509, p. 171*). Er. fasste βαθεῖα jedoch nicht als Ortsnamen, sondern als Adjektiv auf; dabei ging er von Filelfos Übers. aus („in alto positam vrbem", fol. ⟨m iiii^v⟩), die er zu korrigieren versuchte: Da Er. vermutete, daß es nicht um eine große Stadt gehen konnte, ersetzte er „vrbem" durch „oppidum"; Filelfo vermutete, da aus der Ferne der Venus-Tempel zu sehen war, daß die Stadt auf einer Anhöhe lag; Erasmus ersetzte dies durch die gegenteilige Angabe, daß die Stadt tiefgelegen, in einer Ebene lag. Für βαθύς, βαθεῖα, räumlich mit der Bedeutung „sich weit erstreckend, ausgedehnt" vgl. Passow I, 1, S. 482, s.v.; tatsächlich war das Städtchen weder tief noch hoch gelegen, sondern am Meer auf einem leicht ansteigenden Hügel, auf dem die Akropolis mit dem Tempel der Venus-Astarte sichtbar war; freilich hatte Βαθεῖα nicht die Bedeutung eines räumlich konzipierten Eigenschaftswortes. Βαθεῖα ist weiter eine fehlerhafte Textüberlieferung für Βαρεῖα, lat. Baria oder Barea (heute bei Villarico), die älteste punische Stadt in Spanien, gelegen in der andalusischen Provinz Almeria. Baria existierte schon im 6. Jh. v. Chr. als punische Niederlassung, die dazu diente, die Silber-, Kupfer- und Bleimienen der Sierra Almagrera zu erschließen. Baria liegt ca. 100 km südwestlich von Cartagena, das Scipio 209 v. Chr. nach längerer Belagerung erobert hatte. Erst i.J. 210 gelang ihm die Einnahme Barias. Obwohl dies im Text des Plutarch suggeriert wird, war die Eroberung Barias keine Angelegenheit weniger Tage. Zu Baria vgl. *DNP* 2 (1999), Sp. 448, s.v. „Baria". Val. Max. gibt als Namen der Stadt „Badia" an („oppidum Badiam circumsederet ...", a.a.O.). In *CWE* 38, S. 544 wird das Text- und Verständnisproblem des Er. nicht registriert.

853 *Veneris templo* Dabei handelt es sich um den Tempel der punischen Göttin Astarte, der Himmels- und Liebesgöttin westsemitischer Völker, die von Römern wie Scipio Africanus d.Ä. mit Venus identifiziert wurde.

853 *profiteri vadimonia* Ein „vadimonium" ist eine bindende Rechtsabsprache, mit der sich eine Rechtspartei verpflichtet, zu einem bestimmten Zeitpunkt an einem bestimmten Ort zum Zweck der Abwicklung eines Rechtsgeschäftes zu erscheinen (vgl. *DNG* II, Sp. 4917, s.v.). Mit seinem Ausspruch bezieht sich Scipio auf Rechtsgeschäfte, die unter seinem Vorsitz als Richter erledigt werden sollten; als Zeit und Ort der Abwicklung schrieb er bindend vor („iussit", ἐκέλευσεν): „in zwei Tagen, im Tempel der Venus". Gell. VI, 1, 9–11 macht die plausible Angabe, daß es sich um ein Rechtsgeschäft zwischen zwei römischen Soldaten gehandelt habe, die bei Scipio um einen

redditurus. *Et quod se facturum praedixit, fecit vrbe capta*: tanta erat fiducia victoriae.

V, 296   MILES DICTO AVDIENS   (Scipio maior, 4)

In Sicilia percontanti cuidam, qua re fretus classem educere pararet in Africam, *ostendit viros armatos trecentos sese exercentes,* praeterea *turrim excelsam mari imminentem, et ait: "Nullus horum est, qui non conscensa turri semet* in mare *praecipitaturus sit, si iussero",* sentiens non perinde referre, quam numerosam educas multitudinem, modo fortis dux educat exercitatos et dicto audientes.

V, 297   ANIMVS PRAESENS   (Scipio maior, 5)

Vbi traieci⟨sse⟩t in Africam *ac terra potitus hostium castra concremasset, Carthaginenses missis legatis* foedus cum Scipione *pepigere,* pollicentes *se et elephantos* camelosque *et naues et pecunias daturos.* Caeterum *posteaquam Annibal adnauigasset ex Italia Carthaginem,* coepit *illos conuentorum poenitere* eo, quod iam animum recepissent. Id audiens Scipio negauit se, etiam si ipsi vellent, pacta seruaturum, nisi prius imperatis adderent *talentorum quinque milia,* hoc nomine, quod Annibalem accersissent.

V, 298   HVMANITER ET GRATE   (Scipio maior, 6)

At *posteaquam Carthaginenses victi legatos de foedere ac pace* ad Scipionem misissent, iussit eos, qui venerant, protinus abire, tanquam non auditurus eos prius, quam

---

854–855 fiducia victoriae *scripsi cum Lycosthene p. 357*: fiduciae victoria *C*: victoriae fiducia *A B BAS LB.*
861 educat *B C*: ducat *A.*
863 traiecisset *scripsi (cf. versionem Philelphi)*: traiecit *A-C.*

864 camelosque *A-C*: del. *BAS LB.*
865 adnauigasset *scripsi (cf. versionem Philelphi)*: abnauigasset *A-C.*
870 victi *scripsi coll. versionibus Regii et Philelphi et Plut. text. Graec. (νικηθέντες)*: vi adacti *A-C.*

Termin angesucht haben sollen. Die Antwort des Feldherren Scipio an die beiden soldatischen Streithähne läßt sich auch so verstehen, daß er im augenblicklichen Zeitpunkt der Belagerung keine Zeit für derartiges hatte und daß er die beiden aufforderte, sich zu gedulden, bis die Stadt eingenommen worden sei.
854–855 *fiducia victoriae* In der letzten, von ihm selbst besorgten Ausgabe hat Er. offensichtlich die Wortfolge geändert; bei der Korrektur wurden allerdings irrtümlich die Wortausgänge verwechselt, sodaß *C* zwar die richtige neue Wortfolge aufwies, aber die falschen Ausgänge.

Apophth. V, 296 datiert auf die Vorbereitungen der Invasion Africas i.J. 205/4 v. Chr.
857–860 *In Sicilia ... iussero* Variierende, teilweise wörtliche Wiedergabe von Regios Übers. von Plut. *Reg. et imp. apophth., Mor.* 196C (Scipio maior, 4): „Idem (sc. Scipio) a quodam in Sicilia rogatus, qua re fretus contra Carthaginem traiecturus classem forte, indicatis illi et armatis trecentum viris, qui se exercebant, et alta turri, quae mari imminebat, ,Nemo', inquit, ,horum est, qui cum hanc ascenderit turrim, non se inde, si iussero, praecipitem iactat" (fol. ⟨g iiii⟩ᵛ). Vgl. den griech. Text: Πυνθανομένου δέ τινος ἐν Σικελίᾳ, τίνι πεποιθὼς ἐπὶ Καρχηδόνα μέλλει τὸν στόλον περαιοῦν, δείξας

αὐτῷ ἐνόπλους ἄνδρας τριακοσίους γυμναζομένους καὶ πύργον ὑψηλὸν ὑπὲρ θαλάττης „οὐδείς", ἔφη, „τούτων („οὐθεὶς τούτων", ἔφη ed. Ald. 1509, p. 171) ἐστίν ὅστις ἐπὶ τὸν πύργον ἀναβὰς τοῦτον οὐκ ἂν ἑαυτὸν ῥίψειεν ἐπὶ κεφαλὴν ἐμοῦ κελεύσαντος".

858 *armatos trecentos* vgl. Liv. XXIX, 1; Val. Max. VII, 3, 3.

Apophth. V, 297 stellt kein Apophthegma im eigentlichen Sinn dar, sondern ein Exemplum für Scipios beherzte Schlagfertigkeit.

863–868 *Vbi traieci⟨sse⟩t ... accersissent* Weitgehend wörtliche Wiedergabe von Plut. *Reg. et imp. apophth., Mor.* 196C–D (Scipio maior, 5), wobei Er. die Übers. des Regio und des Filelfo als Vorlagen benutzte, die er leicht variierend bearbeitete; Filelfo: „Cum vero et agro potitus est, posteaquam traiecisset atque hostium castra concremasset, missaque legatione Carthaginenses pepigissent ictis foederibus tum baelluas [sic] tum nauis tum etiam pecunias datum ire; et quoniam ex Italia adnauigasset Annibal, ea fiducia ductos conuentorum poeniteret, his auditis Scipio ait ne illis quidem volentibus foedera seruaturum sese, ni talentum etiam quinque millia ad ea priora soluerint, propterea, quod Annibalem accersissent" (fol. m iiii^v); Regio: „Posteaquam vero traiectis copiis et terra potitus est et hostium castra combussit, Carthaginenses missa legatione pacti sunt se elephantes nauesque ac pecunias esse tradituros. Sed cum Annibal ex Italia nauibus Carthaginem redisset, conuentorumque Carthaginenses poeniteret, quod Annibali confiderent; ea re audita Scipio dixit: ne volentibus quidem ipsis se foedera seruaturum, nisi talentorum quinque milia prius exposuissent, quod Annibalem accersissent" (fol. ⟨g iiii⟩^v); Vgl. den griech. Text: Ἐπεὶ δὲ διαβὰς τῆς τε γῆς ἐκράτει καὶ τὰ στρατόπεδα τῶν πολεμίων κατέκαυσεν, οἱ Καρχηδόνιοι (οἱ δὲ Καρχηδόνιοι ed. Ald. 1509, p. 171) πέμψαντες ἐποιοῦντο συνθήκας, τά τε θηρία καὶ τὰς ναῦς καὶ τὰ χρήματα δώσειν ὁμολογήσαντες, Ἀννίβου δὲ καταπλεύσαντος ἐξ Ἰταλίας μετεμέλοντο ταῖς ὁμολογίαις διὰ τὸ θαρρεῖν, πυθόμενος δὲ ὁ Σκιπίων ἔφη μηδὲ βουλομένοις αὐτοῖς ἔτι τὰς σπονδὰς φυλάξειν, ἂν μὴ τάλαντα πεντακισχίλια προσεκτείσωσιν, ὅτι μετεπέμψαντο τὸν Ἀννίβαν.

863 *terra potitus* nach Regios Übers. a.a.O.

864 *elephantos camelosque* Er. gab θηρία mit „Elefanten und Kamele" wieder; das erste ist richtig: Es ging um die Auslieferung der als gefährlich empfundenen Kriegselefanten; vgl. Polyb. XV, 18 und Liv. XXX, 43, 11: „Naues longas, elephantos, perfugas, fugitiuos ... tradiderunt". Die sinngemäß richtige Übers. von θηρία mit „Elefanten" bezog Er. von Regio („elephantes nauesque et pecunias esse tradituros", fol. ⟨g iiii⟩^v). Der Zusatz „und Kamele" ist jedoch Er.' Phantasie entsprungen. Bei der Vorbereitung der Basler Gesamtausgabe entdeckte man den wenig sinnvollen Zusatz und tilgte ihn.

Apophth. V, 298 ist ebenfalls kein Apophthegma im eigentlichen Sinn, weil ein Spruch fehlt; in der Vorlage wird Scipio von Plutarch als Vorbild römischer politischer Männerfreundschaft, Terentius als Exempel des dankbaren Freundes präsentiert. Es ging Plutarch in diesem Fall nicht um die Präsentation von Sprüchen, sondern von demonstrativen Handlungen. Die Art und Weise, in der sich Scipio am Anfang der Friedensverhandlungen beträgt, stellt seine Qualität als vorbildlicher Freund unter Beweis: Er ist nicht bereit, mit den Verhandlungen anzufangen, bevor die Feinde seinen Freund Terentius freigelassen haben. Seine Freundschaft stellt er weiter demonstrativ dar, indem er den befreiten Freund neben sich auf das Feldherrntribunal platziert. Terentius bezeigt symbolisch seine Dankbarkeit, indem er erstens im Triumphzug Scipios mitmarschiert, zweitens beim Begräbnis Scipios rituelle Handlungen ausführt, die Familienmitgliedern und engen Freunden vorbehalten sind. Die ersten beiden Teile von V, 298 beziehen sich auf die unmittelbare Folgezeit nach Scipios entscheidendem Sieg über Hannibal bei Zama i.J. 202, der dritte auf Scipios Begräbnis i.J. 183. Im Fall von V, 298 hat Er. zwei Lemmata aus Plutarchs *Reg. et imp. apophth.*, Scipio maior, 6 und 7 zu einem einzigen zusammengelegt, was insofern sinnvoll ist, als die Lemmata in der Tat inhaltlich zusammenhängen. Aus der Titelüberschrift „Humaniter" geht hervor, daß Er. nicht bekannt war, daß Terentius zum engen Freundeskreis um den Kommandanten Scipio gehörte und daß es in dem Lemma um die Demonstration von Freundschaft geht. In Er.' Interpretation stellt Scipios Handlung eine Tat der Menschlichkeit („humanitas") und eine Wohltat („beneficium") gegenüber einem Mitmenschen dar.

870–874 *posteaquam Carthaginenses ... dissoluit* Durch einen Textübernahmefehler getrübte Wiedergabe von Plut. *Reg. et imp. apophth., Mor.* 196D–E (Scipio maior, 6–7), wobei Er. hauptsächlich Regios Übers. als Textvorlage benutzte: „Posteaquam vero Carthaginenses victi de pace et foederibus legatos ad eum miserunt, e vestigio iussit eos, qui venerant,

Lucium Terentium ad se per*duxissent. Erat* autem *Terentius Romanus, vir probus* et humanus, *qui* in bello *captus a Poenis detinebatur. Quem vt adduxerant, Scipio pro tribunali sedens hominem* apud *se collocauit, moxque auditis legatis bellum dissoluit.*
875 Porro *Terentius* tanti beneficii memor *triumphantem* Scipionem *sequebatur pileatus,* velut illius *libertus. Quin et* Scipione *mortuo ad exequias mulsum exhibuit, aliaque ad funeris* celebritatem *pertinentia studiose procurauit. Sed* de his *posterius.* Hic in Scipione quidem habes exemplum beneficii candide simul et honorifice collati, in Terentio vero memoris animi specimen.

880 V, 299 FRENVM RECEPTVM (Scipio maior, 7)

Posteaquam Romani traiecerant in Asiam *aduersus Antiochum regem isque* legatos *ad Scipionem de pace miserat, „Id", inquit Scipio, „prius factum oportuit, non nunc, quum*

882 miserat *scripsi*: misisset *A-C*.

abire, perinde atque illos non ante auditurus, quam L. Terentium adduxissent. Romanus autem erat L. Terentius probus, qui a Carthaginensibus fuerat captus. Sed quum hominem adduxissent, et illum pro tribunali iuxta se in consilio sedere iussit et Carthaginensibus auditis bellum dissoluit (fol. ⟨g iiii⟩ᵛ). Vgl. den griech. Text: Ἐπεὶ δὲ νικηθέντες οἱ Καρχηδόνιοι κατὰ κράτος περὶ σπονδῶν καὶ εἰρήνης πρέσβεις ἀπέστειλαν πρὸς αὐτόν, ἐκέλευσεν εὐθὺς ἀπιέναι (ἀπεῖναι *ed. Ald. 1509, p. 171*) τοὺς ἥκοντας, ὡς οὐκ ἀκουσόμενος πρότερον αὐτῶν ἢ Λεύκιον Τερέντιον ἀναγάγωσιν· ἦν δὲ Ῥωμαῖος ὁ Τερέντιος, ἐπιεικὴς ἀνήρ, γεγονὼς αἰχμάλωτος ὑπὸ Καρχηδονίων· ἐπεὶ δὲ ἧκον ἄγοντες τὸν ἄνδρα, καθίσας ἐν τῷ συμβουλίῳ παρ' αὑτόν (αὐτὸν *ed. Ald. 1509, p. 171*) ἐπὶ τοῦ βήματος, οὕτως ἐχρημάτισε τοῖς Καρχηδονίοις καὶ κατέλυσε τὸν πόλεμον.

872 *Lucium Terentium* Es handelt sich um den röm. Senator **Quintus Terentius Culleo** (gest. nach 171 v. Chr.) aus dem Freundeskreis und Generalstab des Scipio Africanus d.Ä., der in punische Gefangenschaft geraten war. Der von Er. angegebene Vorname Lucius ist falsch; er geht auf einen Fehler zurück, der wohl Plutarch unterlaufen ist (Λεύκιον Τερέντιον). Den richtigen Vornamen überliefert Liv. XXX, 43, 11. Q. Terentius Culleo bekleidete das Amt des Volkstribunen i.J. 189; Gesandter zu Massanissa i.J. 171. Vgl. T. Schmitt, *DNP* 12,1 (2002), Sp. 143–144, s.v. „Terentius", I, 5; nicht identifiziert in *CWE* 38, S. 545. Er. erwähnt denselben Quintus Terentius Culleo in *Adag.* 1027 „Ad pileum vocare" (*ASD* II, 3, S. 50–

51), wo er ihm ebenfalls den unrichtigen Vornamen Lucius zuteilt. Wie der Vergleich mit Livius' Beschreibung der Friedensverhandlungen (XXX, 43) zeigt, hat Plutarch die Rolle des Terentius Culleo stark übertrieben; überhaupt verliefen die Verhandlungen nicht auf die von Plutarch dargestellte Weise.

872–873 *vir probus et humanus* ἐπιεικής vgl. Passow I, 2, S. 1061 s.v.: „von Personen: so beschaffen wie es sich gehört, tüchtig, ... vernünftig, ... billig". Das passgenaue „probus" kopierte Er. von Regio; sein eigener Zusatz „et humanus" gibt die Bedeutung von ἐπιεικής nicht korrekt wieder, stellt jedoch den Kern von Er.' unrichtiger Interpretation dar.

874 *apud* Durch die Variation mit „apud" trübte Er. Filelfos und Regios paßgenaues „iuxta".

875–877 *Terentius ... posterius* Durch ein kulturelles und ein textliches Missverständnis entstellte Wiedergabe von Plut. *Reg. et imp. apophth.*, *Mor.* 196E (Scipio maior, 7), wobei Er. von Regios Übers. als Textvorlage ausging: „Terentius autem ipsum triumphantem subsequutus est pileatus veluti libertus, ac post illius mortem iis, qui ad efferendum funus conuenerant, mulsum exhibuit bibendum aliaque ad sepulturam pertinentia quam diligentissime procurauit. Sed haec posterius" (fol. ⟨g iiii⟩ᵛ). Vgl. den griech. Text: Ὁ δὲ Τερέντιος ἐπηκολούθησεν αὐτῷ θριαμβεύοντι πιλίον (πιλίον *ed. Ald. 1509, p. 171*) ἔχων ὥσπερ ἀπελεύθερος· ἀποθανόντος δὲ τοῖς ἐπὶ τὴν ἐκφορὰν παραγινομένοις ἐνέχει πίνειν οἰνόμελι καὶ τὰ ἄλλα περὶ τὴν ταφὴν ἐφιλοτιμήθη. ταῦτα μὲν οὖν ὕστερον.

875–876 *pileatus velut illius libertus* In „pileatus velut illius libertus" kopierte Er. Regios etwas missverständliche Übers. und verunklärte durch den Zusatz „illius" gänzlich den Sinn der symbolischen Handlung des Terentius. Dieser wollte durch das Tragen der Freiheitsmütze nicht kundtun, daß er *ein Freigelassener/ libertus des Scipio sei*, sondern lediglich Scipio symbolisch seinen Dank dafür abstatten, daß dieser seine Freilassung aus der Kriegsgefangenschaft der Punier erwirkt hatte. Vgl. V. Arena, *Libertas and the Practice of Politics in the Roman Republic*, Cambridge 2012, S. 32. In seiner Darstellung erklärt Livius den Sinn der Gebärde richtig: „Secutus Scipionem triumphantem est pilleo capiti imposito Q. Terentius Culleo omnique deinde vita, vt dignum erat, *libertatis auctorem* coluit" (XXX, 45, 5). Wie auch seine Ausführungen in *Adag*. 1027 „Ad pileum vocare" (*ASD* II, 3, S. 50) zeigen, hat Er. die symbolische Handlung des Terentius missverstanden: „Terentius autem Scipionem triumphantem subsequutus est pileatus veluti libertus" (zuerst in der Ausgabe der *Adagia* d.J. 1526 = F). Wenn Er. der Übers. des Filelfo gefolgt wäre, hätte er seine Fehlinterpretation vermeiden können: „secutus est pilleatus tanquam donatus libertate", „folgte mit der Freiheitsmütze, gleichsam als ob ihm die Freiheit (nämlich aus der Kriegsgefangenschaft) geschenkt worden sei" (fol. m iiii^v).

877 *Sed de his posterius* Er. hat Regios „Sed haec posterius" („Aber das geschah [erst] später") irrtümlich als Verweisung aufgefasst: „Sed de his posterius", „Aber darüber berichten wir später". Das würde bedeuten, daß Plutarch (oder Erasmus?) in der Scipio-Africanus-Sektion sich unten weiter zu dem Vorfall hätte äußern wollen. Dies ist bei Plutarch nicht der Fall. Auch Er. hat das von ihm aufgebrachte unsinnige Versprechen nicht eingelöst. Der griech. Text (ταῦτα μὲν οὖν ὕστερον) gibt zu dem nämlichen Missverständnis keinen Anlaß.

880 *Frenum receptum* Der Titel ist darauf zurückzuführen, daß Er. die Übersetzungen des Filelfo und Regio kopierte: Im griech. Text ist von „Zaumzeug" nicht die Rede, sondern von „Sattel" (s. Komm. unten). V, 299 datiert auf die Zeit nach der Schlacht der Römer an den Thermopylen gegen ein Heer des Antiochos III. i.J. 191 v. Chr., das sie fast völlig aufrieben (vgl. App. *Syr.* IV, 16–20), und vor der entscheidenden Schlacht bei Magnesia im Dez. d.J. 190, in der die Römer unter Lucius und Publius Scipio das zahlenmäßig überlegene Heer des Antiochos III. vernichtend schlugen. Vgl. J.D. Grainger, *The Roman War of Antiochus the Great*, Leiden-Boston 2002 und Komm. *CWE* 38, S. 546.

881–883 *Posteaquam Romani … recepisti* Durch einen Textübernahmefehler und ein Interpretationsproblem getrübte Wiedergabe von Plut. *Reg. et imp. apophth., Mor.* 196E (Scipio maior, 8), wobei Er. die Übers. Regios und Filelfos als Textvorlage benutzte, ohne sich weiter um den griech. Text zu kümmern. Regio: „Antiochus autem rex, postquam Romani aduersus eum traiecerant, quum de bello soluendo legatos ad Scipionem misisset, ‚Prius', inquit, ‚oportebat, non nunc, quando et frenum et sessorem accepit'" (fol. ⟨g iiii⟩^{v}-h⟨i⟩^{r}); Filelfo: „Rursum cum Antiochus, posteaquam Romani aduersus eum traiecissent in Asiam, pro soluendo bello ad Scipionem misisset, ‚Prius', inquit, ‚oportuit: non nunc, cum et fraenum et sessorem susceperis'" (fol. m iiii^v). Vgl. den griech. Text: Ἀντιόχου δὲ τοῦ βασιλέως μετὰ τὸ διαβῆναι Ῥωμαίους ἐπ᾽ αὐτὸν εἰς Ἀσίαν πέμψαντος πρὸς τὸν Σκιπίωνα (πρὸς Σκιπίωνα ed. Ald. 1509, p. 171) περὶ διαλύσεως, „ἔδει πρότερον", εἶπεν, „ἀλλὰ μὴ νῦν, ὁπότε καὶ τὸν χαλινὸν καὶ τὸν ἀναβάτην προσδέδεξαι". Die Anekdote findet sich auch bei Polyb. XXI, 15; App. *Syr.* VI, 29; Liv. XVII, 36; bei Liv. wendet sich Scipio d.Ä. mit der folgenden Rede an den Boten: „… Lysimacha tenenda erat, ne Chersonesum intraremus, aut ad Hellespontem obsistendum, ne in Asiam traiceremus, si pacem tamquam ab sollicitis de belli euentu petituri eratis; concesso vero in Asiam transitu et non solum frenis, sed etiam iugo accepto, quae disceptatio ex aequo, cum imperium patiendum sit, relicta est …".

881 *Antiochum* Zu Antiochos III. d. Gr. vgl. oben Komm. zu V, 115.

881–882 *isque … miserat* Publius Cornelius Scipio reiste 190 v. Chr. zu Unterhandlungen nach Ephesos.

882 *misit* Das fehlerhafte „misisset" kam dadurch zustande, daß Er. die Übers. von Regio und Filelfo übernahm, einschließlich der Verbalformen, jedoch die syntaktische Struktur änderte und dadurch die Verbalformen durcheinanderbrachte. Valturio, der V, 299 zitierte, korrigierte „traiecerant" zu „traiecissent", um die syntaktische Verwirrung zu beseitigen. Vgl. Roberto Valturio, *De re militari*, a cura di M. Guaraldi, s.l. 2018, S. 129.

et frenum et sessorem recepisti". Allusit ad apologum de equo et sessore, notiorem, quam vt hic sit commemorandus.

885   V, 300   FIDVCIA MERITORVM   (Scipio maior, 8)

Senatus decreuerat, vt pecunias sumeret ex aerario; at quum quaestores aerarii negarent se eo die aperturos, "Ipse", inquit, "aperiam, quando mea causa clauditur, qui tanta pecuniarum vi *repleuerim aerarium"*. Vacua non clauduntur. Eo Scipio per iocum dicebat sibi hoc laboris suscipiendum, vt aperiret, qui fuisset in causa, vt tam diligenter clau-
890   deretur, vt quaestores diei spatium quaererent ad recludendum. Exemplum ingentis fiduciae meritis quaesitae.

883 *et frenum et sessorem ... sessore* Nach Er. soll Scipio mit seinem Spruch eine Anspielung auf die Fabel vom Pferd und vom Hirschen (s. Komm. unten) gemacht haben. Jedoch handelte es sich, wie die Darstellung der Anekdote bei Appianos (XI, 6, 29) zeigt, um das Sprichwort „Das Pferd satteln und aufsitzen" bzw. „Wenn man das Pferd gesattelt hat, sitzt man auch auf", das etwa bedeutet „Wenn schon, denn schon" bzw. „keine halbe Sache machen". Damit meint Scipio nicht König Antiochos, sondern sich selbst: Nachdem er, Scipio, „das Pferd gesattelt hat" (im Klartext: mit seinen Legionen nach Kleinasien übergesetzt war), wird er keine halbe Sache machen und es auch besteigen (im Klartext: Kleinasien bis zum Taurus-Gebirge erobern). Von dem von Er. angeführten Zaumzeug („frenum") ist im griech. Originaltext nicht die Rede, nur vom „Sattel" (χαλινός). Er. hatte die identischen Übertragungen des Filelfo und Regio kopiert, die „Sattel" (χαλινός) statt mit „sella" mit „Zaumzeug" übersetzt hatten („et frenum et sessorem").

883 *recepisti* Die zweite Person Einzahl ist insofern merkwürdig, als König Antiochos III. nicht zugegen war und Scipio zu den Gesandten sprach. Jedoch findet sich diese Form auch im griech. Plutarchtext (προσδέδεξαι) und in Filelfos Übers., die Er. vorlag („susceperis", fol. m iiii^v). Regio verwendet die dritte Person. Bei Appianos richtet sich Scipio an den Unterhändler des Königs, Herakleides, wobei er stets Antiochos in der dritten Person anführt (XI, 6, 29). Plutarch hatte sich wohl vorgestellt, daß Scipio die Worte, die er den Boten zur Übermittlung an Antiochos III. mitgab, auch gleich der grammatischen Form nach an ihn richtete.

883 *apologum de equo et sessore* Er.' Annahme, daß Scipio mit seinem Spruch auf die Fabel vom Pferd rekurrierte, das den Menschen gegen den Hirschen zu Hilfe rief und seine Freiheit einbüßte, geht darauf zurück, daß er die Übersetzung Filelfos und Regios kopierte. Wie man aus der Verwendung von „sessor" schliessen kann, kannte Er. die Fabel aus einer lateinischen Quelle, am ehesten wohl aus der Romulus-Sammlung, z. B. Hervieux II, S. 564, oder Steinhöwel; Romulus Nr. 105 „De equo et ceruo": „Lis et discordia fuit inter Equum et Ceruum. Equus enim, videns Ceruum nobiliter incedentem erecta fronte, ... ventre gracili et gressu facili, inuidebant ei munera nature. Venit ergo ad venatorem et ait: ‚Magnum scio Ceruum et pinguem, quem leuiter capere potes. Carnes mensam multis diebus honestabunt; cornua medicinam habent; combusta enim febres pellunt; et corium non erit inutile; bursam enim ditabit argenteis'. Venator ergo cupidus dicta commendat et qualiter capi possit interrogat. Et ait Equus: ‚Meo, vt ostendam, capiendus est auxilio; vos me equitabitis et ego Ceruum inueniam. Quem ut videritis, statim venabulo transfigetis'. Venator ergo ascendit Equum et emouit Ceruum, qui, in fugam versus, montes transiens et saltus, cursu meliori ab oculis eorum eripitur. Equus igitur, calcaribus perfossus et fatigatus discursibus, *sessorem suum* talibus detimuit (sic): ‚Viribus destituimur et non apprehendimus, quod sequimur. Melius ergo cessemus quam omnino deficiamus. Descende ergo et dimitte me'. Venator respondit ei: ‚Non te sic possideo, vt tibi obediens fiam; sed tu pocius freno et calcaribus meis, velis, nolis, obedies'. Moralitas: Sic inuidi, ut forciores fiant illis quibus inuident, aliene se subiiciunt potestati. Sed sepe con-

tigit, vt nec voluntatem suam in illis compleant nec seruitutem, cui se sponte subdiderunt, de cetero euadant" (L. Hervieux, *Les fabulistes latins depuis le siècle d'Auguste jusqu' à la fin du Moyen-Age*, Paris 1893–1899, Bd. 2. Phèdre et ses anciens imitateurs directs et indirects, S. 564–652; Perry 269). Steinhöwel, *Esopi appologi siue mythologi cum quibusdam carminum et fabularu additionibus Sebastiani Brant*, Basel, Jacob von Pfortzheim, 1501, fol. ki^v-kii^r: „De equo, ceruo et venatore"„ ... Inimicicias non ponere melius est quam postea, dum se de ininmicis non valet vlcisci, penitere. Ita docet haec autoris (sc. Esopi) fabula. Equus et ceruus inimicicias inter se duxerunt. Cunque equus videret ceruum in omnibus aptum et ex cursu leuiorem et corpore decorum et arboreis cornibus ornatum, liuore coactus ad venatorem se contulit. Cui ait: ‚Est in prospectu ceruus ad videndum omnibus mirabilis, quem si venabulo potes transfigere, abundabis pulcherrimis carnibus ad escam. Eius corium, cornua et ossa pecunia vendes non parua'. Ille venator cupiditate accensus ‚Quomodo', ait, ‚poterimus capere ceruum?' Et equus venatori dixit: ‚Ego monstrabo meo labore ceruum. Tu vero super me sedens, cum secutus fueris, venabulo manu tua excusso saucium ceruum et occisum tenebis. Tunc tue venationi perfecte gratulabimur ambo'. Hoc facto venator super equum sedens ceruum de loco motum cum excuteret et agitaret in cursum, ceruus nin immemor sui naturalis ingenii celeres tendens pedes, transiliens campos in saltum, cursus velocitate illesus euasit. Equus vero cum se sudore maceratum ac fatigatum videret, sic dixisse *sessori* fertur: ‚Quo tendebam, attingere non potui. Descende igitur et vade solitam vitam transigere'. Cui ille desuper ‚Non habebis potestatem', inquit, ‚currendi, si currere volueris; frenum in ore habes; si saltum dare, sella premit; si calcitare volueris, in manu habeo flabellum'. Eos increpat haec fabula, qui cum aliis nocere volunt, se potius subiugant". Perry, *Aesopica*, Urbana, IL 1952, Fabel Nr. 269a; Die ursprünglich von Stesichoros erfundene und auf die Stadt Himera und den Tyrannen Phalaris Bezug nehmende Fabel findet sich bei Aristot. *Rhet.* II, 20, 5, 1393C–D; in Kurzform und ohne Vermeldung des „sessor" auch bei Hor. *Epist.* I, 10, 34–39.

886–888 *Senatus decreuerat ... aerarium* Weitgehend wörtliche Wiedergabe von Plut. *Reg. et imp. apophth., Mor.* 196F (Scipio maior, 9): Χρήματα δὲ τῆς συγκλήτου λαβεῖν αὐτὸν ἐκ τοῦ ταμιείου (ταμείου *ed. Ald. 1509, p. 171*) ψηφισαμένης, τῶν δὲ ταμιῶν οὐ βουλομένων ἀνοῖξαι τῆς ἡμέρας ἐκείνης, αὐτὸς ἀνοίξειν ἔφη· καὶ γὰρ κλείεσθαι δι' αὐτὸν πλήσαντα χρημάτων τοσούτων τὸ ταμιεῖον. Er hat für seine Textwiedergabe im einleitenden Teil Regios Übers. herangezogen: „Quum vero Senatus decreuisset, vt pecunias ex aerario sumeret, nolentibus illo die quaestoribus aerarium aperire, se aperturum esse dixit; siquidem opera sua claudi, qui tot illud pecuniis repleuisset" (fol. h⟨i⟩^{r}). Die Anekdote findet sich ebenfalls in Polyb. XXXIII, 14 und Val. Max. III, 7, 1.

889–890 *vt ... recludendum* Er. hat den historischen Sachverhalt offensichtlich nicht recht verstanden. Natürlich war das Aerarium nicht so schwer verriegelt, daß die Quaestoren einen ganzen Tag brauchten, um es aufzuschließen. Der Grund für die Weigerung der Quaestoren, das Aerarium noch am selben Tag aufzuschließen, war, wie Val. Max. III, 7, 1 mitteilt, „das Gesetz" („lex"), womit wohl eine religiös bedingte gesetzliche Regelung gemeint war, die verbot, daß an dem bewußten Tag der Saturntempel = Aerarium geöffnet würde. Scipio d.Ä. setzte sich einfach über das Gesetz hinweg, indem er als Privatmann die Schlüssel der Schatzkammer an sich riß und den Tempel aufsperrte, weil er vorbrachte, daß der Nutzen für den Staat schwerwiegender sei als irgendwelche gesetzlichen Regulierungen; vgl. Val. Max. a.a.O.: „... quia lex obstare videretur, ... priuatus (sc. Scipio) claues poposcit patefactoque aerario legem vtilitati cedere coegit".

V, 301   FIDVCIA MERITORVM   (Scipio maior, 9)

Quum a Petilio et Quinto [i.e. Quintis Petiliis] *tribunis plebis multis* nominibus *accusaretur apud populum* Romanum, nihil ad crimina respondit; tantum hoc *dixit: „Hoc die, Quirites, Annibalem et Carthaginem deuici*. Proin *ipse sumpta corona in Capitolium ascendo* Ioui Optimo Maximo *sacrificaturus. Si quis de me suffragium ferre velit, ferat".* Haec loquutus ascendebat ad Capitolium relictis accusatoribus, nondum perorata causa. Tantum valet egregiorum in rempublicam meritorum fiducia, vt repente iudicii rigor versus sit in ouationem, et reus pro supplice egerit triumphantem.

900 V, 302   GENEROSE   (Scipio maior, 10)

Scipio Africanus quibusdam calumniantibus, quod *parum* strennuus *pugnator esset, „Imperatorem",* inquit, *„me mater, non bellatorem* genuit", significans in imperatore plus habere momenti solertiam ac prudentiam in consiliis quam vires in praeliis.

893 Petilio et Quinto *A-C sec. versiones Philelphi et Regii (*Paetilio et Quinto*) et Plut. ed. Ald.:* Petiliis *BAS LB (cf. ann. marg. ipsius Erasmi in C p. 497 „Liuius lib. 8. dec. 4. duos Petilios Quintos refert").*

Apophth. V, 301 datiert auf d.J. 187 v. Chr. Der Titel des Er. veranlasste Lycosthenes, eine separate gleichnamige Kategorie anzulegen, in der er die Anekdote von V, 301 druckte (S. 361–362).

893–897 Quum a ... accusatoribus Mit Zusätzen angereicherte Übernahme von Plut. *Reg. et imp. apophth., Mor.* 196F–197A (Scipio maior, 10), wobei Er. die Übers. Regios als Vorlage benutzte: „Paetilius vero et Quintus tribuni plebis quum apud populum multa in ipsum crimina intulissent, ‚Hodie, Quirites‘, inquit, ‚Carthaginenses et Annibalem vici, eoque coronatus in Capitolium ascendo sacrificaturus‘. Quisquis autem vellet de se ferre suffragium, iussit. Et quum haec dixisset, ascendit populusque subsecutus accusatores verba facientes reliquit" (fol. h⟨i⟩ʳ). Vgl. den griech. Text: Πετιλίου (Παιτιλίου *ed. Ald. 1509, p. 171*) δὲ καὶ Κοΐντου πολλὰ πρὸς τὸν δῆμον αὐτοῦ κατηγορησάντων, εἰπὼν ὅτι τῇ σήμερον ἡμέρᾳ Καρχηδονίους καὶ Ἀννίβαν ἐνίκησεν (ἐνίκεσεν *ed. Ald. 1509, p. 171*), αὐτὸς μὲν ἔφη στεφανωσάμενος ἀναβαίνειν εἰς τὸ Καπετώλιον θύσων, τοὺς δὲ βουλόμενον τὴν ψῆφον κελεύσε φέρειν περὶ αὐτοῦ· καὶ ταῦτα εἰπὼν ἀνέβαινεν, ὁ δὲ δῆμος ἐπηκολούθησε (ἐπηκολούθησεν *ed. Ald. 1509, p. 171*) τοὺς κατηγόρους ἀπολιπὼν λέγοντας. Dieselbe Anekdote findet sich in Polyb. XXIII, 14; Liv. XXXVIII, 50–51; Val. Max. III, 7, 1 sowie Gell. IV, 18. Für die Anklage des „Petillius" (Πετίλλιος) gegen Scipio vgl. auch Plut. *Cato* 15, 1 (*Vit.* 344) und Plut. *Qua quis ratione se ipse sine inuidia laudet,* 4, *Mor.* 540F.

893 Petilio et Quinto Die unsinnige Kombination der Namen zweier Personen in *A, B* und *C,* von denen der eine „Petilius" und der andere „Quintus" geheissen haben soll, geht auf eine fehlerhafte Überlieferung des griech. Plutarchtextes zurück (Παιτιλίου δὲ καὶ Κοΐντου), welche Filelfo und Regio in ihre Übers. übernahmen. Daß die Überlieferung nicht stimmen kann, ergibt sich schon aus der Tatsache, daß die zweite Person nur mit einem Vornamen bedacht wird. Die richtige Namensform findet sich bei Liv. XXXVIII, 50, 5: „Publio Scipioni Africano, vt Valerius Antias autor est, duo Q. Petilii diem dixerunt". Er. kannte diese Livius-Stelle; bei der Vorbereitung des Druckes d.J. 1535 (*C*) notierte er sich: „Liuius lib. 8. dec. 4. duos Petilios Quintos refert", vielleicht in der Absicht, den Text von V, 301 nochmals zu überarbeiten; dies geschah jedoch, aus welchen Gründen immer, nicht.

893 Petilio et Quinto Q. Petilii, zwei gleichnamige, mit einander verwandte Volkstribune d. Jahres 187 v. Chr., die auf Betreiben Catos eine Anklage gegen Scipio Africanus d.Ä. wegen Veruntreuung öffentlicher Gelder wäh-

rend seines Feldzuges gegen Antiochos III. einbrachten. Nach Schmitt führte die Anklage nicht zu einem Prozess und soll der Bruder Scipios d.Ä. demonstrativ die Unterlagen zerrissen haben. Als Scipio d. Ä. in der Folge jedoch ein weiterer Prozeß drohte, zog er sich freiwillig ins Privatleben zurück. Zu den Petilii vgl. T. Schmitt, *DNP* 9 (2000), Sp. 663 s.v. „Petilius", Nr. I, 1; I.S. Gruen, „The Fall of the Scipios", in: I. Malkin – Z.W. Rubinsohn (Hrsg.), *Leaders and Masses in the Roman World. Studies in Honour of Z. Yavetz*, Leiden-Boston 1995, Mnemosyne Supplemente 139, S. 59–90. Nach Val. Max. war der Volkstribun, der die Anklage einbrachte, M. Naevius; zusätzlich nennt Valerius – als Nebenüberlieferung – „duo Petilii", wobei er die Vornamen der beiden schuldig bleibt; nach Gell. IV, 18 waren die Ankläger zwei „Petilii".

893–894 *accusaretur apud populum* Nach Liv. XXXVIII, 50, 4–51, 14, ebenso nach Val. Max. III, 7, 1 und Plut. *Mor.* 196F–197A (Scipio maior, 10) wurde Scipio von den Volkstribunen vor die Volksversammlung („ad populum", „contio") zitiert, um sich in Bezug auf die Anklagepunkte der Tribunen zu rechtfertigen. Nach Liv. dauerte dieser Prozeß vor dem Volk zwei Tage, wobei am ersten Tag die Volkstribunen ihre Anklage vortrugen und sich Scipio am zweiten Tag verteidigen mußte, dieser dann aber den Schauplatz des Prozesses verließ. Nach Gell. IV, 18 beantragten die Volkstribunen, daß sich Scipio im Senat rechtfertigen sollte.

894 *Romanum* „Romanum" ist ein verdeutlichender Zusatz des Er., der freilich überflüssig wirkt.

894 *nihil ... hoc* ein erklärender Einschub des Er., ohne Äquivalent in Plutarchs Text.

894–898 *Hoc die ... causa* Eine etwas umfänglichere Zusammenfassung von Scipios Rede überliefert Liv. XXXVIII, 51, 7 ff.

896 *Ioui Optimo Maximo* Daß Scipio d.Ä. spezifisch dem Iupiter Optimus Maximus ein Opfer bringen wollte, ist ein Zusatz des Er. zu Plutarchs Text: Die Quelle ist vielleicht Val. Max. III, 7, 1, wo berichtet wird, daß sich der Zug des Scipio zu den „Iouis Optimi Maximi puluinaria" begab; Livius berichtet hingegen, daß Scipio allen auf dem Kapitol verehrten Göttern, also auch Iuno und Minerva, einen Besuch abstattete sowie, daß er anschliessend mit seinem Gefolge einen Rundgang durch die Stadt machte, bei dem er den Göttern aller Tempel, an denen der Zug vorbeikam, ein Opfer brachte; vgl. Liv. XXXVIII, 51, 7–14: „ad Rostra subiit (sc. Scipio) silentioque facto ‚hoc' inquit ‚die, tribuni plebis vosque, Quirites, cum Hannibale et Carthaginiensibus signis collatis in Africa bene ac feliciter pugnaui. Itaque, cum hodie litibus et iurgiis supersederi aequum sit, ego hinc exemplo in Capitolium ad *Iouem optimum maximum Iunonemque et Mineruam ceterosque deos, qui Capitolio atque arci praesident*, salutandos ibo, hisque gratias agam, quod mihi et hoc ipso die et saepe alias egregie gerendae rei publicae mentem facultatemque dederunt. Vestrum quoque quibus commodum est, Quirites, ite mecum, et orate deos, vt mei similes principes habeatis ...'. ... Scipio non in Capitolio modo, sed per totam Vrbem omnia templa deum cum populo Romano circumiit".

897–898 *nondum ... causa* „nondum perorata causa" ist ein narrativer Zusatz, der den Ausfall von λέγοντας (sc. κατηγόρους) kompensiert.

899 *iudicii rigor* Es handelte sich nicht um einen richterlichen Prozess („iudicium"), wie Er. hier suggeriert, sondern um eine Rechtfertigung vor der Volksversammlung („contio"), in derem Rahmen eine Volksabstimmung geplant war.

899 *egerit triumphantem* Er. wurde zu seiner Erklärung wohl von der Darstellung des Val. Max. III, 7, 1 angeregt, der berichtet, daß Scipio d.Ä. vor den Augen der auf dem Forum versammelten Volksmenge sich den Lorbeerkranz des Triumphators aufsetzte, jenen Lorbeerkranz, den er ehemals bei seinem Triumph über Karthago getragen hatte.

Im Fall von *Apophth.* V, 302 fügt sich der Titel, den Er. dem Spruch gab („generose [sc. dictum]"), nicht recht zu der Erklärung, die er selbst im Kommentar hinzusetzte: „significans in imperatore plus habere momenti solertiam ac prudentiam in consiliis quam vires in praeliis". „Prudentia" bzw. „Prudentia ducis" wäre demnach als Titel passender. Dem Inhalt nach schließt das Apophthegma eng an bei V, 306, das den Titel „Prouidentia" trägt. Lycosthenes druckte den Spruch in der Kategorie „De generose dictis" (S. 428), jedoch ein zweites Mal in dem Abschnitt, der von der Vorsicht der Feldherren handelt (S. 293).

901–902 *Scipio Africanus ... bellatorem genuit* Im einleitenden Teil paraphrasierende, im Spruchteil wörtliche Wiedergabe von Frontin. *Strat.* IV, 7, 4: „Scipio Africanus fertur dixisse, cum eum parum pugnacem dicerent, ‚imperatorem me mater, non bellatorem peperit'"; das Apophthegma findet sich auch in Francesco Patrizi, *De regis institutione* II, 1.

V, 303   CLEMENTER   (Scipio maior, 11)

905 Idem *dicere solebat, hosti non solum esse dandam viam fugiendi, verum etiam muniendam*, docens moderandam esse victoriam nec saeuiendum in eos, qui contra ferre arma destitissent.

[V, 304]   [IGNAVIA   (Scipio maior, i.e. Scipio
               (= Dublette von V, 415)   minor, 16B = V, 415B)

910 Idem [i.e. Scipio minor] militi, *cui scutum erat elegantius ornatum, "Non miror"*, inquit, *"quod scutum tanta cura ornaris, in quo plus habeas praesidii quam in gladio*, significans illum ignauum militem. Clypeus tuetur, sed gladius fortitudinis organum est. [C] Quanquam hoc idem de altero Scipione narratur inferius.]

[V, 305]   [A] [GRAVITER   (Scipio maior, i.e. Scipio minor,
915   12B = V, 411B)

Idem [i.e. Scipio minor] *dicere solet:* „Ii, quibus sunt *equi ferociores, tradunt eos domitoribus, vt his facilioribus possint vti"; sic homines secundis rebus effrenatos sibique praefidentes tanquam in gyrum rationis ac doctrinae duci oportere, vt perspecta rerum humanarum imbecillitate varietateque fortunae* reddantur moderatiores.]

908–913 Ignauia ... inferius *transposui ad V, 415B, quia dictum est Scipionis Africani minoris.*
913 Quanquam ... inferius *C: desunt in A B.*

914–919 Grauiter ... moderatiores *transposui ad V, 411B, quia dictum est Scipionis Africani minoris.*

Er. hat den Spruch in *Apophth.* V, 303 irrtümlich als moralische Vorschrift im Sinn der christlichen Ethik verstanden, als Verpflichtung des Feldherren, Milde walten zu lassen und Gnade zu gewähren, wenn der Feind aufgibt und zur Flucht übergeht, während der Spruch als Kriegslist gemeint war, wie einerseits schon sein Vorhandensein in Frontins *Strategemata*, andererseits die parallele Überlieferung in Vegetius *De re militari* III, 21 zeigt. Wie Vegetius im Einzelnen ausführt, ist der Sinn der Kriegslist, den Feind durch eine bewusste Öffnung zur Flucht zu verleiten, um ihm in den Rücken zu fallen, niederzumachen und völlig aufzureiben: „Plerique rei militaris ignari pleniorem victoriam credunt, si aduersarios aut locorum angustiis aut armatorum multitudine circumdederint, vt aditum non inueniant abscedendi. Sed clausis ex desperatione crescit audacia, et cum spei nihil est, sumit arma formido. Libenter cupit commori, qui sine dubio scit se esse moriturum. Ideoque Scipionis laudata sententia est, qui dixit *viam hostibus, qua fugerent, muniendam*. Nam cum abscedendi aditu patefacto mentes omnium ad praebenda terga consenserint, inulti more pecudum trucidantur. Nec insequentium vllum periculum est, cum victi, quibus defendi potuerant, arma conuerterint. Hoc genere, quanto maior fuerit, tanto facilius multitudo prosternitur; neque enim ibi requirendus est numerus, vbi animus semel territus non tam tela hostium cupit declinare quam vultum". Fast gleichlautend ist ein Spruch Alfons d. Gr., den Er. in VIII, 305 bringt, wobei er abermals den Sinn der Kriegslist nicht versteht: „Magnopere laudare solet dictum nescio cuius, hostibus fugientibus pontem argenteum extruendum esse, siue quod existimaret multo optabilius esse, hostes in fugam vertere quam occidere, siue quod putaret hostes pecunia solicitandos, vt ab acie discederent".

905–906 *dicere solebat ... muniendam* Weitgehend wörtliche, leicht variierende Wiedergabe von Frontin. *Strat.* IV, 7, 16: „Scipio Africanus dicere solitus est hosti non solum dandam esse viam ad fugiendum, sed etiam muniendam". Er.' Text ähnelt hier aufs Haar jenem, den Brusoni in seiner Sammlung d.J. 1518 präsentierte: „Scipio Africanus dicere solebat hosti non solum dandam esse viam fugiendi, sed etiam muniendam" (III, 15).

Apophth. V, 304 ist eine Dublette von V, 415. Er. schrieb V, 304 fälschlich Scipio Africanus d.Ä. zu; es gehört jedoch Scipio Africanus d.J. zu und datiert auf d.J. 134 v. Chr. (vgl. Liv. *Per.* 57; Plut. *Reg. et imp. apophth.*, Scipio minor 18; Polyaen. VIII, 16, 3, 4). Unten führt Er. dasselbe Apophthegma unter den Sprüchen Scipio Africanus' d.J. auf und verlieh ihm den Titel „Spes in clypeo". Der Titel von V, 304 „Ignauia" bezieht sich auf die Einordnung des Spruchs in Er.' Quelle, Frontins *Strategemata*, im Kapitel „De disciplina" (sc. militum). Bei der Abfassung des 5. Buches der *Apophthegmata* war Er. die doppelte Anwesenheit des Spruchs offensichtlich nicht aufgefallen, obwohl sich die Dubletten in nächster Nähe befinden. Auch bei der Durchsicht der Fahnen des ersten Druckes und bei der Vorbereitung der zweiten Auflage fielen ihm die Dubletten nicht auf; bei der Vorbereitung der dritten Auflage i.J. 1535 stellte er in einer kommentierenden Anmerkung zu V, 304 fest, daß der Spruch auch Scipio d.J. zugeschrieben wurde, ohne eine Entscheidung zu treffen, wem er den Spruch zuschreiben wolle, oder eines der beiden Lemmata zu streichen. In unserer *ASD*-Ausgabe wird das Apophthegma mit vollständiger Kommentierung als V, 415B gedruckt.

910–911 *cui scutum ... in gladio* Hauptsächlich wörtliche, leicht variierende Wiedergabe von Frontin. *Strat.* IV, 1, 5: „Scipio Africanus, cum ornatum scutum elegantius cuiusdam uidisset, dixit non mirari se, quod tanta cura ornasset, in quo plus praesidii quam in gladio haberet".

913 *Quanquam hoc ... narratur inferius* i.e. unten *Apophth.* V, 415.

In der Zuschreibung von *Apophth.* V, 305 irrte sich Er. erneut: Es gehört ebenfalls Scipio d.J. zu. Der Ausspruch wurde von einem Freund Scipios d.J., dem Philosophen Panaitios von Rhodos (ca. 185–ca. 110 v. Chr.), überliefert; vgl. Cic. *Off.* I, 90. V, 305 datiert auf die Zeit zwischen 139 und 129 v. Chr.; Panaitios hat es in seinem Werk περὶ τοῦ καθήκοντος aufgezeichnet, das die Grundlage von Ciceros *De officiis* bildete. Da diese Umstände aus Er. Quelle, Cic. *Off.* I, 90, hervorgehen, ist die Fehlzuschreibung erstaunlich. In *CWE* 38, S. 547 wird V, 305 Scipio Africanus d.Ä. zugeschrieben. Die Fehlzuschreibung findet sich ebenfalls bei Lycosthenes (S. 441): „Scipio Maior dicere solebat, ii, quibus sunt equi ferociores [...]".

916–919 *dicere solet ... fortunae* Im einleitenden Teil paraphrasierende und gekürzte, im Spruchteil wörtliche Wiedergabe von Cic. *Off.* I, 90: „Panaetius quidem Africanum auditorem et familiarem suum solitum ait dicere, vt equos propter crebras contentiones proeliorum ferocitate exultantes domitoribus tradere soleant, vt iis facilioribus possint vti, sic homines secundis rebus ecfrenatos sibique praefidentes tamquam in gyrum rationis et doctrinae duci oportere, vt perspicerent rerum humanarum imbecillitatem varietatemque fortunae". Für den Vergleich mit dem Pferd, das zur Zähmung im Kreis geführt wird, vgl. auch Verg. *Georg.* III, 115; 191; Tib. IV, 1, 94; Ov. *Ars* III, 384; Cic. *De or.* III, 70; Plin. minor *Epist.* IX, 26, 7. Die Bekanntschaft Scipios d.J. mit Panaitios entstand um d.J. 140 v. Chr.: 139–138 begleitete Panaitios Scipio auf einer längeren Gesandtschaftsreise in den Osten, anschließend reiste er mit ihm nach Rom zurück.

| 920 | V, 306 | Providentia | (Scipio maior, 12) |

Dicere *solet in re militari turpe* verbum esse „*Non putaram*", quod aliis in rebus interdum locus datur male instituta *posterioribus* consiliis *melioribus* corrigendi; caeterum *quae ferro peraguntur*, ea non oportet temere aggredi, quod hic *error* fere *est inemendabilis*. Idem dictum locum habet et in his, quae semel facta mutari non possunt, vt in ducenda vxore, in sacris ordinibus.

| | V, 307 | Qvando bellandvm | (Scipio maior, 13) |

Cum hoste dicebat non esse confligendum, nisi aut inuitaret *occasio aut* vrgeret *necessitas, quod incogitantis sit* opportunitatem *oblatam negligere, et* extremae *ignauiae sit*, tum non praestare fortem animum, quum audacia spem praebet incolumitatis, formidolositas nihil aliud quam certum promittit exitium.

---

921 solet *A-C*: solebat *LB Lycosthenes (p. 289 et 1037).*
922 corrigendi *scripsi sec. Erasmi instructiones in err. A*: corrigere *A-C*.
923 peraguntur *B C*: aguntur *A (sec. Val. Max. VII, 2, 2).*
927 Cum *B sec. Erasmi instructiones in err. A BAS LB*: Quum *A C*.
928 sit *B C*: est *A*.

Apophth. V, 306 ist ein Gegenstück von *Apophth.* V, 196 und VII, 88, sowie *Adag.* 238 „Posterioribus melioribus" (*ASD* II, 1, S. 351), *Collect.* 315 „Secunda meliora" und *Adag.* 408 „Iterum eundem ad lapidem offendere" (*ASD* II, 1, S. 485): „Scipio (sc. Africanus maior) sapienti ne semel quidem errare permittit, vt dicat … ‚Non putaram'. In *Apophth.* V, 196 hatte Er. den Ausspruch dem athenischen Feldherrn Iphikrates (415-um 353 v. Chr.) zugeschrieben und zugleich auf Scipio als in der latein. Literatur maßgeblichen Spruchspender hingewiesen; der Spender von VII, 88 ist der Sokrates-Schüler Antisthenes, der freilich eher eine philosophische Lehrmeinung „Für den Weisen ist nichts neu oder seltsam" zum Besten gibt, während sich der Scipio-Ausspruch auf den militärischen Bereich bezieht. Seneca hatte den Spruch Fabius Maximus zugewiesen (*De ira* II, 31, 4), vgl. Komm. in *CWE* 38, S. 548 und Komm. oben zu V, 196. *Apophth.* VII, 88 trägt denselben Titel wie V, 306, „Prouidentia".
921–924 *in re militari … inemendabilis* Im Spruchteil wörtliche, in der Erklärung paraphrasierende Wiedergabe von Val. Max. VII, 2, 2: „Scipio uero Africanus turpe esse aiebat in re militari dicere ‚non putaram', videlicet quia explorato et excusso consilio, quae ferro aguntur, administrari oportere arbitrabatur. Summa ratione: inemendabilis est enim error, qui violentiae Martis committitur"; für dasselbe Apophthegma, jedoch mit der Zuschreibung an Fabius Maximus, vgl. Sen. *De ira* II, 31, 4: „Turpissimam aiebat Fabius imperatori excusationem esse ‚non putaui', ego turpissimum homini puto. Omnia puta, expecta: etiam in bonis moribus aliquid existet asperius".
922 *posterioribus consiliis melioribus Adag.* 238 „Posterioribus melioribus", *ASD* II, 1, S. 351; vgl. *Collect.* 315 „Secunda meliora"; Otto 404; Komm. *CWE* 38, S. 548.
925 *sacris ordinibus* Er. meint damit den Eintritt in einen Mönchorden; dieser schmerzliche Fehler war ihm selbst unterlaufen.
Apophth. V, 307 Er.' Quelle, Val. Max., schreibt dieses Apophthegma Scipio Africanus maior zu, Gell. dem Vater des jüngeren Scipio Africanus, Aemilius Paulus; vgl. Komm. *CWE* 38, S. 548.
927–928 *Cum hoste … ignauiae sit* Paraphrase von Val. Max. VII, 2, 2: „idem (sc. Scipio Africanus maior) negabat aliter cum hoste confligi debere, quam aut si occasio obuenisset aut necessitas incidisset. Atque prudenter: Nam et prospere gerendae rei facultatem

omittere maxima dementia est, et in angustias vtique pugnandi compulsum abstinere se proelio pestiferae ignauiae adfert exitum, eorumque, qui ista committunt, alter beneficio fortunae vti, alter iniuriae nescit resistere".

Dasselbe Apophthegma hatte bereits Brusoni in seine Sammlung d.J. 1518 aufgenommen: „Scipio Aphricanus negabat cum hoste confligi debere, nisi aut occasio aut necessitas cogeret" (II, 32).

T. QVINTIVS

V, 308   Libere   (T. Quintius 1)

T. Quintius ab ipso protinus initio clarus fuit, vt prius, quam esset aedilis aut *tribunus militum* [i.e. plebis] aut *praetor, consul factus sit.* Porro *missus imperator* [i.e. consul]
935 *aduersus Philippum suasit, vt veniretur in colloquium. At quum Philippus posceret obsides, eo quod ille multis Romanis comitatus esset, ipse vero solus, „Vt solus sis", inquit Quintius, „ipse fecisti, qui amicos et cognatos tuos occideris".*

Titus Quinctius Flamininus (228–174 v. Chr.), wurde bereits mit 30 Jahren zum Konsul ernannt (i.J. 198), wobei das Konsulat mit dem Oberbefehl im Krieg gegen Philippos V. verbunden war. Es gelang Quincius, die griech. Mächte auf die Seite Roms zu ziehen. In der Folge besiegte er Philippos V. i.J. 197 in der Schlacht bei Kynoskephalai. Im Frühjahr d.J. 196 proklamierte er bei den Isthmischen Spielen die „Freiheit" aller Griechen, wofür ihm zahlreiche und umfängliche Ehren zuteil wurden. I.J. 194 kehrte er nach Rom zurück, um seinen Triumph zu feiern. Vgl. R. Pfeilschifter, *Titus Quinctius Flamininus: Untersuchungen zur römischen Griechenlandpolitik*, Göttingen 2005; E. Badian, *Titus Quinctius Flamininus. Philhellenism and Realpolitik*, Cincinnati, Ohio 1971; A.M. Eckstein, „T. Quinctius Flamininus and the campaign against Philip in 198 B.C.", in: *Phoenix* 30 (1976), S. 119–142; L.-M. Günther, „T. Quinctius Flamininus – Griechenfreund aus Gefühl oder Kalkül?", in: K.J. Hölkeskamp – E. Stein-Hölkeskamp (Hrsg.), *Von Romulus zu Augustus*, 2000, S. 120–130; L.-M. Günther, *DNP* 10 (2001), Sp. 709–711, s.v. „Quinctius", Nr. I, 14.
931 *T. QVINTIVS* In dieser Form im Index personarum.
Apophth. V, 308 bezieht sich auf d.J. 198–197 v. Chr., in denen Quincius Flamininus als Konsul in Griechenland diplomatisch erfolgreich war und mit dem Gegner, König Philipp V. von Makedonien, vorläufig Verhandlungen aufnahm. Der Flamininus in den Mund gelegte Vorwurf, Philipp V. habe seine Freunde/ Verbündete (τοὺς φίλους) getötet, bezieht sich auf Aratos von Sikyon (271–213), den Anführer des Achaiischen Bundes. Nach langjährigen Kämpfen gegen Makedonien hatte sich Aratos mit ihm verbündet: Seit 220 hielt sich Aratos sogar an Philippos' Hof auf; dieser ließ ihn jedoch i.J. 213 vergiften. Zu Aratos vgl. F.W. Walbank, *Aratos of Sicyon*, Cambridge 1933. Im Übrigen ist es nicht plausibel, daß Flamininus im Rahmen diplomatischer Verhandlungen derartiges gesagt haben soll. Das zweite Glied des Vorwurfs, daß Philipp V. ein Verwandtenmörder sei, zeigt an, daß das Apophthegma eine spätere Fiktion sein muß: Philipp V. hatte zum Zeitpunkt des Spruches (198/7 v. Chr.) noch keinen Verwandten getötet. Das geht erst für das Jahr 181 v. Chr. auf, als er seinen Sohn Demetrios hinrichten ließ, nachdem dieser sich gegen ihn verschworen hatte.
933–937 *T. Quintius ... occideris* Plut. *Reg. et imp. apophth., Mor.* 197A (Titus Quinctius, 1): Τίτος Κοΐντιος (Κοῖντος *ed. Ald. 1509, p. 171*) οὕτως ἦν εὐθὺς ἐξ ἀρχῆς ἐπιφανής, ὥστε πρὸ δημαρχίας καὶ στρατηγίας καὶ ἀγορανομίας ὕπατος αἱρεθῆναι. πεμφθεὶς δὲ στρατηγὸς ἐπὶ Φίλιππον εἰς λόγους ἐπείσθη συνελθεῖν αὐτῷ· τοῦ δὲ Φιλίππου λαβεῖν ὁμήρους ἀξιοῦντος, ἐκεῖνον μὲν γὰρ εἶναι μετὰ πολλῶν Ῥωμαίων, ἑαυτὸν δὲ μόνον Μακεδόσι, „σὺ γὰρ μόνον", ὁ Κοΐντιος (Κοῖντος *ed. Ald. 1509, p. 171*) ἔφη, „ἑαυτὸν ἐποίησας ἀποκτείνας τοὺς φίλους καὶ συγγενεῖς". Er hat seinen Text der Übers. des Regio nachgebildet: „T. Quintius adeo fuit statim ab initio clarus, vt ante tribunatum militum aedilitatemque consul fuerit designatus. Imperator autem contra Philippum missus, vt secum in colloquium veniret, persuasit. Et cum Philippus obsides postularet, quod diceret ipsum multosque alios Romanis esse duces, se vero Macedonibus solum, ‚Tu nempe', Quintius ait, ‚solum te ipsum effecisti, quippe qui et amicos et cognatos interemisti'" (fol. h⟨i⟩ʳ). Das nämliche Apophthegma findet sich auch in. Plut. *Flamin.* 17, 2 (*Vit.* 378D): Φιλίππου δέ, ὁπηνίκα περὶ σπονδῶν καὶ εἰρήνης τὸ πρῶτον εἰς λόγους συνῄεσαν, εἰπόντος μετὰ πολλῶν

ἥκειν ἐκεῖνον, αὐτὸν δὲ μόνον, ὑπολαβὼν ὁ Τίτος, „αὐτὸν γάρ", ἔφη, „μόνον ἐποίησας ἀποκτείνας τοὺς φίλους καὶ συγγενεῖς"; in Guarino da Veronas Übers.: „Philippus quum pacem ac foedera tractare coepisset, Titum cum pluribus, se vero solum aduentasse dixerat. Cui Titus adiecit: ‚Te quidem ipsum necessariis et familiaribus obtruncatis solum reddidisti'" (ed. Bade, Paris 1514, fol. CXII^r); schon Brusoni hatte den Spruch in seine Sammlung d.J. 1518 aufgenommen, wobei er Regios Übers. kopierte (VI, 21), ebenso Battista Fregoso (1450–1504) in seine posthum veröffentliche Sammlung (B. VI, vgl. Lycosthenes S. 600), wobei er allerdings den Spruchspender irrtümlich als „Quintus Flaminius" bezeichnete.

933–934 *tribunus militum* Er. irrt sich: δημαρχία bezeichnet das römische Amt des *Volkstribunen*, *tribunus plebis*, nicht des Militärtribunen, „tribunus militum"; vgl. Plut. *Fab.* 9, 1, wo sich Fabius gegen den δήμαρχος Metilius, d.i. den Volkstribunen d.J. 217 v. Chr., verteidigen muß. Der Irrtum geht auf Regios Übers. zurück, die Er. als Textvorlage verwendete („T. Quintius … vt ante tribunatum militum", a.a.O.). Regio hatte die Übers. Filelfos, „vt ante tribunatum, ante praeturam, ante aedilitatem" (fol. m V^r) verschlimmbessert.

934 *praetor* Regio hatte das Praetor-Amt vergessen, Er. trug es nach, entweder aus Filelfos Übers. (fol. m V^r) oder aus dem griech. Originaltext.

934 *imperator* „imperator" ist zwar eine der möglichen Übers. von στρατηγός, jedoch ist hier mit στρατηγὸς *consul* gemeint: Der springende Punkt ist, daß Titus Quinctius unter Missachtung der Regeln des *cursus honorum* sofort zum Konsul ernannt wurde und daß sein Oberbefehl (*imperium*) auf dem Kriegszug sich auf seine Konsulwürde gründete. Filelfo hatte das Problem richtig gelöst („is [sc. consul] cum aduersus Philippum *cum imperio* missus esset …", fol. m V^r), jedoch übernahm Er. seine Lösung nicht.

935 *Philippum* **König Philipp V. von Makedonien** (238–179 v. Chr.), reg. seit 221.; folgte seinem Großonkel Antigonos III. Doson nach; verteidigte im Bundesgenossenkrieg (221–217) die Vormachtstellung Makedoniens. Sein Bündnis mit Hannibal im zweiten Punischen Krieg führte zum ersten Makedonisch-Römischen Krieg, der mit einer Niederlage Philipps V., jedoch mit keinem wesentlichen Machtverlust desselben endete. Im zweiten Makedonisch-Römischen Krieg unterlag er Flamininus in der Entscheidungsschlacht von Kynoskephalai (197): Makedonien sank zu einem Vasallenstaat der Römer herab. Mit seinem Nachfolger Perseus endete das Königreich Makedonien. Vgl. E. Badian, *DNP* 9 (2000), Sp. 803–805, s.v. „Philippos", Nr. 7; H. Bengtson, *Herrschergestalten des Hellenismus*, München 1975, S. 211–233; E. Badian, *Foreign Clientelae*, Oxford 1958, S. 55–95; E.S. Gruen, *The Hellenistic World and the Coming of Rome*, Berkeley-Los Angeles-London 1984, S. 132–157 und 373–402.

936 *multis Romanis* Daß Titus Quinctius von „vielen Römern" begleitet worden sei, ist wohl eine Übertreibung Plutarchs: Es muß sich um des Konsuls und Oberkommandanten unmittelbares Gefolge gehandelt haben, d.h. sein Stab von Unterkommandanten und seine Liktoren; allerdings hatte ein römischer Konsul zwölf Liktoren bei sich: Es war wohl v.a. dieser Umstand, der den Argwohn Philipps V. erweckte und ihn veranlasste, Geiseln einzufordern.

937 *amicos* z.B. Aratos von Sikyon, vgl. Komm. oben.

937 *cognatos* z.B. seinen Sohn Demetrios, vgl. Komm. oben.

V, 309 CLEMENS VICTOR (T. Quintius, 2)

Vbi Philippum bello vicerat, in Isthmiis praeconio iussit euulgari se Graecos suae libertati suoque iuri permittere. Quotquot autem Romani temporibus Annibalis capti seruiebant apud Graecos, quum horum singulos Graeci quingentis drachmis ⟨red⟩emissent, gratis *Quintio donarunt. Qui et ipsi Romae triumphantem Quintium sequuti sunt pileati, quod facere solebant e seruitute manumissi*. Et hoc admiror a Plutarcho inter apophthegmata commemorari.

941–942 redemissent *scripsi coll. versionibus Philelphi et Regii*: emissent *A-C*.

943 solebant *LB*: solent *A-C*.

Apophth. V, 309 fasst einige Ereignisse zusammen, die auf den Sieg des Quinctius bei Kynoskephalai folgten: erstens die Proklamation der Freiheit der Griechen bei den Isthmischen Spielen im Frühjahr von 196; zweitens das Geschenk der freigekauften römischen Sklaven, das Quinctius kurz vor seiner Abreise aus Griechenland i.J. 194 in Empfang nehmen durfte; drittens den Triumph, den Titus Quinctius i.J. 194 in Rom feierte. V, 309 stellt kein Apophthegma im eigentlichen Sinn dar, weil ihm ein Spruch fehlt; obwohl Er. im Kommentar den Apophthegma-Status bezweifelt, nahm er es, wie in anderen derartigen Fällen, dennoch in seine Sammlung auf (vgl. Einleitung). Der Titel, den Er. für V, 309 wählte, ist nicht glücklich, weil er eine unrichtige Einschätzung der historischen Lage voraussetzt. Die Tatsache, daß Flamininus in seiner Proklamation i.J. 196 v. Chr. die Griechen für frei erklärte, war keine Geste der Milde des Siegers. Die meisten der von ihm für frei erklärten Griechen waren seine Verbündeten, nicht seine Gegner. Mit dem Kriegsgegner, Philipp V., verfuhr Flamininus alles andere als milde: Er musste die hohe Entschädigungszahlung von 1000 Talenten leisten, seine Flotte den Römern übergeben, seinen Sohn Demetrios als Geisel nach Rom entsenden und alle Gebiete außerhalb der makedonischen Kernlande abgeben. Die Freiheitsproklamation war insgesamt kein Akt der „clementia", sondern ein politischer Schachzug gegen die Hegemonialmacht Makedonien.

939–943 *Vbi Philippum … manumissi* Plut. *Reg. et imp. apophth., Mor.* 197B (Titus Quinctius, 2): Νικήσας δὲ μάχῃ τὸν Φίλιππον ἐκήρυξεν ἐν Ἰσθμίοις ὅτι τοὺς Ἕλληνας ἐλευθέρους καὶ αὐτονόμους ἀφήσει. ὅσοι δὲ Ῥωμαίων αἰχμάλωτοι (αἰχμάλοτοι *ed. Ald. 1509, p. 171*) γενόμενοι ἐν τοῖς κατ᾽ Ἀννίβαν χρόνοις ἐδούλευον παρὰ τοῖς Ἕλλησι, τούτων ἕκαστον οἱ Ἕλληνες ἐξωνησάμενοι δραχμῶν πεντακοσίων δωρεὰν ἔδωκαν αὐτῷ, κἀκεῖνοι θριαμβεύοντι συνηκολούθησαν ἐν Ῥώμῃ πιλία περὶ ταῖς κεφαλαῖς ἔχοντες, ὥσπερ ἔθος ἐστὶ (ἐστὶν *ed. Ald. 1509, p. 172*) τοῖς ἐλευθερωθεῖσι. Er. variierte Filelfos Übers.: „Atque vbi Philippum acie vicissit, iussit in Isthmiis proclamari liberos se Graecos dimitti ac sui iuris. Atqui quotquot Romani Annibalis temporibus in captiuitatem acti apud Graecos seruiebant, hos singulos redemptos denariis quingentis Quintio Graeci dedere dono. Et illi in Vrbe triumphantem secuti sunt pilleos capite gerentes, vt iis mos est, qui liberi facti fuerint" (fol. ⟨m v⟩ʳ). Die Geschichte von der Proklamation der Freiheit findet sich auch in Plut. *Flamin.* 10, 3–5 (*Vit.* 374E–F) und Liv. XXXIII, 32.

939 *Philippum* Zu Philipp V. von Makedonien vgl. den Komm. oben zu V, 308.

939 *bello vicerat* Dies bezieht sich auf die Schlacht bei Kynoskephalai in Thessalien, die i.J. 197 v. Chr. stattfand und in der die Römer siegten: Sie töteten ca. 8000 makedonische Soldaten und nahmen weitere 5000 gefangen. Vgl. N.G.L. Hammond, „The Campaign and Battle of Cynoscephalae in 197BC", in: *Journal of Hellenic Studies* 108 (1988), S. 60–82; Polyb. XVIII, 20–27; Liv. XXXIII, 7–10; Plut. *Flamin.* 8 (*Vit.* 372F–373C).

939 *Isthmiis* Quinctius Flamininus verkündete die Freiheit der griechischen Städte publikumswirksam bei den Isthmischen Spielen d.J. 196 (Plut. *Flamin.* 10, *Vit.* 374D; Polyb. XVIII, 46; Liv. XXXIII, 32). Die Isthmischen Spiele eigneten sich dafür besonders, weil sie zu den panhellenischen Spielen gehörten und ganz Griechenland dort vertreten war. Sie fanden alle zwei Jahre (jeweils im 2. und 4. Jahr

einer Olympiade) im Poseidon-Heiligtum am Isthmos statt und wurden von Korinth ausgerichtet. Feste Bestandteile waren Wettlauf, Ring- und Faustkampf, Pankration, Pentathlon, Wagen- und Pferderennen, sowie poetische und musikalische Darbietungen. Plut. *Flamin.* 10, 5 (*Vit.* 374F) schildert die Reaktion des Publikums auf die Proklamation.

939 *praeconio iussit euulgari* Wie der Bericht des Plutarch in *Flamin.* 10, 5 (*Vit.* 374F) zeigt, musste der Herold die Proklamation wegen des Lärmes des Publikums sogar zweimal vorlesen.

939 *Graecos* Es handelt sich nicht um alle griechischen Städte, sondern um jene, die laut Plut. *Flamin.* 10 in der Proklamation aufgelistet wurden, d.h. die Städte der korinthischen Einflusssphäre, weiter der Phoker (i.e. Delphi, Abai, Elateia, Amphissa, Antikyrrha, Krissa, Daulis, Lilaia, Hyampolis), Lokrer (Amphissa, Naupaktos, Chalaion, Itea, Myonia, Tritaia, Ipnos, Hessos, Messapia etc.), die Städte des Achaiischen Bundes (Aigai, Aigeira, Aigion, Bura, Dyme, Helike, Olenos, Patrai, Phara, Pellene, Rhypes und Tritaia), von Euboia (i.e. Chalkis und Eretria) und Thessaliens.

940–942 *Quotquot ... donarunt* Die Geschichte mit dem Rückkauf der röm. Sklaven erzählt Plut. ausführlicher in *Flamin.* 13, 4–5 (*Vit.* 376F–377A).

940 *temporibus Annibalis* Mit „*temporibus Annibalis*" ist der Zweite Punische Krieg (218–202 v. Chr.) gemeint. Es muß dabei v.a. um Kriegsgefangene Hannibals gegangen sein, die er nach Griechenland als Sklaven verkauft hatte, wobei vielleicht auch mit ihm verbündete griech. Städte wie Tarent eine Rolle spielten. Nach Plut. *Flamin.* 13, 4 (*Vit.* 377F) soll es sich um 1200, nach Val. Max. V, 2, 6 um 2000 Sklaven gehandelt haben. Die dankbaren Griechen sollen jeden einzelnen Sklaven für ca. 500 Drachmen losgekauft haben: Sie machten Titus Quinctius daher ein Geschenk in der astronomischen Höhe von 600.000 Drachmen.

941 *quingentis drachmis* 500 Drachmen (Silbermünzen von zwischen 4,5–6,0 Gramm) oder 5 Minen.

942–943 *ipsi Romae ... pileati* Vgl. Er., *Adag.* 1027 „Ad pileum vocare" (*ASD* II, 3, S. 51): „Item quod ibidem refertur de T. Quintio, quem in triumpho subsequuti sunt pileati omnes Romani, quos in bello captos et apud Graecos seruientes drachmis quingentis redemptos ipsi dono dederant". Für den Triumph des Titus Quinctius vgl. Plut. *Flamin.* 13, 4, *Vit.* 376F; Liv. XXXIV, 52; Val. Max. V, 2, 6. Die Mitführung der im Hannibal-Krieg in die Sklaverei verkauften Römer war ein publikumswirksamer Schachzug des Flamininus. Sie stellten leibhaftig zur Schau, daß sie dem Flamininus ihre Freiheit verdankten. Nach Plut. *Flamin.* 13, 4 (*Vit.* 376F) soll es sich um 1200, nach Val. Max. V, 2, 6 um 2000 Personen gehandelt haben; nach Plut. *Flamin.* und Val. Max. a.a.O. trugen sie Filzkappen, nach Liv. XXXIV, 52, 12 hatten sie das Kopfhaar geschoren.

945 V, 310 　　　　　　　　　Tvtvm consilivm　　　　　　　(T. Quintius, 3)

Achaeos meditantes expeditionem aduersus insulam Zacynthiorum monuit, vt cauerent, ne more testudinum caput extra Peloponnesum proferentes, venirent in periculum. Testudo enim intra testam tutissima est.

V, 311 　　　　　　　　　Ostentatio inanis　　　　　　　(T. Quintius, 4)

950 *Quum Antiochus rex cum numeroso exercitu venisset in Graeciam omnesque reddidisset attonitos et militum numerus et armaturae varietas,* Quintius *hoc sermone* metum ademit Achaeis: „Quum", inquit, „essem in Chalcide coenans apud hospitem meum,

---

945 *Tutum consilium* Der Titel passt nicht recht zu der Zielrichtung des Apophthegmas. Der von Er. als gut gemeint eingestufte Ratschlag („Tutum consilium") des Flamininus war in Wirklichkeit als politische Drohgebärde gemeint; man stritt sich um den Besitz der Insel Zakynthos, wobei Flamininus die Interessen des Römischen Reiches vertrat. Die strategisch interessante ionische Insel, die nur 16 km vom Festland der Peloponnesos entfernt ist, befand sich im Besitz Makedoniens, wurde i.J. 211 im ersten Makedonisch-Römischen Krieg von den Römern erobert, fiel dann wieder in die Hände Philipps V. von Makedonien, der sie jedoch i.J. 205 an König Amynandros von Athamanien abtrat, als Gegenleistung für dessen Neutralität im Kampf gegen die Römer. I.J. 197 fiel die Insel zwischenzeitlich in die Hände der Römer, 191 wieder der Athamanier. Da die Athamanier bezweifelten, daß sie die Insel in Zukunft halten können würden, verkauften sie diese zum Ärger der Römer an den Achaiischen Bund. Daraufhin erwirkte Quinctius Flaminius auf einer achaiischen Bundesversammlung die Auslieferung von Zakynthos an das Römische Reich. Das vorliegende Apophthegma gehört in diesen Kontext. Im Klartext droht Flamininus, daß die Römer den Achaiern, wenn sie ihren Kopf in Richtung Zakynthos ausstreckten, diesen abhacken würden. Zu dem Streit um Zakynthos und Flamininus' Rolle vgl. Pfeilschifter, *Titus Quinctius Flamininus ...*, Göttingen 2005, S. 233. Wie die Wahl des Titels anzeigt, war Er. der historische Hintergrund unbekannt.

946–947 *Achaeos meditantes ... periculum* Plut. *Reg. et imp. apophth., Mor.* 197B–C (Titus Quinctius, 3): Τοὺς δ᾽ Ἀχαιοὺς ἐπὶ τὴν Ζακυνθίων νῆσον διανοουμένους στρατεύειν ἐκέλευε φυλάττεσθαι, μὴ καθάπερ αἱ χελῶναι τὴν κεφαλὴν προτείναντες ἔξω τῆς Πελοποννήσου (Πελοπονήσου ed. Ald. *1509, p. 172*) κινδυνεύσωσιν. Vgl. Regios Übers.: „Achaeos vero de facienda contra Zacynthiorum insulam expeditione cogitantes monuit, cauerent, ne tanquam testudines capite extra Peloponesum extenso periclitarentur" (fol. h⟨i⟩ʳ). Dasselbe Apophthegma findet sich in Plut. *Flamin.* 17, 2 (Vit. 378): Ἀχαιοὺς μὲν γὰρ σφετεριζομένους τὴν Ζακυνθίων νῆσον ἀποτρέπων ἔφη κινδυνεύσειν, ἂν ὥσπερ αἱ χελῶναι πορρωτέρω τὴν κεφαλὴν τῆς Πελοποννήσου προτείνωσι; in Guarino da Veronas Übers.: „Quum Achaei Zacynthiorum insulam suo iuri vendicare concupiscerent, vt eos ab incepto deterreret, periculosum illis futurum ait, si quemadmodum testudines, ita illi longius a Peloponeso caput abducerent" (ed. Bade, Paris 1514, fol. CXIIʳ).

946 *expeditionem aduersus insulam Zacynthiorum* Plut. erweckt den Eindruck, daß die Achaier einen Eroberungsfeldzug gegen Zakynthos geplant hätten; tatsächlich aber hatten sie Zakynthos gekauft.

948 *Testudo ... est* „Testudo enim intra testam tutissima est" ist eine naturgeschichtliche Erklärung des Er., die überflüssig wirkt.

Apophth. V, 311 stellt kein Apophthegma im eigentlichen Sinn dar, sondern gibt die Essenz einer Rede wieder, die Titus Quinctius vor den versammelten Achaiern hielt. Diese bezieht sich auf den Feldzug Antiochos' III., den dieser i.J. 192/1 nach Griechenland unternahm, nachdem ihn der Aitolische Bund gegen die Römer zu Hilfe gerufen hatte. Der Achaiische Bund und König Philipp V. von Makedonien standen dagegen auf Seiten der Römer. In der Rede versuchte Flamininus, der damals als Legat in Griechenland weilte, den Achaiiern Mut zu machen. Im ersten Drittel d.J. 191 hatte Antiochos III. Chalkis, Böotien, Elis und Teile Thessaliens und Akarnaniens unter seine Kontrolle gebracht. Als die Römer in den Norden nach Thessalien vorrückten, zog sich Antiochos an den Golf von Malia zurück und verschanzte sich in den Thermopylen. In der Rede von V, 311 machte Flamininus die Qualität von Antiochos' Soldaten herunter: Hinter allen den Völkerschaften und Waffengattungen, die Antiochos heranführe, steckten ohnehin nur feige Syrer, genuine Sklavenseelen. Tatsächlich hatten die Römer damals noch kein schlagkräftiges Mittel gegen die gefürchtete makedonische Phalax, die mit der 5–6 Meter langen Stoßlanze kämpfte, und die ebenso gefürchtete gepanzerte Reiterei, die Kataphraktoi, gefunden. Ein solches fanden sie erst in der Schlacht in den Thermopylen (191). Die Phalanx der Sarisaphoroi konnte nur auf ebenem Gelände ihre Wirkung entfalten; bei den Thermopylen musste aber auf unebenem Gelände gekämpft werden. V.a. aber war Antiochos' III. Heer zahlenmäßig unterlegen, wurde am Ende von den Römern nahezu aufgerieben.

Die Begebenheit bei seinem Gastherren in der Stadt Chalkis, von der Flamininus erzählt, datiert auf die Zeit zwischen 196 und 194 v. Chr., als er sich dort aufhielt. I.J. 194 zog er mitsamt der römischen Besatzungsmacht aus Chalkis ab, um in Rom seinen Triumph zu feiern.

950–957 *Quum Antiochus ... differentes* Größtenteils wörtliche Wiedergabe von Plut. *Reg. et imp. apophth., Mor.* 197C–D (Titus Quinctius, 4), angereichert mit zwei erklärenden Einschüben, von denen einer aus Liv. XXXV, 49, 6 stammt, jedoch von Er. falsch verstanden wurde. *Mor.* 197C–D: Ἀντιόχου δὲ τοῦ βασιλέως μετὰ πολλῆς (πολῆς *ed. Ald. 1509, p. 172*) δυνάμεως ἥκοντος εἰς τὴν Ἑλλάδα καὶ πάντων ἐκπεπληγμένων τὰ πλήθη καὶ τοὺς ὁπλισμούς, λόγον εἶπε τοιοῦτον πρὸς τοὺς Ἀχαιούς· ἔφη γὰρ ἐν Χαλκίδι παρὰ τῷ ξένῳ δειπνῶν (δειπνῷ *ed. Ald. 1509, p. 172*) θαυμάζειν τὸ τῶν (τὸν *ed. Ald. 1509, p. 172*) κρεῶν πλῆθος· εἰπεῖν δὲ τὸν ξένον ὅτι ταῦτα πάντα χοίρειά ἐστι ἡδύσμασι καὶ σκευασίαις διαφέροντα. (μὴ *ed. Ald. 1509, p. 172*) ὑμεῖς", ἔφη, „θαυμάζετε τὴν βασιλικὴν δύναμιν, λογχοφόρους ⟨καὶ⟩ καταφράκτους καὶ πεζεταίρους (πεζετέρους *ed. Ald. 1509, p. 172*) καὶ ἀφιπποτοξότας ἀκούοντες· πάντες γάρ εἰσιν οὗτοι Σύροι ὁπλαρίοις ἀλλήλων διαφέροντες". Liv. XXXV, 49, 6–8 benutzt: „(sc. Flamininus:) ‚Est autem res simillima coenae Chalcidensis hospitis mei, et hominis et boni et sciti conuiuatoris, apud quem solstitiali tempore comiter accepti cum miraremur, vnde illi eo tempore anni tam varia et multa venatio, homo non, qua isti sunt, gloriosus, renidens condimentis ait varietatem illam et speciem ferinae carnis ex mansueto sue factam'. Hoc dici apte in copias regis, quae paulo ante iactatae sint, posse. Varia enim genera armorum et multa nomina gentium inaudituarum, Dahas ⟨et Medos⟩ et Cadusios et Elymaeos, Syros omnes esse: haud paulo mancipiorum melius, propter seruilia ingenia, quam militum genus". Dieselbe Anekdote findet sich auch in Plut. *Flamin.* 17, 4–5 (Vit. 378F): Πρὸς δὲ τοὺς Ἀχαιοὺς τῶν παρὰ Ἀντιόχου πρέσβεων πλῆθός τι τῆς βασιλικῆς στρατιᾶς καταλεγόντων καὶ καταριθμουμένων πολλὰς προσηγορίας, ὁ Τίτος ἔφη δειπνοῦντος αὐτοῦ παρὰ τῷ ξένῳ καὶ μεμφομένου τὸ πλῆθος τῶν κρεῶν καὶ θαυμάζοντος πόθεν οὕτω ποικίλης ἀγορᾶς εὐπόρησεν, εἰπεῖν τὸν ξένον, ὡς ὕεια πάντα ἐστὶ τῇ σκευασίᾳ διαφέροντα καὶ τοῖς ἡδύσμασι. „Μὴ τοίνυν," ἔφη, „μηδὲ ὑμεῖς, ὦ ἄνδρες Ἀχαιοί, θαυμάζετε τὴν Ἀντιόχου δύναμιν λογχοφόρους καὶ ξυστοφόρους καὶ πεζεταίρους ἀκούοντες· πάντες γὰρ οὗτοι Σύροι εἰσὶν ὁπλαρίοις διαφέροντες". In Guarino da Veronas Übers.: „Quum Antiochi legati ingentium copiarum numerum delectumque Achaeis permultis vocabulis iactitarent, Titus olim se cum hospite quodam coenitantem inquit multitudinem carnium admiratum subincusasse et interrogasse, vnde tantam ferculorum varietatem comparasset; ei autem hospitem porcina omnia respondisse; verum ea apparatu, saporibus condimentoque differre. ‚Vos item, viri Achaei, quum hastatos, iaculatores auditis, et pedites; ne propterea tantopere Antiochi vires admiramini, quod eos armorum tantummodo genere differentes, vniuersos Syros esse constat'" (ed. Bade, Paris 1514, fol. CXIIᵛ).

950 *Antiochus rex* Antiochos III., König des Seleukidenreichs. Zu seiner Person vgl. oben Komm. zu V, 115. Er. widmete ihm *Apophth.* V, 115 und 116.

951–952 *metum ademit* „metum ademit" ist ein erklärender Zusatz des Er.

952 *Chalcide* Chalkis, die wichtigste Stadt auf Euboea, strategisch auf der Landenge gelegen, die die Halbinsel mit dem griechischen Festland verbindet; Flamininus hielt sich dort während seiner Griechenland-Operationen

mirabar carnium copiam, quum essent omnia tecta niue. *At hospes respondit ea omnia nihil aliud esse quam suis domesticae carnes, tantum apparatu et conditura diuersa. Ne vos igitur, inquit, admiremini regis copias, quum auditis hastatos* [i.e. equites contarios], *cataphractos, pedites et equites sagittarios. Nam hi omnes Syri sunt, armatura inter se differentes".*

955

956 pedites et equites sagittarios *scripsi cum A:* pedites, equites et sagittarios *B-C.*

mehrfach und längere Zeit auf: In Chalkis war eine bedeutende römische Truppenmacht stationiert. Auch nach der Proklamation der Freiheit für „alle griechischen Städte" bei den Isthmischen Spielen d.J. 196 behielt Rom eine Besatzungsmacht in Chalkis bei (ebenso wie in Demetrias). Flamininus hatte das Oberkommando inne. In Chalkis kooperierte er u. a. mit Mykithion von Chalkis, dem Führer der pro-römischen Partei, und mit Xenokleides, einem anderen wichtigen Ansprechpartner. I.J. 196 prägte die Stadt einen Gold-Stater zu Ehren des Flamininus, mit seinem Porträt auf der Vorderseite. Vgl. A. Campana, „La Monetazione di T. Quinctius Flaminius. Un aureo ellenistico (RRC 548/1)", *Cassino* 2016, S. 48–50.

953 *quum ... niue* „quum essent omnia tecta niue" ist ein kurioser erklärender Zusatz des Er., der auf einem Missverständnis beruht. Daß das Land um die Stadt Chalkis z.Z. von Flamininus' Verbleib (i.d.J. 196–194) von einer dicken Schneedecke bedeckt und dadurch so unzugänglich gewesen sei, daß die Jagd stillgelegt werden mußte, ist eine Angabe des Erasmus, die weder aus Plut. *Mor.* 197C–D hervorgeht noch wahrscheinlich ist. Er. ist wohl durch Livius' Angabe, der Besuch des Flamininus habe während des „solstitium" stattgefunden (XXXV, 49), auf den irrigen Gedanken gekommen, daß damit der Winter gemeint sei (Wintersonnenwende um den 21. 12.). Die Zeit des Winters war jedoch nicht die Zeit, „in der nicht gejagt wurde", sondern in Gegenteil die Jagdsaison (= Oktober bis Februar) – im Frühling und Sommer war Schonzeit. In Livius' Narrativ war dann auch mit „solstitium" das Sommersolstitium (um den 21. 6.) gemeint (vgl. auch Komm. *CWE* 38, S. 549: „Erasmus .... has misunderstood Livy's reference to the ‚solstice'"). Er. war offensichtlich mit den Jagdgepflogenheiten nicht vertraut; in seiner Phantasie konstruierte er einen nordwest- bzw. mitteleuropäischen Klimakontext, wobei er sich den Winter mit so viel Schnee imaginierte, daß keine Jagd stattfinden konnte.

954 *apparatu* „apparatu", „durch die Darbietung der Speisen", d.h., wie sie aufgetischt wurden, ist keine überzeugende Übers. von σκευασίαις; σκευασία bezeichnet nicht die Darbietung, sondern die „Zubereitung" von Speisen (vgl. Passow II, 2, S. 1445, s.v.; Cole Babbitt „the way they were cooked"), auf Latein „modo parandi", „praeparitione", „apparatione", ev. auch „conditura"; Er. kopierte hier jedoch Filelfos Übers. „condimentis modo apparatibusque differre" (fol. m V^r) und zog diese Regios richtiger Übers. „condimentis et praeparationibus differentes" (fol. h⟨i⟩^{v}) vor.

954 *conditura* Mit „conditura" verschlimmbesserte Er. Filelfos und Regios Versionen, die ἡδύσμασι korrekt mit „condimentis", „Gewürzen", übersetzt hatten; „conditura" bedeutet die Zubereitung von Speisen, entweder durch Einlegen, Einmachen, Kochen oder Sonstiges; vgl. *DNG* I, Sp. 1102, s.v.

954–957 *Ne vos ... differentes* In dem Teil „Ne vos ... differentes" folgte Er. hauptsächlich den Übers. des Filelfo und des Regio; Filelfo: „‚Proinde nec vos', ait, ‚admiremini regias copias, cum hastatos, cataphractos et paezeteros (lege: pezetaeros), hoc es pedestris socios, cumque equestris sagiptarios auditis: Nam hi omnes Syri sunt armis inuicem differentes'" (fol. m V^r). Vgl. die sich auf Filelfos stützende Übers. Des Regio: „‚Ne igitur vos quoque regium exercitum admiremini, hastatos et Cataphractos et pedites et equestres sagittarios audientes, cum omnes Syri sunt armis quibusdam ab sese inuicem differentes'" (fol. h⟨i⟩^{v}).

955 *hastatos* Mit „hastatos" kopierte Er. die Übers. von Filelfo und Regio; „hasta" bezeichnet freilich den römischen Wurfspeer. Mit den λογχόφοροι war jedoch die mit der makedonischen Sarisa, der 5–7m langen Stoßlanze, ausgerüstete leichte Kavallerie gemeint. Diese bezeichnete einen relativ kleinen Teil

der Reiterei, die oft als Vorhut operierte, im Gegensatz zur schwerbewaffneten, gepanzerten Kavallerie, die den Kern der makedonischen Reiterei ausmachte. Das römische Heer versuchte gerade in den Kriegen gegen Antiochos III. und Philippos V., die Wirkung der makedonischen Sarisa zu neutralisieren. Selbst kopierten die Römer diese Art des Kampfes nicht; Stoßlanzen gab es nur bei einem relativ geringen Teil der Auxiliar-Reiterei, der *contarii*, welche den *contus*, eine 3–4 Meter lange Lanze, mit beiden Händen hantierten und kaum mit Schutzwaffen ausgerüstet waren. Vgl. J.B. Campbell, *DNP* 3 (1997), Sp. 153, s.v. „contarii"; J.W. Eadie, „The Development of Roman Mailed Cavalry", in: *Journal of Roman Studies* 57 (1961), S. 167–173.

956 *cataphractos* Nach dem Vorbild von Filelfo und Regio transliterierte Er. κατάφρακτους, wohl weil ihm – ebenso wie seinen Vorbildern – unklar war, was damit gemeint sei; κατάφρακτοι bezeichnet die gepanzerte, schwer bewaffnete Kavallerie, die Hetairenreiterei, die unter Alexander d.Gr. den Kern des makedonischen Heeres bildete, sinngemäß hier auch in Iuxtaposition zu den Hetairoi zu Fuß: κατάφρακτους καὶ πεζεταίρους. In der Parallelstelle *Flamin.*17, 4–5 (Vit. 378F) stellt Plutarch den πεζεταίρους die ξυστοφόρους, die mit dem Xyston, dem kurzen Wurfspeer, ausgerüsteten Soldaten gegenüber, was sich abermals auf die gepanzerte Hetairenreiterei bezieht.

956 *pedites* „pedites" ist keine adäquate Wiedergabe von πεζεταίροι (aus πεζός, „Fußsoldat" und ἑταῖρος), da damit nicht einfach die Infanterie bzw. die gewöhnlichen Fußsoldaten gemeint war, sondern die schwer bewaffnete Elitetruppe der Makedonen, die zu Fuß kämpfte, die „Kampfgefährten zu Fuß", auf Latein etwa „amorum socii pedestres", „satellites pedestres", ev. auch „cohors regia pedestris". Die Elitetruppe der πεζεταίροι war eine Institution des makedonischen Königreiches (vgl. Passow II, 1, S. 780, s.v.: „eine aus erlesenem Fußvolk gebildete ... Schar im makedonischen Heere, zum Unterschiede von den erlesenen Reitern, die schlechtweg ἑταῖροι hiessen"); insofern ist es nicht überraschend, daß die aus dem Alexanderreich hervorgegangenen Seleukiden diese Heeresabteilung weiterführten; Seleukos war selbst ein ἑταῖρος Alexanders gewesen. Die πεζεταίροι, die die gefürchtete makedonische Phalanx bildeten, trugen als Hauptwaffen die 5–6 Meter lange Lanze (Sarisa) und den Schild; zu Anfang von Alexanders Asienfeldzug hatten die πεζεταίροι eine Gesamtstärke von ca. 9200 Mann. Vgl. A. Erskine, „The πεζεταίροι of Philip II and Alexander III", in: *Historia: Zeitschrift für Alte Geschichte* 38 (1989), S. 385–394; M.M. Markle III, „Use of the Sarissa by Philip and Alexander of Macedon", in: *American Journal of Archaeology* 82 (1978), S. 483–497; ders., „The Macedonian Sarissa, Spear, and Related Armor", in: *American Journal of Archaeology* 82 (1977), S. 323–339; S. English, *The Army of Alexander the Great*, Barnsley 2009. Filelfo, der den besonderen Status der πεζεταίροι erahnte, transliterierte und umschrieb sie mit „pezetaeros, hoc est pedestris socios" (fol. m V^r); Er. kopierte hier jedoch Regios Version, der Filelfos „pedestris socios" kurzerhand zu „pedites" zusammenstrich.

956 *equites sagittarios* Das von *A* überlieferte „equites sagittarios" ist eine adäquate Übers. von ἀφιπποτοξότας, die Er. nach der Vorlage des Filelfo „equestris sagittarios" (fol. m V^r) bildete, die auch Regio übernommen hatte („equestres sagittarios", fol. h⟨i⟩^{v}). Bei der Vorbereitung von *B* verschlimmbesserte Er. aufs Geratewohl „equites sagittarios" zu „equites et sagittarios", wodurch der Kern der Waffengattung ἀφιπποτοξόται verloren ging. Die Einheit der ἀφιπποτοξόται ging auf die ἱπποτοξόται des Heeres Alexanders zurück: Damit war die skythische Reiterei gemeint, berittene Bogenschützen, die Alexander auf seinem Asienfeldzug nach der Zerschlagung des Perserreiches begleitete. Für ἀφιπποτοξότης vgl. Passow I, 1, S. 465 „Bogenschütze zu Pferd". Cole Babbitt liest, nicht überzeugend, ἀμφιπποτοξότας: Mit ἀμφίπποι waren Reiter gemeint, die während des Reitens von einem Pferd aufs andere sprangen; somit wären ἀμφιπποτοξόται Bogenschützen gewesen, die von einem Pferd aufs andere gesprungen wären, was in der Feldschlacht jedoch keinen Sinn ergibt, während die skythischen berittenen Bogenschützen eine bekannte Formation des makedonischen Heeres darstellten. Vgl. L. Burckhardt, *DNP* 5 (1998), Sp. 611, s.v. „Hippotoxotai"; I.G. Spence, *The Cavalry of Classical Greece. A Social and Military History with Particular Reference to Athens*, Oxford 1993, S. 56–57; 217.

V, 312   Salse   (T. Quintius, 5)

In Philopoemenem Achaeorum ducem, qui multos haberet equites et armatos [i.e. hoplites], *sed pecuniarum indigus ⟨esset⟩, ita ludebat, „Philopoemen", inquiens, „manus habet et crura, ventrem non habet". Ac tali quidem specie corporis erat Philopoemen.* Quintius autem equites ac pedites armatos manus et crura ducis appellabat, sed quoniam non habebat, quo aleret militem, negabat illum habere ventrem.

C. [i.e. CN.] DOMITIVS

V, 313   Fidvcia eventvs   (C. Domitius) [6]

C. Domitius [C] *siue, vt Liuius libro septimo, decade quarta, Cn. Domitius,* [A] *quem Scipio maior pro se Lucio fratri in bello aduersus Antiochum legatum dederat, vbi* contemplatus *esset hostium phalangem,* exercitus *praefectis hortantibus, vt confestim aggrederetur, negauit tempus sufficere ad hoc, vt tot milibus trucidatis ac direptis impedimentis in castra reuersi sua curarent corpora. Sed hoc ipsum postridie se tempestiue facturum dixit. Ac postero die congressus quinquaginta milia trucidauit.* Vir strenuus non dubitauit de victoria, spatium modo temporis gerendae rei par eligebat.

---

960 esset *scripsi.*
962 Quintius *B sec. intructiones Erasmi in err. A, C:* Quintus *A.*
964 C. *A-C: scribendum erat* CN.

966 C. *A-C sec. versiones Philelphi (*Gaius*) ac Regii et Plut. ed. Ald.: recte scribendum erat* CN. *sicut in Liv. et in Plut. text. recept. (*Γναῖος*).*
966 siue vt … Cn. Domitius *C: desunt in A B.*

959–960 *In Philopoemenem … Philopoemen* Wörtliche Wiedergabe von Plut. *Reg. et imp. apophth., Mor.* 197D (Titus Quinctius, 5), wobei Er. vornehmlich Regios Übers. folgte: „Philopoemeni autem Achaeorum duci multos quidem et equites et armatos habenti, sed pecuniis indigenti iocabundus dicebat Philopoemenem et manus et crura habere, sed ventrem non habere. Et sane Philopoemen natura talis erat" (fol. h⟨i⟩ᵛ). Vgl. den griech. Text: Φιλοποίμενι δὲ τῷ στρατηγῷ τῶν Ἀχαιῶν ἱππεῖς μὲν πολλοὺς καὶ ὁπλίτας ἔχοντι, χρημάτων δὲ οὐκ εὐποροῦντι προσπαίζων ἔλεγεν ὅτι „χεῖρας ἔχει Φιλοποίμην καὶ σκέλη, γαστέρα δὲ οὐκ ἔχει". καὶ γὰρ τῇ ((καὶ γὰρ καὶ τῇ *ed. Ald. 1509, p. 172*) φύσει τοῦ σώματος ἦν καὶ (καὶ om. *ed. Ald. 1509, p. 172*) ὁ Φιλοποίμην τοιοῦτος.
959 *Philopoemenem* Philopoimen (um 253–183/2 v. Chr); er war mehrfach Strategos des Achaiischen Bundes; er besiegte i. J. 207 die Spartaner in der Schlacht bei Matineia. Vgl.

L.-M. Günther, *DNP* 9 (2000), Sp. 859–860, s.v. „Philopoimen".
959 *equites et armatos* Die ungelenkte Verbindung von „equites et armatos" kopierte Er. von Regio; gemeint sind „hoplitae", die schwerbewaffnete griechische Infanterie; „hoplites/ -ae" wurde in der latein. Literatur der Antike verwendet (vgl. Plin. *Nat.* XXXV, 71; *DNG*, I, Sp. 2367, s.v. „hoplites"); reinlateinisch konnte man ὁπλίτας auch mit „grauioris armaturae pedites" wiedergeben, vgl. die Übers. Filelfos: „multo equite et grauioris armaturae pedite" (fol. m Vʳ).
Gnaeus Domitius Ahenobarbus, der als Konsul (192 v. Chr.) und Prokonsul (191) in militärischen Operationen gegen keltiberische Stämme erfolgreich tätig war; i.J. 190 nahm er als Legatus am Krieg gegen Antiochos III. in Asien teil. Vgl. K.-L. Elvers, *DNP* 3 (1999), Sp. 751, s.v. „Domitius", Nr. I, 1.
964 *C. DOMITIVS* Die Form C. DOMITIVS findet sich so auch im Index personarum.

Apophth. V, 313 bezieht sich auf die Entscheidungsschlacht im Römisch-Syrischen Krieg bei Magnesia i.J. 190 v. Chr. zwischen Lucius Cornelius Scipio und Antiochos III. Die Rolle des Domitius Ahenobarbus in der Schlacht bei Magnesia wird wohl nicht so groß gewesen sein, wie Plutarch behauptet. Vgl. Elvers, *DNP* 3 (1999), Sp. 751 und Komm. *CWE* 38, S. 550. Realistischer wird Domitius von bei Liv. XXXVII, 39, 5 als Kundschafter dargestellt. Vgl. auch App. XI, 6, 30–36.

966–971 *C. Domitius ... milia trucidauit* Größtenteils wörtliche Wiedergabe von Plut. *Reg. et imp. apophth., Mor.* 197D–E (Cn. Domitius), wobei Er. die Übers. des Regio als Vorlage benutzte: „C. Domitius, quem Scipio maior loco sui Lucio fratri legatum dedit, in bello aduersus Antiochum hostium aciem conspicatus, praefectis hortantibus, vt euestigio aggrederetur, ‚Hora', inquit, ‚non sufficit, vt tot hominum millibus trucidatis et impedimentis direptis in castra redeuntes corpora curare possimus'. ‚Sed hoc ipsum cras', inquit, ‚opportune fiet'. Itaque postridie congressus hostium quinquaginta millia cecidit" (fol. h⟨i⟩ᵛ). Vgl. den griech. Text: Γάιος (Γάϊος *ed. Ald.* 1509, p. 172; Γνάιος *edd. recentiores, text. recept.*) Δομίτιος, ὃν Σκιπίων ὁ μέγας ἀνθ' ἑαυτοῦ τῷ ἀδελφῷ Λευκίῳ παρακατέστησεν ἐν τῷ πρὸς Ἀντίοχον πολέμῳ, κατασκεψάμενος (κατασκεψάμενον *ed. Ald.* 1509, p. 172) τὴν τῶν πολεμίων φάλαγγα καὶ τῶν περὶ αὐτὸν ἡγεμονικῶν εὐθὺς ἐπιχειρεῖν κελευόντων, ἔφη τὴν ὥραν οὐκ ἐπαρκεῖν, ἵνα τοσαύτας μυριάδας κατακόψαντες καὶ διαρπάσαντες τὴν ἀποσκευὴν (παρασκευὴν *ed. Ald.* 1509, p. 172) ἐπανελθόντες εἰς τὸ στρατόπεδον ἑαυτῶν ἐπιμεληθῶσι, τὸ δὲ αὐτὸ ποιήσειν αὔριον καθ' ὥραν. καὶ συμβαλὼν τῇ ὑστεραίᾳ πεντακισμυρίους τῶν πολεμίων ἀνεῖλεν.

966 *Liuius ... Domitius* Liv. XXXVII, 39, 5: „Cn. Domitius ad explorandum iteret, qua parte adiri hostium vallum posset, missus, postquam omnia certa rettulit, postero die propius admoueri castra placuit".

967 *Scipio maior* Scipio Africanus d.Ä. Für diesen vgl. oben Komm. zu V, 293.

967 *Lucio* I.e. Lucius Cornelius Scipio Asiaticus oder Asiagenes, der als Konsul den Oberbefehl im Römisch-Syrischen Krieg führte.

967 *Antiochum* I.e. Antochos III., König des Seleukidenreichs. Zu seiner Person vgl. Komm. oben zu V, 115. Er. widmete ihm *Apophth.* V, 115 und 116. Weiter figuriert er in *Apophth.* V, 288 (Annibal, 8) und V, 299 (Scipio maior, 7).

968 *contemplatus* Er.' Variation „contemplatus" ist keine Verbesserung von Filelfos (und Regios) punktgenauem „conspicatus".

968 *exercitus* „exercitus" ist ein Zusatz des Er., der überflüssig ist.

P. LICINIVS

V, 314   Animose   (P. Licinius) [7]

975 *P. Licinius consul imperator equestri pugna superatus a Perseo Macedonum rege, bis mille et octingentos milites amisit, partim interfectos, partim captos. Vbi vero post pugnam Perseus mitteret oratores acturos de foedere ac pace,* Licinius *qui victus erat, victori* praescripsit, vt, si pacem vellet, quae haberet in sua potestate, *daret* in fidem *Romanorum.* Ne calamitas quidem fortissimi viri spiritus potuit imminuere. Nec ignorauit Per-
980 seus, quibuscum viris ipsi res esset, eoque fecit victor, quod victi solent facere.

PAVLVS AEMYLIVS

V, 315   Necessitate delatvs honor   (Paulus Aemylius, 1) [8]

Paulus Aemylius quum iterum peteret consulatum, repulsam tulit. Caeterum *quum bellum aduersus Perseum ac Macedones imperitia segnicieque ducum*

---

981 AEMYLIVS *A-C*: AEMILIVS *LB*.
983 Aemylius *A-C sicut in versione Philelphi*: Aemilius *Plut. ed. Ald.* (Αἰμίλιος) *LB*, Haemilius *versio Regii.*

Publius Licinius Crassus, röm. Politiker und General, als Konsul erhielt er i.J. 171 v. Chr. den Oberbefehl im Krieg gegen König Perseus von Makedonien; erlitt bei Kallinikos eine verlustreiche Niederlage, konnte sich aber in Thessalien halten. Vgl. P. Nadig, *DNP* 7 (1999), Sp. 163, s.v. „Licinius", Nr. I, 14; F. Münzer, *RE* III, 1 (1926), Sp. 286–287, s.v. „Licinius", Nr. 60.

973 *P. LICINIVS* In dieser Form auch im Index personarum.
Apophth. V, 314 ist kein Apophthegma im eigentlichen Sinn, sondern ein Exemplum für die Standhaftigkeit und das militärische Selbstvertrauen der Römer. Das Exempel bezieht sich auf das Nachspiel der Schlacht bei Kallinikos in Thessalien, in der Nähe von Larissa, i.J. 171 v. Chr., die letzlich ohne Entscheidung blieb, bei der Licinius Crassus jedoch hohe Verluste zu beklagen hatte, während Perseus nur wenige Gefallene zu verzeichnen hatte; eine ausführliche Beschreibung des militärischen Ereignisses findet sich bei Liv. XLII, 58–62. Licinius Crassus war im Übrigen weder ein hervorragender Feldherr noch ein erfolgreicher Verhandler; die hochherzige Haltung, die er nach der Niederlage einnahm, brachte, obwohl sie von Plutarch gepriesen wurde, nichts ein. Crassus blieb mit seinem Heer in Thessalien, ohne den König in Bedrängnis bringen zu können. Livius beschreibt im Detail das militärische Versagen der Römer, ihre nächtliche Flucht nach der verlorenen Schlacht auf die andere Seite des Flusses, um sich in Sicherheit zu bringen, und außerdem die Angst der römischen Anführer Gesichtsverlust erlitten zu haben. Nach Livius war die Demonstration von Stolz und Hochherzigkeit von dieser Angst eingegeben.

975–978 *P. Licinius consul ... Romanorum* Teils wörtliche, teils paraphrasierende Wiedergabe von Plut. *Reg. et imp. apophth., Mor.* 197E–F (Publius Licinius): Πόπλιος Λικίνιος ὕπατος στρατηγός, ἡττηθεὶς ὑπὸ Περσέως τοῦ Μακεδόνων βασιλέως ἱππομαχίᾳ, δισχιλίους (δυσχιλίους *ed. Ald. 1509, p. 172*) ὀκτακοσίους ἀπέβαλε, τοὺς μὲν πεσόντας τοὺς δὲ ἁλόντας· ἐπεὶ δὲ μετὰ τὴν μάχην ἔπεμψεν ὁ Περσεὺς πρέσβεις περὶ σπονδῶν καὶ εἰρήνης, ἐκέλευεν ὁ νενικημένος τὸν νενικηκότα Ῥωμαίοις ἐπιτρέπειν τὰ καθ' αὑτόν. Er. variierte die Übers. Regios und Filelfos, wobei er den letzten Teilsatz paraphrasierend erweiterte; Regio: „Publius Licinius consul a Perseo Macedonum rege equestri praelio victus ad duo milia octingentos amisit, partim caesos, partim captos. Sed post pugnam, cum Perseus legatos de foederibus et pace misisset, victus victorem iussit se ac sua Romanis cederet" (fol. h⟨i⟩ᵛ); Filelfo: „Publius Licinius consul imperator victus equestri praelio a Perse Macedonum rege victus milites duo millia octingentos amisit, partim caesos, partim captos. Post praelium vero quum Perses et pro foederibus et pro pace oratores misisset, victus victori iussit, vt regnum et res omnis Romanis cederet" (fol. ⟨m v⟩ᵛ); jedoch zog Er. die griech. Namensform Perseus vor, die er auch in Regios Übers. antraf (fol. h⟨i⟩ᵛ), statt der Form „Perses", die Filelfo verwendete. Dieselbe Anekdote findet sich bei Polyb. XXVII, 8, 7; Iust. XXXIII, 1, 5; App., *Maced.* 12; Liv. XLII, 62, 8–12: „... Legati ad consulem missi, adhibito frequenti concilio auditi sunt. Pacem petiere, vectigal, quantum Philippus pactus esset, daturum Persea Romanis pollicentes; vrbibus, agris locisque, quibus Philippus cessisset, cessurum ⟨quam⟩ primum. Haec legati. ... Responderi placuit: ita pacem dari, si de summa rerum liberum senatui permittat rex de se deque viniuersa Macedonia statuendi ius".

975 *consul imperator* Das hypotrophe „consul imperator" ist der wörtlichen Übernahme des griech. Textes ὕπατος στρατηγός geschuldet, die Er. von Filelfo (a.a.O.) kopierte.

975 *equestri pugna* Plutarch bezeichnet die Schlacht als „Reitereischlacht", ἱππομαχία; jedoch nahmen an ihr – an beiden Seiten – nicht nur Kavalleriekontingente teil, sondern aus Infanterie und Kavallerie gemischte Kontingente; die höchsten Verluste gab es bei den römischen Fussoldaten (2000).

975 *Perseo* Perseus, der letzte König Makedoniens (reg. 179–168 v. Chr.), Sohn Philipps V.; dezidierter Gegner der Römer. Sein Hauptziel war die Wiederherstellung des früheren mächtigen Königreichs Makedonien; wurde i.J. 168 bei Pydna von Aemilius Paulus vernichtend geschlagen. Vgl. L.-M. Günther, *DNP* 9 (2000), Sp. 614–615, s.v. „Perseus".

976 *partim interfectos, partim captos* Liv. XLII, 60, 2 macht genauere Angaben: Er verzeichnet bei den Römern 2400 Gefallene, darunter 2000 Fussoldaten und 200 Reiter, weiter 600 in Gefangenschaft Geratene; bei Perseus hingegen nur 20 Reiter und 40 Fussoldaten.

980 *eoque ... facere* Er. meint mit seinem Kommentar wahrscheinlich, daß Perseus Friedensunterhändler zu den Römern schickte: Es war in der Regel jedoch der Unterlegene, der um Frieden bat. Im Übrigen beugte sich Perseus dem Römer nicht: Er nahm das Diktat des Licinius nicht an und händigte sein Königreich nicht den Römern aus.

Lucius Aemilius Paul(l)us Macedonicus (um 229–160 v. Chr.), einer der bedeutendsten Politiker und Generäle der Röm. Republik; Prätor i.J. 191; zum ersten Mal Konsul i.J. 182, zum zweiten Mal 168; kämpfte als Prokonsul gegen die Ingauni in Ligurien; im dritten Makedonisch-Römischen Krieg (171–167 v. Chr.) schlug er König Perseus entscheidend bei Pydna (Juni 168), wodurch er Makedonien dem Römischen Reich eingliederte. Vgl. W. Reiter, *Aemilius Paulus. Conqueror of Greece*, London e.a. 1988; E. Klebs, *RE* I, 1 (1893), Sp. 576–580, s.v. „Aemilius", Nr. 114; E. Flaig, „Lucius Aemilius Paulus – militärischer Ruhm und familiäre Glücklosigkeit", in: K.-J. Hölkeskamp und E. Stein-Hölkeskamp (Hrsg.), *Von Romulus zu Augustus. Große Gestalten der römischen Republik*, München 2000, S. 131–146; zu Plutarchs Paulus-Biographie vgl. L. Holland, „Plutarch's Aemilius Paulus and the Model of the Philosopher Statesman", in: *The Statesman in Plutarch's Works. Proceedings of the Sixth International Conference of the International Plutarch Society, Nijmegen, Castle Hernen, May 1–5, 2002*, Leiden-Boston 2005, Bd. II, S. 269–279.

981 *PAVLVS AEMYLIVS* In dieser Form auch im Index personarum.

Apophth. V, 315 bezieht sich auf das Jahr 168 v. Chr., als Aemilius Paulus zum zweiten Mal zum Konsul gewählt wurde.

983–987 *Paulus Aemylius ... ipsi imperatorem* Weitgehend wörtliche Wiedergabe von Plut. *Reg. et imp. apophth., Mor.* 197F (Paulus Aemilius, 1), wobei Er. v.a. Regios Übers., diese variierend, als Textvorlage benutzte: „Paulus Haemilius secundum consulatum petens, repulsam tulit. Sed quum bellum aduersus Perseum et Macedones imperatorum mollicie ac imperitia in longum duceretur et idcirco ipsum Romani consulem designassent, se gratiam illis nullam habere dixit; se enim non, quod imperio indigeret, sed quia ipsi imperatore, delectum fuisse" (fol. h⟨i⟩ᵛ-h iiʳ). Vgl. den griech. Text: Παῦλος Αἰμίλιος δευτέραν ὑπατείαν (ὑπατίαν ed. *Ald. 1509, p. 172*) μετελθὼν ἀπέτυχεν· ἐπεὶ δὲ τοῦ πρὸς Περσέα καὶ Μακεδόνας πολέμου μῆκος λαμβάνοντος ἀπειρίᾳ καὶ μαλακίᾳ τῶν στρατηγῶν, ἐκεῖνον ὕπατον ἀπέδειξαν, οὐκ ἔφη χάριν ἔχειν αὐτοῖς· οὐ γὰρ ⟨οὕτως⟩

985 *in longum duceretur eidemque consulatum* detulissent, negauit *se illis habere gratiam; non enim se ob id* tum *designatum* imperatorem [i.e. consulem], *quod ipse desideraret imperium, sed quod ipsi imperatorem.*

V, 316   (Paulus Aemylius, 2) [9]

E foro domum reuersus, quum filiam puellam nomine Tertiam reperisset lachrymantem,
990 *rogauit,* quid haberet. *Illa respondente „Perseus* [i.e. Persa] *nobis interiit"* – *id erat nomen catelli, quem puella habebat in deliciis* – *„Sit felix",* inquit, *„o filia! Omen accipio".* Moxque in bellum profectus pulcherrimum de hoste triumphum egit.

986 imperatorem *A-C* : impetratorem *BAS LB*, scribendum erat consulem.

αὐτὸς ἀρχῆς δεόμενος, ὡς ἐκείνων ἄρχοντος, ᾑρῆσθαι στρατηγός. Dasselbe Apophthegma findet sich in Plut. *Aem.* 11 (*Vit.* 260C), in Leonardo Brunis Übers.: „Quum vero mos esset, vt qui designati consules erant, gratias populo agerent benigneque alloquerentur, Aemylius aduocata concione inquit se primum quidem consulatum gratia sui ipsius, secundum vero gratia populi Romani, qui id flagitabat, petisse. Itaque se nullas eis habere gratias; quinimo si censerent id bellum melius per alium geri posse, laeto animo se concessurum …" (ed. Bade, Paris 1514, fol. CXXXV^r).

985 *in longum duceretur* Der Krieg, der 171 v. Chr. angefangen hatte, dauerte damals bereits etwa drei Jahre.

985 *habere gratiam* Dies bezieht sich ganz konkret auf die obligate Dankesrede des designierten (gewählten) Konsuls an das römische Volk (*gratiarum actio ad pop. R.*). Aemilius Paulus' Weigerung bedeutete einen auffälligen Verstoß gegen die politische Etikette.

986 *designatum imperatorem* Mit „designatum imperatorem" hat sich Er. vertan: Es geht um den „consul designatus", der terminus technius für den für das nächste Jahr gewählten Konsul; ein „imperator" wurde in Rom nicht gewählt. Im griech. Originaltext steht auch das *verbum proprium* für „consul", ὕπατος (ἐκεῖνον ὕπατον ἀπέδειξαν), von Regio richtig übersetzt: „ipsum Romani consulem designassent" (fol. h ii^r). Er.' hybrides und kurioses „designatum imperatorem" kam dadurch zustande, daß er in diesem Punkt unglücklicherweise Filelfos Übers. („non eo esset imperator designatus", fol. ⟨m V⟩^v) kopierte.

Die reizende Haustieranekdote in *Apophth.* V, 316 schließt chronologisch unmittelbar bei dem vorhergehenden Apophth. an, datiert somit auf die Wahl des Aemilius Paulus zum Konsul i.J. 168 v. Chr. Die Szene soll sich gerade zu dem Zeitpunkt abgespielt haben, als Aemilius nach erfolgter Konsulwahl am Abend nach Hause zurückkehrte. Vgl. die älteste erhaltene Quelle der Anekdote, Cic. *Div.* I, 103 („vt ea ipsa die domum ad vesperum rediit [sc. Aemilius] …").

989–992 *E foro … omen accipio* Größtenteils wörtliche Übers. von Plut. *Reg. et imp. apophth., Mor.* 197F–198A (Paulus Aemilius, 2): Ἐλθὼν δὲ εἰς οἶκον ἐξ ἀγορᾶς καὶ τὴν Τερτίαν τὸ θυγάτριον εὑρὼν δεδακρυμένον ἐπυνθάνετο τὴν αἰτίαν· εἰπούσης δὲ ὅτι „Περσεὺς τέθνηκεν ἡμῖν" (κυνίδιον δ' ἦν οὕτως ὀνομαζόμενον), „ἀγαθῇ τύχῃ", εἶπεν, „ὦ θύγατερ, καὶ δέχομαι τὸν οἰωνόν". Er. hat für seine Textwiedergabe die Übers. Regios (fol. h ii^r) und zusätzlich Val. Max. I, 5, 3, vielleicht auch Plut. *Aem.* 10, 6–8 (*Vit.* 260B), benutzt. Dieselbe Anekdote findet sich in Cic. *Div.* I, 104 (zugleich Plutarchs Quelle), Val. Max. I, 5, 3 (der als Quelle ebenfalls Cicero benutzt hat) und bei Plut. *Aem.* 10, 6–8 (*Vit.* 260B): Λέγεται δ' αὐτόν, ὡς ἀνηγορεύθη κατὰ τοῦ Περσέως στρατηγός, ὑπὸ τοῦ δήμου παντὸς οἴκαδε προπεμφθέντα λαμπρῶς εὑρεῖν τὸ θυγάτριον τὴν Τερτίαν δεδακρυμένην ἔτι παιδίον οὖσαν· ἀσπαζόμενον οὖν αὐτὴν καὶ καταφιλοῦσαν, „Οὐ γὰρ οἶσθα," εἰπεῖν, „ὦ πάτερ, ὅτι ἡμῖν ὁ Περσεὺς τέθνηκε;" λέγουσαν κυνίδιον σύντροφον οὕτω προσαγορευόμενον· καὶ τὸν Αἰμίλιον „Ἀγαθῇ τύχῃ", φάναι, „ὦ θύγατερ, καὶ δέχομαι τὸν οἰωνόν." ταῦτα μὲν οὖν Κικέρων ὁ ῥήτωρ ἐν τοῖς περὶ μαντικῆς ἱστόρηκεν; in der Übers. des Leonardo Bruni: „Ferunt, quum ipse post haec domum magna ciuium frequentia reductus Tertiam filiam adhuc paruulam lachrymare conspexisset eamque complexus causam luctus peteret, respondisse illam, quia Perseus mortuus esset. Erat autem catulus puellae sic nominatus. Tunc Aemylius ‚Accipio', inquit, ‚omen, filia. Dii bene vertant!'. Haec Cicero orator in libris de diuinatione scribit" (ed. Bade, Paris 1514, fol. CXXXV^r); Cic. *Div.* I, 104: „L. Paulus consul iterum, cum ei bellum, vt cum Perse gereret, obtigisset, vt ea ipsa die domum ad vesperum rediit, filiolam suam Tertiam, quae tum erat admodum parua, osculans animum aduertit tristiculam. ‚Quid est', inquit, ‚mea Tertia? Quid tristis es?' ‚Mi pater', inquit, ‚Persa periit'. Tum ille artius puellam complexus, ‚Accipio', inquit, ‚mea filia, omen'. Erat autem mortuus catellus eo nomine"; Val. Max. I, 5, 3 die Geschichte nach dem Vorbild von Cic. erzählt: „Quid illud, quod L. Paulo consuli euenit, quam memorabile! Cum ei sorte (sorte *ed. rec.*: forte *quaedam edd. vett., e.g. ed. Bade Paris. 1510, fol. XX^v*) obuenisset (obuenisset *ed. Kempf*: euenisset *ed. Bade Paris. 1510*), vt bellum cum rege Perse (Perse *ed. Kempf*: Persa *ed. Bade Paris. 1510*) gereret et domum e curia regressus (regressus *textus recept.* egressus *quaedam edd. vett., e.g. ed. Bade Paris. 1510*) filiolam suam nomine Tertiam, quae tum (tum *ed. Kempf*: tunc *edd. vett.*) erat admodum paruula, osculatus tristem animaduerteret, interrogauit, quid ita eo vultu esset. Quae respondit Persam perisse. Decesserat autem catellus, quem puella in deliciis habuerat, nomine Persa. Arripuit igitur omen Paulus exque (exque *ed. Kempf*: eque *ed. Bade Paris. 1510*) fortuito dicto quasi certam spem clarissimi triumphi animo praesumpsit".

989 *domum reuersus* nämlich von der Konsulwahl, die auf dem Forum stattfand. Vgl. Cic. *Div.* I, 103. Diese Information wurde bei Plutarch *Mor.* 197F–198A ausgelassen, wohl weil das vorhergehende Apophth. ebenfalls von der Konsulwahl des Aemilius handelte.

989 *filiam puellam* „filiam puellam" ist eine hypotrophe Übers. von θυγάτριον (vgl. Filelfos [fol. ⟨m V⟩^{v}] und Regios [a.a.O.] paßgenaues „filiolam").

989 *nomine Tertiam* „nomine tertiam" stimmt mit dem Wortlaut der Anekdote bei Val. Max. I, 5, 3 überein.

990 *quid haberet* Mit „quid haberet" hat Er. idiomatisch unzulängliches Latein produziert. Die kuriose Formulierung ist wohl dem umgangsprachlichen Niederländischen geschuldet: „wat zij had"; die Redewendung „iets hebben" bedeutet „Verdruss haben", „etwas auf der Leber haben"; vgl. bei Regio die idiomatisch richtige Übers. „causam rogasset" (fol. h ii^r) bzw. bei Cicero „Quid tristis es?".

990 *Perseus* Wie die Wiedergabe der Anekdote bei Cic. und Val. Max. zeigt, war der richtige Name des Haustieres „Persa" („Perser"). Es handelte sich um einen jungen Kater („catellus") einer im damaligen Rom gehaltenen vorderasiatischen und deshalb mit Persien assoziierten Rasse (zwar nicht identisch mit der heutigen „Perserkatze", jedoch vielleicht von einer ähnlichen Zuchtidee abstammend). Vgl. Pease, Komm. ad Cic., *Div.* I, 104, der für derartige Namen auch auf Baecker, *De canum nominibus Graecis*, 1884, S. 75, hinweist. Der Name des Kätzchens war sicherlich nicht „Perseus", wie von Plutarch in *Reg. et imp. apophth., Mor.* 197F–198A (Paulus Aemilius, 2) und *Aem.* 10, 7 (*Vit.* 260) angegeben wird. Plutarch hätte seine Quelle, Cic., *Div.*, die „Persa" hatte, getreulich wiedergeben sollen. Er verfälschte sie jedoch, wahrscheinlich, weil er den Text im Hinblick auf die Pointe der Anekdote glätten wollte.

991 *quem ... deliciis* Der Satzteil „quem ... deliciis" ist im griech. Originaltext nicht vorhanden. Er. kopierte ihn aus Val. Max. I, 5, 3: „catellus, quem puella in deliciis habuerat, nomine Persa".

991 *Sit felix* Mit „Sit felix" verbesserte Er. Regios Übers. von Ἀγαθῇ τύχῃ, „bona cum forma (legendum: fortuna)" (fol. h ii^r), die ihrerseits eine Verschlimmbesserung von Filelfos „in bonam fortunam" (fol. ⟨m V⟩^{v}) darstellt. Besser war dagegen Brunis Übers. mit „Dii bene vertant!" (a.a.O., von Plut. *Aem.* 10, 8).

V, 317   Disciplina militaris   (Paulus Aemylius, 3) [10]

In exercitu vero quum multam confidentiam *ac loquacitatem comperisset* militum officia ducum sibi vindicantium *resque non necessarias curantium, iussit illos quiescere* nec aliud quicquam *agere,* quam vt *enses suos acuerent, caetera sibi fore curae. Nocturnas autem excubias iussit illos sine lanceis et gladiis agere, quo nimirum adempta spe depellendi hostem tanto acrius pugnarent cum somno.*

V, 318   Dvx vsv rervm callidvs   (Paulus Aemylius, 4) [11]

Quum per loca praerupta *irrupisset in Macedoniam vidissetque instructam hostium aciem, exhortante Nasica, vt protinus inuaderet hostem, „Facerem", inquit, „si tuae essem aetatis; sed multarum* rerum [i.e. multa] *experientia prohibet, ne ex itinere statim cum instructa acie congrediar".*

In *Apophth.* V, 317 hat Er. zwei Lemmata Plutarchs, *Mor.* 198A (Paulus Aemilius, 3–4), zusammengelegt, was insofern sinnvoll ist, als sie inhaltlich miteinander verbunden sind. Beide Lemmata stellen keine Apophthegmata, sondern Exempla dar; Er. übernahm sie dennoch in seine Sammlung, hier ohne Kommentar (vgl. Einleitung). Lycosthenes folgte dem Titel des Er., indem er *Apophth.* V, 317 im Kap. „De militari disciplina" druckte (S. 704). Aus dem Text von V, 317 geht nicht hervor, um welchen Feldzug es sich handelt. Schon die Architektur der Aemilius-Paulus-Sektion bei Plutarch spricht jedoch dafür, daß die beiden Lemmata auf den Feldzug gegen Perseus i.J. 168 v. Chr. Bezug nehmen. Die Vermeldung derselben Maßregeln in Plut. *Aem.* 13, 4 belegt, daß es sich um die Disziplinierung der römischen Soldaten unmittelbar vor der Schlacht bei Pydna handelte.

994–998 *In exercitu vero … pugnarent cum somno* Plut. *Reg. et imp. apophth., Mor.* 198A (Paulus Aemilius, 3–4): Εὑρὼν δὲ ἐπὶ στρατοπέδου πολλὴν θρασύτητα καὶ λαλιὰν παραστρατηγούντων καὶ πολυπραγμονούντων ἐκέλευσεν (ἐκέλευεν *ed. Ald. 1509, p. 172*) ἡσυχίαν ἔχειν καὶ ποιεῖν ὀξείας τὰς μαχαίρας μόνον, αὐτῷ δὲ τῶν ἄλλων μελήσειν. Τὰς δὲ νυκτερινὰς φυλακὰς ἐκέλευσεν (ἐκέλευεν *ed. Ald. 1509, p. 172*) φυλάττειν ἄνευ λόγχης (λοίγχης *ed. Ald. 1509, p. 172*) καὶ ξίφους, ὅπως ἀμύνασθαι τοὺς πολεμίους ἀπεγνωκότες μᾶλλον διαμαχοῦνται (μᾶλλον καὶ διαμαχοῦνται *ed. Babbitt*: μᾶλλον διαμαχοῦνται *ed. Ald. 1509, p. 172*) πρὸς τὸν ὕπνον. Dieselbe Disziplinierungsmaßregel findet sich auch in Plut. *Aem.* 13, 6 (*Vit.* 261F): τὸν στρατὸν ὁρῶν δυσανασχετοῦντα καὶ λόγῳ πολλὰ διαστρατηγοῦντα τῶν ἀπράκτων, ἐπετίμησεν αὐτοῖς, καὶ παρήγγειλε μηδὲν πολυπραγμονεῖν μηδὲ φροντίζειν, ἀλλ' ἢ τὸ σῶμα τὸ ἑαυτοῦ καὶ τὴν πανοπλίαν ἕκαστον ὅπως ἐνεργὸν παρέξει καὶ χρήσεται Ῥωμαϊκῶς τῇ μαχαίρᾳ, τὸν καιρὸν παραδόντος τοῦ στρατηγοῦ; in der Übers. des Leonardo Bruni: „Et milites quidem (nam hostem non metuebat) et qui se consiliis admiscentes rem perturbabant, increpuit eisque edixit, ne se superuacuis onerarent curis, sed corpora sua dumtaxat armaque curarent, vt sic praesto forent, quum tempus posceret vteren/turque gladio Romano more, quum dux iuberet" (ed. Bade, Paris 1514, fol. CXXXV^r).

994 confidentiam Er.' „confidentiam" für θρασύτητα ist eine Verschlimmbesserung von Filelfos „audaciam" (fol. ⟨m V⟩^{v}) und Regios „temeritatem" (fol. h ii^r); θρασύτης bedeutet „Kühnheit, Dreistigkeit", nicht „Selbstvertrauen" (vgl. Passow I, 2, S. 1425, s.v.).

994–995 *militum officia … curantium* Diese Stelle, die Regio nicht richtig verstand, verbesserte Er.; vgl. Regio: „eorum, qui et imperatoribus et adhaerent …" (fol. h ii^r).

995 *resque … curantium* In der Umschreibung von πολυπραγμονούντων mit „resque non necessarias curantium" folgte Er. Filelfos Übers., „rerum minime necessariarum studiosis" (a.a.O.), während diejenige des Regio genauer war: „earum curiosi rerum, quae nihil ad se spectant" (a.a.O.).

996–998 *Nocturnas … somno* Für das zweite Lemma *Mor.* 198A (Paulus Aemilius, 4) „Nocturnas ... somno" benutzte Er. die Übers. des Regio als Vorlage: „Nocturnas autem excubias sine lancea atque ense seruare iubebat, vt desperantes se ab hostibus defendere posse magis aduersus somnum pugnarent" (fol. h ii^r). Vgl. Plut. *Aem.* 13, 7 (*Vit.* 262A): τὰς δὲ νυκτερινὰς ἐκέλευσε φυλακὰς ἄνευ λόγχης φυλάττειν, ὡς μᾶλλον προσέξοντας καὶ διαμαχουμένους πρὸς τὸν ὕπνον, ἂν ἀμύνασθαι τοὺς πολεμίους μὴ δύνωνται προσιόντας; in Leonardo Brunis Übers.: „Nocturnas autem vigilias sine armis fieri iussit, vt magis attente vigilarent et metu hostium, sublata resistendi fiducia, aduersus somnum pugnarent" (ed. Bade, Paris 1514, fol. CXXXV^(r-v)).

Apophth. V, 318 datiert auf das Jahr 168 v. Chr., kurz vor der Schlacht bei Pydna.

1000–3 *Quum per loca ... acie congrediar* Plut. *Reg. et imp. apophth., Mor.* 198A–B (Aemilius Paulus, 5): Ἐμβαλὼν δὲ διὰ τῶν ἄκρων εἰς Μακεδονίαν καὶ συντεταγμένους ἰδὼν τοὺς πολεμίους, τοῦ Νασικᾶ παρακαλοῦντος αὐτὸν εὐθὺς ἐπιχειρεῖν „εἴγε τὴν σήν (σὴν ed. Ald. 1509, p. 172)", εἶπεν, „ἡλικίαν εἶχον, αἱ δὲ πολλαί με πεῖραι κωλύουσιν ἐκ πορείας πρὸς φάλαγγα συντεταγμένην μάχεσθαι". Er. benutzte Filelfos Übers., die er paraphrasierend abänderte: „Et quum Macedoniam per locos saltuosos inuasisset ac instructos hostes aspexisset, Nasica [enim] eum hortante, vt confestim illos adoriretur, ,Facerem istud quidem, si tua mihi', ait, ,aetas esset. Verum multa mihi experientia impedimento est, vt itinere fatigatus aduersus instructam aciem dimicem'" (fol. ⟨m V⟩^v). Dasselbe Apophth. findet sich in Plut. *Aem.* 17, 1–4 (*Vit.* 263F–264A): Ὁ δ᾽ Αἰμίλιος, ὡς εἰς ταὐτὸν συνέμιξε τῷ Νασικᾷ, κατέβαινε συντεταγμένος ἐπὶ τοὺς πολεμίους. ὡς δ᾽ εἶδε τὴν παράταξιν αὐτῶν καὶ τὸ πλῆθος, θαυμάσας ἐπέστησε τὴν πορείαν, αὐτός τι πρὸς ἑαυτὸν συλλογιζόμενος. οἱ δ᾽ ἡγεμονικοὶ νεανίσκοι προθυμούμενοι μάχεσθαι παρελαύνοντες ἐδέοντο μὴ μέλλειν, καὶ μάλιστα πάντων ὁ Νασικᾶς τῇ περὶ τὸν Ὄλυμπον εὐτυχίᾳ τεθαρρηκώς. ὁ δ᾽ Αἰμίλιος, μειδιάσας, „Εἴ γε τὴν σήν," εἶπεν, „ἡλικίαν εἶχον· αἱ δὲ πολλαί με νῖκαι διδάσκουσαι τὰ τῶν ἡττωμένων ἁμαρτήματα, κωλύουσιν ἐξ ὁδοῦ μάχην τίθεσθαι πρὸς φάλαγγα συντεταγμένην ἤδη καὶ συνεστῶσαν".

1000 *loca praerupta* „loca praerupta", „abschüssiges Gelände", eine kuriose, umständliche Umschreibung für διὰ τῶν ἄκρων, i.e. „über die Berge"; Regio übersetzte sinngemäß richtig mit „per montium vertices" (fol. h ii^r). Aemilius Paulus marschierte mit seiner Armee, aus Thessalien kommend, in der Tat „über die Berge" in Makedonien ein: Die Schlacht bei Pydna fand am Fuß des Olympos statt. Scipio Nasica führte ein Kontigent an, das den Olympos auf der westlichen Seite umging und dabei einen Teil des makedonischen Heeres unter Milo in die Flucht jagte. Nachdem Nasica das Gebirge von der linken und Paulus von der rechten Seite umgangen hatten, vereinigten sie sich wieder in der Ebene, in der die Schlacht stattfinden sollte. Dort hatte Perseus bereits sein Lager aufgeschlagen. Nasicas Vorschlag, direkt anzugreifen, bezieht sich auf den Zeitpunkt der Wiedervereinigung der römischen Truppen.

1 *Nasica* i.e. **Publius Cornelius Scipio Nasica Corculum** (starb 141 v. Chr.), Sohn des Publius Cornelius Scipio Nasica, des Konsuls d.J. 191 v. Chr., Schwiegersohn des Scipio Africanus d.Ä.; diente als Offizier des Aemilius Paulus im Feldzug gegen Perseus; Konsul 162 und 155; Zensor i.J. 159; 147 und 142 princeps senatus. Scipio Nasica Corculum war zum Zeitpunkt des Apophth. etwa 30 Jahre alt, also noch ein relativ junger Mann, der gerade erst das Amt eines kurulischen Ädils bekleidet hatte und dem somit militärische Erfahrung fehlte.

1 *Facerem* „Facerem" steht nicht im griech. Text; Er. übernahm es von Filelfo (fol. ⟨m V⟩^v).

2 *multarum rerum experientia* Der griech. Originaltext hat πολλαί ... πεῖραι, womit zahlreiche militärische Erfahrungen in Bezug auf den richtigen Anfang einer Schlacht gemeint sind, nicht, wie Er. übersetzt, „Erfahrung auf vielen Gebieten", „multarum rerum experientia". Die missverständliche Formulierung kam durch einen Variationsversuch von Filelfos Übertragung „multa experientia" zustande. Die Formulierung „multarum rerum experientia" mag Er. aus Tac. *Ann.* XIII, 6 geläufig gewesen sein, wo als besondere Eignung von Burrus und Seneca zur Ausübung der Regierungsgeschäfte hervorgehoben wird, daß sie sich auf vielerlei Gebieten auskannten.

2 *experientia* Aufgrund dieses Kernbegriffes druckt Lycosthenes V, 318 in der Kategorie „De experientia rerum" (S. 328).

V, 319   ARS CONVIVII   (Paulus Aemylius, 5) [12]

Deuicto Perseo quum epulum exhiberet victoriale, dicebat eiusdem esse artis et aciem bene instruere et conuiuium exhibere: illam, *vt hostibus sit quam maxime formidabilis,* hoc, *vt amicis sit iucundissimum.*

V, 320   SEVERE   (Paulus Aemylius, 6) [13]

Quum Perseus captiuus deprecaretur, ne in triumpho duceretur, „Istud", inquit, „in te situm erat", significans illi licuisse in bello perire aut certe vincere.

9 Istud *LB (cf. Plut. Mor. et Aem. τοῦτο)*: Isthuc *A-C*.

Apophth. V, 319 datiert auf die Zeit nach der Schlacht von Pydna (168 v. Chr.) und vor Aemilius Paulus' Rückkehr nach Rom i.J. 167. In dieser Zeit zog Aemilius mit seinem Heer durch Griechenland und ließ sich in den griechischen Städten als Sieger feiern. Im Zuge dieser Feiern organisierte er mehrere Male Spiele und Götteropfer mit Opfermahlzeiten. *Apophth.* V, 319 bezieht sich auf eine solche Opfermahlzeit, ein großes Banquet, zu dem Aemilius die Notablen der betreffenden Stadt einlud.

5–6 *deuicto Perseo ... exhibere* Größtenteils wörtliche, leicht variierende Übers. von Plut. *Reg. et imp. apophth., Mor.* 198B (Paulus Aemilius, 6): Νικήσας δὲ τὸν Περσέα καὶ τὰς ἐπινικίους ποιούμενος ἑστιάσεις ἔλεγε τῆς αὐτῆς ἐμπειρίας (τῆς ἐμπειρίας *ed. Ald. 1509, p. 172*) εἶναι στράτευμα φοβερώτατον (φοβερώτερον *ed. Ald. 1509, p. 172*) πολεμίοις καὶ συμπόσιον ἥδιστον φίλοις παρασχεῖν. Er. übersetzte in diesem Fall den griech. Text selbständig: Filelfo hatte ihn ganz falsch (fol. ⟨m V⟩ᵛ), Regio auf andere Weise (fol. h iiʳ) übersetzt. Dasselbe *Apophth.* findet sich in Plut. *Aem.* 28, 9 (*Vit.* 270D) und *Quaestiones conuiuales* I, 2. 2, *Mor.* 615E: Καὶ γὰρ δὴ Παῦλον Αἰμίλιον στρατηγὸν λέγουσιν, ὅτε Περσέα καταπολεμήσας ἐν Μακεδονίᾳ πότους συνεκρότει, κόσμῳ τε θαυμαστῷ περὶ πάντα καὶ περιττῇ τάξει χρώμενον εἰπεῖν ὅτι τοῦ αὐτοῦ ἀνδρός ἐστι καὶ φάλαγγα συστῆσαι φοβερωτάτην καὶ συμπόσιον ἥδιστον, ἀμφότερα γὰρ εὐταξίας εἶναι. In Bezug auf die Variation der Struktur des letzten Satzteiles ließ sich Er. vielleicht von Plut. *Aem.* 28, 9 (*Vit.* 270D) anregen. Die Erklärung des Ausspruches, die Plut. selbst gegeben hat, ist in *Mor.* 198B (Paulus Aemilius, 6) und in *Aem.* 28, 9 nahezu identisch, tritt aber in anderer Form in den *Quaestiones conuiuales* auf. Dort ist das Tertium comparationis die Ordnung (τάξις), d.h. das sinnvoll zusammengestellte, in Gängen angeordnete und optimal arrangierte Auftragen der Speisen bzw. die geordnete Aufstellung der Soldaten in der Schlacht; in *Aem.* 28, 9 (und *Mor.* 198B) geht es um die Aufmerksamkeit des Feldherren/ Organisators für alle möglichen Details, und zwar in dem Sinn, daß das Heer den Feinden soviel Furcht wie möglich einflößen, die beim Gelage aufgetragenen Speisen den Gästen soviel Genuß wie möglich bringen sollen.

Apophth. V, 320 datiert auf d.J. 167 v. Chr., als Aemilius Paulus in Rom seinen Triumph feierte. Bei dem dreitägigen Triumph wurde u. a. die grandiose Beute, die Aemilius durch seine Plünderung von Epirus i.J. 167 gemacht hatte, und König Perseus als Gefangener vorgeführt. Plut. *Aem.* 33–34 (*Vit.* 272–273) liefert eine detaillierte Schilderung der drei Tage des Triumphes.

9–10 *Quum Perseus ... situm erat* Er. vermischte in diesem Fall die beiden Überlieferungen des Spruches bei Plut. *Reg. et imp. apophth., Mor.* 198B (Paulus Aemilius, 7) und *Aem.* 34, 3–4 (*Vit.* 273F). Einerseits folgte er Plut. *Reg. et imp. apophth., Mor.* 198B; den Spruchteil von Plut. *Reg. et imp. apophth., Mor.* 198B änderte Er. grammatisch im Sinn eines Teils von *Aem.* 34, 3 ab. Im erklärenden Teil folgte er ausschließlich *Aem.* 34, 3; dieser deckt sich nicht mit *Mor., Reg. et imp. apophth.,* 198B. *Mor.* 198B (Paulus Aemilius, 7): Τοῦ δὲ Περσέως αἰχμαλώτου γενομένου καὶ παρακρουομένου τὸν θρίαμβον „ἐπὶ σοί", εἶπε, „τοῦτ' ἐστίν", ἐξουσίαν διδοὺς αὐτῷ ἑαυτὸν ἀνελεῖν. *Aem.* 34, 3–4: Καίτοι προσέπεμψε τῷ Αἰμιλίῳ δεόμενος μὴ πομπευθῆναι καὶ παραιτούμενος τὸν θρίαμβον. ὁ δὲ τῆς ἀνανδρίας αὐτοῦ καὶ φιλοψυχίας, ὡς ἔοικε, καταγελῶν, „Ἀλλὰ τοῦτό γ'," εἶπε, „καὶ πρότερον ἦν ἐπ' αὐτῷ καὶ νῦν ἐστίν, ἂν βούληται·" δηλῶν τὸν πρὸ αἰσχύνης θάνατον, ὃν οὐχ ὑπομείνας ὁ δείλαιος, ἀλλ' ὑπ' ἐλπίδων τινῶν ἀπομαλακισθεὶς ἐγεγόνει μέρος τῶν αὐτοῦ λαφύρων.

10 *erat* „erat" aus *Aem.* 34, 3, in Leonardo Brunis Übers.: „Sed Aemylius ignauiam eius (sc. Persei) irridens respondisse fertur, olim id in ipsius potestate fuisse …" (ed. Bade, Paris 1514, fol. CXXXVIII^r).

10 *significans … vincere* In seiner kommentierenden Erklärung des Spruchs folgte Er. der Version von Plut. *Aem.* 34, 3. Dort sagt Aemilius Paulus, daß Perseus ja „vorher im Stande war dies zu entscheiden" (d.h. ob er an dem Triumphzug teilnehmen wolle oder nicht), z. B. dadurch, daß der in der Schlacht bis zum letzten Blutstropfen kämpfte. Was Er. in seiner Erklärung wegläßt, ist die zweite Möglichkeit, die Plut. auch in *Aem.* 34, 3 anführt, nämlich, daß Perseus noch stets Selbstmord begehen könne.

V, 321   FRVGALITAS   (Paulus Aemylius, 7) [14]

Ex pecuniarum infinita vi reperta in castris hostium *ipse quidem nihil sibi sumpsit, Tuberoni tamen genero phialam pondere quinque* drachmarum [i.e. librarum] *fortiter gestae rei praemium dedit. Atque hoc primum aiunt argenteum vas*culum *in Aeliorum domum fuisse ingressum.* [C] Meminit huius Plinius libro 33. capitulo 11., quanquam ait fuisse duo pocula, nec Tuberonem nominat, sed Catum Aelium.

14 Aeliorum *A-C*: Aemyliorum *versio Philelphi et Plut. ed. Ald. (Αἰμιλίων),* Haemiliam *versio Regii.*
15–16 Meminit huius ... Caium Aelium *C: desunt in A B.*

16 nec Tuberonem ... Aelium *C: om. BAS LB.*
16 Catum Aelium *scripsi*: Caium Aelium *C, om. BAS LB.*

Apophth. V, 321 ist kein Apophthegma im eigentlichen Sinn, sondern ein Exemplum. Er. nimmt es dennoch auf, in diesem Fall ohne kritische Anmerkung (vgl. Einleitung). Die riesigen Schätze, die in V, 321 angesprochen werden, hatte Aemilius nach seinem Sieg gegen Perseus i.J. 168 v. Chr. (bei Pydna) auf seinen Raub- und Plünderungszügen erbeutet. Ein Teil der Beute wurde bei seinem Triumph in Rom mitgeführt.

12–15 *Ex pecuniarum ... fuisse ingressum* Eigenständige, jedoch durch einen Übersetzungsfehler entstellte Übertragung des Er. von Plut. *Reg. et imp. apophth., Mor.* 198B–C (Paulus Aemylius, 8): Χρημάτων δὲ ἀπείρων εὑρεθέντων, αὐτὸς μὲν οὐκ ἔλαβε, τῷ δὲ γαμβρῷ Τουβέρωνι φιάλην ἀργυρᾶν ὁλκῆς πέντε λιτρῶν ⟨λυτρῶν *ed. Ald. 1509, p. 172*⟩ ἀριστεῖον ἔδωκε. καὶ τοῦτό φασι πρῶτον εἰς τὸν ⟨τῶν⟩ (τῶν *deest in ed. Ald.*) Αἰμιλίων (Αἰμιλίων *ed. Ald. 1509, p. 172*: Αἰλίων *edd. rec.*) οἶκον εἰσελθεῖν κειμήλιον ἀργυροῦν; vgl. Filelfos Übers.: „... At genero Tuberoni phialam argenteam ponderis librarum trium militiae praemium dedit. Et hanc aiunt primam Aemyliorum domum argenteam supellectilem ingressam" (fol. ⟨m vi⟩ʳ). Er. hat neben dieser Quelle zusätzlich Val. Max. IV, 4, 8–9 verwendet, wo sich dieselbe Anekdote findet: „De Aelia familia" (Kapitelüberschrift in ed. Bade, Paris. 1514, fol. CLXVʳ): „Quid Aelia familia, quam locuples! ... (9:) Eadem gens (sc. Aelia) nullum ante scripulum (scrupulum *ed. Bade, Paris 1514, fol. CLXVIᵛ*) argenti habuit quam Paulus Perse deuicto Q. Aelio Tuberoni genero suo quinque pondo argenti ex praeda donaret ..."; weiter wurde die Anekdote von Plut. *Aem.* 28, 11–13 (Vit. 270E) überliefert: Οὐδενὸς δ᾽ ἧττον αὐτοῦ τὴν ἐλευθεριότητα καὶ τὴν μεγα-λοψυχίαν ἐπῄνουν οἱ ἄνθρωποι, πολὺ μὲν ἀργύριον, πολὺ δὲ χρυσίον ἐκ τῶν βασιλικῶν ἠθροισμένον οὐδ᾽ ἰδεῖν ἐθελήσαντος, ἀλλὰ τοῖς ταμίαις εἰς τὸ δημόσιον παραδόντος. μόνα τὰ βιβλία τοῦ βασιλέως φιλογραμματοῦσι τοῖς υἱέσιν ἐπέτρεψεν ἐξελέσθαι, καὶ διανέμων ἀριστεῖα τῆς μάχης Αἰλίῳ Τουβέρωνι τῷ γαμβρῷ φιάλην ἔδωκε πέντε λιτρῶν ὁλκήν. οὗτός ἐστι Τουβέρων ὃν ἔφαμεν μετὰ συγγενῶν οἰκεῖν ἑκκαιδέκατον, ἀπὸ γηδίου μικροῦ διατρεφομένων ἁπάντων. καὶ πρῶτον ἀργυροῦν ἐκεῖνόν φασιν εἰς τὸν Αἰλίων οἶκον εἰσελθεῖν, ὑπ᾽ ἀρετῆς καὶ τιμῆς εἰσαγόμενον, τὸν δ᾽ ἄλλον χρόνον οὔτ᾽ αὐτοὺς οὔτε τὰς γυναῖκας ἀργυρίου χρῄζειν ἢ χρυσοῦ. Vgl. Leonardo Brunis Übers.: „Laudata est magnitudo animi ac liberalitas (sc. Aemilii Pauli) eius, quod multum auri multumque argenti ex regia gaza coactum nec aspicere quidem voluit, sed quaestoribus negotium dedit, vt in publicum referrent. Libros duntaxat regios natis literarum studiosis deligere concessit. In donando vero militibus, quorum opera in bello claruerat, Tuberoni genero phialam quinque talentorum (sic) pondo largitus est ... idque argentum ferunt primum in Aemyliorum familiam deuenisse, virtute et honore partum" (ed. Bade, Paris 1514, fol. CXXXVIIᵛ).

12 *in castris hostium* „in castris hostium" ist ein kurioser erklärener Zusatz des Er.: Von der Sache her ist es so gut wie ausgeschlossen, daß Aemilius Paulus die riesigen Mengen von Gold und Silber, die er nach Rom bringen ließ, im Feldlager des Königs erbeutete. Vielmehr raubte er sie aus dem königlichen Palast bzw. aus dessen Schatzkammern.
13 *Tuberoni* Quintus Aelius Tubero, Aemilius Paulus' Schwiegersohn. Bei Liv. figuriert er als

der Offizier, der den gefangengenommenen König Perseus abholt (XLV, 7, 8); bei Val. Max. IV, 3, 7 als *exemplum frugalitatis* (dort wird dieselbe Anekdote wie bei Plin., *Nat.* XXXIII, 142); ebd. IV, 4, 9 als *exemplum paupertatis* (dort geht es um dieselbe Anekdote wie in Plut. *Reg. et imp. apophth., Mor.* 198B und Plut. *Aem.* 28, 10–13).

13 *phialam* Er. transliterierte φιάλη nach dem Vorbild Filelfos und Regios, während dafür ein reinlatein. Wort (*patera*) zur Verfügung stand. Eine Phiale ist eine flache, henkellose Schale mit einer Einwölbung unten (Omphalos), häufig aus wertvollem Material, welche meist zu kultischen oder rituellen Zwecken benutzt wurde: als Opferschale, Weihe- oder Ehrengeschenk für besondere Anlässe (Siegespreis, Hochzeitsgeschenk). Vgl. I. Scheibler, *DNP* 9 (2000), Sp. 774, s.v. „Phiale".

13 *pondere quinque drachmarum* Ein kurioser Irrtum des Er.: Eine Silberschale mit dem Gewicht von fünf Drachmen würde nur etwa 22.5–30 Gramm wiegen, hätte somit die Größe von einem Mini-Spielzeugschälchen ohne Wert; im griech. Text steht jedoch πέντε λιτρῶν, d.h. fünf Pfund; die für Plutarch relevante kaiserzeitliche λίτρα ist mit der kaiserzeitl. *libra* gleichzusetzen und ist demnach das Äquivalent von etwa 325 Gramm. Die Silberschale wog also ca. 1 kg und 600 Gramm, repräsentierte somit einen Gegenstand von ansehnlichem Wert. Umgerechnet in Drachmen hatte die Phiale das Gewicht ca. 600 Drachmen. Der Irrtum des Er. ist umso merkwürdiger, als die ihm vorliegenden latein. Übers. des Filelfo und Regio λίτρα richtig mit „libra" übertragen hatten, und der ebenso von Er. verwendete Valerius Maximus ebenfalls richtig „quinque pondo argenti" angab. Für λίτρα vgl. G. Stumpf, *DNP* 7 (1999), Sp. 357, s.v. „Litra"; K. Hitzl, *DNP* 4 (1999), Sp. 1051–1054, s.v. „Gewichte".

14 *vasculum* Er.' „vasculum", „Gefässchen", passt nicht zu der prächtigen silbernen Omphalosschale von 1,6 kg, die Aemilius Paulus dem Aelius Tubero schenkte. Die irrige Wortwahl ist Er.' Fehlangabe des Gewichtes geschuldet.

14 *Aeliorum* Er. hat die Lesart Αἰμιλίων, die er in der Aldus-Ausgabe der *Moralia* bzw. „Aemyliorum", die er in den latein. Übers. Filelfos und Regios antraf, zu dem richtigen „Aeliorum" verbessert; dazu hatte er den Text von Val. Max. IV, 4, 8–9 herangezogen, wo richtig überliefert ist, daß es um die „gens Aelia" geht.

15 *huius* i.e. „huius rei".

15 *Plinius ... capitulo 11* Plin. *Nat.* XXXIII, 142: „... fabulosum iam videtur, item Catum Aelium (Catum Elium *ed. Ven. 1507, fol. 247ᵛ*), cum legati Aetolorum in consulatu prandentem in fictilibus adissent, missa ab iis vasa argentea non accepisse neque aliud habuisse argenti ad supremum vitae diem quam duo pocula, quae L. Paulus socer ei ob virtutem deuicto Perseo rege donauisset (donasset *ed. Ven. 1507*)". „Catus Aelius" beruht auf einem Überlieferungsfehler („Catus" irrtümlich statt „Caius" bzw. „C.") und auf einer Verwechslung des Vornamens („C." statt „Q.") und sollte somit „Q. Aelius" = Tubero bezeichnen.

V, 322   [*A*] Patriae charitas   (Paulus Aemylius, 8) [15]

Ex quatuor liberis masculis, quos susceperat, duos antea dederat in adoptionem. Ex duobus autem, qui remanserant in familia, alter quinque ante triumphum diebus interiit, annos natus quatuordecim, alter quinto post actum triumphum die, annos natus duodecim. Ob id populo luctum ac moerorem cum illo iungente ipse prodiens ad multitudinem dixit se post tam continuos rerum *successus* aliquid magni mali a fortuna expectasse; *se* vero *nunc de patriae incolumitate securum esse factum nihilque timere periculi, posteaquam fortuna prospere gestarum rerum inuidiam in suam domum impingente ipse pro omnibus dependisset.*

19 remanserant *A-C*: remanserunt *BAS LB*.   25 dependisset *B C*: dependit *A*.

Apophth V, 322 bezieht sich auf das Unglück, das Aemilius Paulus mit seinen Söhnen hatte. Er entschloss sich, die Söhne aus seiner ersten Ehe mit Papiria zur Adoption freizugeben, um seinen ganzen Einfluss und seine Finanzmittel auf die Förderung der politischen Laufbahn der beiden jüngeren Söhne anwenden zu können. Diese starben jedoch im jugendlichen Alter während seines Triumphes im Jahr 167 v. Chr., nachdem die Adoptionen der beiden Söhne aus erster Ehe bereits erfolgt waren. Zu Paulus' familiärer Tragödie vgl. E. Flaig, „Lucius Aemilius Paulus – militärischer Ruhm und familiäre Glücklosigkeit", in: K.-J. Hölkeskamp und E. Stein-Hölkeskamp (Hrsg.), *Von Romulus zu Augustus. Große Gestalten der römischen Republik*, München 2000, S. 131–146.

18–25 *Ex quatuor liberis ... dependisset* Teils wörtliche, teils paraphrasierende Wiedergabe von Plut. *Reg. et imp. apophth., Mor.* 198C–D (Paulus Aemilius, 9): Τεττάρων δὲ παίδων ἀρρένων αὐτῷ γεγονότων, δύο μὲν πρότερον ἐτύγχανεν ἐκδεδωκὼς (ἐνδεδωκὼς *ed. Ald. 1509, p. 173*) ἑτέροις θέσθαι· δυοῖν δὲ ὄντων ἐπὶ τῆς οἰκίας ὁ μὲν ἡμέραις πέντε πρὸ τοῦ θριάμβου, τεσσαρεσκαίδεκα γεγονὼς ἔτη, ἀπέθανεν, ὁ δὲ ὕστερον πέντε τοῦ θριάμβου, δωδεκαέτης (δωδεκαετὴς *ed. Ald. 1509, p. 173*). προελθὼν δέ, τοῦ δήμου συναλγοῦντος αὐτῷ καὶ συμπενθοῦντος, νῦν ἔφη περὶ τῆς πατρίδος ἀδεὴς γεγονέναι καὶ ἀκίνδυνος, ὁπότε τῶν εὐτυχημάτων τὴν νέμεσιν εἰς τὸν οἶκον ἀπερεισαμένης τῆς τύχης ὑπὲρ πάντων αὐτὸς ἀναδέδεκται. Vgl. Regios Übers., der im Wesentlichen jene des Filelfo wiederholte und mit leichten Änderungen versah: „Quatuor vero filios mares cum sustulisset, duos quidem antea in adoptionem aliis dederat.

E duobus autem, qui domi erant, alter quatuordecim annos natus quinto ante triumphum die mortuus est, alter quinto post triumphum, duodecimum agens annum. Sed quum in publicum prodisset populusque dolorem ac moerorem prae se ferret, ‚Nunc', inquit, ‚de patriae periculo desino sollicitus esse, quando successuum inuidiam, quam in domum meam fortuna euomuit, pro omnibus tulerim'" (fol. h ii[r–v]). Die Anekdote findet sich auch in Val. Max. V, 10, 2; Vell. Pat. I, 10; Sen., *Ad Marciam de consolatione* 13; mit dem ausführlichsten Narrativ versehen in Plut. *Aem.* 35, 1–36, 9 (*Vit.* 274A–F): Ἦσαν γὰρ αὐτῷ τέσσαρες υἱοί, δύο μὲν εἰς ἑτέρας ἀπῳκισμένοι συγγενείας, ὡς ἤδη λέλεκται, Σκηπίων καὶ Φάβιος, δύο δὲ παῖδες ἔτι τὴν ἡλικίαν, οὓς ἐπὶ τῆς οἰκίας εἶχε τῆς ἑαυτοῦ γεγονότας ἐξ ἑτέρας γυναικός. ὧν ὁ μὲν ἡμέραις πέντε πρὸ τοῦ θριαμβεύειν τὸν Αἰμίλιον ἐτελεύτησε τεσσαρεσκαιδεκέτης, ὁ δὲ δωδεκέτης μετὰ τρεῖς ἡμέρας θριαμβεύσαντος ἐπαπέθανεν, ὥστε μηδένα γενέσθαι Ῥωμαίων τοῦ πάθους ἀνάλγητον, ἀλλὰ φρῖξαι τὴν ὠμότητα τῆς τύχης ἅπαντας, ὡς οὐκ ᾐδέσατο πένθος τοσοῦτον εἰς οἰκίαν ζήλου καὶ χαρᾶς καὶ θυσιῶν γέμουσαν εἰσάγουσα, καὶ καταμιγνύουσα θρήνους καὶ δάκρυα παιᾶσιν ἐπινικίοις καὶ θριάμβοις. (36, 1) ... (36, 2:) τοῦ δὲ δευτέρου μετὰ τὸν θρίαμβον τελευτήσαντος συναγαγὼν εἰς ἐκκλησίαν τὸν Ῥωμαίων δῆμον ἐχρήσατο λόγοις ἀνδρὸς οὐ δεομένου παραμυθίας, ἀλλὰ παραμυθουμένου τοὺς πολίτας δυσπαθοῦντας ἐφ' οἷς ἐκεῖνος ἐδυστύχησεν. (36, 3:) ἔφη γὰρ ὅτι τῶν ἀνθρωπίνων οὐδὲν οὐδέποτε δείσας, τῶν δὲ θείων ὡς ἀπιστότατον καὶ ποικιλώτατον πρᾶγμα τὴν τύχην ἀεὶ φοβηθείς, μάλιστα περὶ τοῦτον αὐτῆς τὸν πόλεμον, ὥσπερ πνεύματος λαμπροῦ ταῖς πράξεσι παρούσης, διατελοίη μεταβολήν τινα καὶ παλίρροιαν προσδεχόμενος; (36, 4:) καὶ τοῦτὸν οὐ πρότερον ἡ ψυχὴ τὸν φόβον ὠδίνουσα καὶ περισκοπουμένη τὸ μέλλον ὑπὲρ τῆς πόλεως ἀφῆκεν ἢ τηλικαύτῃ με προσπταῖσαι δυστυχίᾳ περὶ τὸν οἶκον, υἱῶν ἀρίστων, οὓς ἐμαυτῷ μόνους ἐλιπόμην διαδόχους, ταφὰς ἐπαλλήλους ἐν ἡμέραις ἱεραῖς μεταχειρισάμενον. νῦν οὖν ἀκίνδυνός εἰμι τὰ μέγιστα καὶ θαρρῶ, καὶ νομίζω τὴν τύχην ὑμῖν παραμενεῖν ἀβλαβῆ καὶ βέβαιον. ἱκανῶς γὰρ ἐμοὶ καὶ τοῖς ἐμοῖς κακοῖς εἰς τὴν τῶν κατωρθωμένων ἀποκέχρηται νέμεσιν, οὐκ ἀφανέστερον ἔχουσα παράδειγμα τῆς ἀνθρωπίνης ἀσθενείας τοῦ θριαμβευομένου τὸν θριαμβεύοντα· πλὴν ὅτι Περσεὺς μὲν ἔχει καὶ νενικημένος τοὺς παῖδας, Αἰμίλιος δὲ τοὺς αὑτοῦ νικήσας ἀπέβαλεν.

18 *dederat in adoptionem* Der eine Sohn wurde von Q. Fabius Maximus (Cunctator) adoptiert und trug fortan den Namen Quintus Fabius Maximus Aemilianus, der andere von Publius Cornelius Scipio Africanus maior und trug fortan den Namen Publius Cornelius Scipio Aemilianus; nach seinem Triumphatorentitel, welchen er für den Sieg im Dritten Punischen Krieg 146 v. Chr. erhielt, trug er seitdem den Namen Publius Cornelius Scipio Africanus minor (= Scipio Africanus d.J.).

21–22 *ipse prodiens ... dixit* eine ausführliche Wiedergabe der Rede, die Aemilius Paulus vor dem Volk hielt, gab Plutarch wieder in *Aem.* 36, 2–9. Dort zeichnet Aemilius im Rahmen einer kurzen Selbstbiographie die Geschichte der Zweifel auf, die er der Göttin Fortuna entgegenbrachte.

22–25 *dixit se ... dependisset* Die Argumentation ähnelt hier Val. Max. V, 10, 2: „... ‚Cum in maximo prouentu felicitatis nostrae, Quirites, timerem, ne quid mali fortuna moliretur, Iouem Optimum Maximum ... precatus sum, vt, si quid aduersi populo Romano immineret, totum in domum meam conuerteretur'"; ausführlicher, aber mäandernd und insofern V, 322 unähnlich bringt Plutarch das Argument von Paulus' Furcht in *Aem.* 36, 3: ἔφη γὰρ ὅτι τῶν ἀνθρωπίνων οὐδὲν οὐδέποτε δείσας, τῶν δὲ θείων ὡς ἀπιστότατον καὶ ποικιλώτατον πρᾶγμα τὴν τύχην ἀεὶ φοβηθείς, μάλιστα περὶ τοῦτον αὐτῆς τὸν πόλεμον, ὥσπερ πνεύματος λαμπροῦ, ταῖς πράξεσι παρούσης, διατελοίη μεταβολήν τινα καὶ παλίρροιαν προσδεχόμενος.

V, 323   CALCEVS QVA TORQVEAT   (Paulus Aemylius, 9) [16]

Vxor erat illi Papyria, Masonis viri consularis filia. Quam, quum longo tempore domi habuisset *exque ea pulcherrimam sobolem sustulisset, inclytum illum ac maximum Scipionem Aemylianum* [i.e. Scipionem Aemylianum et Fabium Maximum Aemylianum], *repudiauit et amicis diuortium* vehementer dissuadentibus *porrexit calceum dicens: „Hic calceus nonne nouus est, nonne pulcher est? At nemo vestrum nouit, qua pedem meum torqueat".*

V, 324   GENEROSE   (Paulus Aemylius, 10) [17]

Perseo sese ad victoris pedes abiicienti *vocesque degeneres emittenti „Quur", inquit Paulus, „fortunam crimine liberas, sic te gerens, vt superiore etiam fortuna videaris indignus? Quur meam dedecoras victoriam ac rerum a me gestarum gloriam obscuras,* tam abiectum te *demonstrans, vt indignus appareas,* quem populus *Romanus* haberet hostem?"

V, 325   TEMERITAS   (Paulus Aemylius, 11) [18]

Idem dicebat imperatorem, si minus aetate, certe *moribus senem esse oportere,* sentiens non esse praecipitanda *consilia,* quod solent iuuenes, sed *moribus* vtendum esse *senilibus.*

27 Papyria *A-C sec. versionem Leonardi Aretini (cf. Adag. 1818, B-I)*: Papiria *sec. Plut. ed. Ald. (Παπιρία).*

29 Aemylianum *A-C sec. versionem Leonardi Aretini*: Aemilianum *LB.*

26 *Calceus qua torqueat* Der Titel von V, 323 ist ein Gegenstück zu *Adag.* 1818 „Ad pedem" (*ASD* II, 4, S. 228), das fast zur Gänze dem Apophthegma des Aemilius gewidmet ist: „περὶ πόδα, id est ‚iuxta pedem'. ... sumpta metaphora a calciamentis probe ad pedis mensuram quadrantibus. Vnde celebratur et illud Pauli Aemylii (so in *B-D*: Aemilii *A*) apophthegma nouum calceum ostendentis: ‚Vos', inquit, ‚videtis bellum ac nouum esse calceum, verum qua parte pedem torqueat meum, id ego demum sentio', significans Papyriam vxorem non esse suis accommodatum moribus". In der Erstausgabe der *Adagia* schrieb Er. das Apophthegma irrtümlich dem Q. Fabius Maximus zu („et illud Q. Fabii ni fallor"), wohl weil er nach Hier. *Adv. Iov.* I, 48 arbeitete, wo die Namen fehlten (vgl. Komm. *ASD* II, 4, S. 228), in *B* korrigierte Er. den Namen aus Brunis Übers.

27–32 *Vxor erat illi ... torqueat* Gekürzte, zum Teil wörtliche, jedoch in Bezug auf die Namen fehlerhafte Wiedergabe von Plut. *Aem.* 5, 1–3 (*Vit.* 257), wobei Er. nur von Leonardo Brunis latein. Übers. ausging, ohne sich mit dem griech. Text auseinanderzusetzen. Das geht u.a. daraus hervor, daß Er. den Satz „Denn sie (nml. Papiria) war es, die ihm den hochberühmten Scipio und Fabius Maximus schenkte" (αὕτη γὰρ ἦν ἡ τὸν κλεινότατον αὐτῷ Σκηπίωνα τεκοῦσα καὶ Μάξιμον Φάβιον) zu „exque ea ... sustulisset inclytum illum ac maximum Scipionem Aemylianum" verstümmelte; dieser Fehler geht ursächlich auf Brunis Übers. zurück, der irrtümlich Φάβιον („Fabium") ausließ, wodurch nur mehr „Maximum" übrigblieb. Dies läßt sich zwar noch stets als Name verstehen und vermutlich verstand Bruni „Maximum" auch als Eigennamen („haec enim gloriosissimum Scipionem et Maximum pepererat"), jedoch wurde das Wort „maximum" in den frühen Ausgaben ed. Ald. 1496 und auch noch ed. Josse Bade 1514 kleingedruckt. Das hatte zu Folge, daß Er. „maximum" als bloßes Adjektiv auffaßte und es irrtümlich dem im ersten Satzglied erwähnten Scipio zuordnete. Das Resultat war nunmehr: „inclytum illum ac maximum Scipionem". Vgl. Brunis Übers. von Plut. *Aem.* 5, 1–3: „Vxor fuit illi Papyria Mnasonis (i.e. Masonis) viri consularis filia, quam post longum coniugii tempus repudiauit, licet pulcherrimam sobolem ex ea suscepisset: haec enim gloriosissimum Scipionem et maximum pepererat. Quae autem causa diuortii fuerit, non extat; sed videtur aliqua efficax ratio affuisse. Illud autem constat: quum amici familiaresque diuortium grauiter improbantes Aemylio dicerent ‚Nonne haec modesta? Nonne formosa? Nonne foecunda?', porrexit ille pedem et calceum ostendens ‚Nonne pulcher hic calceus? Nonne nouus est?' inquit; ‚Sed nec quisquam vestrum nouit, qua ex parte meum contorquet pedem'" (ed. Bade, Paris 1514, fol. CXXXIIII[r]). Die kulturhistorischen Bemerkungen, die Plutarch im Hinblick auf die Römer machte, hatte Bruni als überflüssiges Beiwerk gestrichen, u. a. γενόμενος, ὡς ἀνὴρ Ῥωμαῖος ἀπεπέμπετο γυναῖκα und τὸ ὑπόδημα (κάλτιον αὐτὸ Ῥωμαῖοι καλοῦσιν); nicht zufällig fehlt sie auch bei Er.; vgl. den griech. Text: Ἔγημε δὲ Παπιρίαν, ἀνδρὸς ὑπατικοῦ Μάσωνος θυγατέρα, καὶ χρόνον συνοικήσας πολὺν ἀφῆκε τὸν γάμον, καίπερ ἐξ αὐτῆς καλλιτεκνότατος γενόμενος· αὕτη γὰρ ἦν ἡ τὸν κλεινότατον αὐτῷ Σκηπίωνα τεκοῦσα καὶ Μάξιμον Φάβιον. Αἰτία δὲ γεγραμμένη τῆς διαστάσεως οὐκ ἦλθεν εἰς ἡμᾶς, ἀλλ' ἔοικεν ἀληθής τις εἶναι λόγος περὶ γάμου λύσεως γενόμενος, ὡς ἀνὴρ Ῥωμαῖος ἀπεπέμπετο γυναῖκα, τῶν δὲ φίλων νουθετούντων αὐτόν, „οὐχὶ σώφρων; οὐκ εὔμορφος; οὐχὶ παιδοποιός;" προτείνας τὸ ὑπόδημα (κάλτιον αὐτὸ Ῥωμαῖοι καλοῦσιν) εἶπεν· „οὐκ εὐπρεπὴς οὗτος; οὐ νεουργής; ἀλλ' οὐκ ἂν εἰδείη τις ὑμῶν καθ' ὅ τι θλίβεται μέρος οὑμὸς πούς"; vgl. Hier. *Adv. Iov.* I, 48, mit Er.' Scholien *ad loc.*, wo die Geschichte ebenfalls wiedergegeben wird: Hier. *Op. omn.*, Bd. III, Basel 1516, fol. 30C; auch dort verwendete Er. Brunis Übers. von Plut. *Aem.* 5, 1–3 (vgl. Komm. zu *Adag.* 1818, *ASD* II, 4, S. 228).

27 *Papyria* Er. übernahm die fehlerhafte Namensform „Papyria" aus Brunis Übers. (a.a.O.), während Aldus' Ausgabe des griech. Textes das richtige Παπιρία aufwies. Die *gens Papyria* war eine sehr alte römischen Familie mit zahlreichen Mitgliedern; die patrizische *gens* setzte sich bereits im 4. Jh. v. Chr. aus mehreren Zweigen zusammen. *DNP* 9 (2000), Sp. 289–295 präsentiert 24 vermeldenswerte Mitglieder aus der Republik und 7 aus der Kaiserzeit.

27 *Papyria Masonis* Papiria, die Tochter des C. Papirius Maso, des Konsuls d.J. 231 v. Chr.; vgl. M. Strothmann, *DNP* 9 (2000), Sp. 289, s.v. „Papiria" und P.C. Nadig, ebd., Sp. 293, s.v. „Papirius", Nr. I, 17.

Apophth. V, 324 Für Aemilius' Kritik an Perseus' wenig tapferer Haltung vgl. V, 320.

34–38 *Perseo ... hostem* Gekürzte, teils wörtliche, teils variierende Wiedergabe von Plut. *Aem.* 26, 9–12 (*Vit.* 269), wobei Er. von Leonardo Brunis Übers. als Textgrundlage ausging: „... Perseus turpiter in terram procubens et genua Aemylii amplectens voces emisit degeneres, quas non tulit Aemylius nec audire preces sustinuit, sed tristi vultu illum intuens ‚Quid fortunam', inquit, ‚crimine liberas sic te gerens, vt non praesentis, sed superioris fortunae indignus existimeris? Cur meam deturpas victoriam et res a me gestas imminuis, ostendens te ipsum degenerem nec vllo modo tanti aduersus Romanos, qui dignus hostis fuisse videaris?' ..." (ed. Bade, Paris 1514, fol. CXXXVII[r–v]). Vgl. den griech. Text: Ὁ δ', αἴσχιστον θέαμα, προβαλὼν αὑτὸν ἐπὶ στόμα καὶ γονάτων δραξάμενος ἀνεβάλλετο φωνὰς ἀγενεῖς καὶ δεήσεις, ἃς οὐχ ὑπέμεινεν οὐδ' ἤκουσεν ὁ Αἰμίλιος, ἀλλὰ προσβλέψας αὐτὸν ἀλγοῦντι καὶ λελυπημένῳ τῷ προσώπῳ, „τί τῆς τύχης," εἶπεν, „ὦ ταλαίπωρε, τὸ μέγιστον ἀφαιρεῖς τῶν ἐγκλημάτων, ταῦτα πράττων ἀφ' ὧν δόξεις οὐ παρ' ἀξίαν ἀτυχεῖν, οὐδὲ τοῦ νῦν, ἀλλὰ τοῦ πάλαι δαίμονος ἀνάξιος γεγονέναι; τί δέ μου καταβάλλεις τὴν νίκην, καὶ τὸ κατόρθωμα ποιεῖς μικρόν, ἐπιδεικνύμενος ἑαυτὸν οὐ γενναῖον οὐδὲ πρέποντα Ῥωμαίοις ἀνταγωνιστήν; ἀρετή τοι δυστυχοῦσι μεγάλην ἔχει μοῖραν αἰδοῦς καὶ παρὰ πολεμίοις, δειλία δὲ Ῥωμαίοις, κἂν εὐποτμῇ, πάντη ἀτιμότατον".

34 *vocesque degeneres emittenti* „vocesque degeneres emittenti" kopierte Er. aus Brunis Übers. („voces emisit degeneres", a.a.O.).

34–36 *„Quur ... indignus* In „Fortunam crimine liberas, sic te gerens ... indignus" reproduzierte Er. ebenfalls Brunis Übers.

40–41 *Dicebat ... praecipitanda* Im Spruchteil weitgehend wörtliche, im erklärenden Teil paraphrasierende Wiedergabe von Frontin. *Strat.* IV, 73: „L. Paulus imperatorem senem moribus dicebat esse oportere, significans moderatiora sequenda consilia".

CATO SENIOR

V, 326   Venter svrdvs   (Cato Senior, 1)

Marcus Porcius Cato d.Ä. (234–149 v. Chr.), *homo novus* aus Tusculum; seit 204 Mitglied des Senats; i.J. 199 Ädil, 198 Prätor, 197 Statthalter von Sizilien; i.J. 195 als Konsul mit militärischen Operationen in Spanien betraut, die ihm einen Triumph einbrachten; als Zensor (184) bekämpfte er den neuen römischen Luxus, dessen Aufkommen er der Eroberung der östlichen Provinzen anlastete. War zweimal verheiratet, mit Licinia und Salonia; aus beiden Ehen stammte ein Sohn mit Namen Marcus, Marcus Porcius Cato Licinianus und M.P.C. Salonianus. Cato führte zahlreiche Prozesse als Ankläger und Verteidiger; selbst wurde er 44 mal angeklagt, erreichte aber in allen Fällen Freispruch. Zu Cato vgl. D. Kienast, *Cato der Zensor*, Darmstadt 1979; A.E. Astin, *Cato the Censor*, Oxford 1978; W. Nels, *Cato the Censor*, New York 1975. Quellen für Cato und seine Aussprüche sind v.a. Plutarchs Cato-Biographie, die betreffende Sektion in Plutarchs *Reg. et imp. apophth.*, Gellius, Ciceros philosophische Werke, Val. Max., Plin. *Nat.*, Quint. *Inst. or.* sowie Cato selbst in seinem erhaltenen Landbautraktat *De agri cultura* und seinen Fragmenten.

Bei Cato erhält die Form des Apophthegmas eine neue Qualität und größere Komplexität, weil Cato, der selbst als Schriftsteller hervortrat, eine Vorliebe für kurze, prägnante und einprägsame Formulierungen, treffende Oneliners, bildkräftige Metaphern und einen scharfen bis derben Wortwitz hatte. Während sonst in Er.' *Apophthegmata* v.a. mündliche Aussprüche dargeboten werden, geht es in Catos Fall vielfach um schriftliche Aussagen. Die neueren Editoren der Cato-Fragmente tendierten dazu, die Apophthegmata Catos v.a. als Teil seiner schriftlichen Werke aufzufassen (Jordan, Malcovati, Schönberger): Diese rangieren entweder unter den Fragmenten der Reden (*Oratorum Romanorum Fragmenta liberae reipublicae*, ed. Malcovati, 1967; Schönberger, *Cato, Landleben, Orationum reliquiae*, S. 216–273) oder „ungewisser Bücher" (*Incertorum librorum reliquiae*, Jordan). Diesbezüglich ist auch Plutarchs Arbeitsweise zu berücksichtigen, der auf seiner Suche nach Cato-Sprüchen Catos Werke verwertete. Im Zuge dieser Arbeitsweise hat Plutarch manche schriftliche Aussagen Catos zu (reinen) Sprüchen umgeschrieben. Bei Historikern bzw. Exempla-Sammlern waren Catos markige Sprüche in Hülle und Fülle im Umlauf.

Für Er. ist Cato d.Ä. einer der wichtigsten und ergiebigsten Apophthegmata-Spender: Die ihm gewidmete Sektion V, 326–382 ist die längste im fünften Buch; wenn man die einzelnen Sprüche des multiplen Lemmas V, 379 (über den Landbau) mitzählt, so enthält die Sektion insgesamt über 75 Sprüche. Hinzu kommen noch *Apophth.* V, 402, VIII, 236 und VIII, 239. Cato d.Ä. ist ebenfalls einer der fruchtbarsten Urheber von Adagien, vgl. *Adag.* 402 „Inter os et offam" (*ASD* II, 1, S. 478); 789 „Tertius Cato" (II, 2, S. 312); 843 „Lari sacrificant" (ebd., S. 362); 844 „Proteruiam fecit" (ebd.); 947 „Aut bibat aut abeat" (ebd. S. 452); 1001 (II, 3, S. 27) „nobile illud Catonis dictum ‚Sat cito, si sat bene'"; 1253 „Solus sapit" (ebd., S. 274); 1519 „Vitilitigator" (II, 4, S. 32); „Qui viae ignarus est, virgiferum adhibet" in 1681 (ebd., S. 137); 1784 „Venter auribus caret" (ebd., S. 204); „Notum est illud Catonis, quod cum vxoribus incommode viuitur, at sine illis omnino non viuitur" in 1892 (ebd., S. 273); „senilem iuuentam praematurae mortis esse signum" in 3100 (II, 7, S. 96); „Admonet Cato agricolas *cogitent quam longa sit hyems*" in 3286 (ebd., S. 177); 3399 „Quod non opus est, asse charum est" (ebd., S. 233); 3401 (ebd., S. 235–237); 3530 „Pecuniae pedibus compensantur" (II, 8, S. 34: „Inter Catonis dicta, quae prouerbiorum vice celebrantur, refertur et illud …"). Nicht immer war Er. in der Zuschreibung der Sprüche sattelfest. Im fünften Buch der *Apophthegmata* verwechselt er in zwei Fällen Cato d.Ä. mit Cato d.J. (V, 377 und 380). Im Fall von V, 377 überrascht das besonders, da die Quelle des Textes Plutarchs Biographie von Cato d.J. ist. In VIII, 77 verwechselt Er. Scipio Africanus d.Ä. mit Cato d.Ä.; in VIII, 77 Caecilius Metellus mit Cato d.Ä. Trotz ihres Umfanges ist Er.' Cato-Maior-

Sektion als Sammlung keine große eigenständige Leistung, da sie sich zu mehr als 90% nur aus Sprüchen zusammensetzt, die er schon bei dem Spruchsammler Plutarch antraf.

Er. betrachtete Cato als Musterbeispiel des Weisen (vgl. *Adag.* 64, *ASD* II, 2, S. 169: „Quin nomen hoc Herculis videtur vulgari sermone ad omnes viros egregie fortes transferri solere non aliter quam Catonis ad graues et sapientes"), dessen ehrfurchtgebietende Aussagen wahr und unbedingt glaubwürdig sind (vgl. *Adag.* 3461 „Etiam si Cato dicat", *ASD* II, 7, S. 274–275). In der nun folgenden Sektion präsentiert Er. Cato insgesamt als weisen und klugen Mann; dennoch sind Sprüche mit philosophischer Tiefe in der Minderheit (dafür: V, 326, 332, 333B, 339–343, 364, 375 und 378); das inhaltliche Spektrum, in dem sich die Aussprüche entfalten, ist breit. Insgesamt stechen Catos Integrität (V, 329, 330, 332, 334, 338, 350–352, 357, 361 und 371), Sittenstrenge (V, 330, 332, 347, 352, 357 und 379A) und Ablehnung des Luxus (V, 327, 346, 365–366, 376, 379E, G, I und M) hervor. Als Staatsmann zeichnet ihn Selbstlosigkeit, außerordentlicher Einsatz und vollständige Hingabe an den Staatsdienst aus (V, 361, 368 und 382). Weiter ist er mit einer grossen (real)politischen Klugheit (V, 335–337, 339, 343–345, 350 und 355–356) ausgestattet. Diese Eigenschaften sind es, die Cato zu einem idealen Staatsmann im Sinn der *Instit. princ. christ.* machen. Cato handelt uneigennützig und ist prinzipiell auf das Staatswohl bedacht, dem er auch seine private Zeit opfert (V, 361). Während der *princeps Christianus* Krieg mit allen Mitteln zu vermeiden sucht, lässt Er. Catos militärische Leistungen gelten. Allerdings lässt sich schon bei Plutarch die Tendenz feststellen, dabei moralische Aspekte in den Vordergrund zu stellen, z.B. die Zucht der Soldaten oder Catos Selbstdisziplin, Standhaftigkeit und Integrität (V, 333A und B, 348, 349, 351, 352 und 375). Er. mag persönlich angesprochen haben, daß sich Cato hin und wieder frauenfeindlich äußerte (V, 328, 367, 368 und VIII, 210). Eine lange Sequenz von Aussprüchen ist dem Landbau gewidmet (V, 379A–P), für den sich Er. allerdings nicht sonderlich interessierte. In diesen Aussprüchen tritt Cato v.a. als Kapitalist und vernünftiger Unternehmer hervor, der eine Optimalisierung der Einkünfte erstrebte. Auch dieser Aspekt hat Er. nicht sonderlich beeindruckt: statt die betreffenden Aussprüche praxisbezogen aufzufassen (wie sie tatsächlich gemeint waren), betrachtete sie Er. als obskur formulierte Orakelsprüche. Auffällig ist, daß Er. Cato weder als konservativen Geist und Sittenprediger auffasste, dem die *mores* der guten alten Zeit über alles gingen, noch als Feind der (neueren) griechischen Kultur, Literatur und Bildung. Das Bild, das in V, 326–382 entsteht, ist eher vielseitig und enthält eine Reihe von realistischen Zügen. Dazu gehört nicht zuletzt die sehr ausgeprägte Verbalaggressivität, die Cato d.Ä. auszeichnete: Über seine Gegner bzw. Leute, die ihn ärgerten, zog er mit schneidenden und zynischen Bemerkungen her. Diese haben Er. offensichtlich angesprochen, weil er eine beträchtliche Anzahl ders. präsentiert: V, 353, 358, 360, 362–363, 365, 369–370, 373–374. Es ist fraglich, inwiefern diese Verbalaggressivität sich mit der Figur des Erasmischen idealen Monarchen reimt. Er. unternimmt jedenfalls nichts, diesbezüglich Diskrepanzen zu beseitigen.

Apophth. V, 326 ist ein Gegenstück zu *Adag.* 1784 „Venter auribus caret" (*ASD* II, 4, S. 204). Auch dort fungiert Cato als Urheber des sprichwörtlichen Ausdrucks. „Venter auribus caret" bzw. „Venter surdus" geht, wie Er. selbst angibt, auf eine Rede des Cato zurück (*De lege agraria*), die dieser vor dem Volk hielt, dem er mitteilte, daß keine Getreideschenkung stattfinden werde (Cato, Schönberger, *Cato, Landleben, Orationum reliquiae*, Frgm. Nr. 355). *Adag.* 1784, a.a.O.: „Celebratur a Plutarcho Gellioque dictum illud Catonis ex oratione quadam, qua dissuasit legem argrariam. Eam sic exorsus est, *arduum esse ad ventrem verba facere, qui careat auribus*". Der Quellenverweis auf Gellius beruht auf einem Irrtum des Er.; für den sprichwörtlichen Ausdruck vgl. Otto 1862.

45   *Cato Senior* in concione ⟨*dis*⟩*suasurus* de *frumento* viritim *diuidendo, ita praefatus est*: per*difficile esse ad ventrem auribus carentem verba facere*. Ventrem dixit, quod ageretur de populi victu.

V, 327   Lvxvs   (Cato Senior, 2)

Aiebat se mirari, quomodo seruari possit *ea ciuitas, in qua pluris veniret piscis quam bos.*
50 Praecipuus luxus olim erat in piscibus; vnde legimus *mullum sex millibus emptum.*

V, 328   Vxorvm imperivm   (Cato Senior, 3)

Obiurgans aliquando summam *vxorum impotentiam „Omnes"*, inquit, *„homines vxoribus dominantur, nos omnibus hominibus, nobis autem vxores"*, hoc modo colligens mulieres esse *rerum* omnium *dominas*.

---

45 dissuasurus *scripsi (cf. Adag. 1784)*: suasurus A-C.

45–46 *Cato Senior ... verba facere* Die ersten Worte erinnern an *Mor.* 198D (Cato maior, 1): Κάτων ὁ πρεσβύτερος ἐν τῷ δήμῳ ...; abgesehen davon zitiert Er. das *Apophth*. aber nach Plut. *Cat. mai.* 8, 1 (*Vit.* 340A), da sich dort (jedoch nicht in *Mor.* 198D), die Angabe findet, daß der Spruch aus einer Rede stammt, in der Cato von der Gratisverteilung von Getreide abrät. Dabei hat Er. den einleitenden Teil paraphrasiert, den Spruch jedoch aus Francesco Barbaros Übers. kopiert: „Hic (sc. Cato) aliquando quum populum Romanum importune tumultuantem a partiendio et diuidendo frumento auertere statuisset, hunc in modum orsus est: ‚Difficile quidem est, Quirites, ad carentem auribus ventrem verba facere'"; vgl. den griech. Text: Μέλλων ποτὲ τὸν Ῥωμαίων δῆμον ὡρμημένον ἀκαίρως ἐπὶ σιτομετρίας καὶ διανομὰς ἀποτρέπειν ἤρξατο τῶν λόγων οὕτως. „χαλεπὸν μέν ἐστιν, ὦ πολῖται, πρὸς γαστέρα λέγειν ὦτα οὐκ ἔχουσαν" (Cato, *Orationum reliquiae*, Nr. 355; Jordan, *Dicta memorabilia*, Nr. 1 [S. 97]); vgl. *Mor.* 198D (Cato maior, 1): Κάτων ὁ πρεσβύτερος ἐν τῷ δήμῳ τῆς ἀσωτίας καὶ πολυτελείας καθαπτόμενος εἶπεν ὡς χαλεπόν ἐστι λέγειν πρὸς γαστέρα ὦτα μὴ ἔχουσαν. Der Spruch Catos findet sich auch in Plut. *De tuenda sanitate praecepta* 18, *Mor.* 131E und ders., *De esu carnium* II, 1, *Mor.* 996D, jedoch fehlt dort, da es lediglich um Diätfragen geht, jeweils der historische Kontext, der in V, 326 vorhanden ist.

Zudem weicht Er.' eigene Übers. von *Mor.* 131E stark von *Apophth.* V, 326 ab: „Quod si sit molestum veluti solutum vinculis tractare ventrem et contendere cum aluo auribus carente, quemadmodum dixit Cato ..." (*ASD* IV, 2, S. 204).

45 ⟨*dis*⟩*suasurus* zu schreiben ist „dissuasurus", vgl. den griech. Text ὡρμημένον und *Adag.* 1784, *ASD* II, 4, S. 204: „... dictum illud Catonis ex oratione quadam, qua dissuasit- ...". Es handelt sich tatsächlich um das Exordium der bewussten Rede, wie aus Plut. *Cat. mai.* 8, 1 (jedoch nicht aus Plutarchs *Apophthegmata*) hervorgeht. Vgl. *Adag.* 1784, *ASD* II, 4, S. 204: „Eam (sc. orationem) sic exorsus est, arduum esse ...".

Apophth. V, 327 ist der 35. Rede Catos, *Dissuasio ne lex Orchia derogaretur* entnommen (Cato, *Orationum reliquiae*, Nr. 257–264; dort Nr. 263). Gaius Orchius, der Volkstribun d.J. 182 v. Chr., hatte durch die von ihm durchgesetzte *lex Orchia sumptuaria* den Aufwand für Speisen bei Gelagen beschränkt. Cato hielt die Rede im Rahmen einer Debatte, ob man die *lex Orchia* lockern bzw. aufheben sollte. Cato, der damals bereits das Amt eines Zensors bekleidete, riet davon ab. Im Sinn seiner *Instit. princ. christ.* betrachtete Er. Cato wegen seiner asketischen Haltung als Musterbeispiel eines guten Fürsten.

49 *se mirari ... quam bos* Wörtliche Wiedergabe von Plut. *Reg. et imp. apophth., Mor.*

198D (Cato maior, 2): Θαυμάζειν δὲ πῶς σῴζεται (σώζεται ed. Ald. 1509, p. 173) πόλις, ἐν ᾗ πωλεῖται πλείονος ἰχθὺς ἢ βοῦς. Vgl. Filelfos Übers.: „Mirari autem, qui vrbs illa seruaretur, vbi pluris vaeniret piscis quam bos" (fol. ⟨m vi⟩ʳ); Plut. *Cato mai.* 8, 2 (= Cato, *Orationum reliquiae*, 263 Malcovati; Jordan, *Dicta memorabilia*, Nr. 2 [S. 97]; Schönberger, Nr. 479): Κατηγορῶν δὲ τῆς πολυτελείας ἔφη χαλεπὸν εἶναι σωθῆναι πόλιν, ἐν ᾗ πωλεῖται πλείονος ἰχθὺς ἢ βοῦς, in Barbaros Übers.: „Ciuitatis rursus mores increpans inquit: ‚Laboriosum est rempublicam saluam fore, vbi pisciculus plus quam bos vaenit'" (ed. Bade, Paris 1514, fol. CXXIIʳ).

49 *pluris veniret piscis quam bos* Damit ist nicht gemeint, daß ein einziger Fisch teurer sei als ein ganzes Rind, sondern daß der Kilopreis von Fisch höher sei als jener von Rindfleisch. Cato redet von „Fisch" i.a., d.h. also von einem für die Mittelmeerkulturen gewöhnlichen und grundsätzlich billigen Nahrungsmittel, nicht von der luxuriösen Rotbarbe oder anderen erlesenen Sorten. Daß Er. die Bemerkung mit den extravaganten Preisen belegt, die für Rotbarben bezahlt wurden, ist also zwar spektakulär, jedoch der Sache nach nicht richtig. Hinzu kommt, daß Er. nicht zwischen Catos Zeit und der Kaiserzeit unterscheidet: Die extravaganten kaiserzeitlichen Preise für Rotbarben sind für Catos Zeit nicht belegt. Was Cato als pervers anmerkt, ist die schlichte Tatsache, daß der Preis von Fisch in seiner Zeit dazu tendierte, jenen des Rindfleisches zu übertreffen. Das erachtete Cato als unangemessen, weil Rindfleisch viel nahrhafter ist als Fisch.

50 *mullum sex millibus emptum* Er. zitiert Iuv. IV, 15, wohl nicht Sen. *Ep.* 95, 42 (*CWE* 38, S. 554). An jener Stelle beschuldigt Juvenal einen Zeitgenossen, einen gewissen Crispinus, daß er für Rotbarben (*Mullus barbatus*) 6000 Sesterzen zahle („Mullum sex millibus emit"), was darauf hinausläuft, daß er ihr Gewicht in Silber aufwog. Zu der Hochschätzung der Römer für die Rotbarbe (bzw. „Meerbarbe") vgl. Marquart S. 434, Blümner S.182–183; für die Unsummen, die in der Kaiserzeit für Rotbarben gezahlt wurden, vgl. Suet. *Tib.* 34, 1; Plin. *Nat.* IX, 67; Macrob. *Sat.* III, 16, 9; Tert., *De pallio* 5; Sen. *Ep.* 95, 42; Komm. von E. Courtney zu Iuv. IV, 15.

Apophth. V, 328 gehört einer Rede des Cato zu, wschl. jener, die er i.J. 195 für die Beibehaltung der *lex Oppia* hielt (vgl. auch *CWE* 38, S. 555). Dieses Gesetz war 215 v. Chr. beschlossen worden und war gegen den Luxus und die Emanzipation der Frauen gerichtet. Nach ihm durfte keine Frau mehr als eine halbe Unze Gold besitzen, bunte Kleider tragen, in einem Wagen frei herumfahren, weder in Rom noch in einem Municipium (Liv. XXXIV, 1, 3). Cato richtete sich gegen die Emanzipation und den Luxus der Frauen. Allerdings hatte er mit seiner Rede keinen Erfolg. Das Gesetz wurde, nachdem sich die Frauen sehr dagegen aufgelehnt hatten, in der nämlichen Sitzung d.J. 195 abgeschafft. Für Catos Argumentation in Bezug auf die *lex Oppia* vgl. Kienast, *Cato der Zensor*, S. 99; vgl. weiter ebd. S. 22, 43, 99–100 und Liv. XXXIV, 1–8. Das Apophthegma Catos ähnelt dem des Themistokles, vgl. oben V, 144 (Plut. *Themist.* 18, 7).

52–53 *Obiurgans ... uxores* Im einleitenden Teil freie, im Spruchteil wörtliche Wiedergabe von Plut. *Reg. et imp. apophth., Mor.* 198D (Cato maior, 3): Λοιδορῶν δέ ποτε τὴν ἐπιπολάζουσαν γυναικοκρατίαν, „πάντες," εἶπεν, „ἄνθρωποι τῶν γυναικῶν ἄρχουσι, ἡμεῖς δὲ πάντων ἀνθρώπων, ἡμῶν δὲ αἱ γυναῖκες"; im Spruchteil ist Er.' Text fast identisch mit der Übers. des Filelfo: „Item cum vxorum effraenatius petulantiusque imperium aliquando reprehenderet, ‚Omnes', inquit (sc. Cato), ‚homines vxoribus dominantur, nos vero cunctis hominibus, nobis autem vxores'" (fol. ⟨m vi⟩ʳ). Dasselbe Apophth. findet sich in Plut. *Cato mai.* 8, 2 (*Vit.* 340): περὶ δὲ τῆς γυναικοκρατίας διαλεγόμενος „Πάντες," εἶπεν, „ἄνθρωποι τῶν γυναικῶν ἄρχουσιν, ἡμεῖς δὲ πάντων ἀνθρώπων, ἡμῶν δὲ αἱ γυναῖκες"; in Francesco Barbaros Übers.: „De vxoria potestate sic eum locutum accepimus: ‚Omnibus homines vxoribus imperant, nos omnibus hominibus, nobis autem vxores'" (ed. Bade, Paris 1514, fol. CXXIIʳ); Jordan, *Dicta memorabilia*, Nr. 4 [S. 98].

52 *summam vxorum impotentiam* bildete Er. nach Regios Übers.: „Cum autem nimiam mulierum potentiam aliquando vituperaret ..." (fol. h iiᵛ).

54 *rerum ... dominas* Anspielung auf Verg. *Aen.* I, 282: „Romanos rerum dominos gentemque togatam".

| 55 | V, 329 | IMPVNITAS MALA | (Cato Senior, 4) |

Dicere solet *se malle pro collato beneficio nullam reportare gratiam quam pro maleficio perpetrato non dare poenam,* significans nihil esse periculosius impunitate, quae semper ad deteriora inuitat.

| | V, 330 | SEVERVS IN SE IPSVM | (Cato Senior, 5) |

60 Idem dicebat *se omnibus peccantibus ignoscere praeterquam sibi ipsi,* multum dissimilis illi Meuio [i.e. Maenio], qui, carpens alios, sibi condonabat omnia. *Sibi ignoscit,* quem non poenitet admissi; de se poenas sumit, qui cura pensat, quod incogitantia commissum est.

| | V, 331 | ⟨SEVERVS⟩ | (Cato Senior, 6) |

65 *Exhortans autem magistratus ad sumendas poenas de his, qui delinquerent, dicebat eos, qui maleficos prohibere possent nec facerent,* lapidandos esse, sentiens illos de vniuerso populo pessime mereri, quod ad scelerum licentiam inuitarent improbos.

---

56 solet *A-C*: solebat *LB*.
61 Meuio *A-C (cf. edd. vett. Hor. Serm.)*: Maenio ut in Hor. edd. recentioribus.

64 Seuerus *suppleui.*

Apophth. V. 329–330 Er. hat hier aus einem Plutarch-Lemma (Cato maior, 4) zwei *Apophthegmata* geschmiedet (V, 329–330).
56–57 *Dicere ... poenam* Wörtliche Wiedergabe von Plut. *Reg. et imp. apophth., Mor.* 198E (Cato maior, 4) und Plut. *Cato mai.* 8, 9 (*Vit.* 340), wobei Er. sowohl Francesco Barbaros latein. Übers. von *Cato mai.* 8, 9 als auch Regios (oder Filelfos) Übers. von *Mor.* 198E als Vorlage benutzte; Barbaro: „Is quoque dicere consueuerat se gratia, quam ex benefactis expectaret, priuari malle quam poenam non dare, quae ex malefactis sibi deberetur" (ed. Bade, Paris 1514, fol. CXXII^r); die Angabe, daß es sich um einen wiederholt zum Besten gegebenen Spruch handelt (die Er. übernahm), findet sich nur in Barbaros Übers.; weiter hat Er. von Barbaro „quam poenam non dare" übernommen. Für den ersten Teil benutzte Er. Regios (oder Filelfos) Übers.; Regio: „Aiebat quoque se pro beneficio collato malle gratiam non accipere quam pro illata iniuria poenam non subire" (fol. h ii^v); Filelfo: „Aiebat etiam malle pro collato beneficio gratiam non recipere quam pro illata iniuria supplicium non subire" (fol. ⟨m vi⟩^{r}); Vgl. den griech. Text von *Mor.* 198E: Ἔφη δὲ βούλεσθαι μᾶλλον εὐεργετήσας (εὐεργετίσας *ed. Ald. 1509, p. 173*) μὴ κομίσασθαι χάριν ἢ μὴ ὑποσχεῖν κόλασιν ἀδικήσας; Schönberger, *Incertorum librorum reliquiae*, Frgm. Nr. 491; Jordan, *Dicta memorabilia*, Nr. 14 (S. 99).
56 *solet* „solet" Durch diesen Zusatz markiert Er. V, 329 als mündlichen Ausspruch, der nicht einem der schriftlichen Werke des Cato entstammt. Ebenso ging bereits Barbaro in seiner Übers. von Plut. *Cato mai.* 8, 9 (*Vit.* 340) vor: „dicere consueuerat". Schönberger hingegen, Jordan folgend, listet es unter den schriftlichen Fragmenten auf (*Incertorum librorum reliquiae*, Frgm. 491).
60 *se omnibus peccantibus ... sibi ipsi* Wörtliche Übers. des Er. von Plut. *Reg. et imp. apophth., Mor.* 198E (Cato maior, 4) oder *Cato mai.* 8, 9 (*Vit.* 340); *Mor.* 198E: καὶ πᾶσιν ἀεὶ τοῖς ἁμαρτάνουσι χωρὶς ἑαυτοῦ δοῦναι (δοῦναι *ed. Ald. 1509, p. 173*: διδόναι *edd. recentiores*) συγγνώμην. *Cato mai.* 8, 9 (*Vit.* 340): καὶ συγγνώμην ἔφη διδόναι πᾶσιν (Jordan: πᾶσι) τοῖς ἁμαρτάνουσι πλὴν αὐτοῦ. Schönberger, *Incertorum librorum reliquiae*, Frgm. 491; Jordan, *Dicta memorabilia*, Nr. 15 (S. 99).

61 *Meuio* Er. benutzte auch sonst die Namensform „Meuius"; vgl. *Adag.* 115 „Suum cuique pulchrum" (*ASD* II, 1, S. 230): „Meuius Horatianus"; *Adag.* 1414 „Ne mihi Suffenus essem" (*ASD* II, 3, S. 412): „... simillimum Meuium facit Horatius"; *Adag.* 2297 „Tunc canent cygni, cum tacebunt graculi" (*ASD*, II, 5, S. 238); *Lingua* (*ASD* IV, 1, S. 314): „Habuit ... Oratius Meuium ..., quorum nunc ne nomina quidem extarent ...". Seit der 2. H. des 16. Jh. betrachtete man mehrheitlich „Maenius" als die richtige Lesart von Hor. *Serm.* I, 3, 21–24. *CWE* 38, S. 555 gibt im Text „Neuius" als Namen des Mannes an; „Neuius" findet sich nicht in den Basel-Ausgaben.

61 *Meuio* Hor. *Serm.* I, 3, 21–24: „Meuius (Meuius *edd. vett.*: Maenius *edd. recentiores*) absentem Nouium cum carperet, ,Heus tu'/ Quidam ait, ,Ignoras te, an vt ignotum dare nobis/ Verba putas?' ,Egomet mi ignosco' Meuius (Meuius *edd. vett.*: Maenius *edd. recentiores*) inquit./ Stultus et improbus hic amor est dignusque notari"; der eigentliche Name der Spottfigur war „Maenius" (nicht „Meuius"), die bereits in Horazens Vorbild, den Satiren des Lucilius, vorhanden war; vgl. Ps.Asconius, ad Cic. *Divin. in Caec.* 50: „qui de personis Horatianis scripserunt, aiunt Maenium et scurrullitate et nepotatu notissimum Romae fuisse ... , cuius et Lucilius sic meminit, Maenius columnam cum peteret' ..."; zu Meuius/ Maenius vgl. auch Hor. *Epist.* I, 15, 26; in *Epod.* 10, 2 prangert Horaz einen gewissen „Meuius" an, einen schlechten Dichter, der einen üblen Körpergeruch gehabt haben soll. Er. betrachtete den (miserablen) Dichter Meuius als notorischen Kritikaster des Horaz (vgl. *Lingua*, *ASD* IV, 1, S. 314 und *Adag.* 2297, *ASD*, II, 5, S. 238); an anderen Stellen hebt Er. die Selbstzufriedenheit des schlechten Dichters Meuius im Zusammenhang mit dessen Neigung zu scharfer Kritik hervor, vgl. *Adag.* 1414 „Ne mihi Suffenus essem" (*ASD* II, 3, S. 412), wo Er. ebenfalls Hor. *Serm.* I, 3, 21–24 zitiert: „Suffeni simillimum Meuium facit Horatius, suis ignoscentem vitiis, aliena mordacissime insectantem: ,Egomet mi ignosco', Meuius inquit"; *Adag.* 115 „Suum cuique pulchrum" (*ASD* II, 1, S. 230): „Quamquam hoc venia dignum ..., vt suis quisque liberis, suis artibus, suo instituto, suis inuentis, suae patriae paulo impensius faueat, nisi eousque caecitatis nos rapiat, vt et virtutes alienas calumniemur et nostris blandiamur vitiis eaque virtutum nomine donemus ac sibi quisque sit, quod sibi fuit Suffenus Catullianus aut Meuius Horatianus".

62 *incogitantia* „incogitantia" („Unbedachtsamkeit") kommt in den aus der Antike überlieferten Texten nur bei Plaut. *Merc.* 27 vor (vgl. *DNG* II, S. 2513 und *OLD*, S. 871, jeweils s.v.); möglicherweise hat Er. es, vom Niederländischen ausgehend („gedachteloosheid"), neugebildet. Er. verwendet es auch in *Mor.* (vgl. Ramminger, Neulateinische Wortliste, s.v.).

Bei V, 331 wurde in den Baseldrucken versehentlich der Titel ausgelassen, was – da es Cato ebenfalls als „Seuerus" zeigt – wahrscheinlich einer Haplographie geschuldet ist.

65–66 *Exhortans ... facerent* Wörtliche Übers. des Er. von Plut. *Reg. et imp. apophth., Mor.* 198E (Cato maior, 5), die jedoch durch ein Textüberlieferungsproblem getrübt, sinnwidrig ist: Παρορμῶν δὲ τοὺς ἄρχοντας ἐπιτιμᾶν τοῖς ἁμαρτάνουσιν ἔλεγε τοὺς δυναμένους κωλύειν τοὺς κακῶς ποιοῦντας, ἐὰν μὴ κωλύσωσι, καταλεύειν (καταλεύειν *ed. Ald. 1509, p. 173*: κατακελεύειν Jordan, *Dicta memorabilia*, Nr. 49: κελεύειν *edd. recentiores, text. recept.*). Schönberger, *Incertorum librorum reliquiae*, Frgm. 526; Jordan, *Dicta memorabilia*, Nr. 49 (S. 107). Vgl. Filelfos Übers.: „Et cum magistratus ad delinquentis plectendos hortaretur, dicebat, qui et possent et non propulsarent inuriam, eos *lapidibus esse obruendos*" (fol. ⟨m vi⟩ʳ); Regio: „Idem magistratus incitans in eos, qui delinquerent, puniendos, dictitabat eos, qui possent nec propulsarent inuidiam, lapidibus esse obruendos" (fol. h iiᵛ). Vorl. Spruch findet sich nicht in Plutarchs Cato-Biographie.

66 *lapidandos esse* Gesteinigt zu werden wäre eine völlig abartige Strafe für römische Beamte. Er. war offensichtlich nicht bewusst, daß Steinigung als Todesstrafe römischer Bürger nicht in Frage kam. Sein Kommentar ist so angelegt, daß er von der Steinigung als relevanter Todesstrafe ausgeht. Die merkwürdige Todesstrafe ist einem Textüberlieferungsproblem geschuldet: In Aldus' Plutarchausgabe von 1509 stand καταλεύειν statt κελεύειν; καταλεύειν bedeutet „steinigen" (vgl. Herodot. I, 167; IX, 5). Dieser Text lag auch Filelfo und Regio vor, woraus sich Filelfos „eos lapidibus esse obruendos" (fol. ⟨m vi⟩ʳ) erklärt, das Regio (fol. h iiᵛ) kopierte. Im korrekten griech. Plutarch-Text liegt ein Wortspiel mit κωλύειν (abhalten von, verhindern) und κελεύειν (auftragen, befehlen) vor: Wer Verbrechen nicht *verhindert*, der *beauftragt* sie.

V, 332   Pvdor   (Cato Senior, 7)

Aiebat sibi magis placere iuuenes, qui rubescerent quam qui pallescerent, quod rubor arguat probam indolem, pallor non item.

V, 333A   Miles bonvs   (Cato Senior, 8A)

Dicebat *sibi inuisum esse militem, qui ambulans moueret manus, pugnans moueret pedes clariusque sterteret quam inclamaret.*

V, 333B   ⟨Imperator pessimvs⟩   (Cato Senior, 8B)

Pessimum autem imperatorem ⟨*dicebat*⟩, *qui sibi non posset imperare.*

V, 334   Sibi qvisqve testis   (Cato senior, 9)

Maxime existimabat oportere vnumquenque se ipsum reuereri, quod nullus vnquam a se ipso discedat. Ita fieret, vt quicquid aliis testibus non auderemus facere, idem solos facere puderet.

V, 335   Statvarvm gloria   (Cato Senior, 10)

Conspiciens multorum erigi statuas, „Malim", inquit, „vt de me quaerant homines, quamobrem Catoni non sit posita statua, quam quare sit posita", sentiens se malle res praeclaras gerere, vt olim scientes illum promeruisse statuam mirentur non esse positam.

---

71 Miles bonus *A-C: scribendum erat* Miles malus

74 Imperator pessimus *suppleui ex text. ipsius apophthegmatis.*

75 dicebat *scripsi coll.* Apophth. V, 333A.

Der Ausspruch von V, 332 könnte von Plutarch einer Rede des Cato entnommen worden sein, vielleicht auch den *Origines*; nach Schönberger stammt er aus einem unbekannten Werk Catos (Frgm. 496).

69 Aiebat ... pallescerent Wörtliche Übernahme von Filelfos Übers. von Plut. *Reg. et imp. apophth., Mor.* 198E (Cato maior, 6): „... iis se iuuenibus magis dicebat delectari, qui rubescerent quam qui pallescerent" (fol. ⟨m vi⟩ʳ); sehr ähnlich ist Regios Übers.: „Aiebat praeterea se iuuenibus magis delectari, qui erubescerent quam qui pallescerent" (h ii v). Vgl. den griech. Text: Τῶν δὲ νέων ἔφη χαίρειν τοῖς ἐρυθριῶσι μᾶλλον ἢ τοῖς ὠχριῶσι. Dasselbe Apophth. findet sich in Plut. *Cato mai.* 9, 4 (*Vit.* 341) und *De audiendis poetis,* 10, *Mor.* 29E. Schönberger, *Incertorum librorum reliquiae,* Frgm. 496; Jordan, *Dicta memorabilia,* Nr. 19 (S. 100). Er. hat jedenfalls nicht Francesco Barbaros Übers. von *Cato mai.* 9, 4 berücksichtigt: „Se quoque longe plus adolescentibus delectari, quorum vultus rubrore prius quam pallore perfunderetur" (ed. Bade, Paris, 1514, fol. CXXIIʳ).

In V, 333 hat Er. zwei Plutarch-Lemmata zusammengelegt, die nicht zusammengehören: Plut. *Reg. et imp. apophth., Mor.* 198E (Cato maior, 7) handelt vom schlechten Soldaten; Cato maior 8 vom schlechten Feldherrn. Der Titel („Miles bonus") passt zu keinem der beiden Apophthegmen. Das Lemma muß wieder zweigeteilt, die Titel müssten korrigiert werden.

72–73 *sibi inuisum ... inclamaret* Wörtliche Wiedergabe von Plut. *Reg. et imp. apophth., Mor.* 198E (Cato maior, 7), wobei Er. den Spruchteil verbatim aus Filelfos Übers. entnommen hat: „Dicebat etiam eum sibi militem odio esse, qui ambulando manus, pugnando autem pedes moueret ac sterteret maius quam inclamitaret" (fol. ⟨m vi⟩ʳ). Vgl. den griech. Text: Στρατιώτην δὲ μισεῖν, ὃς ἐν τῷ περιπατεῖν τὰς χεῖρας, ἐν δὲ τῷ μάχεσθαι τοὺς πόδας κινεῖ, ῥέγχει δὲ μεῖζον ἢ ἀλαλάζει. Dasselbe Apophtegma findet sich in Plut. *Cato mai.* 9, 4 (*Vit.* 341): στρατιώτου δὲ μὴ δεῖσθαι τὰς μὲν χεῖρας ἐν τῷ βαδίζειν, τοὺς δὲ πόδας ἐν τῷ μάχεσθαι κινοῦντος, μεῖζον δὲ ῥέγχοντος ἢ ἀλαλάζοντος. In Francesco Barbaros Übers.: „Eo milite sibi opus non esse, qui inter eundum manus, inter confligendum pedes agitaret quique sternendo quam hostibus inclamitando longius sentiretur" (ed. Bade, Paris 1514, fol. CXXIIʳ). Schönberger, *Incertorum librorum reliquiae*, Frgm. 496; Jordan, *Dicta memorabilia*, Nr. 20 (S. 100). Der Spruch hängt von dem latein. Wortspiel ab, d.h. er muss von Cato mit äußerster Prägnanz gebildet worden sein, etwa: „Malus miles mouet manus in itinere, in pugna pedes, et stertet clarius quam clamat".

72 *ambulans* Er. bezog „ambulans" aus Filelfos Übers. („ambulando", a.a.O.).

72 *ambulans ... pedes* Mit „ambulans ... pedes" meint Cato einen Soldaten, der beim Marschieren v.a. seine Arme gebrauchte, die er bei jedem Schritt in demonstrativen, weit ausholenden Bewegungen nach vorne wirft, um äußersten Einsatz vorzutäuschen, jedoch nicht ebenso seine Füße, wie es notwendig wäre; einen Soldaten, der hingegen in der Schlacht nicht v.a. seine Hände (mit dem Schwert) bewegt, d.h. tapfer kämpft, sondern v.a. die Füße, d.h. davonläuft.

73 *inclamaret* dem liegt der Gedanke zugrunde, daß ein Soldat in der Schlacht, erfüllt vom Kampfgeist, den Gegner mit Kriegsgeschrei angreifen soll. Das lautmalerische ἀλαλάζειν bringt das Angriffsgeschrei zum Ausdruck. Den schlechten Soldaten hört man nicht in der Schlacht, jedoch in der Nacht im Zeltlager, weil er am lautesten schnarcht, d.h. der schlechte Soldat schläft weitaus hingebungsvoller als er kämpft. Cato hatte diesbezüglich eine dezidierte Meinung: Er forderte von seinen Soldaten das Kriegsgeschrei ein. Vgl. V, 348 (Cato Senior, 23) „Vox in bello": „Quando docebat (sc. Cato) iuuenes intrepide pugnare, saepenumero dicebat verba plus quam gladium, et voces plus quam manum hostes in fugam vertere attonitosque reddere. Nolebat militem in praelio mutum esse, sed atrocibus dictis, clamore vultusque truculentia terrere hostem".

74 *Imperator pessimus* Der Titel wurde sinngemäß aus dem Apophthegma ergänzt, analog zu dem vorhergehenden Titel. Wie schon bei V, 333A ist unklar, ob es sich um einen mündlichen Ausspruch handelt oder ob die Stelle einem Werk Catos entnommen wurde. Überhaupt scheint die Authentizität des Apophthegmas fraglich. Es handelt sich um einen Gemeinplatz der römischen Popularphilosophie, der mit der stoischen Doktrin der Affektbekämpfung zusammenhängt. Cato d.Ä. jedenfalls hatte keine Affinität zur griech. Philosophie. Schönberger listet den Ausspruch als Werkfragment Catos auf (Frgm. 527), Jordan lediglich als mündlichen Spruch.

75 *pessimum ... imperare* Wörtliche Übernahme von Regios Übers. von Plut. *Reg. et imp. apophth., Mor.* 198F (Cato maior, 8): „Pessimum autem imperatorem esse dictitabat, qui sibi ipsi non posset imperare". Vgl. den griech. Text: Κάκιστον δὲ ἔλεγεν ἄρχοντα εἶναι τὸν ἄρχειν ἑαυτοῦ μὴ δυνάμενον. Schönberger, *Incertorum librorum reliquiae*, Frgm. 527; Jordan, *Dicta memorabilia*, Nr. 50 (S. 107).

Apophth. V, 334 Einen Gegensatz zu V, 334 bildet *Adag.* 1206 „Domesticus testis" (*ASD* II, 3, S. 220–222): „... [A] Domesticus testis. Vbi quis ipse sese laudat, quasi domi testem habeat, non aliunde adductum. Huis autem testium generi quam minima fides haberi solet [C] ac legibus seu suspecti reiiciuntur".

77–78 *Maxime ... discedat* Wörtliche Wiedergabe von Plut. *Reg. et imp. apophth., Mor.* 198F (Cato maior, 9): Μάλιστα δ' ἐνόμιζε δεῖν ἕκαστον ἑαυτὸν αἰδεῖσθαι. Μηδένα γὰρ ἑαυτοῦ μηδέποτε χωρὶς εἶναι. Im ersten Satzteil wiederholt Er. die Übers. des Regio: „Maxime vero quenque existimabat oportere se ipsum vereri; nam neminem a se ipso vnquam separatum esse". Es scheint, daß Plutarch dieses Apophthegma einem Werk des Cato entnommen hat. Vgl. Schönberger *Incertorum librorum reliquiae*, Frgm. 528. Der Spruch ist in Plut. *Cat. mai.* nicht vorhanden.

Apophth. V, 335 Bei diesem Apophthegma handelt es sich eher nicht um ein Werkfragment, sondern um einen einmaligen mündlichen Ausspruch. Schönberger listet es jedoch als Werkfragment (516) auf.

81–82 *Conspiciens ... posita* Plut. *Reg. et imp. apophth., Mor.* 198F (Cato maior, 10): Πολλῶν

85 V, 336   POTESTAS MODERATA   (Cato Senior, 11)

Admonebat, vt, qui potentes essent, parce vterentur sua potestate, quo semper vti possent,
sentiens potentiam clementia comitateque fieri diuturnam, ferocia breuem.

V, 337   HONOS VIRTVTIS   (Cato Senior, 12)

Qui virtutem honore suo fraudarent, eos dicebat ipsam virtutem a iuuentute auferre,
90 sentiens praemiis animos iuuenum ad virtutem accendi; quae si detrahas, ipsa virtus
elanguescit.

V, 338   IVSTITIA   (Cato Senior, 13)

Magistratum aut iudicem dicebat nec pro iustis orandum nec pro iniustis exorandum.
Sensit culpam esse iudicum, si vt iustis aequi sint, orandi sunt, quum oporteat
95 vltro fauere bonis. Pro iniustis orare fortassis humanitatis est; at exorari est a iustitia
deflectentis.

V, 339   IMPVNITAS   (Cato Senior, 14)

Iniuriam etiamsi facienti nihil adferat periculi, vniuersis tamen periculosam esse dicebat,
sentiens impunitae iniuriae exemplum omnibus minari iniuriam. Etenim si liceat
100 impune laedere, nullus erit tutus ab improborum violentia.

V, 340   SENECTVS   (Cato Senior, 15)

Senectuti quum multa adsint probra, dicebat non esse addendum malitiae dedecus, sentiens senectutem multis nominibus vulgo male audire, veluti quum audit deformis,
edentula, lusciosa, imbecillis, obliuiosa, indocilis: haec ferre satis est, vt non accedat
105 crimen improbae vitae, quod omnibus quidem foedum, sed seni foedissimum. Alii
narrant hoc ab illo dictum *in senem* obuium *vitae contaminatae*: „*Ne aetatis tuae malis
addas turpitudinem*".

103–104 veluti … indocilis *B C*: vt deformis, vt
edentula, vt lusciosa, vt imbecillis, vt obliuiosa,
vt indocilis *A*.

δὲ ὁρῶν ἀνισταμένους ἀνδριάντας „⟨περὶ⟩ (περὶ
deest in ed. Ald. 1509, p. 173) ἐμοῦ δὲ," ἔφη,
„ἐρωτᾶν βούλομαι μᾶλλον τοὺς ἀνθρώπους, διὰ
τί ἀνδριὰς οὐ κεῖται Κάτωνος (*sic etiam in ed.
Ald.*) ἢ διὰ τί κεῖται". Er. hat seinen Text nach
Regios Übers. zusammengestellt: „Multorum
autem statuas quum videret positas, ,Malo',
inquit, ,homines de me quaerere, cur statua

non est posita Catoni quam cur posita est'"
(fol. h ii'). Dasselbe Apophthegma findet sich
in Plut. *Praecepta gerendae reipublicae* 27, 5,
Mor. 820B und *Cato mai.* 19, 4–5 (*Vit.* 347C);
Plutarch bringt dort den Spruch im Zusammenhang mit der Tatsache, daß man Cato
zu Ehren seiner Zensur eine Statue im Tempel der Hygieia errichtete. Plutarch bemerkt,

daß Cato vordem Leute, denen eine Bildsäule errichtet wurde, verspottet habe: Καίτοι πρότερον αὐτὸς κατεγέλα τῶν ἀγαπώντων τὰ τοιαῦτα, καὶ λανθάνειν αὐτοὺς ἔλεγεν ἐπὶ χαλκέων καὶ ζωγράφων ἔργοις μέγα φρονοῦντας, αὑτοῦ δὲ καλλίστας εἰκόνας ἐν ταῖς ψυχαῖς περιφέρειν τοὺς πολίτας· πρὸς δὲ τοὺς θαυμάζοντας, ὅτι πολλῶν ἀδόξων ἀνδριάντας ἐχόντων ἐκεῖνος οὐκ ἔχει „Μᾶλλον γάρ," ἔφη, „βούλομαι ζητεῖσθαι, διὰ τί μου ἀνδριὰς οὐ κεῖται ἢ διὰ τί κεῖται·" τὸ δ' ὅλον οὐδ' ἐπαινούμενον ἠξίου τὸν ἀγαθὸν πολίτην ὑπομένειν, εἰ μὴ τοῦτο χρησίμως γίνοιτο τῷ κοινῷ. Für den Spruchteil vgl. Francesco Barbaros Übers.: „... Nonnullis admirantibus, quod ignobiles et mediocres homines statuas haberent, Cato vero nullam, ‚Quaeri', inquit, ‚malo, quamobrem Catonis simulachrum hic non positum sit quam cur positum sit'" (ed. Bade, Paris 1514, fol. CXXIIII^v); Amm. Marc. XIV, 6: „... Censorius Cato monstrauit, qui interrogatus, quamobrem inter multos nobiles statuam non haberet, ‚Malo', inquit, ‚ambigere bonos, quamobrem id non meruerim, quam, quod est grauius, cur impetrauerim, mussitare'". Schönberger, *Incertorum librorum reliquiae*, Frgm. 516; Jordan, *Dicta memorabilia*, Nr. 40 (S. 104).

Apophth. V, 336 drückt einen Grundsatz aus, der sich nahtlos in Er.' Fürstenideal der *Inst. princ. christ.* einfügt. Wenn die Sentenz authentisch ist, muß sie einem Werk Catos entnommen worden sein, entweder einer Rede oder einem präskriptiv-didaktischen Werk (Schönberger, Frgm. 529).

86 *Admonebat ... possent* Wörtliche Wiedergabe von Plut. *Reg. et imp. apophth., Mor.* 198F (Cato maior, 11), wobei Er. von Filelfos Übers. ausging: „Item quibus potestas esset, vt ea parce vterentur, hortabatur, quo semper potestate liceret vti" (fol. m vi⟩r-v). Vgl. den griech. Text: Φείδεσθαι δὲ τῆς ἐξουσίας παρεκάλει τοὺς δυναμένους, ὅπως ἀεὶ παραμείνῃ (παραμένοι *ed. Babbitt, ed. Jordan*: παραμένῃ *ed. Ald. 1509, p. 173*) τὸ ἐξεῖναι. Schönberger, *Incertorum librorum reliquiae*, Frgm. 529; Jordan, *Dicta memorabilia*, Nr. 52 (S. 107).

Apophth. V, 337 Wie V, 336 stammt auch dieses Apophthegma wohl aus einem Werk Catos, entweder einer Rede oder einem präskriptiv-didaktischen
Werk (Schönberger, Frgm. 530).

89 *Qui virtutem ... auferre* Wörtliche Wiedergabe von Plut. *Reg. et imp. apophth., Mor.* 198F (Cato maior, 12), wobei Er. Regios Übers. als Vorlage benutzte: „Qui autem a virtute honorem auferrent, eos aiebat a iuuentute virtutem auferre" (fol. ⟨h iii⟩^r). Vgl. den griech. Text: Τοὺς δὲ τῆς ἀρετῆς τὴν τιμὴν ἀφαιροῦντας ἔλεγε τὴν ἀρετὴν ἀφαιρεῖν τῆς νεότητος. Schönberger, *Incertorum librorum reliquiae*, Frgm. 530; Jordan, *Dicta memorabilia*, Nr. 53 (S. 107).

90–91 *Sentiens ... elanguescit* Ein etwas dunkler Spruch, von Schönberger a.a.O. nicht richtig verstanden: „Er sagte von denen, die von der Tugend die Ehre wegnähmen, sie würden die Tugend der Jugend berauben" (es müsste sein: „sie würden die Jugend der Tugend berauben"). Er. überträgt und erklärt den Spruch richtig, und er versieht ihn auch mit einem angemessenen Titel („Honos virtutis").

93 *Magistratum ... exorandum* Wörtliche Wiedergabe von Regios Übers. von Plut. *Reg. et imp. apophth., Mor.* 198F (Cato maior, 13): „Magistratum vero iudicemque neque pro iustis orandum neque pro iniustis exorandum" (fol. ⟨h iii⟩^r). Vgl. den griech. Text: Τὸν δὲ ἄρχοντα ἢ κριτὴν ἔλεγε δεῖν μήτε ὑπὲρ τῶν δικαίων λιπαρεῖσθαι μήτε (μὴ δὲ *ed. Ald. 1509, p. 173*) ὑπὲρ τῶν ἀδίκων ἐκλιπαρεῖσθαι. Mit ὑπὲρ τῶν δικαίων und ὑπὲρ τῶν ἀδίκων sind Personen gemeint. Vgl. Schönberger, *Incertorum librorum reliquiae*, Frgm. 531; Jordan, *Dicta memorabilia*, Nr. 54 (S. 107); Filelfo hingegen übersetzte „neque pro iustis rebus ... neque pro rebus iniustis" (fol. ⟨m vi⟩^v).

98 *Iniuriam ... dicebat* Plut. *Reg. et imp. apophth., Mor.* 199A (Cato maior, 14): Τὴν δὲ ἀδικίαν ἔλεγε τοῖς ἀδικοῦσιν (ἀδικοῦσι *ed. Babbitt, ed. Jordan, ed. Ald. 1509, p. 173*) κἂν μὴ φέρῃ κίνδυνον, ἅπασι φέρειν. Schönberger, *Incertorum librorum reliquiae*, Frgm. 532; Jordan, *Dicta memorabilia*, Nr. 55 (S. 107).

102 *Senectuti ... dedecus* Wörtliche Wiedergabe von Plut. *Reg. et imp. apophth., Mor.* 199A (Cato maior, 15), wobei Er. von Regios Übers. ausging: „Senectuti verum cum multa turpia adsint, censebat malitiae turpitudinem non esse addendam" (fol. ⟨h iii⟩^r). Vgl. den griech. Text: Τῷ δὲ γήρᾳ πολλῶν αἰσχρῶν παρόντων (πολλῶν παρόντων *ed. Ald. 1509, p. 173*) ἠξίου μὴ προστιθέναι τὴν ἀπὸ τῆς κακίας αἰσχύνην. Derselbe Spruch findet sich auch in Plut. *An seni respublica gerenda sit*, 1, *Mor.* 784A: Ὁ γὰρ Κάτων ἔλεγεν, ὅτι πολλὰς ἰδίας ἔχοντι τῷ γήρᾳ κῆρας οὐ δεῖ τὴν ἀπὸ τῆς κακίας ἑκόντας ἐπάγειν αἰσχύνην. Jordan, *Dicta memorabilia*, Nr. 25 (S. 101).

105–106 *Alii narrant* Eine unrichtige Angabe des Erasmus: Die andere Version des Spruches, in der Cato ihn einem alten, aber sittenlosen Mann ins Gesicht sagt, stammt ebenfalls von Plutarch.

106–107 *in senem ... turpitudinem* Die von Er. hier angesprochene alternative Version des

V, 341 [*C*] IRA [*A*] (Cato Senior, 16)

Iratum ab insano nulla alia re *differre* dicebat *quam* mora *temporis*, sentiens *iram* esse *breuem insaniam.*

V, 342 INVIDIA QVOMODO VITETVR (Cato Senior, 17)

Eos, qui fortuna moderate sobrieque vterentur, dicebat minime peti inuidia. „Non enim", inquit, *„nobis, sed* bonis, *quae nos circunstant, inuident homines".* Externa bona extra hominem sunt; at insolenter vtendi vitium intra hominem est. Qui eo sibi conflant inuidiam, vere sunt inuidiosi.

V, 343 RIDICVLIS ASSVESCERE (Cato Senior, 18)

Qui in rebus ridiculis seriam operam ponerent, eos dicebat in seriis fore ridiculos, significans assuetos ridiculis ob habitum collectum in seriis negociis ita se gerere, vt non solum rideantur, sed etiam derideantur.

---

108 Ira *C: deest in A B.*

Spruches bezog er aus Plut. *Cato mai.* 9, 6 (*Vit.* 341D), eine Stelle, die er selbständig übertrug: Πρὸς δὲ πρεσβύτην πονηρευόμενον „ἄνθρωπε", εἶπε, „πολλὰ ἔχοντι τῷ γήραι τὰ αἰσχρὰ μὴ προστίθει τὴν ἀπὸ τῆς κακίας αἰσχύνην". Von Francesco Barbaros Übers. der Stelle finden sich keine direkten Übernahmen: „Deprauatum quoque quandoque senem conspicatus, ‚Te magnopere', inquit, ‚rogo, vt quum plaeraque turpia senectutem circumueniant, des operam, ne te authore malignitatis accessio fiat'" (ed. Bade, Paris 1514, fol. CXXII^(r–v)); vgl. weiter Plut. *De vitando aere alieno* 6, *Mor.* 829F: Ὁ Κάτων πρὸς τίνα πρεσβύτην πονηρευόμενον „Ὦ ἄνθρωπε, τί τῷ γήραι", ἔφε, „πολλὰ κακὰ ἔχοντι ἐκ τῆς πονηρίας αἰσχύνην προστίθης;"; in Wilibald Pirckheymers Übers.: „Fertur Cato ad senem quendam improbum dixisse: ‚Cur, homo, senectuti tot malis ac incommodis degrauatae, scelerum quoque turpitudinem imponis?'" (ed. Cratander, Basel 1530, fol. 166ᵛ). Obwohl Er. die Anekdote auch aus *De vitando aere alieno* 6, *Mor.* 829F gekannt haben mag, benutzte er für V. 340 dennoch Plut. *Cato mai.* 9, 6.

108 *Ira* Er. hat den Ausspruch Catos auf kluge Weise mit dem Anfang von Senecas Traktat *De ira* (I, 1) verknüpft.

109 *Iratum … temporis* Sinngemäß richtige Wiedergabe von Plut. *Reg. et imp. apophth., Mor.* 199A (Cato maior, 16): Τὸν δὲ ὀργιζόμενον ἐνόμιζε τοῦ μαινομένου χρόνῳ διαφέρειν. Schönberger, *Incertorum librorum reliquiae*, Frgm. 533; Jordan, *Dicta memorabilia*, Nr. 56 (S. 107). Vgl. Brusoni III, 19.

109–110 *iram esse breuem insaniam* Sen., *De ira* I, 1: „Quidam itaque e sapientibus viris iram dixerunt breuem insaniam; aeque enim impotens sui est, decoris oblita, necessitudinum immemor … rationi consiliisque praeclusa, vanis agitata causis …".

112–113 *qui fortuna … inuident homines* Wörtliche Wiedergabe von Plut. *Reg. et imp. apophth., Mor.* 199A (Cato maior, 17): Ἥκιστα δὲ φθονεῖσθαι τοὺς τῇ τύχῃ χρωμένους ἐπιεικῶς καὶ μετρίως· οὐ γὰρ ἡμῖν ἀλλὰ τοῖς περὶ ἡμᾶς φθονοῦσι. Schönberger, *Incertorum librorum reliquiae*, Nr. 534; Jordan, *Dicta memorabilia*, Nr. 57 (S. 107).

113 *inquit* Er. betrachtet diese Erklärung, die sich im Text des Plutarch findet, als Teil von Catos Ausspruch. Auch Regio hat dies so aufgefasst; es ist jedoch nicht sicher, ob die Erläuterung auf Catos oder auf Plutarchs Konto geht. Vgl. Filelfos Übers.: „Item illis minime inuideri, qui fortuna mansuete modesteque vterentur. Non enim nobis, sed

116 *Ridicvlis assvescere* Der Titel, den Er. dem Spruch gab, geht von seiner wohl nicht ganz richtigen Interpretation desselben aus. Vgl. Komm. unten.

117 *Qui in rebus ridiculis ... ridiculos* Wörtliche Wiedergabe von Plut. *Reg. et imp. apophth., Mor.* 199A (Cato maior, 18): Τοὺς δὲ σπουδάζοντας ἐν τοῖς γελοίοις ἔλεγεν ἐν τοῖς σπουδαίοις ἔσεσθαι καταγελάστους. Ähnlich ist Filelfos Übers.: „Praeterea qui essent in ridiculis studiosi, aiebat in seriis ridendos fore" (fol. ⟨m vi⟩ᵛ). Jordan, *Dicta memorabilia*, Nr. 58 (S. 107).

117–119 *significans ... derideantur* Er. hat den Spruch so verstanden, daß derjenige, der sich immerzu („assuetos") mit unernsten Gegenständen abgebe, sich ständig unernst betragen werde, auch, wenn ernste Angelegenheiten vorliegen, und deshalb einerseits mit dem Lachen nicht aufhören könne, andererseits von den anderen Leuten niemals mehr ernstgenommen werde. Es ist jedoch nicht evident, daß diese Interpretation die Zielrichtung von Catos Apophthegma richtig wiedergibt. Eher geht es hier um die Fähigkeit, wichtige von unwichtigen Angelegenheiten zu unterscheiden. Der Sinn des Spruchs ist in dem Fall: Wer unwichtige Sachen ernst nimmt (= als wichtig betrachtet), der wird in wichtigen Angelegenheiten nicht ernst genommen werden (weil man ja weiß, daß er Wichtiges von Unwichtigem nicht zu unterscheiden vermag).

quae nobis bona sunt, inuident" und Schönberger, a.a.O.

120 V, 344   (Cato Senior, 19)

Praeclaras actiones aiebat praeclaris verbis occupandas, ne a gloria defluant. Argutius est, quod vertit Philelphus, aliud, vt opinor, exemplar sequutus, „Honestas *actiones* honestis *actionibus occupandas*", hoc est, benefacta benefactis addenda, ne, si desinamus benefacere, obsolescat priorum benefactorum memoria.

125 V, 345   HONOS NON SEMPER IISDEM   (Cato Senior, 20)

Ciues incusabat, quod semper iisdem committerent magistratum. „Videmini enim", inquit, *„aut vilem habere magistratum aut iudicare paucos esse dignos magistratu".* Quorum alterum [*B*] erat [*A*] male sentire de publica potestate, alterum [erat] male sentire de ciuibus.

130 V, 346   LVRCO   (Cato Senior, 21)

Quendam, qui agros mari vicinos ob luxum *vendere* coactus est, aiebat *se mirari,* quasi *plus posset quam ipsum mare; quod enim illud vix paulatim alluebat, ille facile deuorarat.*

---

128 *primum* erat *B C: deest in A*.   128 *alterum* erat *(A-C) seclusi*.

Apophth. V, 344 Er. hat dem Apophthegma keinen Titel zugeteilt, einerseits, weil ihm der Sinn des Spruchs nicht klar war, andererseits weil er vermutete, daß ein Überlieferungsproblem des griechischen Textes vorlag. Nach Babbitt ist der Sinn des Spruches, daß gute Taten durch weitere gute Taten bestätigt werden müßten, um zu verhindern, daß „they fall off their repute (?)" oder (?) um zu verhindern, daß der Ruhm, den man sich mit ersteren erworben hat, geschmälert werde; nach Filelfo ist sein Sinn, daß man auf gute Taten die allerbesten folgen lassen müsse, damit deren Ruhm nicht allmählich zerfließe (= schwinde); nach Schönberger, daß man „schöne Taten mit schönen Worten aufnehmen (??) müsse, damit sie nicht des Ruhmes verlustig gingen"; nach Regio, daß großartige Taten der Verherrlichung durch großartige (= panegyrische) Schriften bedürfen, damit sie nicht des Ruhmes entbehren; nach Er., daß man herausragende Taten mit glänzenden Worten „besetzen, vereinnahmen" (?) („occupare") müsse, „damit die Taten nicht vom Ruhm wegfließen (?) (defluere)".

121 *Praeclaras actiones ... defluant* Versuchte wörtliche, jedoch durch ein Textüberlieferungsproblem und einen Übersetzungsfehler getrübte Wiedergabe von Plut. *Reg. et imp. apophth., Mor.* 199A (Cato maior, 19): Τὰς δὲ (δὲ *deest in ed. Ald. 1509, p. 173; in ed. Babbitt*) καλὰς πράξεις ἔλεγε δεῖν καταλαμβάνειν πράξεσι καλαῖς (πράξεσι καλαῖς *ed. Babbitt:* λόγους καλοὺς *ed. Ald. 1509, p. 173;* λόγοις καλοῖς *Schönberger, Jordan*), ἵνα μὴ τῆς δόξης ἀπορρέωσιν (ἀπορρέωσιν *ed. Babbitt, ed. Ald., cod. Philelphi:* ἀπορέωσιν *ed. Schönberger, Regius*). Schönberger, *Incertorum librorum reliquiae,* Nr. 536, S. 302–303; Jordan, *Dicta memorabilia,* Nr. 59 (S. 107). Er. setzte seinen Text collageartig aus der Übers. des Filelfo, den Lesarten der Aldus-Ausgabe und der Übers. des Regio zusammen; da Filelfo und Regio jeweils einen anderen griech. Text übersetzten, kam ein kurioses Hybridprodukt zustande. Vgl. Regio, der, ebenso wie Er., von der Aldus-Ausgabe ausging: „Praeclara item gesta praeclaris orationibus indigere, ne gloria defraudarentur, censebat" (fol. ⟨h iii⟩ʳ).

121 *praeclaras actiones* Das ungelenke und stilistisch unschöne „actiones" für πράξεις übernahm Er. von Filelfo (a.a.O.), während „res

gestas" bzw. „gesta" angebracht gewesen wäre; von Regio (a.a.O.) übernahm Er. „praeclaras", jedoch nicht dessen paßgenaues „gesta".

121 *ne a gloria defluant* Er. korrigierte hier Filelfos lockere, jedoch grammatisch unrichtige Übertragung „ne illarum gloria paulatim deflueret" (fol. ⟨m vi⟩ᵛ) im Sinn einer verbatim-Übersetzung zu dem inhaltlich dunklen „ne a gloria defluant (sc. actiones)", „damit die Taten nicht vom Ruhm wegfliessen". Die Er. vorliegende Aldus-Ausgabe und Filelfos Handschrift (wie auch Babbitt) lasen in der Tat ἀπορρέωσιν „wegfließen" (für ἀπορρέω vgl. Passow I, 1, S. 355, s.v.); wenn diese Lesart richtig ist (was aber nicht sicher ist), so könnte mit τῆς δόξης ἀπορρέωσιν das „Abfliessen" (= Verschwinden, In-Vergessenheit-Geraten) der Taten gemeint sein, ohne daß diese zum Ruhm geführt hätten (vgl. die adsensum-Übers. der Didot-Ausg. Paris 1885, S. 342: „ne earum fama efflueret e memoria"). Regio las jedoch (wie Schönberger) τῆς δόξης ἀπορέωσιν (fol. ⟨h iii⟩ʳ) von ἀπορέω, „Mangel an etwas leiden, entbehren"; aus dieser Lesart ergibt sich der besser nachvollziehbare Sinn: „damit sie (die Taten) nicht den Ruhm entbehren".

122 *aliud, vt opinor, exemplar* Die Vermutung des Er. ist richtig: Filelfos Handschrift las in der Tat πράξεσι καλαῖς, statt, wie die Er. vorliegende Aldus-Ausgabe, λόγους καλούς.

122–123 *Honestas ... occupandas* Er. zitiert hier ausnahmsweise direkt und unter Angabe des Namens Filelfos Übers., jedoch auffälligerweise nicht mit demselben Wortlaut; es hat den Anschein, als ob Er. hier bewußt Filelfos Übertragung verbessern wollte, indem er „pulchras" zu „honestas" und „pulcherrimis" zu „honestis" korrigierte. Vgl. Filelfos Übers.: „Et pulchras actiones pulcherrimis quoque actionibus dicebat esse occupandas, ne illarum gloria paulatim deflueret" (fol. ⟨m vi⟩ᵛ).

126–127 *Ciues ... magistratu* Übers. des Er. von Plut. *Reg. et imp. apophth., Mor.* 199A–B (Cato maior, 20) oder des nahezu identischen *Cato mai.* 8, 6 (*Vit.* 340D); *Mor.* 199A–B: Ἐπετίμα δὲ τοῖς πολίταις ἀεὶ τοὺς αὐτοὺς αἱρουμένοις ἄρχοντας· „δόξετε γάρ," εἶπεν (εἶπε ed. Ald. 1509, p. 173), „μὴ πολλοῦ τὸ ἄρχειν ἄξιον ἢ μὴ πολλοὺς τοῦ ἄρχειν ἀξίους ἡγεῖσθαι"; *Cato mai.* 8, 6: Ἐπετίμα δὲ τοῖς πολίταις τοὺς αὐτοὺς αἱρουμένοις πολλάκις ἄρχοντας· „δόξετε γάρ", ἔφε, „μὴ (Jordan: ἢ μὴ) πολλοῦ τὸ ἄρχειν ἄξιον ἢ μὴ πολλοὺς τοῦ ἄρχειν ἀξίους ἡγεῖσθαι". Schönberger, *Incertorum librorum reliquiae*, Nr. 485; Jordan, *Dicta memorabilia*, Nr. 8 (S. 98).

127 *aut ... magistratu* Er. hat hier eine eigenständige Übers.vorgelegt, die dennoch nicht recht gelungen ist, weil in ihr die Wortspiele des Griechischen von μὴ πολλοῦ ... ἢ μὴ πολλοὺς und ἄρχειν ἄξιον ... ἄρχειν ἀξίους verloren gehen, während es Filelfo und Regio ohne weiteres gelungen war, sie ins Lateinische zu übertragen. Vgl. z.B. Regio: „... ‚Videmini siquidem', aiebat, ‚aut non multi facere magistratum aut non multos magistratu dignos existimare'" (fol. ⟨h iii⟩ʳ).

128 *erat* Wie der Einschub des „erat" im ersten Satzglied in der Auflage d.J. 1532 (*B*) zeigt, beabsichtigte Er., das „erat", das in *A* erst im zweiten Satzglied stand, ins erste Satzglied zu übertragen, somit die Stellung von „erat" zu tauschen. Die Eintragung des ersten „erat" wurde im Druck *B* durchgeführt, jedoch die Tilgung des zweiten „erat" irrtümlich vergessen.

130 *Lvrco* Für lurco = Typus des Schlemmers. Vgl. Lucilius *apud Non.* I, 34 (= Lucil. 75): „Viuite lurcones, commedones viuite ventres"; Plaut. *Pers.* III, 3, 16: „lurco, edax, furax, fugax"; Tert. *De anima* 33 „Lurconiana et Apiciana condimenta"; *DNG* II, Sp. 2941, s.v. „lurco 2".

131–133 *Quendam qui ... deuorarat* Größtenteils wörtliche Wiedergabe von Plut. *Reg. et imp. apophth., Mor.* 199B (Cato maior, 21) oder *Cato mai.* 8, 7 (*Vit.* 340D). *Mor.* 199B: Τὸν δὲ τοὺς παραλίους ἀγροὺς πεπρακότα προσεποιεῖτο θαυμάζειν ὡς ἰσχυρότερον τῆς θαλάττης· ἃ γὰρ ἐκείνη μόλις ἐπικλύζει, οὗτος ῥᾳδίως καταπέπωκε. In Filelfos Übers.: „Rursum quia [*lege:* qui] agros maritimos emisset, eum sibi admirationi esse simulabat tanquam mari valentiorem: nam quae illud vix inundet, hic facile absorbeat" (fol. ⟨vi⟩ᵛ). *Cato mai.* 8, 7: Τὸν δὲ πεπρακότα τοὺς πατρῴους ἀγροὺς παραλίους ὄντας ἐπιδεικνυμενος προσεποιεῖτο θαυμάζειν ὡς ἰσχυρότερον τῆς θαλάττης· ἃ γὰρ ἐκείνη μόλις ἐπικλύζει, οὗτος ῥᾳδίως καταπέπωκε. Schönberger, *Incertorum librorum reliquiae*, Nr. 487; Jordan, *Dicta memorabilia*, Nr. 10 (S. 9).

131 *ob luxum ... coactus est* „ob luxum" und „coactus est" sind erklärende Zusätze des Er.

V, 347   Severitas   (Cato Senior, 22)

Censuram petens, quum caeteros competitores videret supplices populoque blandientes, ipse clamabat populo opus esse medico austero validisque remediis; *proin eligendum, non qui iucundissimus esset, sed qui inexorabilis. Atque haec dicens ante omnes censor creatus est.* Agnouit populus morbum suum, eoque Cato plus valuit obiurgando quam caeteri blandiendo.

V, 348   Vox in bello   (Cato Senior, 23)

Quando docebat iuuenes intrepide pugnare, saepenumero dicebat verba plus quam gladium, et vocem plus quam manum hostes in fugam *vertere attonitosque reddere.* Nolebat militem in praelio mutum esse, sed atrocibus dictis, clamore vultusque truculentia terrere hostem.

V, 349   Argvte   (Cato Senior, 24)

Bellum gerens cum his, qui Baetim fluuium accolunt, quum in discrimen adductus esset propter hostium multitudinem et Celtiberi quidem offerrent suppetias, si darentur talenta ducenta, Romani vero non sinerent illum (sc. Catonem) *mercede pacisci cum barbaris,*

---

142 vocem *scripsi cum A (sec. versionem Regii et Plut. text. Graecum)*: voces *B C*.

Apophth. V, 347 bezieht sich auf die Zensorwahl des Jahres 185 v. Chr. Vgl. dafür Plut. *Cato mai.* 16, 5–6 (*Vit.* 345D). Daraus geht u. a. hervor, daß zwei Censoren gewählt wurden, der Plebejer Cato und der Patrizier Valerius Flaccus, und daß gegen Cato sieben Gegenkandidaten aufgestellt worden waren. Plut. *Cato mai.* 16, 1–4 erklärt seinen griechischen Lesern die Aufgaben und den Sinn des Amtes der Zensoren.

135–138 *Censuram … creatus est* Wörtliche Wiedergabe von Plut. *Reg. et imp. apophth., Mor.* 199B (Cato maior, 22): Τιμητείαν (Τιμητίαν *ed. Ald. 1509, p. 173*) δὲ μετιὼν καὶ τοὺς ἄλλους ὁρῶν δεομένους τῶν πολλῶν καὶ κολακεύοντας, αὐτὸς ἐβόα τὸν δῆμον ἀποτόμου χρείαν ἔχειν ἰατροῦ καὶ μεγάλου καθαρμοῦ·δεῖν οὖν μὴ τὸν ἥδιστον, ἀλλὰ τὸν ἀπαραίτητον αἱρεῖσθαι. καὶ ταῦτα λέγων ᾑρέθη (ἡρέθη *ed. Ald. 1509, p. 173*) πρὸ πάντων. Anfänglich benutzte Er. Regios Übers. als Vorlage, ging jedoch nach etwa 10 Wörtern eigene Wege. Regio: „Censuram autem petens cum supplicantes multitudini competitores adulantesque videret, ipse clamabat populum indigere et seruero medico et magna purgatione; eoque non suauissimum, sed inexorabilem eligendum. Atque haec dicens, ante omnes Censor fuit designatus" (fol. ⟨h iii⟩ʳ). Vgl. für dieselben Ereignisse mitsamt Ausspruch vgl. die ausführlichere Beschreibung in Plut. *Cato mai.* 16, 1–6 (*Vit.* 345C–D). Schönberger, Cato, *Incertorum librorum reliquiae*, Nr. 513; Jordan, *Dicta memorabilia*, Nr. 37 (S. 103–104).

136 *validisque remediis* Im griech. Original steht μεγάλου καθαρμοῦ, auf latein. „magna purgatione", was Filelfo richtig übesetzte (fol. ⟨m vi⟩ᵛ) und Regio weiterführte (fol. ⟨h iii⟩ʳ).

140 *Vox in bello* Für die Bedeutung, die Cato dem Kampfgeschrei zumaß, vgl. oben V, 333A.

141–142 *Quando docebat … reddere* Versuchte wörtliche, jedoch durch einen Verständnisfehler getrübte Wiedergabe von Plut. *Reg. et imp. apophth., Mor.* 199B–C (Cato maior, 23): Διδάσκων δὲ τοὺς νέους εὐθαρσῶς μάχεσθαι, πολλάκις, ἔλεγε, τοῦ ξίφους τὸν λόγον μᾶλλον καὶ τὴν φωνὴν τῆς χειρὸς τρέπειν καὶ καταπλήττειν τοὺς πολεμίους. Als Vorlage für seine Textzusammenstellung benutzte Er. Regios Übers.: „Cum vero iuuenes fortiter pugnare doceret, saepenumero dicebat sermonem magis quam ense ac uocem potius quam manu conuerti hostes atque terreri" (fol. ⟨h iii⟩ʳ). Das Apophthegma findet sich auch in Plut. *Cato mai.* 1, 8 (*Vit.* 336), jedoch dort im Rahmen einer längeren Auseinandersetzung, in der es um Catos eigenes Verhalten in der Schlacht geht; in V, 348 hat Er. klar ersichtlich nicht die Cato-Vita, sondern *Mor.* 199B–C als Vorlage benutzt. Schönberger, Cato, *Landbau, Incertorum librorum reliquiae,* Nr. 505.

141 *saepenumero dicebat* „saepenumero dicebat" übernahm Er. von Regios Übers. („saepenumero dicebat sermonem magis …", a.a.O.), jedoch beruht dies auf einem Verständnisfehler; πολλάκις gehört sinngemäß zur Aussage des Spruchs, nicht zu ἔλεγε („sagte er oftmals"), wie es Regio und Er. auffassten. Richtig hingegen Filelfo: „Item cum iuuentutem doceret audenter pugnandum esse, dicebat et verbo magis quam ense et voce magis quam manu plaerunque verti et consternari hostes" (fol. ⟨vi⟩ᵛ), ebenso Barbaro in seiner Übers. der Cato-Vita 1, 8: „... cum et sibi recte suasisset et caeteros admoneret (sc. Cato) plaerunque huiusmodi res hostibus maiorem terrorem inferre quam enses" (ed. Bade, Paris 1514, fol. CXXᵛ).

Apophth. V, 349 datiert auf Catos Spanienfeldzug d.J. 195–194 v. Chr., bei dem er mit seinem Heer die Küste entlang von Nordost- nach Südwest-Spanien zog und die diversen Städte und Völker der Reihe nach dem Röm. Reich einverleibte. In Nordost-Spanien entstand die Röm. Provinz Hispania citerior, in Südwest-Spanien die Provinz Hispania ulterior bzw. Baetica. Catos Eroberung Spaniens verlief erfolgreich. Nach seiner eigenen (freilich übertrieben wirkenden) Aussage eroberte er während dieses Feldzuges mehr Städte als er Tage zur Verfügung hatte. Der Senat gewährte ihm für seine Siege einen dreitägigen Triumph. Zu Catos Spanienfeldzug vgl. auch *Apophth.* V, 350–352.

146–150 *Bellum gerens … qui peterent* Wörtliche Wiedergabe von Plut. *Reg. et imp. apophth., Mor.* 199C (Cato maior, 24), wobei Er. Regios Übers. variierend bearbeitete. Vgl. den griech Text: Ἐπεὶ δὲ πολεμῶν τοῖς περὶ τὸν Βαῖτιν (Βαίτην *ed. Ald. 1509, p. 173*) ποταμὸν οἰκοῦσιν εἰς κίνδυνον ὑπὸ πλήθους τῶν πολεμίων κατέστη, τῶν μὲν Κελτιβήρων ἐπὶ διακοσίοις τάλαντοις βουλομένων βοηθεῖν, τῶν δὲ Ῥωμαίων οὐκ ἐώντων ὁμολογεῖν μισθὸν ἀνθρώποις βαρβάροις, ἁμαρτάνειν ἔφησεν αὐτούς· νικῶντας μὲν γὰρ ἀποδώσειν οὐ παρ' αὐτῶν ἀλλὰ παρὰ τῶν πολεμίων, ἡττωμένων δὲ, μήτε τοὺς ἀπῃτημένους μήτε τοὺς ἀπαιτοῦντας ἔσεσθαι. Regio: „Idem bellum aduersus eos, qui circa Baetim fluuium habitant, gerens, quum in discrimen propter hostium multitudinem deductus esset atque Celtiberi ducentis / (fol. ⟨h iii⟩ᵛ): talentis opitulari vellent, neque Romani sinerent barbaris pacisci mercedem, illos errare dixit: vincentes enim non ex suis, sed ex hostibus reddituros esse; victis autem nec a quibus petantur nec qui petant esse futuros" (fol. ⟨h iii⟩ʳ⁻ᵛ). Vgl. Plut. *Cato mai.* 10, 1–2 (241E–F): Ὕπατος δὲ μετὰ Φλάκκου Οὐαλλερίου τοῦ φίλου καὶ συνήθους ἀποδειχθεὶς ἔλαχε τῶν ἐπαρχιῶν ἣν Ἐντὸς Ἱσπανίαν Ῥωμαῖοι καλοῦσιν. ἐνταῦθα δ' αὐτῷ τὰ μὲν καταστρεφομένῳ τῶν ἐθνῶν, τὰ δ' οἰκειουμένῳ διὰ λόγων πολλὴ στρατιὰ τῶν βαρβάρων ἐπέπεσε, καὶ κίνδυνος ἦν αἰσχρῶς ἐκβιασθῆναι. διὸ τῶν ἐγγὺς Κελτιβήρων ἐπεκαλεῖτο συμμαχίαν. αἰτούντων δ' ἐκείνων τῆς βοηθείας διακόσια τάλαντα μισθόν, οἱ μὲν ἄλλοι πάντες οὐκ ἀνασχετὸν ἐποιοῦντο Ῥωμαίους βαρβάροις ἐπικουρίας ὁμολογῆσαι μισθόν, ὁ δὲ Κάτων οὐδὲν ἔφη δεινὸν εἶναι, νικῶντας μὲν γὰρ ἀποδώσειν παρὰ τῶν πολεμίων, οὐ παρ' αὐτῶν, ἡττωμένων δὲ μήτε τοὺς ἀπαιτουμένους ἔσεσθαι μήτε τοὺς ἀπαιτοῦντας. Vgl. Schönberger, Cato, *Landbau, Incertorum librorum reliquiae,* Nr. 508.

146 *Baetim* Baetis, heute der Guadalquivir, der über 600 km lange Fluss, der sich quer durch das heutige Andalusien (= die nach Catos Eroberungen errichtete röm. Provinz Hispania ulterior) zieht. Nachdem er Hispania citerior unter seine Gewalt gebracht hatte, kämpfte Cato gegen die Völker im südwestlichen Spanien.

147 *Celtiberi* eine nicht sehr genaue Bezeichnung für die aus Kelten und Iberern zusammengesetzten Völkerschaften, die damals die Hochflächen Zentralspaniens bewohnten. Die Völker der Hochflächen waren z.Z. von Catos Feldzug noch nicht von den Römern unterworfen worden, verfügten also über Handlungsspielraum. Sie waren bereit, an den Kämpfen auf Seiten der Römer teilzunehmen, insofern die Bezahlung als Söldner stimmte. Unterstützt durch keltiberischen Söldner eroberte Cato die Gebiete am Guadalquivir bis zum Atlantik. Vgl. Plut. *Cato mai.* 10, 3 (*Vit.* 342).

148 *Romani vero non sinerent* Die Formulierung „Romani vero non sinerent" hat Er. aus Regios Übers. übernommen: In Wirklichkeit hatten die hier angeführten Römer nicht das Recht und die Möglichkeit, Cato das Geschäft mit

dixit errare Romanos *eo, quod, si vicissent, reddituri fuerint non de suo, sed de bonis hostium; sin victi fuissent, iam non fore nec a quibus peteretur nec qui peterent.*

V, 350   ABSTINENTIA DVCIS   (Cato Senior, 25)

Quamuis autem com*plures vrbes cepisset,* tamen *aiebat se* hisce *diebus, quos inter hostes egit, nihilo plus sumpsisse, quam quae ex hostium agris comedisset bibissetque.*

V, 351   REDITVS E BELLO   (Cato Senior, 26)

Quum cuique militum argenti libram distribuisset, ait satius esse multos habentes argentum quam paucos habentes *aurum e militia domum redire; nam duces non alia re quam gloria auctos e prouinciis redire oportere.* Sensit rem sat feliciter gestam, si tanta militum multitudo redeat incolumis, vt ex distributis manubiis exigua portio ad singulos redeat, potius quam si multis desideratis pauci redeant ex praeda locupletiores. Quoniam autem rerum prospere gestarum gloria redit ad duces, hac portione par est illos esse contentos, siue multum sit praedae, siue parum.

---

155 cuique *scripsi (cf. Plut. text. Graecum* στρατιωτῶν ἑκάστῳ*)*: cuidam *A-C BAS LB.*

den Keltiberern zu verbieten – es handelte sich, wie aus *Cato mai.* 10, 1–2 hervorgeht, um die Cato untergebenen Offiziere.
Apophth. V, 350 bezieht sich ebenfalls auf Catos Spanienfeldzug d.J. 195–194. Vgl. dazu oben Komm. zu V, 349.

152–153 *Quamuis autem … bibissetque* Versuchte wörtliche, jedoch durch ein Verständnisproblem und falsche grammatische Zuordnungen sinnentstellte Wiedergabe von Plut. *Reg. et imp. apophth., Mor.* 199D (Cato maior, 25): Πλείονας δὲ πόλεις ἑλών, ὥς φησι, τῶν ἡμερῶν ἃς διέτριψεν ἐν τοῖς πολεμίοις, οὐδὲ αὐτὸς πλέον ἔλαβεν (λαβεῖν *ed. Ald. 1509, p. 174*) ὧν ἔφαγε καὶ ἔπιεν (ἔπιε καὶ ἔφαγεν *ed. Ald. 1509, p. 174*) ἐκ τῆς πολεμίας. Er. benutzte hier Filelfos Übers. als Vorlage: „Et cum plures cepisset vrbes, vt ipse ait, diebus, quibus inter hostes commoratus est, nihil cepit ipse plus, quam quae ex hostium agro comedit ac bibit" (fol. ⟨m vi⟩ᵛ). Dasselbe Apophthegma findet sich in Plut. *Cato mai.* 10, 3 (*Vit.* 342A): Αὐτὸς δέ φησιν ὁ Κάτων πλείονας εἰληφέναι πόλεις ὧν διήγαγεν ἡμερῶν ἐν Ἰβηρίᾳ· καὶ τοῦτο κόμπος οὐκ ἔστιν, εἴπερ ὡς ἀληθῶς τετρακόσιαι τὸ πλῆθος ἦσαν. Vgl. Francesco Barbaros Übers.: „Ipse Cato plura se oppida cepisse quam in Hispania dies egisse commemorat …" (ed. Bade, Paris 1514, fol. CXXIIᵛ). Schönberger, *Incertorum librorum reliquiae,* Nr. 507.

152–153 *complures vrbes … egit* Er. hat die erste Hälfte des Apophthegmas völlig missverstanden. Die Bedeutung von Πλείονας … πολεμίοις ist, daß Cato, „obwohl er … mehr Städte eingenommen hat als er Tage im Feindesland weilte, …", nicht, daß er, „obwohl er eine Reihe von Städte einnahm, an den Tagen, an denen er im Feindesland weilte, nichts …". Er. verstand weder den Genetivus comparationis des griech. Textes (τῶν ἡμερῶν) noch Filelfos latein. Ablativus comparationis („diebus"). Nach Plut. *Cato mai.* 10, 3 (*Vit.* 342A) soll die Zahl der eroberten Städte 400 betragen haben, somit eine größere Anzahl als jene der Tage, die der Feldzug gedauert hat.

152 *tamen aiebat* „tamen *aiebat*" ist Teil des Missverständnisses, das Er. hier unterlaufen ist: Er. ordnete „tamen" irrigerweise „aiebat" zu; im griechischen Originaltext steht ὥς φησι, von Filelfo und Regio richtig mit „vt ipse ait" übersetzt. ὥς φησι bzw. „vt ipse ait" gehört zum ersten Satzteil, „tamen" zum zweiten.

152–153 *hisce diebus … sumpssise* Auch „hisce diebus … quos" ist sowohl falsch übersetzt als auch falsch zugeordnet. Weder im griechischen Originaltext noch in Filelfos Übers.

steht ein Demonstrativpronomen; „Tage" gehört zum ersten Satzteil, nicht zum zweiten.

Apophth. V, 351 Der Titel von V, 351, „Reditus e bello", rührt von Er.' gründlichem Missverständnis des Apophthegmas her. Dieser Spruch thematisiert nicht, wie Er. glaubte, die Sorge des Feldherrn um die Rückführung möglichst vieler unversehrter Soldaten aus dem Krieg („si tanta militum multitudo redeat incolumis"), sondern die „abstinentia" des Feldherren, der sich selbst nicht bereichert, sondern die Kriegsbeute auf seine Soldaten verteilt. Das Apophth. bezieht sich auf d. J. 194 v. Chr., als Cato seinen Spanienfeldzug siegreich abschloss und nach Rom zurückkehrte.

155–157 *Quum cuique militum ... oportere* Versuchte wörtliche, jedoch durch einen Textübertragungsfehler und einen Verständnisfehler sinnverzerrte Wiedergabe von Plut. *Reg. et imp. apophth., Mor.* 199D (Cato maior, 26): Τῶν δὲ στρατιωτῶν ἑκάστῳ λίτραν ἀργυρίου διανείμας φησὶ βέλτιον εἶναι πολλοὺς ἔχοντας ἀργύριον ἢ ὀλίγους χρυσίον ἀπὸ τῆς στρατείας ἐπανελθεῖν· τῶν γὰρ ἀρχόντων οὐδὲν ἄλλο δεῖν ἐν ταῖς ἐπαρχίαις ἢ τὴν δόξαν αὐξάνεσθαι. Er. hat seinen Text nach Regios Übers. zusammengestellt: „Cum autem militum vnicuique argenti libram distribuisset, melius esse dixit multos argentum habentes quam paucos aurum ex militia reuenire. Imperatoribus enim nihil aliud conuenire quam ex prouinciis gloriam augere" (fol. ⟨h iii⟩ᵛ). Für dasselbe Apophthegma vgl. Plut. *Cato mai.* 10, 4 (*Vit.* 342A): Τοῖς μὲν οὖν στρατιώταις πολλὰ παρὰ τὴν στρατείαν ὠφεληθεῖσιν ἔτι καὶ λίτραν ἀργυρίου κατ' ἄνδρα προσδιένειμεν, εἰπὼν ὡς κρεῖττον ἐν πολλοῖς Ῥωμαίων ἀργύριον ἢ χρυσίον ὀλίγους ἔχοντας ἐπανελθεῖν. εἰς δ' αὑτὸν ἐκ τῶν ἁλισκομένων οὐδὲν ἐλθεῖν λέγει πλὴν ὅσα πέπωκεν ἢ βέβρωκε. „Καὶ οὐκ αἰτιῶμαι," φησί, „τοὺς ὠφελεῖσθαι ζητοῦντας ἐκ τούτων, ἀλλὰ βούλομαι μᾶλλον περὶ ἀρετῆς τοῖς ἀρίστοις ἢ περὶ χρημάτων τοῖς πλουσιωτάτοις ἁμιλλᾶσθαι καὶ τοῖς φιλαργυρωτάτοις περὶ φιλαργυρίας". Auch dort gibt Cato/ Plutarch die ausgezahlte Beute mit λίτραν ἀργυρίου pro Mann an. Schönberger, *Incertorum librorum reliquiae*, Nr. 50.

155 *cuique* „cuidam" (A-C) stellt einen Textübertragungsfehler für „vnicuique" (aus Regios Übers., a.a.O.) dar. Auch aus dem griech. Originaltext (στρατιωτῶν ἑκάστῳ, so auch *ed.*

Ald.), Filelfos Übers. („viritim", fol. ⟨vii⟩ʳ) sowie aus der Parallelstelle Plut. *Cato mai.* 10, 4 (λίτραν ἀργυρίου κατ' ἄνδρα) geht klar hervor, daß nicht „ein gewisser", sondern „jeder Soldat" gemeint war.

155 *libram* Er. gab nach dem Vorbild des Filelfo und Regio λίτραν richtig mit „libram" wieder, jedoch verstand er die Bedeutung der Gewichtsangabe nicht richtig, wie seinem Kommentar zu entnehmen ist („exigua portio"). Aus anderen Stellen war bereits hervorgegangen, daß Er. in Bezug auf die griech. und röm. Maße und Gewichte nicht sattelfest war (vgl. z. B. in V, 321, wo er fünf λίτραι mit [ca.] 20–25 Gramm oder 5 Drachmen gleichsetzte). Ein röm. Pfund wiegt ca. 325 Gramm, und diese Menge in Silber repräsentierte einen ansehnlichen Wert. Ausgehend von diesem Irrtum hat Er. den Spruch insgesamt völlig missverstanden: Er. meinte, daß Cato sagen wollte, es sei besser, daß viele Soldaten unversehrt aus dem Krieg zuückkehrten, obwohl dann für jeden einzelnen nur eine geringfügige Beute abfiele (nml. wie eine *libra* Silber), als wenn es viele Gefallene gäbe und von den Rückkehrern jeder einzelne einen höheren Geldbetrag erhielte. Der Gegensatz, der in dem Apophthegma dargestellt wird, ist freilich nicht der zwischen vielen und wenigen überlebenden Soldaten, sondern zwischen den gewöhnlichen Soldaten und den Feldherren. Was Cato ablehnt, ist, daß sich die Feldherren bereichern und mit Kisten voll Gold zurückkehren; sie sollen sich vielmehr mit dem Ruhm begnügen. Die Beute soll nicht dem Feldherren zufallen, sondern unter den Soldaten verteilt werden. Dadurch, daß Cato selbst *keinen* Teil der Beute beanspruchte, jedem Soldaten jedoch ein Pfund Silber gab, zeigte er sich als vorbildlicher Feldherr.

156 *paucos habentes aurum* Er. glaubte, daß mit „paucos" die gewöhnlichen Soldaten gemeint seien; der folgende, erklärende Satz des Plutarch zeigt aber, daß er damit die Feldherren („duces") meinte.

158 *exigua portio* „exigua portio", nml. eine *libra*. Für die damit verbundene Fehleinschätzung des Er. vgl. Komm. oben. Die Parallelstelle *Cato mai.* 10, 4 zeigt, daß Catos Soldaten mit Beute beladen von dem Spanienfeldzug zurückkehrten, wobei ihnen Cato auch noch zusätzlich eine „libra" Silber geschenkt hatte.

V, 352   Severitas   (Cato Senior, 27)

In militia quinque famulos habebat, quorum vnus tria captiua corpora emit. Quod vbi sensit rescisse Catonem, priusquam in eius conspectum veniret, se ipsum laqueo prae*focauit*. Adeo quaestum oderat in milite; adeo veniam desperabat, qui peccauerat. Nec hoc videtur apophthegma.

V, 353   Senes neglecti   (Cato Senior, 28)

Hortante Scipione Africano, vt Achaeorum exulibus opitularetur, quo illis in suam patriam redire liceret, simulabat eius rei sibi nullam esse curam. Caeterum in senatu quum hac de re multa verba fierent, assurgens ait: „Perinde quasi nihil habeamus, quod agamus, sedemus de seniculis aliquot Graecis disputantes, vtrum a nostris an illius regionis *vespillonibus efferantur*".

---

163 quinque *A-C (cf. versionem Regii)*: quidam quinque *LB*.
163 vnus *A-C sicut in versione Regii*: del. *LB*.
172 vespillonibus *A B*: vespilonibus *C*.

Apophth. V, 352 Dieses Lemma datiert auf die letzte Phase des Spanienfeldzuges (i.J. 194 v. Chr.). Es stellt kein Apophthegma im eigentlichen Sinn dar, wie Er. in einer kritischen Kommentaranmerkung feststellt („Nec hoc videtur apophthegma"), wird von ihm aber dennoch aufgenommen (vgl. Einleitung). Für Catos Spanienfeldzug vgl. Komm. zu V, 349.

163–165 *In militia ... praefocauit* Plut. *Reg. et imp. apophth., Mor.* 199D (Cato maior, 27): Πέντε δὲ οἰκέτας εἶχεν ἐπὶ τῆς στρατείας. ὧν εἰς αἰχμάλωτα σώματα τρία (τρία σώματα *ed. Ald. 1509, p. 174*) πριάμενος, ὡς οὐκ ἔλαθε τὸν Κάτωνα, πρὶν εἰς ὄψιν ἐλθεῖν, ἀπήγξατο. Er. hat seinen Text hier nach Regios Übers. gestaltet, die er variierte: „Caeterum quinque seruos in militia habebat, quorum vnus tres captiuos emit; quod quidem vt Catonem reciuisse cognouit, antequam in eius conspectum veniret, seipsum strangulauit". Dieselbe Anekdote findet sich in *Cato mai.* 10, 5 (*Vit.* 342B): Ἦσαν δὲ πέντε θεράποντες ἐπὶ στρατείας σὺν αὐτῷ. τούτων εἰς ὄνομα Πάκκιος ἠγόρασε τῶν αἰχμαλώτων τρία παιδάρια· τοῦ δὲ Κάτωνος αἰσθομένου, πρὶν εἰς ὄψιν ἐλθεῖν, ἀπήγξατο. τοὺς δὲ παῖδας ὁ Κάτων ἀποδόμενος εἰς τὸ δημόσιον ἀνήνεγκε τὴν τιμήν; in Francesco Barbaros Übers.: „Nec seipsum modo, verum etiam et ministros suos ab omni praedae noxa liberos seruabat. In castris quinque secum seruos habuit, quorum vni nomen Pacho fuit. Is tres puellos ex captiuis, qui sub hasta veniebant, emit; quod quum rescisset Cato, prae timore Pachus, antequam ad eius conspectum veniret, sibimetipsi mortem consciuit. Sic seruis deinde venditis pretium eorum Cato in aerarium retulit". Da es sich nicht um ein Apophthegma handelt, wurde das Lemma nicht in Schönbergers und Jordans Fragmentsammlung aufgenommen.

163 *Quinque ... emit* In *LB* wurde der Sinn des Lemmas falsch verstanden und dieses zu Unrecht korrigiert. Er.' Text ist an dieser Stelle jedoch richtig, wie sowohl der griech. Originaltext von Plut. *Mor.* 199D (Cato maior, 27) als auch die Parallelstelle *Cato mai.* 10, 5 (*Vit.* 342B) bestätigen.

163 *quorum vnus* Die Parallelstelle *Cato mai.* 10, 5 (*Vit.* 342) überliefert den Namen des unglücklichen Sklaven: Pacius, Paccius (Πάκκιος), bzw. Pacus oder Paccus.

163 *tria captiua corpora* Mit „tria captiua corpora" wiederholt Er. Filelfos wörtliche Übersetzung von αἰχμάλωτα τρία σώματα (fol. ⟨m vii⟩ʳ).

164–165 *praefocauit* Er. benutzt, anders als seine Textvorlagen, das seltene, v.a. spätantike Wort „praefocare", das u.a. bei Augustinus und Arnobius auftritt; vgl. *DNG* II, Sp. 3784, s.v. „praefoco".

Apophth. V, 353 datiert auf d.J. 151 v. Chr., als die in Rom festgehaltenen Achaier, darunter Polybios (201–120 v. Chr.), um ihre Rückkehr ansuchten und ihre Angelegenheit im Senat diskutiert wurde. Da sich der Achaiische Bund geweigert hatte, im Krieg gegen Perseus auf Seiten der Römer zu treten, hatten die Römer nach der Schlacht von Pydna (168) die 1000 bedeutendsten Männer des Achaiischen Bundes nach Rom mitgeführt, als Geiseln für das Wohlverhalten der Achaier (Plutarch bezeichnet sie etwas euphemistisch als „exules"). Der Griechenfreund und Mäzen des Polybios Scipio Africanus d.J. war ihnen günstig gesinnt, während ihnen Cato abweisend gegenüberstand, wie er sich auch der griech. Philosophie und Bildung (Plut. *Cato mai.* 22–23, 1–3 [*Vit.* 349–350]) und Medizin (ebd. 23, 3–6) gegenüber ablehnend verhielt. Für Catos Verhältnis zur griech. Kultur vgl. Kienast, *Cato der Zensor*, S. 101–116. Cato hielt damals im Senat eine Rede, in der er dafür eintrat, das Ansuchen der Achaier abzulehnen (= Schönberger, Cato, *Landbau, Orationum reliquiae*, Rede 48; Frgm. 494 = Plut. *Cato mai.* 9, 2–3). Zu der Frage der Rückkehr der griech. Geiseln vgl. auch Er., *Apophth.* V, 363. Da die griech. Geiseln damals bereits über 17 Jahre lang in Rom verweilten, waren viele von ihnen z.Z. des Apophthegmas bereits alte Männer, woraus sich Catos schmähende Bemerkung erklärt, sie stünden ohnehin bereits mit einem Bein im Grabe. Cato setzte sich mit seiner abweisenden Haltung nicht durch: Den Geiseln wurde die Rückkehr gestattet, die sie 150 v. Chr. antraten. Danach kam es 147 v. Chr. zum offenen Krieg zwischen den Achaiern und den Römern, der in der Niederlage der Achaier, der Zerstörung Korinths durch Aemilius Paulus (146 v. Chr.) und der Auflösung des Bundes endete. Der Titel „Senes neglecti" geht von der Perspektive Catos aus; der Sache nach ist der Titel nicht stimmig, da die Angelegenheit „der Greise" im Senat behandelt und positiv entschieden wurde.

168–172 *Hortante ... efferantur* Plut. *Reg. et imp. apophth., Mor.* 199E (Cato maior, 28): Παρακληθεὶς δ' ὑπὸ Σκιπίωνος Ἀφρικανοῦ τοῖς Ἀχαιῶν συλλαβέσθαι φυγάσιν, ὅπως εἰς τὰς πατρίδας κατέλθωσιν, προσεποιεῖτο μηδὲν αὐτῷ μέλειν τοῦ πράγματος· ἐν δὲ τῇ συγκλήτῳ πολλῶν γινομένων λόγων ἀναστὰς „ὥσπερ οὐκ ἔχοντες", εἶπεν, „ὃ πράττωμεν (πράττομεν *ed. Ald. 1509, p. 174*), καθήμεθα περὶ Γραικῶν γεροντίων ζητοῦντες πότερον ὑπὸ τῶν παρ' ἡμῖν ἢ ὑπὸ τῶν ἐκεῖ νεκροφόρων ἐξενεχθῶσι". Er. gestaltete seinen Text kollageartig nach den Übers. des Filelfo und Regio, die er teils wörtlich übernahm, teils leicht variierte. Filelfo: „Et rogatus a Scipione Africano, vt Achaeorum exulibus auxilio esset, quo redirent in patrias, simulabat eam sibi rem nulli curae esse. At cum in senatu verba plurima fierent, surgens, ‚Tamquam nihil habeamus', inquit, ‚quod nobis agendum sit, sedemus de Graecis seniculis disserentes, vtrum a nostris an ab Achaeorum pollinctoribus efferantur'" (fol. ⟨m vii⟩ʳ); Regio: „Rogatus autem a Scipione Africano, vt Achaeorum exulibus opem ferret, quo in patriam quisque suam redirent, nullam illius negotii curam sibi esse simulabat, sed in senatu cum multa verba fierent, assurgens, ‚Perinde ac si nihil', inquit, ‚habeamus, quod agamus, sedemus de Graeculis decrepitis quaerentes, vtrum a nostris an ab illorum pollinctoribus efferantur'" (fol. ⟨h iii⟩ᵛ). Dasselbe Apophthegma findet sich in Plut. *Cato mai.* 9, 2 (*Vit.* 341A): ὑπὲρ δὲ τῶν ἐξ Ἀχαΐας φυγάδων ἐντευχθεὶς διὰ Πολύβιον ὑπὸ Σκηπίωνος, ὡς πολὺς ἐν τῇ συγκλήτῳ λόγος ἐγίνετο, τῶν μὲν διδόντων κάθοδον αὐτοῖς, τῶν δ' ἐνισταμένων, ἀναστὰς ὁ Κάτων „ὥσπερ οὐκ ἔχοντες", εἶπεν, „ὃ πράττωμεν καθήμεθα τὴν ἡμέραν ὅλην περὶ γεροντίων Γραικῶν ζητοῦντες, πότερον ὑπὸ τῶν παρ' ἡμῖν ἢ τῶν ἐν Ἀχαΐᾳ νεκροφόρων ἐκκομισθῶσι". Schönberger, *Orationum reliquiae*, Rede 48; Frgm. 494 (= Plut. *Cato mai.* 9, 2–3); Jordan, *Dicta memorabilia*, Nr. 17 (S. 99–100).

168 *Achaeorum exulibus* Mit „exulibus" kopiert Er. Filelfos und Regios korrekte Übertragung von φυγάσιν; in Wirklichkeit handelte es sich jedoch nicht um im Exil lebende Achaier, sondern um Geiseln der Römer.

169–171 *in senatu ... sedemus* Im Abschnitt „in senatu ... sedemus" kopiert Er. weitgehend wörtlich Regios Übers.

172 *vespillonibus* Mit „vespillonibus" versuchte Er. die Übers. des Filelfo und Regio („pollinctoribus") zu korrigieren; „pollinctor" bzw. „pollictor" ist der „Leichenwäscher, Leichenbereiter" (*DNG* II, Sp. 3716, s.v.), „vespillo" oder „vispillo" der „Leichenträger für Arme" (vgl. Mart. I, 47, 1–2: „Nuper erat medicus, nunc est vispillo Diaulus:/ Quod vispillo facit, fecerat et medicus"; *DNG* II, S. 4994, s.v. „vespillo"); „vespillonibus" erzeugt eine wörtlichere Wiedergabe von νεκροφόρων, wobei anzumerken ist, daß die Leichenwäscher wohl auch den Dienst des Hinaustragens der Leichen auf sich genommen haben.

V, 354   Latinvs Craece   (Cato Senior, 29)

Quum Posthumius Albinus historiam Graece conscripsisset et ob id *veniam peteret ab auditoribus, Cato irridens „Danda", inquit, „erat venia, si Amphictyonum decreto coactus* Graece *scripsisset"*. Hoc aliquanto secus narrant Gellius et Macrobius.

V, 355   Popvlvs qvalis   (Cato Senior, 30)

Populum *Romanum* gregi *pecudum conferre solebat, quae singulae nemini obtemperant, vniuersae autem gregis* ducem *sequuntur*. „Sic et vos", inquit, „quos nemo vestrum priuatim in *consilium adhibere vellet, ab his* hic *congregati vos agi* ducique *sinitis"*, notans populum, quod deterrimis committeret magistratus.

174 Albinus *A-C (cf. Plut. Cato mai. 12, 5* Ποστούμιον Ἀλβῖνον *et Gell. XI, 8, 1)*: Labienus *sec. versiones Philelphi ac Regii et Plut. Apophth. ed. Ald.* (Λαβιήνου).

174–176 *Quum … scripsisset* Größtenteils wörtliche Wiedergabe von Plut. *Reg. et imp. apophth., Mor.* 199E–F (Cato maior, 29), wobei Er. Regios und/ oder Filelfos Übers. als Vorlage benutzte. Regio: „Posthumius vero Labienus quum Romanas historias Graece scripsisset ab auditoribusque veniam peteret, illudens Cato dixit veniam quidem dandam esse, si Amphictyonum decreto coactus Graece scripsisset" (fol. ⟨h iii⟩ᵛ). Filelfo: „At cum Posthumius Labienus historias Graece scripsisset ac veniam ab auditoribus peteret, ait illudens Cato veniam dandam esse, si coactus Amphictyonum decreto coactus Graece scripsit" (fol. ⟨vii⟩ʳ). Vgl. den griech. Text: Ποστουμίου δ᾽ Ἀλβίνου (Λαβιήνου *ed. Ald. 1509, p. 174*) γράψαντος ἱστορίας Ἑλληνιστὶ καὶ συγγνώμην παρὰ τῶν ἀκρωμένων αἰτοῦντος, εἰρωνευόμενος ὁ Κάτων ἔφη δοτέον εἶναι συγγνώμην, εἰ τῶν Ἀμφικτυόνων ψηφισαμένων ἀναγκασθεὶς ἔγραψε. Dasselbe Apophthegma findet sich auch in Plut. *Cato mai.* 12, 5 (*Vit.* 343B): Ποστούμιον γοῦν Ἀλβῖνον ἱστορίαν Ἑλληνιστὶ γράψαντα καὶ συγγνώμην αἰτούμενον ἐπέσκωψεν εἰπών, δοτέον εἶναι· τὴν συγγνώμην, εἰ τῶν Ἀμφικτυόνων ψηφισαμένων ἀναγκασθεὶς ὑπέμεινε τὸ ἔργον. Vgl. Polyb. XXXIX. Schönberger, *Incertorum librorum reliquiae*, Frgm. 510; Jordan, *Dicta memorabilia*, Nr. 34 (S. 102–193).

Aulus Postumius Albinus, röm. Politiker und Historiker, Konsul 151 v. Chr. Übernahm nach der Gefangennahme des Königs Perseus dessen persönliche Bewachung (167); empfing i.J. 155 in Rom die Philosophengesandtschaft unter der Leitung des Karneades. Verfasste auf Griechisch eine Geschichte Roms von der Gründung der Stadt an; als Historiker war Thukydides sein Vorbild. Die Entschuldigung für sein mangelhaftes Griechisch stand im Vorwort des nämlichen Geschichtswerkes (vgl. Polyb. XL, 6; Plut. *Cato mai.* 12, 6). Das Werk des Albinus wurde durchaus geschätzt und nicht zuletzt deshalb ins Lateinische übertragen, obwohl es Cato d.Ä. und Polybios ablehnten. Vgl. F. Münzer, *RE* 22, 1 (1953), Sp. 902–908, s.v. „Postumius", Nr. 31; H. Beck – U. Walter, *Die frühen römischen Historiker*, Bd. I, Darmstadt 2001, S. 225–231; *HRR* I, 53; *FgrHist* 812.

175 Amphictyonum *A B BAS LB, versio Regii*: Amphyctionum *C*, Amphictionum *versio Philelphi*.

174 *Albinus* Er. traf sowohl im griech. Text der Aldus-Ausgabe als auch in den Übers. Filelfos und Regios „Posthumius Labienus" an, das er mit Hilfe der übrigen ihm zu Gebot stehenden Textzeugen (Gellius, Macrobius, Plut. *Cato mai.* 12, 6 [*Vit.* 343B]) zu „Posthumius Albinus" korrigierte.

174–175 *ab auditoribus* In der Version von Plut. *Mor.* 199E–F (Cato maior, 29) scheint es, daß es sich um eine Vorlesung des Albinus aus seinem Geschichtswerk handelte. Jedoch geht aus der ursprünglicheren Quelle, Cornelius Nepos, die von Gellius überliefert wurde, hervor, daß es sich um eine Lesereaktion Catos handelte; vgl. Gell. XI, 8, 4: „Ea cum legisset M. Cato: ‚Ne tu', inquit, ‚Aule, nimium nugator es, cum maluisti culpam deprecari quam culpa vacare ...".

175 *Amphictyonum* Amphiktyones waren die Verteter der einzelnen Mitglieder einer Amphiktyonie, d.h. eines religiösen Bundes von griechischen Städten und Staaten, welcher um ein bestimmtes Heiligtum gruppiert war; konkret meinte Cato wohl die bekannteste Amphiktyonie, jene von Anthela und Delphi, welche sich der Pflege des Demeter-Tempels von Anthela bei den Thermopylen und des Apollo-Heiligtums von Delphi widmete. Den Aussprüchen der Amphictyones wurde ein hohes Gewicht beigemessen, sie waren religiös bindend. Vgl. P.J. Rhodes, *DNP* I (1996), Sp. 611–613, s.v. „Amphiktyonia". Es ist merkwürdig, daß der Griechenfeind Cato den Griechenfreund Posthumius Albinus kritisiert haben soll, indem er sich auf eine so genuin griechische Institution wie die Amphiktyonie berief. Man darf davon ausgehen, daß Cato solchen genuin griechischen Institutionen keine Bedeutung zumaß. In der ursprünglicheren Version, die auf Cornelius Nepos zurückgeht, ist im Spruch des Cato keine Rede von der Amphiktyonie. Er war mit der Institution der Amphiktyonie vertraut, der er *Adag.* 2431 „Amphictyonum consessus" (*ASD* II, 5, S. 312–313) widmete: „Ἀμφικτυονικὸν συνέδριον, id est *Amphictyonicus consessus*. De frequenti grauium virorum conuentu. Ductum a conuentu illo Graecorum olim celebratissimo, qui Amphictyonum dicitur, vel ab Amphictyone Deucalionis filio, qui, cum rerum potiretur, gentes Graecanicas dicitur conuocasse ... Porro populi, qui in id consilii conuenire soleant, numerantur duodecim: Iones, Dores, Perrhaebi, Boeoti, Magnetes, Achaei, Phthii, Molienses, Dolopes, Aeneanes, Delphi, Phocenses. Vel inde nomen inditum Amphictyonum, quod vndecunque ad id consilium ex omni Graecia conueniretur, vt placet Anaximeni et Androtioni in Atticarum descriptione rerum apud Pausaniam in eo, quem modo ostendi, loco (= Paus. X, 8, 1). Quo quidem et alia super hac re non indigna lectu referuntur, si quis forte requiret ...".

176 *narrant Gellius et Macrobius* Gell. XI, 8, 1–4: „Iuste venusteque admodum reprehendisse dicitur Aulum Albinum M. Cato. Albinus, qui cum L. Lucullo consul fuit, res Romanas oratione Graeca scriptitauit. In eius historiae principio scriptum est ad hanc sententiam: neminem suscensere sibi conuenire, si quid in his libris parum composite aut minus eleganter scriptum foret; ‚Nam sum', inquit, ‚homo Romanus, natus in Latio; Graeca oratio a nobis alienissima est', ideoque veniam gratiamque malae existimationis, si quid esset erratum, postulauit. Ea cum legisset M. Cato: ‚Ne tu', inquit, ‚Aule, nimium nugator es, cum maluisti culpam deprecari quam culpa vacare. Nam petere veniam solemus, aut cum inprudentes errauimus aut cum compulsi peccauimus. Tibi', inquit, ‚oro te, quis perpulit, vt id committeres, quod priusquam faceres, peteres, vt ignosceretur?'. Scriptum hoc est in libro Cornelii Nepotis de illustribus viris XIII (XIII *text. recept.: om. edd. vett.*)". Macrob. *Sat. praef.* 14–15 gibt die Anekdote nach Gell. XI, 8, 1–4 wieder.

178–180 *Populum Romanum ... sinitis* Größtenteils wörtliche, leicht variierende Wiedergabe von Plut. *Cato mai.* 8, 2 (*Vit.* 340B), wobei Er. Francesco Barbaros Übers. als Vorlage benutzte, die er anhand des griech. Textes verbesserte: „Romanos etiam multis pecudibus conferre solebat: nam et illae singulae nemini obtemperant, vniuersae autem gregis principem sequuntur. ‚Sic et vos ab iis, quos priuatim nequaquam consiliarios habere velletis, hic frequentes coacti agi aequo animo permitttitis'" (ed. Bade, Paris 1514, fol. CXXIᵛ–CXXIIʳ); vgl. den griech. Text: Ἐοικέναι δὲ προβάτοις ἔφη τοὺς Ῥωμαίους· ὡς γὰρ ἐκεῖνα καθ' ἕκαστον (ἕκαστον *ed. Perrin, Schönberger*: ἕκαστα *ed. Jordan*) μὲν οὐ πείθεται, σύμπαντα δ' ἕπεται μετ' ἀλλήλων τοῖς ἄγουσιν, „οὕτω καὶ ὑμεῖς", εἶπεν, „οἷς οὐκ ἂν ἀξιώσαιτε συμβούλοις χρῆσθαι (Jordan/Loeb: χρήσασθαι) κατ' ἰδίαν, ὑπὸ τούτων εἰς ἓν συνελθόντες ἄγεσθε". Schönberger, *Incertorum librorum reliquiae*, Frgm. 480; Jordan, *Dicta memorabilia*, Nr. 3 (S. 97–98).

V, 356 HONOS ALIT VIRTVTEM (Cato Senior, 31)

Aiebat populum Romanum non tantum purpurae, verum etiam virtuti [i.e. artibus siue studiis] *plurimum conducere. „Quemadmodum enim tinctores eum potissimum colorem inducunt, quo vident homines maxime delectari, ita* iuuentus ad ea *studia* potissimum incumbit, *quibus* populus defert *honores"*. *Honos* enim non solum *alit artes*, verum etiam virtutem. Hoc pacto monebat populum, vt magistratus his demum committerent, qui de se virtutis specimen dedissent: ita fore, vt quam plurimi sese ad egregia studia conferrent.

V, 357 CONSILIVM OPTIMVM (Cato Senior, 32)

Hortabatur iuuenes, *vt qui virtute et aequitate* ad dignitatem peruenissent, *ne turpiter ad deteriora* degenerarent; *sin* ambitu ac violentia, *ad meliorem* frugem *se referrent*; ita futurum, vt et illi gloriam augerent et hi bene factis maculam abolerent.

V, 358 MODVS IN HONORIBVS (Cato Senior, 33)

Qui magistratum eundem *frequenter ambirent, eos dicebat, velut ignaros viae, ne aberrarent, lictores, qui praecederent, semper quaerere*. Solent enim lictores praeire magistratum, non vt viam ostenderent, sed honoris gratia.

193 bene factis *C*: benefactis *A B BAS LB*.

182 *Honos alit virtvtem* Er. hat den Titel des Apophthegmas falsch gewählt, entsprechend seiner Fehlinterpretation des Apophthegmas. Im griechischen Text ist von „Tugend" nicht die Rede, jedoch von Studien bzw. *artes* (ἐπιτηδεύματα). Ein passender Titel wäre daher „Honos alit artes" gewesen, ein Gemeinplatz, mit dem Er. gut vertraut war (vgl. z. B. *Apophth.* V, 96 „Honos artibus" und *Adag.* 792 „Honos alit artes" [*ASD* II, 2, S. 314]), so gut, daß er in seiner Erklärung von V, 356 wie ein Selbstläufer auftaucht.

183–186 *Aiebat populum … honores* Teils wörtliche, teils variierende Wiedergabe von Barbaros Übers. von Plut. *Cato mai.* 8, 4 (*Vit.* 340), wobei Er. Barbaros missverstandene Übertragung des ersten Satzes weiterführte: „Populum Romanum Cato non modo purpurae, sed studiis atque exercitationibus conferre magistratus dixit. ‚Quemadmodum enim tinctores eum maxime colorem inducunt, quo passim delectari mortales intuentur, sic adolescentes ea magno studio discunt et consequi cupiunt, quae vos honore ac laude digna iudicatis'" (ed. Bade, Paris, 1514, fol. CXXII^r). Vgl. den griech. Text: τὸν δὲ δῆμον ὁ Κάτων ἔφη τῶν Ῥωμαίων οὐ μόνον ταῖς πορφύραις, ἀλλὰ καὶ τοῖς ἐπιτηδεύμασι τὰς τιμὰς ἐπιγράφειν. „ὡς γὰρ οἱ βαφεῖς", ἔφη, „ταύτην μάλιστα βάπτουσιν, ᾗ χαίροντας ὁρῶσιν, οὕτως οἱ νέοι ταῦτα μανθάνουσι καὶ ζηλοῦσιν, οἷς ἂν ὁ παρ' ὑμῶν ἔπαινος ἕπηται". Schönberger, *Incertorum librorum reliquiae*, Frgm. 482; Jordan, *Dicta memorabilia*, Nr. 5 (S. 98).

183–184 *Verum … conducere* Daß „das Römische Volk nicht nur dem Purpur, sondern auch der Tugend die höchste Wertschätzung entgegenbringt", ist eine Fehlübers. des Er., die den Sinn von Catos Spruch verdreht. Dabei hat Er. an die römischen politischen Ämter gedacht, wie aus seinem erklärenden Kommentar hervorgeht: Mit seinem Spruch fordere Cato ein, daß der *populus Romanus* jenen die Ämter anvertrauen soll, die sich durch Tugend ausgezeichnet haben: „Hoc pacto monebat (sc. Cato) populum, vt magistratus his demum committerent, qui de se virtutis specimen dedissent". Diese Deutung des Er. stimmt jedoch nicht mit dem griech. Text überein, in dem von der Vergabe von Ämtern nicht die Rede ist. Der griech. Text besagt, daß das römische Volk nicht nur den Wert der (als teuer bekannten) Purpurfarbe bestimmt, sondern auch jenen der verschiedenen menschlichen Bestrebungen/ Berufe/ Künste/ Handwerke (ἐπιτηδεύματα), im Klartext, daß es die Macht hat, sowohl ökonomisch Preise für materielle Güter als auch ideologisch Wertschätzungen für Tätigkeiten und Berufe festzusetzen; und weiter besagt der Spruch, daß die ideologischen Wertsetzungen eine wichtige pädagogische und moralische Funktion haben: Wenn das römische Volk bestimmte Tätigkeiten und Künste hochschätzt, wird das für die jungen Leute ein hoher Anreiz sein, sich diesen Tätigkeiten oder Künsten zu widmen. Im Fall von V, 356 ist Er. ganz von Barbaros Übers. ausgegangen, ohne sich um den griech. Text zu kümmern. Allerdings ist Barbaros Übers. bereits im einleitenden Satz durch eine Fehlinterpretation getrübt: Barbaro faßte τὰς τιμὰς („Werte", „Wertschätzungen", „Preise") als „magistratus" („Ämter") auf. τιμὰς kann die Bedeutung von „Ehrenämtern" (latein. *honores*) haben (vgl. Passow II, 2, S. 1902, s.v. τιμή), jedoch verträgt sich diese nicht mit dem Folgenden. Ausgehend von dieser Fehlinterpretation legte sich Barbaro die Bedeutung des Spruchs so zurecht, daß das Römische Volk Ämter nicht nur aufgrund der Abstammung (Personen, die eine Toga mit Purpurstreifen tragen, gehören dem Senat zu), sondern aufgrund der persönlichen Leistung und Performanz („exercitationibus") vergeben soll. Barbaros Fehldeutung hat Er. zu der ähnlichen, ebenfalls falschen Interpretation umgeformt, daß das Römische Volk jene als Amtsträger wählen soll, die sich durch Tugend ausgezeichnet haben.

186 *Honos … alit artes* Er. führt hier den Titel seines *Adag.* 792 an: „Honos alit artes" (*ASD* II, 2, S. 314).

191–192 *Hortabatur … se referrent* Plut. *Cato mai.* 8, 5 (*Vit.* 340). Er. hat die Übers. des Barbaro variierend bearbeitet: „Eos exhortabatur, vt si quidem virtute ac moderatione magni facti essent, ne ad deteriora se conuerterent; sin incontinentia ac improbitate amplitudinem essent consequuti, ad meliora se referrent" (Paris, Bade-Petit, 1514, fol. CXXII^r); vgl. den griech. Text: Παρεκάλει δ' αὐτούς, εἰ μὲν ἀρετῇ καὶ σωφροσύνῃ γεγόνασι μεγάλοι, μὴ μεταβάλλεσθαι πρὸς τὸ χεῖρον, εἰ δ' ἀκρασίᾳ καὶ κακίᾳ, μεταβάλλεσθαι πρὸς τὸ βέλτιον (= Schönberger, Cato, *Landbau, Incertorum librorum reliquiae*, Frgm. 483; Jordan, *Dicta memorabilia*, Nr. 6 [S. 98]).

191 *iuuenes* „iuuenes" ist ein Zusatz des Er., den er wohl etwas gedankenlos angebracht hat, vielleicht, weil im vorhergehenden Apophth. (V, 356) von der Jugend die Rede war („iuuentus"), welche ihr Handeln nach den gesetzten Wertmaßstäben ausrichtet; „iuuenes" ist an dieser Stelle jedoch unglücklich, weil sich der Spruch gerade an Leute richtet, die bereits Karriere gemacht haben, an die arrivierten römischen Politiker, die „alten Hasen".

192 *ambitu ac violentia* Er.' „ambitu ac violentia" sind keine adäquaten Übers. von ἀκρασίᾳ καὶ κακίᾳ, im Gegensatz zu Francesco Barbaros „incontinentia ac improbitate"; ἀκρασίᾳ καὶ κακίᾳ bilden außerdem ein gegensätzliches Begriffspaar zu ἀρετῇ καὶ σωφροσύνῃ, von Barbaro angemessen mit „virtute ac moderatione" übersetzt; Er.' Textwiedergabe, in der er „moderatione" („kluge Zurückhaltung, Mäßigung, Selbstbeherrschung") durch „aequitate" („Gerechtigkeit") ersetzte, trifft diesbezüglich ebenfalls nicht das Richtige.

192–193 *ita futurum …* Die Erklärung des Er. trübt den Sinn des Spruchs. Cato geht es in keiner Weise um den „Ruhm" oder „Ruf" von Politikern, sondern ausschließlich um ihre moralische Integrität: Er sagt, daß diejenigen, die mit moralisch einwandfreiem Verhalten Erfolg gehabt haben, auch weiterhin so vorgehen sollen, jedoch diejenigen, die dies mit üblen Machenschaften geschafft haben, ihr Leben bessern sollen.

Apophth. V, 358 ist ein Gegenstück zu dem Adagium „Qui viae ignarus est, virgiferum adhibet", in *Adag.* 1681 (*ASD* II, 4, S. 137): „Cato Censorius in eos, qui subinde ambirent magistratum, non inscite dicere solet … *non aliter quam viae ignaros semper velle cum virgiferis incedere, ne errarent …*". Er. fügte Catos Apophthegma zuerst in die Ausgabe des Jahres 1526 (= F) ein. Für Catos kritische Haltung gegenüber der Anhäufung von Ämtern vgl. oben V, 345.

195–196 *Qui magistratum … semper quaerere* Wörtliche, jedoch durch einen Verständnisfehler entstellte Wiedergabe von Francesco Barbaros Übers. von Plut. *Cato mai.* 8, 5 (*Vit.* 340): „Qui summa cura ac diligentia saepe magistratus ambirent, eos velut ignaros viae dicere solebat: ne errarent, lictores, quibuscum incederent, semper quaeritare" (ed. Bade, Paris 1514, fol. CXXII^r). Vgl. den griech. Text: Τοὺς δὲ πολλάκις ἄρχειν σπουδάζοντας ἔφη καθάπερ ἀγνοοῦντας τὴν ὁδὸν ἀεὶ μετὰ ῥαβδούχων ζητεῖν πορεύεσθαι, μὴ πλανηθῶσιν. Schönberger, *Incertorum librorum reliquiae*, Frgm. 484; Jordan, *Dicta memorabilia*, Nr. 7 (S. 98). In *Adag.* 1681 (*ASD* II, 4, S. 137) zitiert Er. die zweite Hälfte des Spruchs auf Griechisch.

195 *magistratum eundem* „eundem" ist ein Zusatz des Er., der den Sinn des Apoph-

568 APOPHTHEGMATVM LIBER QVINTVS

V, 359   FILIVS IMPROBVS   (Cato Senior, 34)

In inimicum quendam probrosae vitae, „Huius", inquit, *„mater, quum deos orat, vt sibi filius sit superstes, non precatur, sed imprecatur"*, sentiens illam et sibi et reipublicae ⟨im⟩precari [in] magnum malum.

V, 360   REX INFENSVS DEMOCRATIAE   (Cato Senior, 35)

Quum Eumenes rex Romam venisset et, a senatu honorifice exceptus, clarissimorum ciuium frequentia stiparetur, *Cato* non dissimulabat tantum Romanorum *erga illum studium sibi suspectum esse*, ipse vitans regis consuetudinem. Hoc quibusdam admirantibus ac *dicentibus Eumenem virum esse probum* ac *amico in* populum *Romanum animo, „Sint* ista vera*",* inquit, „Attamen *illa belua natura ferox canis est"*, sentiens omnes reges, vtcunque pro tempore simulent, natura tyrannos esse ac democratiae infensos. Romae autem regis nomen erat inuisissimum.

201 imprecari *scripsi*: precari *A-C*.
201 in *inseruerunt BAS LB*.

207 ferox canis *A-C*: vorax carnis *Leopardi*.

thegmas trübt. Es geht nicht darum, daß manche Leute immer dasselbe Amt erstrebt hätten, sondern daß sie stets ständig um weitere, d.h. im röm. *Cursus honorum, höhere* Ämter bewarben. Gemeint sind alle Ämter, die eine Begleitung durch Liktoren vorsahen: Konsul (12 Lictores), Prokonsul (11), Prätor (6) und Proprätor (6), Magister equitum (6), Legatus (5), Ädil (2) und Quaestor außerhalb Roms (1). Er.' Vorlage, Barbaro, hatte sinngemäß richtig den Plural („magistratus") verwendet, was Er. jedoch durch sein falsches Verständnis des Spruchs zur Einzahl („magistratum") verschlimmbesserte. Daß man *dasselbe Amt häufig* („frequenter") bekleidet hätte, war im römischen Staatssystem nicht erlaubt. Die Amtsdauer war in der Regel 1 Jahr; die Verlängerung eines Amtes war nur in seltenen Notfällen (Krieg) möglich. Cato richtet sich in dem Spruch gegen die überdurchschnittlich ambitionierten „Ämterfüchse", die danach strebten, in jedem Jahr irgendein Amt zu bekleiden. Aufgrund der begrenzten Anzahl der Ämter war dies schwierig. Zu den Liktoren vgl. Ch. Gizewski, *DNP* 7 (1999), Sp. 180–181, s.v. „Lictor". Kulturhistorisches Wissen zum Liktorenbrauch war Er. nur teilweise geläufig; z. B. in V, 284B geht Er. davon aus, daß in Rom tätige Quästoren Liktoren bei sich haben (was nicht der Fall ist); weiter verwechselt er ebd. die Beamten der Staatskasse mit Liktoren.

199–200 *In inimicum quendam ... imprecatur* Versuchte wörtliche, jedoch aufgrund einer Auslassung missverstandene Wiedergabe von Plut. *Cato mai.* 8, 6 (*Vit.* 340), wobei Er. Barbaros Übers. als Textvorlage verwendete: „Ex inimicis quum quispiam turpiter ac ignominiose viueret, ,huius mater', inquit, ,quum deos immortales precatur, vt hic sibi vita functae superstes sit, execrari, non orare se putat'" (ed. Bade, Paris 1514, fol. CXXII[r]); vgl. den griech. Text: Περὶ δὲ τῶν ἐχθρῶν τινος αἰσχρῶς καὶ ἀδόξως βιοῦν δοκοῦντος „ἡ τούτου μήτηρ", ἔφη, „κατάραν, οὐκ εὐχήν, ἡγεῖται τὸ τοῦτον ὑπὲρ γῆς ἀπολιπεῖν". Schönberger, *Incertorum librorum reliquiae*, Frgm. 486; Jordan, *Dicta memorabilia*, Nr. 9 (S. 98).

200 *non precatur, sed imprecatur* Dadurch, daß Er. bei der Übernahme des Textes von Barbaro „putat" (ἡγεῖται) ausliess, gab er den Sinn des Spruches nicht richtig wieder: Der springende Punkt, den Cato hervorkehrt, ist gerade, daß selbst die Mutter dieses Mannes es für einen Fluch hält, für sein Weiterleben zu beten. Damit impliziert Cato, daß dieser nichtswürdige Mensch *sogar von seiner Mutter gehasst wird*. Er. erzeugt sogar einen konträren Sinn durch die Angabe, daß die Mutter die Götter bitte, ihr Sohn möge sie überleben.

202 *Apophth.* V, 360 datiert auf den Winter d.J. 173/2 v. Chr., als Eumenes II. Soter, König von Pergamon (197–159 v. Chr.), Rom einen Staats-

besuch abstattete. Diplomatisches Ziel war, die Bande mit Rom noch enger zu gestalten und im Zusammenhang mit den Kriegsvorbereitungen des Königs Perseus von Makedonien die Römer zu aktivieren. Perseus versuchte (vergeblich), Eumenes auf der Rückreise bei Delphi ermorden zu lassen. Zu Eumenes II. vgl. Komm. oben zu V, 118. Er. hat den Titel des Spruchs seinem Kommentar entnommen („sentiens omnes reges, vtcunque pro tempore simulent, natura tyrannos esse ac Democratiae infensos"), wobei er die Staatsform der Römischen Republik einseitig als Demokratie betrachtete.

203–207 *Quum Eumenes rex ... canis est* Fehlerhafte und missverständliche Wiedergabe von Plut. *Cato mai.* 8, 7–8 (*Vit.* 340), wobei Er. von Francesco Barbaros teilweise fehlerhafter Übers. ausging, die er variierte und erweiterte, ohne sich um den griech. Text zu kümmern: „Quum Eumenes rex Romam venisset et a Senatu comiter ac honorificentissime susceptus esset et clarissimorum circa eum ciuium frequentia certatim versaretur, Cato non obscure tantum erga regem studium suspectum habens eum declinabat. Dehinc quum ipsi diceretur Eumenem frugi virum amicissimo animo in rempublicam Romanam esse, ,Esto', inquit, ,Caeterum haec ipsa bellua, rex scilicet, natura ferox canis est'". Da Er. hier den griech. Text nicht berücksichtigte, übernahm er unwillkürlich Barbaros Übersetzungsfehler: Z. B. steht im griech. Text nicht, daß Cato ganz offen und demonstrativ (gewissermaßen affrontmäßig) zeigte, daß ihm die Zuneigung, die man dem König in Rom entgegenbrachte, verdächtig sei (Barbaro: „non obscure tantum erga regem studium suspectum habens"), sondern daß sich Cato dem König gegenüber scheu und furchtsam betrug (ὁ Κάτων ὑφορώμενος καὶ φυλαττόμενος αὐτόν). Ein weiterer Übersetzungsfehler, den Er. übernahm, ist die Bezeichnung des Königs als Hund (siehe unten). Vgl. den griech. Text: Ἐπεὶ δ' Εὐμένους τοῦ βασιλέως ἐπιδημήσαντος εἰς Ῥώμην ἥ τε σύγκλητος ὑπερφυῶς ἀπεδέξατο καὶ τῶν πρώτων ἅμιλλα καὶ σπουδὴ περὶ αὐτὸν ἐγίνετο, δῆλος ἦν ὁ Κάτων ὑφορώμενος καὶ φυλαττόμενος αὐτόν. Εἰπόντος δέ τινος „ἀλλὰ μὴν χρηστός ἐστι καὶ φιλορώμαιος", „ἔστω", εἶπεν, „ἀλλὰ φύσει τοῦτο τὸ ζῷον ⟨ὁ βασιλεὺς⟩ σαρκοφάγον ἐστίν (Jordan: ἐστί)". Schönberger, *Incertorum librorum reliquiae*, Frgm. 488; Jordan, *Dicta memorabilia*, Nr. 11 (S. 98).

207 *canis* Die metaphorische Bezeichnung eines Monarchen als Hund ist kurios. Im griech. Originaltext sagt Cato an der nämlichen Stelle nicht, daß ein König ein Hund sei, sondern ein fleischfressendes Tier (ζῷον σαρκοφάγον). Die verfehlte Konkretisierung als Hund übernahm Er. aus Barbaros Übers. (a.a.O.). Für den Inhalt, den Cato vermitteln will, ist entscheidend, daß ein König im Grunde immer ein gefährliches Raubtier, eine menschenverschlingende Bestie sei. Der Hund dagegen galt und gilt als zahmes Tier, das dem Menschen treu dient. Paulus Leopardus merkte die Fehlübersetzung in seinen *Emendationes et miscellanea* III, 3 (S. 63–64) an; Leopardus meinte, daß „ferox canis" eine Verschreibung von „vorax carnis" sei.

| 210 | V, 361 | INVIDIA OB BENEFACTA | (Cato Senior, 36) |

Dicebat ideo sibi ab inimicis conflari inuidiam, *quod quotidie noctu surgens rei familiaris rationibus neglectis reipublicae consuleret*, notans ingratitudinem populi.

| | V, 362 | SALSE | (Cato Senior, 37) |

Quum tres essent designati, qui legati proficiscerentur *in Bithyniam, quorum vnus*
215 *podagra* teneretur, *alter caput haberet vulneribus confossum, tertius vecordia laborare videretur, Cato ridens dixit* Populi *Romani legationem nec pedes habere nec caput nec cor*.

| | V, 363 | PVSILLA CVRARE CVM PERICVLO | (Cato Senior, 38) |

Quum impetratum esset de restituendis Achaeorum exulibus, *Polybius* et hoc *ad*
220 *senatum* retulit, vt restitutis apud suos *pristini honores ac magistratus* redderentur. Hic *Cato rogatus sententiam* dixit, *Polybius* idem facere videtur, quod fecit *Vlysses*, qui Cyclopis speluncam repetere voluit, quo pileum et cingulum, quae illic per obliuionem reliquerat, reciperet, significans abunde multum esse, quod exulibus datus esset in patriam reditus, esseque periculum, ne dum pristinos honores repetunt, etiam a
225 reditu excludantur.

---

214 Bithyniam *B C versio Barbari*: Bithiniam *A*.

215 vecordia *A B LB sicut in versione Francisci Barbari*: vaecordia *C BAS*.

Apophth. V, 361 Der Titel zeigt ebenso wie seine Erklärung („notans ingratitudinem populi"), daß Er. den Sinn des Spruches nicht recht verstand. In dem Spruch geht es nicht um die Undankbarkeit des Volkes, sondern um den Grund, weswegen Cato von seinen Feinden gehasst wurde, nämlich für seine überquellende und ganz dem Staatsdienst gewidmete Energie, die ihm stets einen Vorsprung gegenüber seinen Kontrahenten verschaffte.

211–212 *Dicebat ... consuleret* Teilweise wörtliche Übernahme von Francesco Barbaros Übers. von Plut. *Cato mai.* 8, 9 (*Vit.* 340), wobei Er. jedoch durch eine unglückliche Variation den Sinn des Spruches verdrehte. Barbaro: „Inimicos inuidia sibi affectos dictitabat, quia quottidie noctu exurgens rei suae familiaris rationes negligeret, vt reipublicae dignitati ac commodis omni cura vigilantiaque consuleret" (ed. Bade, Paris 1514, fol. CXXII^r). Vgl. den griech. Text: Αὐτῷ (Jordan: Αὑτῷ) δ᾽ ἔλεγε τοὺς ἐχθροὺς φθονεῖν, ὅτι καθ᾽ ἡμέραν ἐκ νυκτὸς (Jordan: ἡμέραν νυκτὸς) ἀνίσταται καὶ τῶν ἰδίων ἀμελῶν τοῖς δημοσίοις σχολάζει. Schönberger, *Incertorum librorum reliquiae*, Frgm. 490; Jordan, *Dicta memorabilia*, Nr. 13 (S. 99).

211 *sibi ... conflari inuidiam* Er. hat den Spruch falsch verstanden. Weder im griech. Originaltext noch in Barbaros Übers. steht, daß die Feinde gegenüber Cato Abgunst zu erzeugen suchten (nach Er. „sibi conflari inuidiam"), was bedeuten würde, daß sie Cato beim römischen Volk anschwärzten, sondern, daß ihm seine Feinde deshalb abgünstig gesinnt waren (τοὺς ἐχθροὺς φθονεῖν, ὅτι), weil er sich mit ganzer Hingabe für den Staat einsetzte. Obwohl Barbaro die Stelle richtig übersetzt hatte („Inimicos inuidia sibi affectos dictitabat", a.a.O.), verdrehte Er. den Sinn.

212 *notans ingratitudinem populi* Für Er.' irrige Erklärung „notans ingratitudinem populi" vgl. Komm. oben.

Apophth. V, 362 bezieht sich auf d.J. 150 v. Chr., als

die Gesandtschaft zusammengestellt wurde. Ihr Auftrag war, im Konfikt zwischen dem König von Bithynien, Prusias II. (reg. 182–149 v. Chr.), und seinem Sohn Nikomedes zu vermitteln. Die Gesandtschaft verlief erfolglos: Nikomedes ließ seinen Vater i.J. 149 steinigen und ergriff die Macht als neuer König Nikomedes II. Epiphanes (reg. 149–128). Polybios (XXXVII, 2) und Diodorus Siculus (XXXII, 20) überliefern die Namen der ‚invaliden' Gesandten: M. Licinius, A. Mancinus und L. Malleolus.

214–217 *Quum tres ... cor* Plut. *Cato mai.* 9, 1 (*Vit.* 341). Er. bearbeitete Francesco Barbaros Übers.: „Posteaquam tres in Bithyniam legati Romae delecti sunt, quorum vnus podagra, alter capite vulneribus confosso, tertius vecordia laborare videbatur, ridens Cato, ‚Populus Romanus', inquit, ‚legationem emittit, quae nec pedes nec caput nec cor habet' " (ed. Bade, Paris 1514, fol. CXXII^r). Vgl. den griech. Text: Τῶν δὲ Ῥωμαίων εἰς Βιθυνίαν τρεῖς ἑλομένων πρέσβεις, ὧν ὁ μὲν ποδαγρικὸς ἦν, ὁ δὲ τὴν κεφαλὴν ἐξ ἀνατρήσεως καὶ περικοπῆς κοίλην εἶχεν, ὁ δὲ τρίτος ἐδόκει μωρὸς εἶναι, καταγελῶν ὁ Κάτων ἔλεγε (εἶπε Jordan) πρεσβείαν ὑπὸ Ῥωμαίων ἀποστέλλεσθαι μήτε πόδας μήτε κεφαλὴν μήτε καρδίαν ἔχουσαν. Schönberger, *Incertorum librorum reliquiae*, Frgm. 493; Jordan, *Dicta memorabilia*, Nr. 16 (S. 99). Er. übernahm Barbaros Übers. zum Teil wörtlich, zum Teil variierte er sie und in einem Punkt korrigierte er sie: Barbaro hatte ἐδόκει („videbatur"), das sich im griech. Text nur auf den Verrückten bezieht, grammatisch auf alle drei Legaten ausgeweitet, was sinnwidrig ist; Er. beschränkte ἐδόκει wieder auf den Verrückten. Für das Apophthegma vgl. Liv. *peroch.* L: „Cum legatos ad pacem inter Nicomedem et Prusiam faciendam Romani misissent, et vnus ex iis caput multis cicatricibus sparsum haberet, alter pedibus aeger esset, tertius ingenio socors haberetur, dixit Cato eam legationem nec caput nec pedes nec cor habere".

215 *caput ... vulneribus confossum* Er. übernahm den Text wörtlich aus Barbaros Übers., die durch die Angabe, daß der Kopf des Gesandten von „mehreren Wunden durchlöchert" gewesen sein soll, ein dramatisches, übertrieben wirkendes Bild entwirft. Im griech. Originaltext steht, daß der Senator von einer Schädeloperation eine Höhlung im Kopf zurückbehalten hatte (τὴν κεφαλὴν ἐξ ἀνατρήσεως καὶ περικοπῆς κοίλην εἶχεν).

218 *Apophth.* V, 363 Für die Verhandlungen über die Rückkehr der Geiseln des Achaiischen Bundes i.J. 151 v. Chr. vgl. oben Komm. zu V, 353. In *Apophth.* V, 363 tritt Cato als Erfinder einer komischen Mythentravestie auf, in der Odysseus, der nur knapp mit dem Leben davongekommen war, nochmals in die Höhle des Zyklopen zurückkehrt, weil er dort seinen Hut und seinen Gürtel vergessen habe. Odysseus war vielleicht die beliebteste mythologische Gestalt für die Mythentravestien der Griechischen Komödie; Epicharmos widmete ihm drei, Kratinos zwei Komödien; vgl. F. Casolari, *Die Mythentravestie der griechischen Komödie*, Münster 2003.

219–223 *Quum impetratum esset ... reciperet* Paraphrasierende Wiedergabe von Barbaros Übers. von Plut. *Cato mai.* 9, 3 (*Vit.* 341): „Quibus (sc. Achaeis exulibus) simulac ex senatus consulto domum reuerti concessum est, Polybius in senatum introduci moliebatur, vt exulibus illis, qui grauissimi ordinis decreto in patriam redibant, pristinos honores et magistratus restitueret. Qua de re quum Catonis sententiam rogaret, subridens Cato respondit Polybium quemadmodum Vlyssem speluncam Cyclopis subire velle, vt pileum et cingulum, quae illic oblitus erat, repeteret" (ed. Bade, Paris 1514, fol. CXXII^r). Vgl. den griech. Text: ψηφισθείσης δὲ τῆς καθόδου τοῖς ἀνδράσιν, ἡμέρας ὀλίγας οἱ περὶ τὸν Πολύβιον διαλιπόντες, αὖθις ἐπεχείρουν εἰς τὴν σύγκλητον εἰσελθεῖν, ὅπως ἃς πρότερον εἶχον ἐν Ἀχαΐᾳ τιμὰς οἱ φυγάδες ἀναλάβοιεν, καὶ τοῦ Κάτωνος ἀπεπειρῶντο τῆς γνώμης. Ὁ δὲ μειδιάσας ἔφη τὸν Πολύβιον ὥσπερ τὸν Ὀδυσσέα βούλεσθαι πάλιν εἰς τὸ τοῦ Κύκλωπος σπήλαιον εἰσελθεῖν, τὸ πιλίον ἐκεῖ καὶ τὴν ζώνην ἐπιλελησμένον. Schönberger, *Incertorum librorum reliquiae*, Frgm. 494; Jordan, *Dicta memorabilia*, Nr. 17 (S. 99–100).

V, 364   Nova sententia   (Cato Senior, 39)

Aiebat stultos prudentibus plus adferre vtilitatis *quam prudentes stultis: prudentes enim, dum facile vident errata stultorum eaque vitant*, fieri cautiores; at *stultos non item, quae a prudentibus recte fiunt –* quia non vident, *posse imitari.*

V, 365   Obesvs   (Cato Senior, 40)

Videns quendam vehementer *obesum* mirabatur, *cui vsui tale corpus esse posset reipublicae, cuius inter guttur et inguen omnia venter* occuparet.

V, 366   Palato sapere   (Cato Senior, 41)

Lurconi *cuidam ambienti inter* Catonis *familiares* recipi, *negauit dicens se cum eo non posse viuere, qui plus saperet palato quam corde.*

V, 367   Amor   (Cato Senior, 42)

Amantis animum dicebat in alieno corpore viuere. Quod hodie quoque celebratur: *animam* illic *potius esse, vbi amat quam vbi animat.*

Apophth. V, 364 ist inhaltlich mit *Adag.* 1906 „Molestum sapientem apud stultos loqui" (*ASD* II, 4, S.282) verwandt: „Nihil intractabilius homine stulto, qui quicquid recte dicitur in diuersam partem rapit".

227–229 *Aiebat stultos … posse imitari* Paraphrasierende, mit erklärenden Zusätzen angereicherte Wiedergabe von Plut. *Cato mai.* 9, 4 (*Vit.* 341), wobei Er. Barbaros Übers. als Textvorlage verwendete: „Affirmabat praeterea stultos prudentibus viris maiori emolumento esse quam prudentes stultis. Namque prudentes valent illorum errata facile deprehendere ac vitare; stultos vero, quae a prudentibus recte facta sunt, imitari non posse" (ed. Bade, Paris 1514, fol. CXXII^r). Vgl. den griech. Text: Τοὺς δὲ φρονίμους ἔλεγε μᾶλλον ὑπὸ τῶν ἀφρόνων ἢ τοὺς ἄφρονας ὑπὸ τῶν φρονίμων ὠφελεῖσθαι· τούτους μὲν γὰρ φυλάττεσθαι τὰς ἐκείνων ἁμαρτίας, ἐκείνους δὲ τὰς τούτων μὴ μιμεῖσθαι κατορθώσεις. Schönberger, *Incertorum librorum reliquiae*, Frgm. 495; Jordan, *Dicta memorabilia*, Nr. 18 (S. 100).

228 *fieri cautiores* „fieri cautiores" ist ein interpretierender Zusatz des Er., für den sich weder im griech. Text noch in Barbaros Übers. ein Äquivalent findet.

229 *quia non vident* „quia non vident" ist ein erklärender Zusatz des Er., der freilich den Witz des Spruches zunichte macht.

229 *posse* „posse" stellt einen Zusatz des Barbaro dar; im griech. Originaltext steht lediglich, daß die Dummen das richtige Verhalten der Klugen nicht nachahmen.

231–232 *obesum … venter* Im einleitenden Teil frei paraphrasierende, im Spruchteil wörtliche Wiedergabe von Plut. *Cato mai.* 9, 5 (*Vit.* 341): Τὸν δ' ὑπέρπαχυν κακίζων „ποῦ δ' ἄν", ἔφη, „σῶμα τοιοῦτον τῇ πόλει γένοιτο (σῶμα τοιοῦτον τῇ πόλει γένοιτο *ed. Perrin, ed. Jordan:* τῇ πόλει σῶμα τοιοῦτο γένοιτο *ed. Schönberger*) χρήσιμον, οὗ τὸ μεταξὺ λαιμοῦ καὶ βουβώνων πᾶν (πᾶν *ed. Perrin, ed. Jordan:* ἅπαν *ed. Schönberger*) ὑπὸ τῆς γαστρὸς κατέχεται". Schönberger, *Incertorum librorum reliquiae*, Frgm. 496; Jordan, *Dicta memorabilia*, Nr. 21 (S. 100). In diesem Fall scheint Er. ausnahmsweise Francesco Barbaros Übers. nicht beachtet zu haben: „Quum in pinguem quempiam acerbe maledictis inueheretur, quibus in rebus huiusce modi corpus ciuitati fructuosum ac commodum futurum esset, rogauit, cuius inter guttur et inguen cuncta sub ventris ditione posita forent" (ed. Bade, Paris 1514, fol. CXXII^r).

231 *mirabatur* Im griech. Text steht, daß Cato einen obesen Menschen „heruntermachte, tadelte" (κακίζων ... ἔφη), von Barbaro betont mit „acerbe maledictis inueheretur" wiedergegeben (a.a.O.).

233 *Apophth.* V, 366 Für Catos Kritik an Schlemmern vgl. oben V, 346 und 365.

234–235 *Lurconi ... corde* Frei variierende Wiedergabe von Barbaros Übers. von Plut. *Cato mai.* 9, 5 (*Vit.* 341): „Libidinoso cuidam inter familiares suos esse cupienti, concessurum se negauit, quoniam cum eo viuere non posset, qui melius ac subtilius palato quam corde sentiret" (ed. Bade, Paris 1514, fol. CXXII^r). Vgl. den griech. Text: Τῶν δὲ φιληδόνων τινὰ βουλόμενον αὐτῷ συνεῖναι παραιτούμενος, ἔφη μὴ δύνασθαι ζῆν μετ' ἀνθρώπου τῆς καρδίας τὴν ὑπερῴαν εὐαισθητοτέραν ἔχοντος. Schönberger, *Incertorum librorum reliquiae*, Frgm. 498; Jordan, *Dicta memorabilia*, Nr. 22 (S. 100).

234 *Lurconi* „Lurco" lautet der Titel von Er.' Cato-*Apophthegma* V, 346; für „lurco" vgl. Lucilius *apud Non.* I, 34: „Viuite lurcones, commedones viuite ventres"; Plaut. *Pers.* III, 3, 16: „lurco, edax, furax, fugax"; Tert. *De anima* 33 „Lurconiana et Apiciana condimenta".

237 *Amantis ... viuere* Wörtliche, leicht gekürzte Wiedergabe von Barbaros Übers. von Plut. *Cato mai.* 9, 5 (*Vit.* 341): „Animum eius, qui amoribus teneretur, in alieno corpore viuere dicebat" (ed. Bade, Paris 1514, fol. CXXII^r). Vgl. den griech. Text: Τοῦ δ' ἐρῶντος ἔλεγε τὴν ψυχὴν ἐν ἀλλοτρίῳ σώματι ζῆν. Schönberger, *Incertorum librorum reliquiae*, Frgm. 499; Jordan, *Dicta memorabilia*, Nr. 23 (S. 100).

238 *animam ... animat* Mit „animam ... animat" führt Er. Catos Spruch mit einem Sprichwort zusammen, das in seiner Zeit („hodie") häufig verwendet wurde. Das Sprichwort „anima magis est, vbi amat quam vbi animat" geht auf Bernard von Clairvaux (gest. 1153) zurück, *De praecepto et dispensatione* XX, 60: „Neque enim praesentior spiritus noster est ubi animat quam ubi amat ..." (in: *Opera*, Paris 1719, Bd. I, 2, 528F); Jean Gerson (1363–1429) führt die Sentenz in seinem Traktat *De theologia mystica speculativa* an: „quod verius est anima ubi amat quam vbi animat" (*Consid.* 41, in: *Opera*, Antwerpen 1706, Bd. III, S. 394). Unter Erasmus' Zeitgenossen galt die Sentenz als Spruch, der anonym oder pseudonym vermittelt wurde. Johannes Brenz (1528) bezeichnet ihn in seinem *Tracteli Ein Außzug auß dem achten Capitel Pauli ad Romanos Von dem Creutz und Anfechtung* als „Spruch der Alten": „Aber gleych wie die Alten sprechen ‚Anima plus est vbi amat quam vbi animat'. ‚Die seel ist und lebt vil mer an dem ort dahin sy ir lieb setzt dann in dem leyb'" (*Etlich tractetli*, s.l., s.a. [1528]); Martin Luther und Johann Hoffmaister schreiben den Spruch dem Hl. Augustinus zu; vgl. Hoffmaister in seiner *Predigt von den lieben Heiligen Gottes*: „Daher gehet der Spruch S. Augustini, ‚Animus siue cor magis est vbi amat quam vbi animat', ‚Das hertz ist mehr am ort da es liebt denn da es lebet und schwebet'". Das bestätigte auch Christus: ‚Wo dein Schatz, da ist auch dein hertz'" (Ingolstadt, Alexander Weissenborn d.J. 1525, fol. CXXXVIII^r). Luther zitierte den Spruch mehrfach, u. a., anonym, in den Scholien zum Hebräerbrief 9, 23 (*Luthers Vorlesung über den Hebräerbrief* nach der vatikanischen Handschrift herausgegeben von E. Hirsch und H. Rückert, Berlin-Leipzig 1929, S. 235); mit der Zuschreibung an Augustin in Luther, *Colloquia oder Christliche, nützliche Tischreden*, cap. XIX. Im Deutschen tritt die Spruchweisheit in mehreren Varianten auf (vgl. oben); ihre einfachste Form lautete: „Die seel ist mehr wo sie liebt als wo sie lebt". Die Zuschreibung des Spruchs an Augustinus findet sich bereits in Meister Eckhardts Kommentar zum Johannesevangelium, *Expositio S. Evangelii secundum Iohannem* 8, 34, ed. K. Christ et alii, Stuttgart 1994. Walther II, 7, 775c1: „Anima magis est, vbi amat quam vbi animat".

V, 368　　　　　　　　　　POENITENDA　　　　　　　　　　(Cato Senior, 43)

240　*Tria per omnem vitam* accidisse *dixit, quorum poenituisset: primum, si quid arcani foeminae credidisset; secundum, si quopiam nauigio vectus esset, quo pedestri itinere peruenire licuisset; tertium, si quis dies ipsi* per negligentiam absque fructu *effluxisset.*

V, 369　　　　　　　　　　　SALSE　　　　　　　　　　　(Cato Senior, 44)

Ad tribunum plebis, qui veneficii infamia laborabat, *iniquam ferentem legem, „Adoles-*
245　*cens", inquit, „nondum scio, vtrum haurire quod temperas, an approbare quod scribis deterius sit,* sentiens et legem, quam parabat, exitiosam esse reipublicae.

V, 370　　　　　　　　　　MALEDICENTIA　　　　　　　　　　(Cato Senior, 45)

A quodam multis nominibus infami *vexatus, „Impar mihi", inquit, „tecum certamen est. Nam vt tibi et male audire et maledicere facillimum ac promptissimum est, ita mihi*
250　*maledicere insuaue, male audire insolitum".*

V, 371　　　　　　　　　　　　　　　　　　　　　　　　(Cato Senior, 46)

Apud Athenienses, quum, *quaecunque Cato breuissimo sermone expedierat, ea vix longo verborum ambitu* re*dderet* interpres, dictum est *Graecis orationem e labiis, Romanis ex corde proficisci.*

240–242 *Tria ... effluxisset* Variierende Bearbeitung von Barbaros Übers. von Plut. *Cato mai.* 9, 6 (*Vit.* 341): „Tribus item in rebus per omnes vitae suae partes poenitentiam egisse: primum, si mulieri quicquam arcanum aliquando credidisset; secundum, si aliquo naui transmisisset, quo pedestri itinere sibi proficisci licuisset; tertium, siqua dies ei per incuriam inanis effluxisset" (ed. Bade, Paris 1514, fol. CXXII^r). Vgl. den griech. Text: Μεταμεληθῆναι δ' αὐτὸς ἐν παντὶ τῷ βίῳ τρεῖς μεταμελείας· μίαν μὲν ἐπὶ τῷ γυναικὶ πιστεῦσαι λόγον ἀπόρρητον, ἑτέραν δὲ πλεύσας ὅπου δυνατὸν ἦν πεζεῦσαι, τὴν δὲ τρίτην, ὅτι μίαν ἡμέραν ἀδιάθετος ἔμεινε. Schönberger, *Incertorum librorum reliquiae*, Frgm. 500; Jordan, *Dicta memorabilia*, Nr. 24 (S. 101).

242 *si quis dies ... effluxisset* In „si quis dies ... effluxisset" reproduziert Er. mit einer Variation Barbaros Übers., die jedoch sehr frei ist; der Sinn von ἀδιάθετος ist nicht ohne weiteres evident. ἀδιάθετος bedeutet entweder „ungeordnet" oder „keine Anordnung/ Verfügung getroffen habend" oder „ohne ein Testament gemacht zu haben" (Passow I, 1, S. 32, s.v.). Nach Schönberger bereute Cato, daß er „einen Tag hingebracht habe, ohne ein Testament gemacht zu haben" (Nr. 500, S. 337), ebenso Bernadotte Perrin „and once when he remained intestate a whole day" und Liddell-Scott (I.S. 22) „having made no will, intestate"; jedoch ergibt dies keinen plausiblen Sinn. Die konkretere Bedeutung ist wohl aus „keine Anordnung/ Verfügung getroffen habend" abzuleiten; wenn sich die Bemerkung auf Cato, den Leiter eines Oikos und landwirtschaftlichen Betriebes, bezieht, könnte die Reue sich daraus erklären, daß an einem Tag, an dem er dem Personal keine klaren Aufträge gab, nichts Vernünftiges herausgekommen sei; wenn sich die Bemerkung auf Catos eigene Tagesplanung bezieht, bedeutet sie, daß es ihm um jeden Tag, an dem er unterließ, von einer festen Zeitplanung auszugehen, leid war, wobei impliziert wird, daß er, jedenfalls seines Einsehens, an einem solchen Tag nichts Nennenswertes zustande gebracht habe. Die

letze Bedeutung bevorzugt Passow: „Bei Plut. Cat. Mai. 9 scheint es am füglichsten von der Unterlassung einer festen Zeiteintheilung verstanden zu werden" (a.a.O.). Sie liegt auch Barbaros freier Interpretation und der noch freieren der Didot-Ausgabe („quod vna die nihil serie rei egisset", Bd. I, S. 407) zugrunde.

244–246 *Ad tribunum plebis ... deterius sit* Wörtliche Wiedergabe von Francesco Barbaros Übers. von Plut. *Cato mai.* 9, 7 (*Vit.* 341), die allerdings mangelhaft ist: „Ad tribunum plebis, qui in suspitionem veneficii venerat, iniquam legem ferentem, ‚Adolescens', ait, ‚Nondum scio, vtrum haurire, quod temperas, an approbare, quod scribis deterius sit'" (ed. Bade, Paris 1514, fol. CXXII^v). Barbaro hatte in seiner Übers. καὶ βιαζόμενον vergessen. Da Er. sich in diesem Fall nicht um den griech. Text kümmerte, fiel ihm die Auslassung nicht auf. Vgl. den griech. Text: Πρὸς δὲ δήμαρχον ἐν διαβολῇ μὲν φαρμακείας γενόμενον, φαῦλον δὲ νόμον εἰσφέροντα καὶ βιαζόμενον, „ὦ μειράκιον", εἶπεν, „οὐκ οἶδα, πότερον χεῖρόν ἐστιν ὁ κίρνης πιεῖν ἢ ὃ γράφεις κυρῶσαι". Schönberger, *Incertorum librorum reliquiae*, Frgm. 502; = Schönberger, *Orationum reliquiae*, Frgm. 238; Jordan, *Dicta memorabilia*, Nr. 26 (S. 101).

244 *iniquam ferentem legem* Im griech. Originaltext steht, daß der Volkstribun eine üble Gesetzeseingabe machte und diese mit Gewalt durchsetzen wollte (καὶ βιαζόμενον), auf Latein etwa „magna contentione ferentem" oder „vi et contentione ferentem".

248–250 *A quodam ... audire insolitum* Im einleitenden Teil paraphrasierende, im Spruchteil wörtliche Wiedergabe von Barbaros Übers. von Plut. *Cato mai.* 9, 7 (*Vit.* 341), der allerdings den ersten Teil der Anekdote missverstanden hatte: „Cato cuiuspiam, qui multis intemperantiae ac impotentiae notis inustus erat, probris vexatus, ‚Impar mihi tecum', ait, ‚certandi conditio est; nam vt et male audire et maledicere tibi facillimum simul et promptissimum est, sic et mihi maledicere insuaue et male audire insuetum est'" (ed. Bade, Paris 1514, fol. CXXII^v). Vgl. den griech. Text: Βλασφημούμενος δ' ὑπ' ἀνθρώπου βεβιωκότος ἀσελγῶς καὶ κακῶς, „ἄνισος", εἶπεν, „ἡ πρός σέ μοι μάχη ἐστί· καὶ γὰρ ἀκούεις τὰ κακὰ ῥᾳδίως καὶ λέγεις εὐχερῶς, ἐμοὶ δὲ καὶ λέγειν ἀηδὲς καὶ ἀκούειν ἀηθές". Schönberger, *Incertorum librorum reliquiae*, Frgm. 503; Jordan, *Dicta memorabilia*, Nr. 27 (S. 101).

248 *multis nominibus infami* Er.' „multis nominibus infami" hat kein Äquivalent im griech. Originaltext; Er. stellte hier eine Art Zusammenfassung von Barbaros ganz freier Übertragung „qui multis intemperantiae ac impotentiae notis inustus erat" (a.a.O.) her. Im griech. Originaltext steht lediglich, daß Cato von einem Menschen beschimpft wurde, „der ein schlechtes und liederliches Leben geführt hatte" (ἀνθρώπου βεβιωκότος ἀσελγῶς καὶ κακῶς), nicht, daß es um den schlechten Ruf (des Mannes) ging, noch daß dieser Ruf aufgrund vieler verschiedener Laster zustandegekommen sei.

251 *Apophth.* V, 371 Er. hat den Spruch überraschenderweise nicht Cato (wie das im griech. Originaltext der Fall ist), sondern den Athenern zugeschrieben. Der Irrtum kam dadurch zustande, daß Er. an vorl. Stelle nur von Barbaros Übers. ausging, ohne sich um den griech. Plutarchtext zu kümmern. Barbaro hatte die Stelle falsch übersetzt („Quocirca rati sunt ..."; „Deshalb ... meinten sie" bzw. „Deshalb meinte man"). Der Urheber des Spruches ist jedoch Cato: οἴεσθαι bezieht sich auf diesen, nicht auf die Athener. Er. seinerseits machte die Verwirrung größer, indem er die dritte Person Plural auf die Athener bezog, bei denen Cato zu Besuch war. Es wäre natürlich völlig widersinnig gewesen, daß die Athener diese für sie selbst wenig schmeichelhafte Schlussfolgerung gezogen hätten. Bei sorgfältiger Lektüre des griech. Textes klärt sich die Frage der Urheberschaft des Spruches: Das Lemma wird zunächst von φησί (sc. Cato) eingeleitet, wonach eine im AcI wiedergegebene indirekte Rede folgt; dann folgt die Infinitivkonstruktion τὸ δ' ὅλον οἴεσθαι, die als indirekte Rede Catos zu verstehen ist.

252–254 *Apud Athenienses ... proficisci* Missverstandene und verworrene Wiedergabe von Plut. *Cato mai.* 12, 5 (*Vit.* 343), wobei die Verwechslung der Urheberschaft des Spruches auf Francesco Barbaros irrige Übertragung zurückgeht: „Acerrimam eius in dicendo celeritatem magnae Atheniensibus admirationi fuisse traditum est. Nam quaecunque ipse breuissima oratione expediret, interpres multo verborum ambitu vix renuntiabat. Quocirca rati sunt Graecis quidem sermonem ex labiis, Romanis autem ex corde proferri" (ed. Bade, Paris 1514, fol. CXXIII^r); vgl. den griech. Text: θαυμάσαι δέ φησι τοὺς Ἀθηναίους τὸ τάχος αὐτοῦ καὶ τὴν ὀξύτητα τῆς φράσεως· ἃ γὰρ αὐτὸς ἐξέφερε βραχέως, τὸν ἑρμηνέα μακρῶς καὶ διὰ πολλῶν ἀπαγγέλλειν· τὸ δ' ὅλον οἴεσθαι τὰ ῥήματα τοῖς μὲν Ἕλλησιν ἀπὸ χειλῶν, τοῖς δὲ Ῥωμαίοις ἀπὸ καρδίας φέρεσθαι. Schönberger, *Incertorum librorum reliquiae*, Frgm. 467. In *Lingua*

255   V, 372   Pietas in patrem   (Cato Senior, 47)

Adolescens quidam patris vita defuncti inimicum mox in ius vocauit vltusque est. *Quem Cato obuium comiter amplexus, "Sic oportet", inquit, "non agnis hedisue, sed aemulorum lachrymis ac damnationibus parentum exequias celebrare".*

      V, 373   Cvrare frivola   (Cato Senior, 48)

260   Quum quidam Catoni [i.e. Cato cuidam] *dixisset "Eamus deambulatum"*, et adolescens quidam [i.e. ille] interpellasset dicens *"Quid opus erat ,de'?", "Imo", inquit*

---

257 obuium *A-C*: obuiam *BAS LB*.
257 hedisue *A-C*: haedisue *LB*.

258 aemulorum *scripsi sec. versionem Francisci Barbari (cf. Leopardum III, 3)*: e malorum *A-C BAS LB*.

(*ASD* IV, 1, S. 50) liegt dieselbe Verwechslung in Bezug auf den Spruchspender vor: „Inuicta quaedam animi vis aderat vtrique Catoni, et vtrunque legimus in hoc fuisse miraculo, quod paucis verbis magnam sententiarum vim complecterentur, siquidem quum Cato senior apud Atheniensem populum verba faceret, illud in primis admirati sunt, quod quae ille Latine paucis verbis absoluisset, interpres – nam per interpretem loquebatur – vix longo verborum ambitu potuerit reddere. Vnde cepit omnes haec opinio, *Graecis orationem e labiis, Romanis e pectore proficisci*".

256–258 *Adolescens quidam ... exequias celebrare* Versuchte wörtliche, jedoch mehrfach ungenaue Wiedergabe von Plut. *Cato mai*. 15, 3 (*Vit*. 344), die dadurch zustandekam, daß Er. Francesco Barbaros Übers. reproduzierte: „Quum adolescens quidam patris iam vita functi ignominia inimicum affecisset, eum deinde per forum deambulantem obuium sibi factum Cato comiter complexus, ‚Aequum est', inquit, ‚non agnis, non hoedis, sed aemulorum lachrymis ac damnationibus sic exequias parentum celebremus'" (ed. Bade, Paris 1514, fol. CXXIII^v); vgl. den griech. Text: λέγεται δὲ καὶ νεανίσκῳ τινὶ τεθνηκότος πατρὸς ἐχθρὸν ἠτιμωκότι καὶ πορευομένῳ δι' ἀγορᾶς μετὰ τὴν δίκην ἀπαντήσας ὁ Κάτων δεξιώσασθαι καὶ εἰπεῖν, ὅτι ταῦτα χρὴ τοῖς γονεῦσιν (Jordan: γονεῦσιν) ἐναγίζειν, οὐκ ἄρνας οὐδ' ἐρίφους, ἀλλ' ἐχθρῶν δάκρυα καὶ καταδίκας. Schönberger, *Incertorum librorum reliquiae*, Frgm. 511; Jordan, *Dicta memorabilia*, Nr. 35 (S. 103). Paulus Leopardus berücksichtigt in seiner Berichtigung des *Apophth*. in den *Emendationes et miscellanea*

(1568) die Tatsache, daß Er. die Übers. Francesco Barbaros wiedergab (III, 3, S. 64).

256 *mox ... vltusque est* „mox in ius vocauit vltusque est" stellt einen Versuch des Er. dar., Barbaros missverstandene Übers. von ἠτιμωκότι mit „ignominia inimicum affecisset" (a.a.O.) zu korrigieren. Es handelte sich tatsächlich um einen Prozess: Jedoch war mit ἠτιμωκότι spezifisch gemeint, daß der junge Mann die Verbannung des Feindes seines Vaters erwirkte. Die Korrektur des Er. ist somit nur ungenau.

257 *comiter amplexus* Mit „comiter amplexus" kopierte Er. Barbaros Übers. „comiter complexus". Im griech. Originaltext steht δεξιώσασθαι, was bedeutet, daß Cato dem ihm entgegenkommenden jungen Mann die rechte Hand zur Begrüssung reichte (was nicht dasselbe ist wie eine Umarmung).

257 *agnis* „agnis", „Bocklämmer", passgenaue Übers. von ἄρνας, das „Widder" bedeutet. Bei den römischen Totenopfern wurden ausschließlich männliche Tiere (Widder) verwendet. Vgl. Komm. unten.

258 *aemulorum lachrymis* Die Basel-Drucke überliefern einhellig das fehlerhafte „e malorum lachrymis". Jedoch liegt hier ein Übertragungsfehler von Barbaros Text vor, in dem „aemulorum lachrymis" stand. Gemeint sind natürlich die Feinde des Vaters, „aemuli", im griech. Text: ἐχθροί. Paulus Leopardus hat diesen Fehler in seinen *Emendationes et miscellanea* (1568) angemerkt (III, 3, S. 64 „nescio cuius culpa"). *CWE* 38, S. 564 übers. mit „tears ... of evil men", ohne die Diskrepanz mit dem Plutarch-Text anzumerken. Im Übrigen

ist „aemulorum" keine wirklich gute Übers. von ἐχθρῶν: Gemeint sind „Feinde" – „inimicorum" wäre angebracht gewesen.

258 *parentum exequias celebrare* In „parentum exequias celebrare", „die Eltern feierlich zu Grabe zu tragen", kopierte Er. Barbaros Übers., die jedoch an dieser Stelle nur ungenau ist. Im griech. Originaltext steht τοῖς γονεῦσιν ἐναγίζειν, „den Eltern ein Totenopfer bringen". Für ἐναγίζω vgl. Passow I, 2, S. 912, s.v. Es ist natürlich völlig unwahrscheinlich, daß der junge Mann gerade zur Zeit des in der Anekdote vermeldeten Prozesses seinen Vater begraben hat. Die Formulierung τεθνηκότος πατρὸς ἐχθρὸν suggeriert vielmehr, daß der junge Mann gegen den Feind seines Vaters prozessierte, nachdem dieser bereits gestorben war. Tatsächlich kannten die Römer Totenopfer, die nicht direkt mit der Bestattung verbunden waren: So gab es jährlich das Totenfest der „Feralia", das am 21. Feb. jedes Jahres mit Opfergaben für die Toten begangen wurde, wonach am Folgetag am Altar des „Lar familiaris" ein Opfertier geschlachtet wurde, meist ein junger Widder, der von der Familie bei einer Opfermahlzeit verspeist wurde. Zudem wurden an den „Lemuria" (am 9., 11. und 13. Mai jedes Jahres) die Seelen der Vorfahren beschworen, wobei ihnen zur Besänftigung schwarze Tiere, Widder oder Ziegenböcke, geopfert wurden. Vgl. *DNP* 12, 1 (2002), Sp. 712–713, s.v. „Totenkult", V. Daß Cato mit dem Totenopfer die *Feralia* oder *Lemuria* gemeint hat, geht aus der Tatsache hervor, daß er „Widder und Ziegenböcke" (ἄρνας οὐδ᾽ ἐρίφους) als Opfertiere benannte. Diese opferte man an den *Feralia* und *Lemuria*, während man am Tag der Bestattung ein Schwein opferte.

260 *Apophth.* V, 373 Durch falsche Zuordnung und eine hinzuersonnene Person verworrene Wiedergabe von Cic. *De or.* II, 256: „Alterum genus est, quod habet paruam verbi immutationem, quod in littera positum Graeci vocant paronomasian (paronomasian *edd. vett.*: παρονομασίαν *ed. Jordan*), vt ,nobiliorem mobilorem' Cato; aut, vt idem cum cuidam dixisset ,eamus deambulatum' et ille ,Quid opus fuit „de"?', ,Immo vero', inquit ,quid opus fuit te?'". Schönberger, *Landbau, Incertorum librorum reliquiae*, Frgm. 543; Jordan, *Dicta memorabilia*, Nr. 66 (S. 109).

260 *quidam Catoni* Bei Er. stimmt die Zuordnung nicht: Es war Cato, der die erstfolgenden Worte zu einem „gewissen" Mann sprach (nml. die einladende Aufforderung „Lass uns spazieren gehen", „Eamus deambulatum"), nicht umgekehrt. Es könnte sein, daß die verworrene Zuordnung auf ein Überlieferungsproblem von *De oratore* zurückzuführen ist, mit der etwaigen unrichtigen Variante „cum quidam dixisset". Dieselbe Zuordnung wie bei Erasmus findet sich auch in Brusonis VI, 15 Wiedergabe des Apophthegmas: „Catoni quum quispiam dixisset, ,Eamus deambulatum' …". Die unrichtige Zuordnung entstellt den logischen Aufbau und den Witz des Apophthegmas, der darin liegt, daß sich Cato für die Pedanterie seines Gegenübers rächt (Sprecher: 1. Cato 2. quidam 3. Cato). In Brusonis Version ist folglich nicht Cato der Urheber des Witzes, sondern sein Gegenüber (Sprecher: 1. quidam 2. Cato 3. quidam), während Cato selbst nur eine dämliche Zwischenbemerkung einbringt.

260–261 *et adolescens quidam dicens* Die Person des zweiten jungen Mannes hat Er. hinzuersonnen.

261 *Quid opus … ,de'?* Der Witzbold reagierte auf Catos ganz gewöhnliche Einladung, spazierenzugehen, mit der Frage: „Quid opus erat ,de'?"= „Wozu war das ,de' notwendig?", d.h. er verspottete Catos – vielleicht kolloquialen, altmodischen, gedankenlos verwendeten, hausbackenen – Gebrauch von „de" in „de-ambulare" (etwa: „ab-spazieren", „abgehen", „runter-spazieren"). Die Frage „Was soll das ,de'? Willst du etwa, daß wir abgehen/ verschwinden?". Cato rächte sich für die pedantische Frage durch eine witzige Wiederholung derselben mit der Änderung nur eines Buchstabens in „*Quid opus erat te?*" = „Wozu warst du notwendig?", „Wozu wurdest du gebraucht?", womit er soviel sagen will wie „Hau ab, Dummkopf". „Deambulatum" wurde auch von Ter. *Heaut.* 585–589 in einem witzigen Wortgerangel verwendet, in dem einer Person, die verschwinden soll, der der Auftrag erteilt wird, sie möge doch „ab-spazieren", d.h. abhauen und möglichst lange wegbleiben: „(585) (Chremes:) ,Quid faciam?' – (Syrus:) ,Iube hunc/ abire hinc aliquo.' – (Clitipho:) ,Quo ego hinc abeam?' – (Syrus:) ,Quo lubet; da illis locum … / Abi *deambulatum*!' – (Clitopho:) ,*Deambulatum*? Quo?' – (Syrus:) ,Vah! Quasi desit locus. … Abi sane istac, istorsum, quouis!'". Das Wort „deambulari" scheint z.Z. von Cato und Terenz noch gebräuchlich gewesen zu sein, verschwindet sodann im 1. Jh. v. Chr., um

Cato, „quid opus erat te?". Vna *literula mutata* significauit ipsum potius esse superuacaneum in vita quam ‚de' in verbo.

V, 374   ADMONITIO SERA   (Cato Senior, 49)

Cato percussus ab eo, qui arcam ferebat, quum baiulus *diceret „caue", rogauit, nunquid aliud ferret praeter arcam.* Nam quod ad arcam attinebat, serum erat dicere „caue". Simulauit itaque se moneri de alio quopiam onere quam de arca, vnde cauendum esset. Simile est, quod de Diogene trabe icto retulimus.

V, 375   FORTITVDO VERA   (Cato Senior, 50)

Cato senior quibusdam efferentibus hominem inconsulte audacem et in rebus bellicis strennuum, ait [sc. in rebus bellicis] *plurimum referre, vtrum quis virtutem magno aestimet an vitam non magni faciat,* sentiens non eos statim esse fortes, qui quouis modo vitam contemnunt, sed qui tanti faciunt virtutem, vt huius gratia vitam alioqui charam negligant. Nam semet in vitae discrimen coniicere aut infelicium est et quos vitae iam taedet, aut immanium et beluis similium.

V, 376   PROFVSIO   (Cato Senior, 51)

Cato in Albidium, qui luxu facultates prodegerat denique et aedes deuorarat ⟨cuique⟩ *nouissime* consequutum incendium, *quod reliquum erat,* absumpsit, ita iocatus est, vt diceret eum *fecisse proteruiam. Id erat* priscum *sacrificii* genus, in quo, *si quid superfuisset,* seruari religio erat, sed *igni* cremabatur.

[V, 377]   [SEVERE   (Cato Senior, 52; i.e. Cato
                                                         Vticensis) = V, 384B

Catulus Censor Catonem [i.e. Vticensem] sibi arctissima iunctum necessitudine rogauit, vt quendam ipsius iudicio obnoxium – erat enim quaestor – missum faceret. Ille hunc in modum respondit, „*Turpe est* nos, qui iuuentuti recte instituendae

---

275 taedet *BAS LB*: tedet *A-C*.
277 cuique *suppleui*.

281–287 Seuere … petebatur *transposui ad V, 384B, quod apophthegma Catonis Vticensis est.*

erst im Spätlatein wiederaufzutauchen. Vgl. Komm. Leeman – Pinkster – Rabbie zu Cic. *De or.* ad loc., S. 277; *DNG* I, Sp. 1462, s.v. „deambulo".
Apophth. V, 374 ist ein Gegenstück zu *Apophth.* III, 225 (*ASD* IV, 4, S. 251), mit nahezu demselben Titel: „Sera monitio".
265 *Cato … arcam* Wörtliche, leicht variierende

Übernahme von Cic. *De or.* II, 279: „Huic generi quasi contrarium est ridiculi genus patientis ac lenti, vt, cum Cato percussus esset ab eo, qui arcam ferebat, cum ille diceret ‚caue', rogauit, num quid aliud ferret praeter arcam". Schönberger, *Incertorum librorum reliquiae,* Frgm. 545; Jordan, *Dicta memorabilia,* Nr. 68 (S. 109).

268 *Diogene* Diogenes von Sinope, der Kyniker. Die Ankedote wurde von Diog. Laert. VI, 41 überliefert.

268 *Retulimus Apophth.* III, 225, *ASD* IV, 4, S. 251: „Quidam in publico gestans longam trabem per imprudentiam percusserat Diogenem moxque ex more dixit ‚Caue'. At Diogenes ‚Num', inquit, ‚me vis iterum percutere?' … Nam ante laesionem dicendum erat ‚Caue'".

270–272 *Cato Senior … magni faciat* Eigene, jedoch durch einen syntaktischen Zuordnungsfehler entstellte Übers. des Er. von Plut. *Pelop.* 1, 1 (*Vit.* 277): Κάτων ὁ πρεσβύτερος πρός τινας ἐπαινοῦντας ἄνθρωπον ἀλογίστως παράβολον καὶ τολμηρὸν ἐν τοῖς πολεμικοῖς διαφέρειν ἔφη τὸ πολλοῦ τινα τὴν ἀρετὴν ἀξίαν καὶ τὸ μὴ πολλοῦ ἄξιον τὸ ζῆν νομίζειν· ὀρθῶς ἀποφαινόμενος. Schönberger, *Incertorum librorum reliquiae*, Frgm. 539; Jordan, *Dicta memorabilia*, Nr. 62 (S. 108).

271 *in rebus bellicis* Er. ordnete „in rebus bellicis" (ἐν τοῖς πολεμικοῖς) irrtümlich τολμηρὸν zu statt διαφέρειν. In der Übers. des Antonio Beccaria tritt dieser Fehler nicht auf: „Cato senior quibusdam strenuum hominem audacemque laudantibus plurimum differre inquit in rebus bellicis virtutem dignam existimare et non multi faciendam vitam putare. Et recte quidem" (ed. Bade, Paris 1514, fol. LXXVIIIʳ).

Apophth. V, 376 ist ein Gegenstück zu *Adag.* 844 „Proteruiam fecit" (*ASD* II, 2, S. 362–366): „Erat hoc religiosum in nunnullis etiam aliis hostiis, ne quid ex sacris epulis relinqueretur, aut, si quid reliquum esset, id igni absumeretur, quamadmodum Moyses tradit de agno paschali. Porro id genus sacrificii Romani proteruiam appellant. Vnde celebratur illud Catonis festiuiter dictum in Albidium quendam, qui patrimomium vniuersum luxu absumpserat vnis exceptis aedibus, quae incendio conflagrarunt. ‚Proteruiam', inquit, ‚fecit, propterea quod ea, quae comesse non potuerit, quasi combussisset. Autor Macrobius libro Saturnalium secundo'".

277–278 *Cato in Albidium … incendium* Macr. *Sat.* II, 2, 4: „Sacrificium apud veteres fuit, quod vocabatur propter viam (propteruia *ed. Ald.*; proteruiam *edd. vett. ante Turnebi correctionem*). In eo mos erat, vt, si quid ex epulis superfuisset, igne consumeretur. Hinc Catonis iocus est. Namque † Albidium quendam, qui bona sua comedisset et nouissime domum, quae ei reliqua erat, incendio perdidisset, propter viam (proteruiam *ed. Ald.*; proteruia *ed. vett. ante Turnebi correctionem*) fecisse dicebat: quod comesse non potuerit, id combussisse". Schönberger, *Incertorum librorum reliquiae*, Frgm. 560; Jordan, *Dicta memorabilia*, Nr. 83 (S. 111); Fest. 229 M, Lindsay S. 254: „Propter viam fit sacrificium, quod est proficiscendi gratia, Herculi aut Sanco, qui scilicet idem est deus".

277 *Albidium* Der Name Albidius lässt sich keiner bekannten römischen Person zuordnen; nach manchen liegt bei Macrobius ein verderbter Text vor. Nach E. Hübner soll die richtige Namensform „Allidium" oder „Alfidium" sein.

277 *denique et aedes deuorarat* Er. hat den Text des Macrobius nicht richtig wiedergegeben: Dort steht, daß der Schlemmer sein gesamtes Hab und Gut aufgegessen habe, mit Ausnahme des Hauses; dieses habe er allerdings unlängst bei einem Brand verloren.

279 *fecisse proteruiam* So überlieferten die älteren Macrobius-Ausgaben den Text, der aufgrund von Turnebus Plautus-Studien zu „propter viam" korrigiert werden konnte. Bei Opfern „propter viam" handelte es sich um Brandopfer, die Reisende an Altären chthonischer Gottheiten, die sich ausserhalb der Stadtmauern befanden, machten, um einen guten und reibungslosen Verlauf der Reise zu erlangen. Er., in dessen Macrobius-Text „proteruiam" stand, verkehrte in der (falschen) Meinung, daß Holokaust-Opfer, also Opfer, bei denen das gesamte Opfertier verbrannt wurde, generell so genannt wurden. Bemerkenswerterweise konstruierte Er. aus der verderbten Lesart „proteruiam" und seiner unrichtigen religionsgeschichtlichen Interpretation *Adag.* 844 „Proteruiam fecit" (*ASD* II, 2, S. 362–366).

In *Apophth.* [V, 377] wurde Cato d.Ä. mit Cato d.J. verwechselt. Die Anekdote datiert auf das Jahr 65 v. Chr., als Catulus das Amt des Censors ausübte. Der Irrtum ist kurios, da aus der Quelle, Plut. *Cato min.* 16, 7, im Grunde unmißverständlich hervorgeht, daß Cato d.J. gemeint ist. V, 377 wurde in unserer *ASD*-Edition in die Sektion Catos d.J. übertragen, siehe V, 384B. Für Er.' verwirrende Wiedergabe des Quellentextes vgl. unten Komm ad loc.

283–286 *Catulus Censor … nostris* Paraphrasierende, durch zahlreiche Mißverständnisse entstellte Wiedergabe von Lapo da Castiglionchios Übers. von Plut. *Cato min.* 16, 3–5. Vgl. unten Komm. zu 384B.

autores *esse debemus*, a lictoribus irrideri nostris". Negauit asperius, quod iniuste petebatur.]

V, 378   SPES FALLAX   (Cato Senior, 52)

De spe sic praedicasse narratur autore Plutarcho, quod, *quae magna essent, pusilla faceret, quae pusilla, prorsus* nulla, sentiens, opinor, de periculis. Victoriae spes extenuat omnia, quae solent a bello deterrere.

V, 379A–Q   (DE RE RVSTICA)   (Cato Senior, 53A–P)

Commemorantur eiusdem quaedam velut *oracula* de re rustica. Dicebat

(379A) *fortissimos viros ac strenuissimos milites ex agricolis gigni, minimeque male cogitantes.*

(379B) „*Praedium ne cupide emas. In re rustica operae ⟨ne⟩ parcas, in agro emendo minime. Quod male emptum est, semper poenitet*".

---

296 ne *suppleui coll. Plin. Nat. XVIII, 26*: om. A-C.

289–290 De spe ... prorsus nulla Durch eine falsche Zuordnung und ein Verständnisproblem sinnentstellte Wiedergabe von Plut. *De tuenda sanitate praecepta* II, *Mor.* 127F–128A: Πρὸς μὲν οὖν ταύτην τὴν ἐλπίδα τὴν τοῦ Κάτωνος εὐλάβειαν ἀντιτακτέον ἥν φησιν ἐκεῖνος ὁ ἀνὴρ „τὰ μὲν μεγάλα μικρὰ ποιεῖν τὰ δὲ μικρὰ παντελῶς ἀναιρεῖν". Die Wirkung, die Cato in dem Ausspruch vermeldet, geht nicht, wie Er. angibt, von der Hoffnung (ἐλπίς) aus, sondern von der „Vorsichtigkeit, Behutsamkeit, Bedächtigkeit" (εὐλάβεια, vgl. Passow I, 2, S. 1235, s.v.): Es ist die εὐλάβεια, die große Probleme zu kleinen macht und kleine Probleme gänzlich beseitigt. Vorsichtigkeit/ εὐλάβεια ist das gerade Gegenteil von ἐλπίς: Die unbedachtsame Zuversicht bringt die Menschen in gefährliche Situationen, εὐλάβεια hingegen ist imstande, sie daraus zu befreien. Diese Bedeutung des Spruches wird durch eine Parallelstelle bestätigt, in der Plutarch den Spruch ein zweites Mal bringt, *Praecepta gerendae republicae* 32, *Mor.* 825D. Dort, gibt Plutarch an, ist es die προσοχή („Aufmerksamkeit", „Achtsamkeit"), die große Probleme verringert und geringfügige gänzlich beseitigt: Ἀλλ᾽ ἐπιλαμβάνεσθαι καὶ πιέζειν καὶ βοηθεῖν· προσοχῇ γάρ, ὥς φησιν ὁ Κάτων, καὶ τὸ μέγα γίγνεται μικρὸν καὶ τὸ μικρὸν εἰς τὸ μηδὲν ἄγεται. Das Zuordnungs- und Verständnisproblem ist insofern bemerkenswert, als Er. den Traktat *De tuenda sanitate praecepta* selbst übersetzt hatte. Dort hatte Er. den nämlichen Zuordnungsfehler nicht gemacht: „Aduersus hanc igitur spem (= die unvorsichtige Hoffnung von Schlemmern und Trunkenbolden, ihre Lebensweise würde keinen Schaden bringen) cautio Catonis est adhibenda, quae quidem, vt inquit ille vir, quae magna sunt, ea pusilla facit; quae pusilla, prorsus tollit. Ac meminisse oportebit, satius esse, vt praeter necessitatem abstineas a cibo et quietem agas, quam tractus ad balneum atque conuiuium, ibi prouoluaris atque concidas" (*ASD* IV, 2, S. 198; ed. Cratander, Basel 1539, fol. 187B).

290–291 sentiens ... deterrere Völlig verfehlte Erklärung des Er., vgl. oben. Es geht nicht darum, daß die Hoffnung (etwa auf den Sieg) großes kleiner macht (z. B. Gefahren).

Apophth. V, 379A–Q In diesem ungewöhnlich langen Lemma fasst Er. Catos prägnante Aussagen und Aussprüche über den Landbau zusammen, ein Thema, dem Cato sein Werk *De agricultura* gewidmet hatte. Die meisten der hier zitierten Aussagen gehen auf *De agricultura* zurück. Er. benutzte dafür allerdings nicht dieses Werk selbst, obwohl es erhalten war und er aus ihm an anderer Stelle zitierte (z. B. *Adag.* 119, *ASD* II, 1, S. 235; 3286, II, 7, S. 177 [Cato *Agr.* 33, 30]; 3887, II, 8, S. 220 [Cato *Agr.* 121]), sondern einen Auszug aus demselben, den Plinius d. Ä. im 18. Buch seiner *Naturalis historia* angefertigt hatte (bsd. *Nat.* XVIII, 26–36). Dem Lemma ist im Übrigen nicht zu entnehmen, daß Er. ein näheres Interesse am Landbau hatte. Das bringt u. a. mit sich, daß Er., ganz gegen seine Gewohnheit, die Sprüche weder erklärt noch kommentiert. Das Lemma bietet eine Vielzahl von Aussprüchen an, die weder ein adäquates Gesamtbild von Catos Auffassungen über den Landbau vermitteln noch klar geordnet sind. Er. hat aus dem Auszug des Plinius einen weiteren Auszug gemacht. Da sich das Lemma im Grunde aus einer Reihe von voneinander unabhängigen Aussprüchen zusammensetzt, die meist eine gesonderte Behandlung erfordern, wurde es in A-P unterteilt.

293   *oracula*   Auf den Gedanken, daß Catos Aussagen über den Landbau gewissermaßen *Orakelsprüche* darstellen würden, kam Er. durch Plinius d. Ä. *Nat.* XVIII, 39: „Quonam igitur modo vtilissime colentur agri? Ex oraculo scilicet: ‚malis bonis‘". „Auf welche Weise die Ackerfluren am nützlichsten bearbeitet werden können? – (Cato sagt:) ‚Von guten, von schlechten‘"; in *Nat.* XVIII, 40 setzt Plinius die Reihe der „Orakelsprüche" fort („Inde illa reliqua oracula …"). Plinius bezog sich hier freilich nur auf jenen Teil der Aussagen Catos, die ihm nicht viel Sinn zu machen schienen. Er. hingegen, den der Landbau kaum interessierte, betrachtete alle Aussagen Catos zum Landbau, die er bei Plinius antraf, insgesamt „als Orakelsprüche". Vgl. die ähnliche Darstellung von Catos Sprüchen über den Landbau in *Adag.* 3399 (ASD II, 7, S. 233–234): „Catoniana velut oracula videntur apud veteres in prouerbium abiisse non secus atque illa Apollinis … Vult autem Cato *diligentem patremfamilias vendacem esse, non emacem*, et emere non quod opus est, sed quod necesse est. Nam quod non opus est, inquit, asse charum est. Hoc est: quantumuis paruo emptum, tamen charum est, si nec opus est eo …". Jedoch sind jedenfalls die *Apophth.* V, 379B–F und L–M leicht nachvollziehbar und in ihrer praktischen Anwendbarkeit verständlich. Überhaupt war Catos Werk praxisbezogen und nach klaren Zielvorstellung eingerichtet: Sein Grundgedanke war die Darstellung des Großgrundbesitzes als modernen, rentablen landwirtschaftlichen Betrieb, keinesfalls die Verherrlichung des römischen Kleinbauerntums in der guten alten Zeit. Das Kleinbauerntum hatte im 2. Jh. v. Chr. abgetan. Ein Großteil der Kleinbauern war im 2. Punischen Krieg zugrundegegangen; ökonomisch konnte der Kleinbetrieb mit den modernen hellenistischen Großbetrieben nicht mehr mitkommen. Catos *De agricultura* stellte einen Versuch dar, dem abzuhelfen und einen Leitfaden für gewinnträchtige Landwirtschaft in Italien anzubieten. Catos Landwirtschaftsbetrieb beruht auf Markt-, Geld- und Sklavenwirtschaft: Der Betrieb, den er vor Augen hat, betätigt sich in vier Wirtschaftszweigen (Ölproduktion; Weinbau; Viehzucht und Getreideanbau) und beschäftigt 3–4 Manager/ Aufseher (vilicus) und etwa 30–40 Sklaven; zusätzlich werden saisonbedingt (Aussaat und Ernte) je nach Bedarf Lohnarbeiter angeheuert.

294–295   *fortissimos … cogitantes*   Plin. *Nat.* XVIII, 26: „Principium autem a Catone sumemus: fortissimi viri et milites strenuissimi ex agricolis gignuntur minumeque (minimeque *edd. vett.*) male cogitantes". Vgl. Cato *Agr. praef.* 4: „At ex agricolis et viri fortissimi et milites strenuissimi gignuntur, … minimeque male cogitantes sunt, qui in eo studio occupati sunt".

296–297   *Praedium … poenitet*   Plin. *Nat.* XVIII, 26: „Praedium ne cupide emas. In re rustica operae (operi *ed. vett.*) ne parcas, in agro emendo minume (minime *edd. vett.*). Quod male emptum est, semper poenitet". Vgl. Cato *Agr.* 1, 1: „Praedium quom parare cogitabis, sic in animo habeto: vti ne cupide emas neue opera tua parcas visere et ne satis habeas semel circumire".

296   ⟨*ne*⟩   Bei der Übernahme des Textes vergaß Er. oder der Setzer „ne", wodurch ein dem eigentlichen Sinn diametral entgegengesetzter entstand.

(379C) „*Agrum paraturos ante omnia intueri oportet aquarum vim et vicinum. Aestimare* oportet, *quo*modo *niteant contermina*".

300 (379D) „*De bono domino melius emitur fundus*".

(379E) „*Agro vt homini: quamuis sit quaestuosus, si idem sumptuosus sit, non multum superesse*".

(379F) *Idem interrogatus, quis esset certissimus quaestus, respondit „si bene pascat"; quis proximus, „si mediocriter pascat"; quid tertium, „si bene vestiat"; quid quartum, respon-*
305 *dit „arare"*. Cuidam autem subiicienti „*Quid foenerare?*", „*Quid*", inquit, „*hominem occidere?*".

(379G) *Dixit agricolam opertere vendacem esse, non emacem.*

---

298 aquarum vim *A-C (cf. Plin. Nat. edd. vett.)*: aquam, viam *Plinii textus recept.*

303 pascat *A-C ut in Plin. Nat. edd. vett.*: pascas *Plin. Nat. edd. recentiores.*

304 mediocriter *A-C ut in Plin. Nat. ed. Caesariana 1524*: sat bene *Plin. Nat. edd. recentiores.*

298 *Agrum ... vicinum* Plin. *Nat.* XVIII, 26: „Agrum paraturos ante omnia intueri oportet aquam, viam (aquarum vim et *ed. vett.*), vicinum".

298 *aquarum vim* „aquarum vim" ist eine Korruptel, die in den alten Plinius-Ausgaben auftritt; zu lesen ist: „aquam, viam"; mit „aquam" ist gemeint, daß auf dem Landgut/Grundstück genügend Wasser vorhanden sein soll (vgl. Cato *Agr.* I, 1, 3: „si poteris, sub radice montis siet [sc. praedium] ... loco salubri ... bonumque aquarium"). Mit „viam" ist gemeint, daß das Landgut verkehrstechnisch gut gelegen sein soll: in der Nähe einer kaufkräftigen und florierenden Stadt, sodaß der Gutsbesitzer dort seine Landbauprodukte gut verkaufen kann; weiter, daß das Landgut an gepflegten Strassen oder an einem Fluß oder am Meer liegt, sodaß auf diese Weise die Landbauprodukte leicht transportiert werden können (vgl. Cato *Agr.* 1, 3: „oppidum validum prope siet, aut mare aut amnis, qu naues ambulant, aut via bona celebrisque").

298 *vicinum* Mit „vicinum" sind, wie auch der folgende Satz zeigt, die angrenzenden Landbaugrundstücke gemeint: Wenn sie „glänzen" („nitent"), d.h. eine reiche Ernte aufweisen, kann der Gutsbesitzer sicher sein, daß der Ort günstig ist.

298–299 *Aestimare ... contermina* Plin. *Nat.* XVIII, 27: „Cato in conterminis hoc amplius aestimari iubet, quo pacto niteant. ‚In bona enim (est *edd. vett.*)', inquit, ‚regione bene nitent (nitere *ed. vett.*)'"; cf. Cato *Agr.* 1, 2: „Vicini quo pacto niteant, id animum aduertito".

300 *De bono ... fundus* Plin. *Nat.* XVIII, 28: „Itaque Cato de bono domino melius emi ..."; Cato *Agr.* 1; 4: „De domino bono colono bonoque aedificatore melius emetur".

301–302 *Agro ... superesse* Plin. *Nat.* XVIII, 28: „agroque vt homini, quamuis quaestuosus sit, si tamen et sumptuosus, non multum superesse"; vgl. Cato *Agr.* 1, 6: „Scito idem agrum quod hominem, quamuis quaestuosus siet, si sumptuosus erit, relinqui non multum".

Apophth. V, 379F, dessen Text Er. aus Plin. *Nat.* XVIII, 29 und Cic. *Off.* II, 89 zusammensetzt und das als solches nicht in Catos *De agricultura* aufscheint, handelt von der Frage, welche Form der Landwirtschaft nach Cato die besten Erträge erziele. Von diesem Apophthegma waren jedenfalls vier Versionen in Umlauf. In der bei Plinius überlieferten zweigliedrigen führte Cato „gute Viehzucht" („si bene pascas") und „passable Viehzucht" („si sat bene pascas") an, in der bei Cicero überlieferten viergliedrigen „gute Viehzucht" – „mittelmäßige Viehzucht" – „sogar schlechte Viehzucht/" („vel male pascere") und erst an vierter Stelle den Ackerbau. In der bei Columella überlieferten dreigliedrigen Form liegt der apophthegmatische Witz darin, daß Cato apodiktisch *ausschließlich die Viehzucht* als wirklich gewinnträchtigten Landwirtschaftszweig präsentiert (Columella VI, praef. 4–5). Nach den Varianten, die in Cic. *Off*. II, 89 auftreten, rät Cato zweimal zu Viehzucht, drittens zu „gutem Weinbau" („bene vitire") und erst an vierter Stelle zu „Ackerbau", d.h. Getreideanbau („arare"). In den modernen *De-Officiis*-Ausgaben wird die Lesart „vel male pascere" – durch den Vergleich mit Columella – bevorzugt gedruckt, obwohl sie in keiner Handschrift belegt ist. Wenn der Spruch Catos in Cic. *Off*. II, 89 authentisch sein soll, so kann der moderne *textus receptus* schwerlich stimmen. Cato selbst rät in *De agricultura* in Wirklichkeit zu 1. der modernen Ölproduktion durch Anpflanzung von Olivenbäumen; 2. Weinbau; 3. Getreideanbau (= „arare"); 4. Viehzucht. Viehzucht spielt in *De agricultura* keine vorrangige Rolle.

303–306 *Interrogatus ... occidere* Die viergliedrige Form zeigt an, daß Er. neben Plin. *Nat. v.a.* Cic. *Off*. II, 89 als Quelle benutzt hat. Von „interrogatus ... mediocriter" gibt Er. den Text nach Plin. *Nat.* XVIII, 29, wieder, ab „quid tertium ... occidere" nach Cic. a.a.O.: „illud est Catonis senis: a quo cum quaereretur, quid maxime in re familiari expediret, respondit: ‚Bene pascere'; quid secundum, ‚Satis bene pascere'; quid tertium, ‚Vel male pascere' (Jordan: ‚bene arare') (bene vestire *edd. vett.*; bene vitire *quaedam edd vett.;* male pascere *edd. rec.*); quid quartum, ‚arare'. Et cum ille, qui quaesierat, dixisset, ‚Quid fenerari?', tum Cato ‚Quid hominem', inquit, ‚occidere?'" (Schönberger, *Incertorum librorum reliquiae*, Frgm. 540, der den Spruch jedoch in der bei Columella überlieferten dreigliedrigen Form Viehzucht – Viehzucht – Ackerbau wiedergibt; ebenso Jordan, *Dicta memorabilia*, Nr. 63 [S. 108]); Plinius *Nat.* XVIII, 29: „idemque Cato interrogatus, quis esset certissimus quaestus, respondit: ‚Si bene pascas (pascat *edd. vett.*)'; quis proxumus; ‚Si sat bene (si mediocriter pascat *ed. Caesarii*: si arat bene *ed. Venet. 1507, fol. 131ʳ*)'"; vgl. Colum. VI, praef. 4–5: „Vt M. Cato prodidit, qui consulenti, quam partem rei rusticae exercendo celeriter locupletari posset, respondit, si bene pasceret; rursusque interroganti, quid deinde faciendo satis vberes fructus percepturus esset, affirmauit, si mediocriter pasceret. Ceterum de tam sapiente viro piget dicere, quod eum quidam auctores memorant eidem quaerenti, quidnam tertium in agricolatione quaestuosum esset, asseuerasse, si quis vel male pasceret; cum praesertim maius dispendium sequatur inertem et inscium pastorem, quam prudentem diligentemque compendium. De secundo tamen responso dubium non est, quin mediocrem neglegentiam domini fructus pecoris exsuperet".

304 *mediocriter* Die in Er.' Plinius-Text vorhandene Lesart „mediocriter" ist sicher falsch; es handelte sich um eine Glosse, die irgendwann angefertigt worden war, um „sat bene" zu erklären, und die zu Unrecht in den Text gerutscht war.

304 *bene vestiat* Er.' Text von *De officiis* hatte klar ersichtlich die Lesart „bene vestire", wie die meisten der älteren Ausgaben. Dabei stellt sich die Frage, was „bene vestire" bedeuten soll. Aufgrund von Parallelen mit u.a. Columella („agrum vineis vestire") erklärten Kommentatoren des 16. Jh., daß es sich um Baumpflanzungen handle. Dies würde mit der Grundtendenz von Catos *De agricultura* übereinstimmen, die zu Ölbaumplantagen und zu Weinbau riet. Getreideanbau war demgegenüber weniger gewinnbringend. Zu Catos Zeit wurde Getreide in großen Mengen zu Billigpreisen aus Sizilien importiert.

305 *Cuidam autem subiicienti* Durch den Zusatz „Cuidam autem subiicienti" komplizierte Er. die Architektur des *Apophth.* unnötigerweise. Der Unterredner ist natürlich derselbe Mann, der auch die ersten Fragen stellte. Sein Einwand war im Übrigen berechtigt: Wenn man den Landbau mit solcher Ausschließlichkeit auf Gewinnstreben ausrichtete wie Cato, rief man die Frage herauf, ob es nicht noch lukrativere Geschäfte gäbe – Warum also nicht gleich Geld- und Bankgeschäfte betreiben?

307 *Dixit ... esse* In diesem Fall hat Er. Plinius' Text mit jenem Catos zusammengefügt: Plin. *Nat.* XVIII, 31: „Eodem pertinet, quod agricolam vendacem esse oportere"; Cato *Agr.* 2, 7: „Patrem familias vendacem, non emacem esse oportet".

307 *non emacem* „non emacem" ist in Plin. *Nat.* nicht vorhanden; Er. hat die Worte wohl aus Catos *De agricultura* ergänzt, wobei es durchaus möglich ist, daß er den Spruch auswendig kannte.

(379I) *Fundum in adolescentia sine contatione conserendum; non nisi consito agro aedificandum*, ac *tunc quoque contanter. Optimum esse aliena insania frui.*

(379L) *Eum, qui bene habitet, saepius ventitare in agrum, frontemque domini plus prodesse quam occipitium;*

(379M) *Hunc agri modum* seruandum, *vt neque fundus villam quaerat neque villa fundum.*

(379N) *Satius esse minus serere et* minus [i.e. melius] *arare: latifundia perdidere Italiam.*

(379O) *Villicum quam proximum domino cordeesse debere, et tamen sibimet ipsi non videri.*

---

309 tunc *scripsi sec. Plin. edd. vett. (cf. Adag. 1239)*: tum *A-C*.
314 perdidere *A-C (cf. Plin. Nat. XVIII, 35)*: perdidisse *BAS LB*, prodidere *quaedam Plin. edd. vett. ut ed. Ven. 1507.*
315 corde *scripsi collato Plin. loc. cit.*: cordi *A-C*.

Apophth. V, 379I handelt von dem Verhältnis zwischen der Bewirtschaftung des Bodens und baulichen Maßnahmen, i.e. der Errichtung von Wirtschafts- und Wohngebäuden bzw. einer Villa. Für den Kapitalisten Cato ist letzteres zunächst zweitrangig. Sobald ein Gut erworben wurde, soll sogleich Gewinn erwirtschaftet werden, bauliche Maßnahmen können warten. Überhaupt verbietet Cato dem jungen Gutsbesitzer, vor seinem 36. Lebensjahr mit dem Bau einer Villa anzufangen. Das sollte erst geschehen, nachdem genug Gewinn erwirtschaftet wurde. Dann aber rät Cato dezidiert zum Bau einer Villa: Diese soll für den Gutsbesitzer ein Anreiz sein, sich auf seinem Landgut aufzuhalten.

308–311 *Fundum ... quam occipitium* Plin. Nat. XVIII, 31: „Fundum in adolescentia conserendum sine cunctatione (contatione *edd. vett.*), aedificandum non nisi consito agro, tunc quoque cunctanter, optumumque est, vt volgo dixere, aliena insania frui, sed ita, vt villarum tutela non sit oneri. Eum tamen, qui bene habitet, saepius ventitare in agrum, frontemque domini plus prodesse quam occipitium non mentiuntur"; vgl. Cato *Agr.* 3, 1: „Prima adulescentia patrem familiae agrum conserere studere oportet. Aedificare diu cogitare oportet, conserere cogitare non oportet, sed facere oportet. Vbi aetas accessit ad annos XXXVI, tum aedificare oportet, si agrum consitum habeas. Ita aedifices, ne villa fundum quaerat neue fundus villam".

309 *Optimum ... frui* Plinius zitierte hier eine sprichwörtliche Redensart. Er. hatte sie in seine *Collectanea* und *Adagia* aufgenommen: *Adag.* 1239 „Optimum aliena insania frui" (*ASD* II, 3, S. 248) und *Collect.* 150 „Optimum aliena insania frui" (*ASD* II, 9, S. 96): „Optimum est ex aliorum malis stulticiaque voluptatem et commodum capere. Apud Plinium Cecilium". Er. zitiert das *Adagium* u. a. auch in *Moria* (*ASD* IV, 3, S. 142): „Quodque est longe dulcissimum, aliena fruimini insania". Weiter war „Optimum aliena insania frui" bekannt als Impresa Kaiser Karls IV. (1347–1378). Otto 61, Polydorus Vergilius 4. In den *Collectanea* hatte Er. die sprichwörtliche Redensart in sehr allgemeinem Sinn aufgefasst. Die Bedeutung bei Plin. Nat. XVIII, 31 beschränkt sich freilich auf die Haltung des Villenbesitzers zu Bauvorhaben: Cato rät, sehr zurückhaltend vorzugehen, ja kein Geld zu verschwenden; „Optimum aliena insania frui" will sagen, daß es das beste ist, die Gebäude, die der Vorbesitzer des Landgutes errichtet hat, zu benutzen. Das soll jedoch so geschehen, daß die Instandhaltung der Gebäude nicht zu viel Geld verschlingt. In *Adag.* 1239 zitiert Er. zwar die Plinius-Stelle *in extenso*, schreibt der sprichwörtlichen Redensart aber einen Sinn zu, der nichts mit dem Villen-Ratschlag zu tun hat: „Admonet adagium, vt ex aliorum erratis ipsi cautiores efficiamur et alienis periculis reddamur prudentiores, et aliorum desipientia nobis sapiendi praebeat occasionem. Vulgo iactatus versus est

in eandem sententiam: ‚Felix quem faciunt aliena pericula cautum (Walther 8952; Albert von Stade, *Troilus* IV, 583, i.J. 1249)".

310 *qui bene habitet* „Wer (als Gutsbesitzer) schön wohnt", d.h. „wer eine schöne Villa gebaut hat". Vgl. die Quelle der Plinius-Stelle, Cato *Agr.* 6, 4: „In bono praedio si bene aedificaueris, bene posiueris, ruri si recte habitaueris, libentius et saepius venies, fundus melior erit, minus peccabitur, fructi plus capies. Frons occipitio prior est".

310–311 *frontemque ... occipitium* V, 379L ist ein Gegenstück zu *Adag.* 119 „Frons occipitio prior" (ASD II, 1, S. 235–236). Er. betrachtete den Ausspruch als änigmatisch und orakelhaft, vgl. a.a.O., S. 235: „Priscis agricolis celebratum adagium atque instar aenigmatis iactatum: *Frons occipitio prior*. Quo significauit antiquitas rectius geri negocium, vbi praesens ac testis adest, cuius agitur negocium. ‚Prior' dictum est pro ‚potior' ‚melior' que. Alioqui quis ignorabat frontem priorem esse capitis partem, occipitium posteriorem? Tametsi haec amphibologia commendat nonnihil dicti gratiam, quod ob antiquitatem oraculi instar habebatur. Extat autem apud Catonem libro De re rustica, capite quarto: ‚*Si bene*', inquit, ‚*aedificaueris, libentius et saepius venies, fundus melior erit minusque peccabitur, fructi plus capies, frons occipitio prior*'. Plinius item in eandem fere sententiam, libro Historiae mundi decimooctauo, capite quinto, ‚*Eum tamen*', inquit, ‚*qui bene habitet, saepius ventitare in agrum, frontemque domini plus prodesse quam occipitium non mentiuntur*'. Rursus eiusdem libri capite sexto: ‚*Et ideo maiores fertilissimum in agro oculum domini esse dixerunt*'. Er. zitiert hier neben der bewussten Plinius-Stelle Cato *Agr.* 6 und Plin. *Nat.* XVIII, 43. Er. zitiert das Apophthegma bzw. Adagium „Frons occipitio prior est" auch unten in *Apophth.* VI, 263. Dort arbeitete er nach der Quelle Plut. *De liberis educandis*, *Mor.* 9D. Vgl. unten Komm. ad loc.

312–313 *Hunc ... fundum* Plin. *Nat.* XVIII, 32: „Modus hic probatur, vt neque fundus villam quaerat neque villa fundum ...".

312–313 *Hunc ... fundum* Der Spruch Catos besagt, daß die Größe der Villa auf den Umfang des Landbesitzes abgestimmt sein sollte. Wenn sie zu groß und zu prächtig ist, bedarf es weiterer Ländereien um die Prachtvilla zu erhalten.

314 *Satius esse ... Italiam* Durch Fehlzuschreibungen und einen Textübernahmefehler, der einen konträren Sinn erzeugt, entstellte Wiedergabe von Plin. *Nat.* XVIII, 35: „Modum agri in primis seruandum antiqui putauere, quippe ita censebant: satius esse minus serere et melius arare, qua in sententia et Vergilium fuisse video (video *ed. Venet. 1507, fol. 132ʳ*: iudico *ed. Caesarii 1524*). Verumque confitentibus latifundia perdidere (prodidere *ed. Venet. 1507*) Italiam, iam vero non prouincias". Der Urheber des ersten Spruches war nicht Cato d.Ä., sondern, wie Plinius genau angibt, die alten Römer („antiqui"), wobei Vergil deren Weisheit zustimmte; der Urheber des zweiten Spruches war Plin. d.Ä. selbst. Aufgrund dieser Zuschreibungsfehler gehören die zwei Sprüche von V, 379N eigentlich nicht in eine Cato d.Ä. gewidmete Sektion.

314 *minus* Der Plinius-Text, der Er. vorlag, hatte nicht „minus", sondern korrekt „melius". Gemeint war, daß man durch besseres (= gründlicheres, tieferes) Pflügen einen größeren Ertrag erzielen kann als durch eine größere Menge an Einsaat, was wohl an der vorl. Stelle bedeutete, daß man eine größere Bodenfläche einsäte. In den römischen Landwirtschaftstraktaten betonte man die Bedeutung des tiefen und gründlichen Pflügens, einschliesslich der Düngung des Bodens (z.B. Cato *Agr.* 61, 1). Der Ertrag der Einsaat, meinte man, könne nicht optimal sein, wenn der Boden nicht optimal präpariert wurde. Beim Getreide war in der römischen Antike das Verhältnis zwischen Einsaat und Ernteertrag etwa 3 : 8, d.h. die Einsaatmenge spielte bei der Ertragsrechnung eine erhebliche Rolle. Wenn man „minus" statt „melius" liest, geht der Sinn des Ausspruches verloren. Aus der Tatsache, daß Er. „minus" statt „melius" schrieb, geht hervor, daß er den Spruch missverstanden hat. Bei Er. verschiebt sich der Sinn des Spruches auf die Ablehnung der Latifundienwirtschaft.

314 *latifundia perdidere Italiam* Er. schrieb den Textteil „latifundia perdidere Italiam" zu Unrecht Cato d.Ä. zu. Es handelt sich um eine Anmerkung Plinius' d.Ä., der das Latifundienwesen aus späterer Sicht kritisiert. In Catos Zeit fing die Latifundienwirtschaft in Italien erst an (nml. nach dem Zweiten Punischen Krieg).

315–316 *Vilicum ... videri* Plin. *Nat.* XVIII, 36: „Dehinc peritia vilicorum in cura habenda est, multaque de his Cato praecepit. Nobis satis sit dixisse quam proxumum domino corde esse debere et tamen sibimetipsi non videri".

315 *corde* Mit „cordi" unterlief Er. erneut ein Textübernahmefehler; gemeint ist nicht, daß der Gutsbesitzer seinen Verwalter über alles

(379P) *Coli rura ergastulis pessimum esse, vt quicquid agitur a desper*atis [i.e. *desperantibu*s].

(379Q) *Nihil minus expedire quam agrum optime colere.*

[V, 380]   [Patienter]   (Cato Senior, i.e. Cato Vticensis) = V, 386B

[*Quum* Catoni [i.e. Catoni Vticensi] *causam* in foro *agenti Lentulus attracta pingui saliua in mediam frontem, quantum poterat, expuisset, abstersit* Cato *faciem* ac dixit, „*Affirmabo omnibus, Lentule, falli eos, qui te negant os habere*". Os habere negantur, quos nihil pudet; id quum eo facto maxime declarasset Lentulus, tamen Cato ludens profitetur illi esse os, non quod erubesceret, sed quod ore multam purulentiam eiacularetur.]

V, 381   Svperstitio irrisa   (Cato Senior, 54)

Quidam mane surgens reperit *caligas a soricibus arrosas*. Hoc ostento turbatus *consuluit* Catonem, quid mali portenderetur. Ille vero, „*Non est*", inquit, „ostentum, quod *sorices arroserunt caligas, sed si caligae arrosissent sorices,* id demum *fuisset* ostentum".

---

317 esse *B C*: est *A*.
320–327 Patienter … eiacularetur *transposui ad V, 386B, quod dictum Catonis Vticensis est.*

324 negant *A B (cf. Sen. De ira)*: negent *C BAS LB*.

lieben soll, sondern daß der Verwalter dieselbe Mentalität, Einsicht bzw. beherzte Tatkraft besitzen soll wie der Gutsbesitzer, dennoch aber den Unterschied zwischen ihm und einem Herrn respektiert. Vgl. König: „… daß der Gutsverwalter dem Herrn an Einsicht möglichst nahestehen und dennoch nicht sich selbst diesen Anschein geben soll".

317 *Coli … desperatis* Plin. *Nat.* XVIII, 36: „Coli rura ab (ab *deest in ed. Caesarii*) ergastulis pessumum est, vt quidquid agitur a desperantibus".

317 *ergastulis* Mit „ergastuli", sind Zwangsarbeiter, d.h. Sklaven, gemeint (vgl. Colum. XI, 1, 21). Die Landbauvorschrift richtet sich gegen den aufkommenden Brauch, Latifundien mit Sklaven zu bewirtschaften; die Latifundienwirtschaft entstand in Italien nach dem Zweiten Punischen Krieg. Als Folge dieses Krieges waren reichlich karthagische Kriegsgefangene als Sklaven vorhanden.

317 *desperatis* Mit „desperatis" ist Er. ein Textübernahmefehler unterlaufen; in Er.' Quelle, Plin., stand „desperantibus"; gemeint it, daß man mit versklaveten Kriegsgefangenen, also Leuten, die jede Hoffnung auf einen menschenwürdige Existenz aufgegeben haben, nicht gut arbeiten kann, weil ihnen die notwendige positive Motivation fehlt.

319 *Nihil … colere* Auch diesen Spruch hat Er. irrtümlich Cato zugeschrieben. Wie Plin. *Nat.* XVIII, 36 angibt, handelte es sich um eine paradox klingende, jedoch offensichtlich bei den alten Römern der Republik („antiqui") vorhandene Auffassung. Nach *Nat.* XVIII, 38 war damit erstens gemeint, daß der Gutsherr nicht koste was es koste einen maximalen Ernteertrag erstreben soll. Z.B. sei es ganz wichtig, bei der Bestellung des Bodens Kosten zu vermeiden. Wenn der Gutsherr seine eigenen Bauern und sein Gesinde zur Bodenbearbeitung einsetzen kann, erspart er sich den sonst fälligen Lohn für die Saisonarbeiter. In diesem Fall kann er auch Feld-

früchte anbauen, die arbeitsintensiv sind. Weiter gibt es gewisse Bodenarten, bei denen intensives Pflügen nicht zum erwünschten Ertrag führt. Auch der potentiell ertragreiche Ölbaum erbrachte nicht überall großen Gewinn, während das Anlegen von Ölbaumplantagen natürlich Kosten verursachte.

319 *Nihil ... colere* Plin. *Nat.* XVIII, 36: „Temerarium videatur vnam vocem antiquorum posuisse, et fortassis incredibile penitus aestimetur (aestiment *ed. Venet. 1507, fol. 132ʳ*: existiment, *ed. Caesarii*) nihil minus expedire quam agrum optume colere".

In *Apophth. [V, 380]* hat Er., wie schon in V, 377, Cato d.Ä. mit Cato d.J. verwechselt. Das geschilderte Ereignis ist vor dem 5. Dez. 63 zu datieren, als Lentulus wegen seiner Teilnahme an der Catilinarischen Verschwörung hingerichtet wurde. Er. waren diese Ereignisse offensichtlich unbekannt. Die Anekdote wurde in unserer *ASD*-Ausgabe in die richtige Sektion Catos des Jüngeren aufgenommen (= V, 386B).

322–324 *Catoni ... os habere* Sen., *De ira*, III, 38, 2. Vgl. unten Komm. zu V, 386B.

322 *Lentulus* P. Cornelius Lentulus Sura, Konsul 71 v. Chr., i.J. 70 wegen unanständigen Betragens aus dem Senat ausgeschlossen. 65/4 schloss er sich Catilina an; 63 durfte er denn noch das Amt des Praetors bekleiden und avancierte so zum Anführer der Catilinarier in Rom. Cicero ließ ihn im Dez. 63 gefangennehmen und hinrichten. Vgl. *DNP* 3 (1999), Sp. 176, s.v. „Cornelius", Nr. I, 56.

329–330 *caligas ... ostentum* Im einleitenden Teil paraphrasierende, im Spruchteil wörtliche Wiedergabe von Aug. *Doctr. chr.* II, 20, 31: „Vnde illud eleganter dictum est Catonis, qui cum esset consultus a quodam, qui sibi a soricibus erosas caligas diceret, respondit non esse illud monstrum, sed vere monstrum habendum fuisse, si sorices a caligis roderentur". Schönberger, *Incertorum librorum reliquiae*, Nr. 558.

329 *arrosas* Er. benutzte „arrodere" statt Augustins „erodere". Die dreimalige Wiederholung von „arrodere" in nur drei Zeilen wirkt stilistisch ungelenk.

331 *sorices* Er. übernahm das Wort „sorices" von Augustinus; jedoch ist „sorex" die Bezeichnung für „Spitzmaus" (*DNG* II, Sp. 4451–4452): Spitzmäuse sind bekanntlich Fleischfresser, keine Nagetiere. Spitzmäuse können daher keine Stiefel annagen; vermutlich verwendete Augustinus „sorices" locker oder ungenau für „mures".

V, 382 (Cato Senior, 55)

[C] Dicere solet *pecuniam pedibus compensari*, sentiens, ni fallor, sumptuosum esse
ad villam procul dissitam crebro proficisci, sed hoc impendii *pedibus ⟨com⟩pensari,
si dominus* impiger ⟨per⟩ pedes *inuisat fundum suum*. Refert M. Tullius in oratione
Pro L. Flacco.

334–337 Dicere ... Flacco C: *desunt in A B*.
334 solet C: solebat *LB*.

335 compensari *scripsi collato Catonis dicto*: pemsari C: pensari *BAS LB*.
336 per *suppleui*.

Apophth. V, 382, das erst in *C* (1535) aufgenommen wurde, ist das Gegenstück zu *Adag.* 3530 „Pecuniae pedibus compensantur" (*ASD* II, 8, S. 34), das sich zum ersten Mal in der Ausgabe d.J. 1526 findet. Bei der Eingliederung des Textes in *C* wurde vergessen, den Spruch V, 382 mit einem Titel auszustatten, während ein solcher in *Adag.* 3530 bereits vorgegeben war. Der Sinn von Catos Spruch ist nicht ohne weiteres verständlich. Er. hat ihn sowohl in den *Adagia* als auch in *Apophth.* V, 382 als landwirtschaftlichen Ratschlag für den Gutsbesitzer im Sinn von *De agricultura* aufgefasst. Nach Otto 1402 bedeutet der Spruch jedoch „Schnelles und weites Reisen ist Gold wert", nach Fuhrmann „Armut macht fleißig" oder „Beine füllen das Loch im Geldbeutel". Da Cic. *Flacc.* 72 die einzige Quelle für das vermeintliche Sprichwort ist, muß für die Feststellung seiner Bedeutung der Kontext des Plädoyers für Flaccus ausschlaggebend sein. Cicero kritisiert an der betreffenden Stelle den römischen Bürger Decianus, der gegen seinen Klienten Flaccus ausgesagt hatte. Decianus lebte in der römischen Provinz Asia, in Pergamon, und versuchte in der Umgebung der Stadt Landgüter in seinen Besitz zu bekommen. Ciceros Vorwurf lautet, daß er dabei mit unlauteren Mitteln Besitzungen, die eigentlich einem Bürger der Stadt Apollonis, Amyntas, durch Erbschaft zukommen hätten sollen, sich unter den Nagel gerissen hat: Decianus soll die Schwiegermutter des Amyntas, die, wie Cicero behauptet, einen schwachen Verstand gehabt haben soll, bezirzt und sich auf ihren Landgütern einquartiert, in der Folge sich dieselben zugeeignet haben. Cicero sagt, er hätte es für richtiger gehalten, wenn Decianus in Italien (Etrurien) ein Landgut erworben hätte. Darauf bezieht sich nun das Cato-Zitat „pedibus compensari pecuniam", von Fuhrmann wie folgt wiedergegeben: „Doch gut – nach dem Worte Catos füllen die Beine das Loch im Geldbeutel". Der Spruch müßte demnach soviel bedeuten wie: „Wer kein Geld hat, muß weite Wege machen", auf den konkreten Fall angewendet: „Wer kein Geld hat, um in Italien (= in der Heimat) ein Landgut zu erwerben, muß es in der Ferne (in der Provinz, im Ausland) versuchen".

334 *pecuniam pedibus compensari* Cic. *Flacc.* 72: „Catonis est dictum: ‚Pedibus compensari pecuniam'". Schönberger, *Incertorum librorum reliquiae*, Nr. 550; Jordan, *Dicta memorabilia*, Nr. 73 (S.110): „Catonis est dictum pedibus compensari pecuniam".

334–336 *sentiens … fundum suum* Er.' Erklärung des Spruches in V, 382 ist identisch mit jener in *Adag.* 3530, die er paraphrasierend, jedoch auch mit wörtlichen Anklängen, wiederholt: Er. meint, daß sich die „pecunia" des Spruches auf hohe Kosten für Reisen beziehen würde, die ein Gutsherr machen müsse, wenn sein Landgut weit von seinem Wohnsitz entfernt liege. Diese Kosten könne ein sparsamer und fleissiger Gutsherr dadurch einsparen, dass er zu Fuss reise. Vgl. *ASD* II, 8, S. 34: „Sententiam autem hanc esse arbitror, si longius absit fundus, plus impendiorum esse domino et minus ad eum redire lucri. Id damni sarcirtur pedibus domini, si non grauetur subinde fundum inuisere". Die Erklärung ist des Er. ist nicht plausibel; erstens ist nicht vorstellbar, daß ein römischer Gutsherr ständig weite Strecken zu Fuß zurücklegte; zweitens ist es kein Faktum, daß Fahrten vom Wohnsitz zum Landgut hohe oder gar unerschwingliche Kosten mit sich gebracht hätten.

[A] CATO VTICENSIS

V, 383   Taciturnitas   (Cato Vticensis, 1)

340   *Quum* Catoni, qui post dictus est Vticensis, etiamnum puero vitio daretur

M. Porcius Cato Uticensis bzw. **Cato d.J.** (95–46 v. Chr.), Urenkel Catos d.Ä. (V, 383–399). Eine derartige Sektion war in Plutarchs *Reg. et imp. apophth.* nicht vorhanden. Als Quelle benutzte Er. v.a. Plutarchs Biographie des Cato Uticensis in den *Bioi paralleloi*. Die Stelle, an der Er. die eingeschobene Sektion platziert, ist nicht glücklich gewählt, da Plutarch und auch Er. – in der Nachfolge Plutarchs – chronologisch vorgeht: Cato d.J. hätte somit im allerletzten Teil des fünften Buches präsentiert werden müssen, das mit dem Caesarmörder Brutus endet, also jenem Teil des 1. Jh. v. Chr. zugeordnet werden müssen, in dem die Römische Republik in den letzten Zügen lag (64–44). Stattdessen platziert ihn Er. vor Scipio Africanus d.J., der dem 2. Jh. v. Chr. zugehört (geb. 185/4): Als Scipio Africanus d.J. starb (129), war Cato d.J. noch nicht einmal geboren. Auf Cato d.J. folgen noch die Sektionen des Q. Caecilius Metellus Macedonicus (ca. 190–115 v. Chr.), Gaius Marius (157–85 v. Chr.) und Q. Lutatius Catulus d. Ä. (ca. 150–87 v. Chr.), des Konsuls d.J. 102. Seit der Catilinarischen Verschwörung entwickelte sich Cato d.J. stets mehr zum Anführer der Optimatenpartei. Als solcher widersetzte er sich der Politik der Popularen bzw. der mächtigen Einzelpersönlichkeiten Pompeius und Caesar, die die Verfassung der Röm. Republik zu sprengen versuchten; in der letzten Phase der Römischen Republik, nach der Ausrufung des Staatsnotstandes i.J. 52 v. Chr., bekämpfte Cato besonders erbittert Caesar, in dem er den Tyrannen schlechthin erblickte. Cato war Prätor i.J. 54, seine Bewerbung um das Amt des Konsuls i.J. 51 war erfolglos. Nachdem Caesar i.J. 49 den Rubikon überschritten hatte, entschied sich Cato für Pompeius. Auf den Sieg der Pompeianer bei Dyrrachium i.J. 48 folgte die Niederlage bei Pharsalos. Cato setzte daraufhin nach Nordafrika über und verschanzte sich in Utica; Metellus Scipio übernahm den Oberbefehl über die republikanischen Truppen, verlor aber gegen Caesar bei Thapsos i.J. 46 Schlacht und Leben. Cato sorgte für einen geregelten Abzug der republikanischen Truppen aus Utica und beging anschließend Selbstmord, weil er nicht bereit war, sich „dem Tyrannen" zu unterwerfen. Vgl. Th. Frigo, *DNP* 10 (2001), Sp. 158–161, s.v. „Porcius", Nr. I, 7.

Er. stellte die Texte dieser Sektion nahezu zur Gänze aus Lapo da Castiglionchios latein. Übers. der Plutarch-Biographie zusammen; den griech. Originaltext berücksichtigte er in der Regel nicht. Lapos Text übernahm Er. z.T. wörtlich, z.T. variierte und paraphrasierte er ihn, z.T. stellte er Kurzfassungen her. Im Zuge dieser Arbeitsweise kam es in der Sektion zu mehreren Missverständnissen und Fehlern (z.B. V, 383, 384, 387, 388, 392, 393) sowie zu irreführenden Interpretationen (V, 386, 393); in einem besonders eklatanten Fall hat Er. die Ereignisse so verworren wiedergegeben, daß sich in nur 3–4 Zeilen 5 Fehlangaben finden (V, 392). In einem anderen Fall hat Er. eine historische Person fehlgedeutet (V, 393; Sulpicius als Publius Sulpicius, einen Caesarianer, während es um den Juristen Servius Sulpicius geht), was schlicht darauf zurückzuführen ist, daß er Lapos Übers. kritiklos übernahm und den griechischen Text ignorierte. Er. war mit den historischen Ereignissen, die in dieser Sektion angesprochen werden, meist ganz gut vertraut, mit Ausnahme von V, 392; in zwei Fällen schrieb Er. Sprüche Catos d.J. Cato d.Ä. zu. Sie werden hier in die richtige Sektion eingegliedert (V, 384B und 386B). Im achten Buch reichte Er. einen weiteren Ausspruch Catos d.J. aus Quint. *Inst.* VIII, 2, 9 nach (VIII, 185). Der Umstand, daß Er. im Fall Catos d.J. die Sprüche sämtlich selbst auswählen musste, wirft ein Licht auf seine Arbeitsweise: Bemerkenswerterweise wählte Er. auch Lemmata aus, die keine Apophthegmata im eigentlichen Sinn sind (V, 387 und 392), während er selbst dies bei der Übernahme von Plutarchs Apophthegmata-Sammlungen des Öfteren kritisiert und derartige Lemmata manchmal für unecht bzw. für spätere Glossen erklärt hatte (vgl. Einleitung). Während das Verhalten Cato d.J. oft grenzwertig, unwirsch und aggressiv war, wodurch er manche Zeitgenossen vor den Kopf stieß, beurteilte Er. ihn durchgehend sehr positiv, stellte ihn auf eine Stufe mit Cato d.Ä. und betrachtete ihn wie diesen als Versinnbildlichung der Tugend, die vom Himmel auf die Erde herabgestiegen sei, um den Kampf gegen die Laster und Unsitten aufzunehmen (vgl. *Adag.* 789 „Tertius Cato", *ASD* II, 2, S. 312: „Nam duorum Catonum ... grauitas pariter atque integritas vulgo celebratissima quondam fuit, adeo vt e coelo demissi dicerentur, vt bellum cum vitiis gererent; *Collect.* 314, *ASD* II, 9, S. 144: „Nam duos Catones coelo demissos creditum est, vt bellum cum viciis gererent"). Sogar den Selbstmord Catos d.J., eine für Christen verpönte Tat, stufte Er. als heroische Hingabe seines Lebens für das Vaterland ein, und er setzte ihn mit antiken Exempla äußerster Tapferkeit gleich, die ihr Leben fürs Vaterland aufopferten, z. B. mit dem athenischen König Kodros, den Deciern, Quintus Curtius und dem Tyrannentöter Brutus, der sich nach der verlorenen Schlacht von Philippi das Leben nahm (vgl. *Adag.* 1715 „Cur non suspendis te", *ASD* II, 4, S. 160). Als besonders aussagekräftig betrachtete Er. das Urteil des Kaisers Augustus, der Cato d.J. – im Gegensatz zu seinem Adoptivvater – verteidigte, und diesbezüglich auch ein Cato-Sprichwort gestiftet haben soll, in dem sich sein positives Urteil über Cato verdichtete; vgl. *Adag.* 3903 „Catone hoc contenti sumus" (*ASD* II, 8, S. 228); *Apophth.* IV, 164 (*CWE* 38, S. 388–389; *ASD* IV, 4, S. 324, Octavius Caesar Augustus, 32).

In der Sektion, die Er. zusammenstellt, kommen die bekannten, für Cato d.J. bezeichnenden Tugenden zum Ausdruck, d.h. seine moralische Integrität (V, 384, 384B, 389), Beherztheit und Tapferkeit (388, 396), Gerechtigkeitssinn und Strenge (384, 384B, 392, 398); sie passen sämtlich gut zu Er.' Fürstenideal der *Inst. princ. christ.* Das gilt ganz besonders für Catos Tyrannenfeindlichkeit (V, 389, 394, 398) und seine Selbstlosigkeit (384, 387, 389, 393). Cato ist so selbstlos, daß er einem seiner besten Freunde (Servius Sulpicius) es nicht verübelt, gegen ihn in der Konsulatswahl angetreten zu sein und ihn geschlagen zu haben, und daß er einem anderen Freund, Q. Hortensius Hortalus, sogar seine eigene Frau abtritt, sodass dieser noch einen Erben zeugen kann. Er. schreibt Catos Selbstaufopferung und Selbstlosigkeit Züge zu, die Christus ähneln; wie Christus für die Menschheit, so gibt Cato sein Leben für die römische *res publica* hin. Die Selbstlosigkeit, mit der sich Cato ins Gesicht spucken lässt, ohne das schändliche Verhalten zu vergelten, würde dazu hervorragend passen; jedoch hat Er. dieses Apophthegma aus unerfindlichen Gründen in die Sektion Catos d.Ä. eingegliedert. Anders als das Gros seiner Quellen schreibt Er. Cato d.J. auch noch Milde (V, 386), Humor (V, 385 und 395) und geistige Flexibilität (V, 399) zu. Diese Beurteilungen beruhen jedoch auf falschen bzw. kaum nachvollziehbaren Interpretationen (vgl. Komm. *ad. loc.*). Aus manchen der von Er. angeführten Apophthegmata gehen, würde man meinen, Catos Unhöflichkeit, Schroffheit, Unwirschheit und Unverträglichkeit (V, 386, 389, 391, 398) hervor; jedoch kritisiert Er. diese Eigenschaften in keinem einzigen Fall.

339 *Taciturnitas* Der Titel von V, 383 ist identisch mit Brusonis Kapitel VI, 6, in dem er den Spruch präsentiert hatte (1518). Lycosthenes druckt den Spruch in der Formulierung des Er. im Kapitel „De silentio et taciturnitate", wobei er als Quelle fälschlich „Brus. lib. 6. cap. 6." angibt.

340–343 *Quum ... silentio* Variierende, durch ein Missverständnis entstellte und im Spruchteil verdrehte Wiedergabe von Plut. *Cato min.* 4, 2 (*Vit.* 761), wobei Er. von Lapo da Castiglionchios Übers. ausging: „Non tamen cum caeteris iuuenibus exercebatur nec audiri a quoquam volebat. Qua de re quum quidam eum reprehenderet diceretque ,Improbant homines hanc taciturnitatem tuam', Cato, ,Vt libet', inquit, ,dummodo vitam non improbent', et addidit: ,Ego vero tunc demum hanc taciturnitatem meam abrumpam, quum talia dicere valebo, quae non sint digna taciturnitate'" (ed. Bade, Paris 1514, fol. CCLXXVIʳ). Vgl. den griech. Text: Οὐ μέντοι μεθ' ἑτέρων ἐποιεῖτο τὰς μελέτας, οὐδ' ἠκροάσατο λέγοντος οὐδείς, ἀλλὰ καὶ πρός τινα τῶν ἑταίρων εἰπόντα „μέμφονταί σου, Κάτων, οἱ ἄνθρωποι τὴν σιωπήν", „Μόνον", ἔφη, „μὴ τὸν βίον. Ἄρξομαι δὲ λέγειν, ὅταν μὴ μέλλω λέγειν ἄξια σιωπῆς". Der Spruch findet sich bereits in Brusonis Sammlung d.J. 1518: „Cato iunior, cum a quibusdam de taciturnitate subtaxaretur, ,Vt libet', inquit, ,dum vitam non improbent. Ego vero tum demum silentium meum abrumpam, quum talia dicere valebo, quae non sint digna taciturnitate'" (VI, 6).

340 *qui post ... Vticensis* Cato d.J. erhielt diesen ehrenvollen Beinamen erst posthum nach seinem Selbstmord in Utica i.J. 46 v. Chr.

340–341 *puero ... pueris* Bei seinem Variationsversuch der Übers. des Lapo unterlief Er.

taciturnitas – nec enim cum pueris *exercebatur nec a quoquam audiri volebat* – ait, „Carpant *taciturnitatem, modo vitam probent"* et addidit: *„ Tum demum abrumpam hoc meum* silentium, *quum ea* loqui potero, *quae sunt indigna silentio".*

V, 384   IVSTE   (Cato Vticensis, 2)

345 *Quum partes in conuiuiis sortirentur* nec illi fauisset sors, *amicis hortantibus, vt* primus omnium *caperet, „οὐ καλῶς",* inquit, *„ἔχει ἀκούσης Ἀφροδίτης",* id est, „*Non* decet *inuita Venere".* Tam natura iustus erat, vt praeter sortem amicorum fauore noluerit vti. *Veneris iactus* felix erat in talis.

ein Missverständnis: Er. fasste Lapos „iuuenes" irrtümlich als „pueri" auf. An der zitierten Stelle selbst findet sich zwar keine genaue Angabe zu Catos Alter, jedoch zeigt der Kontext ganz klar, daß der Spruch dem *erwachsenen* Cato zuzuordnen ist, der sich bewusst intensiv mit Philosophie, insbesondere politischer Philosophie beschäftigte, bevor er zum ersten Mal in der Öffentlichkeit als Redner auftreten wollte, und weiter, daß gerade zuvor Catos zwanzigstes Lebensjahr vermeldet worden war (*Cato min.* 3, 3), weiter seine Ernennung zum Apollopriester, nachdem er Zwanzig Jahre alt geworden war (4, 1), und die Tatsache, daß er offiziell sein reiches Erbe von 120 Talenten angetreten und einen eigenen Haushalt gegründet hatte (4, 1). Im griechischen Text steht, daß Cato sich intensiv auf seine politische Karriere vorbereitete, indem er politische Übungsreden (μελέτας) hielt; einer seiner „Freunde" (τινα τῶν ἑταίρων) soll ihn angespornt haben, doch endlich als Redner öffentlich aufzutreten, und ihm vorgehalten haben, daß man ihn schon wegen seiner Zurückhaltung kritisiere. Im griech. Originaltext ist wird an der nämlichen Stelle gar keine Altersangabe gemacht, erst Lapo brachte „iuuenes" ein, das nicht unrichtig ist, jedoch von Er. missverstanden wurde. In der von Er. missverstandenen und verdrehten Form fand der Spruch Catos d.J. Eingang in die grossen Wissensammlungen des 16. und 17. Jh., u.a. in Laurentius Beyerlincks *Magnum theatrum vitae humanae,* Lyon 1665, VII, S. 248, s.v. „silentium".

341 *volebat* „volebat" hat im griech. Originaltext keine Entsprechung; Er. wiederholte hier Lapos Übers.

343 *silentium* „silentium" findet sich an dieser Stelle auch in Brusonis Version, während Lapo „taciturnitatem" schrieb. Es könnte sich natürlich auch um eine Variation von „taciturnitatem" handeln, die zweimal unabhängig vorgenommen worden ist.

343 *quum ea ... silentio* Er. bringt hier eine verworrene Wiedergabe von *Cato min.* 4, 2. Im griech. Originaltext steht, daß Cato mit dem Reden anfangen will, „wenn er nichts vorbringen werde, was man besser hätte verschweigen sollen" (vgl. Perrin: „when I am not going to say what were better left unsaid"). Lapo drehte die Aussage um: „wenn ich imstande sein werde, das vorzutragen, das man nicht zu verschweigen braucht", „quum talia dicere valebo, quae non sint digna taciturnitate" (a.a.O.). Er. ging von Lapos Version aus und verschlimmbesserte sie zu „das vorzutragen, was zu verschweigen schändlich wäre".

345–347 *Quum partes ... Venere* Plut. *Cato min.* 6, 1 (*Vit.* 762). Variierende Wiedergabe von Lapo da Castiglionchios Übers.: „In coenis autem partes sortiebantur; quod si non obtineret, amicis ipsum prius capere iubentibus dicebat non bene se habere inuita Venere" (ed. Bade, Paris 1514, fol. CCLXXVI^v); allerdings zitierte Er. das *dictum* selbst auf Griechisch: „οὐ καλῶς", inquit, „ἔχει ἀκούσης ἀφροδίτης". Vgl. den griech. Text: Ἐν δὲ τοῖς δείπνοις ἐκληροῦτο περὶ τῶν μερίδων· εἰ δ' ἀπολάχοι, πρῶτον αἴρειν τῶν φίλων κελευόντων, ἔλεγε μὴ καλῶς ἔχειν ἀκούσης τῆς Ἀφροδίτης. Er.' Vorgehensweise ist einigermaßen kurios. Mit dem Griechisch-Zitat kreiert er eine Schein-Authentizität. Er. demaskiert sich allerdings selbst durch die inadäquate Übersetzung.

346 *οὐ ... Ἀφροδίτης* Der von Er. zitierte griech. Text ist in dreifacher Hinsicht merkwürdig: Erstens ist er (οὐ καλῶς ἔχει ἀκούσης Ἀφροδίτης) nicht identisch mit dem überlieferten griech. Text Plutarchs, der μὴ statt οὐ auf-

weist und in dem Ἀφροδίτης den Artikel (τῆς) bei sich hat, zweitens stimmt er nicht mit der latein. Übers., die Er.' anführt („inuita Venere") überein. Er.' ἀκούσης Ἀφροδίτης bedeutet: „(Das ist nicht gut), wenn Aphrodite es hört". „Inuita Venere", „(Das gehört sich nicht), da Aphrodite es nicht will" hatte Er. aus Lapos Übers. kopiert, der jedoch von einem anderen griech. Text ausgegangen sein muss (nml. ἀκουσίου Ἀφροδίτης von ἀκούσιος, „unwillig, unlieb", vgl. Passow I, 1, S. 81, s.v.). Beide Lesarten sind möglich und lassen sich auf den sog. ‚Venus-Wurf' beziehen; „das ist nicht gut, wenn Aphrodite es hört" würde bedeuten, daß Aphrodite dem Cato zürnen könne, wenn sie hört, daß er beim Würfeln den ‚Venus-Wurf' nicht geschafft hat und dennoch in den Genuss der Privilegien desselben gekommen ist. „Das ist nicht gut, da Aphrodite es nicht will" geht in dieselbe Richtung. Drittens ist das Griechische für Catos Spruch merkwürdig, da es suggeriert, daß Cato bei dem bewussten Gelage Griechisch gesprochen habe. Cato wäre dazu sicherlich in der Lage gewesen, jedoch gibt es keinen konkreten Hinweis oder erkennbaren Anlaß, daß dies in der Tat der Fall gewesen wäre.

348 *Veneris iactus* Gespielt wurde nicht mit gleichseitigen Kuben, sondern mit in Blöckchen geschnittenen und abgerundeten Halsschenkelknochen von Ziegen oder Schafen (Astragaloi oder *tali*). Jedes Blöckchen hatte vier Seiten, auf die es fallen konnte. Die beiden schmaleren Seiten, die 1 und 6 zählten, hatten die Form eines S oder einer etwas unregelmäßigen 8; von diesen war die eine relativ flach, nur leicht nach oben gewölbt (diese Seite hieß Chios); die andere hatte hochstehende Ränder und eine S- oder 8-förmige Kehlung in der Mitte (diese Seite hieß Kos); nach der einen Seite des S hatte dieses einen schnabelförmigen Fortsatz. Von den beiden breiteren Seiten war die eine eher konkav (sie wurde auch „der Rücken" genannt), die andere eher konvex (sie wurde „der Bauch" genannt). Der Rücken zählte 3, der Bauch 4 Punkte. Gewürfelt wurde meist mit vier Würfeln: Der gewinnbringende Venus-Wurf war jener, bei dem jeder der vier Würfel auf eine andere Seite fiel (1–3 – 4–6). Aus der Form der Astragaloi läßt sich verstehen, weshalb dieser Wurf der gewinnbringende war: Er ist ausgesprochen schwierig, da nur in etwa 10% der Fälle die Würfel auf eine der schmalen Seiten fielen, am wenigsten oft auf den Kos. Vgl. U. Schädler, „Spielen mit Astragalen", in: *Archäologischer Anzeiger* 1 (1996), S. 61–73; U. Vogt, *Der Würfel ist gefallen–5000 Jahre rund um den Kubus*, Hildesheim-Zürich-New York 2012, S. 12–43; Jutta Väterlein, „Roma ludens. Kinder und Erwachsene beim Spiel im antiken Rom", in: *Heuremata* 5 (1976), S. 7–13; K.-W. Weeber, *Nachtleben im alten Rom*, Darmstadt 2004, S. 43–60.

V, 384B   SEVERE   (Cato Vticensis, 3)

350   Catulus Censor Catonem sibi arctissima iunctum necessitudine rogauit, vt quendam ipsius iudicio obnoxium – erat enim quaestor – missum faceret. Ille hunc in modum respondit, „*Turpe est* nos, qui iuuentuti recte instituendae autores esse debemus, a lictoribus irrideri nostris". Negauit asperius, quod iniuste petebatur.

Apopth. V, 348B Er. hat in V, 377 Cato d.Ä. mit Cato d.J. verwechselt. Die Anekdote datiert auf das Jahr 64 v. Chr., als Cato das Amt eines Quaestors in Rom, der für die Staatsfinanzen zuständig war, ausübte, und Lutatius Catulus das Amt des Censors. Da die Quelle, Plut. *Cato min.* 16, 7., eindeutig Cato d.J. als Spruchspender ausweist, ist es nicht leicht nachvollziehbar, wie es zu dem Irrtum kam.

350–353 *Catulus Censor … nostris* Stark gekürzte, paraphrasierende, durch eine Verwechslung der Personen und allerlei Missverständnisse entstellte Wiedergabe von Plut. *Cato min.* 16, 1–6 (*Vit.* 766), wobei Er. v.a. von Lapo da Castiglionchios Übers. ausging: „Cato scribas (vt par erat) ministrorum locum tenere coegit: … Vt vero erant impudentes … et aduersus Catonem repugnabant, primum eorum vt reum fraudis in haereditate commissae et infidum aerario expulit; alium vero tanquam inutilem negligentemque accusauit. Quem quum Luctatius Catulus Censor, vir magnae authoritatis et Catonis amicus defenderet victusque rationibus atque argumentis aperte postularet, vt sibi reus donaretur, erumpens in medium Cato, ,Turpe est', inquit, ,Catule, te, qui censor sis et morum nostrorum moderator esse debeas, ne in ministris quidem nostris grauitatem seruare'" (ed. Bade, Paris 1514, fol. CCLXXVII^v). Für die zentrale Stelle mit dem Spruch vgl. den griech. Text: Ὅτι Κάτλος Λουτάτιος ὁ τιμητὴς ἀνέβη βοηθήσων, ἀνὴρ μέγα τὸ τῆς ἀρχῆς ἔχων ἀξίωμα, τὸ δὲ τῆς ἀρετῆς ἔχων μέγιστον, ὡς πάντων δικαιοσύνῃ καὶ σωφροσύνῃ Ῥωμαίων διαφέρων· ἦν δὲ καὶ τοῦ Κάτωνος ἐπαινέτης καὶ συνήθης διὰ τὸν βίον. ὡς οὖν ἡττώμενος τοῖς δικαίοις ἐξῃτεῖτο φανερῶς τὸν ἄνθρωπον, οὐκ εἴα ταῦτα ποιεῖν αὐτὸν ὁ Κάτων. ἔτι δὲ μᾶλλον προσλιπαροῦντος, „αἰσχρόν", εἶπεν, „ὦ Κάτλε, σὲ τὸν τιμητὴν καὶ τοὺς ἡμετέρους βίους ὀφείλοντα δοκιμάζειν, ὑπὸ τῶν ἡμετέρων ὑπηρετῶν ἐκβάλλεσθαι".

Quintus Lutatius Catulus (um 120–61 v. Chr.), Konsul i.J. 78, Prokonsul 77, Censor 65; Führer der gemäßigten Optimaten, politischer Gegner der Triumvirn Pompeius, Caesar und Crassus; verlor 63 die Wahl zum Pontifex Maximus gegen Caesar; spielte als Bauherr eine wichtige Rolle, war u.a. für den Wiederaufbau des Tempels des Jupiter auf dem Kapitol verantwortlich. Für Lutatius Catulus als Redner vgl. Cic. *Brut.* 133 und 222. Vgl. K.-L. Elvers, *DNP* 7 (1999), Sp. 525–526, s.v. „Lutatius", Nr. 4.

350 *Catonem … necessitudine* Er. gibt hier paraphrasierend Plutarchs erklärende Anmerkung ἦν δὲ καὶ τοῦ Κάτωνος ἐπαινέτης καὶ συνήθης διὰ τὸν βίον wieder. Diese kann jedoch so nicht stimmen: Die Männer gehörten zwei verschiedenen Generationen zu und standen sich, politisch gesehen, diametral gegenüber: Der etwa 20 Jahre ältere Lutatius Catulus war einer der engsten Anhänger Sullas, der auch nach dem Tod des Diktators verbissen versuchte, dessen Politik weiterzuführen; Cato hingegen zeichnete sich dadurch aus, daß er als Quästor mit aller Gewalt durchsetzte, daß die Sullaner, die von der Staatskasse Vergütungen für die Proskription der Marius-Anhänger erhalten hatten, diese Beträge nunmehr an die Staatskasse zurückzahlen mussten.

350–351 *rogauit … missum faceret* Er.' Darstellung des Sachverhaltes in „rogauit, vt quendam ipsius iudicio obnoxium – erat enim quaestor – missum faceret" ist ebenfalls falsch. Ein Quaestor, wie Cato, hatte keine richterlichen Befugnisse und konnte daher auch keinen Verurteilten oder Angeklagten („iudicio obnoxium") freisprechen oder freilassen („missum facere"). Er.' Paraphrase von Lapos Text ist in vorl. Fall so verworren, daß die zugrunde liegenden Tatbestände nicht mehr erkennbar sind. Es handelt sich um folgendes: Als Quaestor war Cato d.J. die Oberaufsicht über das Staatsfinanzamt (Tabularium) anvertraut worden; mit den ihm untergebenen Beamten des Tabulariums (ὑπηρέται) hatte Cato Probleme: Sie fügten sich nicht seinen Anordnungen und versuchten ihn zu umgehen, sich bei den anderen Quästoren einzuschmeicheln und ihm entgegenzuarbeiten. Sachlich gesehen ging es dabei besonders um die von Cato betriebenen Rückzahlungen der Proskriptionsgelder an die Staatskasse. Der Konflikt zwischen Cato und den Beamten des Tabulariums eskalierte: Cato beschuldigte den ranghöchsten Beamten des Vertrauensbruches und entließ ihn fristlos; einen zweiten aufmüpfigen Beamten klagte er wegen Betrugs an. In diesem Prozeß trat Cato als *accusator*, Q. Lutatius Catulus als Verteidiger des Beamten auf. Als Lutatius Catulus einsah, daß er die Richter nicht überzeugen konnte, flehte er sie einfach durch den Einsatz seiner Person an, sie mögen den Beamten freisprechen; an diesem Punkt schaltete sich Cato ein, der ihn diesbezüglich harsch maßregelte. Catulus war ob der Frechheit des jungen Quästors sprachlos. Als der Finanzbeamte schließlich freigesprochen wurde (*Cato min.* 16, 6), weigerte sich Cato, den richterlichen Ausspruch anzuerkennen.

352–353 *Turpe ... nostris* Den Spruch selbst gab Er. ganz falsch wieder. Cato spricht zu Lutatius Catulus nicht in der Wir-Form und es ist keine Rede davon, daß jemand „von unseren Liktoren" verspottet werden würde. Im griech. Originaltext sagt Cato, daß es eine Schande sein würde, wenn wohlgemerkt der Zensor wegen seiner (d.h. Catos) Unterbeamten aus dem Gerichtssaal geworfen werden würde.

352 *Nos ... debemus* Cato, der selbst noch ein junger Mann war, hat nicht gesagt, wie Er. angibt, „nos, qui iuuentuti recte instituendae autores esse debemus". Aus der Formulierung des Er. geht hervor, daß er den Spruch irrig Cato d.Ä. zuschrieb, der als *morum censor* bekannt war.

352–353 *a lictoribus ... nostris* Mit „a lictoribus ... nostris" versuchte Er., Lapos Übers. zu korrigieren. Jedoch ist im griech. Text von Liktoren keine Rede; mit ὑπηρεταί sind die Unterbeamten des Tabulariums gemeint (vgl. Plut. *Cat. min.* 16, 3). Er. wußte offensichtlich auch nicht, daß Quaestoren in Rom keine Liktoren bei sich hatten.

353 *irrideri* Der griech. Plutarchtext hatte ἐκβάλλεσθαι, Er. las oder konjizierte ἐγγελάσθαι, was abzulehnen ist.

V, 385   *CONSVL RIDICVLVS*   (Cato Vticensis, 4)

355   *Quum* M. Tullius *Murenam defendens* multa salse diceret *in paradoxa Stoicorum ridentibus* caeteris, tandem e*t Cato* exhilaratus *proximis dixit, „Dii boni, quam ridiculum habemus consulem"*. Stoicorum philosophiam Cato praecipue sequebatur, puer nactus huius sectae praeceptorem.

V, 386   LENITER   (Cato Vticensis, 5)

360   Quum *in senatu de Catilinae coniuratione* tractaretur, redditae *sunt Caesari literae. Id* vbi sensit *Cato, suspicans a coniuratis venire, clamare coepit, vt* palam *recitarentur. Id ne* fieret, *Caesar Catoni literas* tradidit. *Erant autem ab Seruilia Catonis sorore, amatoriae*

355 Murenam *A-C:* Muraenam *LB, versio Lapi Florentini.*

354 *Consul ridiculus* Er. entnahm den Titel dem Spruch Catos d.J.; V, 385 datiert auf d.J. 63 v. Chr., als Cicero Murena verteidigte.

355–357 *Quum M. Tullius … consulem* Paraphrasierende, lückenhafte und teilweise verdrehte Wiedergabe von Lapos Übers. von Plut. *Cato min.* 21, 5 (*Vit.* 769): „Quum vero tempus dicendae causae venisset, Cicero, qui per id tempus erat consul, Muraenam (*sic in ed. Bade, Paris. 1514*) defendit, variis modis Stoicos philosophos et ista, quae appellantur paradoxa, illudens; ex quo quum multum risum iudicibus iniecisset, ipse quoque Cato subridens illis, qui iuxta erant, dixisse fertur: ‚Dii boni, quam ridiculum consulem habemus!'" (ed. Bade, Paris 1514, fol. CCLXXVIIIᵛ). Vgl. den griech. Text: Τῆς δὲ δίκης λεγομένης ὁ Κικέρων, ὕπατος ὢν τότε καὶ τῷ Μουρήνᾳ συνδικῶν, πολλὰ διὰ τὸν Κάτωνα τοὺς Στωϊκοὺς φιλοσόφους καὶ ταῦτα δὴ τὰ παράδοξα καλούμενα δόγματα χλευάζων καὶ παρασκώπτων γέλωτα παρεῖχε τοῖς δικασταῖς. Τὸν οὖν Κάτωνά φασι διαμειδιάσαντα πρὸς τοὺς παρόντας εἰπεῖν· ‚ὦ ἄνδρες, ὡς γελοῖον ὕπατον ἔχομεν". Lapos Übers. ist an vorl. Stelle lückenhaft, weil sie die Angabe ausläßt, weshalb Cicero in seiner Rede die Stoiker verspottete. Er. übernimmt diese Auslassung, läßt sich aber noch eine zweite zu Schulden kommen, nml. die Angabe, daß Cicero, als er Murena verteidigte, das Amt des Konsuls bekleidete (Lapo a.a.O.: „Cicero, qui per id tempus erat consul …"). Durch das Fehlen dieser Angabe wird der Witz des Spruches unverständlich: „quam ridiculum habemus consulem!". Die Anekdote findet sich auch in Plut. *Comp. Dem. et Cic.* 1, 5. Macr. *Sat.* II, 1, 12 überliefert, daß seine Feinde Cicero „consularis scurra" nannten.

355 *Murenam defendens* Cicero verteidigte als Konsul i.J. 63 Lucius Licinius Murena, den für d.J. 62 designierten Konsul, gegen Cato und Servius Sulpicius Rufus, die ihn wegen Wahlbetrug und Amtsschleichung (*ambitus*) angeklagt hatten. Murena wurde insgesamt von drei Patroni verteidigt, neben Cicero von M. Licinius Crassus und Q. Hortalus Hortensius, jedoch hinterließ Ciceros (noch erhaltene) Rede *Pro Murena* den stärksten Eindruck und erwirkte den Freispruch. Vgl. Th. Frigo, *DNP* 7 (1999), Sp. 170–171, s.v. „Licinius", Nr. I, 35; zu Ciceros Rede: E. Rosenberg, *Studien zur Rede Ciceros für Murena*, Hirschberg 1902.

355 *multa … Stoicorum* Dem Verständnis der Anekdote ist abträglich, daß Er. die notwendige Angabe Plutarchs ausließ, Cato habe dadurch Ciceros Veräppelung auf sich herabbeschworen, daß er in seiner Anklagerede auf die stoische Philosophie rekurrierte (πολλὰ διὰ τὸν Κάτωνα τοὺς Στωϊκοὺς φιλοσόφους). Perrin ad loc.: „Cicero … took advantage of Cato's fondness of the Stoics". Für den Hinweis auf Catos Verwendung der Stoiker in dem Prozeß vgl. Cic. *Mur.* 60–62. Die Auslassung ist der Tatsache geschuldet, daß sie schon auf das Konto Lapos geht, dessen Version Er. als Vorlage benutzte, ohne sich um den griech. Text zu kümmern.

356 *ridentibus caeteris* i.e. „iudicibus": „caeteris" ist eine inadäquate Textwiedergabe des Er.:

Nicht die „übrigen bei der Sitzung anwesenden Leute" brachte Cicero zum Lachen, sagt Plutarch, sondern „die Richter"; so auch in Lapos Übers. a.a.O. („multum risum iudicibus iniecisset", griech. γέλωτα παρεῖχε τοῖς δικασταῖς).

356 *tandem et Cato exhilaratus* Er. liefert erneut eine verdrehte Wiedergabe der Anekdote: Er sagt, daß „endlich sogar Cato lachen mußte" – der ja die Zielscheibe von Ciceros Witzen war. Das steht nicht im griech. Text. Er. kam darauf wohl durch eine variierende Weiterführung von Lapos Version („ipse quoque Cato subridens ..."). Ob Cato damals tatsächlich amüsiert war, erscheint fraglich: Der Spruch hört sich eher wie eine zynische Bemerkung an („Was für ein Witzbold ist doch unser Konsul!"), die den Auftritt des Konsuls kritisierte.

357–358 *puer ... praeceptorem* Er. bezog diese Information aus Plut. *Cato min.* 4, 1. Es ist korrekt, daß Cato als Lehrmeister einen Stoiker hatte, Antipatros von Tyros (gest. ca. 45 v. Chr.), den er als Hausphilosophen engagierte. Allerdings unterläuft Er. hier derselbe Fehler wie schon in V, 383 in Bezug auf Catos Alter: Er war damals kein „puer" mehr, sondern ein Erwachsener, der bereits einen eigenen Hausstand führte, das 20. Lebensjahr erreicht hatte und sein erstes Amt, das des Apollo-Priesters, ausübte. Vgl. auch Lapos Übers.: „Inde sacerdos Apollinis factus ... migrauit ... et Antipatrum Tyrium Stoicae disciplinae hominem sibi familiarem coniunxit" (ed. Bade, Paris 1514, fol. CCLXXVI).

Apophth. V, 386 ist kein Apophthegma im eigentlichen Sinn, sondern eine Anekdote, deren memorabler Charakter von ihrem skandalösen Inhalt abhängig ist, nicht von einem pointierten oder sonst bedeutenden Spruch; Cato spricht nur zwei Worte, die zudem banal sind: „Da, nimm ihn, du Betrunkener/ Trunkenbold/ Säufer". Die Anekdote bezieht sich auf die skandalträchtige außereheliche Affäre von Caesar mit Catos Halbschwester Servilia und datiert auf d.J. 63 v. Chr., genauer auf die Beratung im Senat über die Bestrafung der gefangengenommenen Catilinarier am 5. Dez. d.J., nach der die Todesurteile vollstreckt wurden. Caesars Affäre mit Servilia hatte Mitte der 60er Jahre angefangen und dauerte lange fort. Bis etwa 60 lebte noch Servilias Ehegatte, Decimus Junius Silanus, danach betrug sich Caesar noch freier. Weshalb hat Er. diesen Teil von Plutarchs Cato-Biographie als Apophthegma ausgewählt? Es ging ihm um die witzige Skandalgeschichte, die er wie eine Facetie im Stil des Poggio Bracciolini aufbereitete. Es spricht für sich, daß die Geschichte nicht als Exemplum für ethisches Vorzeigeverhalten taugte. Jedoch hat Er. die Geschichte, wie die von ihm entworfene Titelüberschrift („Mild") zeigt, noch ein wenig verbrämt, indem er sie als bezeichnend für Catos Charakter bestempelte, den er für mild, zurückhaltend und kontrolliert hielt. Die Weise, in der Er. die vorl. Anekdote interpretierte, ist allerdings merkwürdig: Auf jemanden, der einem Senator-Kollegen gewaltsam einen Brief entreißen will, diesem, nachdem er ihn freiwillig ausgehändigt hat, den Brief zurückwirft und ihn anschreit „Da, nimm ihn, du Betrunkener/ Säufer", scheint die Qualifikation „leniter" nicht recht zu passen.

360–364 *Redditae sunt ... intermissum* Er. kopierte Lapos Übers. von Plut. *Cato min.* 24, 1–2 (*Vit.* 770): „Intuente eos (sc. Catonem et Caesarem) vniuerso senatu literas Caesari in curiam allatas fuisse. Quod quum animaduertisset Cato putaretque per aliquem de coniuratis eas literas Caesari missas clamare incoepit ac postulare, vt publice recitarentur. At illa erat epistola ab Seruilia sorore Catonis Caesari scripta, parum quidem pudice, et amatorie; ac ne publice legerentur, Caesar ei legendas porrexit, quas quum legisset Cato, in Caesarem statim eas reiecit et inquit, ‚Capias, ebrie!', atque ita ad sermonem, quem instituerat, reuersus est" (ed. Bade, Paris 1514, fol. CCLXXVIIIᵛ). Vgl. den griech. Text: δελτάριόν τι μικρὸν ἔξωθεν εἰσκομισθῆναι τῷ Καίσαρι· τοῦ δὲ Κάτωνος εἰς ὑποψίαν ἄγοντος τὸ πρᾶγμα, καὶ διαβάλλοντος εἶναί τινας τοὺς κινουμένους, καὶ κελεύοντος ἀναγινώσκειν τὰ γεγραμμένα, τὸν Καίσαρα τῷ Κάτωνι προσδοῦναι τὸ δελτάριον ἐγγὺς ἑστῶτι. Τὸν δ' ἀναγνόντα Σερβιλίας τῆς ἀδελφῆς ἐπιστόλιον ἀκόλαστον πρὸς τὸν Καίσαρα γεγραμμένον, ἐρώσης καὶ διεφθαρμένης ὑπ' αὐτοῦ, προσρῖψαί τε τῷ Καίσαρι καὶ εἰπεῖν „κράτει μέθυσε", καὶ πάλιν οὕτως ἐπὶ τὸν ἐξ ἀρχῆς λόγον τραπέσθαι.

362 *Seruilia Catonis sorore* Es handelt sich um Catos Halbschwester Servilia Caepionis (um 100/4–42 v. Chr.), die Tochter des Q. Servilius Caepio d.J. und der Livia Drusa. Servilia Caepionis wurde nach der Heirat ihrer (geschiedenen) Mutter mit M. Porcius Cato, dem Vater Catos d.J., dessen Halbschwester; in jungen Jahren wurde sie mit M. Iunius Brutus d.Ä. verheiratet: Ihr Sohn war M. Iunius Brutus d.J. (geb. 85), der spätere Caesarmörder. 77 verwitwet, heiratete Servilia in zweiter Ehe den späteren Konsul Decimus Iunius

parumque pudicae. Eas vbi legit Cato, reiecit in Caesarem dicens, „*Accipe, ebrie*". Nec aliud loquutus *rediit ad sermonem* intermissum.

365   V, 386B   PATIENTER   (Cato Vticensis, 6)

Quum Catoni *causam* in foro *agenti Lentulus attracta pingui saliua in mediam frontem, quantum poterat, ex*puisset, abstersit Cato *faciem* ac dixit, „*Affirmabo omnibus, Lentule, falli eos, qui te negant os habere*". *Os habere* negantur, quos nihil pudet; id quum eo facto maxime declarasset Lentulus, tamen Cato ludens profitetur illi esse
370   os, non quod erubesceret, sed quod ore multam purulentiam eiacularetur.

368 negant *A B (cf. Sen. loc. cit.)*: negent *C BAS LB.*

Silanus, aus der drei Töchter hervorgingen. Noch vor 64 fing ihre Liebschaft mit Caesar an, die bis zu dessen Ermordung i.J. 44 dauern sollte. In Rom ging der Klatsch um, daß der leibliche Vater einiger von Servilias Kindern Caesar wäre, so auch von M. Iunius Brutus d.J. Der Ausbruch des Bürgerkrieges strapazierte die Familienbande: Servilia blieb auf der Seite Caesars, ihr Halbbruder Cato und ihr Sohn M. Iunius Brutus jedoch kämpften auf der Seite des Pompeius. Nach Pharsalos behandelte Caesar M. Iunius Brutus aufgrund seines Verhältnisses mit Servilia besonders schonend, obwohl ihn dieser bereits damals verraten hatte. Durch seinen Sieg in Afrika i.J. 46 bewirkte Caesar den Selbstmord von Servilias Halbbruder Cato. Zu Servilia vgl. J. Fündling, *DNP* 11 (2001), Sp. 461, s.v. „Servilia"; zu Servilias erstem Gatten. M. Iunius Brutus d.Ä., vgl. W. Will, *DNP* 6 (1999), Sp. 60, s.v. „Iunius", Nr. I, 9; zu ihrem zweiten, Decimus Iunius Silanus, vgl. ders., ebd., Sp. 64–65, s.v. „Iunius", Nr. I, 30; zu Servilias Sohn aus der ersten Ehe, M. Iunius Brutus d.J., ders., ebd., Sp. 60–61, s.v. „Iunius", Nr. I, 10.

363 *ebrie* Die Qualifikation „Säufer" scheint nicht recht zu Caesar zu passen, der im Weingenuss sehr sparsam war. Es gibt einen Ausspruch gerade Catos d.J., in dem dieser sagt, Caesar sei völlig nüchtern gewesen, als er den Bürgerkrieg anfing (Quint. *Inst.* VIII, 2, 9); Er. trägt dieses Apophthegma im achten Buch nach (VIII, 183).

Apophth. V, 386B stammt aus der Cato d.Ä. gewidmeten Sektion, Er. hatte diesen mit Cato d.J. verwechselt. Das in der Anekdote geschilderte Ereignis datiert vor dem 5. Dez. 63 v. Chr., an dem Lentulus wegen seiner Teilnahme an der Catilinarischen Verschwörung hingerichtet wurde. Aus Er.' Quelle, Seneca, geht nicht hervor, um welchen Cato es geht. Um dies festzustellen, wäre es notwendig gewesen, den in der Quelle genannten Lentulus zu identifizieren. Lipsius schaffte dies, Er. offensichtlich nicht.

Apophth. V, 386B In der Wahl des Lemma-Titels schließt sich Er. der Darstellung Senecas (*De ira*, III, 38, 2) an, der Cato d.J. als Musterbeispiel stoischer Affektbekämpfung, im konkreten Fall der Vermeidung des Affektes *ira*, präsentiert. Was weder Seneca noch Er. berücksichtigt, ist die Tatsache, daß Cato d.J. seinen Feind Lentulus anschließend zu Tode brachte, indem er im Dez. 63 v. Chr. dessen Hinrichtung durchsetzte.

366–368 *Quum Catoni … os habere* Größtenteils wörtliche, nur leicht gekürzte Wiedergabe von Sen., *De ira*, III, 38, 2: „Quanto videtur (videtur *ed. Venet. 1492, fol. CXXXV^r*: Cato noster *ed. Lipsius, text. recept.*) melius! Qui (qui *text. receptus*: cui *ed. Venet. 1492*), cum agenti causam (agenti causam *text. recept.*: causam agenti *ed. Venet. 1492*) in frontem mediam, quantum poterat, adtracta pingui saliua inspuisset (respuisset *ed. Venet. 1492*) Lentulus ille, patrum nostrorum memoria factiosus (faciosus *ed. Venet. 1492*) et inpotens, abstersit faciem et ,adfirmabo', inquit, ,omnibus, Lentule, falli eos, qui te negant os habere'".

366 *in foro* „in foro" ist ein freier, ausschmückender Zusatz des Er. ohne Quellengrundlage; es ist unbekannt, um welchen Prozeß es sich handelt.

366 *Lentulus* P. Cornelius Lentulus Sura, Konsul 71 v. Chr.; i.J. 70 von den Censores aus dem Senat ausgeschlossen. 65/4 schloss er sich Catilina an; i.J. 63 bekleidete er das Amt des Praetors und avancierte so zum Anführer der Catilinarier in Rom; im Dez. 63 hingerichtet. Vgl. *DNP* 3 (1999), Sp. 176, s.v. „Cornelius", Nr. I, 56. Der von Sen., *De ira*, III, 38, 2 genannte Lentulus wurde jedenfalls seit Lipsius mit dem Kons. d.J. 71 und Catilina-Anhänger identifiziert.

368–370 *Os habere ... eiacularetur* Der Witz beruht auf der Ambiguität des Wortes „os", „Mund/ Gesicht" in seiner konkreten und einer metaphorischen Bedeutung; „os habere" in metaphorischen Sinn bedeutet sowohl „Mut, Frechheit, Unverschämtheit besitzen" (z. B. Plaut. *Mil.* 189: „os habet, linguam, perfidiam"; Cic. *Rab. Post.* 34 „Quod habent os, quam audaciam!"), jedoch auch gegenteilig, „Selbstbeherrschung, Countenance, Charakterfestigkeit haben". Vgl. *OLD* S. 1273, s.v. „os" 8a and b. Daß Cato darauf hätte hinweisen wollen, daß Lentulus im Ruf stand, *nicht unverschämt* zu sein, darf man ausschliessen. Seneca selbst gibt durch eine zusätzliche Information einen Hinweis darauf, wie man den Spruch verstehen sollte, indem er Lentulus als „ille, patrum nostrorum memoria factiosus et inpotens" charakterisiert, also als einen Menschen, dem es *an Selbstbeherrschung fehlt*. Somit besagt der Spruch metaphorisch: „Ich kann bestätigen: Diejenigen, die behaupten, du habest keine Selbstbeherrschung, irren sich"; während Cato zugleich, auf der konkreten Ebene, sagte: „Ich kann bestätigen: Diejenigen, die in Abrede stellen, du habest einen Mund, irren sich", stellt ironischerweise der Tatbestand selbst, das Ins-Gesicht-Spucken, eine Handlung dar, die das Gegenteil der metaphorischen Aussage belegt, nämlich daß es dem Lentulus an Selbstbeherrschung fehlt. Er konnte sich nicht zurückhalten, seinem Feind vor Wut ins Gesicht zu spucken. Er.' Erklärung ist etwas anders, geht aber in die richtige Richtung. Eine andere metaphorische Bedeutung von „os", „Beredsamkeit", „rhetorische Fähigkeiten", scheint Gerhard Fink herangezogen zu haben: „Ich werde es allen bestätigen, daß die im Irrtum sind, die meinen, du hättest kein Mundwerk" (Seneca, *Die kleinen Dialoge*, München-Zürich 1992, S. 301). Wie die Kontextualisierung, die Seneca selbst vornimmt, zeigt, erschließt sich die Bedeutung des Spruches nicht in diesem Sinn.

V, 387   PROLIS AMOR   (Cato Vticensis, 7)

Hortensius a Catone petiit, vt Portiam filiam suam Bibulo nuptam sibi traderet in matrimonium, pollicens se marito *redditurum, simul atque ex ea prolem suscepisset.* Id quum multis rationibus illi persuasisset, Cato *respondit* se, quod ad ipsum attineret, libenter gratificaturum amico, verum hoc non audere a Bibulo petere. Tum *Hortensius nudans* animum suum, *petiit Martiam* ipsius Catonis *vxorem.* Iam enim sibi Cato ademerat mariti praetextum. Assensus est Cato, vt id fieret volente patre coniugis, *ipsoque Catone praesente facta sunt sponsalia.*

Apophth. V, 387 Dieses merkwürdige *Apophth.* stellt gerade durch die Bearbeitung des Er. kein Apophthegma im eigentlichen Sinn dar. Die witzige, jedoch grenzwertige Argumentation, mit der Hortensius zuerst die Tochter Catos, sodann dessen Ehefrau einforderte, strich Er., während doch gerade darin der apophthegmatische Charakter der Anekdote lag. Diese datiert um d.J. 55 v. Chr., als Cato d.J. seine Ehefrau Marcia, die ihm bereits zwei Kinder geschenkt hatte, dem Hortensius abtrat. Hortensius hatte damals gerade seine erste Ehefrau Lutatia verloren, die ihm einen gleichnamigen Sohn und eine Tochter (Hortensia) geschenkt hatte. Der Text, den Er. zusammenstellt, ist im Grunde ein kurioses Exemplum des „amor prolis", bei dem ein fast Sechzigjähriger sich über alle Grenzen der guten Sitten, der bürgerlichen Ordnung, allgemein akzeptierten ethischen Verhaltens, des natürlichen Empfindens von Partnerschaft und Familie, der Freundschaft und des guten Geschmacks hinwegsetzt, nur um nochmals ein Kind zu zeugen; zu bedenken ist übrigens, daß Hortensius bereits einen männlichen Erben hatte (für seinen Sohn Q. Hortensius Hortalus vgl. Th. Frigo, *DNP* 5 (1999), Sp. 733–734, s.v. „Hortensius", Nr. 5). Ebenso kurios ist die Rolle Catos in diesem persönlichen Drama: Er verhält sich merkwürdig passiv, während unverständlich bleibt, warum er die verrückten Wünsche des Hortensius erfüllte. Der „Frauentausch" rief damals in Rom einen Skandal hervor; über die Motive Catos d.J. stellte man wenig günstige Vermutungen an: So warf man ihm vor, er habe seine Frau dem Hortensius ‚verkauft'. Diese Unterstellung erscheint im Licht der späteren Ereignisse nicht absurd: Nach Hortensius' Tod i.J. 50 erbte Marcia dessen riesige Besitzungen und Cato heiratete sie postwendend zum zweiten Mal. Es stellt sich die Frage, warum Er. diesen Teil von Plutarchs Cato-Biographie auswählte und warum er ihn auf diese Weise bearbeitete: Klar ist zunächst, daß es ihm nicht um markige oder pointierte Sprüche ging; was Cato von sich gibt, bleibt völlig flach. Weiter darf man ausschliessen, daß es Er. um ein ethisches Exemplum zu tun war: *A fortiori* im Kontext christlicher Werte war der Inhalt der Anekdote eigentlich verwerflich. Übrig bleibt Er.' spürbares Vergnügen an der unsittlichen Schmierenkomödie, ihrer Kuriosität und Geschmacklosigkeit. Was Er. hier zusammengestellt hat, ist im Grunde eine Facetie nach der Machart des Poggio. Das Anstoßgebende der Schmierenkomödie verstand wohl auch Lycosthenes, der V, 387 auf zynische Weise in der Kategorie „De coniugali amore" druckte (S. 176).

372–378 *Hortensius a Catone … sunt sponsalia* Stark gekürzte, paraphrasierende und teilweise missverstandene Wiedergabe von Plut. *Cato min.* 25, 1–5 (*Vit.* 771), wobei Er. sowohl vom griech. Text als auch von Lapos Übers. ausging (ed. Bade, Paris 1514, fol. CCLXXVIIIᵛ–CCLXXIXʳ). Dabei strich Er. die eigentliche Würze der Anekdote, d.h. die grenzwertigen, frivolen Argumente, die Hortensius vorbrachte, warum er Porcia, Catos Tochter, die bereits mit dem Altkonsul Bibulus verheiratet war, oder Marcia, die Frau Catos d.J., bekommen müsse. Lycosthenes druckte das „Apophthegma" in der von Er. verdrehten und missverstandenen Form (p. 176).

372 *Hortensius* Zu dem Advokaten, Politiker und Redner **Q. Hortensius Hortalus** (114–50, Konsul 69 v. Chr.) vgl. unten Komm. zu VI, 324, wo ihm Er. zwei Apophthegmen widmet.

372 *Portiam filiam* Porcia (ca. 70–43/2 v. Chr.) war eine Tochter des Cato Uticensis aus seiner ersten Ehe mit Atilia, die i.J. 63 geschieden wurde. Tochter Porcia wuchs im Haushalt

Catos auf, der bald darauf eine neue Ehe mit Marcia einging. Cato verheiratete seine Tochter in noch ganz jungem Alter (ca. 11–13 Jahre) mit seinem Parteigänger und Freund M. Calpurnius Bibulus (103–48), dem Prätor von 62 und Konsul von 59, wobei der Bräutigam acht Jahre älter war als der Brautvater. Als Hortensius um die Hand der Porcia bat, war dieser in etwa viermal so alt wie die umworbene Braut (damals erst 14–15). Porcia hatte dem Bibulus bereits zwei Söhne geschenkt. Nachdem dieser i.J. 48 als Flottenkommandant des Pompeius ums Leben kam, nahm Servilias Sohn, M. Iunius Brutus, der seine erste Ehe hatte scheiden lassen, i.J. 45 Porcia zur Frau. Nach der Ermordung Caesars wich Brutus mit den Republikanern nach Griechenland aus, Porcia blieb in Rom. Sie starb wohl noch vor ihrem zweiten Ehemann i.J. 43. Vgl. M. Strothmann, *DNP* 10 (2001), Sp. 157, s.v. „Porcia", Nr. 2.

372 *Bibulo* M. Calpurnius Bibulus (103–48 v. Chr.), vgl. K.L. Elvers, *DNP* 2 (1996), Sp. 942–943, s.v. „Calpurnius".

373 *Redditurum ... suscepisset* Mit „redditurum, simulatque ex ea prolem suscepisset" korrigierte Er. Lapos Übers., der irrtümlich sagte, daß Hortensius dem Bibulus die Frau zurückgeben werde, sobald sie von ihm *schwanger* geworden wäre („simulatque illa pregnans esset", fol. CCLXXIX^r). Vgl. den griech. Text Plut. *Cato min.* 25, 3: εἰ δὲ πάντως περιέχοιτο τῆς γυναικὸς ὁ Βύβλος, ἀποδώσειν εὐθὺς τεκοῦσαν ...

375 *verum ... petere* Das Argument, das Er. dem Cato in den Mund legt, stimmt nicht mit seinen Quellen überein: Im griech. Text sagt Cato vielmehr, daß er es als *absurd* betrachte, einer Heirat seiner Tochter zuzustimmen, die er bereits einem anderen zur Frau gegeben habe: ἀποκριναμένου δὲ τοῦ Κάτωνος ... ἄτοπον δ᾽ ἡγεῖται ποιεῖσθαι λόγον περὶ γάμου θυγατρὸς ἑτέρῳ δεδομένης (*Cato min.* 25, 3); in Lapos Übers.: „Huic cum respondisset Cato se Hortensium amare; indignum tamen esse verba facere de nuptiis filiae, quae alteri nupta esset" (a.a.O.).

375–376 *Tum Hortensius ... animum suum* nach der Übers. des Lapo: „non erubuit Hortensius iam aperte agens et sententiam suam enudans, a Catone postulare, vt sibi Martiam vxorem daret iuuenem adhuc ..." (ed. Bade, Paris 1514, fol. CCLXXIX^r).

376 *Hortensius ... suum* „Hortensius nudans animum suum" bildete Er. nach Lapos Übers.: „... Hortensius iam aperte agens et sententiam suam enudans ..." (a.a.O.).

376 *Martiam* Marcia, die zweite Ehefrau des Cato Uticensis, die Tochter des Marcius Philippus. Sie gebar aus der Ehe mit Cato einen Sohn und zwei Töchter. Um d.J. 56 trat Cato sie an Hortensius ab; die Heirat mit Hortensius fand zwischen 55 und 52 statt. Ihre Ehe mit Hortensius blieb kinderlos. Nachdem dieser i.J. 50 gestorben war, heiratete Catos sie zum zweiten Mal (Plut. *Cato min.* 52, 5–6). Vgl. W. Eck, *DNP* 7 (1999), Sp. 852, s.v. „Marcia" 4.

376–377 *Iam enim ... praetextum* Er.' Angabe, daß Cato sich selbst (wohlgemerkt) den Vorwand, als Ehegatte zu fungieren, *benommen habe*, beruht auf einer mißverständlichen Lektüre seiner Quelle, die das genaue Gegenteil besagt, nml. daß man nicht sagen könne, Hortensius sei so vorgegangen, weil er gewusst hätte, daß Cato sich nicht mehr um seine Frau gekümmert habe; „Denn er schreibt, daß zu eben derselben Zeit Martia von Cato schwanger gewesen sei"; vgl. Lapos Übers.: „Nec dici potest hoc fecisse Hortensius, quod sciret Catonem mulieri non dare operam. Nam in hoc tempore scribit Martiam praegnantem fuisse" (a.a.O.). Der junge Familienvater Cato stand in der Kraft seines Lebens: Er war erst 32 Jahre alt, hatte gerade zwei Kinder bekommen, ein weiteres gezeugt, z.Z., als der kuriose, betagte Brautwerber Hortensius seine Aufwartung machte.

377–378 *patre coniugis* Es handelt sich um L. Marcius Philippus (geb. 102 v. Chr.), i.J. 62 Praetor, 61–60 Statthalter in Syrien, 56 Konsul. I.J. 58 heiratete er in zweiter Ehe Atia Balba Caesonia, die Mutter des C. Octavius, des späteren Augustus, und wurde dessen Stiefvater; Atia starb 43 v. Chr.

378 *ipsoque ... sponsalia* In „ipsoque Catone praesente facta sunt sponsalia" kopierte Er. Lapos Übers. (a.a.O.). Philippus hatte zur Bedingung gemacht, daß Cato bei der Verlobung seiner Frau mit Hortensius selbst zugegen sei und damit sein Einverständnis bezeige. Unvermeldet bleibt indessen, daß die Voraussetzung war, daß sich Cato zuvor von seiner Ehefrau scheiden ließ.

V, 388 AVTORITAS (Cato Vticensis, 8)

380 *In forum veniens* cum Thermo *conspicatus Castoris templum armatis occupatum omnesque* fori aditus *a gladiatoribus* obsideri, *ipsumque Metellum vna cum Caesare, "O timidum"*, inquit, *"hominem, qui aduersus vnum tantam armauit multitudinem"*.

380–381 omnesque *A-C* : omneisque *BAS*, omnisque *LB*.

Apophth. V, 388 Da Er. den Spruch ohne jeglichen historischen Kontext anführt, bleibt für den Leser unklar, um welche Sache es eigentlich geht. Anders als von Er. werden die historischen Ereignisse in seiner Quelle, Plut. *Cato min.* 26–28 (*Vit.* 771), genau beschrieben. Das Apophthegma datiert auf d.J. 62 v. Chr., als sich Cato als Volkstribun den Machenschaften der starken Männer und des mit ihnen verbündeten Volksribunen Metellus widersetzte: Metellus wollte, unterstützt durch Caesar, im Zuge einer Volksversammlung ein Gesetz durchsetzen, das Pompeius beauftragte, mit seinen Truppen (aus dem Osten kommend) in Rom einzumarschieren, um dort die Ordnung wiederherzustellen (Plut. *Cato min.* 26). Zur Durchsetzung des Volksbeschlusses brachte Metellus seine Schlägertrupps mit, die den Versammlungsort auf dem Forum, den Platz vor dem Tempel des Castor und Pollux, hermetisch abriegelten, sodass nur Parteigänger an der Volksversammlung teilnehmen konnten. Caesar führte als Prätor zusammen mit dem Volkstribunen Metellus den Vorsitz über die Volksversammlung. Zu den Leuten, die ausgeschlossen werden sollten, gehörten v.a. die anderen Volkstribunen, Cato d.J. und Minucius Thermus, die mit ihrem Interzessionsrecht die Annahme des Gesetzes verhindern konnten. Cato jedoch bahnte sich mit seinem Kollegen einen Weg durch die Absperrungen, kletterte auf die Stufen des Dioskurentempels und interzedierte (Plut. *Cato min.* 27). Daraufhin ließ Metellus seine Schlägerbanden angreifen. Catos Begleiter zogen sich erschreckt zurück, nicht so Cato selbst. Unter einem Hagel von Knüppeln und Steinen harrte er aus, bis ihm der amtierende Konsul, Lucius Licinius Murena, zu Hilfe kam. Murena brachte auch gleich soviele Anhänger der Optimatenpartei mit, daß das von Caesar anvisierte Plebiszit verhindert werden konnte. Aufgrund des gewaltsamen Vorgehens des Caesar und des Metellus stattete der Senat den Konsul mit diktatorischen Vollmachten aus, fortan derartige bewaffnete Übergriffe zu verhindern (Plut. *Cato min.* 28). Pompeius durfte nicht mit seinem Heer in Rom einmarschieren. Er.' Titel entsprechend druckte Lycosthenes den Spruch in der Kategorie „De authoritate" (S. 108).

380–382 *In forum … multitudinem* Sehr stark gekürzte, durch Auslassung des historischen Kontextes unverständliche, im Spruchteil jedoch wörtliche Wiedergabe von Lapos Übers. von Plut. *Cato min.* 27, 3–6 (*Vit.* 772): „Mane vero non magno comitatu descendit (sc. Cato) in forum, a multis ante monitus, vt saluti suae consuleret diligenterque caueret. Forum itaque ingrediens quum videret templum quidem Castoris armis occupatum omnesque aditus gladiatoribus teneri, ipsum desuper Metellum vna cum Caesare sedentes, conuersus ad amicos, ‚O timidum', inquit, ‚hominem, qui contra vnum atque inermem tantam multitudinem armauit'. His simul dictis recta perrexit cum Thermo; iis, qui aditum seruabant viam ambobus dumtaxat concedentibus, caeteros omnes prohibentibus, vt vix Minucius per manum a Catone tractus introduceretur. Inde ad sedendum pergens Cato, repente sese medium inter Caesarem Metellumque coniecit, eo consilio, vt mutua eorum colloquia impediret …" (ed. Bade, Paris 1514, fol. CCLXXIX'). Vgl. den griech. Text: καὶ νυκτερεύσας, ὑφ' ἑνὸς τῶν συναρχόντων, Μινυκίου Θέρμου, βαθέως καθεύδων ἐπηγέρθη· καὶ κατέβησαν εἰς ἀγοράν, ὀλίγων μὲν αὐτοὺς προπεμπόντων, πολλῶν δὲ ἀπαντώντων καὶ φυλάττεσθαι παρακελευομένων. ὡς οὖν ἐπιστὰς ὁ Κάτων κατεῖδε τὸν νεὼν τῶν Διοσκούρων ὅπλοις περιεχόμενον καὶ τὰς ἀναβάσεις φρουρουμένας ὑπὸ μονομάχων, ἄνω δὲ καθήμενον μετὰ Καίσαρος τὸν Μέτελλον, ἐπιστρέψας πρὸς τοὺς φίλους, „Ὦ θρασέος," εἶπεν, „ἀνθρώπου καὶ δειλοῦ ὃς καθ' ἑνὸς ἀνόπλου καὶ γυμνοῦ τοσούτους ἐστρατολόγησεν." ἅμα δ' εὐθὺς ἐβάδιζε μετὰ τοῦ Θέρμου. καὶ διέστησαν αὐτοῖς οἱ τὰς ἀναβάσεις κατέχοντες, ἄλλον δὲ οὐδένα παρῆκαν, ἢ μόλις ἐπισπάσας τῆς χειρὸς ὁ Κάτων τὸν Μουνάτιον ἀνήγαγε· καὶ βαδίζων εὐθὺς ὡς εἶχε καθίζει μέσον ἐμβαλὼν ἑαυτὸν τοῦ Μετέλου καὶ τοῦ Καίσαρος, ὥστε διακόψαι τὴν κοινολογίαν.

380 *Thermo* Quintus Minucius Thermus (um 100 v. Chr.–35 v. Chr.), als Volkstribun d.J. 62 Kollege Catos d.J. und des Q. Caecilius Metellus Nepos; Proprätor von Asia 51/0. Im Bürgerkrieg schloss er sich Pompeius an; nach Caesars Ermordung von den Triumvirn proskribiert, jedoch 35 v. Chr. begnadigt. Vgl. F. Münzer, *RE* XV, 2 (1932), Sp. 1072–1074, s.v. „Minucius", Nr. 67.

380 *Castoris templum* Es handelt ich um den Castor- oder Dioskurentempel auf dem Forum Romanum; die Bezeichnung übernahm Er. von Lapos Übers. (a.a.O.), im griech. Original τὸν νεὼν τῶν Διοσκούρων. Der Tempel war ursprünglich anlässlich der Schlacht der Römer gegen die Etrusker am Regillus-See (499 v. Chr.) gelobt wurden, der erste Bau 484 eingeweiht worden. Der Tempel war mit den Werten der römischen Republik verbunden und diente mehrfach als Sitzungsort des römischen Senats. Quintus Caecilius Metellus Nepos wählte ihn wohl als Versammlungsort, weil der Tempel von einem Familienmitglied, L. Caecilius Metellus Dalmaticus, dem Konsul d.J. 119, neu erbaut worden war. Für den Tempel vgl. S. Sande – J. Zahle, „Der Tempel der Dioskuren auf dem Forum Romanum", in: M. Hofter (Hrsg.), *Kaiser Augustus und die verlorene Republik*. Eine Ausstellung im Martin-Gropius-Bau, Berlin, 7. Juni–14. August 1988. von Zabern, Mainz 1988, S. 213–224; P.G. Bilde und B. Poulsen, *The Temple of Castor and Pollux*, 3 Bde., 2008–2009.

380–381 *armatis … obsideri* Mit „Castoris templum armatis occupatum omnesque fori aditus a gladiatoribus obsideri" reproduziert Er. die ungenaue Wiedergabe Lapos („templum quidem Castoris armis occupatum omnesque aditus gladiatoribus teneri", a.a.O.). Im griech. Original steht, daß Metellus zum Zweck der Volksversammlung auf dem Forum bewaffnete Fremde (ξένοι), Gladiatoren (μονομάχοι) und Sklaven (θεράποντες) aufmarschieren ließ (*Cato min.* 27, 1). Cato sah, daß der Tempel von diesen Truppen umzingelt war und daß die Gladiatoren auf der hohen Treppe, die zum Castortempel hinführte, Stellung bezogen hatten (*Cato min.* 27, 4).

381 *ipsumque Metellum* „ipsumque Metellum" übernahm Er. wörtlich aus der Übers. des Lapo, jedoch hat „ipsum" nur Sinn, wenn von der Person schon zuvor die Rede war, wie eben in der von Plutarch verfaßten Biographie. In dem von Er. präsentierten Kurztext ist „ipsum" unmotiviert.

381 *Metellum* Quintus Caecilius Metellus Nepos (100–55 v. Chr.), Volkstribun d.J. 62, Prätor 60 und Konsul 57. Stand auf Seiten der verbündeten mächtigen Männer Pompeius und Caesar. Beim Antritt seines Volkstribunates startete er einen gehässigen Rachefeldzug gegen den Altkonsul Cicero, den er wegen unrechtmäßiger Tötung römischer Bürger (der Catilinarier) gerichtlich verfolgte. Nach der gewaltsamen Auseinandersetzung mit seinem Amtskollegen Cato d.J. (vgl. V, 388) wurde Metellus vom Senat suspendiert; er begab sich zu Pompeius nach Kleinasien. Vgl. K.-L. Elvers, *DNP* 2 (1999), Sp. 889–890, s.v. „Caecilius", Nr. I, 29.

382 *aduersus vnum* Mit „aduersus vnum" meint Cato offensichtlich sich selbst, obwohl er gemeinsam mit seinem Kollegen Thermus auftrat, um Metellus' Gesetzeseingabe zu verhindern. Es ist auffällig, daß Er. Thermus weiter nicht erwähnt, während er in Plutarchs Narrativ als Akteur hervortritt: z. B. hält Thermus dem Metellus, als er den Gesetzestext rezitieren wollte, gewaltsam den Mund zu (*Cato. Min.* 28, 1).

V, 389   Factio vitata   (Cato Vticensis, 9)

Pompeius, quo suam factionem redderet firmiorem, *per Munatium* petiit, *vt Cato neptium duarum alteram sibi, alteram filio* suo daret. Cato iussit reuersum *Munatium Pompeio* renunciare *se* quidem *per mulieres capi non posse, beneuolentiam tamen illius sibi gratam esse*; amicitiam etiam, quae quauis affinitate firmior *esset, polliceri*, si, quae reipublicae conducerent, sequeretur; caeterum *aduersus rempublicam nunquam daturum obsides*, neptes in matrimonium datas obsidum nomine signans. Sunt qui narrent *non neptes, sed filias in matrimonium a Pompeio petitas*.

V, 390   *Nimia familiaritas*   (Cato Vticensis, 10)

Munatio querenti, quod in Cypro Catonem adire cupiens parum ciuiliter repulsus esset, quum nihil esset negocii, sed *intus cum Canidio fabularetur*, sic se purgauit,

390 narrent *A-C* : narrant *BAS LB*.   392 querenti *A B* : quaerenti *C BAS*.

Apophth. V, 389 datiert auf d.J. 60 v. Chr.: Pompeius war nach seinen militärischen Erfolgen im Osten 62 nach Rom zurückgekehrt und hatte triumphiert; er stieß nunmehr aber immer wieder auf den Widerstand der Senatoren, die die Maßnahmen, die er im Osten vereinbart hatte, blockierten. Pompeius versuchte, Allianzen mit konservativen Senatoren wie Cato d.J. zu schließen. Da Pompeius sich gerade von seiner dritten Frau, Mucia Tertia, die er des Ehebruchs mit Caesar verdächtigte, hatte scheiden lassen, konnte er eine neue Ehe eingehen. Jedoch liefen Pompeius' dahingehende Versuche auf nichts hinaus. Schließlich heiratete er in vierter Ehe i.J. 54 die Tochter Caesars, Iulia, die jedoch bald darauf, bei der Geburt ihres ersten Kindes, starb. Der Titel, den Er. dem *Apophth.* gab, stellt Cato in ein günstiges Licht, während doch sein Betragen grob und unhöflich war. Plutarchs Darstellung ist nuancierter: Er bezieht auch Catos Familienmitglieder, seine Schwestern (Servilia und Porcia) und Frau (Marcia), mitein, die die Allianz begrüßten und Cato sein Betragen verübelten.

384–389 *per Munatium ... obsides* Gekürzte, zum Teil variierende, zum Teil wörtliche Wiedergabe von Plut. *Cato min.* 30, 2–4 (*Vit.* 773), wobei Er. die Übers. des Lapo da Castiglionchio oder/ und Brusonis Version (VI, 15) als Textvorlage benutzte; Lapos Übers.: „Per Munatium igitur postulauit, vt duas neptes, quas habebat Cato, alteram sibi, alteram filio nuptui traderet. Nonnulli tamen scribunt non neptes, sed filias Catonis a Pompeio petitas. Quod postquam per Munatium Catoni relatum est, et vxore ac sororibus hanc affinitatem cum viro primario atque amplissimo vehementer approbantibus cupientibusque, ipse Cato statim sine vlla dilatione iussit Munatium ad Pompeium redire eique respondere Catonem per mulieres capi non posse; sed beneuolentiam eius sibi gratam esse et, si recta faciat, amicitiam polliceri, quae omni propinquitate fidelior esset; obsides vero contra rempublicam Pompeio nequaquam daturum" (ed. Bade, Paris 1514, fol. CCLXXIX^v). Brusoni (1518) ging von Lapos Übers. aus, weist aber bemerkenswerter Weise dieselben Kürzungen auf wie Er.: „Eidem (sc. Catoni) ... Pompeius Munatium misit, vt alteram e neptibus vel filiabus sibi, alteram filio matrimonio copularet. Sed Cato iussit Munatium statim abire Pompeioque narrare Catonem per mulieres capi non posse; sed beneuolentiam eius sibi gratam esse et, si recta faciat, amicitiam polliceri, quae omni affinitate fidelior esset; obsides vero contra rempublicam nequaquam daturum". Vgl. den griech. Text: μετεπέμψατο Μουνάτιον, ἑταῖρον αὑτοῦ· καὶ δύο τοῦ Κάτωνος ἀδελφιδᾶς ἐπιγάμους ἔχοντος ᾔτει τὴν μὲν πρεσβυτέραν ἑαυτῷ γυναῖκα, τὴν δὲ νεωτέραν τῷ υἱῷ. τινὲς δέ φασιν οὐ τῶν ἀδελφιδῶν, ἀλλὰ τῶν θυγατέρων τὴν μνηστείαν γενέσθαι. τοῦ δὲ Μουνατίου ταῦτα πρὸς τὸν Κάτωνα καὶ τὴν γυναῖκα καὶ τὰς ἀδελφὰς φράσαντος, αἱ μὲν ὑπερηγάπησαν τὴν οἰκειοτητα πρὸς τὸ μέγελος καὶ τὸ ἀξίωμα τοῦ ἀνδρός, ὁ δὲ Κάτων οὔτ' ἐπισχὼν σχὼν οὔτε βουλευσάμενος, ἀλλὰ πληγεὶς εὐθὺς εἶπε: „Βάδιζε, Μουνάτιε, βάδιζε, καὶ λέγε πρὸς Πομπήϊον ὡς οὐκ ἔστι διὰ τῆς γυναικωνίτιδος ἁλώσιμος, ἀλλὰ τὴν μὲν εὔνοιαν ἀγαπᾷ, καὶ τὰ δίκαια ποιοῦντι φιλίαν παρέχει πάσης πιστοτέραν οἰκειότητος, ὅμηρα δὲ οὐ προήσεται τῇ Πομπηΐου δόξῃ κατὰ τῆς πατρίδος". Auffällig ist, daß Er. „affinitate" verwendet, das sich nicht in Lapos Übers., jedoch in Brusonis Text findet.

384 *Munatium* Munatius Rufus, enger Freund Catos d.J., begleitete diesen mehrfach bei Missionen im Osten; verfasste 46 v. Chr. eine Biographie von Cato d.J., *Liber de Catone* (*HRR*, Bd. 2, LVIII, 42–44). Zu Munatius vgl. Th. Frigo, *DNP* 8 (2000), Sp. 471, s.v. „Munatius", Nr. I, 6.

385 *neptium* Damit sind wohl zwei Töchter der Servilia, Catos Halbschwester, aus der Ehe mit Decimus Iunius Silanus gemeint, wschl. Iunia Prima und Iunia Secunda. Zu Servilia vgl. oben Komm. zu V, 386. Iunia Prima war wohl kurz nach 76 v. Chr. geboren worden, ihre Schwester etwas später. Die beiden Mädchen waren also i.J. 60 für römische Begriffe im heiratsfähigen Alter. Damit stimmt die von Plutarch beschriebene Reaktion der Schwestern Catos überein, die das Heiratsansuchen des Pompeius durchaus begrüßten. Servilia wird darüber erfreut gewesen sein, daß so gute Partien für ihre Töchter in Aussicht standen.

389 *neptes … signans* Eine eingeschobene Erläuterung des Er.

389–390 *Sunt qui … Pompeio petitas* Dies scheint eine historisch-kritische Anmerkung des Er. zu sein, stammt tatsächlich aber von Plutarch (in Lapos Übers.: „Nonnulli tamen scribunt non neptes, sed filias Catonis a Pompeio petitas").

390 *narrent* In den späteren *Apophthegmata*-Ausgaben finden sich beide Lesarten, „narrent" u.a. in der Ausgabe Lyon, Sebastianus Gryphius 1537, S. 374, „narrant" z.B. in der Ausgabe Köln, Gualtherus Fabritius, S. 438.

390 *non neptes, sed filias* Die Angabe, daß Pompeius um die Hand von *Catos Töchtern* gebeten hätte, ist nicht glaubwürdig. Cato hatte eine Tochter, Porcia, aus seiner ersten Ehe mit Altilia. Diese war i. J. 60 v. Chr. jedoch erst 9 oder 10 Jahre alt. Die beiden Töchter, die Cato aus seiner zweiten Ehe mit Marcia hatte, waren i. J. 60 entweder noch nicht geboren oder höchstens 1–2 Jahre alt.

Apophth. V, 390 datiert auf die Zeit von Catos Mission auf Zypern, 58–56 v. Chr.; Clodius hatte für Cato ein militärisches Sonderkommando erwirkt, allerdings in der Absicht, ihn aus Rom wegzubefördern. Cato durchschaute den Plan, beugte sich aber dem Beschluss. Sein Auftrag als Quästor mit prätorialen Vollmachten war, die Insel Zypern dem regierenden König, Ptolemaios (reg. 80–58 v. Chr.), einem Sohn des Ptolemaios IX. Soter, zu entreißen und dem Römischen Reich einzugliedern. Die Kampagne gelang: Cato eroberte Zypern, bewirkte, daß König Ptolemaios Selbstmord beging und eignete sich dessen reiche Besitzungen zu: Als Cato im Sept. d.J. 56 nach Rom zurückkehrte, brachte er 168 Millionen Sesterzen in die römische Staatskasse ein. Catos Freund Munatius Rufus begleitete ihn bei dem Zypern-Kommando. Das vorl. Apophth. bezog Plutarch, wie er selbst angibt, aus der Cato-Biographie des Munatius aus d.J. 46 v. Chr. Plutarch übernahm mit vielen Details den Bericht des Munatius über sein Zerwürfnis mit Cato und die Versöhnungsversuche. Das *Apophth.* des Er. gibt dagegen nur einen kurzen Augenblick der längeren Geschichte wieder.

392 *querenti* Sowohl Lycosthenes als auch BAS übernahmen die irrige Lesart von C; jedoch wurde der Fehler in späteren *Apophthegmata*-Ausgaben zu „querenti" korrigiert, vgl. z.B. Lyon, Sebastianus Gryphius 1537, S. 374 und Köln, Gualtherus Fabritius, 1563, S, 438.

392–395 *quod in Cypro … odio* Paraphrasierende, gekürzte Wiedergabe von Lapos Übers. von Plut. *Cato min.* 37, 1–3 (*Vit.* 777): „Nam Munatius librum edidit de rebus Catonis, quem Thraseas maxime sequutus est. In eo libro scribit se post Catonem in Cyprum venisse nec satis honeste se a Catone acceptum, sed quum aliquando staret pro foribus, reiectum se fuisse, Catone intus aliquid vna cum Canidio fabulante; et, quum de ea re quereretur, non satis clemens a Catone tulisse responsum. Dixisse enim ait periculum esse, ne nimia amicitia, secundum Theophrasti sententiam, interdum causa foret odii generandi" (ed. Bade, Paris 1514, fol. CCLXXX^v). Für den direkt zitierten Teil vgl. den griech. Text: Λέγει δ' ὕστερος (= Munatius) μὲν εἰς Κύπρον ἀφικέσθαι καὶ λαβεῖν παρημελημένην ξενίαν, ἐλθὼν δ' ἐπὶ θύρας ἀπωσθῆναι, σκευωρουμένου τι τοῦ Κάτωνος οἴκοι σὺν τῷ Κανιδίῳ· μεμψάμενος δὲ μετρίως οὐ μετρίας τυχεῖν ἀποκρίσεως, ὅτι κινδυνεύει τὸ λίαν φιλεῖν, ὥς φησι Θεόφραστος, αἴτιον τοῦ μισεῖν γίνεσθαι πολλάκις.

393 *Canidio* Dieser sonst unbekannte Canidius fungierte als rechte Hand Catos z.Z. der Zypern-Expedition.

vt *diceret* se vereri, ne iuxta *Theophrasti sententiam nimia amicitia causam* aliquando daret *odio*.

V, 391   Libere   (Cato Vticensis, 11)

Laudatus a senatu, quod populi tumultum *oratione* sua prorsus *sedasset*, „*At ego*", inquit, „*vos, patres conscripti*, nequaquam *laudo, qui me praetorem in tanto periculo deseruistis*".

394–395 *iuxta Theophrasti ... daret odio* Nach Munatius' und Plutarchs Bericht (a.a.O.) soll Cato selbst, als er Munatius für seine Aufdringlichkeit tadelte, diese Sentenz zitiert und Theophrastos als ihren Urheber angegeben haben (vgl. *Fragments of the Roman Historians* ed. T.J. Cornell et alii, Oxford 2013, S. 1026–1027, Munatius Rufus 37 F 2). In lateinischen Sprichwortsammlungen kursierte die Sentenz bzw. die sprichwörtliche Redensart „Nimia familiaritas parit contemptum" (Walther 38823c; Vat. Urbin. Lat. 1439, fol. 93; Walther 16925b [contemptus]; Walther 35715; Thomas von Aquino, *Epistola de modo studendi*: „Omnibus te amabilem exhibe; ... nemini te multum familiarem ostendas, quia nimia familiaritas parit contemptum et subtractionis a studio materiam subministrat"; *Axiomata legum*, Frankfurt a.M. 1546, s.v. „familiaritas"; Johann Georg Seybold, *Selectiora adagia Latino-Germanica*, Nürnberg 1683, S. 223; für die Sammlungen im deutschen Bereich vgl. weiter Binder I, 1128; II, 2097; Faselius 166; Philippi II, 28; Schamelius V, 198; Wiegand, 584) sowie „Nimia familiaritas parit odium" (Gilbertus Burnathius, *Ethicae dissertationes ...*, Leiden 1649, II, 12, S. 220: „varietas parit delectationem ... Hinc amicorum rariores visitationes sunt delectationes, quia nimia familiaritas parit odium"), „Conuersatio nimia parit odium" (*Axiomata legum*, Frankfurt a.M. 1546, s.v. „conuersatio"); in der Plutarch-Ausgabe des Badius wurde die Sentenz durch eine Marginalnote hervorgehoben: „Amicitia nimia causa odii generandi" (ed. Bade, Paris 1514, fol. CCLXXX^v). Als Sprichwort wurde die Sentenz bereits in Augustinus, *Scala Paradisi* 8, überliefert: „vulgare prouerbium est, quod nimia familiaritas parit contemptum" (*PL* 40, Sp. 1001); Otto 641.

Apophth. V, 391 datiert auf 54 v. Chr., als Cato das Amt des Prätors bekleidete. Die Geschichte bezieht sich auf die Wahlen der Volkstribunen, die im nämlichen Jahr stattfanden (vgl. dazu auch das nächstfolgende *Apophth.*). Cato schaffte es, die Kandidaten (bis auf eine Ausnahme) dazu zu bringen, daß sie auf Wahlbestechung verzichteten. Damit brachte er allerdings das römische Volk gegen sich auf, das sich an die Wahlgeschenke gewöhnt hatte. So kam es zu einer Art Volksaufstand, der manche Senatoren in die Flucht trieb, den Cato jedoch mit seinem souveränen Auftreten und einer Rede beschwichtigte.

397–399 *Laudatus ... deseruistis* Im einleitenden Teil stark gekürzte und paraphrasierende, im Spruchteil wörtliche Wiedergabe von Lapos Übers. von Plut. *Cato min.* 44, 4 (*Vit.* 780): „Sed cum in rostra se recepisset, grauitate et authoritate turbam sedauit clamoresque repressit et oratione habita miti attente auditus est, turbationem omnemque ex animis deleuit. Ob quam rem quum a senatu laudaretur, ‚At ego', inquit, ‚P.C., vos minime laudo, qui me praetorem in tanto periculo deseruistis'" (ed. Bade, Paris 1514, fol. CCLXXXI^v). Vgl. den griech. Text: ἐντεῦθεν ἀναστὰς τῷ μὲν ἰταμῷ καὶ θαρροῦντι τῆς ὄψεως εὐθὺς ἐκράτησε τοῦ θορύβου καὶ τὴν κραυγὴν ἔπαυσεν, εἰπὼν δὲ τὰ πρέποντα καὶ μεθ' ἡσυχίας ἀκουσθεὶς παντάπασι διέλυσε τὴν ταραχήν. ἐπαινούσης δὲ τῆς βουλῆς αὐτόν, „ἐγὼ δέ", εἶπεν, „ὑμᾶς οὐκ ἐπαινῶ κινδυνεύοντα στρατηγὸν ἐγκαταλιπόντας καὶ μὴ προσαμύναντας".

399 *deseruistis* Er. gibt wörtlich Lapos Übers. wieder, der καὶ μὴ προσαμύναντας ausgelassen hatte.

400 V, 392   Grave damnari a probis   (Cato Vticensis, 12)

Cato ipso *die comitiorum quendam e sponsoribus* [i.e. competitoribus] *damnauit ac pecuniam* illi traditam in alium [i.e. alios] transtulit. At populus *admiratus* Catonis iustitiam damnato poenam remisit, dicens *satis dedisse poenarum, quod a Catone damnatus esset.*

Apophth. V, 392 bezieht sich ebenfalls auf die Wahl der Volkstribunen, die Plut. *Cato min.* 44 schildert. Der Titel, den Er. V, 392 gab, beruht auf seinem gründlichen Missverständnis der gesamten Stelle. Die von Er.' angeführten Worte wurden nicht ausgesprochen, zum wenigsten vom *populus Romanus*. Da sie zu streichen sind, stellt das betreffende Lemma im Grunde kein Apophthegma dar. Von den historischen Angaben, die Er. beibringt, stimmt im Grunde gar nichts: Cato hat keinen Bürgen verurteilt; Cato trat bei dem Ereignis überhaupt nicht als Richter oder Person mit richterlichen Befugnissen auf, die die Macht hatte, Leute zu verurteilen; es war nicht der Fall, daß ein Bürge zu Unrecht Geld *empfangen* hatte (Wie hätte das zugehen sollen?); es war nicht der Fall, das dem von Cato ‚verurteilten' Menschen die Geldstrafe erlassen hätte; auch ist nicht der Fall, dass das Volk Cato für seinen Gerechtigkeitssinn bewundert hätte: Im Gegenteil stieß Cato beim anwesenden Wahlvolk mit seinem Auftreten als Wahlsaubermann auf Ablehnung und Unmut: Sie betrachteten es als präpotent und anmassend (Plut. *Cato min.* 44, 7). Manche mögen ihm auch verübelt haben, daß sie wegen seines Gerechtigkeitsdusels auf die willkommenen Bestechungsgelder verzichten mussten. Tatsächlich ging es um eine bestimmte Vereinbarung, die die Kandidaten für das Amt des Volkstribunen untereinander getroffen hatten, um eine reguläre Wahl zu ermöglichen und Wahlbetrug durch Bestechung (was im 1. Jh. v. Chr. gang und gebe war) zu verhindern (Plut. *Cato min.* 44, 5–6, *Vit.* 781A): Jeder Kandidat verpflichtete sich, 125. 000 Drachmen zu bezahlen, falls er Wahlbetrug begehe. Der fällige Betrag musste den anderen Kandidaten (d.h. den Benachteiligten) ausgezahlt werden. Die Kandidaten selbst bestimmten Cato als Vertrauensperson, bei der die abgesprochenen Geldbeträge zu hinterlegen seien, und als Zeugen, in dessen Gegenwart die gemachten Absprachen schriftlich festgelegt wurden.

Allerdings lehnte Cato (was man verstehen kann) ab, als Depositum-Bank zu fungieren, bei dem die riesige Summe von mehrmals 125.000 Drachmen eingezahlt würde. Daher beließ man es bei den schriftlichen Bürgschaften, die bei Cato hinterlegt wurden. Bei der nämlichen Tribunenwahl wurde in einem Fall Wahlbetrug festgestellt. Gemäß der schriftlich festgelegten Absprachen war dieser Kandidat verpflichtet, den anderen 125.000 Drachmen auszuzahlen. Er hatte aber Glück, da die übrigen Kandidaten auf die Auszahlung des Geldbetrages verzichteten (Plut. *Cato min.* 44, 7, *Vit.* 781B).

In V, 392 hat Er. aus der plutarchischen Biographie eine Textstelle ausgewählt, die sich nicht durch einen besonderen oder pointierten Ausspruch auszeichnete. Er. wählte sie aus, weil darin Cato als Exemplum eines moralisch einwandfreien und gerechten Mannes hervortritt, der auf andere eine ethisch günstige Wirkung ausübte: Diese Interpretation (vgl. den Titel: „Graue damnari a probis") ist Er.' missverstandener Lektüre der Übers. des Lapo da Castiglionchio geschuldet, der ὡς ἱκανὴν δίκην ἔχοντες παρὰ τοῦ ἀδικήσαντος mit „satis poenarum dedisse illum arbitrati, quod a Catone esset damnatus" übersetzt hatte. Zu allem Überfluß faßt Er. Lapos willkürlichen und eigentlich höchst überflüssigen Zusatz „a Catone" prägnant auf, im Sinn von: „Wer von *einem Cato* verurteilt wird, der ist schon genug gestraft". Lycosthenes druckte das von Er. völlig missverstandene *Apophth*. V, 392 ohne Korrekturen in der Kategorie „De poena mitigata" (S. 878).

401–404 *Cato … damnatus esset* Völlig mißverstandene, verdrehte Wiedergabe von Lapos Übers. von Plut. *Cato min.* 44, 6–7 (*Vit.* 781): „Quum autem dies comitiorum venisset, obseruans etiam suffragia deprehendit quendam ex sponsoribus contra pacta egisse, ipsumque damnauit et eius pecuniam aliis tribuit. Illi vero iustitiam atque integritatem hominis admirati, poenam remiserunt, satis poenarum dedisse illum arbitrati, quod a Catone esset damnatus" (ed. Bade, Paris 1514, fol. CCLXXXI\u1d20); vgl. den griech. Text: Ὡς δ' ἥκεν ἡ κυρία τῆς ἀναδείξεως, παραστὰς ὁ Κάτων τῷ βραβεύοντι δημάρχῳ καὶ παραφυλάξας τὴν ψῆφον, ἕνα τῶν παραβαλομένων ἀπέφηνε κακουργοῦντα, καὶ προσέταξεν ἀποδοῦναι τοῖς ἄλλοις τὸ ἀργύριον. Ἀλλ' ἐκεῖνοι μὲν ἐπαινέσαντες αὐτοῦ τὴν ὀρθότητα καὶ θαυμάσαντες ἀνεῖλον τὸ πρόστιμον, ὡς ἱκανὴν δίκην ἔχοντες παρὰ τοῦ ἀδικήσαντος. Er. übernahm, ohne sich um den griech. Text zu kümmern, die Mängel von Lapos Übers.: Die missverstandene Übertragung von τῶν παραβαλομένων; die irrtümliche Auslassung von παραστὰς ὁ Κάτων τῷ βραβεύοντι δημάρχῳ; die Fehlübersetzung von προσέταξεν. CWE 38, S. 571 vermutet, daß „Erasmus seems to have misread the Greek here", jedoch handelt es sich um ein profundes Missverständnis der Übers. des Lapo da Castiglionchio. In der nämlichen, völlig verworrenen Form fand das Exemplum Eingang in die grossen Wissenssammlungen des 16. und 17. Jh., u. a. in Mirabellis *Florilegium magnum*, Lyon 1625, Sp. 2201 oder Beyerlincks *Magnum theatrum vitae humanae*, Paris 1665, Bd. VI, S. 374.

401 *Cato ... damnauit* Dadurch, daß Lapo παραστὰς ὁ Κάτων τῷ βραβεύοντι δημάρχῳ zu übersetzen vergaß, blieb in seiner Wiedergabe die tatsächliche Funktion, die Cato bei der Wahl spielte, im Dunklen. Der βραβεύων oder βραβεύς ist der Wahlleiter, der für den korrekten Ablauf der Wahl zuständig war (vgl. Passow I, 1, S. 520, s.vv.). Als solcher fungierte bei den Volkstribunenwahlen einer der amtierenden Volkstribunen. Cato hatte diese Funktion nicht inne, sondern stand dem amtierenden Volkstribunen (quasi beratend und helfend) nur zur Seite (παραστάς), auf Latein etwa „adstans Cato tribuno plebis qui comitiis praeerat" (Didot 1877, a.a.O.).

401 *quendam e sponsoribus* Diese irreführende Angabe übernahm Er. aus Lapo da Castiglionchios Übers. (a.a.O.). Lapo hatte οἱ παραβαλόμενοι, d.h. die Wahlkontrahenten, irrtümlich mit „Bürgen", „sponsores" übersetzt. Davon ausgehend hat Er. auch den Rest der Angaben verdreht.

401 *damnauit* „damnauit" ist eine Fehlübersetzung Lapos von προσέταξεν, „bestimmte vorab" (vgl. Passow II, 1, 1239, s.v. προτάσσω).

Tatsächlich hat Cato niemanden verurteilt. Als Mitbeobachter der Wahl „zeigte er auf" bzw. „meldete" er (ἀπέφηνε), daß einer der Kandidaten Wahlbetrug begangen habe. Im Zuge der Meldung wies er auf die schriftlich festgelegte Vereinbarung hin und bestimmte auf diese Weise vorab, daß der Wahlbetrüger den anderen nunmehr die fällige Summe zahlen müsse (ἀποδοῦναι τοῖς ἄλλοις τὸ ἀργύριον). Er. übernahm die Fehlübers. Lapos umso lieber, als er ein ganz falsches Bild von Catos tatsächlicher Funktion bei der Wahl hatte.

402 *pecuniam ... transtulit* Mit „pecuniam illi traditam in alium transtulit" gibt Er. Lapos „ipsumque damnauit et eius pecuniam aliis tribuit" auf eine solche Weise wieder, daß er praktisch jeden Einzelaspekt falsch verstanden hat. Tatsächlich war kein Geldbetrag ausgehändigt worden („traditam"), weder dem Cato noch dem Wahlbetrüger. Auch hielt Cato keinen Geldbetrag in Händen, den er jemand anderem („in alium") hätte übergeben können („transtulit"). Weiter ist auch nicht die Rede von „dem anderen" (Einzahl): Es geht um mehrere Wahlkandidaten, mindestens vier, da das Volkstribunat ein kollegiales Amt war. Jedoch war auch dieser Umstand Er. nicht bewusst.

402 *populus* „populus" ist eine Fehldeutung des Er. von Lapos Übers. „illi": Lapo meinte damit – übrigens klar ersichtlich – die übrigen Wahlkandidaten. Wie Plutarchs Bericht zeigt, reagierte das anwesende Wahlvolk keineswegs mit Bewunderung auf Catos Auftreten bei der Wahl. Es warf ihm vor, daß er seine Kompetenz überschreiten und sich die Befugnisse von Senat, richterlicher Macht und der Amtsträger widerrechtlich aneignen würde: τοὺς δὲ ἄλλους ἐλύπησεν ὁ Κάτων καὶ φθόνον ἔσχεν ἀπὸ τούτου πλεῖστον, ὡς βουλῆς καὶ δικαστηρίων καὶ ἀρχόντων δύναμιν αὑτῷ περιποιησάμενος (Plut. Cato min. 44, 7).

403–404 *satis dedisse ... damnatus esset* In „satis dedisse ... damnatus esset" kopierte Er. wörtlich Lapos Übers.; Cato hatte, wie bereits oben gezeigt, niemanden verurteilt. „quod a Catone esset damnatus" beruht jedoch auf einer freien Interpretation Lapos. Im griech. Text steht, daß die übrigen Kandidaten dem Wahlbetrüger den fälligen Betrag erließen, weil sie meinten, er wäre durch die Aufdeckung des Wahlbetrugs schon genug bestraft worden.

405 V, 393   CIVILITER   (Cato Vticensis, 13)

Multis *Publii Sulpitii* [i.e. Seruii Sulpicii] ingratitudinem incusantibus, quod Catoni de se optime merito opposuisset *competitorem*, Cato sic excusauit, *dicens minime mirandum, si, quod quis maximum bonum duceret, id alteri* nollet *concedere*.

V, 394   PROVIDENTIA   (Cato Vticensis, 14)

410 *Quum Caesar Ariminum occupasset* et ad Pompeium summa rerum in Vrbe translata esset, *Cato dixit, „Si mihi ista praedicenti credidissetis, patres conscripti, nec vnum nunc timeremus nec ab vno spes nostrae* penderent".

V, 395   DEI CONSILIA ARCANA   (Cato Vticensis, 15)

Quum Pompeio res infeliciter cederent et ad Caesarem inclinaret victoria, *Cato dice-*
415 *bat in rebus diuinis* multum esse caliginis, quod *Pompeio* praeter ius agenti fuissent omnia prospera, causam reipublicae tuenti nihil succederet.

---

411 nunc *A B BAS LB, versio Lapi Florentini (cf. text. Graecum νῦν)*: tunc *C*.

Apophth. V, 393 bezieht sich auf die Konsulwahlen des Jahres 52 v. Chr., in denen die *consules* für das Jahr 51 gewählt wurden, bei denen Catos Freund Servius Sulpicius Rufus gegen Cato kandidierte und die Wahl gewann. Der zweite gewählte Konsul für 51 war M. Claudius Marcellus. In Bezug auf den Namen von Catos Freund macht Er. allerdings eine Fehlangabe.

406–408 *P. Sulpitii ... concedere* Im einleitenden Teil gekürzte und paraphrasierende, im Spruchteil wörtliche Wiedergabe von Lapos Übers. von Plut. *Cato min*. 49, 2–3 (*Vit*. 783): „Competitores Catonis duo fuerunt, ambo gratiosi, quorum alter P. Sulpitius (sic) plurimum Catonis authoritate ac potentia omni tempore fretus non recte tunc facere videbatur neque satis gratum se erga Catonem praestare. Ipse tamen Cato nunquam questus est, sed minime admirandum esse dixit, si id, quod quis maximum bonum esse putat, alteri non concedat" (ed. Bade, Paris 1514, fol. CCLXXXIIᵛ). Vgl. den griech. Text: Οἱ δ' ἀντιπαραγγέλλοντες αὐτῷ χαρίεντες μὲν ἦσαν ἀμφότεροι, Σουλπίκιος δὲ καὶ πολλὰ τῆς τοῦ Κάτωνος ἐν τῇ πόλει δόξης τε καὶ δυνάμεως ἀπολελαυκώς. Οὐ μέτριον οὖν ἐδόκει πρᾶγμα ποιεῖν οὐδ' εὐχάριστον· οὐ μὴν ὅ γε Κάτων ἐνεκάλει· „τί

415 Pompeio *A-C*: Caesari *sec. Erasmi instructionem in err. A*.

γὰρ", ἔφη, „θαυμαστόν, εἰ ὅ τις νομίζει τῶν ἀγαθῶν μέγιστον, ἑτέρῳ μὴ παρίησι;"".

406 *Publii Sulpitii* Es handelt sich nicht, wie Er. angibt, um einen gewissen Publius Sulpicius, sondern um den Juristen und Politiker Servius Sulpicius Rufus Lemonia (106–43 v. Chr.), den Prätor von 65. Dieser Sulpicius war ein enger Freund Ciceros, der gemeinsam mit ihm Rhetorik auf Rhodos studiert hatte; Teile der Korrespondenz mit Cicero sind erhalten (*Fam*. IV, 5 und 12). Servius Sulpicius stellte sich beim Ausbruch des Bürgerkrieges auf die Seite Caesars; wurde von diesem mit der Statthalterschaft der Provinz Achaea belohnt; starb 43 v. Chr. während einer Senatsmission zu Marcus Antonius an einer Krankheit. Cicero beantragte mit Erfolg die Zuerkennung einer Ehrenstatue. Sulpicius publizierte als Rechtsgelehrter zahlreiche Abhandlungen, insgesamt an die 180 Buchrollen, u. a. die Traktate *De dotibus, De sacris detestandis*, weiter *Responsa* (Rechtsgutachten) und *Edicta*. Vgl. T. Giaro, *DNP* 11 (2001), Sp. 1102–1103, s.v. „Sulpicius", Nr. I, 23; P. Stein, „The Place of Servius Sulpicius in the Development of the Roman Legal Science", in: *Festschrift für Franz Wieacker zum 70. Geburtstag*, Göttingen 1978, S. 175–184; M. Ducos, Art. „Rufus (Servius

Sulpicius)", in: R. Goulet (Hrsg.), *Dictionnaire des philosophes antiques*, Bd. V, 2 (2012), S. 1813–1816. Es gab einen Zeitgenossen mit dem Namen P. Sulpicius Rufus, jedoch war dieser z.Z. der Konsulwahl d.J. 52 Legat Caesars in Gallien. Im griech. Text Plutarchs steht nur das *nomen gentile* Σουλπίκιος. Der falsche Vorname Publius findet sich in Lapos Übers., von der Er. ausging.

Apophth. V, 394 datiert auf das Jahr 49 v. Chr., als Caesar den Rubicon überschritt und damit den Krieg erklärte. Das Fragment gehört zu einer Rede, die Cato anlässlich der Senatssitzung hielt, in der man über das weitere Vorgehen nach Caesars Kriegserklärung beratschlagte. Für Caesars berühmtes Apophthegma, als er den Rubicon überschritt, vgl. *Apophth.* IV, 206, *ASD* IV, 4, S. 335, *CWE* 38, S. 403. Er.' Titel entsprechend druckte Lycosthenes V, 394 in der Kategorie „De prouidentia hominum in rebus agendis" (S. 918).

410–412 *Quum Caesar ... penderent* Im einleitenden Teil paraphrasierende, im Spruchteil wörtliche Wiedergabe von Lapos Übers. von Plut. *Cato min.* 52, 1–2 (*Vit.* 784): „Deinde quum Arimino Caesar occupato ad Vrbem contendere diceretur, hinc iam vniuersi Catonem intuebantur, tam Pompeius quam caeteri omnes, vtpote qui primus omnium ista vidisset. Dixit igitur Cato: ,At si iis, quae ego praedicabam, credidissetis, patres conscripti, nec vnum nunc timeremus nec etiam in vno spes nostras haberemus'" (ed. Bade, Paris 1514, fol. CCLXXXII^v). Für das Apophthegma selbst vgl. den griech. Text: εἶπεν οὖν ὁ Κάτων· „ἀλλ' εἴ γ' οἷς ἐγὼ προύλεγον ἀεὶ καὶ συνεβούλευον ἐπείσθη τις ὑμῶν ἄνδρες, οὔτ' ἂν ἕν' ἐφοβεῖσθε νῦν, οὔτ' ἐν ἑνὶ τὰς ἐλπίδας εἴχετε".

411 *vnum* Mit dem ersten „vnum" ist Caesar gemeint.

411 *nunc* Das fehlerhafte „tunc" von *C*, entweder eine Verschlimmbesserung des Er. oder ein Satzfehler, wurde von *BAS* wieder zu „nunc" korrigiert. Lycosthenes übernahm die inkorrekte Lesart „tunc" von *C*. In späteren *Apophthegmata*-Ausgaben findet sich ebenfalls die rückkorrigierte Form „nunc", z.B. in der Ausgabe Lyon: Sebastanus Gryphius, 1541, S. 374 und Köln: Gualtherus Fabritius, S. 439.

412 *vno* Mit dem zweiten „vno" ist Pompeius gemeint.

Apophth. V, 395 datiert auf d.J. 49 v. Chr., als Pompeius aus Italien abgezogen war und den Kriegsschauplatz nach Griechenland verlagert hatte. Es handelte sich um ein strategisches Manöver, das notwendig war, da Caesar in Italien durch seine Legionen zahlenmäßig zu stark überlegen war, als daß Pompeius eine Schlacht hätte wagen können. Pompeius benötigte weitere Truppenaushebungen; für Caesar war die Verlagerung des Kriegsschauplatzes ungünstig: Er musste mit seinen Truppen erst nach Griechenland übersetzen. Dennoch wurde der Abzug von vielen Republikanern ungünstig bewertet und als Flucht aufgefaßt, so von Cato d.J.: Der Spruch stellt seine Reaktion auf Pompeius' Abzug dar.

414–416 *Quum Pompeio ... succederet* Freie Paraphrase des Er. von Lapos Übers. von Plut. *Cato min.* 53, 2 (*Vit.* 785): „(sc. Cato) ... quum ... cognouisset Pompei fugam ex Italia, res diuinas permagnam obscuritatem multosque in se errores habere questus est, siquidem Pompeio in his rebus, quibus nihil iustitiae inerat, semper dii fauissent, tunc vero patriam seruare cupientem et pro libertate pugnantem deseruerint" (ed. Bade, Paris 1514, fol. CCLXXXIII^r). Vgl. den griech. Text: Ἀνταπαιτηθεὶς δὲ λόγον ὑπ' ἐκείνου τῆς τῶν πραγμάτων μεταβολῆς, καὶ Πομπήϊον ἀκούσας ἐκλελοιπότα παντελῶς Ἰταλίαν ἐν Δυρραχίῳ στρατοπεδεύειν, πολὺν ἔφη περὶ τὰ θεῖα πλάνον εἶναι καὶ ἀσάφειαν, εἰ Πομπήϊον, ἐν οἷς ὑγιὲς οὐδὲν οὐδὲ δίκαιον ἔπραττεν ἀήττητον γενόμενον, νῦν ὅτε τὴν πατρίδα βούλεται σῴζειν καὶ τῆς ἐλευθερίας ὑπερμάχεται, προλέλοιπε τὸ εὐτυχεῖν. Der erste Teil der Paraphrase ist historisch unrichtig: Zu dem damaligen Zeitpunkt war nicht zu erkennen, daß Pompeius einer Niederlage zustrebte. Vgl. Komm. oben. Er. bearbeitete ausschließlich Lapos Übers.: So ließ Er. aus, daß Pompeius als neuen Standort Dyrrachium wählte, wie der griech. Text angibt; Er. benutzte Lapos Übers., der diese Angabe übersehen hatte.

415 *Pompeio* Er. verbesserte in den Errata von *A* „Pompeio" zu „Caesari". Diese Textänderung kam wohl bei einer freien Durchsicht von *A* zustande; Er. irrte sich dabei: Wie aus der Textvorlage, Plut. *Cato min.* 53, 3, hervorgeht, muss „Pompeio" gelesen werden.

V, 396 ANIMOSE (Cato Vticensis, 16)

Quum deploratis rebus amici hortarentur Catonem, vt ad Caesaris clementiam confugeret, *respondit victorum esse et eorum, qui* deliquissent, supplicare; *Catonem nec victum nec captum esse*, qui *se per omnem vitam inuictum praestitisset* ac *Caesarem honestate iustitiaque longe superasset*; *Caesarem* potius *victum captumque esse, qui bellum, quod diu negasset se moliri aduersus patriam, nunc id egisse conuictus esset. Proinde pro se Caesarem orarent, qui vellent: pro Catone neminem orare debere.*

V, 397 AMBITIO (Cato Vticensis, 17)

Quum Marcus Octauius duas habens legiones haud procul ab Vtica a Catone postularet, vt inter ipsos de imperio statueretur, *Cato legatis nihil respondit, verum ad amicos conuersus,* „Quis *iam miretur"*, inquit, „*rem male gestam esse, quum in ipsa morte in nostris videatis dominandi cupiditatem?*", significans ambitione ducum bellum infeliciter cessisse.

V, 398 LIBERE (Cato Vticensis, 18)

Quum in senatu pro victoria, quam Caesar ex *Vsipetis Tencterisque Germanis* retulerat, *de supplicatione decernenda* ageretur, *sententiam dixit Caesarem hostibus esse dedendum, quo* Romana *ciuitas a perfidia expiaretur*, deinde *execrationes in autorem verterent.*

423 Catone *A BAS LB versio Lapi Florentini*: Catonem *B C.*

Apophth. V, 396 datiert auf das Jahr 46 v. Chr., als sich Cato in Utica verschanzt hatte und Caesar mit seinen Truppen heranrückte. Cato weigerte sich, Caesar um Gnade zu bitten und beging Selbstmord. Lycosthenes druckte, Er.' Titel entsprechend, V, 396 in der Kategorie „De animose dictis" (S. 76).

418–419 *Quum deploratis … confugeret* Mit „Quum deploratis … confugeret" liefert Er. eine schlampige, historisch nicht ganz richtige Zusammenfassung von *Cato min.* 64, 3–4. In Wirklichkeit handelt es sich um eine Tagung des Römischen Senats (der „Dreihundert"), der in Utica, Catos Heereslager, anwesend war. Die Senatoren unterbreiteten Cato ihren Wunsch sich Caesar zu unterwerfen und eine Gesandtschaft zu ihm zu schicken. Die Senatoren führten aus, daß sie als Gegenleistung für ihre Unterwerfung von Caesar fordern würden, daß Cato begnadigt werden würde. Wenn dieser nicht dazu bereit sein würde, würden sie eben weiterkämpfen, soweit jeder könne. Cato war damit nicht einverstanden. Er verbot den Senatoren, bei Caesar um sein Leben zu bitten.

419–423 *respondit … orare debere* Leicht variierende, größtenteils wörtliche Wiedergabe von Lapos Übers. von Plut. *Cato min.* 64, 4–5 (*Vit.* 791): „Cato … respondit, vt pro se ipsis (si ita vellent) Caesarem precarentur; pro Catone autem nullo modo faciendum. Nam victorum quidem esse deprecari et eorum, qui errassent, veniam petere; se vero per omnem aetatem inuictum se praestitisse et Caesarem honestate atque iustita longe superasse; nec esse victum aut captum Catonem, sed ipsum Caesarem, qui bellum, quod iam diu contra patriam parabat, quum saepe id negasset, nunc tandem conuictus est agitasse" (ed. Bade, Paris 1514, fol. CCLXXXIIII^v). Vgl. den griech. Text: Πρὸς ταῦτα ὁ Κάτων ἐπαινέσας τὴν εὔνοιαν ἔφη χρῆναι τῆς αὐτῶν σωτηρίας ἕνεκα πέμπειν κατὰ τάχος, ὑπὲρ αὐτοῦ δὲ μὴ δεῖσθαι; κεκρατημένον γὰρ εἶναι δέησιν καὶ ἀδικούντων παραίτησιν; αὐτὸς δὲ οὐ μόνον ἀήττητος γεγονέναι παρὰ πάντα τὸν βίον, ἀλλὰ καὶ νικᾶν ἐφ᾽ ὅσον ἐβούλετο καὶ κρατεῖν Καίσαρος τοῖς καλοῖς καὶ δικαίοις, ἐκεῖνον δ᾽ εἶναι τὸν ἑαλωκότα καὶ νενικημένον; ἃ γὰρ ἠρνεῖτο πράττων κατὰ τῆς πατρίδος πάλαι, νῦν ἐξηλέγχθαι καὶ πεφωρᾶσθαι.

424 *Ambitio* Er.' Titel entsprechend druckte Lycosthenes V, 397 in der Kategorie „De ambitione" (S. 44).

425–428 *Quum Marcus ... cupiditatem* Leicht variierende, größtenteils wörtliche Wiedergabe von Lapos Übers. von Plut. *Cato min.* 65, 2 (*Vit.* 791): „Deinde quum M. Octauius cum duabus legionibus haud procul ab Vtica castris positis a Catone postularet, vt pro imperio diffiniretur, Cato nihil respondit, sed ad amicos conuersus, ,Quis iam mirabitur', inquit, ,si res male gesta est, quando in ipsa morte cupiditatem dominandi in nostris hominibus cernitis?'" (Bade, Paris 1514, fol. CCLXXXIIII^v). Vgl. den griech. Text: Ἐπεὶ δὲ Μᾶρκος Ὀκτάβιος ἄγων δύο τάγματα πλησίον κατεστρατοπέδευσε καὶ πέμπων ἠξίου τὸν Κάτωνα περὶ ἀρχῆς διορίσασθαι πρὸς αὐτόν, ἐκείνῳ μὲν οὐθὲν ἀπεκρίνατο, πρὸς δὲ τοὺς φίλους εἶπεν· "εἶτα θαυμάζομεν ὅπως ἀπόλωλε τὰ πράγματα, τὴν φιλαρχίαν ὁρῶντες ἡμῖν ἐν αὐτῷ τῷ ὀλέθρῳ βεβηκόσι παραμένουσαν;".

425 *Octauius* Es handelt sich um Marcus Octauius, einen Kommandanten der Pompeianer; vgl. J. Fündling, *DNP* 8 (2000), Sp. 1100, s.v. „Octavius", Nr. I, 12.

Apophth. V, 398 bezieht sich auf das Jahr 55 v. Chr., in dem Caesar die germanischen Stämme der Usipeten und Tencteri vernichtend geschlagen hatte. Die heftig ablehnende Reaktion Catos bezog sich auf Caesars Vorgehensweise, die er als Vertragsbruch und Treuelosigkeit interpretierte. Caesar hatte zuvor unter einem Vorwand die Häupter der beiden Stämme zu sich gebeten und sie sodann perfide gefangen genommen. Vgl. zu den Vorfällen Caes. *Gall.* IV, 1–16; Plut. *Caes.* 22, 1–5; App. *Celt.* Fr. 1, 12; Cass. Dio XXXIX, 47, 1–50, 1. Er.' Titel entsprechend druckte Lycosthenes V, 398 in der Kategorie „De libere dictis et parrhesia loquendi" (S. 602).

431–434 *Quum in senatu ... autorem verterent* Wortgetreue, leicht variierende Wiedergabe von Guarino da Veronas Übers. von Plut. *Caes.* 22, 3 (*Vit.* 718): „Calisius (sic, i.e. Tanusius) refert Catonem, quum in senatu pro ea victoria supplicatio decerneretur, sententiam dixisse, vt Caesar hostibus dederetur, quo pro ciuitate perfidiam expiarent et execrationes in authorem verterent" (ed. Bade, Paris 1514, fol. CCLX^v). Vgl. den griech. Text: Τανύσιος δὲ λέγει Κάτωνα, τῆς βουλῆς ἐπὶ τῇ νίκῃ ψηφιζομένης ἑορτὰς καὶ θυσίας, ἀποφήνασθαι γνώμην, ὡς ἐκδοτέον ἐστὶ τὸν Καίσαρα τοῖς βαρβάροις, ἀφοσιουμένους τὸ παρασπόνδημα ὑπὲρ τῆς πόλεως καὶ τὴν ἀρὰν εἰς τὸν αἴτιον τρέποντας. Dieselbe Anekdote findet sich, in etwas anderer Wortwahl, in Plut. *Cato min.* 51, 1–2.

431 *Quam ... retulerat* „quam ... retulerat" ist ein erklärender Zusatz des Er. zu Guarinos Übers. von Plut. *Caes.* 22, 3; für diese Erklärung hat Er. eine andere Quelle benutzt, am ehesten Caes. *Gall.* IV, 1–16. Das geht aus der Verwendung der richtigen, im Lateinischen geläufigen Namensformen "Vsipetis Tencterisque" hervor (vgl. Caes. *Gall.* IV, 1: „Vsipetes Germani et item Tenctheri magna multitudine hominum Rhenum transierunt"). Der griech. Text Plutarchs hatte Οὐσίπαι, Guarino gar „Ipsae" statt „Vsipetes", der griech. Plutarch-Text Τεντερίται, was Guarino translitierierte: „Tenteritae".

431 *Vsipetis* Für die Usipetes vgl. R. Wiegels, *DNP* 12, 1 (2002), Sp. 1059, s.v. „Usipetes".

431 *Tencterisque* Caesar schlug die Tencteri 55 v. Chr. vernichtend. Vgl. R. Wiegels, *DNP* 12, 1 (2002), Sp. 134, s.v. „Tencteri"; R. Wolters, *Römische Eroberungen und Herrschaftsorganisation in Gallien und Germanien*, 1990, S. 138–170; bei Plut. a.a.O. Τεντερίται; In Guarinos Übers. „Tenteritae".

433 *perfidia* Nämlich Caesars Wortbruch gegenüber den Usipetes und Tencteri.

435 V, 399   PRVDENTER   (Cato Vticensis, 19)

Rursus quum in senatu Pompeio, cui parum alioqui fauebat, decerneret imperium, *dixit* talium *virorum esse ingentia* reipublicae *inferre mala eademque depellere*, tempori consilium accommodans.

SCIPIO MINOR

440 V, 400   FRVGALITAS   (Scipio Minor, 1)

Scipionem Minorem narrant *annis quinquagintaquatuor, quibus vixit, nihil emisse, nihil vendidisse, nihil aedificasse; libras autem argenti triginta treis, auri duas in* ampla domo *reliquisse, idque quum potitus esset Carthagine militesque ditasset* plus caeteris ducibus *omnibus*.

445 V, 401   AMICI   (Scipio Minor, 2)

Polybii sequens praecepta dabat operam, ne quando e foro rediret domum, *priusquam sibi quocunque modo quenpiam eorum, in quos incidisset, familiarem et amicum reddidisset*, sentiens nullam esse homini possessionem meliorem.

Apophth. V, 399 datiert auf das Jahr 49 v. Chr., als Caesar den Rubicon überschritten und den Krieg erklärt hatte. Das Fragment gehört zur selben Rede, die Cato anlässlich der Senatssitzung hielt und der Er. schon *Apophth.* V, 394 entnommen hatte. In dieser Senatssitzung diskutierte man das weitere Vorgehen nach Caesars Kriegserklärung. Cato plädierte dafür, Pompeius alle Vollmachten zu erteilen um den Staat gegen Caesar zu verteidigen.

437 *dixit ... depellere* Plut. *Cato min.* 52, 2–3 (*Vit.* 784). Er. gab den Text nach Lapo da Castiglionchios Übers. wieder: „Etenim eorundem hominum esse solet magna inferre mala ac repellere" (ed. Bade, Paris 1514, fol. CCLXXXII^v). Vgl. den griech. Text: τῶν γὰρ αὐτῶν εἶναι καὶ ποιεῖν τὰ μεγάλα κακὰ καὶ παύειν.

437 *depellere* „repellere" in Lapos Übers.

P. Cornelius Scipio Aemilianus Africanus (Numantinus) (185/4–129 v.Chr), leiblicher Sohn des L. Aemilius Paulus Macedonicus und Adoptivsohn des P. Cornelius Scipio (211–170 v. Chr.; seinerseits der Sohn Scipio Africanus' d.Ä.); kämpfte als erst Siebzehnjähriger in der Entscheidungsschlacht von Pydna i.J. 168 an der Seite seines Vaters Aemilius Paulus. Nach der Kriegserklärung an Karthago (149) zum Konsul und Oberbefehlshaber des römischen Heeres gewählt; zerstörte Karthago i.J. 146, wofür ihm ein Triumph und der Ehrentitel „Africanus" zuerkannt wurden. I.J. 142 Zensor, 134 zum zweiten Mal Konsul, wobei er den Oberbefehl über die römischen Legionen in Spanien übernahm. Brachte die Moral der römischen Truppen, die sich an Numantia die Zähne ausgebissen hatten, wieder auf Vordermann, eroberte die Stadt und gliederte damit Spanien in das Römische Reich ein. Erhielt dafür erneut einen Triumph und den Ehrennamen „Numantinus". Starb i.J. 129 unter rätselhaften Umständen. Vgl. A.E. Astin, *Scipio Aemilianus*, Oxford 1967; R. Hanulak, *Der Scipionenkreis – Untersuchungen zum Freundeskreis des Scipio Aemilianus*, München 2007; M. Zahrnt, „Publius Cornelius Scipio Aemilianus – der intrigante Enkel", in: K.-J. Hölkeskamp, E. Stein-Hölkeskamp (Hrsg.), *Von Romulus zu Augustus. Große Gestalten der römischen Republik*, München 2000, S. 159–171; K.-L- Elvers, *DNP* 3 (1997), Sp. 178–182, s.v. „Cornelius". Für die Sprüche seines leiblichen Vaters Aemilius Paulus vgl. oben V, 315–

325; für die Adoption vgl. oben V, 322 mit Komm.; abgesehen von der nachfolgenden Sektion widmete ihm Er. *Apophth.* VI, 226, VIII, 117 und 161. Weiter fungierte Scipio d.J. als Inspirationsquelle für *Adag.* 4120 „Conchas legere" (*ASD* II, 8, S. 325–326).

Apophth. V, 400 ist kein Apophthegma, weil kein Spruchteil vorhanden ist, sondern ein Exemplum der *frugalitas*, wie der Titel angibt. Lycosthenes druckt, dem Titel des Er. entsprechend, V, 400 in der Kategorie „De frugalitate" (S. 415).

441–444 *Scipionem Minorem ... ducibus omnibus* Weitgehend wörtliche Wiedergabe von Plut. *Reg. et imp. apophth., Mor.* 199F (Scipio Minor, 1): Σκιπίωνα τὸν νεώτερον λέγουσιν ἔτεσι πεντήκοντα (πεντήκοτα *ed. Ald. 1509, p. 174*) καὶ τέτταρσιν (τετράσιν *ed. Ald. 1509, p. 174*), οἷς ἐβίωσε, μηδὲν πρίασθαι μηδὲν ἀποδόσθαι μηδὲν οἰκοδομῆσαι, λίτρας δὲ ἀργύρου τρεῖς καὶ τριάκοντα μόνας [ἐν οὐσίᾳ μεγάλῃ] (*sic in ed. Ald.; verba seclusa in edd. recentior.*) δύο δὲ χρυσίου καταλιπεῖν· καὶ ταῦτα Καρχηδόνος κύριον ὄντα καὶ μάλιστα τῶν στρατηγῶν πλουτίσαντα τοὺς στρατιώτας. In der ersten Hälfte setzte Er. seinen Text kollageartig aus den Übers. des Regio und des Filelfo zusammen; Regio: „Scipionem minorem ferunt annis quattuor et quinquaginta, quibus vixit, nihil emisse, nihil alienasse, nihil aedificasse; ac tres et triginta argenti libras et auri duas vt magnas diuitias reliquisse, cum praesertim ... milites maxime imperatorum omnium locupletasset" (⟨h iii⟩v); Filelfo: „Scipionem iuniorem ferunt annis quattuor et quinquaginta, quibus vixit, nihil emisse, nihil vendidisse, nihil aedificasse; libras autem argenti tris ac triginta duntaxat in magna substantia et auri duas reliquisse, cum tamen Carthago in ipsius potestate fuisset et vnus omnium imperatorum milites locupletasset" (fol. ⟨m vii⟩r). Vgl. Ael. *Var. hist.* XI, 9; Polyb. XVII, 35; Plin. *Nat.* XXXIII, 141.

442 *libras* Es geht um griechisch-römische Pfunde von ca. 325 Gramm; somit besaß Scipio insgesamt ca. 10,7 kg Silber und 650 g Gold. Dies stand in keinem Verhältnis zu seinen sonstigen Besitzungen.

442–443 *in ampla domo* Mit „in ampla domo" versucht Er., die Übers. Regios „vt magnas diuitias" (a.a.O.) und die etwas abstrakt ausgefallene Übers. Filelfos („in magna substantia", a.a.O.) zu verbessern; Er.' „in ampla domo" ist besser als die Übers. seiner Vorgänger, denn noch keine paßgenaue Übertragung von ἐν οὐσίᾳ μεγάλῃ, das den großen Grund- und Immobilenbesitz bezeichnet, über den Scipio d.J. verfügte. Das *Apophth.* hebt den Kontrast zwischen dem Immobilien und den liquiden Mitteln hervor. Zugrunde liegt die Mentalität der Römer, nach der für Senatoren zwar Großgrundbesitz erlaubt war, merkantile Aktivitäten und Erwerb von Geldmitteln jedoch verpönt waren.

443–444 *militesque ... omnibus* Plin. *Nat.* XXXIII, 141 behauptet das Gegenteil: Plin. berichtet, daß nach der Eroberung Numantias jeder Soldat von Scipio 7 Denare erhielt und ruft aus: „O viros illo imperatore dignos, quibus hoc satis fuit!".

444 *ducibus* Mit „ducibus" verbessert Er. Filelfos (und Regios) Übers. von στρατηγῶν mit „imperatoribus".

446 *Polybii* Zu dem Verhältnis des aus Achaia stammenden Historikers Polybios (201–120 v. Chr.) zu Scipio Africanus d.J. vgl. oben Komm. zu V, 353 (Cato Senior, 28). Polybios war ein Mitglied des sog. Scipionenkreises (vgl. R. Hanulak, *Der Scipionenkreis – Untersuchungen zum Freundeskreis des Scipio Aemilianus*, München 2007;). Er war i.J. 167 als Geisel nach Rom gebracht worden; i.J. 151 erhielt er die Erlaubnis, nach Griechenland zurückzukehren, zog aber vor, Scipio Africanus auf dessen Afrika-Feldzug zu begleiten.

446–448 *Polybii sequens ... reddidisset* Weitgehend wörtliche Wiedergabe von Plut. *Reg. et imp. apophth., Mor.* 199F (Scipio Minor, 2): Τὸ δὲ Πολυβίου παράγγελμα διαφυλάττων ἐπειρᾶτο μὴ πρότερον ἐξ ἀγορᾶς ἀπελθεῖν ἢ ποιήσασθαί τινα συνήθη καὶ φίλον ἁμωσγέπως (ἁμωσγέπως *ed. Ald. 1509, p. 174*) τῶν ἐντυγχανόντων. Plut. leitet mit demselben Apophth. das vierte Buch seiner *Quaestiones conuiuales* ein, *Mor.* 659E–F: Ὦ Σόσσιε Σενεκίων, τοῦ Πολυβίου Σκηπίωνι παραινοῦντος Ἀφρικανῷ μὴ πρότερον ἐξ ἀγορᾶς ἀπελθεῖν ἢ φίλον τινὰ ποιήσασθαι τῶν πολιτῶν.

447 *familiarem et amicum* Die paßgenaue Übers. bezog Er. aus Filelfo (fol. ⟨m viii⟩r) und/oder Regio (fol. ⟨h iiii⟩r).

448 *sentiens* Er. liefert eine idealistische Erklärung für Polybios' karriereförderde Maßregel, wobei er auf die bekannte Sentenz rekurriert, daß die Freundschaft das höchste Gut des Menschen sei. Bei dem, was Polybios vor Augen stand, geht es jedoch sicherlich vorrangig um politische Allianzen.

V, 402   Catonis testimonivm   (Scipio Minor, 3, i.e. Cato senior, 56)

450

Iuuenis etiamnum tantam habebat *opinionem fortitudinis et prudentiae, vt Cato senior interrogatus de his, qui apud Carthaginem militarent, in quibus erat et Scipio* [C] *iunior,* [A] Homerico versu responderit:

„*Ille sapit solus, volitant alii velut vmbrae*".

455   [C] De T[h]iresia dictum est apud Homerum Odysseae κ.

---

452 iunior C: *deest in A B.*
455 De Tiresia ... Odysseae κ. C: *desunt in A B.*

455 Tiresia BAS LB (*cf. Adag. 18, 257, 1253*): Thiresia C.

V, 402 ist das Gegenstück zu *Adag.* 1253 „Solus sapit" (*ASD* II, 3, S. 272–274), das schon in der Erstausgabe d.J. 1508 vorhanden war. Das Zitat von Catos Spruch fügte Er. in die zweite Ausgabe der *Adagia* d.J. 1515 ein: „Sic et Cato senior de Scipione pronunciauit, vt narrat Plutarchus ... Ille sapit solus, volitant alii velut vmbrae" (S. 274). *Apophth.* V, 402 bezieht sich auf die Zeit nach der Kriegserklärung Roms an Karthago i.J. 149 v. Chr., die den Dritten Punischen Krieg einleitete. Obwohl es sich in der Sektion befindet, die Plutarch Scipio d.J. eingeräumt hat, ist der eigentliche Spruchspender Cato d.Ä.; Er. nimmt den Spruch ohne kritische Anmerkung in die Scipio-minor-Sektion auf (vgl. Einleitung).

451–454 *Iuuenis etiamnum ... vmbrae* Plut. *Reg. et imp. apophth.*, Mor. 200A (Scipio Minor, 3): Ἔτι δὲ νέος ὢν τοσαύτην εἶχε δόξαν ἀνδρείας καὶ συνέσεως ὥστε Κάτωνα μὲν τὸν πρεσβύτερον εἰπεῖν ἐρωτηθέντα περὶ τῶν ἐν Καρχηδόνι στρατευομένων, ἐν οἷς καὶ Σκιπίων ἦν, οἷος (οἶός τοι *ed. Ald. 1509, p. 174*) πέπνυται, τοὶ δὲ σκιαὶ ἀΐσσουσιν. Er. ließ sich im einleitenden, narrativen Teil von den Übers. des Filelfo und des Regio anregen; Filelfo: „Et cum iuuenis adhuc esset, tantam et fortitudinis et prudentiae expectationem de se praestitit, vt Cato senior de iis interrogatus, qui ad Carthaginem militarent, inter quos etiam erat Scipio, ..." (fol. ⟨m vii⟩ʳ); Regio: „Cum vero iuuenis adhuc esset, tanta fuit in existimatione et fortitudinis et prudentiae, vt Cato maior de iis interrogatus, qui apud Carthaginem militarent, inter quos et Scipio erat ..." (fol. ⟨h iii⟩ʳ). Derselbe Versspruch findet sich auch in Plut. *Praecepta gerendae reipublica* 9–10, Mor. 805A: Μικρὸν δ' ὕστερον τὰ πρὸς Καρχηδόνι χιλιαρχοῦντος ἔργα, περὶ ὧν καὶ Κάτων ὁ πρεσβύτερος ἀνεφώνησεν οἶος πέπνυται, τοὶ δὲ σκιαὶ ἀΐσσουσιν (von Er. zitiert in *Adag.* 1253 „Solus sapit", *ASD* II, 3, S. 274); Plut. *Cato mai.* 27, 4 (*Vit.* 352F): Ὃς ἦν τότε μὲν νεανίας, χιλίαρχος δὲ στρατευόμενος ἀπεδείκνυτο καὶ γνώμης ἔργα καὶ τόλμης πρὸς τοὺς ἀγῶνας. ἀπαγγελλομένων δὲ τούτων εἰς Ῥώμην πυνθανόμενον τὸν Κάτωνά φασιν εἰπεῖν· οἶος πέπνυται, τοὶ δὲ σκιαὶ ἀΐσσουσιν; in abgewandelter Form in Liv. *Epit.* XLIX, von Er. zitiert in *Adag.* 3548 (*ASD* II, 8, S. 49): „Huc fortasse pertinet, quod scribit Florus epitome in librum Titi Liuii xlix: quum enim Scipio rem in Africa fortiter ac feliciter gereret, Cato in senatu *reliquos qui militarent in Africa, vmbris militare* dicebat, *Scipionem vigore*".

452 *iunior* ist ein erklärender Zusatz des Er., den er erst in C hinzugesetzt hat.
453 *Homerico versu* „Homerico versu" ist ein erklärender Zusatz des Er.
454 *Ille ... vmbrae* Mit „Ille ... vmbrae" liegt eine adaptierte Wiedergabe des Verses Hom. *Od.* X, 495 vor, den Cato d.J. sicherlich auf Griechisch zitiert hatte: οἶος (οἶός τοι *ed. Ald. 1509, p. 174*) πέπνυται, τοὶ δὲ σκιαὶ ἀΐσσουσιν Er. wiederholt seine eigene Übers. aus d.J. 1515, *Adag.* 1253: „[B] Sic et Cato senior de Scipione iuniore pronunciauit ... *Ille sapit solus, volitant alii velut vmbrae*" (*ASD* II, 3, S. 274). Bei Homer ist die Aussage komplexer, wobei die Verse 494 und 495 zusammengehören; sie entstammen einer Rede der Kirke, die Odysseus eröffnet, daß er, wenn er weiterziehe, zuerst noch der Unterwelt einen Besuch abstatten müsse. Dort solle er den

Seher Teiresias befragen. Denn Teiresias als einzigem Sterblichen verlieh Persephone das Privileg, auch im Tode einen wachen, funktionierenden Verstand zu behalten, während die übrigen Sterblichen nur noch als eilende Schatten fortexistieren: τῷ καὶ τεθνηῶτι νόον πόρε Περσεφόνεια (494)/ οἴῳ πεπνῦσθαι· τοὶ δὲ σκιαὶ ἀΐσσουσιν (495). In *Adag.* 1253 zitierte Er. auch die originalen Verse, die er wie folgt übersetzte: „Huic etiam extincto dederat Proserpina mentem,/ Solus vti saperet, reliquis volitantibus vmbris" (S. 274). Er. brachte das Homer-Zitat weiter in *Ep.* 267, Z. 12–13 (1512): „postremo dignum eo, qui in hac excellentissima astrologiae disciplina sic excellat, vt reliqui tecum collati vumbrae volitare videantur, quemadmodum inquit Homerus" und *Moria*, *ASD* IV, 3, S. 144, Z. 361–362: „Philosophi ... qui se solos sapere praedicant, *reliquos omnes mortales vmbras volitare*".

455 *De Tiresia ... Odysseae* κ Für „De Tiresia ... Odysseae κ" vgl. *Adag.* 1253: „Est autem apud Homerum Odysseae K de vate Tiresia, cui vni Proserpina dederit, vt etiam vita defunctus saperet; reliquas vmbras volitare, et eas quidem nihil aliud quam vmbras ..." (a.a.O.).

455 *Tiresia* Zur Figur des blinden Sehers Teiresias vgl. Gh. Ugolini, *Teiresias. Untersuchungen zur Figur des Sehers Teiresias in den mythischen Überlieferungen und in der Tragödie*, Tübingen 1995; E. Di Rocco, *Io Tiresia. Metamorfosi di un profeta*, Rom 2007; N. Loraux., *The Experiences of Tiresias. The Feminine and the Greek Man*, Princeton, N.J., 1995. Er. benutzte die Figur des Teiresias zur Gestaltung von *Adag.* 257 „Tiresia caecior" (*ASD* II, 1, S. 368, seit der *ed. pr.* d.J. 1508) und „Tiresia viuacior" (in *Adag.* 566 „Nestorea senecta", *ASD* II, 2, S. 94: „Vt Phoenice viuacior, ... et Tiresia viuacior, quem tragoedia fingit sex aetates hominum vixisse ...").

618   APOPHTHEGMATVM LIBER QVINTVS

V, 403   [A] VTILITAS   (Scipio Minor, 4)

Quum Romam venisset, reuocatus ab exercitu *est, non vt* ipsi *gratificarentur, sed quod per illum cito Carthaginem se capturos esse crederent.*

V, 404   FORTITER   (Scipio Minor, 5)

460 *Posteaquam* sese *intra muros* vrbis receperat *Carthaginensibus ex arce* sese defendentibus *ac Polybius suadebat, vt in mari, quod interiacebat non valde profundum, murices*

---

460 Carthaginensibus *A-C (ut in versionibus Philelphi et Regii)*: Carthaginiensibus *LB*.

461 suadebat *scripsi*: suaderet *A-C*.
461 mari *A-C* : mare *versio Regii*.

V, 403 stellt kein Apophthegma im eigentlichen Sinn, sondern ein historisches Exemplum dar. Er. nimmt es dennoch, wie auch in ähnl. Fällen, auf, diesmal ohne kritische Anmerkung. In anderen Fällen hatte er Apophthegmata ohne Spruch als unecht bzw. spätere Interpolationen betrachtet (vgl. Einleitung). Das Exemplum bezieht sich auf den Dezember d. J. 148 v. Chr., in dem Scipio d. J. zum Konsul für das Jahr 147 und damit zum Oberbefehlshaber des römischen Heeres in Afrika gewählt wurde, das schon zwei Jahre Krieg gegen Karthago führte. Scipio d. J. kämpfte auch in Jahren 149 und 148 in Afrika, war dort jedoch nur als Unteroffizier tätig. Um für das Konsulamt zu kandidieren, musste er 148 zwischenzeitlich nach Rom reisen. Seine Kandidatur war erfolgreich. Die Übernahme des Oberbefehls durch Scipio d. J. bedeutete die entscheidende Wende im Dritten Punischen Krieg (149-146), der mit der völligen Zerstörung Karthagos und der Versklavung seiner Bevölkerung endete. Er.' Titel entsprechend druckte Lycosthenes V, 403 (übrigens mit allen Fehlern) in der Kategorie „De vtilitate" (S. 897), gibt allerdings als Spruchspender irrtümlich Cato d. J. an. In der Ausgabe Lyon 1584 ist dieser Zuschreibungsfehler beseitigt worden.

457–458 *Quum Romam … esse crederent* Versuchte wörtliche, jedoch durch ein Textüberlieferungsproblem und Übersetzungs-, Zuordnungs- und Verständnisfehler des Er. völlig missverstandene Wiedergabe von Plut. *Reg. et imp. apophth., Mor.* 200A (Scipio Minor, 4): Εἰς δὲ τὴν Ῥώμην ἐλθόντος ἀπὸ στρατείας (ἀπὸ στρατείας *ed. Ald. 1509, p. 174, codd.*: εἰς ὑπατείαν *add. Wyttenbach*) ἐκάλουν αὐτόν, οὐκ ἐκείνῳ χαριζόμενοι, ἀλλ' ὡς Καρχηδόνα δι' ἐκεί-

νου ταχὺ καὶ ῥαδίως (ῥαδίως *ed. Ald. 1509, p. 174*) ληψόμενοι. In der missverstandenen Wiedergabe des Er. hat das Exemplum Eingang in die grossen Wissenssammlungen des 16. und 17. Jh. gefunden, u. a. in Joseph Langs *Florilegium magnum seu Polynthea*, 1659, Bd. II, Sp. 2964, s.v. „utilitas".

457 *Reuocatus … est* „reuocatus ab exercitu est" ist eine mehrfache Fehlübersetzung des Er.; im griech. Text ist keine Rede davon, daß jemand „*zurück*gerufen wurde", noch davon, daß dies „vom Heer" ausging. ἐκάλουν αὐτὸν bedeutet: „*sie beriefen ihn* (sc. zum Amt)". Diejenigen, die Scipio d. J. beriefen, das waren die Römer, das römische Volk, und bei der Berufung oder Ernennung geht es um ‚das Amt', das höchte Amt = das Konsulat. Das Heer hingegen hatte keine Befugnis, jemandem ein Amt zuzuerkennen. Die römischen Konsuln wurden in Rom vom Volk bei den jährlichen Konsulwahlen gewählt: Scipio kandidierte, weil er den militärischen Oberbefehl beim Angriff auf Karthago übernehmen wollte. Durch ein Überlieferungsproblem des Plutarchtextes war verunklärt worden, zu *welchem* Amt die Römer Scipio beriefen: höchstwahrscheinlich war εἰς ὑπατείαν (Wyttenbach) ausgefallen. Die Fehlübersetzung von καλεῖν mit „reuocare" geht auf Regio zurück, der irrtümlich meinte, daß „die Römer" Scipio nach Rom „zurückriefen": „Romani ipsum ab exercitu in Vrbem reuocauerunt" (fol. ⟨h iiii⟩ʳ). Er. übernahm das falsche „reuocare" von Regio und verwirrte den Sinn weiter, dadurch daß er auch „ab exercitu" kopierte, jedoch „reuocare" fälschlich passiv konstruierte und mit Regios „ab exercitu" verband. Dieser Zuordnungsfehler ist umso schlimmer, als „ab exercitu", „vom

Heer" eine freie Übers. (ursprünglich des Filelfo, von Regio übernommen) für ἀπὸ στρατείας ist, das „vom Feldzug, Krieg" bedeutet. Es ist klar, daß στρατεία unmöglich den Akteur bezeichnen kann, der jemanden beruft oder zurückruft. Er. hat somit auch „ab exercitu" falsch verstanden. Auch von der Sache her hat Er. einen widersinnigen Text zusammengestellt: Natürlich konnte Scipio schon deshalb nicht vom Heer zurückgerufen worden sein, weil er noch gar nicht den Oberbefehl innegehabt hatte.

457–458 *gratificarentur ... crederent* Aufgrund der obigen Fehlübersetzung und falschen Zuordnung verwechselt Er. auch die Akteure von „gratificarentur ... crederent". Er. nimmt irrtümlich an, daß dies die Soldaten in Afrika seien, während damit das Wahlvolk in Rom gemeint ist, das Scipio d.J. zum Konsul kürte.

Apophth. V, 404 bezieht sich auf den erfolgreichen Angriff der Römer im Frühjahr 146 v. Chr., als sie, nach mehr als dreijähriger Belagerung, die Stadtmauern überwanden; in der Folge kam es zu einem blutigen Straßenkampf, wobei sich die Römer Haus für Haus vorkämpften und alle Verteidiger, die sich ihnen in den Weg stellten, töteten. Dabei bewegten sie sich vielfach über die Dächer der Stadt fort. Nachdem die Römer sich bis zum Marktplatz durchgekämpft hatten, zogen sich die Karthager auf die Feste Byrsa zurück. Diese wurde nach fast einer Woche von den Römern erobert. Die im Lemma gemachten Angaben bezüglich des Einsatzes von Krähenfüßen sind strategisch nicht leicht zu verstehen. War damit der Handelshafen gemeint? Zur Eroberung Karthagos vgl. O. Hansen, *Der Dritte Römisch-Karthagische Krieg. Die Zerstörung Karthagos 146 v. Chr.*, Saarbrücken 2008.

460–464 *Posteaquam ... hostibus confligerent* Weitgehend wörtliche Wiedergabe von Plut. *Reg. et imp. apophth., Mor.* 200A–B (Scipio Minor, 5), wobei Er. Regios Übers. als Vorlage benutzte und leicht variierend bearbeitete: „Posteaquam intra murum penetrauit (sc. Scipio), quum Carthaginenses ex arce repugnarent Polybiusque ipsi consuleret, vt in mare, quod in medio erat non valde profundum, aut murices ferreos spargeret aut tabulas clauis praefixas iniiceret, ne transeuntes hostes pro aggeribus pugnarent, ridiculum esse dixit, quum iam muros cepissent ac intra vrbem essent, quaerere, ne cum hostibus pugnent" (fol. ⟨h iiii⟩ʳ). Vgl. den griech. Text: Ἐπεὶ δὲ παρελθὼν εἰς τὸ τεῖχος, τῶν Καρχηδονίων ἐκ τῆς ἄκρας ἀμυνομένων ῥώμῃ, συνεῖδε (ἀμυνομένων, μὴ σὺ *ed. Ald. 1509, p. 174*) τὴν διὰ μέσου θάλασσαν οὐ πάνυ βαθεῖαν οὖσαν τοῦ Πολυβίου συμβουλεύοντος αὐτῷ κατασπεῖραι τριβόλους σιδηροῦς ἢ σανίδας ἐμβαλεῖν κεντρωτάς, ὅπως μὴ διαβαίνοντες οἱ πολέμιοι προσμάχωνται τοῖς χώμασιν, ἔφη γελοῖον εἶναι κατειληφότας τὰ τείχη καὶ τῆς πόλεως ἐντὸς ὄντας εἶτα πράττειν ὅπως οὐ μαχοῦνται τοῖς πολεμίοις. Dieselbe Anekdote findet sich bei Polyb. XXXVIII, 19: Ἐπεὶ δὲ παρελθὼν εἰς τὸ τεῖχος, τῶν Καρχηδονίων ἐκ τῆς ἄκρας ἀμυνομένων, εὗρε τὴν διὰ μέσου θάλασσαν οὐ πάνυ βαθεῖαν οὖσαν, τοῦ Πολυβίου συμβουλεύοντος αὐτῷ κατασπεῖραι τριβόλους σιδηροῦς ἢ σανίδας ἐμβαλεῖν κεντρωτάς, ὅπως μὴ διαβαίνοντες οἱ πολέμιοι προσμάχωνται τοῖς χώμασιν, ἔφη γελοῖον εἶναι, κατειληφότας τὰ τείχη καὶ τῆς πόλεως ἐντὸς ὄντας, εἶτα πράττειν ὅπως οὐ μαχοῦνται τοῖς πολεμίοις; Diod. XXXII, 23–25; ohne namentliche Erwähnung des Ratgebers Polybios bei Val. Max. III, 7, 2: „Auiti spiritus egregius successor Scipio Aemilianus, cum vrbem praeualidam obsideret, suadentibus quibusdam vt circa moenia eius ferreos murices spargeret omniaque uada plumbatis tabulis consterneret habentibus clauorum cacumina, ne subita eruptione hostes in praesidia nostra impetum facere possent, respondit non esse eiusdem et capere aliquos uelle et timere".

461 *Polybius* Zu Polybios als Ratgeber Scipios d.J. vgl. oben Komm. zu V, 401.

461 *suadebat* Er. kopierte Regios Konjunktiv des Imperfectum („consuleret"), vergaß aber, daß er Regios Satzkonstruktion (= von „cum" eingeleiteter Nebensatz) geändert hatte; ein Nebensatz mit „posteaquam", der nebengeordnet sowohl einen Indikativ des Plusquamperfectum als auch einen Konjunktiv des Imperfectum aufweist, ist syntaktisch nicht tragfähig. Da es sich offensichtlich um einen Irrtum handelt, der bei der Übertragung von Regios Text auftrat, wurde in unserer *ASD*-Ausgabe die Form adaptiert.

461 *mari* Mit „mari" korrigierte Er. Regios ungewöhnliche (jedoch auch in der klassischen Latein. Literatur hin und wieder auftretende) Ablativform „mare".

461–462 *Murices ... ferreos* „murex", der „Krähenfuß", d.h. die mit drei Zacken versehene eiserne Fußangel, die ausgestreut wurde, um dem Feind den Durchzug zu erschweren; vgl. *DNG* II, s.v., Nr. I, 1 (meton.) b, „murices ferrei"; „murices ferrei" auch bei Val. Max. III, 7, 2. Die paßgenaue Übers. von τρίβολοι mit „murices ferrei" übernahm Er. von Regio (a.a.O.), Filelfo hatte die transliterierte Form „tribulos ferreos" (fol. ⟨m vii⟩ᵛ).

spargeret ferreos aut tabulas aculeatas iniiceret, ne transmisso mari hostes pro aggeribus pugnarent, aiebat esse ridiculum, quum moenia tenerent et intra vrbem essent, dare operam, *ne cum hostibus confligerent.*

465   V, 405   HONOS ARTI HABITVS   (Scipio Minor, 6)

Vbi ciuitatem comperit *statuis deorum Graecanicis ac* monumentis *e Sicilia* de*portatis* dif*fertam, per praeconem edixit, vt, qui illarum essent vrbium, agnoscerent illa ac referrent* domum.
    De pecuniis *vero nec seruum nec libertum passus est quicquam capere ac ne emere*
470 *quidem, quum* [B] *alioqui* [A] *quilibet passim ferrent agerentque.*

---

469 quicquam *A-C*: quidquam *LB*.   470 alioqui *B C*: deest in *A*.

462 *tabulas aculeatas* Holzbretter „mit Spitzen", d.h. mit durchgeschlagenen Nägeln; mit „*tabulas aculeatas*" versuchte Er., Regios unklares von σανίδας … κεντρωτάς mit „tabulas clauis praefixas" durch eine wörtlichere Übers. zu verbessern. Klarer als Regio ist Val. Max. III, 7, 2: „tabulis … habentibus clauorum cacumina", ebenso Filelfo: „tabulas stimulis perforates" (fol. ⟨m vii⟩ᵛ).

In *Apophth.* V, 405 hat Er. zwei Plutarch-Lemmata (Scipio minor 6 und 7) zusammengelegt, während keines der beiden ein Apophthegma im eigentlichen Sinn darstellt. Es geht vielmehr um zwei *exempla*, die Belege für Scipios Uneigennützigkeit darstellen sollen: Er verzichtet auf die begehrten Marmorstatuen und andere Kunstwerke, die anscheinend in dem eroberten Karthago in Hülle und Fülle vorhanden waren, und er verbietet seinen Leuten, sich irgendetwas von der Kriegsbeute zu nehmen. Die Marmorstatuen gab er aus eigener Bewegung den griechischen Städten zurück, aus denen sie einst gestohlen worden waren. Der Titel, den Er. dem kurios konstruierten *Apophth.* V, 405 verlieh, ist für das erste *exemplum* (Scipio minor 6) nicht adäquat, für das zweite (Scipio minor 7) gänzlich verfehlt. Hinzu kommt, daß Er. das zweite *exemplum* inhaltlich nicht recht verstanden hat. Treffender ist die Interpretation des Val. Max., der die Rückerstattung der Tempelgüter als Exempel von Scipios *humanitas* auffasst. Lycosthenes folgte dem inadäquaten Titel des Er., indem er V, 405 in der Kategorie „De honore artibus et eruditioni exhibito" druckte (S. 459). Beide *exempla* beziehen sich auf die Eroberung Karthagos im Frühling 146 v. Chr.

466–468 *Vbi ciuitatem … referrent* Plut. *Reg. et imp. apophth., Mor.* 200B (Scipio Minor, 6), wobei Er.' Textwiedergabe eine kollageartige Wiederverwendung von Elementen aus den Übers. des Regio und des Filelfo, die er mit neuen paraphrasierenden Elementen anreicherte; Filelfo: „Et cum vrbem Graecis statuis oblationibusque ex Sicilia refertam inuenisset, iussit per praeconem, vt, quae praesentes vrbium ciues sua cognoscerent, reportarent in patriam" (fol. ⟨m vii⟩ʳ⁻ᵛ); Regio: „Quum vero inuenisset vrbem et statuis Graecis et deorum donariis ex Sicilia asportatis refertam, edixit, vt quisquis ex ciuitatibus adesset, sua agnosceret et reportaret" (fol. ⟨h iiii⟩ʳ). Vgl. den griech. Text: Εὑρὼν δὲ τὴν πόλιν ἀνδριάντων Ἑλληνιῶν καὶ ἀναθημάτων ἀπὸ Σικελίας μεστὴν οὖσαν, ἐκήρυξε τοὺς ἀπὸ τῶν πόλεων παρόντας ἐπιγινώσκειν καὶ κομίζεσθαι. Die nämliche demonstrative Handlung Scipios findet sich auch bei Diod. XXXII, 25; Cic. *Verr.* II, 86 und IV, 73; Liv. *Epit.* LI und Val. Max. V, 1, 6: „Africani quoque posterioris humanitas speciose lateque patuit: expugnata enim Karthagine circa ciuitates Siciliae litteras misit, vt ornamenta templorum suorum a Poenis rapta per legatos recuperarent inque pristinis sedibus reponenda curarent. Beneficium dis pariter atque hominibus acceptum!".

466 *ciuitatem* Mit „ciuitatem" versucht Er., Filelfos und Regios „vrbem" zu variieren; gerade erst im vorhergehenden Apophth. hatte Er. selbst Karthago als „vrbs" bezeichnet.

466 *Graecanicis* „Graecanicus", „nach der Art der Griechen gemacht, von den Griechen hergenommen", vgl. *DNG* I, Sp. 2278, s.v. „Graeci", Abschnitt C. Er. meinte, daß es vornehmlich um die *Kunst* und *Kunstwerke* ging, um Werke griechischer Künstler; daß Scipio, weil er die griechische Kunst schätzte und verehrte („Honos arti habitus"), die Kunstwerke den Griechen rückerstattete. Der springende Punkt ist jedoch ein anderer: Es handelte sich um gestohlene religiöse Objekte, um Weihegeschenke, die einst von den Puniern aus den Tempeln der griechischen Städte auf Sizilien geraubt worden waren. Diese religiösen Objekte waren für die Städte als Identitätskonstituenten bedeutend; Scipio kam den griechischen Städten diesbezüglich entgegen, vermutlich aus Dank, daß sie im Kampf gegen Karthago sich auf die Seite der Römer gestellt hatten.

466 *monumentis* Mit „monumentis" verschlimmbesserte Er. Regios paßgenaue Übers. „deorum donariis"; ἀναθήματα stellen „Weihegeschenke" dar, die in den Tempeln der griechischen Städte aufgestellt gewesen waren.

467 *Vt qui* Nach der Darstellung Plutarchs waren im Heereslager Scipios ohnehin Leute aus den griechischen Städten Siziliens anwesend. Nach Val. Max. V, 1, 6 sandte Scipio Briefe an die griechischen Städte, um Legaten nach Karthago zu entsenden, die die geraubten Kunstwerke identifizieren konnten. Diod. XXXII, 25 beschreibt, wie die Legaten der sizilischen Städte in Karthago eintrafen.

469–470 *De pecuniis ... agerentque* Plut. *Reg. et imp. apophth., Mor.* 200B (Scipio Minor, 7:) Τῶν δὲ χρημάτων οὔτε δοῦλον οὔτε ἀπελεύθερον εἴα λαβεῖν οὐδένα, ἀλλ' οὐδὲ πρίασθαι πάντων ἀγόντων καὶ φερόντων. Regio: „Sed ex praeda neque seruum neque libertum sumere quicquam permisit ac ne emere quidem, quum omnes diriperent atque praedarentur" (fol. ⟨h iiii⟩ʳ).

469 *De pecuniis* „De pecuniis" als Übers. von Τῶν ... χρημάτων ist eine Verschlimmbesserung von Regios richtiger Übers. „ex praeda".

V, 406   Facete   (Scipio Minor, 7)

C. Lelio, quem inter amicos maxime charum habebat, *consulatum* ambienti *quum* faueret, *percontatus est* [*C*] *Quintum* [*A*] *Pompeium* nepotem [i.e. amicum], *an et ipse consulatum peteret* (credebatur autem is *Pompeius tibicinis esse filius*). *Quum Pompeius*
475 *negasset se petere, quin etiam polliceretur se Lelium* ambientem *deducturum ac simul cum illo ambiturum* suffragia, *dum cred⟨ider⟩unt promittenti et hunc expecta⟨ueru⟩nt, decepti sunt. Renunciatum est enim ipsum in foro circumire* candidatum *ac ciuium prehensare* dextras. Ob id caeteris indignantibus Scipio ridens „Nae", inquit, „nos egregie stulti sumus, *qui perinde – quasi deos precaturi simus, non homines – iamdudum tempus*
480 *terimus tibicinem expectantes"*. Solet enim in sacris tibicen dare signum comprecandi deum, quasi iam adesset.

---

472 Lelio *A-C*: Laelio *versio Regii, LB*, Laellio *versio Philelphi*.
473 Qu. *C: deest in A B*.

476 crediderunt *scripsi (cf. versionem Regii)*: credunt *A-C*.
476 expectauerunt *scripsi*: expectant *A-C*.

V, 406 bezieht sich auf die Konsulwahl für d. J. 141 v. Chr., die 142 stattfand. C. Laelius verlor sie trotz der Unterstützung seines Freundes Scipio d.J., wurde jedoch im folgenden Jahr zum Konsul gewählt.

472–480 *C. Lelio, quem ... expectantes* Paraphrasierende Wiedergabe von Regios Übers. von Plut. *Reg. et imp. apophth., Mor.* 200C (Scipio Minor, 8): „Idem C. Laelio sodalium amicissimo consulatum petenti suffragans Pompeium interrogauit, an et ipse consulatum peteret (Pompeius autem tibicinis filius putabatur). Is igitur quum se petere negasset ac pollicitus esset se Laelium deducturum et pro illo ambiturum, crediderunt quidem, sed illum expectantes decepti sunt. Nam ipse in foro ambire ac ciues prehensare nunciatus est. Quam quidem rem aliis aegre ferentibus Scipio ridens, ‚Stulticia', inquit, ‚nostra tanquam non homines, sed deos simus precaturi, iandiu tempus terimus, tibicinem expectantes" (fol. ⟨h iiii⟩ʳ⁻ᵛ). Vgl. den griech. Text: Γαΐῳ δὲ Λαιλίῳ τῷ φιλτάτῳ τῶν ἑταίρων ὑπατείαν μετιόντι συμπράττων ἐπηρώτησε Πομπήιον (Πομπῖον *ed. Ald. 1509, p. 174*) εἰ καὶ αὐτὸς ὑπατείαν μέτεισιν· ἐδόκει δὲ ὁ Πομπήιος (Πομπῖος *ed. Ald. 1509, p. 174*) υἱὸς αὐλητοῦ γεγονέναι· τοῦ δὲ φήσαντος μὴ μετιέναι, ἀλλὰ καὶ τὸν Λαίλιον ἐπαγγελλομένου (ἐπαγγελλόμενος *ed. Ald. 1509, p. 174*) συμπεριάξειν καὶ συναρχαιρεσιάσειν, πιστεύσαντες καὶ περιμένοντες ἐκεῖνον ἐξηπατήθησαν· ἀπηγγέλλετο γὰρ αὐτὸς ἐν ἀγορᾷ περιιὼν καὶ δεξιούμενος τοὺς πολίτας. ἀγανακτούντων δὲ τῶν ἄλλων, ὁ Σκιπίων, γελάσας „ἀβελτερία γε (ἀβελτηρία δὲ *ed. Ald. 1509, p. 174*)," εἶπεν, „ἡμῶν, ⟨οἳ⟩ καθάπερ οὐκ ἀνθρώπους μέλλοντες ἀλλὰ θεοὺς παρακαλεῖν, πάλαι διατρίβομεν αὐλητὴν ἀναμένοντες".

C. Laelius (um 188–129/3 v. Chr.), Sohn des gleichnahmigen C. Laelius (des Freundes Scipio Africanus' d.Ä.), Freund des Scipio Africanus d.J.; Legat im Dritten Punischen Krieg (147–146); Prätor 145, Proprätor 144 (von Hispania citerior), Konsul 140; gemeinsam mit Scipio d.J. der geistige Führer des „Scipionenkreises"; pronounciertes Interesse an Philosophie und griech. Literatur, weswegen er den Beinamen Sapiens erhielt; Dialogperson in mehreren philosophischen Schriften Ciceros, u. a. in dem Dialog über die Freundschaft, *Laelius sive de amicitia* und in *De re publica*. Vgl. K.-L. Elvers, *DNP* 6 (1999), Sp. 1055–1056, s.v. „Laelius", Nr. 1, 2; F. Münzer, *RE* XII, 1 (1924), Sp. 404–410, s.v. „Laelius", Nr. 2; vgl. R. Hanulak, *Der Scipionenkreis – Untersuchungen zum Freundeskreis des Scipio Aemilianus*, München 2007; A.E. Astin, *Scipio Aemilianus*, Oxford 1967. Er schrieb den Namen mit „e", während das griechische Original Λαιλίῳ, Regios Übers. „Laelio" und Filelfos Version „Laellio" aufwiesen.

473 *Quintus* „Qu." ist ein korrekter Zusatz des Er. in C. Der in diesem Fall für die Identifizierung der Person wichtige Vorname fehlt sowohl im griech. Originaltext als auch in den Übers. des Filelfo und des Regio. Er. hat den Vornamen wohl aufgrund seiner Lektüre

von Cic. *Lael.* 77 ergänzt: „Nihil est enim turpius quam cum eo bellum gerere, quocum familiariter vixeris. Ab amicitia Q. Pompei meo nomine se remouerat, vt scitis, Scipio".

473 *Pompeium* Q. Pompeius (Rufus), aus plebeiischem Geschlecht, Sohn des Aulus Pompeius; erfolgreicher Redner; als *homo novus* 141 v. Chr. gegen den Widerstand des Hochadels, insbed. Scipios d.J., zum Konsul gewählt. Führte das röm. Heer auf einem erfolglosen Feldzug in Spanien an; trotz der Misserfolge wurde sein Kommando um ein Jahr verlängert. Vgl. K.-L. Elvers, *DNP* 10 (2000), Sp. 99, s.v. „Pompeius", Nr. I, 1; H. Simon, *Roms Kriege in Spanien*, 1962, S. 108–116; 139–142.

473 *nepotem* „nepotem" ist ein merkwürdiger Zusatz des Er. zu dem griech. Originaltext (und zu den Übers. des Filelfo und des Regio). Der Plebejer Q. Pompeius war natürlich keinesfalls ein Neffe oder Cousin des hochadeligen Cornelius Scipio Africanus d.J.; in *CWE* 38, S. 575 wurde „nepos" fälschlich als Teil des Namens des Pompeius aufgefasst: „Q. Pompeius Nepos". Wie Er. aus Cic. *Lael.* 77 gewußt haben muß, war Pompeius kein Neffe oder Cousin des Scipio, sondern ein Freund: „Ab amicitia Q. Pompei meo nomine se remouerat, vt scitis, Scipio" (sagt Laelius in Ciceros Dialog).

480–481 *Solet enim … iam adesset* „Solet enim … iam adesset" ist eine religionsgeschichtliche Erklärung des Er., die auf den ersten Blick eindrucksvoll ist, jedoch nicht stimmt. Der Witz bezieht sich zunächst auf den Umstand, daß Pompeius für seine niedrige Herkunft als Sohn eines Flötisten (*tibicen*) verspottet wurde; *tibicines* spielten bei diversen religiösen Riten der Römer eine wichtige Rolle, insbesondere bei Tieropfern. Allerdings ist ihre Rolle nicht jene, die Er. anführt: Den Flötenspielern kam nicht die Aufgabe zu, die Feierlichkeit offiziell zu eröffnen wie etwa ein Herold, und ihr Spiel *verkündete nicht* die Anwesenheit des Gottes. Vielmehr sollte der Flötenspieler das Gebet des Opferherrn begleiten. Das Flötenspiel diente somit dazu, das Gebet als feierliches, religiöses Sprechen zu markieren und dabei *alles auszublenden, was nicht dazugehörte* (vgl. Plin. *Nat.* XXVIII, 11). Für das Gebet in der griech. und röm. Antike vgl. *DNP* 4 (1999), Sp. 832, s.v. „Gebet", Nr. B „Ritueller Rahmen". Da das Flötenspiel nun eine *conditio sine qua non* des rituellen Betens (*precari*) war, konnte die (Opfer)Feier nicht ohne *tibicen* stattfinden und musste man, wenn dieser noch nicht eingetroffen war, auf ihn warten, also ohne *tibicen* kein *precari*. Damit hängt das nächste Element des Witzes zusammen, das sich die doppelte Bedeutung des Wortes *precari* zunutze macht: A. „im Rahmen einer Opferfeier ein Gebet zu einer Gottheit sprechen (begleitet von einem Flötenspieler)"; B. „bei einer römischen Beamtenwahl die anwesenden Wähler, v.a. die Senatoren, um ihre Stimme und Unterstützung bitten". Auch in der Bedeutung B sollte der Bewerber C. Laelius „von einem Flötenspieler" begleitet werden, i.e. von Q. Pompeius, der dies zugesagt hatte. Die Begleitung hatte in diesem Fall den Sinn einer zusätzlichen, dringlichen Bitte. Der Unterschied ist nun, daß eine Opferfeier ohne *tibicen*/Pompeius nicht stattfinden kann, während das *precari* der Amtsbewerbung sehr wohl stattfinden kann. „Schön blöd", meint Scipio ironisch, „daß wir uns in der Art der Zeremonie geirrt haben".

V, 407A NOBILITAS VERA (Scipio Minor, 8)

Appio Claudio, qui *Scipioni in* ambienda *censura competitor* erat, iactante *se, quod ipse* citra nomenclatorem ciues *omnes nominatim salutaret, quum Scipio propemodum nosset neminem, „Vera narras",* inquit Scipio, *„Nam* mihi studio fuit, *non vt nossem multos, sed ne cuiquam* essem ignotus". Nomenclatorum laus est, quam plurimos nosse; at egregii ducis est, ob egregia in rempublicam merita nulli ciuium ignotum esse.

V, 407B

Iussitque ciues, quum bellum esset cum Celtiberis, a quibus ambo fuerant in bellum missi, *vel legatos vel tribunos militum testes ac iudices vtriusque virtutis statuerent,* qui ei bello interfuissent.

In *Apophth.* V, 407 hat Er. einmal mehr zwei Lemmata Plutarchs (Scipio minor 9 und 10) zu einem einzigen zusammengeführt. Der erste Teil (= Scipio minor 9) datiert auf die Zensorwahl von 143 v. Chr. (für d.J. 142: Scipio d.J. und L. Mummius wurden gewählt, während Appius Claudius Pulcher durchfiel), der zweite Teil (= Scipio minor 10) bezieht sich auf die Krisensituation d.J. 151 v. Chr., als der Senat den Konsul Lucius Licinius Lucullus mit der Fortsetzung des Krieges gegen die Keltiberer betraute, es jedoch große Zweifel gab, ob der Krieg erfolgreich beendet werden könne und insbesondere die jungen Leute sich weigerten, um sich als Militärtribunen oder Legaten zur Verfügung zu stellen. Nachdem sich niemand meldete, ergriff Scipio d.J. das Wort und meldete sich freiwillig, obwohl er bisher keine nennenswerte militärische Erfahrung hatte, sowohl als Militärtribun als auch als Legatus (nach Wahl des Senates), um dem Oberbefehlshaber, Konsul Licinius Lucullus, zu dienen (vgl. Polyb. XXXV, 4, 1–14). Er.' Zusammenlegung der Lemmata Scipio 9 und 10 ist historisch gesehen nicht in Ordnung: Es geht um zwei verschiedene Ereignisse, die nicht zusammengehören, während die mit „que" formulierte enge syntaktische Verbindung suggeriert, daß der im zweiten Teil (= Scipio, 10) figurierende, jedoch nicht namentlich genannte Rivale des Scipio derselbe sei wie der im ersten Teil (= Scipio, 9) angeführte. Der Titel, den Er. dem Apophthegma gab, ist ebenfalls irreführend: Es geht in dem ersten Text nicht um die von den Humanisten frequent diskutierte Frage des „wahren Adels" („vera nobilitas"), einen der Lieblingsgedanken des Er. (vgl. dazu *Apophth.* VII, 81: „Qui virtute praediti sunt, eosdem et nobiles esse. Habent enim id, vnde vera nascitur nobilitas", mit Komm. ad loc.). Appius Claudius Pulcher und Scipio gehörten aufgrund ihrer Abstammung beide zum römischen Hochadel, sodass sich diese Frage für sie erübrigte. Bei der Konsulwahl waren die beiden Rivalen; den Hintergrund der Auseinandersetzung bildet die in *Apophth.* V, 406 beschriebene Wahlwerbung: Der Kandidat macht eine Runde durch die versammelten Wähler, versucht jeden einzelnen, natürlich besonders die Senatoren und *nobiles*, die alle über eine grössere Klientel verfügten, anzusprechen; dabei hält er diesen am Arm fest zum Zeichen der dringlichen Bitte (*precari*) und versucht ihm das Versprechen abzuringen, daß er ihm seine Stimme und die seiner Klientel geben werde. Für diese Art der Wahlwerbung war es natürlich sehr nützlich, möglichst viele Senatoren persönlich zu kennen. Bei dem verbalen Duell ging es im Grunde um eine Adels- und Machtdemonstration: Appius Claudius sagt stolz „Ich kenne jeden. Und du?". In seiner Replik dreht Scipio den Spieß um: „Mir ist wichtiger, daß mich jeder kennt".

483 *Appio Claudio* Appius Claudius Pulcher (vor 180–132/29 v. Chr.), Konsul i.J. 143, Zensor 136; Vertreter des Hochadels, einer der einflußreichsten Politiker seiner Zeit, Rivale Scipios d.J.; er verbündete sich mit Tiberius Gracchus gegen Scipio d.J. Vgl. K.-L. Elvers,

DNP 3 (1999), Sp. 10, s.v. „Claudius", Nr. I, 22.

483–486 *Appio Claudio, qui Scipioni … ignotus* Plut. *Reg. et imp. apophth., Mor.* 200C–D (Scipio Minor, 9): Ἀππίου (Ἀπίου *ed. Ald. 1509, p. 174*) δὲ Κλαυδίου περὶ τῆς τιμητικῆς ἀρχῆς ἁμιλλωμένου πρὸς αὐτὸν καὶ λέγοντος, ὅτι πάντας ὀνομαστὶ Ῥωμαίους αὐτὸς ἀσπάζεται Σκιπίωνος (Σκιπίων *ed. Ald. 1509, p. 174*) ὀλίγου δεῖν ἀγνοοῦντος ἅπαντας, „ἀληθῆ λέγεις," εἶπεν, „ἐμοὶ γὰρ οὐκ εἰδέναι πολλοὺς ἀλλ' ὑπὸ μηδενὸς ἀγνοεῖσθαι μεμέληκεν". Er. bearbeitete variierend die Übers. des Filelfo und des Regio; Filelfo: „Rursum cum Appius Claudius eius competitor in censura esset ac diceret Romanos omnis ab se nominatim salutari, Scipio, qui omnes fere ignoraret, ,Vera', inquit, ,narras: nam maiori curae mihi fuit, vt a nemine ignorarer, quam vt multos nossem'" (fol. ⟨vii⟩ᵛ); Regio: „Appio autem Claudio ipsius in censura competitore iactante Romanos omnes ab se nominatim salutari, quos fere Scipio ignoraret, ,Vera narras', inquit, ,Nam mihi non, vt multos nossem, sed vt a nullo ignorarer, curae fuit'" (fol. ⟨h iiii⟩ᵛ).

483 *in censura competitor* „in … censura competitor" kopierte Er. wörtlich aus den Übers. des Filelfo und Regio.

483 *iactante* „iactante" ist eine freie Interpretation des Regio *in peiorem partem*, die Er. kopierte; im griech. Originaltext steht das wertneutrale λέγοντος, das Filelfo korrekt mit „diceret" übertrug.

484 *nomenclatorem* „citra nomenclatorem" ist ein Einschub des Er., mit dem er seine Vertrautheit mit der römischen politischen Kultur demonstriert, der jedoch vom Kern der Anekdote ablenkt. In dem Spruch brüstet sich Appius nicht für sein ausgezeichnetes Gedächtnis; vielmehr geht es um eine Adels- und Machtdemonstration („Ich kenne alle Senatoren").

485 *Vera narras* „Vera narras" kopierte Er. wörtlich aus den Übers. des Filelfo und Regio.

490–492 *Iussitque … interfuissent* Dieser Teil, der keineswegs zum Vorhergehenden gehört (vgl. oben Komm. zu 407A), fokussiert auf den Wendepunkt der Ereignisse von 151 v. Chr., nämlich Scipios Auftritt vor dem Senat, bei dem er sich freiwillig als Militärtribun oder *legatus* im Numantinischen Krieg meldete. Der Wortlaut des Plutarchtextes ist in diesem Fall nicht stimmig: Plutarch hat sich, was den Hergang der Ereignisse betrifft, verhaspelt. Eine genaue (und plausible) Wiedergabe derselben findet sich in Polyb. XXXV, 4, 8–14. Wie dort geschildert wird, konnten damals keine Militärtribunen und Legaten gefunden werden, die im Spanienfeldzug unter Licinius Lucullus dienen wollten; denn die Leute, die in Frage kamen, hatten sämtlich Angst vor der militärischen Schlagkraft der Keltiberer. Scipio erklärte in dieser Situation demonstrativ, daß er sich für beide Funktionen melde, sowohl als Militärtribun (Stabsoffizier) als auch *legatus* (Kommandant einer Legion; εἴτε χιλίαρχον εἴτε πρεσβευτὴν πέμπειν αὐτὸν εἰς τὴν Ἰβηρίαν, Polyb. a.a.O.). In Spanien kämpften damals mehrere Legionen, somit war für jede Legion ein *legatus legionis* erforderlich; für jede Legion brauchte man sechs *tribuni militum*, es waren somit mindestens 18 Tribunenstellen zu besetzen. Caesar hatte in Gallien zeitweilig 12 Legionen unter Waffen, wodurch sich sein Kommandostab aus 12 *legati* und 72 Militärtribunen zusammensetzte. In Plutarchs Darstellung (*Mor.* 200D, Scipio Minor, 10) hatte sich jedoch das Missverständnis eingeschlichen, daß Scipio sich gegen irgendeinen Rivalen durchsetzen wollte und die Bürger Roms gebeten haben soll, Militärtribunen oder Legaten als Zeugen der militärischen Leistung seiner selbst und seines Rivalen nach Spanien zu entsenden. Diese Bitte an die Adresse des Volkes ist schon deshalb unmöglich, weil die vorgeschlagene Vorgehensweise verfassungswidrig ist: Die Legaten und Militärtribunen wurden von dem Oberkommandanten (in diesem Fall dem Konsul) ernannt, nicht vom Volk. Er.' Wiedergabe der Anekdote, in der Regios Übers. nachfolgt, ist genauso verworren wie jene Plutarchs.

490–492 *Iussitque …. interfuissent* Wiedergabe von Regios Übers. von Plut. *Reg. et imp. apophth., Mor.* 200D (Scipio Minor, 10): „Iubebatque ciues, a quibus vtrique ad exercitum missi fuerant, vel legatos vel tribunos militum vtriusque virtutis testes ac iudices eos sumere, qui bello illi interfuissent, quod cum Celtiberis gerebant" (fol. ⟨h iiii⟩ᵛ). Vgl. den griech. Text: Ἐκέλευε δὲ τοὺς πολίτας, ἐπειδὴ ἐτύγχανον πολεμοῦντες Κελτίβηρσιν, ἀμφοτέρους ἐπὶ τὴν στρατείαν ἐκπέμψαντας ἢ πρεσβευτὰς ἢ χιλιάρχους μάρτυρας λαμβάνειν καὶ κριτὰς τῆς ἑκάστου ἀρετῆς τοὺς πολεμοῦντας.

V, 408 GLORIA (Scipio Minor, 9)

Censor creatus adolescenti cuidam equum ademit, quod eo tempore, quo Carthago oppugnabatur, splendide coenatus libum [i.e. placentam mellitam] *in vrbis similitudinem figuratum, cui Carthagini nomen indiderat, conuiuis diripiendum proposuisset. Iuuene vero causam sciscitante, cur equo priuatus esset, „Quoniam", inquit Scipio, „me prior Carthaginem diripuisti".*

V, 409 IVDEX NON ACCVSAT (Scipio Minor, 10)

C. Licinium praetereuntem quum vidisset, „Hunc", inquit, „virum scio peierasse. Verum quoniam nullus illum defert, non possum simul et accusator esse et iudex". Sit hoc in censore moderationis et iustitiae exemplum.

V, 410 REX SEGNIS (Scipio Minor, 11)

Quum iam tertium a senatu fuisset emissus, quo, vt tradit Clitomachus,

---

496 indiderat *B C*: indidit *A*.

496 proposuisset *B C*: proposuerat *A*.

Apophth. V, 408 datiert auf 142 v. Chr. oder eines der folgenden Jahre von Scipios Zensur. Das gerügte Vergehen fand in der Zeit vor der Eroberung Karthagos im Frühjahr 146 statt. Der Titel „gloria" ist eigentlich nicht passend; er impliziert, daß Er. den Humor des Spruches nicht recht verstanden hat: Es kann natürlich keine Rede davon sein, daß Scipio d.J. mit dem Unbekannten je um den Ruhm stritt, Karthago als erster erobert zu haben. Was Scipio vermutlich anprangerte, war das zügellose Luxusleben des Unbekannten, das soweit ging, daß er Staatsangelegenheiten in Essenswaren verwandelte, was als totaler Decorumverlust gelten kann. Lycosthenes folgte der wenig verständnisvollen Interpretation des Er., indem er V, 408 in der Kategorie „De gloria et eius amore" druckte (S. 433).

494–498 *Censor creatus ... diripuisti* Paraphrasierende Wiedergabe von Regios Übers. von Plut. *Reg. et imp. apophth., Mor.* 200D–E (Scipio Minor, 11) mit einigen wörtlichen Übernahmen: „Sed censor declaratus iuuenem quendam equo priuauit, quod sumptuose coenans, quo tempore Carthago oppugnabatur, placentam ex melle in vrbis similitudinem compactam Carthaginemque appellatam, proposuisset conuiuis diripiendam. Ac rogante causam iuuene propter quam equo priuatus fuisset, ‚Quia me prior', inquit, ‚Carthaginem diripuisti'" (fol. ⟨h iiii⟩ᵛ). Vgl. den griech. Text: Ἀποδειχθεὶς δὲ τιμητὴς νεανίσκου μὲν ἀφείλετο τὸν ἵππον, ὅτι δειπνῶν πολυτελῶς, ἐν ᾧ χρόνῳ Καρχηδὼν ἐπολεμεῖτο, μελίπηκτον εἰς σχῆμα τῆς πόλεως διαπλάσας καὶ τοῦτο Καρχηδόνα προσειπὼν προύθηκε διαρπάσαι τοῖς παροῦσι· καὶ πυνθανομένου τοῦ νεανίσκου τὴν αἰτίαν δι' ἣν ἀφῄρηται τὸν ἵππον, „ἐμοῦ γάρ," ἔφη, „πρότερος Καρχηδόνα διήρπασας".

494 *equum ademit*, d.h., daß der Censor den betreffenden Mann aus dem Ritterstand warf.

495 *libum* Mit „libum" variierte Er. nicht glücklich Filelfos und Regios korrekte Übers. „placentam ex melle" für μελίπηκτον, „Honigkuchen" (vgl. Passow II, 1, S. 166, s.v.; Babbitt „honey-cake"), wobei er zudem die erklärende Ergänzung „ex melle" vergaß. Während „placenta ex melle" (oder „mellita") den „Kuchen" als feine Süßspeise bezeichnet, steht „libum" für den brotähnlichen, herzhaften Fladen aus „geriebenem Käse, Weizenmehl, Eiern und Öl" (vgl. *DNG* II, Sp. 2879, s.v.); für den Gegensatz zwischen herzhaftem Brot und süßen Honigkuchen vgl. Hor. *Epist.* I, 10, 11: „pane egeo iam mellitis potiore placentis".

Apophth. V, 409 Wie schon V, 408 datiert auch V, 409 auf die Zeit von Scipios Zensur, 142–137 v.

Chr.; Val. Max. präsentierte die Anekdote als *exemplum moderationis* (IV, 1, 10); vgl. auch Er.' Interpretation im kommentierenden Abschnitt.

500   *C. Licinium* Es handelt sich um C. Licinius Sacerdos, einen Ritter, der dem Zensor Scipio unangenehm aufgefallen war.

500–501   *C. Licinium … et iudex* Plut. *Reg. et imp. apophth., Mor.* 200E (Scipio, 12). Er. gab seinen Text nach Regios Übers. wieder: „C. autem Licinium quum praetereuntem vidisset, ‚Istum', inquit, ‚hominem ego peierasse scio; sed quum illum nemo accuset, non possum ipse et accusator esse et iudex'" (fol. ⟨h iiii⟩ᵛ). Vgl. den griech. Text: Γάιον δὲ Λικίνιον ἰδὼν παρερχόμενον „οἶδα," ἔφη, „τοῦτον ἐπιορκηκότα τὸν ἄνδρα· μηδενὸς δὲ κατηγοροῦντος, οὐ δύναμαι κατήγορος ⟨ὁ⟩ αὐτὸς εἶναι καὶ δικαστής". Dieselbe Anekdote wird auch von Cic. *Cluent.* 134 und Val. Max. IV, 1, 10 erzählt.

500   *praetereuntem quum vidisset* Es handelt sich um die offizielle Musterung der Ritterschaft vor dem Zensor: Die Ritter zogen in Reih und Glied an dem Zensor vorbei, der die Befugnis hatte, Personen, die unangemessenes Auftreten an den Tag gelegt hatten, auszumustern.

500–501   *Verum quoniam … iudex* Plutarch hatte den Spruch des Scipio nicht korrekt wiedergegeben. Scipio hatte vor der anwesenden Menschenmenge mit lauter Stimme verkündet, er sei Zeuge, daß C. Licinius Meineid begangen habe. Daraufhin fragte er, ob es jemanden gebe, der C. Licinius diesbezüglich anklagen wolle: Er stelle sich selbst als Zeuge zur Verfügung (identisch bei Cic. *Cluent.* 134 und Val. Max. IV, 1, 10). Als sich niemand meldete, sagte Scipio, er lasse den Sacerdos laufen, „um nicht den Eindruck zu erwecken, er agiere zur gleichen Zeit *als Zeuge und Richter*". Vgl. Val. Max. a.a.O.: „Neque alia eius in censura moderatio pro tribunali apparuit. centurias recognoscens equitum, postquam C. Licinium Sacerdotem citatum processisse animaduertit, dixit se scire illum uerbis conceptis peierasse: proinde, si quis eum accusare uellet, usurum testimonio suo. Sed nullo ad id negotium accedente ‚Transduc equum', inquit, ‚Sacerdos, ac lucrifac censoriam notam, ne ego in tua persona et accusatoris et testis et iudicis partes egisse uidear'".

Apophth. V, 410 datiert auf d.J. 139/40 v. Chr.

504–512   *Quum iam tertium … regem ambulantem* paraphrasierende Wiedergabe von Filelfos Übers. von Plut. *Reg. et imp. apophth., Mor.* 200E–201A (Scipio Minor, 13): „Ad haec cum a senatu tertium missus esset (sc. Scipio minor), quo (cum *ed. 1483*) vrbium nationum regumque inspector intueretur, vt ait Clytomachus, ‚Quis vrbes hominesque animis, qua lege tuentur', Alexandriam venit; cumque egressus nauim incederet capite toga operto, Alexandrini, qui vndique ad eum visendum accurrerent, rogabant, vt et caput detegeret atque cupientibus sibi faciem ostenderet. Quod cum is fecisset, strepitu omnes sunt ac plausu prosecuti. Et cum rex propter corporis tarditatem atque molliciem (molliciam *ed. 1483*) vix sequeretur incedentis illos, Scipio submissa voce immurmurans ad Panaetium dixit: ‚Iam alicui Alexandrinis noster aduentus fructui et voluptati est: propter nos enim ambulantem regem conspiciunt'" (fol. ⟨vii⟩ᵛ-⟨viii⟩ʳ). Vgl. den griech. Text: Ἐκπεμφθέντα δ' αὐτὸν ὑπὸ τῆς βουλῆς τρίτον, ὥς φησι Κλειτόμαχος, ἀνθρώπων ὕβριν (πόλεων *ed. Ald. 1509, p. 175*; ὕβριν *edd. recentiores*) τε καὶ εὐνομίην ἐφορῶντα, πόλεων ἐθνῶν βασιλέων ἐπίσκοπον, ὡς εἰς Ἀλεξάνδρειαν ἧκε καὶ τῆς νεὼς ἀποβὰς ἐβάδιζε κατὰ τῆς κεφαλῆς ἔχων τὸ ἱμάτιον, ἠξίουν ἀποκαλύψασθαι παραθέοντες (περιθέοντες *ed. Ald. 1509*: παραθέοντες *text. recept.*) οἱ Ἀλεξανδρεῖς καὶ δεῖξαι ποθοῦσιν αὐτοῖς τὸ πρόσωπον· τοῦ δ' (τοῦ δ' *deest in ed. Ald. 1509, p. 175*) ἀποκαλυψαμένου κραυγὴν καὶ κρότον ἐποίησαν. τοῦ δὲ βασιλέως μόλις ἁμιλλωμένου βαδίζουσιν αὐτοῖς δι' ἀργίαν καὶ τρυφὴν τοῦ σώματος ὁ Σκιπίων ἀτρέμα πρὸς τὸν Παναίτιον ψιθυρίσας εἶπεν, „ἤδη τι τῆς ἐπιδημίας ἡμῶν Ἀλεξανδρεῖς ἀπολελαύκασι· δι' ἡμᾶς γὰρ ἑωράκασι τὸν βασιλέα περιπατοῦντα". Den Homer-Vers übersetzte Er. selbst nach der griech. Vorlage; einige kleinere Details adaptierte Er. mit Hilfe der griech. Vorlage und Regios Übers.; den Spruchteil übernahm er von Regio: „‚Iam Alexandrini aliquid voluptatis fructusque ex nostra peregrinatione perceperunt'" (fol. ⟨h iiii⟩ᵛ). Für die Anekdote vgl. auch Diod. XXXIII, 28a; Athen. 549D–E; Cic. *Ac.* II, 2, 5; Iust. *Hist. Phil.* XXXVIII, 8, 8.

504   *Clitomachus* In der Parallelstelle Plut. *Maxime cum principibus viris philosopho esse disserendum* 1, *Mor.* 777A wird Poseidonios (statt Kleitomachos) als Quelle angeführt, ebenso in Athen. 549D. Kleitomachos von Karthago (urspr. Hasdrubal, 187/6–110/09 v. Chr.) war ein platonischer Philosoph, der seit 163/2 v. Chr. in Athen wirkte und seit 159/8 Mitglied der Akademie war; nach Differenzen mit dem Schulhaupt der Akademie, Karneades, gründete er 140/39 eine eigene Philosophenschule im Palladion, einem Gymnasion in Athen; nach Karneades' Tod (129/8)

628 APOPHTHEGMATVM LIBER QVINTVS

505   „*Vrbes atque homines cernat bene legibus actas*",

vtque gentium, ciuitatum ac regum inspector esset, posteaquam per*uenit Alexandriam nauique egressus capite pallio tectus incessit, Alexandrini vndique accurrentes* flagitabant, *vt caput* nudaret *faciemque id desiderantibus ostenderet. Quum* se nudasset, *clamore et plausu* testati sunt gaudium suum; *quumque rex* Alexandriae *vix interim ob delicias ac molliciem corporis* aequaret Romanos *incedentes, Scipio voce submissa* Panaetio insusurrauit in aurem: „*Iam* [inquit] *Alexandrini nonnihil ex nostra peregrinatione fructus ceperunt,* quibus *per nos* contigit *videre regem ambulantem*". Nam Athenaeus ex autoritate Posidonii scribit Ptolemaeum perquam obeso corpore nunquam antea pedibus ambulasse.

507 incessit *scripsi*: incederet *A-C*.

511 inquit *seclusi*.

kehrte Kleitomachos in den Schoß der Akademie zurück, wobei er seine Schüler aus dem Palladion mitnahm; von 127/6–110/09 Schulhaupt der Akademie; sein Nachfolger wurde Philon von Larisa. Kleitomachos war wie Karneades ein Vertreter des platonischen Skeptizismus. Seine Fragmente wurden gesammelt von H.J. Mette, „Weitere Akademiker heute: Von Lakydes bis zu Kleitomachos", in *Lustrum* 27 (1985), S. 39–148; vgl. weiter A.M. Ioppolo, „L'assenso nella filosofia di Clitomaco: un problema di linguaggio?", in: A.M. Ioppolo und D.N. Sedley (Hrsg.), *Pyrrhonists, Patricians, Platonizers. Hellenistic Philosophy in the Period 155–86 BC*, Neapel 2007, S. 225–267; W. Görler, „Die Akademie zwischen Karneades und Philon", in: H. Flashar (Hrsg.), *Grundriss der Geschichte der Philosophie. Die Philosophie der Antike*, Bd. IV, 2: *Die hellenistische Philosophie*, 2. Aufl., Basel 1994, S. 898–914. In Er.' *Apophthegmata* tritt Kleitomachos nur an dieser Stelle auf; er wird auch in den *Adagia* nicht genannt. Nichts weist darauf hin, daß er Er. näher bekannt war.

505 *Vrbes... actas* Hom. *Od.* XVII, 487: ἀνθρώπων ὕβριν τε καὶ εὐνομίην ἐφορῶντες, „zu betrachten, welche Menschen der Hybris gehorchten und welche einer wohlgeordneten Verfassung". Grundlage des von Er. selbst übersetzten Verses ist der griech. Plutarch-Text (ed. Ald. 1509), wo der Vers in anderer Form überliefert wurde: ἀνθρώπων πόλεων τε καὶ εὐνομίην ἐφορῶντα = „zu betrachten, wie die gesetzlichen Grundlagen der Städte und Menschen beschaffen waren". Vgl. Filelfos Übers.: „Quis vrbes hominesque animis, qua lege tenentur" (Filelfo, fol. ⟨vii⟩ᵛ). Regio nahm fälschlich an, daß Kleitomachos-Hasrubal der Autor dieses Verses war („vt Clitomachus canit...", fol. ⟨h iiii⟩ᵛ).

507 *capite... tectus* Es handelte sich um einen offiziellen Staatsbesuch bei dem Ägyptischen König Ptolemaios VIII. Physkon; Scipio d.J. wollte sich aus Höflichkeit an die Gebräuche des Gastlandes halten. Die ägyptischen Könige zeigten sich dem Volk kaum je und wenn, nur verhüllt. Die Alexandriner wollten aber offensichtlich, daß sich Scipio nach römischer Sitte präsentierte. Mit „pallio" korrigierte Er. Filelfos Übers., nach der Scipio sein Haupt mit seiner Toga verhüllt haben soll („capite toga operto"), wobei er entweder den griech. Plut.-Text (κατὰ τῆς κεφαλῆς ἔχων τὸ ἱμάτιον) wörtlich übersetzte oder Regios Übers. („penula tecto", a.a.O.) variierte.

507 *vndique accurrentes* Er. kopierte „vndique accurrentes" aus Filelfos Übers. („cum... vndique ad eum visendum accurrerent", a.a.O.), dem im griech. Text die Lesart παραθέοντες vorgelegen hatte, während Babbitts Text περιθέοντες liest. „Vndique" ist eine erzählerische Ausschmückung des Filelfo.

508 *se nudasset* Mit „se nudasset" versuchte Er. durch eine wörtliche Übers. von ἀποκαλυψαμένου Filelfos freie Übers. („Quod cum is fecisset", a.a.O.) zu verbessern, jedoch mit zweifelhaftem Resultat.

509 *testati... suum* „testati sunt gaudium suum" ist eine freie narrative Ausgestaltung des Er.

509 *rex Alexandriae* „Alexandriae" ist ein erklärender Zusatz des Er., der nicht für seine historische Sachkenntnis spricht. Einen „König von Alexandrien" gab es nicht. Es handelte sich

um den ägyptischen Pharao Ptolemaios VIII. Physkon (um 180–116 v. Chr.). Dieser residierte in Alexandrien.

510–511 *Panaetio* Panaitios von Rhodos (ca. 185–109 v. Chr.), Vertreter de Mittleren Stoa, zu seiner Zeit führender stoischer Philosoph, Mitglied des Scipionenkreises. Vgl. B. Inwood, *DNP* 9 (2000), Sp. 226–228, s.v. „Panaitios". Panaitios wurde über seine Bekanntschaft mit Gaius Laelius, der seine Vorträge in Athen hörte, in den Scipionenkreis eingeführt. Panaitios und Polybios begleiteten Scipio auf seiner ausgedehnten Gesandtschaftsreise in den Osten (Vgl. Cic. *Rep.* VI, 11; A.E. Astin, *Classical Philology* 54 (1959), S. 221–227; ders., *Scipio Aemilianus* S. 127, 138 und 177). Nach dieser Reise wirkte Panaitios in Rom, wo bedeutende Politiker zu seinen Zuhörern zählten, u.a. Q. Scaevola der Augur und Q. Aelius Tubero. Nach dem Tod Scipios d.J. i.J. 129 kehrte er nach Griechenland zurück. Er. widmete ihm in den *Apophthegmata* keine eigene Sektion von Sprüchen.

511–512 *Alexandrini ... regem ambulantem* Der offizielle Staatsakt vertrug sich natürlich nicht mit anzüglichen Witzen; da Scipio d.J. mit Panaitios Griechisch sprach – die Muttersprache Ptolemaios' VIII. –, musste er flüstern. Die Tatsache, daß die Ägypter Ptolemaios VIII. noch nie zu Fuß gehen gesehen hatten, ist wohl nicht in erster Linie dessen Fettleibigkeit geschuldet: Ein ägyptischer König ging einfach nicht in der Öffentlichkeit zu Fuß. Wenn er sich in der Öffentlichkeit fortbewegte, dann nur im Tragstuhl. Scipio flüstert somit dem Panaitios zu, daß sie den Ägyptern eine politisch-philosophische Lektion erteilt hätten, nml. die Erkenntnis, daß auch ein Gottkönig zu Fuß gehen könne, d.h. auch nur ein Mensch sei. Es ging bei der Reise nicht nur um eine Sondierung der Lage im Osten, sondern auch darum, für Rom Sympathien einzuwerben. Dadurch gab sich Scipio besonders bürgernah, was sich von den extrem hierarchischen orientalischen Formen der ägyptischen Herrscherrepräsentation kontrastvoll abhob.

512–514 *Athenaeus ... pedibus ambulasse*
Athen. XII, 549D–E: Τοιοῦτος ἐγεγόνει καὶ Πτολεμαῖος ὁ ἕβδομος Αἰγύπτου βασιλεύσας, ὁ αὑτὸν μὲν Εὐεργέτην ἀνακηρύττων, ὑπὸ δὲ Ἀλεξανδρέων Κακεργέτης ὀνομαζόμενος. Ποσειδώνιος γοῦν ὁ στωικός, συναποδημήσας Σκιπίωνι τῷ Ἀφρικανῷ κληθέντι εἰς Ἀλεξάνδρειαν καὶ θεασάμενος αὐτόν, γράφει ἐν ἑβδόμῃ τῶν Ἱστοριῶν οὕτως· διὰ δὲ τρυφὴν διέφθαρτο τὸ σῶμα ὑπὸ παχύτητος καὶ γαστρὸς μεγέθους, ἣν δυσπερίληπτον εἶναι συνέβαινεν· ἐφ' ἧς χιτωνίσκον ἐνδεδυκὼς ποδήρη μέχρι τῶν καρπῶν χειρίδας ἔχοντα ⟨προῄει⟩ προῄει δὲ οὐδέποτε πεζός, εἰ μὴ διὰ Σκιπίωνα. Poseidonios *FGH* III, 187.

513 *Posidonii* Der Stoiker Poseidonios (135–51 v. Chr.) war ein Schüler des Panaitios. Für die Fragmente des Poseidonios vgl. L. Edelstein – I.G. Kidd (Hrsg.), *Posidonius*, 3 Bde., Cambridge 1972–1999 (Bd. 1 Texte, Bd. 2 Kommentar, Bd. 3 engl. Üb.); W. Theiler (Hrsg.), *Poseidonios: Die Fragmente*, 2 Bde., Berlin-New York 1982. In Er.' *Apophthegmata* tritt Poseidonios nur im Zusammenhang mit Scipio d.J. auf, ihm ist keine eigene Sektion gewidmet.

513–514 *nunquam ... ambulasse* gemeint muss hier gewesen sein, daß sich Ptolemaios VIII. Physkon noch nie zuvor in der Öffentlichkeit zu Fuß gehend gezeigt hatte. Zum Status und zur Würde des Pharaos gehörte allerdings, daß er sich nur äußerst selten dem Volk zeigte, und wenn, nur im Tragstuhl.

	V, 411	FRVGALITAS	(Scipio Minor, 12)

Erat illi peregrinationis comes vnus amicus Panaetius philosophus, famuli quinque, quorum vno peregre defuncto, quoniam alium nolebat emere, e Roma accersiit, qui defuncti locum impleret.

V, 411B   GRAVITER   (Scipio minor, 12B; = supra V, 305, falso attributum Scipioni maiori)

Idem [Scipio minor] *dicere solet:* „Ii, quibus sunt *equi ferociores, tradunt eos domitoribus, vt his facilioribus possint vti*"; *sic homines secundis rebus effrenatos sibique praefidentes tanquam in gyrum rationis ac doctrinae duci oportere, vt perspecta rerum humanarum imbecillitate varietateque fortunae* reddantur moderatiores.

V, 412   PECVNIA CONTEMPTA   (Scipio Minor, 13)

Quum Numantini viderentur inexpugnabiles, vt qui multos Romanorum duces superassent, populus Scipionem iterum consulem fecit ad suscipiendum *hoc bellum. Caeterum quum multi* gestirent *exire in militiam idque senatus* fieri vetuisset, *quasi Italia futura*

Apophth. V, 411 stellt kein Apophthegma im eigentlichen Sinn dar, sondern ein Exemplum, nml. von Scipios Sparsamkeit und Enthaltsamkeit. Er. nimmt es, wie auch in anderen Fällen, dennoch auf (vgl. Einleitung). Val. Max. präsentiert die nämliche Geschichte als *exemplum abstinentiae et continentiae.* Das Lemma datiert, wie das vorhergehende, auf Scipios Gesandtschaftsreise in den Osten i.d.J. 139/40 v. Chr., die den Zweck hatte, mit diplomatischen Mitteln Frieden unter den diversen Königreichen herzustellen. Daß ein röm. Staatsgesandter (*legatus*) mit einem Gefolge von nur 6 Leuten (1 Begleiter und 5 Sklaven) aufzukreuzte, erscheint kurios; ein *legatus* hatte standardmäßig 5 Liktoren (= Staatsangestellte und freie Bürger) bei sich sowie einen Stab; insgesamt muss Scipios Gefolge größer gewesen sein. Jedoch bezieht sich die Anekdote ursprünglich, wie sie von Polybios (Frgm. 76 Buettner-Wobst) und Poseidonios (*FGH* 87 F 59; Frgm. 265 Edelstein-Kidd) überliefert wurde, wohl nur auf die Anzahl der Sklaven. Polybios und Poseidonius berichten (bei Athen. VI, 273A–B), daß Scipio einen an seine Familie gerichteten Brief schickte, in dem er um die Zusendung eines weiteren Haussklaven bat. Während die anderen Quellen 5 Sklaven als Begleitpersonal vermelden, gibt Val. Max. a.a.O. 7 Sklaven an („septem seruis sequentibus"), eine geringe Anzahl, die er Scipios imposanten Triumphzügen gegenüberstellt; anders als bei Athenaios und Plutarch findet sich bei Val. Max. kein Hinweis auf den Tot eines Sklaven auf der Reise.

516–517 *Erat illi … accersiuit* Plut. *Reg. et imp. apophth., Mor.* 201A (Scipio Minor, 14). Er. stellte den Text nach Filelfos und Regios Übers. kollageartig zusammen; Filelfo: „Comitabatur autem eum amicus vnus Panaetius philosophus et famuli quinque, quorum vnus cum in ea peregrinatione vita defunctus esset, alium (aliam ed. 1483) quoniam emere nollet, ex Vrbe accersiuit" (fol. ⟨m viii⟩ʳ); Regio: „Comitabantur autem ipsum amicus quidem vnus Panaetius philosophus et serui quinque, quorum vno in terra peregrina defuncto, alium ne emeret, Roma accersiuit" (fol. i⟨i⟩ʳ). Vgl. den griech. Text: Συναπεδή- μει δὲ αὐτῷ φίλος μὲν εἷς φιλόσοφος Παναίτιος, οἰκέται δὲ πέντε· καὶ τούτων (τοῦ *ed. Ald. 1509, p. 175*) ἑνὸς ἀποθανόντος ἐπὶ τῆς ξένης, ἄλλον μὴ βουλόμενος πρίασθαι ἀπὸ τῆς Ῥώμης μετεπέμ- ψατο. Vgl. Athen. 273A–B: Καὶ εἰ μὴ ἀπέθα- νεν ἐν τῇ πρὸς Λικίννιον Κράσσον παρατάξει, οὐ τὸν τυχόντα ἂν ἱδρῶτα τοῖς ἡμεδαποῖς παρεσχήκει, ὡς ὁ κατὰ τὴν Σικελίαν Εὔνους. σώφρονες δ' ἦσαν καὶ πάντα ἄριστοι οἱ ἀρχαῖοι Ῥωμαῖοι· Σκιπίων γοῦν ὁ Ἀφρικανὸς ἐπίκλην ἐκπεμπόμενος ὑπὸ τῆς συγκλήτου ἐπὶ τὸ καταστήσασθαι τὰς κατὰ τὴν οἰκουμένην βασιλείας, ἵνα τοῖς προσήκουσιν ἐγχειρισθῶσιν, πέντε μόνους ⟨συν⟩επήγετο οἰκέτας, ὥς ἱστορεῖ Πολύβιος καὶ Ποσειδώνιος, καὶ ἑνὸς ἀποθανόντος κατὰ τὴν ὁδοιπορίαν ἐπέστειλε τοῖς οἰκείοις ἄλλον ἀντ' ἐκείνου πριαμένους πέμψαι αὐτῷ.

516 *Panaetius philosophus* Zur Beziehung des Panaitios mit Scipio d.J. vgl. oben Komm. zu V, 410.

517–518 *qui ... impleret* „qui defuncti locum impleret" ist ein erklärender Zusatz des Er., der jedoch überflüssig ist.

Apophth. 411B In der Zuschreibung von dem *Apophth.* V, 411B hat sich Er. geirrt: Es gehört nicht Scipio d.Ä., sondern Scipio d.J. zu. Der Ausspruch war von Panaitios überliefert worden und datiert auf die Zeit zwischen 139 und 129 v. Chr.; Panaitios zeichnete Scipios Spruch in seinem Werk Περὶ τοῦ καθήκοντος auf, Ciceros Vorlage für *De officiis*. Da diese Umstände aus Er.' Quelle, Cic. *Off.* I, 90, hervorgehen, ist die Fehlzuschreibung merkwürdig. In CWE 38, S. 547 wird der Spruch Scipio Africanus d.Ä. zugeschrieben. Lycosthenes folgte Er.' Titelangabe, indem er V, 411B (305) in der Kategorie „De grauiter dictis" druckte (S. 441); allerdings gab er als Quelle des Spruchs fälschlich Plutarch an, während er Er.' Fehlzuschreibung übernahm.

521–524 *dicere solet ... fortunae* Leicht variierende, größtenteils wörtliche Wiedergabe von Cic. *Off.* I, 90: „Panaetius quidem Africanum auditorem et familiarem suum solitum ait dicere, vt equos propter crebras contentiones proeliorum ferocitate exultantes domitoribus tradere soleant, vt iis facilioribus possint vti, sic homines secundis rebus ecfrenatos sibique praefidentes tamquam in gyrum rationis et doctrinae duci oportere, vt perspicerent rerum humanarum imbecillitatem varietatemque fortunae".

Die *Apophth.* V, 412–419 beziehen sich auf den Spanischen Feldzug Scipio d.J. von 134–132 v. Chr., in dem Numantia erfolgreich belagert und der Aufstand der Iberer niedergeworfen wurde. Dem Titel des Er. entsprechend druckt Lycosthenes V, 412 in der Kategorie „De diuitiarum atque opum contemptu" (S. 269).

526–534 *Quum Numantini ... sumus vsuri* Plut. *Reg. et imp. apophth., Mor.* 201A–B (Scipio Minor, 15). Er. setzte seinen Text kollageartig aus den Übers. des Regio und des Filelfo zusammen; Regio: „Numantini vero quum inexpugnabiles viderentur multosque Romanorum imperatores vicissent, consulem ad id bellum Scipionem populus iterum declarauit. Sed cum in militiam multi certatim irent, senatus non id solum prohibuit, quod Italia tanquam deserta futura esset, sed etiam pecunias ex praeparatis sumere non permisit. Caeterum vectigales prouentus, quorum nondum tempus aderat, assignauit. Ac Scipio quidem pecuniis se non indigere dixit; suas enim ipsius et amicorum satis esse futuras; sed de militibus incusauit; difficile nanque bellum esse; nam si propter hostium fortitudinem toties victi sunt, strenuis sibi opus esse militibus, quoniam aduersus tales; sin propter ciuium ignauiam, quoniam cum talibus mittatur" (fol. i⟨i⟩ʳ); Filelfo: „Rursum cum Numantini viderentur inuicti ac plaerosque imperatores superassent, secundum populus ad id bellum consulem Scipionem declarauit. Et cum multi in expeditionem irent, id senatus, quoniam exhauriretur Italia, prohibuit neque pecunias ex aerario sumeret, concessum est, sed prouentus vectigales, quorum nondum tempus aderat, decreti sunt. At Scipio non opus sibi pecuniis esse dixit. Suas enim atque amicorum satis superque fore. Sed de prohibitis militibus questus est: Nam bellum graue et periculosum esse. Si propter hostium fortitudinem toties superati sunt, quod aduersum tales id geratur; sin propter ignauiam ciuium: quod cum talibus" (fol. ⟨viiii⟩ʳ). Der griech. Text lautet: Τῶν δὲ Νομαντίνων ἀμάχων εἶναι δοκούντων καὶ πολλοὺς νενικηκότων στρατηγούς, ὕπατον ἀπέδειξε (ἀπέδειξαν *ed. Ald. 1509, p. 175*) Σκιπίωνα τὸ δεύτερον ὁ δῆμος ἐπὶ τὸν πόλεμον· ὡρμημένων δὲ πολλῶν ἐπὶ τὴν στρατείαν (στρατίαν *ed. Ald. 1509, p. 175*), καὶ τοῦτο διεκώλυσεν ἡ σύγκλητος, ὡς ἐρήμου τῆς Ἰταλίας ἐσομένης. καὶ χρήματα λαβεῖν τῶν ἑτοίμων οὐκ εἴασεν, ἀλλὰ τὰς τελωνικὰς προσόδους ἀπέταξαν οὔπω (οὔπω *ed. Ald. 1509, p. 175*) χρόνον ἐχούσας. ὁ δὲ Σκιπίων χρημάτων μὲν οὐκ ἔφη δεῖσθαι, τὰ γὰρ ἑαυτοῦ καὶ τῶν φίλων ἐξαρκέσειν, περὶ δὲ τῶν στρατιωτῶν ἐμέμψατο, χαλεπὸν γὰρ εἶναι τὸν πόλεμον, εἰ μὲν δι' ἀνδρείαν τῶν πολεμίων ἥττηνται τοσαυτάκις, ὅτι πρὸς τοιούτους, εἰ δὲ δι' ἀνανδρίαν τῶν πολιτῶν, ὅτι μετὰ τοιούτων.

526 *Romanorum* „Romanorum" ist ein Zusatz des Regio in Bezug auf den griech. Text, den Er. übernahm.

632   APOPHTHEGMATVM LIBER QVINTVS

esset deserta, [ac] ne pecunias quidem ex aerario sumere passus est, sed vectigales pro-
530 *uentus, quorum tempus nondum excesserat, assignauit.* At Scipio pecuniis quidem sese
negauit egere; suas enim et amicorum satis futuras. De militibus negatis questus est; bellum enim esse difficile: „Quod si priores", inquit, „ob hostium fortitudinem toties victi
fuerunt, *difficile bellum est, quia cum talibus* pugnandum erit; *sin ob ciuium nostrorum ignauiam, aeque difficile est, quia talium* opera in bello sumus vsuri".

535 V, 413   DISCIPLINA MILITARIS   (Scipio Minor, 14)

*Posteaquam venit in castra multamque illic licentiam, lasciuiam, superstitionem ac
luxum offendit, diuinos ac sacrificos* cum *lenonibus protinus eiecit; quin et vasa omnia
iussit amoliri, excepta olla, veru et poculo fictili. Ex argenteis poculum librarum non
amplius duarum permisit, si quis habere vellet; balneis vti vetuit; qui vngerentur, iussit,*
540 *vt ipsi sese fricarent. Iumentis enim, quia manibus* carent, *opus esse alio, a quo fricentur. Edixit, vt milites stantes pranderent opsonium non* igni *coctum;* coenarent *autem*

---

529 ac *seclusi.*
536 lasciuiam *A C*: lasciuiem *B*.

537 offendit *scripsi*: offendisset *A-C*.

529 *pecunias quidem ex aerario sumere* „ex aerario", „aus der Staatskasse", übernahm Er. von Filelfo (a.a.O.): Im griech. Text und in Regios Übers. wird das „aerarium" nicht erwähnt.

Apophth. V, 413 stellt in erster Linie kein Apophthegma, sondern ein Exemplum dar, in dem durch die Auflistung verschiedener Maßnahmen aufgezeigt wird, wie militärische Disziplin wiederhergestellt werden kann. Der Titel stimmt mit jenem von Val. Max. II, 7, 1 überein, wo die vorl. Anekdote als Leitexempel figuriert. Lycosthenes folgt dem Titel des Er., indem er V, 413 in der Kategorie „De militari disciplina" druckt (S. 704). Die Anekdote datiert auf den Anfang des Keltiberischen Feldzuges, 134 v. Chr., als Scipio zunächst die Moral der Numantia belagernden Truppen wiederherstellte.

536–543 *Posteaquam ... dedecora* Weitgehend wörtliche, jedoch durch eine Auslassung am Ende entstellte Wiedergabe von Plut. *Reg. et imp. apophth., Mor.* 201B–C (Scipio Minor, 16), wobei Er. sich v.a. an der Übers. des Regio orientierte: „Posteaquam autem in castra venit, multamque et proteruitatem et licentiam et superstitionem et delicias depraehendit, vates quidem et ariolos et lixas et lenones statim eiecit, ac vasa omnia, praeter olam et vericulum et calicem fictilem amandari iussit; argenteum quoque poculum non maius duabus libris habere volentibus permi-

sit. Lauari autem prohibuit, nec non vnumquenque eorum, qui se vngerent, ipsum se fricare iussit. Nam iumenta manus non habentia alio fricante indigere. Vt stantes quoque incoctum obsonium pranderent, edixit; sed discumbentes panem vel pultem, et carnem tostam aut elixatam coenarent. Verum ipse nigro circundatus sago circumibat, lugere se turpitudinem exercitus dicens" (fol. i⟨i⟩ʳ). Nebenher hat Er. auch die Übertragung des Filelfo und den griech. Text herangezogen: Ἐπεὶ δ' ἐλθὼν εἰς τὸ στρατόπεδον πολλὴν ἀταξίαν καὶ ἀκολασίαν καὶ δεισιδαιμονίαν καὶ τρυφὴν κατέλαβε, μάντεις μὲν εὐθὺς ἐξήλασε καὶ θύτας καὶ πορνοβοσκούς (πορνοβοκοὺς *ed. Ald. 1509, p. 175*), σκεύη δὲ προσέταξεν ἀποπέμπειν ἅπαντα πλὴν χύτρας, ὀβελίσκου καὶ ποτηρίου κεραμεοῦ· τῶν δ' ἀργυρῶν (ἀργυρέων *ed. Ald.*) ἔκπωμα οὐ μεῖζον δύο λιτρῶν συνεχώρησε τοῖς βουλομένοις ἔχειν· λούεσθαι δὲ ἀπεῖπε, τῶν δ' ἀλειφομένων τρίβειν ἕκαστον ἑαυτόν (ἑαυτὸν *ed. Ald.*)· τὰ γὰρ ὑποζύγια χεῖρας μὴ (οὐκ *ed. Ald. 1509, p. 175*) ἔχοντα ἑτέρου τρίψοντος (τρίψαντος *ed. Ald. 1509, p. 175*) δεῖσθαι· προσέταξε δὲ ἀριστᾶν μὲν ἑστῶτας ἄπυρον ὄψον, δειπνεῖν δὲ κατακειμένους ἄρτον ἢ πόλτον (πολτὸν *ed. Ald.*) ἁπλῶς καὶ κρέας ὀπτὸν ἢ ἑφθόν· αὐτὸς δὲ σάγον ἐμπεπορπημένος μέλανα περιῄει (περίηει *ed. Ald.*), πενθεῖν τὴν τοῦ στρατεύματος αἰσχύνην λέγων. Die Wiederherstellung der militärischen Moral durch Scipio d.J. wird ebenfalls in Liv. *Perioch.* LVII, Val. Max.

537 *sacrificos* Mit „sacrificos" versuchte Er. durch eine wörtliche Übers. von θύτας, „Opferpriester, Opferer" (vgl. Passow I, 2, S. 1444, s.v. θυτήρ) die Übertragungen des Filelfo und Regio zu verbessern, die diesen Aspekt ausgelassen hatten. Diese hatten statt „Opferer" „(h)ariolos", was sich meist auf Nativitätssteller, *sortilegi* und ähnliche Charlatane bezog (vgl. *DNG* I, Sp. 2319, s.v.). Wie Appianos a.a.O. in größerer Ausführlichkeit berichtet, ging es darum, daß die wankelmütigen und verunsicherten Soldaten sehr häufig Opfer darbringen liessen, um die Zukunft zu erfahren; Scipio d.J. soll deshalb untersagt haben, daß Opfertiere ins Heereslager gebracht würden.

537 *cum lenonibus* Val. Max. gibt a.a.O. an, daß Scipio 2000 Prostituierte, Polyainos, daß er alle Prostituierten aus dem Heereslager geworfen habe, während Appian dieses Thema nicht vermeldet.

537 *vasa omnia* Er.' Formulierung „vasa omnia excepto veru" „alle Gefässe ausser ... einem Fleischspiess" ist kurios; für σκεύη ἅπαντα, der „gesamte Hausrat", wäre „omnem suppellectilem" angebracht gewesen. Die krumme Formulierung ist der Tatsache geschuldet, daß Er. etwas gedankenlos Regios Übers. („vasa omnia, praeter olam et vericulum et calicem fictilem", a.a.O.) kopierte. Mit „veru" (*DNG* II, Sp. 4990, s.v. „veru, -us") versuchte Er., Filelfos und Regios „vericulum" (kleiner Bratspiess) als Übers. von ὀβελίσκος zu verbessern; jedoch bezeichnet ὀβελίσκος in der Tat den „kleinen Bratspies" (Passow II, 1, S. 399, s.v.), im Gegensatz zu den grossen Bratspiessen, an denen im Heereslager ganze Tiere gegart wurden.

538 *olla* „olla", ein Kochtopf für den Soldaten; nach Appianos war er aus Eisen gefertigt (χυτράς χαλκῆς).

538–539 *librarum non amplius duarum* eine Trinkschale oder Pokal von ca. 660 Gramm, also von ansehnlichem Gewicht. Wenn die Angabe richtig ist, läßt sich aus der Maßnahme ableiten, daß offensichtlich noch schwerere, luxuriösere Silbergefäße auf dem Feldzug mitgenommen worden waren. Polyainos allerdings gibt für Silbergefäße ein Hohlmaß an (a.a.O.): Erlaubt waren nur Silbergefäße, die nicht grösser waren als solche, die zwei Deziliter Flüssigkeit aufnehmen konnten – also nur sehr kleine Becher.

540–541 *iumentis ... fricentur* Er. hat diesen Satz des bei Plutarch überlieferten Exempels als separates Apophthegma mit sprichwörtlicher Bedeutung verstanden: Es soll die Bedeutung haben, daß derjenige, der nicht imstande ist, großartige Leistungen zu erbringen, eines Lobredners oder Herolds bedarf, sodass ihm (der erwünschte) Ruhm zuteilwerde. Vgl. *Adag.* 698, *ASD* II, 2, S. 226: „Celebratur et Scipionis Aemiliani apophthegma: *Iumenta, quod manibus carent, alieno egere frictu*. Quo significatum est eos, qui res egregias gerere non possunt, egere praecone, quo famam sibi comparent"; *Collect.* 9 „Iumenta quoniam manibus carent, alterius frictione indigent", *ASD* II, 9, S. 51: „Scipionis Aemiliani apophthegma, in eos, qui quum nihil pulchri facinoris gerant, opus habent, qui magna de ipsis praedicent". In der Quelle Plut. *Mor.* 201B findet sich kein Hinweis auf eine sprichwörtliche Bedeutung, ebensowenig in der Parallelstelle *Hispan.* (VI), 14, 85, wo Appianos ausdrücklich feststellt, daß der Ausspruch Scipios spöttisch-sarkastisch zu verstehen ist. In Bezug auf die sprichwörtliche Bedeutung folgte Er. Beroaldo (*Annot. Appendix* 2, ed. Bologna 1506, fol. 320ʳ); vgl. Komm. zu *ASD* II, 2, S. 226.

discumbentes panem aut pultem solam, *et carnes assas siue elixas. Ipse vero sago* [i.e. nigro sago] *circumtectus obambulabat per exercitum, dicens se lugere exercitus dedecora.*

V, 414   Lvxvs damnatvs   (Scipio Minor, 15)

545   *Quum Memmii cuiusdam tribuni militum iumenta* intercepisset, vasculis lapideis *refrigerando vino* paratis ac poculis *Thericleis*, hoc est operose factis, onusta, „*Mihi quidem*", inquit, „*ac patriae dies triginta, tibi* [*ipsi*] *vero per omnem vitam, quum talis sis, te ipsum inutilem reddidisti*", significans bellum, quod pro patria gerebatur, men-

---

542 carnes *C*: carneis *A B*.

547 ipsi *seclusi (cf. paulo infra* teipsum*).*

542 *pultem* Die paßgenauen Übersetzungen von „pultem" für πόλτον (Passow II, 1, S. 993, s.v. πόλτος) und „carnes assas siue elixas" für κρέας ὀπτὸν ἢ ἑφθόν kopierte Er. aus Filelfo („pultem et carnem assam aut elyxam", fol. ⟨m viii⟩ʳ); alledings setzte Er. den Singular von Filelfos „carnem" in die Mehrzahl, vielleicht in der Nachfolge von *Exod.* 12, 8 „carnes assas"; Regio hingegen hatte „carnem tostam aut elixatam" (a.a.O.); für „elixus", „im Wasser bzw. in einer Brühe gekocht" vgl. *DNG* I, Sp, 1843, s.v.

542–543 *sago circumtectus* Er. übernahm hier im Grunde die Übers. des Regio („nigro circundatus sago"), ließ jedoch das entscheidende Wort „schwarz" aus, das die Pointe erst konstituiert: Durch das Tragen eines Feldherrenmantels in der Trauerfarbe Schwarz demonstrierte Scipio d.J. seinen Schmerz über die Schande seines Heeres. „circumtectus" ist eine Variation des Er. von Regios freier Übers. „circundatus"; ἐμπεπορπημένος meinte, daß der Mantel oben an der Schulter mit einer Gewandspange (*fibula*) zusammengehalten wurde (fol. ⟨vii viiii⟩ᵛ). σάγος bezeichnet den römischen Soldatenmantel; jener des Oberkommandanten, den dieser auch als Rangabzeichen ständig trug (auch *paludamentum* genannt), war scharlach- oder purpurrot. Zum Zeichen der Trauer legten die Oberkommandanten zuweilen auch schwarze Mäntel an; vgl. R. Hurschmann, *DNP* 10 (2001), Sp. 1232, s.v. „Sagum". Der schwarze Trauermantel wurde normalerweise von Feldherrn im Fall von schweren Verlusten an Menschenleben oder Niederlagen angelegt: Die Pointe, um die es Scipio (jedenfalls nach dem Bericht des Plutarch) zu tun war, war, daß Scipio damit seine Trauer um die üble Moral der Soldaten bekundete, mit der Suggestion, daß aus der schlechten Moral Niederlagen folgen würden. Polyainos liefert eine andere Erklärung für den „schwarzen Mantel" Scipios: Er behauptet, daß Scipio den Soldaten als Bekleidung die keltische Sisyra (grober kurzer Mantel aus Wolle bzw. Fellteilen; vgl. Passow II, 2, s.v. σισύρα: „ein dicker zottiger Rock, Pelzrock, Flausrock ... oft auch als Decke oder Matratze gebraucht") vorgeschrieben habe und daß er selbst, gewissermassen als Vorbild, mit der schwarzen Sisyra bekleidet auftrat. Da der Soldatenmantel („sagum") an sich schon die nomale Oberbekleidung der Legionäre darstellte, wäre nicht leicht nachvollziehbar, warum Scipio das „sagum" seiner Soldaten plötzlich ausnahmslos durch die dem Sagum ähnliche Sisyra ersetzt haben soll.

544 *Luxus damnatus* Dem Titel des Er. folgend druckt Lycosthenes V, 414 in der Kategorie „De luxuria, luxu et voluptate" (S. 649).

545–548 *Quum Memmii cuiusdam ... reddidisti* Plut. *Reg. et imp. apophth., Mor.* 201C–D (Scipio Minor, 17). Er. erstellte seinen Text nach Regios Übers.: „Quum autem Memmii cuiusdam tribuni militum iumenta pelues ad refrigerandum ex lapide factas et patinas Thericleas portantia depraehendisset, ‚Mihi quidem', inquit, ‚et patriae dies triginta, sed tibi per totam vitam, quum talis sis, teipsum inutilem reddidisti'" (fol. i⟨i⟩ᵛ). Vgl. den griech. Text: Μεμμίου δέ τινος χιλιάρχου λαβὼν ὑποζύγια ψυκτῆρας διαλίθους παρακομίζοντα καὶ Θηρικλείους, „ἐμοὶ μέν," εἶπεν, „ἡμέρας τριάκοντα καὶ τῇ πατρίδι, σαυτῷ δὲ τὸν βίον ἅπαντα τοιοῦτος ὢν ἄχρηστον πεποίηκας σεαυτόν." Dasselbe Apophthegma findet sich bei Frontin. *Strat.* IV, 1, 1: „P. Scipio ad Numantiam corruptum superiorum ducum socordia exercitum correxit ... frangente (sc. imperatore) delicatioris usus ac parum necessaria expeditioni vasa. Quod maxime notabiliter accidit C. Memmio tribuno, cui dixisse traditur Scipio: ‚Mihi paulisper, tibi et rei publicae semper nequam eris'".

545 *Memmii … militum* Es handelt sich um einen Militärtribunen aus plebeiischem Geschlecht namens Gaius Memmius, der an der Belagerung Numantias beteiligt war und auch von Frontin. *Strat.* IV, 1, 1 erwähnt wird. Er kann nicht mit dem gleichnamigen Volkstribunen d. J. 111 v. Chr. identisch sein.

545–546 *vasculis lapideis refrigerando vino* Er.' Übertragung „Steingefäßchen zum Weinkühlen" für ψυκτῆρας διαλίθους ist archäologisch gesehen ein Adynaton. Ihr liegt eine Fehlübersetzung des Wortes διαλίθος zugrunde, das „mit edelen Steinen besetzt" (Passow I, 1, S. 464, s.v.), jedoch nicht „aus Stein geschnitten" bedeutet. Er. wußte offensichtlich nicht genau, was ein Psykter ist: ein ansehnlicher, pilzförmiger Weinkühler, der die Größe und Funktion einer Weinkanne hatte; er wurde stets im Verein mit noch größeren Krateren verwendet, die man mit Schnee, Eis oder kaltem Wasser füllte und in die man den Psykter hineinstellte. Z. B. der Psykter des Antimenes-Malers hat eine Höhe von 32 cm, der „Oltos"-Psykter 30.2 cm. Es handelt sich bei Psykteren somit weder um „Gefäßchen", wie Er. angibt, noch waren sie aus Naturstein geschnitten: Psyktere waren entweder aus Ton oder aus Metall, z. B. Silber. Wenn sie mit Edelsteinen besetzt waren, handelt es sich wohl um solche aus Edelmetall, Silber oder Gold. Nach Plutarchs Angabe hatte der Tribun Memmius mehrere solcher prächtiger Psyktere in seinem Reisegepäck. Der irrige Gedanke, daß die Gefäße zum Kühlen des Weines aus Stein verfertigt worden waren, geht auf Filelfo und Regio zurück: Regio verschlimmbesserte Filelfos „lapideae pelues" („Schalen aus Stein", fol. ⟨m viii⟩ᵛ) zu „pelues ad refrigerandum ex lapide factas" („Schalen zum Kühlen, die aus Stein geschnitten waren", fol. i⟩i⟩v), was Er. nochmals zu „Steingefäßchen zum Kühlen des Weins" verschlimmbesserte.

546 *poculis Thericleis* Therikles war ein berühmter Töpfer aus Korinth, ein Zeitgenosse des Aristophanes (um 455–385 v. Chr.), der eine besonders elegant geformte Trinkschale (Kylix) mit einem relativ tiefen Bauch und kurzen Henkeln entworfen hat, die von schwarzer Farbe und am Rand mit Weinranken verziert war. Zu Therikles vgl. R. Vollkommer (Hrsg.), *Künstlerlexikon der Antike*, Hamburg 2007, S. 897–898; M. Steinhart, *DNP* 12, 1 (2002), Sp. 411–412, s.v. „Therikles"; Athen. 470E–472E; Er. hatte in Bezugnahme auf Therikles das *Adagium* 2253 „Thericlei amicus" (für „Weinselige", die ihren Becher immer bei sich haben) entworfen; Er. hatte dort Information zu den Gefässen des Therikles zusammengetragen, woraus sich jedoch kein klares Bild ergibt: Es soll sich entweder um *gläserne* Gefässe (Sudas) oder um den spezifischen Typus des Kylix („calix") gehandelt haben, oder um Gefässe aus Terpentinbaumholz, die die Gestalt eines Weinschlauchs nachahmten, oder um Holzgefässe, die aussen vergoldet waren oder um Krater (= Mischkrüge für den Wein) oder um wertvolle Trinkschalen (Plutarch); vgl. *ASD* II, 5, S. 215–216: „[A] Thericles primus excogitauit poculum, vt citatur autor Eubulos. Dictum est autem inuentum inuentori vocabulo, [B] siquidem Graeci vitreum poculum Θηρίκλειον vocant autore Suida. Fertur apud eundem et illud Θηρικλέους τέκνον κύλιξ, [C], id est *Thericlis filius calix* … [C] Sed plura super hac re prodidit Athenaeus libro XI. ostendens Thericlem Corinthium quempiam [G] aetate Aristophanis comici [C] fuisse figulum, qui noua arte primus e terebintho [d.i. Terpentinbaumholz] tornatile poculum finxerit, quod a fictilibus non poterit dignosci [G] … Poculum erat satis profundum, auriculis breuibus, vt ad ilia gestari posset, ad vteri effigiem imitatum … [C] Illud constat, eiusmodi poculi genus postea dictum Thericleum, [G] insuper et crateres dictos Thericleos. Similiter et intus lignea, foris inaurata pocula nihilo minus Thericlea vocata … [C] Imo quicquid nouo artificio reperisset aliquis, Thericleum appellabatur. [F] De patinis Thericleis meminit Plutarchus in apophthegmatis Scipionis minoris tamquam de re singulari et preciosa". In griech. Originaltext Plutarchs wird der Name Therikles nicht auf Trinkschalen, wie Er. in *Adag.* 2253 behauptet, sondern auf die mit Edelsteinen besetzten Weinkühler (Psykteres) bezogen. Plutarch scheint mit „Thericlea" nicht angeben zu wollen, daß diese Psykteres tatsächlich von Therikles angefertigt oder erfunden worden sind, sondern einfach, daß es sich um teure, fein gearbeitete Weinkühler handelte. Er. fasste die „Thericlea" zu Unrecht als einen anderen Gefäßtypus als den des Psykters auf, nämlich als Trinkschale, weil er von der Übers. des Regio („… et patinas Thericleas", a.a.O.) ausging.

sem fortasse duraturum; parum autem esse, quod tum militem praestaret inutilem, sed multo grauius, quod si pergeret esse talibus moribus, perpetuo ciuis inutilis esset futurus.

V, 415   SPES IN CLYPEO   (Scipio Minor, 16A)
                      (= Dublette von V, 415B / 304)

Alteri cuidam scutum pulchre ornatum ostentanti, "Scutum quidem", inquit, "o iuuenis, bellum est*; at decet virum Romanum in dextra potius quam laeua spem collocare". Clypeus enim sinistra geritur, gladius dextra.*

V, 415B   ⟨IGNAVIA   (Scipio minor, 16B)
                       (= Dublette von V, 415)   = V, 304

Idem [i.e. Scipio minor] militi, *cui scutum erat elegantius ornatum, "Non miror",* inquit, *"quod scutum tanta cura ornaris, in quo plus habeas praesidii quam in gladio,* significans illum ignauum militem. Clypeus tuetur, sed gladius fortitudinis organum est.⟩ [C] [Quanquam hoc idem de altero Scipione narratur inferius].

V, 416   VALLI FIDVCIA   (Scipio Minor, 17)

Cuidam vallum gestanti, qui se dicebat onere *vehementer premi, "Nihil mirum", inquit, "quando isti ligno magis quam gladio fidis",* significans ideo vallum plus habere ponderis, quia plus apud illum valeret. Quod si gladiis fiderent milites, nihil esset opus vallis.

---

555 dextra *A-C*: dextera *BAS LB*.
557–562 Ignauia … organum est *transposui*.

562 Quanquam … inferius *C*: *desunt in A B; transpositione facta ea verba secludenda sunt*.

Oben, V, 304 schrieb Er. dieses *Apophth.* V, 415, das er in Frontins *Strategemata* antraf, fälschlich Scipio Africanus d.Ä. zu.
554–555 *Alteri cuidam … spem collocare* Plut. *Reg. et imp. apophth., Mor.* 201D (Scipio Minor, 18). Er. hat seinen Text aus den Übers. des Regio („Alter vero quidam cum scutum pulcherrime ornatum ostentaret, ‚Scutum quidem, o adolescens', inquit, ‚pulchrum, sed Romanum virum decet magis in dextra spem habere quam in sinistra'", fol. i⟨i⟩ᵛ) und des Filelfo zusammengestellt („Et cum alius pulcherrime ornatum scutum ostentaret, ‚Heus', inquit, ‚Adolescens, scutum certe pulchrum est, verum decet Romanum virum in dextra potius spes suas quam in sinistra collocare (collocet *ed. 1483*)'", fol. ⟨m viii⟩ᵛ). Vgl. den griech. Text: Ἑτέρου δὲ θυρεὸν ἐπιδείξαντος εὖ κεκοσμημένον, „ὁ μὲν θυρεός," εἶπεν „ὦ νεανία, καλός, πρέπει δὲ Ῥωμαῖον ἄνδρα μᾶλλον ἐν τῇ δεξιᾷ τὰς ἐλπίδας ἔχειν ἢ τῇ ἀριστερᾷ". Dasselbe Apophthegma findet sich in Ael. *Var. hist.* XI, 9 und Polyaen. VIII, 16, 4. Vgl. V, 414B.
555 *collocare* „collocare" kopierte Er. aus Filelfos Übers.
Apophth. V, 415B (304) ist eine Dublette von V, 415. Er hatte V, 415B (304) fälschlich Scipio Africanus d.Ä. zugeschrieben; es gehört jedoch Scipio Africanus d.J. zu und datiert auf d.J. 134 v. Chr.: Vgl. Liv. *Per.* 57; Frontin. *Strat.* IV, 1, 5; Plut. *Mor.* 201D (Scipio Minor, 18); Polyaen. VIII, 16, 4: Σκιπίων στρατιώτην ἰδὼν χάρακα κομίζοντα „θλίβεσθαί μοι δοκεῖς" εἶπεν „ὦ συστρατιῶτα." τοῦ δὲ „καὶ πάνυ" φήσαντος,

„εἰκότως ἐν γὰρ τῷ ξύλῳ τὴν ἐλπίδα τῆς σωτηρίας ἔχεις, οὐκ ἐν τῇ μαχαίρᾳ." Σκιπίων στρατιώτην ἰδὼν μέγα φρονοῦντα ἐπὶ θυρεῷ κεκοσμημένῳ „αἰσχρὸν" ἔφη „Ῥωμαῖον ἄνδρα τῇ ἀριστερᾷ χειρὶ μᾶλλον ἢ τῇ δεξιᾷ πιστεύειν". Der Titel von V, 304 „Ignauia" bezieht sich auf die Einordnung des Spruchs in Er.' Quelle, Frontins *Strategemata*, im Kapitel „De disciplina". Bei der Abfassung des 5. Buches der *Apophthegmata* war Er. die doppelte Anwesenheit des Spruchs zunächst offensichtlich nicht aufgefallen, obwohl die Dubletten nahe beieinanderliegen; erst bei der Vorbereitung der dritten Auflage i.J. 1535 stellte er in einer kommentierenden Anmerkung zu V, 304 fest, daß der Spruch auch Scipio d.J. zugeschrieben wurde, ohne im Übrigen eine Entscheidung zu treffen, wem er den Vorzug gebe.

559–560 *cui scutum … in gladio* Größtenteils wörtliche, leicht variierende Wiedergabe von Frontin. *Strat.* IV, 1, 5: „Scipio Africanus, cum ornatum scutum elegantius cuiusdam uidisset, dixit non mirari se, quod tanta cura ornasset, in quo plus praesidii quam in gladio haberet"; Liv. *Epit.* LVII: „Alii nimium paruum habiliter scutum ferenti, eum scutum amplius iusto ferre iussit. Neque id se reprehendere: quoniam melius scuto quam gladio vteretur".

Apophth. V, 416 datiert auf die erste Phase der Belagerung Numantias, als die Circumvallation errichtet wurde, d.J. 134 v. Chr. Das Apophthegma als solches ist kurios, da es natürlich Scipio d.J. selbst war, der den Bau der Belagerungsschanzen angeordnet hatte. Da es nicht der Entscheidung der Soldaten oblag, ob man Belagerungspalisaden bauen solle oder nicht, konnte man ihnen den Palisadenbau schwerlich als moralischen Fehler anlasten, zumal es gerade der Kern von Scipios Belagerungstaktik war, daß er um Numantia eine perfekte, undurchdringbare Circumvallation aufzog, durch die er die Stadt aushungerte.

564–565 *Cuidam vallum … gladio fidis* Weitgehend wörtliche Wiedergabe von Plut. *Reg. et imp. apophth.*, *Mor.* 201D (Scipio Minor, 19), wobei Er. seinen Text v.a. nach der Übers. Regios gestaltete: „Sublato autem vallo cum quidam se valde premi diceret, ‚Merito', inquit, ‚Huic enim ligno magis quam gladio fidis'" (fol. i⟨i⟩ᵛ). Vgl. den griech. Text: Τοῦ δὲ τὸν χάρακα ἄραντος σφόδρα πιέζεσθαι φάσκοντος, „εἰκότως," ἔφη, „τῷ γὰρ ξύλῳ τούτῳ μᾶλλον ἢ τῇ μαχαίρᾳ πιστεύεις". Dasselbe Apophth. findet sich auch in Polyaen. VIII, 16, 3: Σκιπίων στρατιώτην ἰδὼν χάρακα κομίζοντα „θλίβεσθαί μοι δοκεῖς" εἶπεν „ὦ συστρατιῶτα". τοῦ δὲ „καὶ πάνυ" φήσαντος, „εἰκότως ἐν γὰρ τῷ ξύλῳ τούτῳ τὴν ἐλπίδα τῆς σωτηρίας ἔχεις, οὐκ ἐν τῇ μαχαίρᾳ"; Liv. *Epit.* LVII.

564 *vallum gestanti* Der Soldat trug einen χάραξ, d.h. einen Balken bzw. ein Bauholz für die Palisade des Heereslagers (dazu vgl. Passow II, 2, S. 2409, s.v.); die latein. Übers. ist nicht kollektiv (von „vallum", die Palisade), sondern singulär, von „vallus", der „Schanzpfahl" (dazu *DNG* II, Sp. 4927–4928, s.v. „vallus", Nr. 1).

565–566 *significans … valeret* Eine sowohl überflüssige als auch weit hergeholte, wenig sinnvolle Erklärung des Er.

V, 417   Vincere sine caede   (Scipio Minor, 18)

Quum videret hostes despondere animum, *aiebat sese*, vt tuto vinceret, *mora temporis emisse*, addens *bonum ducem perinde, vt medicum*, non nisi *in extrema curatione ferrum adhibere*. Nihilominus per occasionem adortus Numantinos terga illos dare compulit.

V, 418   Dvx omnia facit   (Scipio Minor, 19, i.e. Numantinus quidam)

Quum seniores Numantini victis suis ignauiam exprobrarent, qui nunc eos fugissent, quos toties in fugam verterant, Numantinus quidam respondisse fertur: „Nunc quidem oues eaedem sunt, sed alius pastor", significans Scipionem ducem esse causam mutatae fortunae bellicae, licet iidem essent milites.

V, 419   Libere   (Scipio Minor, 20)

Numantia capta quum iterum triumphasset Scipio, *incidit illi* controuersia *cum Gaio Graccho, tum pro senatu, tum pro belli sociis.* Id moleste ferens *populus tumultu*abatur; Scipio vero conscenso suggesto, „Me", inquit, „nec castrorum vociferatio vnquam

---

569 vinceret *BAS LB (cf. titulum „Vincere … ")*: veniret *A-C*.

V, 417 datiert ebenfalls auf die Zeit der Belagerung Numantias, 134–133 v. Chr.; der Titel ist sentenzartig; Lycosthenes ordnete ihn eher behelfsmäßig in der Kategorie „De occasione non negligenda" ein (S. 795).

569–571 *Quum videret … compulit* Völlig falsch verstandene Wiedergabe von Plut. *Reg. et imp. apophth., Mor.* 201D–E (Scipio Minor, 20), die dadurch zustandekam, daß Er. ausschließlich von Regios Fehlübers. ausging: „Caeterum desperationem hostium videns, dicebat se tempore securitatem emere; nam bonum imperatorem vt medicum, vltima vti per ferrum curatione. Sed tamen Numantinos opportune inuadens in fugam vertit" (fol. i⟨i⟩ᵛ). Vgl. den griech. Text: Ὁρῶν δὲ τὴν ἀπόνοιαν τῶν πολεμίων ἔλεγεν ὠνεῖσθαι τοῦ χρόνου τὴν ἀσφάλειαν· τὸν γὰρ ἀγαθὸν στρατηγὸν ὥσπερ ἰατρὸν ἐσχάτης δεῖσθαι τῆς διὰ τοῦ σιδήρου θεραπείας. οὐ μὴν ἀλλ' ἐπιθέμενος ἐν καιρῷ τοὺς Νομαντίνους ἐτρέψατο.

569 *hostes despondere animum* Er.' „hostes despondere animum" ist eine Variation von Regios „desperationem hostium videns" und ergibt einen im Vergleich zum griech. Originaltext konträren Sinn, der gerade besagt, daß Scipio, als er „sah, daß die Feinde in blindem Kampfgeist rasten" (Ὁρῶν δὲ τὴν ἀπόνοιαν τῶν πολεμίων, vgl. Babbitt: „observing the recklessness oft he enemy"), eine Verzögerungstaktik anwendete, um unnötiges Blutvergießen zu vermeiden. Tatsächlich hungerte Scipio Numantia durch eine lange Belagerung aus.

Apophth. V, 418 ist kein Ausspruch Scipios, sondern eines Spaniers, der auf die Zeit der Belagerung Numantias datiert, 134–133 v. Chr.

574–576 *Quum seniores … alius pastor* Wörtliche Wiedergabe von Plut. *Reg. et imp. apophth., Mor.* 201E (Scipio Minor, 21), wobei Er. wohl Regios Übers. als Vorlage benutzte, die er leicht variierte: „Quorum (sc. Numantinorum) seniores quidem quum suos victos vituperarent, quia quos toties fugassent, eos tum fugissent, quendam ex Numantinis iuuenibus dixisse ferunt: ‚Pecora quidem et etiamnum eadem sunt, sed mutatus est pastor'" (fol. i⟨i⟩ᵛ). Vgl. den griech. Text: Τῶν δὲ πρεσβυτέρων τοὺς ἡττημένους κακιζόντων, ⟨ὅ⟩τι πεφεύγασιν οὓς τοσαυτάκις ἐδίωξαν, εἰπεῖν τινα λέγεται τῶν Νομαντίνων ὡς τὰ πρόβατα ταὐτὰ (ταὐτὰ ed. Ald. *1509, p. 176*) καὶ νῦν ἐστιν, ὁ δὲ ποιμὴν ἄλλος.

578 *Libere* Den Titel von V, 419 bezog Er. aus Val. Max. VI, 2, der das Apophthegma als drittes *exemplum* in der Kategorie „Libere dicta aut facta" bringt, eine Stelle, auf die er im letzten Abschnitt von V, 419 auch hinweist. Ebenso druckt Lycosthenes vorl. Apophthegma in der Kategorie „De libere dictis et parrhesia loquendi" (S. 600), wobei er als Quelle allerdings fälschlich „Plin. de Viris illustribus" angibt. Aufgrund der Vermeldung des zweiten Triumphes Scipios d.J. datiert *Apophth.* V, 419 auf d.J. 132 v. Chr. Die Auseinandersetzungen zwischen Gaius Gracchus und Scipio Africanus d.J., die nach Scipios Rückkehr aus Spanien stattfanden, betreffen zunächst eine Volksversammlung, in welcher die Ermordung des Tiberius Gracchus diskutiert wurde und in der der Volkstribun Carbo eine Befragung Scipios vornahm, was seine Meinung zu der Ermordung seines Schwagers (Scipio d.J. war mit Tiberius' Schwester Sempronia verheiratet) sei; dabei soll Scipio gesagt haben (nach Val. Max. VI, 2, 3 und Vell. II, 4, 4), daß das Verhalten des Tiberius Gracchus ungesetzmäßig und die Tötung rechtens gewesen seien. Daraufhin reagierte das Volk mit einem Wutausbruch und versuchte es, Scipio niederzubrüllen. Nach Liv. *Perioch.* LIX entstand der Tumult dadurch, daß Scipio bei der nämlichen Volksversammlung eine flammende Rede gegen den Gesetzesantrag zur beliebigen Wiederwahl von Volkstribunen gehalten habe: „Cum Carbo tribunus plebis rogationem tulisset, vt eundem tribunum plebis quotiens quidem vellet, creari liceret, rogationem eius P. Africanus grauissima oratione dissuasit …".

579–583 *Numantia capta … nouercam* Teils wörtliche, teils variiernde, im Spruchteil durch eine Auslassung getrübte Wiedergabe von Plut. *Reg. et imp. apophth., Mor.* 201E–F (Scipio Minor, 22), wobei Er. Regios Übers. als Vorlage benutzte: „Posteaquam vero capta Numantia iterum triumphauit, in contentionem cum C. Graccho pro senatu et sociis venit; cumque plebs dolore affecta ipsum pro rostris tumultu terreret, ‚Me castrorum', inquit, ‚vociferatio nunquam perturbauit, nedum hominum conflictatio, quibus non matrem Italiam esse scio, sed nouercam" (fol. i⟨i⟩ᵛ). Vgl. den griech. Text: Ἐπεὶ δὲ τὴν Νομαντίαν ἑλὼν καὶ θριαμβεύσας τὸ δεύτερον ἐν τῇ πρὸς Γάιον Γράκχον ὑπέρ τε τῆς βουλῆς καὶ τῶν συμμάχων κατέστη διαφορά, καὶ λυπουμένου ὁ δῆμος ἐθορύβησεν αὐτὸν ἐπὶ τοῦ βήματος, „ἐμέ," εἶπεν, „οὐδέποτε στρατοπέδων ἀλαλαγμὸς ἐθορύβησεν, οὔτι γε συγκλύδων ἀνθρώπων, ὧν οὐ μητέρα τὴν Ἰταλίαν ἀλλὰ μητρυιὰν οὖσαν ἐπίσταμαι". Dasselbe Apophthegma findet sich in Polyaen. VIII, 16, 5 (Σκιπίων ὑπὸ τοῦ δήμου θορυβούμενος „ἐμέ", ἔφη, „οὐδὲ στρατιωτῶν ἐνόπλων ἀλαλαγμὸς ἐξέπληξεν, οὔτι γε συγκλύδων ἀνθρώπων θόρυβος, ὧν οἶδά γε τὴν Ἰταλίαν μητρυιάν, οὐ μητέρα". τούτῳ τῷ λόγῳ συνεστάλησαν καὶ τοῦ θορυβεῖν ἐπαύσαντο); Val. Max. VI, 2, 3 und Vell. II, 4, 4: „Hic, eum interrogante tribuno Carbone, quid de Ti. Gracchi caede sentiret, respondit, si is occupandae rei publicae animum habuisset, iure caesum. Et cum omnis contio adclamasset, ‚Hostium', inquit, ‚armatorum totiens clamore non territus qui possum vestro moueri, quorum nouerca est Italia?'".

579–580 *Gaio Graccho* Gaius Sempronius Gracchus (153–121 v. Chr.), Sohn des Tiberius Sempronius Gracchus, des Konsuls d.J. 177, und der Cornelia, der Schwester des P. Cornelius Africanus d.Ä.; Gaius vertrat wie sein älterer Bruder Tiberius ein populares Programm, das sich gegen die Machtausübung der konservativen Senatoren richtete; als Volkstribun (123–121) versuchte er ein ähnliches Reformprogramm durchzusetzen wie es bereits sein Bruder anvisiert hatte, wobei er seine Maßnahmen allerdings direkt gegen den Senat richtete, an dem er sich für den Tod seines Bruders (133) rächen wollte. Ohne die erforderliche Abstimmung mit dem Senat durchzuführen brachte er bei Volksversammlung eine neue Ackergesetzgebung durch, wobei Staatsgründe an Plebejer verteilt wurden, sowie eine *lex frumentaria*, welche den Getreidepreis staatlich regulierte und durch staatliche Subventionen auf einem konstant niedrigen Niveau halten sollte, was dem gewöhnlichen Volk zugute kam, und eine *lex militaria*, welche die Versorgung der Soldaten durch die Römische Staatskasse festsetzte. Weiter verfolgte Gaius Gracchus eine Kolonisierungspolitik, die die Neugründung von röm. Kolonien in Italien und in der Provinz Africa vorsah. Vgl. K. Bringmann, *DNP* 11 (2001), Sp. 388–391, s.v. „Sempronius", Nr. I, 11; F. Münzer, *RE* II, A2 (1923), Sp. 1375–1400, s.v. „Sempronius", Nr. 47; D. Stockton, *The Gracchi*, Oxford 1979.

581 *conscenso suggesto* „conscenso suggesto" ist ein narrativer Zusatz des Er., der das Ereignis nicht richtig wiedergibt. Scipio stand schon auf der Rednertribüne: Dort hielt er eine Rede, wobei er vom aufgebrachten Volk niederge-

terruit nec tumultus hominum terrebit, *quibus Italiam scio non matrem esse, sed nouercam"*, significans eos, qui publicis patriae commodis obstreperent, non esse vere Italos, sed alienigenas. Valerius refert illum dixisse: „Nunquam eos metuam solutos, quos huc alligatos adduxi", denotans eos adductos fuisse captiuos, qui in victorem ferocirent.

V, 420 ⟨LIBERE⟩ (Scipio Minor, 21)

Iis vero, qui Graccho aderant, vociferantibus *occidendum esse tyrannum*, „Merito", inquit Scipio, „qui patriam oppugnant, me prius volunt e medio sublatum"; neque enim Romam posse cadere stante Scipione neque Scipionem viuere collapsa Roma. In hoc catalogo multa admixta sunt, quae non sunt apophthegmata.

⟨AFRANIVS⟩

V, 421 MODERATE (Scipio Minor, i.e. Afranius)

Scipio *Africanus* [i.e. Afranius] *consulatum appetebat. Verum vbi* sensit *Pompeium amicum aliis* fauere *candidatis, ipse a petitione destitit, dicens eum consulatum sibi non tam gloriae futurum, si adipisceretur, quam* molestum et inauspicatum, *si*

---

587 Libere *suppleui*.

brüllt wurde. Datauf reagierte er mit seinen beleidigenden Worten.

582 *hominum* Im griech. Originaltext stand σύγκλυδων ἀνθρώπων und bezeichnete das Geschrei eines „zufällig zusammengelaufenen (zusammengespülten) Menschenhaufen" (vgl. Passow II, 2, S. 1597, s.v. σύγκλυς); Regio hatte Filelfos Übersetzung „hominum confluctatio" (fol. ⟨m viii⟩ᵛ) übernommen, das jedoch durch einen Druckfehler zu „conflictatio" verderbt war (a.a.O.); Er. konnte mit „conflictatio" nichts anfangen und ließ das Wort aus.

583–584 *Significans … alienigenas* Er.' Erklärung ist gestelzt und weit hergeholt; Scipios Bemerkung war beleidigend und demütigend gemeint, im Sinn von „von einer dahergelaufenen Menge von halben Ausländern lasse ich mich schon gar nicht einschüchtern". Polyainos bemerkt in seiner parallelen Darstellung des Apophthegmas, daß diese Worte Scipios auf das Volk so demütigend wirkten, daß es den Mund hielt: τούτῳ τῷ λόγῳ συνεστάλησαν

592 AFRANIVS *suppleui*.

καὶ τοῦ θορυβεῖν ἐπαύσαντο (VIII, 16, 5). Denselben Effekt verzeichnet Valerius Maximus a.a.O.: „Vniuersus populus ab vno … contumeliose correptus erat – quantus est honos virtutis! – et tacuit".

584–585 *Valerius … adduxi* Val. Max. VI, 2, 3: „… cum contio tribunicio furor instincta violenter succlamasset, ‚taceant', inquit (sc. Scipio Aemilianus), ‚quibus Italia nouerca est'. Orto deinde murmure ‚Non efficietis', ait, ‚vt solutos verear, quos alligatos adduxi'".

Apophth. V, 420 bezieht sich auf dieselbe tumultuöse Volksversammlung des Jahres 132 v. Chr., vgl. oben Komm. zu V, 419. Dem *Apophth.* fehlt ein eigener Titel, jedoch sollte wohl jener des vorhergehenden Lemmas weitergeführt werden.

588–590 *Iis vero … collapsa Roma* Plut. *Reg. et imp. apophth., Mor.* 201F (Scipio Minor, 23). Er. bearbeitete paraphrasierend Regios Übers.: „Cum autem ii, qui circa Gracchum erant, clamarent tyrannum esse interficiendum, ‚Merito patriae oppugnatores', inquit, ‚me ante volunt interficere: neque enim viuo Scipione Romam cadere posse putant neque, si Roma ceciderit, victurum Scipionem'" (fol. i⟨i⟩ᵛ). Vgl. den griech. Text: Τῶν δὲ περὶ τὸν Γάιον βοώντων κτεῖναι τὸν τύραννον, „εἰκότως," εἶπεν, „οἱ τῇ πατρίδι πολεμοῦντες ἐμὲ βούλονται προανελεῖν· οὐ γὰρ οἷόν τε τὴν Ῥώμην πεσεῖν Σκιπίωνος ἑστῶτος οὐδὲ ζῆν Σκιπίωνα τῆς Ῥώμης πεσούσης".

588 *Graccho* Nach dem griech. Text müsste hier „Gaio" stehen. Er. übernahm jedoch den Text aus den Übers. des Regio bzw. Filelfo, die beide den Vornamen des jüngeren Gracchus ausgelassen hatten.

590–591 *In hoc catalogo* Im fünften Buch machte Er. häufiger kritische Anmerkungen bezüglich Lemmata, die keine Apophthegmata im eigentlichen Sinn darstellen, sondern *exempla*, Inschriften, demonstrative Handlungen u. Ä.; manchmal machte er den Versuch, diese Elemente als unechte Einschübe darzustellen, während er aber dennoch die betreffenden Lemmata stets in seine Sammlung übernahm (vgl. Einleitung); mit „in hoc catalogo" bezeichnete Er. vermutlich die *Reg. et imp. apophth.* Plutarchs, kaum spezifisch die Scipio d.J. gewidmete Sektion.

Apophth. V, 421 gehört nicht in die Sektion des Scipio Africanus d.J. Der richtige Apophthegma-Spender ist Afranius (Vorname nicht überliefert), ein röm. Politiker aus dem 1. Jh. v. Chr. und Anhänger des Cn. Pompeius Magnus, nicht Scipio „Africanus" d.J. Das *Apophthegma* bezieht sich auf die Konsulwahl d.J. 62; den Gewinn, der aus seinem Rückzug resultierte, fuhr Afranius schon im folgenden Jahr ein, als er mit Unterstützung des Pompeius zum Konsul gewählt wurde. Die Fehlzuschreibung kam dadurch zustande, daß Er. von Sagundinos Übers. von Plutarchs *Praecepta gerendae reipublicae* ausging (ed. Cratander, Basel 1530, fol. 5ʳ). Afranius wurde nicht identifiziert in *CWE* 38, S. 580.

594 *Scipio* „Scipio" ist ein Zusatz des Er. gegenüber der Übers. des Sagundino, in der Er. den dort fehlerhaft überlieferten Namen „Aphricanus" (statt „Afranius") antraf; diesen „Aphricanus" identifizierte Er. irrtümlich als Scipio Africanus d.J.; dieser Verwechslung ist geschuldet, daß Er. die Angabe des Sagundino, daß die betreffende Person „ein politischer Freund des Pompeius" sei („necessarius Pompei"), kurzerhand strich: dies konnte ja nicht für Scipio d.J. gelten, der das Zeitliche segnete, bevor Pompeius geboren war. *CWE* 38, S. 580 gibt an, daß der im Apophth. von Er. sogenannte „Scipio Africanus" in Wirklichkeit Q. Caecilius Metellus Scipio sei, was jedoch nicht den Tatsachen entspricht.

594 *Africanus* In Wirklichkeit handelt es sich um Afranius (ca. 105–46 v. Chr.), einen *homo novus*, der als Legat unter Pompeius im Krieg gegen Sertorius diente; Afranius war i.d.J. 71–67 Statthalter in Spanien; 66–62 Legat im Krieg gegen Mithridates; i.J. 60 Konsul; im Bürgerkrieg kämpfte er auf der Seite des Pompeius; er fiel nach der Schlacht bei Thapsos i.J. 46. Vgl. K.-L. Elvers, *DNP* 1 (1999), Sp. 214, s.v. „Afranius".

594–597 *Africanus ... consequeretur* Etwas willkürlich gekürzte, teils wörtliche, teils paraphrasierende Wiedergabe von Sagundinos Übers. von Plut. *Praecepta gerendae reipublicae*, Mor. 806A–B: „Africanus (sic, i.e. Afranius; Sagundino las Ἀφρικάνος statt Ἀφράνιος), Pompeii necessarius, etsi admodum humilis, visus est tamen consulatum appetere. Pompeius vero aliis petentibus operam dabat. Africanus (sic, i.e. Afranius) vbi id comperit, petitione destitit, inquiens non tam consulatum, si forte adipiscatur, futurum gloriae, quam molestum et tristem, si Pompeio nolente neque opitulante illum assequatur" (ed. Cratander, Basel 1530, fol. 5B). Vgl. den griech. Text: Ἀφράνιος δὲ Πομπηίου φίλος, εἰ καὶ πάνυ ταπεινὸς ἦν, ὅμως ἐπίδοξος ὢν ὕπατος αἱρεθήσεσθαι, Πομπηίου σπουδάζοντος ἑτέροις, ἀπέστη τῆς φιλοτιμίας εἰπὼν οὐκ ἂν οὕτω λαμπρὸν αὐτῷ γενέσθαι τὸ τυχεῖν ὑπατείας, ὡς ἀνιαρὸν ἅμα καὶ δυσχερές, εἰ Πομπηίου μὴ θέλοντος μηδὲ συμπράττοντος. Wie die Tatsache, daß Er. die Fehler und Eigenartigkeiten von Sagundinos Übers. übernahm, jedoch nichts verbesserte, zeigt, kümmerte sich Er. in diesem Fall gar nicht um den griech. Text. Die Quelle wurde nicht identifiziert in *CWE* 38, S. 580.

595 *a petitione destitit* In „a petitione destitit" wiederholte Er. Sagundinos Übertragung, die den griech. Originaltext eher frei wiedergibt; dort stand, daß Afranius von seiner Ehrsucht absah (ἀπέστη τῆς φιλοτιμίας).

refragante *Pompeio* consequeretur. Maluit consulatum cedere quam amicum perdere. [C] [Vide, num hoc dictum sit de Scipione Africano Metello et Cn. Pompeio]. [A]

600   ⟨METELLVS SCIPIO⟩

V, 422   (Scipio Minor, i.e. Metellus Pius Scipio, 1)

[A] Quum *in Africa Pompeii partes* sequutus res parum prospere gessisset et *Hispaniam petens* intellexisset *nauim, qua vehebatur, ab hostibus captam, gladio praecordia*
605 *sua transuerberauit.* Deinde Caesarianis militibus quaerentibus, „Vbi est imperator?", „Imperator", inquit, „⟨se⟩ bene habet". Suprema vox morientis declarauit animum meliore fortuna dignum. [C] [Et hoc dictum videtur de Scipione vltimo, cognomento Metello].

598 Vide num … Pompeio *seclusi (C: desunt in A B).*
600 METELLVS SCIPIO *suppleui.*

606 se *scripsi (cf. Valerii loc. cit.):* se *om. A-C.*
607–608 Et hoc … Metello *(C: desunt in A B) seclusi.*

598 *Vide … Pompeio* Bei der Zeile, welche in der Ausgabe des Jahres 1535 in den Text aufgenommen worden war, handelte es sich um eine marginale Anmerkung, wohl von Er. selbst, die ihn erinnern sollte, noch einmal zu überprüfen, wer der tatsächliche Apophthegma-Spender von V, 421 war. Es ist unklar, ob Er. diese Kontrollaktion in der Tat vorgenommen hat oder nicht. Ein Resultat liegt jedenfalls nicht vor. Bei dem Satz von *C* hat der Setzer die marginale Anmerkung irrtümlich in den Haupttext übernommen, als ob ein von Er. beabsichtigter Einschub vorgelegen hätte. In *CWE* 38, S. 581 wurde die Marginalie als Teil des Haupttextes gedruckt.

598 *de Scipione Africano Metello* Bei der Vorbereitung der Ausgabe *C* vermutete Er., daß das Apophthegma möglicherweise nicht von Scipio Africanus d.J., sondern von „Scipio Africanus Metellus" stamme. Eine Person mit diesem Namen existieret jedoch nicht. Wie einer weiteren Marginalnotiz, zu V, 422, zu entnehmen ist, meinte Er. damit Q. Caecilius Metellus Pius Scipio (100/98–46 v. Chr.); für diesen vgl. Komm. zu V, 422.

Quintus Caecilius Metellus Pius Scipio (100/98–46 v. Chr.), leiblicher Sohn des P. Cornelius Scipio Nasica, wurde durch Adoption von Q. Caecilius Metellus Pius in die Famile der Caecilii Metelli aufgenommen; Prätor i.J. 56 oder 55; Interrex 53, Konsul 52 (gemeinsam mit Pompeius); Schwiegervater des Pompeius; er brachte den Senatsantrag ein, der, ratifiziert, den Bürgerkrieg gegen Caesar auslöste; war in Afrika Oberbefehlshaber der republikanischen Truppen bei Thapsos; beim Versuch, nach Spanien zu fliehen, wurde er bei Hippo Regio gefaßt, woraufhin er selbst seinem Leben ein Ende setzte. Vgl. W. Will, *DNP* 2 (1999), Sp. 891, s.v. „Caecilius", Nr. I, 32. Er widmete ihm abgesehen von vorl. Spruch auch *Apophth*. VI, 318.

Apophth. V, 422 datiert auf das Jahr 46 v. Chr., in welchem Caecilius Metellus Scipio auf der Flucht aus Afrika gestellt wurde und Selbstmord beging.

603 In *A* und *B* hatte Er. *Apophth*. V, 422 fälschlich Scipio Africanus d.J. zugeschrieben. Die Fehlzuschreibung ist insofern merkwürdig, als Er.' Quelle Val. Max. klar vermeldet, daß der bewusste Scipio zur Bürgerkriegspartei („partes") des Pompeius gehörte, weiter Pompeius' Schwiegervater war, und außerdem, daß er sich selbst tötete: Scipio d.J. hingegen starb bekanntlich nicht durch Selbstmord.

603–606 *Hispaniam petens … bene habet* Größtenteils wörtliche, leicht variierende Wiedergabe von Val. Max. III, 2, 13 („De Scipione" Titel in *ed. Badius, Paris. 1510, fol. CIIII^v*): „Namque infeliciter Cn. Pompeii generi sui defensis in Africa partibus classe Hispaniam petens, quum animaduertisset nauem, qua uehebatur, ab hostibus captam, gladio praecordia sua transuerberauit ac deinde prostratus in puppi quaerentibus Caesarianis militibus, vbinam esset imperator, respondit: ,Imperator se bene habet'. Tantumque eloquii valuit, quantum ad testandam animi magnitudinem aeternae laudi satis erat" (ed. Badius, Paris. 1510, fol. CIIII^v). Das Apophthegma findet sich auch bei Sen. *Epist*. 24, 9–10: „Non in hoc exempla nunc congero, vt ingenium exerceam, sed vt te aduersus id, quod maxime terribile videtur, exhorter; facilius autem exhortabor, si ostendero non fortes tantum viros hoc momentum efflandae animae contempsisse, sed quosdam ad alia ignauos in hac re aequasse animum fortissimorum, sicut illum Cn. Pompei socerum Scipionem, qui contrario in Africam vento relatus cum teneri nauem suam vidisset ab hostibus, ferro se transuerberauit, *et quaerentibus ubi imperator esset, ,Imperator', inquit, ,se bene habet'*. Vox haec illum parem maioribus fecit et fatalem Scipionibus in Africa gloriam non est interrumpi passa. Multum fuit Carthaginem vincere, sed amplius mortem. ,Imperator', inquit, ,se bene habet': an aliter debebat imperator, et quidem Catonis, mori?". Jedoch scheint Er. in V, 422 die Seneca-Stelle nicht hinzugezogen zu haben.

607–608 *Et … Metello* Hier glitt eine zweite marginale Anmerkung des Er. in den Haupttext, die er sich bei der Vorbereitung der Ausgabe C machte. Sie ist, da sie eine Fortsetzung der ersten ist, die eine Erinnerungsnotiz des Autors für sich selbst darstellt, ebenfalls zu tilgen; zu tilgen auch deshalb, weil sie auf die erste ephemere Erinnerungsnotiz Bezug nimmt.

607–608 *Scipione vltimo, cognomento Metello* Die Angabe des Er., daß Q. Caecilius Metellus Pius Scipio (gest. 46 v. Chr.) der letzte der Scipionen gewesen sei, ist unrichtig. Noch in der Kaiserzeit lassen sich diverse Cornelii Scipiones nachweisen, z.B. P. Cornelius Lentulus Scipio, der Suffektkonsul d. J. 24 n. Chr. und Gatte der Poppaea Sabina; Publius Cornelius Scipio Asiaticus, der Suffektkonsul d.J. 68 n. Chr., oder Servius Cornelius Scipio Salvidienus Rufus, der Konsul d.J. 149 n. Chr., auf den Apuleius eine Ehrenrede hielt. Vgl. W. Eck, *DNP* 3 (1997), Sp. 195–196, s.v. „Cornelius", II, 32–33; II, 48–53.

[A] CAECILIVS METELLVS

610   V, 423   ARGVTE   (Caecilius Metellus, 1)
                        (= Dublette von VI, 319)

Caecilius Metellus, quum loco munito cogitaret *admouere exercitum ac centurio dixisset ipsi, „Si decem modo hominum iacturam facere velis, capies locum", interrogauit eum, num* ipse de numero *decem vnus esse vellet.* Hoc et alteri tribuitur.

615   V, 424   SILENTIVM DVCIS   (Caecilius Metellus, 2)

Tribuno militum cuidam e iunioribus percontanti Metellum, quid esset facturus, „Si eius rei", inquit, „scirem mihi tunicam esse consciam, exutam in ignem coniecissem".

      V, 425   SIMVLTAS A ROGO DEPONENDA   (Caecilius Metellus, 3)

Quum Scipioni viuenti fuisset inimicus, mortem tamen illius grauiter tulit iussitque
620 *filios, vt subeuntes feretrum funus Scipionis efferrent,* addens, *se Romanae* ciuitatis [i.e.

---

620 feretrum *LB*: pheretrum *A-C*.

Quintus Caecilius Metellus Macedonicus (190/85–115 v. Chr.), einer der erfolgreichsten und berühmtesten römischen Generäle; 148 als Prätor in Makedonien erfolgreich; 147–146 gelang ihm die Niederschlagung des Aufstandes des Achaiischen Bundes, wonach er die Eingliederung Makedoniens ins Römische Reich vornahm; aus der Kriegsbeute errichtete er in Rom die *Porticus Metelli*. Als Konsul besiegte er i.J. 143 die Keltiberer in Spanien; i.J. 136 Legat in Spanien; 133 unterdrückte er den Sklavenaufstand bei Minturnae. Politisch gehörte er zum konservativen Teil des Senats und war als solcher Gegner der Gracchen und Scipios d.J.; vgl. K.-L. Elvers, *DNP* 2 (1999), Sp. 889, s.v. „Caecilius", Nr. I, 27.

609 *CAECILIVS METELLVS* In dieser Form im Index personarum.

612–614 *Caecilius Metellus ... esse vellet* Wörtliche Wiedergabe von Plut. *Reg. et imp. apophth., Mor.* 201F–202A (Caecilius Metellus, 1), wobei Er. Regios Übers. benutzte: „Caecilius Metellus munito loco exercitum admouere volens, quum centurio dixisset, si solos decem viros perdiderit, locum esse capturum, interrogauit eum, an vnus ex decem illis esse vellet" (fol. i⟨i⟩ᵛ–i iiʳ). Vgl. den griech. Text: Καικίλιος Μέτελλος ὀχυρῷ χωρίῳ βουλευόμενος προσαγαγεῖν, εἰπόντος ἑκατοντάρχου πρὸς αὐτὸν ὡς, ἐὰν δέκα μόνους ἀποβάλῃ, λήψεται τὸ χωρίον, ἠρώτησεν (ἠρώτησαν *ed. Ald. 1509, p. 176*) αὐτόν, εἰ βούλοιτο εἷς τῶν δέκα γενέσθαι.

614 *Hoc et alteri tribuitur* Frontin. *Strat.* IV, 6, 1 schreibt die Anekdote Q. Fabius Maximus Cunctator zu, wobei sein Sohn als Unteranführer figuriert: „Quintus Fabius hortante filio, vt locum idoneum paucorum iactura caperet, ‚Visne', inquit, ‚tu ex illis paucis esse?'". Er. präsentiert die Q. Fabius Maximus zugeschriebene Anekdote in *Apophth.* VI, 319, jedoch erstaunlicherweise mit einer Zuschreibung an „Q. Fabius Minutius" („Q. Fabius Minutius hortante filio, vt locum idoneum paucorum iactura caperet ..."). Eine Person dieses Namens existiert nicht. Der Irrtum des Er. beruht auf einem Textüberlieferungsproblem: In einigen frühen Ausgaben Frontins wird der irrige Name „Q. Fabius Minucius" angegeben. Vgl. unten Komm. zu VI, 319.

615 *Silentium ducis* Der mottoartige Titel, der die Bedeutung des Apophthegmas festsetzt, erinnert an Andrea Alciatos Emblem Nr. 8 mit dem Titel „Non diuulganda consilia" (*Emblematum liber*, Augsburg, H. Steyner, 1531, fol. A4ᵛ–A5ʳ, ad picturam Minotauri): „... Nosque monent debere ducum secreta latere/ Consi-

lia, auctori cognita techna nocet"; Fest. XI, s.v. „Minotaurus": „Minotauri effigies inter signa militaria est, quod non minus occulta esse debent consilia ducum quam fuit domicilium eius labyrinthus"; Veg. *Mil.* III, 6: „Tutissimum in expeditionibus creditur facienda nesciri. Ob hoc veteres Minotauri signum in legionibus habuerunt, vt quemadmodum ille in intimo et secretissimo labyrintho abditus perhibetur, ita ducis consilium semper esse occultum".

616–617 *Tribuno ... coniecissem* Wörtliche Wiedergabe von Plut. *Reg. et imp. apophth., Mor.* 202A (Caecilius Metellus, 2), wobei Er. Regios und/oder Filelfos Übers. leicht variierte; Regio: „Quodam autem ex iunioribus tribunis militum percontante, quid acturus esset, ‚Si hanc', inquit, ‚tuniculam mihi consciam esse putarem, ipsam exutus in ignem iniicerem'" (fol. i ii^r); Filelfo: „Rursum cum iunior quidam tribunus militum quaereret, quid facturus foret, ‚Si hanc', respondet, ‚tunicham (tunicam *legendum*) existimarem mentis meae consciam esse, eam exutus in ignem mitterem'" (fol. ⟨m viii⟩^{v}). Vgl. den griech. Text: Τῶν δὲ νεωτέρων τινὸς χιλιάρχου πυνθανομένου τί μέλλει ποιεῖν, „εἰ τοῦτο (τοῦτον *ed. Ald. 1509, p. 176*)", ἔφη, „συνειδέναι μοι τὸν χιτωνίσκον ἐνόμιζον, ἀποδυσάμενος ἂν αὐτὸν ἐπὶ τὸ πῦρ ἐπέθηκα". Dasselbe Apophth. findet sich in Val. Max. VII, 4, 5 und Front. *Strategemata* I, 1, 12, wobei es Val. Max. ebenfalls dem Quintus Caecilius Metellus Macedonicus zuschreibt, Frontinus jedoch dem Q. Caecilius Metellus Pius Scipio, dem Konsul d.J. 52 v. Chr.; nach Val. Max. a.a.O. soll Caecilius Metellus Macedonicus mit der List eines „consilium occultum" die Stadt Contrebia eingenommen haben: „Memorabilis etiam consilii Q. Metellus, qui, cum pro consule bellum in Hispania aduersus Celtiberos gereret urbemque ⟨Con⟩trebiam, caput eius gentis, viribus expugnare non posset, intra pectus suum multum ac diu consiliis agitatis viam repperit, qua propositum ad exitum perduceret. Itinera magno impetu ingrediebatur, deinde alias atque alias regiones petebat: hos obsidebat montes, paulo post ad illos transgrediebatur, cum interim tam suis omnibus quam ipsis hostibus ignota erat causa inopinatae eius ac subitae fluctuationis. Interrogatus quoque a quodam amicissimo, sibi quid ita sparsum et incertum militiae genus sequeretur, ‚Absiste', inquit, ‚istud quaerere. Nam si huius consilii mei interiorem tunicam consciam esse sensero, continuo eam cremari iubebo' …"; Front. *Strategemata* I, 1, 12: „Metellus Pius in Hispania interrogatus, quid postera die facturus esset, ‚tunicam meam, si eloqui posset', inquit, ‚comburerem'". Zu Quintus Caecilius Metellus Pius Scipio vgl. oben Komm. zu V, 422.

Apophth. V, 425 bezieht sich auf 129 v. Chr., das Todesjahr Scipios d.J.; Er. widmete ihm eine Sektion der *Apophthegmata* (V, 400–420). Zur Person Scipios d.J. s. oben Komm. zu V, 400. Scipio d.J. hatte eine Fehde mit Quintus Caecilius Metellus Macedonicus; auch seine Söhne mochte er nicht leiden: Dem jüngsten Sohn, Gaius Caecilius Metellus Caprinarius, zeigte er seine Verachtung, indem er sagte, wenn die Mutter des Caprinarius noch einen fünften Sohn geboren hätte, hätte sie einen Esel zur Welt gebracht. Vgl. unten *Apophth.* VI, 226 mit Komm. ad loc.

619–621 *Quum Scipioni uiuenti ... esset natus* Leicht variierende Wiedergabe von Regios Übers. von Plut. *Reg. et imp. apophth., Mor.* 202A (Caecilius Metellus, 3): „Sed uiuenti Scipioni inimicus mortuum aegre tulit filiosque subire feretrum ac gestare iussit. Se quoque diis gratiam habere pro salute Vrbis Romae dixit, quoniam Scipio apud alios non fuerat natus" (fol. i ii^r). Vgl. den griech. Text: Σκιπίωνι δὲ ζῶντι πολεμῶν ἀποθανόντος (ἀποθανότος *ed. Ald. 1509, p. 176*) ἤχθέσθη καὶ τοὺς μὲν υἱοὺς ἐκέλευσεν ὑποδύντας ἄρασθαι τὸ λέχος, τοῖς δὲ θεοῖς ἔφη χάριν ἔχειν ὑπὲρ τῆς Ῥώμης, ὅτι παρ' ἄλλοις οὐκ ἐγένετο Σκιπίων. Die Geschichte von Scipios Begräbnis findet sich auch in Plin. *Nat.* VII, 144–145.

620 *filios* Damit sind die legendären vier Söhne des Metellus Macedonicus gemeint, die alle den Konsulat erreichten und bedeutende militärische Leistungen verrichteten: Q. Caecilius Metellus Baliaricus (geb. 170, Konsul 123 v. Chr.), L. Caecilius Metellus Diadematus (Kons. 117 v. Chr.), M. Caecilius Metellus (Kons. 115 v. Chr.) und C. Caecilius Metellus Caprarius (geb. um 160, Kons. 113 v. Chr.). Im Todesjahr Scipios d.J., 129 v. Chr., waren sie zwischen 41 und ca. 30 Jahre alt. Zu einer abschätzigen Bemerkung Scipios d.J. über C. Caecilius Metellus Caprarius vgl. unten *Apophth.* VI, 226.

620 *Romanae ciuitatis* Er.' Variationsversuch resultiert in der sperrigen, mittelalterliches Latein atmenden Formulierung „*Romanae* ciuitatis"; im mittelalterlichen Latein war „Romana ciuitas" eine Bezeichnung für „die Stadt

Vrbis Romae] nomine *gratiam habere diis, quod Scipio apud alios non esset natus*, sentiens Romam non futuram fuisse incolumem, si talem ducem habuissent hostes. Simultatem oportet morte finiri, amicitiam non item.

C. MARIVS

625 V, 426   IMPROBA CVRA   (C. Marius, 1) [4]

C. Marius obscuro genere natus, facinorum militarium commendatione *ad rempublicam accessit ac primum maiorem petiit aedilitatem. Vbi sensit ea spe frustrari sese, eodem die minorem ambiit; et hac frustratus, haud tamen desperauit se Rom⟨an⟩ae ciuitatis primatem fore*, docens, quantum in rebus humanis valeat improbitas.

628 Romanae *scripsi*: Romae *A-C*.

Rom" (vgl. z.B. Liudprant, *Historia Ottonis*, passim), während in der Antike „ciuitas" „Kleinstadt im römischen Reich" bedeutete und die Stadt Rom das sakrosankte Anrecht auf die Bezeichnung „Vrbs" hatte und „Vrbs" ein Synonym von „Roma" war. Er.' Vorlage Regio hatte dann auch authentisch römisch „pro salute Vrbis Romae" (a.a.O.).

Gaius Marius (ca. 157–85 v. Chr.), obwohl *homo novus*, bekleidete er sieben mal das Konsulat (107, 104–100, 86); hervorragender Feldherr, reorganisierte das röm. Heer, besiegte 105/4 Jugurtha in Africa, 103 die Kimbern und 101 die Teutonen. Marius' militärische Laufbahn begann unter Scipio Africanus d.J. bei der Belagerung Numantias; polit. Laufbahn zunächst unter der Protektion der Caecilii Metelli; 119 Volkstribun; Prätor 115; 114–113 Proprätor von Hispania ulterior. Vgl. R.J. Evans, *Gaius Marius. A Political Biography*, Pretoria 1994; Th.F. Carney, *A Biography of C. Marius* (2. Aufl.), Chicago 1970; V. Werner, *Quantum bello optimus, tantum pace pessimus. Studien zum Mariusbild in der antiken Geschichtsschreibung*, Bonn 1995. Er. übernimmt die Sequenz von sechs Lemmata aus Plutarchs *Reg. et imp. apophth.*, die sich sämtlich auch in Plutarchs Marius-Biographie finden. Obwohl Er. Marius sehr negativ, ja als „Verbrecher", beurteilte und ihn mit dem „frevlerischen" Diktator Julius Caesar auf eine Stufe stellte (vgl. *Adag.* 2001, *ASD* II, 5, S. 178: „sceleratus Marius ... impius Iulius"), sind die Eigenschaften, die in der Sektion V, 426– 431 präsentiert werden, sämtlich positiv. Die Sprüche heben Marius' Wagemut und Kühnheit (V, 426), Selbstbeherrschung (V, 427; 431), Klugheit (V; 427, 431), Gerechtigkeit (V, 428), Sittsamkeit (V, 428) und Gefasstheit (V, 431) hervor.

Apophth. V, 426 stellt kein Apophthegma im eigentlichen Sinn dar, da ein Ausspruch fehlt; Er. nimmt es dennoch, wie auch sonst in diesen Fällen, auf (vgl. Einleitung). Inhaltlich bildet V, 426 ein Gegenstück zu *Adag.* 145 „Fortes fortuna adiuuat" (*ASD* II, 1, S. 262): „[A] Ouidius [D] Fastorum libro secundo *Audentes forsque deusque iuuat* ... [A] Admonet adagium fortiter periclitandam esse fortunam; nam his plerunque res prospere cedere. Propterea quod id genus hominibus fortuna quasi faueat, infensa iis, qui nihil audent experiri, sed veluti cochleae perpetuo latent intra testas". Marius' Wahlniederlagen für das Amt des Ädils datieren auf d.J. 117 v. Chr.; Marius ließ sich dadurch nicht einschüchtern oder von seinem Vorhaben abbringen: Schon im folgenden Jahr wurde er zum Prätor gewählt. Den Titel, etwa „Verwegenes Streben", hat Er. aus seiner Interpretation von Marius' Handlungsweise, die er im kommentierenden Teil liefert, abgeleitet: „docens, quantum in rebus humanis valeat *improbitas*". Mit „improbitas" ist „Verwegenheit, Frechheit, Wagemut" gemeint, in der übertragenen Bedeutung des Wortes (vgl. *DNG* II, Sp. 2480, s.v.); *sensu proprio* bezeichnet dies das latein. Wort „audacia". In späteren Drucken von V, 426 (bei Langius und Mirabellius) wurde statt „improbitas" „audacia" geschrieben. Interessant ist, daß sich diese Beurteilung von Marius' Vorgehen nicht in Plut. *Reg. et imp. apophth. Mor.* 202A–B, findet, jedoch in Plut. *Mar.* V, 2 (*Vit.* 408A): δόξας δὲ θρασὺς (= audax) εἶναι καὶ αὐθάδης (= contumax) ἀπέτυχε. Es scheint, daß sich Er. für seine Interpretation der Anekdote von dieser Stelle der Marius-Biographie anregen liess. Für Er.' Verwendung von „improbitas" in der metaphorischen Bedeutung „Keckheit, Fechheit, Wagemut" vgl. sein *Adag.* 2795 „Improbitas muscae" (*ASD* II, 6, S. 514): „[A] In improbum et subinde redeuntem, etiam si turpiter repellatur, quadrabit ... illud: *Atque illi muscae vim intra praecordia misit,/ Quae quamuis de pelle viri sit saepe repulsa,/ Assultat morsura tamen* (= *Hom.* Il. XVII, 570–572)".

626–629 *C. Marius ... fore* Leicht variierende Wiedergabe von Plut. *Reg. et imp. apophth., Mor.* 202A–B (C. Marius, 1), wobei Er. Regios Übers. als Vorlage benutzte: „C. Marius ex humili genere cum ad rempublicam accessisset ob praeclara militiae gesta aedilitatem maiorem petiit. Sed cum sensisset se praeteriri, eodem die minorem ambiit. Et quamuis in illa quoque repulsam tulerit, non tamen se Romanorum principem fore desperauit" (fol. i ii^r); einzelne Wörter übernahm Er. auch von Filelfos Übertragung („obscuro genere", „frustratus", fol. ⟨m viii⟩^v). Vgl. den griech. Text: Γάιος Μάριος ἐκ γένους ἀδόξου προϊὼν εἰς πολιτείαν διὰ τῶν στρατειῶν (στρατιῶν ed. Ald. *1509, p. 176*), ἀγορανομίαν τὴν μείζονα παρήγγειλεν· αἰσθόμενος δὲ ὅτι λείπεται τῆς αὐτῆς ἡμέρας ἐπὶ τὴν ἐλάττονα μετῆλθε· κἀκείνης ἀποτυχὼν ὅμως οὐκ ἀπέγνω τοῦ πρωτεύσειν Ῥωμαίων. In *Mar.* 5, 1–2 (*Vit.* 408A) gibt Plutarch dieselbe Anekdote detaillierter wieder, wobei er zudem den Unterschied zwischen der kurulischen und der plebejischen Ädilität erklärt: Μετὰ δὲ τὴν δημαρχίαν ἀγορανομίαν τὴν μείζονα παρήγγειλε. δύο γάρ εἰσι τάξεις ἀγορανομιῶν, ἡ μὲν ἀπὸ τῶν δίφρων τῶν ἀγκυλοπόδων, ἐφ᾽ ὧν καθεζόμενοι χρηματίζουσιν, ἔχουσα τοὔνομα τῆς ἀρχῆς, τὴν δ᾽ ὑποδεεστέραν δημοτικὴν καλοῦσιν. ὅταν δὲ τοὺς ἐντιμοτέρους ἕλωνται περὶ τῶν ἑτέρων πάλιν τὴν ψῆφον λαμβάνουσιν. ὡς οὖν ὁ Μάριος φανερὸς ἦν λειπόμενος ἐν ἐκείνῃ, ταχὺ μεταστὰς αὖθις ᾔτει τὴν ἑτέραν. δόξας δὲ θρασὺς εἶναι καὶ αὐθάδης ἀπέτυξε· καὶ δυσὶν ἐν ἡμέρᾳ μιᾷ περιπεσὼν ἀποτεύξεσιν, ὁ μηδεὶς ἔπαθεν ἄλλος, οὐδὲ μικρὸν ὑφῆκατο τοῦ φρονήματος, ὕστερον δὲ οὐ πολλῷ στρατηγίαν μετελθὼν ὀλίγον ἐδέησεν ἐκπεσεῖν, ἔσχατος δὲ πάντων ἀναγορευθεὶς δίκην ἔσχε δεκασμοῦ.

627 *maiorem petiit aedilitatem* d.h. Marius bewarb sich zuerst um das Amt eines *aedilis curulis*, das sowohl patrizischen als auch plebejischen Bewerbern offenstand. Jährlich wurden zwei *aediles curules* gewählt. Außerdem gab es jährlich zwei plebejische Ädilen (*aediles plebei*); dieses Amt, das eigentlich älter war als das der kurulischen *aediles*, war ausschließlich plebejischen Bewerbern vorbehalten. C. Marius, der aus einer plebejischen Familie stammte, durfte sich für beide Ämter bewerben. Ungebräuchlich war jedoch, sich im selben Wahlgang für beide Ämter zu bewerben.

628–629 *Romanae ciuitatis primatem* Die sperrige, mittelalterliche Formulierung „Romanae ciuitatis" hatte Er. gerade noch im vorhergehenden *Apophthegma* verwendet (vgl. Komm. oben zu V, 25). Hier erweitert er sie durch den ebenfalls mittelalterlichen Begriff für einen hohen Würdenträger „primas" (vgl. Niermeyer II, S. 1103–1104, s.v.). Liudprant liefert in seiner *Historia Ottonis*, Kap. 9, eine Liste „ex primatibus Romanae ciuitatis", d.h. der hohen Würdenträger Roms, die an der Synode d.J. 963 teilnahmen.

629 *quantum ... improbitas* Er.' Erklärung „quantum in rebus humanis valeat improbitas" weist eine sprichwörtliche Verfassheit auf; vgl. etwa „Das Glück ist dem Kühnen hold"; „Frechheit siegt"; „Wer nicht wagt, gewinnt nicht"; vgl. Walther 12010 „In rebus dubiis plurimi est audacia", Walther 12658; Sen. *Epist.* 94, 28: „Audentes fortuna iuuat" (Otto 702); Walther 1702 „Audentes deus ipse iuuat"; 1703: „Audentes fortuna iuuat ridetque timentes;/ Hinc age, quidquid agas, absque timore, precor"; 1704 „Audentes fortuna iuuat timidosque repellit" usw.

630 V, 427   CVRATIO MORBO GRAVIOR   (C. Marius, 2) [5]

Quum in vtroque crure varices haberet, nullis vinculis alligatus *praebuit* sese *medico secandum ac nec suspirio emisso nec adductis superciliis* chirurgi curationem *pertulit.* Caeterum *quum medicus ad alterum crus transiret* secandum, vetuit *dicens curationem non esse tanto dignam cruciatu.*

635 V, 428   SEVERE ET PVDICE   (C. Marius, 3) [6]

Lusius, Mario ex sorore nepos, quum Marius iterum consul esset, vim admouit militi cuidam adolescenti *nomine Trebonio; at is* Lusium *interfecit.* Id factum *multis incusantibus* non inficiatus est adolescens se *ducem* suum *interfecisse, sed causam* addidit *ac probauit. Marius itaque, quum iussisset adferri coronam pro facinore* in bello *prae-
640 clare gesto dari solitam Trebonio imposuit,* graui exemplo monens caeteros, ne simili modo tentarent adolscentium pudicitiam, quando non solum absoluit, verum etiam coronauit eum, qui et imperatoris cognatum et ducem suum ferro necasset.

640 dari *A B BAS LB*: dare *C*.

630 *Curatio morbo grauior* Der sentenzenhafte Titel, den Er. dem *Apophth.* V, 427 beigibt, leitet sich von dem hippokratischen Prinzip „ne sit operatio/ medicina morbo ipso grauior" her und interpretiert Marius' Spruch als Klugheit. In Plut. *Mar.* 6 wird das Verhalten des Marius als Selbstbeherrschung bewertet.

631–634 *Quum in vtroque ... dignam cruciatu* Plut. *Reg. et imp. apophth., Mor.* 202B (C. Marius, 2). Er. hat in diesem Fall Filelfos Übers. (die Regio replizierte) bearbeitet: „Et cum vtroque in crure varices pateretur, solutus crus medico execandum praebuit neque vllo emisso suspirio nec contractis superciliis sectionem pertulit. At cum medicus transitum faceret ad alterum crus, noluit inquiens curationem eo dolore dignam non esse" (fol. n I^r). Vgl. den griech. Text: Ἰξίας δ' ἔχων ἐν ἀμφοτέροις τοῖς σκέλεσι παρέσχεν ἄδετος ἐκτεμεῖν τῷ ἰατρῷ καὶ μὴ στενάξας μηδὲ (μὴ δὲ *ed. Ald. 1509, p. 176*) τὰς ὀφρῦς συναγαγὼν ἐνεκαρτέρησε (ἐνεκαρτέρησεν *ed. Ald. 1509, p. 176*) τῇ χειρουργίᾳ· τοῦ δὲ ἰατροῦ μεταβαίνοντος ἐπὶ θάτερον οὐκ ἠθέλησεν εἰπὼν οὐκ εἶναι τὸ θεράπευμα τῆς ἀλγηδόνος (ἀλγιδόνος *ed. Ald.*) ἄξιον. Dasselbe Apophth. findet sich in Plut. *Mar.* 6, 3 (*Vit.* 408F): Τῷ δὲ Μαρίῳ καὶ σωφροσύνην μαρτυροῦσι καὶ καρτερίαν, ἧς δεῖγμα τὸ περὶ τὴν χειρουργίαν ἐστίν, ἰξιῶν γάρ, ὡς ἔοικε, μεγάλων ἀνάπλεως ἄμφω τὰ σκέλη γεγονὼς καὶ τὴν ἀμορφίαν δυσ- χεραίνων ἔγνω παρασχεῖν ἑαυτὸν τῷ ἰατρῷ· καὶ παρέσχεν ἄδετος θάτερον σκέλος, οὐδὲν κινηθεὶς οὐδὲ στενάξας, ἀλλὰ καθεστῶτι τῷ προσώπῳ καὶ μετὰ σιωπῆς ὑπερβολάς τινας ἀλγηδόνων ἐν ταῖς τομαῖς ἀνασχόμενος· τὸν δ' : ἰατροῦ μετιόντος ἐπὶ θάτερον οὐκέτι παρέσχε, φήσας ὁρᾶν τὸ ἐπανόρθωμα τῆς ἀλγηδόνος οὐκ ἄξιον; in Guarino da Veronas Übers.: „Temperantiam tolerantiamque fuisse in Mario asserunt. Exemplum est, quod, quum ex ambobus cruribus laboraret et plena varicibus haberet ferretque aegro animo illarum deformitatem, medicum sibi ad alterum crurem accersiuit et haud ligatus inter medendum nec se mouit nec suspiria emisit, sed cum tacitus fixisque oculis ad inspiciendum perstaret, moras quasdam dolorum inter incidendum perferre non formidauit. At medico alterum crus curare volenti minime assensum praebuit, dicens ‚Iterum subire dolorem indignum arbitror'" (ed. Bade, Paris 1514, fol. CLXXVI^r); Cic. *Tusc.* II, 53: „At vero C. Marius, rusticanus vir, sed plane vir, cum secaretur, ... principio vetuit se alligari, nec quisquam ante Marium solutus dicitur sectus. ... Et tamen fuisse acrem morsum doloris idem Marius ostendit; crus enim alterum non praebuit. Ita et tulit dolorem vt vir et vt homo maiorem ferre sine causa necessaria noluit".

631 *varices* „varices", „Krampfadern", vgl. *DNG* II, Sp. 4935, s.v. „varix".

Apopth. V, 428 stellt abermals kein Apophthegma dar, sondern ein *exemplum* von Marius' Gerechtigkeitssinn bzw. seinem Streben, die guten Sitten zu wahren, verbunden mit einer symbolischen Handlung (Verleihung einer militärischen Auszeichnung). Die Anekdote erzählt von dem Versuch eines Verwandten des Marius, einen Soldaten zu vergewaltigen, seinem unrühmlichen Tod, von dem Militärgericht des Marius mit dem spektakulären Ausgang, daß der Mörder mit einem Orden belohnt wurde. Die Geschichte soll. i.J. 104 v. Chr. stattgefunden haben. Val. Max. VI, 1, 12 hatte das *exemplum* in der Kategorie *De pudicitia*, nämlich des Marius, gebracht, während es vielleicht noch mehr durch die *impudicita* des Verwandten Lusius hervorsticht; Er.' Titel „pudice" erinnert an diese Einordnung. Lycosthenes hingegen druckt V, 428 in der Kategorie „De libidine foeda" (S. 618).

636 *Lusius* Gaius Lusius, Neffe des C. Marius. Vgl. K.-L. Elvers, *DNP* 7 (1999), Sp. 516, s.v. „Lusius", Nr. I, 1. In Guarino da Veronas Übers. der Marius-Biographie trägt er den Namen „Lucius" (Paris, Bade-Petit, 1514, fol. CLXXVIIᵛ), in Filelfos Übers. der plutarchischen *Apophthegmata* „Clusius" (fol. n iʳ). Für die Geschichte von der versuchten Vergewaltigung vgl. Plut. *Mar.* 14, 4-9 (*Vit.* 413B-C); Cic. *Mil.* 9; Val. Max. VI, 1, 12.

636–640 *Lusius, Mario ... imposuit* Plut. *Reg. et imp. apophth., Mor.* 202B-C (C. Marius, 3): Ἐπεὶ δὲ Λούσιος ὁ ἀδελφιδοῦς, αὐτοῦ τὸ δεύτερον ὑπατεύοντος, ἐβιάζετο τῶν ἐν ὥρᾳ στρατευομένων τινὰ ὀνόματι Τρεβώνιον, ὁ δὲ ἀπέκτεινεν αὐτόν, καὶ πολλῶν κατηγορούντων οὐκ ἠρνήσατο κτεῖναι τὸν ἄρχοντα, τὴν δὲ αἰτίαν εἶπε καὶ ἀπέδειξε. κελεύσας οὖν ὁ Μάριος τὸν ἐπὶ ταῖς ἀριστείαις διδόμενον στέφανον κομισθῆναι τῷ Τρεβωνίῳ (Τριβωνίῳ *ed. Ald. 1509, p. 176*) περιέθηκε. Dieselbe Anekdote findet sich in Val. Max. VI, 1, 12 und Plut. *Mar.* 14, 3-5 (*Vit.* 413B-C): Γάϊος Λούσιος ἀδελφιδοῦς αὐτοῦ τεταγμένος ἐφ' ἡγεμονίας ἐστρατεύετο, τὰ ἄλλα μὲν ἀνὴρ οὐ δοκῶν εἶναι πονηρός, ἥττων δὲ μειρακίων καλῶν. οὗτος ἤρα νεανίσκου τῶν ὑφ' αὑτῷ στρατευομένων, ὄνομα Τρεβωνίου, καὶ πολλάκις πειρῶν οὐκ ἐτύγχανε· [4] τέλος δὲ νύκτωρ ὑπηρέτην ἀποστείλας μετεπέμπετο τὸν Τρεβώνιον· ὁ δὲ νεανίας ἧκε μέν, ἀντειπεῖν γὰρ οὐκ ἐξῆν καλούμενον, εἰσαχθεὶς δὲ ὑπὸ τὴν σκηνὴν πρὸς αὐτὸν ἐπιχειροῦντα βιάζεσθαι σπασάμενος τὸ ξίφος ἀπέκτεινε. ταῦτα ἐπράχθη τοῦ Μαρίου μὴ παρόντος· ἐπανελθὼν δὲ προὔθηκε τῷ Τρεβωνίῳ κρίσιν· [5] ἐπεὶ δὲ πολλῶν κατηγορούντων, οὐδενὸς δὲ συναγορεύοντος, αὐτὸς εὐθαρσῶς καταστὰς διηγήσατο τὸ πρᾶγμα καὶ μάρτυρας ἔσχεν ὅτι πειρῶντι πολλάκις ἀντεῖπε τῷ Λουσίῳ καὶ μεγάλων διδομένων ἐπ' οὐδενὶ προήκατο τὸ σῶμα, θαυμάσας ὁ Μάριος καὶ ἡσθεὶς ἐκέλευσε τὸν πάτριον ἐπὶ ταῖς ἀριστείαις στέφανον κομισθῆναι, καὶ λαβὼν αὐτὸς ἐστεφάνωσε τὸν Τρεβώνιον ὡς κάλλιστον ἔργον ἐν καιρῷ παραδειγμάτων δεομένῳ καλῶν ἀποδεδειγμένον. Nach Val. Max. VI, 1, 12 war der Name des Soldaten, den Lusius zu vergewaltigen versuchte, Gaius Plotius: „Hoc mouit C. Marium imperatorem tum, cum C. Lusium sororis suae filium, tribunum militum, a C. Plotio manipulari milite iure caesum pronuntiauit, quia eum de stupro conpellare ausus fuerat".

636 *quum Marius iterum consul esset* i.e. 104 v. Chr.

637 *adolescenti* „adolescenti", „der noch ein Jüngling war" ist ein erzählerischer Zusatz des Er. zu dem griech. Text, um die homosexuelle Handlung zu motivieren. Einen ähnlichen narrativen Zusatz brachte Filelfo an, der angab, daß der betreffende Soldat außerordentlich schön gewesen sei („militi cuidam praestanti forma"). In Plut. *Mar.* 14, 3 wird überliefert, daß Trebonius noch sehr jung war und daß Lusius ein Liebhaber „schöner Knaben" (μειρακίων καλῶν) war.

637 *Trebonio* Publius Trebonius (geb. ca. 84 v. Chr.), einfacher Soldat (nach Val. Max. VI, 1, 12 „manipularis miles") z.Z. von Marius' Feldzug gegen die Kimbern. Vgl. K.-L. Elvers, *DNP* 12,1 (2002), s.v. „Trebonius", Nr. I, 3.

V, 429 SITIS (C. Marius, 4) [7]

Quum castrametatus esset aduersus Teutonas in loco, qui minimum *habebat aquae,*
645 *militibus dicentibus se sitire ostendit* [illis] *flumen proxime hostium vallum labens,
„Illinc", inquit, „vobis potus sanguine venalis est". At illi* iusserunt, *vt se quo vellet
duceret, donec liquidum haberent sanguinem nec totus adhuc prae siti diriguisset.*

643 Sitis *B C*: Sitis. Milites prompti *A*.
644 castrametatus *B C*: castra metatus *A LB*.

645 illis *seclusi*.

Apophth. V, 429 In der Erstausgabe hatte Er. dem Lemma einen zweigliedrigen Titel beigegeben: „Sitis. Milites prompti", was wohl im Sinn von „Durst macht Soldaten kampfbereit" zu verstehen ist. Jedoch brachte Er. den zweigliedrigen Titel in *B* auf „Sitis" zurück. Das *Apophth.* datiert auf den Sommer des Jahres 102 v. Chr., als Marius die vereinten Teutonen und Ambronen in der Doppelschlacht von Aix-en-Provence vernichtend schlug. Nach dem ursprünglichen Titel zu schliessen betrachtete Er. V, 429 als Strategem: Sorge dafür, daß die Soldaten nichts zu trinken bekommen – dann werden sie unverzüglich kämpfen wollen. Ebenso nahm Frontin die Anekdote in seine *Strategemata* auf: Durch den Spruch „Von dorther muss das Wasser geholt werden" habe Marius seine Soldaten zum Kampf motiviert (II, 7, 12); allerdings ordnete Frontin die Anekdote einer spezifischeren Kategorie von Strategemen zu, jenen „De dissimulandis aduersis": Diese Kategorie vermittelt dem Feldherrn den Rat, Rückschläge, Missgeschicke und Widrigkeiten vor seinen Soldaten zu verbergen. Im vorl. Fall hätten die Lagermeister des Marius dadurch einen Fehler gemacht, daß das Wasser auf Seiten des feindlichen Lagers zu finden war, jedoch habe Marius durch seine kühle Reaktion den Nachteil in einen Vorteil umgebogen. Dem revidierten Titel entsprechend druckt Lycosthenes V, 429 in der Kategorie „De fame et siti" (S. 350).

644–647 *Quum castrametatus ... diriguisset* Leicht variierende Wiedergabe von Plut. *Reg. et imp. apophth., Mor.* 202C (C. Marius, 4), wobei Er. die Übers. des Regio bearbeitete: „Idem (sc. Marius) prope Teutonas castra metatus in loco parum aquae habenti cum milites dicerent se sitire, indicato illis flumine iuxta vallum hostium labente, ‚Illinc vobis est', inquit, ‚potus sanguine emendus'. Ipsi vero vti se abduceret orabant, donec sibi humidus sanguis neque dum propter sitim coagulatus foret" (fol. i ii^r). Vgl. den griech. Text: Τοῖς δὲ Τεύτοσι παραστρατοπεδεύσας (παραστρατοπαιδεύσας *ed. Ald. 1509, p. 176*) ἐν χωρίῳ ὀλίγον ὕδωρ ἔχοντι, τῶν στρατιωτῶν διψῆν λεγόντων, δείξας αὐτοῖς ποταμόν ἐγγὺς ῥέοντα (παραρρέοντα *ed. Ald.*) τῷ χάρακι τῶν πολεμίων, „ἐκεῖθεν ὑμῖν ἔστιν," εἶπε, „ποτὸν ὤνιον αἵματος". οἱ δὲ ἄγειν παρεκάλουν, ἕως ὑγρὸν ἔχουσι τὸ αἷμα καὶ μήπω πᾶν ὑπὸ τοῦ διψῆν ἐκπεπηγός. Vgl. dasselbe Apophthegma Flor. *Epitom.* I, 38, 8; Frontin. *Strat.* II, 7, 12; in Plut. *Mar.* 18, 3–4 (*Vit.* 415F–416A): οὕτω δὴ προϊόντες ἐγένοντο πρὸς τοῖς καλουμένοις ὕδασι Σεξτίοις, ὅθεν ἔδει πορευθέντας οὐ πολλὴν ὁδὸν ἐν ταῖς Ἄλπεσιν εἶναι. διὸ δὴ καὶ Μάριος ἐνταῦθα παρεσκευάζετο μάχεσθαι, καὶ κατέλαβε τῷ στρατοπέδῳ τόπον ἰσχυρὸν μέν, ὕδωρ δὲ ἄφθονον οὐκ ἔχοντα, βουλόμενος, ὥς φασι, καὶ τούτῳ παροξῦναι τοὺς στρατιώτας. [4] πολλῶν γέ τοι δυσχεραινόντων καὶ διψήσειν λεγόντων, δείξας τῇ χειρὶ ποταμόν τινα ῥέοντα πλησίον τοῦ βαρβαρικοῦ χάρακος, ἐκεῖθεν αὐτοῖς ἔφησεν εἶναι ποτὸν ὤνιον αἵματος. „τί οὖν", ἔφασαν, „οὐκ εὐθὺς ἡμᾶς ἄγεις ἐπ' αὐτούς, ἕως ὑγρὸν τὸ αἷμα ἔχομεν;". κἀκεῖνος ἠρέμα τῇ φωνῇ, „πρότερον", εἶπεν, „ὀχυρωτέον ἡμῖν τὸ στρατόπεδον".

644 *Teutonas* Er. übernahm die nach dem Griechischen („Teutones") gebildete Form „Teutonas" von Filelfo (fol. n i^r) und Regio (fol. i ii^r), während die reinlatein. Formen („Teutoni, Teutonos" etc.) gebräuchlicher waren; für „Teutones" vgl. auch *Adag.* 3701 (*ASD* II, 8, S. 129). Die Teutonen stammten ursprünglich aus Jütland im heutigen Dänemark und waren Nachbarn der Kimbern; gemeinsam mit diesen brachen sie um 120 v. Chr. auf und zogen quer durch Europa in den Süden, durch Germanien und Gallien, wobei sie eine Spur der Verwüstung nach sich zogen. Im Jahr 105 v. Chr. vernichteten sie ein römisches Heer in der Schlacht bei Arausio (Orange).

Ihr Anführer war König Teudobod, der in der Schlacht von Aquae Sextiae das Leben verlor. Vgl. Ch. Liebhardt, *Der Zug der Kimbern und Teutonen: Hintergründe, Ablauf und Rückschlüsse*, Saarbrücken 2013; S. Zimmer, „Teutonen", in: *Reallexikon der Germanischen Altertumskunde* 36 (2005), S. 368–369; A. Franke, *RE* VA.1 (1934), Sp. 1172–1176, s.v. „Teutoni". Für Er.' Wiedergabe der Ereignisse bei Aquae Sextiae vgl. *Adag.* 3701 (*ASD* II, 8, S. 129).

644 *in loco, qui minimum habebat aquae* Diese Angaben beziehen sich auf ein Feldlager des Marius in der Umgebung von Aquae Sextiae (Aix-en-Provence) im Sommer d.J. 102: Marius folgte damals mit sechs Legionen dem Heerzug der Ambronen und Teutonen die Rhone entlang nach Süden. In seiner Marius-Biographie situiert Plutarch das Apophthegma kurz vor der ersten der beiden Schlachten von Aquae Sextiae (*Mar.* 18–19, *Vit.* 415–416), in der Marius insbesondere die Ambronen besiegte. Die Gegend um Aquae Sextiae ist im Sommer sehr trocken. Der Fluss, an dem die Germanen lagerten, war die Rhone. Wer also in der Rhone Wasser schöpfen wollte, musste zuerst an den Barbaren vorbei. In seiner Marius-Biographie motiviert Plutarch die erste Schlacht durch den Wassermangel: Es waren die Soldaten, die zur Schlacht drängten, während Marius lieber noch warten wollte. Die Kampfhandlungen begannen damit, daß sich einige Soldaten zum Wasserschöpfen an die Rhone begaben und dadurch Scharmützel mit den Gemanen entstanden, die sich stets mehr ausweiteten.

645 *illis* Er. übernahm „illis" gewissermaßen automatisch aus Regios Übers., jedoch hatte er die Satzkonstruktion geändert.

645 *flumen proxime hostium vallum labens* Die Germanen lagerten am Fluss; daß sie ihr Lager mit Pallisaden aus Holzpfählen (τῷ χάρακι, vallus) umgaben, beruht offensichtlich auf einem Irrtum (Plutarchs?). Die Ambronen und Teutonen bildeten – wie andere Germanenstämme in Fällen wie diesen – eine „Wagenburg", d.h. sie stellten ihre Wagen kreisförmig auf und verschanzten sich hinter ihnen.

646 *quo vellet* „quo vellet" ist ein Zusatz des Er., der nicht mit der historischen Lage übereinstimmt: Die Soldaten forderten den General nicht auf, sie dorthin zu führen, wohin er wollte, sondern sie gegen die Teutonen direkt in die Schlacht zu führen, solange sie noch bei Kräften wären.

V, 430   Arma non avdivnt leges   (C. Marius, 5) [8]

Mille Camerinos, qui se *in bello aduersus Cimbros strennuos viros praestitissent*, honore Romanis aequauit, idque praeter omne ius. Ad eos vero, *qui factum hoc* reprehendebant, *respondit se ob armorum strepitum legum* vocem *exaudire non potuisse*.

V, 431   Retortvm   (C. Marius, 6) [9]

In bello ciuili, quum fossa cinctus obsideretur ab hostibus, continuit sese, *tempus expectans oportunum*. Popedio autem Siloni dicenti, „Si magnus es imperator, o Mari, descende in conflictum", „Imo tu", inquit, „si magnus es imperator, coge me nolentem ad certamen venire".

---

649 Camerinos *B C*: camerinos *A*, Camarinos sec. *Plut. ed. Ald.*, Camertes sec. *versiones Philelphi et Regii*.
654 Popedio *A-C* (cf. Val. Max. III, 1, 2 Poppedio)*: Popaedio *LB*, Pompio sec. *Plut. ed. Ald.* (Πομπίου), Pompeio sec. *versiones Philelphi et Regii*, Pompaedio *Plut. edd. recentiores* (Πομπαιδίου).

648 *Arma non audiunt leges* Den Titel bildet eine Sentenz, die Er. aus dem Spruch des Marius ableitete, ähnlich wie Cic. *Mil.* 19: „Silent enim leges inter arma". Der Spruch des Marius datiert auf Anfang Juli 101 v. Chr., als Marius mit einem großen Heer die Kimbern in der Schlacht von Vercellae (heute Vercelli) in Norditalien vernichtend schlug. Der Stamm wurde durch diese Niederlage ausgelöscht. Nach röm. Quellen wurden ca. 120.000 Kimbern getötet, ca. 60.000 gefangengenommen. Vgl. E. Koesterman, „Der Zug der Cimbern", in: *Gymnasium* 76 (1969), S. 310–329; Th.F. Carney, „Marius' Choice of Battlefield in the Campaign of 101", in: *Athenaeum* 36 (1958), S. 229–237; D. Timpe, „Kimberntradition und Kimbernmythos", in: B. und P. Scardigli (Hrsg.), *Germani in Italia*, Rom 1994, S. 23–60; H.-W. Goetz und K.-W. Welwei (Hrsg.), *Altes Germanien*, Bd. I, Darmstadt 1995, S. 202–271. Lycosthenes druckt das Apophth. in der Kategorie „De belli pernicie" (S. 122), mit dem Kommentar: „Nihil aliud nimirum innuit (sc. Marius) quam leges semper silere inter arma".
649–651 *Mille ... non potuisse* Plut. *Reg. et imp. apophth., Mor.* 202C–D (C. Marius, 5): Ἐν δὲ τοῖς Κιμβρικοῖς πολέμοις Καμερίνων (Καμαρίνων ed. Ald. 1509) χιλίους ἄνδρας ἀγαθοὺς γενομένους ὁμοῦ Ῥωμαίους ἐποίησε, κατ᾽ οὐδένα νόμον· πρὸς δὲ τοὺς ἐγκαλοῦντας ἔλεγε τῶν νόμων οὐκ ἐξακοῦσαι διὰ τὸν τῶν ὅπλων ψόφον. Für dasselbe Apophth. vgl. Plut. *Marius* 28, 2 (*Vit.* 421E): Καίτοι λέγεται Καμερίνων ἄνδρας ὁμοῦ χιλίους διαπρεπῶς ἀγωνισαμένους ἐν τῷ πολέμῳ δωρησάμενος πολιτείᾳ, δοκοῦντος εἶναι τούτου παρανόμου καί τινων ἐγκαλούντων, εἰπεῖν ὅτι τοῦ νόμου διὰ τὸν τῶν ὅπλων ψόφον οὐ κατακούσειεν; Cic. *Balb.* 46; Val. Max. V, 2, 8: „Nam C. quidem Marii non solum praecipuus, sed etiam praepotens gratae mentis fuit impetus: duas enim Camertium cohortes mira virtute vim Cimbrorum sustinentis in ipsa acie aduersus condicionem foederis ciuitate donauit. Quod quidem factum et vere et egregie excusauit dicendo, inter armorum strepitum verba se iuris ciuilis exaudire non potuisse".
649 *Camerinos* Soldaten aus der Stadt Camerinum in Umbrien (heute Camerino), die mit den Römern seit 309 v. Chr. *aequo foedere* als Bundesgenossen verbunden war. Es geht dabei um zwei Kohorten (von jeweils ca. 480 Mann), denen Marius das röm. Bürgerrecht verlieh. Vgl. G. Uggeri, *DNP* 2 (1999), Sp. 954, s.v. „Camerinum". Im Komm. von *CWE* 38, S. 583 findet sich die – nicht stimmige – Angabe, daß es sich um Camerina, eine „Stadt in Sizilien", gehandelt haben soll.
649–650 *honore Romanis aequauit* „honore Romanis aequauit" ist eine schwülstige Formulierung des Er., die den Kern der Sache nicht adäquat wiedergibt, nämlich daß Marius den zwei Kohorten der *Camertes Umbri* eigen-

mächtig das röm. Bürgerrecht verlieh, während dazu ein Gesetzesbeschluss (*lex*) erforderlich gewesen wäre. Er. gelangte zu seiner irreführenden Übers., obwohl seine Vorbilder Filelfo und Regio den sachlichen Aspekt punktgenau wiedergaben: „*mille ex Camertibus … ciues Romanos effecisset*" (Regio, fol. i ii^v) bzw. „*Camertium viros mille … ciuitate vniuersos donauit*" (Filelfo, fol. n i^r); so auch richtig Val. Max. a.a.O.: „*Camertium cohortes … ciuitate donauit* (sc. Marius)". Aufgrund von Er.' ungenauem „*honore Romanis aequauit*" platzierte Lycosthenes V, 430 in der Kategorie „De honore virtutis praemio" (S. 458).

651 *respondit … exaudire* vgl. die Übers. des Filelfo und Regio; Filelfo: „… aiebat verba legum propter armorum strepitum exaudire nequisse" (a.a.O.); Regio: „… dicebat se legem inter armorum strepitum non exaudisse" (a.a.O.).

Apophth. V, 431 datiert auf den sog. Bundesgenossenkrieg zwischen den Römern und ihren italischen Bundesgenossen (90–88 v. Chr.), in welchem diese sich das röm. Bürgerrecht erstritten.

653–656 *In bello ciuili … ad certamen venire* Leicht variierende Wiedergabe Plut. *Reg. et imp. apophth., Mor.* 202D (C. Marius, 6), wobei Er. von den Übers. Filelfos und Regios ausging; Filelfo: „Et cum in bello ciuili fossa circumdatus et obsessus occasionem ac tempus opperiretur dixissetque Pompeius Silo ,O Mari, si magnus imperator es, descende in aciem', ,Proinde tu', inquit, ,si magnus es imperator, coge me vel inuitum in aciem descendere'" (fol. n i^r); Regio: „Verum ciuili bello fossa circumdatus et obsessus tolerabat aequo animo expectans occasionem. Sed cum Pompeius Silo ipsi dixisset ,Si magnus es imperator, o Mari, descende in certamen', ,Tu igitur', inquit, ,si magnus es imperator, coge me vel inuitum decertare'" (fol. i ii^v). Vgl. den griech. Text: Ἐν δὲ τῷ ἐμφυλίῳ πολέμῳ περιταφρευόμενος καὶ πολιορκούμενος ἐκαρτέρει, τὸν οἰκεῖον ἀναμένων (ἀναμάνων *ed. Ald. 1509, p. 176*) καιρόν. εἰπόντος δὲ Πομπαιδίου (τοῦ Πομπίου *ed. Ald. 1509, p. 176*) Σίλωνος πρὸς αὐτόν, „εἰ μέγας εἶ στρατηγός, ὦ Μάριε, καταβὰς διαγώνισαι," „σὺ μὲν οὖν," εἶπεν, „εἰ μέγας εἶ στρατηγός, ἀνάγκασόν με διαγωνίσασθαι καὶ μὴ βουλόμενον". Dasselbe Apophthegma findet sich in Plut. *Mar.* 33, 2 (*Vit.* 424D): Λέγεται δὲ Ποπλίου Σίλωνος, ὃς μέγιστον εἶχε τῶν πολεμίων ἀξίωμα καὶ δύναμιν, εἰπόντος πρὸς αὐτόν, „Εἰ μέγας εἶ στρατηγός, ὦ Μάριε, διαγώνισαι καταβάς," ἀποκρίνασθαι, „Σὺ μὲν οὖν, εἰ μέγας εἶ στρατηγός, ἀνάγκασόν με διαγωνίσασθαι μὴ βουλόμενον." Vgl. Guarinos Übers.: „Fertur quidem Popilio Silone, qui magnum nomen magnasque vires inter hostes habebat, dicente aduersus Marium ,Si magnus es imperator, o Mari, descende ad conserenda praelia', respondisse Marium ,Tu quoque, o Popili, si eximius es imperator, cohibe me inuitum contra te ad dimicandum'" (ed. Bade, Paris 1514, fol. CLXXXI^r).

654 *Popedio* Er. hat die fast richtige Namensform „Popedio" aus einer anderen Quelle als Plutarchs *Reg. et imp. apophth.* erschlossen; die Aldus-Ausgabe hatte die verderbte Lesart Πομπίου, die Filelfo und Regio zwar übereinstimmend, jedoch mit dem gleichermaßen verderbten „Pompeius" wiedergaben. Plausibel wäre, daß Er. den richtigen Namen aus Val. Max. III, 1, 2 kannte.

654 *Siloni* Quintus Poppaedius Silo (gest. 88 v. Chr.), bedeutender Anführer der Marser im Bundesgenossenkrieg (90–88; vgl. Diod. XXXVII, 2, 6; Liv. *Epit.* 76; Strab. V, 4, 2). Nach gescheiterten Verhandlungen mit Marius fügte er den röm. Heeren unter Q. Servilius Caepio i.J. 90 und L. Porcius Cato i.J. 89 schwere Niederlagen zu; er wurde i.J. 88 von Q. Caecilius Metellus Pius geschlagen und in der Schlacht getötet. Vgl. K.-L. Elvers, *DNP* 10 (2001), Sp. 150, s.v. „Poppaedius".

CATVLVS LVCTATIVS

V, 432   CALLIDE   (Lutatius Catulus, 1) [10]

Catulo Luctatio in bello Cimbrico iuxta flumen Athesim exercitum habente, *quum Romani viderent barbaros transire conantes, retrocesserunt*, quandoquidem illorum impetum sustinere non poterant. *Ipse celeriter sese ad fugientium primos contulit, vt non hostes fugere, sed ducem sequi viderentur.* Hoc stratagema est, non apophthegma.

---

657 CATVLVS LVCTATIVS *A-C sicut in versione Regii*: CATVLVS LVTAEVS *sec. Plut. ed. Ald. (Κάτλος Λουταίος)*, CATVLLVS LVTATIVS *versio Philelphi.*
659 Catulus Luctatius *A-C sicut in versione Regii*: Catulus Lutaeus *sec. Plut. ed. Ald.*

Quintus Lutatius Catulus d.Ä. (ca. 150–87 v. Chr.), röm. Politiker und Redner, Prätor i.J. 109, Konsul 102. Sollte als röm. Heeresführer i.J. 101 die Alpenpässe sperren, um den Einzug der Kimbern zu verhindern. Nachdem dies misslang, bezog er südlich des Po Stellung. In der Schlacht bei Vercellae hatte er dennoch – neben Marius – einen bedeutenden Anteil am Sieg über die Kimbern; aus der Kriegsbeute ließ er auf dem Palatin eine Säulenhalle (Porticus Catuli) und auf dem Marsfeld einen Fortuna-Tempel errichten. In der Folge zerstritt er sich mit Marius; nach Marius' Einmarsch in Rom i.J. 87 beging er Selbstmord. Vgl. W. Kierdorf, *DNP* 7 (1999), Sp. 524–525, s.v. „Lutatius", Nr. 3; F. Münzer, *RE* XIII, 2 (1927), Sp. 2072–2082, s.v. „Lutatius", Nr. 7. Er. brachte in den *Apophthegmata* noch zwei weitere Sprüche des Q. Lutatius Catulus d.Ä.: VI, 220 und 221. Allerdings gibt es keinen Hinweis darauf, daß es Er. bewußt war, daß es um ein und dieselbe Person ging: In V, 432 nennt er ihn „Catulus Luctatius", in VI, 220–221 nur „Catulus". In VIII, 118 bringt Er. einen Spruch des Q. Lutatius Catulus d.J. (gest. 61/0 v. Chr.), der ein Sohn des Q. Lutatius Catulus d.Ä. ist. Auch hier hat es den Anschein, daß Er. nicht genau wußte, um welchen Lutatius Catulus es ging.
657 *CATVLVS LVCTATIVS* In dieser Form im Index personarum. Er. bezog diese Namensform aus seiner Quelle, der Übers. des Regio.
Apophth. V, 432 ist kein Apophthegma, sondern, wie Er. im Kommentar zurecht anmerkt, ein

(Κάτλος Λουταίος), Catullus Lutatius *versio Philelphi.*
659 Athesim *A-C ut in versione Regii*: Atisonem *sec. Plut. ed. Ald.* (ἀτισῶνα) *et versionem Philelphi*: Natisonem *Plut. edd. recentiores.*
662 stratagema *C*: stratagema *A B.*

Stratagema. Es bezieht sich auf die Kampfhandlungen des Jahres 101 v. Chr. zwischen den Römern und den Kimbern vor der Entscheidungsschlacht bei Vercellae, genauer auf die vergeblichen Versuche, die Kimbern, die in Italien einfielen, aufzuhalten. Zu Lutatius' Kampf gegen die Kimbern vgl. R.G. Lewis, „Catulus and the Cimbri", in: *Hermes* 102 (1974), S. 90–109. Er. gibt den Hergang ungenau wieder, vgl. Komm. unten.
659–662 *Lutatio ... viderentur* Versuchte wortgenaue, jedoch durch ein Mißverständnis entstellte Wiedergabe von Regios Übers. von Plut. *Reg. et imp. apophth., Mor.* 202D–E (Catulus Lutatius): „Catulus Luctatius bello Cimbrico apud Athesim fluuium castrametatus cum Romani milites, quoniam barbaros transire conantes videbant, retrocedentes contineri non possent, ad primos eorum, qui fugiebant, cucurrit, vt non hostes fugere, sed imperatorem sequi viderentur" (fol. i ii^v). Vgl. den griech. Text: Κάτλος Λουτάτιος (Λουταῖος *ed. Ald. 1509, p. 176*) ἐν τῷ Κιμβρικῷ πολέμῳ παρὰ τὸν Νατισῶνα ('Ἀτισῶνα *ed. Ald.*) ποταμὸν στρατοπεδεύων, ἐπεὶ τοὺς βαρβάρους ὁρῶντες οἱ Ῥωμαῖοι διαβαίνειν ἐπιχειροῦντας ἀνεχώρουν, μὴ δυνάμενος αὐτοὺς κατασχεῖν ὥρμησεν εἰς τοὺς πρώτους τῶν ἀποτρεχόντων, ὅπως δοκῶσι μὴ φεύγειν τοὺς πολεμίους, ἀλλὰ τῷ στρατηγῷ κατακολουθεῖν. Dasselbe Stratagema findet sich in Plut. *Marius* 23, 5 (*Vit.* 418F–419A): Ἔνθα δὴ Κάτλος ἔδειξεν ἑαυτόν, ὥσπερ χρὴ τὸν ἀγαθὸν καὶ τέλειον ἄρχοντα, τὴν αὐτοῦ δόξαν ἐν ὑστέρῳ τῶν πολιτῶν τιθέμενον. ἐπεὶ γὰρ οὐκ ἔπειθε τοὺς στρατιώτας μένειν, ἀλλ' ἑώρα περιδεῶς ἀναζευγνύν-

τας, ἄρασθαι κελεύσας τὸν ἀετὸν εἰς τοὺς πρώτους τῶν ἀπερχομένων ὥρμησε δρόμῳ καὶ πρῶτος ἡγεῖτο, βουλόμενος αὐτοῦ τὸ αἰσχρόν, ἀλλὰ μὴ τῆς πατρίδος γενέσθαι, καὶ δοκεῖν μὴ φεύγοντας, ἀλλ' ἑπομένους τῷ στρατηγῷ ποιεῖσθαι τὴν ἀποχώρησιν.

659 *Cimbrico* Zu den Kimbern vgl. oben Komm. zu V, 430.

659 *Athesim* „Athesis" oder „Atesis" (vgl. Ver. *Aen.* IX, 680), die Etsch (ital. Adige), die am Reschenpaß entspringt und entlang von Meran und Bozen Richtung Verona fließt. Die Kimbern kamen aus dem keltischen Königtum Noricum, das sich im heutigen Ost- und Zentralösterreich befindet (Niederösterreich, Oberösterreich, Steiermark, Kärnten, Osttirol). Zuweilen wird angenommen, daß die Kimbern durchs Etschtal nach Italien gezogen seien (z. B. *DNP* 2 [1999], Sp. 1204, s.v. „Cimbri"), jedoch ist dies eher unwahrscheinlich. Von den geographischen Gegebenheiten her ist es plausibler, daß die Kimbern einen der östl. Alpenpässe benutzt haben, den Wurzenpass oder den Thörlpass; beide liegen unweit von Noricums Zugangstor, Villach an der Drau. Nach dem neueren *textus receptus* Plutarchs (παρὰ τὸν Νατισῶνα) und eigentlich schon nach dem Befund der Aldus-Ausgabe (παρὰ τὸν ἀτισῶνα) zogen die Kimbern entlang des Isonzo und sodann des Natisone nach Italien: Über den Wurzenpass kommend, entlang des Isonzo im heutigen Slowenien nach Süden ziehend, fielen sie, in der Nähe des heutigen Kobarid ins Natisone-Tal abschwenkend, in Italien ein.

660–661 *quandoquidem ... sustinere non poterant* Er. hat hier den Hergang der Ereignisse missverstanden. Gemeint ist bei Plutarch nicht, daß die Römer die Kimbern nicht aufhalten konnten, sondern daß Lutatius Catulus seine Soldaten nicht zurückhalten, d.h. an der Flucht hindern konnte (μὴ δυνάμενος αὐτοὺς κατασχεῖν). Also versuchte er, den Schaden in Grenzen zu halten, indem er sich an die Spitze des fliehenden Heeres setzte. Er kam zu seiner irrigen Wiedergabe, während ihm die korrekten Übers. des Filelfo und Regio vorlagen; Filelfo: „... vbi eos (sc. Romanos, wie die Marginalnote *ad loc.* angibt) detinere non posset, contendit (sc. Catullus Lutatius, in Filelfos Schreibweise) ad primum cursim abscendentium agmen" (fol. n i^r). Regio: „... cum Romani milites ... retro cedentes contineri non possent, ad primos eorum, qui fugiebant, cucurrit (sc. Luctatius)" (a.a.O.). Das Mißverständnis ist merkwürdig, da Er. Regios Übers. als Vorlage benutzte.

C. POPILIVS

V, 433   ANIMOSE   (C. Popilius) [11]

665   *C. Popilius missus erat ad Antiochum regem, epistolam ferens a senatu, qua iubebatur, exercitum ex Aegypto abduceret nec Ptolemaei filios orphanos regno* spoliaret. *Quum vero* rex *illum per medium* exercitum *ad se accedentem procul humaniter salutasset, non resalutato rege literas reddidit. Quibus lectis quum* Antiochus *diceret se consultaturum daturumque responsum, Popilius virga*, quam tenebat, *ducta* linea cinxit regem,
670   dicens, „Hic igitur stans consulta et responde". Omnibus viri spiritum admirantibus, posteaquam Antiochus spopondisset se facturum, quae Romanis viderentur, ita demum salutauit illum et amplexus est Popilius.*

---

665 Popilius *A-C sicut in versionibus Philelphi et Regii*: Popillius *Plut. text. recept. (Ποπίλλιος).*
666 abduceret *B-C*: abducere *A (cf. versionem Regii).*
668 reddidit *A-C ut in versionibus Philelphi et Regii*: reddit *BAS LB.*

669 Popilius *A-C versio Philelphi*: Popylius *versio Regii*: Popillius *Plut. Text. recept. (Ποπίλλιος).*
672 Popilius *A-C versio Philelphi*: Popylius *versio Regii*: Popillius *Plut. text. recept. (Ποπίλλιος).*

Gaius Popillius Laenas, röm. Politiker, Prätor 175, Konsul 172 und 158 v. Chr.; i.J. 168 Legatus beim König des Seleukidenreiches Antiochos IV Epiphanes. Vgl. P. Nadig, *DNP* 10 (2001), S. 146, s.v. „Popillius".

663 *C. POPILIVS* In dieser Form im Index personarum.

663 *C. POPILIVS* Die Anordnung des Popillius Laenas gewidmeten Lemmas folgt Plutarchs *Reg. et imp. apophth.* (*Mor.* 202E), worin die Spruchspender prinzipiell in chronologischer Reihenfolge präsentiert werden. In Bezug auf Popilius war Plutarch jedoch ein Fehler unterlaufen, da dieser nicht in die Zeit des Marius, Q. Lutatius Catulus und Sulla gehört, sondern in jene des Aemilius Paullus (*Mor.* 197F–198C) und vor jene des Scipio Africanus d.J., des Sohnes des Paullus (*Mor.* 199F–201F). Er. änderte an dieser Stelle im Vergleich zu Plutarch die Reihenfolge der behandelten Personen, jedoch so, daß er die chronologische Verwirrung verschlimmerte: Statt – wie bei Plutarch – Marius (1), Lutatius Catulus (2), Sulla (3), Popillius Laenas (4) und Lucius Lucullus (5) brachte Er. die Anordnung an: Marius (1), Lutatius Catulus (2), Popillius Laenas (3), Licinius Lucullus (4) und Sulla (5). Die verworrene Einordnung von Popilius Laenas bleibt bestehen, während Sulla fälschlich dem jüngeren Licinius Lucullus nachgeordnet wird.

Apophth. V, 433 bezieht sich auf den sog. „Tag von Eleusis", einen der ersten Juli-Tage des Jahres 168 v. Chr.: Nachdem die Römer im Juni d.J. den Makedonenkönig Perseus entscheidend geschlagen hatten, schickten sie Popilius Laenas als Gesandten zu Antiochos IV. nach Alexandrien in Ägypten, um ihm ein Ultimatum zu unterbreiten. Antiochos IV. war kürzlich in Ägypten einmarschiert. Das Ultimatum lautete, daß Antiochos IV. unverzüglich aus Ägypten abziehen müsse, sonst befände er sich im Krieg mit Rom. Antiochos ließ sich von Popilius' brüskem Auftreten einschüchtern und erfüllte die im Ultimatum gestellten Forderungen. Zu dem Ultimatum vgl. G. Hölbl, *Geschichte des Ptolemäerreiches*, Darmstadt 1994, S. 132–134.

665–672 *C. Popilius ... amplexus est Popilius* Größtenteils wörtliche, leicht variierende Wiedergabe von Regios Übers. von Plut. *Reg. et imp. apophth., Mor.* 202F (Gaius Popillius): „C. Popilius ad Antiochum Syriae regem a senatu missus est epistolam ferens, qua iubebatur et ex Aegypto exercitum abducere neque filiorum Ptolemaei pupillorum regnum occupare. Accedentem vero ipsum per castra cum ex longinquo Antiochus benigne salutasset, ipse nec regem resalutauit et litteras illi reddidit. Quibus lectis cum rex se consultaturum et responsurum dixisset, circulum illi virga circunduxit Popylius (sic) ac dixit: ‚Hic igitur stans consulta et responde'. Cunctis autem viri grauitatem animique elationem admirantibus Antiochoque facturum se consentiente, quae Romanis viderentur, Popylius (sic) tunc ipsum salutauit et amplexus est" (fol. i ii^v). Vgl. den griech. Text: Γάιος Ποπίλλιος ἐπέμφθη πρὸς Ἀντίοχον ἐπιστολὴν παρὰ τῆς συγκλήτου κομίζων, κελεύουσαν ἀπάγειν ἐξ Αἰγύπτου τὸ στράτευμα καὶ μὴ σφετερίζεσθαι τῶν Πτολεμαίου τέκνων ὀρφανῶν ὄντων τὴν βασιλείαν· προσιόντα δ᾽ αὐτὸν διὰ τοῦ στρατοπέδου πόρρωθεν ἀσπασαμένου τοῦ Ἀντιόχου φιλοφρόνως οὐκ ἀνταασπασάμενος τὸ γραμματεῖον ἀπέδωκεν (ἀπέδωκεν *ed. Ald.*: ἐπέδωκεν *ed. Babbitt*)· ἐπεὶ δὲ ἀναγνοὺς ἔφη βουλεύσεσθαι (βουλεύσασθαι *ed. Ald. 1509, p. 177*) καὶ δώσειν τὴν ἀπόκρισιν, τῷ κλήματι γῦρον περὶ αὐτὸν ὁ Ποπίλλιος περιέγραψεν εἰπών „ἐνταῦθα τοίνυν ἑστὼς βούλευσαι καὶ ἀπόκριναι." πάντων δὲ τὸ φρόνημα τοῦ ἀνδρὸς καταπλαγέντων τοῦ τε Ἀντιόχου ποιήσειν ὁμολογοῦντα τὰ δοκοῦντα Ῥωμαίοις, οὕτως ἠσπάσατο καὶ περιέπτυξεν αὐτὸν ὁ Ποπίλλιος. Die Anekdote ist zudem überliefert in Polyb. XXIX, 27, 1–10; Appian. *Syr.* 66; Cic. *Phil.* VIII, 23; Liv. XLV, 12; Iust. *Hist. Phil.* XXXIV, 3; Vell. Pat. I, 10 und Val. Max. VI, 4, 3: „C. vero Popilius a senatu legatus ad Antiochum missus, vt bello se, quo Ptolemaeum lacessebat, abstineret, cum ad eum venisset atque is prompto animo et amicissimo vultu dexteram ei porrexisset, inuicem illi suam porrigere noluit, sed tabellas senatus consultum continentis tradidit. Quas vt legit Antiochus, dixit se cum amicis conlocuturum. Indignatus Popilius, quod aliquam moram interposuisset, virga solum, quo insistebat, denotauit et ‚Prius', inquit, ‚quam hoc circulo excedas, da responsum, quod senatui referam'. Non legatum locutum, sed ipsam curiam ante oculos positam crederes: continuo enim rex adfirmauit fore, ne amplius de se Ptolemaeus quereretur, ac tum demum Popilius manum eius tamquam socii apprehendit. Quam efficax est animi sermonisque abscisa grauitas! Eodem momento Syriae regnum terruit, Aegypti texit".

665 *Antiochum* i.e. Antiochos IV. Epiphanes (ca. 215–164 v. Chr.), der jüngste Sohn des Antiochus III. d.Gr.; Antiochos IV. hatte sich vor seinem Regierungsantritt mehr als zehn Jahre in Rom als Geisel aufgehalten (189–ca. 178). Vgl. P.F. Mittag, *Antiochos IV. Epiphanes. Eine politische Biographie*, Berlin 2006; A. Mehl, *DNP* I (1996), Sp. 769, s.v. „Antiochos", Nr. 6; U. Wilcken, *RE* I, 2 (1894), Sp. 2490–2491, s.v. „Antiochos", Nr. 40. Aus dem latein. Text von *Apophth.* V, 433 geht nicht hervor, daß Er. wußte, um welchen Antiochos es sich handelt. In *Apophth.* V, 117 widmete Er. dem „Antiochus quartus" ein Lemma, wobei er ihn allerdings mit Antiochos VII. Accipiter verwechselte. Vgl. dazu und zu Er.' Problemen mit den Antiochiden oben Komm. zu V, 117.

665 „regem" ist ein Zusatz zum griech. Text Plutarchs, den Regio hinzugefügt hatte („Syriae regem", fol. i ii^v).

666 *abduceret* Er. übernahm im ersten Druck Regios „abducere", änderte aber dann die Konstruktion, wodurch eine syntaktische Kontamination zustandekam; sie wurde im zweiten Druck (*B*) korrigiert, vielleicht von E. selbst.

666 *Ptolemaei filios orphanos* Es handelt sich um die Söhne des Pharaos Ptolemaios V. Epiphanes Eucharistos (reg. 197–180 v. Chr.) und der Kleopatra I.: Ptolemaios VI. Philometor (reg. 180–176 unter der Vormundschaft seiner Mutter; 176–169 als Alleinherrscher und 169–145 gemeinsam mit seinem Bruder Ptolemaios) und Ptolemaios VII. Euergetes (180–116; reg. 169–145 gemeinsam mit seinem Bruder, 145–116 als Alleinherrscher). Wie Plutarch richtig angibt, waren die beiden Söhne im Jahr 168 v. Chr. Waisen; Er. übernahm die Übers. des Filelfo („Ptolemaei filiorum, qui orphani essent", fol. n I^r).

667 *per medium exercitum* Filelfo und Regio (a.a.O.) haben hier „per castra".

667 *humaniter salutasset* nach Filelfo „quam humanissime salutasset" (fol. n i^r).

LVCVLLVS

V, 434   Svperstitionis contemptvs   (Lucullus, 1) [12]

675 *Lucullus quum in Armenia cum decem milibus armatorum et mille equitibus aduersus Tigranem tenderet, centum quinquaginta hominum milia habentem in exercitu, pridie Nonas Octobres, quo die prius Scipionis* [i.e. Caepionis] *copiae deletae fuerant*, quodam admonente, *quod Romani diem illum vt nefastum et* inauspicatum metuerent, „Ergo", inquit, „hodie alacriter *pugnemus, vt hunc quoque diem ex nefasto* funestoque *Romanis* 680 *hilarem et* auspicatum *reddamus*".

677 Scipionis *A-C ut in versionibus Philelphi ac Regii et in Plut. ed. Ald.* (Σκιπίωνος): Caepionis *Plut. ed. et corr. ab Xylandro* (Καιπίωνος).

Lucius Licinius Lucullus (117–56 v. Chr.), Prätor 78, Proprätor in Africa 77–75, Konsul 74, Prokonsul in Cilicia 73; er nahm an den Mithridatischen Kriegen teil, die zur Gründung der Provinz Pontus führten. Im dritten Mithridatischen Krieg (74–64 v. Chr.) führte er den Oberbefehl: Er drängt Mithridates VI. zunächst nach Pontus zurück, dann eroberte er Pontus und das Königreich Armenien; i.J. 68 landete er den entscheidenden Sieg in der Schlacht von Artaxata gegen Mithridates VI. und Tigranes II., den König von Armenien. Bei seinen Eroberungen in Asien bereicherte er sich auf bis dahin ungekannte Weise; seinen Reichtum setzte er in großartige Villen in der Umgebung Roms um; in der Folge wurde er durch seinen aufwendigen Lebensstil und seine Feste sprichwörtlich. Plutarch widmete ihm eine Biographie. Vgl. M. Gelzer, *RE* XIII, 1 (1926), Sp. 376–414, s.v. „Licinius", Nr. 104; J. van Ooteghem, *Lucius Licinius Lucullus*, Brüssel, 1959; A. Keaveney, *Lucullus: a Life*, London 1992; G. Schütz, *L. Licinius Lucullus: Studien zu den frühen Jahren eines Nobilis (117–75 v. Chr.)*, Diss. Regensburg 1994; M. Tröster, *Themes, Character, and Politics in Plutarch's Life of Lucullus. The Construction of a Roman Aristocrat*, Stuttgart 2008. Licinius Lucullus war sowohl als erfolgreicher Feldherr als auch für seinen Hang zum Luxus und zur Schlemmerei bekannt. In dem vorl. Abschnitt der *Apophthegmata* werden beide Aspekte beleuchtet. V, 434–438 zeigen den verantwortungsbewußten und mutigen Feldherren, 439–440 den Schlemmer. Dem Schlemmer Lucullus widmete Er. auch *Adag.* 3664 „In ventrem insilire" (*ASD* II, 8, S. 104–106).

673 LVCVLLVS In dieser Namensform im Index personarum.

Apophth. V, 434 datiert auf die Schlacht bei Tigranokerta, der Hauptstadt des Königreiches Armenien, am 6. Okt. 69 v. Chr. (i.e. am 16. Okt. nach dem julianischen Kalender), bei der Licinius Lucullus eine zahlenmäßig stark überlegene Armee des Tigranes II. schlug. Genau am selben Tag vor 36 Jahren, 105 v. Chr., hatten die Römer eine vernichtende Niederlage gegen die Kimbern und Teutonen in der Schlacht bei Arausio (Orange) hinnehmen müssen, bei der an die 80.000 Legionäre und 40.000 Soldaten der Hilfstruppen den Tod fanden.

675–680 *Lucullus ... reddamus* Größtenteils wörtliche, nur leicht variierende Wiedergabe der Übers. Regios von Plut. *Reg. et imp. apophth., Mor.* 203A (Lucullus, 1): „Lucullus in Armenia cum decem milibus peditum et mille equitibus aduersus Tigrannem (sic) centum et quinquaginta milia hominum in exercitu habentem pridie Nonas Octobres properabat, quo die Scipionis (sic) copiae a Cimbris antea fuerant deletae. Quare cum quidam dixisset diem illum Romanis nefastum esse ac religiosum, ‚Ergo', inquit, ‚hodie prompte fortiterque pugnemus, vt hunc quoque diem ex nefasto et tristi hylarem et iucundum Romanis faciamus'" (fol. i ii^v–⟨i iii⟩^r). Vgl. den griech. Text: Λεύκουλλος (Λεύκολλος *ed. Ald. 1509, p. 177*) ἐν Ἀρμενίᾳ μετὰ μυρίων ὁπλιτῶν καὶ χιλίων ἱππέων ἐπὶ Τιγράνην (*ita et ed. Ald.*)

ἐχώρει πεντεκαίδεκα μυριάδας στρατιᾶς ἔχοντα τῇ πρὸ μιᾶς νωνῶν ὀκτωβρίων, ἐν ᾗ πρότερον ὑπὸ Κίμβρων ἡ μετὰ Καιπίωνος (σκιπίωνος *ed. Ald.*) διεφθάρη δύναμις. εἰπόντος δέ τινος ὅτι Ῥωμαῖοι τὴν ἡμέραν ἀφοσιοῦνται καὶ δεδοίκασιν, „οὐκοῦν", ἔφη, „σήμερον ἀγωνισώμεθα προθύμως, ἵνα καὶ ταύτην ἐξ ἀποφράδος καὶ σκυθρωπῆς ποιήσωμεν ἱλαρὰν καὶ προσφιλῆ Ῥωμαίοις". Dasselbe Apophthegma findet sich auch in Plut. *Luc.* 27, 7 (*Vit.* 510C).

675 *cum decem milibus armatorum et mille equitibus* Diese Angaben stimmen nicht; Licinius Lucullus befehligte zwar ein zahlenmäßig unterlegenes Heer, jedoch war der Unterschied nicht so groß. Nach modernen Schätzungen hatte Lucullus etwa 40.000 Mann zur Verfügung, die sich aus ca. 24.000 Mann Infanterie und ca. 14.000 Mann Kavallerie zusammensetzten. Tigranes' Heer hingegen war nach modernen Schätzungen nicht 150.000, sondern ca. 80.000–100.000 Mann stark.

676 *Tigranem* Tigranes II. d.Gr., König von Armenien (reg. 95–55 v. Chr.), der Architekt Großarmeniens; nach seinem Regierungsantritt erweiterte er sein Reich um Kappadokien, nach dem Tode des Mithridates II. i.J. 88 um Teile Parthiens bis zum Kaspischen Meer, sodann um Syrien, Phönizien und Teile Kilikiens und Kommagene (zum Nachteil der Seleukiden) bis zum Mittelmeer hin. Gründete als neue Hauptstadt Großarmeniens Tigranokerta (Tigranes-Stadt). Schließlich verlor er seine Eroberungen im Krieg gegen Rom, nachdem er vor Pompeius kapitulierte. Vgl. M. Chahin, *The Kingdom of Armenia*, New York 1991; H. Manandyan, *Tigranes II and Rome: A New Interpretation Based on Primary Sources*, übers. von G.A. Bournoutian, Costa Mesa, CA, 2007.

676 *Tigranem* „Tigranem" wie Filelfo (fol. n i^v), auch gemäß der Aldus-Ausgabe des Plutarchtextes (Τιγράνην); Regio, dessen Übers. Er. hier für das Übrige kopierte, schrieb „Tigrannem".

676–677 *pridie nonas Octobres* Am 6. 10. 69 v. Chr. nach dem präjulianischen Kalender, am 16.10. nach dem julianischen Kalender.

677 *Scipionis* Diese Angabe ist unrichtig. Das römische Heer, das in der Schlacht von Arausio vernichtet wurde, wurde nicht von einem Scipio, sondern von dem Prokonsul Quintus Servilius Caepio (sowie dem Konsul Gnaeus Mallius Maximus) befehligt. Der Fehler geht auf eine falsche Lesart in der Plutarch-Überlieferung zurück; so hatte die Aldus-Ausgabe des griech. Textes Σκιπίωνος (statt Καιπίωνος). Filelfo (fol. n i^v) und Regio (fol. ⟨i iii⟩^r) arbeiteten mit griech. Textvorlagen, die ebenfalls diese Lesart aufwiesen. Vgl. auch Komm. *CWE* 38, S. 585. Q. Servilius Caepio war 109–108 v. Chr. Propraetor von Hispania ulterior und triumphierte über die Lusitaner i.J. 107; Konsul 106, 105 Prokonsul in Gallien; aufgrund der Niederlage von Arausio verlor er seinen Rang als Senator; i.J. 103 wurde er wegen Hochverrats angeklagt und entzog sich der Verurteilung, indem er freiwillig ins Exil nach Smyrna ging. Vgl. K.-L. Elvers, *DNP* 11 (2001), Sp. 464–465, s.v. Servilius I 12; *RE* II A, 2 (1923), Sp. 1783–1786, s.v. „Servilius 49".

680 *reddamus* wie Filelfo (a.a.O.); Regio hatte „faciamus".

V, 435   Fortiter   (Lucullus, 2) [13]

At quum Romani cataphractos praecipue formidarent, *bono animo illos esse iussit – plus enim negocii futurum in spoliandis illis quam in vincendis*, significans plenam armaturam nihil profuturam hosti in pugna, quum esset ignauus, sed victori profuturam
685   ad praedam. *Quumque primus in collem ascendisset, speculatus hostium* tumultus *exclamauit: „Vicimus, commilitones"*; simulque impetu facto in hostes, *quum nemo* irruentis impetum *sustineret, quinque tantum Romanos*, qui ceciderant, *amisit, hostium vero centum milia* trucidauit.

Apophth. V, 435 bezieht sich wie das vorhergehende auf die Schlacht bei Tigranokerta, am 16. 10. 69 v. Chr.
682–688 *At quum ... centum milia trucidauit* Plut. *Reg. et imp. apophth.*, *Mor.* 203A–B (Lucullus, 2). Er. stellte seinen Text kollageartig aus Regios und Filelfos teilweise missverstandenen Übers. zusammen, die er leicht variierte und mit erklärenden und narrativen Einschüben versah; Regio: „Sed militibus Romanis cataphractos maxime timentibus, bono illos animo esse iussit; plus enim laboris in illis spoliandis quam debellandis futurum. Cum vero primus in montem ascendisset motumque barbarorum inspexisset, exclamauit ‚Vicimus, o commilitones'. Ac nullo subsistente persequens, Romanorum quidem solum quinque interemptos amisit, sed hostium v supra centum milia cecidit" (fol. ⟨i iii⟩ʳ); Filelfo: „Et cum cataphractos maxime milites metuerent, bono animo esse iussit; futurum enim plus laboris in illis spoliandis quam vincendis. Atque cum collem primus ascendisset barbarorumque motum aspexisset, magna voce inquit ‚Vicimus, o commilitones'. Ac nemine sustinente, dum illos fugat, Romanos quinque leto interceptos amisit, hostes vero supra centum millia occidit" (fol. n Iᵛ). Dem griech. Text scheint Er. in vorl. Apophth. nichts Spezifisches entnommen zu haben: Τοὺς δὲ καταφράκτους μάλιστα φοβουμένων τῶν στρατιωτῶν ἐκέλευε θαρρεῖν· πλεῖον γὰρ ἔργον εἶναι τοῦ νικῆσαι τὸ τούτους σκυλεῦσαι. προσβὰς δὲ τῷ λόφῳ πρῶτος καὶ τὸ κίνημα τῶν βαρβάρων θεασάμενος ἀνεβόησε „νενικήκαμεν, ὦ συστρατιῶται"· καὶ μηδενὸς ὑποστάντος διώκων πέντε Ῥωμαίων ἀπέβαλε πεσόντας, τῶν δὲ πολεμίων ὑπὲρ δέκα μυριάδας ἀπέκτεινε. Plut. *Luc.* 28, 1–6 (*Vit.* 510–511) liefert eine ausführliche Schilderung der Schlacht, mit den nämlichen Apophthegmen.

682 *cataphractos* Nach dem Vorbild von Filelfo und Regio transliterierte Er. καταφράκτους, wie schon in V, 311, wohl weil ihm unklar war, was damit gemeint sei; κατάφρακτοι bezeichnete ursprünglich die gepanzerte, schwer bewaffnete Kavallerie Alexanders d. Gr., die Hetairenreiterei, die den Kern des makedonischen Heeres bildete. Nach ihrem Vorbild stellten die hellenistischen Königreiche und deren Nachbarn gepanzerte Reitereinheiten mit langen Lanzen auf, wobei auch das Pferd einen Panzer trug. Vgl. Plut. *Luc.* 28, 4 (*Vit.* 510).
683 *in vincendis* „in vincendis" übernahm Er. aus Filelfos Übers. (fol. n iᵛ).
683–685 *significans ... praedam* „significans ... praedam" ist eine eingeschobene Erklärung des Er.
685 *in collem ascendisset* Er. kopierte hier Filelfos Übers., die ein Missverständnis enthielt; „collem" ist zunächst korrekt, nicht Regios „Berg", „montem" (a.a.O.); jedoch stimmt es nicht, daß Lucullus den Hügel „erstieg" („ascendisset"); Sache war (vgl. die detaillierte Beschreibung bei Plut. *Luc.* 28, 2), daß Tigranes' gepanzerte Reiterei (ἡ κατάφρακτος ἵππος) *am Fuße* eines niedrigen, oben plateauartigen Hügelrückens (ὑπὸ λόφῳ τινί) Stellung bezogen hatte; angesichts der Tatsache, daß dieser Hügelrücken nur mehr 4 Stadien (= 600–700 m) von der römischen Schlachtreihe entfernt war, gab Lucullus das Zeichen zum Angriff. Dabei ist bemerkenswert, daß er die Truppen selbst zu Fuß anführte. Dementsprechend steht im griech. Originaltext von *Mor.* 203B, daß Lucullus der erste war, der zu Fuß zu dem Hügel hinstürmte (προσβὰς δὲ τῷ λόφῳ πρῶτος), nicht, daß er den Hügel als erster erkletterte. In der ausführlicheren Beschreibung in *Luc.* 28, 2 steht, daß Lucullus in eigener Person mit zwei Kohorten zu dem Hügel

hinstürmte, wobei er die Strapazen der Fusssoldaten auf sich nahm: αὐτὸς δὲ δύο σπείρας ἀναλαβὼν ἡμιλλᾶτο πρὸς τὸν λόφον, ἐρρωμένως ἑπομένων τῶν στρατιωτῶν διὰ τὸ κἀκεῖνον ἐν τοῖς ὅπλοις ὁρᾶν πρῶτον κακοπαθοῦντα πεζὸν καὶ προσβιαζόμενον.

685 *tumultus* „tumultus" ist eine Interpretation des Er., die einiges für sich hat; im griech. Originaltext steht das neutrale τὸ κίνημα, von Filelfo mit „motus" übersetzt.

686 *simulque ... in hostes* „simulque impetu facto in hostes" ist ein narrativer Zusatz des Er.

V, 436   Cvra militis   (Lucullus, 3) [14]

690   Lucullus imperator ad direptionem incitantibus *dixit se malle vnum militem Romanum ex hostium manibus eripere quam vniuersas hostium fortunas sibi vindicare.*

V, 437   Animose   (Lucullus, 4) [15]

Archelao, qui iterum a Mithridate defecerat, asseueranti, si in Ponto Lucullus conspiceretur, fore, vt omnia subderentur imperio Romano, respondit Lucullus „Non cedo, Arche-
695   *lae, venatoribus audacia, vt relictis feris ad vacua illorum lustra progrediar".* Iam enim Mithridates Pontum reliquerat.

Apophth. V, 346 datiert auf die Anfangszeit des Dritten Mithridatischen Krieges (74–63 v. Chr.), den die Römer gegen den König von Pontos, Mithridates VI. Eupator Dionysos (geb. 132, reg. 120–63 v. Chr.), führten, der durch eine langjährige Expansionspolitik sein Reich auf große Teile Kleinasiens erweitert hatte. Zu Mithridates VI. vgl. E. Olshausen, *DNP* 8 (2000), Sp. 278–280, s.v. „Mithradates", Nr. 6; B.C. McGing, *The Foreign Policy of Mihtradates VI Eupator King of Pontus*, 1986. Den Oberbefehl bei den Römern führten die Konsuln L. Licinius Lucullus und M. Aurelius Cotta. Cotta, der das dem Königreich Pontos einverleibte Bithynien zugeteilt bekommen hatte, sollte mit seiner Flotte die Küste unter römische Gewalt bringen und zugleich die pontische Flotte binden; dieser erlitt jedoch i.J. 74 eine schwere Niederlage, bei der er 60 Schiffe und 3000 Soldaten verlor (Plut. *Luc.* 8; Appian. *Mithrid.* 71), wonach er sich auf die andere Seite des Bosporus, nach Chalkedon (heute ein Stadtteil Istanbuls), zurückziehen musste, während das pontische Landheer unter der Führung Mithridates' VI. auf seine Stellung marschierte. Cotta schickte Boten zu Lucullus mit der Bitte, ihm zu Hilfe zu kommen. Lucullus, der mit dem röm. Landheer von Süden her kommend in das pontische Königreich einmarschierte, hatte hingegen sehr gute Erfolge verzeichnet; anscheinend war er bereits ins zentral gelegene Phrygien vorgestoßen. Der Hilferuf des Cotta kam Lucullus' Armee nicht gelegen, die drauf und dran war, das Zentrum des Königreichs Pontos fast ohne Gegenwehr zu erobern. Lucullus' Armee brannte darauf, den Eroberungszug zügig zu Ende zu bringen und war dagegen, Cotta zu Hilfe zu kommen. Lucullus hingegen bestand tapfer darauf, zuerst Cotta in Chalkedon zu entsetzen.

690 *ad direptionem incitantibus* In seiner stark gekürzten Wiedergabe entwirft Er. ein missverständliches Bild des historischen Kontextes: Es geht nicht darum, daß die Soldaten kurz vor der Plünderung („direptio"), z.B. einer Stadt, standen, auf die sie – da eine solche lukrativ war – nicht verzichten wollten; vielmehr bildet der von Plutarch skizzierte zangenförmige Feldzug den relevanten Kontext: Die Armee des Lucullus sollte die Mitte des pontischen Reiches besetzen und hatte ihr Kriegsziel fast erreicht, wollte somit all das Erreichte nicht wieder aufgeben, um Cotta zu Hilfe zu kommen. Das Missverständnis ist der Tatsache geschuldet, daß Er. nur von Giustinianis Übers. („quam omnes sibi res hostium vendicare") ausging, die Er. als „sich die Besitzungen der Feinde aneignen" verstand. Der griech. Originaltext bedeutete wohl eher, daß Lucullus lieber das Leben eines einzigen römischen Soldaten retten als das gesamte Feindesland besetzten wollte: Λεύκολλος δὲ πρὸς μὲν τούτους δημηγορῶν εἶπεν, ὡς ἕνα βούλοιτ' ἂν ἐκ πολεμίων σῶσαι Ῥωμαῖον ἢ πάντα λαβεῖν τὰ τῶν πολεμίων.

690–691 *dixit ... vindicare* Im erzählenden Teil stark gekürzte und missverstandene, im Spruchteil jedoch wörtliche Wiedergabe von Leonardo Giustinianis Übers. von Plut. *Luc.* 8, 4 (*Vit.* 496): „Terra marique profligatus Cotta sexaginta cum omni milite naues et quattuor praeterea peditum milia in ea pugna amisit. Et ipse in Chalcedone conclusus vnicam salutis spem in Lucullo posuerat. Erant nonnulli, qui Cotta neglecto Lucullum vlterius progredi stimulabant, quod Mithridatis regnum omni / praesidio desolatum facillime capi posset. Haec maxime militum sententia erat. Nec enim pari poterant animo tolerare, si Cotta non suam modo suorumque militum perniciem procurasset, sed ipsis quoque impedimento foret ad tantam sine vlla pugna victoriam capessendam. Lucullus itaque militibus ad concionem vocatis quum multa clarissime disseruisset, tandem se malle inquit vel vnum ab hostibus Romanum eripere quam omnes sibi res hostium vendicare" (ed. Bade, Paris 1514, fol. CXCVIII^{r-v}).

Apophth. V, 437 bezieht sich ebenfalls auf den ersten Abschnitt des Dritten Mithridatischen Krieges (74–63 v. Chr.), als es um die Frage ging, ob Lucullus unverzüglich in die Kerngebiete des Reiches von Pontos einmarschieren oder zuerst den von Mithridates eingeschlossenen Cotta befreien sollte. Der pontische Feldherr Archelaos, der zu Anfang des Dritten Mithridatischen Krieges, i.J. 74, zu den Römern übergelaufen war und Lucullus bei seinem Einmarsch in Pontos assistierte, gehörte zu denjenigen, die zur ersten Vorgehensweise rieten. Lucullus entschied sich jedoch für die Befreiung Cottas, zugleich für den direkten Angriff auf Mithridates, der mit seinem Heer unweit Chalkedons Cotta in der Zange hielt. Der Sinn des Spruches ist, daß sich Lucullus darin als wahrer Jäger bezeigt, der das wilde Tier selbst (d.h. Mithridates) stellen und erlegen will, statt sein „verlassenes Lager" (d.h. die Kernlande Pontos) aufzusuchen.

693–695 *Archelao ... progrediar* Intendierte wörtliche, jedoch durch einen Zuordnungsfehler entstellte Wiedergabe von Leonardo Giustinianis Übers. von Plut. *Luc.* 8, 4 (*Vit.* 496): „Et Archelao iterum, qui in Boeotia pro Mithridate praefectus defecerat ad Romanos, asseueranti, si in Ponto Lucullus consiceretur, omnia pariter Romanum imperium subitura, ‚Non ego', inquit, ‚Archelae, venatoribus audacia cedo, vt relictis feris ad vacua illarum lustra progrediar'" (ed. Bade, Paris 1514, fol. CXCVIII^v). Vgl. den griech. Text: Ἀρχελάου δὲ τοῦ περὶ Βοιωτίαν Μιθριδάτῃ στρατηγήσαντος, εἶτ᾽ ἀποστάντος καὶ Ῥωμαίοις συστρατεύοντος, διαβεβαιουμένου ⟨μόνον⟩ ὀφθέντα Λεύκολλον (Λούκουλλον *ed. Babbitt*) ἐν Πόντῳ πάντων ὁμοῦ κρατήσειν, οὐκ ἔφη δειλότερος εἶναι τῶν κυνηγῶν, ὥστε τὰ θηρία παρελθὼν ἐπὶ κενοὺς αὐτῶν τοὺς φωλεοὺς βαδίζειν.

693 *Archelao* **Archelaos** aus Makedonien, **Feldherr des Mithridates** VI., der im Ersten Mithridatischen Krieg (89–84 v. Chr.) an zahlreichen Kampfhandlungen beteiligt war; 87 wurde er von Proquästor Q. Braetius Sura in der dreitägigen Schlacht von Chaironeia, 86/85 von Sulla bei Orchomenos entscheidend geschlagen; handelte für Mithridates den Frieden von Dardanos aus, mit dem dieser allerdings sehr unzufrieden war, sodaß Archelaos in Ungnade fiel. Im Zweiten Mithridatischen Krieg (83–81 v. Chr.) lief er zu den Römern über. Sulla ernannte ihn zum „amicus et socius populi Romani". Vgl. M. Schottky, *DNP* I (1999), Sp. 985, s.v. „Archelaos", Nr. 4; U. Wilcken, *RE* II, 1 (1895), Sp. 448–450, s.v. „Archelaos", Nr. 4.

693 *qui ... defecerat* „qui iterum a Mithridate defecerat" kam durch einen syntaktischen Zuordnungsfehler des Er. zustande: Archelaos war nicht „zum zweiten Mal von Mithridates abgefallen", sondern er betonte in der Beratung zum wiederholten Mal (*iterum*), daß Lucullus zunächst das Kerngebiet des pontischen Reiches erobern sollte.

693 *Mithridate* Für Mithridates VI. Eupator Dionysos vgl. oben Komm. zu V, 436.

V, 438 HOSTIS PVDENDVS (Lucullus, 5, i.e. Romani militates) [16]

Romani quum in pugna cum Tigrane hostium *peditum centum milia* trucidassent *paucis equitum fuga seruatis, quum* ex ipsis *non amplius centum essent vulnerati, interfecti quinque*, dicebant *sese erubescere, quod in tam vilia mancipia strinxissent ferrum.*

V, 439 SPLENDIDE (Lucullus, 6) [17]

Quum oeconomus *Lucullo coenam modestam apparasset*, accersitum *obiurgauit; illo dicente „Non putabam sumptuoso apparatu opus esse, quum solus esses coenaturus", „Quid ais?"*, inquit Lucullus, *„An ignorabas apud Lucullum hodie coenaturum Lucullum?".*

V, 440 SPLENDIDE (Lucullus, 7) [18]

Quum Graecos quosdam per dies aliquot magnifice tractasset atque illi dicerent se mirari, quod tantum impendiorum sua causa faceret, *„Nonnihil", ⟨inquit⟩,„o hospites, vestra causa ⟨paratum est⟩, sed maxima pars Luculli gratia".*

---

709 inquit *suppleui.*

710 paratum est *inserui sec. Erasmi instructionem in err. A: desunt in A-C BAS LB.*

In *Apophth.* V, 438 hat Er. aus einem Zitat des Plutarch aus Strabons *Historiarum commentarii* (*Historika hypomnemata*) ein Apophthegma gebastelt; Strabon sagte, daß sich die Römer schämten, gegen solche feigen Sklaven überhaupt Waffen benötigt zu haben (vgl. Plut. *Luc.* 28, 6–7, *Vit.* 511: Στράβων δ᾽ ... ἐν τοῖς ἱστορικοῖς ὑπομνήμασιν αὐτοὺς λέγει τοὺς Ῥωμαίους αἰσχύνεσθαι καὶ καταγελᾶν ἑαυτῶν ...). Er. setzte voraus, daß die Soldaten dies zu einander sagten. Wie in ähnlichen Fällen, tilgte Er. den Hinweis auf die Quelle. Von Strabons umfänglichen Geschichtswerk haben sich nur wenige Fragmente erhalten.

699–701 *peditum ... strinxissent ferrum* Zum Teil paraphrasierende, zum Teil wörtliche Wiedergabe von Leonardo Giustinianis Übers. von Plut. *Luc.* 28, 6–7 (*Vit.* 511): „Peditum in ea fuga vltra centum milia occubuisse proditum est; equites paucos admodum effugisse. Romanorum vulnerati centum, quinque interfecti sunt. ... [7] Strabo vero alter et ipse philosophus in *historiarum commentariis* Romanos inquit erubuisse, derisisseque semet ipsos, quod in tam vilia mancipia ferrum sumpsissent" (ed. Bade, Paris 1514, fol. CCIII^v). Vgl. den griech. Text: λέγεται δὲ τῶν μὲν πεζῶν ὑπὲρ δέκα μυριάδας διαφθαρῆναι, τῶν δ᾽ ἱππέων ὀλίγους παντάπασι διαφυγεῖν. Ῥωμαίων δ᾽ ἑκατὸν ἐτρώθησαν, ἔπεσον δὲ πέντε. [7] ... Στράβων δ᾽ ... ἐν τοῖς ἱστορικοῖς ὑπομνήμασιν αὐτοὺς λέγει τοὺς Ῥωμαίους αἰσχύνεσθαι καὶ καταγελᾶν ἑαυτῶν ἐπ᾽ ἀνδράποδα τοιαῦτα δεηθέντας ὅπλων.

Apophth. V, 339 und 440 gibt Er. im Vergleich zu Plutarchs Lucullus-Biographie in umgekehrter Reihenfolge wieder, wodurch er die von Plutarch aufgebaute Klimax zunichtemacht.

703–706 *Quum oeconomus ... coenaturum Lucullum* Im einleitenden Teil variierende, im Spruchteil wörtliche Wiedergabe von Leonardo Giustinianis Übers. von Plut. *Luc.* 41, 2 (*Vit.* 519): „Quum enim forte nemine apud eum coenante vnica sibi mensa dapesque modeste paratae essent, dispensatorem domus ad se vocatum obiurgauit. Cui ille ‚Non putabam', inquit, ‚quum solus coenaturus esses, sumptuoso tibi opus esse conuiuio'; ‚Quid ais?', Lucullus inquit, ‚An ignorabas penes Lucullum hodie coenaturum esse

Lucullum?'" (ed. Bade, Paris 1514, fol. CCVI^r). Vgl. den griech. Text: ἐπεὶ δὲ μόνου δειπνοῦντος αὐτοῦ μία τράπεζα καὶ μέτριον παρεσκευάσθη δεῖπνον, ἠγανάκτει καλέσας τὸν ἐπὶ τούτῳ τεταγμένον οἰκέτην. τοῦ δὲ φήσαντος, ὡς οὐκ ᾤετο μηδενὸς κεκλημένου πολυτελοῦς τινος αὐτὸν δεήσεσθαι „τί λέγεις;", εἶπεν, „οὐκ ᾔδεις, ὅτι σήμερον παρὰ Λουκούλλῳ δειπνεῖ Λούκουλλος;".

703 *oeconomus* Er. variierte Giustinianis „dispensator domus" (Hausverwalter) durch den gelehrten, spätlateinischen Gräzismus „oeconomus" („Verwalter"), der sich im *Cod. Iust.* (I, 3, 33) und *Cod. Theod.* (IX, 45, 3) findet (vgl. dafür *DNG* II, Sp. 3385, s.v.), gleich als ob im griech. Originaltext Plutarchs das Wort οἰκονόμος („Hauswirt", „Wirtschafter", vgl. Passow II, 1, S. 418, s.v.) gestanden habe. Tatsächlich stand dort jedoch οἰκέτης, „Hausdiener, Diener, Haussklave". Vielleicht hatte Giustiniani (statt οἰκέτην) διοικητήν gelesen oder οἰκέτην im Sinn von „dispensator domus" konkretisiert.

708–710 *Quum Graecos ... Luculli gratia* Im einleitenden Teil stark gekürzte, paraphrasierende und verworrene, im Spruchteil jedoch wörtliche Wiedergabe von Plut. *Luc.* 41, 1 (*Vit.* 519), wobei Er. von Leonardo Giustinianis Übers. ausging: „Ferunt enim Graecos quosdam homines, qui Romam ascenderant, apud illum multis diebus conuiuatos fuisse. Qui quum rursus inuitarentur, Graeca quadam parsimonia in verecundiam ductos recusasse vocationem indignum ducentes, si propter se tantis quottidie sumptibus conuiuia pararentur. His vocibus risisse Lucullum dixisseque ‚Nonnulla profecto propter vos fiunt, o viri Graeci; caeterum plurima propter Lucullum parari iubeo'" (ed. Bade, Paris 1514, fol. CCVI^r). Vgl. den griech. Text: λέγεται γὰρ Ἕλληνας ἀνθρώπους ἀναβάντας εἰς Ῥώμην ἑστιᾶν ἐπὶ πολλὰς ἡμέρας, τοὺς δ᾽ ὄντως Ἑλληνικόν τι παθόντας, αἰσχύνεσθαι καὶ διωθεῖσθαι τὴν κλῆσιν, ὡς δι᾽ αὐτοὺς καθ᾽ ἡμέραν τοσούτων ἀναλισκομένων· τὸν οὖν Λούκουλλον εἰπεῖν μειδιάσαντα πρὸς αὐτούς· „Γίνεται μέν τι τούτων καὶ δι᾽ ὑμᾶς, ὦ ἄνδρες Ἕλληνες· τὰ μέντοι πλεῖστα γίνεται διὰ Λούκουλλον".

708–709 *se mirari* Im griech. Originaltext sagten die Griechen nicht, daß sie sich darüber *wunderten*, sondern, daß sie *sich beschwert fühlten*, daß ihretwegen soviel Aufwand betrieben werde und daß sie deshalb Scham empfänden, die erneute Einladung anzunehmen.

SYLLA

V, 441   Felicitas   (Sylla, 1) [19]

Sylla cognomento Felix inter felicitates suas duas praecipuas ducebat, alterum quod Pium Metellum haberet amicum, alterum quod vrbem Athenarum non subuertisset, sed parcere maluisset.

714–715 sed ... maluisset *scripsi cum A*: om. B C BAS LB.

Apophth. V, 441–448 Der Abschnitt über Sulla steht in Plutarchs *Reg. et imp. apophth.* zwischen Lutatius Catulus und Popillius Laenas (vgl. Komm. oben). Dort präsentierte Plutarch nur einen einzigen Sulla-Ausspruch; Er. erweiterte die Sektion auf insgesamt acht Lemmata, wobei er die anderen mehrheitlich aus Plutarchs Sulla-Biographie bezog. **L. Cornelius Sulla Felix** (138–78 v. Chr.), einer der bedeutendsten röm. Feldherren und Politiker; als Vertreter der konservativen Optimaten Gegner popularer Politiker; 97 Prätor, 88 Konsul, Prokonsul 88–82, Diktator von 83/2–79; seine frühe militärische Karriere gestaltete sich unter Marius; später wurde er dessen Kontrahent und erbitterter Feind; Sulla verzeichnete bedeutende militärische Erfolge in Numidien, im Bundesgenossenkrieg und im Ersten Mithridatischen Krieg. Nach seinem Sieg im Bürgerkrieg trieb er als Diktator rücksichtslos eine politische Neuordnung voran, in deren Rahmen zahlreiche Mitglieder des Adels proskribiert und getötet wurden. Zu Sulla vgl. u.a. K. Christ, *Sulla. Eine römische Karriere*, München 2002, 4. Aufl., 2011; J. Fündling, *Sulla*, Darmstadt 2010; A. Keaveney, *Sulla. The Last Republican*, London 1982 (2. Aufl. London u.a. 2005); W. Letzner, *Lucius Cornelius Sulla. Versuch einer Biographie*, Münster u.a. 2000; F. Santangelo, *Sulla, the Elites and the Empire*, Leiden-Boston 2007.

Sulla scheint als Apophthegmata-Spender nicht nur in der folgenden Sektion auf, sondern auch in IV, 303 und VI, 258; weiter figuriert er in *Apophth.* IV, 233, 255 und 257. Auch in den *Adagia* führt ihn Er. mehrfach an, wobei er zumeist Plutarchs Sulla-Biographie als Quelle verwendete, stets in Guarino da Veronas Übers.: *ASD* II, 2, S. 367; II, 4, S. 300; II, 5, S. 337; II, 6, S. 382 und 475; II, 7, S. 282. Für Er.' Benutzung von Guarinos Übers. der Sulla-Vita vgl. *Adag.* 1939 (*ASD* II, 4, S. 300). In den *Adagien* betonte Er. stets Sullas Grausamkeit und Durchtriebenheit. Bezeichnend ist, daß er ihn in *Adag.* 1939 „Lutum sanguine maceratum" (*ASD* II, 4, S. 300) mit Kaiser Tiberius gleichsetzt, den man spotterweise einen „Klumpen Lehm vermischt mit Blut" nannte; so soll ein Spötter in Athen, das Sulla eroberte, den römischen Feldherrn „eine mit Mehl bestaubte Feige" (Plut. *Sull.* 2, 2) genannt haben. Die Feige soll Sullas rotes Gesicht wiedergeben, das Mehl die vielen weißen Flecken, mit denen sein Gesicht bedeckt war. Die Gleichsetzung mit Tiberius zeigt, daß Er. Sullas rote Gesichtsfarbe als Zeichen seiner Grausamkeit interpretierte. Er. rechnete Sulla zu den übelsten Herrschergestalten der röm. Geschichte. In *Adag.* 2582 „Tria cappa pessima" (*ASD* II, 6, S. 382) zählt er ihn zu den drei übelsten Römern, deren Name mit einem Kappa (= C) anfängt: Cornelius Sulla, Cornelius Cinna und Cornelius Lentulus. In *Adag.* 3480 „In pace leones" (*ASD* II, 7, S. 282) vergleicht Er. Sulla im Hinblick auf dessen Innenpolitik mit einer reißenden Bestie, einem Löwen (nach Plut. *Sull.* 41, 3). Für Sullas Mischung aus Grausamkeit und schlauer Durchtriebenheit vgl. weiter *Adag.* 2481 „Si leonina pellis non satis est, vulpina addenda" (*ASD* II, 5, S. 337; zuerst in der *Adagia*-Ausgabe des Jahres 1533): „Huic affine est, quod apud Plutarchum in vita Syllae Carbo dixisse memoratur. Quum enim Sylla non solum aperto Marte, sed dolis bellum gereret, ait ... quod bellum gerens cum vulpe ac leone, quorum vtrumque habitabat in animo Syllae, a vulpe vehementius ageretur" (vgl. Plut. *Sull.* 28). In der vorl. Sektion stellt Er. Sulla als zynischen Machtpolitiker (V, 442; 444; 447) und Religionsfrevler (V, 442) dar, der sich gleichwohl als tapfer bezeigt (V,

446) und einen klugen Vorausblick besitzt (V, 448).

Apophth. V, 441 ist kein Apophthegma im eigentlichen Sinn, sondern ein Zitat aus Sullas Memoiren, wo sich Sulla betont als Günstling der Fortuna dargestellt hatte; vgl. Plut. *Sull.* 6 (*Vit.* 454), für Metellus insb. 6,5. Den Titel „Felicitas" leitete Er. von Regios Übers. „felicitates" ab; die Göttin, die Sulla beschwor, hieß jedoch „Fortuna".

713 *Sylla* Diese von den Baseldrucken überlieferte Form findet sich auch im Index personarum.

713–714 *Sylla ... non subuertisset* Variierende Wiedergabe von Regios Übers. von Plut. *Reg. et imp. apophth., Mor.* 202E (Sulla): „Sylla cognomento Felix maximas suarum felicitatum duas existimabat: et Pii Metelli amiciciam et quod Athenas non euertisset, sed vrbi pepercisset" (fol. i ii^r). Vgl. den griech. Text: Σύλλας ὁ εὐτυχὴς ἀναγορευθεὶς τῶν μεγίστων εὐτυχιῶν ἐποιεῖτο δύο, τὴν Πίου Μετέλλου φιλίαν καὶ τὸ μὴ κατασκάψαι τὰς Ἀθήνας ἀλλὰ φείσασθαι τῆς πόλεως. Für die Bemerkung aus Sullas Memoiren vgl. Plut. *Sull.* 6, 5: τῆς πρὸς Μέτελλον ὁμονοίας ... εὐτυχίαν τινὰ θείαν αἰτιᾶται.

713–714 *Pium Metellum* Quintus Caecilius Metellus Pius (um 130–63 v. Chr.), 89 Prätor, 88–87 Prokonsul; Anhänger Sullas; nach Sullas Rückkehr aus Griechenland kämpfte er mit ihm gegen die amtierenden Konsuln; er unterstützte Sulla bei seinem Marsch auf Rom i.J. 83 und bezeigte sich als einer der verlässlichsten Generäle im Bürgerkrieg: Er besiegte i.J. 82 Gaius Carrinas bei Piceno, sodann Papirius Carbo und Gaius Norbanus, wobei er Sulla Gallia Cisalpina sicherte; zum Dank für seine guten Dienste verschaffte ihm Sulla i.J. 80 das Konsulat, anschließend das Prokonsulat in Spanien. Vgl. K.-L. Elvers, *DNP* 2 (1999), Sp. 890–891, s.v. „Caecilius", Nr. I, 31.

714 *vrbem Athenarum ...* Er. variierte Regios „Athenas" zu der poetisch-schwülstigen Figuration „vrbem Athenarum" (für das poetische *vrbs* + Genetiv vgl. *DNG* II, Sp. 4889, s.v. „vrbs", I). Sulla eroberte Athen im Zuge des Ersten Mithridatischen Krieges nach einer Belagerung am 1. März 86 v. Chr.; Sulla verfuhr mit der Stadt, wo sich die Truppen des Mithridates einquartiert hatten, zunächst alles andere als mild: Er liess die Mauer zwischen dem Piräus und dem Heiligen Tor schleifen und erlaubte seinen Truppen das Plündern. Erst nach einem ungeheuren Blutbad (vgl. die Beschreibung bei Plut. *Sull.* 14) gebot er Einhalt. Vgl. dazu. Ch. Habicht, *Athen. Die Geschichte der Stadt in hellenistischer Zeit.* München 1995, S. 307 ff.

714 *subuertisset* κατασκάψαι bezeichnet das „Schleifen" der Stadt (Passow I, 2, S. 1648, s.v. κατασκάπτω), von Regio adäquat mit „euertisset" wiedergegeben, das Er. mit „subuertisset" („vernichten") variierte.

714–715 *sed ... maluisset* „sed parcere maluisset" für ἀλλὰ φείσασθαι τῆς πόλεως, wobei Er. Regios „sed vrbi pepercisset" variierte, wurde in B irrtümlich weggelassen und fehlte fortan in den folgenden Ausgaben.

V, 442　　　　　　Ostentvm commode interpretatvm　　　(Sylla, 2) [20]

Quum Sylla defectus necessariis cogeretur etiam diis dicata tangere, *Caphim amicum Delphos miserat, vt pecunias ac donaria* ad se perferret. *Quibusdam vero dicentibus intra templum auditum citharae sonitum,* quod ostentum interpretabantur, quasi Apollo citharoedus indignaretur, *Caphis audita perscripsit Syllae, cui facete rescripsit Sylla:* „Quin tu, Caphi, potius interpretaris istud esse signum *gaudentis et exultantis dei quam indignantis. Itaque perinde vt deo hilariter tribuente tu quoque* bono animo *pecunias accipe*".

V, 443　　　　　　　　　　Fidvcia svi　　　　　　　　　(Sylla, 3) [21]

Quum ad sociale bellum magnis cum copiis missus esset, circa Limernam e vasto terrae hiatu magnus ignis emicuit, cuius flamma ad coelum perueniens constitit. Id vates interpretati sunt, quod vir bonus, aspectu eximius et admirandus, *principatum adeptus praesentibus turbis* ciuitatem liberaturus esset. Hoc audito Sylla, „Ille", inquit, „ego sum". *Nam illi erat peculiare comam habere auream* ignique concolorem. *Nec se ait* suae *virtutis* pudere, *qui res tam multas tamque praeclaras gessisset.*

725　Limernam *A-C*: Lauernam *versio Guarini (cf. text. Graec. Λαβέρνην)*: suspicor scribendum esse Auernum *(Ἄορνην)* siue lacum Auernum (λ.⟨ίμνην⟩ Ἄορνην).

Apophth. V, 442 ist eigentlich kein Spruch, sondern ein Brieffragment des Sulla.

717 *Caphim* Kaphis, Phokier und Parteigänger Roms, der 86 v. Chr. im Auftrag Sullas in dem delphischen Heiligtum eine Kriegskontribution eintrieb und eine Verstärkung unter L. Hortensius aus Thessalien zu Sulla nach Boiotien geleitete. Vgl. F. Münzer, *RE* X, 2 (1919), Sp. 1894, s.v. „Kaphis".

717–723 *Caphim amicum ... pecunias accipe* Im einleitenden Teil stark gekürzte, paraphrasierende, jedoch im Spruchteil wörtliche Wiedergabe von Plut. *Sull.* 12, 3–5 (*Vit.* 459C), wobei, wie der Spruchteil zeigt, Er. Guarino da Veronas Übers. als Vorlage benutzte: „Quum ad vsus belli pecuniae vrgeret inopia, ad mouenda Graeciae sese conuertit Sylla, que in donariis ornatissima et pretiosissima fuerant ... Et Caphin Phocensem ex familiaribus vnum misit, cui, vt singula ... susciperet, mandata dedit. Tum Caphis Delphos profectus aliquid sacrorum tangere veritus coram Amphictyonibus necessitatem multis testatus est lachrymis, asserentibusque nonnullis sese citharae sonitum intra sacram aedem audisse, Caphis seu dictis fidem adhiberet seu Syllae religionem vellet incutere, ad eum renuntiauit audita. Cui per facetias Sylla rescribens, ‚Miror', inquit, ‚Caphi, si non quidem indignantis, ceterum exultantis indicium tantum esse intelligas. Quocirca perinde ac deo summa cum hilaritate pecunias tribuente tu quoque confidentius accipe'" (ed. Bade, Paris 1514, fol. CLXIII^r); vgl. a.a.O. auch die Marginalnote: „Sylla ex Graecia donaria et ex Delphis pecunias ad se deferri ad bellicos vsus iussit". Vgl. den griech. Text: ἐνίων δὲ φασκόντων ἀκοῦσαι φθεγγομένης τῆς ἐν τοῖς ἀνακτόροις κιθάρας, εἴτε πιστεύσας εἴτε τὸν Σύλλαν βουλόμενος ἐμβαλεῖν εἰς δεισιδαιμονίαν, ἐπέστειλε πρὸς αὐτόν. Ὁ δὲ σκώπτων ἀντέγραψε θαυμάζειν τὸν Κάφιν, εἰ μὴ συνίησιν ὅτι χαίροντος, οὐ χαλεπαίνοντος, εἴη τὸ ᾄδειν· ὥστε θαρροῦντα λαμβάνειν ἐκέλευσεν, ὡς ἡδομένου τοῦ θεοῦ καὶ διδόντος.

718 *Quibusdam vero dicentibus* Es handelt sich nicht, wie es bei Er. scheint, um zufällig Anwesende; Er. vergaß zu vermelden, daß es um die Amphiktyonen ging, denen der Gesandte Sullas seine Wünsche vortrug, und daß es einige der Amphiktyonen waren, die behaupteten, aus dem Tempel wäre die Stimme des Gottes erklungen.

719–720 *quod ostentum ... indignaretur* Erklärender Zusatz des Er.

Apophth. V, 443 stammt, wie aus der zitierten Plutarch-Stelle hervorgeht, aus Sullas Memoiren (ἱστορεῖ ... ὁ Σύλλας); es datiert auf den Bundesgenossenkrieg d. J. 91–88 v. Chr., in dem Sulla zunächst als Legat im Heer des L. Iulius Caesar mit wechselhaftem Erfolg gegen die Samniten kämpfte, in einer zweiten Phase (i. J. 89) mit von ihm selbst befehligten Heeren entscheidende Erfolge in Süditalien landete (Einnahme von Stabiae, Herculaneum, Pompei; schließlich von Bovianum, der Hauptstadt der Samniten).

725–730 *Quum ... gessisset* Im einleitenden Teil v.a. wörtliche, im Spruchteil frei paraphrasierende Wiedergabe von Guarinos Übers. von Plut. *Sull.* 6, 6–7 (*Vit.* 454): „Quum ad bellum sociale magnis cum copiis mitteretur, circa Lauernam vastum terrae hiatum extitisse scribit (sc. Sylla), quo lucidum emersisse ignem magnamque in caelo flammam perstitisse. Consulti vates dixere, quum vir bonus singularis aspectu ac praestantissimus principatum gesserit, praesentes tumultus sedaturum. Hunc ipsum Syllam fuisse edicit: proprium quidem aspectum esse flauo colore comae; virtuti se non esse dedecori, sibi testimonio esse tot ingentia facta" (ed. Bade, Paris 1514, fol. CLXI^v). Nebenher zog Er. auch den griech. Text heran: Ἐκπεμπομένου δὲ αὐτοῦ μετὰ δυνάμεως εἰς τὸν συμμαχικὸν πόλεμον ἱστορεῖ χάσμα τῆς γῆς μέγα γενέσθαι περὶ Λαβέρνην· ἐκ δὲ τούτου πῦρ ἀναβλῦσαι πολὺ καὶ φλόγα λαμπρὰν στηρίσαι πρὸς τὸν οὐρανόν. Εἰπεῖν δὴ καὶ τοὺς μάντεις ὡς ἀνὴρ ἀγαθὸς ὄψει διάφορος καὶ περιττὸς ἄρξας ἀπαλλάξει τῇ πόλει ταραχὰς τὰς παρούσας. Τοῦτον δὲ αὐτὸν εἶναί φησιν ὁ Σύλλας· τῆς μὲν γὰρ ὄψεως ἴδιον εἶναι τὸ περὶ τὴν κόμην χρυσωπόν, ἀρετὴν δὲ οὐκ αἰσχύνεσθαι μαρτυρῶν ἑαυτῷ μετὰ πράξεις καλὰς οὕτω καὶ μεγάλας.

725 *Limernam* Bei dem von den Baseldrucken einhellig überlieferten „Limernam" handelt es sich um einen Textübertragungsfehler, der bei der Übernahme von Guarinos Übers. („Lauernam") entstanden ist und höchstwahrscheinlich auf das Konto des Er. geht. Guarinos „Lauernam" ist eine akkurate Übernahme des ihm vorliegenden Plutarchtextes (Λαβέρνην). Allerdings kann Λαβέρνην nicht stimmen. Laverna war eine alte römische Göttin (der Diebe), die auf dem Aventin ein Heiligtum hatte; dieses kann aber nicht gemeint sein, erstens da Sulla, wie er in seinen Memoiren mitteilt, sich an dem bewussten Ort mit einem großen Heer aufhielt, zweitens weil es beim Laverna-Heiligtum am Aventin keine vulkanischen Ausbrüche gab. Zu lesen ist m.E. περὶ Ἄορνην („um den/beim Avernersee"). Sulla hielt sich im Bundesgenossenkrieg mit seinem Heer in der Tat in diesem Gebiet auf, das sich bekanntlich durch eine bedeutende vulkanische Aktivität auszeichnet. Der „lacus Avernus" ist ein vulkanischer Kratersee unweit von Pozzuoli/ Puteoli und den Campi Flegrei (vgl. dazu Ch. Hug-Fleck, *Italiens Vulkane – Vesuv, Campi Flegrei, Stromboli, Vulcano, Ätna*, 2012; G. Camodeca – M. Medri, *I Campi Flegrei*, 1990). Dort gibt es zahlreiche Spalten und Risse in der Erde; daß dort eine Flamme aus der Erde hervorgeschossen sein soll, ist nicht ungewöhnlich. In röm. Zeit war der Avernersee mit dem Meer verbunden und diente als Seehafen.

727 *admirandus* „admirandus" ist eine Variation des Er. von Guarinos „praestantissimus" (a.a.O.); im Griech. stand jedoch περιττὸς = „von außerordentlich großer Gestalt", „von hohem Wuchs". Sulla war in der Tat sehr groß, zählte zu den *homines egregii*.

728 *ciuitatem liberaturus esset* An dieser Stelle verwendete Er. den griech. Text ἀπαλλάξει τῇ πόλει ταραχὰς τὰς παρούσας.

728–729 *Hoc ... ego sum* In diesem Abschnitt transponierte Er. Plutarchs Text (Τοῦτον δὲ αὐτὸν εἶναί φησιν ὁ Σύλλας) lebhaft in die direkte Rede.

729 *ignique concolorem* „ignique concolorem" ist ein erklärender Zusatz des Er. zu der Angabe, daß Sullas Haar eine „goldene" Farbe gehabt habe, also blond gewesen sei.

729–730 *Nec ... pudere* Mit „Nec ... pudere" variierte Er. Guarinos „virtuti se non esse dedecori" (a.a.O.); im griech. Text steht jedoch, daß sich Sulla nicht schäme, (nml. in seinen Memoiren) seine Tugendhaftigkeit *zeugnishaft darzustellen* bzw. *von ihr Zeugnis abzulegen* (ἀρετὴν δὲ οὐκ αἰσχύνεσθαι μαρτυρῶν).

V, 444   Scelerosis vti   (Sylla, 4) [22]

Quum milites in bello sociali Albinum virum praetorium fustibus mactassent, Sylla *tam atrox facinus impunitum reliquit,* dicens *se illis posthac promptioribus vsurum in praeliis,* dum *peccatum fortiter* gerendo rem studebunt pensare.

V, 445   Militariter   (Sylla, 5) [23]

Quum Athenienses ad Syllam *duos tresue misissent de pace tractaturos atque illi nihil adferrent, quod* ad incolumitatem ciuitatis faceret, *sed Theseum, Eumolpum et res aduersus Medos gestas verbis inanibus iactarent,* „Abite", inquit, „o beati, istasque orationes vobiscum referte. *Non enim* discendi cupidus huc missus sum a populo Romano, sed vt rebelles subuertam".

V, 446   Animose   (Sylla, 6) [24]

Apud Orchomenum, quum milites longius euagarentur *ordinibusque perturbatis fugam caperent,* Sylla ex equo desiliens, arrepto vexillo in hostem conuolat, ita *vociferans:* „Mihi quidem, o Romani milites, hic pulchrum est mori; vos interrogati, quo loco ducem vestrum amiseritis, memineritis dicere ,apud Orchomenum' ". Hac voce suos *reuocauit.*

732–734 *Quum milites … studebunt pensare* Teils wörtliche, teils variierende, insgesamt schlampige und lückenhafte Wiedergabe von Guarinos Übers. von Plut. *Sull.* 6, 9 (*Vit.* 455): „Quum eius (sc. Syllae) milites in hoc ipso bello sociali Albinum virum praetorium legatum saxis ac fustibus mactassent, tantam iniuriam impunem praeteriit; gloriabundus etiam diuulgabat se illis alacrioribus ad pugnas vsurum, peccatum per fortitudinis opera emendaturis" (ed. Bade, Paris 1514, fol. CLXI^v). Vgl. den griech. Text: Ἐν αὐτῷ γε τούτῳ τῷ συμμαχικῷ πολέμῳ τῶν στρατιωτῶν αὐτοῦ στρατηγικὸν ἄνδρα πρεσβευτήν, Ἀλβῖνον ὄνομα, ξύλοις καὶ λίθοις διαχρησαμένων, παρῆλθε καὶ οὐκ ἐπεξῆλθεν ἀδίκημα τοσοῦτον, ἀλλὰ καὶ σεμνυνόμενος διεδίδου λόγον ὡς προθυμοτέροις διὰ τοῦτο χρήσοιτο πρὸς τὸν πόλεμον αὐτοῖς ἰωμένοις τὸ ἁμάρτημα δι' ἀνδραγαθίας.

732 *Albinum* Aulus Postumius Albinus (gest. 89 oder 88 v. Chr.) Konsul i.J. 99; Legat und Flottenkommendant Sullas im Bundesgenossenkrieg, nahm 89 an der Belagerung Pompejis teil. Er wurde von seinen Soldaten während einer Meuterei erschlagen bzw. gesteinigt. Vgl. F. Münzer, *RE* XXII, 1 (1953), Sp. 909–910, s.v. „Postumius", Nr. 32.

732 *praetorium* Er. läßt bei seiner Textübernahme die wichtige Angabe aus, daß Albinus das Amt eines militärischen Oberkommandanten, *legatus,* ausübte. Es war dieses Amt, als *legatus* der Flotte, das ihm den Tod brachte.

732 *fustibus* Er. ließ an dieser Stelle bei seiner Textwiedergabe ein wichtiges Element aus, nämlich daß die Soldaten Albinus *steinigten* (vgl. Guarinos Übers. „saxis ac fustibus", so auch im griech. Text). Das Steinigen war eine Todesart, die für einen römischen Bürger (und *a fortiori* für einen Magistraten) als unwürdig empfunden wurde.

Apophth. V, 445 datiert auf die Eroberung Athens i.J. 86 v. Chr. als Vergeltung dafür, daß es Mithridates VI. unterstützt hatte.

736 *Athenienses* Bei Plut. a.a.O. ist es Aristion, der Tyrann von Athen, der ein paar seiner Saufkumpanen wegen eines Friedensabkommens zu Sulla schickte.

736–740 *duos tresue … rebelles subuertam* Paraphrasierende Wiedergabe von Plut. *Sull.* 13, 4 (*Vit.* 460): Ὀψὲ δὲ ἤδη που μόλις ἐξέπεμψεν ὑπὲρ εἰρήνης δύο ἢ τρεῖς τῶν συμποτῶν· πρὸς οὓς οὐδὲν ἀξιοῦντας σωτήριον, ἀλλὰ τὸν Θησέα καὶ τὸν Εὔμολπον καὶ τὰ Μηδικὰ σεμνολογουμένους ὁ Σύλλας „Ἄπιτε", εἶπεν, „ὦ μακάριοι, τοὺς λόγους τούτους ἀναλαβόντες· ἐγὼ γὰρ οὐ φιλομαθήσων εἰς Ἀθήνας ὑπὸ Ῥωμαίων ἐπέμφθην, ἀλλὰ τοὺς ἀφισταμένους καταστρεψόμενος". Für den Spruchteil zog Er. die Übers. des Guarino da Verona heran: „... ‚Abite, o beati homines', inquit Sylla, ‚et istas vobiscum orationes recipite. Haud enim capessendae studiosus disciplinae ab Romano populo Athenas missus sum, caeterum vt rebelles euertam'" (ed. Bade, Paris 1514, fol. CLXIIIʳ).

737 *Theseum* D.h. die Taten des Gründers und Gesetzgebers Athens.

737 *Eumolpum* Eumolpus, aus Thrakien eingewanderter König, der die Eleusinischen Mysterien begründete und als erster das Priesteramt der Demeter bekleidete. Im Krieg zwischen Eleusis und Athen kämpfte er an der Seite der Eleusiner und wurde vom athenischen König Erechtheus erschlagen.

738 *Medos* i.e. Persas; d.h. die Athenischen Gesandten priesen ihre eigene Stadt für ihre Heldentaten in den Perserkriegen.

Apophth. V, 446 datiert auf die entscheidende Schlacht bei Orchomenos i.J. 86 v. Chr. zwischen Sulla und den Truppen des Mithridates VI., die von Archelaos befehligt wurden.

742–745 *Apud Orchomenon ... reuocauit* Zum Teil gründlich missverstandene, unvollständige Wiedergabe von Plut. *Sull*. 21, 1–2 (*Vit*. 465), wobei Er. Guarinos mit Fehlern behaftete Übers. als Vorlage benutzte: „At hostes morarum impatientes, vt primum ab ductoribus emissi sunt, tam effusa velocitate cursitant, vt non modo qui operibus distinebantur, verum etiam perturbati ordines plurimi fugam capescerent. Vbi desiliens ab equo Sylla correpto signo per mactantes (sic, i.e. suos fugae se mandantes) in hostem conuolat et vociferat: ‚Mihi quidem', inquit, ‚O Romani milites, hic pulchrum est mori. Vos autem quum rogabimini, quonam loco imperatorem vestrum perdidistis (prodidistis *legendum*), dicere mementote *in Orchomeno*'. Quo dicto reuocantur" (ed. Bade, Paris 1514, fol. CLXIVᵛ). Vgl. den griech Text: Τῶν δὲ οὐκ ἀνασχομένων, ἀλλ' ὡς ἀφείθησαν ὑπὸ τῶν στρατηγῶν, ἐντόνως καὶ ῥύδην ἐλαυνόντων, οὐ μόνον οἱ περὶ τὰ ἔργα τοῦ Σύλλα διεσκεδάσθησαν, ἀλλὰ καὶ τοῦ παρατεταγμένου συνεχύθη τὸ πλεῖστον φυγόντος. (2) Ἔνθα δὴ Σύλλας αὐτὸς ἀποπηδήσας τοῦ ἵππου καὶ σημεῖον ἀναρπάσας ὠθεῖτο διὰ τῶν φευγόντων εἰς τοὺς πολεμίους, βοῶν, „Ἐμοὶ μὲν ἐνταῦθά που καλόν, ὦ Ῥωμαῖοι, τελευτᾶν, ὑμεῖς δὲ τοῖς πυνθανομένοις ποῦ προδεδώκατε τὸν αὐτοκράτορα, μεμνημένοι φράζειν ὡς ἐν Ὀρχομενῷ." Τούτους τε δὴ τὸ ῥηθὲν ἐπέστρεψε. Mit „per mactantes" (statt „per suos fugae se mandantes") war Guarino ein Irrtum unterlaufen; „perdidistis" ist höchstwahrscheinlich ein Druckfehler für das von Guarino beabsichtigte „prodidistis".

742 *Apud Orchomenum* Orchomenos, eine Stadt in Boiotien in Mittelgriechenland, unweit von Chaironneia und wie dieses am Kopais-See gelegen. Orchomenos war von den Thebanern 349 v. Chr. zerstört, jedoch unter den Makedonenherrschern wiederaufgebaut worden. Sulla eroberte die Stadt und gliederte sie ins Römische Reich ein.

742 *quum milites longius euagarentur* Er.' Skizzierung der militärischen Sachlage durch „quum milites longius euagarentur" zeigt, daß er diese völlig missverstanden hat: Es kann keine Rede davon sein, daß Sullas Soldaten den strategischen Fehler gemacht hätten, über eine zu große Distanz auschzuweifen. Im Gegenteil: Sie hielten sich *im Lager* auf, wie Plutarch berichtet. Sulla war dabei, sein Lager durch Wall und Graben zu befestigen und dadurch der überlegenen feindlichen Reiterei den Weg abzusperren: Arbeiter schaufelten um das Lager einen Graben aus und die Soldaten standen in Schlachtreihe aufgestellt hinter den Grabarbeitern; alle befanden sich somit innerhalb des Lagers. Mithridates' Reiterei ging jedoch unerwartet zu einem Sturmangriff über, wobei es ihr gelang, die Grabbeiter auseinanderzutreiben und die hinter diesen aufgestellten römischen Soldaten in die Flucht zu jagen (*Sull*. 21, 1); da der Angriff von außerhalb des Lagers kam, müssen die römischen Soldaten in Richtung der anderen Seite des Lagers fortgerannt sein. Da versuchte der hinter ihnen aufgestellte Sulla sie aufzuhalten, indem er vom Pferd absprang, das Feldzeichen ergriff und sie anschrie (*Sull*. 21, 1).

743 *in hostem conuolat* Er. vergißt zu vermelden, daß Sulla versuchte, seine zur anderen Seite des Lagers hin fliehenden Soldaten aufzuhalten: Er bahnte sich zu Fuss, die Soldaten anschreiend, einen Weg zum Feind hin (ὠθεῖτο διὰ τῶν φευγόντων εἰς τοὺς πολεμίους, βοῶν ...). Guarino hatte dies irrtümlich mit „per mactantes in hostem conuolat"; von „conuolare" kann natürlich keine Rede sein, wenn ein wütender General sich erst den Weg durch meuternde Soldaten bahnen muss.

745 *amiseritis* Mit „amiseritis" variierte Er. „perdidistis", das er im Druck von Guarinos Übers. antraf, das jedoch einen Druckfehler darstellte. Gemeint war „prodidistis", „wo ihr euren General verraten habt" (προδεδώκατε τὸν αὐτοκράτορα).

V, 447   VICTOR FEROX   (Sylla, 7) [25]

Quum Mithridates Syllae processisset obuiam dextramque porrexisset, Sylla non resalutauit, sed *percontatus est, num a bello desisteret his conditionibus, quas cum Archelao pactus esset.* Obticescente Mithridate, „*Quibus pace opus est*", inquit Sylla, „*eos priores loqui conuenit; victori silere satis est*". Rursus quum Mithridates variis coloribus excusaret, quae gesta fuerant, „*Olim*", inquit, „*audiui, nunc experior te singulari eloquentia praeditum, qui tam* nefariis *factis* colorem inuenire potueris".

V, 448   PROVIDENTIA   (Sylla, 8) [26]

Lucius Sylla cognomento Felix, quum *cogitaret de occidendo* C. Caesare, amicis, ne id faceret, dehortantibus – indignum enim esse talem necare puerum, „*Desipitis*", inquit, „*si in hoc puero non videtis multos inesse Marios*". Deprehendit in eo excelsam indolem nullis honoribus satiandam, vt qui *vixdum pubescens sacerdotium*

Apophth. V, 447 datiert auf das Jahr 84 v. Chr., in dem Sulla und Mithridates, nach längeren Vorverhandlungen, die Archelaos für den König mit den Römern geführt hatte, unweit von dem antiken Troja zusammentrafen und den Frieden besiegelten. Vgl. dazu die Einleitung Plutarchs, die der im *Apophthegma* zitierten Stelle unmittelbar vorhergeht (*Sull.* 24, 1, *Vit.* 467). Daß aus der Anekdote Sullas ungezügelte Wildheit bzw. tierische Unmenschlichkeit (*ferocia*) hervorgehen soll, beruht auf einer irrigen Interpretation des Er., der den Gestus des Händeschüttelns als normalen Grußgestus missverstand: Daß der König Sulla die rechte Hand entgegenstreckte, war kein Zeichen des normalen Grusses, sondern der symbolische Gestus des Friedensschlusses (Dexiosis). Daß Sulla den Gestus nicht sofort erwiderte, bedeutete (anders als Er. dies verstand), daß er vor der Besiegelung des Friedens noch einmal nachfragte, ob die bisher ausgehandelten Bedingungen gültig seien. Wie das Folgende zeigt, war diese Nachfrage begründet: Der König nahm zu allerlei Ausreden seine Zuflucht. Sulla jedoch hatte keine Lust, sich von dem König länger hinhalten zu lassen. Er setzte Mithridates unter Druck, sodaß dieser zustimmen musste. Sodann wurde der Frieden geschlossen. Jedoch benutzte Sulla dazu nicht die griechisch-asiatische Dexiosis, sondern die Umarmung mit Friedenskuss (περιλαβὼν ἐφίλησεν αὐτόν). Sulla verhielt sich somit keineswegs „wild" und „tierhaft": Er umarmte den König und küsste ihn. Mithridates erfüllte die Friedensbedingungen: Er übergab Sulla die vereinbarten 70 Kriegsschiffe und 500 Bogenschützen (Plut. *Sull.* 24, 3). Im Gegenzug durfte Mithridates sein ursprüngliches Herrschaftsgebiet, Pontos, behalten. Lycosthenes folgte der unrichtigen Interpretation und dem Titel des Er., indem er den Spruch in die Kategorie „De victoriae insolentia" aufnahm (S. 1078).

747–752 *Quum ... potueris* Im ersten Teil leicht variierende, im zweiten Teil stark gekürzte und frei paraphrasierende Wiedergabe von Plut. *Sull.* 24, 1–3 (*Vit.* 465), wobei Er. die Übers. des Guarino da Verona als Vorlage benutzte: „Cum Mithridates obuiam prodisset ac dextram pertendisset (*legendum* protendisset), Sylla percontatus ‚Bellone', inquit, ‚finem imponis iis conditionibus, quas confessus est Archelaus?'. Tacente rege Sylla ‚Eos', inquit, ‚quibus pace opus est, verba prius facere conuenit. At victoribus silentia tenere satis est'. (2) Postquam Mithridates purgationem suam orsus, belli causas partim in deos vertere, partim in ipsorum culpam Romanorum referre conatus est, excipiens Sylla, ‚Dudum', ait, ‚aliis renuntiantibus audieram: nunc autem ipse intelligo, quam singulari, Mithridates, polleas eloquentia, qui tam flagitiosis in rebus tamque impiis praetextu et ratione probabili minime caruisti'. (3) ... Denuo rogauit, num quae cum Archelao pacta conuentaque sint, absoluat.

Illo in eum modum facturum sese respondent, familiarissime salutauit et amplectens exosculatus est" (ed. Bade, Paris 1514, fol. CLXVᵛ). Vgl. den griech. Text: ἀπαντήσαντος δὲ τοῦ Μιθριδάτου καὶ τὴν δεξιὰν προτείναντος, ἠρώτησεν αὐτὸν εἰ καταλύσεται τὸν πόλεμον ἐφ᾽ οἷς ὡμολόγησεν Ἀρχέλαος· σιωπῶντος δὲ τοῦ βασιλέως, ὁ Σύλλας ‚ἀλλὰ μήν,‘ ἔφη, ‚τῶν δεομένων ἐστὶ τὸ προτέρους λέγειν, τοῖς δὲ νικῶσιν ἐξαρκεῖ τὸ σιωπᾶν‘. (2) ἐπεὶ δὲ ἀρξάμενος τῆς ἀπολογίας ὁ Μιθριδάτης ἐπειρᾶτο τοῦ πολέμου τὰ μὲν εἰς δαίμονας τρέπειν, τὰ δὲ αὐτοὺς αἰτιᾶσθαι τοὺς Ῥωμαίους, ὑπολαβὼν ὁ Σύλλας ὁ Σύλλας ἔφη πάλαι μὲν ἑτέρων ἀκούειν, νῦν δ᾽ αὐτὸς ἐγνωκέναι τὸν Μιθριδάτην δεινότατον ὄντα ῥητορεύειν, ὃς ἐπὶ πράξεσιν οὕτω πονηραῖς καὶ παρανόμοις λόγων ἐχόντων εὐπρέπειαν οὐκ ἠπόρηκεν. (3) ἐξελέγξας δὲ τὰ πεπραγμένα πικρῶς ὑπ᾽ αὐτοῦ καὶ κατηγορήσας, πάλιν ἠρώτησεν εἰ ποιεῖ τὰ συγκείμενα δι᾽ Ἀρχελάου. φήσαντος δὲ ποιεῖν, οὕτως ἠσπάσατο καὶ περιλαβὼν ἐφίλησεν αὐτόν.

747 *Mithridates* Mithridates VI. Eupator Dionysos, König von Pontos. Zu ihm vgl. oben Komm. zu V, 436. Mithridates VI. hatte 88 v. Chr. die römische Provinz Asien unter seine Herrschaft gebracht. Eine seiner Greueltaten war der sog. Blutbefehl von Ephesos: Darin befahl Mithridates VI. die Hinrichtung aller Italiker im Königreich, insgesamt ca. 80.000 Personen. Rom erklärte daraufhin Mithridates den Krieg (Erster Mithridatischer Krieg, 89–84). Sulla zog mit seinem Heer in Nordgriechenland ein, Fimbria richtete sich auf Kleinasien.

747–748 *Sylla ... sed* „Sylla non resalutauit, sed" ist ein erklärender Zusatz des Er., in dem jedoch sein Missverständnis des „Händeschüttelns" als normaler Grussgestus zum Ausdruck kommt. Im republikanischen Rom war das Händeschütteln kein Grussgestus, sondern bei Bekannten die Umarmung und bei einander nicht näher Bekannten das Heben der Rechten. Er. ging jedoch von der ihm vertrauten germanisch-mittelalterlichen Kultur aus.

748 *Archelao* Zu Archelaos, Mithridates' VI. oberstem Feldherrn, vgl. oben, Komm. zu *Apophth.* V, 437.

750–751 *variis coloribus excusaret* „variis coloribus excusaret", „mit vielen rhetorischen (Stil)Figuren rechtfertigte", ist eine sehr lockere, vage Wiedergabe von Guarinos genauer Plutarch-Übers., in der die Hauptlinien von Mithridates' Argumentation benannt werden. Dieselbe vage Wiedergabe wiederholt Er. im nächsten Satz mit „nefariis factis colorem inuenire potueris" („der du für gottlose Taten rhetorische Figuren auffinden konntest"). Dort stand bei Plutarch und Guarini eigentlich „der du für so schändliche und gottlose Taten keineswegs der Rechtfertigungsgründe entbehrtest". Für „colores rhetorici" vgl. L. Arbusow, *Colores rhetorici. eine Auswahl rhetorischer Figuren und Gemeinplätze als Hilfsmittel für akademische Übungen an mittelalterlichen Texten*, 2. Aufl., Göttingen 1963.

In *Apophth.* V, 448 vereinigt Er. zwei Apophthegmata: Das erste stammt aus Plutarchs Caesar-Biographie, wobei Er. auch Sueton. *Caes.* 1, 1 hinzuzieht, das zweite aus Sueton. *Caes.* 45, 3. Das erste datiert auf d.J. 84 v. Chr., als sich Caesar, der erst vor kurzem die *toga virilis* erhalten hatte, um das Amt des *Flamen Dialis* beworben hatte. Er. zitierte Sullas Apophthegma von „dem leicht gegürteten Knaben" bereits in *Apophth.* IV, 303 (dort in der Sektion der Aussprüche Ciceros, vgl. *ASD* IV, 4, S. 356).

754–756 *Sylla ... inesse Marios* Paraphrasierende, durch Zusätze angereicherte Übertragung von Plut. *Caes.* 1, 2 (*Vit.* 707): περὶ δ᾽ ἀναιρέσεως βουλευόμενος, ἐνίων λεγόντων ὡς οὐκ ἔχοι λόγον ἀποκτιννύναι παῖδα τηλικοῦτον, οὐκ ἔφη νοῦν ἔχειν αὐτούς, εἰ μὴ πολλοὺς ἐν τῷ παιδὶ τούτῳ Μαρίους ἐνορῶσι. Im Spruchteil arbeitete Er. zusätzlich Sueton. *Caes.* 1, 1 ein.

754 *amicis* daß es sich bei jenen Leuten spezifisch um Freunde Sullas gehandelt habe, entsprang der Einbildungskraft des Er.; nach dem griech. Originaltext war das die Meinung „einiger Leute" (ἐνίων λεγόντων).

755 *talem ... puerum* „talem" (τηλικοῦτον) im Sinn von „einem noch so jungen" Knaben.

756 *multos inesse Marios* Sueton. *Caes.* 1, 1: „nam Caesari multos inesse Marios".

757–758 *qui vixdum ... ambierit* Vereinfachte Wiedergabe von Plut. *Caes.* 1, 2: ἀλλὰ μετιὼν ἱερωσύνην εἰς τὸν δῆμον προῆλθεν οὔπω πάνυ μειράκιον ὤν, wobei Er. „vixdum pubenscens" aus Angelo da Scarperias Übers. kopierte: „haud tamen destitit, quominus in petitione sacerdotii vixdum pubescens populum adiret ..." (ed. Bade, Paris 1514, fol. CCLVIIʳ).

ambierit. Idem populum Romanum subinde monere solet, *cauerent puerum male praecinctum.*

M. ANTONIVS

V, 449   *FILIVS PATRI SIMILIS*   (M. Antonius, 1, i.e. Antyllus)

758 solet *A-C*: solebat *LB*.

758 *populum Romanum* Er.' Wiedergabe der verwendeten Sueton-Stelle ist hier unscharf und, politisch gesehen, irreführend: Sulla warnte natürlich nicht das „Römische Volk" vor Caesar, sondern die „Optimates", wie es von seiner politischen Ausrichtung her zu erwarten ist: Sulla vertrat die Interessen der Optimaten; das „Volk" war der Referenzpunkt der Popularen, zu denen Caesars Verwandter und Sullas Erzfeind Marius und natürlich auch Caesar selbst gehörten. Er. war auch sonst in der Adressierung des Spruches schwankend: In der Wiedergabe desselben in *Apophth.* IV, 303 (*CWE* 38, S. 432, *ASD* IV, 4, S. 356) behauptet Er., Sulla habe damit Pompeius warnen wollen: „vnde Sylla Pompeium admonere solet, caueret a puero male praecincto". Diese Adressierung des Spruchs bezog Er. aus Macrob. *Sat.* II, 3, 9.

758–759 *monere ... praecinctum* Sueton. *Caes.* 45, 3: „Etiam cultu notabilem ferunt (sc. C. Caesarem) ... et quidem fluxiore cinctura; vnde emanasse Sullae dictum optimates saepius admonentis, *vt male praecinctum puerum cauerent*". Sullas Apophthegma bezieht sich auf Caesars Gewohnheit, die Tunica nur sehr lose gegürtet zu tragen. Vgl. Macrob. *Sat.* II, 3, 9: „iocatus (sc. Cicero) in Caesarem, qui ita toga praecingebatur, vt trahendo laciniam velut mollis incederet; adeo, vt Sulla tamquam prouidus dixerit Pompeio ,Caue tibi puerum male praecinctum'". Macrobius gibt kurioserweise an, daß es um Caesars *toga* gehen würde: Die *toga* wurde aber prinzipiell nicht umgürtet. Er. zitiert Sullas Ausspruch nach Sueton oder Macrobius weiter in *Adag.* 2688 „Samium comatum" (*ASD* II, 6, S. 475): „Non dissimile, quod ammonuit Sylla: Cauendum a puero male praecincto".

Apopth. V, 449–474 Die letzten Sektionen des fünften Buches der *Apophthegmata*, die Sertorius, den Triumvirn Crassus und Marcus Antonius und den Caesar-Mördern Brutus und Cassius gewidmet sind (V, 449–474), haben keine Entsprechung in Plutarchs Sammlung der *Reg. et imp. apophth*. Dort folgten Abschnitte über Pompeius, Cicero, den Diktator Julius Caesar und Augustus als Schlusspunkt. Diese Abschnitte hatte Er. bereits im vierten Buch der *Apophthegmata* behandelt, Augustus in IV, 133–199 (*ASD* IV, 4, S. 316–332; *CWE* 37, S. 377–400), Caesar in IV, 200–235 (*ASD* IV, 4, S. 332–340; *CWE* 37, S. 401–410), Pompeius in IV, 236–256 (*ASD* IV, 4, S. 340–346; *CWE* 37, S. 411–418) und Cicero in IV, 280–350 (*ASD* IV, 4, S. 351–367; *CWE* 37, S. 426–446). Nach Plutarchs System der chronologischen Anordnung hätte die Reihenfolge der „neuen" Abschnitte wie folgt aussehen müssen: 1. Sertorius (123–72 v. Chr.), 2. Crassus (ca. 115–53 v. Chr.), 3./4. Brutus und Cassius (beide 85–42 v. Chr.), 5. Marcus Antonius (86/2–30 v. Chr.). Er. ordnet sie jedoch anders an: 1. M. Antonius, 2. Cassius, 3. Crassus, 4. Sertorius, 5. Brutus. Es ist nicht ganz klar, was die Ratio dieser Anordnung sein sollte, jedoch soviel, daß Er. dem Caesar-Mörder Brutus einen Ehrenplatz zuwies als jene Person, die das fünfte Buch der Aussprüche berühmter Herrscher und Feldherren abschließen durfte. Die Ehre, die Er. dem Caesar-Mörder erwies, korrespondiert mit der ausgesprochen negativen Bewertung des Diktators, die Er. eigen war. Insofern richtet sich Er. auch gegen Plutarch, der sein Werk mit den Gründern des Prinzipats, Caesar und Augustus, abschloß.

Marcus Antonius (86/2–30 v. Chr.) machte durch Caesars Förderung eine steile Karriere: I.d.J. 52–50 war er der *legatus* Caesars in Gallien, 49 Proprätor, 48 Magister equitum; General Caesars im Bürgerkrieg (49–46); i.J. 44 Konsul gemeinsam mit Caesar; im selben Jahr bot Antonius dem Diktator das Diadem zum Zeichen der monarchischen Würde an, welche Caesar jedoch demonstrativ ablehnte. Nach Caesars Ermordung im selben Jahr stellt Antonius die öffentliche Ordnung wieder her, vermied den Ausbruch eines Bürgerkriegs und setzte die Gültigkeit von Caesars Testament durch, das allerdings, wie sich herausstellte, Octavian zum Universalerben einsetzte; zunächst Führer der Partei Casars; 43 Architekt des Zweiten Triumvirats (mit Octavian und M. Aemilius Lepidus). Er war i.d.J. 40–35 mit Octavia, Octavians Schwester, verheiratet; seit 40 konzentrierte sich Antonius auf den Osten des Reiches. Nach und nach entzweite er sich mit Octavian; 32 kam es zum offenen Krieg, der in Griechenland ausgetragen wurde und durch die Seeschlacht bei Actium entschieden wurde. Vgl. H. Bengtson, *Marcus Antonius. Triumvir und Herrscher des Orients*, München 1977; S. Benne, *Marcus Antonius und Kleopatra VII. Machtaufbau, herrscherliche Repräsentation und politische Konzeption*, Göttingen 2001; F. Chamoux, *Marcus Antonius. Der letzte Herrscher des griechischen Orients*, Gernsbach 1989; J. Pasquali, *Marcus Antonius – Todfeind Ciceros und Rivale des Octavianus*, Bochum-Freiburg 2009; H. Halfmann, *Marcus Antonius*, Darmstadt 2011.

761 *Filius patri similis* Der Titel, den Er. V, 449 gab, stellt ein Sprichwort dar, „Wie der Vater, so der Sohn" bzw. „Der Apfel fällt nicht weit vom Stamm"; für die latein. Version vgl. Walther 27304 „Saepe solet similis filius esse patri"; 27299; 7764; 9511 „Filius vt patri similatur filia matri"; 10018 „Fructibus ex propriis arbor cognoscitur omnis"; 10019; 22198; 27277. Als ersten Spruchspender der Marcus Antonius gewidmeten Sektion bringt Er. etwas überraschend den Sohn **Marcus Antonius Antyllus** („Antyllus" griech. = „der kleine Antonius", 47–30 v. Chr.), aus dessen dritter Ehe, mit Fulvia. Nach dem Tod der Fulvia nahm Antonius seine Söhne zu sich in den Osten, wo sie am Hof der Kleopatra aufwuchsen. I.J. 36, erst elfjährig, wurde Antyllus mit Octavians Tochter Julia verlobt. 31 stellte ihn Marcus Antonius dem ägyptischen Volk als Thronfolger und legitimen Erben der Kleopatra vor; 30 rückte Octavian mit seinen Truppen in Ägypten ein. Nach dem Selbstmord seiner Eltern suchte Antyllus im Tempel des Divus Iulius Zuflucht. Octavian begnadigte ihn nicht, sondern ließ ihn an Ort und Stelle hinrichten. Zu Antyllus vgl. *DNP* 1 (1999), Sp. 813, s.v. „Antonius", Nr. I, 10. Plutarch war die Anekdote aus mündlicher Überlieferung bekannt: Er hatte sie von seinem Großvater erzählt bekommen, der mit Philotas befreundet war. Lycosthenes druckt V, 449 in der Kategorie „De liberalitate" (S. 587).

M. Antonius filium habebat ex Fuluia. Is puer Philotae dederat ingentem vasorum vim. *Quae quum* ille recusaret *accipere, metuens,* ne pater tantam filii liberalitatem non probaret, *"Quid times",* inquit puer, "accipere? *An nescis eum, qui dat, filium esse*
765 *Antonii?".*

V, 450   LIBERALITAS   (M. Antonius, 2)

Ipse Antonius, quum esset prodigiose profusus, *dicere solebat amplitudinem Imperii Romani non per ea, quae acciperet, sed per ea, quae daret, illustrari.* Ea vox excelsi animi videri poterat, nisi ab Antonio fuisset profecta.

767   solebat *LB Lycosthenes (p. 587)*: solet *A-C*.

762–765   *M. Antonius ... Antonii* Stark gekürzte, paraphrasierende Wiedergabe von Plut. *Anton.* 28, 4–7 (*Vit.* 928), wobei Er. nicht nur den Kontext, sondern außerdem den zweiten Teil des Spruches selbst ausließ; wie die einleitenden Worte und der Wortlaut des Spruches zeigen, benutzte Er. Leonardo Brunis Übers.: „Antonii filium, quem maiorem natu ex Fuluia habebat ... coenasse aiebat (sc. Philotas) vna secum humanissime inter ceteros familiares. Sibi igitur illuc disputanti et commensatores multis argutiis fatiganti hoc sophisma ab Antonii filio obiectum fuisse: ‚Febricanti quomodo danda sunt frigida ...'; hic quum ipse sileret, laetatum puerum risisse atque ita dixisse: ‚Ego tibi, Philota, haec omnia dono', ostendens permulta et magna pocula, quibus omnis mensa erat referta ...; Quum postea quidam ex ministris pocula haec in vase coniecisset sibique offerret, ipse (sc. Philota) autem repelleret verereturque accipere, dixisse puerum aiebat (sc. Philotas): ‚O inepte Philota, quid ambigis? An nescis eum, qui dat, filium esse Antonii?'" (ed. Bade, Paris 1514, fol. CCCXXIXv). Es ist auffällig, daß Brusoni in seiner Sammlung die längere Erzählung des Philotas aus Plutarchs Antonius-Biographie auf ähnliche Weise wie Er. bearbeitet hatte: „M. Antonii filius quum Philotae magna pocula obtulisset atque is putaret tanta pocula non posse puerum iniussu patris praestare atque ob id dantem ministrum repelleret, dixisse aiunt ‚O inepte Philota, quid ambigis? An nescis eum, qui dat, filium esse Antonii? Sed age, si placet pro his pecuniam accipe; ne forte ex iis pater quoque desideret'" (III, 28 „De liberalitate", zweites Exemplum). Sowohl Er. als auch Brusoni ließen von Plutarchs breiter Erzählung den Kontext und Grund des Geschenkes weg: Philotas war dem Knaben als Leibarzt zugeteilt worden; diese Stelle erforderte u. a., daß er bei den Gelagen anwesend war, an denen Antyllus teilnahm. Bei einem dieser Symposien kam es zu einem Wortwechsel zwischen einem großsprecherischen Arzt und Philotas, bei dem der letzte dem Großmaul mit Hilfe eines witzigen Syllogismus den Mund stopfte. Antyllus war darüber so erfreut, daß er dem Philotas spontan das gesamte teure Tafelgeschirr schenkte. Dieser weigerte sich jedoch in Anbetracht der Minderjährigkeit des Knaben, das Geschenk anzunehmen. Folglich bot Antyllus dem Arzt an, doch wenigstens den Gegenwert des edlen Hausrates in Geld anzunehmen.

762   *Fuluia* Fulvia (83–40 v. Chr.) war durch ihre Ehen mit den Popularen Publius Clodius Pulcher (ca. 62–52), Gaius Scribonius Curio (52/1–49) und Marcus Antonius (86/2–40) eine der politisch einflussreichsten Frauen des 1. Jh. v. Chr.; Schwiegermutter Octavians durch ihre Tochter aus erster Ehe, Clodia. Von Marcus Antonius hatte sie zwei Söhne, M. Antonius Antyllus (gest. 30 v. Chr.) und Iullus Antonius (gest. 2 v. Chr.). Fulvia fiel durch ihr politisches Auftreten in der Öffentlichkeit auf, wofür sie verschiedentlich heftig kritisiert wurde. Im Perusinischen Krieg der Anhänger des Antonius gegen Octavian spielte sie eine führende Rolle, was für eine Frau unerhört war. Sie war Zielscheibe der Hasspropaganda Octavians; nach der Niederlage im Perusinischen Krieg musste sie nach Griechenland ausweichen, wo sie unerwartet starb (40). Vgl. R. A. Fischer, *Fulvia und Octavia: die beiden Ehefrauen des Marcus Antonius*

in den politischen Kämpfen der Umbruchszeit zwischen Republik und Principat, Berlin 1999; F. Münzer, *RE* III, 1 (1897), Sp. 282–284, s.v. „Fulvia", und ders. *RE* VII, 1 (1910), Sp. 281–284, s.v. „Fulvius", Nr. 113; M. Dearworth Keeley, *Women in World History*, V (2000), S. 825–829, s.v. „Fulvia".

762 *Philotae* Philotas von Amphissa, Arzt, hatte in Alexandreia Medizin studiert; wurde von Marcus Antonius in seinen Haushalt als Leibarzt aufgenommen. Vgl. V. Nutton, *DNP* 9 (2000), Sp. 895, s.v. „Philotas", Nr. 3; W. Oldfather, „A Friend of Plutarch's Grandfather", in: *Classical Philology* 19 (1924), S. 177.

764–765 *Quid... Antonii* Für den Spruch selbst vgl. den griech. Text von Plut. *Anton.* 28, 6 (*Vit.* 928): „τί ὦ πόνηρε", φάναι τὸν ἄνθρωπον „ὀκνεῖς; οὐκ οἶδας ὡς ὁ διδοὺς Ἀντωνίου παῖς ἐστιν, ᾧ τοσαῦτα πάρεστι χρυσᾶ χαρίσασθαι;". Auch der Umstand, daß Er. Antyllus' Begründung „der das Recht hat soviele Goldgefäße zu verschenken", wegließ, zeigt an, daß er nur Brunis Übers. als Vorlage benutzte: Bruni hatte (a.a.O.) nämlich vergessen, den betreffenden Satzteil zu übersetzen.

Apophth. V, 450 bezieht sich auf die sog. „Schenkungen von Alexandreia", die Marcus Antonius nach dem siegreich beendeten Armenien-Feldzug d.J. 34 v. Chr. (gegen den armenischen König Artavasdes) der Kleopatra gemacht haben soll: Syrien (einschliesslich Phönizien), Zypern, Teile Judaeas, Arabia Nabataea und den größten Teil Kilikiens (vgl. Plut. *Ant.* 36, 2), insgesamt Gebiete riesigen Umfanges, die später bedeutende Teile des römischen Reiches im Osten ausmachen sollten. Nutznießer sollten die beiden Kinder werden, die Marcus Antonius und Kleopatra hatten, Alexander Sol und Cleopatra Luna. Der Spruch des Antonius stellt eine Reaktion auf die Kritik dar, die er für seine „Schenkungen von Alexandreia" einheimste. Von der Propaganda der Octavianer wurde angekreidet, daß hier auf unerhörte Weise das Eigentum des Römischen Reiches einer Privatperson geschenkt wurde. Er. verwischte in seiner Wiedergabe des Apophthegmas den historischen Kontext, der zu seinem Verständnis erforderlich ist und der in der Quelle Plut. *Anton.* 36 (*Vit.* 932) beschrieben wird. Lycosthenes druckt V, 450 dem Titel des Er. Folge leistend in der Kategorie „De liberalitate" (S. 587).

767–768 *dicere ... illustrari* Stark gekürzte, paraphrasierende, vom historischen Kontext entblößte Wiedergabe von Plut. *Anton.* 36, 2–3 (*Vit.* 932); wie der Wortlaut zeigt, benutzte Er. Leonardo Brunis Übers. als Vorlage: „Ipse tamen Antonius rem turpem verbis exornans sic solitus erat praedicare: amplitudinem Romani imperii non per ea, quae acciperet, sed per ea, quae donaret, apparere" (ed. Bade, Paris 1514, fol. CCCXXX^v); z. B. hat das Wort „amplitudinem", das Er. von Bruni übernahm, keine Entsprechung im griech. Text. Eine auf ähnliche Weise gekürzte Version hatte bereits Brusoni in seiner Sammlung d.J. 1518 präsentiert (in Kap. III, 28 „De liberalitate"): „M. Antonius dicebat magnitudinem Romani imperii non propter ea, quae acciperet, sed propter ea, quae donaret, apparere".

770 V, 451   LIBERE   (M. Antonius, 3)

Geminius in Graeciam profectus ad Antonium, quoniam *suspectus erat Cleopatrae, quod eo venisset Octauiae* causam acturus, diu repulsus ac variis modis *delusus, tandem in conuiuio iussus causam aduentus dicere,* ita respondit: „Caetera", inquit, „Antoni, sobriae sunt orationis nec huius temporis. Verum illud vnum et sobrius et ebrius scio, bene
775 successura omnia, si Cleopatra remittatur in Aegyptum". Moxque *Romam* se recepit, metuens sibi ab Antonio. Nam Cleopatra in conuiuio gratias egit, quod rem aperte dixisset, nulla vsus circuitione [i.e. sine tormentis]. At sic agere gratias erat minari malum. Sciebat Geminius, quam esset illis inuisa veritas.

     V, 452   IN TERRESTRI PRAELIO APPARET VIRTVS   (M. Antonius, 4, i.e.
780   centurio quidam)

Quum Antonius appararet *classe* cum Caesare *confligere, quidam tribunus militum* [i.e. centurio], *vir fortis et armis exercitatus, Antonio praetereunti corpus suum multis cicatricibus insignitum ostendit, dicens:* „O imperator, quur his vulneribus aut huic gladio parum fidis, in lignis fragilibus spem reponis? Sine, Phoenices et Aegyptii classe
785 pugnent, nobis Romanis terram da, in qua consueuimus vel hostem vincere, *vel* mortem oppetere".

Apophth. V, 451 datiert auf das Jahr 32 v. Chr., als sich das Verhältnis zwischen Antonius und Octavian an einem erneuten Tiefpunkt befand und die Kriegsvorbereitungen in Griechenland in vollem Gange waren. Antonius hielt sich an der Spitze eines Heeres in Griechenland auf; Kleopatra hatte ihn mit einer Flotte begleitet, um ihm im Kampf gegen Octavian beizustehen. Einige Generäle des Antonius und zahlreiche seiner Anhänger in Rom meinten, es wäre besser, wenn Kleopatra nach Ägypten zurückkehren würde. Im selben Jahr ließ sich Antonius offiziell von Octavia minor, der Schwester des Octavian, scheiden.

771 *Geminius* In Rom tätiger Anhänger des Antonius; i.J. 32 schickten ihn die Parteigänger des Antonius nach Athen, um ihren Führer zu bitten, er möge Kleopatra nach Ägypten zurückschicken, um der Propaganda der Octavianer entgegenzuwirken. Seine Mission war nicht von Erfolg gekrönt. Vgl. F. Münzer, *RE* VII, 1 (1910), Sp. 1024; K.-L. Elvers, *DNP* 4 (1999), Sp. 900, s.v. „Geminius", Nr. I, 2; F. Stählin, *RE* XI, 1 (1921), Sp. 767–768, s.v. „Kleopatra", Nr. 20.

771–777 *Geminius ... circuitione* Im ersten Teil größtenteils wörtliche, im Schlußteil gekürzte, paraphrasierende und durch ein Missverständnis und eine Auslassung getrübte Wiedergabe von Brunis Übers. von Plut. *Anton.* 59, 2–3 (*Vit.* 943): „Is Geminius vt in Graeciam venit, Cleopatrae erat suspectus, ne Octauiae gratia ad Antonium venisset. Delusus itaque in conuiuiis et contumeliose acceptus, tamen omnia tolerabat, tempus alloquendi Antonium expectans. Iussus tandem in conuiuio, quibus rebus venisset, eas res exponere, ‚Caetera quidem', inquit, ‚Antoni, sobriae sunt orationis et non temporis huiusce; verumtamen et sobrius scio et ebrius, bene scilicet processura omnia, si Cleopatra in Aegyptum remittatur'. Haec cum Antonius inique tulisset, Cleopatra ‚Bene', inquit, ‚facis, Gemini, qui veritatem ita plane sine vllis tortoribus confiteris'. Geminus igitur post paucos dies ab Antonio fugiens Romam rediit" (ed. Bade, Paris 1514, fol. CCCXXXIV^r).

771 *Celopatrae* Kleopatra VII. Philopator (ca. 70/69–30 v. Chr.), letzte ptolemaische Königin und Pharaonin Ägyptens. Seit 50 v. Chr. in einen Machtkampf mit ihrem Bruder Ptolemaios XIII. verwickelt, in dem sie sich mit römischer Unterstützung, v.a. jener Caesars und später des Marcus Antonius, durchsetzte.

Mit Antonius' Niederlage 31 v.Chr. bei Actium beging sie, wie der römische Triumvir, Selbstmord. Vgl. W. Ameling, *DNP* 6 (1999), Sp. 591–593, s.v. „Kleopatra", Nr. II, 12; F. Stähelin, *RE* XI, 1 (1921), Sp. 750–781, s.v. „Kleopatra", Nr. 20.

772 *Octauiae* Octavia minor, die ältere Schwester des Octavian (69–11 v. Chr.), die mit Marcus Antonius verheiratet war (geschieden 32 v. Chr.). Vgl. R.A. Fischer, *Fulvia und Octavia. Die beiden Ehefrauen des Marcus Antonius in den politischen Kämpfen der Umbruchszeit zwischen Republik und Principat*, Berlin 1999; M. Hammond, *RE* XVII, 2 (1937), Sp. 1859–1868, s.v. „Octavia" 96.

772–773 *diu repulsus … iussus* Er. gibt mit „diu repulsus …, tandem in conuiuio iussus" den von Plutarch und Bruni erzählten Hergang missverständlich wieder: Die Darstellung des Er. erweckt den Eindruck, daß man ihn zunächst langezeit nicht vorließ („repulsus") und ihn erst nachher zum *convivium* einlud. Bei Plutarch steht jedoch, daß man ihn zwar stets zum Gastmahl einlud, ihn aber verspottete und absichtlich die letzten Plätze (für die unwichtigsten Gäste) anbot.

777 *nulla vsus circuitione* „nulla vsus circuitione", „ohne Umschweife", ist dadurch zustandegekommen, daß Er. Bruni „sine vllis tortoribus", „ohne Folterknechte" (als Übers. von ἄνευ βασάνων) missverstanden hatte. Für „tortor", „Folterknecht", vgl. *DNG* II, Sp. 4770, s.v. II; βάσανος bedeutet „Folter", βάσανοι „Folterwerkzeuge" (Passow I, 1, S. 494, s.v.); Er. hatte „sine vllis tortoribus" mit „sine villis tortubus", „ohne Windungen, Krümmungen, Umschweife" verwechselt.

777–778 *At sic … veritas* „At sic … veritas" sind erklärende Zusätze des Er., die, wenn er „tortoribus" nicht mit „tortubus" verwechselt und „haec cum Antonius inique tulisset" nicht ausgelassen hätte, überflüssig gewesen wären. *Apophth.* V, 452 bezieht sich auf die Situation unmittelbar vor der Schlacht von Actium i.J. 31 v. Chr.

781–786 *Quum Antonius … mortem oppetere* Im einleitenden Teil stark gekürzte und paraphrasierende, sonst jedoch wörtliche Wiedergabe von Brunis Übers. von Plut. *Anton.* 64, 1–2 (*Vit.* 945): „Vt vero certandum classe visum est … Hoc in loco ferunt tribunum quendam militum fortem et diu in armis versatum Antonio forte praetereunti corpus suum multis insigne cicatricibus ostendisse et dixisse: ‚O Imperator, quid his tot vulneribus aut huic gladio parum confidens in lignis fragilibus spem habes? Sine Phoenices et Aegyptii classe pugnent; nobis autem Romanis terram da, in qua consueuimus vel vincere hostes vel oppetere'" (ed. Bade, Paris 1514, fol. CCCXXXIIII^v). Da Er. an dieser Stelle nur von Brunis Übers. ausging, übernahm er sowohl dessen freie Zusätze als auch dessen Übersetzungsfehler von „tribunum militum" für ταξίαρχος. Vgl. den griech. Text: ἔνθα πεζομάχον ἄνδρα τῶν ταξιάρχων λέγουσι, παμπόλλους ἠγωνισμένον ἀγῶνας Ἀντωνίῳ καὶ κατατετριμμένον τὸ σῶμα, τοῦ Ἀντωνίου παριόντος ἀνακλαύσασθαι καὶ εἰπεῖν· „ὦ αὐτόκρατορ, τί τῶν τραυμάτων τούτων ἢ τοῦ ξίφους καταγνοὺς ἐν ξύλοις πονηροῖς ἔχεις τὰς ἐλπίδας; Αἰγύπτιοι καὶ Φοίνικες ἐν θαλάσσῃ μαχέσθωσαν, ἡμῖν δὲ γῆν δὸς ἐφ' ἧς εἰώθαμεν ἑστῶτες ἀποθνῄσκειν ἢ νικᾶν τοὺς πολεμίους".

781 *tribunus militum* Der griech. Originaltext vermeldet einen Infanteristen, der den Rang eines Zenturio bekleidete (πεζομάχον ἄνδρα τῶν ταξιάρχων); Er. bezeichnet ihn fälschlich als „tribunum militum", wobei er Brunis Übers. kopierte; diese war an der vorl. Stelle allerdings nicht gelungen: Das griech. Äquivalent von *tribunus militum* ist χιλίαρχος, der in der Tat je 1000 Mann einer Legion befehligte (vgl. z. B. V, 414 und 424); ein ταξίαρχος hatte das Kommando über eine Schlachtanordnung, d.h. hundert Mann, und bekleidete somit den Rang eines *centurio* („Hundert-Mannes"; vgl. Perrin: „an infantry centurion"). Er. fiel der Fehler nicht auf, weil er in vorl. Fall den griech. Text nicht beachtete.

782 *vir fortis* Ein freier Zusatz Brunis zum griech. Text, den Er. gleichsam automatisch mitübernahm; im griech. Text steht lediglich „ein Fußsoldat" (πεζομάχον ἄνδρα).

782 *armis exercitatus* „armis exercitatus" ist eine Variation des Er. von Brunis „diu in armis versatum", der damit παμπόλλους ἠγωνισμένον ἀγῶνας, „der sehr viele Schlachten geschlagen hatte", etwas frei wiedergegeben hatte.

785 *Romanis* „Romanis" ist ebenfalls ein Zusatz des Bruni zum griech. Text, den Er. automatisch mitübernahm.

V, 453   Mors spontanea   (M. Antonius, 5)

Cleopatra metuens Antonii saeuitiam confugit in monumentum *demissis cataractis misitque, qui dicerent* illam spontanea *morte perisse. Id credens* Antonius et ipse sibi parans adferre vim, *dixit: „O Cleopatra, non doleo, quod te caream – nam mox vna futuri sumus, sed quod ego tantus imperator fortitudine victus sum* a foemina". Victum se putabat, quod illa prior spontaneae mortis gloriam occupasset.

V, 454   Callide   (M. Antonius, 6)

Quum Augustus eam inuiseret exigeretque ab illa *rationes, Seleucus vnus e procuratoribus ipsius indicauit aliquid esse subtractum ab ipsa. Illa* in procuratorem *insiliit et arrepto* hominis *crine crebris ictibus pulsauit os. Haec quum Augustus ridens* conatus esset *inhibere, illa „An non", inquit, „permolestum est, o Caesar, quum tu me digneris inuisere, seruos meos heram incusare, quod nonnihil muliebrium ornamentorum subtraxerim – non ea quidem mihi, sed vt Octauiae et Liuiae munuscula dem".* Hoc commento persuasit Caesari se de vita cogitare, quum mori decreuisset.

---

796 arrepto hominis crine *B C*: arrepto crine hominis *A*.

Apophth. V, 453 datiert auf den August des Jahres 30 v. Chr., als Oktavian in Ägypten einmarschierte: Antonius beging Selbstmord, Kleopatra starb wenig später unter ungeklärten Umständen.

788 *metuens Antonii saeuitiam* Da Er. den bei Plutarch geschilderten Kontext wegließ, erscheint diese Angabe unmotiviert. Wie aus Plut. *Anton*. 76, 1–2 hervorgeht, beobachtete Antonius von der Stadt (Alexandreia) aus, wie seine Marinesoldaten und Reiterei zu Oktavian überliefen; das konnte er sich nur durch Verrat der Kleopatra erklären. Als dies gemeldet wurde, bekam sie es mit der Angst zu tun und schloß sich in ihr Königsgrab ein.

788 *in monumentum* Kleopatra flüchtete in ihr Königsgrab bei Alexandrien, das hermetisch abgeschlossen werden konnte. Plutarch verwendete dafür „Grab", τάφος, von Bruni im Plural mit „sepulcra", etwa „Grabgemächer", wiedergegeben; Er. variierte „sepulcra" mit „monumenta".

788 *cataractis* Er. kopierte die transliterierte Form cataracta („Fallgatter", „Schutzgatter") von Bruni; für diese transliterierte Form vgl. z. B. Liv. XXVII, 28, 10; Veget. IV; *DNG* I, Sp. 797, s.v. „cataracta"; reinlateinisch etwa *ostium pensile*. Im griech. Originaltext wird angegeben, daß die Fallgatter mit Riegeln und Balken (κλείθροις καὶ μοχλοῖς) verstärkt waren; Bruni gab dies schlampig und etwas krumm mit „claustrumque firmauit" wieder, was Er. ausliess.

790–791 *dixit ... a foemina* Vom historischen Kontext entblößte, um einen Spruch gekürzte und auch sonst lückenhafte Wiedergabe von Brunis Übers. von Plut. *Anton*. 76, 2–3 (*Vit*. 951): „Cleopatra vero quum haec audisset, timens Antonii furorem in sepulcra se recepit et cataractas demisit claustrumque firmauit. Et simul ad Antonium mittit, qui nuntiarent ipsam sibi mortem conscisse. Ille, vt haec audiuit credidit que, ad se ipsum rediens ‚Quid iam expectas', inquit, Antoni? Quae sola viuendi causa supererat, etiam tibi forrtuna ademit'. His simul dictis intrauit cubiculum et thoracem disloricans, ‚O Cleopatra', inquit, ‚non doleo equidem, quod tui caream – nam confestim vna adero, sed quod ego ille tantus imperator fortitudine superatus sim a muliere'" (ed. Bade, Paris 1514, fol. CCCXXXVIᵛ).

Apophth. V, 454 datiert auf kurz vor dem Selbstmord der Kleopatra am 12. August 30 v. Chr.

794 *Augustus* „Augustus" ist ein Zusatz des Er., der im Zusammenhang mit den dargestellten Ereignissen einen Anachronismus erzeugt:

Der Bezwinger des Antonius und der Kleopatra hieß damals noch „Caesar" (bzw. „Octavianus Caesar"); so wird er auch an der zitierten Stelle von Plutarch und Leonardo Bruni genannt.

794 *exigeretque ab illa rationes* Das Ziel des Besuchs, das Er. formuliert (Aufforderung des Oktavian an Kleopatra, die Rechnungsbücher vorzulegen) weicht von der Darstellung des Plutarch ab. Nach Plutarch verfolgte Oktavian die Absicht, Kleopatra zu beruhigen, zu trösten und vom Selbstmord abzuhalten. Ein scharfer Kontrollbesuch, wie ihn Er. schildert, verträgt sich nicht gut mit dieser Absicht. Dementsprechend steht bei Plutarch nicht, daß Oktavian Kleopatra bemusste, die Rechnungsbücher vorzuzeigen; vielmehr soll sie dies nach Plutarch freiwillig getan haben.

794–799 *rationes ... munuscula dem* Im ersten Teil stark gekürzte und mißverständliche Wiedergabe von Plut. *Anton.* 83, 1–2 (*Vit.* 953), im Weiteren leicht variierende Wiedergabe von Leonardo Brunis Übers. von Plut. *Anton.* 83, 3–4 (*Vit.* 953): „(1) Venit autem et ipse Caesar post paucos ad eam dies, visendi gratia et alloquendi ... (3) Tandem quum auri et argenti ceterarumque rerum rationes Casari dedisset, Seleuco quodam ex procuratoribus ostendente quaedam ab ipsa fuisse subtracta, prosiluit Cleopatra et crine procuratoris apprehenso faciem eius frequenti ictu percussit. (4) Caesare autem ridente et eam inhibente, ‚At nonne pergraue est', inquit, ‚Caesar, si tu quidem non indignum putasti huc accedere et me in hoc tempore alloqui, serui autem mei me accusant, si quid muliebrium ornamentorum reseruaui non mihi quidem miserae, sed vt Octauiae et Liuiae munuscula dem, quo te per illas habeam placatiorem'" (ed. Bade, Paris 1514, fol. CCCXXXVII^r).

799 *Octauiae* Octavia minor, die ältere Schwester des Octavian (69–11 v. Chr.). Vgl. R.A. Fischer, *Fulvia und Octavia. Die beiden Ehefrauen des Marcus Antonius in den politischen Kämpfen der Umbruchszeit zwischen Republik und Principat*, Berlin 1999; M. Hammond, *RE* XVII, 2 (1937), Sp. 1859–1868, s.v. „Octavia" 96.

799 *Liuiae* Livia Drusilla (58 v. Chr.–29 n. Chr.), die Ehefrau des Octavian. Vgl. A.A. Barrett, *Livia. First Lady of Imperial Rome*, New Haven-London 2003; C.-M. Perkounig, *Livia Drusilla – Iulia Augusta. Das politische Porträt der ersten Kaiserin Roms*, Köln-Weimar-Wien 1995.

799–800 *Hoc commento ... decreuisset* Er.' Erklärung der Anekdote leitet sich von einer Bemerkung Plutarchs (*Ant.* 83, 4) her, in Brunis Übers.: „His verbis Caesar vehementer laetatus est, ratus illam ad vitam respicere et consilium morti omnino abiecisse" (ed. Bade, Paris, 1514, fol. CCCXXXVII^r).

CASSIVS

V, 455　　　　　　　Indoles in pvero mira　　　　　　(Cassius, 1)

Cassius etiamnum puer Faustum Syllae filium inter aequales *de patris monarchia gloriantem* non tulit, sed *colaphos impegit*. Eius rei cognitionem quum Pompeius ad se recepisset, accitis ambobus pueris *Cassius* ausus est *dicere: "Eia Fauste, aude rursus coram hoc ea verba proferre, quibus irritatus* in te *fui, vt iterum tibi* percellam *os"*. Inerat *Cassio natiuum quoddam odium tyrannidis*, vt iam tum appareret illi non defuturum animum ad interficiendum Caesarem.

V, 456　　　　　　　Tyrannidis osor　　　　　　(Cassius, 2)

Idem *quum Rhodum insulam vi cepisset et in ingressu salutaretur rex atque dominus, "Nec rex sum"*, inquit, *"nec dominus, sed regis ac domini interfector"*.

C. Cassius Longinus (vor 85–42 v. Chr.), zusammen mit M. Iunius Brutus das Haupt der Verschwörung gegen Caesar am 15. 3. 44; Cassius stand erst am Anfang seiner politischen Karriere, als der Bürgerkrieg ausbrach (i.J. 49 Volkstribun); kämpfte im Bürgerkrieg als Flottenkommandeur auf Seiten des Pompeius, vernichtete vor Sizilien einen Großteil der Flotte Caesars; nach der Schlacht von Pharsalos (48) versuchte er mit seinen Truppen über den Hellespont nach Asien zu entkommen, wurde jedoch von Caesar gestellt und zur Kapitulation gezwungen; daraufhin wurde er von Caesar begnadigt, i.J. 47 zum Legaten, 44 zum Praetor peregrinus ernannt. Nach der ersten Schlacht bei Philippi (3. 10. 42 v. Chr.), die die Caesarmörder gegen Marcus Antonius und Octavian verloren, liess sich Cassius von seinem Freigelassenen Pindaros töten. Vgl. F. Fröhlich, *RE* III, 2 (1899), Sp. 1727–1736, s.v. "Cassius"; K.-L. Elvers, *DNP* 2 (1999), Sp. 1008–1010, s.v. "Cassius", Nr. I, 10.

803–807 *Cassius etiamnum … odium tyrannidis* Im erzählenden Teil stark gekürzte und paraphrasierende, im Spruchteil jedoch wörtliche Wiedergabe von Plut. *Brut.* 9, 1–4 (*Vit.* 987–988). Er kürzte und straffte Plutarchs Erzählung, wobei er von Guarino da Veronas Übers. ausging: "Nam ex intitio erat Cassio naturalis quaedam impatientia atque difficultas ad omne tyrannorum genus, sicuti, quum adhuc puer esset, ostendit, quum ad eundem praeceptorem cum Fausto filio Syllae graderetur. Quum enim hic inter (intra *ed. Bade*) pueros se efferret et patris sui monarchiam laudaret, insurgens in illum Cassius colaphos ipsi inflixit. Quam rem volentibus procuratoribus et necessariis Fausti ferri atque decerni iudicio, inhibuit Pompeius puerosque ambos vna coniungens de re iudicauit. Dicitur etiam Cassium haec verba dixisse: ,Eia Fauste, aude coram hoc proferre sermonem illum, quo irritatus fui, vt os tibi iterum frangam'. Talis quidem erat Cassius" (ed. Bade, Paris 1514, fol. CCXCV^r). Für den Spruch selbst vgl. den griech. Text: "ἄγε δὴ ὦ Φαῦστε, τόλμησον ἐναντίον τούτου φθέγξασθαι τὸν λόγον ἐκεῖνον ἐφ᾽ ᾧ παρωξύνθην, ἵνα σου πάλιν ἐγὼ συντρίψω τὸ στόμα". Derselbe Ausspruch findet sich in Val. Max. III, 1, 3, wo allerdings das Reizwort der "Monarchie" Sullas fehlt: "Cuius filium Faustum C. Cassius condiscipulum suum in schola proscriptionem paternam laudantem ipsumque, cum per aetatem potuisset, idem facturum minitantem colapho percussit. Dignam manum, quae publico parricidio se non contaminaret".

803 *Faustum* **Faustus Cornelius Sulla** (geb. vor 86 v. Chr.), damals einziger überlebender Sohn des Diktators L. Cornelius Sulla Felix (zu diesem vgl. oben Komm. zu V, 441), aus dessen vierter Ehe mit Caecilia Metella; 63 Kriegstribun unter Pompeius, Augur 57, Quaestor 54; kämpfte im Bürgerkrieg auf Seiten des Pompeius; nach der Schlacht von Pharsalos kämpfte er in Afrika gegen Caesar

weiter; nach der Schlacht von Thapsos 46 v. Chr. wurde er von den Caesarianern auf der Flucht gefangengenommen und getötet. Vgl. F. Münzer, *RE* IV, 1 (1900), Sp. 1515–1517; K.-L. Elvers, *DNP* 3 (1999), Sp. 185, s.v. „Cornelius", Nr. I, 87.

804 *Pompeius* Pompeius (geb. 106 v. Chr.) war ursprünglich Marianer, kämpfte aber im Bürgerkrieg auf Seiten Sullas; als Günstling Sullas machte er i.d.J. 82–79 eine steile Karriere, bei der ihm trotz seines jungen Alters Sulla bedeutende militärische Kommandos zuteilte. I.J. 79 feierte Pompeius mit nur 27 Jahren seinen ersten Triumph.

Apophth. V, 456 datiert auf das Jahr 43 v. Chr., als Cassius Rhodos einnahm. Die Caesar-Mörder Brutus und Cassius starteten ihren Feldzug von der Provinz Asia aus, wo sie mit ihren Legionen Stellungen der Triumvirn und mit diesen verbündete Städte eroberten und in Richtung Hellespont vorrückten.

810–811 *Idem quum ... domini interfector* Im einleitenden Teil gekürzte, jedoch sonst größtenteils wörtliche Wiedergabe von Guarino da Veronas Übers. von Plut. *Brut.* 30, 3 (*Vit.* 998): „quum Cassius insulam Rhodum vi cepisset, ... Huius autem ingressu insulae quum appellaretur rex atque dominus, respondit se neque regem neque dominum esse, sed regis atque domini interfectorem" (ed. Bade, Paris 1514, fol. CCXCVIIIʳ). Vgl. den griech. Text: Κάσσιος μὲν ἑλὼν Ῥόδον ... καὶ ταῦτα περὶ τὴν εἴσοδον τοῖς προσαγορεύουσιν αὐτὸν βασιλέα καὶ κύριον ἀποκρινάμενος· „οὔτε βασιλεὺς οὔτε κύριος, τοῦ δὲ κυρίου καὶ βασιλέως φονεὺς καὶ κολαστής".

810 *insulam* „insulam" ist ein nicht glücklicher Zusatz des Guarino da Verona, den Er. übernahm. Die Belagerung und gewaltsame Einnahme galt natürlich der *Stadt* Rhodos. Darauf bezieht sich auch der von Plutarch angesprochene „Einzug" (εἴσοδος) des Cassius und seiner Truppen.

811 *regis ac domini* Caesar hatte bei seiner Ermordung nur den Diktator-Titel inne. Daß er sich zum König ausrufen lassen würde, wurde befürchtet, fand aber tatsächlich nie statt.

M. CRASSVS

V, 457   SERVORVM CVRA   (M. Crassus, 1)

M. Crassus ille Diues *magnam seruorum turbam* domi alebat, *quorum praecipuam agebat curam, discentibus adstans*, interdum et ipse *docens eos, dicens hanc oportere praecipuam esse* patrisfamilias solicitudinem, *quod sint rei familiaris animata instrumenta*. Idem sensit Aristoteles.

V, 458   DIVITIAE IMMODICAE   (M. Crassus, 2)

Haec vox probata est, sed illa damnata, quod *negabat quenquam* pro *diuite* habendum, *qui non posset priuatis facultatibus legionem alere*.

---

814 Diues *scripsi (cf. Adag. 574: „M. Crassi, cui cognomentum etiam Divitis additum est")*: diues *A-C*.

820 legionem *C (cf. Plin. Nat. XXXIII, 134)*: exercitum *A B ut in versione Guarini*.

Marcus Licinius Crassus (ca. 115–53 v. Chr.), einer der wichtigsten Politiker des 1. Jh. v. Chr., bestimmte 60–53 als Mitglied des 1. Triumvirats den Gang der Ereignisse mit; Crassus gestaltete seine frühe militärische Karriere unter Sulla; er kam durch die Proskriptionen des Jahres 81 zu Reichtum; er war Prätor i.J. 73, Konsul 70 und 55, Censor 65; er verlor i.J. 53 bei seinem Feldzug gegen die Parther nach der Schlacht von Carrhae das Leben. Vgl. B.A. Marshall, *Crassus, A Political Biography*, Amsterdam 1976; A.M. Ward, *Marcus Crassus and the late Roman Republic*, Columbia, MS 1977; G.C. Sampson, *The defeat of Rome: Crassus, Carrhae & the invasion of the east*, Barnsley 2008; W. Will, *DNP* 7 (1999), Sp. 161–162, s.v. „Licinius", Nr. I, 11. Obwohl Crassus in diversen weiteren *Apophthegmata* (IV, 333; 335–338, *ASD* IV, 4, S. 363–364) und *Adagia* figuriert, schätzte ihn Er. nicht sehr hoch, sondern verurteilte ihn als einen der machthungrigen und überambitionierten „Tyrannen", die die Römische Republik auf dem Gewissen hätten, zudem als einen schwerreichen, habsüchtigen, dem Luxusleben ergebenen und moralisch verwerflichen Menschen. Crassus' sprichwörtlichem Reichtum widmete Er. *Adag.* 574 „Croeso, Crasso ditior", *ASD* II, 2, S. 100; vgl. *ASD* II, 1, S. 80 „Crasso numatior" (vgl. *De copia*, S. 106 „Crasso locupletior"); weiter beschreibt ihn Er. in *Adag.* 81 „Foenum habet in cornu" (*ASD* II, 1, S. 191) als rachsüchtig und bösartig, als einen Menschen, dem man besser aus dem Weg gehen solle („Dictum est autem aliquando, vt idem testatur Plutarchus, in M. Crassum, quod in cornu foenum haberet, propterea quod haudquaquam impune lacesseretur, homo praediues ac potens et simultatum persequentissimus"). An einer Stelle der *Adagia* scheint es, als ob Er. mit den Lebensdaten des M. Licinius Crassus Dives nicht recht vertraut gewesen sei: Er. behauptet, die von Crassus verlorenen Feldzeichen hätte „Marius zurückgeholt" (die Schlacht von Carrhae fand 53 v. Chr. statt, Gaius Marius starb 86 v. Chr.; *Adag.* 971, *ASD* II, 2, S. 468); tatsächlich erwirkte Augustus i.J. 19 v. Chr. auf diplomatischem Wege die Rückerstattung der Feldzeichen von Carrhae.

814 Diues Er. betrachtete „Diues" als Namensteil des Crassus; vgl. *Adag.* 574: „M. Crassi, cui cognomentum etiam Diuitis additum est" (*ASD* II, 2, S. 100).

814–816 *magnam seruorum ... instrumenta* Gekürzte und paraphrasierende Wiedergabe von Plut. *Crass.* 2, 6 (Vit. 544): τοσούτους ἐκέκτητο καὶ τοιούτους, ἀναγνώστας, ὑπογραφεῖς, ἀργυρογνώμονας, διοικητάς, τραπεζοκόμους, αὐτὸς ἐπιστατῶν μανθάνουσι καὶ προσέχων καὶ διδάσκων καὶ ὅλως νομίζων τῷ δεσπότῃ προσήκειν μάλιστα τὴν περὶ τοὺς οἰκέτας ἐπιμέλειαν ὡς ὄργανα ἔμψυχα τῆς οἰκονομικῆς. Wie die Formulierung „animata instrumenta" zeigt, hat

Er. (auch) Guarino da Veronas Übers. als Vorlage benutzt: „... praemaxima seruorum turba, quos variis artibus instructos habebat: lectores, scribas, pictores, argentarios, procurators, mensarios, quos ipsemet summa diligentia curare et discentibus assistere, plerosque docere consueuit. Aiebat enim praecipuam domini curam erga seruos esse oportere, quum sint rei familiaris tanquam animata instrumenta" (ed. Bade, Paris 1514, fol. CCXVI^r).

817 *Idem sensit Aristoteles* Für die Sentenz des Aristoteles, daß „der Sklave ein Werkzeug mit Seele, das Werkzeug jedoch ein Sklave ohne Seele" sei, vgl. Arist. *Eth. Nic.* VIII, 11, 1161b4: ὁ γὰρ δοῦλος ἔμψυχον ὄργανον, τὸ δ' ὄργανον ἄψυχος δοῦλος.

818 *Diuitiae immodicae* Crassus bekam den Beinamen „Dives" und wurde wegen seines Reichtums sprichwörtlich. Er. widmete ihm diesbezüglich *Adag.*, 574 „Croeso, Crasso ditior" (*ASD* II, 2, S. 100); für Crassus' Beinamen vgl. a.a.O.: „Apud Romanos item M. Crassi, cui *cognomentum* etiam *Diuitis* additum est"; Plin. *Nat.* XXXIII, 133 „postea Diues cognominati ..."; Cic. *Fin.* III, 75; Lact. *Inst.* VI, 13, 11; Otto 457. Grundlage seines Besitzes bildeten die Proskriptionen unter Sulla: i.J. 85 verfügte er bereits über 300, gegen Ende seines Lebens über 7100 Talente. Nach Plin. *Nat.* XXXIII, 134, besaß er Ländereien im Wert von 200 Millionen Sesterzen; Er. zitierte die Stelle in *Adag.* 574, a.a.O.: „In agris suis sestertium vicies mille possedit (sc. Crassus)". Für den Titel des Apophthegmas vgl. *Adag.* 574 a.a.O. „qui immodicas opes possederunt".

819–820 *sed illa ... alere* Stark gekürzte und paraphrasierende, die den Kontext bildende Diskussion auslassende Wiedergabe von Plut. *Crass.* 2, 7–8 (*Vit.* 544). Derjenige, der die erste Ansicht des Crassus für gut befand, die zweite (d.i. jene des vorl. Apophth.) jedoch verwarf, war Plutarchus, der eine einschlägige Diskussion in seiner Crassus-Biographie ausbreitete. Die besondere Sorge, die der Hausherr nach Crassus' Ansicht seinem Hausgesinde entgegenbringen sollte, befand Plutarch für gut, den Ausspruch darüber, was wahrer Reichtum sei, jedoch nicht. Plutarch bemängelt zurecht, daß die Kosten, die in einem Krieg entstehen, im Grunde niemals genau eingeschätzt werden können, was seiner Ansicht nach notwendig impliziere, daß man aufgrund einer so unwägbaren Größe keinesfalls den Reichtum eines einzelnen bemessen könne. Plutarch zitiert diesbezüglich einen Ausspruch des Königs Archidamos. Für den Spruch selbst vgl. *Crass.* 2, 7: ἐκεῖνο δὲ οὐκ εὖ, τὸ μηδένα νομίζειν μηδὲ φάσκειν εἶναι πλούσιον, ὃς οὐ δύναται τρέφειν ἀπὸ τῆς οὐσίας στρατόπεδον. Vgl. Guarino da Veronas Übers. der Stelle mit Diskussion, die Er. als Vorlage benutzte: „Illud vero non recte ab eodem dici consueruerat: neminem omnino diuitem aut dici aut existimari debere, qui facultatibus propriis exercitu alere non possit. Bellorum enim sumptuum nullus est modus; nulla mensura bellum nutritur, vt inquit Archidamus. Itaque diuitiarum, quae ad illud alendum sufficiere valeant, in infinitam esse magnitudinem oportet ..." (ed. Bade, Paris 1514, fol. CCXVI^r). Er. arbeitete nach der Übers. des Guarino.

820 *legionem* Im griech. Plutarch-Text steht στρατόπεδον („Heer"), von Guarino adäquat mit „exercitum" übersetzt, was Er. in der ersten Ausgabe der *Apophthegmata* übernahm; „exercitum" gehörte zweifellos zur ursprünglichen Version des Ausspruchs, die bei Cic. *Off.* I, 25 („... vt nuper M. Crassus negabat vllam satis magnam pecuniam esse ei, qui in re publica princeps vellet esse, cuius fructibus exercitum alere non posset") überliefert ist. In C ersetzte Er. „exercitum" durch das konkretere „legionem". Dieses Wort bezog er aus Plinius' Wiedergabe der Anekdote in *Nat.* XXXIII, 134: „M. Crassus negabat locupletem esse, nisi qui reditu annuo legionem tueri posset". Er. zitierte diese Stelle in *Adag.* 574, „Croeso, Crasso ditior" (*ASD* II, 2, S. 100): „Hic (sc. Crassus) negabat diuitem esse, nisi qui reditu annuo legionem tueri posset".

V, 459   INVIDIA ELEVAT   (M. Crassus, 3)

Aegre ferens Pompeio *Magni cognomen delatum* decretumque triumphum, *Romano cuipiam dicenti* „Iam *aderit Pompeius Magnus*", *„Et quantus tandem?" inquit*, sentiens illum corpore caeteris parem, animo nihilo maiorem.

V, 460   RECONCILIATIO   (M. Crassus, 4)

Quum Pompeius et Crassus in consulatu collegae decessuri essent magistratu, *Gnaeus Aurelius* quidam subito *in forum procurrens clamauit sibi visum in somnis Iouem* iussisse, *ne prius se magistratu abdicarent, quam in gratiam redissent. Idem* flagitante *populo Pompeius nihil motus est; at Crassus surgens vltro collegae dextram porrexit, dicens „Nihil, o Quirites, me indignum facturus mihi videor, si prior cum Pompeio in gratiam rediero, quem vos etiamnum impuberem Magnum cognominastis cuique prius triumphum decreuistis*, quam in senatum allectus esset".

---

823   et quantus *A, B, versio Guarini*: et *om. C BAS LB*.

827   Gnaeus *scripsi*: Gneus *A B*: Cneus *C*: Gnatius *sec. versio Guarini*: Gaius *sec. Plut. text. Graecum (ita in ed. Ald.)*.

821 *Inuidia eleuat* Er. hat den Titel von V, 459 als Sentenz formuliert: „Neid setzt herab, macht kleiner (nml. die Zielscheibe des Neides)". Der Spruch datiert auf die Zeit von Pompeius' Triumph am 12. 3. 79 v. Chr.

822–823 *Aegre ... inquit* Im einleitenden Teil gekürzte und paraphrasierende, im Spruchteil wörtliche Wiedergabe von Plut. *Crass*. 7, 1 (*Vit*. 546). Wie die Übernahme des Spruchteils zeigt, benutzte Er. Guarinos Übers. als Vorlage: „Vehementer autem eius (sc. Crassi) animum cruciabant ingentes honores ad Pompeium delati et assidua sine interuallo magistratuum gerendorum potestas et ante quam in senatu legeretur, permissa triumphandi licentia Magnique a ciuibus vltro cognomen delatum. Itaque quum aliquando ex Romanis quispiam dixisset, ,Iam aderit Pompeius Magnus', ,Et quantusnam?' inquit" (ed. Bade, Paris 1514, fol. CCXVII^r). Für den Spruchteil vgl. den griech. Text: καί ποτε καὶ φήσαντός τινος ὡς Πομπήϊος Μάγνος πρόσεισι, γελάσας ἠρώτησεν ὁπηλίκος. Das Apophthegma findet sich bereits in Brusonis Sammlung d.J. 1518 (III, 7). Den Spruch hatte bereits Brusoni in seine Sammlung d.J. 1518 aufgenommen: „Is (sc. M. Crassus) etiam inuidia scatebat cumque animo angeretur ob honores in Pompeium collatos, dixissetque forte quispiam: ,Iam aderit Pompeius Magnus', arridens cum indignatione Crassus: ,Et quantusnam', inquit, ,est?' (III, 7). Lycosthenes stattete den Spruch mit der folgenden Erklärung aus: „Inuidit Pompeio nomen, quod ob foelicitatem et egregie rebus ab aliis (gestis) datum erat honoris gratia. Et sic plerunque foelicitatis comes inuidia" (S. 514).

822 *Magni cognomen ... triumphum* Die Verleihung des Beinamens „der Grosse" und der Triumph waren miteinander verbunden. Sie wurden Pompeius aufgrund seiner Erfolge in Afrika gegen die Marianer und König Jarbas i.d.J. 82 und 81 v. Chr. vom Senat zuerkannt.

822 *Romano* „Romano" ist ein überflüssiger Zusatz des Guarino, den Er. gleichsam automatisch mitübernahm.

823–824 *sentiens ... maiorem* Er.' pedantische Erklärung schrammt haarscharf am Witz des Ausspruchs vorbei: Es ging natürlich nicht um Pompeius' Geistesgrösse, sondern um das vorgewendete Missverständnis, als ob sich der Ehrenname Magnus auf die körperliche Grösse des Feldherren beziehe: Als einer der Anwesenden sagt „Gleich kommt Pompeius der Grosse", fragt Crassus mit vorgewendeter Neugierde: „Und: Wie gross ist er denn?".

Apophth. V, 460 datiert auf das Ende des Jahres 70 v. Chr., als Pompeius und Crassus zum ersten

Mal gemeinsam das Konsulat bekleideten. Er.' Titel gibt zusammenfassend den Inhalt, die „Versöhnung" der beiden, wieder, wird jedoch nicht den sarkastischen Bemerkungen gerecht, mit denen Crassus die Versöhnung kommentiert, die damit auf eine Verhöhnung des Pompeius und der Ehren, die ihm das Volk zukommen liess, hinausläuft. Lycosthenes druckte dem Titel des Er. folgend V, 460 in der Kategorie „De reconciliatione" (S. 930).

826–832 *Quum Pompeius ... allectus esset* Im Anfangsteil gekürzte und paraphrasierende, sonst größtenteils wörtliche, nur leicht variierende Wiedergabe von Guarinos Übers. von Plut. *Crass.* 12, 3–5 (*Vit.* 550): „Quum iam ad finem peruenissent consulatus et comitiorum habendorum causa in campo Martio consedissent, Gnatius (sic) Aurelius, vir quidem ex equestri ordine oriundus, vita autem omnino rudis atque agrestis habitus, maxima celeritate in forum accurrens clamauit Iouem sibi in somnis visum monuisse, vt hoc palam ad populum ferret, ne ante consules magistratu se abdicare paterentur quam simul in gratiam amicitiamque rediissent. Haec ille summa voce quum e pulpito vociferatus esset ac populus in gratiam redire consules iuberet, Pompeius nec voce nec loco mutatus est. At vero Crassus assurgens et collegae vltro dextra porrecta, ‚Nihil humile', inquit, ‚arbitror aut parum me dignum facturum, Quirites, si prior ad amicitiam gratiamque cum Pompeio conciliandam surrexero, quem vos adhuc impuber/ em Magnum cognominastis cuique nondum in senatorum ordinem ascito triumphum decreuistis'" (ed. Bade, Paris 1514, fol. CCVIII^v–CCIX^r). Vgl. den griech. Text: Ἤδη δὲ τῆς ἀρχῆς αὐτοῖς τελευτώσης ἔτυχον μὲν ἐκκλησιάζοντες, ἀνὴρ δέ τις οὐ τῶν ἐπιφανῶν, ἱππεὺς Ῥωμαίων, ἀγροῖκος δὲ τῷ βίῳ καὶ ἰδιώτης, Ὀνάτιος Αὐρήλιος, ἀναβὰς ἐπὶ τὸ βῆμα καὶ προελθὼν ὄψιν διηγεῖτο κατὰ τοὺς ὕπνους αὐτῷ γενομένην. „Ὁ γὰρ Ζεύς," ἔφη, „μοι φανεὶς προσέταξεν εἰς κοινὸν εἰπεῖν ὅπως μὴ πρότερον περιΐδητε τοὺς ὑπάτους ἀποθέσθαι τὴν ἀρχὴν ἢ φίλους γενέσθαι." ταῦτα λέγοντος τοῦ ἀνθρώπου καὶ τοῦ δήμου διαλλάττεσθαι κελεύοντος, ὁ μὲν Πομπήϊος ἡσυχίαν ἦγεν ἑστώς, ὁ δὲ Κράσσος ἐμβαλὼν τὴν δεξιὰν αὐτῷ πρότερος, „Οὐδέν," εἶπεν, „ὦ ἄνδρες, οἶμαι, πολῖται, ταπεινὸν πράττειν οὐδ' ἀνάξιον ἐμαυτοῦ κατάρχομενος εὐνοίας καὶ φιλίας πρὸς Πομπήϊον, ὃν ὑμεῖς μήπω γενειῶντα Μέγαν ἀνηγορεύσατε καὶ μήπω μετέχοντι βουλῆς ἐψηφίσασθε θρίαμβον".

827 *Gnaeus Aurelius* Aurelius ist ein von Plutarch in *Crass.* 12, 4 (*Vit.* 550) erwähnter, jedoch sonst unbekannter röm. Ritter aus der ursprünglich plebeischen Familie der Aurelier, von der gleichwohl einige Familienmitglieder seit dem Ersten Punischen Krieg in die Nobilität vorgestoßen waren. Die von Er. angeführte Namensform „Gnaeus" ist sicherlich unrichtig: Einerseits kommt „Gnaeus" als Vorname bei der Familie der Aurelier in der republikanischen Zeit nicht vor, andererseits stützt sich Er.' Namensangabe nicht auf eine korrekte Überlieferung: Wahrscheinlich ist „Gnaeus" ein Versuch des Er., das verderbte „Gnatius", das er in Guarinos Übers. der Gracchus-Biographie antraf, zu verbessern. Im griech. Text von Plutarchs *Gracchus*-Biographie ist jedoch „Gaius Aurelius" überliefert, so auch in Aldus' Ausgabe d.J. 1509. „Gaius" ist ein Vorname, der in der Familie der Aurelier in der Republik in der Tat vorkam. In Plutarchs Pompeius-Biographie wird der Name derselben Person als „Onatius Aurelius" überliefert; Perrin bevorzugt in ihrer Ausgabe der Gracchus-Biographie die Lesart der Pompeius-Biographie „Onatius".

V, 461   Senex aedificator   (M. Crassus, 5)

In Parthos proficiscens, *quum Deiotarum, extremae iam senectutis, nouam vrbem con-*
835   *dere videret,* „Quid est", inquit, „o rex, hoc rei, quod, quum hora diei iam adsit duodecima, nouam vrbem extruere institueris?". *Ad haec arridens Deiotarus,* „Imo quid tibi in mentem venit, imperator, [B] vt, [A] quum haudquaquam sis – vt videtur – matutinus, tamen in Parthos cum exercitu properes?". *Nam id temporis Crassus sexagesimum agebat annum.* Hora, quae nobis duodecima est in meridie, olim erat extrema diei.

840   V, 462   Militaria   (M. Crassus, 6, i.e. Vagises
                                                                                            legatus Parthorum)

Quum Parthi per legatos denunciassent, vt suae aetati consulens a bello abstineret, insolenter *respondit:* „In Seleucia istis mandatis *responsum dabimus".* Hic Agisis [i.e.

---

836 quid *A-C*: qui *BAS LB*.
837 vt *B C*: deest in *A*.

Apophth. V, 461 datiert auf d.J. 54 v. Chr., als Crassus durch Kleinasien zog und dort sein Heer auf den Einmarsch in Parthien vorbereitete; naturgemäß machte er bei dem romtreuen Vasallenkönig Halt. Deiotarus' Antwort hatte einen prophetischen Charakter: Nachdem Crassus im April 53 den Euphrat überschritten hatte, fiel er bereits im Mai desselben Jahres in der Schlacht von Carrhae. Vgl. D. Timpe, „Die Bedeutung der Schlacht von Carrhae", in: *Museum Helveticum* 19 (1962), S. 104–129. Der Titel des Apophthegmas hat eine Parallele in V, 463 „Senex bellator". Lycosthenes druckt V, 461 in der Kategorie „De conuiciis in ipsum authorem retortis" (S. 213).

834–839 *quum ... agebat annum* Zum Teil wörtliche, zum Teil variierende Wiedergabe von Guarinos Übers. von Plut. *Crass.* 17, 1–2 (*Vit.* 553C): „Quumque Deiotarum regem extrema iam senectu/ te confectum, nouam tamen vrbem aedificantem comperisset, talibus verbis in eum iocatus est, ‚O rex', inquiens, ‚quidnam hoc est negotii, tibi duodecima iam diei hora quum adsit, nouam vrbem aedificare incipis?'. Ad haec subridens Deiotarus ‚Tu vero', inquit, ‚imperator quum sis haud quaquam satis, vt videre videor, matutinus, tamen in Parthos cum exercitu properas?'. Sexagesimum autem per id temporis annum aetatis suae Crassus agebat ..." (ed.

843 Agisis *A-C vt in versione Guarini*: Vagises *sec. Plut. textum Graec. (Οὐαγίσης).*

Bade, Paris 1514, fol. CCXIX^v–CCXX^r). Vgl. den griech. Text: εὑρὼν δὲ τὸν βασιλέα Δηϊόταρον πάνυ μὲν ὄντα γηραιὸν ἤδη, κτίζοντα δὲ νέαν πόλιν, ἐπέσκωψεν εἰπών· "Ὦ βασιλεῦ, δωδεκάτης ὥρας οἰκοδομεῖν ἄρχῃ". γελάσας δ' ὁ Γαλάτης· „Ἀλλ' οὐδ' αὐτός," εἶπεν, „ὦ αὐτοκράτωρ, ὡς ὁρῶ, πρωῒ λίαν ἐπὶ Πάρθους ἐλαύνεις. Ἦν δ' Κράσσος ἑξήκοντα μὲν ἔτη παραλάττων ...;" das Apophthegma fand sich bereits in Brusonis Sammlung d.J. 1518, I, 1 (Kap. „De auaritia"), der es ebenfalls aus Guarinos Übers. bezogen hatte: „M. Crassus ad Particam expeditionem proficiscens, quum ex itinere Deiotarum Galatarum, qui iuxta Cappadociam sunt, regem extremo iam senio confectum nouam vrbem aedificantem offendisset, ‚O rex', inquit, ‚quidnam negotii hoc est? Quid, quum iam duodecima diei hora tibi adsit, nouam vrbem condere incipis?'. Ad haec subridens Deiotarus Crassique auaritiam subcarpens, ‚Tu vero', inquit, ‚Imperator quum sis, haudquaquam (vt videre videor) matutinus (erat enim sexagenarius Crassus) in Parthos cum exercitu festinas'".

834 *Deiotarum* **Deiotaros Philoromaios** (gest. um 40 v. Chr.), Sohn des Sinorix und der Berenike, zunächst Tetrarch der Tolistobogii in Kleinasien; beteiligte sich mit Hilfskontingenten an mehreren Feldzügen der Römer in Asien (zunächst in den Mithridatischen Kriegen); wurde 63/2 von Pompeius mit dem Titel

des Königs der Galater und mit der Herrschaft über Kleinarmenien und Teilen von Pontos belohnt; unterstützte i.J. 51 Cicero als Statthalter von Kilikien in seinem Kampf gegen die Parther; kämpfte im Bürgerkrieg auf Seiten des Pompeius, indem er ein Kontingent von 600 Reitern anführte; i.J. 47 begnadigte ihn Caesar, entzog ihm jedoch die Herrschaft über Kleinarmenien; 45 wurde er von seinen Schwiegersöhnen in Rom angeklagt, er habe ein Attentat auf Caesar vorbereitet; Cicero verteidigte ihn und erwirkte seinen Freispruch. Bei den Schlachten von Philippi i.J. 42 stand er auf Seiten der Caesar-Mörder, wurde jedoch von Octavian begnadigt. Vgl. W. Spickermann, *DNP* 3 (1999), Sp. 376–377, s.v. „Deiotaros"; W. Hoben, *Untersuchungen zur Stellung kleinasiatischer Dynasten in den Machtkämpfen der ausgehenden Republik*, Bonn 1969.

834 *nouam vrbem* Deiotaros residierte in Blukion; vgl. W. Ruge, *RE* III, 1 (1897), Sp. 571, s.v.

835–836 *Quid est … institueris* Guarino konstruierte den Satz anders als Plutarch; Er. übernahm Guarinos Satzkonstruktion.

836 *Deiotarus* Guarino schrieb „Deiotarus"; Plutarch ὁ Γαλάτης.

839 *Hora … diei* „Hora … diei" liefert eine zutreffende kulturgeschichtliche Erklärung des Er.: Im antiken Rom wurden stets 12 Stunden des Tages vom Sonnenaufgang bis Sonnenuntergang gezählt; die Länge der Stunden war je nach Jahreszeit variabel und dauerte im Winter an den kürzesten Tagen 44, im Sommer an den längsten Tagen 75 Minuten.

842–845 *Quum … futura potestas* Im ersten Abschnitt („Quum Parthi … abstineret", §1) stark gekürzte und verdrehte, im zweiten Teil (§2) größtenteils wörtliche Wiedergabe von Plut. *Crass.* 18, 1–2 (*Vit.* 554), wobei Er. von Guarinos Übers. ausging: „Ad ea indignatus et iactabundus Crassus in Seleucia se responsum his mandatis daturum dixit. Tunc Agisis legatorum vnus, qui caeteros aetate et authoritate anteibat, sublata manu mediam palmam ostentans, ‚Prius in hac palma setae nascentur', inquit, ‚quam tibi Seleuciam conspiciendi sit potestas'" (ed. Bade, Paris 1514, fol. CCXX^r). Vgl. den griech. Text: πρὸς ταῦτα Κράσσου κομπάσαντος ὡς ἐν Σελευκείᾳ δώσει τὰς ἀποκρίσεις, γελάσας ὁ πρεσβύτατος τῶν πρέσβεων Οὐαγίσης καὶ τῆς χειρὸς ὑπτίας δείξας τὸ μέσον· „Ἐντεῦθεν," εἶπεν, „ὦ Κράσσε, φύσονται τρίχες πρότερον ἢ σὺ ὄψει Σελεύκειαν". Er. hat im ersten Abschnitt den Sinn von Plutarchs Text verdreht wiedergegeben: Die Gesandten der Parther forderten Crassus nicht auf, er möge sein Alter berücksichtigen, sondern vermittelten ihm die Nachricht, daß der König der Parther bereit wäre, Mitleid mit Crassus' hohem Alter zu haben und ihn mild zu behandeln. Es ist unklar, wie Er. auf die verworrene Wiedergabe des Sinnes gekommen ist; Guarino jedenfalls hatte den Text richtig übersetzt: „Non sane tuas vires aut exercitum magnificamus. Itaque moderatius tecum acturum et senectutis tuae rationem habiturum Arsacem nuntiamus" (a.a.O.). Im zweiten Abschnitt vergaß Guarino die Angabe zu übersetzen, daß Vagises den Crassus auslachte, als er die nämlichen Worte sprach (γελάσας); bei Er., der nur von der Übers. Guarinos ausging, fehlt dies ebenso. Er. übernahm auch Guarinos kurioses „setae" („Borsten") und dessen gestelzte Übers. von ἢ σὺ ὄψει Σελεύκειαν mit „quam tibi Seleuciam conspiciendi sit potestas", die er durch den tautologischen Zusatz „futura" verschlimmbesserte. Dieselbe Anekdote findet sich bei Dio Cassius XL, 16, jedoch gibt es keinen Beleg dafür, daß Er. diese Stelle benutzte.

843 *Seleucia* Direkt gegenüber Seleukeia, das von Seleukis I. gegründet worden war, befand sich am linken Ufer des Tigris Ktesiphon (parthisch „Taysabun" oder „Tisfun"), seit 126 v. Chr. die Hauptstadt des parthischen Reiches. Crassus' Versprechen, „in Seleukia zu antworten", impliziert, daß er das Partherreich bereits aufgerollt habe. Plutarch/Crassus meinten mit „Seleucia" wohl die „Doppelstadt" Seleukeia-Ktesiphon. Zu Ktesiphon vgl. S.R. Hauser, *DNP* 6 (1999), Sp. 879, s.v. „Ktesiphon", Nr. 2.

843 *Agisis* Die von Er. benutzte falsche Namensform „Agisis" geht darauf zurück, daß er lediglich von Guarinos Übers. ausgegangen ist: Dort wird der Name im Nominativ mit „Agisis" angegeben, zudem durch die Marginalie „Agisis legatus Arsacis" hervorgehoben (ed. Bade, Paris 1514, fol. CCXX^r). Nach dem griech. Text war sein Name **Vagises**; der parthische Gesandte Vagises ist nur von der bei Plut. überlieferten Anekdote bekannt. Vgl. G. Courtieu, „Vagises' Virtuous Hand: An Unforseen Note on Plutarch, *Life of Crassus* 18, 3", *Iranian Studies* 51 (2018), S. 633–642; zu Vagises kein Lemma in *DNP*.

Vagises] *legatorum vnus sublata manu mediam palmam ostendens, „Prius", inquit, „in hac* manu *nascentur setae, quam* tibi *Seleuciam conspiciendi sit futura potestas".*

V, 463   SENEX BELLATOR   (M. Crassus, 7)

Conflicturo cum Parthis *exta e manibus deciderunt.* Hoc caeteris vt inauspicatum ostentum interpretantibus ac praelium dissuadentibus „Huiusmodi", inquit, „incommoda multa *nobis senectus adfert. At arma mihi nunquam e manibus ceciderunt".*

V, 464   FORTITER   (M. Crassus, 8)

Quum Publius Crassi filius fortissime in bello et pugnasset et cecidisset, *hostes caput* iuuenis *hastae impositum gestantes, proxime ad Romanos accedebant insultantes rogantesque, quo genere iuuenis ille fuisset ortus; neque enim fieri posse*, vt *ex patre tam ignauo et imbelli* talis *filius nasci posset.* Hoc tam tristi spectaculo nihil commotus Crassus, per *omnes ordines* concionatus est *clamans*, „Meus hic priuatus dolor est, Romani, mea haec calamitas, meus hic peculiaris luctus; caeterum publica ciuitatis salus et gloria in vestra incolumitate vestraque virtute *sita est".*

---

844 *legatorum vnus* Er. ließ Guarinos Angabe weg, daß Vagises der älteste und würdigste der Gesandten war.

845 *manu* „manu" ist eine unglückliche Variation des Er. von Guarinos „palma": Das Adynaton, das der parthische Gesandte Crassus vorhält, ist natürlich, daß auf seiner Handfläche ebensowenig Haare wachsen werden wie Crassus Ktesiphon erreichen wird.

845 *setae* „setae" „Borsten", eine kuriose Übers. von „Körperhaaren": Mit dem latein. „saetae" wird immer das borstige Haar von Tieren bezeichnet (vgl. *DNG* II, Sp. 4233, s.v. „saeta"), menschliche Körperhaare heißen hingegen „pili"; die unglückliche Übers. geht auf Guarino zurück, die Er. gleichsam automatisch übernahm.

846 *Senex bellator* Vgl. den parallelen Titel in V, 461: „Senex aedificator".

847–848 *Conflicturo … dissuadentibus* Im einleitenden Teil stark gekürzte und frei paraphrasierende Wiedergabe von Plut. *Crass.* 19, 6 (*Vit.* 555). Bei Plutarch ist nicht die Rede davon, daß die Anwesenden Crassus von der Schlacht abhalten hätten wollen, sondern nur, daß sie durch den Vorfall „sehr in Verwirrung gerieten" (μάλιστα δυσχεραίνοντας … παρόντας). Vgl. Guarinos Übers., die Er. als Vorlage benutzte: „Praeterea quum Crassus, vt moris erat, sacrificio instituto lustraret exercitum, porrecta ab aruspice viscera e manibus cecidere; et quum grauiter omnes, qui astabant, perturbasset …" (ed. Bade, Paris 1514, fol. CCXX^v).

848–849 *Huiusmodi … manibus ceciderunt* Plut. *Crass.* 19, 6 (*Vit.* 555). Er. gab die Übers. des Guarino wieder: „… arridens Crassus ‚Talia nobis', inquit, ‚incommoda senectus affert; attamen arma nunquam e manibus ceciderunt'" (ed. Bade, Paris 1514, fol. CCXX^v). Für den Spruchteil vgl. den griech. Text: „Τοιοῦτον", ἔφη, „τὸ γῆρας· ἀλλὰ τῶν γε ὅπλων οὐδὲν ἂν ἐκφύγοι τὰς χεῖρας".

849 *multa* „multa" ist ein unglücklicher Zusatz des Er. zu Guarinos Übers.; im griech. Originaltext sagt Crassus nur: τοιοῦτον τὸ γῆρας („so ist das Alter").

849 *ceciderunt* Er. kopierte Guarinos Text; jedoch steht im griech. Original, daß Crassus sagte: „Aber die Waffen mögen mir nicht aus der Hand fallen" (οὐδὲν ἂν ἐκφύγοι τὰς χεῖρας).

Apophth. V, 464 datiert auf die Schlacht von Carrhae im Mai 53 v. Chr.

851 *Publius Crassi filius* Publius Licinius Crassus (86/2–53 v. Chr.), der Sohn des M. Licinius Crassus Dives, der von dem peripatetischen Philosophen Alexander erzogen worden war

und von Cicero wegen seiner Beredsamkeit sehr geschätzt wurde. Crassus' Sohn diente unter Caesar in Gallien; begleitete seinen Vater auf dem Feldzug gegen die Parther, auf dem er, erst etwa dreißigjährig, als Anführer der Kavallerie das Leben verlor. Vgl. E. Rawson, „Crassorum funera", in: *Latomus* 41 (1982), S. 540–549; R. Syme, „The Sons of Crassus", in: *Latomus* 39 (1980), S. 403–408.

851–857 *hostes caput ... sita est* Leicht gekürzte und variierende Wiedergabe von Guarinos Übers. von Plut. *Crass.* 26, 4–5 (*Vit.* 553): „Illi (sc. hostes) vero Publii (sc. Crassi filii) caput hastae infixum portantes aderant et Romanis quam proxime accedentes contumeliose, quonam ortus genere Publius fuisset, sciscitabantur; neque enim ex imbelli atque ignauissimo patre tam generosum atque omni virtute praeditum filium ortum esse posse. Hoc tam dirum spectaculum supra omnia, quae in ea pugna calamitosa contigerant, Romanorum animos perfregit ... At Crassus nihil tanto dolore deiectus ... praeclarissimum hoc virtutis testimonium praebuit. Omnes enim ordines circumuectus, ‚Meus est hic priuatus dolor, Romani', clamitabat, ‚mea haec calamitas, meus hic ac proprius luctus; publica vero ciuitatis salus et gloria in salute vestra posita est'" (ed. Bade, Paris 1514, fol. CCXXII^r). Vgl. den griech. Text: οἱ δὲ τὴν κεφαλὴν τοῦ Ποπλίου κομίζοντες ὑπὲρ αἰχμῆς ἀναπεπηγυῖαν ἐγγὺς προσελάσαντες ἀνέδειξαν, ὕβρει πυνθανόμενοι τοκέας αὐτοῦ καὶ γένος· οὐ γὰρ δὴ πρέπειν γε Κράσσου πατρὸς ἀνανδροτάτου καὶ κακίστου γενναῖον οὕτω παῖδα καὶ λαμπρὸν ἀρετῇ γενέσθαι. τοῦτο τὸ θέαμα Ῥωμαίων ὑπὲρ ἅπαντα τἄλλα δεινὰ τὰς ψυχὰς κατέκλασε καὶ παρέλυσεν, οὐ θυμοῦ ... καίτοι τόν γε Κράσσον αὐτοῦ λαμπρότατον ἐν τῷ τότε πάθει φανῆναι λέγουσιν· ἐβόα γὰρ ἐπιὼν τὰς τάξεις· „ἐμὸν, ὦ Ῥωμαῖοι, τοῦτο τὸ πένθος ἴδιόν ἐστιν. ἡ δὲ μεγάλη τύχη καὶ δόξα τῆς Ῥώμης ἐν ὑμῖν ἕστηκε σῳζομένοις ἄθραυστος καὶ ἀήττητος".

855–856 *mea ... luctus* Bei „mea ... luctus" handelt es sich um einen Zusatz des Guarino, den Er. kopierte.

857 *vestraque virtute* „vestraque virtute" ist ein Zusatz des Er. zu Guarinos Übers.

V, 465   INGENVE   (M. Crassus, 9)

Marcello [i.e. Marcellino] *ac Domitio Pompeium in senatu rogantibus, num proximis comitiis petiturus esset* consulatum, *„Forte"*, inquit, *„petam, forte non petam"*. *Rursus idem percontantibus „A bonis"*, inquit, *„ciuibus, petam; a malis, nequaquam"*. *Quum haec responsa vt ambigua ac superba* multos offenderent, *Crassus idem percontantibus respondit, „Si e republica fore iudicauero, petam; sin minus, a petendo abstinebo"*.

860

859 Marcello *A-C ut in versione Guarini*: Marcellino *scribendum erat sec. Plut. textum Graec.* (Μαρκελλίνου; *cf. Apophth. IV, 248*).

Apophth. V, 465 datiert auf die Konsulwahl d.J. 56 v. Chr.; die *triumviri* Pompeius und Crassus hatten abgesprochen, sich als Konsuln zu bewerben, und zwar mit Unterstützung Caesars, der Soldaten schickte, um der Bewerbung Nachdruck zu verleihen. Als Konsuln hatten sie u. a. vor, die Verlängerung von Caesars Sonderkommando in Gallien zu erwirken. Da die Pläne der Triumvirn bekannt wurden, versuchten die Optimaten, besonders die im Apophthegma genannten Wortführer, alles, um Pompeius' und Crassus' Konsulat zu verhindern. L. Domitius Ahenobarbus stellte sich selbst als Gegenkandidat auf, mit dem erklärten Ziel, die Verlängerung von Caesars Oberbefehl in Gallien auszuschließen. Der direkte Kontext des Apophthegmas ist eine Volksversammlung, bei der die genannten Optimaten versuchten, Pompeius und Crassus zur Rede zu stellen. Der Titel des Apophthegmas ist kurios: Crassus' Ausspruch soll „Aufrichtigkeit" belegen. Jedoch ist seine Antwort genauso doppeldeutig wie jene des Pompeius. Anscheinend hat Er. den Inhalt von Crassus' Ausspruch für bare Münze genommen; er mag davon beeindruckt gewesen sein, weil er sich mit dem Ideal deckt, das Er. in der *Inst. princ. christ.* entworfen hatte. Es ist fraglich, ob Er. die politischen Hintergründe der Angelegenheit durchschaute; sein Kommentar zu der Parallelstelle IV, 248 (*ASD* IV, 344) wirkt ebenfalls ziemlich naiv. Pompeius bezichtigte bei dem Ereignis Lentulus Marcellinus der Undankbarkeit. Er. leitete daraus auf ebenfalls ziemlich naive Weise ein moralisches Urteil ab: „Nam hoc turpissimum ingratitudinis genus est, sed tamen heu nimium vulgare" (a.a.O.).

859–863 *Marcello ... abstinebo* Größtenteils wörtliche, leicht variierende Wiedergabe von Guarinos Übers. von Plut. *Crass.* 15, 1–2 (Vit. 552): „Quum in senatu Marcellus (sic) ac Domitius Pompeium rogassent, in proximisne comitiis consulatum petiturus esset, ille dubium responsum dedit, ‚Forte', inquiens, ‚Petam, forte non petam'. Rursus vero itendidem interrogatus ‚A bonis', inquit, ‚ciuibus petam, a malis vero minime'. Quumque haec superbe nimis et ambigue responsa viderentur multasque audientium animis suspitiones inferrent, Crassus eadem rogatus, ‚Si quidem', inquit, ‚rei publicae profuturum iudicauero, petam; sin minus, a petitione desistam'" (ed. Bade, Paris 1514, fol. CCXIX^r). Vgl. den griech. Text: ἐν δὲ τῇ βουλῇ Μαρκελλίνου καὶ Δομιτίου Πομπήϊον ἐρωτώντων εἰ μέτεισιν ὑπατείαν, ἀπεκρίνατο τυχὸν μὲν μετιέναι, τυχὸν δὲ μὴ μετιέναι· καὶ πάλιν ἐρωτώμενος ἔφη μετιέναι τοῖς δικαίοις πολίταις, μὴ μετιέναι δὲ τοῖς ἀδίκοις. τούτου δὲ δόξαντος ὑπερηφάνους ἀποκρίσεις καὶ τετυφωμένας ποιεῖσθαι μετριώτερον ὁ Κράσσος εἶπεν, εἰ τῇ πόλει συμφέρει, μετιέναι τὴν ἀρχήν, εἰ δὲ μή, πεπαύσεσθαι. Dasselbe Apophthegma findet sich in einem ausführlicheren Narrativ eingebettet in Plut. *Pomp.* 51 (Vit. 646).

859 *Marcello* **Cn. Cornelius Lentulus Marcellinus** (um 90–48 v. Chr.), 60 Prätor, 59–58 Proprätor in der Provinz Syria; Freund Ciceros, Gegner von Clodius und Caesar, prominenter Vertreter und Wortführer der Optimatenpartei; ausgesprochener Gegner sowohl des 1. Triumvirats als auch der Konsulkandidaturen des Pompeius und Crassus; vgl. K.-L. Elvers, *DNP* 3 (1999), 175, s.v. „Cornelius", Nr. I, 52.

859 *Marcello* Die falsche Namensform „Marcellus" rührt daher, daß Er. an vorl. Stelle von Guarinos Übers. ausging. An der Parallelstelle, IV, 248 (Pompeius, 13; *ASD* IV, 4, S. 343–344; *CWE* 37, S. 415–416), verwendete Er. „Marcellinus", was er (im Text) mit der Bemerkung

versah, daß der Name „nach Plutarch Marcellinus" sei, „nach dem Urteil anderer jedoch Marcellus" („Marcellinus [vt Plutarchus, aliorum iudicio Marcellus]"). Damit mag er Guarino da Verona gemeint haben, den Übersetzer der Crassus-Biographie. Der Übers. der Pompeius-Biographie, Antonio Tudertino, verwendet hingegen richtig „Marcellinus" (ed. Bade, Paris, 1514, fol. CCXXXIXʳ); Val. Max. VI, 2, 6 hat ebenfalls „Marcellinus". In V, 465 weist Er. nicht auf IV, 248 hin; anscheinend stand ihm nicht mehr vor Augen, daß dort bezüglich des Namens „Marcellinus" ein Problem aufgetreten war.

859 *Domitio* **L. Domitius Ahenobarbus** (98–48 v. Chr.), Prätor 58, Konsul 54; verheiratet mit Porcia, der Schwester Catos d.J.; erklärter Gegner Caesars und des 1. Triumvirats, Wortführer der Optimatenpartei; bewarb sich gegen Pompeius und Crassus um das Konsulat d.J. 55 v. Chr., wobei er ankündigte, er werde Caesar seines Oberbefehls in Gallien entheben; Pompeius und Crassus ließen ihn im Zuge der Wahlbewerbung von ihren Mittelsmännern überfallen; i.J. 52 versöhnte er sich mit Pompeius, 49 wurde er zum Nachfolger Caesars als Statthalter in Gallien gewählt; kämpfte im Bürgerkrieg auf Seiten des Pompeius; wurde nach der verlorenen Schlacht von Pharsalos 48 v. Chr. auf der Flucht erschlagen. Vgl. F. Münzer, *RE* V, 1 (1903), Sp. 1334–1343, s.v. „Domitius", Nr. 27; K.-L. Elvers, *DNP* 3 (1999), Sp. 753, s.v. „Domitius", Nr. I, 8.

SERTORIVS

865 V, 466 VETVLVS DVX (Sertorius, 1) [10]

Sertorius quum Pompeii [i.e. Afranii] *milites varie dispulsos superasset multis occisis* audissetque *aduentare Metellum cum aliis* copiis, diremit *praelium reuocatisque suis* dixit „*Ego puerum hunc, nisi superuenisset anus illa, verberibus castigatum domum remisissem*", Pompeium pueri nomine signans, Metellum vetulum anus.

870 V, 467 PATRIA DVLCIS (Sertorius, 2) [11]

Idem saepe *victor ad Pompeium Metellumque misit, offerens se paratum redire in Vrbem, si sibi permitteretur, dixitque malle se Romae ignobilissimum ciuem quam exulem omnium aliarum ciuitatum imperatorem nominari.*

V, 468 CONVIVIA PVDICA (Sertorius, 3) [12]

875 *Admonere solet suos,* ne quid *in conuiuio* praeter *decorum* vel fieret vel diceretur, praesertim *a iurgiis et* obscoenitate temperare; *nec ipse quicquam tale sustinebat vel audire vel videre.*

875 solet *A-C*: solebat *LB*.

Quintus Sertorius (123–73 v. Chr.), aus dem Ritterstand stammender röm. General; diente am Anfang seiner militärischen Karriere unter Marius, nahm u. a. an der Schlacht von Aquae Sextiae gegen die Teutonen teil; in der Folge in Spanien und Gallien tätig. Im Bürgerkrieg stellte er sich auf die Seite der Popularen; war am Sieg von Marius und Cinna gegen die Optimaten entscheidend beteiligt (87); i. J. 83 als Prokonsul nach Spanien entsandt, wobei er sich gegen die dort verbleibenden röm. Beamten, die ihn nicht anerkannten, durchsetzen musste; als Sullas Armee in Spanien einmarschierte, zog sich Sertorius nach Mauretania zurück, wo er Sullas Generäle schlug und u. a. Tanger einnahm. Die durch die Ausbeutung von Sullas Beamten frustrierte Bevölkerung Spaniens rief Sertorius herbei, der dort eine Art selbständigen Staat, mit einem eigenen Senat, errichtete. Rom führte Krieg gegen ihn, jedoch schafften die Generäle es nicht, ihn entscheidend zu schlagen, auch nicht Pompeius (i. J. 77). Sertorius fuhr eine Guerilla-Taktik, mit der er erfolgreich blieb und sich wider Erwarten jahrelang in Spanien behaupten konnte; schliesslich fiel er i.J. 72 einer Verschwörung zum Opfer. Hauptquelle ist Plutarch, der ihm eine Biographie widmete. Vgl. K.G. Rijkhoek, *Studien zu Sertorius*, Bonn 1992; K.-L. Elvers, *DNP* 11 (2001), Sp. 459–460, s.v. „Sertorius, Q."; Ch.F. Konrad, *Plutarch's Sertorius. A Historical Commentary*, Chapel Hill 1994. In der vorl. Sektion lässt Er. das berühmteste Sertorius-Apophthegma weg, die Anekdote mit den Pferdeschwänzen, aus der Er. selbst *Adag*. 795 „Caudae pilos equinae paulatim vellere" (*ASD* II, 2, S. 316–317) gebastelt hatte.

Apophth. V, 466 datiert auf d.J. 77 v. Chr., als Sertorius den Pompeius, nachdem er ihn bei Laurum besiegt hatte, in der Schlacht bei Sucro an den Rand des Abgrundes brachte (Plut. *Sert*. 19). Pompeius soll nur um ein Haar mit dem Leben davongekommen sein. Lediglich die Nachricht vom Heranrücken des Metellus soll Sertorius davon abgehalten haben, das römische Heer gänzlich aufzureiben.

866–869 *Sertorius quum … domum remisissem* Plut. *Sert*. 19, 5–6 (Vit. 578). Er. bearbeitete die Übers. des Leonardo Bruni, der den Hergang der Schlacht im Vergleich zum griech. Plutarchtext vereinfacht hatte; Plutarch berichtete, daß die Schlacht an zwei Tagen stattfand, wobei die Kampfhandlungen in der Nacht unterbrochen wurden. Bruni ließ die betreffenden Angaben weg (Πρωὶ δὲ αὖθις ἐξοπλισθεὶς ἐπὶ μάχην κατέβαινεν) und schildert eine einzige Schlacht, bei der Sertorius als Sieger hervortritt: „Inter haec Sertorius victor redibat et contra Afranium impetu facto milites eius varie dispersos occidit superatque. Deinde quum sentiret Metellum cum alio exercitu aduentare, praelium dissoluit reuocatisque suis, ‚At ego', inquit, ‚puerum hunc, nisi venisset anus illa, castigatum verberibus domum remisissem'" (ed. Bade, Paris 1514, fol. CXCᵛ). Er gab den einleitenden Teil verdreht, den Spruchteil wörtlich wieder. Vgl. den griech. Text, wo der Bericht vom Heranrücken des Metellus erst am Morgen des zweiten Tages eintrifft: Ἐν τούτῳ δὲ Σερτώριος ἀνέστρεψε τὸ καθ' αὑτὸν νενικηκώς. Καὶ τοῖς Ἀφρανίου δι' ἀταξίαν ταρασσομένοις ἐπιπεσὼν πολλοὺς διέφθειρε. Πρωὶ δὲ αὖθις ἐξοπλισθεὶς ἐπὶ μάχην κατέβαινεν, εἶτα Μέτελλον αἰσθόμενος ἐγγὺς εἶναι λύσας τὴν τάξιν ἀνέζευξεν, εἰπὼν „ἀλλ' ἔγωγε τὸν παῖδα τοῦτον, εἰ μὴ παρῆν ἡ γραῦς ἐκείνη, πληγαῖς ἂν νουθετήσας εἰς Ῥώμην ἀπεστάλκειν".

866 *Pompeii milites ... occisis* Er. verwechselte hier den Namen des Afranius mit dem des Pompeius; bei Plutarch (auch in Brunis Übers.) wird berichtet, daß es sich um die Soldaten des Afranius handelte, der den linken Flügel des römischen Heeres befehligte; den rechten hatte Pompeius angeführt, der aber zu diesem Zeitpunkt längst geflohen war. Vgl. Brunis Übers.: „(sc. Sertorius) contra Afranium impetu facto milites varie dispersos occidit"; καὶ τοῖς Ἀφρανίου δι' ἀταξίαν ταρασσομένοις ἐπιπεσὼν πολλοὺς διέφθειρε).

867 *Metellum* Quintus Caecilius Metellus Pius (ca. 130–63 v. Chr.), Konsul 80 v. Chr.; Caecilius Metellus war nach seinem Konsulat (79) nach Spanien entsandt worden, um Sertorius zu bekämpfen; er hatte jedoch gegen die flexible Taktik des Sertorius wenig aufzubieten und erlitt eine Niederlage nach der anderen.

868 *puerum hunc* Pompeius war zur Zeit seiner Sertorius-Kampagne (77 v. Chr.) ca. 30 Jahre alt, natürlich kein „puer", noch ein Jüngling *sensu proprio*, jedoch einerseits nach den herkömmlichen Regeln des *cursus honorum* für das ihm übertragene *imperium proconsulare* zu jung und andererseits etwa 20 Jahre jünger als der ihm zu Hilfe eilende Metellus.

871 *Saepe* „saepe" ist ein Zusatz des Er. zu Brunis Übers. von Plut. *Sert.* 22, 5.

871–873 *victor ... imperatorem nominari* Leicht variierende, lückenhafte, sonst aber größtenteils wörtliche Wiedergabe von Brunis Übers. von Plut. *Sert.* 22, 5 (*Vit.* 580): „In victoriis autem ad Metellum Pompeiumque mittebat se paratum offerens depositis armis priuatim in Vrbem redire velle, si sibi permittatur; malle se enim Romae ignobilissimum ciuem quam exulem omnium aliarum ciuitatum imperatorem nuncupari" (ed. Bade, Paris 1514, fol. CXCIʳ). Vgl. den griech. Text: ἐν δὲ ταῖς νίκαις διεπέμπετο πρὸς Μέτελλον καὶ πρὸς Πομπήϊον ἕτοιμος ὢν τὰ ὅπλα καταθέσθαι καὶ βιοῦν ἰδιώτης καθόδου τυχών· μᾶλλον γὰρ ἐθέλειν ἀσημότατος ἐν Ῥώμῃ πολίτης ἢ φεύγων τὴν ἑαυτοῦ πάντων ὁμοῦ τῶν ἄλλων αὐτοκράτωρ ἀναγορεύεσθαι.

871 *Metellum* Es handelt sich um Quintus Caecilius Metellus Pius, vgl. Komm. zum vorhergehenden *Apophth*.

871 *offerens* Er. läßt hier zwei wesentliche Bestandteile von Sertorius' Angebot aus, nml. die Waffen niederzulegen („depositis armis", τὰ ὅπλα καταθέσθαι) und auf jegliche Funktion verzichtend als Privatmann zurückzukehren („priuatim", καὶ βιοῦν ἰδιώτης).

Dem Titel des Er. entsprechend druckte Lycosthenes V, 468 in der Kategorie „De conuiuiis" (S. 203).

875–877 *admonere ... videre* Gekürzte, paraphrasierende, durch eine andere Zuordnung geänderte Wiedergabe von Brunis Übers. von Plut. *Sert.* 26, 4 (*Vit.* 582A): „Mos erat Sertorio in conuiuiis plurimam semper honestatem decoremque seruare; nec videre quicquam turpe nec audire sustinebat, docueratque omnes suos ab omni maledicto ac iurgio abstinere, sed placide ac modeste ioco vti" (ed. Bade, Paris 1514, fol. CXCIᵛ). Vgl. den griech. Text: ἀεὶ μὲν οὖν τὰ μετὰ Σερτωρίου δεῖπνα πολλὴν εἶχεν αἰδῶ καὶ κόσμον, οὔτε ὁρᾶν τι τῶν αἰσχρῶν οὔτε ἀκούειν ὑπομένοντος, ἀλλὰ καὶ τοὺς συνόντας εὐτάκτοις καὶ ἀνυβρίστοις παιδιαῖς χρῆσθαι καὶ φιλοφροσύναις ἐθίζοντος. Er. münzte dabei alle Angaben auf das Verhalten, das Sertorius anderen abverlangte, während Plutarch an erster Stelle Sertorius' eigenes Verhalten bei Empfängen und Gelagen beschreibt.

876 *a ... temperare* Mit „a iurgiis et obscoenitate temperare" variiert Er. Brunis „ab omni maledicto ac iurgio abstinere", während im griech. Originaltext die Verhaltensregel positiv formuliert war, „nur anständige und gemäßigte Scherze und eine freundliche Miene zu machen" (εὐτάκτοις καὶ ἀνυβρίστοις παιδιαῖς χρῆσθαι καὶ φιλοφροσύναις).

M. BRVTVS

V, 469   Vltio deorvm   (Brutus, 1)

880   M. Brutus rebus in summam desperationem adductis, *quum e ducibus atque amicis paucos apud se haberet, sublatis oculis in coelum stellis* plenum, *dixit hunc vers*iculum Graecum e tragoedia quapiam,

Ζεῦ, μὴ λάθοι σε, τῶνδ᾽ ὅς αἴτιος κακῶν, id est

Ne te latuerit, o supreme Iuppiter,
885   Horum malorum quisquis autor extitit,

velut imprecans Caesari vindictam a diis. *Volumnius narrat illum et alterum dixisse carmen* [i.e. versum], *sed negat se meminisse.*

V, 470   Mors destinata   (Brutus, 2)

Quodam ex his, qui aderant, praecipuo monente, vt illinc fugeret Brutus, „Prorsus",
890   *inquit, „fugiendum, sed manibus, non pedibus"*, significans morte spontanea vitandam Caesarianorum tyrannidem.

V, 471   Clementer   (Brutus, 3)

Quum inter coniuratos deliberaretur, *an vna cum Caesare* occidendus *esset Antonius, Brutus* dissuasit, dicens *hoc* negocium, *quod pro legibus ac iure susciperetur, oportere*

Marcus Iunius Brutus (85–42 v. Chr.), der Sohn von Servilia, der Geliebten Caesars und zugleich der Mörder Caesars, erhält von Er. einen Ehrenplatz: Er darf das fünfte Buch der *Apophthegmata* abschließen. Brutus stand im Bürgerkrieg auf Seiten des Pompeius; nach dessen Niederlage bei Pharsalos i. J. 48 wurde er von Caesar begnadigt und in dessen Familien- und Freundeskreis aufgenommen; dennoch zettelte er zusammen mit Cassius eine Verschwörung an, die zur Ermordung des Diktators führte. Vgl. K. Tempest, *Brutus. The noble conspirator*, New Haven-London 2017; E. Wistrand, *The policy of Brutus the Tyrannicide*, Göteborg 1981.

Apophth. V, 469 datiert auf den 23. 10. 42 v. Chr., als Brutus nach der zweiten Schlacht von Philippi Selbstmord beging.

880–887 *quum … se meminisse* Im einleitenden Teil stark gekürzte, paraphrasierende, im Spruchteil jedoch wörtliche Wiedergabe von

Plut. *Brut.* 51, 1 (*Vit.* 1008): Βροῦτος δὲ διαβάς τι ῥεῖθρον ὑλῶδες καὶ παράκρημνον ἤδη σκότους ὄντος οὐ πολὺ προῆλθεν, ἀλλ᾽ ἐν τόπῳ κοίλῳ καὶ πέτραν ἔχοντι μεγάλην προκειμένην καθίσας, ὀλίγων περὶ αὐτὸν ἡγεμόνων καὶ φίλων ὄντων, πρῶτα μὲν ἀποβλέψας εἰς τὸν οὐρανὸν ἀστέρων ὄντα μεστόν, ἀνεφθέγξατο δύο στίχους, ὧν τὸν ἕτερον Βολούμνιος ἀνέγραψε: „Ζεῦ, μὴ λάθοι σε τῶνδ᾽ ὅς αἴτιος κακῶν". Wie die wörtliche Übernahme des griechischen Textes von Euripides' Verszeile zeigt, benutzte Er. an dieser Stelle auch den griech. Text. Wie in den anderen Fällen, die die Brutus-Biographie betreffen, lag ihm die Übers. Guarinos vor: „Caeterum pertransiens Brutus rupem quandam arboribus densam atqie praeruptam iam nocte obscura haud multum processit,/ sed in loco concauo et permagnam petram habente sedens, praesentibus paucis et amicorum et ductorum exercitus, et primum ad coelum stellis ornatum inspiciens, duos loquutus est versus; quorum alterum Volumnius scripsit: ‚Ista Iouem haud lateant quique horum est causa malorum'. Versum alium se oblitum fuisse commemorat" (ed. Bade, Paris 1514, fol. CCCI^(r–v)).

883 ζεῦ, ... κακῶν Eurip. *Med.* 332. Er. wußte nicht, aus welcher Tragödie das Zitat stammt („e tragoedia quapiam"). Die Verszeile wird von Medea selbst gesprochen; sie entstammt dem Dialog mit dem König von Korinth, Kreon, der sie des Landes verweist, weil er sie für gefährlich hält (271–356). Mit demjenigen „der die Schuld trägt an dem heutigen Elend", meint sie Jason, an dem sie sich rächen will. Medea gelingt es in dem Dialog, von Kreon einen Tag Aufschub der Verbannung zu erwirken: An diesem Tag wird sie Glauke, Jasons neue Braut, und deren Vater Kreon und ihre beiden Söhne töten. Mit dem Verszitat gibt Brutus zu verstehen, daß er seinem Widersacher, der an dem heutigen Elend Schuld hat, eine ähnlich schwere Rache wünscht. Für Euripides' Medea vgl. D.J. Mastronarde (Hrsg.), Euripides, *Medea*. Cambridge 2002.

884–885 *Ne te ... extitit* Mit „Ne te ... extitit" übersetzte Er. den Vers neu, womit er versuchte, Guarinos Übers. zu verbessern, die schon deshalb unzulänglich erscheinen mußte, weil Guarino das unpassende Versmaß des Hexameters verwendet hatte, während der griechische Vers einen jambischen Trimeter darstellt; allerdings benötigte Er. für einen griech. Vers zwei Verszeilen; „supreme" ist reine „Versfüllung"; „quisquis", *metri causa* für „quique" oder „quisque" eingesetzt, macht die Aussage unnötig schwammig.

886 *velut ... a diis* „velut ... a diis" ist ein erklärender Einschub des Er.

886 *Caesari* Die Verwünschung des Brutus wird gemeinhin auf Marcus Antonius bezogen; Er. meinte aber, sie sei auf Octavian gemünzt. Brutus unterlag in der zweiten Schlacht von Philippi dem Heer des Marcus Antonius.

886 *Volumnius* Der Philosoph **P. Volumnius** (1. Jh. v. Chr.), enger Freund des Brutus seit dem gemeinsamen Philosophie-Studium in Rom; war sowohl bei dem Attentat auf Caesar als auch bei der Schlacht von Philippi zugegen. Brutus ersuchte ihn um Beihilfe bei seinem Selbstmord, was Volumnius jedoch ausschlug. Er verfaßte eine Gedenkschrift, welche Plutarch als Quelle benutzte. Zu P. Volumnius vgl. *DNP* 12,2 (2003), Sp. 319, s.v. „Volumnius", Nr. 1.

887 *carmen* Brutus hat kein zweites „Gedicht" rezitiert, sondern nur einen zweiten Vers (griech. στίχος, von Guarino korrekt mit „versum alium" übersetzt).

Apophth. V, 470 datiert ebenfalls auf den 23.10.42 v. Chr.

889–890 *Quodam ... pedibus* Im einleitenden Teil variierende, im Spruchteil wörtliche Wiedergabe von Plut. *Brut.* 52, 3 (*Vit.* 1008): εἰπόντος δέ τινος ὡς δεῖ μὴ μένειν, ἀλλὰ φεύγειν, ἐξαναστὰς „πάνυ μὲν οὖν", ἔφη, „φευκτέον, ἀλλὰ διὰ τῶν χειρῶν, οὐ διὰ τῶν ποδῶν (ἀλλ' οὐ διὰ τῶν ποδῶν, ἀλλὰ διὰ τῶν χειρῶν *ed. Perrin*)". Vgl. Guarinos Übers.: „Verum dicente quodam ex primis manere non oportere, sed fugere, surgens Brutus, ‚Nempe', inquit, ‚fugiendum est non pedibus, sed manibus'" (ed. Bade, Paris 1514, fol. CCCI^v).

889 *Quodam ... praecipuo* Mit „Quodam ... praecipuo" variiert Er. Guarinos Text „quodam ex primis"; im griech. Text steht lediglich, daß es um „irgendeinen" Mann ging (εἰπόντος δέ τινος).

Diese Beratschlagung in *Apophth*. V, 471 datiert kurz nach dem erfolgreichen Attentat auf Caesar an den Iden des März 44 v. Chr.

893–895 *Quum inter coniuratos deliberaretur ... carere iniuria* Gekürzte, im ersten Teil variierende, im Spruchteil wörtliche Wiedergabe von Brunis Übers. von Plut. *Anton.* 13, 2 (*Vit.* 921): „Qui in vnum congregati, quum multa disposuissent, ... agitauere, an vna cum Caesare Antonium trucidarent. Sed et hoc quidem prohibuit Brutus, censens eam rem, quam pro legibus ac iure susciperent, carere omni iniuria oportere" (ed. Bade, Paris 1514, fol. CCCXXVII^v). Vgl. den griech. Text: ἐκ τούτου πάλιν ἐβουλεύοντο Καίσαρα κτείναντες ἐπισφάττειν Ἀντώνιον· ἐκώλυσε δὲ Βροῦτος, ἀξιῶν τὴν ὑπὲρ τῶν νόμων καὶ τῶν δικαίων τολμωμένην πρᾶξιν εἰλικρινῆ καὶ καθαρὰν ἀδικίας εἶναι. Vgl. Plut. *Brut.* 18, 3–4 (*Vit.* 992), in Guarino da Veronas Übers.: „Caeteris tamen omnibus cum de facinore cogitarent, placebat occidi etiam Antonium virum contumeliosum monarchiamque fouentem ... Sed Brutus his consiliis se obiecit, primum aequitati innixus, deinde spem habens mutationis Antonii" (ed. Bade, Paris 1514, fol. CCXCVI^r). *CWE* 38, S. 596 gibt Plut. *Brut.* 18, 3–4 (*Vit.* 992) als Er.' Quelle für *Apophth*. V, 471 an; wie der Wortlaut zeigt, handelt es sich jedoch um Brunis Übers. von Plut. *Anton.* 13, 2 (*Vit.* 921).

omni carere iniuria. Noluit vir optimus caedem in plureis proferri. At haec clementia male cessit illis.

V, 472   AVT VINCERE AVT MORI   (Brutus, 4)

Vltimum praelium initurus, dehortantibus *quibusdam,* ne se tanto discrimini *committeret, „Hodie",* inquit, *„aut recte erit, aut nihil curabo",* significans se aut victorem fore aut non victurum. Mors autem adimit omnium malorum sensum.

V, 473   FIDES VXORIA   (Brutus, 5, i.e. Portia Catonis filia et Bruti vxor)

Huius vxor *Portia,* Catonis *filia,* posteaquam sensit conspiratum *de Caesare interficiendo, ea nocte, quae* praecessit diem, in quo Caesar occisus est, *egresso cubiculum Bruto cultellum tonsorium velut vnguium resecandorum gratia poposcit, eoque quasi forte* de manibus *elapso se* ipsam grauiter *vulnerauit.* Mox Brutus clamore ancillarum in cubiculum reuocatus obiurgare eam coepit, quod tonsoris praeripuisset officium. Hic illa clam marito *„Non hoc",* inquit, *„temere feci; nam experiri volui, si,* quod constitutum est, *parum cesserit ex sententia, quam aequo animo me ferro sim peremptura".*

V, 474   PVDOR INVTILIS   (Brutus, 6)

Idem *dixit sibi videri eum aetatis florem male collocasse, qui nihil negaret.* Inutilis est verecundia, quae obstat, quominus negemus obsequium ad inhonesta vocanti.

---

895 *omni* „omni" ist ein Zusatz Brunis zum griech. Text, den Er. mitübernahm. Jedoch hatte Bruni εἰλικρινῆ, „tadellos, makellos" unübersetzt gelassen; Er., der seine Übertragung kopierte, folgte ihm auch diesbezüglich.
Apophth. V, 472 datiert auf die Schlacht von Philippi am 23.10.42 v. Chr.
898–899 *Vltimum praelium ... curabo* Leicht gekürzte, im Spruchteil wörtliche Wiedergabe von Val. Max. VI, 4, 5: „M. Brutus ... vltimum proelium initurus negantibus quibusdam id (id *deest in ed. Bade, Paris. 1510, fol. CCLʳ*) committi oportere, ‚Fidenter', inquit, ‚in aciem descendo: hodie enim aut recte erit aut nihil curabo'". *CWE* 38, S. 596 gibt Plut. *Brut.* 40, 9 als Er.' Quelle an, jedoch ist dort nicht nur der Wortlaut anders, sondern ist es zudem Cassius, der die betreffenden Worte spricht (in Guarinos Übers.: „His verbis subridens Cassius Brutum complexus, ‚Hoc', inquit, ‚proposito in hostes irruamus: aut enim vincemus aut vincentes non timebimus'", ed. Bade, Paris 1514, fol. CCXCIXᵛ). Vgl. den griech. Text: Ἐπὶ τούτοις Κάσσιος ἐμειδίασε καὶ τὸν Βροῦτον ἀσπασάμενος, „Ταῦτα," ἔφη, „φρονοῦντες ἴωμεν ἐπὶ τοὺς πολεμίους. ἢ γὰρ νικήσομεν ἢ νικῶντας οὐ φοβηθησόμεθα".
899–900 *Significans ... sensum* Er.' Erklärung des Spruches weicht von jener ab, die Valerius Maximus a.a.O. gibt: „Praesumpserat videlicet (sc. Brutus) neque viuere se sine victoria neque mori sine securitate posse".
Apophth. 473 datiert kurz vor den Anschlag auf Caesar an den Iden des März 44 v. Chr.
903–909 *Portia ... peremptura* In der einleitenden Zeile paraphrasierende, sonst größtenteil wörtliche Wiedergabe von Val. Max. III, 2, 15 (Titel „De Porcia Catonis filia et Bruti vxore", *ed. Bade, Paris. 1510, fol. CVᵛ*): „Cuius (sc. Catonis) filia, ... quum Bruti viri sui consilium, quod de interficiendo ceperat Caesare (Caesare ceperat *ed. Bade, Paris. 1510*), ea

nocte, quam dies taeterrimi facti secutus est, cognosset (cognouisset *ed. Bade, Paris. 1510*), egresso cubiculum Bruto cultellum tonsorium quasi unguium resecandorum causa poposcit eoque uelut forte elapso se uulnerauit. Clamore deinde ancillarum in cubiculum reuocatus Brutus obiurgare eam coepit, quod tonsoris praeripuisset officium. Cui secreto Porcia ‚Non est hoc', inquit, ‚temerarium factum meum … Experiri enim uolui, si tibi propositum parum ex sententia (ex sententia parum *ed. Bade, Paris. 1510*) cessisset, quam aequo animo me ferro essem interemptura'". Die Anekdote findet sich auch in Plut. *Brut*. 13, 3–11 (*Vit.* 989), jedoch hat Er. als Vorlage, wie der Wortlaut zeigt, Valerius Maximus benutzt.

910 *Pudor inutilis* Der Titel ist von der einleitenden Qualifikation abgeleitet, die Plutarch in der von Er. zitierten Stelle *De vitioso pudore* 3 gibt. Es geht in dem Apophth. um Scham, die zu moralisch verwerflichem Verhalten führt. Konkret meint Plutarch, wie auch die Parallelstelle *Brut*. 6, 9 (*Vit.* 986) zeigt, die schamhafte Scheu, Ansuchen, die moralisch nicht in Ordnung sind, dezidiert zurückzuweisen.

911 *dixit … negaret* Er. wiederholt wörtlich seine eigene Übers. von Plut. *De vitioso pudore* 3, *Mor*. 530A: „Nam huiusmodi pudor malus custos est tenerae aetatis, quemadmodum dixit Brutus sibi non videri eum aetatis florem recte collocasse, qui nihil negaret" (*ASD* IV, 2, S. 312; ed. Cratander, Basel 1530, fol. 200A). Der Spruch findet sich in etwas anderer Form auch in *Brut*. 6, 9 (*Vit.* 986); dort verurteilt Brutus die scheue Unfähigkeit, schamlose Ansuchen gebührend abzuweisen, in aller Form: Es sei ein ganz verwerflicher Zug großer Männer, dazu nicht imstande zu sein; Guarino hat in seiner Übers. den Sinn des Apophthegmas nicht verstanden: „Ad iuiustas vero partes fuit inexorabilis. Eorumque modestiam siue turpe silentium, qui sine rubore iniusta rogant apud magnum virum, acriter improbans, dicere solitus erat, quod, qui nihil negare audent, sibi videntur male suum tempus instituisse" (ed. Bade, Paris 1514, fol. CCXCIIII^v). Wie der Wortlaut zeigt, hat Er. seine eigene Übers. von *De vitioso pudore* 3 als Textvorlage benutzt. Wie seine Erklärung demonstriert, hat Er. den Spruch – im Gegensatz zu Guarino – richtig verstanden.